两汉纪

上

〔东汉〕荀悦撰 〔东晋〕袁宏撰

张烈点校

中华书局

图书在版编目（CIP）数据

两汉纪/（东汉）荀悦,（东晋）袁宏撰;张烈点校. —北京:中华书局,2020.10
ISBN 978 - 7 - 101 - 14721 - 6

Ⅰ.两…　Ⅱ.①荀…②袁…③张…　Ⅲ.中国历史 – 两汉时代 – 编年体　Ⅳ.K234.043

中国版本图书馆 CIP 数据核字（2020）第 160359 号

书　　名　两汉纪(全二册)
撰　　者　〔东汉〕荀　悦　〔东晋〕袁　宏
点 校 者　张　烈
责任编辑　许　桁
出版发行　中华书局
　　　　　（北京市丰台区太平桥西里38号　100073）
　　　　　http://www.zhbc.com.cn
　　　　　E - mail:zhbc@zhbc.com.cn
印　　刷　北京瑞古冠中印刷厂
版　　次　2020 年 10 月北京第 1 版
　　　　　2020 年 10 月北京第 1 次印刷
规　　格　开本/880×1230 毫米　1/32
　　　　　印张31¾　插页4　字数670 千字
印　　数　1 – 4000 册
国际书号　ISBN 978 - 7 - 101 - 14721 - 6
定　　价　88.00 元

点校说明

　　两汉纪,系汉纪与后汉纪的合称。后人为了便于区别此二书,如同区别前汉、后汉两个朝代一样,有时又称汉纪曰前汉纪。

　　汉纪,荀悦(一四八—二〇九)撰。悦字仲豫,颍川颍阴(今河南许昌)人,东汉末政论家、史学家。后汉书卷六二有传。悦年十二能说春秋。初被曹操征辟,后为献帝黄门侍郎,累迁秘书监、侍中。时献帝好典籍,常苦班固汉书文繁难读,"乃令悦依左传体以为汉纪三十篇"(后汉书荀悦传),将八十余万言的纪传体汉书改编为十八万余言的编年体汉纪。文字虽省略五分之四,"然辞约事详,论辨多美"(同上)。袁宏因之称悦"才智经纶,足为佳史"(后汉纪序)。近人梁启超谓"善钞书者可以成创作"(中国历史研究法第二章),荀悦汉纪就是我国史学上第一部善抄书而成的创作,它推动了往后编年史著述的发展。尔后张璠、袁宏等人都相继撰写出了编年体断代史。唐代史论家刘知几把汉纪编年体裁摆到与汉书纪传体裁同等地位。他说"班荀二体,角力争先。欲废其一,固已难矣"(史通二体)。北宋司马光撰写资治通鉴,明言"仿效荀

1

悦简要之文"(刘恕通鉴外纪序)。南宋王应麟也说司马光"推本荀悦汉纪,以为通鉴"(玉海卷四九)。由此可见,汉纪在我国史学史上之于编年体,起了继往开来的作用。所以我们不能因其抄书而成,便忽视它的史学价值和历史影响。

荀悦并非全系抄书,他对汉书有所订正增补。如汉书高帝纪十年云"夏五月,太上皇后崩。秋七月癸卯,太上皇崩,葬万年"。汉纪则作"夏五月,太上皇崩。秋七月癸卯,太上皇葬于万年"。两相比较并经查考,显然汉书有误,汉纪记载是可信的。再如汉书贾捐之传"父子同川而浴,相习以鼻饮"句,汉纪作"父子同卧,而俗相习以鼻饮";汉书宣帝纪元康三年诏书"粲而不殊"语,汉纪则作"放而不诛",文义皆应以汉纪为长。在史事记载方面,诸如汉书沟洫志所录歌赞郑国、白公二渠的民谣,汉纪增录了"水流灶卜,鱼跳入釜"两句形象动人的文辞。汉纪卷二九所载王闳谏语,司马光惊叹"不知荀悦何从得之"(通鉴考异卷一)。李焘亦称"谏大夫王仁、侍中王闳谏疏,班书皆无之"(文献通考卷一九三)。其他如"君兰"、"君蔺"、"端"、"瑞"、"兴"、"誉"、"宽"、"竟"诸字汉书与汉纪互异者,历代学人皆两存之。所以顾炎武认为"后有善读者仿裴松之注三国志之体,取此不同者注于汉书之下,足为史家之一助"(日知录卷二六)。由此可见,汉纪一书还是具有一定史料价值的。

后汉纪,袁宏(三二八—三七六)撰。宏字彦伯,阳夏(今河南太康县)人,东晋文学家、史学家。曾为桓温府记室、东阳太守。晋书卷九二有传。袁宏曾览阅当时流行的各家后汉书,因不满其繁秽杂乱,遂亲自动手,综合东观汉记、谢承后汉书、司马彪续汉书、华峤后汉书、谢沉后汉书、汉山阳公记、汉灵献起居注、汉名臣奏以及各郡国耆旧名人传记数百卷,前后历时八年,撰成后汉纪初稿。

后来袁宏见张璠所撰后汉纪载东汉末年之事甚详,遂摭拾其文以补充己著后汉纪,终于定稿为三十卷。而"其著述体例及论断,全仿荀悦前汉纪为之"(王鸣盛十七史商榷卷三八)。然四库总目评云:"荀悦因班固旧文剪裁联络,袁纪则抉择去取自出鉴裁,撰写实较汉纪为难。"在指导思想上,袁宏认为"史传之兴,所以通古今而笃名教也"(后汉纪自序)。因而他对荀纪略有微词,言其"名教之本,帝王高义,韫而未叙"(同上)。所以他在撰写后汉纪时,往往藉史事的记叙与评论"弘敷王道"(同上),阐发名教纲常。因此袁纪所反映出的封建正统名教伦理道德观念,较之荀纪更为强烈。但袁纪仍不失为重要史籍,在唐代,"世言汉中兴史者,范、袁二家而已"(刘知几史通古今正史)。北宋司马光撰写资治通鉴,关于日期的确定等等,亦多依从袁纪。所以我们认为,袁纪综合多部史籍写成,且成书早于范晔后汉书,它实与范书相辅相成,成为研究东汉一代历史的必读要籍。

关于两汉纪的版本。就汉纪而言,李焘曾言自仁宗天圣以来已无善本(见文献通考卷一九三)。今天我们所能见到的最早版本,是明嘉靖二十七年(一五四八)黄姬水所刊行的南宋王铚辑本。经过半个世纪,到明神宗万历二十六年(一五九八),又刊行了南京国子监本(简称南监本)。该本以黄氏本为底本,依据史记、汉书、后汉书等史籍作了某些参校而成,然质量亦不甚精,冯班为之校勘作跋。其跋云:"崇祯庚辰七月十八日,灯下阅完荀袁两纪于破山莺转谷。兹因监本字多差讹,其中事迹姓氏地名贸无书籍,止将纲目粗加参考,殊为残缺。俟班、范全书得备,当覆翻以毕未精之业也。"清康熙年间,襄平蒋国祥、蒋国祚所刊行的两汉纪,亦以黄氏本为底本,前汉纪以宋本参校,后汉纪以监本参校,又蒋国祚撰西汉纪字句异同考一卷附之,是为乐三堂本。该本"较旧本稍完善焉”(见四库全书总目编年史类)。道光初,两广总督阮元开设学海堂刻书。迨至光绪二年,学海堂始刊行两汉纪,又以黄氏本为底本,陈澧、陈璞吸取前人成果,进一步为之校勘。且陈璞撰写了两汉纪校记附之。故学海堂本较乐三堂本为优。情况尽管如此,此次整理两汉纪,征求有关专家意见,仍采用四部丛刊本,即上海涵芬楼影印的明嘉靖黄姬水刊本为底本。其所以如此,理由有三:一、黄氏本是学术界公认的最早善本,国家图书馆善本室所藏、台湾“中央图书馆”善本书目所载的善本两汉纪,皆以黄氏本为主;二、黄氏本是流传南宋本的最早的版本,以后其他各种版本皆以黄氏本为底本,是支流,除此以外,至今未发现别的版本体系,我们追源溯流,故以黄氏本作底本为宜;三、黄氏本以后的各个版本,基本上皆以史记、汉书、后汉书作了校勘,皆羼入了一些史、汉成分。故仍以黄氏本作底本较为稳妥。

历来校勘两汉纪的学人甚多,除以上所述诸人外,还有黄丕烈、吴慈培、钮永建、傅增湘等人。钮永建撰有前、后汉纪校释各三卷,收入溥良所辑之南菁札记中。此次整理两汉纪,除以南监本、龙溪精舍本(即民国六年郑国勋以乐三堂本为底本的翻刻本,以下简称龙溪本)、学海堂本作校本外,并斟酌吸取了历代学人的校勘成果。此外,由于汉纪是汉书改编而成,汉书部分篇幅据史记改编而成;后汉纪虽然先成书于后汉书,但两者史料来源基本相同,袁纪所引诸书,“乃竟少有出范书外者”。且袁纪所引诸书中的“精实之语,范氏撷拾已尽”(王鸣盛十七史商榷卷三八)。因之两汉纪中某些文理不顺或史实失误之处,亦依史记、汉书和后汉书进行校正。三国志成书于袁宏纪之前,故亦间有依三国志校正袁纪者。其校正填补的字句,置于方括〔 〕中以示之;其所删底本中讹误之字,置于圆括( )中排印小号字以示之。这样处理,既保存了底本原貌，又便于读者直接具体了解校改情况。底本中的"己"、"已""巳"常有混淆，则径改不出校记。底本中的日期与<u>史</u>、<u>汉</u>、<u>后汉书</u>不一致者，除了确有必要校改外，一般只注出异文，以资读者比较。<u>汉纪</u>中的职官则依<u>汉书</u><u>百官公卿表</u>改正。书中的"<u>山东</u>"、"<u>关西</u>"、"<u>陇右</u>"、"<u>河西</u>"等地区泛称，都标上专名号。"<u>本志</u>"、"<u>本传</u>"都标上书名号。

本书在整理过程中，蒙<u>田余庆</u>、<u>王利器</u>、<u>张政烺</u>、<u>赵守俨</u>诸先生热情支持与指导，<u>国家图书馆善本室</u>提供多种版本校对的方便；整理过后，蒙<u>曹相成</u>先生审读全稿并作了许多改正，<u>王利器</u>先生书写封面题笺，在此特致谢意。由于我本人水平有限，不免仍有差错，敬希读者批评指正。

一九八四年一月初写

点校者　<u>张烈</u>　一九八六年二月改定

二〇一二年六月修订

刻两汉纪序

　　夫史以述王道,辨人纪,彰厥轨迹,以昭法戒,盖圣人之耳目,来世之龟镜也。苟是非善恶不足以示惩劝、观废兴,则虽侈闻淫缀、雕琢称匠者,无所取焉。史官之设,肇自轩后、虞、夏、商、周,载在诗、书。王迹熄而人伦废,孔子乃遵周公之制,立百王之法,而作春秋。春秋者,事经之标的也。慨夫惇史邈而行漓,素文没而言绝。后有作者,罕臻兹理。故号良史之才者,议论颇缪于圣人;近通人之作者,甄明或阙于前史。又况情文不类,出二家下者乎!若乃汉侍中悦、晋太守宏,性静词华,图书掌七阁之秘;学该才逸,文章擅一时之宗。颍川托疾,文若礼敬于微年;牛渚高情,谢尚晤谭于申旦。愤操揽权,明哲炳几先之见;当温厚遇,不阿秉亮直之贞。著申鉴则本仁义以献替,赋北征则溯尼父之风流。抱结退志,泄而为文。故其书也,要在达道义,章法式,笃名教之本,发帝王之蕴。如论灾诊,则本畴之休咎,陈天人之际也;如论夷狄,则本谟之即叙,严夏夷之防也。六臣三谏,慨遇主之难也;三游四弊,悼养士之失也。典经儒家,斯文教化之任也;井田封建,中正协和之思也。忠邪著消长之几,王霸析德刑之辨。礼究承天立政之端,乐契穆伦

1

导俗之本。作营玩好，迪镂彤贵异之惩；内嬖外戚，述幸佞亢宠之戒。言多准经，议不悖圣，其于作者亦云庶几矣。且书有二体：曰书，曰纪。书之体创自马迁，纪之体沿于左氏。闳衍周赡，区分条燦，一家之言，固不可少。而平易质直，综括简要，辞约而事详，则纪为得焉。故杜预有曰："记事者以日系月，月系时，时系年，所以纪远近，别同异也。"两汉纪者，则左氏体也。品拟其文，并为嘉藻。荀则典丽婉通，缅嗣西京之绝响；袁则浑深尔雅，一湔江左之靡风。诚艺林之珉玉，史家之图籥矣。但其刊布弗广，遂致湮晦。昔大复何舍人得荀氏书抄本于徐太宰家，刻于高陵，泾野吕公序之曰："予曩在史馆，数问荀氏书，弗获见，而恨校雠之无副，若袁氏书则尤所希觏者也。"宋绍兴间，汝阴王铚谓比班、范，史缺裂不传矣，况今日哉！支硎杨公尝造先子五岳山人，语及荀、袁之书，亟为叹赏，云："往时曾于云间朱氏览宋刻本，真天府秘笈也，惜未祈借，为可怅懊，乃今不可复睹矣。"后不逾月，有持一编售者，则朱氏本也。先子倾囊购焉，将序刻，未暇，而先子已矣。噫！神物有归，幸获张华之剑；奇姿未耀，敢私桓氏之珠。辄复梓行，以永流播。怆焉述事，聊承堂构之心；率尔芜辞，岂尽作者之意？可慨也已。呜呼！著策所以立公言也，权衡所以立公正也，书契所以立公信也。然誉或幸得，毁有外来，心迹之间，沉隐莫察，微瑕掩瑜，尺朱盖紫，自古然矣。悲夫，悲夫！此仲豫所以有未克之谈，而彦伯所以有恨然之叹者也。

嘉靖岁戊申夏四月朔日　士雅山人吴黄姬水撰

汉

纪

〔东汉〕荀 悦 撰

张 烈 点校

中华书局

汉纪目录

汉纪序 ……………………………………（东汉）荀悦1

高祖皇帝纪卷第一 ……………………………………… 1

高祖皇帝纪卷第二 ……………………………………… 13

高祖皇帝纪卷第三 ……………………………………… 29

高祖皇帝纪卷第四 ……………………………………… 43

孝惠皇帝纪卷第五 ……………………………………… 55

高后纪卷第六 …………………………………………… 71

孝文皇帝纪上卷第七 …………………………………… 81

孝文皇帝纪下卷第八 …………………………………… 97

孝景皇帝纪卷第九 …………………………………… 115

孝武皇帝纪一卷第十 ………………………………… 135

孝武皇帝纪二卷第十一 ……………………………… 149

孝武皇帝纪三卷第十二 ……………………………… 167

孝武皇帝纪四卷第十三 ……………………………… 183

孝武皇帝纪五卷第十四 ……………………………… 199

孝武皇帝纪六卷第十五 ⋯⋯⋯⋯⋯⋯⋯⋯⋯⋯⋯⋯⋯ 219

孝昭皇帝纪卷第十六 ⋯⋯⋯⋯⋯⋯⋯⋯⋯⋯⋯⋯⋯⋯ 233

孝宣皇帝纪一卷第十七 ⋯⋯⋯⋯⋯⋯⋯⋯⋯⋯⋯⋯⋯ 249

孝宣皇帝纪二卷第十八 ⋯⋯⋯⋯⋯⋯⋯⋯⋯⋯⋯⋯⋯ 263

孝宣皇帝纪三卷第十九 ⋯⋯⋯⋯⋯⋯⋯⋯⋯⋯⋯⋯⋯ 275

孝宣皇帝纪四卷第二十 ⋯⋯⋯⋯⋯⋯⋯⋯⋯⋯⋯⋯⋯ 291

孝元皇帝纪上卷第二十一 ⋯⋯⋯⋯⋯⋯⋯⋯⋯⋯⋯⋯ 309

孝元皇帝纪中卷第二十二 ⋯⋯⋯⋯⋯⋯⋯⋯⋯⋯⋯⋯ 321

孝元皇帝纪下卷第二十三 ⋯⋯⋯⋯⋯⋯⋯⋯⋯⋯⋯⋯ 335

孝成皇帝纪一卷第二十四 ⋯⋯⋯⋯⋯⋯⋯⋯⋯⋯⋯⋯ 349

孝成皇帝纪二卷第二十五 ⋯⋯⋯⋯⋯⋯⋯⋯⋯⋯⋯⋯ 365

孝成皇帝纪三卷第二十六 ⋯⋯⋯⋯⋯⋯⋯⋯⋯⋯⋯⋯ 381

孝成皇帝纪四卷第二十七 ⋯⋯⋯⋯⋯⋯⋯⋯⋯⋯⋯⋯ 395

孝哀皇帝纪上卷第二十八 ⋯⋯⋯⋯⋯⋯⋯⋯⋯⋯⋯⋯ 409

孝哀皇帝纪下卷第二十九 ⋯⋯⋯⋯⋯⋯⋯⋯⋯⋯⋯⋯ 423

孝平皇帝纪卷第三十 ⋯⋯⋯⋯⋯⋯⋯⋯⋯⋯⋯⋯⋯⋯ 439

附　录 ⋯⋯⋯⋯⋯⋯⋯⋯⋯⋯⋯⋯⋯⋯⋯⋯⋯⋯⋯⋯ 471

汉 纪 序

汉秘书监侍中荀悦

凡汉纪十二世,十一帝,通王莽二百四十二年。一祖三宗。高祖定天下,孝惠、高后值国家无事,百姓安集。太宗升平,世宗建功,中宗治平,昭、景称治。元、成、哀、平历世陵迟,莽遂篡国也。凡祥瑞:黄龙见,凤凰集,麒麟臻,神马出,神鸟翔,神雀集,白虎仁兽获,宝鼎升,宝磬神光见,山称万岁,甘露降,芝草生,嘉禾茂,玄稷降,醴泉涌,木连理。凡灾异大者:日蚀五十六,地震十六,天开地裂、五星集于东井各一,太白再经天,星孛二十四,山崩三十四,陨石十一,星陨如雨二,星昼见三,火灾二十四,河、汉水大泛溢为人害十,河泛一,冬雷五,夏雪三,冬无冰二,天雨血,雨草,雨鱼,死人复生,男子化为女子嫁为人妇生子,枯木更生,大石自立。建安元年,上巡省幸许昌,以镇万国。外命(亢)〔元〕辅征讨不庭①,内齐七政允亮圣业,综练典籍,兼览传记。其三年,诏给事中秘书监荀悦抄撰汉书,略举其要,假以不直,尚书给纸笔,虎贲给书吏。悦于是约集旧书,撮序表、志总为帝纪,通比其事,(例)〔列〕系年月^②。其祖宗功勋、先帝事业、国家纲纪、天地灾异、功臣名贤、奇策善言、殊德异行、法式之典，凡在汉书者，本末体殊，大略粗举；其经传所遗阙者，差少而求志，势有所不能尽繁重之语，凡所行之事，出入省要，删略其文。凡为三十卷，数十余万言，作为帝纪，省约易习，无妨本书，有便于用，其旨云尔。会悦迁为侍中，其五年书成乃奏，记云四百有一十六载，谓书奏之岁，岁在庚辰。昔晋之乘，楚之梼杌，鲁之春秋，虞、夏、商、周之书，其揆一也。皆古之令典，立之则成其法，弃之则坠于地，瞻之则存，忽焉则废，故君子重之，汉书纪其义同矣。凡汉纪有法式焉，有监戒焉；有废乱焉，有持平焉；有兵略焉，有政化焉；有休祥焉，有灾异焉；有华夏之事焉，有四夷之事焉；有常道焉，有权变焉；有策谋焉，有诡说焉；有术艺焉，有文章焉：斯皆明主贤臣，命世立业，群后之盛勋，髦俊之遗事。是故质之事实而不诬，通之万方而不泥。可以兴，可以治；可以动，可以静；可以言，可以行。惩恶而劝善，奖成而惧败。兹亦有国之常训，典籍之渊林。虽云撰之者陋浅，而本末存焉尔，故君子可观之矣。

【校勘记】

① 外命(元)〔元〕辅　从黄校本改。

② (例)〔列〕系年月　从黄校本引旧钞本改。

汉纪 高祖皇帝纪 卷第一

　　昔在上圣,唯建皇极,经纬天地,观象立法,乃作书契,以通宇宙,扬于王庭,厥用大焉。先王以光演大业,肆于时夏,亦惟翼翼,以监厥后,永世作典。夫立典有五志焉:一曰达道义,二曰彰法式,三曰通古今,四曰著功勋,五曰表贤能。于是天人之际、事物之宜,粲然显著,罔不(能)备矣①。世济其轨,不殒其业,损益盈虚,与时消息,虽臧否不同,其揆一也。是以圣上穆然,惟文之恤,瞻前顾后,是绍是(维)〔继〕②。臣悦职监秘书,摄官承乏,祗奉明诏,窃惟其宜。谨约撰旧书,通而叙之,总为帝纪,列其年月,比其时事,撮要举凡,存其大体,旨少所缺,务从省约,以副本书,以为要纪。未克厥中,亦各其志;如其得失,以俟君子焉。

　　汉兴,继尧之胄,承周之运,接秦之弊。汉祖初定天下,则从火德,斩蛇著符,旗帜尚赤,自然之应,得天统矣。其后张苍谓汉为水德,而贾谊、公孙弘以为土德,及至刘向父子,乃推五行之运,以子承母,始自伏羲,以迄于汉,宜为火德。其序之也,以为易称"帝出乎震",故太皥始出于震,为木德,号曰伏羲氏。共工氏因之为水

1

德,居(水)〔木〕火之间③,霸而不王,非其序也。炎帝承木生火,固为火德,号曰神农氏。黄帝承之,火生土,故为土德,号曰轩辕氏。帝少昊灭,帝挚承之,土生金,故为金德,号曰金天氏。帝颛顼承之,金生水,故为水德,号曰高阳氏。帝喾承之,水生木,故为木德,号曰高辛氏。帝尧始封于唐,高辛氏衰,而天下归之,号曰陶唐氏,故为火德。即位九十载,禅位于帝舜,号曰有虞氏,故为土德。即位五十载,禅位于伯禹,号曰夏后氏,故为金德。四百四十二年,汤伐桀,王天下,号曰殷,为水德。六百二十九年,武王灭纣,王天下,号曰周,为木德。七百六十七年,秦昭王始灭周,而诸侯未尽从,至昭王之曾孙政,遂并天下,是为始皇帝,有天下十四年,犹共工氏焉,非其序也。自周之灭及秦之亡,凡四十九年,而汉祖灭秦,号曰汉,故为火德矣。在昔陶唐〔氏〕之后④,有刘累者,以御龙事孔甲,为御龙氏,在商为豕韦氏,在周为唐杜氏,其适晋国者为范氏,别处秦为刘氏。当战国时,刘氏徙于魏,迁于沛之丰邑,处中阳里,而高祖兴焉。

汉高祖讳邦,字季。初,昭灵后尝息大泽之陂,梦与神遇。是时雷电晦冥,太上皇视之,见蛟龙临之。遂有娠,而生高祖。隆准龙颜,美须髯,左股有七十二黑子。宽仁爱人,有大智度。曾为泗水亭长。尝从王媪、武负贳酒,每饮醉,留寝,其家上尝见光怪。负等异之,辄折契弃券而不责。单父人吕公好相人,有女,以为贵。避仇于沛,沛令求其女,不与。及见高祖状貌,公奇之,因以女妻焉。是为吕后,生孝惠、鲁元公主。尝有老父过,乞浆,相吕后、孝惠、鲁元公主,皆大贵也。及见高祖,乃大喜曰:"夫人儿子蒙君之力也,君贵不可言也。"遂去,不复见。高祖以亭长送徒骊山,夜行,经丰西泽中,有蛇当道,拔剑斩之,遂过。后人至者,见一老妪哭蛇曰:"此白帝子也,向赤帝子遇而杀之。"妪因忽然不见。高祖亡,避吏于山泽中。吕后常知其处,云高祖所在,上有赤色云气。占气者〔云〕"山东有天子气"⑤,秦始皇帝乃东游,欲以厌之。

秦二世胡亥元年秋七月,发闾左屯渔阳。阳城人陈胜字涉,阳夏人吴广字叔,皆为屯长。行至蕲,会天大雨,度已失期。失期,法当斩,遂因天〔下〕之怨(下)谋叛⑥。陈胜以缯为书,置鱼腹中,曰"陈胜王",令人卖之。士卒得鱼者,故已怪之矣。又令吴广夜于丛祠中构火作狐鸣,曰:"大楚兴,陈胜王。"众乃大惊,遂杀其将尉,号令徒属,称大楚。胜为大将军,广为都尉,攻掠城邑。至陈,众数万人,胜自立为楚王。大梁人张耳、陈余谏曰:"将军出万死之计,为天下除残贼。今始至陈为王,是示天下私也。不如立六国后,自为树党。进师而西,则野无交兵,县无守城,诛暴秦,安据咸阳,以令诸侯,天下可图也。"胜不听,以陈人武臣为将军,耳、余为校尉,北徇赵地。当此之时,楚将徇地者甚众,楚兵数千聚党者不可胜数。以吴广为假王,监诸将。以周文为将军,众十余万,西至戏水,盖百二十万矣。秦令将军章邯赦骊山作徒七十万人以击之。是时吴广别围荥阳不能下,将军田臧等谋曰:"假王骄,不可与计谋。"乃矫陈王命,诛吴广,进兵而西。是岁,太白再经天。占曰:"法为大兵,天下易王。"九月,沛人杀其令,高祖为沛公,萧何为丞相,曹参、周勃以中涓从,夏侯婴、樊哙为舍人。萧何即沛主狱吏;曹参,沛狱掾;婴,沛厩驺;勃以织薄为产;哙以屠狗为事,皆公之旧也。

是时,沛公在外黄,兵众数百人。萧何等欲应陈胜,故召沛公立之，收沛子弟，得三千人。而项籍亦起兵会稽。籍，字羽，故楚将项燕之孙也。羽初起时，年二十四。身长八尺二寸，目重瞳子，力能扛鼎。与季父项梁避仇于吴。梁好为辩说，阴有大志，吴中贤士大夫皆出梁下。梁乃与籍杀会稽太守殷通，佩其印绶，自号为会稽将，籍为裨将，徇下(邳)县⑦。张耳、陈余既至赵，说豪杰曰："秦为乱政虐刑，残贼天下，北有长城之役，南有五岭之戍，内外搔动，百姓疲弊，财匮力尽，重以苛法，使天下父子不相聊生。陈王奋臂为天下唱始，莫不响应。于此时不成封侯之业者，非人豪也。因天下之力，诛无道之秦。报父兄之仇，而成大业者，此壮士之一时也。"皆然其言。乃收兵数万人，遂下赵十余城。武臣自号为武信(军)〔君〕⑧，进军围范阳。范阳人蒯通为其令徐公说武信(军)〔君〕⑨曰："范阳令欲以其城先下君，而君不利之，则诸守皆为金城汤池，不可攻也。君计莫若以黄屋朱轮以迎范阳令，使驰骛乎燕、赵之郊，则边城皆喜，相率而降，此由以下坂而走丸也。"武信(军)〔君〕乃以侯〔印〕迎徐公⑩。燕、赵闻之，降者三十余城。耳、余闻诸将徇地者多畏以谗得罪，又怨陈王不以己为将军。〔故劝武臣反，武臣遂自立为赵王，耳为丞相，余为大将军⑪。〕陈王欲诛其家，柱国房君赐谏王曰："秦王未亡，而诛赵王家，是复生一秦也。不如因贺之，令进兵击秦。"胜从之。

4

耳、余与赵王谋曰："王王赵，非楚意也。楚已诛秦，必加兵于赵。不如北徇燕地以自广，南据大河，北有燕、代，楚虽胜秦，不敢制赵。若不胜秦，必重赵。赵承秦、楚之弊，可以得志于天下。"乃使韩广北徇燕地。燕人欲立广，广曰："母在赵，不可也。"燕人曰："夫以楚之强，不敢害赵，赵独安敢害将军之家！"广乃自立为王，而赵亦归其家。赵王略地燕界，间行，为燕军所得，囚之以求割地。赵使请王，燕辄杀之。有厮养卒请使燕军，说燕将曰："夫张耳、陈余与武臣俱杖马策下赵数十城，岂乐为人臣哉！顾其势初定，且以长幼相次，先立武臣以持赵心。今赵地已服，此二人名为求王，实欲令燕杀之而分王其地。夫以一赵尚陵少燕，今以两贤王立，左提右挈而责直义，破燕必矣。"燕乃遣赵王，厮养卒为御而归。魏人周(市)〔巿〕为陈王定魏⑫。魏人欲立巿，巿曰："国家昏乱，忠臣乃见。"乃请于陈王，立故魏公子咎为魏王。故齐王田氏之族儋亦杀县令，自立为齐王。章邯败楚军，杀周文于邯郸⑬，杀田臧于敖仓。楚将皆败，秦遂攻陈，破之。

沛公二年冬十月，秦将围沛公于丰，出与战，败之。

十一月，沛公引兵之薛，令雍齿守丰。赵将李良为章邯所招，遂叛，以兵袭武臣。武臣死，张耳、陈余出走。

十二月，陈胜之御庄贾杀陈胜以降秦。楚人葬之砀，谥曰隐王。胜故中涓人吕臣复收余兵攻陈，以杀庄贾。是时，胜先令将军秦嘉掠地，及胜死，嘉立景驹为楚王。初，胜尝与人佣耕，相谓曰："富贵无相忘！"耕者笑曰："汝今佣耕，何富贵也？"胜曰："燕雀安知鸿鹄之志哉！"及胜为王，耕者叩门曰："吾欲见涉。"胜见之。出入轻慢，益发舒胜贫贱故〔情〕⑭，毁伤威重。胜斩之。故人皆弃而去，由是无亲胜者。以朱房为(忠)〔中〕正⑮，胡武为司过，以苛察为忠。而胜任之，是故诸将不亲附，此其所以亡也。雍齿以丰叛，降于魏。

春正月，张耳、陈余收赵众击李良。良败走，归章邯。耳、余乃立旧赵之后赵歇为赵王⑯。沛公将见景驹，遇张良于留。良，韩人，其先五世相韩。及韩亡，良弟死，不葬，悉以家财求客报仇强秦。秦始皇东游，良募力士击之，误中副车。亡匿下邳，游于圯上，有一老父至，直堕其履，顾谓良曰："孺子，下取履！"良甚怪愕，为其老，乃取履，跪而进之。父曰："孺子可教矣。后五日，与吾会此。"及期，而良后至，老父怒之。凡三期而良先至，老父乃喜，遗书一编，曰："读此即为王者师。后十三年见我于(齐)〔济〕北⑰，(谷)〔毂〕城山下黄石即我矣⑱。"遂去，不复见，其书乃太公兵法也。良乃以说沛公，沛公善之。良曰："沛公殆天所授。"故遂属焉。项梁以八千人渡江，闻陈婴已下东阳，欲与连和。婴者，故东阳令(吏)〔史〕⑲，县中欲立为王。婴母曰："汝家世贫贱，今暴得大名，不祥。不如以兵属人，事成犹得封侯；事不成，祸有所归，而易以亡。"婴遂以兵属梁。黥布亦以兵属梁焉。布，六人也。少时客相之，当黥而王。及其黥也，乃欣然而喜。输徒骊山，遂亡，走至江中，聚徒属而从项梁。

夏四月，项梁杀景驹及秦嘉，止薛。沛公往从之，梁益沛公兵，遂攻丰，拔之。雍齿奔魏。居巢人范增⑳，年七十余，说梁曰："秦灭六国，楚最无罪。自怀王入秦不反，楚人怜之，故语曰：'楚虽三户，亡秦必楚。'今陈胜首事，不立楚后，其势不长。今君起江东，楚蜂起之将皆争附君者，以君世世楚将，为能复立楚后也。"梁乃求怀王之孙心，心为人牧羊。

六月，楚心立，号曰怀王。陈婴为上柱国；梁为大将军，号武信(军)〔君〕㉑；封沛公为武安侯，为砀郡长。张良亦说项梁立韩公子成为韩王，良为司徒，略韩地。章邯遣兵攻魏，魏将周市请救于齐、楚。市以二国师不至，章邯击杀市，遂围临济，魏王咎伪使其人纳降而自杀。章邯进伐齐,杀田儋。儋从弟荣收余兵保东阿。齐王建之弟田假自立为齐王,田角为相,田简为将军^㉒。章邯围东阿,沛公、项梁救之,大破章邯。

秋七月,大雨霖,至于八月。田荣归,逐田假,立儋子市为王,己为相,荣从弟横为将军。田假奔楚,田角、田简奔赵。项梁遂追秦军,使召齐王兵俱西。荣曰:"楚杀田假,赵杀角、简,乃出兵。"梁曰:"田假穷来投我,我不忍杀。"齐使曰:"夫虺蝮螫手则断手,螫足则断足,为其害体也。夫田假、角、简之在楚、赵,岂有手足之戚,何故不杀?"梁不听,齐遂不肯出兵。沛公、项梁败秦师于雍丘,斩秦将李由。而梁益轻秦,有骄色。故楚令尹宋义谏曰:"臣闻战胜将骄卒惰者败。今(年)〔卒〕少惰矣^㉓,秦兵日盛,臣为君畏之。"梁不听,使宋义于齐,遇齐使者。义曰:"武信君必败。公徐行即免,疾行必及祸矣。"

九月,章邯大破楚于定陶,项梁死。齐使徐行,不及祸也。魏王咎之弟豹复收众,自立为魏王。楚怀王都彭城,约诸侯曰:"先入咸阳者王之。"章邯既败项梁,以楚不足忧,乃北伐赵,大破之。赵王歇保钜鹿。秦将王离围之,章邯军其南,筑甬道而输之粟。楚救赵,以宋义为上将,号曰卿子冠军,项羽为次将,范增为下将。遣沛公别西入关。于是灌婴以中涓从。婴,洛阳贩缯者也。是时曹参数有战功,封为执帛(侯)^㉔,号建成君。

沛公三年冬十月,齐将田都叛田荣,将兵助楚。

十有一月,楚师至于河上。项羽谓宋义曰:"疾引兵渡河,我击其外,赵应其内,破秦军必矣。"义曰:"不然。今秦攻赵,战胜则兵罢,我承其敝;不胜,则我鼓行而西,必举秦矣。故不如斗秦、赵。

夫击轻锐,我不如公;坐运筹策,公不如我。"因令军中曰:"猛如虎,狠如羊,贪如狼,强不可令者,皆斩。"遣其子襄相齐,身送之至无盐,饮酒高会。羽曰:"将军戮力伐秦,而久留不行。岁饥民贫,卒食半菽,军无见粮,乃更饮酒高会,不因赵(与)食〔与〕并击秦㉕,乃曰'承其弊'。夫以秦之强,攻新造之赵,其势必举赵。赵亡而秦益强,何弊之承!且国兵新破,王寝不安席,扫境内而属之将军,国家安危,在此一举。今不恤士卒而徇私,非社稷之臣也。"羽乃晨朝宋义,即入帐中斩宋义头以出,令军中曰:"宋义与齐王谋反,王阴令籍诛之。"乃使报命于王。王以羽为大将军。

　　十有二月,项羽济河,沉船破釜,烧庐舍,令人持三日粮。至则围王离,与秦军遇,九战九胜,绝甬道,大破秦军,虏王离。当此时,诸侯救钜鹿者十余壁,莫敢进。及楚击秦,诸侯皆从壁上望,楚战士无不一当十。又羽〔兵〕呼声动天地㉖,诸侯军人人莫不怖惧。于是既破秦军,羽见诸侯(上)将㉗,入辕门,膝行而前,莫(不)〔敢〕仰视㉘。羽者由是为诸侯上将军,兵皆属羽焉,于是羽威权遂振四海。初,宋义与项羽将五万距秦三将。当王离与羽大战时,精兵四十万众,并章邯军故也。是时枉矢西流如火流星蛇行㉙,若有首尾,广长如一匹布着天。矢星坠至地,即石也。枉矢所触,天下所共伐也。凡枉矢之行,以乱平乱,项羽伐秦之应。沛公又败秦军于栗邑。陈余遗章邯书曰:"白起为秦将,南拔鄢、郢,北坑马服,攻城略地,不可胜计,卒赐死于杜邮。蒙(括)〔恬〕北逐戎人㉚,开榆中之地数千里,竟死于(云)阳〔周〕㉛。何者?功多而秦不能封,因以法诛之。今将军为将三年,所亡失以十万数,而诸侯并起。丞相赵高专政日久,今事急,恐二世诛之,必因以法诛将军以塞责,使人更代以免其祸。将军居外久，多内隙，有功必死，无功亦死。且夫天亡秦，愚智皆知之。今将军内不能直谏，外为亡国将，孤立而欲长存，岂不哀哉！"章邯狐疑，阴与项羽约，未决。钜鹿之围，陈余以数万人军在钜鹿北，力不能救赵。张耳令张黡、陈释召余，余遣黡、释将五千人当秦军，皆没。及罢围，耳责怒余。余曰："所以不进死，欲报秦也。今赴秦军，如以肉喂虎，当何益也？"耳又以为余杀黡、释，余怒曰："不意君之望臣深也！"乃解印绶去，耳取之，遂收其军。余与数百人之河上渔猎。初，耳、余为刎颈交，俱隐身为里监门，余常父事耳，由是有隙。

春二月，沛公过高阳。郦食其为里监门，年六十余，县中谓之狂生，乃求见沛公。沛公方踞床，令两女子洗足。食其长揖不拜，曰："足下必欲举义兵，诛无道秦，不宜踞见长者。"沛公辍洗，谢之。食其进计曰："天下之郡，陈留当冲，四通五达之郊也，又多积粟。臣请使其令下公。即不听，举兵攻之，臣为内应，破陈必矣。"于是沛公引兵随而攻之，遂取陈留，号食其为广野君。食其言弟商，以为将军。时商聚党数千人，以兵属焉。

夏六月，沛公攻宛，韩王使张良从。南阳太守吕𪩘保城，不下，沛公欲遂西。张良曰："强秦在前，宛兵在后，此危道也。"乃围宛。宛急，南阳太守吕𪩘拟自杀。其舍人陈恢逾城出见沛公，曰："宛吏惧死，皆坚守。足下尽力攻之，死伤者必众；引兵西去，宛必随之。足下前则失咸阳之约，后有强宛之患。不如降之，封其守，引其甲卒而西。(北)〔诸〕城未下者㉒，必开门而待足下矣。"沛公曰："善。"

秋七月，封南阳太守𪩘为殷侯，封陈恢为千户侯。引兵而西，无不下者。军所过不虏掠,秦民喜。章邯遂降项羽,盟于殷墟之上。立邯为雍王,置军中;长〔史〕欣为上将㉝,将秦降卒前行。

八月,沛公攻武关。赵高杀二世以请和,求分王关中,沛公不听。高乃立二世兄之子婴为王。婴立诛灭赵高,遣兵距峣关。张良曰:“秦兵尚强,未可轻也。愿益张旗帜诸山上为疑兵,令郦食其持重宝以啗秦将。”秦将果欲连和俱西,沛公欲听之。良曰:“今独其将欲叛,士卒恐不从。〔不〕从必危㉞,不如因其懈而击之。”乃击秦军,大破之,遂至蓝田。

校勘记

① 罔不(能)备矣　从陈璞校删。

② 是绍是(维)〔继〕　从黄丕烈校勘本(以下简称黄校本)改。

③ 居(水)〔木〕火之间　从学海堂本改。

④ 陶唐〔氏〕之后　从黄校本补。

⑤ 占气者〔云〕山东有天子气　从黄校本补。

⑥ 遂因天〔下〕之怨(下)谋叛　据南监本、龙溪本、学海堂本改。

⑦ 徇下(邳)县　从汉书项籍传删。

⑧ 武臣自号为武信(军)〔君〕　从南监本、龙溪本、学海堂本、汉书张耳陈余传改。

⑨ 徐公说武信(军)〔君〕　从南监本、龙溪本、学海堂本、汉书张耳陈余传改。

⑩ 乃以侯〔印〕迎徐公　从汉书蒯通传补。

⑪ 〔故劝武臣反……余为大将军〕　从黄校本补。

⑫ 魏人周(市)〔市〕　从龙溪本、学海堂本改。按“市”同“黻”,音 fú。

⑬ 邯郸　史记陈涉世家作“渑池”。

⑭ 益发舒胜贫贱故〔情〕　从钮永建校补。

⑮ 以朱房为(忠)〔中〕正　从学海堂本、史记陈涉世家改。“房”,汉书陈胜

传作“防”。

⑯ 乃立旧赵之后赵歇为赵王　纽永建校云：史记张耳陈余传赵歇王赵在击
李良前。

⑰ 后十三年见我于(齐)〔济〕北　从黄校本、汉书张良传改。

⑱ (谷)〔榖〕城山下黄石即我矣　从龙溪本、学海堂本、汉书张良传改。

⑲ 故东阳令(吏)〔史〕　从史记项羽本纪改。

⑳ 居巢人范增　纽永建校云：史记项羽本纪裴骃集解引荀悦汉纪云：“范增，
阜陵人。”按今纪无文，盖已为后人据史、汉改也。

㉑ 梁为大将军号武信(军)〔君〕　从龙溪本、学海堂本、史记项羽本纪改。

㉒ 田简　汉书项籍传作“田间”。

㉓ 今(年)〔卒〕少惰矣　从龙溪本、学海堂本改。

㉔ 封为执帛(侯)　纽永建校云：史记曹相国世家：“于是乃封参为执帛。”无
“侯”字。汉书曹参传同。裴骃集解引张晏曰：“执帛，孤卿也。”颜师古引
郑氏曰：“执帛，楚爵也。”按此执帛即为爵名，不当复有“侯”字。

㉕ 不因赵(与)食〔与〕并击秦　从南监本、龙溪本、学海堂本乙正。

㉖ 又羽〔兵〕呼声动天地　从史记项羽本纪补。

㉗ 羽见诸侯(上)将　纽永建校云：按史记作“诸侯将”，无“上”字。汉书项
籍传同。纪文盖涉下“诸侯上将军”而误。

㉘ 莫(不)〔敢〕仰视　从龙溪本、学海堂本改。

㉙ 如火流星蛇行　“火”，黄校本作“大”。

㉚ 蒙(括)〔恬〕　从南监本、龙溪本、学海堂本改。

㉛ 竟死于(云)阳〔周〕　从汉书项籍传改。

㉜ (北)〔诸〕城未下者　从学海堂本、汉书高帝纪改。

㉝ 长〔史〕欣为上将　从南监本、龙溪本、学海堂本补。

㉞ 〔不〕从必危　从黄校本、汉书张良传补。

汉纪　高祖皇帝纪　卷第二

汉元年冬十月,五星聚于<u>东井</u>,从岁星也。<u>东井</u>,秦之分野。五星所聚,是谓易行,有德者昌,无德者殃。<u>沛公至霸上</u>。秦王子婴素车白马,系颈以组,奉皇帝玺降于轵道傍。<u>沛公执之以属吏</u>。于是<u>秦</u>遂亡矣。<u>本传</u>曰:"<u>贾生</u>之过秦曰:'<u>秦孝公</u>据崤、<u>函</u>之固,拥<u>雍州</u>之地,君臣固守以窥<u>周室</u>,有席卷天下,并吞八荒之心。当此之时,<u>商君</u>佐之,内立法度,务耕织,修守战之备,外连横而斗诸侯。于是<u>秦</u>人拱手而取<u>西河</u>之外。及<u>惠文</u>、<u>武</u>、<u>昭襄</u>蒙故业,因遗策,南取<u>汉中</u>,西取<u>巴</u>、<u>蜀</u>,东割膏腴之地,收要害之郡。诸侯恐惧,会盟而谋弱<u>秦</u>,合纵缔交,相与为一。常以十倍之地,百万之军,仰关而攻<u>秦</u>。<u>秦</u>人开关延敌,九国之师逡巡而不敢进。<u>秦</u>无亡矢遗镞之费,而天下已困矣。于是从散约败,争割地而赂<u>秦</u>。<u>秦</u>有余力而制其弊,追亡逐北,伏尸百万,流血漂橹,因利乘便,宰割天下,分裂山河。强国请伏,弱国入朝。及至<u>始皇</u>,奋六世之余烈,振长策而御宇内,吞<u>二周</u>而亡诸侯,履至尊而制六合。南取(北)〔百〕<u>粤</u>之地[①],以为<u>桂林</u>、<u>象郡</u>。<u>百越</u>之君俯首系颈,委命下吏。乃使蒙恬北筑长城而守藩篱,(隙)〔却〕匈奴七百余里②。然后践华为城,因河为池,据亿丈之峻,临不测之深以为固。良将劲弩,守要害之地,信臣精卒,陈利兵而谁何。天下已定,始皇之心,自以关中之固,万世之业也。于是废先王之典,焚百家之言,以威力为至道,以权诈为要术,百姓失望而天下怀怨矣。故陈涉起于行阵之间,将数(万)〔百〕之众③,转斗而攻秦。斩木为兵,揭竿为旗,天下云合响应,(赢)〔赢〕粮而影从④,山东豪杰并起而亡秦族矣。夫秦以区区之地,致万乘之权,然后以六合为家,崤、函为宫。一夫作难而七庙隳,身死人手,为天下笑者,何也?仁义不施,而攻守之势异也。'"沛公入咸阳,宫室、妇女、珍宝、犬马之饰甚盛,欲留之。张良谏沛公曰:"秦为无道,故使沛公得至于此。今始至秦,即安其乐,此助桀为虐也。"乃还军霸上。诸将皆争取秦宝货,萧何独悉收秦图书。

十有一月,沛公与秦人约法三章:杀人者死,伤人者刑,及盗抵罪。吏人皆安堵如故。民争献牛酒,又让不受,于是民知德义矣。沛公乃遣兵距关,欲王关中。是时项羽率诸侯兵四十万众,号百万众,西至新安。〔降〕卒心不服⑤,出怨言,羽乃夜击之,坑秦降卒二十余万人。

十有二月,遂至鸿门,欲击沛公。项羽季父〔项伯〕告张良令出⑥。良曰:"今事急,亡去则不义。"乃告沛公,令见项伯,(项伯)自解于项羽⑦。沛公遂见羽于鸿门。亚父范增欲击沛公,羽不听。范增谓项庄曰:"汝入以剑舞,因击沛公。"项庄既舞,项伯常以身蔽沛公。于是甚急,贤成君樊哙闻之,杖剑楯冲门而入,立于帐下。羽曰:"壮士哉!赐之卮酒豚肩。"既饮酒,拔剑切肉,肉尽。因责让羽曰:"沛公先定关中,以待大王。今大王听谗臣之言,乃欲诛沛公,臣恐天下解心疑大王也。所以遣兵守关者,以备他盗也。"羽默然,遂无诛〔沛公之意〕⑧。沛公乃还霸上。范增怒曰:"吾属今为沛公虏矣!"羽遂杀子婴,收其宝货、妇女而东。烧秦宫室,火三月不灭。韩生说羽令都关中。羽曰:"富贵不归故乡,如衣锦夜行。"韩生曰:"人谓楚人曰沐猴而冠,果然。"羽闻之,怒杀韩生。羽所过残贼,秦人失望。

春正月,羽阳尊怀王为义帝,徙之长沙,都郴。羽自立为西楚霸王,王梁、楚地九郡,都彭城。立沛公为汉王,王巴、蜀、汉中四十一县,都南郑。三分关中,立秦三将:章邯为雍王,司马欣为塞王⑨,董翳为翟王。黥布为九江王。徙赵王歇为代王。立张耳为常山王。徙魏王豹为西魏王。徙燕王广为辽东王。燕将臧荼为燕王。徙齐王(市)〔巿〕为胶东王⑩。齐将田都为齐王。赵将司马卬数有功,立为殷王。瑕丘申阳先下河南,迎楚王于河上⑪,立阳为河南王。吴芮率百越佐诸侯,立芮为衡山王。义帝柱国共敖别将击河南⑫,功多,立敖为临江王。旧齐王建之孙田安,初以济北数城降,立为济北王。田荣背项梁,陈余不从入关,故皆不王。然素闻余贤,封南皮三县。为鄱君别将枚铅功多⑬,封(旧)〔十万〕户侯⑭。夏四月,诸侯皆就国。汉王欲叛楚,萧何谏曰:"虽王汉中之恶,不犹愈于死乎?且语称'天汉',其称甚美。夫能屈于一人之下,则伸于万人之上,汤、武是也。愿大王王汉,抚其民以致贤人,收用巴、蜀,还定三秦,天下可图也。"乃就国。赐曹参爵为建成侯,樊哙为临武侯。张良〔说曰:"愿王。"〕烧绝栈道⑮,示无还心。"良因绝栈道而还于韩。于是沛公遂至南郑,封吕公为临泗侯。淮阴人韩信为治粟都尉。

初,信家贫,常寄食于下乡亭长,亭长妻厌之,乃自绝而去。钓于下邳城下,有漂母怜信,食信数十日。信曰:"富贵,我必厚报母。"母怒曰:"大丈夫不能自食,吾岂求报乎!"淮阴市有少年众辱信曰:"能死,杀我;不能死,出我跨下。"信遂俯而出其跨下,市人大笑之。信母死,家贫无以葬,乃行营高敞葬地,令其傍可置万家者。后事项羽,为郎中,羽不能用而去,归于汉。坐事当斩,已伏锧,仰视,乃见夏侯婴,曰:"王不欲取天下邪?而斩壮士!"太仆婴言之于王,赦之不诛,以为都尉。萧何知其贤。王不能用,信亡。萧何遽自追之,不及以闻,三日乃至。王怒曰:"何之?"何曰:"追亡者耳。"王曰:"诸将亡者十辈,公无所追,追信,诈也。"何曰:"诸将易得耳。大王必欲定天下,非信无可用者。"王乃以为大将军。何曰:"大王性素慢人,每拜大将军,若召小儿,此信所以去也。宜立坛场,斋七日,设九宾礼而拜之。"既拜信,众咸惊焉。信见王:"今东向争天下,岂非项王也?"王曰:"然。"信曰:"大王自料勇悍仁强孰与项王?"王曰:"不如也。"信再拜曰:"唯,信亦以为大王不如也。然项王暗呜叱咤,千人皆靡,然不能属任贤将,此特匹夫之勇耳。项王与人恭谨,人有疾病,流涕与之分食,至于封赏,恡而不能与,此特匹妇之仁耳。虽王天下,不居关中,都彭城。又背义帝约,而以亲(疏)〔爱〕王⑯,诸侯不平。所过无不残灭,百姓不附。虽名为

伯,实失天下心,故曰其强易弱。今大王诚能反其道,任天下武勇,何所不诛!以天下城邑封功臣,何所不服!以义兵从思东归之士,何所不胜!且三秦王诈其众降诸侯,项王诈坑秦降卒二十余万人,唯邯、忻、翳等三人得脱。秦人父兄怨此三人,痛入骨髓。大王入关,秋毫一无所取,除秦苛法,吏人无不欲得大王王秦。于诸侯之

约,大王当王关中。王失职之蜀,秦人无有不恨者。今大王举兵而东,三秦可传檄而定也。"于是王大喜,自以为得信晚也。

五月,与韩信俱东,萧何留守蜀。王进兵袭雍王,章邯败走废丘,令将军樊哙围之。王遂东。田荣怨项羽不肯王己,又不令市徙胶东。市畏楚,亡之国。

六月,田荣杀(市)〔市〕⑰,自立为齐王,而击田都。都亡走楚。田荣与彭越将军印绶,令反,徇梁地。越者,昌邑人也。初,少年相聚百余人,请越为长,与期会,十余人后至。越曰:"请斩最后至一人。"众皆笑曰:"何至如是?"越遂斩之,立约束而盟。徒属皆惊,而不敢仰视。后众万余人,在钜野中,无所属。乃受荣印绶,击杀济北王安。荣遂并三齐之地。辽东王韩广不肯徙之国,故燕王臧荼杀广,并其地。塞王忻、翟王翳来降。项王杀韩王成,以张良从汉入秦故也。以故吴令郑昌为韩王,距汉。张良遗项羽书曰:"汉〔王〕失职之蜀,欲得关中,如约则止,不敢反也。"又以齐反书遗羽曰:"齐欲灭楚国。"羽以故不(南)〔西〕⑱,而北击齐,〔征〕兵〔九江〕⑲。九江王称疾,遣四千人助楚。是岁,实乙未也。

二年冬十月,项羽使九江王布杀义帝于郴。陈余既怒张耳,且怒项羽之不王己也,乃请兵于齐以伐赵,破常山赵王。张耳欲走楚,齐客有甘公者说耳曰:"汉王入秦,五星从岁星于东井,其占曰'当以义取天下'。汉入秦可谓能义矣。楚虽强,后终属于汉。"耳乃走汉。汉以故秦柱下史阳武人张苍为常山太守。陈余迎赵王歇反之于赵,立余为代王。余以赵王弱,乃使夏说为国相居代,余相赵。张耳间行归汉,汉以为成信侯。河南王、韩王来降。

十有一月,立旧韩王孙信为韩王。使诸将略地,若一郡降者,封万户侯。王使人招陈余，陈余曰："汉杀张耳，乃从。"汉乃求人类耳者送其首，余将从汉，闻耳诈死，乃止。

春正月，项羽伐齐，杀田荣，齐降于楚。羽焚其城郭，杀降卒，系虏老弱，齐复叛楚降汉。汉王立社稷于长安。施恩惠，赐人爵。蜀、汉人从军者，家复租税二岁。关中人从军者，复租一岁。人年五十已上能善道教训者，复徭役。常以十月赐民牛酒。萧何守关中，治栎阳宫，定约束，转漕给军，专任关中事。是时沛人王陵聚党数千人在南阳，始来从汉。项羽得陵母，汉使至楚，羽使母招陵。陵母见使者曰："为我告陵，汉王长者也，终事之，无二心。"因伏剑死。

三月，魏王豹降，陈平因魏无知始来。陈平，阳武人也。家贫，好读书，少时尝为里中社宰，分肉甚平均，父老善之。平曰："嗟乎！使平宰天下，亦如此肉矣。"事魏王及项羽，不能用。归汉，汉王与参乘，令典护诸将。诸将皆怒曰："大王一旦得楚之亡卒，乃命监护长者！"王愈益任用之。王至洛阳，新城三老董公说王曰："臣闻'顺德者昌，逆德者亡'，'兵出无名，事故不成'，'明其为贼，敌乃可服'。项王杀义帝，是天下之贼也。夫仁者不以勇，义者不以力，若三军之众为之素服，以告诸侯，而事东伐，此汤、武之举也。"王善之。乃与义帝发丧，大临三日，素缟以告诸侯。

夏四月，田横立荣子广为齐王，横为相，止城阳。项羽与齐战。汉王率诸侯之师凡五十六万人东袭楚。至外黄，彭越将三万人归汉。汉拜为相国，令定梁地。王遂入彭城，悉收楚美人宝货，置酒高会。羽闻之，留其将击齐，自以精兵三万人归，晨袭汉军于濉水上。从旦至日中，杀汉士卒十余万人，皆入濉水，濉水为之不流。

汉军大败，围王三匝。会天大风扬砂，昼晦，楚军大乱，而王得与数十骑遁去。道逢孝惠、鲁元公主，载行。楚追急，辄推堕之。夏侯婴尝收载之，遂得免。而太公、吕后被获于楚。时诸侯皆复归楚，楚进兵而西。萧何悉发关中卒诣军，韩信亦收余兵与王会，击楚于京、索间，大败之。骑将灌婴又败楚骑于荥阳东，故楚师不能复进。陈平为亚将，属韩信。或曰："陈平虽美丈夫，如冠玉耳，未有所知也。平居家盗淫其嫂，在官受金。"王以让魏无知，无知曰："大王所知者，行也；臣所言者，能也。顾其计诚足以益国耳，又何疑？"王以平为护军中尉，尽监护诸将。诸将乃不敢言。王谓群臣曰："谁能为我说九江王，令背楚，项羽必留。(必)〔得〕留三月⑳，我之取天下可以万全。"有儒者随何请使。至九江，三日不得见。何说太宰曰："今臣所言是耶，大王所欲闻；非耶，何等二十人伏斧锧于淮南市，以明大王背汉而与楚也。"太宰言之于王而见之。何曰："窃见大王之与楚，何也？"王曰："寡人北面而臣事之。"何曰："大王臣事楚者，以为可托国也。项王伐齐，身自负版筑，以为士卒先。大王宜悉举淮南之众，身为先锋；乃发四千人以助楚。夫北面而臣事人者，固若是乎？汉王战于彭城，项王未出齐也，大王宜扫淮南之众日夜会战，今无一人渡淮者，垂拱而观其孰胜。夫托国于人，固若是乎？大王提空名以向楚，而欲厚自托，臣窃危之。夫楚兵虽强，负不义之名，以其背盟约而杀义帝也。汉王收诸侯之兵，还守成皋、荥阳下，独深沟高垒，分卒守徼乘塞。楚人还兵，间行以梁地，深入敌国八九百里。楚欲战则不得，攻城则力不能，老弱转输千里之外。汉坚守不动，进则不得前，退则不得解，楚亦不足恃也。楚胜则诸侯自危惧而相救，夫楚之强，适足以致天下之兵耳。臣非以淮南之众足以亡楚也。今大王举兵而背攻楚，楚王必留数月，汉之取天下可以万全。大王不与万全之汉，而自托于危亡之楚，臣窃惑之。"布阴许之。会楚使至，方急责布发兵，何直入曰："九江王已归汉，楚何得以令发兵！"布甚愕。何因令布杀使者而起兵。项羽使龙且击淮南，而身攻下邑。

六月，汉王归栎阳，引水灌废丘，章邯自杀。壬午，立子盈为太子，赦罪人。关中大饥，米斗五千，人相食。

秋八月，如荥阳，使郦食其说魏王豹。豹曰："汉王侮慢人，骂詈诸侯王如奴虏耳，吾不忍复见也。"食其还，王问："魏大将军谁也？"曰："柏直也。"王曰："此将其口尚乳臭，不能当韩信，骑将冯敬不能当灌婴，步将项他不能当曹参，吾无患矣。"乃以韩信为左丞相，与曹参、灌婴俱击魏。韩信闻魏不以周叔为大将军，乃喜，遂进兵。伪陈船欲渡临晋，魏聚(伏)兵以距之㉑。信乃伏兵从(下)〔夏〕阳以木罂缻渡军㉒，袭安邑，虏魏王豹。初，豹有姬曰薄姬，许负相之，当生天子，豹恃此而反。豹败，王遂纳薄姬，是生文帝。

三年冬十月，韩信、张(良)〔耳〕及曹参等破代㉓，擒夏说。进伐赵，获赵王歇，斩成安君陈余。韩信之伐赵也，广武君李左车说成安君陈余曰："汉兵乘胜远斗，其锋不可当也。臣闻'千里馈粮，士有饥色；樵苏后爨，师不宿饱'。今井陉之道，车不得方轨，骑不得成列，行数百里，其势粮食必在后。愿足下假臣奇兵三万人，从间路绝其辎重；足下深沟高垒，勿与战。彼前则不得斗，退则不得还，野无所掠，不十日，两将之头可悬于麾下矣。"陈余曰："韩信兵号数万，千里径来袭我，亦(不)〔已〕罢劳㉔。今我二十万避而不击，后有大者，何以距之？诸侯谓吾怯，而轻来伐我。"不听。韩信使人窥之，知其不用广武君计，乃敢进兵。未至井陉口三十里，止舍。夜半，选轻骑二千人，人持一赤帜，从间道萆山而望赵军。信戒曰："赵见我走，必空壁逐我，汝疾入，拔赵帜，立汉赤帜。"乃使万人先行，背水为阵。

平旦，信建大将旗鼓，出井陉口。赵开壁击之，大战良久。于是信、耳佯不胜，伪弃旗鼓，走还水上军。赵空壁争汉旗鼓，逐信、耳。于是二千（旗）〔骑〕驰入赵壁㉕，皆拔赵帜，立汉赤帜二千。赵军不能败水上军，乃还，见汉赤帜，大惊，以为汉皆已破赵众矣，遂乱而走。赵将虽斩之，不能禁。于是汉兵夹击，大破之。既而诸将问信曰："兵法：'右背山陵，前左水泽。'今将军令臣等反背水阵，何也？"信曰："'置之死地而后生'，此兵法也。且信非得素拊循士大夫也，所谓'驱市人而战'，故置之死地，既人人自为战；即与生地，皆走，尚安得而用之乎！"诸将皆服曰："非所及也。"信令军中曰："生得广武君，购千金。"信得之，乃东面师事之，问曰："吾欲北攻燕，东伐齐，何如？"对曰："'败军之将不可以语勇，亡国之大夫不可以图存。'又何问焉！"信曰："向使成安君听子之计，则信亦将为子擒矣。"固问之。对曰："足下威振诸侯，名闻海内，然士卒罢劳，其实难用。今足下举倦弊之兵，顿之燕坚城之下，情见力屈，旷日粮竭。若燕不拔，齐必距境以自强。二国相持，则刘、项之权未有所分也。不如按甲休兵，日享士（卒）大夫㉖，北首燕路，然后使一乘之使，奉咫尺之书，燕不敢不从。燕从而临齐，齐虽有智者，亦不能为齐计也。兵法固有'先声而后实'者，此之谓也。"信曰："善。"乃发使使燕，燕听命。于是请立张耳为赵王，以拊循赵众。甲戌晦，日有食之。

十二月，九江王布及随何至。布为楚所攻败，故间行而来。王拒楚于成皋，与郦食其谋（挠）〔桡〕楚权[27]。食其曰：“昔汤伐桀，封其后于杞；武王伐殷，封其后于宋。秦灭六国，使无立锥之地。大王诚复六国之后，彼皆戴仰大王德义，愿为大王臣妾。德义已行，南面称伯，楚必敛衽而朝。”王曰：“善。趣刻印。”未行，张子房至。王以问之，良曰：“大事去矣。”汉王方食，良曰：“臣请借前箸以筹之：昔汤、武封桀、纣之后者，度能制其死命也。今大王能制项籍之死命乎？其不可一矣。武王入殷，表商容之闾，释箕子之囚，封比干之墓，今大王能乎？其不可二矣。发钜桥之粟，散鹿台之财，以赈贫穷，今大王能乎？其不可三矣。偃革为轩，倒载干戈，示不复用武，今大王能乎？其不可四矣。休马华山之阳，示无所为，今大王能乎？其不可五矣。息牛桃林之野，示天下不复输积，今大王能乎？其不可六矣。天下游士离亲戚，捐坟墓，去故旧，从大王游者，日夜望尺寸之地。今乃立六国后，游士各归事其主，从亲戚及故旧[28]，大王谁与取天下乎？其不可七矣。且楚唯无强，六国复（挠）〔桡〕而从之[29]，大王安得复臣之哉？其不可八矣。诚用此计，大事去矣。”汉王辍食吐哺，骂郦生曰：“竖儒，几败乃公事！”令趣销印。

荀悦曰：夫立策决胜之术，其要有三：一曰形，二曰势，三曰情。形者，言其大体得失之数也；势者，言其临时之宜也，进退之机也；情者，言其心志可否之意也。故策同事等而功殊者何？三术不同也。初，张耳、陈余说陈涉以复六国，自为树党；郦生亦说汉王。所以说者同而得失异者，陈涉之起也，天下皆欲亡秦；而楚、汉之分未有所定，时天下未必欲亡项也。且项羽率从六国攻灭强秦之时，势则不能矣。故立六国，于陈涉所谓多己之党而益秦之敌也。且陈涉未能专天下之地也,所谓取非其有以与人,行虚惠而获实福也。立六国,于<u>汉王</u>所谓割己之有以资敌,设虚名而受实祸也。此同事而异形也。及<u>宋义</u>待<u>秦</u>、<u>赵</u>之毙,与昔卞庄刺虎同说者也。施之<u>战国</u>之时,邻国相攻,无临时之急,则可也。<u>战国</u>之立,其日久矣,一战胜败,未必以存亡也。其势非能急于亡敌国也,进乘利,退自保,故累力待时,乘敌之毙,其势然也。今<u>楚</u>、<u>赵</u>所起,其与<u>秦</u>势不并立,安危之机,呼吸成变,进则成功,退则受祸。此同事而异势者也。伐<u>赵</u>之役,<u>韩信</u>军于<u>泜水</u>之上,而<u>赵</u>不能败。<u>彭城</u>之难,<u>汉王</u>战于<u>濉水</u>之上,士卒皆赴入<u>濉水</u>,而<u>楚</u>兵大胜。何则?<u>赵</u>兵出国迎战,见可而进,知难而退,怀内顾之心,无必死之计;<u>韩信</u>军孤在水上,士卒必死,无有二心,此<u>信</u>之所以胜也。<u>汉王</u>深入敌国,饮酒高会,士卒逸豫,战心不固;<u>楚</u>以强大之威而丧其国都,<u>项羽</u>自外而入,士卒皆有愤激之气,救败赴亡之急,以决一旦之命,此<u>汉</u>之所以败也。且<u>韩信</u>选精兵以守,而<u>赵</u>以内顾之士攻之;<u>项羽</u>选精兵以攻,而<u>汉</u>以怠惰之卒应之。此同事而异情者也。故曰权不可预设,变不可先图,与时迁移,应物变化,设策之机也。

  <u>陈平</u>进谋曰:"<u>项王</u>大臣不过数人,大王能捐数万斤金,间<u>楚</u>君臣,使相疑惑,可以破<u>楚</u>必矣。"乃与<u>陈平</u>金四万斤,不问出入。<u>平</u>多行反间,谓<u>项羽</u>曰:"诸将功多矣,而终不得裂地而王,欲与<u>汉</u>为一以灭<u>楚</u>,分王其地。"<u>项王</u>疑之。

  夏四月,<u>楚</u>围<u>汉王</u>于<u>荥阳</u>。<u>历阳侯</u> <u>范增</u>欲急击<u>荥阳</u>,<u>项羽</u>不信。<u>增</u>怒,乞骸骨归,未到<u>彭城</u>,疽发背而死。

  五月,<u>纪信</u>谓王曰:"臣请诳<u>楚</u>,可以间出。"纪(侯)〔<u>信</u>〕乃乘王车^③,出东门曰:"<u>汉王</u>降<u>楚</u>。"<u>楚</u>军皆称万岁,之城东观,<u>汉王</u>得与数十骑出城西门。令御史大夫周苛与魏王豹守荥阳。周苛曰："反国之王，难与共守。"苛乃杀魏豹。项羽见纪信，非汉王，乃大惊怒，烧杀纪信。王自西入关，收兵复东。辕生说曰："今出武关，项王必引兵而南，大王深壁勿与战。项羽用兵疾如雷电，令成皋、荥阳间且得休息。使韩信等辑河北赵地，连燕、齐，君王乃复屯荥阳。如此则楚所备者多，力分于汉。王得休息，后与之战，破楚必矣。"汉王从之。王复出军宛、叶间，项羽果引而南，汉兵深垒自守。是时彭越等击楚，得项声、薛公于下邳，杀之。羽乃自击彭越，越败走。羽乃引兵还，拔荥阳，获周苛。谓苛曰："吾方以公为将军，封万户侯，能为我尽节否？"苛瞋目骂之，羽怒，乃烹之。遂围成皋，下之，所杀亦无数。

秋七月，有星孛于大角。大角为王坐，本志以为楚王亡之征也。

八月，王飨师河南，欲复战。郎中（令）郑忠说曰③："王高壁深垒，勿与战。"王乃使从兄刘贾与卢绾将兵入楚地，佐彭越，焚楚积聚，复击破楚师于燕西，下梁地十七城。

九月，〔羽〕东击彭越②，令大司马曹咎、长史欣守成皋。郦食其说王曰："夫敖仓，天下转输久矣，臣闻其下乃有积粟甚多。楚人不坚守敖仓，乃引兵而东，令士卒分守成皋，此天所以资汉也。且两雄不俱立，楚、汉又相持不决，百姓骚动，海内摇荡，农夫（失）〔释〕耒③，红女下机，天下之心未有所定。愿大王急复进兵，收荥阳，据敖仓之粟，塞成皋之险，杜太行之道，距飞狐之口，守白马之津，以示诸侯形制之势，则天下知所归矣。今燕、赵已定，唯齐未下，虽数十万之师，未可以岁月破也。臣请得奉明诏说齐王，使为汉称东藩臣。"王曰："善。"乃进兵复守敖仓。〔使〕食其说齐王

曰③④："知天下所归,即齐国可得而有也。"齐王曰："天下何归?"曰:
"〔归汉。夫〕汉王定三秦㉟,出武关,而诛杀义帝之贼,收天下之
兵,绍诸侯之业;降城即以侯其将,得赂即以分其士卒,与天下同其
利,豪杰俊才皆乐为之用;诸侯之兵四面而会,蜀、汉之粟方船而
下。项王有杀义帝之名,有背约之负;于人之功无所记,于人之罪
无所忘;战胜而不得其赏,拔城而不得其封;非项氏莫敢用事;为人
刻印刓而不能授,积财而不能散。故天下叛之,贤才怨之。故天下
归汉,可坐而策也。夫汉王发蜀、汉,定三秦;涉西河之外,授上党之
兵;北破赵、魏,诛成安君:此黄帝之兵,非人之力,天之所授也。今以
据敖仓之粟,塞成皋之险,守白马之津,杜太行之坂,距飞狐之口,天
下后服者先亡矣。王疾下汉,社稷可得而保也。"齐王以为然,乃罢
守兵,与食其日纵酒焉。

校勘记

① 南取(北)〔百〕粤之地　从南监本、学海堂本、汉书陈胜项籍传改。

② (隙)〔却〕匈奴七百余里　从学海堂本、汉书陈胜项籍传改。

③ 将数(万)〔百〕之众　从贾谊过秦论、史记秦始皇本纪改。

④ (蠃)〔赢〕粮而影从　从龙溪本改。

⑤ 〔降〕卒心不服　从黄校本补。

⑥ 项羽季父〔项伯〕告张良令出　从龙溪本、学海堂本补。

⑦ (项伯)自解于项羽　从龙溪本删。

⑧ 遂无诛〔沛公之意〕　从黄校本补。

⑨ 司马忻为塞王　南监本、史记项羽本纪、汉书项籍传皆作"司马欣"。此纪
　　卷一亦作"司马欣"。

⑩ 徙齐王(巿)〔市〕为胶东王　从龙溪本改。

⑪ 迎楚王于河上 　"王"，疑作"兵"。<u>钮永建</u>校云：<u>史记项羽本纪</u>"楚"下无"王"字，<u>汉书</u>同。按是时<u>楚王</u>为<u>怀王</u>，未闻至<u>河上</u>，<u>史汉</u>是。

⑫ 共敖别将击河南 　<u>钮永建</u>校云：按<u>史记项羽本纪</u>、<u>汉书项籍传</u>并作"将兵击<u>南郡</u>"，不云"<u>河南</u>"。是时立<u>共敖</u>为<u>临江王</u>，都<u>江陵</u>。考<u>裴骃史记集解</u>引<u>汉书音义</u>云"本<u>南郡</u>改为<u>临江国</u>"。又<u>汉书地理志</u>：<u>江陵</u>正属<u>南郡</u>。<u>项</u>氏所封诸侯王皆就其所据地，则<u>共敖</u>所封，定为<u>南郡</u>无疑。<u>苟纪</u>误。

⑬ 枚銷 　<u>汉书项籍传</u>作"梅銷"。

⑭ 封(旧)〔十万〕户侯 　从<u>龙溪本</u>、<u>学海堂本</u>、<u>汉书项籍传</u>改。

⑮ 张良〔说曰愿王〕烧绝栈道 　从<u>黄校本</u>补。

⑯ 而以亲(疏)〔爱〕王 　从<u>汉书韩信传</u>改。

⑰ 田荣杀(市)〔巿〕 　"市"讹，径改。

⑱ 羽以故不(南)〔西〕 　从<u>黄校本</u>改。

⑲ 〔征〕兵〔九江〕 　从<u>黄校本</u>补。

⑳ (必)〔得〕留三月 　从<u>黄校本</u>、<u>学海堂本</u>、<u>史记高祖本纪</u>改。

㉑ 魏聚(伏)兵以距之 　从<u>陈璞</u>校删。

㉒ 乃伏兵从(下)〔夏〕阳以木罂缶渡军 　从<u>汉书韩信传</u>改。

㉓ 韩信张(良)〔耳〕 　从<u>汉书韩信传</u>改。

㉔ 亦(不)〔已〕罢劳 　从<u>陈璞</u>校改。

㉕ 于是二千(旗)〔骑〕驰入赵壁 　从<u>龙溪本</u>、<u>学海堂本</u>改。

㉖ 日享士(卒)大夫 　从<u>史记淮阴侯列传</u>删。

㉗ 谋(挠)〔桡〕楚权 　从<u>汉书张良传</u>改。

㉘ 及故旧 　"及"，<u>汉书张良传</u>作"反"。

㉙ 复(挠)〔桡〕而从之 　从<u>汉书张良传</u>改。

㉚ 纪(侯)〔信〕乃乘王车 　从<u>南监本</u>、<u>龙溪本</u>改。

㉛ 郎中(令)郑忠 　从<u>汉书高帝纪</u>删。

㉜ 〔羽〕东击彭越 　从<u>陈璞</u>校补。

㉝ 农夫(失)〔释〕耒 　从<u>黄校本</u>改。

26

㉞〔使〕食其说齐王　从黄校本补。

㉟〔归汉夫〕汉王定三秦　从黄校本补。

汉纪　高祖皇帝纪　卷第三

　　四年冬十月，韩信将伐齐，闻既和，欲还。蒯通说信曰：“将军受诏击齐，未有诏止，何以得无行乎！且郦生一儒士，（仗）〔伏〕轼下齐七十余城①，将军以数十万众，乃下赵五十余城。劳苦将士数年，反不如一竖儒之功乎！”信遂袭齐。齐王以郦生为卖己，乃烹之。齐王走高密。项羽东伐外黄。外黄数日乃降，羽令男子十五已上诣城东，欲悉坑之。外黄令舍人儿年十三，说羽曰：“彭越强劫外黄，外黄恐，故且降，以待大王。大王又欲坑之，百姓岂有所归心哉！从此以东，梁地十余城皆惧，莫敢下矣。”羽赦之。羽初之（东）山〔东〕②，属大司马曹咎、长史忻曰：“汉即挑战，慎勿与战，〔勿〕令得东而已③。我十五日必定梁地。”而汉果挑战，楚军不出。使人辱之，数日，咎怒，渡兵汜水上。士卒半渡，汉击破之，尽得楚国宝货。曹咎、长史忻皆自杀。王遂进兵取成皋。羽下梁十余城，闻曹咎破，乃还。羽于广武间为高俎，置太公于其上，曰：“汉不急下，吾烹太公。”王不听。羽怒，欲杀太公。项伯曰：“夫为天下者不顾其家，杀之无益，但益怨耳。”羽从之。使人谓曰：“愿与王挑战，面决雌雄。"王笑谢之,曰:"吾宁斗智,不斗力。"羽令壮士挑战。汉使善射者楼烦射楚三人,杀之。羽大怒,即自出,瞋目叱之。楼烦目不能视,手不能发,走还入壁。王使间问之,乃羽也。王大惊。于是王与羽临广武间而语,王数羽曰:"汝背约王我于蜀、汉,其罪一也。矫杀卿子冠军而自立,其罪二也。受命救赵,不还报命,擅劫诸侯入关,其罪三也。与怀王约,入咸阳无暴(勃)〔掠〕④,汝烧秦宫室,掘始皇冢,多取财宝,其罪四也。杀秦降王子婴,其罪五也。诈坑秦卒二十万,其罪六也。皆王诸(侯)〔将〕善地⑤,而徙逐其主,令臣下争叛,其罪七也。出义帝于彭城而自都之,多自与己地,其罪八也。杀义帝于江南,其罪九也。夫为人臣自欲争天下,大逆无道,其罪十也。吾以义兵诛残贼,使刑余罪人击公,何苦乃与公挑战!"羽怒,伏弩射王中胸。王乃扪足曰:"虏中吾指!"王疾甚,入成皋。中尉周昌为御史大夫。田横请救于楚。

十有一月,楚使龙且救齐,号二十万众,与齐合军。或谓龙且曰:"汉兵远战穷寇,其锋不可当。齐、楚自居其地,兵易败散。不如深壁自守,命齐王使其信臣招所亡城,亡城闻王在,楚来救,必自叛汉。汉二千余里客居其间,势无所得食,(无)可〔无〕战而降也⑥。"龙且曰:"救齐而降之,吾有何功?今战而胜之,齐之半可得而有。吾平生时知韩信之为人,易与耳。"遂将兵与韩信夹潍水而阵。信乃夜令人为万余囊,盛沙以壅水上流,信引兵半渡,击龙且。信佯不胜,走还。龙且追之,渡水。信使人决壅,龙且军太半不得渡。即急破之,斩龙且,虏齐王广。田横复立为齐王,战败而亡。信遂平齐,使人言于王曰:"齐国多诈,请为假王以镇之。"王大怒。张良、陈平蹑王足,谏曰:"方汉不利,宁能禁信之自王乎? 不如因而立之。”

　　春二月，遣张良立信为齐王，征其兵击楚。曹参为左丞相。楚使武涉招信，信曰：“吾尝事项王，不见用。事汉，汉深信我，我背之不祥。”武涉已去，蒯通说信曰：“汉王败荥阳，伤成皋，还走宛、叶间，此所谓智勇俱竭者也。楚兵困于京、索之间，迫于西山而不能进，三年于此矣。锐气挫于险塞，粮用尽于内藏。当今两主之命悬于足下，为足下计者，莫若两存之，三分天下，鼎足而居，其势莫敢先动。以足下之贤，有甲兵之众，据强齐，从燕、赵，出空虚之地以制其后，因民之欲，西向为百姓请命，天下孰敢不听！足下按齐国之固，有淮、泗之地，深拱揖让以怀诸侯，则天下君王相率而朝齐矣。”信曰：“吾岂可见利而背恩！”通曰：“常山王、成安君为刎颈之交，而卒相灭；大夫种存亡越，伯勾践，身死。语曰：‘野禽（碑）〔殚〕[⑦]，走狗烹；飞鸟尽，良弓藏；敌国灭，谋臣亡。’故以交友言之，则不过陈、张；以君臣言之，则不过勾践、大夫种。推此二者，足以观之矣。且臣闻之，勇略振主者身危，功盖天下者不赏。足下涉西河，虏魏王，擒夏说，下井陉，诛成安君之罪，以（全）〔令〕于赵[⑧]，胁燕定齐，南（拥）〔摧〕楚人之兵数十万之众[⑨]，遂斩龙且，西向以报，此所谓功无二于天下而英略不世出者也。足下挟不赏之功，戴振主之威，归楚，楚人不信；归汉，汉人震恐。足下欲持此安归乎？夫势在人臣之位，而有高天下之名，臣窃危之。夫随厮养之役，失万乘之权；守担石之禄，阙卿相之位。计成而不能行者，事之祸也。故猛虎之犹豫，不如蜂虿之致螫；孟贲之狐疑，不如童子之必至矣。夫功者难成而易败，时者难值而易失。愿足下无疑。”信犹豫不忍背汉，又自以功高，汉终不夺我齐，遂谢通。通去，乃佯狂为巫。

秋七月,立黥布为淮南王。

八月,初为算赋。令军士死者,吏为衣衾棺敛,传送其家。四方归心焉。汉王遣侯公说项羽,求太公。羽乃与汉约,中分天下,割洪沟以西为汉,以东为楚。

九月,归太公、吕后。封侯公为平国君。项羽解而东归。汉王欲西,张良、陈平谏曰:"今汉有天下太半,而诸侯皆附汉,楚兵疲食尽,此天亡之时也,不如因其几而取之。"

五年冬十月,王追项羽至阳夏南,与韩信、彭越期,皆不至会。楚击汉军,大破之。王复深垒自守。王谓张良曰:"诸侯不从,奈何?"对曰:"大王能取(雎)〔睢〕阳以东、北至榖城尽以王彭越⑩,从陈以东傅海与韩信,则两人必至,而楚败矣。"王从之。信、越皆至。

十有二月,诸侯皆会垓下,围项羽数重。夜闻汉军四面皆作楚歌,羽惊曰:"汉已尽得楚乎?是何楚人歌之多也!"夜起饮帐中,有美人曰虞姬,有骏马曰骓。羽乃慷慨悲歌曰:"力拔山兮气盖世,时不利兮骓不逝。骓不逝兮可奈何!虞兮虞兮奈若何!"羽遂上马,(乃)从八百余骑⑪,直夜溃围南出。平明,汉军乃觉之,命骑将灌婴以五千骑追羽。羽至阴陵,迷失道路,汉军追及之。至东城,乃有二十八骑。追者数千。羽谓其骑曰:"吾起兵八岁矣,身经九十余战,所当者破,未尝败。今困于此,固天亡我,非战之罪也。今日固决死,愿为诸君决战。"于是引其骑因四隤山为圆阵。汉军围之数重。羽谓其骑曰:"吾为公取彼一将。"于是羽大呼驰下,汉军皆披靡,遂取汉一将。骑将杨喜追羽,羽还叱,喜人马皆惊,(僻)〔辟〕易数里⑫。羽分其骑为三处,汉军不知羽所在,分军为三处,复围之。羽乃驰击汉军,复取一都尉,杀百人。羽复聚其骑,亡两骑。于是羽引军东至乌江，亭长曰："江东虽小，地方千里，众数十万，亦足以王也。愿大王急渡。今独臣有船，汉军至，无以渡。"羽曰："籍与江东子弟八千人渡江而西，今无一人还者，纵江东父兄怜而王我，我何面目见之哉？吾(之)〔知〕公长者也[13]。吾骑此马五岁，常以一日行千里，吾不忍杀之，以赐公。"乃令骑皆去其马，短兵接战，复杀汉军百人。羽亦被十余创，乃自刭而死。楚地悉平，独鲁后降。

初，怀王封羽为鲁公，故以鲁为号，葬羽于穀城山下。汉王为之发哀，封项伯等四人为列侯，赐姓刘氏。本传曰："项羽背关怀楚，放逐义帝，自矜功伐，而不师古，霸王之业，始欲以力征经营天下，五年卒亡，身死东城，尚不觉悟，以为非己之罪，岂不过哉！"春正月，徙齐王韩信为楚王，都下邳。信乃赐所从食漂母千金。召下乡亭长曰："公，小人也，为惠不终。"赐钱百万。召辱己少年曰："壮士哉！"以为中尉。赦天下殊死已下。群臣上皇帝尊号，王辞让而后受。

二月甲午，皇帝即位于(汜)〔氾〕水之阳[14]。以十月为正，从火德，色尚赤，以应斩白蛇、神母之符。尊王后曰皇后，太子曰皇太子，追尊先媪曰昭灵夫人。鄱君吴芮率百越佐诸侯，立芮为长沙王。越王无诸率闽中兵以佐灭秦，立无诸为(越)〔闽粤〕王[15]。于是皇帝西都洛阳。

夏五月，兵皆罢。令人保其山泽者各归其田里，自卖为人奴婢者免(其)〔为〕庶人[16]。上置酒南宫，问群臣曰："吾所以得天下，羽所以失之者何？"王陵对曰："陛下使人攻城略地，因以赏之，与天下同其利。项羽嫉贤妒能，有功者害之，贤者疑之，战胜不蒙其功，得地不获其利,所以失天下也。"上曰:"公知其一,未知其二。夫运筹帷幄之中,决胜千里之外,吾不如子房;镇国家,抚百姓,给馈饷,吾不如萧何;连百万之众,战必胜,攻必取,吾不如韩信。三者皆人杰也,吾能用之,所以取天下也。羽有一范增,贤而不能用,此所以为我擒也。"上问韩信曰:"公相我能将几何?"信曰:"陛下不过能将十万。"又问韩信:"公能将几何?"对曰:"臣多多益办耳!"上曰:"何为为我臣?"信曰:"陛下虽不能将兵,而善将将。此所谓天授,非人力也。"是时田横与宾客五百人亡在海中,上遣使赦横罪,曰:"横来,大者王,小者侯;不来,将加诛。"横曰:"臣烹郦食其,今闻其弟郦商为将,臣畏惧,不敢奉诏。"帝乃诏商曰:"田横至,敢有动者族诛!"横诣洛阳,至尸(卿)〔乡〕亭三十里[17],谓其从者曰:"横与汉王并南面称孤,今汉王为天子,而横为亡房,其辱已甚矣。且横尝烹人之兄,今与其弟并肩事主,彼虽畏诏,横独不愧于心哉?且陛下不过欲一见我面貌耳。今斩吾头,驰三十里,容貌未及变。"乃沐浴自刭,令客奉其首[18]。上曰:"嗟乎!起自布衣,兄弟三人更立为王,岂不贤哉!"为之流涕,而拜其二客为都尉,以王礼葬之。二客穿其冢傍,皆自刭而从之。上闻,大惊,以横客为皆贤,闻其余五百人在海岛中,使使召之,闻横死,亦皆自杀。

　　楚将季布亦已亡匿,投濮阳周氏。汉购之急,周氏乃髡钳布,与家僮数十人,至鲁朱家而卖之。朱家心知是季布,因买之,置田舍。乃见滕公,〔说〕曰[19]:"季布何罪?臣各为其主用耳。上始得天下,以私怒求一人,何示不广也!且季布之贤,不南走越,即北走胡。夫忌壮士以资敌国,此伍子胥所以鞭荆王之墓也。"夏侯婴为言之。上乃赦布,拜为郎中,后为中郎将。布立然诺之信,时人为之语曰:"得黄金百镒,不如季布一诺。朱家者为任侠,所藏活者甚众,豪士以百数。不伐其功,诸所尝施,唯恐见之。赈人先于贫贱。衣不兼彩,食不重味,专以赴人之急。及布尊贵,朱家遂不复见之。上欲都洛阳,戍卒娄敬求见,说上曰:"陛下都洛阳,岂欲与周室比隆哉?"上曰:"然。"敬曰:"陛下取天下与周室异。周之先自后稷,尧封之邰,积德十余世。公刘避狄居豳。太王以狄伐故,去豳,杖马策之岐,国人争归之。文王为西伯,始受命。武王伐殷,八百诸侯不期而会孟津之上。成王即位,周公之属傅焉,乃营成周,都洛邑。以为此天下中,四方纳贡职,道里均矣,有德则易以王,无德则易以亡。凡居此者,欲务以德致人,不欲阻险,令后世骄奢以虐人。及周之衰,分而为二,天下莫朝,周不能制,形势弱矣。今陛下用兵取天下,大战七十,小战四十,使百姓肝脑涂地,曝骨中野,哭泣之声未绝,伤夷者未起,而欲比隆周室,臣窃以陛下为不侔矣。夫秦地被山带河,四塞以为固,卒然有急,百万之众可具。因秦之资膏腴之地,此所谓金城天府之国。陛下都关中,山东虽乱,秦地可全而有也。"上问群臣,群臣皆山东人,咸言"周七八百年,秦二世而亡。且洛阳东有成皋,西有渑池,背河向洛,其固不敌,此亦足恃也。"上疑焉,问张良。张良曰:"洛阳虽有此险,其中小,不过数百里,四面受敌,此非用武之国。夫关中左崤、函,右陇、蜀,沃野千里,南有巴、蜀之饶,北有胡(宛)〔苑〕之利[20],阻三面而守,独以一面东制诸侯。〔诸侯〕安定[21],河渭漕挽,足以西给京师;诸侯有变,顺流而下,足以委输。此所谓金城千里,天府之国。娄敬之说是也。"于是上即日车驾西入关,治栎阳宫。拜娄敬为郎中,号奉春君,赐姓刘氏。

六月壬辰，大赦天下。

八月，燕王臧荼反，上自将击燕。九月，虏臧荼，立太尉卢绾为燕王。绾与上同里，同日生，少相爱，后以将军从击项羽有功，故立为(代)〔燕〕王㉒。丞相张仓从击臧荼有功，封北平侯。仓明习天下图书，善用算术，故命以列侯居相府，主郡国上计也。

六年冬，命复天下县邑。或有告楚王信谋反。上问左右，左右皆曰："发兵以击之。"陈平曰："陛下用兵之精，孰与韩信？"上曰："无能过也。"平曰："陛下将有敌信者无？"上曰："莫能及。"平曰："臣窃为陛下危之。"上曰："奈何？"平曰："信未知有告反者。古者天子巡狩，会诸侯。陛下伪出游云梦，会诸侯于陈。信必郊迎，因而执之，此一士之力。"上从之。遂执信。执信反无验，黜信为淮阴侯。田肯贺上曰："甚善，陛下得韩信，而又王关中也。夫齐，东有琅邪、即墨之饶，南有泰山之固，西有浊河之阻，北有渤海之利，地方二千里，带甲百万众，此亦东秦。非亲子弟，莫可使王齐者也。"上曰："善。"赐肯金五百斤。春正月丙午，立刘贾为荆王，王五十三县。高帝兄弟四人，长曰伯，早卒，追号为武哀侯，封子信为刮羹侯㉓。

初，上微时，数将客过嫂食。嫂厌食之，阳为羹尽，刮釜。上闻恶之，故号其子为刮羹侯。次兄曰喜，字仲，立仲为代王。弟曰交，字游，好读书，有才艺。从上征伐有功，立(楚)〔交〕为楚王㉔。长庶子肥为齐王，王七十县，以曹参为齐相国。徙韩王信于太原，都晋阳。封萧何为酂侯，父母兄弟封侯食邑者十余人，以萧何举宗从征伐故也。封曹参为平阳侯，张良为留侯，陈平为户牖侯，后徙为曲逆侯，周勃为绛侯，樊哙为舞阳侯，郦商为武成侯。食其子疥从征伐，以父故，封疙为高梁侯。夏侯婴为汝阴侯，灌婴为颍阳侯，周昌为汾阴侯。大功臣封者二十余人，其余功未得行封。

上从南宫复道上望见群臣往往聚语，上曰："此何谓也？"张良曰："陛下所封，皆萧曹故人，所诛皆平生仇雠。此属畏不得封，又恐过失及诛，此相与谋反。"上忧之，曰："为之奈何？"良曰："急封雍齿。"雍齿，上最所憎恶，群臣共知，后从征伐有功。上即封雍齿，群臣喜曰："雍齿且封，我属无患矣！"于是趋有司定功行封。（行）封王陵为定国侯^㉕。陵始为县豪，上兄事之，以其从上晚，故后。行封凡百四十有三人^㉖。是时民人散亡，居可得而数者才十二三，是以大侯不过万户，小者不过五六百户。封爵之日，誓曰："使黄河如带，太山如砺，国以永存，爰及苗裔。"又申以丹书之信，重以白马之盟，作〔十〕八（十）侯之位次^㉗。陈平之始封，平辞曰："非臣之功也。"上曰："吾用先生之（谋）〔谋〕^㉘，战胜克敌，非功而何？"对曰："非魏无知安得进？"上曰："若子可谓不背本矣！"乃复赏无知。张良素多疾病，乃称疾，曰："臣家五世相韩，及韩亡，不爱万金之资，为韩报仇强秦，天下震动。今以三寸舌为王者师，封万户，位为列侯，此布衣之极，于臣足矣。愿弃人间事，欲从赤松子游耳。"乃学道，不食谷，遂不仕。良为人容貌美丽，如妇人女子。

初，季布异父弟丁公为楚将，逐上。上迫急，顾谓丁公曰："两贤岂相厄哉！"丁公引兵而还。天下既定，斩丁公以徇军，曰："自今以后，为人臣者莫效丁公也！"以萧何功最高，群臣皆曰："臣等被甲执兵，多者百余战，攻城略地，各有等差。萧何无有汗马之劳，徒持文（物）〔墨〕论议而已^㉙，今居臣等上，何也？"上曰："诸君知猎乎？发纵指示兽者人也，追得兽者狗也。诸君徒能走得兽，功狗

也；<u>萧何</u>发纵，功人也。"及奏位次，群臣咸曰："<u>曹参</u>宜第一。"谒者
关内侯<u>鄂千秋</u>进曰："<u>曹参</u>虽有野战之功，此特一时之事耳。夫上
与<u>楚</u>相距五年，失军亡众，跳身遁者数矣，<u>萧何</u>尝从<u>关中</u>遣军补其
处。非上所诏命，而数万之众会上乏绝者数矣。<u>楚</u>、<u>汉</u>相距<u>荥阳</u>数
年，军无见粮，<u>萧何</u>常转漕给食。陛下虽亡<u>山东</u>，<u>萧何</u>常存<u>关中</u>以
待陛下，此万世之功也。奈何以一旦之功而加万世之功哉！"于是
令<u>何</u>为第一，带剑上殿，入朝不趋。上曰："吾闻进贤受上赏，<u>萧何</u>
功虽高，待<u>鄂君</u>乃得明。"于是因<u>鄂千秋</u>所食关内侯邑二千户，封为
<u>安平侯</u>。其吏二千石从入<u>蜀</u>、<u>汉</u>，定<u>三秦</u>者，皆世世复其家。上置
酒，众辱<u>随何</u>曰："为天下安用腐儒哉！"<u>何</u>曰："陛下发步卒五万
人、骑五千，能以取<u>淮南</u>乎？"上曰："不能。"<u>何</u>曰："以二十人使<u>淮</u>
<u>南</u>王至，如陛下之意，是臣之功贤于步卒五万、骑五千也。"上曰：
"吾方图子之功。"以<u>何</u>为护军中尉。

上五日一朝<u>太公</u>，<u>太公</u>家令说〔<u>太</u>〕公曰㉚："天无二日，土无二
王。皇帝〔虽〕子㉛，乃人主也。<u>太公</u>虽父，乃人臣也。奈何令人主
朝人臣！如此，威重不得申。"后上朝<u>太公</u>，<u>太公</u>拥彗，迎门却行，欲
拜。上大惊，扶<u>太公</u>。<u>太公</u>曰："帝，人主，奈何以我乱天下法！"上
善家令言，赐黄金五百斤。

<u>荀悦</u>曰：<u>孝经</u>云："故虽天子，必有尊也，言有父也。"王者必父
事三老以示天下，所以明有孝也。无父犹设三老之礼，况其存者
乎！孝莫大于严父，故<u>后稷</u>配天，尊之至也。<u>禹</u>不先<u>鲧</u>，<u>汤</u>不先<u>契</u>，
<u>文王</u>不先<u>不窋</u>。古之道，子尊不加于父母，家令之言于是过矣。

夏五月丙午，诏曰："人之至亲，莫大于父。故父有天下传归于
子，子有天下尊归于父，此人道之极也。朕平暴乱，以安天下，斯皆

太公之教训也。尊太公为太上皇。”

秋九月，匈奴围(太原)韩王信于马邑^㉜。信降匈奴。

七年冬十月，上自征太原。匈奴冒顿单于拒汉。汉使者窥匈奴者十辈，皆曰：“易击。”上使娄敬往，还曰：“匈奴见羸弱，似有伏兵，不可击。”上怒曰：“齐虏妄言，(阻)〔沮〕吾军^㉝。”械系之。上至平城，匈奴果围上于白登七日。用陈平谋，说匈奴阏氏夫人，得开围一角，上乃遁出。其计秘，世莫得闻也。士卒歌之曰：“平城之下祸甚苦，七日不食，不能弯弓弩。”上既还，谢敬曰：“不用公言，以困平城。”乃斩前使者十余辈，封敬二千户，号建信侯。先是，有月(羣)〔晕〕围于昴、参、毕七重^㉞，本志以为“昴、毕之间为天街。〔街〕北^㉟，羌胡也；街南，中国也。昴为匈奴，毕为边兵。平城之应”云。匈奴攻代。代王喜弃国归洛阳，废为(郃)〔郃〕阳侯^㊱。辛卯，立皇子如意为代王。

春二月，上自平城还。见萧何治宫室于长安，甚盛，上怒曰：“何治之过度！”对曰：“天子以四海为家，非壮丽无以重皇威，且无令后世有以过也。”乃迁都长安。是时威仪未设，群臣争功，醉呼，或拔剑击柱。上患之。博士叔孙通请制礼仪，上曰：“度吾所能行者。”通乃与弟子百余人共起朝仪，大朝会长乐宫，陈车骑、旌旗、兵卫，群臣列位，百官执职，成礼而罢，莫不祗肃。于是上叹曰：“吾乃今日知为皇帝之贵。”拜通为(泰)〔奉〕常^㊲，赐金五百斤，弟子皆为郎中。

夏四月，行如洛阳。娄敬进计和匈奴，请以鲁元公主妻单于。单于因之为女婿，有子则为外孙，后世可以渐臣也。上将行之。吕后涕泣，固请留之。乃止。更以宗室女为公主，妻单于，结和亲，岁致金币赂遗之。

校勘记

① （仗）〔伏〕轼下齐七十余城　从<u>学海堂</u>本、汉书<u>蒯通</u>传改。

② 羽初之（东）山〔东〕　从<u>龙溪</u>本、<u>学海堂</u>本乙正。

③ 〔勿〕令得东而已　从<u>龙溪</u>本、汉书<u>项籍</u>传补。

④ 入咸阳无暴（勃）〔掠〕　从<u>南监</u>本、<u>龙溪</u>本、<u>学海堂</u>本改。

⑤ 皆王诸（侯）〔将〕善地　从<u>龙溪</u>本、汉书<u>高帝纪</u>改。

⑥ （无）可〔无〕战而降也　从<u>龙溪</u>本、<u>学海堂</u>本、史记<u>淮阴侯列</u>传乙正。

⑦ 野禽（碑）〔弹〕　从<u>龙溪</u>本、<u>学海堂</u>本改。

⑧ 以（全）〔令〕于赵　从汉书<u>蒯通</u>传改。

⑨ 南（拥）〔摧〕楚人之兵　从汉书<u>蒯通</u>传改。

⑩ 大王能取（睢）〔睢〕阳以东　从<u>龙溪</u>本改。

⑪ （乃）从八百余骑　从<u>黄校</u>本删。

⑫ （僻）〔辟〕易数里　从<u>龙溪</u>本、<u>学海堂</u>本、汉书<u>项籍</u>传改。

⑬ 吾（之）〔知〕公长者也　从<u>龙溪</u>本、<u>学海堂</u>本改。

⑭ 皇帝即位于（氾）〔汜〕水之阳　从汉书<u>高帝纪</u>改。<u>张晏</u>注云："在<u>济阴</u>界，取其氾爱弘大而润下也。"

⑮ 立无诸为（越）〔闽粤〕王　从汉书<u>高帝纪</u>改。

⑯ 免（其）〔为〕庶人　从<u>南监</u>本、<u>龙溪</u>本、<u>学海堂</u>本改。

⑰ 至尸（卿）〔乡〕亭三十里　从<u>龙溪</u>本、汉书<u>田横</u>传改。

⑱ 汉书<u>田儋</u>传<u>田横</u>附传"首"下有"从使者驰奏之高帝"句。

⑲ 〔说〕曰　从<u>黄校</u>本补。

⑳ 北有胡（宛）〔苑〕之利　从汉书<u>张良</u>传改。

㉑ 〔诸侯〕安定　从<u>学海堂</u>本、汉书<u>张良</u>传补。

㉒ 故立为（代）〔燕〕王　从<u>南监</u>本改。

㉓ 封子信为刮羹侯　汉书<u>楚元王</u>传作"羹颉侯"。

㉔ 立(楚)〔交〕为楚王　从南监本、龙溪本、学海堂本、汉书高帝纪改。

㉕ (行)封王陵为定国侯　从龙溪本删。又汉书王陵传作"安国侯。"

㉖ 行封凡百四十有三人　钮永建校云:按汉书高惠高后文功臣表高祖功臣侯百四十七人,合外戚四人,王子二人,凡百五十三人。据此则纪文"四"字当改从"五"。

㉗ 作〔十〕八(十)侯之位次　从汉书高惠高后文功臣表乙正。

㉘ 吾用先生之(湅)〔谋〕　从南监本、龙溪本、学海堂本改。

㉙ 徒持文(物)〔墨〕论议而已　从汉书萧何传改。

㉚ 家令说〔太〕公曰　从汉书高帝纪补。

㉛ 皇帝〔虽〕子　从南监本、汉书高帝纪补。

㉜ 匈奴围(太原)韩王信于马邑　从汉书高帝纪删。

㉝ (阳)〔沮〕吾军　从黄校本、汉书刘敬传改。

㉞ 月(羣)〔晕〕围于昴参毕七重　从南监本、龙溪本、学海堂本改。此句当从汉书天文志作"月晕,围参毕七重"。

㉟ 〔街〕北　从汉书天文志补。

㊱ 废为(部)〔郊〕阳侯　从龙溪本、学海堂本改。

㊲ 拜通为(泰)〔奉〕常　从龙溪本、学海堂本改。蒋国祚云:"按奉常秦爵,至景帝六年改奉常为太常,高祖时宜仍称奉常。"按:汉书叔孙通传作"奉常"。

汉纪 高祖皇帝纪 卷第四

八年冬,上击韩王信余寇于东垣,建武侯靳歙有功①,迁为车骑将军。上还过赵,赵相贯高伏兵柏人亭,欲为逆。上宿心动,曰:"柏人者,迫于人也。"乃去之。初,上过〔赵〕②,赵王甚卑恭。上箕踞骂詈,甚辱之。贯高谓王曰:"皇帝遇王无礼,请杀之。"王啮其指出血,曰:"先人亡国,赖皇帝得复,德流乎子孙。君无出口。"高等私相谓曰:"吾王长者,终不背德,何(谓)〔为〕污王③?事成,归之于王;不成,独身坐之。"乃阴独为谋,而王不知。

十有一月,令士卒从军死者送归于县,给衣衾,长吏视葬,祠以少牢。

十有二月,至自东垣。

春三月,行如洛阳。令〔贾〕人无得衣锦绣绮縠絺纻④。

九月,至自洛阳。

九年冬十月,淮南王、赵王、楚王来朝⑤,置酒前殿。上为太上皇寿,曰:"始者,大人常以臣不如仲能治产业,今臣之业孰与仲多?"殿上皆称万岁。

十有一月，徙郡国大族豪杰名家十余万户以实关中，娄敬之计也。

十有二月，行如洛阳。赵相贯高逆谋发觉，同谋者赵午等十余人皆自刭死，高曰："若皆死，谁当明王不反？"乃就槛车，送诣长安，言王不知，考治身无完者，终不复言。上曰："壮士哉！"令人私问之，高曰："人情岂不各爱其亲戚乎？今吾三族皆以论死，岂以王易吾亲戚哉！"具以情对，上乃诏赦赵王。嘉贯高之节，乃赦之。高曰："所不死者，欲明王不反。今王已出，吾责塞矣。且人臣有篡弑之名，将何面目复事上哉！"乃仰天绝吭而死。赵王张敖尚鲁元公主故，封敖为宣平侯。

荀悦曰：贯高首为乱谋，杀主之贼，虽能证明其王，小亮不塞大逆，私行不赎公罪。春秋之大义，居正罪无赦。赵王掩高之逆心，失"将而必诛"之义，使高得行其谋，不亦殆乎！无藩国之义，减死可也，侯之，过欤！

初，捕赵王，诏有敢从者夷三族。赵王郎中田叔、孟舒〔等十人髡钳为王家奴，从王就狱，后上闻田叔、孟舒〕皆贤⑥，召见之。汉朝廷臣无能出其右者，皆以为郡守。

春正月，徙代王如意为赵王。夏六月乙未晦，日有食之。

十年冬十月，淮南王、梁王、燕王、荆王、楚王、齐王、长沙王来朝。

夏五月，太上皇崩。

秋七月癸卯，太上皇葬于万年⑦。

八月，令诸侯王皆立太上皇庙于国都。上欲废太子，立戚夫人子如意。群臣争之，不能得。御史大夫周昌固争之，上问其状。昌为人刚直少言，对曰："臣虽口不能言，然心知其不可。陛下必欲废太子，立戚夫人子如意，臣期不奉诏。"昌尝奏事，上方拥戚夫人，昌还走。上追之，骑昌（顷）〔项〕上⑧，问曰："我何如主？"曰："陛下桀、纣主也。"上笑之。后上尝心不乐，悲歌，群臣不知所谓。符玺御史郎赵尧进曰："陛下所为不乐者，非以为赵王年少，而戚夫人与吕后有隙，万岁之后不能自全也？"上曰："然。"尧曰："宜为赵王置贵强相，吕后、太子、群臣素所惮者。"上曰："谁可使？"对曰："周昌可相赵王。"上谓昌曰："吾极知其左迁，然吾忧赵王，非公莫可相者。"乃以昌为赵相，以赵尧代昌为御史大夫。初，赵人方与公谓昌曰："君之吏赵尧，奇士也，且代君位。"昌笑曰："尧年少，刀笔吏耳，何至是乎！"卒如方与公言。

九月，〔代相〕陈豨〔反，豨少时，常称慕魏公子无忌之养士，及为相守边〕⑨，接下宾客，从车千余乘。初，豨适代时，辞淮阴侯韩信。韩信既废，恐惧怨望，乃与豨谋曰："赵、代，精兵处也。公反于外，上必自出。吾从中起，天下可图也。"豨反，上欲自击之。建成侯周绁泣曰："陛下常自行，是无人可使。"初，绁从上，每有不利，终无离上之心。上以为"爱我"，赐上殿不趋。上遂东至邯郸，选壮士可令将者四人，各封千户侯。左右皆曰："此人何功，而封千户？"上曰："非尔所知。夫陈豨反，赵、代皆豨之有。吾以羽檄征天下兵，未有至者，今独邯郸中兵至。吾何爱四千户，不以慰赵子弟心乎！"复求乐毅之后，得乐叔，封乐乡侯，号曰华成君。令吏民为豨所劫略，皆赦其罪。问豨将，皆故贾人。曰："吾知易与之矣。"乃多与金购豨将，将多降。是时，沛人任敖素善于上，上以客从，拜为上党太守，坚守不下，封敖广阿侯。御史大夫赵尧击豨有功，封江邑侯。诏御史曰："狱之疑者，吏或不敢决，或有死者久而不能论，无罪者久系。自今已后，有疑狱者，各谳所属二千石；二千石不能决,移之廷尉;廷尉不决,具奏以闻。"

十一年冬十月,遣周勃征代地。

春正月,淮阴侯韩信谋反,与陈豨为内应,欲夜诈诏诸官徒奴以袭吕后、太子。其舍人告之。吕后与萧何谋,诈令人从上所来,言陈豨已死,群臣皆贺。遂执信,斩之,夷三族。信方斩,叹曰:"悔不用蒯通之言,为女子所执。"上自邯郸至洛阳,召蒯通,将烹之。通曰:"臣闻狗各吠非其主。当彼之时,臣但知有齐王信,不知有陛下。且秦失其鹿,天下争逐之,高材轻足者先得。当此之时,争欲为陛下所为,顾力不能,可尽烹邪!"乃赦之。上使使者拜丞相萧何为相国,益封五千户,令卒五百人、一都尉为相国卫。诸群臣皆贺,故秦东陵侯邵平独揖曰:"祸自此始矣。上暴露于外,而君守其内,非有矢石之难,而益封置卫者,以今淮阴侯新反于中,有疑君心。夫置卫者卫君,非所以宠君也。(顾)〔愿〕君让封勿受⑩,以家财给军。"何从之,上大悦。立皇子恒为代王,都晋阳。赦天下。

三月,梁王彭越反,诛三族。上击陈豨时,征兵梁王,梁王但遣将往。上怒之,梁王欲自行。其将扈辄曰:"王始不行,见让而往,即为擒矣,不如遂发兵反。"梁王不听,称疾。梁王太仆有罪亡者,告彭越与扈辄谋反。上捕囚越,赦为庶人,徙之蜀。道逢吕后于路,涕泣曰:"无罪,愿归昌邑。"吕后与俱还洛阳,谓上曰:"彭越壮士,徙之蜀,自贻后患,不如遂诛之。"吕后令其舍人告彭越复谋反,乃诛之,夷三族,枭其首,令曰:"敢有收视者,辄捕之。"梁太傅栾布为彭越使于齐,还,报命首下,祠而哭之。上欲烹之,方提头趋汤镬,布曰:"愿一言而死。"曰:"陛下非彭越,项氏不亡。今天下已定,彭王剖符受封,亦欲传之万世。今一征兵,王不自行,而疑以为反。反形未见，以苛察诛之，臣恐功臣人人自危。<u>彭王</u>已死，臣生不如死，请就汤镬。"上赦之，拜为都尉。于是醢<u>彭越</u>，以醢遍赐诸侯。<u>淮南王英布</u>闻<u>越</u>死，见醢，乃惊恐，阴有疑谋。立皇子<u>恢</u>为<u>梁王</u>，皇子<u>友</u>为<u>淮阳王</u>。

夏四月，上行自<u>洛阳</u>①。

五月，遣<u>楚</u>人<u>陆贾</u>使<u>南越</u>，立<u>尉佗</u>为王。(他)〔<u>佗</u>〕者②，<u>秦</u>时为<u>南海</u>郡尉，因天下之乱，遂有<u>南越</u>。<u>贾</u>至，<u>尉佗</u>椎髻箕踞见<u>贾</u>。<u>贾</u>曰："足下<u>中国</u>之人，亲戚昆季坟墓在<u>真定</u>。今足下反天性，弃冠带，欲以区区之<u>越</u>与天子抗行为敌国，祸且及身矣。天子闻君王<u>南越</u>，不助天下诛暴<u>秦</u>，将欲移兵于王。天子为百姓勤劳，遣臣授君王印绶，剖符通使。王(且)〔<u>宜</u>〕郊迎③，北面称臣，乃欲以新造未集之<u>越</u>，屈强于此。<u>汉</u>诚闻之，掘烧王先人坟墓，夷灭宗族，遣一偏将将十万师以临<u>越</u>，<u>越</u>人即杀王降<u>汉</u>，如反手耳。"于是<u>尉佗</u>乃蹶然起坐，而谢曰："吾居蛮夷中久，殊失礼仪。"因问<u>贾</u>曰："我孰与<u>萧何</u>、<u>曹参</u>贤？"<u>贾</u>曰："王则贤矣。"复问："我孰与皇帝贤？"<u>贾</u>曰："皇帝起<u>丰沛</u>，讨暴<u>秦</u>，诛强<u>楚</u>，为天下兴利除害，继<u>五帝</u>、<u>三王</u>之业，统治<u>中国</u>，政由一家，自天地剖判已来未曾有也。今王众不过数十万，皆蛮夷，崎岖山海，譬犹<u>汉</u>之一郡，何乃比于<u>汉</u>也！"<u>佗</u>大笑曰："吾不起<u>中国</u>，故王此。使我起<u>中国</u>，何遽不若<u>汉</u>？"乃遂受符印，称王。赐<u>贾</u>橐，中装直千金，余赠送亦千金。<u>贾</u>还报命，拜太中大夫。<u>贾</u>时上前说诗、书。上骂之曰："吾居马上得天下，安用诗、书乎！"<u>贾</u>对曰："陛下居马上得之，宁能马上治之乎？且<u>汤</u>、<u>武</u>逆取而顺守，文武并用，久长之道。昔<u>吴王夫差</u>(拯)〔<u>极</u>〕武而亡④，<u>秦</u>任刑法不变而灭。向使<u>秦</u>已兼天下，行仁义，法先王，陛下安得而有之?"上有惭色,谓贾曰:"试为我著秦之所以失天下,吾所以得天下,及古今成败之国⑮。"贾凡著书十二篇。每奏一篇,上读之,未尝不称善。号其书曰新语。

秋,淮南王黥布谋反,谓其将曰:"上老矣,厌兵,必不能自来。诸将独韩信与彭越,今皆死矣,余不足畏。"遂反。汝阴侯问故楚令尹薛公曰:"布何故反?"对曰:"往年杀韩信,今年杀彭越,此三人者,同功一体之人。自疑祸及其身,故反耳。"夏侯婴乃言薛公于上,上召问之。薛公对曰:"布出上计,则山东非汉之有也;出中计,胜败之数未可知;布出下计,陛下高枕而卧耳。"上曰:"何谓上计?"对曰:"东取吴,西取楚,并齐与鲁,传檄燕、赵,固守其所,山东非汉之有。""何谓中计?"对曰:"东取吴,西取楚,并齐、韩,取魏,据敖仓之粟,塞成皋之口,胜败之数未可见也。""何谓下计?""东取吴,西取楚,归重于越,身归长沙,陛下无患矣。"上曰:"此计将安出?"曰:"必出下计。布故骊山徒耳,致万乘之王,此皆为身,不顾其后,不为百姓万世之业也。"上曰:"善。"封薛公为千户侯。上遂自征布,赦死罪已下,皆令从军。立皇子长为淮南王。布果东击楚。楚王分军为三,欲以相救为奇兵。或谓楚将曰:"诸侯自战其地为散地。今分军为三,布散其一,两军散走,安能相救!"不听。布果败其一军,而二军皆走。布遂与帝遇于蕲西会甀。布兵精甚,其置阵如项羽军,上恶之。上谓布曰:"何苦反?"布曰:"我欲为帝耳。"上骂之,遂战,布败。

十二年冬十月,上破布军。布走江南,长沙王使人杀之。上击布也,数使使劳相国。或谓何曰:"君居关中,甚得百姓心,上畏君倾动关中。君何不多买人田宅,贱贳贷以自污!不然,上心不安。"

何从〔之〕⑯。上还过沛，悉召故人父老子弟置酒。上自歌曰："大风起兮云飞扬，威加海内兮归故乡，安得猛士兮守四方！"上乃起舞，忼慨伤怀，泣数行下。叹息曰："游子悲故乡，吾万岁之后魂魄犹思沛。其以沛为朕汤沐邑，复其人，世〔世〕无所与⑰。"又以丰比沛。既至长安，立丰县。丰之枌榆故庐社，皆如旧制也。周勃定代，斩陈豨。或言燕王绾与豨通谋，上召卢绾。卢绾谓其臣曰："往年族淮阴侯、彭越皆吕后计。今上疾病，吕后妇人，专欲诛异姓及大功臣。"遂称疾不行。上怒，使樊哙将兵击之。绾将其家属与数千骑居长城下，欲候上差自入谢之。上立沛侯濞为吴王。濞者，郃阳侯仲之子也。已拜，上相曰："汝面状有反相。汉后五十年东南有乱，岂非汝也？然天下一家，慎勿反也！"濞顿首曰："不敢。"上过鲁，以大牢祀孔子。

　　十有二月，还京师，民遮道上书数千人，言相国强贱买民田宅。上笑曰："相国亦爱利乎？"使相国自谢民。后萧何为民复请上林苑中空地，令民得入田，无收稿为禽兽食。上怒曰："相国多受贾人金钱，为人请吾苑！"乃诏下廷尉。王卫尉谏曰："相国何罪，系之暴也？"上曰："吾闻李斯相秦，有善归主，有恶自与。今相国多受贾人钱，为请吾苑，以自媚于人。"王卫尉曰："事苟有便于人而请之，宰相职也。陛下奈何乃疑相国受贾人金乎！且陛下拒楚数年，及陈豨反时，上自将兵往，当时相国守关中，关中摇足则关西非陛下之有。相国不以此时为利，乃今利贾人金钱乎？且秦以不闻其过而亡天下，夫李斯之分过，又何足法哉！"上乃令相国复其位。诏为秦始皇帝置守冢三十家⑱，楚隐王（一）〔十〕家⑲，复无所与。

　　春二月，荧惑守心，星占曰："王者恶之。"立皇子建为燕王。

上击黥布时，为流矢所中。疾甚，吕后迎良医。良医曰："可治。"
上怒曰："吾以布衣提三尺取天下，此非天命乎？命乃在天，虽扁鹊
何益！"遂不使治。吕后问曰："陛下即百岁之后，萧相国终，孰可
代者？"上曰："曹参可。"又问其次，曰："王陵可，然少戆，陈平可以
佐之。平智有余，然难独任。周勃厚重少文，然安刘氏者必勃也，
可为太尉。"又问其次，上曰："过此以后，非乃所知。"先是上尝疾
困，恶见人，诏户者无纳群臣。群臣莫敢入。十余日，樊哙乃排闼
直入，大臣随之。上独枕一宦者卧。哙等见上，流涕曰："陛下疾
甚，大臣震恐，久不见臣等计事，顾独枕一宦者。嗟乎！陛下独不
见赵高之事乎？"上笑而起。

　　初，上欲废太子，吕后闻之，使留侯为太子计。留侯曰："上有
所不能致者四人，曰东园公、夏黄公、角里先生、绮里季，皆逃在山
中。然上高之。今令太子卑辞安车，迎此四人来，以为客，时随入
朝，则一助也。"吕后从其计，四人果来，年皆八十，须眉皓白，故谓
之"四皓"。初，黥布反时，上欲使太子将兵击布。四人相谓曰：
"凡来将以安太子。太子将兵，事危矣。有功则位无益也，无功从
此受祸。"乃令吕后对上泣涕而言："黥布善为兵，诸将皆陛下故
人，今乃令太子独将兵击之，恐诸将莫肯为用，且惧布闻之，鼓行而
西耳。陛下虽疾，强载辎车，卧而护之，诸将不敢不尽力。"上乃自
行，及还，其疾稍〔甚〕[20]，愈欲易太子。太（保）〔傅〕叔孙通固谏
曰[21]："晋献公以骊姬故，废太子申生而立奚齐，晋国大乱数十年；
秦不早定扶苏，胡亥诈诏自立，使灭绝秦祀。臣敢以死争之。"上虽
听之，而心欲废太子。及宴置酒，太子侍，四人从。上怪而问之，四
人前对，各言姓名。上乃惊曰："吾召公等，不奉诏，今侍太子者

何?"四人对曰:"陛下喜骂轻士,臣等义不受辱,故亡。今闻太子仁孝,爱人敬士,天下莫不延颈愿为太子死者,臣等故来。"上曰:"烦公等幸卒调护太子。"四人退,上召戚夫人指示曰:"吾欲易太子,彼四人者为之辅,羽翼已成,难摇动也。"太子遂定。

春三月,诏曰:"吾有天下十二年于今,与天下贤士大夫共安辑之。至于褒赏功臣,可谓无负矣。其不义背天下约擅起兵者,与天下共伐诛之。"

夏四月甲辰,帝崩于长(安)〔乐〕宫[22]。吕后畏诸将大臣,与审食其谋,欲尽诛大臣,数日不发丧。郦商谓辟阳侯曰:"今陈平、灌婴将十万众守荥阳,樊哙、周勃将二十万众定燕、代,此四人闻帝崩,诸将皆诛,必连兵还向京师。大臣内叛,诸将外反,亡可翘足而待。"审食其言之于吕后,乃以丁未发丧,大赦天下。卢绾闻上已崩,遂亡入匈奴中。

五月丙辰,皇帝葬长陵。本志曰[23]:"高祖入秦,初顺人心作三章之约。天下既定,命萧何定律令,韩信申军法,张苍定章程,叔孙通制礼仪,陆贾造新语。又与功臣剖符作誓,丹书铁券,藏之宗庙。虽日不暇给,规模弘远矣。"

赞曰:高祖起于布衣之中,奋剑而取天下,不由唐、虞之禅,不阶汤、武之王,龙行虎变,率从风云,征乱伐暴,廓清帝宇,八载之间,海内克定,遂(何)〔荷〕天之衢[24],登建皇极,上古已来,书籍所载,未尝有也。非雄俊之才,宽明之略,历数所授,神祇所相,安能致功如此!夫帝王之作,必有神人之助,非德无以建业,非命无以定众,或以文昭,或以武兴,或以圣立,或以人崇,焚鱼斩蛇,异功同符,岂非精灵之感哉！书曰："天工，人其代之。"易曰："汤、武革命，顺乎天而应乎人。"其斯之谓乎！故观秦、项之所亡，察大汉之所兴，得失之验，可〔见〕于兹矣㉕。太史公曰："夏政忠，政忠之弊野，故殷承之以敬。以敬之弊鬼，故周承之以文。以文之弊薄，救薄莫若忠。三王之道周而复始。周、秦之间，可谓文弊。秦不改，（文）〔反〕酷刑㉖。汉承秦弊，得天（下）〔统〕矣㉗。"

校勘记

① 建武侯靳歙　汉书靳歙传、功臣表及史记高祖功臣表均作"信武侯"。

② 上过〔赵〕　从黄校本、吴慈培校补。

③ 何（谓）〔为〕污王　从龙溪本、学海堂本改。

④ 令〔贾〕人无得衣锦绣绮縠絺纻　从汉书高帝纪补。

⑤ 淮南王　汉书高帝纪"淮南王"下有"梁王"二字。

⑥ 孟舒〔等十人髠钳为王家奴从王就狱后上闻田叔孟舒〕皆贤　从黄校本补。

⑦ 夏五月太上皇崩秋七月癸卯太上皇葬于万年　资治通鉴考异卷一云："汉书五月太上皇后崩，七月癸卯太上皇崩，葬万年。荀纪五月无'后'字，七月无'崩'字。盖荀悦之时，汉书本尚未讹谬故也。今从之。"可知此处荀纪无误，通鉴从之。

⑧ 骑昌（顷）〔项〕上　从南监本、龙溪本、学海堂本改。

⑨ 〔代相陈豨〔反豨少时常称慕魏公子无忌之养士及为相守边〕　从黄校本补。"豨"，汉书韩信传作"狶"。

⑩ （顾）〔愿〕君让封　从南监本改。

⑪ 上行自洛阳　汉书高帝纪"洛阳"下有"至"字。

⑫ （他）〔佗〕者　从上文、龙溪本改。下改同。

⑬ 王（且）〔宜〕郊迎　从学海堂本、汉书陆贾传改。

⑭ 昔吴王夫差(拯)〔极〕武　从<u>龙溪</u>本、<u>学海堂</u>本改。

⑮ 及古今成败之国　"国",<u>汉书陆贾传</u>同。<u>南监</u>本、<u>龙溪</u>本、<u>学海堂</u>本作
　"故"。

⑯ 何从〔之〕　从<u>南监</u>本、<u>龙溪</u>本补。

⑰ 世〔世〕无所与　从<u>汉书高帝纪</u>补。

⑱ 置守冢三十家　"三",<u>汉书高帝纪</u>作"二"。

⑲ 楚隐王(一)〔十〕家　从<u>南监</u>本、<u>龙溪</u>本、<u>学海堂</u>本、<u>汉书高帝纪</u>改。

⑳ 其疾稍〔甚〕　从<u>汉书张良传</u>补。

㉑ 太(保)〔傅〕叔孙通　"保",<u>汉书叔孙通传</u>作"傅",当是。

㉒ 帝崩于长(安)〔乐〕宫　从<u>学海堂</u>本、<u>汉书高帝纪</u>改。

㉓ 本志曰　<u>钮永建</u>校云:"本志"当作"本纪"。<u>御览</u>八十七引<u>荀悦汉纪</u>曰:
　"高祖开建大业,统辟元功,度尚规矩,不可尚矣。是时天下初定,而庶事
　莫制,故韶夏之音未有闻焉。"以上三十八字,不见今<u>汉纪</u>,当据补。

㉔ (何)〔荷〕天之衢　从<u>学海堂</u>本改。

㉕ 可〔见〕于兹矣　从<u>学海堂</u>本补。

㉖ (文)〔反〕酷刑　从<u>学海堂</u>本、<u>史记高祖本纪</u>改。

㉗ 得天(下)〔统〕矣　从<u>学海堂</u>本、<u>史记高祖本纪</u>改。

汉纪　孝惠皇帝纪　卷第五

　　皇帝五月丙寅即位,年十六,尊<u>高后</u>曰皇太后。凡帝母称皇太后,帝祖母称太皇太后,嫡称皇后,妾称夫人。又有美人、良(姊)〔人〕、七子、八子、长使、少使之号^①。<u>武帝</u>制婕妤、娙娥、容华、充衣^②,而<u>元帝</u>加昭仪之号。昭仪位视丞相,爵比诸侯王。婕妤视上卿,爵比列侯。娙娥视中二千石,爵比关内侯。容华视真二千石,爵比太上造。美人视二千石,比少上造。八子视千石,爵比中更。充衣视九百石^③,爵比左更。七子视八百石,比右庶长。良人视七百石^④,比左庶长。长使视六百石,比五大夫。少使视四百石,比公乘。又有五官,视三百石。顺常视二百石。(涓和娱保林良使者)〔无涓、共和、娱灵、保林、良使、夜者〕皆视百石^⑤。上家人子、中家人子视有秩斗食。赐吏民爵。其丧事,将军已下至佐长吏,赐金钱各有差。六百石已上,有罪当刑械者,皆容系之。民年七十已上,十岁已下,有罪当刑者,免之。吏六百〔石〕已上及故二千石家^⑥,唯给军赋,役无有所预。<u>叔孙通</u>为太常,定园陵、宗庙及<u>高祖</u>庙〔诸仪法〕^⑦,奏武德、文始、五行之舞。武德者,<u>高祖</u>所作,以象天下乐已行、武以除乱也。文始舞者,本舜韶舞也,高祖更名文始舞。五行舞者,本周舞也,秦始皇更名五行舞。太祝迎神于庙门外,奏嘉至,犹古降神之乐也。皇帝入庙门,奏(礼)〔永〕至[8],以为行步之节,犹古采荠、肆夏也。乾豆上,奏登歌不以管弦,欲使在位者遍闻之,犹古清庙之乐歌;再终也,下奏休成之乐,美神明既(向)〔飨〕也[9]。皇帝既就东厢坐定,奏永安之乐,美礼已成也。令郡诸侯王立高庙。

元年冬,改诸侯王相国为丞相。十二月,赵王如意薨,谥曰隐王。先是太后囚戚夫人于永巷,髡钳之,令舂。且歌曰:"子为王兮母为虏,终日常春兮与死同伍! 相去数千里,谁可使告汝?"吕后闻之,曰:"欲倚弱子邪?"召赵王欲诛之,赵相周昌令王称疾。使者三反,王不行。吕后乃召周昌,周昌至。复使召赵王。上知太后怒,自迎王于霸上,夹与起居。数月,上晨出苑中猎,赵王不能早起,太后鸩而杀之。周昌乃谢病不朝见。吕后乃断戚夫人手足,去眼熏耳,饮以喑药,使居鞠室中,名曰"人彘"。召帝视之。帝惊,乃大哭,因病,岁余不能起。使人谓太后曰:"此非人所为。臣不堪为太后子,终不能治天下!"遂不听政事。赐民爵,初元年故也。凡赐民爵,所以宣恩惠,慰人心,必有所由也。徙淮阳王。春正月,城长安。

二年冬十月,齐王来朝。王,上之庶兄也。上与王宴饮太后前。置王上坐,如家人礼。太后怒,酌鸩酒,令齐王为寿。齐王起,上亦起。太后恐,自反卮酒。王怪之,因伪醉而出。齐内史令王献城阳郡,以尊鲁元公主为汤沐邑。太后嘉而许之,乃遣王归国。

春正月癸酉,有两龙见于兰陵人家井中,乙亥夕,始不见。本志以为"其后赵王幽死之象"。陇西地震。天开东北,广十余丈,长二十余丈。本志曰:"地动,阴有余;天裂,阳不足。人主微之应。"

夏五月,大旱。郖阳侯仲薨。

七月,相国萧何薨,谥文终侯。初,何病,上自临问:"百岁之后,谁可代君者?"对曰:"知臣莫若君。"上曰:"曹参何如?"对曰:"陛下得之矣。何死不恨!"初,何买田宅必居穷僻处,为家不治园屋。且曰:"后世贤,师吾约;不贤,毋为势家所夺。"癸巳,齐丞相曹参为相国。初,参在齐,召长老诸先生数百人,问以时政,长老诸先生言,人人殊异。胶西盖公治黄、老术,曰:"治道贵清静,而民自定。"参乃师盖公,齐国大治。初,田荣欲叛项羽,劫齐处士,不预者死。齐处士东郭先生、梁石君隐在劫中。及荣败,二人愧之,隐居深山。蒯通谓曹参曰:"彼东郭先生隐居不出,君未尝卑礼下节以求士也。愿足下礼之。"参曰:"诺。"皆以为上客。而齐人安期生尝干项羽,项羽不用其策。已而羽欲封之,亦不肯受封。曹参闻萧何薨,告其舍人曰:"趣治行,吾且入相矣。"使者召参。参始微时,与萧何善,及为齐相,有隙。至何疾,所推贤惟参。参为相国,遵何之政。择郡国吏谨厚者即除为丞相史,其文刻深,务声名者辄斥去之。日夜饮酒。见人有细过,专覆盖之,府中无事。上怪而问参不治政事之意,参对曰:"陛下圣德,孰与高皇帝?"上曰:"朕安敢望先帝!"又问:"陛下视臣孰与萧何?"上曰:"君似不及也。"参曰:"陛下言之是也。高皇时,与萧何定天下,法令既具,陛下垂拱,臣等守职,遵而勿失,不亦可乎?"上曰:"善。"民歌之曰:"萧何为法,较若画一;曹参代之,守而勿失。载其清净,民因宁谧。"

三年春,发京师六百里内男女十四万六千人筑长安城,三十日罢。以宗室女为公主,妻匈奴单于。

夏五月,立闽越君繇为东瓯王⑩。初繇与诸粤俱佐诸侯伐秦,繇功未录,故立为王,都〔东〕瓯(东)⑪,号东瓯。

六月,发诸侯王、列侯徒属一万人城长安⑫。

秋七月,都厩灾。南越王尉佗称臣奉贡。殒石〔于〕縣诸一⑬。

四年十月,立皇后张氏。帝长姊鲁元公主女也。太后欲为重亲,故配帝。

荀悦曰:夫妇之际,人道之大伦也。诗称:"刑于寡妻,至于兄弟,以御于家邦。"易称:"正家道,家道正而天下大定矣。"姊子而为后,昏于礼而黩于人情,非所以示天下,作民则也。群臣莫敢谏,过哉!

春二月⑭,举民孝弟力田者复其身。

三月,大赦天下。除民挟书律。长乐宫鸿台灾。雨血于〔宜阳〕⑮,一顷。本志以为"血者,洪范所谓赤祥也。一曰凡雨血,有大诛"。

三月,未央宫冰室灾。丙子,织室灾。本志以为"冰室奉供养之馈,织室供宗庙衣服,皇后之象也。天(诚)〔戒〕若曰⑯,皇后无〔奉〕宗庙之德云耳⑰,后嗣果绝。"其于洪范为火不炎上,视不明之咎。洪范(者)〔著〕天人之变⑱,其法本于五行,通于五事,善恶吉凶之应,于是在矣。"五行:一曰水,二曰火,三曰木,四曰金,五曰土。水曰润下,火曰炎上,木曰曲直,金曰从革,土爰稼穑。""田(腊)〔猎〕不宿⑲,饮食不享,出入不节,夺民农时,及有奸谋,则木

不曲直"。"〔弃〕法律^⑳

不曲直"。"〔弃〕法律[⑳]，逐功臣，杀太子，以妾为妻，则火不炎上"。"好治宫室，饰台榭，内淫乱，犯亲戚，侮父兄，则稼穑不成"。"好攻战，轻百姓，(乱)饰城郭[㉑]，侵边境，则金不从革"。"简宗庙，不祷祠，废祭祀，逆天时，则水不润下"。"五事：一曰貌，二曰言，三曰视，四曰听，五曰思"。"(水)〔木〕为貌[㉒]，貌曰恭，恭作肃，肃，时雨若，厥福攸好德。貌失，厥咎狂，厥罚常雨，厥极恶。时则有服妖，时则有龟孽，时则有鸡祸，时则有下体生于上之痾，时则有青眚、青祥。惟金沴木。金为言，言曰从，从作乂，乂，时阳若，厥福康宁。言失，厥咎僭，厥罚常阳，厥极忧。时则有诗妖，时则有介虫之孽，时则有犬祸，时则有口舌之痾，时则有白眚、白祥。惟火沴金。火为视，视曰明，明作哲，哲，时燠若，厥福寿。视失，厥咎舒，厥罚常燠，厥极疾。时则有草妖，时则有蠃虫之孽，时则有羊祸，时则有目痾，时则有赤眚、赤祥。惟水沴火。水为听，听曰聪，聪作谋，谋，时寒若，厥福富。聪失，厥咎急，厥罚常寒，厥极贫。时则有鼓妖，时则有鱼孽，时则有豕祸，时则有耳痾，时则有黑眚、黑祥。惟土沴水。土为思，思曰心，心曰睿，睿作圣，圣，时风若，厥福考终命。思失，厥咎雾，厥罚常风，厥极凶短折。时则有脂夜之妖，时则有华孽，时则有牛祸，时则有腹心之痾，时则有黄眚、黄祥。惟金、木、水、火沴土。皇之不极，厥咎眊，厥罚常阴，厥极弱。时则有射妖，时则有龙蛇之孽，时则有马祸，时则有下人伐上之痾，时则有日月乱行，星辰逆行"。此洪范之大体也。

五年十月，雷；桃、李、杏、枣实，常燠也。

春正月，发京师六百里内男女十四万五千人筑长安城，三十日罢。

三月，上游离宫。叔孙通曰：“古者春常献果㉓，今樱桃始熟，愿陛下取献宗庙。”诸果献自此始。初，通秦时征为待诏。陈胜等起反，二世诏问群臣、博士。群臣、博士咸曰：“‘君亲无将，将而必诛’。宜急发兵击反贼。”二世怒。通进曰：“今明主在于上，法令具于下，安得有反贼乎！此真狗盗鼠窃耳。”二世乃按诛诸言反者，而拜通为博士。出曰：“几不免虎口！”乃遂亡，后从汉。及天下定，通乃召鲁诸生学者以定仪法。鲁（召）〔有〕二人不肯行㉔，曰：“公为人臣不忠，专面谀，不谏苟免。今兵革未休，死伤者未收，乃欲定礼乐。公去矣，无污我！”通曰：“子真鄙儒，不知时变。”乃去之。汉诸礼仪皆通所定，然犹草创，未能具备矣。夫礼乐，圣人之所以兴化致治，太平之本也。

本志曰：“五经之道同归，而礼乐之用宜急。治身者斯须忘礼，则暴慢及之，为国者一朝忘礼，则荒乱及之。人含天地阴阳之气，有善恶喜怒哀乐之情。（人）〔天〕禀（异）〔其〕性而不能节也㉕，唯圣人能为之节而不能绝也，故象天地而制礼乐，所以通神明，立人伦，正情性，节万事者也。有男女之情，有妒忌之心，为制婚姻之礼；有交接长幼之序，为制乡饮之礼；有哀死思远之情，为制丧祭之礼；有（为崇）〔尊尊〕敬上之心㉖，为制朝觐之礼。丧有哭踊之节，乐有歌舞之容，正人足以副其情，邪人足以防其失。故婚姻之礼废，则夫妇之道缺，而淫僻之罪多；乡饮酒之礼废，则长幼之序失，而争讼之狱繁；丧纪之礼废，则骨肉之恩薄，而背死忘（生）〔先〕者众矣㉗；朝觐之礼废，则君臣之位失，而侵凌之渐起矣。故孔子曰：‘安上治民，莫善于礼；移风易俗，莫善于乐。’礼节民心，乐和民声,政以行之,刑以防之。礼乐刑政四达而不悖,则王道备矣。乐以治内而为同,礼以修外而为异,同则和亲,异则畏敬;和亲则无怨,畏敬则不争。揖让而治天下者,礼乐之谓也。二者并行,合为一体。畏敬之意难见,则著之于享献辞受,登降跪拜;和亲之说难形,则发之于诗歌咏言,钟石管弦。尽其敬意而不多其财贿,尽其欢心而不(留)〔流〕其声音[28]。孔子曰:'礼云礼云,玉帛云乎哉?乐云乐云,钟鼓云乎哉?'言明王设礼乐之本也。故知礼乐之情者能作,识礼乐之文者能述;作者谓之圣,述者谓之明。王者必因先王之礼乐,顺时施宜,有所损益,即人之心,稍稍制作,至于太平而大备。周监于二代,礼文尤具,故称〔礼〕经(礼)三百[29],威仪三千。于是教化浃洽,民用和睦,灾害不生,祸乱不作,囹圄空虚三十余年。孔子美之曰:'郁郁乎文哉!吾从周。'及其衰也,诸侯纵横,逾越法度,恶礼制之害己,去其篇籍。遭秦灭学,遂以乱亡。夫乐可以善民心,其感人深,移人疾,是故先王著其教焉。夫民有血气心知之性,而无哀乐喜怒之常,应感而动,然后心术形焉。是故纤微谯偾之音作,而民忧思;阐谐慢易之音作,而民康乐;粗厉猛奋之音作,而民刚毅;廉直正诚之音作,而民肃敬;宽裕和睦之音作,而民慈爱;流僻邪放之音作,而民淫乱。故先王制雅、颂之声,本之情性,稽之度数,制之礼仪,合生气之和,导五常之性,使之阳而不散,阴而不(夺)〔集〕[30],刚气不怒,柔气不慑,四畅〔交〕于中而发于外[31],各安其位而不相夺,足以感动民之善心,不使邪气得袭焉,是先王立礼乐之方也。黄帝作咸池,颛顼作六茎,帝喾作五英,尧作大章,舜作大韶,禹作大夏,汤作大濩,武王作大武,周公作勺。咸池,备矣;六茎,泽及根茎也;五英,茂也;大章,章之也;韶,继也;夏,大也;濩,救也;武,言以武功定天下;勺,言酌先王之道。自夏以往,其流不可得闻也,殷颂犹有存者。周诗既备,而器用陈张,周官具矣。夫礼乐者,威仪足以充目,声音足以动耳,诗歌足以感心,故闻其音而德和,省其诗而志正,观其数而法立。是以荐之郊庙则鬼神享,作之朝廷则(君)〔群〕臣和^②,立之学官则万民协。莫不虚己竦神,悦而承流,是以海内通知上德,被服其风,光耀日新,化上迁善,而不自知其所以然,至于万物化,天地顺而嘉应(祥)〔降〕^③。故诗云:'钟鼓煌煌,磬管锵锵,降福穰穰。'书云:'击石拊石,百兽率舞。'至于末世衰乱,殷纣断弃先祖之正乐,乃作淫声,用变乱正声,以悦妇人。周道既缺,而王官失业,雅、颂相错,礼乐大坏,诸侯设两观,乘大辂,大夫八佾舞于庭,政遂陵迟而不变。于是桑间、濮上,郑、卫、宋、(楚)〔赵〕之声并出^③,内则致疾短寿,外则乱政伤民。巧伪之人因而饰之,以荧乱富贵之耳目。庶人以求利,列国以相(闻)〔间〕^③。故秦穆公遗戎乐而由余去,齐人馈女乐而孔子行,自此礼乐丧矣。"汉兴,乃复存之礼乐,古事稍稍增集。

夏,大旱,江河水少,溪谷水绝。

八月,相国曹参薨,谥懿侯。

九月,长安城成。

十月,安国侯王陵为右丞相,陈平为左丞相。赐民爵,户一级。

六年十月,齐王肥薨,谥悼惠王。

夏六月,武阳侯樊哙薨,谥曰武侯。留侯张良薨,谥文成侯。

高帝十四年,留侯果得穀城山下黄石,及薨,与石并葬。复置太尉官,周勃为太尉。太尉,秦官,掌武事。自先王之立官,名虽不同,其致一也。昔伏羲氏龙〔师〕名〔官〕^③,神农氏火师火名,黄帝云师云名,<u>少昊氏</u>鸟师鸟名。<u>颛顼</u>以来,为民师民名,有重黎、勾芒、祝融、后土、蓐收、玄冥之官。<u>唐</u>、<u>虞</u>致羲和四子㊲,十有二牧,<u>禹</u>作司空,平水土;<u>弃</u>作后稷,播种百谷;<u>契</u>作司徒,训五品;<u>皋陶</u>作士官,正五刑;<u>垂</u>作共工,利器用;<u>益</u>作朕虞,育草木鸟兽;<u>伯夷</u>作秩宗,典三礼;<u>夔</u>作典乐,和神人;<u>龙</u>作纳言,出入帝命。<u>夏</u>、<u>殷</u>所闻略焉,<u>周</u>官则备矣。

天官冢宰,地官司徒,春官宗伯,夏官司马,秋官司寇,冬官司空,是为六卿。太师、太傅、太保,坐参天子而议政事,不统职。又立三少为副,曰少师、少傅、少保,是为三孤,兼卿而九。<u>秦</u>兼天下,建皇帝之号,改立臣官。<u>汉</u>因循而不革,从简易,随时之宜。丞相,金印紫绶,有左右丞相,佐天子助治万机。<u>高帝</u>更名相国,绿绶。复为丞相。御史大夫,位上卿,副丞相,银印青绶。太尉有长史。丞相置两长史。御史大夫置两丞:一曰中丞,外督部刺史;一曰内史,掌秘书,受公卿奏事,举掌劾章。秩皆千石。<u>武帝</u>置丞相司直,掌(左)〔佐〕丞相举不法㊳,秩比二千石。前、后、左、右将军,掌武卫,本<u>周</u>末官,<u>秦</u>因之,金印紫绶,位上卿。(太)〔奉〕常㊴,掌郊庙祭祀礼乐典经,<u>景帝</u>更名太常(卿)㊵。郎中令,掌宫殿门户,宿卫属官,<u>武帝</u>更名光禄勋。卫尉,掌宫门卫(士)屯兵㊶,诸(侯)〔候〕司马㊷。太仆,掌舆马属官。廷尉,掌刑辟。典客,掌诸(侯)归义蛮夷㊸。<u>景帝</u>更名大行〔令〕㊹,<u>武帝</u>更为大鸿胪。宗正,掌视亲属官。治粟内史,掌(宝)〔谷〕货㊺,<u>景帝</u>更名大(司)农令㊻,<u>武帝</u>更改为大司农。少府,掌山海河泽之税,及供养内职属官。凡九卿,秩皆中二千石,丞皆千石。廷尉无丞,有正监,秩比千石。中尉,掌徼巡京师,位秩与卿同,<u>武帝</u>更名执金吾。太子太傅、少(府)〔傅〕㊼,古官也。将作少府,掌治(宗)〔宫〕室事㊽,<u>景帝</u>更名大匠。詹事,掌后、太子家(令)^⑭，景帝更名长信少府，(武)〔平〕帝更名长乐少府^⑳。将(作)〔行〕官与詹事同并职^㉑，景帝更名大长秋。成帝省詹事，并大长秋。典属国，(事)掌蛮夷降者^㉒，(武)〔成〕帝省^㉓，职并〔大〕鸿胪^㉔。内史，掌京师，景帝分置左右内史，武帝更名〔右〕内史为京兆尹^㉕，左内史为左冯翊。主爵中尉，掌列侯，景帝更名为都尉，武帝更名为右扶风。自太子太傅至右扶风，秩比二千石，丞六百石，皆秦官。唯内史为周官。司隶^㉖，周官，汉为司隶校尉。〔城门校尉〕^㉗，掌京师城门屯兵。中垒校尉，掌北军垒门内外及掌四城门^㉘。屯骑校尉掌骑士。步兵校尉掌上林苑门屯兵。越骑校尉掌驲骑马^㉙。长水校尉〔掌长水宣曲胡骑〕^㉚。胡骑校尉掌池阳胡骑。射声校尉掌待诏射声〔士〕^㉛。虎贲校尉掌(辎重骑士)〔轻车〕^㉜：皆武帝时置之。西域都尉并加官，以骑都尉使护西域，有副校尉，宣帝置也。自司隶已下至副校尉，秩比二千石，有左右丞，(秋)〔秩〕六百石^㉝。五官中郎将、左右〔中郎〕将(军)^㉞，秩比二千石。光禄大夫，秩比二千石。太中大夫，秩比(二)千石^㉟，掌论议。谏(议)大夫，秩比(六)〔八〕百石^㊱。奉车都尉掌御乘舆，驸马都尉掌驸马，秩皆〔比〕二千石^㊲。侍中、左右〔曹〕诸(曹)吏、散骑、中常侍^㊳，皆加官，〔所加〕皆列侯、将军、〔卿〕大夫、(骑)〔将〕都尉、尚(封令)〔书〕、太医〔令〕、太官令至郎中^㊴，无常员，多至数十人。侍中、中常侍，皆加官，得入禁中。其后侍中或特给诸曹吏(绥)〔受〕尚书奏事^㊵，诸吏(问)〔得〕举劾^㊶，按不法。散骑并乘车舆。给事中、黄门亦加官，所加或大夫、博士、议郎，掌顾问应(帝)〔对〕^㊷，位次中常侍。侍郎左右有给事中、黄门侍郎，位从将军、大夫官，皆秦制也。

凡爵二十级：一曰公士，二曰上造，三曰簪（褭）〔袅〕[73]，四曰不更，五曰大夫，六曰官大夫，七曰公大夫，八曰公乘，九曰五大夫，十曰左庶长，十一曰右庶长，十二曰左更，十三曰中更，十四曰右更，十五曰少上造，十六曰大上造，十七曰驷（马）车庶长[74]，十八曰大庶长，十九曰关内侯，二十曰通侯。以赏功劳，皆秦制。诸侯王，高帝初置之，金印紫绶，〔掌〕治其〔国〕[75]。监官，掌监郡县，秩（比）六百石[76]，后为刺史。郡守，掌治其郡。郡（都）尉[77]，掌〔左〕〔佐〕守典〔武〕职[78]。皆有丞。县令、长，掌治其县。万户以上为令，秩比千石，下至六百石；而不满万户为长，秩（皆）五百石〔至三百石〕[79]。皆有丞、尉，皆秦制。列侯所食县曰国，皇太后、公主所食曰邑，有蛮夷曰道。

荀悦曰：诸侯之制，所由来尚矣。易曰："先王建万国，亲诸侯。"孔子作春秋为后世法，讥世卿不改世侯。昔者圣王之有天下，非所以自为，所以为民也，不得专其权利，与天下同之，唯义而已，无所私焉。封建诸侯，各世其位，欲使亲民如子，爱国如家，于是为置贤卿大夫，考绩黜陟，使有分土而无分民，而王者总其一统，以御其政。故有暴礼于其国者，则民叛于下，王诛加于上。是以计利虑害，劝赏畏威，各竞其力，而无乱心。及至天子失道，诸侯正之；王室微弱，则大国辅之；虽无道，不得虐于天下。贤人君子，有所周流，上下左右，皆相夹辅，凡此所以辅相天地之宜，以左右民者也。故民主两利，上下俱便，是则先王之所以能永有其世也。然古之建国，或小或大，监前之弊，变而通之。夏、殷之时，盖不过百里，故诸侯微而天子强，桀、纣得肆其虐，纣脯邢侯而醢九侯，以文王之上德，不免于羑里。周承（之）〔其〕弊[80]，故大国方五百里，所以崇宠诸侯而自抑损也。至其末流,诸侯强大,更相侵伐,周室卑微,祸乱用作。秦承其弊,不能正其制以求其中,而遂废诸侯,改为郡县,以一威权,以专天下。其意主以自为,非以为民,深浅之虑,德量之殊,岂不远哉!故秦得擅其海内之势,无所拘忌,肆行奢淫,暴虐天下,然十四年而灭亡。故人主失道,则天下遍被其害;百姓一乱,则鱼烂土崩,莫之匡救。贤人君子复无息肩,众庶无所迁徙,此民主俱害,上下两危。汉兴,承周、秦之弊,故兼而用之。六王、七国之难作者,诚失之于强大,非诸侯治国之咎。其后遂皆郡县治民,而绝诸侯之权矣,当时之制,未必百王之法也。

凡(长)吏秩〔比〕二千石〔已〕上^⑩,皆银印青绶。比六百石已上,皆铜印墨绶。比二百石已上,皆铜印黄绶。其后虽不及六百石,其长、相皆墨绶。除八百石、五百石秩。

荀悦曰:先王之制禄也,下足以代耕,上足以充祀。故食禄之家,不与下民争利,所以厉其公义,塞其私心。其或犯逾之者,则绳以政法。是以君子劝慕,小人无怨。若位(苟)〔尊〕禄薄^⑫,(外)〔内〕而不充^⑬,忧匮是恤,所求不赡,则私利之(制)〔智〕萌矣^⑭;放而听之,则贪利之心滥矣;以法绳之,则下情怨矣。故位必称德,禄必称爵,故一物而不称,则乱之本也。今汉之赋禄薄而吏非员者众,在位者贪于财产,规夺官民之利,则殖货无厌,夺民之利不以为耻。是以清节毁伤,公义损缺,富者比公室,贫者匮朝夕,非〔所〕为(所)济俗也^⑮。然古今异制,爵赋不同,禄亦如之,虽不及古,度时有可嘉也。

七年春正月辛酉朔^⑯,日有食之。是谓正朔,王者恶之。

夏五月^⑰,日有食之^⑱。

秋八月，帝崩于未央宫。太后哭而泪不下。侍中张辟彊者，张良子，年十五余，谓陈平曰："太后泣不下泪者，畏君等危吕氏。宜请吕产、吕禄为将，监南、北军事，太后必喜，君等免祸。"平从之。太后果喜，而泣之泪下。

九月，皇帝葬于安陵。

赞曰：本纪称"孝惠内修亲亲，外礼傅相，优宠齐悼、赵隐，恩爱笃矣，可谓宽仁之主。遭吕太后亏损至德，枉流滥哉，深可悲矣！"

校勘记

① 良(姊)〔人〕　从汉书外戚传改。下文亦作"良人"。

② 充衣　汉书外戚传作"充依"。

③ 充衣视九百石　汉书外戚传作"视千石"。汉书百官公卿表无九百石秩。

④ 良人视七百石　汉书外戚传作"视八百石"。汉书百官公卿表无七百石秩。

⑤ (涓和娱保林良使者)〔无涓共和娱灵保林良使夜者〕　从南监本、汉书外戚传改。

⑥ 吏六百〔石〕以上　从学海堂本、汉书惠帝纪补。

⑦ 定园陵宗庙及高祖庙〔诸仪法〕　从汉书叔孙通传补。

⑧ 奏(礼)〔永〕至　从汉书礼乐志改。

⑨ 美神明既(向)〔飨〕也　从汉书礼乐志改。

⑩ 立闽越君繇为东瓯王　"繇"，史记东越传、汉书两粤传均作"摇"。"瓯"，汉书惠帝纪作"海"。

⑪ 都〔东〕瓯(东)　从汉书两粤传乙正。

⑫ 徙属一万人　"一"，汉书惠帝纪作"二"。

⑬ 殒石〔于〕縣诸一　从龙溪本、学海堂本补。

⑭ 春二月　"二"，汉书惠帝纪作"正"。

⑮ 雨血于〔宜阳〕　从龙溪本、学海堂本补。

⑯ 天(诚)〔戒〕若曰　从龙溪本、汉书五行志改。

⑰ 皇后无〔奉〕宗庙之德　从陈璞校、汉书五行志补。

⑱ 洪范(者)〔著〕天人之变　从南监本、龙溪本改。

⑲ 田(腊)〔猎〕不宿　从南监本、龙溪本改。

⑳ 〔弃〕法律　从汉书五行志、南监本、龙溪本、学海堂本补。

㉑ (乱)饰城郭　从汉书五行志、陈璞校删。

㉒ (水)〔木〕为貌　从龙溪本、学海堂本改。

㉓ 古者春常献果　汉书叔孙通传作"古者有春尝果"。

㉔ 鲁(召)〔有〕二人不肯行　从汉书叔孙通传改。

㉕ (人)〔天〕禀(异)〔其〕性　从汉书礼乐志改。

㉖ 有(为崇)〔尊尊〕敬上之心　从学海堂本、汉书礼乐志改。

㉗ 而背死忘(生)〔先〕者众矣　从汉书礼乐志改。

㉘ 尽其欢心而不(留)〔流〕其声音　从学海堂本、汉书礼乐志改。

㉙ 故称〔礼〕经(礼)三百　从汉书礼乐志乙正。

㉚ 阴而不(夺)〔集〕　从学海堂本、汉书礼乐志改。

㉛ 四畅〔交〕于中　从汉书礼乐志补。

㉜ 作之朝廷则(君)〔群〕臣和　从汉书礼乐志改。

㉝ 天地顺而嘉应(祥)〔降〕　从学海堂本改。

㉞ 郑卫宋(楚)〔赵〕之声并出　从汉书礼乐志改。

㉟ 列国以相(闻)〔间〕　从学海堂本、汉书礼乐志改。

㊱ 伏羲氏龙〔师〕名〔官〕　从汉书百官公卿表补。

㊲ 唐虞致羲和四子　"致",汉书百官公卿表作"命"。

㊳ 掌(左)〔佐〕丞相举不法　从汉书百官公卿表改。

㊴ (太)〔奉〕常　从学海堂本、汉书百官公卿表改。

㊵ 更名太常(卿)　从汉书百官公卿表删。

㊶ 掌宫门卫(士)屯兵　从汉书百官公卿表删。

㊷ 诸(侯)〔候〕司马　从汉书百官公卿表改。

㊸ 掌诸(侯)归义蛮夷　从汉书百官公卿表删。

㊹ 更名大行〔令〕　从汉书百官公卿表补。

㊺ 掌(宝)〔谷〕货　从汉书百官公卿表改。

㊻ 景帝更名大(司)农令　从汉书百官公卿表删。

㊼ 少(府)〔傅〕　从学海堂本、汉书百官公卿表改。

㊽ 掌治(宗)〔宫〕室事　从汉书百官公卿表改。

㊾ 掌后太子家(令)　从汉书百官公卿表删。

㊿ (武)〔平〕帝更名长乐少府　从汉书百官公卿表改。

51 将(作)〔行〕官与詹事同并职　从汉书百官公卿表改。

52 (事)掌蛮夷降者　从汉书百官公卿表删。

53 (武)〔成〕帝省　从汉书百官公卿表改。

54 职并〔大〕鸿胪　从汉书百官公卿表补。

55 更名〔右〕内史为京兆尹　从汉书百官公卿表补。

56 司隶　汉书百官公卿表作"司隶校尉"。

57 〔城门校尉〕　从汉书百官公卿表补。

58 及掌四城门　汉书百官公卿表作"外掌西域",可能是"四城"之讹,苟纪
当是。

59 掌驷骑马　汉书百官公卿表作"掌越骑"。

60 〔掌长水宣曲胡骑〕　从汉书百官公卿表补。

61 掌待诏射声〔士〕　从汉书百官公卿表补。

62 掌(辎重骑士)〔轻车〕　从汉书百官公卿表改。

63 (秋)〔秩〕六百石　从学海堂本、汉书百官公卿表改。

64 左右〔中郎〕将(军)　从汉书百官公卿表改。

65 太中大夫秩比(二)千石　从汉书百官公卿表删。

66 谏(议)大夫秩比(六)〔八〕百石　从汉书百官公卿表删改。

67 秩皆〔比〕二千石　从汉书百官公卿表补。

68 左右〔曹〕诸(曹)吏　从汉书百官公卿表乙正。

⑥⑨〔所加〕皆列侯将军〔卿〕大夫(骑)〔将〕都尉尚(封令)〔书〕太医(令)太官
　　令至郎中　从汉书百官公卿表改。

⑦⓪诸曹吏(绶)〔受〕尚书奏事　从汉书百官公卿表改。

⑦①诸吏(问)〔得〕举劾　从学海堂本改。

⑦②掌顾问应(帝)〔对〕　从学海堂本、汉书百官公卿表改。

⑦③三曰簪(裹)〔袅〕　从汉书百官公卿表改。

⑦④驷(马)车庶长　从汉书百官公卿表删。

⑦⑤〔掌〕治其〔国〕　从汉书百官公卿表补。

⑦⑥秩(比)六百石　从汉书百官公卿表删。

⑦⑦郡(都)尉　从汉书百官公卿表删。

⑦⑧掌(左)〔佐〕守典〔武〕职　从汉书百官公卿表改补。

⑦⑨秩(皆)五百石〔至三百石〕　从汉书百官公卿表改补。

⑧⓪周承(之)〔其〕弊　从南监本、龙溪本、学海堂本改。

⑧①凡(长)吏秩〔比〕二千石〔已〕上　从汉书百官公卿表删补。

⑧②若位(苟)〔尊〕禄薄　从黄校本改。

⑧③(外)〔内〕而不充　从黄校本改。

⑧④则私利之(制)〔智〕萌矣　从龙溪本改。

⑧⑤非〔所〕为(所)济俗也　从龙溪本、学海堂本乙正。

⑧⑥辛酉　汉书惠帝纪作"辛丑"。

⑧⑦夏五月　汉书惠帝纪作"夏五月丁卯"。

⑧⑧日有食之　汉书惠帝纪作"日有食之既"。

汉纪　高后纪　卷第六

初,高后命孝惠张皇后取后宫美人子养之,而杀其母,以为太
子,立为皇帝。皇帝年幼,高后临朝称制。立兄子台为楚王①,台
弟产为梁王,禄为赵王,封诸吕六人为列侯。高皇后将王诸吕,问
右丞相王陵。王陵曰:"高皇帝定天下,刑白马而盟曰:'非刘氏而
王者,天下共击之。'"问左丞相陈平、太尉周勃。平、勃对曰:"高
帝定天下,王诸刘;今陛下称制,王诸吕,无所不可。"后喜。罢朝,
陵让平、勃曰:"诸君背要,何面目见高帝于地下!"(勃)〔平〕曰②:
"面折廷诤,臣不如君;安汉社稷,君不如臣。"后乃左迁陵为帝太
傅,实夺之相权。陵谢病免,杜门不出。

冬十一月,徙〔左〕丞相陈平为右丞相③,辟阳侯审食其为左丞
相。食其,沛人也。初,吕后获于楚,食其常以舍人侍,得幸。及为
丞相,不典治相,监宫中事,(加)〔如〕郎中令④,群臣皆因决事。先
是或毁食其于惠帝,惠帝欲诛之。平原君朱建为说惠帝幸臣闳籍
孺曰:"君幸于帝,天下莫不闻者。今辟阳侯幸于太后而下吏,道路
皆言君谗之。今日辟阳诛,明日太后含怒,亦诛君耳。"于是籍孺

惧，入言于帝而出之。朱建者，故黥布相也。布之反，建谏止之。高帝赐建号平原君。建为人口辩，初名廉直，行不苟合。辟阳侯欲交建，建不肯。及建母死，家贫，无以收葬。陆贾乃见辟阳侯曰："平原君母死。"辟阳侯曰："平原君母死，何乃贺我？"贾曰："平原君必不知君者，为其母。今其母死，家贫，无以葬之。君诚能厚送葬之，则彼为君死矣。"食其乃奉百金。列侯、贵人以食其故，往赠送之，凡百金⑤，而建受之。及吕氏之诛，〔食〕其卒见全者⑥，皆建之力也。后淮南厉王长诛食其，建以食其客故，事及之，建自杀。

元年春正月，诏曰："孝惠帝欲除三族皋及妖言令，议未决而崩，今除之。"赐民爵，户一级。

夏五月，丙申，赵王宫中丛台灾。立孝惠美人子五人：强为淮阳王，不疑为恒山王，弘为襄城侯，朝为轵侯，武为（壶）〔壶〕关侯⑦。秋七月，桃李花。高后怒御史大夫赵尧之为赵王谋也，免尧（之）〔官〕抵罪⑧。上党太守任敖为御史大夫。

二年春正月，诏班序列侯功臣位次，藏于高庙，世世勿绝嗣。

二月乙卯晦，地震，羌道、武都道山崩。

夏六月，日蚀。

秋七月，恒山王不疑薨，立襄城侯弘为恒山王。行（五）〔八〕铢钱之制⑨。夏殷以前无文焉，周制则有文。凡钱外圆内方，轻重以铢。周景王以钱轻，更铸大钱，文曰"宝货"，肉好（外）〔皆〕有周郭⑪。秦钱文曰"半两"，重如其文。汉兴，复轻之。齐悼惠王子章入宿卫，封朱虚侯。

三年夏，江水、汉水溢，流四千余家。

秋，星昼见。伊水、洛水溢，流千六百余家。汝水溢，流八百余家。其在洪范为水不润下。

四年夏四月，少帝出怨言，知高后杀其母。后乃幽之于永巷，诏曰："皇帝久病昏乱，不能奉宗庙。"废之。

五月，立恒山王弘为皇帝。

五年春三月，南越王尉佗自称南越武帝⑪。是时禁南越关中市铁器，尉佗曰："先帝与我通使勿绝，今高后听谗臣之言，别异蛮夷。此必长沙王计，欲倚中国，击灭南越，自以为功。今自称越帝。"欲攻长沙。

秋八月，淮阳王强薨。

九月，发河东、上党骑屯北地，备匈奴。

六年春，星昼见。

夏四月，赦天下。秩长陵令二千石。

六月，匈奴寇狄道，攻(河)〔阿〕阳⑫。行五分钱。朱虚侯弟兴居封东牟侯，皆入宿卫。

七年冬十二月，匈奴寇狄道。

春正月，赵王友死于邸。吕氏女为赵王后，王后妒，谗王于高后曰："吕氏安得王？太后百年后，吾必击之。"高后怒之。至邸，令卫士围之，不得食，遂幽死，以民礼葬之长安，谥为幽王。后徙梁王恢为赵王。己丑晦，日有食之，既，在营室九度，为宫室之中。高后恶之曰："此为我也！"星传曰："日者德也，月者刑也。日食修德，月食修刑。"则灾异消矣。诗云："日月告凶，不用其行。四国无政，曷用其良！"言人君失政，则日月失行。中道(南曰)〔者〕黄道⑬，(南)〔北〕至东井⑭，(北)〔南〕至牵牛⑮，东至角，西至娄。夏至，日至东井，去极近，故暑短。立八尺之表，而晷长一尺五寸八分。冬至,日至于牵牛,去极远,故晷长;立八尺之表,而晷长一丈三尺一寸四分。春分西至娄,去极中;秋分东至角,去极中;立八尺之表,而晷长七尺三寸六分。日为阳,阳用事则日进而北,昼进而长,阳胜,故为温暑;阴用事则日退而南,昼退而短,阴胜,故为寒凉。洪范曰:"日月之行,则有冬有夏,有寒有暑。"此之谓也。至若南北失度,晷进而长则为寒,退而短则为暑。人君急则日晷进而疾,舒则日晷退而缓,故曰急恒寒若,舒恒燠若。一曰晷长为潦,若晷短为旱,若奢为扶。扶者,邪臣进,正直疏,君子不足,奸人有余。月有九行:黑道二,出黄道北;赤道二,出黄道南;白道二,出黄道西;青道二,出黄道东。立春、春分,从青道;立夏、夏至,从赤道;立秋、秋分,从白道;立冬、冬至,从黑道。然一决之于房,从中道。若月失道而妄行,出阳道则旱风,出阴道则阴雨。箕、轸之星为风,毕星为雨。故月失度入箕、轸则多风,入毕星则多雨。洪范曰:"星有好风,星有好雨,月之从星,则以风雨。"诗云:"月离于毕,俾滂沱矣。"言多雨也。凡灾异所起,或分野之国:角、亢、(互)〔氐〕,韩、郑也⑯;房、心,宋也;尾、箕,燕也;斗、牛,吴也;牵牛、须女,越也;虚、危,齐也;营室、东壁,卫也;奎、娄,鲁也;胃、昴、毕,赵也;觜、参,魏也;东井、鬼,秦也;柳、星、张,周也;翼、轸,楚也。

　　荀悦曰:凡三光精气变异,此皆阴阳之精也。其本在地,而上发于天也。政失于此,则变见于彼,由影之象形,响之应声。是以明王见之而悟,敕身正己,省其咎,谢其过,则祸除而福生,自然之应也。诗云:"上天之载,无声无臭。"其详难得而闻矣,岂不然乎!灾祥之报,或应或否。故称洪范咎征,则有尧、汤水旱之灾;称消灾复异,则有周宣云汉"宁莫我(德)〔听〕⑰",称易"积善有庆",则有颜、冉夭疾之凶。善恶之效，事物之类，变化万端，不可齐一，是以视听者惑焉。若乃禀自然之数，揆性命之理，稽之经典，校之古今，乘其三势以通其精，撮其两端以御其中，参五以变，错综其纪，则可以仿佛其咎矣。夫事物之性，有自然而成者，有待人事而成者，有失人事不成者，有虽加人事终身不可成者，是谓三势。凡此三势，物无不然。以小知大，近取诸身。譬之疾病，〔有〕不治而自瘳者⑱，有治之则瘳者，有不治则不瘳者，有虽治而终身不可愈者，岂非类乎？昔虢太子死，扁鹊治而生之。鹊曰："我非能治死为生也，能使可生者生耳。"然太子不遇鹊亦不生矣。若夫膏肓之疾，虽医和亦不能治矣。故孔子曰"死生有(节)〔命〕⑲"，又曰"不得其死然"，又曰"幸而免"。死生有(节)〔命〕，其正理也；不得其死，未可以死而死；幸而免者，可以死而不死。凡此皆性命三势之理。推此以及教化，则亦如之。何哉？人有不教而自成者，待教而成者，无教化则不成者，有加教化而终身不可成者。故上智下愚不移，至于中人，可上下者也。是以推此以及天道，则亦如之，灾祥之应，无所谬矣。故尧、汤水旱者，天数也；洪范咎征，人事也。鲁僖澍雨，乃可救之应也；周宣旱应，难变之势也；颜、冉之凶，性命之本也。犹天回日转，大运推移，虽日遇祸福，亦在其中矣。今人见有不移者，因曰人事无所能移；见有可移者，因曰无天命；见天人之殊远者，因曰人事不相干；知神气流通者，人共事而同业⑳。此皆守其一端，而不究终始。易曰："有天道焉，有地道焉，有人道焉。"言其异也。兼三才而两之，言其同也。故天人之道，有同有异。据其所以异而责其所以同，则成矣；守其所以同而求其所以异，则弊矣。孔子曰："好智不好学，其弊也荡。"末俗见其纷乱，事变乖错，则异心横出，而失其所守,于是放荡反道之论生,而诬神非圣之(义)〔议〕作㉑。夫上智下愚虽不移,而教之所以移者多矣;大数之极虽不变,然人事之变者亦众矣。且夫疾病有治而未瘳,瘳而未平,平而未复;教化之道,有教而未行,行而未成,成而有败。故气类有动而未应,应而未终,终而有变,迟速深浅,变化错于其中矣。是故参差难得而均矣。天地人物之理,莫不同之。凡三势之数,深不可识,故君子尽心力焉,以任天命。易曰:"穷理尽性,以至于命。"其此之谓乎!

吕产为相国,吕禄为上将军。立营陵侯刘泽为琅邪王。泽,高帝族昆弟。本以将军击陈豨有功,故封齐。齐人田生尝游乏资,以干泽,泽以三百金为田生寿。乃谓太后所幸中谒者张释卿曰:"太后欲王诸吕,(及)〔又〕重自发之㉒,恐大臣不听。今释卿最幸于太后,何不讽大臣以闻太后,太后必喜。吕氏既王,万户侯亦释卿有。"释卿从之。诸吕已为王,高后赐释卿金千斤,释卿以其半进田生。田生不受,又说曰:"吕氏之王也,大臣未服。今刘泽于诸刘长,大臣所信,独不见用,常有觖望也。今令太后裂地十余县以王之,彼喜而去,诸吕王益固矣。"遂封泽为琅邪王。

夏五月,尊昭灵夫人为昭灵后,武哀侯为武哀王,高帝姊宣成夫人为昭哀后㉓。

六月,赵王恢自杀。吕产女为赵王后,(后宫)〔从官〕皆诸吕(女)也㉔,擅权,王不得自恣。王有爱姬,王后鸩而杀之。王怒,悲忧自杀。吕后以为用妇人言故自杀,无思奉宗庙之礼,废其嗣。朱虚侯章怒吕氏专权,侍宴,高后令章为酒令。章自请曰:"臣,将种也,请以军法行酒令。"后可之。酒酣,章进起舞曰:"请为太后作(归)〔耕〕田之歌㉕。"皇太后笑曰:"汝安知田事?试说之。"曰:"深耕耰稑，立苗欲疏；非其类者，锄而去之。”高后嘿然。有顷，诸吕有一人亡酒，章追斩之。太后及诸左右大惊，以前许章军法，无以罪也。因罢。自是诸吕惮章，大臣皆依朱虚侯兄弟以为强。是时大臣忧诸吕之乱，陆贾说陈平、周勃曰："天下安，注意相；天下危，注意将。将相和，则权不分。今为社稷计，在二君掌握耳。何不能交太尉勃？"平以千金为太尉结欢，勃亦如之，遂戮力同心。平乃赐贾金五百斤，僮百人㉖。

八月，燕王建薨。南越侵长沙，遣隆虑侯周灶将兵击之。

八年春，封中谒者张释卿为列侯。诸中〔官〕、宦者令丞皆赐爵关内侯㉗，食邑。高后梦见物如苍狗，撠后腋，忽然不见。卜之云："赵王如意为祟。"遂病腋伤。

夏，江水、汉水溢，流万余家。河内水溢，流万家。

秋(九)〔七〕月辛巳㉘，高后崩于未央宫。诸吕恐为大臣所诛，谋作乱，欲废少帝而立吕产。朱虚侯妇吕禄女，密闻其谋，告章。章乃使人阴告其兄齐王(婴)〔襄〕㉙，令发兵西。章及兴居欲从中与大臣为内应，诛诸吕，立齐王。齐王令人诱琅邪王，欲令兴二国兵。琅邪王既至，因留之。悉发琅邪兵，以中尉魏勃为将军，并将之。吕产等遣大将军灌婴击齐王(婴)〔襄〕，乃阴与齐王约，留兵屯荥阳。曲周侯郦商其子寄与吕禄善，周勃、陈平使人执劫商，而令寄说吕禄曰："高帝与吕后定天下，刘氏所立九王，吕氏所立三王，皆大臣之(义)〔议〕㉚。事已布告诸侯王，诸侯王以为宜。今太后崩，少帝幼，足下不急之国守蕃，乃为上将将兵，为大臣诸侯所疑。何不速归将军印绶，因以兵属太尉，请梁王亦归相印，与大臣盟而之国？高枕而王千里，此万世之利。"禄然其计，报产及诸吕，多以为不便,计未决。禄信寄,与俱出游,过其姑吕嬃。嬃怒曰:"汝为将军而弃军,吕氏今无类矣!"乃悉出珠玉宝器散之堂下,曰:"无为他人守也!"

八月,太尉周勃复令寄谓禄曰:"帝使太尉守北军,欲令足下之国,急归将军印绶,辞去。不然,祸且起。"禄遂解印属典客,而以兵授勃。勃入军门,行令军中曰:"为吕氏者右袒,为刘氏者左袒。"军皆左袒,勃遂统北军兵。而朱虚侯将率千人入未央宫,斩吕产。辛酉,斩吕禄。诸吕无问长幼,皆斩之。大臣谋,以为少帝及诸王皆非惠帝子,欲尽诛之,立齐王。议者曰:"王暴戾,虎冠之③。代王母家薄氏,君子也。且代王,亲高帝子,于今为长,仁孝闻于天下。以子则顺,以贤则大臣安。"乃迎代王。东牟侯兴居与太仆夏侯婴阴共入宫中诛少帝。于是告齐王,令罢兵。诸吕之始王也,吕后畏大臣及有口辩者。陆贾为太中大夫,自度不能争之,乃谢病免。于是以所使越时囊中装千金以与五子,各二百斤,令为产业。贾常安车驷马,从歌鼓瑟侍者十人,与其子约曰:"过汝家给人马酒食,极欢十日。有宝剑直百金,所(取)〔死〕家得宝剑㉜。一岁中往来及过他家,卒不过再三。"游于汉庭公卿之间,名声甚显。及诛吕氏,立孝文,贾颇有力。本传曰:"当孝文之时,天下以郦寄为卖友。卖友者,谓见利而忘义。若寄父为功臣而又被执劫,虽权卖吕禄,以安社稷,义存君亲,可矣。"淮南丞相张苍为御史大夫。

赞曰:本纪称孝惠、高后之时,海内得离战争之苦,君臣俱无为。故惠帝拱己,高后女主制政,不出房闼,而天下晏然,刑罚罕用,民务稼穑,衣食滋殖(笑)〔矣〕㉝。及福祚诸吕,大过渐至,纵横杀戮,鸩毒生于豪强。赖朱虚、周、陈惟社稷之重,顾山河之誓,歼讨篡逆,匡救汉祚,岂非忠哉! 王陵之徒,精洁心过于丹青矣!

校勘记

① 立兄子台为楚王　钮永建校云:"汉书外戚传、史记吕后本纪并云吕王。"张守节正义云"初吕台为吕王,后吕产王梁,更名'梁'曰'吕'"。是吕台封为吕王,吕产亦曾为吕王,纪有误。

② (勃)〔平〕曰　从汉书陈平传改。

③ 徙〔左〕丞相陈平为右丞相　从汉书陈平传补。

④ (加)〔如〕郎中令　从汉书王陵传改。

⑤ 凡百金　"百金",汉书朱建传作"五百金"。

⑥ 〔食〕其卒见全者　从史记陆贾列传、吴慈培校补。

⑦ 武为(壶)〔壶〕关侯　从龙溪本、学海堂本改。

⑧ 免尧(之)〔官〕抵罪　从龙溪本、学海堂本改。

⑨ 行(五)〔八〕铢钱之制　从学海堂本、汉书高后纪改。

⑩ 肉好(外)〔皆〕有周郭　从汉书食货志改。

⑪ 自称南越武帝　汉书高后纪作"南武帝"。

⑫ 攻(河)〔阿〕阳　从汉书高后纪改。师古注曰:"狄道属陇西。阿阳,天水之县也。今流俗书本或作河阳者,非也。"

⑬ 中道(南曰)〔者〕黄道　从汉书天文志改。

⑭ (南)〔北〕至东井　从学海堂本、汉书天文志改。

⑮ (北)〔南〕至牵牛　从学海堂本、汉书天文志改。

⑯ 角亢(互)〔氏〕韩郑也　从龙溪本、学海堂本改。

⑰ 宁莫我(德)〔听〕　从龙溪本、学海堂本改。

⑱ 〔有〕不治而自瘳者　从学海堂本补。

⑲ 死生有(节)〔命〕　从黄校本、陈璞校改。

⑳ 知神气流通者人共事而同业　陈璞校云:两句间有脱字,以上皆荀悦论,

无校。

㉑ 而诬神非圣之(义)〔议〕作　从龙溪本改。

㉒ (及)〔又〕重自发之　从汉书荆燕吴传改。

㉓ 宣成夫人　汉书高后纪作"宣夫人"。

㉔ (后宫)〔从官〕皆诸吕(女)也　从汉书高五王传改。

㉕ (归)〔耕〕田之歌　从汉书高五王传改。

㉖ 平乃赐贾金五百斤僮百人　汉书陆贾传："陈平乃以奴婢百人,车马五十
乘,钱五百万,遗贾为食饮费。"

㉗ 诸中〔官〕宦者令丞　从汉书高后纪补。

㉘ 秋(九)〔七〕月辛巳　从学海堂本、汉书高后纪改。

㉙ 告其兄齐王(婴)〔襄〕　从汉书高五王传改。下改同。

㉚ 皆大臣之(义)〔议〕　从学海堂本、汉书高后纪改。

㉛ 王暴戾虎冠之　汉书高五王传作"母家驷钧恶戾,虎而冠者也"。

㉜ 所(取)〔死〕家得宝剑　从南监本、龙溪本、学海堂本改。

㉝ 衣食滋殖(笑)〔矣〕　从南监本、龙溪本、学海堂本改。

汉纪　孝文皇帝纪上 卷第七

　　初，大臣迎王于代。郎中令张武议曰："大臣未可信。王宜称疾无行，以观其变。"中尉宋昌曰："群臣之议皆非也。夫秦失其政，豪杰并起，然卒践天子位者，刘氏也，天下绝其望，一也。高帝王子弟，犬牙相制，所谓盘石之宗也，天下服其强，二也。汉兴，除秦苛政，人人自安，难摇动，三也。今大臣虽欲为变，百姓不为使，其党岂能专一邪？且内有朱虚、东牟之亲，外有诸侯之强，必无异心矣。高帝子独淮南王与大王，大王又长，贤圣闻于天下，故大臣迎大王，大王勿疑。"卜之，兆得大横。占曰："大横庚庚，余为天王，夏启以光。"王乃令舅薄昭见太尉周勃。还，王乃行。群臣迎于渭桥。太尉周勃进曰："请避左右以闻。"宋昌曰："所言公，公言之；所言私，王者无私。"勃乃跪上天子玺。王谢曰："至邸议之。"闰月朔，之代邸。王西向让帝位者三，南向让者再，遂即皇帝位，拜宋昌为卫将军，领南北军。赦天下。赐民爵一级，酺五日。

　　元年冬十月，皇帝见于高庙。车骑将军薄昭迎皇太后于代。封太尉周勃万户，赐金五千斤。丞相陈平、将军灌婴邑各三千户，

81

金三千斤^①。朱虚侯章、襄平侯通二千户,金千斤。

十有二月,立赵幽王子遂为赵王,徙琅琊王泽为燕王。除收孥相坐法律。

春正月,有司请早建太子,上谦让不听。有司固请,上曰:"诸侯王功臣多有贤者,而不必子^②;人其以朕忘贤与有德者而专于其子,非所以忧天下。"有司请曰:"立嗣必子,所从来久矣。今适宜立而更求诸侯宗室^③,非高帝之志。子启最长,敦厚慈仁,请建以为太子。"上许焉,而立之。封将军薄昭为轵侯。

三月,立皇太子母窦氏为皇后。初,孝惠时出宫人以赐诸王各五人,窦姬家在清河,赂主者吏,愿至赵。吏误置代伍中,窦姬泣啼而行。既至代,幸于主,生景帝。而代(皇)〔王〕后及其四子皆先亡^④,故窦姬为皇后。兄长君;弟广国,字少君,家于长安。绛侯等曰:"吾属命乃悬于此两人。为选贤人,令与居止。"由此皆为退让君子。诏曰:"今方春和,草木群生之物皆有以自乐,而吾百姓鳏寡孤独穷困之人,(咸)〔或〕阽于死亡^⑤,而莫之省忧。朕为民父母,将何如? 其议所以赈贷之。"于是出布帛米肉之赐,其肉刑(恤)〔耐〕罪已上不用此令^⑥。楚元王交薨。丞相平病,让位于太尉。周勃为(左)〔右〕丞相^⑦,位第一,平为(右)〔左〕丞相^⑧,位第二。大将军灌婴为太尉。上问勃:"天下一岁决狱、钱谷出入几何?"谢不知,甚愧之。上以问平,平曰:"陛下即问决狱,责廷尉;问钱谷,责治粟内史。"上曰:"君所主者何事?"对曰:"陛下不知臣驽下,使臣待罪宰相。宰相在上佐天子,调理阴阳,下遂万物之宜,外镇抚四夷,内亲附百姓,使公卿大夫各得其职。"上曰:"善。"勃出,谓平曰:"君素不教我对!"平曰:"处其位,独不知任?"或谓勃曰:"君诛诸吕,立代王,威镇天下[9],受厚赏,处尊位,久即祸及身矣。"勃谢病归相印,平转为右丞相。太中大夫陆贾使越,上赐尉佗书曰:"朕顷以南越王自治之[10]。虽然,王之号为帝。两帝并立,(岂)无一乘之使以通其道路[11],是争也;争而不让,仁者不由也。王之昆弟在真定,已使人存问,修治王先人冢墓。愿与王分弃前患,从今已来,与王通使如故。故使贾喻意。"〔而越王乃稽首请为蕃臣,奉职贡,去帝制,因为书谢。自称〕南越蛮夷大长老夫臣佗曰[12]:"高后听信谗臣,别异蛮夷。故改号聊以自娱,自帝其国,未敢有害于天下。老夫夙兴夜寐,寝不安席,食不甘味,凡以不得事汉故也。陛下幸哀怜臣,通使如故,老夫死骨不朽,不敢为帝! 谨北面因使者奉献。"

夏四月,齐、楚地震,山崩二十九所,同日俱大发,溃水出。本志曰:"为水沴土。"

六月,令郡国无来献。封卫将军宋昌为壮武侯。又令列侯从高帝入蜀、汉者皆增邑,吏二千石已上从高帝者皆食邑。齐王襄薨。

二年冬十月,丞相平薨,谥献侯。

十有一月乙亥,周勃复为左丞相。癸卯晦,日有食之。诏举贤良方正直言极谏者。是时上勤于政事,躬行节约,思安百姓,身衣弋绨,所幸慎夫人衣不曳地,帏帐无文。尝欲为露台,计直百金,曰:"此中民十家之产。"遂不为也。太中大夫贾谊说曰:"管子有言:'仓廪实知礼节。'民不足而可治者,未尝闻也。古人有言曰:'一夫不耕,或受之饥;一女不织,或受之寒。'生之有时,而用之无度,物力必匮。且岁有饥(饿)〔穰〕[13],天之常行,即不幸有方二三千里之旱，国何以相恤？卒然边境有急，数百万之众，国家何以馈之？方今之务，务在绝末伎游食之巧，驱民而归之于农。"太子家令晁错复说上曰："今土地人民不减于古，无尧、汤水旱之灾，而畜积不及古者，何也？以地有余利，民有遗力，生谷之土未尽垦耕，山泽之利物未尽出，游食之士未尽归农。夫饥寒切于肌肤，慈母不能以保赤子，君安能以有民！夫金玉宝货，饥不可食，寒不可衣，然而众贵之者，以上用之故也。其为物轻微易藏，在于把握，可以周流海内，而无饥寒之患。此令臣下轻倍其主，而民易去其乡，盗贼有所劝，而逃亡者得轻资矣。粟米布帛生于地，长于时，聚于（市）〔力〕[14]，非可一日而成，一日不得则饥寒并至。是故明王贵五谷而贱金玉。今农夫五口之家，其服作者不过二人，其能耕者不过百亩，百亩之收不过（三）百石[15]。春耕夏种，秋收冬藏，四时之间，无日休息。又给县官供徭役，忧病艰难其中。勤苦如此，然复时被水旱蝗虫之灾，急政暴赋，朝令暮（得）〔改〕[16]。有者贵卖，无者倍举，是卖田宅鬻子孙以偿债者众也。而商贾大者积储倍息，小者坐列贩卖。故其男不耕耘，女不蚕织，衣必重彩，食必重肉；无农夫之苦，有百千之得。因其富厚交通王侯，力过吏势，以利相倾，乘良策肥，千里游遨。此商人所以兼农人，农人所以流亡也。今汉法律贱商人，商人已富贵矣；尊农夫，农夫已贫贱矣。故主之所贵，俗之所贱；法之所卑，吏之所尊。上下相反，好恶相忤，而欲国富法立，不可得矣。当今之务，在于本农，使民劝业而已。欲人务农，在贵粟；贵粟之道，在于使民以粟为赏罚。今募天下入粟塞下，即得拜爵，得以除罪。如此，富人有爵，农人有粟，粟有所行，而国用足矣。不过三年，塞下之粟必多矣。"上从之。

荀悦曰:圣王之制,务在纲纪,明其道义而已。若夫一切之计,必推其公义,度其时宜,不得已而用之,非有大故,则不由之。

春正月,诏开籍田。汉初,国家简易,制度未备,衣食赀粮无限,富者衍溢,贫者或不足。若蜀郡卓氏家僮千有余人,程郑七八百人,皆擅山川铜铁之利,运筹算,上争王者之利,下(固)〔锢〕齐民之业[17]。若宛孔氏之属,连车骑以交通王侯,贸易货赂,雍容垂拱,坐取百倍,皆犯王禁,陷于不轨。

荀悦曰:先王立政,以制为本。三正五行,服色历数。承天之制,经国序民。列官布职,疆理品类。辩方定物,人伦之度。自上已下,降杀有序。上有常制则政不颇,下有常制则民不二;官无淫度则事不悖,民无淫制则业不废。贵不专宠,富不独奢,民虽积财无所用之。故世俗易足而情不滥,奸宄不兴,祸乱不作。此先王所以纲纪天下,统成大业,立德兴功,为政之德也。故曰:谨权量,审法度,修废官,四方之政行矣。

本传曰:"先王之制,自天子公侯卿大夫已下,至于抱关击柝者,其爵禄奉养死生之制各有差品,小不得僭大,贱不得逾贵。夫然,故上下有序而民志悉定。于是(裂)〔辩〕土地之宜[18],教之种殖畜养以时,而用之有节。草木未落,斤斧不入于山林;豺獭未祭,罗网不布于野泽;鹰隼未击,矰弋不施于蹊隧。既顺时而取物,然(而)〔犹〕山不槎(孽)〔蘖〕,(田)〔泽〕不伐夭[19],豚鱼麛(卵)〔卵〕[20],咸有常禁。所以顺时宣气,蕃阜庶物,畜足功用,如此之备。然后从四民因其土宜,任其智力;安其居,乐其业,甘其食而美其服;欲寡而事节,财足而不争。及至周室道衰,礼法隳坏,诸侯刻桷丹楹,大夫山节藻棁。其流至于士庶,莫不离制度,稼穑之人少,商贾之人多，谷不足而货有余。陵迟至于<u>桓</u>、<u>文</u>之后，礼义大坏，上下相冒，国异政，家殊俗，奢靡不制，僭差无极。于是商通难得之货，工作无用之器，士设反道之行，以追时好而取世资。伪民倍实而要名，奸夫犯难而求利，篡杀取国者为王公，劫夺成家者为侯伯。礼义不足以制君子，刑戮不足以威小人。富者木土被文绣，犬马喂菽粟；贫者(短)〔裋〕褐不完㉑，食(疏)〔菽〕饮水㉒。俱为编户齐民，而以财力相(窘)〔君〕㉓，虽为仆虏，犹无愠色。故夫饰变诈为奸轨，自足乎一世之间；守道随理，不免乎饥寒之患。其化自上兴，由法度之无限也。故<u>易</u>曰：'君以财成，辅相天地之宜，以左右民'，'备物致用，立象成器以为天下利。'立制度之谓也。"太子太傅<u>张相如</u>免，太中大夫<u>石奋</u>为太子太傅。<u>奋</u>，<u>赵</u>人也。初为小吏，事高帝恭敬谨慎，甚见亲信，于是以选傅太子。立<u>赵王遂</u>弟<u>辟彊</u>为<u>河间王</u>，<u>朱虚侯章</u>为<u>城阳王</u>，<u>东牟侯兴居</u>为<u>济北王</u>。立皇子<u>武</u>为<u>代王</u>，<u>参</u>为<u>太原王</u>，<u>揖</u>为<u>梁王</u>。

夏五月，诏曰："古有诽谤之木，所以通谏者。今法有诽谤妖言之罪，是使众臣不敢尽心，而上无由闻其过。今其除之。"

秋九月，初与郡守为铜虎、竹使符。

三年冬十月丁酉晦，日有食之。

十一月(乙)〔丁〕卯晦，又食之㉔。诏曰："前遣列侯之国，辞未行。丞相朕之所重，其为朕率列侯之国。"遂免<u>勃</u>就国。

十二月，太尉<u>灌婴</u>为丞相，罢太尉官。

四月，<u>城阳王章</u>薨。<u>淮南王长</u>杀<u>辟阳侯审食其</u>。初，高帝八年过<u>赵</u>，<u>赵王</u>献美人，幸，有身，生<u>厉王长</u>。<u>赵王</u>不敢内之，筑外宫而处之。及<u>贯高</u>事，尽捕王家，<u>厉王</u>母亦在系中。其弟<u>赵廉</u>因<u>辟阳</u>

侯言吕后㉕,吕后妒,不肯白,辟阳侯不强争。厉王以生,母以愍自杀。赵廉奉厉王诣长安,高帝怜之,令吕后母之。厉王有才力,力能扛鼎。怨辟阳侯不救其母,乃造辟阳侯,即自袖金椎椎杀之。驰诣阙,肉袒请罪。上赦之不治。

五月,匈奴寇北地、河(内)〔南〕㉖,丞相灌婴击之。卫将军军长安。上自至高(都)〔奴〕㉗,因幸太原,见群臣故人,皆赐之。举功行赏。复晋阳、中都民三岁租。留太原,游十余日。济北王兴居闻上自击胡,乃发兵反。秋,大旱。

七月,上自太原还。

八月,将军柴武击济北王兴居。兴居自杀。赦诸与兴居反者。

四年冬十二月,丞相灌婴薨,谥隐侯㉘。

正月,御史大夫张苍为丞相,袁盎为御史大夫。时御史大夫韦孟缺,是时上征河东太守季布,欲以为御史大夫。闻其使酒,乃不用,遣归郡。

夏五月,复诸刘有属籍者,家无所与。

六月,雨雪。

秋九月,封齐悼惠王子七人为列侯。绛侯周勃有罪,逮系诏狱。勃在国,常恐惧,每郡守使丞尉行县,勃常被甲持兵。人有告勃欲反,下廷尉。吏侵辱之,勃以千金与狱吏,吏乃止。勃以公主为证。公主,孝文女,〔勃〕太子胜尚之㉙。及薄昭为言薄太后,(一)〔因〕请上曰㉚:"绛侯奉高帝玺,持兵于北军,此时犹不反,今居一小县,乃反邪!"上赦勃,复爵邑,就国。勃出曰:"吾常将百万众于北军,安知狱吏之贵哉!"作顾成庙。

五年春二月,地震。

夏四月,除盗铸钱令。更造四铢钱。贾谊谏曰:"法使民得顾租铸钱,钱敢杂以铅铁他巧者,其罪黥。然铸钱之情,非伪杂巧,则不得赢;辨利巧之甚微㉛,其利甚厚。夫事有招祸,法有起奸,今令细民操造币之势,各隐屏而铸作,因欲禁其厚利,绝其微奸,虽黥罪日报,其势不止。农事弃捐,采铜日多,奸不可绝已。"颍川人贾山上书谏曰:"夫钱者无用之器,而可用易富贵。富贵者,人主之操柄,令〔民〕为之㉜,是与人主共操柄,不可长也。"上不听。又上书言前世之戒曰:"昔秦赋敛重数,以奉奢侈。起咸阳至雍,离宫三百,钟鼓帷帐,不移而具。为阿房之殿,高十数仞,东西五里,南北千步。为宫室之盛乃至于此,使其后世曾不得聚庐而托处焉。为驰道于天下,东穷燕、齐,南极吴、楚,江湖之上,滨海之观毕至。道广五十步,三丈而树,又筑其外,隐以金椎,树以青松。为驰道之丽乃至于此,使其后世曾不得邪径而托足焉。葬于骊山,(使)〔卒〕徒数十万人㉝,旷日十年。下达三泉,采合金石,冶铜锢其内,漆涂其外,被以珠玉,饰以翡翠,中成游观,上成山林。为葬埋之奢乃至于此,使其后世曾不得逢块而托葬焉。百姓不胜其役,疲弊者不得休息,饥寒者不得衣食,无罪而死刑者无所告诉,人与之为怨,家与之为仇,天下以坏,宗庙将灭绝矣。始皇居绝灭之中犹不自知,乃东巡狩至会稽、琅邪,刻石纪功,自以为过于尧、舜。以古谥法为少,更以数为谥,欲以一至万世。而死不盈数月,天下四面攻之,兵破于项羽,地夺于刘氏,岂不哀哉!始皇不自知无辅弼之臣,无进谏之士,纵恣行诛,是以道谀者偷合苟容,比其德则圣于尧、舜,论其功则贤于汤、武,天下已溃而莫之告也。诗云:'匪言不能,胡斯畏忌','听言则对,谮言如醉㉞。'此之谓也。故圣王之制,史在前书过失,工诵箴谏,瞽诵诗谏,公卿比谏,士传言谏,庶人谤于道,商旅议于市。然后君得闻其过而改之,见义而从之,所以永有天下也。今陛下将兴尧、舜之道,犹自勉以厚天下,损食膳,不听乐,减外徭,止岁贡;省厩马以赋郡传,去诸苑以赋农夫,出帛十万匹以赈贫乏;礼高年,平刑狱,天下悦喜。臣闻山东吏有布诏令,民虽老病,或扶杖而往听之,愿少须臾无死,思见德化之所成,功业之所就矣。今闻或者陛下从方正贤俊之士,与之射猎,以伤大业,臣窃悼之!愿止射猎,以岁二月定明堂,造太学,修先王之道,以成万世之基。"上辄优容而纳其言,然明堂、太学犹未足兴。是时吴王即山铸钱,而幸臣邓通亦赐铜山得自铸钱,吴王、邓通钱甚盛矣。通,蜀人也。上尝梦欲上天而不能,有一黄头郎推之,顾见其衣后穿。觉而求之渐台,见郎中邓通衣后穿如梦中所见,遂宠幸之。通亦谨身媚上而已,不得预政事。有善相者相通,云:"当贫饿死。"故赐通铜山,得自铸钱。上尝亲宴饮通家。上病痈,通尝吮之。上曰:"谁最怜我者?"通曰:"莫若太子。"上令太子吮痈而色难。得通前吮之,太子惭,由是心恚通。及即位,以通盗去徼〔外〕铸钱㉟,遂尽按,没入财物。卒穷饿,寄死人家。徙代王武为淮阳王,徙太原王参为代王。

六年冬十月,桃李花。

十一月,淮南王长谋反,发觉,徙蜀郡,道死于雍,谥曰厉。初,长居国骄恣,不用汉法,出称警,入称跸,自作法令。上令将军薄昭与长书,责之曰:"大王以千里为宅居,以万人为臣妾,此高皇帝之厚德。今大王所行危(王)〔亡〕之道㊱,高皇帝之神灵必不庙食于大王之手矣。昔周公诛管、蔡以宁周室,高(宗)〔帝〕废代王以便事㊲,济北举兵,皇帝诛之以安汉。故周行之于前,汉用之于后。

今大王欲以亲戚之意故望于上,大王终不可得也。宜急改行,上书谢罪。"王得书不悦。复令人使闽越、匈奴,与棘蒲侯太子柴奇谋反。群臣廷尉杂奏,表请论如法制。诏曰:"朕不忍致法,其赦长死罪,废王。"有司请徙长蜀郡邛(都)〔邮〕⑧。于是尽诛所与谋者。载长以辎车,令县次传送,给肉日五斤,酒五升。令美人、才人得幸者十人从之。长在道,怨,不肯食而死。乃以民礼葬于雍,置守墓三十家。而诛诸县送传不谨者。淮南王之徙也,中郎将楚人袁盎谏曰:"淮南王为人刚强,行道有不遂,陛下有杀弟之名。奈何!"上曰:"吾将苦之耳,令还之。"及长死,上悲号甚恨。盎曰:"陛下有高世之名三,此不足毁名。陛下在代时,太后尝病,三年,陛下目不交睫,睡不解衣冠,汤药非陛下口所尝不进。夫曾参以布衣犹难之,陛下亲以王者行之,孝过曾参远矣。诸吕用事,大臣专制,陛下从代来,乘六乘之传,驰不测之渊,虽贲、育之勇不及陛下。陛下至代邸,西向让天下者三,南向让者再。夫许由一让而名立,陛下五让,过于许由四矣。陛下迁淮南王,欲使改过,有司宿卫不慎,故病死。"上意乃解。

上从霸陵欲西驰下峻阪,盎进揽辔。上曰:"将军怯邪?"盎曰:"臣闻圣主不乘危,陛下乘六骓,驰不测之山,比有马惊车败,陛下纵自轻,奈高庙、太后何?"上乃止。上幸上林苑。皇后、慎夫人在禁中,尝同坐。及坐郎署,盎却慎夫人席。慎夫人怒,不肯坐。上怒,起。盎因前说曰:"臣闻尊卑有序,上下协和,妾主岂可同坐哉!陛下所幸慎夫人,适所以祸之。独不见'人彘'乎?"上乃悦,以语慎夫人。夫人赐盎金五十斤。宦者赵同数毁盎,盎患之。盎兄子种谓盎曰:"宜庭辱之,使其毁不用。"后上出,赵同参乘,盎伏之车前曰："古者天子所共与六尺乘舆者，皆天下豪俊。今汉虽乏人，陛下独奈何与刑余之人共载！"上笑，推<u>同</u>下。<u>同</u>泣下车。

七年夏四月，赦天下。

六月辛酉^㊴，<u>未央宫</u>阙<u>罘罳</u>灾。<u>本志</u>以为"东阙所以朝诸侯之门也，罘罳在外，诸侯之象也，僭大之咎也。"典客<u>冯敬</u>为御史大夫。

八年夏，封<u>淮南王</u>子四人：<u>安</u>为<u>阜陵侯</u>，<u>勃</u>为<u>安阳侯</u>，<u>赐</u>为<u>周阳侯</u>，<u>良</u>为<u>东城侯</u>。<u>梁王</u>太傅<u>贾谊</u>知上将复王之，谏曰："<u>淮南王</u>悖逆无道，陛下幸赦而迁之，疾病而死，天下谁不以王死之为大当！今复尊罪人之子，适足以负谤于天下耳。虽割之而王四子，四子一心，此非有<u>白公</u>、<u>子胥</u>兴于广都之中，必有<u>专诸</u>、<u>荆轲</u>起于两楹之间矣。"<u>谊</u>又上书言前世事曰："大臣强者先反，欲天下之治安，莫若众建诸侯而少其力。力少则易制，国小则无邪心。令海内之势如身之使臂，臂之使指，莫不从制，从制则天下安矣。割地定则为若干国，令诸侯王子孙各以次（授）〔受〕先祖之分地^㊵。其地众而子孙少者，建以为国，空而置之，（颁）〔须〕其子孙生者^㊶，举使君之，示无所私焉。今进言者皆曰天下已治，臣独以为未也。夫抱火厝于积薪之下而寝其上，火未及然，因谓之安，方今之势，何以异此！今大国之王幼弱，<u>汉</u>之傅相方握其事。数年之后，诸侯王皆冠，血气方刚，<u>汉</u>之傅相称疾而罢，彼自丞尉已下（偏）〔遍〕置私人^㊷，则难作矣。射猎之娱与安危之机孰急？以天子之位，乘今之时，尚为难治。假使陛下居<u>齐桓</u>之处，将（能）〔不〕九合诸侯而一匡天下乎^㊸？假使<u>韩信</u>、<u>彭越</u>、<u>黥布</u>此数公存者，当此之时，陛下即位，能自安乎？今为<u>汉</u>治者，无勤劳之苦，不乏钟鼓之乐，可使诸侯轨道，天下顺治也。承奉宗庙至孝也，以育群生至仁也，垂法立业至明也。当时大治，使后世诵圣德，使顾成之庙称为<u>太宗</u>，上配<u>太祖</u>，与<u>汉</u>罔极。以陛下之明达，因使少知治体者得在下风，致此非难也。陛下谁惮之而久不为此？今天下之势方倒悬。天子者，天下之首；蛮夷者，天下之足。夷狄征令，主上之操也；天〔下〕〔子〕供贡㉔，臣下之礼也。足反居上，首顾居下，倒悬如此，莫之能解，甚为执事羞之。陛下何不试以臣为属国之官，必系单于颈而制之死命。不猎猛敌而猎田豕，臣窃为陛下不取。又今卖童仆者，为之文绣，衣之丝屦；富人嘉会，以绮縠覆墙屋。是故天子后服所以庙而不宴者也，今庶人屋壁得为帝服，倡优下贱得为后饰，天下之不危者，殆未之有也。<u>三代</u>有天下之长，而<u>秦</u>享世之短，其故可知也。古之王者，太子始生，而教固以行矣。<u>成王</u>在襁褓之中，<u>召公</u>为太保，<u>周公</u>为太傅，<u>太公</u>为太师。太保保其身体，太傅傅其德义，太师导之教训。又为置之三少，皆上大夫，少保、少傅、少师，是与太子宴者也。逐去邪人，不使见邪行者。皆选天下端士孝弟博闻有道术者以卫翼之，使与太子居处出入。故生则见正事，闻正言，行正道，左右前后皆正人。<u>孔子</u>曰：'幼成若天性，习惯若自然。'及太子少长，即入于太学，承师〔问〕道（问）㉕。既冠成人，免于保傅之严，则有记过之史，彻膳之宰，诽谤之木，敢谏之鼓。春朝朝日，秋暮夕月，所以明敬也。养三老五更，所以明孝弟也。行以和鸾，步中采茉，趋中（大）〔肆〕夏㉖，所以明有度也。其于禽兽，见其生不忍其死，闻其声不食其肉，故远庖厨，所以长恩，且明有仁也。<u>三代</u>所以长久者，其辅翼太子必有此具也。及<u>秦</u>即不然。弃礼义辞让而上告诉刑罚，使<u>赵高</u>傅<u>胡亥</u>而教之狱，所习非斩劓人则夷三族。故<u>胡亥</u>今日即位而明日射杀人，忠谏者谓之诽谤，深计者谓之妖言，视杀人如劓刈草菅。岂惟胡亥之性恶哉？所以导之者非其理也。人主之所慎，在其所趣舍。以礼义治民者，积礼义；以刑罚治民者，积刑罚。礼义积而民和亲，刑罚积而民怨倍。教化行而民康乐，法令行而民哀戚。哀乐之感，祸福之应也。古者圣王制为等列，而天子加焉，故其尊不可及也。廉耻节俭以治君子，大臣有罪，赐死而无戮辱。古者大臣有大谴呵，则白冠牦缨，盘水加剑，造请室而请罪于上，不执缚系引而行；有大罪，北面跪而自裁，上不使人挫(拆)〔折〕而刑之㊼，曰：'子大夫自有过耳！吾遇子有礼矣。'上设廉耻以遇其臣，臣下则厉节行以报其上。"上善其言。自是大臣有罪，不及刑狱。谊又以为"代边近匈奴。而梁、淮阳皆小，不足以御捍〔诸侯。请以淮南地益淮阳，割淮阳北边地及东郡益梁，足以捍〕齐、赵㊽，淮阳足以捍吴、楚，则无山东之忧，(万)〔此二〕世之利㊾。昔秦苦心劳力以除六国，今陛下垂拱以成六国之祸，不可以言智也。虽身之无事，万年之后，传之弱子，不可以言仁爱。"后(止)〔上〕徙淮阳王武为梁王㊿，王四十余城。有长星出于东方。

九年(夏)〔春〕(51)，大旱。

校勘记

① 金三千斤　"三"，汉书文帝纪作"二"。

② 诸侯王功臣多有贤者而不必子　此与下文义不连贯。汉书文帝纪作"诸侯王宗室昆弟有功臣，多贤及有德义者，若举有德以陪朕之不能终，是社稷之灵，天下之福也，今不选举焉，而曰必子"。

③ 今适宜立　"适"，通"嫡"，吴慈培改作"释"，汉书文帝纪亦作"释"。

④ 代(皇)〔王〕后　从汉书外戚传、吴慈培校改。

⑤ (咸)〔或〕阽于死亡　从汉书文帝纪改。

⑥ (恤)〔耐〕罪已上不用此令　从龙溪本、学海堂本改。

⑦ 周勃为(左)〔右〕丞相　汉代尚右。下文有"平转为右丞相"句,此处应作"右丞相"。"左"讹,径改。

⑧ 平为(右)〔左〕丞相　"右"讹,径改。

⑨ 威镇天下　"镇",吴慈培校作"振"。汉书周勃传作"镇"。

⑩ 朕顷以南越王自治之　钮永建校云"顷"当作"领"。汉书两粤传作"吏曰:'得王之地不足以为大,得王之财不足以为富,服岭以南,王自治之。'"

⑪ (岂)无一乘之使　从汉书两粤传删。

⑫ 〔而越王乃稽首请为蕃臣奉职贡去帝制因为书谢自称〕南越蛮夷大长　从黄校本补。

⑬ 且岁有饥(饿)〔穰〕　从汉书食货志改。

⑭ 聚于(市)〔力〕　从学海堂本、汉书食货志改。

⑮ 百亩之收不过(三)百石　从汉书食货志删。

⑯ 朝令暮(得)〔改〕　从汉书食货志改。

⑰ 下(固)〔锢〕齐民之业　从吴慈培校、汉书货殖传改。

⑱ 于是(裂)〔辩〕土地之宜　从汉书货殖传改。

⑲ 然(而)〔犹〕山不樵(蘖)〔蘗〕(田)〔泽〕不伐夭　从汉书货殖传改。

⑳ 豚鱼麛(卯)〔卵〕　从龙溪本、学海堂本改。

㉑ 贫者(短)〔裋〕褐不完　从汉书货殖传改。

㉒ 食(疏)〔菽〕饮水　从汉书货殖传改。

㉓ 而以财力相(睿)〔君〕　从汉书货殖传改。

㉔ 十一月(乙)〔丁〕卯晦又食之　"丁卯",从黄校本改。汉书文帝纪亦作"丁卯"。钮永建校云:两食并以晦,前晦在丁,则后晦不得在乙。班书作"丁"是也。

㉕ 其弟赵廉　汉书淮南王传作"赵兼"。

㉖ 匈奴寇北地河(内)〔南〕　从汉书文帝纪改。师古注:"北地郡之北,黄河之南,即白羊所居。"

㉗ 上自至高(都)〔奴〕 从汉书文帝纪改。

㉘ 隐侯 史记、汉书表传并作"懿侯"。

㉙ 〔勃〕太子胜尚之 从学海堂本补。

㉚ (一)〔因〕请上曰 从龙溪本、学海堂本改。

㉛ 辨利巧之甚微 汉书食货志及新书铸钱篇皆作"殽之甚微"。

㉜ 令〔民〕为之 从汉书贾山传补。

㉝ (使)〔卒〕徒数十万人 从汉书贾山传改。

㉞ 听言则对讼言如醉 汉书贾山传作"谮言则退"。诗雨无正作"听言则答,谮言则退"。

㉟ 盗去徼〔外〕铸钱 从南监本、汉书佞幸传补。

㊱ 今大王所行危(王)〔亡〕之道 从南监本、龙溪本、汉书淮南厉王传改。

㊲ 高(宗)〔帝〕废代王 从汉书淮南厉王传改。

㊳ 徙长蜀郡邛(都)〔邮〕 从吴慈培校改。钮永建校云:史、汉淮南传并作"蜀严道邛邮"。索隐曰"县蛮夷曰道"。严道有邛来,山有邮置,故曰"严道邛邮"。按汉无邛都县,明荀纪误。

㊴ 六月辛酉 汉书文帝纪作"六月癸酉"。

㊵ 以次(授)〔受〕先祖之分地 从汉书贾谊传改。

㊶ (颁)〔须〕其子孙生者 从南监本、龙溪本、学海堂本、汉书贾谊传改。

㊷ (偏)〔遍〕置私人 "偏"误。以意改。

㊸ 将(能)〔不〕九合诸侯 从汉书贾谊传改。

㊹ 天(下)〔子〕供贡 从吴慈培校、贾谊治安策改。

㊺ 承师〔问〕道(问) 从南监本、学海堂本、汉书贾谊传乙正。

㊻ 趋中(大)〔肆〕夏 从学海堂本、汉书贾谊传改。

㊼ 上不使人挫(拆)〔折〕而刑之 从南监本、龙溪本、学海堂本改。

㊽ 御捍〔诸侯请以淮南地益淮阳割淮阳北边地及东郡益梁足以捍〕齐赵 从黄校本补。

㊾ (万)〔此二〕世之利 从汉书贾谊传改。

(50) 后(止)〔上〕徙淮阳王　从南监本、龙溪本、学海堂本改。

(51) 九年(夏)〔春〕　从南监本、汉书文帝纪改。

汉纪　孝文皇帝纪下　卷第八

十年冬，上行幸甘泉。将军薄昭有罪，自杀。张释之为郎，十年不得调，用欲归。袁盎贤之，言于上，以为谒者仆射。上幸上林苑，释之从，登虎圈。上问上林尉禽兽簿，尉不能对。虎圈啬夫代尉对，响应无穷。上曰："为吏不当如此邪?"诏释之拜啬夫欲为上林令。释之进曰："陛下以周勃、张相如何如人?"上曰："长者也。"释之曰："此两人称为长者，言事曾未出口，岂若啬夫喋喋利口捷给哉! 且秦任刀笔吏，争以苛察相高，故政陵迟至于土崩。今以啬夫口辩而超迁之，臣恐天下随风而争口辩，无实。上之化下，疾于影响，举错不可不察。"上曰："善。"乃止。拜释之为公车令。时梁王来朝，与太子共载入朝，不下司马门。释之禁止，不得入朝，劾奏不敬。上乃免冠谢太后，曰："教儿子不谨。"太后使使承诏赦太子及梁王，乃得入朝。后为中郎将，从上至霸陵。上望北山，凄然伤怀，谓群臣曰："嗟乎! 以北山石为椁，用纻絮斫漆，其坚岂可动哉!"左右皆曰："善。"释之进曰："使其中有可欲，虽锢南山，犹可隙;使其中无可欲者，虽无石椁，又何戚焉?"上称善。

十一年冬十有一月，上行幸代。

春正月，上至自代。

夏六月，梁王楫薨①，无子，国除。楫，上之少子也。好读书，上爱之，故以贾谊为傅。王堕马薨。谊自伤为傅无状，且暮哭泣，岁余亦卒。谊时年三十②。初，河南太守吴公以谊为门下吏。吴公以治郡第一征入为廷尉，荐谊为博士，至太中大夫。时年二十余，表陈政事，建立制度。上以谊才任公卿，绛侯、灌婴等害之，上乃疏之。后谊为长沙王太傅。谊过湘水，作赋，以辞吊屈原。为傅数年，上复思谊，乃征之。上方坐宣室，感鬼宰事，与谊言，至半夜，移席就之。既罢，上曰："吾久不见贾生，自谓胜之，今见不如也。"以为梁王太傅。贾谊谓汉土德，所著述凡五十八篇。匈奴寇边狄道。

十二年冬十有二月，河决东郡酸枣，溃金堤。

春正月，赐诸侯王女邑各二千户。

二月，出孝惠后宫美人，令得嫁。

三月，诏曰："孝弟，天下之大顺也。力田，为生民之本也。三老，众民之师也。廉直，吏民之所表也。朕甚嘉此二三大夫之行。其遣谒者劳赐各有差，及问民所疾苦。"是岁，吴有马生角，在耳前，上向。右长三寸半，左角长二寸半，围皆二寸。本志以为"吴后举兵为逆之象"也。

十三年夏，除秘祝之官，诏曰："秘祝之官（秘）〔移〕过于下③，朕弗取，其除之。"名山大川，其在诸侯封内，各有自奉祠，天子之官不领。齐及（济）〔淮〕南国废④，令太祝岁时（至）〔致〕祠⑤。

夏五月，诏除肉刑。时齐太仓令淳于公有罪当刑。淳于公有女五人，无男，尝骂其女曰："生女不生男，缓急无有益！"小女缇萦自伤泣，乃随父到长安，上书曰："妾父为吏，齐国皆称廉平，今坐法当刑。妾闻夫死者不可复生，刑者不可复赎，虽欲改过自新，其道无由。妾愿没身为官奴，以赎父刑，使得自新。"天子悲怜其意，遂下令曰："夫训导不纯而愚民陷焉。或欲改行为善，其道无由也。夫刑者至断支体，刻肌肤，终身不复，何其刑之痛而不得理也！其除肉刑，有以易之。"遂改定律。

六月，诏除民田租。

荀悦曰：古者什一而税，以为天下之中正也。今汉民或百一而税，可谓鲜矣。然豪强富人占田逾侈，输其赋太半。官收百一之税，民收太半之赋。官家之惠优于三代，豪强之暴酷于亡秦。是上惠不通，威福分于豪强也。今不正其本，而务除租税，适足以资富强。夫土地者，天下之本也。春秋之义，诸侯不得专封，大夫不得专地。今豪民占田，或至数百千顷，富过王侯，是自专封也；买卖由己，是自专地也。孝武时，董仲舒尝言宜限民占田；至哀帝时，乃限民占田不得过三十顷。虽有其制，卒不得施行，然三十顷有不平矣。且夫井田之制，宜于民众之时，地广民稀勿为可也。然欲废之于寡，立之于众，土地既富，列在豪强，卒而规之，并有怨心，则生纷乱，制度难行。由是观之，若高帝初定天下，及光武中兴之后，民人稀少，立之易矣。就未悉备井田之法，宜以口数占田，为立科限，民得耕种，不得买卖，以赡〔弱〕民（弱）⑥，以防兼并，且为制度张本，不亦宜乎！虽古今异制，损益随时，然纪纲大略，其致一也。

本志曰："古者建步立亩，六尺为步，步百为亩，亩百为夫，夫三为屋，屋三为井，井方一里，是为九夫。八家共之，一夫一妇受私田百亩,公田十亩,是为八百八十亩,余二十亩以为庐舍。出入相交,(佇)〔守〕望相接⑦,疾病相救。民受田,上田夫百亩,中田夫二百亩,下田夫三百亩。岁更之,换易其处。其家众男为余夫,亦以口受田如(此)〔比〕⑧。士工商家受田,五口乃当农夫一人。有赋有税:税谓公田什一及工商衡虞之(人)〔入〕也⑨,赋谓供车马〔甲〕兵士徒之役也⑩。民年二十受田,六十归田。种谷必杂五种,以备灾害。田中不得有树,以妨五谷。力耕数芸,收获如寇盗之至。还庐种桑,菜茹有畦,瓜瓠果蓏殖于疆畔。鸡豚狗彘无失其时,女修蚕织,五十则可以衣帛,七十则可以食肉。五家为比,五比为闾,四闾为族,五族为党,五党为州,五州为乡,万二千五百户。比长位下士,自此已上,稍登一级,至乡为卿矣。于是闾有序而乡有庠,序以明教,庠以行礼而视化焉。春令民毕出于野,其诗云:‘同我妇子,馌彼南亩,田畯至喜。’〔冬〕则(冬)毕入于邑⑪,其诗云:‘嗟我(父)〔妇〕子⑫,曰为改岁,入此室处。’春则出民,闾首平旦坐于右垄⑬,比长坐于左垄,毕出而后归,夕亦如之。入者必持薪樵,轻重相分,斑白不提挈。冬则民既入,妇人同巷夜绩,女工一月得四十五(功)〔日〕⑭。必相从者,所以省费烛火,同巧拙而合习俗也。男女有不得其所者,因而相与歌咏,各言其情。是月,余子以在序室。八岁入小学,学六(家)〔甲〕四方五行书计之事⑮;十五入大学,学先王礼乐,而知君臣之礼。其秀异者移乡学,学于庠序之异者移于国学,学乎(小)〔少〕学。诸侯岁贡(小)〔少〕学之异者移于天子之学⑯,学于太学,命曰造士,然后爵命焉。孟春之月,群(后)〔居〕将散⑰,行人振木铎以徇于路,以采诗,献之太师,比其音律,以闻于天子。三年耕则余一年之畜,故‘三年有成’,成此功也。故王者三载考绩，三考黜陟。九年耕余三年之食，进业日升，谓之升平。三升曰泰，二十七年余九年食，谓之大平。而王业大成，刑措不用，王道兴矣。故语曰：'如有王者，必世而后仁。'""书曰：'天秩有礼'，'天罚有罪'。故圣人因天秩而制五礼，因天罚而制五刑。建司马之官，设六军之众，因井田而制军赋。地方一里为井，井十为通，通十为成，成方十里；成十为众，众十为同，同方百里；同十为封，封十为畿，畿方千里。故四井为邑，〔四〕邑〔四〕为丘⑱。丘，十六井，有戎马一匹，牛三头。四丘为甸。甸，六十四井，有戎马四匹，兵车一乘，牛十二头，甲士三人，步卒七十二人，干戈备具，是谓司马之法⑲。一同百里，堤封万井，除山川坑堑，城池邑居，园囿街路⑳，三千六百井，定出赋六千四百井，戎马四百匹，兵车百乘，此卿大夫（菜）〔采〕地之大者㉑，是谓百乘之家。一封三百（六）〔一〕十六里㉒，堤封十万井，定出赋六万四千井，戎马四千匹，兵车千乘，此诸侯之大者，谓之千乘之国。天子畿方千里，堤封百万井，定出赋六十四万井，戎马四万匹，兵车万乘。戎马车徒干戈素具，春振旅以蒐，夏（麦）〔拔〕舍以苗㉓，秋治兵以狝，冬大阅以狩，皆于农隙以讲事焉。五国为属，属有长；十国为连，连有率；三十国为卒，卒有正；二百一十国为州，州有牧。（牧有）连（卒）〔率〕比年简车徒㉔，卒正三年简舆徒，群牧五年大简舆徒，此先王制土定业，班民设教，立武足兵之大法也。"

上过渭桥，有人在桥下，乘舆马惊，捕之属廷尉。释之讯之，曰："远县人也。闻跸，匿桥下。久，已为行过，即出，见车骑，即走耳。"释之奏："犯跸罚金。"上怒曰："此人亲惊吾马，马赖和柔；即令他马，固不伤败我乎？"释之奏曰："法者，天子之所与，天下共之。今如重之,是法不信于民。廷尉,天下之平,今一倾,天下用法皆为之轻重,民安措其〔手〕足乎㉕?"上曰:"善。廷尉当如是也。"其后有人盗高庙坐前玉环者,下廷尉,奏当弃市。上大怒曰:"此人无道,乃盗先帝器!吾欲(置)〔致〕之族矣㉖。"释之曰:"法如是足矣。而有万一,愚人取长陵一(杯)〔抔〕土㉗,陛下何以加其法?"上乃许之,曰:"廷尉当如是也。"释之以议法公平,甚重于朝廷。尝公卿大会,立庭中。有王生者,年老矣,善为黄、老言,以处士召见。顾谓释之曰:"为我结袜!"释之跪而结之。既罢,或以责王生。王生曰:"吾老矣,且贱,自度终无益于张廷尉。张廷尉方为名臣,故使结袜,欲以重之。"

十四年冬,匈奴老上单于寇边,以十四万骑入萧关,杀北地都尉〔孙〕卬㉘,遂至彭(城)〔阳〕㉙,使骑兵入烧回中宫,候骑至雍,起烽火通甘泉。上遣(王)〔三〕将军屯陇西、北地、上郡㉚;中尉周舍为卫将军,郎中令张武为车骑将军,军渭北,(单于)〔车千〕乘㉛,骑卒十万。上亲劳军,勒兵(车)〔申〕令㉜,赐吏卒。上欲自征匈奴,群臣谏,不听。皇太后固止之,乃止。东阳侯张相如为大将军,内史栾布皆为将军㉝,击匈奴出塞。师还时,上辇过郎署,见郎署长冯唐年七十余矣。问曰:"父老何自为郎?家安在?"对曰:"臣赵人。"上曰:"吾居代时,尚食监高祛数谓我言赵将李齐之贤,战于钜鹿下。吾每啜食,意未尝不在钜鹿下也。父老知之〔乎〕㉞?"对曰:"齐尚不如廉颇、李牧之为将也。臣大父赵时为将卒,善廉颇;臣父为代郡将时,善李牧㉟。故知其为人也。"上曰:"嗟乎!吾得廉颇、李牧之为将,岂忧匈奴哉!"唐曰:"陛下虽得之,不能用。"上怒,起入禁中。良久,召唐曰:"公众辱我,独无闲处也?何以言之,吾不能用也?"唐谢,因对曰:"臣闻古之王者之遣将也,跪而推毂,曰:'自阃以内寡人制之,自阃以外将军制之;军功爵赏,皆决于外。'李牧为赵将居边,军市之租皆自用飨士卒,赏赐决于外,不从中覆也。委任而责成功,牧乃得展其智力,北逐单于,破东胡,灭澹林,西抑强秦,南距韩、魏。当此之时,赵几霸。会赵王迁立,用郭开谗,而杀李牧,是以为秦所灭。今臣闻魏尚为云中守,军市之租尽以给士卒,出私养钱,五(月)〔日〕一杀牛③,以飨士卒军人,是以匈奴远遁,不敢近云中之塞。虏尝大入,尚率车骑击之,所伤杀甚众。上功幕府,误差六级,文吏以法绳之。陛下下之吏,削爵,罚及之。其赏不行,吏奉法必用。臣愚以为陛下〔法太明〕赏太轻㉚,罚太重。由此言之,陛下虽得颇、牧,弗能用也。"上悦。是日,令唐持节赦魏尚,复以为云中守。拜唐为车骑都尉,主中尉及郡〔国〕车骑士㊳。至景帝时为楚相,卒为名臣。

荀悦曰:以孝文之明也,本朝之治,百寮之贤,而贾谊见逐,张释之十年不见省用,冯唐白首屈于郎署,岂不惜哉!夫以绛侯之忠,功存社稷,而犹见疑,不亦痛乎!夫知贤之难,用人不易,忠臣自古之难也。虽在明世,且犹若兹,而况乱君暗主者乎!然则屈原赴湘水,子胥鸱夷于江,安足恨哉!周勃质朴忠诚,高祖以为安刘氏者,必勃也。既定汉室,建立明主,眷眷之心,岂有异哉!狼狈失据,块然囚执,俯首抚襟,屈于狱吏,岂不愍哉!夫忠臣之于其主,犹孝子之于其亲,尽心焉,尽力焉。进而喜,非贪位;退而忧,非怀宠。结志于心,慕恋不已,进得及时,乐行其道。故仲尼去鲁曰"迟迟而行",孟轲去齐,三宿而后出境,彼诚仁圣之心。夫贾谊过湘水吊屈原,恻怆恸怀,岂徒忿怨而已哉!与夫苟惠失之者异类殊意矣。及其(传)〔傅〕梁王㊴，梁王薨，哭泣而从死，岂可谓不忠乎！然人主不察，岂不哀哉！及释之屈而思归，冯唐困而后达，有可悼也。此忠臣所以泣血，贤俊所以伤心也。

上方忧匈奴，太子家令晁错上书言兵事，曰："臣闻用兵临战，合刃之急者三：一曰得地形，二曰卒服习，三曰器用利。兵法曰：丈五之沟，渐车之水，山林积石，山川丘阜，草木所在，此步兵之地也，车骑二不当一。土山平陵，漫衍相属，平原广野，此车骑之地也，步兵十不当一。平易相远，山谷幽涧，仰高临下，此弓弩之地也，短兵百不当一。两阵相近，平地浅草，可前可后，此长戟之地也，剑楯二不当一。(蘲)〔萑〕苇竹萧㊵，草木蒙(笼)〔茏〕㊶，枝叶接茂，此矛铤之地也，长戟二不当一。曲道相伏，险厄相薄，此剑楯之地也，弓弩三不当一。士不选练，卒不服习，起居不精，动静不集，趋利不及，避难不毕，前击后解，与金鼓之指相失，此多不习勒卒之过也，百不当十。兵不完利，与空手同；甲不坚密，与袒裼同；弩不可以及远，与短兵同；射不能中，与无矢同；中不能入，与无镞同；此将不省兵之祸也，五不当一。故兵法曰：器械不利，以其卒与敌也；卒不可用，以其将与敌也；将不知兵，以其主与敌也；君不择将，以其国与敌也。此四者，兵之要也。臣又闻小大异形，强弱异势，险易异备。夫(毕)〔卑〕身以事强㊷，小国之形也；〔合小以攻大，敌国之形也〕㊸；以蛮夷攻蛮夷，中国之形也。今匈奴地形伎艺与中国异。上下山坂，出入溪涧，中国之马弗与也；险道倾侧，且驰且射，中国之骑弗与也；风雨疲劳，饥渴不困，中国之人弗与也：此匈奴之长技也。若夫平原易地，轻车突骑，此匈奴之众易挠乱也；劲弩长戟，射疏及远，则匈奴之弓弗能格也；坚甲利刃，长短相杂，游弩往来，什伍俱前,则<u>匈奴</u>之兵弗能当也,材官骤发,矢道同的,则<u>匈奴</u>之革笴木荐弗能支也;下马地斗,剑戟相接,去就相薄,则<u>匈奴</u>之足弗能给也:此中国之长技也。<u>匈奴</u>之长技三,中国之长技五。陛下兴数十万之众,以诛数(十)万之<u>匈奴</u>[44],众寡之计,以一击十之术也。虽然,兵者凶器,战者危事。以大为小,以强为弱,在俯仰之间耳。夫(小)〔以〕人之死争胜[45],跌而不振,则悔之无及也。帝王之道,出于万全。今降<u>胡义渠</u>蛮夷之属来归义者,其众数千人,饮食长技与<u>匈奴</u>同,可赐之坚甲絮衣、劲弩利矢,益以边郡之良骑。令明将能知其习俗、和辑其心者以将之,即有阻险,则以此当之;平地通道,则以轻车材官制之。两军相当表里,各用其技,横加之以众,此万全之术。传曰:‘狂夫之言,而明主择焉。’臣<u>错</u>愚陋,昧死上狂言,唯陛下裁择。”上嘉之,而赐玺书宠答曰:“皇帝敬问太子家令:所言兵体,闻之。书曰‘狂夫之言,而明主择焉。’今则不然。言者不狂,而择者不明,是以万听而万不当也。”<u>错</u>复上言云:“远方之士守塞,一岁而更,不知<u>胡</u>人之能,不如选常居之者,令室家田作,具以备之。以便为之高城深堑,其外复为一城,其内城间百五十步。要害之处,通山川之道,调立城邑,毋下千家,为中(国)〔周〕造篱落[46]。先为屋室,次(其)〔具〕田器[47],(及)〔乃〕募罪人及免徒复作令居之[48];不足,募以(一)〔丁〕奴婢赎罪及输奴婢欲以拜爵者[49];不足,乃募民之欲往者。皆赐高爵,复其家;予冬夏衣裳、廪食,能自给而止。郡县之民,得买其爵以自增。其无夫若无妻者,县官买与之。人情非有匹敌,不能久安其居。塞下之人,禄利不厚,不可使久居危难之地。<u>胡</u>人入驱而能止其所驱者,以其半与之,县官为赎其民。如是,则邑里相救助,赴<u>胡</u>不避死亡。非以德上也,欲全亲戚而利其财。此与东方之(戎)〔成〕卒不习地势而心畏胡者⑤，功相万也。"上从之。错复言："古之徙远方以实空虚也，相其阴阳之和，审其土地之宜，然后营立邑城，通田作之道，正阡陌之界。先为之筑室，家有一堂两内，门户之开闭，置器物焉。民至者有居，作有所用，此民所以轻去故乡而劝之新邑也。为之致医巫，以救疾病，以修祭祀，男女有婚姻，死生相恤，坟墓相从，室家完安，此使民乐其处而有长居之心也。臣又闻古之制边县以备敌也，使五家为伍，伍有长；十长一里，里有假士；四里一连，连有假率；十连一邑，邑有假侯：皆择其邑之贤才习地形知民情者，居则习于射法，出则教民于应敌。故卒伍成于内，则军正定于外。服习以成，勿令迁徙，幼则同游，长则共事。夜战则声相知，足以相救；昼战则眼相见，足以相识；欢爱之心，足以相死。然后劝之以重赏，威之以重罚，则死不旋踵矣。"

春三月，诏曰："昔先王远施不求其报，望祠不祈其福，右贤左戚，先民后己，至明之极也。今闻祠官祝釐，皆归福于朕躬，不为百姓，朕甚愧之，是重吾不德也。其令祠官致敬，无有所祈。"鲁人公孙臣上书，言秦为水德，从所不胜，汉当为土德，其符当有黄龙见。丞相张仓好律历，以汉为水德，河水决金堤，其符也。公孙臣言非，是以罢之。于是从仓议，色尚外黑内赤，以此从水德。

十五年春，黄龙见于成纪。上召公孙臣为博士，从土德也。

夏四月，上幸雍，始郊见五帝，修名山大川之祀。秋九月，举贤良直言，上策之曰："有司举贤良明于国家之大体，通于人情之终始，及能直言极谏者，二三大夫之行当此三道，朕甚嘉之，故登大夫于朝，亲谕朕志。大夫其上三道之要，永惟朕之不德，吏之不平，政之不宣，民之不宁，四者之阙，悉陈其志，无有所隐。著之于篇，朕亲览焉。"太子家令晁错对曰："臣闻五帝神圣，其臣莫能过，故自亲事，动静上配天，下顺地，中得人。众生之类无不覆也，根著之徒无不载也，昭以光明无偏异也。德上及飞鸟，下及水虫草木，诸产皆被其泽。然后阴阳调，万物茂，妖孽藏，符瑞出，泽润天下，光被四海。此治国大体之功也。臣闻三王臣主皆贤，故合谋相（附）〔辅〕[51]，政达于人情。人情莫不欲寿，三王生而不伤也；人情莫不欲富，三王厚而不困也；人情莫不欲安，三王宁而不危也；人情莫不欲逸，三王节其力而不尽也。其为法令，合于人情而后行之；动众使民，出于人情而后为之。情之所恶，不以强人；情之所欲，不以禁民。是以天下乐其政而归其德，百姓和亲，国家安宁。此明于人情终始之功也。臣闻五霸不及其臣，故属以国，任之以政。五霸之佐，谨身履法，奉公无私；见贤不居其上，受禄不过其量；兴利除害，明赏慎罚；直言极谏，补主之过，德匡天下，威正诸侯。此人臣极谏直言之功也。臣闻秦之衰世，任法戮而信谗贼，宫室过度，嗜欲无极，法令烦（僭）〔憯〕[52]，刑罚暴酷，奸邪之吏乘其乱法以成其威，上下瓦解，内外咸怨，故绝嗣亡世，为异姓福。此吏不平，政不宣，民不宁之祸也。"对奏，擢为太中大夫。齐王（肥）〔则〕薨[53]，无子，国除。

十六年夏四月，上郊祀五帝于渭阳。赵人新垣平以望气见上，言"长安东北有神气，成五采色，若人冠冕焉。天下此瑞，宜立祠祠上帝，以合符应。"于是始作渭阳五帝庙，同宇，五殿，五门，各如其帝色。上亲郊祀，有辉光然属天。于是拜平为上大夫。

五月，分齐为六国，立齐悼惠王子六人：将闾为齐王，志（在）

〔为〕<u>济北王</u>㉞,<u>辟光</u>为<u>济南王</u>,<u>贤</u>为<u>淄川王</u>,<u>印</u>为<u>胶西王</u>,<u>雄渠</u>为<u>胶东王</u>。立<u>淮南厉王</u>三子:<u>安</u>为<u>淮南王</u>,<u>勃</u>为<u>衡山王</u>,<u>赐</u>为<u>庐江王</u>。<u>建成侯良</u>薨,无后。

秋九月,得玉杯,刻曰"人主延寿"。<u>新(原)〔垣〕平</u>令人献之㉟,诈言阙下有神玉气。令天下大酺。是岁,<u>淮阳</u>相<u>申屠嘉</u>为御史大夫。

后元年冬十月,<u>新(原)〔垣〕平</u>诈发觉,遂谋反,诛夷三族。

春三月,<u>孝惠皇后张氏</u>薨。

二年夏,上幸<u>雍</u>,还,幸<u>棫阳宫</u>。

六月,<u>代王参</u>薨。匈奴和亲。

八月戊辰,丞相<u>张仓</u>既免相,年老,口中无齿,以女子为乳母,年百余岁卒。著书八十篇,言阴阳律历事。<u>苍</u>之妻妾百数人。庚午,御史大夫<u>申屠嘉</u>为丞相,<u>开封侯陶青翟</u>为御史大夫㊱。有天狗下<u>梁</u>野。天狗如大流星,有声,在其地,类狗,光炎如火,照数顷地。

三年春正月,行幸<u>代</u>。秋大雨,昼夜不绝四十五日。<u>蓝田</u>山水出,流一百余家。<u>汉水</u>出,坏民室八十余家,所杀三百余人。

四年夏四月丙寅晦,日有食之。

五月,赦天下。免诸官奴婢为庶人。上幸<u>雍</u>。

五年春正月,行幸<u>陇西</u>。

三月,行幸<u>雍</u>。

六月,<u>齐城门</u>下有狗生〔角〕㊲。

秋七月,行幸<u>代</u>。

六年冬,匈奴三万骑入<u>上郡</u>,三万骑入<u>云中</u>。车骑将军<u>李勉</u>屯<u>飞狐口</u>㊳,将军<u>苏隐</u>屯<u>勾注</u>㊴,将军<u>张武</u>屯<u>北地</u>,<u>周勃</u>子<u>亚夫</u>为将军次<u>细柳</u>，将军<u>刘礼</u>次<u>霸上</u>，将军<u>徐厉</u>次<u>棘门</u>，以备胡。单于退远。<u>上</u>自劳军，至<u>霸上</u>及<u>棘门</u>军，直驰入，大将军以下出入以骑送迎拜谒。已而之<u>细柳</u>军，军吏被甲执锐，彀弓弩持满。天子先驱曰："天子将至！"军尉曰："军中但闻将军令，不闻天子诏。"有顷，上至，不得入。于是使使持节召将军<u>亚夫</u>曰："吾欲入劳军。"<u>亚夫</u>传言开壁门。尉谓车骑曰："将军令，军中不得驱驰。"于是天子按辔徐行。至中营，将军<u>亚夫</u>持兵揖，曰："介胄之士不拜，请以军礼见。"天子为之改容式车，使人称诏谢："皇帝敬劳将军。"成礼而去。既出军门，群臣惊。上曰："嗟乎！此真将军也！<u>霸上</u>、<u>棘门</u>如儿戏耳。"月余，三军皆罢。拜<u>亚夫</u>为中尉。上戒太子曰："即有急缓，<u>周亚夫</u>可任将军。"

夏，大旱，蝗。令诸侯无入贡，弛山泽，减诸服御，损郎吏员，发仓库以赈贫民。令得（买）〔卖〕爵^{⑥⓪}。

七年春正月辛未朔，日有食之。

夏六月，封<u>窦广国</u>为<u>章武侯</u>，拜中（军）尉<u>周亚夫</u>为车骑将军^{⑥①}。己亥，帝崩于<u>未央宫</u>。遗诏曰："盖闻万物之萌生，靡有不死。死者天地之理，物之自然，奚可甚哀！当今之世，咸喜生而恶死，皆厚葬以破其业，重服以伤其生，吾甚不取。且朕以不德，获保社稷，托君王之上，二十余年。（当）〔常〕畏过行^{⑥②}，以羞先帝之遗德；永惟年之不长，惧于不终。今乃幸以天年得终时复供养<u>高庙</u>，朕之不明与嘉之，其奚悲哀之有！其令天下吏民临三日，皆释服。无禁娶妇嫁女祠祀饮酒食肉。当给（桑）〔丧〕事服临者^{⑥③}，皆无跣足。绖带无过三寸。无布车及兵器。无发民哭临。殿中当临者，皆以旦夕各十五举声，礼毕罢。非旦夕临，无得擅哭。〔以下，〕^{⑥④}服大功十五日,小功十四日,纤七日,释服。它不在令者,皆以此令(此数)〔比类〕从事⑯。布告天下,使明知朕意。霸陵山川宜因其故,无有所改。所幸慎夫人已下至少使⑯,得令嫁。"己巳⑰,皇帝葬霸陵。

荀悦曰:书云:"高宗谅暗,三年不言。"孔子曰:"古之人皆然。""三年之丧天下之通丧"。由来者尚矣。今而废之,以亏大化,非礼也。虽然,以国家之重,慎其权柄,虽不谅暗,存其大体可也。

乙卯,故韩王信之子颓当及孙婴率其众来降,封颓当为弓高侯,婴为襄城侯。

赞曰:本纪称"孝文皇帝宫室苑囿车马御服无所增益。有不便,辄弛以利民。身衣弋绨,慎夫人虽幸,衣不曳地,帏帐无文绣,以示敦朴。爱费百金,不为露台。及治霸陵,皆瓦器,不得以金银铜锡为饰,因其山,不起坟。南越王尉佗自立为帝,以德怀之。匈奴背约,令守边备,不发兵深入,无动劳百姓。吴王诈病不朝,赐以(机)〔几〕杖⑱。群臣袁盎等谏说虽切,常假借之。张武等受赂金钱,重加赏赐,以愧其心。专务以德化民,是以海内殷富,兴于礼义,断狱数百,几致刑措。"登显洪业,为汉太宗,甚盛矣哉!杨雄有言:"文帝亲屈帝尊以申亚夫之军令⑲,曷为不能用颇、牧?彼将有所感激云尔。"

校勘记

① 梁王楫 "楫",汉书文三王传作"揖"。

② 谊时年三十 汉书贾谊传作"年三十三"。

③ 秘祝之官(秘)〔移〕过于下 从南监本、龙溪本、学海堂本改。

④ 齐及(济)〔淮〕南国废　从汉书郊祀志改。

⑤ 岁时(至)〔致〕祠　从黄校本、汉书郊祀志改。

⑥ 以赡〔弱〕民(弱)　以意乙正。

⑦ (佇)〔守〕望相接　从龙溪本、学海堂本改。

⑧ 亦以口受田如(此)〔比〕　从学海堂本、汉书食货志改。

⑨ 工商衡虞之(人)〔入〕也　从学海堂本改。

⑩ 赋谓供车马〔甲〕兵士徒之役　从吴慈培校补。

⑪ 〔冬〕则(冬)毕入于邑　从学海堂本、汉书食货志乙正。

⑫ 嗟我(父)〔妇〕子　从学海堂本、汉书食货志改。

⑬ 闾首平旦坐于右垄　"垄",汉书食货志作"塾"。

⑭ 女工一月得四十五(功)〔日〕　从学海堂本、汉书食货志改。

⑮ 学六(家)〔甲〕四方五行书计之事　从学海堂本、汉书食货志改。

⑯ 学乎(小)〔少〕学诸侯岁贡(小)〔少〕学之异者　从学海堂本、汉书食货志改。

⑰ 群(后)〔居〕将散　从学海堂本、汉书食货志改。

⑱ 〔四〕邑(四)为丘　从汉书刑法志乙正。

⑲ 是谓司马之法　汉书刑法志作"乘马之法"。

⑳ 街路　汉书刑法志作"术路"。

㉑ 此卿大夫(菜)〔采〕地之大者　从汉书刑法志改。

㉒ 一封三百(六)〔一〕十六里　从学海堂本、汉书刑法志改。

㉓ 夏(麦)〔拔〕舍以苗　从汉书刑法志改。

㉔ (牧有)连(卒)〔率〕比年简车徒　从汉书刑法志改。

㉕ 民安措其〔手〕足　从黄校本、汉书张释之传补。

㉖ (置)〔致〕之族矣　从汉书张释之传、黄校本改。

㉗ 愚人取长陵一(杯)〔抔〕土　从南监本、学海堂本、汉书张释之传改。

㉘ 杀北地都尉〔孙〕卬　"孙"原缺。蒋国祚考云:案师古注功臣表鲋侯孙单卬以北地都尉御奴入力战死事。子侯,文帝十四年封,与此正合。卬,

当为孙印。阙一字即"孙"字。

㉙ 遂至彭(城)〔阳〕 从龙溪本、汉书匈奴传改。

㉚ 上遣(王)〔三〕将军 从学海堂本、汉书文帝纪改。

㉛ (单于)〔车千〕乘 从学海堂本、汉书文帝纪改。

㉜ 勒兵(车)〔申〕令 从黄校本、学海堂本改。

㉝ 汉书文帝纪"大将军"下有"建成侯董赫"。

㉞ 父老知之〔乎〕 从汉书冯唐传、陈璞校补。

㉟ 臣大父赵时为将卒善廉颇臣父为代郡将时善李牧 汉书冯唐传作"臣大父在赵时,为官帅将,善李牧。臣父故为代相,善李齐"。 钮永建校云:汉书冯唐传作"赵时为官帅将",史记冯唐传作"赵时为官卒将"。裴骃集解云"徐广曰'一云官士将'"。骃案:晋灼曰"百人为彻行,亦皆帅将也"。小司马索隐云:"案国语阃闬卒百人为彻行,行头皆官帅。贾逵注:'百人为一队也,官帅,队大夫也。'"据集解、索隐说,则冯唐大父实为赵时队大夫。荀纪作"将卒",文与史记汉书异。盖本作"卒将",传写者误倒也。百人为卒,故队大夫亦曰卒将。

㊱ 五(月)〔日〕一杀牛 从学海堂本、汉书冯唐传改。

㊲ 〔法太明〕 从汉书冯唐传、黄校本补。

㊳ 郡〔国〕车骑士 从汉书冯唐传、黄校本补。

㊴ 及其(传)〔傅〕梁王 从龙溪本改。

㊵ (蘁)〔崔〕苇竹萧 从龙溪本、学海堂本、汉书晁错传改。

㊶ 草木蒙(笼)〔茏〕 从龙溪本、汉书晁错传改。

112 ㊷ 夫(毕)〔卑〕身以事强 从汉书晁错传改。

㊸ 〔合小以攻大敌国之形也〕 从黄校本、汉书晁错传补。

㊹ 以诛数(十)万之匈奴 从汉书晁错传删。

㊺ 夫(小)〔以〕人之死争胜 从学海堂本、汉书晁错传改。

㊻ 为中(国)〔周〕造篱落 从黄校本改。汉书晁错传作"为中周虎落"。

㊼ 次(其)〔具〕田器 从龙溪本、学海堂本、汉书晁错传改。

㊽ (及)〔乃〕募罪人　从<u>学海堂本</u>、<u>汉书晁错传</u>改。

㊾ 以(一)〔丁〕奴婢赎罪　从<u>学海堂本</u>、<u>汉书晁错传</u>改。

㊿ 此与东方之(戎)〔戍〕卒　从<u>汉书晁错传</u>改。

51 故合谋相(附)〔辅〕　从<u>黄校本</u>、<u>汉书晁错传</u>改。

52 法令烦(憯)〔憯〕　从<u>吴慈培校</u>、<u>汉书晁错传</u>改。

53 齐王(肥)〔则〕　从<u>黄校本</u>、<u>汉书诸侯王表</u>改。

54 志(在)〔为〕济北王　从<u>南监本</u>、<u>龙溪本</u>、<u>学海堂本</u>改。

55 新(原)〔垣〕平令人献之　从<u>学海堂本</u>、<u>汉书文帝纪</u>改。

56 开封侯陶青翟为御史大夫　<u>陶青翟</u>，<u>蒋国祚</u>考云："此<u>陶青翟</u>当是<u>陶青</u>"。
<u>陈璞</u>校云："<u>百官表</u>作<u>陶青</u>。"

57 齐城门下有狗生〔角〕　从<u>学海堂本</u>、<u>西汉年纪</u>补。

58 车骑将军李勉　"李"，<u>汉书文帝纪</u>作"令"。

59 将军苏隐　"隐"，<u>汉书文帝纪</u>作"意"。

60 令得(买)〔卖〕爵　从<u>汉书文帝纪</u>改。

61 中(军)尉周亚夫　从<u>汉书周勃传周亚夫附传</u>删。

62 (当)〔常〕畏过行　从<u>龙溪本</u>、<u>学海堂本</u>改。

63 当给(桑)〔丧〕事服临者　从<u>龙溪本</u>、<u>学海堂本</u>改。

64 〔以下〕　从<u>汉书文帝纪</u>补。

65 (此数)〔比类〕从事　从<u>汉书文帝纪</u>改。

66 慎夫人以下　<u>汉书文帝纪</u>作"归夫人以下"。

67 己巳　<u>汉书文帝纪</u>作"乙巳"。

68 赐以(机)〔几〕杖　从<u>龙溪本</u>改。

69 文帝亲屈帝尊　<u>蒋国祚</u>考作"亲屈至尊"。

汉纪　孝景皇帝纪　卷第九

皇帝丁未即位。秋九月,有星孛于西方,其本值尾、箕,末至牵牛及天汉,十六日不见。

元年冬十月,诏曰:"盖闻古者祖有功而宗有德,孝文皇帝德厚侔于天地,利泽施四海,而庙乐不称,朕甚惧焉。其奏昭德、四时之舞。"丞相嘉等奏尊孝文庙为太宗,奏昭〔德〕、四时之舞①,令郡国皆立太宗庙。四时舞孝文所作,以明天下之安和。

夏(六)〔四〕月②,御史大夫陶青翟使匈奴,结和亲③。

五月,令民田收半租。太中大夫任(成)〔城〕周仁为郎中令④。〔仁〕为人阴重不泄⑤,衣敝不饰,甚见亲信。上自幸其家者再,赏赐甚厚。仁常固让,诸侯群臣赠遗无所受。

二年冬十一月,有星孛于西南。令天下男子年二十始赋⑥。

春三月,立皇子德为河间王,阏为临江王,(余)〔徐〕为淮阳王⑦,非为汝南王,彭祖为广川王,发为长沙王。

夏四月壬午,太皇太后崩。

六月,丞相申屠嘉薨。时内史晁错贵幸,穿太上皇庙壖垣为舍门。嘉奏请诛错，〔错〕自归上[8]。上曰："此非真庙垣，又我使为之，错无罪。"嘉曰："悔不先诛错，为所卖。"遂欧血而死。嘉为人廉直。初，邓通侍文帝，有慢〔礼〕[9]。嘉曰："朝廷之礼，不可不肃！"文帝曰："君勿言，吾私之。"罢朝，嘉檄召通。通恐，入言文帝。帝曰："若往，吾今召若。"通至，嘉责之曰："朝廷者，乃高皇帝之朝廷，通小臣，乃敢戏殿上，大不敬，当斩。"通顿首，出血，不赦。文帝使使持节召通，谢丞相曰："此吾弄臣也，君释之。"通乃得免。

秋八月丁巳，御史大夫陶青翟为丞相，左内史晁错为御史大夫。封萧何（曾）孙嘉为列侯[10]。先是嘉兄则有罪失侯。梁王来朝，上与宴饮太后前，上从容言："万岁之后传于王。"詹事窦婴者，太后从兄子，进曰："天下者，高帝之天下，父子相传，汉之法矣，陛下何得传梁王！"太后怒，绝婴属籍，遂免。匈奴和亲。

三年冬十月，胶东下密人年七十余，生角，角有毛。本志曰："老人，吴王象也。年七十七，国象也。人不当生角，犹诸侯不当举兵向京师。七国将反之应也。"

十有一月，白项（鸟）〔乌〕与黑项（鸟）〔乌〕共斗楚国（苦）〔吕〕县，白项（鸟）〔乌〕不胜[11]，堕泗水中，死者过半[12]。

十有二月，吴城门自倾，大船自覆。本志以为"金沴木也"。吴地以舡为家，天戒若曰"国家将倾覆矣"。

春正月，淮阳王正殿灾。吴王濞、胶西王卬、楚王（戌）〔戊〕、赵王遂、济南王辟光、淄川王贤、胶东王熊渠皆谋反[13]。

初，上为太子时，吴王太子入朝，与上博，争道，无礼于上，上以博局掷之而死。送丧至吴，吴王怒曰："天下一家，何必来葬！"复遣还长安。后称疾不朝，阴怀逆谋。时齐人邹阳、淮阴人枚乘皆游吴。乘谏曰:"夫以一缕之丝系千钧之重,上悬无极之高,下垂不测之深,虽至愚之人,犹知其绝矣。以君所为,危于累卵,难于上天;若变所为,易于反掌,安于太山。今欲极天命之寿,敝无穷之乐,终万乘之权,不出反掌之易,以居太山之安,而欲乘累卵之危,走上天之难,此愚臣之所大惑也。"阳亦数谏,吴王不听。乘、阳皆去游梁。

晁错说上曰:"吴王骄恣,阴有逆谋。今削之亦反,不削亦反。削之,其反疾,而祸小;不削,则其反迟,而祸大。"于是楚、赵有罪先削。吴王恐祸及身,已为使者自见胶西王合谋,发使约诸侯七国同谋;南使南越,北连匈奴。吴王下令国中曰:"寡人年六十二,身自将;小儿年十四,亦为士卒先。诸君年上与寡人同,下与小儿等,皆发。"移书郡国曰:"汉贼臣晁错侵夺诸侯地。陛下多疾志逸,不能省察。欲举兵诛之。敝国虽小,精兵可得五十万人;南越分其卒半以随寡人,寡人又得三十万;赵王固与胡王有约。寡人节衣食,积金钱,修甲兵,聚粮食,夜以继日,至今三十余年。寡人金钱布天下,诸侯王日用之不能尽。今人有能得大将者,赐金五千斤,封邑万户。以城邑降者,封万户。若率万人降者,如大将军科。他皆以差受爵。"吴、楚反书上闻。晁错议欲令上自将兵,身留居守,计未定。错素与袁盎有隙,错言盎前为吴相,宜知王谋而蔽匿不言,使至于是,欲请治盎,计未定。盎密闻之,乃夜因告窦婴求见上,言吴所以反故。错方与上调兵食。上问盎,盎对曰:"吴王无能为也。"上曰:"吴王即山铸钱,煮海为盐,诱天下豪杰,白头举事,何以言吴无能为也?"盎对曰:"吴王铜盐之利则有之,安得豪杰而诱之!吴王若得豪杰,亦将转而为义,则不反矣。吴之所诱者,无赖子弟、亡命铸钱奸人,故相诱以反。"错曰:"盎筹之善。"上问计将安出,盎曰:"愿屏左右。"上屏人,独错在。盎曰:"臣所言,人臣不得知。"乃屏错。错趋避东厢,意甚恨。盎对曰:"吴、楚言晁错擅削诸侯地,故先共诛错,复其故地而罢兵。今计独有斩错,发使使吴、楚七国,赦其罪,复其故地,则兵可无血刃而俱罢。"上默然良久,遂从其计,斩错东市。拜盎为太常,使使至吴。吴王曰:"吾欲为东帝矣。"即劫盎,使为将。盎不听,使一都尉以五百人围守盎,欲杀之。初,盎为吴相时,从吏私盗奸盎侍婢,吏惧〔走〕⑭,而盎驰自追之,遂以侍婢及侍儿赐之。及见拘,从吏适在守盎,位为司马,乃夜与盎俱亡而还。枚乘献书谏吴王曰:"昔秦西距胡、戎之难,北备榆中之关,南距羌、笮之塞,东当六国之锋。六国乘信陵之籍,明苏秦之要,〔厉〕荆轲之威⑮,并力一心以备秦。然卒灭六国而并天下,何则?地利不同,而民轻重不等也。今汉据全秦之地,兼六国之众,修戎、狄之义,而南朝羌、笮,此其地与秦地相什而民相百,大王所明知也。今夫佞谀之臣,不论骨肉之义,民之轻重,国之大小,以为吴祸,此臣所以为大王患也。夫举吴兵以(资)〔訾〕于汉⑯,譬犹蝇蚋之附群牛,腐肉之齿利剑,锋刃始接,则无事矣。天下闻吴率失职诸侯,责先帝之遗诏,今汉亲诛其三公以谢前过,是大王之威加于天下,而功越于汤、武矣。夫吴有诸侯之位,而实富于天子;有隐匿之名,而居过于中国。此臣之所为大王乐也。今大王还兵疾归,可十得其半。不然,汉知吴有吞天下之心,赫然加怒,羽林黄头循江而下,袭大王之都;虏东海之地,绝吴饷道;梁王饰车骑,习战射,积粟固守,以(逼)〔备〕荥阳⑰,待吴之饥。大王虽欲反都,亦不得已。今大王去千里之国,而制于十里之内。张、韩之将北地,弓高宿卫左右,兵不得下壁,军不得休息,臣窃哀之。"吴王不听。

二月辛巳朔，日有蚀之。邯郸有狗与豕交。本志以为"赵王勃乱失类，外交匈奴，似犬豕之行也。"绛侯周勃子亚夫为太尉，将三十六军击吴、楚。窦婴为大将军，赐金〔五十〕〔千〕斤⑱。婴陈金庑下，军吏过，辄令取为用，金无入家者。婴屯兵荥阳。曲周侯郦寄击赵，将军栾布击齐。太尉至霸上，赵涉以布衣遮道说太尉曰："吴、楚闻将军出兵，必置伏兵奸人于崤、渑厄塞之间。且兵事尚神密，将军何不从此右（关）去⑲，趣蓝田，出武关，指洛阳，不过差一二日，直入武库，击榱鸣鼓⑳。诸侯闻之，以将军从天降而下也。"亚夫从之。已而使之搜崤渑间，果得吴伏兵。乃请涉为护军。亚夫既至洛阳，见剧孟，喜曰："七国举事而不用孟，吾知其无能为也。"孟者，洛阳人。为任侠，行似鲁朱家。亚夫问故父客邓都尉计策安出，对曰："吴、楚兵锐甚，难与争锋。莫若引兵东北壁昌邑，以梁委吴，吴必尽锐攻之。将军深沟高垒，勿与战，使轻兵绝淮、泗之口，断吴饷道。使吴、梁相弊而粮食竭，以全制其虚，吴必破矣。"从之。吴攻梁，梁王急请救亚夫，亚夫不往。梁王上书请救，上诏亚夫救梁王。亚夫不奉诏，坚壁昌邑，而使其淮泗口兵绝吴饷道。楚乏粮，挑战，亚夫终不出。夜，军中惊，而内相攻击扰乱，至于帐下。亚夫坚卧不起。有顷，乃自定矣。吴夜攻营壁东南，亚夫使为备西北。吴精兵果奔西北，不得入。吴、楚既饥乏，乃引兵去。亚夫出精兵追击，大破之。是时，弓高侯韩颓当为将军，击吴、楚，功冠诸侯。吴王弃军，与壮军数千人亡走江南，保丹徒，遂〔尽虏之〕㉑。

三月，吴、楚平，越人斩吴王头以降。吴之围梁也，梁将张羽、韩安国距之。羽能力战，安国能持重，故吴兵不能进。楚王（戍）〔戊〕军大败㉒，自杀。（戍）〔戊〕初与吴通谋，大中大夫申公、白公谏，不听，胥靡之，衣赭衣，杵臼舂于市。初，鲁有<u>穆生</u>及<u>申公</u>、<u>白公</u>，皆与<u>元王</u>俱学诗于<u>浮丘伯</u>。<u>浮丘伯</u>者，荀卿门人也。<u>元王</u>常礼此三人。<u>穆生</u>不饮酒，常为设醴。及王(戍)〔戊〕一朝失不设醴，<u>穆生</u>将去。<u>申公</u>、<u>白公</u>止之曰："不为先王乎？"<u>穆生</u>曰："先王之礼吾三人者，为道之存也；今而忽之，是亡道。亡道之君，胡可与久处！易称'知几其神乎！'不去，楚人将钳我于市。"遂谢病而去。<u>申公</u>、<u>白公</u>独留，故及于难。<u>胶东</u>、<u>胶西</u>、<u>济南</u>、<u>甾川</u>、<u>赵王</u>皆伏诛。徙<u>广川王</u>为<u>赵王</u>。

初，七国反，连<u>齐</u>。<u>齐王</u>城守，留<u>济南</u>、<u>胶东</u>、<u>淄川</u>三国兵共围<u>齐</u>。<u>齐王</u>使<u>路中大夫</u>使于天子，天子令还报<u>齐</u>坚守。<u>路中大夫</u>还，三国将劫而与之盟，令反其言曰："<u>吴</u>已破<u>汉</u>矣。"大夫既许，至城下，望见<u>齐王</u>，言<u>汉</u>发兵百万，使太尉击破<u>吴</u>、<u>楚</u>，方引兵救<u>齐</u>，必坚守。三国之兵杀之。<u>齐</u>被围急，阴与三国约，未定，会<u>路中大夫</u>至，复坚守。<u>汉</u>将闻<u>齐</u>初有谋，欲击<u>齐</u>。<u>齐王</u>将闾惧，自杀。上以<u>齐</u>迫胁，非其罪，乃立其太子<u>寿</u>为<u>齐王</u>。<u>济北王志</u>亦初与诸侯通谋，后乃坚守，闻<u>齐王</u>自杀而得立嗣，<u>志</u>亦欲自杀。<u>齐</u>人<u>公孙玃</u>止之㉓，因为说<u>梁王</u>曰："夫<u>济北</u>之地，东接强<u>齐</u>，南当<u>吴</u>、<u>越</u>，北胁<u>燕</u>、<u>赵</u>，此四分五裂之国，权不足以自守，势不足以捍寇，虽坠(犹失也)言于<u>吴</u>㉔，非其正计也。昔<u>郑</u>祭仲许<u>宋</u>人立公子<u>突</u>以全其君，春秋贤之，为其以生易死，以存易亡。向使<u>济北</u>先见情实，则<u>吴</u>必先屠<u>济北</u>，招<u>燕</u>、<u>赵</u>而总之。如此，<u>山东</u>之从结而无郤矣。今<u>吴</u>、<u>楚</u>之王练诸侯之兵，驱徒众(而)〔西〕与天子争衡㉕。<u>济北</u>独厉节坚守不下，使<u>吴</u>失据而无助，跬行而独进，瓦解土崩，败而无救者，未必非<u>济北</u>之力。以区区之<u>济北</u>而与诸侯争强，是犹羔犊而捍虎狼也。守职志不挠,可谓诚一矣。功(议)〔义〕如此^㉖,尚见疑于上。愿大王详思惟之。"梁孝〔王〕悦^㉗,驰以闻。济北王得不坐,徙封于甾川。徙衡山王为济北王。吴之反也,衡山王勃坚守无二心,故谥曰贞王。徙庐江王赐为衡山王。初,吴、楚使至淮〔南〕^㉘,王欲发兵应之。其相曰:"主必应之,臣愿为将。"王属之兵,相因守城而距吴、楚。会汉救兵至,故淮南王得以完全。

初,晁错改制,削诸侯地。错父从颍川来,谏止之。错曰:"不然,社稷不安。"父曰:"刘氏安矣,晁氏危矣!"遂归去之,曰:"吾不忍见祸及其身。"乃服药而死。后十余日,吴、楚反,晁氏族矣。初,谒者仆射邓公〔以〕校尉击吴、楚^㉙,还,上书言军事。上问:"吴、楚反,闻晁错死,兵罢否?"对曰:"吴、楚为谋数十年,发怒削地,以诛错为名,其意不在错也。且晁错患诸侯强大,故请削之,以安京师,万世之利。计画始行,卒受大戮,内杜忠臣之口,外为诸侯复仇,臣窃为陛下不取也。"上喟然长息曰:"公言善,吾亦恨之。"

夏六月,立元王子平陆侯礼为楚王,续元王后。初,诸侯得自除吏,御史大夫已下官属拟于天子,国家唯〔为〕置丞相^㉚,黄金印。自吴、楚反之后,夺诸侯权,为置二千石,去丞相曰相,银印。其后惟得衣食租税而已,贫或乘牛车。时栾布有功,封鄃侯。为燕相,有治迹,民为之立生祠。立皇子(湍)〔端〕为胶西王^㉛,胜为中山王。赐民爵一级。徙淮(南)〔阳〕王(余)〔馀〕为鲁王^㉜。徙汝南王非为江都王,王故吴国也。非年十五,有才气。吴之反也,非上书请击吴,上赐非将军印。吴破,以军功封,赐天子旌旗。

荀悦曰:江都王赐天子旌旗,过矣。夫唯盛德元功有天子之勋,乃受异物,则周公其人也。凡功者,有赏而已。孔子曰:"必也正名乎!"唯器与名不可以假人,人君之所司也。夫名设于外,实应于内;事制于始,志成于终。故王者慎之。

四年春,复置诸关,用传出入。

夏四月己巳,立皇子荣为皇太子,彻为胶东王。

六月,赦天下。赐民爵一级。

七月。临江王阏薨,谥〔哀〕③,无子,国除。

五年春正月,作阳陵邑。

夏,募民徙阳邑,〔赐〕钱(户)二十万③。遣公主妻匈奴单于。

六年冬十有二月,雷,雨霖。

秋九月,皇后薄氏废。皇后,薄太后兄女。上为太子时,太后取以配上。无宠,无子,故废。梁王来朝,上使乘舆驰驷马,逆梁王于(阙)〔关〕下③。入则侍帝,出则同舆。梁王侍郎、谒者著金貂,出入天子殿门,与汉官无异。居其国骄僭,营东苑方三百余里,广(睢)〔睢〕阳城七十里③。得赐天子旌旗,千乘万骑,出称警,入言跸,拟于天子。珠玉宝器多于京师。招延游士,四方并至。梁王亲而有功,太后少子,爱之。太后心欲以为汉嗣,大臣袁盎等十余人议于前,不听。梁王怒之,阴使人刺杀盎、其余人③。〔贼〕未得③。上疑梁王所为。先是,齐人公孙诡、羊胜多奇邪计,初见梁王,梁王赐千金,官至中尉,号将军,常为王内谋。上使使案梁,捕胜、诡,胜、诡等自杀。上召故云中太守田叔使案梁王,具得其事。还报曰:"陛下无以梁为事也。今梁王不就诛,是汉法不行也;若其伏法,太后食不甘味,卧不安席,此忧在陛下。"上善之,以为鲁相。枚乘、邹阳数谏梁王,不听。及梁王事急,梁王赏(赐)〔阳〕千金③,令求方略士。齐人王先生多奇〔计〕④,邹阳往见之。王先生曰:"必见王长君。"长君者,王(夫)〔美〕人兄也^㊶。阳发悟于心,遂见长君曰:"窃闻长君女弟幸于后宫,而长君行迹多不顺道理。今梁事既穷竟,梁王恐诛。此太后怫郁泣血,无所发怒,侧目切齿于贵臣,恐长君危于累卵。长君诚为上言之。得无竟梁事,太后厚德长君,而长君之女弟幸于两宫,金城之固也。昔舜之弟象日以杀舜为事,而舜封之有庳。仁人之于兄弟也,不含怒,不宿怨,厚亲爱而已。鲁公子庆父使仆人杀子般,季友不探其情而诛焉,春秋以为(失)亲亲之道^㊷。以此说天子,傥幸梁事得不(奏)〔治〕^㊸。"长君曰:"敬诺。"入言之。及梁内史韩安国亦因长公主解说,梁王卒得不治。

初,阳为胜、诡所谮,王因囚之,将杀之。乃从狱中上疏曰:"臣闻忠无不报,信不见疑,盖有以然,今定虚矣^㊹。昔者荆轲慕燕丹之义,白虹贯日,太子畏之;卫先生为秦画长平之策,太白蚀昴,昭王疑之。夫精(诚)变于天地^㊺,而信不喻于两主,岂不哀哉!今臣尽忠毕义^㊻,左右不明,卒从吏讯,为世所疑。是使荆轲、卫先王复出,而燕、秦不悟矣。昔玉人献宝,楚王诛之;李斯竭忠,胡亥极刑。是以箕子佯狂,接舆避世,恐遭此患也。愿大王察玉人、李斯之意,然后改楚王、胡亥之听,无使臣为箕子、接舆所笑。夫偏听生奸,独任成乱。是以鲁听季孙之说而逐孔子,宋信子罕之计而囚墨翟。夫以孔、墨之辨,不能自免于谗谀,而二国以危者,何则?众口烁金,积毁销骨。臣闻明月之珠,夜光之璧,以暗投之,人莫不按剑而怒。何则?无因而至前也。蟠木根柢,轮囷离奇,而为万乘之器者,以左右先为之容也。故女无美恶,入宫见妒;士无贤愚,入朝见嫉。昔司马喜膑脚于宋,卒相中山;范雎折胁于魏,卒为应侯。此一人者,信必然之画,捐朋党之私,挟孤特之交,故不能自免于谗谀之人。是以申徒狄蹈雍之河，徐衍负石入海，皆不容于世，义不苟取比周于朝。百里奚乞食于路，秦穆公授之以政；宁戚饭牛车下，齐桓公任之以国。此二人者，岂素官于朝，假誉于左右哉？感于心，合于行，坚如胶漆，众口所不能离，岂惑于浮辞哉？是以圣主不牵于卑辞之语，不夺于众多之口，独化于陶钧之上，而观乎昭旷之道。臣闻盛饰入朝者不以私污义，砥砺名号者不以利伤行。今欲使天下寥廓之士诱于威重之权，胁于势位之贵，回面污行，以事谄谀之人，而求亲近于左右，则士有伏死窟穴岩石之中耳，安肯尽忠信而趋阙下者哉！"书奏梁王，梁王立出之，以为上客。枚乘以数谏吴王，上拜乘弘农都尉。乘久为诸侯上客，不乐为郡吏，后（患）〔自〕免㊼，游于梁。田叔既至鲁，鲁民以王取财邀相自言者百余人。叔取渠率少笞，怒之曰："王非汝主邪？何敢自言王！"王惭，乃取中府钱令偿之。相曰："王自使人偿之。今令相偿之，是王为恶而相为善。"王好游猎，叔常从，王辄休相就馆。叔坐苑外，曰："吾王暴露，独何为舍？"王以故不复出游。

七年冬十有一月庚寅，日有蚀之。

春正月，皇太子荣废为临江（山）王㊽。荣者，帝长子，栗姬之子。上常嘱诸子于栗姬曰："百岁后，善视之。"栗姬素怨，言不逊。上乃废姬及太子，栗姬以忧死。

二月，罢太尉官。

夏四月乙巳，立皇后王氏。初，皇后嫁为金王孙妻，其母（藏）〔臧〕儿卜相之㊾，当贵，乃夺金氏而内太子宫。王后方妊身，梦日入怀，遂生男。丁巳，立胶东王彻为太子，实王皇后子也。中尉卫绾为太子太傅。绾，太陵人也，为人谨慎敦厚。上为太子时，常召文帝左右近臣饮酒,绾独称疾不行。及上即位,将幸上林,诏绾参乘。上谓绾曰:"今君知所以参乘乎?乃我为太子时,召君不来,故文皇帝有遗言曰:'绾,长者,善遇之。'"

六月乙巳,丞相陶青翟免,太尉周亚夫为丞相。是岁,太仆周舍为御史大夫[50]。

中元元年夏四月,赦天下,赐民爵一级。封周昌孙苟为列侯[51]。

二年春,令诸侯王薨及列侯初封及之国,大鸿胪奏谥、诔、策。列侯薨及诸侯王太傅初除之官,大行奏谥、诔、策。王薨,遣光禄大夫吊襚祠(赠)〔赗〕[52],视丧事,因立嗣。列侯薨,遣太中大夫吊祠,视丧事,立嗣。其葬,国得发民挽丧,穿复土,治冢无过三百人〔毕〕事(毕)[53]。

春二月,临江王荣坐侵宗庙壖垣为宫,上征荣。临江官属祖荣于北门外,升车轴折。父老泣曰:"我王不还矣!"至邸,王诣中尉。郅都责讯王,王恐,自杀。葬蓝田,有燕数千万头衔土置冢上。百姓怜之。无子,国除。郅都,河东人也。为人刚勇而有气,公廉。常称曰:"背亲事君,固当奉节死职,终不顾妻子矣。"尝从上入上林,贾姬在厕,野豕入厕。上目都,都不行。上欲持兵救贾姬,都伏上前曰:"亡一姬复一姬进。陛下纵自轻,奈高庙、太后何?"上还,豕亦不伤贾姬。都为中尉,丞相条侯至贵倨也,而都揖之。贵戚宗室侧目而视,号曰〔苍〕鹰[54]。是时济南瞯氏三百余家,豪猾放纵,二千石莫能折也。及都为济南相,诛瞯氏首恶,郡中震栗,道不拾遗,旁十余郡畏都如大府。后为雁门太守,匈奴不敢近雁门。胡王为偶人像都,令骑射,莫能中,其见惮如此。匈奴中以法,帝欲释之。太后以临江王之死也，怨之，遂斩都。是时，宁成、周阳由此皆严克为治。成为济南都尉，郅都为〔守〕[55]。前后都尉皆步入府门，因吏谒见如县令。及成至，直凌都出其上。然都素闻其声，亦与结欢。后成为中尉，其治放郅都，其廉弗及也。自此之后，吏治多放成、由者已。是时，季布弟季心亦任侠，立然诺作，气盖关中，方数千里，士争为之死。心为中尉司马，郅都为中尉，不敢加也。

夏四月，有星孛于西方。立皇子越为广川王，寄为胶东王。

秋七月，更郡〔守〕为太守[56]，尉为都尉。

九月，封楚、赵傅相死事者四人子为列侯。甲戌晦，日有蚀之。

三年冬十有一月，罢诸侯王御史大夫官。

夏四月，旱。秋九月，蝗。有星孛于西方[57]。戊戌晦，日有蚀之，既。丞相周亚夫免，御史大夫周舍为丞相。立皇子乘为清河王。太子太傅卫绾为御史大夫。

四年春三月，起德阳宫。

夏，蝗。秋，赦天下（徙）〔徒〕作阳陵者死罪[58]；欲腐刑者，许之。

十月戊午，日有蚀之。

五年夏四月，立皇子舜为常山王。

六月，赦天下，赐民爵一级。

秋八月己酉，未央东阙灾。

九月，诏曰："狱者，人之大命，死者不可复生。诸狱疑，虽文致于法，人心不厌者，辄谳之。"

六年冬十月，行幸雍，祠五（峙）〔畤〕[59]，十有二月，定铸钱伪黄金（法）弃市令[60]。

春三月，雨雪。

夏四月,梁王武薨,谥曰孝王。时梁王北〔山〕猎,(梁)有献牛⑥,足出背上。本志以为"牛祸,思心务乱之咎也"。乃分梁为五国,尽封梁孝王男五人,女五人皆食汤沐邑。

五月丙戌,立梁孝王子明为济川王,勷为甾川王,彭离为济南王⑥,定为山阳王,〔不〕识为济阴王⑥,不疑为衡山王。诏令吏二千石车朱两(轮)〔幡〕,千石至六百石车朱左(轮)〔幡〕⑥。诏有司减笞法。自除肉刑之后,笞五百、三百,率多死者。故定律,笞五百曰三百,三百曰一百⑥,犹尚不全。又诏曰:"笞者所以教之也。其(宜)定捶令⑥:长五尺,其本大一寸,末大半寸,皆平其节。当臀笞者不得更人,笞毕一人,笞乃更人。"自是笞者得全。

六月,匈奴入雁门,至武威、酒泉邑⑥,入上郡,取苑马。吏卒战死者三千人⑥。

秋七月辛亥晦,日有蚀之。

后元元年春正月,诏曰:"狱者,重事也。其疑狱,有令谳之而后不当,谳者不为失。"

三月,赦天下,赐民爵一级,中二千石、诸侯相爵右庶长。

夏,大酺五日。五月,地震。

秋七月(丙午丞相周舍免)乙巳,先晦一日,日有蚀之。〔丙午,丞相周舍免〕⑥。

八月壬辰,御史大夫卫绾为丞相,卫尉直不疑为御史大夫。不疑,南阳人也。好黄、老术,隐名迹。初为郎,其同舍郎有告归者,误持其同舍郎金去。郎意不疑,不疑买金偿之。后告归者还,乃知之。或毁不疑淫嫂,不疑曰:"我乃无兄。"终不自明矣。吴、楚反时,为将军,封塞侯。条侯周亚夫下狱死。时〔亚夫子〕为父买尚方工官甲稍五百枝可以葬者⑦。取庸治之，不与顾直。庸怒，而上变反告之，事连<u>亚夫</u>。召至廷尉，责问："君侯欲反邪？"<u>亚夫</u>曰："臣所买乃葬器，何谓反乎？"吏曰："君侯纵不反地上，即反地下耳。"初，捕<u>亚夫</u>，<u>亚夫</u>欲自杀，其夫人止之，及至廷尉，因不食五日，欧血死。<u>亚夫</u>为<u>河内</u>太守，<u>许负</u>相之，曰："君（侯）〔后〕三年为侯⑪，八年为将，九年为相，贵重，于人臣无二。其后当饿死。纵理入口，饿死法也。"居三岁，兄<u>胜</u>有罪免，<u>文帝</u>封<u>亚夫</u>续绛侯，后尽如<u>负</u>言。上欲废<u>栗姬</u>、太子，<u>亚夫</u>固争之，不得。上由是疏之。而<u>梁孝王</u>以<u>吴</u>、<u>楚</u>之围，怨<u>亚夫</u>不救，每朝，常与太后言<u>亚夫</u>之短。太后欲封（其）〔皇后〕兄<u>王信</u>⑫，上谦让不许。太后曰："人生各以时行耳。<u>窦长君</u>在时不得侯，及死，其子<u>彭祖</u>乃侯。吾甚恨之！帝趣侯<u>信</u>也！"上曰："请得与丞相计之。"<u>亚夫</u>曰："<u>高皇帝</u>约'非<u>刘氏</u>不王，非有功不侯。不如约者，天下共击之'。"上默然，遂不封。

　　<u>荀悦</u>曰：<u>高皇帝</u>刑白马而盟曰："非<u>刘氏</u>不王，非有功不侯。不如约者，当天下共击之。"〔是权时之言以胁骄放者而已。夫立王侯必天子也，而曰天下共击之〕⑬，是教下犯上而兴兵乱之阶也，若后人不修，是盟约不行也。书曰："法惟上行，不惟下行。"若以为典，未可通也。

　　<u>匈奴徐卢</u>等五人降，上欲封之。<u>亚夫</u>曰："彼背其王，陛下何以责人臣守节哉？"上曰："丞相议不可用。"乃悉封之。

　　<u>荀悦</u>曰：春秋之义，许夷狄者，不一而足也。若以利害由之，则以功封。其逋逃之臣，赏有等差，可无列土矣。

　　上（常）〔尝〕居禁中⑭，召<u>亚夫</u>赐食。独置大胾，无胾，又不置箸。<u>亚夫</u>心不平，顾谓掌席者取箸，<u>亚夫</u>前食。既出，上目送之，

曰：“此〔快快〕〔快快〕[75]，非少主之臣也！”亚夫以数忤上意，故得罪也。

二年冬十月，诏省列侯之国。春，匈奴入雁门，太守冯敬与战，死。发车骑材官屯雁门。以岁不登，禁食马粟。食马粟者，没入之。封皇后兄王信为盖侯[76]。

夏四月，诏曰：“雕文刻镂，伤农事者也；锦绣纂组，害女功者也。农事伤则饥之本，女功害则寒之原。夫饥寒并至，能不为非者寡矣。朕亲耕，后亲桑，以奉宗庙粢盛祭服，以为天下先；不受献，减太官，省徭赋，欲天下务农蚕，常有畜积，以备灾害。强无凌弱，众不暴寡，耆老以寿终，孤幼得遂长。今岁或不登，民食颇寡，其咎安在？或诈为吏，以货赂为市，盗夺百姓，侵侮万民。县丞长吏，纵奸法与盗，甚无谓也。其令二千石各修其职；不事官职耗乱者，丞相以闻，请其罪。布告天下，使明知朕意。”自汉初务劝农，累世承业，至是始天下殷富，家给人足。京师之钱累百巨亿，贯朽而不可校。太仓之粟充实露积于外，腐败而不可食。众庶街巷有马，阡陌之间成群。守闾阎者食粱肉；为吏者长子孙；居官者以官为姓号。人人自爱而重犯法，仁义兴焉。

三年春正月，诏“万民采黄金珠玉者，坐赃为盗”。诏曰：“高年者人所尊敬，鳏寡孤独者人所哀怜也。其令八岁以下、八十以上及孕子未乳当鞠系者，无讼系之。”甲午，帝崩于未央宫。遗赐诸侯王、列侯马二驷，吏二千石黄金二斤，民户百钱。出宫人，复终身。

赞曰：本纪称“周、（泰）〔秦〕之弊[77]，密文峻法，而奸不胜。汉兴，扫除苛政，与民休息。至于孝文，加之恭俭，孝景遵业，五六十

129

载之间,至于移风易俗,黎民醇厚。周云成、康,汉称文、景,美矣!"

校勘记

① 奏昭〔德〕四时之舞　从<u>南监</u>本、<u>龙溪</u>本、<u>学海堂</u>本、<u>汉书礼乐志</u>补。

② 夏(六)〔四〕月　从<u>南监</u>本、<u>汉书景帝纪</u>改。

③ 陶青翟　<u>汉书百官公卿表</u>作"陶青",此当为<u>开封侯陶青</u>。

④ 太中大夫任(成)〔城〕<u>周仁</u>为郎中令　<u>钮永建</u>校云:按<u>班书百官表孝景</u>元年大中大夫<u>周成</u>为郎中令,不云<u>任成</u>。<u>班书周仁传</u>云"其先<u>任城</u>人也"。然则<u>任城</u>者,<u>仁</u>之邑里。"成"当作"城"。因据改。

⑤ 〔<u>仁</u>〕为人阴重不泄　从<u>南监</u>本、<u>龙溪</u>本、<u>学海堂</u>本补。

⑥ 男子年二十始赋　"赋",<u>汉书景帝纪</u>作"傅"。作"傅"当是。

⑦ (余)〔馀〕为<u>淮阳王</u>　从<u>汉书景帝纪</u>改。

⑧ 〔错〕自归上　从<u>陈璞</u>校补。

⑨ 有慢〔礼〕　从<u>黄</u>校本补。

⑩ 封<u>萧何</u>(曾)孙<u>嘉</u>为列侯　从<u>南监</u>本、<u>汉书萧何传</u>删。

⑪ 白项(鸟)〔乌〕与黑项(鸟)〔乌〕共斗<u>楚国</u>(苦)〔吕〕县白项(鸟)〔乌〕不胜　从<u>汉书五行志</u>改。

⑫ 死者过半　<u>汉书五行志</u>作"死者数千"。

⑬ <u>楚王</u>(戍)〔戊〕　从<u>龙溪</u>本、<u>学海堂</u>本改。

⑭ 吏惧〔走〕　从<u>龙溪</u>本、<u>学海堂</u>本补。

⑮ 〔厉〕<u>荆轲</u>之威　从<u>汉书枚乘传</u>补。

⑯ 举<u>吴</u>兵以(资)〔訾〕于<u>汉</u>　从<u>汉书枚乘传</u>改。<u>李奇</u>注:訾,量也。

⑰ 以(逼)〔备〕<u>荥阳</u>　从<u>汉书枚乘传</u>、<u>吴慈培</u>校改。

⑱ 赐金(五十)〔千〕斤　从<u>南监</u>本、<u>汉书窦婴传</u>改。

⑲ 从此右(关)去　从<u>汉书周亚夫传</u>删。

⑳ 击榍鸣鼓　"榍",正写作"樀","柝"本字。意为木梆。

㉑ 〔尽虏之〕　原脱,据<u>汉书周亚夫传</u>补。

㉒　楚王(戍)〔戊〕　从南监本、龙溪本、学海堂本改。下改同。

㉓　齐人公孙蠸　"蠸",汉书贾邹枚路传作"獲"。

㉔　虽坠(犹失也)言于吴　从汉书贾邹枚路传删。

㉕　驱徒众(而)〔西〕与天子争衡　从学海堂本、汉书贾邹枚路传改。

㉖　功(议)〔义〕如此　从学海堂本、汉书贾邹枚路传改。

㉗　梁孝〔王〕悦　从龙溪本、学海堂本补。

㉘　吴楚使至淮〔南〕　从汉书淮南王传、黄校本补。

㉙　邓公〔以〕校尉击吴楚　从龙溪本、学海堂本补。

㉚　国家唯〔为〕置丞相　从黄校本补。

㉛　立皇子(湍)〔端〕为胶西王　从汉书景帝纪改。

㉜　徙淮(南)〔阳〕王(余)〔馀〕为鲁王　从汉书十三王传改。

㉝　谥〔哀〕　"哀"为缺文。钮永建校云:考班书景十三王传阔为临江哀王,则纪文所阙乃"哀"字也,当据补。

㉞　〔赐〕钱(户)二十万　从学海堂本、汉书景帝纪改。

㉟　逆梁王于(阙)〔关〕下　从学海堂本、汉书文三王传改。

㊱　广(雎)〔睢〕阳城　"雎"讹,径改。

㊲　阴使人刺杀盎其余人　汉书文三王传"盎"下作"及他议臣十余人"。

㊳　〔贼〕未得　从汉书文三王传补。

㊴　赏(赐)〔阳〕千金　从龙溪本、学海堂本改。

㊵　齐人王先生多奇〔计〕　从汉书邹阳传补。

㊶　王(夫)〔美〕人兄也　从汉书邹阳传改。

㊷　春秋以为(失)亲亲之道　从汉书邹阳传删。

㊸　侥幸梁事得不(奏)〔治〕　从龙溪本、学海堂本改。

㊹　今定虚矣　语不可解,汉书邹阳传作"徒虚语耳"。

㊺　夫精(诚)变于天地　从景佑本、金陵局本、汉书删。

㊻　臣尽忠毕义　"义",汉书邹阳传作"议"。

㊼　后(忠)〔白〕角　从南监本、龙溪本、学海堂本改。

㊽ 皇太子荣废为临江(山)王　从龙溪本、汉书景帝纪删。

㊾ 其母(藏)〔臧〕儿　从吴慈培校改。

㊿ 太仆周舍为御史大夫　钮永建校云:按班书百官公卿表景帝七年太仆刘舍为御史大夫,中元三年御史大夫刘舍为丞相。史记将相名臣表景帝七年御史大夫舍、中元三年御史大夫桃侯刘舍为丞相。史记功臣表称"舍,景帝时为丞相"。据此则舍为刘襄之子,荀纪作周舍,非。中元三年御史大夫周舍为丞相,与此同误。

(51) 封周昌孙荀为列侯　钮永建校云:班纪作"封故御史大夫周苛、周昌孙子为列侯"。史记景帝纪作"封御史大夫周苛孙平为绳侯,故御史大夫周昌子左车为安阳侯"。三文互异。考班书周昌传云"景帝复封昌孙左车为安阳侯"。史汉功臣表皆云昌孙左车,与荀纪昌孙荀异,又不载周苛孙事,未知孰是。

(52) 吊襚祠(赠)〔赗〕　从龙溪本、汉书景帝纪改。

(53) 无过三百人〔毕〕事(毕)　从学海堂本、汉书景帝纪乙正。

(54) 号曰〔苍〕鹰　从龙溪本补。

(55) 郅都为〔守〕　从学海堂本、汉书酷吏传补。

(56) 更郡〔守〕为太守　从汉书景帝纪补。

(57) 有星孛于西方　汉书景帝纪作"有星孛于西北"。

(58) 赦天下(徙)〔徒〕　从学海堂本、汉书景帝纪改。

(59) 祠五(峙)〔畤〕　从学海堂本改。

(60) 定铸钱伪黄金(法)弃市令　从汉书景帝纪删。

(61) 梁王北〔山〕猎(梁)有献牛　从汉书五行志改。

(62) 彭离为济南王　汉书文三王传作"济东王"。

(63) 〔不〕识为济阴王　从汉书文三王传补。

(64) 二千石车朱两(轮)〔轓〕千石至六百石车朱左(轮)〔轓〕　从学海堂本、汉书景帝纪改。

(65) 三百曰一百　汉书刑法志作"三百曰二百二百曰一百"。

㊻ 其(宜)定捶令 "宜"衍,径删。

㊼ 至武威酒泉邑 汉书景帝纪作"至武泉"。钮永建校云:班纪有脱,苟是。

㊽ 吏卒战死者三千人 "三",汉书景帝纪作"二"。

㊾ (丙午丞相周舍免)乙巳先晦一日日有蚀之〔丙午丞相周舍免〕 从汉书景帝纪乙正。钮永建校云:干支乙巳在丙午前,史记以免相系日食后是也,当据正。

㊿ 时〔亚夫子〕为父买尚方工官甲稍五百枝 从学海堂本补。又"甲稍五百枝",汉书周亚夫传作"甲楯五百被"。

(71) 君(侯)〔后〕三年为侯 从汉书周亚夫传改。

(72) 太后欲封(其)〔皇后〕兄王信 从汉书周亚夫传改。

(73) 〔是权时之言以胁骄放者而已夫立王侯必天子也而曰天下共击之〕 从黄校本补。

(74) 上(常)〔尝〕居禁中 从龙溪本改。

(75) 此(快快)〔怏怏〕 从龙溪本改。

(76) 封皇后兄王信为孟侯 汉书外戚传作"盖侯",汉书外戚恩泽侯表作"盖靖侯"。钮永建校云:外戚传作"盖侯"是,苟纪"孟侯"形近误。

(77) 周(泰)〔秦〕之弊 从龙溪本、学海堂本、汉书景帝纪改。

汉纪　孝武皇帝纪一　卷第十

皇帝甲子即位,年十六。二月癸酉,孝景帝葬阳陵。

三月,尊太后母(藏)〔臧〕儿为平原君①,封田蚡、田胜为列侯。(藏)〔臧〕儿初为槐里王仲妻,生太后,后改嫁长陵田氏,生蚡及胜。

建元元年冬十月,诏举贤良方正。丞相卫绾奏:"所举贤良,或治刑名纵横之术,乱国政,罢之。"

春三月②,赦天下,赐民爵一级。民年八十复二算,九十复甲卒。行三铢钱。

夏四月,诏民年九十已上复子若孙,令奉供养。

五月,诏修山川之祀。

六月,丞相卫绾免。丙寅,魏其侯窦婴为丞相,武安侯田蚡为太尉。

秋七月,诏省卫士卒万人。罢苑马,赐贫民。遣使者安车蒲轮、束帛加璧,征鲁申公,议立明堂。申公年八十余矣,上问以政事,对曰:"为治者不致于多言,顾力行何如耳。"拜为太中大夫。汉兴,草创尚简易,未甚用儒者,而窦太后好黄、老术,故诸博士具官待问，未有进者。至上即位，乃崇立太学矣。

二年冬十月，丞相窦婴、太尉田蚡皆免，御史大夫赵绾、郎中令王臧下狱死。蚡、婴、绾、臧皆同心欲兴太学，建立明堂以朝诸侯。而婴请无奏事太皇〔太〕后③，又罢窦氏子弟无行者，绝属籍，故谤毁日至。窦太后怒，皆抵之罪。明堂遂不立。

春二月丙戌朔，日有蚀之。

三月己未，太常许昌为丞相④。

夏四月戊申，有星如日夜出。初置茂陵邑，徙郡国豪杰于茂陵。河内郭解在徙中，卫将军为言"解家贫，不应徙。"上曰："解布衣，权至使将军知之，此不贫也！"及解徙，诸公赠送出千余万。解任侠，睚眦(上崖下柴)触死于尘中者甚众⑤，藏匿亡命，攻剽作奸，不可胜数。然折节恭约，厚施而薄望。解尝出，有人箕踞视之者。解问其姓名，客欲杀之。解不听，乃阴使吏脱其徭役。其人乃肉袒谢罪。解(娣)〔姊〕子与人争⑥，不直。人杀之，自归解。解曰："吾儿不直。公杀之，故当。"纵之。诸公闻之，皆多贤解。洛阳人有相仇者，贤豪居其间以十数人，不能和。解客乃令解见仇家，仇家听命。解夜至夜去，解乃谓仇家曰："解如何从他郡夺人邑中权乎！且须士大夫复居其间，乃听之。"其居家夜过半后，门闾住车尝十余乘。有与解忤者，少年辄为报仇，不使解知也。解兄子为解杀人，为其家人上书自讼之，又杀之阙下。上捕解，解亡，过临晋籍少翁。少翁素不知解，然慕其名，送之出关，自杀以绝口(语)⑦。其得人率如此。豪贤知与不知，闻声争与交欢。后捕得解，所犯皆在赦前。后有谤毁解者，客杀之，断其舌，解实不知。有司奏解无罪。时公孙弘为(丞相)〔御史大夫〕⑧，以为"解布衣，以睚眦杀人，虽不知，甚于知"。遂族之。

荀悦曰：世有三游，德之贼也。一曰游侠，二曰游说，三曰游行。立气势，作威福，结私交以立强于世者，谓之游侠。饰辨辞，设诈谋，驰逐于天下以要时势者，谓之游说。色取仁以合时，好连党类，立虚誉以为权利者，谓之游行。此三游者，乱之所由生也。伤道害德，败法惑世，失先王之所慎也。国有四民，各修其业。不由四民之业者，谓之奸民。奸民不生，王道乃成。凡此三游之作，生于季世，周、秦之末尤甚焉。上不明，下不正，制度不立，纲纪废弛。以毁誉为荣辱，不核其真；以爱憎为利害，不论其实；以喜怒为赏罚，不察其理。上下相冒，万事乖错。是以言论者计薄厚而吐辞，选举者度亲疏而举笔；善恶谬于众声，功罪乱于王法。然则利不可以义求，害不可以道避也。是以君子犯礼，小人犯法，奔走驰骋，越职僭度，(节)〔饰〕华废实⑨，兢趋时利。简父兄之尊而崇宾客之礼，薄骨肉之恩而笃朋友之爱；忘修身之道而求众人之誉，割衣食之业以供飨宴之好。苟苴盈于门庭，(骋)〔聘〕问交于道路⑩，书记繁于公文，私务众于官事。于是流俗成矣，而正道坏矣。游侠之本生于武毅不挠，久要不忘平生之言，见危授命，以救时难而济同类。以正行之者，谓之武毅；其失之甚者，至于为盗贼也。游说之本生于使乎四方，不辱君命，出境有可以安社稷、利国家，则专对解结，辞之绎矣，民之慕矣。以正行之者，谓之辨智；其失之甚者，主于为诈给徒众矣。游行之本生于道德仁义，泛爱容众，以文会友，和而不同，进德及时，乐行其道，以立功业于世。以正行之者，谓之君子；其失之甚者，至于因事害私为奸轨矣。其相去殊远，岂不哀哉！故大道之行，则三游废矣。是以圣王在上，经国序民，正其制度，善恶要干(公)〔功〕罪⑪，而不淫于毁誉，听其言而责其事，举其名而指其实。故实不应其声者谓之虚，情不覆其貌者谓之伪；毁誉失其真〔者〕谓之诬⑫，言事失其类者谓之罔。虚伪之行不得设，诬罔之辞不得行；有罪恶者无侥幸，无罪过者不忧惧；请谒无所行，货赂无所用，民志定矣。民志既定，于是先之以德义，示之以好恶，奉业劝功，以用本务，不求无益之物，不畜难得之货，绝靡丽之饰，遏利欲之巧，则淫流之民定矣，而贪秽之俗清矣。息华文，去浮辞，禁伪辨，绝淫智，放百家之纷乱，一圣人之至道，则虚诞之术绝，而道德有所定矣。尊天地而不渎，敬鬼神而远之，除小忌，去淫祀，绝奇怪，正人事，则妖伪之言塞，而性命之理得矣。然后百姓上下皆反其本，人人亲其亲，尊其尊，修其身，守其业。于是养之以仁惠，文之以礼乐，则风俗定而大化成矣。

三年春，河水决，溢于平原，大饥，人民相食。赐茂陵徙者户钱二十万，田二顷。初作便门桥。

秋七月，有星孛于西北。济(北)〔川〕王明废⑬，迁房陵，坐杀太傅、中(尉)〔傅〕⑭。闽越围东瓯，告急。上以问太尉武安侯田蚡，蚡以为"越人相攻，其常事也，又数反覆，不〔足〕烦中国⑮，自秦时弃之，不内属"。有诏太中大夫严助诘蚡曰："但患力不能救，德不能覆，诚能，何弃之？且秦时举咸阳而弃之，何乃越乎！今小国以穷困告急于天子，天子不能救，当安所〔诉，又何以子万国？"乃遣助使持节发会稽兵救之。未〕至⑯，闽越走。

九月丙子晦，日有蚀之。起上林苑。时上使太中大夫吾丘寿王举籍鄠杜以东，宜春以西，北至阿城，属之南山，堤封顷亩价直，欲除以为苑。侍郎东方朔进谏曰："臣闻谦逊静悫，天应以福；骄盈奢靡，天应以祸。鄠、鄂之间号曰土膏，其价亩直一金。规以为苑，

上乏国〔家〕之用[17]，下夺农桑之业，不可一也。盛荆棘之（大）
〔林〕[18]，崇虎狼之墟，坏民冢墓，发民庐舍，令幼小怀土而思，耆老
流泪而悲，不可二也。斥而营之，垣而囿之，驰骑逐东西，车辇驾南
北，有深沟大渠险阻之危，不可三也。务苑囿之大，不恤农时，非所
以强国富民也。夫殷作九市之宫而诸侯叛，楚灵王起章华之台而
楚人散，秦兴阿房之殿而天下乱。"上乃赐金百斤，拜为太中大夫。
然犹起上林苑。朔字曼倩，平原人也。好学，称为滑稽。年二十
三，初为郎中，上书自称"待诏公车奉禄薄"。朔谓侏儒曰："上欲
尽杀汝。"侏儒大恐，皆叩头号泣。上召问朔。朔对曰："侏儒长三
尺，臣朔长九尺三寸，俸禄正等侏儒。侏儒饱欲死，臣朔饥欲死。
臣言可用，宜异其禄，不可用，罢之，无但虚索长安米也。"上大笑，
使待诏金马门，稍稍亲近之。上置守宫于盆下，使筮者射之，莫能
中。朔自请布卦，射之曰："臣欲以为龙，复无角；臣欲以为蛇，复有
足。跂跂脉脉善缘壁，此非守宫，当是蜥蜴。"上曰："善。"复使射
他物，连中，辄赐帛。时有幸倡优郭舍人等曰："朔幸中耳。"乃复
覆置树上寄生于盆中，曰："朔知之，榜臣百；不中，赐臣帛。"朔曰：
"是窭数也。"舍人曰："朔果不能中。"朔曰："湿肉为脍，干肉为脯；
树上为寄生，盆下为窭〔数〕[19]。"朔乃榜舍人百。朔对问响应，权变
锋出，文章辞令〔纵〕横无穷[20]。上颇倡优畜之，然而时发忠直之言
极谏，尤亦以此异焉。朔因设客难己，用位卑以自慰谕。又设非有
先生之论，其辞曰："非有先生仕于吴，默然无言者三年。吴王怪而
问之，曰：'可以谈矣。'先生伏而唯唯，王曰：'可以谈矣。'先生曰：
'於戏！可言乎哉[21]？谈何容易！'王曰：'何为其然也？寡人将听
焉。'先生对曰：'昔关龙逢深谏于桀，王子比干直言于纣，此二臣

者,皆尽忠极虑,将以为君之荣,除君之祸也。然以蒙不辜之戮,为天下笑。<u>飞廉</u>、<u>恶来</u>巧言利口以进其身,阴奉雕琢刻镂之好以纳于上,快耳目之欲,以苟容为度而见亲近。故宗庙崩弛,国家丘墟。夫卑身〔贱〕体(贱)㉒,悦色微辞,愉愉呴呴,终无益于(王)〔主〕上之治㉓,即志士仁人不忍为也。俨然而作矜庄之貌,深言直谏,上以拂人主之邪,下以除百姓之害,则忤于时主之心,离于衰世之法。故养性爱命之士莫肯进也,遂隐居深山以咏先圣之风。是以<u>伯夷</u>、<u>叔齐</u>饿于<u>首阳</u>之下,后世称其人㉔。如是,邪主之行固足畏也,故曰谈何容易!'于是<u>吴王</u>瞿然易容,为坐而听之。先生曰:'昔<u>伊尹</u>负鼎(于)〔干〕<u>汤</u>㉕,<u>太公</u>钓于<u>渭</u>滨而遇<u>文王</u>。心合意同,谋无不成,计无不从,诚得其君也。故能诛暴乱,总远方,一统类,美风俗,而王业兴矣。<u>太公</u>、<u>伊尹</u>以如此,<u>龙逢</u>、<u>比干</u>独如彼,岂不哀哉!故曰谈何容易!'于是<u>吴王</u>默然,俯而深思,仰而泣,曰:'嗟(呼)〔乎〕,殆哉㉖!余国之不(忘)〔亡〕也㉗,绵绵哉,联联哉!'于是(立)〔正〕明堂之朝㉘,齐君臣之位,举贤才,(而)〔布〕德惠㉙,施仁义;恭俭节约,减后宫之费,损车马之用;放<u>郑</u>声,远佞人,省庖厨,去奢靡;卑宫室,坏苑囿,填池堑,以与贫民;开内藏以赈贫乏,存耆老,恤孤独;薄赋敛,省刑罚。行此三年,阴阳调和,万物咸宜;国无灾害之变,民无饥寒之色,蓄积有余,囹圄空虚;凤凰来集,麒麟在郊;远方异俗,慕义向风。治乱之道,存亡之端,若此易见,然而人主莫肯为也。悲夫!"

　　是时上以安车蒲轮迎<u>枚乘</u>,<u>乘</u>年老,道死。而<u>乘</u>子<u>皋</u>亦以谈说,能为辞赋,得幸比<u>朔</u>。上好自击熊豕,郎中<u>司马相如</u>从上猎<u>长杨</u>。<u>长卿</u>上疏谏曰:"臣闻物有同类而殊能者,故力称<u>乌获</u>,捷言庆忌,勇则贲、育。然臣之愚,窃以为人诚有之,兽亦宜然。今陛下好陵险阻,射猛兽,卒然遇逸群之兽,骇于不存之地,犯属车之清尘,舆不及还辕,马不及旋踵,人不暇施巧,虽有乌获、逢蒙之技而不及用,枯木朽株尽为患难矣㉚。是以胡、越起于毂下,而羌、夷接轸矣,岂不殆哉! 虽曰万全而无害,然本非天子所宜近也。且夫清道而后行,中路而后驰,犹时有衔橛之变。况涉乎丰草,驰乎丘墟,前有利兽之乐,内无存变之计,其为害也不难㉛!”上善之。相如字长卿,蜀郡成都人也。初,家贫,与临邛令王吉相善。富人卓王孙置酒请令,并请相如。相如善鼓琴,王孙寡女字文君,好音,夜奔相如,遂与俱归成都。后家贫,夫妻酤酒临邛。卓王孙耻之,杜门不出,后不得已,乃厚分财物遗文君。而相如作子虚赋,上得读而善之,曰:“朕独不得与此人同时!”或对曰:“司马相如所作也。”上惊,乃召相如,复奏上林赋,拜为郎(中)㉜。子虚、上林皆言苑囿之美,卒归之于节俭,因托以讽焉。相如口吃,而善著书。

四年夏,有气赤如血。六月,旱。

秋七月㉝,有星孛于东北。江都相陈人郑当时为内史,每朝,候上闲,未尝不言天下之长者。其推毂名士常以为贤于己,禄赐尽以馈士大夫,家无余财,宾客甚盛。及中废,宾客衰落。先是下邽翟公为廷尉,宾客填门;及废,门外可设雀罗。复廷尉,客复往,翟公大板署其门曰:“(一生)一死〔一生〕㉞,乃知交情;一贫一富,乃知交态;一贵一贱,交情乃见。”

冬十月,地震。是岁,武强侯严青翟为御史大夫。

五年春正月己巳朔,日有蚀之。行半两钱,罢三铢钱。初置五经博士。博士本秦官,掌通古今,员至数十人,汉置五经而已。太常选人年十八以上好学,补弟子。郡国有好文学,敬乡里者,令与计偕,受业太常,补弟子。一岁辄课,通经一艺,补文学掌故;高弟为郎中;其秀才异等,太常以名闻;其下才不事学者,罢之。是时,庐江人文翁为蜀郡太守。其为人爱学,好教化。见蜀地僻陋,有蛮夷之风,文翁乃选郡县小吏有才器者,辄给资用,令诣博士受业,还皆以为右职,用察举之。又修起学宫于城中,学者复除徭役。常选学(宫)〔官〕童子,(所)〔使〕在便坐受书每事^㉟。常出(人)行县^㊱,益从诸生明经修行传教,出入县邑,见而荣之。由是蜀邑大化,学者比齐、鲁焉。郡国学校官自文翁始也。

夏四月,平原君薨。

五月,大蝗。

秋八月,广川王越薨,清河王乘薨。

六年春三月乙未^㊲,辽东高庙灾。

夏四月壬子,高园便殿灾。上素服五日。其后太中大夫董仲舒居家推其意,以高庙不当居辽东,高园便殿不当居陵旁,于礼不当立。庙在外,像诸侯不正者;高园在内,像大臣不正者。天戒若曰"去诸侯大臣贵幸(而)〔不〕正者"云尔^㊳。时太中大夫主父偃素妒嫉仲舒,窃其书奏之。仲舒下狱,吏当死,诏宥之。本志以为淮南王、田蚡之应也。

五月丁亥,太皇太后崩。

六月癸未^㊳,丞相许昌免,武安侯田蚡为丞相。有星孛于东北方。

秋七月^㊵,有星出于东方,长终天^㊶。本志曰:"是为蚩尤之旗,以彗星而终,后曲,见则天子征伐四夷之应也。"闽越围南越,南越守天子约,不敢发兵。上遣大司农韩安国帅师出会稽,大行王恢出豫章救之。淮南王安上书谏曰：“越，方外之国，断发文身之人，不可以冠带之国法度治之。自三代之盛明，胡、越不与受正朔，非强不能服也，以为不居之地，不牧之民，不足以烦中国。古者封内甸服，封外侯服，侯（外）〔卫〕宾服[42]，蛮夷要服，戎狄荒服，远近之势异也。越人名为蕃臣，实不给（给）〔上〕事[43]。自相攻击耳，陛下以兵救之，是反以中国劳蛮夷也。且越人故数反覆非一，〔一〕不奉诏[44]，举兵诛之，臣恐中国兵革无时得息也。间岁以来不登，民生未复。今发兵行数千里，（举轮）〔舆轿〕而逾岭[45]，拖舟而入水，行数千里，夹以深林丛竹，又多蝮蛇猛兽，夏月暑时，则生吐泄霍乱之病，曾未接兵，死伤者必众多。或以越人众兵强，能作难边地。臣窃闻之，与中国异。限以高山，人迹隔绝，车道不通，天地所以绝内外也。其入中国，必先下岭水，岭水之山峭峻，漂石破舟，不可大船运粮下也。越人欲为变，必先（由）〔田〕（于）〔馀〕王界内[46]，积粮食，而入山伐材治船。边地守候（城）〔诚〕使谨防[47]，越人有伐材，辄收捕之，焚其积聚，虽百越，无奈边城何也！臣闻越卒不下数十万人，所以入者，五倍乃足，挽车奉饷不在其中。且越非有城郭邑里也，处溪谷之间，篁竹之中，习于水斗，便于用舟。中国之人不知其地势，不能服其水土，虽有强兵，百不当一，臣安窃为陛下重之。臣闻闽越王弟甲杀其王，甲以诛死，其民众未有所属。陛下若欲纳之中国，遣重臣临问存恤，施德垂赏，此必携幼扶老以归圣德。若无用之，则（断）〔继〕其绝世[48]，存其亡国，建其侯王，此必委质为藩臣矣。陛下以方寸之印，（尺）〔丈〕二之组[49]，镇抚方外，不劳一卒，不顿一戟，而威德并行，天下归服。今以兵深入其地，此必震恐，以有司为欲屠灭之也，必雉兔逃窜，深入阻险，背而去之，则复群聚；

留而守之，卒劳粮乏，丁壮从军，老弱馈饷，男子不耕，妇人不织，居者无食，行者无粮。万民苦于兵事，逃亡必众，随而诛之，不可胜尽，盗贼必起。臣闻秦时尝使尉（他）屠（雎）〔睢〕击南越(50)，又使监禄凿渠通道，越逃入山林，不可得攻。留军屯守空地，旷日弥久，士卒劳倦，越人乃出击之。秦师大败，乃发兵戍(51)。当此之时，内外骚动，百姓疲弊，行者不还，往者莫返，天下之人皆不聊生，逃窜相聚，群为盗贼，是故山东之难兴矣。兵者凶器也，一方有急，四面皆（耸）〔从〕(52)。臣恐变故奸邪从此始矣。易曰：'高宗伐鬼方，三年克之。'以盛德之天子伐小蛮夷而犹三年，言用兵之难也。陛下以四海为境，九州为家，八薮为园，江、汉为池，人徒之众足以奉千官之供，租税之入足以供乘舆之御。玩心神明，秉执圣道，负黼扆，凭玉几，南面而听断，号令天下，莫不响应，使元元之民皆安土乐业，则泽被万世，施之无穷。天下之安，犹若太山而四维，夷狄之地，何足以为一日之间烦汗马之劳！诗云：'王犹允塞，徐方既来。'"

是时兵已出，未逾五岭，会闽越王弟余善杀王以降，汉罢兵。上嘉淮南王之意，美将帅之功，乃遣严助喻淮南之意，且讽切南越。南越顿首，遣太子随助入侍。是时严助荐邑子朱买臣为太中大夫，买臣因说："东越王故居泉山，一夫守险，千夫不能上。今更徙南五百里，居大泽中。今发兵浮海，直至泉山，陈舟列（骑）〔兵〕(53)，席卷南行，必破灭也。"上即拜买臣会稽太守。上谓之曰："富贵不归故乡，如衣锦夜行。今还故乡，富贵于子如何？"买臣顿首谢上。既到郡，与横海将军韩说等俱击东越，大破，有功。初，买臣家贫，好读书，樵薪自给，吟咏且行，时人谓之癡。其妻耻之而去，买臣笑曰："我年五十当贵，今四十八矣。待我富贵，当报汝勤苦。"其妻恚曰："嘻！公终饿死耳,何以报我?"遂改嫁。其后买臣尝负薪于墓间。故妻与其夫俱上冢,以为得志,见买臣饥寒,呼饮食之。后数岁为会稽太守,故妻与其后夫治道,甚穷乏。买臣命后车载其夫妇,置后园中,给衣食。经数月,妻自缢死。东海太守汲黯为主爵都尉。黯,字长孺,东郡人也,好直谏。上曰："吾欲兴政治,法尧、舜,何如?"黯曰："陛下内多欲而外施仁义,如何欲效尧、舜之治乎!"上大怒,变色而罢朝。群臣共数黯,黯曰："天子置公卿辅弼之臣,宁令从谀顺意,陷主于不义乎?"自丞相宴见,上或时不冠;至见黯,必冠。上尝在武帐,不冠,望见黯奏事,避入帏中,使人可其奏。其见敬礼如此。

初,(南)〔东〕越人相攻[54],黯为中谒者使越,不至而报上曰："越人相攻,其常俗也,不足劳天子之使者。"河内失火,烧千余家,使黯视之。还曰："人家屋相比火相连,乃不足为怪,臣忧有甚于此者。忧河内饥民相食,臣谨以按节发河内粟以赈饥民。请受矫制之罪。"上贤而赦之。上尝问严助曰："汲黯何如人?"助曰："使黯任职居官,无以逾人,然至其辅少主,威四夷,守城(廓)〔郭〕[55],爱百姓,虽自谓贲、育不能夺也。"上曰："然。古有社稷之臣,黯近之矣。"御史大夫严青翟免,大司农(朝)〔韩〕安国为御史大夫[56]。

校勘记

① (藏)〔臧〕儿 从汉书外戚传改。下改同。

② 春三月 汉书武帝纪作"春二月"。

③ 请无奏事太皇〔太〕后 从南监本、龙溪本补。

④ 三月己未太常许昌为丞相 钮永建考云:班书百官公卿表、史记汉兴以来将相名臣表皆作"三月乙未"。按荀纪于此上云"春二月丙戌朔日有食之",班书武帝纪同。考乙未去丙戌,近者止九日,远者六十九日。以二月

丙戌朔计之,则三月无乙未日,惟己未去丙戌三十五日,计干支正相值。

盖荀纪是,两表写误也。

⑤ (上崖下柴) 系"睚眦"二字的注音,当删。

⑥ 解(娣)〔姊〕子与人争 从<u>南监</u>本、<u>龙溪</u>本、<u>学海堂</u>本、<u>汉书游侠传</u>改。

⑦ 自杀以绝口(语) 从<u>汉书游侠传</u>删。

⑧ 时公孙弘为(丞相)〔御史大夫〕 从<u>汉书游侠传</u>改。

⑨ (节)〔饰〕华废实 从<u>龙溪</u>本改。

⑩ (骋)〔聘〕问交于道路 从<u>龙溪</u>本改。

⑪ 善恶要于(公)〔功〕罪 从<u>学海堂</u>本改。

⑫ 毁誉失其真〔者〕谓之诬 从<u>龙溪</u>本补。

⑬ 济(北)〔川〕王明废 从<u>汉书武帝纪</u>改。

⑭ 坐杀太傅中(尉)〔傅〕 从<u>学海堂</u>本、<u>汉书武帝纪</u>改。

⑮ 不〔足〕烦中国 从<u>汉书严助传</u>补。

⑯ 当安所〔诉又何以子万国乃遣助使持节发会稽兵救之未〕至 从<u>龙溪</u>本、<u>学海堂</u>本补。

⑰ 上乏国〔家〕之用 从<u>龙溪</u>本、<u>汉书东方朔传</u>补。

⑱ 盛荆棘之(大)〔林〕 从<u>汉书东方朔传</u>改。

⑲ 盆下为窭〔数〕 从<u>南监</u>本、<u>龙溪</u>本、<u>学海堂</u>本补。

⑳ 辞令〔纵〕横无穷 从<u>南监</u>本、<u>龙溪</u>本、<u>学海堂</u>本补。

㉑ 可言乎哉 <u>汉书东方朔传</u>作"可乎哉"。

㉒ 夫卑身〔贱〕体(贱) 从<u>南监</u>本、<u>龙溪</u>本、<u>学海堂</u>本、<u>汉书东方朔传</u>乙正。

㉓ 无益于(王)〔主〕上之治 从<u>龙溪</u>本、<u>学海堂</u>本、<u>汉书东方朔传</u>改。

㉔ 后世称其人 "人",<u>汉书东方朔传</u>作"仁"。

㉕ 昔伊尹负鼎(于)〔干〕汤 从<u>学海堂</u>本、<u>汉书东方朔传</u>改。

㉖ 嗟(呼)〔乎〕殆哉 从<u>汉书东方朔传</u>、<u>黄校</u>本改。

㉗ 余国之不(忘)〔亡〕也 从<u>龙溪</u>本、<u>学海堂</u>本、<u>汉书东方朔传</u>改。

㉘ 于是(立)〔正〕明堂之朝 从<u>学海堂</u>本、<u>汉书东方朔传</u>改。

㉙ (而)〔布〕德惠　从龙溪本、学海堂本、汉书东方朔传改。

㉚ 枯木朽株尽为患难矣　汉书司马相如传无"患"字。

㉛ 其为害也不难　汉书司马相如传作"不亦难矣"。

㉜ 拜为郎(中)　从汉书司马相如传删。

㉝ 秋七月　汉书武帝纪"秋九月"。

㉞ (一生)一死〔一生〕　从龙溪本、学海堂本乙正。

㉟ 学(宫)〔官〕童子(所)〔使〕在　从汉书循吏传改。

㊱ 常出(入)行县　从汉书循吏传删。

㊲ 六年春三月　"三月",汉书武帝纪作"二月"。

㊳ 贵幸(而)〔不〕正者　从南监本、龙溪本、学海堂本改。

㊴ 六月癸未　汉书百官公卿表作"六月癸巳"。此当作"癸巳"。

㊵ 秋七月　汉书武帝纪作"秋八月"。

㊶ 长终天　汉书武帝纪"长竟天"。

㊷ 侯(外)〔卫〕宾服　从汉书严助传改。

㊸ 实不给(给)〔上〕事　从南监本、学海堂本、汉书严助传改。

㊹ 〔一〕不奉诏　从南监本、学海堂本、汉书严助传补。

㊺ (举轮)〔舆轿〕而逾岭　从学海堂本、汉书严助传改。

㊻ 必先(由)〔田〕(于)〔徐〕干界内　从南监本、龙溪本、学海堂本、汉书严助传改。

㊼ (城)〔诚〕使谨防　从汉书严助传改。

㊽ 则(断)〔继〕其绝世　从南监本、龙溪本、学海堂本改。

㊾ (尺)〔丈〕二之组　从汉书严助传改。

㊿ 臣闻秦时尝使尉(他)屠(雎)〔睢〕击南越　从龙溪本、汉书严助传删改。

51 乃发兵戍　"兵",汉书严助传作"适"。

52 四面皆(耸)〔从〕　从汉书严助传改。

53 陈舟列(骑)〔兵〕　从吴慈培校、汉书朱买臣传改。

70 (南)〔东〕越人相攻　从汉书汲黯传改。

○55 守城(廓)〔郭〕　从<u>龙溪</u>本、<u>学海堂</u>本改。

○56 大司农(朝)〔韩〕安国　从<u>龙溪</u>本、<u>学海堂</u>本改。

两汉纪

汉纪

汉纪　孝武皇帝纪二　卷第十一

　　元光元年冬，初令郡国贡孝廉各一人。董仲舒始开其议。仲舒,广川人也。初,景帝时为博士,下帷读书,弟子以次传授其业,或莫见面。盖三年不窥其园,其精专如此。进退容止,非礼不行,学士皆尊师之。后应贤良举,上策曰:"夫守文之君,当涂之士,皆欲明先王之道以戴翼世主者甚众,然犹不能,岂所操持失其统钦?固天降命不可复反钦?必推之于大(中)〔衰〕而后息钦[①]?三代受命,其符安在?灾异之变,何称而起?性命之情,或夭或寿,或仁或鄙,习闻其号,未昭其理。今欲风流而令行,轻刑而奸改,何修而臻于此?具明以喻朕意,靡有所隐。"仲舒对曰:"臣谨按春秋以观天人之际,甚可畏也。国家将有失道之败,而天乃先出灾害以谴告之;不知自省,又降怪异以惊恐之;尚不知变,而后伤败乃至。自非大无道之世,天欲尽扶持而全安之,事在勉强而已。勉强学问,则闻见博而智益明矣;勉强行道,则德日起而大有功矣。诗云'夙夜匪懈',书云'懋哉懋哉',皆勉强之谓也。昔周道衰于幽、厉,非道亡也,而幽、厉不由道也。宣王修立武之业,周道粲然复至矣。非天降命不可复反也,所操持悖谬失其统也。臣闻非人力所致而自至者,此受命自然之符也。天下同心归之,若子归父母,亦是受命之符也。夫天瑞应精诚而至。书曰:'白鱼入于王舟,有火复于王屋,流为赤乌。'此盖受命之符也。及末代衰微,废德义,任刑罚;刑罚不中,则生邪气;邪气积于下,怨恶畜于上;上下不和,则阴阳缪戾而妖孽生矣。此灾异所缘而起也。臣闻命者天之令也,性者生之质也,情者人之欲也。或夭或寿,或仁或鄙,陶冶而成之,不能纯粹,又治乱之所生,故不能齐一也。尧、舜行德则民仁寿,桀、纣行暴则民鄙夭。夫下之从上,犹泥之在钧,唯陶者之所为。'绥之斯安,动之斯来',此之谓也。臣谨按春秋求王道之端,(传)〔得〕之于正②。正次王,王次春。春者,天之所为也;正者,王之所为也。其意曰,上承天之所为,下以正己所为也。然则王者所为必则于天道,天道之大者在于阴阳。阳为德,阴为刑,刑德不失而岁功成。今废先(生)〔王〕德教之官③,而独任执法之吏,而欲德化之被四表,固难成也。春秋谓一为元,一者万物所从始也,元者辞之所谓本也。谓一为元者,示太(治)〔始〕而欲正其本也④。故为人君者,正其本心以正朝廷;朝廷正,以正万民⑤;万民正,以正四方;四方正,远近莫不皆正也。则阴阳调而风雨时,群生和而万物植,福祥毕至而王道成矣。孔子曰:'凤鸟不至,河不出图,吾已矣夫!'自伤(不)〔可〕能致此物⑥,而身卑贱不能致也。今陛下居得致之位,又有能致之资,然而天地未一应瑞者,凡以教化之不立,而万民不正故也。民之从利,如水之走下,非教化堤防之,不能禁也。圣人之继乱世,扫除其迹而去之,复修教化而崇起之。夫秦灭先圣之道,为苟且之治,故立十四年而亡,其遗毒余戾至今未灭。琴瑟不调,甚者必解而更张之;为政而不行,(之)甚者必变而更化之⑦。汉承暴秦之后,宜变其迹,乃可善治。三代相救,夏尚忠,商尚敬,周尚文。今汉宜少损周之文,用夏之忠。王者有改制之名,无变道之实。然所祖不同者,救病扶衰,所遭之变然也。"又曰:"古所谓功者,以任官称职为美⑧,不谓积日累久也。小材虽累日,不离于小官;贤才虽未久,不害为宰相。是以有司竭其务,治其业。今则不然,累日以取贵,积久以致官,是以贤不肖不得其真。宜勿以日月为功,诚以贤能为实。使郡国各择吏民之贤者,岁贡一人,以给宿卫。所贡得贤者有赏,不肖者行罚。如此率天下,贤能可得而官也。"又曰:"积小者大,慎微者著。积善在身,犹长日加益,人不知也;积恶在身,犹火之消膏,人不见也。非明乎情性,察乎流俗者,孰能识之? 天之所分与,与之齿者去其角,傅其翼者两其足。是所受者大,不得取其小也。古之食禄者不食于民力,是与天意同也。昔公仪休相鲁,去织妇,拔园葵,曰:'(邑)〔臣〕也已食禄矣⑨,又夺园夫(妻)女工之利乎⑩!'夫遑遑求财利,常恐匮乏者,庶人之意也;遑遑求仁义,常恐不能化民者,大夫之意也。易曰:'负且乘,致寇至。'此言处君子之位者,不可以庶人行也。"又曰:"春秋大一统(一)者⑪,天地之常经,古今之通义也。今师师异道,人人异论⑫,百家殊方,旨意不同,是以上无以持一统;法制数变,下不知所守。臣愚以为诸不在六艺之科,非孔氏之术者,皆绝其道,勿使并进。邪僻之说灭息,然后统纪可一,法度可明,民知所从矣。"仲舒对策,擢为江都相。

时易王甚骄而好勇,问仲舒曰:"越王与大夫种、后庸、范蠡谋伐吴,遂灭之。孔子称殷有三仁焉,寡人亦以越有三仁。"仲舒对曰:"(若)〔昔〕鲁君伐齐⑬,问柳下惠曰:'吾伐齐,何如?'对曰:'不可。'归而有忧色,曰:'吾闻伐国者不(可)问仁人⑭,此问何为至于我哉!'徒见问耳,且犹羞之,况设诈而伐吴乎? 由是言之,越(曾)〔本〕无一仁矣⑮。仁人者,正其谊不谋其利,明其道不计其功。是故仲尼之门,五尺之童羞称五伯,为其先诈力而后仁义也。"王曰:"善哉!"及其去位居家,绝不问家产业,以修学著书为事。所著凡百三十篇⑯,而说春秋事复数十篇。朝廷有大议,使者就其家而问之,国家大议多仲舒发之。春二月丙辰晦,日有食之。(车)〔骁〕骑将军李广屯云中⑰,车骑将军程不识屯雁门,以备匈奴,六月罢。广,陇西人也。为将得士众心,无部曲行阵,善就水草顿舍,人人自便,不击刁斗自卫,幕府少文书。而程不识正行伍部曲,营阵击刁斗自卫,吏治军簿至明,士卒不得自便,而俱为名将。夏四月,赦天下。复七国宗室削绝属籍。五月,诏举贤良。秋七月癸未先晦一日,日有蚀之。是岁,天星尽动摇。上问候星者,对曰:"星摇,民将劳也。"

二年冬十月,行幸雍,祠五畤。始诏公卿议(伏)〔伐〕匈奴⑱。匈奴者,其先夏后氏之苗裔,其在于古曰淳维。匈奴始祖名薰粥氏、山戎、猃狁是也。始祖居于北边,随水草畜牧而转徙,居无城郭耕田之业,然亦各有分地。无文法,以言语为约束。其俗宽则射猎,急则习战。长兵则弓矢,短兵则矛铤。见利则进,不利则退。食肉衣皮。壮者食肥美,老者饮食其余。父死则妻其〔后〕母⑲,弟兄死皆娶其妻。其俗有名不讳,无文字⑳。自商、周已来,世为中国患。至匈奴,姓挛鞮氏,国人称之曰"撑黎孤涂若单于"。匈奴谓天为"撑黎",谓子为"孤涂",若言天子也;"单于"者,广大之貌,言其单于然也。置左右贤王、左右谷蠡王、左右大将(军)、左右大当户㉑,凡二十四长。其大臣皆世官职。左贤王将居东方㉒,〔直〕上谷之东北㉓,接秽貉、朝鲜;右贤王将居西方㉔,(治)〔直〕上郡西㉕,接(互)〔氐〕、羌㉖;而单于庭直代郡、云中。

岁正月,诸王长少会单于庭㉗。

五月,大会龙庭,而祭其先祖、天地、鬼神。秋,大会蹛林,校阅人畜。其法:拔刃尺者死,盗者没入其家财。单于朝拜日,夕拜月。其座,长左而北面。日尚戊己。其送死有棺椁衣衾,而无封树丧服;近幸臣妾从死者,多至数十人。举事常随月,月盛壮则进兵,月亏则退兵。其攻战,斩首虏则赐一卮酒,而〔所〕得(所)虏获因以与之㉘,得人因为奴婢。故其战,人人自趣利。秦始皇时,使蒙恬将数十万众北击胡,悉收河南地,因河为塞,筑四十四县临河,徙遣人民以充之。因山险溪峻缮治之,起临洮至辽东万余里。是时匈奴单于曰头曼,头曼不胜秦,北徙十有余年。头曼太子名冒顿,杀父而立。是时东(吴)〔胡〕强盛㉙,使使请冒顿千里马。冒顿问群臣,群臣皆曰:"此匈奴宝马也,勿与。"冒顿曰:"奈何与邻国爱一马乎?"遂与之。又使人请冒顿一阏氏。冒顿问左右,左右皆怒,请击之。冒顿曰:"奈何与邻国爱一女子乎?"复以与之。东胡以冒顿为畏己,愈骄。匈奴间有弃地,不居者千里,东胡又使求之。冒顿问群臣,群臣或曰:"此弃地,与之。"于是冒顿大怒曰:"此地者,国之本也,何与之有!"斩言与地者。即上马,令有后出者斩,遂东袭击东胡。东胡不设备,遂破灭东胡。西击月(氏)〔氏〕㉚,(东)〔南〕并楼烦、白羊、河南㉛,悉收秦所夺地,遂入侵燕、代。北服浑窳、屈射、丁零、(高)〔鬲〕昆、新黎之国㉜。控弦之士四十余万。

自上古已来,唯冒顿为强大,高帝有平城之围。〔高后〕时冒顿为书戏慢㉝,甚不敬。高后怒,诏群臣议击之。樊哙曰:"愿将十万众,横行匈奴中。"中郎将季布曰:"哙可斩也! 高帝困于平城,哙为(大)〔上〕将军㉞,不能以四十万解高祖之围,而欲以十万(乘)〔众〕横行匈奴中㉟,是面谩也。且夷狄如禽兽,得其善言不足喜,得其恶言不足怒。"高后曰:"善。"乃遣使报单于书,卑辞厚答,遗以御车二乘、马(十骑)〔二驷〕㊱。单于又遣使来谢。至文帝,遗老上单于书,封以尺一牍,(印)〔辞〕曰㊲:"皇帝敬问单于。"单于报以尺二牍,封皆大,辞曰:"天地所生日月所置匈奴大单于敬问皇帝。"自是数侵边。及单于背约,寇边无已,于是上议伐之。(太)〔大〕行王恢曰㊳:"匈奴和亲率不过数岁。请击之。"御史大夫韩安国以为"匈奴轻疾之兵也,至如飙风,去如流电,居处无常,难得而制。今将卷甲亲举,深入长驱,从行则迫胁,横行则中绝,徐行则后利,疾行则粮绝,难以为功。圣人以天下为度者也,不以私怒伤天下公议。故高帝始结和亲,孝文遵其约,二圣之迹足以为效"。王恢曰:"五帝不相袭礼,三王不相沿乐,各因时宜也。且言击之者,固非发兵而深入也,将顺单于之欲,诱而致之于边,选骁骑羽林壮士阴为之备。吾势已定,或营其左,或营其右,或当其前,或当其后,单于必可擒也。"上从恢议。

夏六月,护国将军韩安国、骁骑将军李广、轻车将军公孙贺、屯骑将军王恢、材官将军李息袭匈奴㊴。阴使雁门马邑豪聂壹诈亡入匈奴,谓单于曰:"吾能斩马邑令以降,则物可尽得也。"单于爱信之,令归为间。壹乃诈斩死罪囚头,悬邑城上以示单于使者。使者还,单于乃将十万骑入武(川)〔州〕塞㊵。是时汉兵三十余万伏马邑旁草中，王恢、李息约从代出击辎重。单于未到马邑百余里，雁门尉史行徼[41]，单于大惊而还，曰："吾得尉史，天也。"以为天王。乃远走，兵追至塞，不及乃罢。上大怒，恢首谋，不出兵击单于辎重也，恢自杀。

时主父偃上书谏伐匈奴，曰："臣闻怒者逆德，兵者凶器，争者末节，数(战)〔穷〕武[42]，未有不悔者也。始皇务胜不休，欲攻匈奴，李斯谏曰：'匈奴无城郭之居，委积之守，迁徙鸟窜，难得而制也。轻兵深入，粮食必绝；运粮以行，重不及事。得其地不可以耕而食也，得其人不可役而畜也。胜必杀之，非仁德也。疲弊中国，甘心匈奴，非完计也。'始皇不听，出兵攻胡，却地千里，皆斥卤[43]，不生五谷。然后发天下丁男以戍河北；飞刍挽粟以远转输，率三十钟而致一石，天下所以叛也。夫兵久则变生，事苦则虑易。周书曰：'安危在出令，存亡在所用。'愿陛下熟计之。"偃凡上十事[44]，其一事谏伐匈奴，九事为律令[45]。燕人徐乐上书曰："天下之患，在于土崩，不在瓦解。秦之末世，天下大坏，是谓土崩。吴、楚七国之时，是谓瓦解。今关东比年谷不登，民多困穷，不安其处，故易动。易动者，土崩之势也。故明主之要，其在于使天下无土崩之势而已。"临淄人严安上书曰："今天下奢侈，车马衣裘宫室皆竞修饰。夫养失而泰，乐失而淫，礼失而采，教失而伪。伪、采、淫、泰，非范民之道也，是以天下逐利(而)〔无〕已[46]。臣愿为民制度以防其淫，使富贫不相(惧)〔耀〕以和其心[47]。心和志定，则盗贼消，刑罚少，阴阳和，万物蕃也。昔秦北构祸于胡，南树怨于越，宿兵于无用之地。丁男被甲，丁女转(轮)〔输〕[48]，苦不聊生，自经于野树，死者相望。故绝世灭祀，穷兵之祸也。周失之弱，秦失之强，不变〔之〕患也[49]。"此三人同日上书。上皆召见，谓之曰："公等家皆安在？何相见之晚也！"皆拜郎中。而偃一岁四迁，至太中大夫。上自即位，好士。既举贤良，赴阙上书自（卫）〔衒〕者甚众㊿。其上第者见尊宠，下者赐帛罢。若严助、朱买臣、吾丘寿王、司马相如、主父偃、徐乐、严安、东方朔、枚皋、胶仓、终军、严忌等皆以材能并在左右。每大臣奏事，上令助等辨论之，中外相应以义理之文。

秋九月，令民大酺五日。

三年春，河水徙，自顿丘东南入于渤海。

夏五月，封高帝功臣后五人并为列侯。河决濮阳，泛十六郡。发卒十万救河决。起龙渊宫。

四年冬十有二月，魏其侯窦婴弃市。初，婴之贵重也，田蚡常奉事之。及婴废，而蚡甚用事。蚡从婴请田，婴弗与，曰："老仆虽弃，宁可以势夺乎！"故太仆颍川灌夫，与婴善，亦怒蚡。蚡闻之曰："蚡事魏其侯无所不可，而爱数顷田？且灌夫何预也？"灌夫家在颍川，横甚。蚡乃请案灌夫家事，灌夫亦持蚡阴事。宾客和之，俱止。蚡取燕王女为夫人，太后诏列侯宗室皆当贺。婴过要灌夫，欲与夫俱行。夫不欲往。婴曰："事已和矣。"固请，与行。夫行酒，至蚡，蚡曰："不得持满。"夫怒蚡，因嘻笑曰："将军贵人也，释之！"次至〔临〕汝（阴）侯灌贤㈤，程不识方相与耳语，未得持酒。夫乃发怒骂贤及程不识。蚡谓夫曰："程、李俱为东西卫尉，今众辱程将军，独不为李将军（故）〔地〕乎㈤？"李将军者，李广也，夫素所敬也。夫曰："今日斩头穿胸，何知程、李乎！"座稍稍罢出，蚡令骑留夫。或按夫头令谢，夫怒，不肯谢。蚡乃麾骑缚夫，召（御）〔长〕史曰㊀："今日召宗室，有诏。"灌夫骂坐不敬，系居室。按其前事，遣

吏分捕灌夫支属，皆弃市。窦婴欲救灌夫，其夫人止之。婴曰："终
不令灌仲孺死，婴独生。"乃(还)〔匿〕其家⑭，窃出上书。召见，具
言灌夫事，不足诛。上欲赦之，蚡固争之。上令两廷尉辨其事，御
史大夫韩安国两顺之，主爵都尉汲黯是窦婴，内史郑当时亦是窦婴
而复不坚其辞，莫敢对。上怒内史曰："公平生数言魏其侯、武安侯
之短长，今日廷论，乃局趣效辕下驹，吾并斩若属矣！"即罢起。太
后怒不食，曰："我在也，而人皆藉吾兄弟，令我百岁后，皆为鱼肉
乎！"上使御史(薄)〔簿〕责婴⑮，劾系都司空。婴令兄子上书，幸复
召见。

　　初，景帝时，婴常受遗诏曰："事有不便，辄以便宜上书。"案尚
书，大行无遗诏。诏书独藏在婴家。丞相乃奏劾婴矫先帝令，遂弃
市。而灌氏族矣。春三月，丞相田蚡薨。蚡疾，一身尽痛，若有人
击之者。呼曰："服罪，服罪！"上使见鬼者瞻之曰："魏其侯与灌夫
共手笞之。"蚡初折节好士，以采名誉。每奏事，语移日，所言辄听，
荐人或起家至二千石。上曰："君除吏尽未？吾亦欲除吏。"其用
事如此。后甚骄恣，尝请考工地欲以益宅。上怒曰："何不遂取武
库！"蚡治宅舍，(请)甲〔诸〕第⑯，田园极膏腴。前堂罗钟鼓，立曲
旃；后(室)〔堂〕妇女以百数⑰。珍物玩好狗马，不可胜数。淮南王
安来朝，蚡以太尉迎安霸上，谓安曰："上未有太子，大王最贤，高
帝孙，如一旦晏驾，非大王当立，谁哉？"淮南〔王〕大喜⑱，多厚赠
蚡。至灌夫事，上不直蚡，以太后故屈。及后闻淮南王事，上曰：
"若武安侯在，族之矣。"初，魏其侯用事，宾客甚盛。后废弃，客皆
移于武安侯，唯灌夫独不去。初，灌夫父张孟为颍阴侯灌婴舍人，
得幸，婴进之，至二千石，故冒灌氏姓。吴、楚反时，孟以校尉战死。

时夫从军,不肯随〔丧〕归^㊲,愿取吴王(头)若将军〔头〕以报父仇^㊵。于是被甲持戟,募军中壮士所善愿从者数十人。及出壁门,莫敢进。独两人及骑奴十余人驰入吴军之麾下,所杀伤数十人,不复得前。还,独与一骑归。夫身中大创十余处,几至于死。创少瘳,复请行。太尉固留之,乃止。由是勇义闻于天下。

夏四月,陨霜杀草。

五月,地震。赦天下。丁巳,平棘侯薛泽为丞相,御史大夫韩安国免。

秋九月,中尉张欧为御史大夫,以仁厚见尊重。

五年春正月,河间王德薨,谥献王。德好学,修礼乐,造次必于儒者。道术之士自四方至者,皆得古文之书。先是来朝,上策问三十余事,具推道术而对,文约旨明,上甚重之。

夏,发巴、蜀民治南夷道。南夷道君长有十数,夜郎最大。其西,靡莫之属以十数,(靡漠)〔滇〕最大^㊶。自(靡漠)〔滇〕以北^㊷,君长以十数,邛都最大。皆椎髻,耕田,有聚邑。其外,西自桐师以东,〔北〕至叶榆^㊸,名为(越巂)〔巂〕、昆明^㊹,皆编发,随畜迁徙,无常居,(大)〔无〕君长^㊺,地方可数千里。自(越巂)〔巂〕以东北^㊻,君长以十数,莋都最大。自莋都以东北,君长以十数,冉駹最大。其俗,或土著,或移徙。自冉駹以东北,君长以十数,白马最大。此皆巴、蜀外西南夷也。

初,楚(庄)〔威〕王使将军庄蹻循江略地黔中(南)以西^㊼。蹻至(靡漠地)〔滇池〕^㊽,方三百里,其旁平地肥饶数千里,既克定之。会秦夺楚巴、黔中郡,道塞不通,蹻因以其众王(靡漠)〔滇〕^㊾,变服,从其俗。秦时尝通(伍人)〔五尺〕之道于此^㊿,诸国颇置长吏。汉兴，皆弃之。及(太)〔大〕行王恢之救越也[71]，使鄱阳令唐蒙使于南越。越食蒙以枸酱，蒙问所从来，曰："从西北牂牁江，江(汉)广数(千)里[72]，出(鄱)〔番〕禺城下[73]。"蒙因上书曰："南越地东西皆万余里，名为外臣，实一州主。今以长沙、豫章往来，水道绝难。窃闻夜郎精兵可数十万，若从夜郎浮船下牂牁，出其不意，此制越一奇也。可通夜郎道，为置吏。"上许之。乃拜蒙中郎将[74]，发巴、蜀兵千余人，奉币帛见夜郎侯，喻以威德，为置长吏。旁小邑皆贪汉赠帛，以为道远汉，(中)〔终〕不能有也[75]，故皆且听命。司马相如亦言西南夷邛、莋可置(都)〔郡〕[76]。上悦之。以相如为中郎将往喻意，皆听命。后西南夷数反，发兵兴徭役，费用甚多。相如知其难通，业已建之，乃假巴、蜀之论以讽上，且以宣其使旨于百姓，曰："'盖闻天子之于夷狄也，其义羁縻勿绝而已。今已罢三郡之士，通夜郎之途，二年于兹[77]，而功不竟，士卒劳倦，万民不赡；今又接之以西夷，百姓力屈，恐不能卒业，此使者之累也。夫邛、莋、西僰之人，与中国不并也其已久矣。仁者不能以德来，强者不能以力并，意者殆不可乎！夫割齐民以附夷狄，弊所恃以事无用，鄙人固陋，不识所谓。'使者答曰：'盖世有非常之人，然后有非常之事；有非常之事，然后有非常之功。非常者，固常人之所异也。故曰非常之人，黎民惧焉；及臻厥功，天下(异)〔晏〕然也[78]。夫贤君之践位也，岂将委琐偓促，拘文牵俗，循诵习传，当世取悦而已(或)〔哉〕[79]！将必崇论宏议，创业垂统，为万世规。故驰骛于兼〔容〕并(容)包[80]，而勤思乎参天两地。今封疆之内，冠带之伦，咸获嘉祉，靡有阙遗矣。而夷狄殊俗之国，辽绝异党之地，舟车不通，人迹罕至，政教未加，〔流〕风(流)犹微[81]，内之则犯义侵礼于边，外之则邪行横作，放杀其上，君臣易位，尊卑失序，父兄不辜，冲幼奴虏，系缧嗥泣。内乡而怨，曰："盖闻中国至仁，德洋恩普，品类群物，靡不乐其所，今独曷为遗忘己！"举踵（恩）〔思〕望[82]，如枯旱之望雨，上圣之心，又焉能已矣？故乃北出师以讨强<u>胡</u>，南驰使以诮劲<u>越</u>。四面之人风德，（三）〔二〕方之君鳞集仰流[83]，愿得受号者以亿计。故乃关<u>沬</u>、<u>若</u>，徼<u>牂牁</u>，镂<u>灵山</u>，梁<u>孙原</u>，创道德之途，垂仁义之统，将博恩广施，远抚长驾，使疏逖不闭，〔曶〕爽（曶）昧暗得曜光明[84]，偃甲兵于此，息攻伐于彼。遐迩同体，中外禔福，不亦康乎！夫拯民于沉溺，奉至尊之休德，反衰世之凌迟，继<u>周室</u>之绝业[85]，天子之急务也。百姓虽劳，恶得已乎？方将增<u>泰山</u>之封，加<u>梁父</u>之事，鸣和鸾而扬<u>雅</u>、<u>颂</u>，上咸<u>五帝</u>，下登<u>三王</u>。观者未睹旨，听者未闻音，夫鹪鹏已翔于寥廓，而罗者犹视于薮泽，岂不哀哉！'"是时，又发卒万人治<u>雁门</u>阻险。

秋七月，大风拔木。乙巳，皇后<u>陈氏</u>废。皇后，<u>堂邑侯陈午</u>女也。<u>午</u>即<u>婴</u>孙也。<u>婴</u>封<u>堂邑侯</u>。<u>午</u>尚长公主<u>嫖</u>。上为太子时，长公主有力焉。故太后取公主女配太子。及为皇后，骄恣擅权，宠十余年，无子；又挟妇人媚道，故废。时长公主寡居，五十余矣。有<u>董偃</u>者，年十三，随其母卖珠于主家。主见其姣好，因留第中。出则执辔，入则侍内。使散财交士，令府中曰："<u>董</u>君所散，一日金满百斤，帛满千匹，乃白之。"其后主称疾。疾瘳，请上临之，欲因是以见<u>董偃</u>。上曰："愿谒主人公。"公主脱簪珥，徒跣，顿首谢，因引<u>偃</u>。<u>偃</u>著绿帻碧韝，伏殿下，上为之起，宠遇之。自是<u>董偃</u>贵宠闻于天下。后上为主置酒<u>宣室</u>，使谒者引纳<u>董</u>君。侍郎<u>东方朔</u>避戟而前曰："<u>董偃</u>有斩罪三，安得入乎？<u>偃</u>以人臣私侍公主，其罪一也。败男女之礼,以伤王制,其罪二也。偃不遵经学,以奢侈狗马干上之欲,始为淫首,其罪三也。"上默然,良久曰:"吾〔业〕以(业)设酒⑧,后而改之。"朔曰:"不可!夫宣室,先帝之正处也,非法度之正不得入也。故淫乱之渐,其变为篡,竖貂为淫而易牙作患,庆父诛而鲁国全,管、蔡戮而周室安。"上曰:"善。"更置酒北宫,引纳董君。赐朔金三十斤。自偃之后,诸公主行多僻恣者矣。上妹之子尚上女夷安公主,骄放犯罪死。左右为之请,上流涕曰:"废先帝之法,吾何面目入郊庙乎!"乃哀不能自胜。朔进曰:"臣闻乐太甚则阳溢,悲太甚则阴损。圣王为政,赏不避仇雠,诛不阿亲戚。陛下行之,天下幸甚!臣昧死再拜上千万寿。"上尝问朔曰:"吾欲化天下,岂有道乎?"朔对曰:"孝文帝自衣弋绨,足履革舄,集上书囊以为殿帷;以道德为丽,以仁义为准。于是天下昭然大化。今陛下崇苑囿,起建章,左凤阙,右神明,号千门万户;木土衣缇绣,犬马被缋罽;宫人簪玳瑁,垂珠玑;设戏车,教驰逐,饰文采奇怪;撞千石之钟,击雷霆之鼓,作(排)〔俳〕优⑧,舞郑女。上为淫侈如此,而欲民不奢侈,事之难也。陛下诚能用臣朔之计,摧甲乙之帐,焚之于四达之衢,却走马(之街)示不复用⑧,则尧、舜之隆可与比而治也。"朔又上书自讼独不得大官,因陈农战强国之计数万言,专用商鞅、韩非之语,文旨放荡,颇复以恢谐,终不见用。

八月,螟虫。征贤良文学,上策之曰:"盖闻上古至治,画衣冠,异章服,而民不犯;阴阳和,风雨时;父不哭子,兄不哭弟;人迹所及,(跂)〔跂〕行喙息⑧,咸得其宜。今何修而臻此乎?仁义礼智四者之宜,安所施设?天人之符,废兴何如?"菑川人公孙弘对曰:"臣闻厚赏重刑未足以劝善禁非,必信而已矣。是故因能而任官,则分职治;去无用之言,则事情得;不作无用之器,则赋敛省;不夺民时,不妨民力,则百姓富;有德者进,无德者退,则朝廷明;有功者上,无功者下,则群臣悦;罚当罪,则奸邪止;赏当功,则群下劝:凡此八者,治之本也。故养民者,禁之则不争,治之则不怨,有礼则不暴,爱之则亲上,此有天下之急也。罚不违义,则民服而不离;和不远礼,则民亲而不慢。故画衣冠,异章服,而民不犯者,此道素行也。臣闻之,气同则相从,声比则相应。人主和德于上,则万类和洽于下。故心和则气和,气和则形和,形和则声和,声和则天地之和应也。故曰:阴阳和,风雨时,甘露降,五谷登,山不童,泽不涸,嘉禾兴,朱草生,此和之至也。故形和则无疾,无疾则不(失)〔夭〕^⑩。故父不哭子,兄不哭弟。远方民物莫不蒙化,此和之极也。臣闻之,致利除害,爱憎无私,谓之仁;明是非,立可否,谓之义;进退有度,尊卑有分,谓之礼;擅杀生之柄,通壅塞之路,谓之权;审轻重之数,论得失之道,使远近情伪必见于上,谓之智术:凡此四者,治之大用也。得其要术,则天下安乐。法设而不用;不得其术,则主昏于上,官乱于下。故天无私亲,顺之则和起,逆之则害生,此天人之符也。"时对者百余人,太常奏<u>弘</u>第居下。策上,擢<u>弘</u>对为第一。召入见,容貌甚丽,拜为博士,待诏<u>金马门</u>。<u>弘</u>又上疏曰:"先世之吏正,故其民笃;今世之吏邪,故其民薄。政弊而不行,令倦而不听。夫〔使〕邪吏行弊政^⑪,用倦令治薄民,不可得而治,此政之所以失也。臣闻周公旦治天下,期年而变,三年而化,五年而定。唯〔陛〕下之所志^⑫。"上以书答焉,问:"<u>弘</u>称周公之治,(强朕)〔弘能〕自视孰与<u>周公</u>贤^⑬?"对曰:"臣愚浅薄,无敢比于<u>周公</u>!虽然,愚心晓然见治道之所以然也。夫虎豹牛马,禽兽之不可制者,及其教驯服习,唯人之从。臣闻揉曲木者不累日,销金石者不累月,夫人之于利害好恶,岂比禽兽木石之类哉? 期年而变,臣<u>弘</u>常切迟之^㉔。"上嘉异其言。

校勘记

① 大(中)〔衰〕而后息　从<u>学海堂本</u>、<u>汉书董仲舒传</u>改。

② (传)〔得〕之于正　从<u>学海堂本</u>、<u>汉书董仲舒传</u>改。

③ 废先(生)〔王〕德教之官　从<u>南监本</u>、<u>龙溪本</u>、<u>汉书董仲舒传</u>改。

④ 示太(治)〔始〕而欲正其本　从<u>龙溪本</u>、<u>学海堂本</u>改。

⑤ 朝廷正以正万民　<u>汉书董仲舒传</u>作"正朝廷以正百官,正百官以正万民"。

⑥ 自伤(不)〔可〕能致此物　从<u>学海堂本</u>、<u>汉书董仲舒传</u>改。

⑦ (之)甚者必变而更化之　从<u>汉书董仲舒传</u>删。

⑧ 以任官称职为美　"美",<u>汉书董仲舒传</u>作"差"。<u>颜师古</u>注:"差,次也。"

⑨ (邑)〔臣〕也已食禄矣　从<u>南监本</u>、<u>龙溪本</u>、<u>学海堂本</u>改。

⑩ 又夺园夫(妻)女工之利乎　从<u>汉书董仲舒传</u>删。

⑪ 春秋大一统(一)者　从<u>汉书董仲舒传</u>删。

⑫ 师师异道人人异论　<u>汉书董仲舒传</u>作"师异道人异论"。

⑬ (若)〔昔〕鲁君伐齐　从<u>南监本</u>、<u>龙溪本</u>、<u>学海堂本</u>改。

⑭ 不(可)问仁人　从<u>汉书董仲舒传</u>删。

⑮ 越(曾)〔本〕无一仁矣　从<u>黄校本</u>、<u>汉书董仲舒传</u>改。

⑯ 所著凡百三十篇　"百三十篇",<u>汉书董仲舒传</u>、<u>艺文志</u>并作"百二十三篇"。

⑰ (车)〔骁〕骑将军李广　从<u>学海堂本</u>、<u>汉书董仲舒传</u>改。

⑱ 始诏公卿议(伏)〔伐〕匈奴　从<u>南监本</u>、<u>龙溪本</u>、<u>学海堂本</u>改。

⑲ 父死则妻其〔后〕母　从<u>汉书匈奴传</u>补。

⑳ 无文字　<u>史记匈奴列传</u>作"无姓字"。<u>汉书匈奴列传</u>"有名不讳而无字"。

㉑ 左右大将(军)　从汉书匈奴传删。

㉒ 左贤王　汉书匈奴传无"贤"字。

㉓ 〔直〕上谷之东北　从汉书匈奴传补。

㉔ 右贤王　汉书匈奴传无"贤"字。

㉕ (治)〔直〕上郡西　从汉书匈奴传改。

㉖ 接(互)〔氏〕羌　从龙溪本、学海堂本改。

㉗ 诸王长少会单于庭　汉书匈奴传无"王"字。

㉘ 而〔所〕得(所)虏获因以与之　从汉书匈奴传乙正。

㉙ 是时东(吴)〔胡〕强盛　从龙溪本、学海堂本改。

㉚ 西击月(氏)〔氏〕　从龙溪本改。

㉛ (东)〔南〕并楼烦白羊河南　从学海堂本、汉书匈奴传改。

㉜ 丁零(高)〔鬲〕昆　从学海堂本改。

㉝ 〔高后〕时冒顿为书　从汉书匈奴传补。

㉞ 哙为(大)〔上〕将军　从汉书匈奴传改。

㉟ 以十万(乘)〔众〕横行匈奴　从南监本、龙溪本、汉书匈奴传改。

㊱ 马(十骑)〔二驷〕　从汉书匈奴传改。

㊲ (印)〔辞〕曰　从汉书匈奴传改。

㊳ (太)〔大〕行王恢　从龙溪本、汉书匈奴传改。

㊴ 护国将军韩安国……屯骑将军王恢　汉书武帝纪作"韩安国为护军将军，王恢为将屯将军"。

㊵ 武(川)〔州〕塞　从汉书匈奴传改。

㊶ 雁门尉吏行徼　汉书匈奴传"徼"下有"见寇，保此亭，单于得，欲刺之。尉吏知汉谋，乃下，具告单于"句。

㊷ 数(战)〔穷〕武　从南监本、龙溪本、学海堂本改。

㊸ 皆斥卤　"斥"，龙溪本作"泽"。

㊹ 凡上十事　"十"，汉书主父偃传作"九"。

㊺ 九事为律令　"九"，汉书主父偃传作"八"。

㊻ 是以天下逐利(而)〔无〕已 从汉书严安传改。

㊼ 富贫不相(惧)〔耀〕 从学海堂本、汉书严安传改。南监本、龙溪本作“逾”。

㊽ 丁女转(轮)〔输〕 从南监本、龙溪本、学海堂本、汉书严安传改。

㊾ 不变〔之〕患也 从龙溪本补。

㊿ 上书自(卫)〔衒〕 从学海堂本改。

(51) 次至〔临〕汝(阴)侯灌贤 从学海堂本、汉书田蚡传改。

(52) 不为李将军(故)〔地〕乎 从龙溪本、学海堂本、汉书灌夫传改。

(53) 召(御)〔长〕史曰 从汉书田蚡传改。

(54) 乃(还)〔匿〕其家 从学海堂本、汉书窦婴传改。

(55) 上使御史(薄)〔簿〕责婴 从汉书窦婴传改。

(56) (请)甲〔诸〕第 从学海堂本、汉书田蚡传改。

(57) 后(室)〔堂〕妇女 从学海堂本改。

(58) 淮南〔王〕大喜 从南监本、龙溪本、学海堂本补。

(59) 不肯随〔丧〕归 从黄校本、汉书窦田灌韩传补。

(60) 取吴王(头)若将军〔头〕以报父仇 从黄校本、汉书窦田灌韩传改。

(61) (靡漠)〔滇〕最大 从汉书西南夷传改。

(62) 自(靡漠)〔滇〕以北 从汉书西南夷传改。

(63) 〔北〕至叶榆 从汉书西南夷传补。

(64) 名为(越巂)〔巂〕 从汉书西南夷传改。

(65) (大)〔无〕君长 从学海堂本、汉书西南夷传改。

(66) 自(越巂)〔巂〕以东北 从汉书西南夷传改。

(67) 楚(庄)〔威〕王使将军庄蹻循江略地黔中(南)以西 从汉书西南夷传改删。

(68) 至(靡漠地)〔滇池〕 从汉书西南夷传改。

(69) 以其众王(靡漠)〔滇〕 从汉书西南夷传改。

(70) 秦时尝通(伍人)〔五尺〕之道 从汉书西南夷传改。

⑦ 及(太)〔大〕行王恢　从龙溪本改。

⑦ 江(汉)广数(千)里　从汉书西南夷传删。

⑦ 出(鄱)〔番〕禺城下　从汉书西南夷传改。

⑦ 乃拜蒙中郎将　汉书西南夷传作"郎中将",史记同。钮永建校云:荀纪是,史记、汉书误倒。

⑦ (中)〔终〕不能有也　从南监本、龙溪本、学海堂本改。

⑦ 可置(都)〔郡〕　从学海堂本、汉书西南夷传改。

⑦ 二年于兹　"二",汉书司马相如传作"三"。

⑦ 天下(异)〔晏〕然也　从南监本、龙溪本、学海堂本改。

⑦ 当世取悦而已(或)〔哉〕　从南监本、龙溪本、学海堂本改。

⑧ 故驰骛于兼(容)并(容)包　从南监本、龙溪本、学海堂本乙正。

⑧ 〔流〕风(流)犹微　从南监本、龙溪本、学海堂本乙正。

⑧ 举踵(恩)〔思〕望　从龙溪本、学海堂本改。

⑧ (三)〔二〕方之君　从南监本、龙溪本、汉书司马相如传改。

⑧ 〔舀〕爽(舀)　从南监本、龙溪本、汉书司马相如传乙正。

⑧ 继周室之绝业　"室",汉书司马相如传作"氏"。

⑧ 吾〔业〕以(业)设酒　从南监本、龙溪本、学海堂本乙正。

⑧ 作(排)〔俳〕优　从龙溪本改。

⑧ 却走马(之街)示不复用　从南监本、汉书东方朔传删。

⑧ (跛)〔跂〕行喙息　从龙溪本改。

⑨ 无疾则不(失)〔夭〕　从学海堂本、汉书公孙弘传改。

166

⑨ 夫〔使〕邪吏行弊政　从南监本、龙溪本、汉书公孙弘传补。

⑨ 唯〔陛〕下之所志　从学海堂本、汉书公孙弘传补。

⑨ (强朕)〔弘能〕自视孰与周公贤　从南监本、龙溪本、学海堂本改。

⑨ 臣弘常切迟之　"常",龙溪本作"尝",汉书公孙弘传作"尚窃"。

汉纪　孝武皇帝纪三　卷第十二

元光六年冬，初算商车。春，穿漕渠通渭。匈奴入上谷，杀略吏民。遣骑将军公孙敖出代，轻车将军公孙贺出云中，骁骑将军李广出雁门，车骑将军卫青出上谷。卫青者，卫夫人子夫之弟也。父郑季，河东平阳人也。初，季与主家僮卫媪私通，生(奇)青①，冒姓为卫氏。青长姊君孺，即公孙贺妻也。尝有相〔青〕者曰②："贵人也，当封侯。"青曰："人(婢)〔奴〕之生③，得无笞骂足矣，安得封侯乎！"及子夫自平阳公主家僮得幸于上，立为夫人。陈皇后之〔母〕大长公主捕囚青④，欲杀之。公孙敖为骑郎，与壮士(募)〔篡〕青⑤。上闻，乃召青为建章监，侍中。子夫(女弟贵)〔姊少儿〕故与陈掌通⑥。上乃召贵掌及公孙敖，卫青之宠始隆矣。其时诸将皆无功，唯青颇斩首虏，赐爵关内侯。而李广为匈奴所生得。单于闻李广贤，令曰："得李广，必生致之。"广初被创，胡骑置两马间络囊盛之。广伪死，渐渐腾而上马，抱胡儿而鞭马南驰。匈奴数百骑追之，广取胡儿弓射杀追骑，遂得免。后下吏，赎为庶人。夏，大旱，蝗。六月，行幸雍。秋，匈奴盗边，遣将军韩安国屯渔阳。

元朔元年冬十有一月，诏曰："夫十室之邑，必有忠信；三人并行，厥有我师。今或至阖郡不荐一人，是化不下究，而积行之君子拥于上闻也。且进贤受上赏，蔽贤蒙显戮，古之道也。其议不举贤者罪。"有司奏议曰："古者诸侯贡士，一适谓之好德，再适谓之贤贤，三适谓之有功，乃加九锡；不贡士，一则黜爵，二则黜地，三则黜爵地毕。夫附下罔上者死，附上罔下者刑，与闻国政而无益于民者斥，在上位而不进贤者退，此所以劝善黜恶也。不举孝，不奉诏，当以不敬论。不察廉，不胜任也，当免。"奏可。

十有二月，江（东）〔都〕王非薨[⑦]，谥曰易王。非好勇，有气力，治宫室，招四方豪杰，骄奢甚盛。春三月甲子，立皇后卫氏。赦天下。秋，匈奴入辽西，杀太守；入渔阳、雁门，败都尉。遣将军卫青出雁门，将军李息出代，获首虏数千级。东夷秽貊君南闾等口二十八万人降，以为苍海郡。鲁王余薨，谥曰恭王。余好治宫室苑囿狗马。长沙王发薨，谥曰定王。王母唐姬，故程姬侍者。景帝召程姬，程姬有所避，而夜进其侍者。景帝醉，不知而幸之，遂有身。及生子，因名发。以母微无宠，故王居卑湿贫国。

二年冬，赐淮南王、淄川王（机）〔几〕杖[⑧]，无朝。

春正月，令诸侯王得以邑土分子弟，于是藩国子弟毕侯矣。是时主父偃说上曰："古者诸侯不过百里，今诸侯或连城数十，地方千里，缓则骄淫，急则怨叛，以法割削则邪逆萌生，近晁错是也。今诸侯子弟或十数，适嗣代立，余无尺土。愿陛下令诸侯得推恩分子弟，彼人人喜得所愿，实（不）分其国而久久稍弱[⑨]。"又曰："茂陵初成，天下豪杰兼并之家，可使徙茂陵，内实京师，外销奸猾。"匈奴入上谷、渔阳。遣将军卫青、李息出云中，西至符离，获首虏数千级。

收河南地,北置<u>朔方</u>、<u>五原</u>郡。封<u>青</u>为<u>长平侯</u>。校尉<u>苏建</u>有功,封<u>平陵侯</u>。建筑<u>朔方城</u>。校尉<u>张次公</u>有功,封<u>岸头侯</u>。

二月乙亥晦,日有蚀之。夏,募民徙<u>朔方</u>十万(户)〔口〕^⑩。徙郡国豪杰于<u>茂陵</u>。秋,<u>燕王定国</u>有罪,自杀。无后,国除。<u>定国</u>与父<u>康王</u>姬奸,生子男一人,夺弟妻为姬,与子女三人奸,故诛。<u>齐王次昌</u>自杀,无后,国除。先是<u>主父偃</u>常求纳女于王宫,王太后不听。时王内淫乱,<u>主父偃</u>言之于上。上拜<u>偃</u>为<u>齐</u>相,以正其事。<u>偃</u>验王后宫宦者,辞及王与姊妹奸。<u>偃</u>使人以此动王。王年少,恐慑,自杀。<u>公孙弘</u>以为"<u>齐王</u>以忧死,无后,<u>偃</u>本首恶,非诛<u>偃</u>无以谢天下"。遂族<u>偃</u>。<u>偃</u>,<u>齐</u>人也。初,游说<u>山东</u>不遇,乃曰:"丈夫生若不五鼎食,死即当五鼎烹!"即西入关。既获贵宠,宾客辐辏;及其死也,莫之收视,唯<u>孔奢</u>葬之。上闻之,谓<u>孔奢</u>为长者。

三年春,罢<u>苍</u>(梧)〔海〕郡^⑪。三月,赦天下。

夏,<u>匈奴伊</u>(雅)〔稚〕<u>斜单于</u>入<u>代</u>^⑫,杀太守;入<u>雁门</u>,杀略千余人。六月庚申,皇太后崩。御史大夫<u>张欧</u>免,内史<u>公孙弘</u>为御史大夫。

秋,罢<u>西南夷</u>屯。<u>公孙弘</u>以为疲弊<u>中国</u>以奉无用之地,请罢之。筑<u>朔方城</u>。令人大酺五日。

四年冬,行幸<u>甘泉</u>。

夏,<u>匈奴</u>入<u>代</u>、<u>定襄</u>、<u>上郡</u>,杀数千人。

五年春,大旱。车骑将军<u>卫青</u>将三万骑出<u>高</u>(关)〔阙〕^⑬,骁骑将军<u>公孙贺</u>、游击将军<u>苏建</u>、强弩将军<u>李蔡</u>出<u>朔方</u>^⑭,将军<u>李息</u>、将军<u>张次公</u>出<u>右北平</u>,凡十余万骑,击<u>匈奴右贤王</u>。<u>右贤王</u>方饮酒,以为<u>汉</u>兵远不能至也。<u>卫青</u>径夜至,围<u>右贤王</u>。<u>右贤王</u>大惊,乃将数百骑驰,溃围北遁,仅以身免。得右贤王裨将十余人,众男女万五千余人,畜产数千万⑮,还师屯于塞上。诏即军中拜青为大将军,益封八千七百户,而封青三子为列侯。青固辞子封,上不听。将军公孙贺、李蔡、护军都尉公孙敖、校尉李朔、赵不虞、戎奴都尉韩说,皆以功封列侯。卫青既登大将军,贵宠甚盛,自公卿以下莫敢不拜,唯汲黯与亢礼。或以责黯,黯曰:"夫以大将军之尊而有揖客,反不重乎?"大将军闻而贤之。

夏六月,诏礼官劝学,明礼崇化,举遗逸以(属)〔厉〕贤才⑯。

秋,匈奴入代,杀都尉。

冬十有一月乙丑⑰,丞相薛(光)〔泽〕免⑱。御史大夫公孙弘为丞相,封平津侯。丞相未有以侯拜者,至弘始拜而封。丞相封侯,自弘始也。

荀悦曰:丞相始拜而封,非典也。夫封必以功,不闻以位。孔子曰:"如有(可)〔所〕誉⑲,必有所试矣。"誉必待试,况于赏乎!易曰:"鼎折足,覆公𬊈。其(刑)〔形〕渥⑳,凶。"若不胜任,覆乱鼎实,刑将加之,况于封乎!

初,弘牧豕于海上,年四十余,乃学春秋。尝为博士,使匈奴,不称上意,罢。后应贤良举,上甚贤之,起徒步,数年位至宰相,年八十矣。弘于是起客馆,延贤人,与参谋议。(情)〔请〕博士置弟子员㉑,学者益广。故人宾客皆仰衣食。身为布被,脱粟饭,一肉食,家无余财。主爵都尉汲黯数面诘弘于上前曰:"弘每与臣等议事,至上前,即背之以从欲,大不忠。"上问弘,弘曰:"知臣者以为忠,不知臣者以为不忠。"黯又曰:"公孙弘位为三公,而为布被,是诈也。"上问弘,弘曰:"臣闻管仲相齐,有三归之奢,桓公以霸,上不僭于君;晏子相齐,食不重肉,妾不衣帛,齐因以治,下不比于民。今弘布被,诚诈也,欲以为名。且无黯之忠,陛下安闻此言?"上以弘为有让,益厚待之。弘为人慎厚,事后母孝谨。辨论有理,习文法吏(变)事㉒,饰以儒术。每朝会议,开陈其两端,令人主自择,不肯面折廷争。然外宽内深,意忌主父偃。偃尝与弘有郄,竟报其私。弘与仲舒同学,不如仲舒,仲舒以弘为谀。胶西王纵恣,数害长吏,乃言仲舒使相胶西王。王素闻仲舒贤,善待之。仲舒正身率下,所居而治。

六年春二月,大将军〔卫青、中将军〕公孙敖、左将军公孙贺、前将军赵信、右将军苏建、后将军李广、强弩将军李沮㉓,凡十余万骑出定襄,斩首虏三千级。还,休士马于定襄、云中、雁门。赦天下。

夏四月,卫青复出,将六将军逾绝漠北,大克获。苏建、赵信以三千骑独遇单于,战败。信遂降匈奴。建独以身免,归。大将军议其罪,议郎周霸等曰:"自大将军出,未曾斩一裨将,(令)〔今〕建弃军㉔,可斩,以明军威。"军正闳、长史安曰:"不然。兵法'小敌之坚,大敌擒也'。建以数千当单于数万,力战(百)〔一日〕余㉕,士尽死,无二心。自归而斩之,是示后人无返意也。"青曰:"善。青幸得以(肺肝)〔肺附〕待罪行阵之间㉖,不患无威,而霸说我以明军威,甚失人臣意。且以臣之尊宠不敢擅诛于外,其归天子,天子自裁之。于是以讽人臣不敢专权,不亦可乎?"将吏皆〔曰〕"善"㉗。遂囚建(上)至长安。〔上〕赦之㉘,赎为庶人,忧死。

六月,诏曰:"朕闻五帝不相复礼,三代不相同法,所由殊路而建德一也。今中国 统而北边未安,朕甚悼之。其置武功赏官,以宠战士。"校尉张骞从卫青有功,封博望侯。骞者,汉中人也。初为郎,应募,使月氏。时匈奴杀月氏王,遂西徙。故汉欲与月氏击匈奴。骞行,为匈奴所得。留骞十余岁,与妻,有子,然骞常持汉节不失。后亡到月氏,月氏未有报匈奴意。骞留〔月氏〕岁余㉙,乃还,并南山,从羌中来归,复为匈奴所得。留之岁余,会单于死,国内乱,骞乃与其胡妻来归汉,拜为太中大夫。初,骞行百余人,十三年乃归,唯骞与(唐)〔堂〕邑氏奴二人得还㉚。骞身所到大宛、大月氏、大夏、康居,而传闻其旁国名,具为上言之。

西域本三十六国,后分为五十四国,皆在匈奴之西。婼羌国、沮沫国、精绝国、戎卢国、渠勒国、皮山国、乌(耗)〔秅〕国、西夜国、蒲犂国、依耐国、无雷国、损毒国、桃槐国、休循国、疏勒国、尉头国、乌贪国、卑(陵)〔睦〕国、渠类谷国、(隋)〔郁〕立师国、单桓国、蒲类国、西沮弥国、劫(日)国、(孙)〔狐〕胡国、(三)山国、车师(山)国㉛,凡二十七国,小国也,小者七百户,上者千户也。(拤)〔扜〕弥国、于阗国、难(完)〔兜〕国、莎(东)〔车〕国、温宿国、龟兹国、尉梨国、危(项)〔须〕国、鄯耆国㉜,凡此九国,次大国,小者千余户,大者六七千户。南北有大山;东则接汉,厄以玉门、阳关;西则限以葱岭(中山)㉝。中央有大河,其河有两源:一出葱岭,一出于阗。于阗在南山下,河北流,与葱岭河合,东注蒲昌海。蒲昌海一名盐泽,去阳关三(千)〔百〕余里㉞,广长三(四)百里㉟。其水停居,(东)〔冬〕夏不增减㊱,皆以为潜行地下,南出于积石山,为中国河云。自玉门、阳关出西域有(四)〔两〕道㊲:行从鄯善旁出南山,西行至莎车,为南道;南道西逾葱岭则出大月氏、安息。自车师旁北山西行至疏勒,为北道;北道西逾葱岭(葱岭)则出大宛、康居、奄蔡、鄯耆㊳。西域诸国,大率土著,有城郭田畜,与匈奴异俗,皆役属匈奴。匈奴赋税之,取给焉。皮山国去长安万五千里。自皮山以西至大头痛山、小头痛山,身热、赤土之坂,令人身热无色,头痛呕吐,驴畜尽然。又有三池、盘石、悬(渡)〔度〕之坂㊴,(校)〔狭〕者尺七寸㊵,长者径三十里。临峥嵘不测之渊,行者步骑相持,绳索相牵引,三千余里〔乃到县度〕㊶。乌孙王号昆弥,治赤城,去长安八千九百里。户十二万,口六十万,大国也。地方五千余里,东接匈奴,西界大宛,南与城郭诸国接。其俗与匈奴同。其处土多雨寒,而国多马。故属匈奴,后稍强盛,徒羁縻而已,不肯往朝会。

罽宾国,王治修苏城㊷,去长安万二千里㊸。土地平坦,温和,有苜蓿、杂果、奇木,种五谷稻,多蒲桃、竹、漆,治园池。民雕文刻镂,治宫室,织罽,刺文绣,好酒食。有金银铜锡以为器。有市肆(然)㊹,以银为钱,文为骑马,曼为人面。出封牛、水牛、犀、象、大狗、沐猴、孔雀、珠玑、珊瑚、琉璃。其他畜与诸国同。

安息国,王治潘兜城,去长安万二千六百里㊺。地方数千里,城郭数百。有车船、商贾。书革,旁行为书记。其俗与罽宾国同。亦以银为钱,文为王面,曼为夫人面。一王死辄改其钱。出犬、马、大雀。

大宛国,王治贵山城,去长安万二千五百五十里。户(四十)〔六〕万㊻。与安息同俗。出蒲萄、苜蓿,以蒲萄为酒,富人藏酒至万余石,数十年不败。出马,马汗血,言其先天马子也。

大月氏本匈奴同俗,居燉煌、祁连山间。匈奴老上单于杀月氏王,以其头为饮器。月氏乃远去,西过大宛,击大夏而臣之,国都妫水。其土地与安息同俗。其余小众不能去者,保南山,号小月氏焉。

大夏本无大君长，往往置小君长，有五翖侯：一曰（未）〔休〕密翖侯⑰，二曰双靡翖侯，三曰贵〔霜〕翖侯⑱，四曰〔肸顿〕翖侯⑲，五曰高附翖侯。康居国，在乌孙西北，去长安万二千三百里。户十三万，口六十万。与大月氏同俗。

奄蔡国，在康居西北，去长安万二千里。与康居同俗。临大泽，无津涯，盖北海（河）也㊿。

乌弋国，去长安万五千三百里。出狮子、犀牛。其钱文为人头，曼为骑马。自乌弋行可百余日，至条支国，去长安万二千三百里，临西海。出善幻人。有大鸟，卵如瓮。长老传闻条支西有弱水，西王母所居，亦未尝见。条支西行可百余日，近日所处㉛。禹本纪言"河出昆仑，昆仑高万二千五百余里，日月所以相避隐为光明"。自张骞使大夏之后，穷河源，（隐悉）〔恶〕睹所谓昆仑者乎㉜？故言九州山川，尚书近之矣，禹本纪、山经有所考焉。十有一月癸酉晦㉝，日有蚀之。

元狩元年冬十月，行幸雍，祠五畤。获白麟，一角而五蹄。有奇木，众枝旁出，复合于上。上以问群臣。谒者终军对曰："昔武王中流未济，白鱼入于王舟。（令）〔今〕郊礼未见于神祇㊴，而获兽以馈，此天所以示飨，而上通之符合也。盖六鹢退飞，逆也；白鱼登舟，顺也。夫明暗之征，上乱飞鸟，下动渊鱼，各以类推。今野兽并角，明同本也；众枝内附，示无外也。若此之应，殆将有解编发，削左衽，袭冠带，要衣裳，而慕化者焉。可恭己而待之。宜因昭时令日，改定告元，（苴）〔苴〕白茅于江、淮㊵，发嘉号于营丘，以应缉熙，使著事者有所纪焉。"由是改元朔为元狩。是岁，北地匈奴名王率众来降。

十一月，淮南王安、衡山王赐谋反，诛之。安好读书，招致宾客方术之士数千人，作内书二十一篇，外书甚众，又有中书八卷，言神仙黄白之事。上以安属诸父，甚尊重之。初，安朝，上使作离骚（赋）〔传〕⑤，旦受诏，食时毕。上每与燕会，昏暮乃罢。

建元六年，彗星见。或谓安曰："天下兵当大起。"安心以为上未有太子，天下有变，诸侯并争，乃治战攻具，积金钱，赂遗郡国游士。群臣宾客，江、淮间多轻薄，妄以妖言阿谀安，又以厉王迁徙感激之。后安坐拥阏求奋击匈奴者雷被等，废格明诏，当弃市，官削三县。安由是怨望，反谋益甚。

初，将作乱，召中郎伍被欲与计事，呼之曰"将军"。伍被曰："王安得此亡国之言邪？昔者子胥谏吴王，吴王不用，曰：'吾今见麋鹿游于姑苏之台。'今臣将见王宫中生荆棘而露霑衣也。"于是系被父母，囚之三月。王复召被曰："将军许寡人乎？"被曰："否。臣将为大王划计耳。"王曰："天下治乎，乱乎？"被曰："窃观朝廷纪纲之叙皆得其理，上之举错遵古之道，虽未太平，然犹为治也。"王曰："公以为大将军何如人也？"被曰："臣闻大将军遇士大夫以礼，与士卒有恩，众皆乐为用。骑上下山谷若飞，材力绝人。常为士卒先；须休，乃敢舍；穿井得水，乃敢饮；军罢，士卒已逾河，乃渡。上所赐金钱，尽以赏赐。虽古名将，不能过也。"王不悦，复曰："公以吴王之起兵，非也？"被曰："吴王赐号为刘氏祭酒，受（机）〔几〕杖而不朝⑤，王四郡之众，地方数千里。举兵而西，破败而还，身灭祀绝，为天下笑。（天）〔夫〕以吴众不能成功者何⑧？诚逆天违理而不见时也。"王曰："男子之所死者，一言耳！且吴王何知反？今我

令(楼)〔缓〕轻兵先要(城)〔成〕皋之口⑤⑨,周被下(颍)〔颖〕川之兵⑥⓪,
(塞)〔塞〕轘辕⑥①,守伊阙之道,陈定发南阳之兵,守武关。河南太
守独有洛阳耳,何足忧?人言'绝(城)〔成〕皋之口⑥②,天下不通'。
据(大)〔三〕川之险⑥③,招天下之兵,公以为何如?"被曰:"臣见其
祸,未见其福。"后王恐谋泄,谓被曰:"吾欲遂发兵。天下劳苦有
(闻)〔间〕矣⑥④,诸侯颇有失行者,皆自疑。我举兵而西向,必有应
者;无应,则还略衡山。势不得不发。"被曰:"略衡山以(致)〔击〕
卢江⑥⑤,有浔阳之船,守下雉之城,结九江之浦,杜豫章之口,强(努)
〔弩〕临江而守⑥⑥,以禁南郡之下,东保会稽,南通劲越,屈强江、淮
之间,可以延岁月之寿矣,未见其福。"王曰:"陈胜、吴广奋臂大
呼,比至戏,众百二十万。今吾国虽小,精兵可二十万,公何言无
福?"被曰:"臣不敢避子胥之诛,愿王无为吴王之听。往者秦为无
道,残贼天下,杀儒术之士,燔诗、书,弃礼义,任刑法,转海滨之粟
致乎(江)西〔河〕⑥⑦。当此之时,男子疾耕不足于粮馈,女子纺绩不
足以盖形。遣蒙恬筑长城,东西数千里。曝兵露师,(尝致千百)〔常
数十〕万⑥⑧,僵尸满野,流血千里。于是百姓力屈,欲为乱十室而
五。又使徐福入海求神仙,多赍童男女三千余人,五种百工而行。
徐福至平原大泽,止王不来。于是百姓怨痛,欲为乱者十室而六。
又使尉佗逾五岭,攻百越,佗知中国劳极,乃止王南越。行者不还,
往者莫返,于是百姓心离瓦解,欲为乱者十室而七。兴百万之众,
作阿房之宫,收大半之赋,发闾左之戍。父不宁子,兄不安弟,政苛
刑惨,民皆引领而望,侧耳而听,悲号仰天,叩心怨上,欲为乱者十
室而八。于是胜、广大呼,刘、项并会,天下响应,百姓愿之,若枯旱
之望雨,故能起行阵之间,以成帝王之业。今大王见高祖得之易,

独不见近世之吴、楚乎！当今陛下临制海内，一齐天下。口虽未言，声疾雷电；令虽未发，行化如神。心有所怀，威动千里；下之应上，犹影响也。大将军材能非直章邯、杨熊也。且大王之兵众未能十分吴、楚之一，天下安宁又万倍于秦时。王以陈胜论之，臣窃以为过矣。臣闻箕子过故国而悲泣，作麦秀之歌，痛纣之不用比干也。孟子曰：‘纣贵为天子，死曾不如匹夫。’是纣先自绝于天下矣，非死之(曰)〔日〕天去之(见)〔也〕⑥。臣窃悲大王弃千乘之君，将赐绝命之书，为群臣先，身死于东宫也。”被因流涕而起。后复召被曰：“苟如公言，不可徼幸邪？”被曰：“必不得已，被有愚计。方今诸侯无异心，百姓无怨气。朔方之地广美，徙者不足以实其地，可伪为丞相、御史(诈)〔请〕书，(诏)徙郡国豪杰及耐罪已上⑩，〔以〕赦令除⑦，家产五十万已上，皆徙朔方郡，益发兵卒，急其会日。又伪为左右都(尉)司空、上林(都)、中〔都〕官诏狱(官)书⑫，(罪)〔逮〕诸侯太子及幸臣⑬。如此则民怨，诸侯惧，因使辩士随而说之，傥可以徼幸。”王曰：“如此可也。然吾以为不至于此。”诈作皇帝玉玺，丞相、御史大夫、中二千石、将军、都官令丞及旁近郡太守、相、都尉印绶，(因)汉使(持)节法(官)〔冠〕⑭。欲如伍被计，又使人伪得罪而西，(使)〔事〕大将军、丞相⑮；一旦发兵，则刺杀大将军卫青，而说丞相弘已下如发蒙耳。又曰：“汲黯喜直谏，守节死义，唯悼黯也⑯。”欲发国中兵，恐(丞)相、二千石不听谋，伪失火宫中，(丞)相、二千石救火⑰，因杀之。又欲令人持羽檄从南方来，呼曰“南越兵入”，(又)欲因以发兵⑱。后王更以他事，大臣多逮系狱者，无所任，未敢发兵。伍被知事已发觉，诣吏自告与淮南王谋反踪迹如此。上以被雅辞多称汉美，欲勿诛。廷尉张汤争之曰：“被首为反计，罪无赦。"遂族被。而<u>淮南王</u>自杀，党与死者数万人。初，<u>严助</u>之使<u>南越</u>，<u>淮南王</u>与相结。及<u>淮南王</u>来朝，厚赂遗<u>助</u>，交私论议。廷尉<u>张汤</u>以为<u>助</u>腹心之臣，而外交诸侯，当诛，<u>助</u>坐弃市。有司以<u>衡山王淮南王</u>亲弟，请追捕<u>衡山王</u>。上曰："诸侯各以其国为本，不当相坐。"会<u>衡山王</u>谋发觉。初，<u>衡山王</u>阴知<u>淮南王</u>谋，畏<u>淮南王</u>并其国，以为<u>淮南王</u>发西，欲起兵<u>江</u>、<u>淮</u>间而有之，阴与<u>淮南王</u>约束，作反具。公卿（诣）〔请〕遣宗正、大行治<u>衡山王</u>⑦，王闻之自杀。

十有二月，大雨雪，民冻死。

夏四月，赦天下。乙卯⑧，立皇太子据。遣谒者巡行天下，赐民年九十已上及鳏寡孤独、三老、孝悌力田帛，各有差。

五月乙巳晦，日有蚀之，从旁左。太史占曰："凡日蚀，从上失君，从旁失臣，从下失人。"<u>匈奴</u>入<u>上谷</u>，杀数百人。

校勘记

① 生（奇）青　从<u>南监</u>本、<u>龙溪</u>本、<u>学海堂</u>本删。

② 尝有相〔青〕者　从<u>南监</u>本补。

③ 人（婢）〔奴〕之生　从<u>南监</u>本、<u>龙溪</u>本、<u>学海堂</u>本、<u>汉书卫青传</u>改。

④ 陈皇后之〔母〕大长公主　从<u>陈璞</u>校补。<u>汉书卫青传</u>云："皇后，大长公主女也。"

⑤ 与壮士（募）〔篡〕青　从<u>学海堂</u>本改。

⑥ 子夫（女弟贵）〔姊少儿〕　从<u>汉书卫青传</u>改。

⑦ 江（东）〔都〕王非　从<u>学海堂</u>本、<u>汉书景十三王传</u>改。

⑧ 赐淮南王淄川王（机）〔几〕杖　从<u>南监</u>本、<u>龙溪</u>本改。

⑨ 实（不）分其国　从<u>汉书主父偃传</u>、<u>吴慈培</u>校改。

⑩ 募民徙朔方十万（户）〔口〕　从<u>学海堂</u>本、<u>汉书武帝纪</u>改。

⑪ 罢苍(梧)〔海〕郡　从学海堂本、汉书武帝纪改。

⑫ 匈奴伊(雅)〔稚〕斜单于　从学海堂本、汉书匈奴传改。

⑬ 车骑将军卫青将三万骑出高(关)〔阙〕　从南监本、龙溪本、汉书武帝纪
改。汉书武帝纪作"大将军卫青"。钮永建校云：青出塞时未尝为大将军，
苟作"车骑将军"，义长于彼。

⑭ 强弩将军李蔡　汉书李广传李蔡为轻车将军。汉书卫青传李沮为强弩
将军。

⑮ 畜产数千万　"千"，当作"十"。汉书卫青传作"数十百万"。

⑯ 举遗逸以(属)〔厉〕贤才　从龙溪本、学海堂本、汉书武帝纪改。

⑰ 冬十有一月乙丑　陈璞校云："此应属六年事。缘汉书不记此月事于六
年，首即书春。后人校此书遂次于五年末。"按陈说是。汉在太初改历以
前以十月为岁首，而汉纪将此月日与汉书百官公卿表同次于元朔五年，
当误。

⑱ 丞相薛(光)〔泽〕免　从汉书百官公卿表改。

⑲ 如有(可)〔所〕誉　从龙溪本、学海堂本改。

⑳ 其(刑)〔形〕渥　从易原文改。

㉑ (情)〔请〕博士置弟子员　从南监本、龙溪本、学海堂本改。

㉒ 习文法吏(变)事　从汉书公孙弘传删。

㉓ 大将军〔卫青中将军〕公孙敖　从学海堂本补。

㉔ (令)〔今〕建弃军　从黄校本、汉书卫青传改。

㉕ 力战(百)〔一日〕余　从汉书卫青传改。

㉖ 青幸得以(肺肝)〔肺附〕待罪行阵之间　从学海堂本、汉书卫青传改。

㉗ 将吏皆〔曰〕善　从龙溪本、学海堂本补。

㉘ 遂囚建(上)至长安〔上〕赦之　从文意乙正。

㉙ 骞留〔月氏〕岁余　"月氏"原脱，从南监本、龙溪本、学海堂本补。

㉚ 唯骞与(唐)〔堂〕邑氏奴二人得还　从汉书张骞传改。

㉛ 乌(耗)〔秅〕国卑(陵)〔睦〕国(隋)〔襄〕立师国劫(日)国(孙)〔狐〕胡国

(三)山国车师(山)国　从汉书西域传删改。

㉜ (扞)〔扜〕弥国　难(完)〔兜〕国　莎(东)〔车〕国　危(项)〔须〕国　从汉书西域传改。

㉝ 西则限以葱岭(中山)　从汉书西域传删。

㉞ 去阳关三(千)〔百〕余里　从汉书西域传改。

㉟ 广长三(四)百里　从汉书西域传删。

㊱ (东)〔冬〕　从学海堂本、汉书西域传改。

㊲ 出西域有(四)〔两〕道　从学海堂本、汉书西域传改。

㊳ 北道西逾葱岭(葱岭)则出大宛　从汉书西域传删。

㊴ 三池盘石悬(渡)〔度〕之坂　从汉书西域传改。

㊵ (校)〔狭〕者尺七寸　从南监本、龙溪本、学海堂本改。

㊶ 三千余里〔乃到县度〕　从汉书西域传改补。"三",西域传作"二"。

㊷ 王治修苏城　汉书西域传作"循鲜城"。

㊸ 去长安万二千里　汉书西域传"千"下有"二百"。

㊹ 有市肆(然)　"然"衍,径删。

㊺ 去长安万二千六百里　"二",汉书西域传作"一"。

㊻ 户(四十)〔六〕万　从汉书西域传改。

㊼ 一曰(未)〔休〕密翕侯　从学海堂本、汉书西域传改。

㊽ 三曰贵〔霜〕翕侯　从汉书西域传补。

㊾ 四曰〔肸顿〕翕侯　从汉书西域传补。

㊿ 盖北海(河)也　从学海堂本、汉书西域传删。

(51) 近日所处　钮永建云:"所"下脱"人"字。

(52) (隐悉)〔恶〕睹所谓昆仑者乎　从南监本、学海堂本、汉书西域传改。

(53) 十有一月癸酉　"癸酉",汉书五行志作"癸丑"。

(54) (令)〔今〕郊礼未见于神祇　从龙溪本、学海堂本改。

(55) (苴)〔苴〕白茅于江淮　从南监本、龙溪本、学海堂本改。

(56) 上使作离骚(赋)〔传〕　从汉书淮南王传改。

(57) 受(机)〔几〕杖而不朝　从南监本、龙溪本改。

(58) (天)〔夫〕以吴众不能成功者何　从南监本、龙溪本、学海堂本改。

(59) 今我令(楼)缓轻兵先要(城)〔成〕皋之口　从汉书伍被传改。颜师古注云:流俗书本上"缓"字上加"楼"字,非。

(60) 周被下(颖)〔颍〕川之兵　从龙溪本、学海堂本改。

(61) (蹇)〔塞〕轘辕　从学海堂本、汉书伍被传改。

(62) 绝(城)〔成〕皋之口　从龙溪本、学海堂本改。

(63) 据(大)〔三〕川之险　从学海堂本、汉书伍被传改。

(64) 天下劳苦有(闻)〔间〕矣　从南监本、龙溪本、学海堂本改。

(65) 以(致)〔击〕卢江　从学海堂本、汉书伍被传改。

(66) 强(努)〔弩〕临江而守　从龙溪本、学海堂本改。

(67) 致乎(江)西〔河〕　从学海堂本、汉书伍被传改。

(68) (尝致千百)〔常数十〕万　从汉书伍被传改。

(69) 非死之(曰)〔日〕天去之(见)〔也〕　从南监本、龙溪本、学海堂本改。

(70) 可伪为丞相御史(诈)〔请〕书(诏)徙郡国豪杰及耏罪已上　从汉书伍被传改。"耏",一作"耐"。

(71) 〔以〕赦令除　从汉书伍被传补。

(72) 又伪为左右都(尉)司空上林(都)中〔都〕官诏狱(官)书　从学海堂本、汉书伍被传改。

(73) (罪)〔逮〕诸侯太子及幸臣　从汉书伍被传改。

(74) (因)汉使(持)节法(官)〔冠〕　从学海堂本、汉书伍被传改。

(75) (使)〔事〕大将军丞相　从学海堂本、汉书伍被传改。

(76) 唯悼黯也　陈璞校云:悼,疑"惮"之误。

(77) (丞)相二千石不听谋伪失火宫中(丞)相二千石救火　从汉书淮南王传删。

(78) (又)欲因以发兵　"又"衍,径删。

(79) 公卿(诣)〔请〕遣宗正大行　从学海堂本、汉书衡山王传改。

(80) 乙卯　汉书衡山王传作"丁卯"。

汉纪 孝武皇帝纪四 卷第十三

二年冬十月,行幸雍,祠五畤。

春三月戊寅,丞相公孙弘薨。壬辰,御史大夫李蔡为丞相,张汤为御史大夫。骠骑将军霍去病将万骑出陇西,逾乌盩,讨〔遬〕濮(连)①,(陟)〔涉〕狐奴②,历五国,(生)〔几〕获匈奴单于子③。转战五日④,过焉耆山千有余里,合短兵,鏖皋兰下,斩(虏)〔卢〕侯王⑤,执混邪王〔子〕及相国、都尉⑥,收休屠王祭天金人。去病者,卫青姊少儿子也。父霍仲孺为县吏,给事平阳公主家,与少儿私通,生去病。去病初以侍中为嫖姚校尉,从卫青击匈奴有功,封冠军侯。及至是(也)〔役〕⑦,增封(一)〔二〕千二百户⑧。

夏,马生余吾水中。南越献驯象、能言鸟。将军去病、公孙敖出北地二千余里,过居延,斩首虏三万余级。匈奴入雁门,杀略数百人。遣卫尉张骞、郎中令李广将兵出右北平。广将四千余骑(付)〔副〕之⑨,与张骞异道。匈奴数万骑围广,广军士震恐。广乃使其子敢从数十骑,直贯突胡骑中,出其左右而还。谓广曰:"胡骑易与耳。"军士心乃安。(稍)为(营)〔圜〕阵外向⑩,胡急击之,矢下如雨。汉兵死者过半,射矢且尽。广乃〔令〕持满无发⑪,广身自以大箭射其裨将⑫,杀数十人⑬,胡虏稍稍解去。会日暮,吏士无人色,而广意气自如。明旦,复力战,而张骞以万骑至,匈奴乃解去。广骑略尽,独得以身免,亦杀虏三千余人。广既归,以其所杀获自当,无罪无赏。张骞以后期当斩,赎为庶人。广亦为庶人。广(常)〔尝〕夜游田间饮⑭,还,霸陵尉呵止广。广骑曰:"故李将军。"尉曰:"今将军尚不得夜行,何故也!"止广宿亭下。居无几何,匈奴入辽西,召拜广右北平太守。广请尉俱,至军所而斩之。江都王建有罪,自杀。初,易王薨,建居服外舍,召易王所幸淖姬等十九人及女弟信臣等与奸通。建游章台,令〔四女〕子乘小船⑮,建蹹覆其船,四人皆溺,二人死。复游雷陂,天大风,建使郎二人乘小船入波中。船覆,郎溺投水,乍见乍没。建临视之,大笑以为乐,卒皆死。宫人女子有过,辄裸令击鼓,或置树上,久者三十日乃得衣;或从狼(齿)〔啮〕杀之⑯。建观而笑之。或闭人令饿死。凡杀人无辜者三十五人。建欲令人与禽兽交而生子,令宫人与羝羊及狗交。自知罪多,国中人欲告之,建遂谋反,作黄屋盖,刻皇帝玺,作汉节。赂闽越,约有急相助。建时载其父所赐天子旌旗出入。后事发觉,有司奏"建无道,虽桀、纣之恶不至于是。当以谋反法诛"。廷尉、宗正即问建,建自杀。本传云:"鲁哀有言:'寡人生于深宫之中,长于妇人之手,未尝知忧,未尝知惧。'信哉斯言!虽欲不危亡,不可得也。是以古之人以宴安为鸩毒,无德而富贵,谓之不幸。汉兴,诸侯王率多骄淫失道。何则? 沉溺于放恣之中,居势使之然也。自凡人犹系于习俗,何况哀公之伦乎! 夫唯大雅,卓尔不群,河(涧)〔间〕献王近之矣⑰。"胶东王寄薨。淮南王谋反时,寄渐闻其事，私作战守备。及后治淮南王事，上令下吏，辞出之。寄后自伤悔，发病死，不敢置祠。后上立寄长子贤为王。

秋，混邪王率众四万余人来降，封为列侯。单于怒（曰）混邪王、休屠王数为汉所破[18]。单于欲诛之，故二王谋降汉。休屠王后悔，混邪杀之，并其众以降，合四万余人。置五属国以处之，以其地为武威、酒泉郡。而休屠王子曰日磾，与母阏氏及弟伦俱没入官，输黄门养马。休屠王祭天作金人，故曰金氏。上游后庭视马，后宫满〔侧〕[19]。厩掌养事数十人莫不窃视，〔日〕磾独不敢视[20]，马又肥好。日磾长八尺二寸，容貌甚严丽。上异而问之，以状对。即日拜为马监，后为光禄大夫，侍中。上甚信爱之，赏赐累千金，出则参乘，入则侍帷幄。贵戚左右皆曰："陛下（安）〔妄〕得一胡儿[21]，而反贵重之！"上益厚焉。日磾母教二子有法度，母病死，上图母形于甘泉宫。日磾每朝，见母画像，常拜泣而后去。日磾二子皆为上〔弄〕儿[22]。其后弄儿壮大，不谨，自殿下与宫人戏，日磾见之，即杀之。上大怒，日磾言其状，上为泣而心敬。日磾侍左右数十年，未尝忤视。上赐（守）〔出〕宫女[23]，不敢近之，其谨慎如此。

三年春，有星孛于东方。

夏，大旱。五月，赦天下。立胶东康王少子庆为六安王。庆，寄之爱子也。上怜焉，故立之。封萧何曾孙庆为酂侯。先是庆父则嗣，有罪免。故以弟子胜嗣，有罪免侯。故以兄子庆嗣何后。

秋，匈奴入右北平、定襄，杀略千余人。遣谒者举吏民能假贷贫民者，一以名闻。是时混邪王新降，县官费众，仓库空竭，贫民流徙，皆仰给贷于县官，县官无以赈之。河南人卜式以钱二十万与太守助廪贫民。时富民多匿财者，唯式愿出家财。上召拜为郎中[24]，赐爵左庶长，复田十顷，布告天下，以讽百姓。式以田畜为事，有羊千余头。先是时击匈奴，式上书愿输家财半以助边。上问式："欲官乎？"对曰："不愿。"又问："家有冤乎？"曰："无也。以为天子诛匈奴，贤者宜尽节，有财者宜输之，则匈奴可灭也。"时丞相公孙弘以为"此非人情。不轨之臣不可以为化"。不许之。及式为郎中㉕，上乃使式牧羊上林苑中，羊肥息。上见，问而善之。式曰："非独羊，治民亦犹是。以时起居，恶者辄去之，无令败群。"上奇其言，拜缑氏令，吏民便之。减陇西、北地、上郡戍卒半。是岁，发谪吏卒穿昆明池。

四年春，有司言关东流民凡七十二万五千口，县官无以衣食赈廪，用度不足，请收银锡以白鹿皮造白金及皮币以足用。是时禁苑有白鹿，而少府多银锡。乃以白鹿皮方尺，缘以缋，为皮币，直三十万㉖。王侯宗室朝觐，必以皮币荐璧，然后得行。又以银锡为白金三品：其一重八两，圆之，其文龙，名"白撰"，直三千；其二差小，而方之，其文曰马，直五百；其三复小，(堕)〔椭〕之㉗，其文曰龟，直三百。销半两钱，更铸五铢钱，重如其文。又盗铸作弊，罪死。于是孔仅为大司农丞，领管盐铁。桑弘羊，洛阳贾人子，以能心计，年十三，为侍中。言利事皆(刻)〔析〕秋毫㉘，而始算缗钱及车船矣。其后弘羊请置大司农部丞数十人，分(王)〔主〕郡国㉙，各得往置均输盐铁官，令远方各以其物商贾所贩卖为赋，而相(准)〔灌〕输㉚。置平准官于京师，都受天下委输。诸物官尽笼天下之货物，贵则卖之，贱则买之。富商大贾无所侔大利，物皆反其本，而物不得踊贵。故抑天下之物，名曰"平准"。又请令民得以粟补吏，罪人得以赎死，及入粟为吏复各有差，于是民不益赋而国用饶足。乃赐弘羊爵左庶长,黄金二百斤。

会天大旱,上令百官请雨。太子傅<u>卜式</u>言于上曰:"县官当衣食租税而已,今<u>弘羊</u>令吏<u>坐市列肆</u>,贩卖求利。独烹<u>弘羊</u>,天乃雨。"是时董仲舒说上曰:"古税民不过什一,使民岁不过三日。民财用内足以养老尽孝,外足以事上供税,下足以畜妻子,故民悦而从上。至<u>秦</u>则不然,用<u>商鞅</u>之法,改帝王之道,除井田之制,富者田连阡陌,贫者无立锥之地。(人)〔又〕专川泽之利^㉛,营山林之饶^㉜,荒淫越制;邑有人君之尊,里有王侯之富^㉝,小民安得不困! 又加月(有吏)〔为更〕卒^㉞,征卫屯戍,一岁力役,(四)〔三〕十倍于古^㉟;田税口赋,二十倍于古。或耕豪(杰)〔民〕之田^㊱,见税什五。故常衣马牛之衣,食犬豕之食。又<u>重</u>以贪暴之吏,刑戮妄行,民无所聊生,逃亡山林,并为盗贼,断狱一岁以(十)〔千〕万数^㊲。<u>汉</u>兴,遵而未改。古井田法虽难卒行,宜少近古,限民占田,塞兼并之路。盐铁皆归于民。去奴婢,除专杀之威。薄赋敛,省徭役,以宽民。然后可治也。"其言未施行。有星孛于东北。夏,有长星出于西北。大将军<u>卫青</u>将四将军出定襄,将军<u>去病</u>出(伐)〔代〕^㊳,各万余骑,步兵数十万。<u>青</u>到漠北,围单于,斩首万九千级。单于遁走,追至<u>寘颜山</u>,乃还。<u>去病</u>与左贤王战,斩首虏七万余级,封<u>狼居胥山</u>,乃还。前将军<u>李广</u>、右将军<u>赵食其</u>皆后期。<u>广</u>自杀,食其赎死。<u>广</u>与大将军别道,迷而后期。大将军遣长(吏)〔史〕责问<u>广</u>^㊴,令诣幕府对。〔<u>广</u>〕谓其麾下曰^㊵:"<u>广</u>结发与<u>匈奴</u>大小七十余战,今迷而失道,岂非天邪! 且<u>广</u>年已六十余,终不能使复对刀笔吏矣!"遂自刭死。百姓闻之,知与不知,莫不垂泣。<u>广</u>初<u>文帝</u>时以良家子从军,<u>文帝</u>奇其才,曰:"使<u>广</u>遭<u>高帝</u>,万户侯岂足道哉!"及<u>吴</u>、<u>楚</u>反时,战<u>昌邑</u>下,显名。后为<u>上郡</u>太守。<u>匈奴</u>入<u>上郡</u>,上使中贵人助<u>广</u>击<u>匈奴</u>。中贵人将数十骑出,见<u>匈奴</u>三人,与战,射伤中贵人,杀其骑且尽。中贵人走告<u>广</u>,<u>广</u>曰:"此必<u>匈奴</u>射雕者。"乃从百余骑驰,射杀二人,生得一人。<u>匈奴</u>数千骑望见<u>广</u>,以为诱骑,惊,出兵上山而阵。<u>广</u>直前,(来)〔未〕至<u>匈奴</u>二里止[41],令皆下马解鞍。有白马将军出护兵。<u>广</u>射杀之,复还,解鞍纵马。<u>胡</u>兵怪之,卒不敢击。会日已暮,<u>胡</u>以为<u>汉</u>有伏兵,乃夜遁走。尝猎,见草中石,以为伏虎,射之,入石没羽,视之,石也。他日射之,终不能入。<u>广</u>之军吏士卒,多以军功封侯者,而<u>广</u>终不得封。初,<u>西羌</u>反,<u>广</u>诱降者八百余人,而同日尽杀之。望气者<u>王朔</u>曰:"祸莫大于杀已降,此将军所以不封侯也。"

五年春三月甲午,丞相<u>李蔡</u>有罪,自杀。〔坐〕赐葬地阳陵二十亩[42],盗取<u>长陵</u>三亩[43],又侵神道壖地一亩葬其中。行五铢钱。徙天下大奸猾吏民于边。关内侯郎中令<u>李敢</u>怨<u>卫青</u>之恨其父也,乃击<u>青</u>伤之,讳而匿之。居无几何,<u>敢</u>从上<u>甘泉</u>,<u>霍去病</u>怨<u>敢</u>伤<u>青</u>,射杀<u>敢</u>。上为讳,云"鹿触杀之"。

夏四月乙丑,太子太傅<u>严青翟</u>为丞相[44]。

六年冬十月,雨水无冰。

夏四月乙巳朔,立皇子<u>闳</u>为<u>齐王</u>,赐策曰:"惟<u>元狩</u>六年夏四月乙巳,皇帝使御史大夫<u>张汤</u>庙立皇子<u>闳</u>为<u>齐王</u>,曰:'呜呼!小子<u>闳</u>,受兹青土。朕承天序,唯崇稽古,建尔国家,封于东土,世为<u>汉</u>藩辅。呜呼!念之哉,(龚)〔共〕朕之诏[45]。惟命不于常,人之好明德显。厥有不臧,无乃凶于乃国,害于尔躬。呜呼!保国有民,可不慎欤!王其勖哉!"立皇子<u>旦</u>为<u>燕王</u>,<u>胥</u>为<u>广陵王</u>,皆赐策。六月乙卯,诏遣博士六人分巡天下,存孤寡,恤废病,赈穷乏,劝孝悌,举独行之君子。

秋七月[46],大司马骠骑(大)将军霍去病薨[47]。发属国玄甲阵自长安至茂陵,为冢茔象祁连山,谥曰景桓侯。去病为将,敢深入赴利,不顾其难,然士卒或乏粮食。上尝教之孙、吴兵法,对曰:“顾方略如何耳,其不踰用古兵法。”上为治第,对曰:“匈奴不灭,臣何以家为!”去病后甚贵宠,而卫青稍衰。宾客故人皆去青而事去病,唯故益州刺史任安不肯去。初,去病既壮大,乃自知为霍仲孺子。会为骠骑将军击匈奴,道出河东,乃迎见仲孺,大为置田宅奴婢而去。还,复过之。仲孺小子光,字子孟,时年十余岁。因将光西入关,(仕)〔任〕光为郎[48],迁侍中。去病死后,光为奉车都尉、光禄大夫,出则同车,入侍左右,出入禁闼二十余年,小心谨慎,未尝有过,甚见亲信。

元鼎元年夏五月,赦天下,大酺五日。

六月,得宝鼎于河东汾水上,荐见于宗庙,藏于甘泉宫。鼎大八尺一寸,高三尺六寸。群臣伏贺曰:“陛下得周鼎。”侍中光禄大夫吾丘寿王独曰:“非周鼎。”(王)〔上〕怒[49],召而问之,对曰:“周有明德,上天报应,鼎为周出,故为周宝。今陛下恢崇大业,天瑞并至。昔秦始皇亲出鼎于彭城(县)而不能得[50],天祚有德而宝鼎自出,此天所以与汉,乃汉宝,非周宝也。”上曰:“善。”赐金五十斤。

初,公孙弘奏禁民无持弓弩,曰:“一贼弯弩,百吏不敢前,此盗贼所以(难容)〔蕃〕也[51]。”上下(共)〔其〕议[52]。寿王对曰:“大射之礼,自天子达于庶人,三代之道也。臣闻圣人合射以教人,不闻弓矢以为禁也。攻夺之罪死,而犹不(禁人)〔止者,大〕奸之〔于〕重诛

（而）固不避也⑬。臣恐邪人挟之，吏不能止；良民自卫，而抵罪犯禁，是擅贼威而夺民救也。窃以为无益于禁奸，而令学之者不得修其业，不甚便。”上以难弘，弘屈服焉。寿王字子赣，涿郡人也，后（生）〔坐〕事诛⑭。济东王彭离有罪，废徙上庸。博士徐偃使循行天下郡国，矫制〔使〕胶东、鲁国鼓铸盐铁⑮。御史大夫张汤劾奏偃法至死。偃对曰：“为春秋之义，大夫出疆，有可以安社稷，利国家，存万民者，专之可也。”汤不能屈其义。有诏使中谒者终军问其状，

终军（语）〔诘〕偃曰⑯：“古者诸侯国异政，家殊俗，安危之势呼吸成变，故有专己之义。今天下为一，春秋之义，王者无外。偃（修）〔巡〕封域之中⑰，而辞以出境，何也？且盐铁，郡国有余藏，且二国废，不足为〔利〕害⑱，而以安社稷为辞也。偃以前三（士）〔奏〕不许⑲，而直矫制作威福，此明王所必加诛也。凡偃铸铁，欲及春耕种赡民器。今鲁之鼓铸，当先具其器备，至秋乃能举火。此言与实倍也。‘枉尺直寻’，孟子犹称不可；今所犯罪重，所就者少，偃自以为必死而为之邪？将幸诛不加，欲以采名也？”偃辞屈，下御史大夫服罪。终军，济南人也。年十八选为博士，到府受遣，太守贤而友之，军揖太守而去。（徙而）〔步〕入关⑳，关吏与繻，曰：“还（常）〔当〕合符㉑。”军曰：“大丈夫西游，终不徒还。”弃繻去。及军为谒者，使行郡国，建节东出关，关吏识之，曰：“此使者，前弃繻生也。”

190

　　二年冬十有一月，御史大夫张汤有罪，自杀。御史中丞李文与汤有郤，汤所厚（吏）〔史〕鲁谒居阴使人上变告文奸事㉒。事下汤治，论杀文而德厚谒居。谒居病，汤亲为之摩足。赵王素怨汤，上书告：“汤大臣，乃与吏谒居摩足，疑与为大奸。”丞相长史朱买臣等素怨汤，亦言汤且欲为请奏，所爱幸贾人田信等辄先知之，居物

致富,与汤分之。上以问汤,汤不服罪。于是上使使迫责汤,汤为书谢,因曰:"陷臣者,三长史也。"遂自杀。昆弟诸子欲厚葬之,汤母曰:"汤为大臣,被恶言而死,何厚葬之有!"载以牛车,有棺无椁。上闻之,曰:"非此母不生此子。"乃尽诛买臣等。

初,汤好文(涉)〔法〕深刻㊿,与太中大夫赵禹共定律令。禹官至少府,亦深刻。然禹意在奉公孤立,而汤佞智以御世主,接士大夫,造请诸公,不避寒暑,以得声誉。上甚信用之。每朝奏事,日旰忘食,丞相充位而已,天下事皆决于汤。汤尝病,上亲问疾。匈奴尝求和亲,群臣议上前,博士狄山以和亲为便。汤曰:"此愚儒无知。"山曰:"臣固愚,愚忠,不若汤诈忠也。"上作色曰:"吾使山居一郡,能无使虏入盗乎?"山曰:"不能。"曰:"居一县?"又曰:"不能。"复曰:"居一鄣?"山自度〔辩〕穷㉚,且下吏,因曰:"能。"遣山乘一鄣。至月余,匈奴斩山头而去。自是群臣畏汤,莫敢言矣。汤子安世少为郎,给事(中)尚书㊿,精勤于职,休沐未尝出行。后上方幸河东,亡书三箧,诏问莫能知,唯安世识之,具作其事。后购得本书,以相校,无所遗失。上奇其才,擢为尚书郎中令。安世宽仁,与〔父〕行异㊿。

十有二月,丞相严青翟下狱死。春,起柏梁台。三月,大雨雪。辛亥,太子太傅赵周为丞相。夏,大雨水,关中饿死者以千数。秋九月,诏曰:"仁不异远,义不辞难。江陵饥寒,下巴、蜀之粟致之江陵,遣博士分循天下。吏民有能救饥困者,具举以闻。"

三年冬十月,徙函谷关于新安,以故关为弘农县。

十有一月,令民有告缗者以其半与之。

春正月戊子,阳陵园灾。

夏四月,雨雹。关东郡国七十余县饥㊿,人相食。常山王舜薨,谥曰宪王。王子勃嗣,有罪,废徙房陵。立宪王中子平为真定王。徙代王义为清河王。

四年冬十月,行幸雍,祠五畤。东行幸汾阴。

十有一月甲子,立后土祠于汾阴。礼毕,行幸荣阳。还至洛阳,诏问周王后,得孽子嘉,封为周子南(军)〔君〕⑱,以奉周祀。

春二月,中山王胜薨,谥曰靖王。胜乐酒,好内色,有(男)子百二十余人⑲。夏封方术士栾大为乐通侯,位上将军。栾大,胶东人也。以方术言于上曰:“臣尝往东海中,见安期、羡门之属。臣师曰:‘黄金可成,河水决可塞,不死之药可得,仙人可致也。’然臣恐效文成将军,则方术之士掩口不能言矣。”文成将军者,齐人也,姓李,字少翁,以方术进,拜为文成将军。上以客礼待之。于甘泉宫中画太一诸鬼神像所设祭祀,欲以致其神。岁余,其方不效,乃为帛书以饭牛,伪言牛腹中有奇书,杀而视之。上识其手书,问之果服,乃诛。上既杀文成而悔之,及得栾大,甚喜。乃大敢为(之)〔大〕言⑳,处之不疑。上使验小方,斗棋,棋自相触。大言能致其师,“陛下必欲致之,则贵其使者,(今)〔令〕有亲属㉑,以客礼待之。”上乃拜大为五利将军、天士将军、地士将军、大通将军,凡四将军,四印。赐列侯甲第,(同十)〔僮千〕人㉒,乘舆厩马,帷帐器物以充其家。以卫长公主妻之,赍黄金万斤。上亲至其家,自公主大臣将军卿相已下皆致酒其家。刻玉印曰“天道将军”,使者衣羽衣,夜立白茅上;大亦衣羽衣,立白茅上受印绶,以示不臣。于是五利将军尝夜祠其家,欲下其神。后装欲入东海中,云求其师。至太山,不敢入海。上使人随而验之,皆妄言不效。先是方士李少君乃言能致物却老。少君尝坐武安侯家,有老人年九十余,少君(及)

〔乃〕言与〔老〕人大（夫）〔父〕游猎处㉓，老人为儿时识其家处，一坐尽惊。上有古铜器，以问<u>少君</u>。<u>少君</u>对曰："此器<u>齐桓</u>十年陈于柏寝下。"案其刻铭，果<u>齐桓公</u>器。时皆谓<u>少君</u>数百岁人也。<u>少君</u>言"祠灶可致物，如丹砂可化为黄金，黄金成以为饮食器则益寿，而蓬莱仙人可得见也。见之以封禅则不死，<u>黄帝</u>是也"。其后方多不效，而<u>少君</u>病死，道士以为化去不死也。<u>齐</u>人<u>公孙卿</u>言"<u>黄帝</u>得宝鼎而神化登于天，谶书言<u>汉</u>兴正当<u>黄帝</u>之运，<u>汉</u>之圣德者在<u>高祖</u>之孙"。上曰："嗟乎！诚得如<u>黄帝</u>，吾视去妻子如脱屣尔。"拜<u>卿</u>为郎，使候神于<u>太室</u>。

　　是时言神怪方术者以万数，入海求仙人者数千人。上幸<u>东莱</u>，夜见大人长数丈，就之则不见，见大人迹。诸方士后皆无验，上益厌倦，然犹羁縻不绝，冀望其真。上尝疾病，有巫为上致神君，贵者曰<u>太一</u>，其次曰<u>太禁</u>、<u>司命</u>之属，皆从之。云非可见，但闻其言，言与人音等也。时去则若风肃然。尝以夜至，或以昼至，或居室帷幄中。上礼〔袚〕之㉔，然后入。因巫为主人，关通饮食，所欲言，〔行下〕㉕。又置（祷官）〔寿宫〕㉖，张羽旗，设祭具以祀。神君所〔言〕㉗，上使人记之。其言世俗所知，亦无（余）〔绝〕殊者㉘，而上心甚善之。其事秘，（亡）〔世〕莫传也㉙，而信以为神矣。

　　<u>荀悦</u>曰：<u>易</u>称"有天道焉，有地道焉，有人道焉"，各当其理而不相乱也。过则有故，气变而然也。若夫大石自立，僵柳复起，此形神之异也。男子化为女，死人复生，此含气之异也。鬼神仿佛在于人间，言语音声，此精神之异也。夫岂形神之怪异哉？各以类感，因应而然。善则为瑞，恶则为异；瑞则生吉，恶则生祸。精气之际，自然之符也。故逆天之理，则神失其节，而妖神妄兴；逆地之

理,则形失其节,而妖形妄生;逆中和之理,则含血失其节,而妖物妄生。此其大旨也。若夫神君之类,精神之异,非求请所能致也,又非可以求福而禳灾矣。且其人不自知其所然而然,况其能为神乎!凡物之怪亦皆如之。春秋传曰:"作事不时,怨讟起于民,则有非言之物而言者。"当武帝之世,赋役烦众,民力凋弊,加以好神仙之术,迂诞妖怪之人四方并集,皆虚而无实,故无形而言者至矣。于洪范言"僭则生时妖",此盖怨讟所生时妖之类也。故通于道,正身以应万物,则精神形气各返其本矣。

秋,马生渥洼水中。九月辛巳,丞相赵周下狱死。丙申,御史大夫石庆为丞相⑧。立常山宪王舜少子裔为泗水王⑧。

校勘记

① 讨〔邀〕濮(连) 从南监本、龙溪本、汉书霍去病传改。

② (陟)〔涉〕狐奴 从南监本、汉书霍去病传改。

③ (生)〔几〕获匈奴单于子 从学海堂本、汉书霍去病传改。

④ 五日 汉书霍去病传作"六日"。

⑤ 斩(虏)〔卢〕侯王 从汉书霍去病传改。

⑥ 执混邪王〔子〕 从汉书霍去病传补。

⑦ 及至是(也)〔役〕 从南监本、龙溪本改。

⑧ 增封(一)〔二〕千二百户 从南监本、汉书霍去病传改。

⑨ 广将四千余骑(付)〔副〕之 从南监本、龙溪本改。

⑩ (稍)为(营)〔圜〕阵外向 从汉书李广传改。

⑪ 广乃〔令〕持满无发 从汉书李广传补。

⑫ 广身自以大箭射其裨将 "大箭",汉书李广传作"大黄"。

⑬ 杀数十人 汉书李广传作"数人"。

⑭ 广(常)〔尝〕夜游田间饮 从龙溪本、汉书李广传改。

⑮ 令〔四女〕子乘小船　从汉书景十三王传补。

⑯ 或从狼(齿)〔啮〕杀之　从龙溪本、学海堂本改。吴慈培校改"从"作

"纵"。按两字通。

⑰ 河(涧)〔间〕献王近之矣　从南监本、龙溪本、学海堂本改。

⑱ 单于怒(曰)混邪王休屠王　从汉书匈奴传删。

⑲ 后宫满〔侧〕　从学海堂本、汉书金日磾传补。

⑳ 〔日〕磾独不敢视　从汉书金日磾传，吴慈培校改。

㉑ 陛下(安)〔妄〕得一胡儿　从学海堂本、汉书金日磾传改。

㉒ 日磾二子皆为上〔弄〕儿　从南监本、龙溪本、学海堂本补。

㉓ 上赐(守)〔出〕宫女　从学海堂本、汉书金日磾传改。

㉔ 上召拜为郎中　"郎中"，汉书金日磾传为"中郎"。

㉕ 及式为郎中　汉书卜式传无"中"字。

㉖ 直三十万　汉书食货志作"四十万"。

㉗ (堕)〔椭〕之　从学海堂本、汉书食货志改。

㉘ 皆(刻)〔析〕秋毫　从南监本、龙溪本、学海堂本改。

㉙ 分(王)〔主〕郡国　从南监本、龙溪本、学海堂本改。

㉚ 而相(准)〔灌〕输　从学海堂本、汉书食货志改。

㉛ (人)〔又〕专川泽之利　从学海堂本、汉书食货志改。

㉜ 营山林之饶　"营"，汉书食货志作"管"。

㉝ 里有王侯之富　"王"，汉书食货志作"公"。

㉞ 又加月(有吏)〔为更〕卒　从汉书食货志改。

㉟ (四)〔三〕十倍于古　从学海堂本，汉书食货志改。

㊱ 或耕豪(杰)〔民〕之田　从学海堂本、汉书食货志改。

㊲ 断狱一岁以(十)〔千〕万数　从汉书食货志改。

㊳ 将军去病出(伐)〔代〕　从南监本、龙溪本、学海堂本改。

㊴ 大将军遣长(吏)〔史〕　从吴慈培校，汉书李广传改。

㊵ 〔广〕谓其麾下　从黄校本补。

㊶（来）〔未〕至匈奴二里止　从汉书李广传改。

㊷〔坐〕赐葬地阳陵二十亩　从吴慈培校、汉书李广传补。

㊸盗取长陵三亩　“三亩”，汉书李广传作“三顷”。

㊹夏四月乙丑太子太傅严青翟　“乙丑”、“太子太傅”，汉书百官公卿表作“乙卯”、“太子少傅”。

㊺（龚）〔共〕朕之诏　从汉书武五子传改。

㊻七月　汉书武帝纪作“九月”。

㊼大司马骠骑（大）将军　从汉书武帝纪删。

㊽（仕）〔任〕光为郎　从汉书霍光传、吴慈培校改。

㊾（王）〔上〕怒　从龙溪本、学海堂本改。

㊿出鼎于彭城（县）　从汉书吾丘寿王传删。

(51)盗贼所以（难容）〔蕃〕也　从汉书吾丘寿王传改。

(52)下（共）〔其〕议　从学海堂本、汉书吾丘寿王传改。

(53)而犹不（禁人）〔止者大〕奸之〔于〕重诛（而）固不避也　从学海堂本、汉书吾丘寿王传改。

(54)后（生）〔坐〕事诛　从龙溪本、学海堂本改。

(55)矫制〔使〕胶东鲁国　从汉书终军传补。

(56)终军（语）〔诘〕偃　从南监本、学海堂本、汉书终军传改。

(57)偃（修）〔巡〕封域之中　从南监本、汉书终军传改。

(58)不足为〔利〕害　从汉书终军传补。

(59)偃以前三（士）〔奏〕不许　从南监本、龙溪本、学海堂本改。

(60)（徙而）〔步〕入关　从汉书终军传改。

(61)还（常）〔当〕合符　从龙溪本、学海堂本改。

(62)汤所厚（吏）〔史〕鲁谒居　从学海堂本、汉书张汤传改。

(63)好文（涉）〔法〕深刻　从黄校本改。

(64)山自度〔辩〕穷　从汉书张汤传补。

(65)给事（中）尚书　从汉书张汤传删。

⑥⑥ 与〔父〕行异　从龙溪本补。

⑥⑦ 关东郡国七十余县饥　"七十余县",汉书武帝纪作"十余"。

⑥⑧ 封为周子南(军)〔君〕　从南监本、龙溪本、学海堂本改。

⑥⑨ 有(男)子百二十余人　从汉书景十三王传删。

⑦⓪ 乃大敢为(之)〔大〕言　从南监本、龙溪本、学海堂本改。

⑦① (今)〔令〕有亲属　从南监本、龙溪本、学海堂本改。

⑦② (同十)〔僮千〕人　从学海堂本、汉书郊祀志改。

⑦③ 少君(及)〔乃〕言与〔老〕人大(夫)〔父〕游猎处　从南监本、龙溪本、学海堂本改。

⑦④ 上礼〔祓〕之　从陈澧校、汉书郊祀志补。

⑦⑤ 所欲言〔行下〕　从汉书郊祀志补。

⑦⑥ 又置(祷官)〔寿宫〕　从学海堂本、汉书郊祀志改。

⑦⑦ 神君所〔言〕　从学海堂本、汉书郊祀志补。

⑦⑧ 亦无(余)〔绝〕殊者　从吴慈培校、汉书郊祀志改。

⑦⑨ (亡)〔世〕莫传也　从南监本、龙溪本、学海堂本改。

⑧⓪ 御史大夫石庆为丞相　汉书百官公卿表系此于元鼎五年。

⑧① 常山宪王舜少子裔　"裔",汉书武帝纪作"商"。

汉纪　孝武皇帝纪五　卷第十四

五年冬十月，行幸雍，祠五畤，遂(登)〔逾〕陇〔登〕崆峒而还①。十有二月辛巳朔旦②，冬至。始立泰畤于甘泉。

夏五月，谏(议)大夫终军、使者安国少季使南越③，欲令入朝，比内诸侯。军自请愿受(大冠衣)长缨④，必羁越王之颈致之阙下。军既至越，王听命。上大悦，赐南越王大臣印绶，令一用汉法，使者留镇抚之。王太后皆庄严将入朝，越相吕嘉不欲内属。初，尉佗言"事天子期无失礼，要之不可以怵好言入见，亡国之势也"。故(他)〔胡〕欲入朝而不果⑤。王太后置酒请使者及嘉等，欲因使者权，谋因以诛嘉。使者相倚伏，莫敢发。嘉觉之，则趋出称疾，阴谋作乱。令国中曰："王少年⑥。太后中国人，与使者安国少季私通，专欲内属，无顾我越民社稷万世之计。"遂攻杀太后及王，尽杀使者。齐相卜式上书，愿父子将兵死南越，以尽臣节。上不遣而贤之，赐爵关内侯，黄金四十斤，田十顷，布告天下。丁丑晦，日有食之。

秋，有蛙、虾蟆斗阙下。上遣伏(博)〔波〕将军路博德、楼船将军杨仆、戈船将军严(助)、下濑将军(祖广明)〔甲〕因击南越⑦，别道出,咸(阳)会番禺城下⑧。

九月,列侯坐献黄金酎祭宗庙不如法夺爵者百六十人。(栾大)乐通侯〔栾大〕坐诬罔腰斩⑨。西羌众十余万人反,与匈奴通使,攻安定,围枹罕。匈奴入五原,杀太守。

六年冬十月,遣将军李息征西羌。上将幸缑氏,至(安)〔左〕邑桐乡⑩,闻南越破,因改桐乡为闻喜县。

春,至汲新中乡,得吕嘉首,因以〔新〕中乡为获嘉县⑪。以南越地为南海、苍梧、郁林、合浦、交阯、九真、日南、珠崖、儋耳九郡。又遣将军韩说平西南夷,以其地为武都、牂牁、越巂、沈黎、文山五郡。

秋,东越王余善反,遣横海将军韩说等击之。又遣浮(海)〔沮〕将军公孙贺出九原⑫,(强弩)〔匈河〕将军赵破奴出令居⑬,击匈奴,皆出塞二千余里,不见虏而还。乃分武威、酒泉(郡)〔地〕置张掖、燉煌〔郡〕⑭,徙民以实之。是岁,齐相卜式为御史大夫。

元封元年冬十月,上自帅师巡边,置十二部将军,勒兵十八万骑,连旌旗径(十)〔千〕余里⑮,历上郡、西河、五原,出长(安)城北⑯,登单于台,望朔方,临北(海)〔河〕⑰,威震匈奴。遣使者(郦)〔郭〕吉告乌维单于曰⑱:"南越王头已悬于汉矣。今天子自将待边,单于能战,亟来;不能,则臣服。何但逃伏漠北寒苦之地为!"单于(垄)〔詟〕焉⑲。单于怒,囚吉,迁之北海上,然终不敢出。上还,祠黄帝于(泰)〔桥〕山⑳,乃归甘泉。东越杀其王余善以降。迁其民于江、淮之间,遂空其地。

春正月,行幸缑氏,登崇高㉑,闻声称万岁者三,群臣吏卒莫不称皆闻之。于是封太室,以三百户为奉邑,禁民无伐其山木,复其民。

遂东巡海上。御史大夫卜式贬为太子太傅，内史倪宽为御史大夫。

夏四月癸卯，上遂登封太岳。初议封禅，诸儒对者五十余人，未有所定。先是，司马相如病故，有遗书言封禅事。上以问内史倪宽，宽曰："陛下躬发圣德，统(缉)〔楫〕群元②，宗祀天地，荐礼百神，精神所向，征兆必报，天地并应，瑞符著明。封太山，禅梁父，昭姓考瑞，帝王之盛节也。将举(太)〔大〕事㉓，优游数年，使群臣人人自(画)〔尽〕㉔，终莫能成。唯天子建中和之极，兼总条贯，金声玉振，以顺成天庆，垂万世之基。"上乃自制礼仪，采儒术以文焉。拜宽为御史大夫，从封禅。行自太山，复东巡海至(竭)〔碣〕石㉕。自辽西历北边九原，归于甘泉。初，梁相有褚大通(通)五经㉖，为博士，时倪宽为弟子。及御史大夫缺，上征大(通)㉗，自以为得御史大夫。至洛阳，闻宽为之，大(通)大笑。及至，与宽议封禅于上前，大(通)不及宽，乃退而服曰："上诚知人。"赐太山所过民年七十以上及孤老帛，秋无出租算。赐天下民爵，(爵)女子百户牛酒㉘。

五月，归甘泉。

秋，有星孛于东井，又孛于三台。本志以为其后卫太子乱之应。齐王闳薨，无子，国除。

二年冬十月，行幸雍，祠五畤。

春正月，行幸缑氏，遂至东莱。

夏四月，祠太山。至瓠子，临决河，令从臣等将军已下皆负薪塞河，作瓠子之歌。赦所过徒，赐孤独高年米。行还，筑通天台于甘泉，作飞廉馆于长安。公孙卿言"仙人可见，陛下每在常处，故不见"。故作通天台以候神。朝鲜王反，杀辽东(太守)〔都尉〕㉙，募天下死罪击朝鲜。朝鲜本秦时属辽东。汉兴以为其远，难守，故辽水为塞。卢绾之反也，燕人<u>卫满</u>亡命聚党千余人在<u>辽</u>，居<u>秦</u>故地，稍稍侵属其东小蛮夷而王之，地方数千里，保塞外为臣。传子到孙（至）<u>右渠</u>③，抗命不宾，故于是而伐之。

六月，<u>甘泉宫</u>中生芝草，九茎。上嘉之，乃赦天下，作<u>芝房之歌</u>。

秋，作明堂于<u>太山</u>下。遣楼舡将军<u>杨仆</u>、左将军<u>荀彘</u>将应募罪人击<u>朝鲜</u>。又遣将军<u>郭昌</u>等平<u>西南夷</u>未服者，以为<u>益州郡</u>。

三年春，作角（抵）〔觝〕戏③，以享外国朝献者，三百余里内人皆观。

夏，<u>朝鲜</u>斩其王<u>右渠</u>以降，以其地为<u>乐浪</u>、<u>临屯</u>、<u>玄菟</u>、（贞）〔真〕<u>番</u>四郡②。<u>杨仆</u>坐失亡多免为庶人，<u>荀彘</u>坐争功弃市。

秋七月，（济）〔胶〕<u>西王瑞薨</u>③。瑞数犯法，有司请诛瑞，上不忍，凡再削国，去太半。瑞怨讟。瑞杜其南门，从一门出入。宫室府库坏漏，财物以巨万计，尽腐，终不复收省。吏二千石欲以法治瑞，瑞辄求其罪诘之③，无罪者药之，所杀伤二千石甚众。无子，国除。<u>武都</u>（互）〔氐〕人反⑤，分徙<u>酒泉郡</u>。

十二月，雨雹如马头。

四年冬十月，行幸<u>雍</u>，祠<u>五畤</u>。通<u>回中</u>道，遂北出<u>萧关</u>，至<u>代</u>而还，行幸<u>河东</u>。

春三月，祠后土，有神光集于灵坛，一夜三见。

夏，大旱，民多（渴）〔暍〕死③。秋，<u>匈奴</u>寇边，遣将军<u>郭昌</u>屯<u>朔方</u>。

五年冬，上南巡至于<u>盛唐</u>，望祀<u>虞舜</u>于<u>九嶷</u>。登<u>灊天柱山</u>，自<u>浔阳</u>浮<u>江</u>，亲射鲛鱼于<u>江</u>中，获之。遂北至<u>琅邪</u>，傍（蒲浪）海③，所过礼祀名山大川。

春三月，还至<u>泰山</u>，增封。甲子，祀<u>高祖</u>于明堂以配天，因朝诸侯王、列侯，受郡国计。

夏四月，赦天下。赐鳏寡帛，贫穷者粟，所幸县无出租赋。大司马大将军<u>卫青</u>薨，谥曰<u>烈侯</u>。<u>青</u>既尊贵，而<u>平阳侯曹寿</u>有恶病就国(薨)^㊳，长公主问："列侯谁贤者?"左右皆言大将军。公主笑曰："此常骑从我，奈何?"左右曰："于今尊贵无比。"于是主讽太后，太后白之，上乃诏<u>青</u>尚<u>平阳公主</u>，与主合葬，起(冢像)〔冢象〕<u>庐山</u>^㊴。初置刺史部十(二)〔三〕州^㊵。诏曰："盖有非常之(人)〔世〕^㊶，必有非常之功，非常之功必待非常之人，故马或奔踶而至千里，士或负俗之累而立成功名。其令州郡察吏民有茂才异等可(谓)〔为〕将相及使绝国者^㊷，以闻。"

六年冬，幸<u>回中</u>。

春，作<u>首山宫</u>。

三月，行幸<u>河东</u>，祠后土。赦<u>汾阴</u>殊死已下，赐天下贫民帛。<u>益州昆明</u>反，遣将军<u>郭昌</u>击之。

夏，京师民观角抵于<u>上林</u>。

秋，大旱，蝗。

<u>太初</u>元年冬十月，行幸<u>太山</u>。

十有(二)〔一〕月甲子朔旦^㊸，冬至，祠上帝于明堂。己酉^㊹，<u>柏梁台</u>灾。<u>夏侯始昌</u>先言其灾日。<u>始昌</u>，<u>鲁</u>人也。明于阴阳，以术进而为<u>梁</u>王太傅。上甚重之，以选为<u>昌</u>〔邑〕王太傅^㊺。

十有二月，禅(蒿)〔高〕里^㊻，祠后(上)〔土〕^㊼。东临<u>渤海</u>，望祀<u>蓬莱</u>。还，受计于<u>甘泉宫</u>。

春二月，起<u>建章宫</u>。

夏五月，正律历，以寅月为正首。色尚黄，数用五，定官名，正律历，协音乐。昔<u>夏</u>以寅月为正，<u>殷</u>以丑月为正，<u>周</u>以子月为正，承三统。

十一月，<u>乾</u>之初九，其位在子，天气始起，生阴阳之化，故子为天统。

六月，<u>坤</u>之初六，其位在未，阴受阳任，成刚柔之刑，其冲在丑，故十二月为地统。

正月，<u>乾</u>之九三，万物凑出于地，人奉之而（承）〔成〕之^⑧，故寅为人统。自<u>夏</u>、<u>殷</u>及<u>周</u>三变而复，故<u>汉</u>用夏正。天统始施化于子半，日萌生而色赤。地统受之于丑始，化而色黄，〔至丑〕半^⑨，日（色）〔牙〕化而白^⑩。人统受之于寅始，孳成而黑，至寅半，日生色青。故<u>夏</u>色尚黑，<u>殷</u>色尚白，<u>周</u>色尚赤。

律历：一曰备数，二曰和声，三曰审度，四曰嘉量，五曰权衡。参伍以变，错综其数，（校）〔效〕之气物^⑪，和之心耳，以达自然之数，以顺性命之理。数者，一、十、百、千、万也。本起黄钟之数，始于一，积之无穷，以周备事物之数，职在太史，〔羲、和〕掌之^⑫。声者，宫、商、角、徵、羽。所以谐八音，正情性，移风俗也。八音者，土曰缶，匏曰笙，皮曰鼓，竹曰管，丝曰弦，石曰磬，金曰钟，木曰（祝）〔柷〕敔^⑬。角者，触也，物出于地，（载）〔戴〕芒角也^⑭。徵者，祉也，物盛而繁祉也。宫者，中也。商者，量也，物盛而可量度也。羽者，宇也，物聚而覆宇之也。合之五行，则角为木，于五常为仁，于五事为貌；商为金，为义，为言；徵为火，为礼，为视；羽为水，为智，为听；宫为土，为信，为思，为心。宫为君，商为臣，角为民，徵为事，羽为物。

六律：律，法也，以统气类物。子曰黄钟，寅曰太族，辰曰姑洗，午曰蕤宾，申曰夷则，戌曰无射。六吕：吕，助也。以助阳宣气。未曰林钟,酉曰南吕,亥曰应钟,丑曰大吕,卯曰夹钟,巳曰中吕。黄钟:黄,中色也;钟,种也,言以中色布种物也。大吕:吕,助阳也。太族:族,(凑)〔奏〕也,言(凑)〔奏〕地上尔也[55]。夹钟:夹,辅阳也。姑洗:姑,固也;洗,洁也。言固洁物也。中吕,阴始起未发,居中而助阳也。蕤宾:蕤,继也;宾,导也。言阳导物而〔阴〕继之也[56]。林钟:林,(居)〔君〕也[57],言阴受阳任(居钟)〔种〕物也[58]。夷则:夷,伤也;则,法也。言阳正法,使阴夷当伤之物也。南吕:南,任也;阴受阳任成物也。无射:射,厌也,阳究阴成,终而复始,无厌之也。应钟,阴应阳而后钟物也。五声之本,生于黄钟。黄钟之律,长九寸为(管)〔宫〕[59],或损或益,以定五声。九六相生,阴阳之应。故三分黄钟损一,下生林钟;三分林钟益一,上生太族;三分太族损一,下生南吕;三分南吕益一,上生姑洗;三分姑洗损一,下生应钟;三分应钟益一,上生蕤宾;三分蕤宾损一,下生大吕;三分大吕益一,上生夷则;三分夷则损一,下生夹钟;三分夹钟益一,上生无射;三分无射损一,下生中吕。阴阳相生,自黄钟始而左转,八八六十四为(位)〔伍〕[60]。其法皆用铜。职在太乐,太常掌之。

度者,分、寸、尺、丈、引也,所以度长短也。本起于黄钟之长。以秬黍之中者,一黍广,度之九十分,黄钟之长。一黍为一分,十分为一寸,十寸为尺,十尺为丈,十丈为一引,而五度审矣。职在内官,廷尉掌之。量者,(籥)〔龠〕、合、升、斗、斛也[61],所以量多少。本起黄钟之龠,以秬黍之中者千有二百实为一龠,十龠为合,十合为升,十升为斗,十斗为斛,而五量为嘉矣。龠者,兴也;合者,合也;升者,登也;斗者,聚也;斛者,角也。职在太仓,大司农掌之。权衡者,所以平轻重,铢、两、斤、钧、石也。本起黄钟之重。龠容千有二百黍，重十二铢。二十四铢为两，十六两为斤，三十斤为钧，四钧为石。铢者，从微至见，可殊异也。两者，两〔黄〕钟之重也[62]；〔二十四铢而成两者〕[63]，二十四气（为）〔之〕象[64]。斤者，明也；三百八十四铢，为易二篇之（文）〔爻〕[65]，阴阳变动之象；十六两为斤，斤者，四时乘四方之象也。钧者，以平均物也；三十斤，一月之象也。石者，大也，权之大者也；四钧，四时之象也；重一百二十斤，十二月之象也。而五权备矣。物与权均而生衡，衡运而生规，规圆而生矩，矩方而生绳，绳直而生〔准〕[66]，物定矣。是谓五则。君臣用焉，以定国礼。百工由焉，以为法式。职在鸿胪，鸿胪掌之。夫推历，生律，制器，权衡规矩，准绳度量，探赜索隐，钩深致远，莫不用焉。匈奴单于好杀伐，左右大都尉欲杀单于以降汉。于是使因杅将军公孙敖筑受降城于塞外。事觉，左右大都尉诛死。

秋八月，行幸安定。发天下谪民遣（二）〔贰〕师将军李广利征大宛[67]。（秋）大蝗[68]，自东方飞至燉煌。

二年春正月戊申，丞相石庆薨。庆即奋之小子，世以淳厚为行。奋四子皆以孝谨位至二千石，故景帝并其号曰万石君。万石君过宫门阙必下车步走，见辂马必轼，子孙胜冠者在侧，虽燕必冠，申申如也。童仆（侃侃）〔䜣䜣〕如也[69]，唯谨尔。上赐食于家，稽首俯伏而食，如在上前。其执丧哀戚。而子孙遵教，亦如之。以敬谨闻于郡国。奋长子建为郎中令。建奏事，事下，建读之，而马字少一点，建惊恐曰："死罪矣！"其畏惧如此。有言于上，屏人言极切；廷见若不能言。庆为太仆，从出，上问车中几马，庆以鞭数马毕，乃举手曰："六马。"庆于兄弟最为轻易，然犹如此。诸〔子〕孙皆孝[70]，唯建最甚。万石君卒，建在丧，扶杖乃能行，岁余亦死。初，庆为齐相,齐(相)〔国〕慕其家行⑦,不言而治。及为丞相,厚谨而已。太仆公孙贺为丞相。

二月,行幸河东,祠后土。令天下大酺五日,膢五日,祠门户,比腊。

夏五月,藉吏民马,补车骑马。

秋,蝗。遣峻稽将军赵破奴将二万骑出朔方击匈奴,为匈奴八万骑所围,遂没其军。破奴居匈奴中十余年,后亡归汉。

冬十有二月,御史大夫倪宽卒,初,宽以儒学进。家贫,受业博士,常为弟子都养。时行赁作,带经而锄,休息辄诵读。为廷尉卒(吏)〔史〕⑫,以不习吏事,除为从史,徙之北地视畜数年。还,廷尉适有疑奏,以再见(御史)〔却矣〕⑬,掾(吏)〔史〕莫知所为⑭。宽言其意,事即得可。后上问张汤:"前奏事非(掾)〔俗〕吏所为⑮,谁为之?"汤对曰:"臣从史倪宽"。汤由是以宽为奏谳掾,徙为侍御史。见上,问尚书经义数事,为太中大夫。迁左内史,民甚信重之。后有军发,左内史粟负租课殿,当免。吏民闻之,输租襁负不绝,课更以最。

三年春正月,行巡狩海上。胶东相王延广为御史大夫。

夏四月,还,修封泰山,禅石闾。遣光禄大夫徐息筑五原塞⑯,外列城,西北到卢朐山,游击将军韩说将兵屯之。强弩(将军)〔都尉〕路博德筑居延城⑰。秋,匈奴〔句〕黎湖(涂)单于入定襄、云中⑱,杀略数千人;入张掖、酒泉,杀都尉。

四年春正月,贰师将军李广利斩大宛王首,获汗血马。初,广利将骑六千、步兵数万人至贰师城下取善马。西至郁(夷)〔成〕城⑲,当道小国各城守,不肯给食,食乏而还。往来二岁,到燉煌,士卒十遗二三。上书请罢兵。上大怒，乃益发兵卒六万人，负从者不豫。牛十万，马二万，驴骡駃驼以(十)万数⑧，多赍粮。转运奉军，天下骚动。<u>广利</u>遂进兵，当道小国皆送迎，给廪食。径到<u>大宛城</u>，围<u>宛</u>三十余日。<u>宛</u>中贵人共杀其王毋(寮)〔寡〕⑧，奉其首，出食给军，悉出善马。<u>汉</u>择取其善马十匹⑫，中马三千余匹。乃共(兴)〔与〕立宛贵人(妹)〔昧〕察为王⑧，与盟而还。诸所过小国，皆遣子弟从入献见，因为质焉。还玉门关(死)者万余人⑧，马(数)千余匹⑧。〔后〕行，〔非〕乏食⑧，战死〔不〕甚多⑧，将吏贪，不爱士卒，故死亡者多。上以为万里而伐，不录其过，乃封<u>广利</u>为<u>海西侯</u>；封骑士<u>赵弟</u>杀郁城王〔者〕为<u>新畤侯</u>⑧；拜卿三人，二千石数百人，千户以下千有余人。<u>广利</u>者，<u>李夫人</u>兄也。<u>广利</u>弟<u>延年</u>，性知音，善歌舞，上爱之。乃为新声变曲，闻者莫不感动。而<u>李夫人</u>亦善舞，甚姣丽，有宠。<u>李夫人</u>病笃，上自临候之。夫人蒙被，上问，而谢曰：“妾闻妇人貌不修饰，不见君父。妾不敢宴(堕)〔婿〕见⑧。”上曰：“夫人病甚，殆将不起，宜见我嘱托兄弟乎？将加赐千(斤)〔金〕而与兄弟尊官(乎)⑭。”<u>李夫人</u>答曰：“尊官在帝，不在一见。”上固欲见之，夫人遂转向(璧)〔壁〕⑨，歔欷不复言。于是上不悦而起。姊妹让之曰：“贵人独不见嘱托兄弟邪？何为恨上如此？”夫人曰：“所以不见帝者，乃所以深托兄弟也。夫以色事人者，衰则爱弛，爱弛则恩绝。上所以恋恋者，乃以〔我〕为平生容貌⑫。今见我颜色毁坏，必有(咄)〔吐〕弃我意⑬，(当)〔尚〕复肯追思悯录其兄弟哉⑭！”及夫人卒，上以厚礼葬之，图画其形于<u>甘泉宫</u>，而尊重其兄弟<u>广利</u>为将军，<u>延年</u>为协律都尉。上思念<u>李夫人</u>不已，有方士<u>少翁</u>言能致其神。乃夜张烛，设帷幄，陈酒食，而令上居他帷，遥见好女子如李夫人还帐坐,而眇然不得就视。

初,上发谶书曰:"神马当从西北来。"后得乌孙好马,名曰"天马"。及得宛马,马汗血,言其先天马子也,名曰"天马"。更名乌孙马曰"西北极马"。上甚好宛马,每使使者相望于道,率(十)〔一〕辈大者数百人⑥,小者百余人;一岁中使多者十余辈,少者五六辈;远者八九岁,近者五六岁而还。不能无侵盗(弊)〔币〕物⑯,及使失旨者,辄案重罪以激怒之,因复求使自赎,而是使无穷已,而轻犯法。募吏民自占,使者无问所从来,皆遣之。而汉使穷河源矣。外国朝贡并至,上乃悉从外国客,巡行至海上,大都多人民则过之,观(名)〔民〕人府库之饶⑰,厚赏赐,作角觝戏,出奇戏酒池肉林以观示之。

秋,起明光宫。

冬行,幸回中。徙弘农都尉治武关,税出入者以给吏卒食。大宛既破,外国振恐。上欲遂困匈奴,下诏曰:"高皇帝遗朕平城之忧,高后时单于书绝悖逆。齐桓公复九世之仇,春秋大之。"于是复图匈奴矣,遣中郎将苏武至匈奴。匈奴留武,不得归。武固执汉节,不肯降。

天汉元年春正月,行幸甘泉,郊泰畤。

三月,行幸河东,祠后土。匈奴使使来献大羽、白牦。

夏,大旱。五月,赦天下。

秋,发谪戍屯五原。监军御史穿北军垒垣以为贾区宇,军正丞胡建欲诛之,阴约其从卒。监军御史与诸校尉列坐,建趋至拜谒,因令卒引御史斩之。诸校尉惊愕,不知所谓。建遂上奏曰:"监军御史穿北军垣以为贾利,于使文吏议,不至重〔法〕⑱。(高皇帝)〔黄帝李〕法曰^⑨：'壁垒已定，穿逾不由路，是谓奸人，奸人者杀之。'臣谨按军法曰：'正无属将军，将军有罪以闻，二千石(二千石)以下行军法焉^⑩。'臣谨案以法斩。"上壮其节，制书答曰："'国容不入军(容)，军容不入国(容)^⑩'，何文吏也，建有何疑焉？"是岁，济南太守王延年为御史大夫。

二年春，行幸东海，还幸回中。

夏五月，贰师将军李广利将三万骑出酒泉击匈奴，斩首虏万余级。因杅将军出西河，骑都尉李陵将步卒五千出居延，与鞮汗单于战，斩首万余级。陵兵败，降匈奴。陵者，李广孙，敢兄当户之子。上使陵为贰师将军督辎重。陵稽首曰："愿得自当一队。"上曰："吾无骑与汝。"陵曰："不用骑，愿以少击众，步兵五千人涉单于庭。"上壮而许之。陵至峻稽山，与单于相遇，以骑三万攻陵。陵千余弩俱发，应(统)〔弦〕皆倒^⑩。虏还走上山，陵追击之，杀数千人。单于大惊，召左右贤王，驰兵八万骑攻陵。陵且战且却，南行数日，抵山谷中。复大战，斩首三千余级。引兵东南，五日，抵大泽葭苇中，虏从上风纵火，烧陵，陵亦令军纵火以自救。南行至山下，单于在山上，使其子将骑击陵。陵自步斗树木间，复杀虏数千，因发连弩射，单于下走。是日捕得生口，言"单于曰：'此汉精兵也，(曰)〔日夜〕引吾南行近塞^⑩，得无有伏兵乎？'诸军长皆曰：'单于自将数万骑击汉数千人不能胜，后无以复使边臣，令汉益轻匈奴。(匈奴)复力战山谷间^⑩，尚四五十里得平地，不能破，乃还。'"是日，战数十合，复力战，杀伤虏二千余人。虏不利，欲去。会陵军中候管敢为校尉所辱，亡降匈奴，具言"军无后救，射矢且尽"。单于大喜，进兵使骑并击汉军，疾呼曰："李陵、韩延年趋降！"遂遮道攻陵,四面射,矢下如雨。陵矢且尽,即弃(军)〔车〕去⑩。士卒尚三千余人,徒斩车辐持之,军吏持尺刀,抵入山谷。单于入遮,从山上坠石下,士卒多死,不得行。陵曰:"兵败,吾死矣!"军吏或劝陵降,陵曰:"吾不死,非壮士也。"陵叹曰:"使人有数十矢,足以免矣,今无兵复战。"令军士人持三升糒,一片冰,令各散去遮虏鄣相待。陵与延年俱上马,壮士从者数十人。虏千骑追之,延年死。陵曰:"无面目以报陛下!"遂降。士卒分散,脱至塞者四百余人。陵败处去塞百余里。单于以大女妻陵,立为右校王。上闻〔陵〕降⑱,大怒,大臣忧惧。太史公司马迁上言陵功,以陵之不死,宜欲得当以报汉也。

初,上遣贰师将军出时,令陵为助兵,及陵与单于相持,而贰师无功。上以迁欲沮贰师,为陵游说。后捕得匈奴生口,言陵教单于为兵法。上怒,乃族陵家,而下迁腐刑。陵闻之曰:"教单于为兵者,乃绪也,非陵也。"李绪者,故塞外都尉,先是降匈奴。陵痛其家以绪诛,乃使人刺杀绪。司马子长既遭李陵之祸,喟然而叹,幽而发愤,遂著史记,始自黄帝,以及秦、汉,为太史公记。后为中书令,尊宠任职。益州刺史任安与迁书,责以不推贤贡士。迁报书曰:"仆赖先人绪业,得待罪辇毂下,(三)〔二〕十余年矣⑩。尝厕下大夫之列,陪外庭末议,不能引纲维,尽思虑。今以亏形,在蔺茸之间,当何言哉!昔卫灵公与雍渠载,孔子适陈;商鞅因景监见,赵良为之寒心;(童)〔同〕子参乘⑱,袁丝变色:自古而耻之。奈何使刀锯之余,荐天下之豪俊哉!仆少负不羁之气,长无乡曲之誉,幸得奉薄伎,出入周卫,而事乃有大谬。夫仆与李陵,趣舍异路,素非相善也。然观其为人,事亲孝,与士信,临财廉,取与义,常思奋不顾身以徇国家之急，仆以为有国士之风。夫人出万死不顾一生之计，赴公家之难，斯亦奇矣。今举事一不当，而全躯保妻子之臣随而媒孽其短，仆诚痛心。且李陵提步卒不满五千，深践戎马之地，足历王庭，垂饵虎口，横挑强胡，挫亿万之师。虏救死扶伤不给，悉举引弓之民，一国共攻之。转斗千里，矢尽道穷，救兵不至，士卒死伤如积。然李陵一呼劳军，军士无不奋躬流涕，(沫)〔沬〕血饮泣，张空(捲)〔弮〕[109]，冒白刃，北首争死敌场，虽古名将，不见过也。身虽陷败，其所摧破，亦足暴功于天下。仆以为陵之不死，(贞)〔直〕欲得当报汉也[110]。时主上闻陵败，食不甘味，听朝不怡，忧惧不知所出。仆窃不自量，欲效其款款之愚，因推此意以言之，欲以广主上之意。上以仆非沮贰师，而为陵游说，遂下之于吏。拳拳之忠，终不能自明，(列)身非木石[111]，独与法吏为伍，深幽囹圄之中，谁可告诉者！仆闻太上不辱先，其次不辱身，其次不辱色，其次不辱辞令。且臧获婢妾犹能引决，仆所以隐忍苟活，身陷粪土之中而不辞者，私心有所不尽，疾没世而名不称于后世也。

昔西伯拘而演周易；仲尼厄而作春秋；屈原放逐，乃赋离骚；左丘明失明，厥有国语；孙子膑足，兵法修列。仆窃不自量，托于无能之辞，欲网罗天下放逸旧文，亦欲以究天人之际，通古今之变，成一家之言。仆诚以著此书，藏之名山，传之后人，虽万被戮，岂有悔哉！"太史公记凡百三十篇，五十余万言。迁父谈，亦为太史公。自叙其先重黎之后，世掌天地官也。本传曰："司马迁据左氏春秋、国语，采世(家)〔本〕、战国策[112]，逮楚汉春秋，接其后事，迄于(大)〔天〕汉[113]。其言秦、汉，详矣。至于采摭经传，分散百家之事，甚多疏略，或有抵忤。又其是非颇谬于圣人，论大道则先黄、老而后六经,序游侠则退处士而进奸雄,述货殖则崇奸利而羞贫贱,此其所蔽也。然(则)〔自〕刘向、(杨)〔扬〕雄博极群书^⑭,皆称迁有良史之才,服其善序事理,辩而不华,质而不野,其文直,其事核,不虚美,不隐恶,故谓之实录。"泰山、琅邪群盗徐勃等阻山攻城,断道路。遣直指使者暴胜之等衣绣衣,仗斧钺,分部逐捕。刺史郡守已下皆伏诛。

三年春二月,御史大夫王延年有罪,自杀。执金吾杜周为御史大夫。初榷酒沽。

三月,行幸太山,修封禅,(寺)〔祠〕明堂^⑮,因受计。还北(海)〔地〕^⑯,祠恒山,瘗玄玉。

夏,大旱。四月,赦天下。所过无出田租。

秋,匈奴入雁门,太守坐畏懦弃市。

四年春正月,朝诸侯王于甘泉宫。贰师将军李广利将六万余骑、步兵七万人出朔方,因杅将军公孙(廐)〔敖〕将万骑、步兵三万人出雁门^⑰,游击将军韩说将步兵三万人出五原,强弩将军路博德将步兵万余人与贰师将军会,与匈奴战,不利,皆引还。

夏四月,立皇子髆为昌邑王。秋九月,令死罪(人)〔入〕赎钱五十万减死一等^⑱。

校勘记

① 遂(登)〔逾〕陇〔登〕崆峒而还　从黄校本、汉书武帝纪改。

② 十有二月　汉书武帝纪作"十有一月"。

③ 谏(议)大夫终军　从汉书终军传删。

④ 军自请愿受(大冠衣)长缨　从汉书终军传删。

⑤ 故(他)〔胡〕欲入朝而不果　从汉书两粤传改。

⑥ 少年　汉书两粤传作"年少"。

⑦ 上遣伏(博)〔波〕将军路博德楼船将军杨仆戈船将军严(助)下濑将军(祖广明)〔甲〕因击南越　从学海堂本、汉书武帝纪改。

⑧ 咸(阳)会番禺　从后汉书两粤传删。

⑨ (栾大)乐通侯〔栾大〕坐诬罔腰斩　从汉书武帝纪乙正。

⑩ 至(安)〔左〕邑桐乡　从汉书武帝纪改。

⑪ 因以〔新〕中乡为获嘉县　从汉书武帝纪补。

⑫ 又遣浮(海)〔沮〕将军公孙贺　从学海堂本、汉书武帝纪改。

⑬ (强弩)〔匈河〕将军赵破奴　从汉书武帝纪改。

⑭ 乃分武威酒泉(郡)〔地〕置张掖燉煌〔郡〕　从汉书武帝纪改。

⑮ 连旌旗径(十)〔千〕余里　从汉书武帝纪改。

⑯ 出长(安)城北　从汉书武帝纪删。

⑰ 临北(海)〔河〕　从汉书武帝纪改。

⑱ 遣使者(邸)〔郭〕吉　从汉书匈奴传改。

⑲ 单于(垄)〔詟〕焉　从学海堂本、汉书武帝纪改。

⑳ 祠黄帝于(泰)〔桥〕山　从学海堂本、汉书武帝纪改。

㉑ 登崇高　"崇",汉书武帝纪作"嵩"。

㉒ 统(绵)〔楫〕群元　从学海堂本、汉书倪宽传改。

㉓ 将举(太)〔大〕事　从南监本、龙溪本、学海堂本改。

㉔ 使群臣人人自(画)〔尽〕　从学海堂本、汉书倪宽传改。

㉕ 至(竭)〔碣〕石　从南监本、龙溪本改。

㉖ 梁相有褚大通(通)五经　从学海堂本、汉书倪宽传删。

㉗ 上征大(通)　从汉书倪宽传删。下改同。

㉘ (爵)女子百户牛酒　"爵"衍,径删。

㉙ 杀辽东(太守)〔都尉〕　从学海堂本、汉书武帝纪改。

㉚ 传子到孙(至)右渠　"至"衍,径删。

㉛ 作角(抵)〔觝〕戏　从龙溪本、学海堂本改。

㉜ (贞)〔真〕番四郡　从汉书武帝纪改。

㉝ (济)〔胶〕西王瑞　从<u>学海堂本</u>、<u>汉书武帝纪</u>改。"瑞",<u>汉书武帝纪</u>作
"端"。后人两说并存。

㉞ 辄求其罪诘之　"诘",<u>汉书景十三王传</u>作"告"。

㉟ 武都(互)〔氐〕人反　从<u>学海堂本</u>、<u>汉书武帝纪</u>改。

㊱ 民多(渴)〔暍〕死　从<u>学海堂本</u>、<u>汉书武帝纪</u>改。

㊲ 傍(蒲浪)海　从<u>汉书武帝纪</u>删。

㊳ 而平阳侯曹字有恶病就国(薨)　从<u>汉书卫青传</u>删。"曹字",<u>卫青传</u>作
"曹寿"。

㊴ 起(家像)〔冢象〕庐山　从<u>龙溪本</u>、<u>学海堂本</u>、<u>汉书卫青传</u>改。

㊵ 初置刺史部十(二)〔三〕州　从<u>汉书武帝纪</u>改。

㊶ 盖有非常之(人)〔世〕　从<u>黄校本</u>改。

㊷ 可(谓)〔为〕将相及使绝国者　从<u>南监本</u>、<u>汉书武帝纪</u>改。

㊸ 十有(二)〔一〕月　从<u>南监本</u>、<u>龙溪本</u>、<u>汉书武帝纪</u>改。

㊹ 己酉　<u>龙溪本</u>、<u>汉书武帝纪</u>作"乙酉"。

㊺ 为昌〔邑〕王太傅　从<u>汉书夏侯始昌传</u>补。

㊻ 禫(蒿)〔高〕里　从<u>学海堂本</u>、<u>汉书武帝纪</u>改。<u>颜师古注</u>云:"今流俗书本
此高字有作蒿者,妄加增耳。"

㊼ 祠后(上)〔土〕　从<u>龙溪本</u>、<u>学海堂本</u>改。

㊽ 人奉之而(承)〔成〕之　从<u>黄校本</u>、<u>汉书律历志</u>改。

㊾ 〔至丑〕半　从<u>学海堂本</u>、<u>汉书律历志</u>补。

㊿ 日(色)〔牙〕化而白　从<u>学海堂本</u>、<u>汉书律历志</u>改。

51 (校)〔效〕之气物　从<u>学海堂本</u>、<u>汉书律历志</u>改。

52 〔羲和〕掌之　从<u>汉书律历志</u>补。

53 木曰(祝)〔柷〕敔　从<u>南监本</u>、<u>汉书律历志</u>改。

54 (载)〔戴〕芒角也　从<u>学海堂本</u>、<u>汉书律历志</u>改。

55 族(凑)〔奏〕也言(凑)〔奏〕地上尔也　从<u>汉书律历志</u>改。

56 言阳导物而〔阴〕继之也　从<u>黄校本</u>补。

(57) 林(居)〔君〕也　从学海堂本、汉书律历志改。

(58) 阴受阳任(居钟)〔种〕物也　从汉书律历志改。

(59) 黄钟之律长九寸为(管)〔宫〕　从汉书律历志、吴慈培校改。

(60) 八八六十四为(位)〔伍〕　从汉书律历志改。

(61) 量者(籥)〔龠〕合升斗斛也　从汉书律历志、吴慈培校改。下改同。

(62) 两〔黄〕钟之重也　从汉书律历志、吴慈培校补。

(63) 〔二十四铢而成两者〕　从汉书律历志补。

(64) 二十四气(为)〔之〕象　从汉书律历志改。

(65) 为易二篇之(文)〔爻〕　从学海堂本、汉书律历志改。

(66) 绳直而生〔准〕　从汉书律历志补。

(67) 遣(二)〔贰〕师将军　从龙溪本、学海堂本改。

(68) (秋)大蝗　从汉书武帝纪、陈璞校删。

(69) (侃侃)〔訢訢〕如也　从汉书万石君传改。黄校本作"誾誾"。

(70) 诸〔子〕孙皆孝　从汉书万石君传补。

(71) 齐(相)〔国〕慕其家行　从汉书万石君传改。

(72) 为廷尉卒(吏)〔史〕　从汉书倪宽传改。

(73) 以再见(御史)〔却矣〕　从龙溪本、学海堂本、汉书倪宽传改。

(74) 掾(吏)〔史〕莫知所为　从学海堂本、汉书倪宽传改。

(75) 非(掾)〔俗〕吏所为　从学海堂本、汉书倪宽传改。

(76) 徐息　汉书武帝纪作"徐自为"。

(77) 强弩(将军)〔都尉〕路博德　从汉书武帝纪改。

(78) 匈奴〔句〕黎湖(涂)单于　从汉书武帝纪改。

(79) 西至郁(夷)〔成〕城　从学海堂本、汉书李广利传改。

(80) 驴骡馲驼以(十)万数　从汉书李广利传删。

(81) 共杀其王毋(寡)〔寡〕　从南监本、龙溪本、学海堂本、汉书西域传改。

(82) 汉择取其善马十匹　汉书李广利传作"数十"。

(83) 乃共(兴)〔与〕立宛贵人(妹)〔昧〕蔡为王　从龙溪本、学海堂本、汉书李

<u>广利传</u>改。

⑭ 还玉门关(死)者万余人　从<u>汉书李广利传</u>删。

⑮ 马(数)千余匹　从<u>汉书李广利传</u>删。

⑯ 〔后〕行〔非〕之食　从<u>汉书李广利传</u>补。

⑰ 战死〔不〕甚多　从<u>汉书李广利传</u>补。

⑱ 封骑士赵弟杀郁城王〔者〕为新畤侯　从<u>汉书李广利传</u>补。

⑲ 妾不敢宴(堕)〔媠〕见　从<u>学海堂</u>本、<u>汉书外戚传</u>改。

⑳ 将加赐千(斤)〔金〕而与兄弟尊官(乎)　从<u>学海堂</u>本、<u>汉书外戚传</u>改。

㉑ 夫人遂转向(璧)〔壁〕　从<u>南监</u>本、<u>学海堂</u>本改。

㉒ 乃以〔我〕为平生容貌　从<u>黄校</u>本补。

㉓ 必有(咄)〔吐〕弃我意　从<u>学海堂</u>本、<u>汉书外戚传</u>改。

㉔ (当)〔尚〕复肯追思悯录　从<u>龙溪</u>本、<u>学海堂</u>本改。

㉕ 率(十)〔一〕辈大者数百人　从<u>吴慈培</u>校、<u>汉书张骞传</u>改。

㉖ 侵盗(弊)〔币〕物　从<u>南监</u>本、<u>学海堂</u>本、<u>汉书张骞传</u>改。

㉗ 观(名)〔民〕人府库之饶　从<u>南监</u>本、<u>龙溪</u>本、<u>学海堂</u>本改。

㉘ 不至重〔法〕　从<u>学海堂</u>本、<u>汉书胡建传</u>补。

㉙ (高皇帝)〔黄帝李〕法曰　从<u>学海堂</u>本、<u>汉书胡建传</u>改。

⑩⑩ 二千石(二千石)以下行军法焉　从<u>龙溪</u>本、<u>学海堂</u>本删。

⑩⑪ 国容不入军(容)军容不入国(容)　从<u>吴慈培</u>校、<u>汉书胡建传</u>删。

⑩⑫ 应(统)〔弦〕皆倒　从<u>南监</u>本、<u>龙溪</u>本、<u>学海堂</u>本改。

⑩⑬ (日)〔日夜〕引吾南行近塞　从<u>南监</u>本、<u>汉书李陵传</u>改。

⑩⑭ (匈奴)复力战山谷间　从<u>汉书李广传</u>删。

⑩⑮ 即弃(军)〔车〕去　从<u>学海堂</u>本、<u>汉书李广传</u>改。

⑩⑯ 上闻〔陵〕降　从<u>龙溪</u>本补。

⑩⑰ (三)〔二〕十余年矣　从<u>汉书司马迁传</u>改。

⑩⑱ (童)〔同〕子参乘　从<u>南监</u>本、<u>龙溪</u>本、<u>学海堂</u>本改。

⑩⑲ (沫)〔沬〕血饮泣张空(捲)〔弮〕　从<u>学海堂</u>本、<u>汉书司马迁传</u>改。

⑩ (贞)〔直〕欲得当报汉也　从南监本、龙溪本、学海堂本改。

⑪ (列)身非木石　从汉书司马迁传删。

⑫ 采世(家)〔本〕战国策　从汉书司马迁传改。

⑬ 迄于(大)〔天〕汉　从汉书司马迁传改。

⑭ 然(则)〔自〕刘向(杨)〔扬〕雄　从龙溪本、汉书司马迁传改。

⑮ (寺)〔祠〕明堂　从南监本、龙溪本、学海堂本改。

⑯ 还北(海)〔地〕　从学海堂本、汉书武帝纪改。

⑰ 因杅将军公孙(廒)〔敖〕　从南监本、学海堂本、汉书武帝纪改。

⑱ 令死罪(人)〔入〕赎钱　从景佑本汉书武帝纪改。

汉纪　孝武皇帝纪六 卷第十五

太始元年春正月,因杅将军<u>公孙敖</u>坐妻为巫蛊,腰斩。徙郡国吏民豪杰于<u>茂陵</u>,(空)〔陵〕在<u>云阳</u>①。己巳晦,日有蚀之。

夏六月,赦天下。

二年春正月,行幸<u>回中</u>。

秋,大旱。九月,募死罪入赎钱五十万减死罪一等。御史大夫<u>杜周</u>卒。周,<u>南阳</u>人也。为吏深刻。为廷尉,诏狱繁多,二千石系者新故相因,不减百余人。郡国一岁或千余章。大者连罪证案数百人,小者数十人;远者数千里,近者数百里。会诏狱,因责〔如〕章告②,不服,以掠笞而定之。于是闻有罪者,皆亡匿。系狱久者十余年赦而相告言,大抵尽诬以为不道,廷尉及中都官诏狱罪至六七万人,吏所增加十余万人。尝冬狱未竟,会立春,有宽大令,<u>周</u>蹢地叹曰:"复假吾数十日,足吾事矣!"其酷暴如此。及为御史大夫,两子夹河为郡守,赀累巨万。治民皆酷暴,而少子<u>延年</u>字幼公,行宽厚云。光禄大夫<u>暴胜之</u>为御史大夫③。<u>赵</u>中大夫<u>白公</u>穿渠,引<u>泾水</u>,首起<u>池阳</u>谷口,尾入(擽)〔栎〕阳〔注〕<u>渭</u>中,(广)袤(一)

〔二〕百里④,溉田四千五百余顷,因名曰白渠。民得饶,歌之曰:"田于何所?池〔阳〕、谷口⑤。郑国在前,白渠在后。举锸成云,决渠为雨。水流灶下,鱼跳入釜。泾水一石,其泥数斗。且溉且粪,长我禾黍。衣食京师,百万余口⑥。"言此两渠之饶也。

郑国,昔韩国之小水(土)〔工〕也⑦。韩患秦东伐,欲罢劳之,乃遣郑国说秦,令凿渠引泾水自中山以西抵(壶)〔瓠〕口为渠⑧,缘北山,东注洛水,三百余里,以溉田。中作而情觉,秦欲杀郑国。郑国曰:"始臣为(计)〔间〕⑨,然渠成亦秦之利。臣为韩延数年之命,而为秦建万世之功。"秦以为然,卒使就渠,溉田四万余顷,收皆一亩一钟。于是关中沃野,无凶年之忧,秦以富强,因以名为郑国渠。昔魏文侯时,西门豹为邺令,有令名。至文侯曾孙襄王与群臣饮酒,王祝曰:"令吾臣皆如西门豹之为臣也!"史起进曰:"魏氏之行田以百亩,邺独以三百亩⑩,是恶田也。漳水在傍,西门豹不知用之。若知而不兴,是不仁也;若其不知,是不智也。夫仁智而豹未之尽,何足法也!"于是以史起为邺令,遂决漳水溉邺,以富魏之河内。民歌之曰:"邺有〔贤〕令(名)〔兮〕为史公⑪,决漳水兮溉邺(傍)〔旁〕⑫。终古斥卤兮生稻(粮)〔粱〕⑬,百姓丰足,民用宁康。"皆言水之大利也。

三年春正月,行幸甘泉宫,飨外国客。

二月,令天下大酺五日。行幸东海,获赤雁。幸琅邪,(祀)〔礼〕日成山⑭。登之罘,山称万岁。冬,赐行所过户钱五千,鳏寡孤独帛人二匹。

四年春二月⑮,行幸泰山。壬午,祀高祖于明堂,以配上帝,因受计。癸未,祀孝景皇帝于明堂。甲申,修封(禅)⑯。丙(戊)

〔戌〕^⑰，禪石闾。

夏四月辛亥，行幸不其山，祀神于交门宫，若有神飨坐拜者。

五月，行还，幸建章宫，大置酒，赦天下。

秋七月，赵地有蛇自郭外入，与邑中蛇群斗孝文庙下，邑中蛇死。

冬十月甲寅晦，日有蚀之。

十有二月，行幸雍，祠五畤，遂至安定、北地。

征和元年春正月，行还，幸建章宫。

三月，赵王彭祖薨，谥敬肃。彭祖巧佞足恭心刻，好法律，常以诡诈求相、二千石，言语微短，辄书以追劫之，及污以奸利。二千石无能满岁者，辄被罪刑。夏，大旱。

冬十有二月，发三辅骑士大搜上林，闭长安城门索之，十有一日乃解。巫蛊起。

二年春正月，丞相公孙贺下狱死。是时朝廷多事，督责大臣。初，贺顿首流涕，不受印绶，上不听。贺惧曰："祸从此始矣！"贺子敬声有罪下狱。是时诏捕京师大侠阳陵朱安世，不能得。贺自请，遂捕安世以赎子罪。上许之。果得安世。安世大笑曰："丞相祸及族矣。"遂从狱中上书告敬声与阳石公主私通，及使巫者祭祀，驰道埋桐偶人，咒诅上。事下有司案验贺，穷治所犯，遂父子俱死狱中，而家族矣。涿郡铁官铸冶，销金皆飞上天。

三月丁巳，涿郡太守刘屈牦为丞相。

夏四月，大风发屋拔树。闰月，诸邑公主、阳石公主皆坐巫蛊死。行幸甘泉宫。

秋七月，使使者江充掘巫蛊于太子宫。巫蛊之祸始自朱安世，成于江充。充,赵人也。为敬肃王上客。赵太子丹疑充以己阴事语王,收捕充不得,尽杀其父兄。充亡入关上书,告赵太子罪至死,会赦得免。充为人魁岸,容貌甚壮。初,上见充望而异之,谓左右曰:"燕(国)〔赵〕固多奇士[18]。"以充为直指使者,督三辅盗贼。充从上至甘泉还,逢太子家人乘车行驰道中,充以属吏,奏没入其车马。太子使人谢罪,不听,遂奏。上曰:"人臣当如是矣。"大见信用,迁水衡都尉。后上使充治巫蛊事,充将胡巫掘地求桐人及为他奸怪,征验,辄收拷,烧(金)〔铁〕钳灼[19],强服之。民辄相引以巫蛊,劾以大逆不道,死者数万人,莫敢讼其冤。充与太子有隙,恐上一旦晏驾,为太子所诛,因言(官)〔宫〕中有巫蛊气[20]。上令案道侯韩说、黄门苏文等助充。充先治后宫希幸御夫人,以次及皇后,遂及太子宫,云得桐木人。太子少傅石德谓太子曰:"上疾甚,在甘泉,皇后诸(吏)家〔吏〕请问皆不报[21],上存亡未可知,而奸臣如此,太子独不念秦扶苏邪? 今无以自明,乃收充穷治奸诈。"

壬午,太子诈令客为使者,收捕充等,韩说格死,苏文亡归甘泉。太子使人白(太)〔皇〕后[22],(太)后发武库兵、长乐宫卫士[23]。太子亲临骂充曰:"赵亡虏! 乱赵国父子未足邪! 今乃乱吾父子!"遂斩充以徇,告百官曰:"江充反。"炙胡巫于上林中。长安扰乱,言太子反。上闻,怒,诏丞相发三辅近县兵捕反者。太子惧,遣使者矫制赦长安中都官囚徒,发武库兵。召监北军使者任安发北军兵,安受节,已而闭军门,不肯应太子。太子因而驱四市人,合数万人,逢丞相,合战五六日,死者数万人,流血入沟中。庚寅,太子败,出走,南奔覆(盆)〔盎〕城门[24],得出。皇后自杀。司直田仁部不闭城门,坐令太子得出。丞相欲斩之,御史大夫暴胜之曰:"司直二千石，当先请之。"丞相乃止。上闻之大怒，责问胜之曰："司直纵反者，丞相斩之，是也，大夫何敢擅之？"胜之自杀。任安坐受太子节，怀二心，与田仁皆腰斩。诸太子宾客皆诛。其随太子发兵以反，法族之。吏士(刻)〔劫〕掠者㉕，皆徙燉煌。

荀悦曰：任安之斩也，是开后人遂恶而无变计也。易曰："不远复，无祗悔，元吉。"

太子在外，始置屯兵长安城诸城门；以太子持赤节，故更节加以黄毛。上怒甚，群臣忧惶，莫知所出。壶关三老上书曰㉖："臣闻父犹天，母犹地，子犹万民也。天平地宁，阴阳和调，万物乃茂；父慈母爱，室家得中，子乃孝顺。阴阳不和则万物夭伤，父子不和则〔室〕家丧亡㉗。昔孝己孝而被谤，伯奇仁而放流，骨肉至亲，父子相疑。何则？积毁之所生也。今皇太子为汉适嗣，承万世之业，继祖宗之重，亲，皇帝之宗子也。江充闾阎之隶臣耳，陛下显而用之，(御)〔衔〕至尊之命以迫蹴太子㉘，造饰奸诈，亲戚隔绝。太子进不得见上，退则困于乱臣，独含冤结愤而无告诉，不胜忿忿之心，起而杀充，恐惧遁逃，子盗父兵以救难者，欲自免耳，臣窃以为无邪心。诗云：'谗人罔极，交乱四国。'往者江充谗赵太子，天下谁不闻？其罪固宜诛戮。陛下不省察，深过太子，发盛怒，举大兵而攻之。又使三公自将，智者不敢言，辩士不敢说，臣窃痛之。唯陛下宽心慰意，无患太子之罪㉙，亟罢兵甲，无令太子久亡。臣不胜眷眷，出一旦之命，待罪建章阙下。"书奏，上感悟之。

八月辛亥，太子死于湖。太子亡到，主人家贫，织屦以给太子。太子有故人，阴使求之，发觉。吏围捕太子，太子闭室自经。男子张富昌为卒，足蹋户开，新安令李寿趋抱解太子，主人公格斗死，皇孙二人皆遇害。后巫蛊事多不信。上知太子之无罪也,乃封<u>李寿</u>为<u>抱侯</u>,<u>张富昌</u>为<u>蹑躞侯</u>㉚。而<u>高庙</u>令<u>田千秋</u>复讼太子冤曰:"臣梦见一白头翁教臣上言曰:'子弄父兵,罪当可赦;天子之子,过误杀人,何罪哉!'"上悟曰:"是<u>高庙</u>之〔神〕灵(臣)使公觉朕也㉛,公当遂为吾辅佐。"乃擢拜<u>千秋</u>为大鸿胪。而族<u>江充</u>家,焚<u>苏文</u>于横桥上,及<u>湖</u>加兵于太子〔者〕皆族之㉜。作思子台于<u>湖</u>,天下闻而悲之。癸亥,地震。

九月,大鸿胪<u>商丘成</u>为御史大夫。立<u>赵敬肃王</u>小子<u>偃</u>为<u>平干王</u>。<u>匈奴</u>入<u>上谷</u>、<u>五原</u>,杀略吏民。

三年春正月,行幸<u>雍</u>,祠<u>五畤</u>,至<u>安定</u>、<u>北地</u>。<u>匈奴</u>入<u>酒泉</u>㉝,杀两都尉。

二月㉞,贰师将军<u>李广利</u>将十万人出<u>五原</u>㉟,御史大夫<u>商丘成</u>将二万人出<u>西河</u>㊱,重合侯<u>马通</u>将四万骑出<u>酒泉</u>。(城)〔成〕至<u>峻稽山</u>㊲,多斩首虏。<u>通</u>至<u>天</u>(柱)<u>山</u>㊳,虏引去,因招降<u>车师</u>。皆引还。<u>广利</u>兵败,降<u>匈奴</u>。

夏五月,赦天下。六月壬寅,丞相<u>屈牦</u>下狱,腰斩。<u>屈牦</u>者,<u>中山靖王</u>子也。贰师初与<u>屈牦</u>辞曰:"愿君早请<u>昌邑王</u>为太子。太子若立,君有何忧哉?"<u>屈牦</u>许诺。<u>屈牦</u>女为<u>广利</u>子妻;而<u>昌邑王</u>,<u>李夫人</u>子也。故欲共立之。上闻其言而恶之。后<u>屈牦</u>妻坐为巫蛊,咒诅,<u>屈牦</u>腰斩,妻枭首。<u>广利</u>妻子亦见收。<u>广利</u>闻之,惧,降于<u>匈奴</u>,遂族矣。秋,大蝗。

四年春正月,行幸<u>东莱</u>,临大海。

二月丁酉,有陨石于<u>雍</u>,二。时天晴晏然无云,有红气苍黄色,若飞鸟集<u>成阳宫</u>南。陨星于<u>雍</u>,声闻四百余里,坠而为石,其色黑如磬。

三月，上行幸钜(鹿)〔定〕^㊴。还幸泰山，修封(禅)^㊵。庚寅，祠高祖于明堂。癸巳，禋石闾。

夏六月，还幸甘泉。丁巳，大鸿胪田千秋为丞相。千秋无他材能术学，敦厚有智，居位自称，逾于前后数公。是时天(子)〔下〕疲于兵革^㊶，上亦悔之，而搜粟都尉桑弘羊与丞相、御史大夫奏言："故轮台以东皆故国处，有溉灌田。其旁小国少锥刀，贵黄铁绵缯^㊷，可以易谷。臣愚以为可遣屯田卒诣轮台，置校尉二人，通利沟渠，田一岁，有积谷。募民敢徙者诣田所，就畜积为产业，稍稍筑亭，连城而西，以威西国，辅乌孙，为便。"事上，上乃下诏深陈既往之悔，曰："前有司(则)〔奏〕欲益民赋以助边用^㊸，是困老弱孤独也。今又请田轮台。曩者，朕之不明，兴师远攻，遣贰师将军。古者出师，卿大夫与谋，参以蓍龟，不吉不行。乃者遍召群臣，又筮之，卦得大过，爻在九五，曰：'匈奴困败。'方士占星气，大卜蓍龟，皆为吉，匈奴必破，时不可失。卜诸将，贰师最吉。朕亲发贰师，诏之必无深入。今计谋卦兆皆反谬，贰师军败，士卒离散略尽，悲痛常在朕心。今有司请远田轮台，欲起亭燧，是唯益扰天下，非所以(忧)〔优〕民也^㊹。朕不忍闻。当今务在禁苛暴，止擅赋，务本劝农，无乏武备而已。"由是不复出军。封丞相为富民侯而劝耕农。自是田多垦辟，而兵革休息。本志曰："孝武之世，图利制匈奴，患其兼从西国，结党南羌，乃表河(曲)〔西〕列四郡^㊺，开玉门关，通西域，以断匈奴之右臂，隔绝南羌、月支。单于失援，由是远遁(汉)〔漠〕北^㊻，而漠南无王庭。遭(直)〔值〕文、景玄默^㊼，养民五世，天下殷富，财力有余，士马强盛。故能积群货：睹犀象、玳瑁，则开犍为、朱崖七郡;感蒟酱、竹杖,则开牂牁、越巂;闻天马、葡萄,则通大宛、安息。自是之后,明珠、文贝、犀象、翠羽之珍盈于后宫,蒲梢、琪瑠、蒲萄、龙文、鱼目、汗血名马充于黄门,巨象、狮子、猛兽、大雀之群实于外圃。殊方异物,四面而至。于是广开上林,穿昆明池,营千门万户之宫,立神明通天之台,造甲乙之帐,络以隋珠荆璧,天子负黼黻,袭翠被,凭玉几,而居其中。设酒池肉林以飨四夷之客,作巴渝都卢、海中砀极、漫演鱼龙、角觝之戏以观视之。及赂遗赠送,万里相奉,师旅之费,不可胜计。至于用度不足,以榷酒沽,管盐铁,〔铸〕白金⁴⁸,造皮币,算至船车,租及六畜。民力屈,财货竭,因之以凶年,群盗并起,道路不通,直指之使始出,衣绣衣,持斧钺,斩断于郡国,然后胜之。是以末年遂弃轮台之地,而下哀痛之诏,岂非圣人之所悔哉!且通西域,近有(陇)〔龙〕堆⁴⁹,远则葱岭,身热、头痛、悬度之厄。淮南、杜钦、(杨)〔扬〕雄之论⁵⁰,皆以为此天地所以分别区域,隔绝内外也。书曰'西戎即序',禹但就而序之,非威德之盛无以致其贡物也。西(戎)〔域〕诸国⁵¹,各有君长,兵众贫弱,无所统一,虽属匈奴,不相亲附。匈奴徒能得其马畜旃罽,而不能总帅与之进退。与汉隔绝,道里尤远,得之不为益,失之不为损。盛德在我,无取于彼。”“夫匈奴之为患久矣,汉兴已来,忠言嘉谋之臣,曷尝不运筹算相与争于庙堂之上乎?然总其要,归两科而已。缙绅之儒则守和亲,介胄之士则言征伐,皆偏见一时之利害,未究匈奴之始终也。昔和亲之论,发于娄敬。是时天下初定,新遭平城之难,故从其言。孝惠、高后遵而不违,匈奴寇盗不为衰止,单于反加骄慢。逮至孝文,与通关市,妻以汉女,厚赐其赂,岁以千金,而匈奴数背约束,边地屡被其害。是以文帝中年,感惟前后，无益于边，乃赫然发愤，遂身贯戎服，亲御鞍马，从六郡良家材力之士，驰射上林，讲习战阵，聚天下精兵，军于广武，顾问冯唐，与论(师)〔将帅〕㉜，喟然叹息，思古名臣，此则和亲无益之明效也。仲舒亲见四世之事，犹欲复守旧文，颇增其要约。以为‘义感君子，利动贪人。(又)如匈奴者㉝，非可以仁义议也，独可说(者)以厚利㉞，结之于天耳。故与厚利以敦其意，与盟于天以坚其(要)〔约〕㉟，质其爱子以累其心，匈奴虽欲展转，奈失重利何，奈欺上天何，奈杀爱子何。夫赋敛行赂不足以当三军之费，城郭之固无以异于贞士之约，而使边城守境之臣父兄缓带，稚子含哺，胡马不窥于长城，而羽檄不行于中国，不亦便于天下乎！’察仲舒之论，考诸行事，乃知未有合于当时，而有阙于后世也。当武帝时，虽征伐克暴，而士马物故略与相当；虽开河南之野，建朔方之郡，亦弃造阳之北九百余里。匈奴之民每来降汉，单于亦辄拘留汉使以相报复，其桀骜尚如此，安肯以爱子为质乎？此不合当时之言也。若不置质，空约和亲，是袭孝文既往之悔，而长匈奴无已之诈也。夫不选守边境武略之臣，修郭隧备塞之具，砺长戟劲弩之械，恃吾所以待寇。而务赋敛于民，远行货赂，割剥百姓，以奉寇仇。信甘言，守空约，而冀胡马之不窥，不亦过乎！及至后世，匈奴衰弱，乃遣子入侍。而单于(或)〔咸〕弃其子㊱，苟贪财利，不顾言约，虏掠所获，岁亿万计，而和亲赂遗，不过千(斤)〔金〕㊲，安肯不弃质而重利也！仲舒之言，于是过也。夫先王度中土，立封畿，分九州，列五服，均土贡㊳，制内外，〔或〕修刑政㊴，或昭文德，远近之势异也。是以春秋内诸夏而外夷狄。夷狄之人，贪而好利，被发左衽，人面兽心，其与中国殊章服，异习俗，食饮不同，言语不通。是以圣王禽兽畜之，不与约誓,不就攻伐;约之则费赂而见欺,攻之则师劳而致寇;得其土不可耕而食,得其民不可抚而畜也。是以明王外而不内,疏而不戚,政教不及其民,正朔不加其国;来则惩以御之,去则备而守之。其慕义贡献,则接以礼让,羁縻不绝,使曲在彼,盖圣人制御蛮夷之常道也。”

秋七月⑩辛酉晦,日有蚀之,不尽如钩。

后元元年春正月,行幸甘泉,郊泰畤,遂幸安定。昌邑王髆薨,谥曰哀王。

夏六月,御史大夫商丘成有罪,自杀。侍中仆射马何罗与弟重合侯通谋反,侍中驸马都尉金日磾、奉车都尉霍光、(骠)骑都尉上官桀讨之⑪。初,何罗与江充善,而通以诛太子时有功封之。及上灭充家,何罗兄弟惧。日磾视其志意非常,阴察其动静。罗亦觉之,不敢发。上幸林光宫,日磾疾卧庐中。何罗与弟通及小弟安成谋杀使者,矫节制以发兵。明旦,上卧未起,何罗无何从外入。日磾心动,入坐户内。须臾,何罗袖白刃从东厢(入)上⑫,见日磾,色变,走趋卧内欲入,触宝瑟而僵。日磾得抱何罗,因传曰:“何罗反!”左右欲格之,上恐并中日磾,上曰:“勿格。”日磾捽投何罗殿下,得擒缚之,穷治,皆伏辜。秋七月,地震,往往(踊)〔涌〕出水⑬。

二年春正月,朝诸侯王、宗室于甘泉宫,赐宗室。

二月,行幸盩厔五柞宫。上疾笃,侍中光禄大夫霍光问嗣焉。上曰:“君未喻前画意邪?立少子,君行周公之事矣。”先是上画周公辅成王朝诸侯图以赐光。光顿首让曰:“臣不如日磾。”日磾曰:“臣外国人,将令匈奴轻汉。”

三月乙卯⑭,拜光(禄)〔为〕大(夫)司马大将军⑮,日磾为车骑将军,太仆上官桀为左将军,搜粟都尉桑弘羊为御史大夫,皆拜床下,与丞相田千秋俱受遗诏,辅少主。燕王旦、广陵王胥皆多过失,不得为嗣。少子弗陵者,钩弋夫人赵婕妤之子也。初,上巡狩过河间,望气者言此邑中有奇女子气,上使召之。既至,两手皆捲,上自扪之,即时伸。由是得号为捲夫人,居钩弋宫,大有宠。妊身十四月而生子,上曰:"昔尧十四月而生,钩弋子亦然。"名其所生门曰尧母门。初,上欲立钩弋子为太子,以其母年少,女主持政,心难之。会钩弋有过,乃谴,以忧死。乙酉⑥⑥,立皇子弗陵为皇太子。丁丑⑥⑦,帝崩于五柞宫,入殡于未央宫。

　　赞曰:本纪称"汉承百王之弊,高祖拨乱反正,文、景务在养民,至于稽古礼文之事,犹多阙焉。孝武之初立,卓然罢黜百家,表章六艺。遂畴咨海内,举其俊义与立功。兴太学,修郊祀,改正朔,定历数,协音律,作(礼)〔诗〕乐⑥⑧,建封禅,礼百神,绍(国典)〔周后〕⑥⑨,(发)号令文章⑦⑩,粲然可述。后嗣得遵洪业,而有三代之风。如武帝之雄才大略,不改文帝之恭俭以济斯民,虽诗、书所称,何以加焉!"

校勘记

① (空)〔陵〕在云阳　从龙溪本、学海堂本改。汉书武帝纪作"徙郡国豪桀于茂陵云陵"。师古注:"此当言云阳,而转写者误为陵耳。"

② 因责〔如〕章告　从学海堂本、汉书杜周传补。

③ 光禄大夫暴胜之为御史大夫　汉书百官公卿表系此事于太始三年三月。

④ 尾入(擽)〔栎〕阳〔注〕渭中(广)袤(一)〔二〕百里　从学海堂本、汉书沟洫志改。

⑤ 池〔阳〕谷口　从南监本、龙溪本、学海堂本补。

⑥ 百万余口　汉书沟洫志作"亿万之口"。

⑦ 昔韩国之小水(土)〔工〕也　从<u>南监</u>本、<u>龙溪</u>本、<u>学海堂</u>本改。

⑧ 抵(壶)〔瓠〕口为渠　从<u>学海堂</u>本、汉书沟洫志改。

⑨ 始臣为(计)〔间〕　从<u>学海堂</u>本、汉书沟洫志改。

⑩ 邺独以三百亩　"三",汉书沟洫志作"二"。

⑪ 邺有〔贤〕令(名)〔兮〕为史公　从汉书沟洫志改。

⑫ 决漳水兮溉邺(傍)〔旁〕　从汉书沟洫志改。

⑬ 终古斥卤兮生稻(粮)〔粱〕　从汉书沟洫志、吴慈培校改。

⑭ (祀)〔礼〕日成山　从汉书武帝纪改。<u>孟康</u>注:礼日,拜日也。

⑮ 春二月　"二",汉书武帝纪作"三"。

⑯ 修封(禅)　从汉书武帝纪删。

⑰ 丙(戌)〔戊〕　从<u>南监</u>本、<u>龙溪</u>本改。

⑱ 燕(国)〔赵〕固多奇士　从吴慈培校、汉书江充传改。

⑲ 烧(金)〔铁〕钳灼　从汉书江充传改。

⑳ 因言(官)〔宫〕中有巫蛊气　从<u>南监</u>本、<u>龙溪</u>本、<u>学海堂</u>本、汉书江充传改。

㉑ 皇后诸(吏)家〔吏〕请问皆不报　从<u>学海堂</u>本、汉书武五子传乙正。

㉒ 太子使人白(太)〔皇〕后　从<u>学海堂</u>本、汉书武五子传改。

㉓ (太)后发武库兵　从<u>学海堂</u>本、汉书武五子传删。

㉔ 南奔覆(盆)〔盎〕城门　从<u>龙溪</u>本、汉书刘屈牦传改。

㉕ 吏士(刻)〔劫〕掠者　从汉书刘屈牦传改。

㉖ 壶关三老上书曰　从<u>龙溪</u>本改。<u>陈璞</u>校云:汉书"三老"下有"茂"字。<u>师古</u>注云"<u>荀悦</u>纪云<u>令狐茂</u>"。西汉年纪考异云"<u>荀</u>纪以为<u>令狐茂</u>"。是<u>唐宋</u>时所见本皆然。今并"茂"字无之,经妄削矣。

㉗ 父子不和则〔室〕家丧亡　从汉书武五子传补。

㉘ (御)〔衔〕至尊之命以迫蹴太子　从<u>南监</u>本、<u>学海堂</u>本、汉书武五子传改。

㉙ 太子之罪　<u>龙溪</u>本作"太子之非"。

㉚ 乃封李寿为抱侯张富昌为踊蹵侯　汉书武五子传作"封<u>李</u>寿为邗侯,<u>张</u>富

昌为题侯”。一说“蹋”当衍。

㉛ 是高庙之〔神〕灵(臣)使公觉朕也　从龙溪本、学海堂本、汉书田千秋传改。

㉜ 加兵于太子〔者〕皆族之　从汉书武五子传补。

㉝ 匈奴入酒泉　汉书武帝纪“入”下有“五原”。

㉞ 二月　“二”,汉书武帝纪作“三”。

㉟ 李广利将十万人　“十”,汉书武帝纪作“七”。

㊱ 商丘成将二万人　“二”,汉书匈奴传作“三”。

㊲ (城)〔成〕至峻稽山　从龙溪本、学海堂本、汉书武帝纪改。

㊳ 通至天(柱)山　从学海堂本、汉书武帝纪删。

㊴ 上行幸钜(鹿)〔定〕　从汉书武帝纪改。

㊵ 修封(禅)　从汉书武帝纪删。

㊶ 是时天(子)〔下〕疲于兵革　从龙溪本、学海堂本改。

㊷ 贵黄铁绵缯　汉书西域传作“黄金采缯”。

㊸ 前有司(则)〔奏〕欲益民赋　从龙溪本、学海堂本、汉书西域传改。

㊹ 非所以(忧)〔优〕民也　从汉书西域传改。

㊺ 乃表河(曲)〔西〕列四郡　转引自汉书西域传校勘记从王念孙说改。

㊻ 由是远遁(汉)〔漠〕北　从龙溪本、学海堂本改。

㊼ 遭(直)〔值〕文景玄默　从汉书西域传改。

㊽ 〔铸〕白金　从汉书西域传补。

㊾ 近有(陇)〔龙〕堆　从龙溪本、学海堂本、汉书西域传改。

㊿ 淮南杜钦(杨)〔扬〕雄之论　从龙溪本、汉书西域传改。

(51) 西(戎)〔域〕诸国　从汉书西域传改。

(52) 与论(师)〔将帅〕　从学海堂本、汉书匈奴传改。

(53) (又)如匈奴者　从汉书匈奴传删。

(54) 独可说(者)以厚利　从汉书匈奴传删。

(55) 与盟于天以坚其(要)〔约〕　从汉书匈奴传改。

㊏ 而单于(或)〔咸〕弃其子　从汉书匈奴传改。

㊐ 不过千(斤)〔金〕　从<u>龙溪</u>本、<u>学海堂</u>本改。

㊑ 均土贡　"均",<u>汉书匈奴传</u>作"物"。

㊒ 〔或〕修刑政　从汉书西域传补。

㊓ 秋七月　"七",<u>汉书武帝纪</u>作"八"。

㊔ (骠)骑都尉　从汉书武帝纪删。

㊕ 何罗袖白刃从东厢(入)上　从汉书金日磾传删。

㊖ 往往(踊)〔涌〕出水　从<u>龙溪</u>本、<u>学海堂</u>本、汉书武帝纪改。

㊗ 乙卯　<u>汉书百官公卿表</u>作"丁卯"。

㊘ 拜光(禄)〔为〕大(夫)司马大将军　从汉书霍光传改。

㊙ 乙酉　<u>汉书武帝纪</u>作"乙丑"。

㊚ 丁丑　<u>汉书武帝纪</u>作"丁卯"。

㊛ 作(礼)〔诗〕乐　从汉书武帝纪改。

㊜ 绍(国典)〔周后〕　从<u>学海堂</u>本、汉书武帝纪改。

㊝ (发)号令文章　从汉书武帝纪删。

232

汉纪 孝昭皇帝纪 卷第十六

皇帝戊辰即位,年八岁,谒高庙。

三月甲申,孝武帝葬茂陵。帝姊鄂邑公主益(阳)〔汤〕沐邑①,为长公主,共养省中。大将军霍光秉政,领尚书事,车骑将军金日䃅、左将军上官桀副焉。

夏六月,赦天下。

秋七月,有星孛于东方。济北王宽坐诖人伦,祝诅,有司请诛。上遣大鸿胪利召王,王以刃自刭死。赐长公主及宗室昆弟各有差。追尊赵婕好为皇太后,起云陵。冬,匈奴入朔方,杀略吏民。发军屯西河,左将军桀行北边。

始元元年春二月,黄鹄下建章宫太液池中。公卿上寿。赐诸侯王、列侯、宗室金钱各有差。己亥,上耕于(钓)〔钩〕盾弄田②。益封燕王、广陵王及鄂邑长公主各万三千户。

夏,为太后起园庙云陵。益州廉头、姑缯,牂柯谈指、同并二十四邑皆反。遣水衡都尉吕破胡募吏民及发犍为、蜀郡奔命击益州,大破之。有司请河内属冀州,河东属并州。

秋七月,赦天下,赐民百户牛酒。大雨,渭桥绝。

八月,齐孝王孙刘泽谋反,欲杀青州刺史隽不疑,发觉,皆伏诛。迁不疑为京兆尹,赐钱百万。金日磾辅政岁余,病困,大将军光白封日磾,卧授印绶。一日,薨,赐葬具冢地,送以轻车介士,军陈至茂陵,谥曰敬侯。闰月,遣故廷尉王平等五人持节行郡国,举贤良,问民所疾苦、冤、失职者。

冬,无冰。

二年春正月,大将军光、左将军桀皆以前捕斩反虏侍中仆射莽(阿)〔何〕罗、重合(候)〔侯〕马通功封③,光为博陆侯,桀为安阳侯。时卫尉王莽子男忽侍中,扬语曰:"帝病忽常在左右,安得遗诏封三子事! 群儿自相贵耳。"光闻之,切让王莽,莽鸩杀忽。以宗室毋在位者,举茂才刘辟彊、刘长乐皆为光禄大夫,辟彊守长乐卫尉。

三月,遣使者振贷贫民毋种、食者。

秋八月,诏曰:"往年灾害多,今年蚕麦伤,所振贷种、食勿收(弄)〔责〕④,毋令民出今年田租。"

冬,发习战射士诣朔方,调故吏将屯田张掖郡。

三年春二月,有星孛于西北。

秋,募民徙云陵,赐钱田宅。

冬十月,凤凰集东海,遣使者祠其处。

十一月壬辰朔,日有食之。

四年春三月甲寅,立皇后上官氏。赦天下。词讼在后二年前,皆勿听治。初,桀子安娶霍光女,结婚相亲。光每休沐出,桀常代光入决事。鄂邑盖长公主私近子客河间丁外人,上与大将军闻之,不绝主欢,有诏外人(付)〔侍〕长主⑤。长主内周阳氏女,令配耦帝。时上官安有女，即霍光外孙，安因光(命)〔欲〕内之⑥。光以为尚幼，不听。安素与丁外人善，说外人曰："闻长主内女，安子容貌端正，诚因长主时得入为后，以臣父子在朝而有椒房之重，成之在于足下，汉家故事常以列侯尚主，足下何忧不封侯乎?"外人(熹)〔喜〕⑦，言于长主。长主以为然，诏召安女入为婕妤，(女)〔安〕为骑都尉⑧。月余，遂立为皇后。以后父封桑乐侯，食邑千五百户，迁车骑将军。

夏六月，皇后见高庙。赐长公主、丞相、列侯、中二千〔石〕以下及郎吏、宗室钱帛各有差⑨。徙三辅富人云陵，赐钱，户十万。

秋七月，诏曰："比岁不登，民匮于食，流庸未尽还，往时令民共出马，其止勿出。诸给中都官者，且减之。"

(各)〔冬〕⑩，遣大鸿胪田广明击益州。廷尉李种坐故纵死罪弃市。

五年春正月，追尊皇太后父为顺成侯。夏阳有男子乘黄犊车诣北阙，自谓卫太子。上使公卿、中二千石杂识视之，聚观者数万人。右将军勒兵阙下，以备非常。丞相已下至者并不敢言。京兆尹隽不疑后至，叱从吏收之。或曰："是非未可知，且安之。"不疑曰："昔卫蒯聩违命出奔，辄拒而不纳，春秋美之。今卫太子得罪先帝，亡不即死，今自来此，是罪人也。"遂送(诣)〔诏〕狱⑪，穷治奸诈，遂讯服。本夏阳人也，姓成名方遂，居湖，以卜筮为事。有故太子舍人尝就方遂卜，谓之曰："子之貌甚似卫太子。"遂缘其言，乃诣阙。廷尉(还)〔逮〕⑫，召其乡里张禄(者)〔等〕皆识知之⑬。方遂坐诬罔，腰斩。一云姓张，名延年。霍光曰："大臣当用经术士，方明于大义。"光欲以女妻不疑，固辞，畏盛满也。后以病免于家。

夏六月，封皇后父骠骑将军上官安为〔桑〕乐(乡)侯⑭。罢儋耳、(番禺九)真〔番〕郡⑮。秋,大鸿胪田广明、军正王平击益州,斩捕虏三万余人,获畜产五万余头。

六年春正月,上耕于上林。

二月,诏有司举贤良文学,问民疾苦。议罢盐铁、榷酤。中郎将苏武自匈奴还。武,京兆人,故将军建之子。初,使匈奴,张胜为副,及假(节使)〔吏〕常惠等从⑯。是时浑邪王姊子(勾町)〔缑〕王及长水虞常皆前归汉⑰,后降在匈奴中,复欲归汉,谋杀匈奴近臣卫律。律者,本长水胡人也,生在汉中,后降匈奴。〔虞〕常(惠)素与胜善⑱,胜知其谋。会事发觉,胜乃语武。武惊曰:“事如此,必及我。见祸乃死,后矣。”欲自杀,常惠等止之。单于召武受辞,武曰:“屈节辱命,何面目以生!”引佩刀自刭,绝半日,复苏。单于嘉其节,欲降之。后疾愈,单于将杀虞常等,召武皆会,欲因此际降武。先击虞常等,令卫律以剑击胜,胜请降。律后以剑拟武,武不动。律曰:“律前负汉归匈奴,赐号称王,拥众数万。苏君今日降,明日复然。空以身膏草野,谁复知之!君因我降,与君为兄弟。今不听吾计,虽欲复见我,尚可得乎?”武怒,骂律曰:“汝为人臣不忠,背叛于夷狄,何用见汝为兄弟乎?”律知武终不可胁。单于欲必降之,乃置武大窖中,绝不与饮食七日。天雨雪,武啮雪与旃毛并咽之,数日不死。单于徙武北海上无人处,使牧羝羊,曰:“羊有乳,乃得归汉。”武掘野鼠草实而食之,杖汉节牧羊,卧起操持,节毛尽落。五六年,单于弟于靬王(戈)〔弋〕猎海上⑲。见武能结网纺缴,(擎)〔檠〕治弓弩⑳,于靬王爱之,阴给衣食,赐武马畜。三岁余,于靬王死,丁零盗武牛羊,武复穷厄。会李陵降匈奴,单于使陵降武,谓武曰:“陵来时,子卿太夫人已死,妻已更嫁,昆弟或抵罪,或疾病死,室家已尽。今单于必欲降子卿，子卿终不得归矣。人生如朝露，何久自苦如此！陵始来时，忽忽如狂，自以痛负汉，子卿不欲降，何以过陵？"武曰："臣事君，犹子事父也。子为父死无所恨。愿勿复言。"陵与武饮酒数日，复曰："子卿一听陵言。"武曰："自（巳）分〔已〕死久矣㉑！少卿必欲降武，武请毕今日之欢，效死于子前！"陵见其至诚，喟然叹曰："嗟乎，义士！陵与卫律，罪上通天。"因泣下沾衿，与武决去。

后武闻武帝崩，南向号哭数日，呕血。及上即位，与匈奴和亲。汉使至匈奴，常惠数私见使，教之曰："陛下亲射上林中，得白雁，足有系帛丹书，言武等在荒泽中。"使者以语单于。单于惊，谢使者曰："武等实在。"许遣之。于是李陵置酒贺武曰："今足下还归，名扬于匈奴，功显于汉朝，虽竹帛所载，丹青所画，何足以过子卿！陵虽驽怯，汉且（贯）〔贳〕陵罪㉒，得全其老母，得奋大耻之节志在，庶几乎曹刿于柯之盟，此陵宿昔所不忘也。今汉收族陵家，为世大戮，陵当复何顾乎？吾已矣！令子卿知吾意耳。异域之人，一别长绝！"陵起舞，歌曰："经万里兮渡沙漠，为〔君〕将（军）兮奋匈奴㉓。路穷绝兮矢（石摧）〔刃摧〕㉔，士众灭兮名已颓。老母已死，虽欲报恩将安归（兮）㉕！"单于遂遣武归汉，而陵终匈奴中。

初，武使出百余人，在匈奴十九年，凡从还者九人。诏武谒孝武陵园庙，拜为典属国，赐钱二百万，公田（十）二顷㉖，宅一区。常惠、徐胜、赵终、王良等拜〔中〕郎（中）㉗，赐帛各二百匹。其六人赐钱各十万，归家，复终身。夏，大旱，雩。秋七月，罢榷酤官。取天水、陇西、张掖各二县以为金城郡。钩町侯无波帅其君长人民击反者有功，立无波为钩町王。

元凤元年春,立泗水戴王子援为泗水王㉘。戴王前薨,以无子,国除。后宫有遗腹子援,相、内史不以奏言。上闻而怜之,乃立援为王。相、内史下狱。武都氐人反,遣执金吾马适建等将三辅、太常徒,皆(兄)〔免〕刑击之㉙。

夏六月,赦天下。

秋七月乙亥晦,日有蚀之,既。

九月,鄂邑长公主、燕王旦、左将军上官桀、桀子骠骑将军安、御史大夫桑弘羊皆谋反,伏诛。上官桀父子骄放,长公主供养上于内,桑弘羊为国兴利,自伐其功,各欲为子弟党类求官,以私于光,光不听。由是与光争权,欲害之。诈使人为燕王旦上书,言"光出都肄(邸)〔郎〕羽林㉚,道上称(惊)〔警〕跸㉛,太官先置。又擅调发益幕府校尉。光专权自恣,疑有非常。"候光休沐日奏之。桀欲从中下其事,弘羊当与大臣共执退光。书奏,上不肯下。(及)〔召〕光㉜,光入。上曰:"此书诈也,将军无罪。"光曰:"陛下何以知之?"上曰:"以将军之广明,都肄邸,皆道属耳。调校尉未满十日,燕王何以得知之?且将军为非,不须益幕府校尉。"时上年十四,左右尚书皆惊,而上书者果亡。后桀等数毁光,上辄怒曰:"大将军忠臣,先帝所属以辅朕躬,敢有毁者坐之!"自是桀等不敢言,乃谋令公主置酒请光,伏兵杀之,因废帝,诱迎立燕王。燕王至,杀之,因立桀为帝。燕王与驿者书相报,许立桀为王,外连诸郡国(郡国)豪杰以千数㉝。燕王以为事必成,令群臣皆装。是时天大雨,虹下属燕王宫,宫中井水皆竭,有黄鼠舞燕王殿前端门中,视之不去,一日一夜,死者数千。殿上户自闭,不可开。厕中豕群出,坏灶(御)〔衔〕釜六(十)〔七〕枚置殿门前㉞。乌鹊自斗宫中,乌死。天火烧燕南城门。大风坏宫城楼，(板)〔拔〕树木[35]。流星坠地。后妃已下皆恐，王惊病。<u>燕</u>占灾者言："当有兵围城，其在十月，<u>汉</u>当有大臣戮死者。"会<u>盖主</u>舍人父<u>燕仓</u>知其谋，以告(太)〔大〕司农<u>杨敞</u>，<u>敞</u>告谏(议)大夫<u>杜延年</u>以闻[36]。<u>桀</u>等伏诛。<u>燕王</u>闻之，谓相<u>平</u>曰："事已败，遂发兵乎？"相<u>平</u>曰："左将军已死，百姓皆知之，不可发也。"王忧懑，会宾客群臣，置酒。会使者至，赐王玺书曰："与王骨肉至亲，敌吾一体，乃与他族异姓谋害社稷，亲其所疏，疏其所亲，有悖逆之心，无忠爱之义。如使古人有知，当何面目复奉齐酹见<u>高祖</u>之庙乎！"<u>旦</u>以绶自绞死，后夫人随王死者二十余人。诏赦<u>燕</u>太子<u>建</u>为庶人，谥<u>旦</u>曰<u>刺王</u>，赦<u>燕</u>吏民。<u>杜延年</u>、<u>燕仓</u>皆封侯，<u>杨敞</u>以大臣不即以闻，不封。其为<u>桀</u>等所误，未发觉者，除其罪。

本志以为"乌鹊斗<u>燕王</u>宫中，乌死，近黑祥也。<u>楚王</u>(戍)〔戊〕时[37]，乌鹊群斗于野而白者死；<u>燕王</u>一乌一鹊斗于宫而黑者死，俱诛。反乱之祥，同占理合，此天人之明表也。<u>楚</u>(冗)〔炕〕阳举兵于外[38]，大败于野，故众乌白而金色者死；<u>燕王</u>阴谋未发，独王自杀于内，故一乌如水色者死。此天道精微之效也。(无)〔<u>燕</u>〕南城门者[39]，通<u>汉</u>道也。天火烧之者，<u>燕</u>往来通言数谋之戒也。豕出者，近豕祸也。听之不聪，暴急之咎也。坏灶陈釜于庭者，示不复用也，而宫室将废焉。黄鼠舞端门者，近黄祥也。思心(务)〔霿〕乱之应[40]，将败死亡之象也"。庚午，右扶风<u>王䜣</u>为御史大夫。

二年夏六月，赦天下。问民所疾苦。

三年春正月，<u>泰山</u>有大石自立，高丈五尺，大四十八围，入地八尺，三石为足。石自立后，有白头乌数千下集其旁。<u>昌邑</u>社中枯木复生。<u>上林苑</u>中枯柳断而自起复生，有虫食其叶，成文曰"公孙病已当立"。符节令鲁人眭弘治春秋,晓灾异,上书言:"大石自立,僵柳复起,当有匹庶为天子者。枯树复生,故废之家公孙氏当复兴乎? 汉家承尧之后,有传国之运,当求贤人禅帝位以退,自封百里,以顺天命。"孟意亦不审知其所在。孟坐(误)〔设〕妖言惑众^㊶,伏诛。及宣帝起民间而立,以弘子为郎^㊷。

冬,辽东乌丸反,天子拜范明友为度辽将军,击之,斩首六千余级,获三王首。

四年春正月甲戌,丞相车千秋薨。千秋者,本齐田氏也。以年老,上优之,得乘小车上殿,故世谓之小车丞相,因氏焉。二月乙丑,御史大夫王䜣为丞相。䜣始为范阳令,暴胜之为直指使者,欲斩之。䜣解衣伏颈,仰曰:"使者专杀生之柄,威振郡国,今斩一䜣不足以增威,不如特有所宽,以明恩贷,令尽死力。"胜之遂赦之不诛,荐䜣,征为右辅都尉,遂进至丞相。大司农杨敞为御史大夫。

夏四月,(渡)〔度〕辽将军范明友以破乌丸功^㊸,及前定益州功,封平陵侯。平乐监傅介子使持节,诛楼兰王。是时楼兰杀汉使者,介子自请于霍光曰:"愿往杀之,以威示诸国。"于是赍金币扬言以赐外国,楼兰王不承之,介子阳引而西曰:"天子以金币赐诸国,而不来,我将西矣。"多出金币以示其(驿)〔译〕使^㊹。楼兰王贪汉物,因往见使者。介子曰:"天子使我私报。"王随介子入帐中,屏人语,壮士二人从后刺之,刃交于胸。左右皆散走,介子告喻以"王负汉,罪大矣。天子遣我诛王,当更立太子前在汉者。汉兵方至,无敢动,动则灭国矣"。遂立其王子安师。持斩王首归悬北阙。封介子为义阳侯。

五月丁亥,孝文庙正殿灾。

六月,赦天下。

五年春正月,<u>广陵王</u>来朝。

秋,罢<u>象郡</u>。

冬十一月,大雷。

十二月庚午^㊺,丞相<u>王䜣</u>薨。

六年夏,赦天下。右将军光禄勋<u>张安世</u>以宿卫忠谨,封<u>富平</u>
<u>侯</u>。乌丸复犯塞,(渡)〔度〕辽将军<u>范明友</u>击之^㊻。

冬十有一月乙丑^㊼,御史大夫<u>杨敞</u>为丞相。<u>敞</u>,<u>华阴</u>人也,以
谨厚为<u>霍光</u>所亲。少府<u>蔡义</u>为御史大夫。

<u>元平</u>元年春二月,诏减口赋钱什三。庚辰^㊽,有流星,大如月,
西行,众星皆从之。乙丑,有云如狗,朱色,尾长二丈,(侠)〔夹〕<u>汉</u>
西行^㊾。本志以为"大星如月者,诸大臣之象也。天以东行为顺,
西行为逆,此大臣将行权以安社稷。星占曰:'<u>太白</u>散为天狗,为卒
起。卒起(身)〔见〕^㊿,祸无时,大臣运柄,将安社稷。'"

夏四月癸未,帝崩于<u>未央宫</u>。无嗣。大臣议所立,<u>武帝</u>子独有
<u>广陵王胥</u>。<u>胥</u>本以行失道,先帝所不用。<u>光</u>心计不安。郎有上书
言"<u>周</u>(大)〔太〕<u>王</u>废<u>太伯</u>而立<u>王季</u>^㉑,<u>文王</u>废<u>伯邑考</u>而立<u>武王</u>,唯
在所宜,虽废长立少可也。<u>广陵</u>不可以承宗庙"。言合<u>光</u>心。<u>光</u>以
书示丞相<u>敞</u>等,乃擢郎为<u>九江</u>太守。即日承皇太后诏,迎<u>昌邑王</u>
<u>贺</u>。<u>贺</u>者,<u>武帝</u>孙,<u>昌邑哀王</u>子也。

六月壬申,皇帝葬于<u>平陵</u>。<u>贺</u>即位,行淫乱。<u>光</u>忧懑,恐及祸,
以问大司农<u>田延年</u>,议欲以废王。<u>延年</u>曰:"<u>伊尹</u>废<u>太甲</u>以安<u>殷</u>宗
庙,后世称忠。将军若如此,即<u>汉</u>之<u>伊尹</u>也。"<u>光</u>乃引<u>延年</u>为给事
中,与车骑将军<u>张安世</u>定谋。是时天阴,昼夜不见日月二十余日。

贺欲出，光禄大夫夏侯胜当车谏曰："天久阴不雨，臣下有谋上者，陛下出欲何之？"贺怒，缚胜以属吏。光以为安世泄语，安世实不知。乃召问胜，胜曰："在洪范'皇之不极，厥罚恒阴，即有下伐上^㉜'。"光与安世大惊，由是重经术士。遂召丞相已下群臣会议未央宫，光曰："昌邑王行淫乱，恐危社稷，如何？"群臣皆失色，莫敢对者。田延年前，离席按剑，曰："先帝属将军以幼孤者，以将军忠贤能安刘氏也。今群下鼎沸，社稷将危，如使汉家绝嗣，将军虽死，何以见先帝于地下？今日之议，不可旋踵。群臣后应者，臣请以剑斩之。"光谢曰："九卿责光是也。"于是议者皆叩头："唯大将军命。"光遂白皇太后。皇太后被珠襦，坐武帐中。群臣（已下）皆以次上殿^㉝，召昌邑王听诏。奏曰："昌邑王典丧，服斩衰，无悲哀之心，居道上不素食，使从官略人子女私内传舍。引昌邑从官驺奴三百人，常与居禁闼内，戏笑殿中。为书曰：'皇帝问侍中君卿：使御史府令高昌奉黄金千斤，赠君卿娶妻十人。'今大行在前殿，发乐府器，引纳昌邑乐人，鼓吹俳倡歌舞。乘法驾驱驰北宫。召皇太后御小马车，使官奴骑乘游戏。与孝昭宫人蒙等淫乱。取诸侯王、列侯墨绶、〔黄绶〕以并佩昌邑郎官者免奴^㉞。即位二十七日，使者旁午，持节诏诸官署征发，凡一千一百二十七事。荒淫迷惑，失帝王义。五刑之属，莫大于不孝。周襄王不能事母，春秋绝之于天下。昌邑王不可以承宗庙，当废。臣请有司以（大）〔太〕牢告祀高庙^㉟。"皇太后诏曰："可。"王曰："天子有争臣七人，虽无道不失其天下。"光曰："皇太后诏废，安得称天子！"遂下解玉玺组绶，奉上皇太后。王出，群臣随送。王西面拜，曰："臣愚戆，不任汉事。"遂起就乘舆副车。光送至昌邑邸，光谢曰："王行自绝于天下，臣等负王，不敢负社稷。”光涕泣而去。王归昌邑，赐汤沐邑二千户。昌邑群臣坐无辅导之训，悉诛三百余人[56]。唯中尉王吉，字子（旸）〔阳〕[57]，郎中令龚遂，字少卿，以忠（真）〔直〕数谏[58]，得减死罪一等。河南王式字翁思，为贺师。治事使者责问式：“何以无谏书？”式曰：“臣以三百五篇诗授王，至于忠臣孝子之篇，未尝不反覆为王言之；至于危亡失道之君，未尝不流涕为王言之。臣以三百五篇诗谏王，何以为无书？”亦得减死，为世儒宗。

初，贺之在国也，好游猎，无节度。王吉上疏谏曰：“大王不好经术而好逸游，伏轼撙衔，驰骋不止，口（捲）〔倦〕于叱咤[59]，手勤于辔箠，身劳于车舆；朝则冒（霜）雾〔露〕[60]，昼则犯埃尘，夏则为大暑之所（爆）〔暴〕炙[61]，冬则为风雪之所偃薄。非所以养性命，隆仁义也。夫广厦之下，旃茵之上，明师在前，劝颂在后，上及唐、虞之隆，下及殷、周之盛，考仁圣之风，习治国之道，忻忻然发愤忘食，日新其德，其乐岂徒衔镳之间哉！”王每放纵失道，吉辄谏争。龚遂亦数直谏，陈祸福，号泣謇謇无已。王曰：“郎中令何为哭？”遂曰：“臣痛社稷危也。”面刺王过，王至掩耳趋走，曰：“郎中令善愧人。”及国中皆畏惮焉。及王之征也，吉、遂又数纳谏，王不能用，遂至于废。于是迎卫太子之孙病已而立焉，是为孝宣帝。

荀悦曰：昌邑之废，岂不哀哉！书曰“殷王纣自绝于天”，易曰“斯其所取灾”，言自取之也。故曰有六主焉：有王主，有治主，有存主，有哀主[62]，有危主，有亡主。体正性仁，心明志固，动以为人，不以为己：是谓王主。克己（恕）〔恕〕躬[63]，好问力行，动以从义，不以纵情：是谓治主。勤事守业，不敢怠荒，动以先公，不以先私：是谓存主。悖逆交争，公私并行，一得一失，不纯道度：是谓哀主。情过于义，私多于公，制度殊限，政令失常：是谓危主。亲用谗邪，放逐忠贤；纵情遂欲，不顾礼度；出入游放，不拘仪禁；赏赐行私以越公用，忿怒施罚以逾法制；遂非文过，知而不改；忠信拥塞，直谏诛戮：是谓亡主。故王主能致兴平；治主能行其政；存主能保其国；哀主遭无难则庶几得全，有难则殆；危主遇无难则幸而免，有难则亡；亡主必亡而已矣。夫王主为人而后己利焉，治主从义而后情得焉，存主先公而后私焉。故遵亡主之行而求存主之福，行危主之政而求治主之业，蹈哀主之迹而求王主之功，不可得也。夫为善之至易，莫易于人主；立业之至难，莫难于人主；至福之所隆，莫大于人主；至祸之所加，莫深于人主。夫行至易，以立至难，便计也；兴至福而隆至祸，厚实也。其要不远，在乎所存而已矣。虽在下才，可以庶几！然迹观前后，中人左右多不免于乱亡。何则？况于宴安，诱于谄导，放于情欲，不思之咎也。仁远乎哉？存之则至。是以昔者明王战战兢兢，如履虎尾，劳谦日昃，夙夜不怠，诚达于此理也。故有六主，亦有六臣：有王臣，有良臣，有直臣，有具臣，有嬖臣，有佞臣。以道事君，匡躬之故，达节通方，立功兴化，是谓王臣。忠顺不失，夙夜匪懈，顺理处和，以辅上德，是谓良臣。犯颜逆意，抵失不挠，直谏遏非，不避死罪，是谓直臣。奉法守职，无能往来，是谓具臣。便辟苟容，顺意从谀，是谓嬖臣。倾险谗害，诬下惑上，专权擅宠，唯利是务，是谓佞臣。或有君而无臣，或有臣而无君，同善则治，同恶则乱，杂则交争，故明主慎所用也。六主之有轻重，六臣之有简易，其存亡成败之机，在于是矣，可不尽而深览乎！

赞曰：本纪称："昔者周成王以孺子继统，而〔有〕<u>管</u>、<u>蔡</u>四国流言之变^㊽。孝昭以幼年即位，亦有燕、盖、上官逆乱之谋。成王不疑周公，孝昭卒任霍光，各因其时以成〔名〕^㊿，大矣哉！承孝武奢侈余弊师旅之后，海内虚耗，户口减半，霍光知时务之要，轻徭薄赋，与民休息。至〔始〕元（始）、元凤之间^⓰，匈奴和亲，百姓充实。举贤良文学，问民所疾苦，议盐铁，罢（擢）〔榷〕沽^⓱，尊号为'昭'，不亦宜乎！"

校勘记

① 鄂邑公主益（阳）〔汤〕沐邑　从南监本、龙溪本、学海堂本改。

② 上耕于（钓）〔钩〕盾弄田　从南监本、龙溪本、学海堂本、汉书昭帝纪改。

③ 莽（阿）〔何〕罗重合（候）〔侯〕　从龙溪本、学海堂本改。

④ 所振贷种食勿收（弄）〔责〕　从学海堂本、汉书昭帝纪改。

⑤ 有诏外人（付）〔侍〕长主　"付"讹，径改。

⑥ 安因光（命）〔欲〕内之　从吴慈培校改。

⑦ 外人（熹）〔喜〕　从龙溪本、学海堂本改。

⑧ （女）〔安〕为骑都尉　从南监本、龙溪本、学海堂本改。

⑨ 列侯中二千〔石〕以下　从南监本、龙溪本补。

⑩ （各）〔冬〕　从南监本、龙溪本、学海堂本改。

⑪ 遂送（诣）〔诏〕狱　从学海堂本、汉书隽不疑传改。

⑫ 廷尉（还）〔逮〕　从学海堂本、汉书隽不疑传改。

⑬ 召其乡里张禄（者）〔等〕　从汉书隽不疑传改。又"张禄"，该传作"张宗禄"。

⑭ 上官安为〔桑〕乐（乡）侯　从汉书昭帝纪改。

⑮ 罢儋耳（番禺九）真〔番〕郡　从汉书昭帝纪改。

⑯ 假（节使）〔吏〕常惠等　从汉书苏建传苏武附传改。

⑰ （勾町）〔猴〕王　从汉书苏建传苏武附传改。

⑱ 〔虞〕常（惠）素与胜善　从汉书苏建传苏武附传改。

⑲ 于軒王(戈)〔弋〕猎海上　从<u>龙溪</u>本,<u>学海堂</u>本改。

⑳ (擎)〔檠〕治弓弩　从<u>龙溪</u>本、<u>汉书苏建传苏武附传</u>改。

㉑ 自(已)分〔已〕死久矣　从<u>学海堂</u>本、<u>汉书苏建传苏武附传</u>乙正。

㉒ 汉且(贯)〔贳〕陵罪　从<u>汉书苏建传苏武附传</u>改。

㉓ 为〔君〕将(军)兮奋匈奴　从<u>汉书苏建传苏武附传</u>改。

㉔ 路穷绝兮矢(石摧)〔刃摧〕　从<u>南监</u>本、<u>汉书苏建传苏武附传</u>改。

㉕ 虽欲报恩将安归(兮)　从<u>汉书苏建传苏武附传</u>删。

㉖ 公田(十)二顷　从<u>汉书苏建传苏武附传</u>删。

㉗ 常惠徐胜赵终王良等拜〔中〕郎(中)　从<u>汉书苏建传苏武附传</u>乙正。

㉘ 泗水戴王子援　"援",<u>汉书昭帝纪</u>作"暖"。

㉙ 皆(兄)〔免〕刑击之　从<u>龙溪</u>本、<u>学海堂</u>本、<u>汉书昭帝纪</u>改。

㉚ 光出都肆(邸)〔郎〕羽林　从<u>汉书霍光传</u>改。

㉛ 上称(惊)〔警〕跸　从<u>龙溪</u>本、<u>学海堂</u>本改。

㉜ (及)〔召〕光　从<u>南监</u>本、<u>学海堂</u>本、<u>汉书霍光传</u>改。

㉝ 诸郡国(郡国)豪杰　从<u>汉书武五子传</u>删。

㉞ 坏灶(御)〔衔〕釜六(十)〔七〕枚　从<u>南监</u>本、<u>汉书五行志</u>改。

㉟ (板)〔拔〕树木　从<u>学海堂</u>、<u>汉书武五子传</u>改。

㊱ 以告(太)〔大〕司农杨敞敞告谏(议)大夫杜延年　从<u>龙溪</u>本改。"议"径
删。按<u>西汉</u>无"谏议大夫"官名,<u>东汉</u>才有。

㊲ 楚王(戍)〔戊〕　从<u>龙溪</u>本、<u>学海堂</u>本改。

㊳ 楚(冗)〔炕〕阳举兵于外　从<u>学海堂</u>本、<u>汉书五行志</u>改。

246　㊴ (无)〔燕〕南城门者　从<u>龙溪</u>本、<u>学海堂</u>本改。

㊵ 思心(务)〔霧〕乱之应　从<u>龙溪</u>本、<u>学海堂</u>本改。

㊶ 孟坐(误)〔设〕妖言惑众　从<u>汉书睦孟传</u>改。

㊷ 以弘子为郎　"弘",黄校本作"孟"。按<u>眭弘</u>即<u>眭孟</u>。"弘"为名,"孟"
为字。

㊸ (渡)〔度〕辽将军范明友　从<u>学海堂</u>本、<u>汉书昭帝纪</u>改。

㊹ 以示其(驿)〔译〕使　从汉书傅常郑甘陈段传、吴慈培校改。

㊺ 庚午　汉书百官公卿表作“庚戌”。

㊻ (渡)〔度〕辽将军范明友　从学海堂本、汉书昭帝纪改。

㊼ 乙丑　汉书百官公卿表作“己丑”。

㊽ 庚辰　汉书昭帝纪作“甲申”。

㊾ (侠)〔夹〕汉西行　从汉书天文志改。

㊿ 卒起(身)〔见〕　从龙溪本、学海堂本、汉书天文志改。

(51) 周(大)〔太〕王废太伯　从龙溪本改。

(52) 在洪范　汉书夏侯胜传作“洪范传”。

(53) 群臣(已下)皆以次上殿　从汉书霍光传、吴慈培校删。

(54) 墨绶〔黄绶〕　从黄校本、汉书霍光传补。

(55) 有司以(大)〔太〕牢告祀　从龙溪本改。

(56) 悉诛三百余人　“三”,汉书霍光传作“二”。

(57) 字子(旸)〔阳〕　从南监本、龙溪本、汉书王吉传改。

(58) 以忠(真)〔直〕数谏　从龙溪本、学海堂本改。

(59) 口(捲)〔倦〕于叱咤　从黄校本、汉书王吉传改。

(60) 朝则冒(霜)雾〔露〕　从汉书王吉传改。

(61) 夏则为大暑之所(爆)〔暴〕炙　从南监本、龙溪本、汉书王吉传改。

(62) 有哀主　“哀”,疑作“衰”。

(63) 克己(恕)〔恕〕躬　从龙溪本、学海堂本改。

(64) 而〔有〕管蔡四国流言之变　从南监本、龙溪本、汉书昭帝纪补。

(65) 各因其时以成〔名〕　从学海堂本、汉书昭帝纪补。

(66) 至〔始〕元(始)元凤之间　从龙溪本、学海堂本、汉书昭帝纪乙正。

(67) 罢(攉)〔榷〕沽　从龙溪本、学海堂本、汉书昭帝纪改。

汉纪　孝宣皇帝纪一　卷第十七

　　宣帝初生数月,遭巫蛊事,幽于郡邸狱。廷尉监鲁国邴吉字<u>少卿</u>,治巫蛊事于郡邸狱,悯曾孙之无辜,择女徒谨厚者,使保养曾孙,置闲燥处。望气者言<u>长安</u>狱中有天子气,于是<u>武帝</u>遣使者分条中都官狱中系者,欲尽杀之。及使者至,郡邸狱官闭门拒使者,曰:"皇〔曾〕孙在此①。他人无辜死犹不可,况亲曾孙乎!"使者自夕至明不入,还以闻,因劾奏<u>吉</u>。<u>武帝</u>亦悟,曰:"天使之然也。"赦天下郡邸狱。巫蛊者亦不决,曾孙拘系五年,<u>吉</u>私给衣食,占视甚有厚恩。后收养于掖庭。〔掖庭〕令<u>张贺</u>②,尝事<u>卫太子</u>,奉养曾孙甚谨,以私财供给之。既壮,为取暴室啬夫<u>许广汉</u>女为妻,因依<u>广汉</u>兄弟及祖母家<u>史氏</u>。受诗于<u>东海渡中翁</u>,高才好学。足下有毛③,居止数有神光照曜。每买饼,所从买家辄大售,亦以此自怪。

　　秋七月庚申,征入<u>未央殿</u>,封〔阳〕武(阳)侯④,遂即皇帝位,见于<u>高庙</u>,年十八。

　　八月己巳,丞相<u>杨敞</u>薨。

　　九月,大赦天下。戊寅,御史大夫<u>蔡义</u>为丞相。年老短小,两吏扶(下)〔夹〕乃能行⑤。众庶咸曰："大将军苟可用专制者⑥。"光闻之曰："以为天子师宜为丞相，何谓乎?"初，义以诗(受)〔授〕昭帝⑦，其人守学，无咎而已。戊辰，左冯翊田广明为御史大夫。

冬十有一月，立皇后许氏。群臣方议所立，上乃求微时故剑，群臣知其旨，乃奏立许婕妤为皇后。父广汉自以刑人不宜居位，封为昌城君，后封平恩侯。皇〔太〕后归长乐宫⑧。长乐宫初置屯卫。

本始元年春正月，遣使者持节诏诸郡国，谨牧养民以风化。大将军霍光稽首归政，上谦让不听，遂委任焉。事皆先闻光，然后奏御。益封光万七千户，赏赐黄金七千斤，钱六千万，杂彩缯三万匹，奴婢百七十人，马三千匹，甲第一区。将军张安世封万户(侯)⑨，其余各以次受封。夏四月庚午，地震。

五月，凤凰集胶东、千乘。赦天下。赐吏民爵。勿收田租赋。

六月，诏曰："故太子在湖，未有谥号。岁时祀，其议谥，具置园邑。"有司奏请："礼'为人后者，为人之子'，故降其父母不得祭，尊祖之义也。陛下为孝昭后，承祖宗之祀，制礼不逾(阃)〔闲〕⑩。臣愚以为亲谥父宜曰悼考，母曰悼后，(此)〔比〕诸侯(国)〔园〕⑪，置奉邑三百户。故皇太子〔谥〕曰戾(园)⑫，置奉邑二百家。史良(姊)〔娣〕号曰戾夫人⑬，置守冢四十家⑭。园置长丞，周卫奉守如法。"太子有妃，有良(姊)〔娣〕⑮，有孺子，凡(二)〔三〕等⑯，〔子〕皆(稱)〔称〕皇孙⑰。史良(姊)〔娣〕者⑱，鲁国人也。兄曰恭，有三子，曰高、曾、玄，后皆封列侯。悼后王氏，涿郡人。兄曰无辜⑲，封平昌侯;次曰武，封〔乐〕昌(乐)侯⑳。赐外祖(父)母号曰博平君㉑，食邑万一千户。追尊外祖父(母)乃始为(恩)〔思〕成侯㉒，诏涿郡治家，置园邑四百家，长丞奉守如法。秋七月，立燕(剌)〔刺〕王太子建为广阳王^㉓，广陵王胥少子弘为高密王。廷尉史钜鹿路温舒上书曰："臣闻齐有无知之祸，桓公以兴；晋有骊姬之难，文公用霸。近世赵王不终，诸吕作乱，而孝文又为太宗。由是观之，祸乱之作，以开有德也。昭帝即世无嗣，大臣忧懑，昌邑即位，淫乱而废，是乃皇天所以开至圣也。夫继变乱之后，必有隽异之德，此〔圣〕贤所以推天命也㉔。臣闻春秋正即位，大一统而慎始也。陛下初登至尊，与天合符，宜改前世之失，正〔始〕受（始）之统㉕，荡涤烦文，除民疾苦，存亡继绝，以应天意。夫狱者，天下之大命。书曰：'与其杀不辜，宁失不经。'今治狱者皆欲人死，非憎之也，上下相继，以刻为明，深者获功名，平者多后患。故治狱者皆欲人死，非憎之也，自安之道在人之死也。夫人之情，安则乐生，痛则思死，捶楚之下，何求而不得？故因人不胜痛，则饰妄辞以示之；吏治者利其（杀）〔然〕㉖，则指导以明之；上奏畏（抑）〔却〕，则锻炼而周（密）内之㉗。盖奏者当成之时，虽咎繇听之，犹以为死有余罪。何则？文致之法明也。语曰：'画地为狱誓不入，刻木为吏议不对。'此皆嫉吏悲痛之辞。故曰天下之患，莫不甚于狱㉘。"上善其言，迁广阳（王和）〔私〕府长（史）㉙。后为临淮太守，治有异迹。

二年春，大司农田延年有罪，自杀。延年，齐人也。以定策安社稷，封阳城侯。官发傗民车牛三万乘，载沙便桥下，送置陵上，车直钱一千，延年诈增车直二千，坐盗益三千万。御史大夫田广明谓霍光曰："春秋之义，以功覆过。当废昌邑王时，非田子宾大事莫成。今县官出三千万钱与之，何苦乎！"光曰："然，子宾实勇士！当发大义时，震动朝廷。"光因举手抚心曰："使我至今日病悸！晓大司农通往就狱，得与公卿议之。"延年曰："幸得县官宽我耳，何面目入牢狱!"遂自刭而死。夏四月,诏有司议孝武庙乐。

六月庚午,尊孝武庙曰世宗,奏盛德、文始、四时、五行之舞。凡武德、昭德、盛德之舞所以尊祖宗也。诸帝庙皆当奏文始、四时、五行之舞。武帝巡狩所幸郡国,皆当立庙。告祠(祀)世宗庙日^{③⑩},有白鹤集后庭,以立世宗庙告祠孝昭寝庙,复有雁五采集殿前。西河郡立世宗庙,有神光兴于殿侧,又兴于房中,如灯火状。广川郡立世宗庙,殿上有钟音,房户自开,夜有光,殿上尽明。初,议立世宗〔庙乐〕^{③①},长信少府夏侯胜以为"武帝多杀士众,竭民财力,奢侈无度,不宜立庙〔乐〕^{③②}"。胜坐毁谤诏书,毁先帝,不道,及丞相长史黄霸阿不举劾,皆下狱。久系,霸欲从胜受业,胜辞死罪。霸曰:"朝闻道,夕死可矣。"胜贤其言,遂(受)〔授〕霸尚书^{③③},系更再冬,讲不怠。会赦胜出,为谏(议)大夫、给事中^{③④},荐霸扬州刺史。霸字次公,淮阳人。胜字长公,夏侯始昌之族子。胜为人质朴,无威仪,见上时误谓上为君,或自称字上前,上(欲)〔亦〕以是亲信之^{③⑤}。尝见,出道上语,上闻而让之,胜(为人质朴无威仪见上时误谓上为君或自称字上前上亦以是亲信之尝见出道上语上闻而让之胜)^{③⑥}曰:"陛下言善,臣故扬之。尧言布于天下,至今诵之。臣以可传故耳。"朝廷每有大议,上谓胜曰:"先生通正言,无惩前事。"初,皇太后听政,霍光以(令)〔白〕太后从胜受尚书^{③⑦}。及胜卒,太后缟素五日,儒者以为荣。

三年春正月癸亥,皇后许氏崩。初,霍光夫人显有小女欲贵。皇后当产,疾。显阴使医淳于衍行毒药。后有人上书告诸医治疾无状者,皆收系。显恐,急具状谞光,因曰:"既已失计为之,无令吏急衍!"光惊愕,默然。后奏上,置衍勿论,事不发觉。

夏，大旱。五月，御史大夫田广明为祁连将军，与蒲类将军赵充国、虎牙将军田顺、度辽将军范明友、前将军韩增凡兵十五万，与校尉常惠持节护乌孙兵，并击匈奴。初，匈奴数侵边，又西伐乌孙。武帝欲与乌孙共击匈奴，故以江都王建女细君为公主，妻乌孙昆弥，昆弥以马千匹为聘礼。汉为公主备属官、内官、侍御数百人。公主自为宫室居，岁时与昆弥饮食，言语不通，公主悲愁。上闻而怜之，间岁遣使者遗之甚厚。细君卒，复以楚王戊之孙女解忧为公主以继之。于是匈奴复侵乌孙昆弥，昆弥与公主上书，请共击匈奴。乌孙自将五万骑，常惠与乌孙获匈奴父行与嫂、名王、都尉已下四万余级，牛马骆驼七十余万头。乌孙皆自取其虏获。时匈奴闻汉大出兵，皆将老弱驱畜产远遁逃，故汉军所得少。而祁连将军、虎牙将军有罪，皆自杀。常惠封长（黑）〔罗〕侯㉘。匈奴由是人民畜产死亡者众，而国虚耗矣。其冬，单于自将击乌孙，会天大雨雪，一日深一丈余，匈奴人民畜产冻死，还者十无一二。于是丁零乘弱攻其北，乌丸入其东，乌孙入其西。又重以饥饿，死者十三，匈奴大困。诸国（霸）〔羁〕属者皆瓦解㉙，攻盗不能治，匈奴遂弱矣。

　　六月乙丑，丞相蔡义薨。甲辰，长信少府韦贤为丞相，大司农魏相为御史大夫。

　　四年春正月，遣使赈贫民。减太官，损膳省宰，乐府减乐人。

　　三月乙亥，立皇后霍氏，光女也。赐丞相以下至郎吏金帛各有差。赦天下。

　　夏四月壬寅，郡国四十九地震，或山崩泉出，宗庙隳落。上素服，避正殿。

　　五月，大赦。凤凰集北海安丘。

秋,广川王去有罪,废徙上庸,自杀。去者,惠王越之孙。初,事师受易,师数谏正之。去后以师为内史掾,师数使内史禁切王家,欲以示正之。去怒,阴使人杀师父子,不发觉。其后用幸姬昭信等之谮,杀姬昭平等二人;恐语泄,复杀婢三人。昭信又曰:"梦见昭平等。"去曰:"虏乃敢复见,不畏我邪!"掘尸,皆烧之为灰。后立昭信为后,又阴潜幸姬〔陶〕望卿⑩,疑与郎吏有私。去即裸望卿,令诸姬各持烧铁共灼之。望卿走投井,未死。割其唇鼻,断其舌。昭信与去共支解,置大镬中,又取桃灰毒药并煮之连日。复杀其女弟都。后去数召姬荣爱与之饮酒,昭信谮之,投井中。出之未死,烧(两)〔刀〕灼溃两眼⑪,生割两股,销铅锡灌口中。爱死,支解以棘埋之。诸得幸者,昭信皆谮杀,凡十四人,皆埋宫中。昭信又谓去曰:"诸姬淫(泆)〔佚〕难禁⑫,请闭诸舍门,无令得妄出入。"使其大婢为仆射,主外永巷,尽闭封诸舍门,上钥于(太)后。(太)后置酒⑬,乃召见。昭信与去从十余婢传歌游戏。望卿母求二女尸,昭信令奴杀之。后捕奴,得辞伏状。内史相劾状奏之,有司请捕诛去。上不忍致法,废,徙之(蜀)〔上庸〕⑭。昭信弃市。

地节(九)〔元〕年春正月⑮,有星孛于西方,〔去〕太白二丈⑯。本志云:"太白为天之将军,彗孛加之,扫灭之象也。"三月,假郡国贫民田。夏六月,诏宗室属籍未尽而罪绝者复属,使得自新。冬十有一月,楚王延寿谋反,自杀。十有二月癸亥晦,日有蚀之。

二年春正月庚午⑰,大司马〔大〕将军霍光疾病⑱,上自临问,为之涕泣。及薨,皇太后亲自临丧。太中大夫、御史持节护丧事。中二千石治幕府冢上。赐金钱、缯絮,绣被百领,衣五十箧,(壁)〔璧〕玉珠玑玉(含梓)〔衣,梓〕棺、便房、黄肠题凑各一具⑲,枞木外藏椁一十五具。东园温明秘器,皆如乘舆制度。载光柩以辒辌车,黄屋左纛,发材官轻车北军五校士军阵至<u>茂陵</u>以送葬,谥曰<u>宣成侯</u>。畴其爵邑,复其后世,如<u>萧相国</u>。子<u>禹</u>嗣,为(左)〔右〕将军[50]。复使<u>光</u>兄(子)〔孙〕<u>云</u>侍中奉车都尉[51],<u>云</u>弟<u>乐平侯山</u>领尚书事,示不专政,以优崇<u>霍氏</u>也。

夏四月戊辰,立皇太子,大赦天下。<u>霍光</u>既薨,<u>光</u>夫人<u>显</u>改<u>光</u>生时所造茔制而更奢大之。起三出阙,筑神道,北临<u>昭台</u>,南出<u>承恩</u>[52],盛饰,辇道通属永巷,而幽良人婢妾以守之。广治第舍,作乘舆驾辇,加画绣茵冯,黄金涂,韦絮荐轮,侍婢以五彩丝挽<u>显</u>于第中游戏。与<u>光</u>所幸监奴<u>冯子都</u>淫。而<u>禹</u>、<u>山</u>等缮治第宅,走马驰逐。及<u>山</u>兄冠(军)〔阳〕侯<u>云</u>当朝谒[53],数称疾,私出游猎,或遣苍头代朝谒,莫敢谴者。而<u>显</u>及诸女,昼夜出入<u>长信宫</u>殿中,无度。及上立太子,<u>显</u>怒,不饮食,呕血三日,曰:"此乃民间子,安得立?后有子,反当为王邪!"后教皇后鸩太子。皇后数召太子赐食,阿保必先尝之,后挟毒药不得行。<u>霍氏</u>与御史大夫家争道,欲蹋大夫门,御史叩头谢,奴乃去,其放纵如此。御史大夫<u>魏相</u>上书,言"<u>霍氏</u>骄奢,恐浸大不可制。宜有损夺其盛权,以固万世之基,全功臣之后。"又故上事皆有二封,其一封录尚书,副当先发,所言不善,辄不奏。<u>相</u>复白去副封,以防雍塞。上善之,诏<u>相</u>给事中。<u>相</u>字<u>弱翁</u>,<u>济阴</u>人也。于是上亲政事,群臣得以径奏封事。上五日一听朝,丞相以下各依职奏事,采纳其言,考试功能。侍中尚书虽功劳当迁,辄厚加赏锡,不数改易。枢机周密,品式具备,是以上下相安,莫有苟且之意。及拜刺史郡守辅相[54],辄亲见问,观其所由,退而考察其行,以质其言,有名实不相应者必知其所以然。上尝曰:"庶民所以安于田里而无怨恨叹息之心者,政平讼理也。与我共此者,其惟良二千石乎!"以为长吏者,民之本也,数变易则下不安;民知其上久,不敢欺罔,则民从化。故二千石不可数迁徙,有治理之效者,辄玺书勉励,增秩赐金,或爵至关内侯。公卿缺,辄选所长而迁次用之。故民安其土,吏劝其业矣。时颇修<u>武帝</u>故事,宫室车服盛于<u>昭帝</u>时,任用能吏。谏(议)大夫<u>王吉</u>上书曰⑮:"今世俗吏治民者,非有礼义仁信称旨可世世通行者也,徒设刑以守之。欲以为治者,不知其所由,〔以〕意(以为)穿凿⑯,各取一切。是以百里不同风,千里不同俗,国异政,人殊俗,诈伪萌生,刑罚无极,质朴日消,恩爱浸薄。<u>孔子</u>曰'安上治民,莫善于礼',非虚言也。愿陛下承天心,发大义,与大臣公卿延及儒生,述礼乐,明王制,驱一世之民致于仁寿之域,则治何以不若<u>成</u>、<u>康</u>,寿何以不若<u>高宗</u>?窃见当世趋务不合于道者,谨以条奏。"<u>吉</u>又以"世俗嫁娶太早,未知有为父母之道而有子,是以教化不明而人多夭。聘妻送女无节,则贫人耻不相及,故有不举子者。夫得任子弟为官,失举贤之义。又<u>汉</u>家列侯尚公主,诸侯(列)〔则〕国(人)〔人〕承(公)〔翁〕主⑰,使男事女,夫屈于妇,逆阴阳之位,皆宜改正。"时上不纳<u>吉</u>言,乃谢病归。

<u>荀悦</u>曰:尚公主之制,人道之大伦也。昔<u>尧</u>〔釐〕降(釐)二女于<u>妫汭</u>⑱,嫔于<u>虞</u>。《易》曰:"帝乙归妹,以祉元吉。"《春秋》称王姬归于<u>齐</u>,古之达礼也。男替女凌,则淫暴之变生矣。礼自上降,则昏乱于下者众矣。三纲之首,可不慎乎!夫成大化者必稽古立中,务以正其本也。凡<u>吉</u>所言,古之道也。

三年春正月,诏曰:"<u>胶东</u>相<u>王成</u>劳来不怠,流民自至者八万余口,治有异等。其秩<u>成</u>中二千石,赐爵关内侯。"

夏四月戊辰，车骑将军光禄勋张安世为大司马，车骑将军如故。京师大雨雹。大行治礼丞萧望之上疏，愿口陈灾异。上在民间，时素闻萧长倩名，曰："此东海萧生邪？"问其状，对曰："春秋鲁昭公三年大雨雹，是时季孙专权，卒逐昭公。向使鲁公察其变，宜无此害。附枝大者败本心，私家盛者公室危。陛下以圣德居位，思政求贤，此尧、舜之用心也。然祥瑞未臻，阴阳不和，是大臣任政，一姓专权之所致也。惟明主亲万机，举贤良以为腹心，公道立则奸邪塞，奸邪塞则私权废矣。"对奏，拜望之为谒者。是时招贤良，纳直言，多上书言便宜者，辄下望之问状，或用或罢，所献奏皆可。望之迁谏(议)大夫㊹，丞相司直，岁中三迁。初，霍光秉政，长史邴吉荐王仲翁与望之等数人。时吏民见光者，皆露索，去刀兵，两吏挟持之。望之独不听，自引出关。光令吏勿持。既见，责曰："将军辅翼幼君，将流大化，是以天下之士延颈企踵，争愿自效。(令)〔今〕士见者皆露索挟持㊿，恐非周公辅相成王之礼，致白屋之意也。"于是光独不用望之，而仲翁等皆补大将军(吏)〔史〕㊿。二岁间㊿，仲翁至光禄大夫给事中，而望之以对策甲科为郎，署小苑东门长㊿。仲翁出从，传呼甚宠，顾谓望之曰："不肯碌碌，反抱关木。"望之曰："各从其志。"望之复失郎，至是乃得用焉。是时光兄(子)〔孙〕中郎将冠军侯云、乐平侯山皆以过就第㊿。山阳太守张敞上书曰："臣闻公子季友有功于鲁，大夫赵衰有功于晋，大夫田(宽)〔完〕有功于齐㊿，皆畴其官位，延及子孙，后田氏篡齐，赵氏分晋，季氏专鲁。仲尼作春秋，迹盛衰，讥世卿尤甚。今朝臣皆明言㊿，陛下褒宠大将军以报功德足矣。宜罢(王)〔三〕侯㊿，皆就国。明诏以恩德不听，群臣以义固争之，久而后许之，天下必以陛下为不忘功德，而以朝臣为知礼。今朝廷不闻直声，而令明诏自亲其文，非策之得者也。今两侯已出，人情不能相远也，以臣心度之，大司马及其枝属必有畏惧之心。夫近臣自危，非(宽)〔完〕计也[68]。"上善其言。

五月甲申，丞相韦贤以老病，锡金鞍车驷马，薨于家。子弘为太常丞。贤以弘当为嗣，太常职当陵庙，烦剧多过，敕令自免。弘怀让，不去官。及贤病笃，弘坐宗庙事系狱，未决。室家问贤当为后者，贤恚恨不肯言。于是门下生与贤宗家计议，共矫贤令，使家丞上书言大行，以小子〔大〕河(南)都尉玄成为后[69]。玄成闻当嗣，即佯狂，验，不得已乃使封爵。上高其行，以玄成为河南太守。弘为(大)〔太山〕都尉[70]，迁为东海(大)〔太〕守[71]。后玄成为列侯，侍祠孝惠庙，雨淖，不驾马车而骑马至庙下[72]，削爵为关内侯。玄成自伤贬父爵，乃为诗自责曰："惟我小子，不肃会同，(坠)〔媠〕彼舆服[73]，黜此附庸。赫赫显爵，自我坠之；微微附庸，自我招之。谁为忍愧[74]，寄之我颜；孰将遐(狂)〔征〕[75]，从之夷蛮。于赫三事，匪俊匪作，于蔑小人[76]，终焉其度。谁谓华高，(跋)〔企〕其齐而[77]；谁谓德广，厉其庶而。嗟我小子，(不)〔于〕贰其尤[78]，坠彼令爵，(由)〔申〕此择辞[79]。四方群后，我监我视，威仪舆服，唯肃是履！"

六月壬申，御史大夫魏相为丞相。太子太傅邴吉为御史大夫。少傅东海疏广字仲翁，为太子太傅。平恩侯许伯为太子少，(傅以太子尚幼伯)欲使其弟舜监护太子家事[80]。上以问广，广对曰："太子国储副君，官属师友，必取天下英俊，不宜独亲外家。且太子有太傅，有少傅，官属以备，今复取舜监护家事，非所以广太子德于天下也。"上善其言而止。广兄子受为太子家令，亦恭谨而好礼。上幸太子宫，受迎谒应对，及置酒侍宴，奉觞上寿，辞礼闲雅，上甚欢悦。

顷之,拜受为少傅。父子并为师傅,每朝,太傅在前,少傅在后,朝廷以为荣。

九月壬辰^㉘,地震。

冬十月,诏举方正直言极谏之士。罢车骑将军、右将军屯兵。诏池苑未幸御者假与贫民,郡国宫馆勿修治。流民还乡者假公田,贷种食,且勿算事。

冬十有一月,诏郡国举孝弟有行义者各一人。

十有二月,初置廷尉平四人,秩六(千)〔百〕石^㉜。(谏议大夫)〔涿郡太守〕郑昌上疏言^㉝:"今明主躬垂明听,虽不置廷尉平,狱将自正。若开后嗣,不若删定律令。律令一定,愚民知其所避畏,奸吏无所弄权柄。今不正其本而救其末,世衰毁,则廷尉平招权而为乱首矣。"省(汶)〔文〕山郡^㉞,并蜀郡。

校勘记

① 皇〔曾〕孙在此　从汉书丙吉传补。

② 〔掖庭〕令张贺　从黄校本补。

③ 足下有毛　汉书宣帝纪"足"上有"身"。

④ 封〔阳〕武(阳)侯　从汉书宣帝纪乙正。

⑤ 两吏扶(下)〔夹〕乃能行　从龙溪本、学海堂本、汉书蔡义传改。

⑥ 大将军苟可用专制者　"可用",汉书蔡义传作"用可"。

⑦ 以诗(受)〔授〕昭帝　从汉书蔡义传、吴慈培校改。

⑧ 皇〔太〕后归长乐宫　从学海堂本、汉书宣帝纪补。

⑨ 将军张安世封万户(侯)　从汉书宣帝纪删。

⑩ 制礼不逾(阃)〔闲〕　从汉书武五子传改。

⑪ (此)〔比〕诸侯(国)〔园〕　从龙溪本、汉书武五子传改。

⑫ 故皇太子〔谥〕曰戾(园)　从汉书武五子传补删。

⑬ 史良(姊)〔娣〕号曰戻夫人　从汉书武五子传改。

⑭ 置守冢四十家　"四"，汉书武五子传作"三"。

⑮ 有良(姊)〔娣〕　从学海堂本、汉书外戚传改。

⑯ 凡(二)〔三〕等　从学海堂本、汉书外戚传改。

⑰ 〔子〕皆(稱)〔称〕皇孙　从龙溪本、学海堂本、汉书外戚传补改。

⑱ 史良(姊)〔娣〕　从学海堂本、汉书外戚传改。

⑲ 兄曰无辜　"辜"，汉书外戚传作"故"。

⑳ 封〔乐〕昌(乐)侯　从汉书外戚传乙正。

㉑ 外祖(父)母号曰博平君　从汉书外戚传删。

㉒ 追尊外祖父(母)乃始为(恩)〔思〕成侯　从汉书外戚传删改。

㉓ 立燕(刺)〔剌〕王太子建　从龙溪本、学海堂本、汉书宣帝纪改。

㉔ 此〔圣〕贤所以推天命也　从南监本、龙溪本、学海堂本补。

㉕ 正〔始〕受(始)之统　从汉书路温舒传乙正。

㉖ 吏治者利其(杀)〔然〕　从南监本、龙溪本、学海堂本、汉书路温舒传改。

㉗ 上奏畏(抑)〔却〕,则锻炼而周(密)内之　从南监本、汉书路温舒传改。

㉘ 莫不甚于狱　汉书路温舒传作"莫甚于狱"。

㉙ 迁广阳(王和)〔私〕府长(史)　从学海堂本、汉书路温舒传改。

㉚ 告祠(祠)世宗庙日　从汉书郊祀志删。

㉛ 议立世宗〔庙乐〕　从汉书夏侯胜传补。

㉜ 不宜立庙〔乐〕　从汉书夏侯胜传补。

㉝ 遂(受)〔授〕霸尚书　从龙溪本、学海堂本改。

㉞ 为谏(议)大夫　"议"衍,径删。

㉟ 上(欲)〔亦〕以是亲信之　从汉书夏侯胜传改。南监本、学海堂本"亦"作"更"。

㊱ (为人质朴无威仪见上时误谓上为君或自称字上前上亦以是亲信之尝见出道上语上闻而让之胜)　重出,径删。

㊲ 霍光以(令)〔白〕太后从胜受尚书　从汉书夏侯胜传改。

㊳ 常惠封长(罴)〔罗〕侯　从汉书常惠传改。

㊴ 诸国(霸)〔羁〕属者皆瓦解　从南监本、龙溪本、学海堂本改。

㊵ 又阴谮幸姬〔陶〕望卿　从南监本、龙溪本补。

㊶ 烧(两)〔刀〕灼溃两眼　从南监本、龙溪本改。

㊷ 诸姬淫(泆)〔佚〕难禁　从南监本、龙溪本、学海堂本改。

㊸ 上钥于(太)后(太)后置酒　从汉书景十三王传删。

㊹ 徙之(蜀)〔上庸〕　从汉书景十三王传改。

㊺ 地节(九)〔元〕年　从南监本、龙溪本、学海堂本改。

㊻ 〔去〕太白二丈　从汉书五行志补。

㊼ 二年春正月　"正",汉书宣帝纪作"三"。

㊽ 大司马〔大〕将军　从汉书宣帝纪补。

㊾ (壁)〔璧〕玉珠玑玉(含椊)〔衣梓〕棺　从南监本、龙溪本、学海堂本、汉书霍光传改。

㊿ 为(左)〔右〕将军　从汉书霍光传改。

(51) 复使光兄(子)〔孙〕云　从汉书霍光传改。下改同。

(52) 北临昭台南出罦罳　汉书霍光传作"北临昭灵南出承恩"。

(53) 及山兄冠(军)〔阳〕侯云当朝谒　从汉书霍光传改。

(54) 郡守辅相　汉书循吏传作"刺史守相"。"辅",吴慈培校当作"傅"。

(55) 谏(议)大夫王吉　从汉书王吉传改。

(56) 〔以〕意(以为)穿凿　从汉书王吉传补删。

(57) 诸侯(列)〔则〕国(入)〔人〕承(公)〔翁〕主　从汉书王吉传改。

(58) 昔尧〔釐〕降(釐)二女　从龙溪本、学海堂本乙正。

(59) 望之迁谏(议)大夫　从汉书萧望之传删。

(60) (令)〔今〕士见者皆露索挟持　从汉书萧望之传改。

(61) 而仲翁等皆补大将军(吏)〔史〕　从汉书萧望之传改。

(62) 二岁间　"二",汉书萧望之传作"三"。

(63) 署小苑东门长　"长",汉书萧望之传作"候"。

㉑ 是时光兄(子)〔孙〕　从汉书霍光传改。

㉕ 大夫田(宽)〔完〕有功于齐　从学海堂本、汉书张敞传改。

㉖ 今朝臣皆明言　"皆",汉书张敞传作"宜有"。

㉗ 宜罢(王)〔三〕侯　从汉书张敞传改。

㉘ 非(宽)〔完〕计也　从南监本、龙溪本、学海堂本改。

㉙ 〔大〕河(南)都尉玄成　从汉书韦贤传改。

㉚ (大)〔太山〕都尉　从学海堂本、汉书韦贤传改。

㉛ 东海(大)〔太〕守　从龙溪本、学海堂本改。

㉜ 不驾马车　汉书韦贤传"马车"上有"驷"字。

㉝ (坠)〔媠〕彼舆服　从学海堂本、汉书韦贤传改。

㉞ 谁为忍愧　"为",汉书韦贤传作"能"。

㉟ 孰将遐(狂)〔征〕　从学海堂本、汉书韦贤传改。

㊱ 于蔑小人　"人",汉书韦贤传作"子"。

㊲ (跂)〔企〕其齐而　从汉书韦贤传改。

㊳ (不)〔于〕贰其尤　从汉书韦贤传改。

㊴ (由)〔申〕此择辞　从学海堂本、汉书韦贤传改。

㊵ (傅以太子尚幼伯)欲使其弟舜监护太子家事　从汉书疏广传删。

㊶ 九月壬辰　"壬辰",汉书宣帝纪作"壬申"。

㊷ 秩六(千)〔百〕石　从南监本、龙溪本改。

㊸ (谏议大夫)〔涿郡太守〕郑昌上疏言　从汉书刑法志改。

㊹ 省(汶)〔文〕山郡　从汉书宣帝纪改。

262

汉纪 孝宣皇帝纪二 卷第十八

四年春正月,封萧何〔玄〕孙建〔世〕为酂侯^①。诏民有(太)〔大〕父母、父母丧^②,勿徭事。

夏五月,山阳、济阴雹如鸡子,地深一尺五寸,杀二十余人,飞鸟皆死。诏曰:"自今子有匿父母,妻匿夫,孙匿(太)〔大〕父母,皆勿治。其父母匿子,夫匿妻,大父母匿孙,罪殊死以下,皆诣廷尉以闻。"立广川惠王孙文为广川王。

秋七月,大司马霍禹谋反,诛。初,霍氏显杀许后,事颇漏泄而未察,上乃徙霍氏诸女婿在内及为将校者皆为郡守。更以禹为大司马,罢其屯兵。霍氏由是恐惧,而显乃以许后〔事〕告禹等^③。禹等惊恐曰:"县官所以斥逐诸女婿,必以是故也。"霍云所亲张(放)〔赦〕谓云曰^④:"可令太夫人言于太后,先杀丞相及平恩侯。移徙陛下,在太后耳。"男子张章告之,事下廷尉。执金吾捕(霍山及)张(放)〔赦〕等^⑤,后有诏勿捕。山等愈恐,曰:"恶端已见之,久(尤)〔犹〕未发^⑥,发即族我矣,不如先之。"遂谋反,令太后为博平君置酒,召丞相、平恩侯,因令其女婿光禄勋范明友等承太后制,引斩丞相、平恩侯,因废帝而立禹。会发觉,云、山、明友等自杀,禹具五刑,显腰斩。先是禹梦见第门皆坏⑦,有人发第端门屋瓦投之地,就视之,则不见。先是茂陵徐福上疏曰:"霍氏太盛,陛下即爱厚之,宜以时抑割⑧,无令亡。"书三上,辄不报闻。霍氏既诛,而告霍氏反者金安(王)〔上〕等五人皆封侯⑨。或为徐生上书曰:"臣闻客有过主人者,见其灶直突,旁有积薪。客曰:'更为曲突,远徙其薪,不者恐有火患。'主人不听。俄而其家失火,邻人救之,幸而得息。于是杀牛置酒,谢其邻,灼烂者在上,其余以功次坐,而言曲突者不得与焉。或谓主人曰:'向使听客之言,不费牛酒,终无火患。今论功请客,不及曲突徙薪。曲突徙薪反无恩泽,燋头烂额复为上客邪?'主人乃悟而请之。向使徐福之言早行,国无列土之费,而臣亡逆乱之败矣。"上乃赐福帛(千)〔十〕匹,以为郎(中)⑩。初,禹与张安世长子千秋俱为郎中,将兵从击匈奴还。霍光问千秋战斗方略、山川形势,千秋口对兵事,画地成图,无所忘失。光复问禹,禹不能对。光由是贤千秋,以禹为不才,乃叹曰:"霍氏世衰,而张氏兴矣。"

八月己酉,皇后霍氏废,处昭台宫。

九月,诏曰:"今系者或以笞无辜饥寒(冻)〔瘐〕死狱中⑪,何为用心逆人道也!朕甚痛之。其令郡国岁上系囚以笞掠若病死者所坐名、县、爵、里,丞相御史课殿最以闻。"

十有二月,清河王延年有罪,废迁(防)〔房〕陵⑫。渤海太守龚遂以治民有绩征。先是渤海左右数郡岁饥,盗贼并起,二千石不能禁。遂以选为太守,时年七十余,形貌短小。上望〔见〕而心轻之⑬,问遂曰:"渤海扰乱,将何以息其盗贼?"遂对曰:"渤海遝远,不沾圣化，其民困于饥寒而吏不恤，故使陛下赤子盗弄陛下之兵于潢池中尔。今欲使臣胜之邪，将安之邪？"上闻遂对，甚悦，曰："选用贤良，故欲安之也。"遂曰："臣闻治乱民犹治乱丝，不可急也；唯缓之，然后可治。臣愿陛下诏丞相御史且勿拘臣以文法，得一切以便宜行事。"上许之，加锡黄金。未至郡，郡界遣兵以迎遂。遂于是移书罢追捕盗贼吏。(民)诸持锄钩田器皆为良民[14]，吏无得问；持兵者乃为盗贼。悉遣迎兵还，单车至府，郡中翕然，盗亦皆罢。又多劫掠，闻教令即时解散，皆持锄钩。于是郡内悉平，民安土乐业。乃开仓廪假贷贫民，选用良吏，慰安(收)〔牧〕养焉[15]。齐俗奢侈，好为末伎，不作田种。遂乃躬率以节约，使民卖刀剑，买牛犊，曰："何为带牛而佩犊乎！"劝民农桑，课民收敛，数年之间，民皆富足，而狱讼息止。上征遂到，将见，议曹掾王生谓遂曰："天子即问君何以为理者，君宜曰：'皆圣主之德，非小臣之力也。'"上嘉其言有让，叹曰："君安得长者之言而称之也？"遂对曰："议曹掾教戒臣。"上拜遂为水衡都尉，而王生为水衡丞，以褒显遂。

元康元年春正月，龟兹王及其夫人来朝。龟兹夫人即乌孙公主女也。自以得尚汉外孙，故请朝。上纳之，赠赐甚厚焉。号夫人曰公主。龟兹王乐汉衣服制度，归国治宫室，作徼道周卫，出入传呼，撞钟鼓，如汉家仪。外国为之语曰："驴非驴，马非马，龟兹王所谓骡也。"以杜陵东原上为初陵，更名杜县为杜陵。徙丞相、将军、列侯、吏二千石、赀百万者于杜陵。凤凰集太山、陈留，甘露降于未央宫。

三月，赦天下(徒)〔徒，赐〕勤事(者赐)吏、民爵[16]，鳏寡孤独帛。

夏五月，立皇考庙，益奉明(国)〔园〕百户为奉明县[17]。有司奏言：“礼‘父为士，子为天子，祭以天子’。悼考园宜称尊号曰皇考，立庙置县。尊戾夫人曰戾太后，置园庙奉邑，益戾园各满三百家。”复高祖功臣绛侯周勃等〔百〕三十六人子孙⑱，世世勿绝嗣。其无（敌）〔适〕后者⑲，复其次。

秋八月，诏举通文学者。冬，置建章卫尉。

二年春正月，诏曰：“书曰‘文王作罚，刑兹无赦’，今吏修身奉法，未能有称，朕甚悯焉。其赦天下，厉精更始。”

二月乙丑，立皇后王氏。赐丞相以下至郎从官（锦）〔钱〕帛各有差⑳。王氏之先有功于高祖，赐爵关内侯。至王皇后父奉光，上在民间时与相识，有女当适人，夫辄死。及上即位，乃纳之后宫，为婕妤。是时诸爱宠婕妤皆有子，上惩霍后之欲鸩太子也，以王婕妤无子（有宠）㉑，乃立之，以母养太子。封父奉光为邛城侯。

夏五月，诏曰：“吏用法式，或以心巧，析律二端，深浅不平，增辞饰非，以成其罪。奏不如实，上无由得知。或擅兴徭役，饰厨传，称过客，越职逾法，以取名誉。二千石皆察官属，勿用此人。今民颇被疾疫之灾，其令郡国被灾甚者，无出今年租。”诏曰：“闻古者天子之名，难知而易讳。而今百姓多上书触讳以犯罪，朕甚怜之。其改讳询，触讳在令前者，赦之。”冬，京兆尹赵广汉有罪，腰斩。广汉字子都，涿郡人也。坐杀人不辜，丞相按验之。广汉疑丞相夫人杀侍婢，以此胁丞相。丞相按之愈急，广汉乃将吏突之丞相府，召其夫人跪堂下，收奴婢十余人考问其事。丞相上书自陈曰：“妻实不杀婢，婢有过自杀耳。”丞相司直劾奏“广汉摧辱大臣，欲以劫持奉公，不道。”上乃下广汉廷尉狱，又坐杀人不辜治罪，吏民守阙号泣者数万人。

初，<u>广汉</u>为京兆尹，廉明，抑强扶弱，小民得职，而吏士尽心，其盗贼奸邪纤微皆知之。<u>长安</u>少年数人会穷里空舍谋欲劫人，语未及竟，<u>广汉</u>知之，使吏捕治之，具伏。富人<u>苏回</u>为郎，二人私劫质之。有顷，<u>广汉</u>至，晓贼曰："释质，束手，善相遇，幸逢赦。"贼惊愕，即出，叩头。<u>广汉</u>为跪谢曰："幸全活郎，甚厚！"遂送狱，敕吏谨遇之，给酒肉。冬当断，预为调〔官〕〔棺〕敛具②，皆曰："死无所恨矣！"<u>广汉</u>尝召<u>湖</u>都亭长，<u>湖</u>亭长西经<u>界上</u>，<u>界上</u>亭长戏曰："为我通问<u>赵君</u>。"<u>湖</u>亭长至，<u>广汉</u>曰："<u>界上</u>亭长谢我，何故不为致问？"其摘奸发伏如神，皆此类也。<u>广汉</u>奏令<u>长安</u>游徼狱〔吏〕秩百石㉓，其后百石吏皆差自重，不敢枉法。京兆〔政〕清〔正〕㉔，长老称之，以汉兴京兆尹无及<u>广汉</u>者，百姓追思而歌之。初为<u>颍川</u>太守，诛大姓首恶，郡中震栗。一切治理，威名流闻<u>匈奴</u>，及<u>匈奴</u>降者言<u>匈奴</u>中皆闻<u>广汉</u>。然好用新进少年，率多果敢之计，侵犯贵戚大臣，卒以此败焉。<u>车师</u>王<u>乌贵</u>(靡)初和于<u>匈奴</u>㉕，后降汉，又恐<u>匈奴</u>攻之，惧而奔<u>乌孙</u>。汉使者<u>郑吉</u>田于<u>渠黎</u>，乃迎<u>车师</u>妻子传送<u>长安</u>，赏赐甚厚，四夷朝会，常尊显而示之。乃立<u>车师</u>太子<u>军宿</u>为<u>车师</u>王，徙居<u>渠黎</u>。而<u>吉</u>等田<u>车师</u>故地，<u>匈奴</u>争之，而攻汉屯田者。<u>赵充国</u>等议，欲因<u>匈奴</u>衰弱，出兵击之。丞相谏曰："臣闻救乱诛暴，谓之义兵，兵义者王；敌加于己，不得已而应之者，谓之应兵，兵应者胜；争恨小故，不胜愤怒者，谓之忿兵，兵忿者败；利人土地宝货者，谓之贪兵，兵贪者破；恃国家之大，矜人民之众，欲见威于敌者，谓之骄兵，兵骄者灭：此非但人事，乃天道也。自顷<u>匈奴</u>常有善意，所得<u>汉</u>民辄奉归之，未有犯于边境，虽争田<u>车师</u>故地，不足以置意中国。今诸将军欲兴兵入夺其地，臣愚不知此兵欲何名也。今边境困乏,难以动兵。'军旅之后,必有凶年',言民以愁苦之气,伤阴阳之和也。兵出虽胜,必有后忧。今郡国守相率多不精选,风俗尤薄,水旱不时,郡国盗贼繁多。今左右不忧,乃欲发兵报纤微之忿于远夷,此乃所谓'季孙之忧不在颛臾,而在萧墙之内'也。"上乃弃车师之地。丞相又奏言:"古有羲和之官以承四时之节,以敬授民事。人君动静,奉顺阴阳,则和气应而灾害不生。自高皇帝时,有主四时之官。臣愿陛下选用明经通知阴阳者四人,各主一事,明言所职,以顺阴阳。"上从之。丞相敕掾吏案事郡国若休告还府,辄白四方得失异闻,盗贼灾变,辄奏言之,以广视听。是岁,乌孙昆弥上书,愿以汉外孙楚公主子元贵靡为嗣,得复尚汉公主。上以楚公主弟子相夫妻之,送至燉煌。闻乌孙昆弥死,元贵靡不得立,乃还。(荅)〔楚〕公主侍者冯嫽常持节为汉公主使外国㉖,外国敬信之,号曰冯夫人。上乃征冯夫人问乌孙状,而遣谒者送冯夫人(轺)〔锦〕车持节㉗,诏昆弥乌(孙)就(居)〔屠〕以为小昆弥㉘,而立元贵靡为大昆弥,两昆弥之号自此始也。

三年春,神雀集泰山。有(乌)〔鸟〕五色以万数㉙,飞过京师,翱翔属县。赐诸侯王、将军、列侯、二千石(至)〔金〕㉚,郎从官帛,各有差。赐天下吏民爵,鳏寡孤独高年帛。

三月,诏曰:"盖闻象有罪,而舜封之有痺。骨肉之亲放而不诛,其封故昌邑王贺(子)为海昏侯㉛。"又曰:"御史大夫邴吉、中郎将史(鲁)〔曾〕、史玄、长乐卫尉许舜、侍中光禄大夫许延寿皆与朕有旧恩㉜。故掖庭令张贺辅导朕躬,厥功茂矣。诗不云乎?'无德不报。'其封贺子侍中中郎彭祖为阳都侯,追谥贺为哀侯。吉、(鲁)〔曾〕、玄、舜、延寿皆列侯㉝。故人及郡邸狱复作尝有阿保之功者,皆以差受禄赐。"是时掖〔庭〕宫婢（名）则令民夫上书㉞，自陈尝有阿保之功。下掖庭令问则，则辞引御史大夫邴吉知状。吉识之，谓则曰："汝尝坐养皇〔曾〕孙不谨㉟，督笞之，安得有功？独渭城胡组、淮阳郭徵卿有恩耳。"诏求组、徵卿，皆已死，有子孙，皆受厚赏。免则为庶人，赐钱十万。上见具问则，乃知吉有旧恩，贤其不言。会吉病笃，封吉为博阳侯，就加印绶，及其生存也。太子太傅夏侯胜曰："臣闻有阴德者，必飨其乐以及子孙。今者吉未获报而病甚，非其死疾也。"后吉瘳，上书固辞封，上不听。及杜陵陈遂字长子，上微时，与上游戏博奕，数负遂。上即位，稍见进用，至太原太守，乃赐遂玺书曰："制诏太原太守：官尊禄重，可以偿遂博负矣。妻君宁时在旁，知状。"遂乃上书谢恩曰："事在元平元年赦前。"其见厚如此。元帝时遂为京兆尹，后至廷尉。遂孙（尊）〔遵〕字孟公㊱，以好宾客著名。身长八尺余，容貌甚伟。贵戚豪杰咸敬重之，所在辐（凑）〔辏〕㊲，莫不震动。为河南太守，作私书与京师故人，召善书吏十人于前，遵凭几口授与书吏，且省官事书数百封，亲疏各有意义。河南人大惊。性善书，与人尺牍，莫不藏之以为荣。然好酒奢放，不拘礼度。与张敞之孙张竦字伯松相善，而竦好学问，节约自守。并著名字，仕官相及。遵谓竦曰："足下苦身自约，而我放意自恣，官爵功名，不减于子，而我独差乐，顾不优耶！"竦曰："人各有长短。子欲学我亦不能，吾欲效子亦败矣。"

　　夏六月，立皇（太）子钦为淮阳王㊳。钦者，张婕妤之子也。好经学法律，聪达有才，上甚爱之。而张婕妤最幸，有宠，上有意欲立张婕妤子钦。然以太子起于细微，上少时依许氏，及即位，而许后以杀死，故不忍废也。是岁，皇太子冠，既学，通论语、孝经。太傅疏广谓少傅受曰："吾闻'知止不辱,知足不殆'㊴,功成名遂而身退,天之道也。"即日广、受俱谢病,上疏乞骸骨。上以其年老,皆许之,赐黄金各二十斤,而皇太子赠以金五十斤。公卿大夫故人邑子为祖道于东都门外,送者车数百两。及道路观者莫不叹息,皆曰:"贤哉二大夫!"广(汉)既归东海㊵,令其家供酒食,(诸)〔请〕族人乡里相与娱乐㊶。数问其家金尽未。昆弟诸老谓宜为子颇立产业,广曰:"吾自有旧田庐,子孙勤力于中,足以供衣食。今复增益之,但教子孙怠惰耳。贤而多财,则损其志;愚而多财,则益其过。且夫富者人之所怨,吾既无以教化(其)子孙,不欲益其过而生其怨。又此金者,圣主所以惠老臣也,故乐与(其)乡党宗族共受其赐㊷,以尽吾余日,不亦可乎!"于是宗正阳成侯刘德者,辟疆之子也,亦抑损自守,家产不过百金,余与昆弟宾客,终不积财。霍光秉政,欲以女妻德,德不敢娶,畏盛满也。好黄、老术,有智略,少时数召见,武帝谓之"千里驹"。德治淮南狱,尽得淮南秘书。德小子向字子政,幼而诵习之,以为奇,奏言黄金可成。上令向典(向万)〔尚方〕铸作事㊸,费金甚多,不验。向坐伪铸黄金下狱,当死。德上书讼向。有司奏德讼子罪,失大臣之体。会德病卒,上亦奇向有才,(德)〔得〕减死〔论〕㊹。后(论)立穀梁春秋㊺,上因令向受穀梁春秋传。与诸儒讲五经于石渠,拜郎中给事黄门,迁谏(议)大夫给事中㊻。向后为宗正。向为人简易无威仪,廉清乐道,不交接世俗,专精思于经术,昼读书传,夜观天文,或〔不〕寝(不)达旦㊼。

四年春正月,诏曰:"朕惟耄老之人,发齿堕落,血气衰微,亦无暴虐之心。今或罹文法,拘执囹圄,不终天命,朕甚怜之。自今以来,诸年八十已上,非诬告杀伤人,他皆勿坐。"遣太中大夫李强等

两汉纪　汉纪

十二人循行天下,存问孤寡,观风俗,察吏治得失,举茂才异(论)〔伦〕之士⑱。

二月,河东霍徵史等谋反,诛。

三月,诏曰:"乃者,神雀五采以万数集长乐、未央、北宫、高寝、甘泉泰畤殿中及上林苑。朕之不逮,寡厚德,屡获嘉祥,非朕之任。其赐天下吏民爵,三老、孝弟力田、鳏寡孤独〔帛〕各有差⑲。"

秋八月,赐功臣嫡后黄金,人二(千)〔十〕斤⑳。赐故右扶风尹翁归子黄金百斤,以奉其祭祀。翁归字子(沉)〔况〕㉑,其清洁,语不及私,温良谦退,不以行能骄人。然任刑威,京师畏之。其奸邪游侠,皆有名藉。盗贼发其比伍,辄使以类推迹其所过抵,率常如其言。初,田延年为河东太守,召见故吏五六十人,令有文者东,有武者西。翁归独伏不肯起,对曰:"文武兼备,惟所施设。"延年乃与语,大奇之,自以为不及翁归,遂举孝廉。后为东海太守,过辞廷尉于定国。欲以邑子二人嘱托,且令坐后堂待见,及与翁归语终日,不敢见之。已而谓其邑子曰:"此贤将,汝不任事也,且不可干以私。"丙寅,大司马卫将军张安世薨。安世以大司马领尚书事,职典枢机,谨慎周密。(再)〔每〕定大政㉒,已决,辄称病出,闻有诏令,乃大惊,使吏之丞相府问焉。自朝廷大臣莫知其预议也。常有所荐,其人来谢安世,安世大恨之,以为"举能达贤,岂有私谢耶?"后绝不通。有郎功高不调,自言安世,安世曰:"以君之功高,明主所知。"绝不许。已而郎果自迁。幕府长史或谓安世曰:"将军为明主股肱,而士无所进,议者以为讥。"安世曰:"明主在上,贤不肖较然,人臣自修而已,安知士而荐之?"其匿名迹远权势皆如此。然安世家僮七百人,各有伎巧,积累纤微,故能(值)〔殖〕其货㉓,富将拟过霍氏。然身衣(戈)〔弋〕绨㉘,夫人纺绩,车服甚节。安世薨,子延寿为嗣,自以身无功德,何以久堪先人大国,数上书让减户邑。又因从弟阳都侯彭祖口陈至诚。彭祖,初上微时与同砚席读书,上亲之。上以延寿为有让,乃徙封平原侯,户口如故,租税减半。遣使至乌孙,求车师前王。是岁,车师王乌贵(靡)自乌孙至㉟,赐第舍,令与妻子居。是时比年丰,嘉谷玄稷降于郡国,金芝九茎产于函德殿铜池中,九真献奇兽,南郡获白虎,献其皮骨爪牙,神雀仍集。

校勘记

① 封萧何〔玄〕孙建〔世〕　从汉书高惠高后文功臣表、萧何传补。汉书宣帝纪作"曾孙",亦误。

② 民有(太)〔大〕父母　从汉书宣帝纪、吴慈培校改。下改"太"为"大"同。

③ 而显乃以许后〔事〕告禹等　从南监本、龙溪本、学海堂本补。

④ 张(放)〔赦〕谓云曰　从汉书霍光传改。

⑤ 执金吾捕(霍山及)张(放)〔赦〕等　从汉书霍光传删改。

⑥ 久(尤)〔犹〕未发　从汉书霍光传改。

⑦ 先是禹梦见第门皆坏　汉书霍光传无"梦见"二字。

⑧ 宜以时抑割　"割",汉书霍光传作"制"。

⑨ 金安(王)〔上〕等五人皆封侯　从南监本、龙溪本、学海堂本改。

⑩ 上乃赐福帛(千)〔十〕匹以为郎(中)　从汉书霍光传改。

⑪ 饥寒(冻)〔瘐〕死狱中　从学海堂本、汉书宣帝纪改。

⑫ 清河王延年有罪废迁(防)〔房〕陵　从汉书宣帝纪改。"延年",宣帝纪无"年"。

⑬ 上望(见)而心轻之　从汉书循吏传、黄校本补。

⑭ (民)诸持锄钩田器　从汉书循吏传删。

⑮ 慰安(收)〔牧〕养焉　从<u>学海堂</u>本、<u>汉书循吏传</u>改。

⑯ 赦天下(徙)〔徒〕赐(者赐)吏民爵　从<u>学海堂</u>本、<u>汉书宣帝纪</u>改。

⑰ 益奉明(国)〔园〕百户为奉明县　从<u>汉书宣帝纪</u>改。又宣纪无"百"字。

⑱ 绛侯周勃等〔百〕三十六人子孙　从<u>汉书宣帝纪</u>补。

⑲ 其无(敌)〔适〕后者　从<u>南监</u>本、<u>龙溪</u>本、<u>学海堂</u>本改。

⑳ 至郎从官(锦)〔钱〕帛各有差　从<u>学海堂</u>本、<u>汉书宣帝纪</u>改。

㉑ 王婕好无子(有宠)　从<u>黄校</u>本、<u>汉书外戚传</u>删。

㉒ 预为调(官)〔棺〕敛具　从<u>南监</u>本、<u>龙溪</u>本、<u>学海堂</u>本、<u>汉书赵广汉传</u>改。

㉓ 长安游徼狱〔吏〕秩百石　从<u>汉书赵广汉传</u>、<u>吴慈培</u>校改。

㉔ 京兆(政)清(正)　从<u>吴慈培</u>校、<u>汉书赵广汉传</u>改。

㉕ 乌贵(麏)　从<u>汉书西域传</u>删。

㉖ (苔)〔楚〕公主侍者冯嫽　从<u>学海堂</u>本、<u>汉书西域传</u>改。

㉗ (轺)〔锦〕车持节　从<u>汉书西域传</u>改。

㉘ 诏昆弥乌(孙)就(居)〔屠〕　从<u>学海堂</u>本、<u>汉书西域传</u>改。

㉙ 有(乌)〔鸟〕五色以万数　从<u>南监</u>本、<u>龙溪</u>本改。

㉚ 二千石(至)〔金〕　从<u>学海堂</u>本、<u>汉书宣帝纪</u>改。

㉛ 其封故昌邑王贺(子)为海昏侯　从<u>汉书宣帝纪</u>删。

㉜ 中郎将史(鲁)〔曾〕　从<u>学海堂</u>本、<u>汉书宣帝纪</u>改。

㉝ 吉(鲁)〔曾〕玄舜延寿　从<u>汉书宣帝纪</u>改。

㉞ 掖〔庭〕宫婢(名)则　从<u>学海堂</u>本、<u>汉书丙吉传</u>改。

㉟ 坐养皇〔曾〕孙不谨　从<u>汉书丙吉传</u>补。

㊱ 遂孙(尊)〔遵〕　从<u>龙溪</u>本、<u>学海堂</u>本、<u>汉书游侠传</u>改。

㊲ 所在辐(凑)〔辏〕　从<u>龙溪</u>本改。

㊳ 立皇(太)子钦　从<u>龙溪</u>本、<u>学海堂</u>本、<u>汉书宣帝纪</u>删。

㊴ 知足不殆　此从<u>汉书疏广传</u>。"殆",当作"辱"。老子第三十七章:"知足不辱,知止不殆,可以长久。"

㊵ 广(汉)既归东海　从<u>汉书疏广传</u>删。

㊶ (诸)〔请〕族人乡里　从汉书疏广传改。

㊷ 故乐与(其)乡党宗族共受其赐　"其",径删。受,汉书疏广传作"飨"。

㊸ 上令向典(向万)〔尚方〕铸作事　从龙溪本、学海堂本改。

㊹ (德)〔得〕减死〔论〕　从南监本、龙溪本、学海堂本改。

㊺ 后(论)立穀梁春秋　从龙溪本、学海堂本删。

㊻ 迁谏(议)大夫给事中　从汉书楚元王传删。

㊼ 或〔不〕寝(不)达旦　从学海堂本乙正。

㊽ 举茂才异(论)〔伦〕之士　从南监本、学海堂本、汉书宣帝纪改。

㊾ 鳏寡孤独〔帛〕各有差　从汉书宣帝纪补。

㊿ 人二(千)〔十〕斤　从学海堂本、汉书宣帝纪改。

(51) 翁归字子(沉)〔况〕　从学海堂本、汉书尹翁归传改。

(52) (再)〔每〕定大政　从学海堂本、汉书张汤传改。

(53) 故能(值)〔殖〕其货　从南监本、龙溪本、汉书张汤传改。

(54) 身衣(戈)〔弋〕绨　从南监本、汉书张汤传附子安世传改。

(55) 车师王乌贵(靡)　从汉书西域传删。

汉纪　孝宣皇帝纪三　卷第十九

神爵元年春正月,行幸甘泉,郊(秦)〔泰〕畤①。

三月,行幸河东,祠后土。赐天下勤事吏及民爵,鳏寡孤独高年帛。所赈贷贫民勿收。行所过无出田租。诏曰:"夫江海,百川之大者,今阙无祀。其令祠官以时祠江海及洛水。"

胶东王相张敞为京兆尹。敞字子高,河东人。先是敞为山阳太守,郡内清治,上书自请曰:"山阳户九万三千,计盗贼未得者一十七人②,他课皆如此。臣久居闲处而忘国事,非忠臣也。请治剧郡。"时胶东盗贼并起,长吏不能治,乃拜敞为胶东王相。至郡,明设购赏,开贼盗令相捕斩除罪。吏追捕有功,上名尚书调补县令者数人③。国中清平。王太后数游猎,敞上书谏曰:"臣闻秦王好淫声,(华)〔叶〕阳后为之不听郑、卫之曲④;楚庄王好畋猎,樊姬为之不食鸟兽之肉。口非恶甘旨,耳非恶丝竹也,所以抑心意,绝嗜欲者,将欲率二君全宗祀也。礼,君母出门则乘(骈)〔軿〕辎⑤,下堂则从傅母,进退则鸣佩玉,内饰则结绸缪。此则至尊至贵所以自敛制,不自恣纵之义也。今〔太〕后姿质淑美⑥,慈爱宽仁,诸侯莫不闻之，而少以畋猎纵恣为名，于是以此上闻，亦未宜也。唯观览于往古，(合)〔全〕行于来今⑦，令后姬有法则，臣下有所称颂。"及为京兆尹，长安多盗贼，自赵广汉后，守尹皆不称职。敞到，则求问长安父老偷长，得数人，皆温厚，出从僮骑，闾里以为长者。敞皆召见责问，赦其罪，令致诸偷。偷长曰："今君一旦召诣府，恐诸偷惊散，请一切受署。"敞皆(捕)〔补〕为吏⑧，遣归休。置酒，诸小偷悉贺，饮酒醉，偷长阴以赭土污其衣。吏坐里门，阅出衣赭污者悉收，一旦乃得数百人。由此枹鼓希鸣，市无偷盗。敞治京兆，修广汉之迹。其方略耳目不及广汉，然颇以经术儒雅以辅其政，不纯用刑，故能免于戮。西羌反。

夏四月，后将军赵充国讨西羌。充国字翁孙，陇西人也，时年七十六。初，出兵，上问谁可将者，充国曰："无逾老臣。愿陛下以兵属老臣，勿以为忧。"上笑曰："诺。"充国既行，常以远斥候为务，行必有战备，止必坚营壁，尤能持重，爱士卒，先计而后战。遂至西部都尉府，日飨军士。虏数挑战，充国坚守。于是酒泉太守辛武贤奏言："郡兵皆屯备南山，北边空虚，势不能久。或曰至秋冬乃进兵，此虏在境外之策也。今虏朝夕为寇，胡地苦寒，汉马不能冬，屯兵在武威、张掖、酒泉万骑已上，可以悉发，以七月上旬赍三十日粮，分兵并出张掖、酒泉，合击罕、开在鲜水之上者。虏以畜产为命，今皆离散，兵出，虽不尽诛，且夺其畜产，虏其妻子，复引军还。冬复击之，大兵仍出，虏必(振)〔震〕坏⑨。"上下其书于充国，充国以为"武贤欲轻引万骑为两道出张掖、酒泉，回远千里。以一马自驮负三十日食，为米二(斗)〔斛〕四(升)〔斗〕⑩，麦八斛，又有衣装兵器，难以追逐。勤劳而至，虏必商军进退，稍稍引去，逐水草，入山林。随而深入，虏必据前险，守后厄，以绝粮道，必有伤危之忧。而武贤以为可夺〔其〕畜产，虏〔其〕妻子⑪，此殆空言，非至计也。又武威、张掖皆当北塞，有通谷水草。臣恐匈奴与羌有谋，且欲大入，其郡兵尤不可悉发。先零首为叛逆，他种劫略。故臣欲捐罕、开闇昧之过，隐而勿彰，先行先零之诛以振动之，宜悔过反善，因舍其罪，选良吏抚循和辑，此全师保胜安边之长策也。"上下其书。公卿议者咸以为先零兵盛，而负罕、开之助，不先破罕、开，则先零亦未可图也。上乃拜侍中许延寿为强弩将军，即拜酒泉太守武贤为破羌将军，赐玺书嘉纳其奏。因以书敕切让充国曰："将军不早及秋共水草之利争其畜食，欲至冬，虏皆畜食，多藏匿山林中依险阻，将军士卒寒，手足皲瘃，宁有利乎？将军不念中国之费，而欲以岁数而胜微，将军谁不乐此者！今诏破羌将军武贤等击罕、开，将军其自引兵便道西并进，虽不相及，使虏闻东方北方兵并来，分散其心意，离其党与，虽不能殄灭，当有瓦解者。勿复有疑。"

夏六月，有星孛于东方。

秋七月，大旱。充国上书曰："臣前奉诏告谕罕、开，宣天子至德以解其谋，罕、开之属皆知明诏。今先零已为寇日久，而罕、开未有所犯。今先击罕、开，释先零，赦有罪，诛无辜，(去)〔起〕一难⑫，就两害，诚非陛下本计也。先零欲为背叛，故与罕、开解仇结约，其心恐汉兵至而罕、开背之。先击罕、开，而先零必救之，以坚其交，迫胁诸小国种⑬，附者稍集。虏兵浸多，〔诛之〕用力数倍⑭，恐国家忧累(四)〔由〕十年数⑮，不一二岁而已。臣之愚计，先诛先零，则罕、开之属不烦兵而服之矣。以今进兵，诚未见其利。"上乃玺书报，从充国计击先零。充国引兵至先零，虏久屯(娶)〔聚〕⑯，解弛，望见大军,(乘)〔弃〕车重^⑰,欲渡湟水,水道厄狭。充国曰:"此穷寇,不可迫也。缓之则走不顾,急之则还致死。"乃徐行驱之,虏赴水溺死数百人,(乃)降〔及〕斩首五百余(级)〔人〕^⑱。虏遂败走,获牛马羊十万余头,车四(十)〔千〕余两^⑲。兵至罕、开地,令军无燔烧聚落刍牧田中。罕、开羌闻之,喜曰:"汉兵果不击我!"豪靡忘使人来言:"愿得故地。"充国以闻,未报。靡忘自来归充国,充国(以闻)赐饮食^⑳,遣还谕种人。罕、开竟不烦兵而降。上赐充国书,令破羌将军为充国副,进兵击先零。时先零降者万余人。充国度其必坏,欲罢骑兵,留屯田。或谏曰:"将军数不奉诏,一旦绣衣来责,将军身且不能保,何国家之能安? 今此利病之间,又何足争?"充国曰:"是何言之不忠也! 今汉兵久不决,四夷卒有动摇,相因而起,虽有智者不能善其后事也。诸君徒欲自营,不为国计也。吾固以死争之,明主可以忠言。"遂上屯田罢兵状,奏曰:"虏易以计破,难以用兵,臣愚以为击之不便。今吏士马牛谷粮刍藁之费甚众,转输不能给。愿罢骑兵,留屯田兵士,屯要害处,益畜积,省大费。谨上屯田处器用簿。"上报曰:"如将军计,虏何时伏诛,兵当何时得决? 其熟计,复奏。"充国上状曰:"帝王之兵,以全取胜。今虏亡其美地茂草,寄托远遁,骨肉离心,人有叛志,(散)〔般〕师屯田^㉑,以待其变,此坐支解羌虏之具也。臣谨条屯田便宜十二事:分步兵九校,吏士(各)万人^㉒,留屯田以为武备,因田致谷,威德并行,一也。排抑羌虏,使不得肥饶之地,(分)〔贫〕破其众^㉓,成相叛之渐,二也。居民得并田作,不失农业,(二)〔三〕也^㉔。军马一月之食,度支田(土)〔士〕一岁^㉕,罢骑兵以省大费,四也。至春省甲士卒,漕运谷至临羌,以示胡虏,扬威武折衝之具,五也。以闲暇时伐材木,缮治邮亭,充入金城,六也。兵出,(不)乘危徼幸㉖,不出,使虏因窜于风寒之地,罢于疾疫霜露之患,坐得必胜之道,七也。亡经险阻远追死伤之患,八也。内无损威武之重,外不令虏得乘间之势,九也。(日)〔又〕无惊动河南大小筦、开㉗,使生他变之忧,十也。治湟狭中道桥,令可至鲜水,以制西域,申威西极,使师从枕席上过,十一也。既省大费,徭役豫息,以戒不虞,十二也。"诏复报曰:"将军独不计虏兵将攻扰屯田者,及杀略人民,将何以止之? 大小筦、开前言:'我告汉军先零所在,兵久不往,得无不分别人而并击我耶?'其意常恐。今兵不出,得无变生,(于)〔与〕先零为一㉘? 熟计复奏。"充国奏曰:"虏失地远客,分散饥寒,皆闻天子明诏令相捕斩之赏。臣愚以为其势自坏。今留屯田,地势平易,多高山远望之便,部曲相保,堑垒木樵,便兵饰弩,烽火相连,势足并力,以逸待劳,兵之大利。骑兵虽罢,虏见屯田为必擒之具,必有土崩以归〔德〕之意㉙,宜不久矣。今虏马羸瘦,必不敢捐其妻子于他种中,远来为寇。又见屯田兵精,必不敢将其累重还归故地。若为小寇,势不足患。臣闻'战不必胜,不苟接刃;攻不必取,不苟劳众。'释坐胜之道,乘从危之势,兵不见其利,而内自疲弊,贬重自损,非所以示蛮夷也。又大兵一出,还不可复留,湟中亦不可空,如是,徭役自复发也。且匈奴不可不备,乌桓不可不忧。今见转运烦费,倾国家不虞之用以赡一隅,臣愚以为不便。且校尉临众宣明威德,奉厚币,抚循筦、开羌众,喻以明诏,必无异心,不足以疑故出兵。臣今奉诏出塞,引军远攻,罢天子之精兵,散车甲于山野,虽无尺寸之功,偷得避嫌之便,而无后咎,此人臣不忠之利,非明主社稷之福也。臣不敢避斧钺之诛,谨昧死以闻。"充国初奏事,议臣非难充国十七人,中十五人,最在后十三人㉚。有诏诘前言不便者,皆顿首服。于是诏报听之。京兆尹张敞上书言:"充国兵在外,已经夏发,陇西以北,安定以西,吏民给输,田事废,(业)〔素〕无余积㉛,虽羌虏必破,来春民必困乏。愿令诸有罪,非盗贼受财杀人犯不道者,皆得以差入谷此八郡赎罪。务益致谷,以备预百姓之急。"事下有司,左冯翊萧望之曰:"民含阴阳之气,有(仁)〔好〕义〔欲〕利(慈)之心㉜,在上之教化。虽尧、舜在上,不能去民〔欲〕利(慈)之心㉝,而能令其〔欲〕利(慈)不胜(仁)〔好〕义也㉞;虽桀、纣在上,不能去民好义之心,而能令其好义不胜〔欲〕利(慈)也㉟。故尧、舜、桀、纣之分,在于义利而已矣,故道民不可不慎也。令民以粟赎罪,则富室得生,贫者独死,是贫富异刑而法不一也。人情,父兄(内)〔囚〕絷㊱,闻以财得生,为人子弟者将不顾死伤之患,败乱之行,以赴财利,求〔救〕亲戚㊲。一人得生,十人(已)〔以〕死㊳。如此,则伯夷之行坏,公绰之名灭。政教一倾,不可卒复。古者藏财于(人)〔民〕㊴,不足则取之,有余则与之。故诗云'爰及矜人,哀此鳏寡',上惠下也。又曰'雨我公田,遂及我私',下(惠)〔急〕上也㊵。今西边之役,民失作业,虽户赋口敛以赡其用,古之通道也,百姓莫以为非。以死救生,恐未可。陛下布德施教,教化既成,尧、舜无以加也。今议开利路以伤既成之化,臣窃痛之。"上复下其议。敞曰:"令罪人出钱减死,便于烦扰良民横兴赋敛。又诸盗贼及杀人犯不(盗)〔道〕者㊶,皆不得赎;首匿、见知纵犯、所不当得为(人)之属㊷,议者或颇言其法(不)可蠲除㊸,今因此令赎,(甚)明〔甚〕㊹,何(伤教)化〔之〕所乱㊺? 甫刑之罚,小过赦,薄罪赎,有金选之品,其所从来久矣,何贼之所生? 今凉州方秋饶之时,民尚(饥)〔饥〕乏㊻,

况至来春，必将大困。不早虑赈恤必全之策，而引常经以难。(常人)常人可与守经[47]，未可与从权也。"望之复对曰："先帝圣明，贤良在位，立宪垂法，为无穷之基，故今布令曰[48]：'边郡数被兵，(难)〔离〕饥寒[49]，夭绝天年，父母相失[50]，天下共给其费。'(故)〔固〕为军旅卒暴之事[51]。臣闻天汉四年，常使罪人赎罪，出钱五十万减死一等，豪强吏民请夺假借，至为盗贼以赎罪，奸邪并起。臣以为使死罪赎之败也，故曰不便。"时丞相、御史大夫以为羌虏且破，转输略足相给，遂不施行敞议。赐大司农朱邑子黄金百斤，以奉祭祀。邑字仲卿，庐江人。身为列卿，居处节约，俸禄以供九族乡党，家无余财。敦厚公正，不可交以私，上甚重之。将死，属其子曰："我故桐乡啬夫，其民爱我，必葬我桐乡。后世子孙奉祀，不如桐乡。"桐乡民为起立祠[52]，岁时常祭之。是岁，韩增为大司马车骑将军，封龙额侯。

二年春正月乙丑，甘露降；凤凰集于京师，群鸟从之，有万数。

夏五月，西羌平，斩其首恶大豪杨玉首以降，置金城属国以处降羌。赦天下。后将军充国还，所善浩星赐迎，说充国曰："众人皆以破羌、强弩将军出击，斩首获降，虏以破坏。然有识者以为虏势穷困，兵虽不出，必自服矣。虽然，将军即见上，宜归功于二将军。"充国曰："吾年老矣，爵位已极，岂嫌伐一时之功哉！兵势，国之大事，当为后法。老臣不以余命一为陛下言兵之利害，卒死，谁当复言之者？"卒以其意对，上然其计。武贤由是怨充国，上书告充国子中郎将卬前从军在西羌时，言"车骑将军张安世常不快上意，上数欲诛之。卬家将军为上言安世事孝武皇帝数十年，称忠谨，宜见全恕。由是得免。"卬又坐禁止而入至充国幕府司马中乱屯兵。卬下吏,自杀。充国乞骸骨,赐金、安车驷马免,罢就第。充国初以司马从(二)〔贰〕师将军击匈奴[53],大为虏所困。汉军乏食数日,死伤者多,充国与壮士百余人溃围陷阵,(一)〔贰〕师引军随之[54],遂得解。身被二十余创,武帝叹之,擢为车骑将军长史。太始之际,与霍光定策(要)〔安〕宗庙[55],封营平侯。秋,匈奴大乱,日逐王先贤(单于)〔掸〕来降[56]。时卫司马会稽人郑吉使护鄯善西南道,以攻破车师。日逐王请降于吉,吉发诸国兵五万人迎日逐王,口万二千人、小王将十二人及河曲,颇有亡者,吉追斩之,遂将诣京师。封日逐王为归德侯,吉为安远侯。使吉并护车师以西北道,故号都护。都护之号,自吉始也。于是吉始于西域而立幕府,治(坞)〔乌〕垒城[57],镇抚诸国。汉之号令颁于西域,始自张骞而成于郑吉。

九月,司隶校尉盖宽饶下狱,自杀。宽饶,魏人,为儒学者所宗。刚直公清,数干犯上意。在位久不迁,越先之者多,宽饶自伐其行能,意终不满。时上方用刑法,任中书官,宽饶奏封事曰:"方今圣道浸微,儒术不行,以刑(狱)〔余〕为周、召[58],以法律为诗、书。"又引易传言:"五帝官天下,三王家天下,家以传子孙,官以传圣贤,若四时之运,成功者去,不得其人,不居其位。"书奏,上以宽饶为怨谤,下其书。时执金吾议,以为宽饶旨意欲求禅,大逆不道,遂下狱。谏(议)大夫郑昌上书曰[59]:"司隶校尉食不求饱,居不求安,进有忧国之心,退有死身之义[60],上无许、史之属,下无金、张之托,职在司察,直道而行,多仇少与,上书谏国事,下有司劾以大辟。臣幸得与大夫之后,官以谏为名,不敢不言。"上不听,遂下廷尉,宽饶引佩剑自杀。宽饶为司隶,京师肃清。居贫,子弟常步行自戍北边。然性颇深刻,刺举无所回避,贵戚大臣,人人相与为怨。平恩侯许伯入第,丞相、御史大夫、中二千石皆贺,宽饶不贺。许伯请之,乃往,从西阶上,东向特坐。许伯自酌,宽饶曰:"无多酌我,我有酒狂。"丞相笑曰:"次公醒而如狂,何必酒也?"坐皆属目卑下之。酒酣作乐,长信少府檀长卿起舞,为沐猴与狗斗,坐皆大笑。宽饶不悦,仰视屋而叹曰:"富贵无常,忽辄易人,(如)此〔如〕传舍^㉖,所阅多矣。唯谨慎者得久矣,君侯可不戒之!"因起趋出,劾奏长信少府以列卿而猴舞,失礼不敬。上欲罪少府,许伯为请,乃止。宽饶初为卫尉司马。先是,司马在部,见卫尉拜谒,尝为卫尉徭役使市买。宽饶按旧令,遂揖卫尉。卫尉私使宽饶,宽饶以令诣府门谒辞尚书。尚书责问卫尉,由是不敢私使,而司马不拜。宽饶为司马,断其(单)〔禅〕衣^㉒,令短,躬按行士卒,抚循之甚有恩信。及岁尽交代,上临飨罢卫士卒,数千人皆(扣)〔叩〕头请留一年^㉓,以报宽饶厚德。匈奴单于遣名王奉献,贺正〔月〕^㉔,始和亲。

三年春,起乐游苑。

二月丙辰^㉕,丞相魏相薨。

四月戊辰,御史大夫邴吉为丞相。吉起刑法小吏,及为丞相,以礼让临下。掾吏尝有罪,辄与长休假,无按验。吉曰:"丞相府有按吏之名,〔吾〕窃陋焉^㉖。"公府不按吏,自吉始也。(御史)〔驭吏〕嗜酒^㉗,醉,呕吐吉车茵。西曹白命斥之,吉曰:"以醉〔饱〕之失去士^㉘,此人将安所容乎?西曹忍之,此不过污丞相车茵耳。"后边虏入塞,发奔命卒至。此驭吏习边事,见驿骑持赤白囊,知虏入塞,遽白吉,因曰:"恐虏复入,长吏皆老,不任兵马,宜可预视。"吉即按省。未毕,有召问至,吉具对。御史大夫不能详知,所以得谴让。而吉见谓忧边思职。吉叹曰:"士无不可容。向不闻驭(史)〔吏〕

之言^⑥，何见劳勉之有？"吉尝逢见（郡）〔群〕斗^⑦，死伤横道边，不问。前行，见人逐牛，牛吐（血）〔舌〕喘息^⑦。吉使骑问："逐牛行几里已喘？"掾吏独谓丞相前后失问，以讥吉，吉曰："人斗相杀，长安令、京兆尹之职，岁尽丞相课其殿最，奏行赏罚而已。丞相不亲小事，非所以道路问也。方春少阳用事，未可以暑，恐牛近行用暑喘，此时气失节，恐有所伤害。三公典调阴阳，职当所忧，是以问之。"吉子显为议曹掾，从（礼）〔祠〕高祖庙^⑦，至夕牲（曰）〔日〕^⑦，乃使出取（齐）〔斋〕衣^⑦。吉怒曰："宗庙至重，而显不敬，亡吾爵者必显也。"秋七月甲子，大鸿胪萧望之为御史大夫。

八月，诏曰："吏不廉平则治道衰。今小吏皆勤事，而俸禄薄，欲无侵渔，难矣。其益吏百石已下俸五十斛^⑦。"是岁，光禄大夫梁丘贺为少府。贺字长翁，琅邪人。初，以能心计，为武骑，后为郎。上祠孝昭庙，先驱旄头大剑挺坠于地，首陷泥中，刃向上乘舆，马惊。于是上召贺筮之，曰："有兵^⑦，不吉。"上还，乃使有司代祠。是时霍氏外孙任宣为代郡太守，坐谋反诛。宣子章为公车丞，夜亡，乃玄袪服入庙执戟郎间，欲为逆^⑦。发觉，伏诛。其后明而入庙，自此始也。贺以筮有应，由是近幸，为〔太中〕大夫^⑦，至少府。为人小心周密，上信重之。贺明易，贺子临亦精于易，为黄门侍郎，讲论于石渠。

四年春二月，诏曰："乃者凤凰甘露降集京师，嘉瑞并见。修兴五帝、太一、后土之祠，鸾凤翱翔，降集于旁。（齐）〔斋〕戒之暮^⑦，神光显著。及荐鬯之夕，神光交错。或登于天，或降于池，从四方来集于坛。上帝嘉飨，海内承福。其赦天下，赐民爵，鳏寡高年帛。"

夏五月^⑧，颍川太守黄霸以治行尤异秩二千石，赐爵关内侯，加赐黄金百斤。颍川吏民有行义者爵，人二级，力田一级，其（真）〔贞〕洁顺女赐帛^㉛。霸为政，尚先教化而后刑罚。务农桑，节用殖财，去食谷马。聪明尽知下情。尝使吏人有所按察，吏还，霸劳曰："甚苦！食于道旁乃为鸟所盗肉。"吏大惊，以为神，以霸且知其委曲，毫厘不敢有隐。民有鳏寡孤独死者，霸告吏曰："某处大木可为棺，某亭猪子可为祭。"吏往，皆如其言。吏民不知所出，皆称神明。奸人去入他境。郡丞老，病耳聋，督邮（自）〔白〕欲逐之^㉜，霸不听。或问其故，曰："数易长吏，送故迎新之费乃为奸吏因缘^㉝，公私费耗甚多，皆出于民，新长吏又未必贤。凡治道，去其太甚耳。"霸外宽内明，得吏民心，户口岁增，治为天下第一。五月，诏郡国举贤良。匈奴遣弟呼留若胜之来朝。

冬十月，有凤十一集杜陵。

十有一月，河南太守严延年有罪，弃市。延年为治严酷，冬月传属县囚会府下，流血数里，河南号曰"屠伯"。府丞年老颇悖，素畏延年，恐见中伤。延年实亲厚之，而丞愈自恐，自筮得死卦，乃求告至京师，上书言延年罪名十事。拜奏，因饮药自杀，以明不欺。事下按验，有此数事。延年坐诽谤政理，不道。先是延年母从东海来，适见报囚，母怒延年曰："天道神明，人不可独杀。行矣，去汝东归，除扫墓地待汝耳。"母还归，复为宗族昆弟言之，后岁余而诛矣。延年虽酷，然敏于政事，令行禁止，郡国肃清。先是为涿郡太守，豪强放纵，盗贼横行，吏民皆曰："宁负二千石，无负豪强大家。"延年至，则按诛大姓高氏等，所杀十人^㉞，郡中畏栗，道不拾遗。初，上即位，延年为御史，劾奏霍光"擅废立主上，无人臣礼，大不道。"奏虽寝，朝廷肃然敬惮之。<u>延年</u>兄弟五人，皆有吏才，至二千石大官。<u>东海</u>贤〔知〕于<u>严母</u>⑯，号曰"万石<u>严妪</u>"。<u>延年</u>次弟<u>彭祖</u>，有才艺，学春秋，明传经注记，即名严氏春秋也。官至左冯翊、太子太傅，不求当世，为儒者宗。或谓<u>彭祖</u>曰："天时不胜人事，君不修小礼曲意，无贵人左右之助，经义虽高，不至宰相矣。愿少自勉！"<u>彭祖</u>曰："大凡通经术，故当修先王之道，何可委曲从俗，苟求富贵乎！"卒以太傅官终。

十有二月，凤凰集<u>上林</u>。

校勘记

① 郊(秦)〔泰〕時　从<u>南监</u>本、<u>龙溪</u>本、<u>学海堂</u>本改。

② 计盗贼未得者一十七人　"一"，<u>汉书张敞传</u>作"七"。

③ 调补县令者数人　"数人"，<u>汉书张敞传</u>作"数十人"。

④ (华)〔叶〕阳后　从<u>学海堂</u>本、<u>汉书张敞传</u>改。

⑤ (骈)〔軿〕辎　从<u>吴慈培</u>校、<u>汉书张敞传</u>改。

⑥ 今〔太〕后姿质淑美　从<u>学海堂</u>本、<u>汉书张敞传</u>补。

⑦ (合)〔全〕行于来今　从<u>汉书张敞传</u>改。

⑧ 敞皆(捕)〔补〕为吏　从<u>南监</u>本、<u>龙溪</u>本、<u>学海堂</u>本改。

⑨ 虏必(振)〔震〕坏　从<u>吴慈培</u>校、<u>汉书赵充国传</u>改。

⑩ 为米二(斗)〔斛〕四(升)〔斗〕　从<u>南监</u>本、<u>龙溪</u>本、<u>学海堂</u>本、<u>汉书赵充国</u>传改。

⑪ 夺〔其〕畜产虏〔其〕妻子　从<u>黄</u>校本、<u>汉书赵充国传</u>补。

⑫ (去)〔起〕一难　从<u>学海堂</u>本、<u>汉书赵充国传</u>改。

⑬ 迫胁诸小国种　<u>汉书赵充国传</u>无"国"字。

⑭ 〔诛之〕用力数倍　从<u>汉书赵充国传</u>补。

⑮ 忧累(四)〔由〕十年数　从<u>学海堂</u>本、<u>汉书赵充国传</u>改。

⑯ 虏久屯(娶)〔聚〕　从龙溪本、学海堂本改。

⑰ (乘)〔弃〕车重　从学海堂本、汉书赵充国传改。

⑱ (乃)降〔及〕斩首五百余(级)〔人〕　从汉书赵充国传改。

⑲ 车四(十)〔千〕余两　从学海堂本、汉书赵充国传改。

⑳ 充国(以闻)赐饮食　从汉书赵充国传、吴慈培校删。

㉑ (散)〔般〕师屯田　从汉书赵充国传改。

㉒ 吏士(各)万人　从汉书赵充国传删。

㉓ (分)〔贫〕破其众　从汉书赵充国传改。

㉔ (二)〔三〕　从学海堂本改。

㉕ 度支田(土)〔士〕　从学海堂本、汉书赵充国传改。

㉖ (不)乘危徼幸　从汉书赵充国传删。

㉗ (日)〔又〕无惊动　从南监本、龙溪本、学海堂本、汉书赵充国传改。

㉘ (于)〔与〕先零为一　从学海堂本、汉书赵充国传改。

㉙ 必有土崩以归〔德〕之意　从汉书赵充国传补。

㉚ 议臣非难充国十七人中十五人最在后十三人　汉书赵充国传作"初是充国计者什三,中什五,最后什八"。

㉛ (业)〔素〕无余积　从汉书萧望之传改。

㉜ 有(仁)〔好〕义〔欲〕利(欲)之心　从学海堂本、汉书萧望之传改。

㉝ 不能去民〔欲〕利(欲)之心　从学海堂本、汉书萧望之传改。

㉞ 而能令其〔欲〕利(欲)不胜(仁)〔好〕义也　从学海堂本、汉书萧望之传改。

㉟ 好义不胜〔欲〕利(欲)也　从学海堂本、汉书萧望之传改。

㊱ 父兄(内)〔囚〕絷　从南监本、龙溪本、学海堂本改。

㊲ 求〔救〕亲戚　从汉书萧望之传补。

㊳ 十人(已)〔以〕死　从汉书萧望之传改。按:"已"、"以"虽通,这里作"以"文义较明。

㊴ 古者藏财于(人)〔民〕　从汉书萧望之传改。"人"系唐避讳改。

㊵ 下(惠)〔急〕上也　从学海堂本、汉书萧望之传改。

㊶ 犯不(盗)〔道〕者　从学海堂本、汉书萧望之传改。

㊷ 为(人)之属　从龙溪本、学海堂本、汉书萧望之传删。

㊸ 其法(不)可蠲除　从汉书萧望之传删。

㊹ (甚)明〔甚〕　从学海堂本、汉书萧望之传乙正。

㊺ 何(伤教)化〔之〕所乱　从学海堂本、汉书萧望之传改。

㊻ 民尚(饥)〔饥〕乏　从汉书萧望之传、黄校本改。

㊼ (常人)常人可与守经　从汉书萧望之传删。

㊽ 故今布令曰　汉书萧望之传作"故金布令甲曰"。

㊾ (难)〔离〕饥寒　从学海堂本、汉书萧望之传改。"离",通"罹"。

㊿ 父母相失　"母",汉书萧望之传作"子"。

51 (故)〔固〕为军旅卒暴之事　从学海堂本、汉书萧望之传改。

52 为起立祠　汉书循吏传"起"下有"冢"字。

53 (二)〔贰〕师将军　从学海堂本、汉书赵充国传改。

54 (一)〔贰〕师引军随之　从学海堂本、汉书赵充国传改。

55 定策(要)〔安〕宗庙　从南监本、龙溪本、学海堂本改。

56 日逐王先贤(单于)〔掸〕来降　从汉书宣帝纪改。

57 治(坞)〔乌〕垒城　从学海堂本、汉书郑吉传改。

58 以刑(狱)〔余〕为周召　从学海堂本、汉书盖宽饶传改。

59 谏(议)大夫郑昌　从汉书盖宽饶传删。

60 退有死身之义　"身",汉书盖宽饶传作"节"。

288

61 (如)此〔如〕传舍　从学海堂本、汉书盖宽饶传改。

62 断其(单)〔禅〕衣　从汉书盖宽饶传改。

63 皆(扣)〔叩〕头　从龙溪本改。

64 贺正〔月〕　从汉书宣帝纪补。

65 二月丙辰　汉书宣帝纪作"三月丙午"。

66 〔吾〕窃陋焉　从汉书丙吉传补。

㊅ (御史)〔驭吏〕嗜酒　从龙溪本、学海堂本、汉书丙吉传改。

㊆ 以醉〔饱〕之失　从汉书丙吉传补。

㊈ 驭(史)〔吏〕之言　从龙溪本、学海堂本、汉书丙吉传改。

㊉ 吉尝逢见(郡)〔群〕斗　从学海堂本、汉书丙吉传改。

㊀ 牛吐(血)〔舌〕喘息　从龙溪本、学海堂本改。

㊁ 从(礼)〔祠〕高祖庙　从学海堂本、汉书丙吉传改。

㊂ 至夕牲(日)〔日〕　从南监本、龙溪本、学海堂本、汉书丙吉传改。

㊃ 取(齐)〔斋〕衣　从南监本、龙溪本改。

㊄ 其益吏百石已下俸五十斛　"五十斛",汉书宣帝纪作"十五斛"。

㊅ 有兵　汉书儒林传作"有兵谋"。

㊆ 乃玄祛服入庙执戟郎间欲为逆　汉书儒林传作"夜玄服入庙,居郎间,执
戟立庙门,待上至,欲为逆"。

㊇ 为〔太中〕大夫　从汉书儒林传补。

㊈ (齐)〔斋〕戒之暮　从汉书宣帝纪改。按"齐"即"斋"或字,以改为宜。

㊀ 夏五月　汉书宣帝纪作"夏四月"。

㊁ (真)〔贞〕洁顺女赐帛　从汉书黄霸传改。

㊂ 督邮(自)〔白〕欲逐之　从南监本、龙溪本、学海堂本、汉书黄霸传改。

㊃ 乃为奸吏因缘　"乃",汉书循吏传作"及"。

㊄ 所杀十人　"十人",汉书酷吏传作"数十人"。

㊅ 东海贤〔知〕于严母　从南监本、汉书酷吏传补。

汉纪 孝宣皇帝纪四 卷第二十

五凤元年春正月，上幸甘泉宫，郊(大)〔泰〕畤①。皇太子冠。赐列侯嗣子爵(王)〔五〕大夫②，男子为父后者爵一级。

冬十有二月乙酉朔，日有蚀之。左冯翊韩延寿有罪，弃市。延寿字长公，燕人也。先是为东郡太守，放散官钱，奢僭逾制。御史大夫萧望之按验之，丞相邴吉以为更大赦，不须考。会御史当按问东郡事，望之因令并得问。延寿闻之，即按劾望之在左冯翊时放散(禀)〔廪〕牺官钱数十万③，吏掠治急，引与望之为奸。延寿劾望之，按殿门禁止望之。望之自奏"职在总领天下，闻事不得不问，而为延寿所拘持"。上由是不直延寿，各令穷竟所考。望之果无事实，而御史按验东郡，具得延寿事。(事)都(肆)〔肄〕试骑士④，治饰兵车，画龙虎朱雀。延寿驾驷马车，羽葆，鼓车歌车。功曹引车，驾驷马，载棨戟。五骑为伍，分左右部，军正、假司马、(十)〔千〕人持幢傍毂⑤。延寿坐射室，骑吏持戟夹阶列卫。骑士兵车四面营阵，被甲鞮鍪居马上，抱弩负籣。又使骑士戏车弄马。又取官铜物，(侯)〔候〕月蚀铸作剑钩(铎)〔镡〕⑥，放效尚方。取官钱帛，私假徭役吏民。及饰车骑甲用三百万以上。于是望之劾奏延寿上僭不道。事下公卿,公卿议以延寿前既无状,又诬诉典法大臣,欲以解罪,狡猾不道,坐弃市死。然延寿为治,甚得吏民心,吏民数千人送至渭桥,老小扶持车毂,莫不涕泣。初,延寿以父义谏燕刺王而死,霍光显赏其子,擢延寿为谏(议)大夫⑦,迁颍川太守,承赵广汉之后。初,广汉患郡俗名党大族相依,以凭凌长吏,乃阴交构之,以生其隙。于是吏民多相怨仇,风俗漓薄。延寿乃道之以礼让,和辑其俗,俾有制度为之礼节,养生送死不逾礼法。百姓遵用其教,卖偶人车马下埋(为)〔伪〕物者⑧,弃之市道。徙为东郡太守,政理大行,吏民畏而爱之。其或欺负之者,延寿痛自刻责:"岂〔其负〕□□之⑨,何以至此?"吏民闻之,自伤悔,不复欺犯,其县尉至〔自〕刺死⑩。及门下掾自到,人救之不死,因失喑不能言。延寿闻之自伤,对掾吏涕泣,遣医治之甚厚,复其家。延寿尝出,临上车,骑吏一人后至,敕功曹议罚。府门卒当车前愿有所言,因曰:"孝经云:'资于事父以事君,而敬同。'今旦明府早驾,久驻而不出。骑吏父至府门,骑吏趋出,父适返,会明府登车。以敬父而受罚,得无毁大化乎?"延寿车中举手曰:"微子,太守不自知过。"还舍,召见府门卒,遂特用之。卒是老书生,闻延寿贤,故自隐于门下。以延寿在东郡治为天下最,及守冯翊,行县至高陵,邑人有兄弟讼田自言者,延寿大伤之,深自责,称病不听事,卧传舍,而县令、丞、三老亦自系待罪。于是讼者深自悔,皆髡钳肉袒谢罪,请以田相让,及死不复敢争。延寿见,勉励之,乃起视事。郡中翕然,转相劝励。周遍二十四县,莫复以自言者。推其至诚,吏民不忍欺也,治官茂矣。

二年春正月,行幸雍,祠五畤。

夏四月，大司马车骑将军韩增薨。增者，故韩王信之曾孙，安道侯说之子。增为人宽和自守，以温颜逊辞承上接下，历事三主，甚重于朝廷。

五月，将军许延寿为大司马车骑将军。秋八月，诏曰："夫婚姻之道，人伦之大者；酒食之会，所以行礼乐也。今郡国二千石或擅为苛禁，禁民嫁娶不得具酒食相贺召。由是废乡党之礼，使民无所乐，非所以导民也。诗不云乎，'民之失德，乾糇以愆'。勿为苛禁。"匈奴掘衍单于为其众所叛⑪，兵败而自杀。于是匈奴大乱，五单于争立。议者多云匈奴为害日久，今可因其乱举兵灭之。萧望之对曰："春秋晋士（丐）〔匄〕兴兵侵齐⑫，闻齐侯卒而还，君子大其不伐丧，以为恩足以服孝子，义足以动诸侯。前单于慕化和亲，夷狄莫不闻矣。不幸为贼臣所杀，而今伐之，是乘乱而幸灾也。兵不以义动，恐劳而无功。宜遣使者吊问，辅其微弱，救其灾患，四夷闻之，咸贵中国之仁义。若遂蒙恩得复其位，必称臣服从，此德义之盛也。"上从之。壬午，御史大夫萧望之贬为太子太傅。太傅黄霸为御史大夫。是时邴吉年老，上重之，望之奏言："三公非其人，则三光不明，今岁星少光⑬，咎在臣等。"上以望之意在轻丞相，诘问望之，望之免冠置对。后丞相司直奏言："故事，丞相病，明日御史大夫辄问病；朝奏事会廷中，差处丞相后；丞相谢，御史大夫稍揖进之。今丞相数病，望之不问；会廷中，与丞相均礼。又望之自擅使守（吏）〔史〕自给车马⑭，至杜陵视家事。少（吏）〔史〕冠法冠⑮，为妻先引，又使买卖，私所附益凡十三万三千⑯。"上由此策贬之。

冬十有一月，匈奴呼遫累单于率众来降，封为列侯。

十有二月，平通侯杨恽坐怨望，不道，腰斩。恽，丞相敞（弟）

〔子〕^⑰，以发霍氏反事，封(光禄勋)〔平通侯〕^⑱。公廉好义，让千万财分昆弟宗族。然自伐其贤能，性好刻害^⑲，〔好〕发人阴伏^⑳，轻慢士人，卒以此败。太仆戴长乐与恽有隙，告之曰："(安)〔高〕昌侯乘车奔入北掖门^㉑，恽曰：'尝闻奔车抵殿门，门关折，马死，而昭帝崩。今复如此。'恽观西(关)〔阁〕上^㉒，指桀、纣画像曰：'天子过此，一二问其过，可以得为师矣。'〔画〕人有尧、舜不称而言桀、纣^㉓。又曰：'天久阴不雨，春秋所记，夏侯君所言。上行必不至河东矣。'(上以)〔以主上〕为戏语^㉔，悖逆绝理。"下廷尉。廷尉奏大逆不道，请捕治之。上不忍致法，免为庶人。居家治产业，起室宅。安定太守西河孙会宗，智略之士也，与恽书戒之，以为"大臣废退，当阖门恐惧，不当治产业，通宾客也。"恽报书曰："自惟罪过已重，长为农夫，故修贾竖之事，耕桑以给公上，不意当复以此为讥也。夫西河郡地，魏文侯所兴，有段干木、田子方遗风，尚节俭，明去就之分。今足下离旧土，临安定，山谷间昆戎旧壤，子弟贪鄙，岂习俗移人，于今乃睹子之志矣！方今盛汉之隆，愿勉旃，无多谈。"恽兄子安平侯谭(为)〔谓〕恽曰^㉕："西河太守杜侯前以过绌，今复征为御史大夫。(候)〔侯〕罪薄^㉖，又有功劳，且复用。"恽曰："有功何益？县官不(定)〔足〕为尽力^㉗。"谭曰："县官实然，盖司隶、韩冯翊俱尽力吏，皆坐事诛。"驺马猰佐成告之，下廷尉按验，得恽与会宗书。上恶〔之〕^㉘，遂诛恽，妻子徙合浦。谭坐不谏止恽，与相应答，有怨望语，免为庶人。公卿奏收朋党友，皆免官。京兆尹张敞亦被奏，独寝不下。会敞使捕贼掾吏絮舜有所按验，〔舜〕以敞当免^㉙，曰："五日京兆尹耳。"不肯为按事。敞闻之，即收舜强致之死罪。舜家自告，上欲令敞自便利，即先下敞坐杨恽事免。敞诣阙上印绥,因从阙下〔亡命〕㉚。于是京兆吏民解(施)〔弛〕㉛,桴鼓起。而冀州(都)〔部〕中有大贼㉜。上思敞功效,即下诏所在召敞,拜冀州刺史。广川王同族刘调等为贼窟藏于王家,敞自将吏民兵车数百两围王宫,果得调等于殿屋重轑中。乃斩调,悬其首于王宫门。因劾奏王。上不忍致法,削其户。冀州盗贼禁止。迁太原太守,郡中清净,所在治理。

荀悦曰:天子无私惠,王法不曲成。若张敞之比,以议能之法宥之可也;使之亡,非也。

三年春正月癸卯,丞相邴吉薨,谥曰定侯。子显嗣,有罪,上不忍绝,削爵为关内侯。

二月壬辰,御史大夫黄霸为丞相。霸长于治民,及为丞相,纲纪风采不及魏相、邴吉、于定国。

三月,行幸河东,祠后土,神光并见,烛耀齐宫,十有余刻。辛丑,凤凰集长乐宫,文章五采,留十余刻,吏民并睹。赐民爵一级,鳏寡孤独帛。令民大酺五日。时天下殷富,数有嘉应。益州刺史王(褒)〔襄〕欲宣风化于其民㉝,王褒作中和、乐〔职〕、宣布歌诗㉞,选好事童子何武等令依鹿鸣之声习而歌之。上召武等观之,皆赐帛,曰:“此盛德之事,吾何以当之!”益州刺史因奏王褒有逸才,能为文。上乃征之,待诏,后召褒为颂,颂圣主得贤臣之意。褒对曰:“春秋五始之要,在乎审己正统而已。夫贤者,国家之器用也。所任贤,则趣舍省而功施普;器用利,则事力少而成效多。故工之用钝器也,劳筋苦骨,终日矻矻。及至巧冶铸干将之朴,清水淬其锋,越砥敛其锷,水断蛟龙,陆(刺)剸犀革㉟,忽若彗(氾)〔氾〕画涂㊱。如此,乃使离娄督绳,公输削墨,虽崇台五层,延袤百尺,而不湎者,工用相得也。故服絺绤之凉者，不苦盛暑之郁(懊)〔燠〕^③；袭狐貉之暖者，不忧至寒之凄惨。何则？有〔其〕具者易其备^③。夫贤人君子，亦圣(主)〔王〕之所以易海内也^③。昔周公躬吐握之劳，故有(周室)〔圉空〕之隆^④；齐桓设庭燎之礼，故有匡合之功。由是观之，明君人者勤于求贤而佚于得人。人臣亦然。故世必有仁圣之王，而后有贤明之臣。故虎啸而风起，龙兴而致云，蟋蟀候秋吟，蜉蝣出以阴。易曰：‘飞龙在天，利见大人。’诗曰：‘思皇多士，生此王国。’故圣王必待贤臣而弘功业，隽士亦俟明主以显其德。上下俱欲，欢然交欣，千载一会，愉悦无斁，翼乎如鸿毛之(遇)〔过〕顺风^④，沛乎若巨鱼之纵大壑。其得意如此，则胡禁不止，何令不行？化溢四表，横被无穷，遐夷贡献，万祥必臻。是以圣主不遍窥望而视(以)〔已〕明^④，不殚倾耳而听(以)〔已〕聪^④；恩从祥风(遨)〔翱〕^④，德与和气游，太平之责塞，优游之望得；遵游自然之势，恬淡无为之场，休征自至，寿考无疆，何必偃仰屈伸若彭祖，煦嘘呼吸如乔、松，眇然绝俗离世哉！诗云：‘济济多士，文王以宁。’信乎其以宁也！”是时，上颇好神仙，故褒对及之。顷之，拜褒为谏(议)大夫^④，数为辞赋。方士言益州有金马、碧鸡之宝，可祭致之，使褒祠焉。褒道病死。

六月辛巳^④，西河太守杜延年为御史大夫。安和宽裕，论议持平，称为名臣。是岁，置西河属国都尉，以处匈奴降者。

四年春正月，广陵王胥有罪，自杀。胥好倡乐逸游，力能扛鼎，空手搏罴豕猛兽。动作无法度，昭帝时数使巫祝(祷)〔诅〕^④。上即位，胥曰：“太子孙何以反得立？”复祝诅如前。楚王延寿谋反，胥与私通书。延寿既诛，辞连及胥，有诏勿治，后复祝诅。胥宫中棘生十茎⁴⁸,茎赤,叶白如素。池中水变赤,鱼死。有鼠舞王后庭中。后祝诅事发觉,有司按验,胥惶恐自杀,谥曰厉王。其子为庶人。匈奴单于〔称〕臣⁴⁹,(道)〔遣〕弟谷蠡王入侍⁵⁰。以边(塞)〔塞〕无寇⁵¹,减戍卒十二。大司农丞耿寿昌〔善〕为算,能(商)〔商〕功利⁵²,奏言:"故事,岁漕关东谷四百(余)〔万〕斛以给京师⁵³,用卒六万人。宜籴三辅、弘农、河(南)〔东〕、上党、太原郡谷足给京师⁵⁴,可以省关东漕卒半。"又奏边郡皆筑仓,以谷贱时增价而籴,以利农;贵时减价出粜,以赡贫民,名曰常平仓。民便之。乃赐寿昌爵关内侯。是时籴谷甚贱,农人少利,故设常平仓。而蔡揆以好农而为使者⁵⁵,劝农于郡国。昔李悝为魏文侯作尽地力之教,以为地方百里,提封九万顷,除山泽邑居三分减一,为六万顷,治田劝农则亩益三斗⁵⁶,不劝损亦如之,增减转为谷百八十万石矣⁵⁷。故农事不可以不劝,籴甚贵则伤民,籴甚贱则伤农;民伤则离散,农伤则国贫。故甚贵甚贱,其伤一也。善为国者,使民无伤而农益劝。今五口之家,治田百亩,岁常不足以自供,若不幸即有疾病死丧之费,则至于甚困。是以民不劝耕,而籴至于甚贵也。是故善平籴者,必视岁上中下。上熟自四,中熟自三,下熟自倍,饥亦如之。故上熟官籴三而舍一,中熟官籴二而舍一,下熟官籴一而舍一,使民适足,价平则止。小饥则发小熟之所敛而(籴)〔粜〕之⁵⁸,中饥则发中熟之所敛而(籴)〔粜〕之⁵⁹,(太)〔大〕饥则发大熟之所敛而(籴)〔粜〕之⁶⁰,以相赡补。故虽遭饥馑,(籴)〔粜〕不甚贵而民不散⁶¹,谷价常平。行之魏国,魏国强富。

夏四月辛丑朔,日有蚀之。是谓正月朔,愿未作,春秋左氏传以为重〔异〕⁶²。遣丞相、御史掾吏二十四人循行天下,举冤狱,察擅为苛禁深刻不改者。

甘露元年春正月,行幸甘泉,郊泰畤。匈奴呼韩(王)〔邪〕单于遣子右贤王铢娄渠堂入侍㉓。而呼韩邪兄左贤王自立为郅支单于,遣子入侍。

三月丁巳㉔,大司马车骑将军许延寿薨。

夏四月,黄龙见新丰。建章、未央、长乐宫钟及筍簴铜人皆生毛,长二寸许。甲申㉕,太上皇庙灾。甲辰,孝文庙灾。上素服五日。

冬,呼韩邪单于遣弟左贤王朝贺。

二年春正月,立皇(太)子嚣为定陶王㉖,后徙为楚王。诏曰:"乃者凤凰甘露降集,黄龙登兴,醴泉滂流,枯槁荣茂,神光并见,咸受祯祥。其赦天下。减民算三十。赐诸侯王、丞相、将军、二千石金钱各有差。赐民爵,女子百户牛酒,鳏寡孤独高年帛。"珠崖郡乱。

夏四月,遣护军都尉张禄将兵击之。御史大夫杜延年赐安车驷马,免。

五月己丑,廷尉于定国为御史大夫。

秋九月,立皇子宇为东平王。

冬十月,幸云阳宫。营平侯赵充国薨,谥曰壮武侯㉗。以功德与霍光等图画相次于未央宫:第一曰大司马大将军博陆侯霍光,次曰卫将军富平侯张安世,次曰车骑将军龙额侯韩增,次曰后将军营平侯赵充国,次曰丞相高平侯魏相,次曰丞相博陵侯邴吉,次曰御史大夫建平侯杜延年,次曰宗正(杨德)〔阳城〕侯刘德㉘,次曰少傅梁丘贺,次曰太子太傅萧望之,次曰典属国苏武。皆有功德,知名当世,以明著中兴辅佐,列于方叔、(邵)〔召〕虎、仲山甫焉⑩。至成帝时,西羌(常)〔尝〕有(惊)〔警〕⑩,成帝思将帅之臣,诏黄门侍郎杨雄即充国画像而颂之,曰:"明灵惟(先)〔宣〕⑪,戎有先零。先零猖狂,侵我西疆。汉命虎臣,惟后将军,整我六师,是讨是震。既临其域,喻以威德,有守矜功,谓之弗克。请奋其旅,于羍之羌,天子命我,从之鲜阳。营平守节,屡奏封章,料敌制胜,威谋靡亢。遂克西戎,(旅)〔旋〕师于京⑫,鬼方宾服,罔有不庭。昔周之宣,有方有虎,诗人歌之,乃列于雅。在汉中兴,充国作武,斜斜桓桓,亦绍厥绪。"

　　三年春正月,行幸甘泉宫,郊泰畤。匈奴呼韩邪单于为郅支所破,遂称臣,来朝。上议其仪,丞相霸、御史大夫定国议以为"圣主先诸夏而后夷狄,其礼仪宜如诸侯王,位次(其)〔在〕下⑬"。太子太傅萧望之议曰:"单于夷狄礼仪非正朔所加,故称敌国,宜待以不臣之礼,位在诸侯王上。蛮夷稽首称藩,中国让而不臣,此羁縻之义,谦厚之(礼)〔福〕也⑭。书曰'戎狄荒服',言其来往荒忽无常。如使匈奴后嗣(不)阙于朝(飨)〔享〕⑮,不为叛臣。信让行乎蛮夷,福祚延于无穷,此万世之长策也。"上令单于在诸侯王上,赞谒称藩臣而不名。赐以玺绶冠带、衣裳、安车、驷马、黄金、锦绣、缯絮。使有司导单于先行就邸。

　　荀悦曰:春秋之义,王者无外,欲一于天下也。书曰"西戎即序",言皆顺从其序也。〔戎狄〕道(理)〔里〕辽远⑯,人(物)〔迹〕介绝⑰,人事所不至,血气所不沾,不告谕以文辞。故正朔不及,礼(义)〔教〕不加⑱,非(导)〔尊〕之也⑲,其势然也。工者必则天地,天无不覆,地无不载,故盛德之主则亦如之。九州之外谓之(藩)〔蕃〕

国⑧⑩,蛮夷之君列于五服。诗云:"(目)〔自〕彼氐、羌⑧①,莫敢不来王。"故要荒之(地)〔君〕必奉王贡⑧②,若不供职,则有辞让号令加焉,非敌国之谓也。故远不间亲,(狄)〔夷〕不乱华⑧③,轻重有序,赏罚有章,此先王之大礼。故舞四夷之乐于四门之外,不备其礼,故不见于先祖,献其志意音声而已。望之欲待以不臣之礼,加之(以)王公之上⑧④,僭度失序,以乱天常,非礼也。若以权时之宜,则异论矣。

二月,单于罢归。遣卫(将军)〔尉〕、车骑(将军)〔都尉〕、骑都尉万六千骑送单于⑧⑤。单于归幕南,保光禄城,而郅支单于远遁,匈奴遂定。诏曰:"乃者凤凰集新蔡,众鸟四面行列而立,以万数。其赐汝南太守帛百匹,新蔡长吏、三老、孝弟力田、鳏寡孤独帛各有差。赐吏民爵二级。无出今年租。"

三月己巳,丞相黄霸薨。五月甲午,御史大夫于定国为丞相。初,定国父于公为东海郯县狱吏,郡决曹掾⑧⑥,决狱甚明,理法者皆无恨。郡中为之立生祠。东海有孝妇,少寡,无子,养老姑甚谨,姑欲嫁之,终不肯去。姑告邻人曰:"我年老,久累丁壮。"其后姑自到而死,姑女告"妇杀我母"。吏验治甚急,孝妇自诬服。具狱上府,于公以为妇孝养姑十余年,以孝闻于天下,必不杀也。太守不听,于公争不得,乃抱具狱,哭于府门上,因辞病去。郡中枯旱三年。及后太守方召于公,于公曰:"前有孝妇不当死,枉诛,咎傥在是乎?"于是太守杀牛自祭孝妇,因表其墓,天乃大雨。于公其里门间坏,父老方共治之。于公曰:"少高大,令容驷马高盖。我治狱多阴德,子孙必兴。"故人为之语曰:"于公高门以(侍)〔待〕封⑧⑦,严母除地以望丧。"定国少为文法吏,及在卿位,乃迎师学春秋,身执经,北面备弟子礼。谦让恭敬,士虽贫贱徒步,皆与均礼。为廷尉八年⑧,持法平端。朝廷称之曰:"张释之为廷尉,天下无冤民;于定国为廷尉,天下自不冤。"然好饮酒,至一石不能乱⑨,益精明。邴吉之薨也,荐杜延年、于定国、陈万年,皆以次见用。后太仆陈万年为御史大夫。万年,沛人也。外行廉平,内行修饰,在位称职。然善事人。邴吉疾病,中二千石以下谒问疾⑩。吉遣家丞谢之,已皆去,唯万年独留,昏夜乃归。好为曲意如此。子咸,刚直有异才。万年尝召咸床下教戒之,咸睡,头触屏风。万年怒之,咸叩头谢曰:"(且饶)〔具晓〕所言⑪,大人乃教咸谄也。"万年乃不复言。咸(复)〔后为〕御史中丞⑫,执法殿中,公卿以下皆敬惮之。颇言石显长短,为显所奏,坐漏泄省中语(一)〔下〕狱⑬,减死。后历州郡,所在令行禁止,官至少府。其治严酷,仿严延年。然性奢侈,其廉不及。诏诸儒博士讲五经同异于石渠,太子太傅望之平其议,上亲称制临决焉。乃立梁丘易、大小夏侯尚书、穀梁(公羊)春秋、(左氏传)博士⑭。冬,乌孙公主求归,年七十余矣。〔上书曰:"年老思土,愿归骸骨。"上愍而迎之〕⑮,与乌孙男女二人俱来,赐田宅奴婢,朝见仪比于公主焉。

四年夏,广川王海阳有罪,废迁房陵。

冬十月丁卯,未央宫宣室阁灾⑯。

黄龙元年春正月,行幸甘泉,郊泰畤。匈奴呼韩邪单于来朝,礼赐如初。

二月,单于归国。诏曰:"朕既不明,数申诏公卿大夫顺民所疾苦。今吏或以不禁奸邪为宽大,纵释有罪为不苛,或以酷恶为贤,皆失其中。奉诏宣化如此,岂不谬哉!方今天下少事,赋役省减,兵革不动,而民多贫,盗贼不止,其咎安在? 上计簿务为欺谩,以避其课。三公不以为意,朕将何任? 御史〔察〕计簿^⑰,有疑不实者,按之,使真伪无相乱。"

三月,有星孛于<u>王良</u>、<u>阁道</u>,入<u>紫微宫</u>^⑱。是岁,<u>未央宫</u>殿辂輅宫中雌雉化为雄,毛衣变而不鸣,无距。

冬十有二月甲(戍)〔戌〕^⑲,帝崩于<u>未央宫</u>。

赞曰:本纪称"<u>孝宣</u>之治,信赏必罚,综核名实,政事文学法治之士咸精其能,至于伎巧器械之资,后世鲜能及之,亦足以知吏称其职,民安其业。遭(植)〔值〕<u>匈奴</u>乖乱^⑳,推亡固存,申威<u>北狄</u>,单于慕义,稽首称藩。功光祖宗,业垂后嗣,可谓中兴,德侔<u>殷高宗</u>、<u>周宣</u>矣"。<u>汉武</u>之世,得贤为盛,<u>公孙弘</u>、<u>倪宽</u>以鸿渐之翼困于燕雀,<u>卜式</u>发迹于牧羊之间,非遇其时,焉能致斯位乎!<u>孝武</u>践祚,方用文武,求贤如不及,始以蒲轮迎<u>枚生</u>,见<u>主父偃</u>而叹息。群士慕义,异人并出,<u>卜式</u>试于刍牧,<u>桑弘羊</u>擢于贾竖,<u>卫青</u>奋于奴仆,<u>日磾</u>出于降虏,斯亦当时(板)〔版〕筑(牧)〔饭〕牛之徒明矣^㉑。<u>汉</u>之得人,于斯为盛,儒雅则<u>公孙弘</u>、<u>董仲舒</u>、<u>倪宽</u>,笃行则<u>石建</u>、<u>石庆</u>,质直则<u>汲黯</u>、<u>卜式</u>,推贤则<u>韩安国</u>、<u>郑当时</u>,定律令则<u>赵禹</u>、<u>张汤</u>、文章则<u>司马相如</u>,滑稽则<u>东方朔</u>、<u>枚皋</u>,应对则<u>严助</u>、<u>朱买臣</u>,历数则<u>唐都</u>、<u>洛下闳</u>,协律则<u>李延年</u>,运筹则<u>桑弘羊</u>,奉使则<u>张骞</u>、<u>苏武</u>,将帅则<u>卫青</u>、<u>霍去病</u>,受遗则<u>霍光</u>、<u>金日磾</u>,其余不可胜纪。是以兴造功业,制度遗文,后世莫及。至<u>孝宣</u>承统,继修鸿业,亦讲论六艺,招选茂异,而<u>萧望之</u>、<u>梁丘贺</u>、<u>夏侯胜</u>、<u>韦玄成</u>、<u>严彭祖</u>、<u>尹更始</u>以儒术进,<u>刘向</u>、<u>王褒</u>以文章显,将相则<u>张安世</u>、<u>赵充国</u>、<u>魏相</u>、<u>邴吉</u>、<u>于</u>

定国、杜延年,治民则黄霸、王成、龚遂、邵信臣、韩延寿、尹翁归、赵广汉、张敞之属,皆有功迹,见于后世,参(其)〔之〕名臣^⑩,亦其次也。

校勘记

① 郊(大)〔泰〕時 从龙溪本改。

② 赐列侯嗣子爵(王)〔五〕大夫 从龙溪本、学海堂本、汉书宣帝纪改。

③ (禀)〔廪〕牺官钱 从学海堂本、汉书韩延寿传改。

④ (事)都(肆)〔肄〕试骑士 从汉书韩延寿传删改。

⑤ (十)〔千〕人持幢傍毂 从汉书韩延寿传改。

⑥ (侯)〔候〕月蚀铸作剑钩(铎)〔镡〕 从龙溪本、学海堂本、汉书韩延寿传改。

⑦ 擢延寿为谏(议)大夫 从汉书韩延寿传删。

⑧ 下埋(为)〔伪〕物者 从南监本、龙溪本、学海堂本改。

⑨ 岂〔其负〕□□之 原空四格,从南监本、龙溪本补二字。汉书韩延寿传作"岂其负之"。

⑩ 县尉至〔自〕刺死 从黄校本、汉书韩延寿传补。

⑪ 匈奴掘衍单于 汉书匈奴传作"握衍朐鞮单于"。

⑫ 晋士(丐)〔匄〕兴兵 从龙溪本、学海堂本改。

⑬ 今岁星少光 汉书萧望之传作"今首岁日月少光"。

⑭ 自擅使守(吏)〔史〕自给车马 从学海堂本、汉书萧望之传改。

⑮ 少(吏)〔史〕冠法冠 从学海堂本、汉书萧望之传改。

⑯ 私所附益凡十三万三千 汉书萧望之传作"十万三千"。

⑰ 恽丞相敞(弟)〔子〕 从黄校本、汉书杨敞传改。

⑱ 封(光禄勋)〔平通侯〕 从汉书杨敞传改。

⑲ 性好刻害 汉书杨敞传无"好"字,文义较长。

⑳ 〔好〕发人阴伏 从汉书杨敞传补。

㉑ (安)〔高〕昌侯　从学海堂本、汉书杨敞传改。

㉒ 恽观西(关)〔阁〕　从学海堂本、汉书杨敞传改。

㉓ 〔画〕人有尧舜　从汉书杨敞传补。

㉔ (上以)〔以主上〕为戏语　从汉书杨敞传改。

㉕ (为)〔谓〕恽曰　从学海堂本改。

㉖ (候)〔侯〕罪薄　从南监本、龙溪本、学海堂本改。

㉗ 县官不(定)〔足〕为尽力　从南监本、龙溪本、学海堂本、汉书杨敞传改。

㉘ 上恶〔之〕　从吴慈培校、汉书杨敞传补。

㉙ 〔舜〕以敞当免　从吴慈培校、汉书张敞传补。

㉚ 因从阙下〔亡命〕　从南监本、龙溪本、学海堂本补。

㉛ 吏民解(施)〔弛〕　从黄校本、学海堂本、汉书张敞传改。

㉜ 冀州(都)〔部〕中有大贼　从汉书张敞传改。

㉝ 益州刺史王(褒)〔襄〕　从学海堂本、汉书王褒传改。

㉞ 中和乐〔职〕　从汉书何武传补。

㉟ 陆(剌)〔剚〕犀革　从黄校本、汉书王褒传改。

㊱ 忽若彗(汜)〔氾〕画涂　从黄校本、汉书王褒传改。

㊲ 盛暑之郁(懊)〔燠〕　从南监本、龙溪本、学海堂本、汉书王褒传改。

㊳ 有〔其〕具者易其备　从汉书王褒传、吴慈培校补。

㊴ 亦圣(主)〔王〕之所以易海内也　从汉书王褒传改。

㊵ 故有(周室)〔圆空〕之隆　从南监本、龙溪本改。

㊶ 鸿毛之(遇)〔过〕顺风　从汉书王褒传改。

304　㊷ 视(以)〔已〕明　从汉书王褒传改。

㊸ 听(以)〔已〕聪　从汉书王褒传改。

㊹ 从祥风(邀)〔翱〕　从汉书王褒传改。

㊺ 拜褒为谏(议)大夫　从汉书王褒传删。

㊻ 六月辛巳　汉书百官公卿表作"六月辛酉"。

㊼ 使巫祝(祷)〔诅〕　从南监本、龙溪本改。

㊽ 胥宫中棘生十茎　汉书武五子传作"胥宫园中枣树生十余茎"。

㊾ 匈奴单于〔称〕臣　从汉书宣帝纪补。

㊿ (道)〔遣〕弟谷蠡王入侍　从汉书宣帝纪改。

51 以边(寨)〔塞〕无寇　从汉书宣帝纪、吴慈培校改。

52 〔善〕为算能(商)〔商〕功利　从龙溪本、学海堂本、汉书食货志改。

53 谷四百(余)〔万〕斛　从学海堂本、汉书食货志改。

54 弘农河(南)〔东〕上党　从汉书食货志改。

55 蔡揆　"揆",汉书食货志作"葵"。

56 治田劝农　"劝农",汉书食货志作"勤谨"。

57 增减转为谷百八十万石　"转",汉书食货志作"辄"。

58 小熟之所敛而(籴)〔粜〕之　从学海堂本、汉书食货志改。

59 中熟之所敛而(籴)〔粜〕　从学海堂本、汉书食货志改。

60 (太)〔大〕饥则发大熟之所敛而(籴)〔粜〕之　从学海堂本、汉书食货志改。

61 (籴)〔粜〕不甚贵　从汉书食货志改。

62 春秋左氏传以为重〔异〕　从汉书五行志补。

63 匈奴呼韩(王)〔邪〕单于　从学海堂本、汉书宣帝纪改。

64 三月　南监本、汉书宣帝纪、百官公卿表皆作"二月"。

65 甲申　汉书宣帝纪作"丙申"。

66 立皇(太)子器为定陶王　从汉书宣帝纪删。

67 谥曰壮武侯　"壮武侯",汉书赵充国传作"壮侯"。

68 (杨德)〔阳城〕侯刘德　从龙溪本、汉书苏建传改。

69 方叔(邵)〔召〕虎仲山甫　从龙溪本、汉书苏建传改。按"邵"、"召"通。

70 西羌(常)〔尝〕有(惊)〔警〕　从龙溪本、汉书赵充国传改。

71 明灵惟(先)〔宣〕　从汉书赵充国传改。

72 (旅)〔旋〕师于京　从学海堂本改。

73 位次(其)〔在〕下　从学海堂本、汉书萧望之传改。

⑭ 谦厚之(礼)〔福〕也　从学海堂本、汉书萧望之传改。

⑮ 如使匈奴后嗣(不)阙于朝(飨)〔享〕　从汉书萧望之传改。

⑯ 〔戎狄〕道(理)〔里〕辽远　从通鉴汉宣帝甘露二年所引荀纪文改。

⑰ 人(物)〔迹〕介绝　从通鉴汉宣帝甘露二年所引荀纪文改。

⑱ 礼(义)〔教〕不加　从通鉴汉宣帝甘露二年所引荀纪文改。

⑲ 非(导)〔尊〕之也　从通鉴汉宣帝甘露二年所引荀纪文改。

⑳ 谓之(藩)〔蕃〕国　从通鉴汉宣帝甘露二年所引荀纪文改。

㉑ (目)〔自〕彼氐羌　从龙溪本、学海堂本改。

㉒ 要荒之(地)〔君〕　从通鉴汉宣帝甘露二年所引荀纪文改。

㉓ (狄)〔夷〕不乱华　从通鉴汉宣帝甘露二年所引荀纪文改。

㉔ 加之(以)王公之上　从通鉴汉宣帝甘露二年所引荀纪文删。

㉕ 遣卫(将军)〔尉〕车骑(将军)〔都尉〕　从汉书宣帝纪改。

㉖ 郡决曹掾　汉书于定国传无"掾"字。

㉗ 于公高门以(侍)〔待〕封　从南监本、龙溪本改。

㉘ 为廷尉八年　"八年",汉书于定国传作"十八年"。

㉙ 至一石不能乱　"一",汉书于定国传作"数"。

㉚ 中二千石以下谒问疾　"以下",汉书陈万年传作"上"。

㉛ (且饶)〔具晓〕所言　从南监本、龙溪本、学海堂本改。

㉜ 咸(复)〔后为〕御史中丞　从南监本、龙溪本改。

㉝ 泄省中语(一)〔下〕狱　从龙溪本、学海堂本改。

㉞ 穀梁(公羊)春秋(左氏传)博士　从汉书宣帝纪删。

306 ㉟ 〔上书曰年老思土愿归骸骨上愍而迎之〕　从黄校本补。

㊱ 未央宫宣室阁灾　"阁",汉书宣帝纪作"阁"。按"阁"、"阁"通。

㊲ 御史〔察〕计簿　从汉书宣帝纪补。

㊳ 入紫微宫　"微",汉书宣帝纪无"微"字。

㊴ 冬十有二月甲(戌)〔戍〕　从龙溪本、学海堂本改。

㊵ 遭(植)〔值〕匈奴乖乱　从龙溪本、学海堂本、汉书宣帝纪改。

⑩ (板)〔版〕筑(牧)〔饭〕牛之徒　从汉书公孙卜式儿宽传赞、黄校本、吴慈
培校改。

⑩ 参(其)〔之〕名臣　从南监本、龙溪本改。

汉纪　孝元皇帝纪上　卷第二十一

　　皇帝癸未即位^①，年二十六。初，宣帝寝疾，引外属侍中乐陵侯史高、（大）〔太〕傅萧望之、少（府）〔傅〕周堪至（京）〔禁〕中^②，拜高为大司马车骑将军，望之为前将军光禄勋，堪为光禄大夫，皆受遗诏辅政，领尚书事。望之荐谏（议）大夫刘向以博学忠直为散骑宗正给事中^③。

　　初元元年春正月辛丑，孝宣皇帝葬杜陵。赦天下。赐诸侯王、公〔主〕、列侯金^④，二千石以下钱帛，各有差。封皇〔太〕后兄侍中中郎将王舜为安平侯^⑤。丙午，立皇后王氏。封皇后父禁为阳平侯。禁即魏郡元城人也。其先齐田氏，济北王安之后，其子孙废为庶人，时人谓之王家田氏焉。禁父字翁孺，武帝时为绣衣御史，捕逐群盗党与及长吏，多所纵活。而暴胜之奏杀二千石以下，及通行酒食相连坐者，大郡至斩万有余人^⑥。翁孺以奉使不称职免。翁孺叹曰："吾闻活千人者有封子孙，吾所活万余人矣，后世其兴乎！"翁孺徙居魏郡，元城人建公曰："昔春秋时沙麓崩，晋史卜之曰：'阴为阳雄，土火相乘，沙麓崩后六百四十五年，宜有圣女兴。'

其齐田氏乎！元城东郭五鹿墟即沙麓地也，今翁孺徙，正值其地，
日月当之矣。"皇后字(正)〔政〕君⑦。方妊(正)〔政〕君，梦月入怀。
长大许嫁，未入门，夫辄死。禁怪之，相者言："当大贵。"年十八，
宣帝时入掖庭，为家人子以配太子。一见殿内，即幸有娠，生男，即
成帝也。遣使者征琅邪王吉、贡禹。吉年老，道病卒。禹至，拜谏
(议)大夫。王吉与禹相善，世称"王阳在位，贡公弹冠"。言其趣舍
同也。始，吉居长安，东家有枣枝垂吉庭中，吉妇取其枣以啗吉。
吉后知之，乃去其妇。东家见吉去妇，欲伐树，邻人止之，因固请
吉。妇还，里中为之语曰："东家有树，王阳去妇，东家树完，去妇复
还。"其励节如此。贡禹字少翁。初〔为〕河南令⑧，以职〔事〕为府
官所责⑨，免冠谢。禹曰："冠一免，岂可复冠！"遂去官，以明经洁
行自修。上既见禹，虚己问以政事。禹曰："古者宫室有制度，宫女
不过九人，秣马不过八匹；墙涂而不雕，木磨而不刻，车服器物皆不
文画，苑囿不过数十里，与民共之。高祖、孝文、孝景皇帝(修)〔循〕
古节俭⑩，宫女不过十余人，厩马不过百余匹。后世转为奢侈，臣
下亦相仿效。故大夫僭诸侯，诸侯僭天子，天子过天道。今齐三服
官作工数千人，一岁所费数千万，杯碗器物皆文画，金银饰之。厩
马数万匹，民饥而死，或人相食，厩马食粟，患其大肥，乃日步作之。
王者受命于天，为民父母，固当如是乎！武帝时，又多取好女至数
千人，以填后宫。及弃天下，昭帝幼弱，霍光不知礼正，多藏金银财
物鸟兽六畜之类，凡百九十物。又取后宫女置园陵，大失礼，逆天
心。后遂遵之，使天下〔承〕化(成)⑪，下及百姓，皆逾制度。唯陛
下大减损舆服御物，三分去二。察后宫贤女留二十余人，余悉归
之。及诸园陵女无子者，宜皆遣之。厩马可无过数十匹。独舍长

安城南苑以为田猎之囿,余皆复为田以赐贫民。天生圣人,盖为万民,非独令自娱乐而已。此独可以圣心参诸天地,揆之往古,不可与臣下议也。若其阿意顺旨,随君上下,臣禹不胜(眷眷)〔拳拳〕[12],不敢不尽愚〔心〕[13]。"上喜纳其忠,诏三辅、太常、郡国公田及苑可省者以赈贫民。凡禹所言,后多施行之。

夏四月,光禄大夫王褒等七人循行天下[14],存问耆老鳏寡孤独失职之民,登延贤俊,招显侧陋,观风俗之化。诏〔郡〕国被灾害甚者无出今年租赋[15]。江(淮)〔海〕陂湖园池以贷贫民[16],勿收租税。赐宗室属籍者马一匹至二驷,孝弟力田、鳏寡孤独帛,吏民五十户牛酒。

秋八月,〔上郡〕属国降胡万余人亡入匈奴[17]。

九月,关东诸郡国十一大水,人饥相食。诏宫馆希幸御者勿缮治,减食谷马、食肉兽。诏列侯举茂才。匈奴呼韩邪单于上书言民众困乏,诏云中、五原郡转二万斛谷以给之。

二年春正月,行幸甘泉,郊泰畤。赐云阳民爵一级,女子百户牛酒。立皇弟竟为清河王[18]。

二月戊午,陇西地震,毁落太上皇庙,败〔獂道〕县(道及)〔道〕城郭(宫)〔官〕寺屋室[19],压杀人众。山崩地裂,水泉皆涌。

三月,立广陵厉王太子(弟)霸为王[20]。罢黄门乘舆及狗马,水衡禁苑、少府佽飞外池、严籞池田假于贫民。诏郡国灾甚者无出租赋。赦天下。

夏四月,立皇太子。赐御史大夫爵关内侯,中二千石右庶长,天下当为父后者爵一级,列侯钱各有差。

荀悦曰:赏罚者,国家之利器也。所以惩恶劝善,不以喜加赏,不以怒增刑,列侯重爵不可以虚加也。

秋七月己酉,地震。诏举直言极谏之士。<u>东海翼奉</u>字<u>少君</u>,待诏对曰:"臣闻人气内逆,则感动天地;天变见于星气日蚀,地变见于奇物震动。所以然者,阳〔用其精,阴〕用其形^㉑,犹人有五脏六体,五脏象天,六体象地。故五脏病则气色变于面,六体病则伸屈见于形^㉒。地震者,阴气盛也。古者朝廷必有同姓以明亲亲,必有异姓以明贤贤。今左右无同姓,独以舅后之家为亲,异姓之臣又疏。二后之党满朝,阴气之盛,不亦宜乎!臣又闻建章、未央宫人各以百数,皆不得天性。宜为设员,出其过制〔者〕^㉓。今异至不应,灾将随之,其法为大水。然极阴生阳,反为大旱,甚则将有火灾。<u>春秋宋伯姬</u>(灾)是也^㉔。"<u>奉</u>又上疏曰:"臣闻昔<u>盘庚</u>改邑以起<u>殷</u>道,圣人美之。今国家郊禘寝庙祭祀之礼多不应古,宫室苑囿奢侈。臣愚以为诚难安居而易改作,欲陛下徙都<u>洛阳</u>,安<u>成周</u>之居,兼<u>盘庚</u>之德,改正制度,无有缮治宫室不急之费,三岁可余一岁之畜。臣闻天道有常,王道无常,无常者所以应有常。必有非常之主,然后立非常之功。愿陛下留神虑。"上异其言。<u>奉</u>好灾异占候之术,为博士、谏(议)大夫^㉕。是时<u>史高</u>典治尚书事,而<u>萧望之</u>为副。然<u>望</u>之名儒,有师傅恩,上信任之,多所贡荐,<u>高</u>充位而已。<u>长安令杨兴</u>说<u>高</u>曰:"将军以亲戚辅政,贵于天下无二,然众庶议论休誉不专在将军,何也?(此)〔彼〕诚有所闻^㉖。以将军幕府,海内莫不仰望,而所举不过私门宾客,乳母子弟,人情忽不自知,然一夫窃议,语流天下。夫富贵在身而列士不(举)〔誉〕^㉗,是有狐白之裘而反衣之。古人疾其如此,故卑体劳心,以求贤为务。传曰:以贤难得故曰事不待贤,以食难得故曰饱不俟食,惑之甚者。今<u>平原</u>文学匡衡才智有余,经学绝伦,但以无阶朝廷,故随牒在远方。将军诚召在幕府,即学士翕然归心;荐之朝廷,必为国器。以是显示庶众,名流后世,不亦可乎!"高然其言,辟衡为议曹史,荐为郎中。时萧望之、周堪、刘向及侍中金敞(安上子)中正敢言㉘。此四人者,同心辅政。而中书令弘恭、仆射石显比于史高,与望之不同。恭、显皆尝坐法腐形为宦者,自宣帝见任用矣。及上即位,多不亲政事,遂委显等。望之以为尚书政本,宜以贤明之选,自武帝游晏后庭,〔故用宦者,非国旧制,又违古不近刑人之义,白〕欲更用士人㉙,由是大与高、恭、显等有隙。待诏郑朋、华龙等者,皆倾巧人也,行污秽,欲入,堪等不纳。更入许、史,因求见上,怨毁望之等。恭、显遂令朋、龙等上书,告望之欲罢车骑将军,疏退许、史。侯望之休沐日,令二人上书,事下恭、显。恭、显奏"望之及堪、向党与相构,潜诉大臣,谤毁亲戚,欲以专权,为臣不忠,诬上不道,请诏谒者召致廷尉"。上不省为下狱,可其奏。后闻系狱,上惊曰:"非但廷尉问邪?"乃责显、恭,即日出望之等,令视事。显、恭因令史高言上曰:"陛下新即位,未有德化闻于天下,先验师傅,既下狱又虚出之,宜因决免之。"于是诏收望之印绶,及堪、向、敞连坐,皆免,而朋、龙为黄门(侍)郎㉚,自此忠臣退而奸臣用事。

六月,关东大饥,齐地人相食。

秋七月,诏吏发仓廪府库赈饥寒者。上重望之不已,乃下诏曰:"故前将军望之傅朕八年,厥功茂矣。其赐爵关内侯,食邑六百户,给事中,朝朔望。"上方欲以望之为宰相,会望之子(侍中)散骑(常侍)中郎(将)伋上书讼望之前事㉛,事下有司,奏"望之前所坐明白,无潜诉者,而教子上书,称引无辜之言,失大臣之体,大不敬,请捕之。"显、恭等知望之素高节不屈，奏曰："望之深怨望，归非于上，自以托师傅恩德，终不坐。非颇屈于牢狱，抑其怏怏之心，则圣朝无以施德厚。"上曰："萧太傅素刚直，安肯就狱？"显等曰："人命至重，望之所坐罪，必无所忧。"上乃可其奏。显等于是遣谒者促召望之，因命太常急发执金吾围其第。(候)〔使〕者至㉜，望之欲自杀，其夫人止之，以为非天子意。望之以问门下生朱云，素刚直，好节士，教之自裁。望之乃叹曰："吾尝备位宰相，年(余)〔逾〕六十矣㉝，而入狱以求生，不亦鄙乎！"遂饮药而卒。上闻之大惊，(附)〔拊〕手曰㉞："吾固疑其不就狱，果然杀吾贤相！"太官方上食，不肯食，涕泣哀恸左右。于是召显等责问，皆免冠谢，良久乃解。其子伋嗣爵关内侯，岁时常遣使者祀望之家，暨终世。望之八子，育、咸、由、伋皆至九卿。育初为茂陵令，会考课，时漆令以殿责问，育为之请扶风，扶风大怒曰："君课(等)〔第〕六㉟，裁自脱耳，何暇与左右言？"及罢出，传茂陵令诣后曹，当以职事对。育直出不还，书佐随牵之，育按剑曰："萧育杜陵男子，何诣后曹！"遂趋出，欲去官。明旦，会诏召入，拜司隶，过扶风府门，而官属掾吏数百人皆拜谒于车下。咸、由所在皆以功绩著闻，名流后世。是岁，丞相府家雌鸡伏子，渐化为雄，有冠距，鸣。弘恭病死，石显为中书令。车骑(将军)〔都尉〕韩昌、光禄大夫张猛送呼韩邪侍子以归㊱。昌、猛见单于益盛，又闻大臣多劝单于北归者，恐既北则难约束，因与单于盟约曰："汉与匈奴(各)〔合〕为一家㊲，世世子孙无得相诈相杀。有盗窃相报，行其诛赏；其有寇，发兵相救。敢有背约，受天不祥。令子孙世世尽无违盟。"昌、猛与单于登(弱)〔诺〕水东山㊳，(刺)〔刑〕白马㊴，以月支王头所为饮器饮血盟而旋。公卿议者以为"单

两汉纪 汉纪

于虽北,犹不能为害。昌、猛擅以国家世世子孙诅盟,罪至不道"。有诏昌、猛以赎论,勿解盟。

三年春,令诸侯相位在郡守下。珠崖郡山南县反,上博谋群臣,欲击之。待诏贾捐之对曰:"臣闻尧、舜圣之盛也,禹入圣域而不优,故孔子称尧曰'大哉',舜曰'韶,尽美矣',禹曰'吾无间然矣'。以三圣之德,地不过数千里,东渐于海,西被于流沙,北尽朔裔,南暨声教[40],豫声教者则治之,不欲豫者不强治。殷、周之时,东不过江、黄,西不过氐、羌,南不过蛮荆,北不过朔方。而君臣歌德,颂声并作。及秦兴兵远攻,贪外虚内,而天下内叛。孝文偃武行文,时有献千里马者,诏曰:'鸾旗在前,属车在后,师行三十里为程,骑行五十里为程,朕乘千里马,独安之乎?'乃还马,敕四方无来献。当此时,天下无事,断狱数百。及孝武皇帝,西连诸国至于安(西)〔息〕[41],东过碣石至于乐浪,北却匈奴(数)万里[42],南制南海为八郡。兵革数起,父战于前,子斗于后,女子乘亭鄣,孤儿啼于道,老母寡妇饮泣街巷,设虚祭于道傍,招神魂于万里之外。廓地泰大,征伐不休,而天下断狱(余数万人)〔万数,民赋数百〕[43]。今关东困乏,至有嫁妻卖子,此社稷之忧。诗云:'蠢尔蛮荆,大邦为仇。'言圣人起则后服,中国衰则先叛,自古而患之,何况反覆南方万里外之蛮乎!骆越之人,父子同卧,而俗相习以鼻饮[44],与禽兽无异。有之不足郡县置也,弃之不足惜也,不击之不损威。臣窃以往时羌(浑)〔军〕言之[45],暴师曾不满一年,兵出不逾千里,费四十余万(钱)〔万〕[46],大司农钱尽,乃以少府禁钱续之。今陛下不忍悁悁之忿,欲驱士众捐之大海之中,快心幽冥之地,非所以拯饥馑、全元元也。方之往古则不合,施之当今又不便。臣愚以为本非冠带之国,禹贡所不及,<u>春秋</u>所不理,皆可宜废之,无以为。"上以问丞相<u>定国</u>、御史大夫陈<u>万年</u>。<u>万年</u>以为当击之,<u>定国</u>以<u>捐</u>之议是。上乃罢珠崖郡,民欲内属者处之,不欲者勿强。上数见<u>捐</u>之,言多纳用,后为<u>石显</u>所毁,稀复得见。其后<u>长安</u>令<u>杨兴</u>以才能幸于上,<u>捐</u>之欲因求见,谓<u>兴</u>曰:"令我得见上,言<u>君蔺</u>^⑰,京兆尹立可得。我前后所荐,皆如其言。"<u>兴</u>曰:"县官尝言<u>兴</u>逾胜<u>薛大夫</u>,我易助也。使君房为尚书令,胜<u>五鹿充宗</u>甚远。"<u>捐</u>之曰:"令我得代<u>充宗</u>,<u>君蔺</u>为京兆尹,京兆尹郡国之首,尚书百官本也,天下宜大治,士则不隔矣。"<u>兴</u>曰:"<u>石显</u>上所信用,今且以合意,则得入矣。"<u>捐</u>之因与<u>兴</u>共为奏,称荐<u>石显</u>,又荐<u>兴</u>京兆尹。<u>显</u>闻其议,白之。乃下<u>兴</u>、<u>捐</u>之狱。有司劾<u>捐</u>之、<u>兴</u>怀诈伪,更相荐举,漏泄省中语,罔上不道。<u>捐</u>之弃市,<u>兴</u>减死。夏四月乙未,<u>茂陵</u><u>白鹤馆</u>灾。本志以为"<u>白鹤馆</u>五里走马之馆,不当在山陵昭穆之地。天戒若曰,去贵幸逸游不正之臣,勿在正位。病<u>石显</u>之象也。"赦天下。

夏,旱。立<u>长沙炀王</u>弟<u>宗</u>为王。封故<u>海昏侯贺</u>子为侯。

六月,诏曰:"朕惟众庶之饥寒,远离父母妻子,劳于非业之作,卫于不居之宫,其罢<u>建章</u>、<u>甘泉</u>卫士,令各就农。"诏丞相、御史举天下明阴阳者各三人。

〔四年春正月,行幸<u>甘泉宫</u>,郊泰畤。三月,行幸河东,祠后土,赦<u>汾阴</u>徒,所过无出租赋,赐民爵一级,女子百户牛酒、鳏寡孤独高年帛。皇后曾祖父<u>济南平陵王伯</u>墓门梓柱更生枝叶,上出屋。<u>本志</u>以为王氏将兴之象也^⑱。〕

五年春正月,以<u>周子南君</u>为<u>周承休侯</u>,次位诸侯王。

三月,行幸<u>雍</u>,祠五畤。

夏四月,有星孛于<u>参</u>。诏太官无日杀,所供各减半,乘舆秣马无乏正事而已。罢角觚戏、<u>上林</u>宫馆希幸御者、<u>齐</u>三服官、<u>北假官</u>田、盐铁官、常平仓。博士弟子无置员,以广学者。省刑罚凡七十余事。御史大夫<u>陈万年</u>卒。

六月辛酉,<u>长信少府贡禹</u>为御史大夫。<u>禹</u>奏言:"古者民无赋算口钱,今民生子三岁则出口钱,故民重加困,产子辄不举,甚可痛之。宜令今儿生七岁去齿乃出口钱,年〔二〕十(二)乃算^⑪。"又奏言:"<u>武帝</u>时令人犯法赎罪,入粟者补吏,是以国乱民贫,盗贼并起。郡国畏法,则使巧能欺上府者以为右职;奸宄不胜,则取勇猛苛暴能威服下者使居大位。故无义而有财者显于世,欺谩而便巧者尊于朝,悖逆而勇猛者贵于官,行为犬豕,财富势足,是为贤耳。故谓居官而致富者为雄桀,处奸而得利者为壮士,兄劝其弟,父勉其子,俗之败坏,乃至于此! 宜除赎罪之法。选举不以实,及有赃者,辄行其罪,无但免官。则贵孝弟,贱贾人,进贤能廉直,而天下治矣。"

十有二月丁未,<u>贡禹</u>卒。丁巳,<u>长信少府薛广德</u>为御史大夫。初,<u>郅支单于</u>怨<u>汉</u>拥护<u>呼韩邪单于</u>,乃求其侍子。<u>汉</u>遣卫司马<u>谷吉</u>送之,<u>郅支单于</u>乃杀<u>吉</u>,遂依<u>康居</u>而居焉。时<u>诸葛丰</u>为司隶,劾举无所回避,京师为之语曰:"间何阔,逢<u>诸葛</u>。"上嘉之,加<u>丰</u>光禄大夫侍中。<u>许章</u>不奉法度,宾客犯法,〔与〕<u>章</u>相连^⑳。<u>丰</u>按劾<u>章</u>,欲奏其事,适逢<u>章</u>私出,<u>丰</u>驻车举节诏<u>章</u>〔曰〕:"下!"(狱)〔欲〕收^㉑。<u>章</u>窘迫,驰车去,<u>丰</u>追之。<u>章</u>因而入宫,自归于上。<u>丰</u>亦上奏,因收夺<u>丰</u>节。司隶去节,自<u>丰</u>始也。

校勘记

① 皇帝癸未即位 "癸未",<u>汉书宣帝纪</u>作"癸巳"。

② (大)〔太〕傅萧望之少(府)〔傅〕周堪至(京)〔禁〕中　从龙溪本、学海堂本、汉书儒林传、汉书萧望之传改。

③ 望之荐谏(议)大夫刘向　从汉书楚元王传删。

④ 赐诸侯王公〔主〕列侯金　从汉书宣帝纪补。

⑤ 封皇〔太〕后兄侍中中郎将王舜　从汉书宣帝纪补。

⑥ 大郡至斩万有余人　"郡",汉书元后传作"部"。

⑦ 皇后字(正)〔政〕君　从吴慈培校、汉书元后传改。下改同。

⑧ 初〔为〕河南令　从学海堂本、汉书贡禹传补。

⑨ 以职〔事〕为府官所责　从龙溪本、学海堂本补。

⑩ (修)〔循〕古节俭　从吴慈培校、汉书贡禹传改。

⑪ 天下〔承〕化(成)　从吴慈培校、汉书贡禹传改。

⑫ 不胜(眷眷)〔拳拳〕　从吴慈培校、汉书贡禹传改。

⑬ 尽愚〔心〕　从吴慈培校、汉书贡禹传补。

⑭ 光禄大夫王褒等七人循行天下　汉书元帝纪"光"上有"遣"字。"七",元纪作"十二"。

⑮ 诏〔郡〕国被灾害甚者　从汉书元帝纪补。

⑯ 江(淮)〔海〕陂湖园池　从吴慈培校、汉书元帝纪改。

⑰ 〔上郡〕属国降胡　从吴慈培校、汉书元帝纪补。

⑱ 立皇弟音为清河王　"音",汉书元帝纪作"竟"。

⑲ 败〔獥道〕县(道及)城郭(宫)〔官〕寺屋室　从学海堂本、汉书元帝纪改。

⑳ 太子(弟)霸为王　从汉书元帝纪删。

㉑ 阳〔用其精阴〕用其形　从汉书翼奉传补。

㉒ 伸屈见于形　"形",汉书翼奉传作"貌"。

㉓ 出其过制〔者〕　从汉书翼奉传改。

㉔ 春秋宋伯姬(灾)是也　从吴慈培校、汉书翼奉传删。

㉕ 为博士谏(议)大夫　从汉书翼奉传删。

㉖ (此)〔彼〕诚有所闻　从汉书匡衡传、吴慈培校改。

㉗ 而列士不(举)〔誉〕　从<u>学海堂</u>本、<u>汉书匡衡传</u>改。

㉘ 及侍中金敞(安上子)中正敢言　从<u>汉书萧望之传</u>删。

㉙ 〔故用宦者非国旧制又违古不近刑人之义白〕欲更用士人　从<u>黄</u>校本、<u>汉书萧望之传</u>补。

㉚ 为黄门(侍)郎　从<u>汉书萧望之传</u>删。

㉛ 望之子(侍中)散骑(常侍)中郎(将)伋　从<u>吴慈培</u>校、<u>汉书萧望之传</u>删。

㉜ (候)〔使〕者至　从<u>学海堂</u>本、<u>汉书萧望之传</u>改。

㉝ 年(余)〔逾〕六十矣　从<u>学海堂</u>本、<u>汉书萧望之传</u>改。

㉞ (附)〔拊〕手曰　从<u>南监</u>本、<u>龙溪</u>本、<u>学海堂</u>本改。

㉟ 君课(等)〔第〕六　从<u>南监</u>本、<u>龙溪</u>本改。

㊱ 车骑(将军)〔都尉〕　从<u>吴慈培</u>校、<u>汉书匈奴传</u>改。

㊲ 汉与匈奴(各)〔合〕为一家　从<u>龙溪</u>本、<u>汉书匈奴传</u>改。

㊳ 登(弱)〔诺〕水　从<u>吴慈培</u>校、<u>汉书匈奴传</u>改。

㊴ (刺)〔刑〕白马　从<u>龙溪</u>本、<u>学海堂</u>本改。

㊵ 北尽朔裔南暨声教　<u>汉书贾捐之传</u>作"朔南暨声教"。

㊶ 至于安(西)〔息〕　从<u>学海堂</u>本、<u>汉书贾捐之传</u>改。

㊷ 北却匈奴(数)万里　从<u>汉书贾捐之传</u>删。

㊸ 而天下断狱(余数万人)〔万数民赋数百〕　从<u>汉书贾捐之传</u>改。

㊹ 父子同卧而俗相习以鼻饮　"卧"、"俗",<u>汉书贾捐之传</u>作"川"、"浴"。

㊺ 以往时羌(浑)〔军〕言之　从<u>汉书贾捐之传</u>改。

㊻ 费四十余万(钱)〔万〕　从<u>学海堂</u>本、<u>汉书贾捐之传</u>改。

㊼ 言君茵　"茵",<u>汉书贾捐之传</u>作"兰"。

㊽ 〔四年春正月……王氏将兴之象也〕　从<u>龙溪</u>本、<u>学海堂</u>本补。

㊾ 年〔二〕十(二)乃算　从<u>龙溪</u>本、<u>学海堂</u>本、<u>汉书贡禹传</u>乙正。

㊿ 〔与〕章相连　从<u>汉书诸葛丰传</u>补。

51 诏章〔曰〕下(狱)〔欲〕收　从<u>汉书诸葛丰传</u>改。

汉纪　孝元皇帝纪中　卷第二十二

　　永光元年春正月,行幸甘泉,郊泰畤。免云阳徒。赐民爵一级,女子百户牛酒,鳏寡孤独高年帛。所过无出田租。上留射猎,御史大夫薛广德上书言:"窃见关东困极,民人流移。陛下日日撞亡秦之钟,听郑、卫之乐,驰骋干戈,纵姿于野,不恤百姓,臣诚悼之。今士卒暴露,从官劳倦,愿陛下亟反宫,与天下同忧乐。"上即日还宫,诏丞相、御史大夫举质朴敦厚逊让有行者。

　　三月,殒霜杀麦苗。诏曰:"朕之不明,无以知贤,佞人在位,哲人壅蔽,民渐俗薄,去礼触刑,岂不哀哉! 其赦天下,令励自新,各务农亩,无田皆假贷种食。〔赐〕吏(赐)六百石以上爵五大夫①,勤事吏爵二级,民一级,女子百户牛酒,鳏寡孤独高年帛。"

　　秋七月己未,大司马车骑将军史高赐金安车驷马,免。上自酹祭宗庙,出便门,欲御楼船,薛广德当乘舆,免冠顿首曰:"宜从桥。"上曰:"大夫冠。"广德曰:"陛下不听臣言,臣自刎颈,以血污车轮,陛下不得渡矣!"上不悦。先驱光禄大夫张猛曰:"主圣臣直。从桥安,乘船危,御史大夫言可听。"上曰:"晓人不当如是耶!"乃(迴)〔从〕桥②。广德病,赐安车驷马,免。辛亥,太傅韦玄成为御史大夫。

九月戊子,侍中卫尉王接为大司马车骑将军。接者,宣帝舅王无敬之子也③。

冬十有二月,丞相于定国赐安车驷马,免。子永嗣位,至御史〔大夫〕④。尚馆陶公主施。施者,宣帝长女也,贤而有行,永以选尚焉。周堪复为光禄勋,与张猛皆给事中,见亲任,而石显等数谮毁之。刘向以草莽臣上书曰:"臣闻舜命九官,济济相让,和之至也。众贤和于朝,则万物和于野。故萧韶九成,凤凰来仪;击磬拊石,百兽率舞。及至周(之)〔文〕⑤,开基西郊,杂集众贤,莫不肃和,崇推让之风,以息忿争之讼。周咏文王之德,其诗曰:'于穆清庙,肃雍显相;济济多士,秉文之德。'武王、周公继政,朝臣和于内,万国欢于外,故得万国之欢心,以事其先祖。其诗曰:'有来雍雍,至止肃肃,相维辟公,天子穆穆。'诸臣和于下,天应报于上。故周颂曰'降福穰穰','贻我来牟'。下至幽、厉之际,朝廷不和,转相非怨,诗人疾而刺之曰:'民之无良,相怨一方。'众小人在位而〔从〕邪议⑥,潝潝相是而背君子,其诗曰:'潝潝訾訾,亦孔之哀!谋之其臧,则具是违;谋之不臧,则具是依!'君子独处守正,不挠众(枉)〔枉〕⑦,勉强以从王事,则反见憎毒谮诉,其诗曰:'僶俯从事,不敢告劳。无罪无辜,谗口嚣嚣!'当此之时,日月薄蚀而无光,其诗曰:'日有蚀之,亦恐之丑!'又曰:'日月鞠凶,不用其行。'天变见于上,地变动于下,水泉沸腾,山谷易处。其诗曰:'百川沸腾,山冢卒崩,高岸为谷,深谷为陵。'霜降失节,不以其时,其诗曰:'正月繁霜,我心忧伤;民之讹言,亦孔之将!'此皆不(知)〔和〕⑧,贤不肖易位之所致也。自此之后，天下大乱，<u>厉王</u>奔<u>彘</u>，<u>幽王</u>见弑。<u>尹氏</u>世卿而专恣，诸侯背叛而不朝。二百四十二年之间，日蚀三十六，地震五，山陵崩阤二，彗星见三，野鸡夜鸣，常星不见，夜中星殒如雨者一，火（炎）〔灾〕十四⑨。<u>长狄</u>入中国三。五石殒坠，六鹢退飞，冬麋，有蜮，鸲鹆来巢，昼晦，冬无冰，李梅冬实。七月霜降，草木死。八月杀菽。大雨雹，雷电失序。水旱饥馑，蝗螽俱出，众灾并起。当此之时，祸乱辄应，弑君三十六，亡国五十二，诸侯奔走，不得保其社稷者，不可胜数。<u>周室</u>多祸：<u>晋</u>败其师于<u>貿戎</u>；<u>郑</u>伤<u>桓王</u>；<u>戎</u>执其使；五大夫争权，三君更立，莫能正理。遂至陵迟，不能复兴。由此观之，气和致祥，气乖致异；祥多者其国安，异众者其国危，天地之常（德）〔经〕⑩，古今之通义也。当今邪正杂糅，忠谗并进；章交公车，人满北军。朝臣乖忤，分曹为党，更相谮诉，不可称言。是以灾异并起，皆妖气之所致也。夫履（襄）〔衰〕<u>周</u>之迹⑪，修诗人之（刺）〔刺〕⑫，而欲成太平，致雅颂，犹却行而求及前人也。谗邪所以并进者，由上多疑心，既已用贤（令）〔人〕行善政⑬，而或谮之，则贤人退而善政消矣。怀多疑之心者，来谗贼之口；持不断之意者，开群枉之门。谗邪进者贤人退，群枉盛者正士消。故<u>易</u>有<u>否</u>、<u>泰</u>，善恶相消。<u>诗</u>曰：'雨雪麃麃，见晛聿消。'昔<u>舜</u>、<u>禹</u>与<u>驩兜</u>、<u>共工</u>杂处<u>尧</u>朝，<u>周公</u>与<u>管</u>、<u>蔡</u>并居<u>周</u>位，当是之时，皆迭进相毁，流言相谤，岂可胜道哉！<u>帝尧</u>、<u>成王</u>能贤<u>舜</u>、<u>禹</u>、<u>周公</u>而消<u>共工</u>、<u>管</u>、<u>蔡</u>，故以大治。<u>孔子</u>与<u>季</u>、<u>孟</u>俱事于<u>鲁</u>，<u>李斯</u>与<u>叔孙通</u>并宦于<u>秦</u>，<u>定公</u>、<u>始皇</u>贤<u>李斯</u>与<u>季</u>、<u>孟</u>而消<u>孔子</u>、<u>叔孙通</u>⑭，故以大乱。夫治乱之端，在于所信任；信任既贤，在于坚固。<u>诗</u>云：'我心匪石，不可转也。'言守善固也。昔<u>孔子</u>与<u>颜渊</u>、<u>子贡</u>更相称举，不为朋党；<u>禹</u>、稷、皋陶更相汲引,不为比周。何则？忠于为国而无邪心也。故贤人在上位,引其类聚于朝,故易曰:'(见)〔飞〕龙在天⑮,大人造也。'在下位则与类俱进,故易曰:'拔茅连茹以其汇,征吉。'今奸邪与贤臣并进,在交(战)〔戟〕之内⑯,数设危险之言,欲以倾移主上。此天地所以见诫,灾异所以重至也。自古圣王未有无诛而治者,故舜有四方之罚,孔子有两观之诛。今以陛下之圣明,宜深思天地之心,察两观四放之意,鉴否、泰之卦,观雨雪之诗,历唐、周之所进以为法,原秦、鲁之所消以为戒,考祥应之福,省灾异之祸,以揆当时之变,仰鉴前古之事,宜放远佞人之党,广开众正之路,决断狐疑,分明去就,则百异消灭,众祥并至,太平之基,万世之利。"显等见其书,而愈与许、史比周而怨向,向等遂禁锢十余年。初,上内重周堪而患诸潜诉,无所信。时长安令杨兴尝称举堪,上欲以为助,乃问兴曰:"朝臣不可光禄勋,何也?"兴,倾巧士也,谓上疑堪,因顺旨曰:"非独不可于朝廷,自州里亦不可。臣前见堪等与刘向谋毁骨肉,议者以为当诛,故臣前言不可也。"上曰:"然此何罪而当诛也？今宜如何?"兴曰:"臣愚以为赐爵为关内侯,食邑三百户,勿令典事。明主不忘师傅之恩,此最计之得者。"上由是疑焉,又惜其才,乃迁堪为河东太守,张猛为槐里令。后下诏曰:"河东太守堪,先帝贤臣,命之傅朕。论议正直,〔有〕忧国之心⑰。以不阿尊事贵,孤特寡助黜退。往者众臣每(有)〔见〕灾异⑱,托咎此人。朕迫逼于俗,不得专心。堪出之后,天变仍臻,众亦晻然。堪治郡未期年,而三老官属有识之士称说其美,使者过郡,靡人不称。此固足以彰先帝知人,朕有以自明也。其复征堪拜光禄大夫,给事中,领尚书事。"堪病卒,而显遂诬张猛,令自杀。显知专权,恐左右耳目一旦(闻)〔间〕己者^⑲，乃时还诚，取一信以为验。<u>显</u>尝出使，自白(日)〔曰〕恐后漏尽还^⑳，请称诏开门。上许之。<u>显</u>故投夜还，称诏开门。后果有人上书告<u>显</u>专命矫诏，上笑以其书示<u>显</u>。<u>显</u>因泣下曰："陛下过私小臣，属任以事，群下无不妒嫉欲陷害者，类如此非一。愚臣微〔贱〕^㉑，诚不能以一身快万众，任天下怨也。愿归枢机之职，充后宫扫除之役，死无所恨。"上以为然而怜之，数劳勉之，益信任，厚其赏赐，赀至万数。初，<u>显</u>杀<u>望之</u>，知天下怨己，因荐<u>贡禹</u>而深礼事之，明进贤不妒<u>望之</u>。其设变诈以自解免，皆此类也。<u>显</u>见左将军<u>冯奉世</u>父子为公卿著名，心欲附之，因荐<u>奉世</u>中子谒者<u>逡</u>为侍中。<u>逡</u>因言<u>显</u>专权不可任，上怒，免<u>逡</u>归郎官。后御史大夫缺，群臣皆荐昭仪兄<u>野王</u>。上以问<u>显</u>，<u>显</u>曰："九卿无出<u>野王</u>上。(曰)然昭仪兄也^㉒，恐后世以陛下越度众贤，私后宫之亲。"上曰："善，吾不见是。"乃不用。<u>野王</u>曰："人皆以内宠贵，我独以内宠贱。"自此公卿以下，畏<u>显</u>重足一迹矣。

　<u>荀悦</u>曰：夫佞臣之惑君主也甚矣！故<u>孔子</u>曰"远佞人"，非但不用而已，乃远而绝之，隔塞其源，戒之极也。察观其言行，未必合于道〔而悦于己〕者^㉓，必(此)〔佞〕人也^㉔；〔察观其言行，未必悦于己而合于道者，必正人也〕^㉕，此亦察人情之一端也。伪生于多巧，邪生于多欲，是以君子不尚也。礼，与其奢也，宁俭；事，与其烦也，宁略；言，与其华也，宁质；行，与其彩也，宁朴。<u>孔子</u>曰："政者，正也。"夫要道之本，正己而已矣。平直真实者，正之主也。故德必核其真，然后授其位；能必核其真，然后授事；功必核其真，然后授其赏；罪必核其真，然后授其刑；行必核其真，然后贵之；言必核其真，然后信之；物必核其真，然后用之；事必核其真，然后修之。一

325

物不称，则荣辱赏罚，从而绳之。故众正积于上，万事实于下，先王之道，如斯而已矣。

二年春二月，大赦天下。赐民爵一级，女子百户牛酒，鳏寡孤独、高年、孝弟力田帛。丁酉，御史大夫韦玄成为丞相，(左)〔右〕扶风郑弘为御史大夫㉖。弘所在著名迹，法度条教为后世所称。

三月壬戌朔，日有蚀之。

六月，诏曰："元元之民困于饥馑，朕为民父母，德不能覆而加其刑，甚自伤焉。其赦天下。"时灾异数发，上问言事得失者，博士匡衡上疏曰："夫朝廷者，天下之桢干。公卿大夫相与修礼恭让，则民不争；好仁乐施，则民不暴；上义高节，则民兴行；宽柔和顺，则众相爱。此四者，明王所以不严而治也。朝有变色之言，则下有争斗之患；上有自专之士，则下有不让之人；上有克胜之佐，则下有伤害之心；上有好利之臣，则下有盗窃之民：皆在本也。诗云：'(京)〔商〕邑翼翼㉗，四方(是则)〔之极〕㉘。'今长安天子之都也，亲承圣化，其习俗无以异于远方，郡国来者无所法则，或见侈靡而仿效之。宜正之本朝，使海内昭然易其视听，道德兴于京师，淑问扬于疆外，然后大教成也。传曰：'审好恶，治性情，而王道兴矣。'治性情之道，必强己之不足，而审己之有余。盖聪明疏通者戒于大察，寡闻少见者戒于拥蔽，勇猛刚强者戒于太暴，仁爱温良者戒于无断，沉静安舒者戒于后时，广心浩大者戒于遗忘。审己之所当戒，而齐之以义，然后中和之化应，而伪巧之徒不敢比周而妄进矣。今俗吏致治，不奉礼让，而尚苛暴，贪财而慕势，故犯法者众，奸邪不止。陛下哀愍吏民触法抵禁，比年大赦。而今日赦令，明日犯(出)〔法〕㉙，相随而入狱。不改其原，虽岁赦之，刑犹不息。"是时赦令数,故衡对及之。

荀悦曰:大赦者,权时之宜,非常典也。汉兴,承秦兵革之后,(太)〔大〕愚之世㉚,比屋可刑,故设三章之法,(太)〔大〕赦之令㉛,荡涤秽流,与民更始,时势然也。后世承业,袭而不革,失时宜矣。若惠、文之世,无所赦之。若孝景之时,七国皆乱,异心并起,奸邪非一;及武帝末,赋役繁兴,群贼并起,加太子之事,巫蛊之祸,天下纷然,百姓无聊,人不自安;及光武之际,拨乱之后:如此之比,宜(无)〔为〕赦矣㉜。君臣失礼,政教陵迟,犯法者众,亡命流窜而不擒获,前后相积,布满山野,势穷刑蹙,将为群盗;或刑政失中,猛暴横作,怨枉繁多,天下忧惨,群狱奸昏,难得而治。承此之后,宜为赦也。或赦大逆,或赦轻罪,或赦一方,或赦天下,期于应变济时也。

秋七月,西羌反,遣右将军冯奉世击之。奉世,字子明,上党人也,徙杜陵。初,前将军韩增举之,自宣帝时为名臣矣。上议出兵,奉世曰:"虏无过三万人,而兵法当倍,用六万。然羌众弓矛之兵耳,器不锋利,可四万人,〔一月足以决矣。"议者皆以为当今民方收敛时,不可多发,万人〕守屯足矣㉝。〔议发万人。〕㉞奉世曰:"国家战守之备久废,夷狄皆有轻边〔吏〕之心㉟。今以万人分屯数处,虏见兵少,必无畏惧,战则兵挫,守则不足。如此,怯弱之形见,羌人乘利,诸种并会,臣恐中国之役不得止于四万人也。故少发师而旷日,与一举而疾决,功相万倍。"固争之,不能得。有诏益二千人。于是奉世将万二千骑,以两裨将至陇西,分兵数处。又别遣校尉救民于广阳(上)谷㊱。羌虏众多,汉兵为羌所败,杀两校尉。奉世具上地形部众多少之计,愿益三万六千乃足。上乃大为发兵六万人,拜太常任千秋为奋(威)〔武〕将军以助之㊲。奉世上书,愿得其众,不烦大将。上不听,遂并进兵,羌虏大破,斩首数千级,余皆走出塞。

八月,天雨草如莎,相摎结如弹丸。是岁,有献雄鸡生角者。本志以为"黄龙(元)初〔元〕永光鸡变三见㊳,王氏僭位之萌也。黄龙元年而宣帝崩,上即位,皇后将立,应是正宫之中雌鸡为雄。不鸣不将无距者,贵始萌而未成也。

(元)初〔元〕元年㊴,封王婕妤父(为)丞相(由内)〔少〕史禁为平阳侯㊵,婕妤立为皇后,故应是也。丞相府史家雌鸡为雄,即丞相内史女之应也。伏子者,明已有子。将距者,尊已成也。以永光二年禁薨,子(奉)〔凤〕嗣侯㊶,为侍中卫尉,始见用。雄鸡生角,明布威行权从此始也,卒成篡之渐矣"。

三年春,西羌平,军罢。奉世还,以有功赐爵关内侯,食邑五百户。

三月,立皇(太)子康为济(阴)〔阳〕王㊷。

夏四月癸未,大司马王接薨。

七月壬戌,左将军许嘉为大司马车骑将军。嘉,上之元舅,即广汉弟延寿之子。广汉无子,嘉奉其祀。

冬十有一月己丑,地震,雨水,大雾。复盐铁官、博士弟子员。以用不足,民多复除故也。

四年春二月,赦天下,所赈贷贫民勿收责。

三月,行幸雍,祠五畤。

六月甲戌,孝宣帝园东阙灾。戊寅晦,日有蚀之。诏曰:"盖闻明王在上,忠臣布职,则群生和乐,方外蒙泽。今朕闇于王道,夙夜忧惧,不通其理,靡瞻不眩,靡听不惑,是以教令多违,民心未得,邪说虚进,事无成功。此天下所著闻也。公卿大夫好恶未同,或缘奸作邪,侵削细民,元元安所归命哉! 诗不云乎,'今此下民,亦孔之哀!'自今以后,公卿大夫其勉思天戒,慎身修永,以辅朕之不逮。直言尽意,无有所讳。"

秋七月㊸,罢<u>卫思后</u>园及<u>戾后</u>园。

冬十月乙丑,罢祖〔宗〕庙在郡国者㊹。先是<u>贡禹</u>奏言:"古者天子七庙,今〔<u>孝惠</u>、〕<u>孝景</u>皆亲尽㊺,宜毁。及郡国庙不依古礼,宜(止)〔正〕㊻。"未及施行,而<u>禹</u>卒。于是追思<u>禹</u>言,乃下诏议,丞相<u>玄成</u>、御史大夫<u>弘</u>等十七人皆曰㊼:"臣闻祭者皆由中出,生于心者也。惟圣人为能飨帝,孝子为能飨亲。立庙于京师之居,躬亲承事,四海之内各以其职来祭,尊尊之大义也,<u>五帝</u>、<u>三(五)〔王〕</u>不易之道也㊽。诗云:'有来雍雍,至止肃肃。'<u>春秋</u>之义,父不祭于支庶之宅,君不祭于臣仆之家,王不祭于下土诸侯。臣等愚以为宗庙在郡国,一切勿修。"奏可。因罢<u>昭灵后</u>、<u>武哀王</u>、<u>昭哀后</u>、<u>卫思后</u>、<u>戾太子</u>、<u>戾后</u>园,皆不奉祀,置(夷)〔吏〕守而已㊾,诸陵分属<u>三辅</u>。以<u>渭城</u>〔<u>寿陵</u>〕亭部北原上(以)为初陵㊿。诏曰:"往者缘臣子之义,奏徙郡国民以奉园陵,今百姓远弃先祖坟墓,破业失产,亲戚分离,人怀思慕之心,家有不自安之意。是以东垂被虚耗之灾,<u>关中</u>有无聊之民,非久长之策。诗不云乎,'民亦劳止,汔可小康,惠此中国,以绥四方。'初陵无置县邑,使天下安土乐业,无有摇动之心。"又罢先后父母奉邑。

五年春正月,行幸<u>甘泉</u>,(效)〔郊〕<u>泰畤</u>㈤。

三月,行幸<u>河东</u>,祀后土。

秋,颍川水出,流杀人民。吏、从官县被害者与告。士卒遣还。冬,上幸长杨,布车骑,大猎。

十有二月乙酉,毁太上皇、孝惠帝寝园。是时丞相、列侯、中二千石、博士等四十四人奏议曰:"礼,〔王者〕始受命⁵²,诸侯始封之君,皆为太祖。继太祖,五庙皆迭毁。毁庙,主藏于太祖,五年而再殷祭,言一禘一祫。祫祭者,言毁庙及未毁庙之主合食于太祖,父为昭,子为穆,孙复为昭,古之正礼。祭义曰:'王者禘其祖之所自出,而以祖配之。'而不为立庙,亲尽也。立亲庙四,亲亲也。周之所〔以〕立七庙者⁵³,以后稷始封,文、武受命而王,是以三庙不毁,与亲庙四而七焉。非有后稷始封,文、武受命之功,皆亲尽而毁。成王承二王之业,制礼作乐,功德茂盛,庙犹从毁,以行为谥而已。臣愚以高祖受命定天下,宜为高帝太祖之庙,世世不毁。太上皇、孝(文)〔惠〕、孝(惠)〔文〕、孝景庙皆亲尽⁵⁴,宜毁。皇考庙亲未尽,如(是)〔故〕⁵⁵。"(宜皆就太祖庙序昭穆如礼⁵⁶。)大司马许嘉等二十九人以为孝文皇帝德化茂盛,宜为帝者太宗之庙。廷尉忠以为孝武皇帝改正朔,易服色,攘四夷,宜为世宗之庙。谏(议)大夫尹更始等十(六)〔八〕人以为皇考庙上序于昭穆⁵⁷,非正礼,宜毁。于是上重序昭穆,犹立庙而已。世宗留不毁。

建昭元年春正月戊辰,有石陨于梁国,六。

三月,行幸雍,祀五畤。

秋八月,有白蛾群飞蔽日,从东都门至轵道。

冬,河间王元有罪,废迁房陵。罢孝文太后、孝昭太后寝园。上幸虎圈斗兽,后宫昭仪等皆坐。熊逸出圈,攀槛欲及上。左右贵人傅昭仪等皆惊走,冯婕妤直前当熊而立,左右捨杀熊。上问婕妤曰:"人情惊惧,何故当熊?"对曰:"妾闻猛兽得人而止,恐至御座,故以身当之。"上嗟叹而嘉。傅昭仪甚惭,由是与婕妤有隙。婕妤即右将军冯奉世之女。傅昭仪者,少为上官太后才人,自上为太子,得进幸。为人有才略,善事人,下至宫人左右,饮酒酹地,皆(况)〔祝〕延之㊳。甚宠,有男,是为定(国)〔陶〕恭王㊴。上欲殊于后宫,故曰昭仪,位次皇后。昭仪之号,自此始也。

校勘记

① 〔赐〕吏(赐)六百石以上　从南监本、龙溪本、汉书元帝纪乙正。

② 乃(回)〔从〕桥　从南监本、龙溪本、学海堂本改。

③ 宣帝舅王无敬　"敬",汉书外戚传作"故"。

④ 至御史〔大夫〕　从吴慈培校、汉书于定国传补。

⑤ 及至周(之)〔文〕　从学海堂本、汉书楚元王传改。

⑥ 众小人在位而〔从〕邪议　从汉书楚元王传补。

⑦ 不挠众(杆)〔枉〕　从龙溪本、学海堂本、汉书楚元王传改。

⑧ 此皆不(知)〔和〕　从学海堂本、汉书楚元王传改。

⑨ 火(炎)〔灾〕十四　从学海堂本、汉书楚元王传改。

⑩ 天地之常(德)〔经〕　从汉书楚元王传改。

⑪ 夫履(襄)〔衰〕周之迹　从南监本、龙溪本、学海堂本、汉书楚元王传改。

⑫ 诗人之(刺)〔刺〕　从龙溪本改。

⑬ 既已用贤(令)〔人〕行善政　从龙溪本、汉书楚元王传改。

⑭ 定公始皇贤李斯与季孟　当从汉书楚元王传乙正作"季孟与李斯"。

⑮ (见)〔飞〕龙在天　从龙溪本、汉书楚元王传改。

⑯ 在交(战)〔戟〕之内　从南监本、学海堂本、汉书楚元王传改。

⑰ 〔有〕忧国之心　从汉书楚元王传补。

⑱ 众臣每(有)〔见〕灾异　从吴慈培校、汉书刘向传改。

⑲ (闻)〔间〕己者　从南监本、龙溪本、学海堂本、汉书佞幸传改。

⑳ 自白(日)〔曰〕　从学海堂本改。

㉑ 愚臣微〔贱〕　从汉书佞幸传补。

㉒ (曰)然昭仪兄也　从龙溪本、汉书佞幸传删。

㉓ 未必合于道〔而悦于己〕者　从黄校本补。

㉔ 必(此)〔佞〕人也　从黄校本改。

㉕ 〔察观其言行未必悦于己而合于道者必正人也〕　从黄校本补。

㉖ (左)〔右〕扶风郑弘　从汉书百官公卿表改。

㉗ (京)〔商〕邑翼翼　从汉书匡衡传改。

㉘ 四方(是则)〔之极〕　从汉书匡衡传改。

㉙ 明日犯(出)〔法〕　从南监本、龙溪本、学海堂本改。

㉚ (太)〔大〕愚之世　从通鉴引荀悦论改。

㉛ (太)〔大〕赦之令　从南监本、龙溪本、学海堂本改。

㉜ 宜(无)〔为〕赦矣　从吴慈培校、通鉴引荀悦论改。

㉝ 〔一月足以决矣议者皆以为当今民方收敛时不可多发万人〕守屯足矣
　　从黄校本、汉书冯奉世传补。

㉞ 〔议发万人〕　从龙溪本补。

㉟ 轻边〔吏〕之心　从吴慈培校、汉书冯奉世传补。

㊱ 救民于广阳(上)谷　从汉书冯奉世传删。

㊲ 奋(威)〔武〕将军　从汉书冯奉世传改。

㊳ 黄龙(元)初〔元〕　从汉书元帝纪乙正。

㊴ (元)初〔元〕元年　从汉书五行志乙正。

332 ㊵ 封王婕妤父(为)丞相(由内)〔少〕史禁为平阳侯　从学海堂本、汉书五行
　　志改。

㊶ 子(奉)〔凤〕嗣侯　从学海堂本、汉书五行志改。

㊷ 立皇(太)子康为济(阴)〔阳〕王　从汉书元帝纪删改。

㊸ 七月　汉书元帝纪作"九月"。

㊹ 罢祖〔宗〕庙　从吴慈培校、汉书元帝纪补。

㊺ 今〔孝惠〕孝景皆亲尽　从吴慈培校、汉书韦贤传补。

㊻ 宜(止)〔正〕　从吴慈培校、汉书韦贤传改。

㊼ 御史大夫弘等十七人皆曰　"十七",汉书韦玄成传作"七十"。

㊽ 五帝三(五)〔王〕不易之道也　从南监本、龙溪本、学海堂本改。

㊾ 置(夷)〔吏〕守而已　从学海堂本、汉书韦玄成传改。

㊿ 以渭城〔寿陵〕亭部北原上(以)为初陵　从汉书元帝纪改。

51 (效)〔郊〕泰畤　从南监本、龙溪本、学海堂本改。

52 〔王者〕始受命　从黄校本补。

53 周之所〔以〕立七庙　从吴慈培校、汉书韦贤传补。

54 孝(文)〔惠〕孝(惠)〔文〕　从汉书韦贤传乙正。

55 如(是)〔故〕　从汉书韦贤传改。

56 (宜皆就太祖庙序昭穆如礼)　从汉书韦贤传删。

57 谏(议)大夫尹更始等十(六)〔八〕人　从汉书韦贤传改。

58 皆(况)〔祝〕延之　从龙溪本、学海堂本、汉书外戚传改。

59 是为定(国)〔陶〕恭王　从学海堂本、汉书外戚传改。

汉纪　孝元皇帝纪下　卷第二十三

二年春正月,行幸甘泉,郊泰畤。

三月,行幸河东,祠后土。益三河郡太守秩中二千石。户十二万为大郡。

夏四月,赦天下。

六月,立皇子兴为信都王,兴母婕妤为昭仪。闰月丁酉,太皇太后上官氏崩。

冬十有一月,齐、楚地震,大雨雪,深五尺,树折屋坏。魏郡太守京房弃市。房字君明,东郡人也。为郎中,以言灾异屡中。上亲幸房,尝宴见,问上曰:"幽、厉之君何以危,所任何人也?"上曰:"君不明也,而任巧佞。"房曰:"知其巧佞而任之耶,将以为贤也?"上曰:"贤之。"房曰:"今何以验之不贤?"上曰:"以其时乱君危而知之。"房曰:"齐桓公、秦二世亦尝闻二君而非笑之,时任竖刁、易牙、赵高,治政日乱①,何不以幽、厉卜之而觉悟乎?"上曰:"惟有道者能以往知来耳。临乱之君各贤其臣,令皆觉悟,安得危亡?"房因免冠顿首,曰:"春秋纪二百四十二年灾异,以示万世之君。今陛下即位以来,灾异并出,人民饥馑,盗贼不禁,视今为治邪,乱邪? 所任者谁与?"<u>房</u>旨谓<u>石显</u>,上亦知之,曰:"然幸其愈于彼,又以为不在此人。"<u>房</u>曰:"夫前世之君亦皆然矣。臣恐后之视今,犹今之视昔也。"是时<u>房</u>奏考功课吏法,上令<u>房</u>上弟子晓考功者,欲试用之。<u>房</u>荐上弟子<u>姚平</u>、<u>任良</u>,"愿以为刺史,臣得通藉殿中,为奏事,以防拥隔②"。<u>石显</u>等进言,用弟子不若师。上欲以<u>房</u>为刺史,<u>显</u>等知刺史当得径奏事,因言为刺史恐太守不与同心,宜以为郡守。<u>房</u>自请岁尽得乘传奏事,上许之。<u>房</u>既拜,上封事曰:"辛酉以来,雾气衰去,太阳清明③,臣独欣然,以为陛下有所定也。然少阴倍力而乘消息,臣疑陛下独不得如意。臣出之后,恐为执事者所蔽,身死而功不成。及辛巳,雾气复乘,太阳侵(危)〔色〕④,此上大夫侵阳之气,而上意疑也。己卯、庚辰之间,必有隔绝臣令不得乘传奏事者。"<u>房</u>未发,<u>显</u>果白诏止<u>房</u>无乘传奏事。<u>房</u>至新丰,复上奏曰:"臣以六月言遯卦不(交)〔效〕⑤,法曰:'道人始去,寒,涌水为灾。'至七月,涌水出。臣弟子<u>姚平</u>谓(房)〔臣〕曰⑥:'<u>房</u>可谓知道,未可谓信道也。今涌水出,道人当(遯)〔逐〕死⑦,尚复何言!'臣独谓曰:'陛下(与)〔于〕臣尤厚⑧,虽死,臣犹言也。'<u>平</u>又谓曰:'<u>房</u>可谓小忠,未可谓大忠也。昔<u>秦</u>之时,<u>赵高</u>用事,有正(生)〔先〕者⑨,非(剌)〔刺〕<u>高</u>而〔死〕⑩,<u>高</u>威自此而成。故<u>秦</u>之乱也,<u>正先</u>趋之也。'今臣守郡,窃恐未(効)〔效〕而死⑪。惟陛下无使〔臣〕塞涌水之灾异⑫,当<u>正</u>(生)〔先〕之必死⑬,为<u>姚平</u>所笑。"<u>房</u>至<u>陕</u>,复上封事曰:"乃者丙戌小雾⑭,丁亥雾衰去⑮,然少阴并力而乘消息,戊子益甚,至壬辰五十分雾气复起⑯。此消息欲正,(离)〔杂〕卦之党并力而争⑰,安危之机不可不察。己丑有还风,尽辛卯,而太阳复侵(危)〔色〕⑱,至癸巳,日月相薄,此邪阴用事而太阳为之疑也。臣去稍远,太阳侵夺,愿陛下察焉。"房去月余,竟征下狱。房妻父张博,淮阳王之舅也。欲为淮阳王求入朝,谓房曰:"淮阳王入朝可以为助。"因使房为淮阳王求入朝奏草,又房为上道幽、厉之事,出对御史大夫郑弘道之。显告房、张博诽谤朝廷,诖误诸侯,窥导以邪意,漏泄省中语。博腰斩。房弃市,时年(三)〔四〕十一⑲。房治易,事梁人焦(戆戆)〔赣。赣〕为(外)〔小〕黄令⑳,以伺候先知奸邪,盗贼不得发。尝曰:"得我道以亡身者京生。"其说长为灾变,分为六十四卦,更直日用事,有占验焉。郑弘坐与房言,免光禄勋。匡衡为御史大夫。

三年夏,令三辅都尉及(太)〔大〕郡都尉秩皆二千石㉑。六月甲辰,丞相韦玄成薨。

秋七月,御史大夫匡衡为丞相。戊辰,卫尉李延寿为御史大夫㉒。(副校尉)〔西域都护〕甘延寿、〔副校尉〕陈汤矫制发戊己校尉屯田吏士及西域羌、胡兵攻郅支单于㉓。

冬,斩郅支首,传诣京师。时郅支强暴,东击乌孙,西胁大宛诸国。汉遣使三辈至康居求谷吉等尸,郅支不肯奉诏,而困辱汉使,上书骄慢曰:"康居困危已久,愿归强汉。"〔于〕是汤与延寿等谋曰㉔:"郅支单于威名远震,(今)〔侵〕乌孙、(胁)大宛㉕,〔常为康居画计〕㉖,欲降伏(康居)〔之〕㉗。如得此(三)〔二〕国㉘,北击伊娄,西取安息,南排月支,数(月)〔年〕之间㉙,城郭诸国危矣。郅支分离,所在绝远,无城郭强弩之守,如发兵直诣城下,彼亡则无所之,守则不足以自保,千载之功可一朝而定。"延寿以为然,欲奏请之。汤曰:"国家与公卿议,大策非众所见,事必不从。"会延寿久病,汤独矫制发诸国兵。延寿闻之起，大惊，欲止之。汤按剑叱延寿曰："大众已集，竖子欲沮吾众耶？"延寿遂从，汉〔胡〕兵合四万余人㉚。延寿、汤上疏自劾奏矫制，陈言形势兵状。即引兵分为六校尉，其三校尉从南道逾葱领经大宛，其三校尉从北道入赤谷，过乌孙，经康居。〔康居〕万余骑救之㉛，数奔营，不利，辄却。汉兵遂烧木城，城中人皆入土城。汉兵四面推橹楯，并入土城。单于被创死。得汉使节及谷吉等所赍帛书。凡斩阏氏、太子、名王以下千五百级，生虏百四十五人，降虏五千余人㉜。上议其功，丞相匡衡、〔御史〕大夫李延寿及石显皆以为"延寿、汤擅兴师矫制㉝，幸得不诛，不宜加爵土"。又遣吏讯验汤私盗金事，皆不与汤。故〔宗〕正（宗）刘向上疏曰㉞："郅支单于杀汉使吏士以百数，事暴于外国，伤威毁重。陛下赫然欲讨之，意未尝忘。延寿、汤承圣旨，倚神灵，总百蛮之军，揽城郭之兵，出万死之计，入绝域之地，遂陷康居，屠五重城，搴翕侯之旗，斩郅支之首，悬旌万里之外，扬威昆山之西，而扫谷吉之（助）〔耻〕㉟，立昭明之功，蛮夷率服，稽首来宾，群臣之功，莫有大焉。昔周大夫方叔、尹吉甫为宣王诛猃狁，而百蛮从之，其诗曰：'啴啴焞焞，如霆如雷，显允方叔，征伐猃狁，蛮荆来威。'易曰：'有嘉折首，获非其丑㊱。'今延寿、汤所诛，威振天下，虽易之折首、诗之雷霆不能及也。吉甫之归，周厚赐之，其诗曰：'吉甫燕喜，既多受祉，来归自镐，我行永久。'千里之镐犹以为远，况万里之外！齐桓先有匡周之功，后有灭项之罪，君子计功补过。近事贰师李广利（损）〔捐〕五万之众㊲，糜亿万之费，经四年之劳，而仅获骏马四十匹㊳，虽获宛王之首，不足复费，而私罪甚众。孝武以为万里之伐，不录其过，厚加封赏。今康居之国盛于大宛，郅支之号重于宛王，杀汉使甚于留马。延寿、汤不烦汉(使)〔士〕㊴,不费斗储,比于贰师,功德相百倍。且常惠随欲击之乌孙,郑吉迎自来之日(遂)〔逐〕㊵,犹皆列土受爵。故言威武勤劳则大于方叔、吉甫,列功覆过则优于齐桓、贰师,近事之功则高于长罗、安远。大功未著,小恶数布,臣窃痛之!"上于是赦汤等矫制贪秽小罪,封延寿为(宜城)〔义成〕侯㊶,汤为关内侯,食邑各三百户,延寿为长水校尉,汤为射声校尉。延寿,北地人也。本为羽林士,超逾羽林亭楼,以材力进。汤字子公,山阳人也,家贫无行。初,富平侯张(敞)〔勃〕举汤为茂材㊷。汤待迁,父死不奔丧,坐下狱。论(敞)〔勃〕举非其人,削户二百。会(敞)〔勃〕薨,谥曰谬侯。汤立功西域,世以为张(敞)〔勃〕知人。

　　初,宣帝时,前将军韩增举冯奉世以为卫侯,使持节送大宛诸国客。时莎车(王)与诸国共杀汉所置莎车王万年㊸,并杀汉使者奚充国。匈奴发兵攻(莎)车师㊹,不能下。而莎车遣〔使〕扬言曰㊺:"北道诸国已降匈奴矣。"于是攻劫南道,与之盟而背汉,鄯善以西皆绝不通。奉世以莎车日强,其势难制,必危西域。乃矫以节告谕诸国王,各发其兵,合万五千人(追)〔进〕击莎车㊻。莎车王自杀,传其首诣长安。诸国遂平,威振西域。宣帝谓韩增曰:"贺将军举得人也。"议封奉世以为侯。丞相、将军皆曰:"大夫出疆,有可以安国家,定社稷,专之可也。宜加爵位。"少府萧望之以为"奉使有所指,而擅矫制违命。今封奉世关内侯,后奉使者竞逐利,要功于夷狄,为国家生事,不可长也"。宣帝从望之议。及甘延寿之封也,杜延年子钦上疏追讼奉世前功曰:"比罪则郅支薄,量功则莎车众,用师则奉世寡,制胜则奉世于边境为功多,虑危则延寿于国家为祸深。其违命生事则与<u>奉世</u>同,<u>延寿</u>割地而封,<u>奉世</u>独不见录。臣闻功同赏异则劳臣疑,罪均刑别则百姓惑。愿陛下下有司议之。"上为前世事,不录。

<u>荀悦</u>曰:(成)〔诚〕其功义足封[47],追录前〔事〕可也[48]。<u>春秋</u>之义,毁<u>泉台</u>则恶之,舍<u>中军</u>则善之,各由其宜也。夫矫制之事,先王之所慎也,不得已而行之。若矫大而功小者,罪之可也;矫小而功大者,赏之可也;功过相敌,如斯而已可也。权其轻重而为之制,宜焉。

四年春正月,以讨<u>郅支单于</u>功告祠郊庙。赦天下。

夏六月甲申,<u>中山王竟</u>薨。<u>蓝田</u>地震,山崩,雍<u>灞水</u>。安(阳)〔陵〕岸崩[49],雍<u>泾水</u>,<u>泾水</u>逆流。

五年春二月,赦天下,赐民爵一级,女子百户牛酒,三老、孝弟力田、鳏寡孤独帛。

夏六月庚申,复<u>戾后</u>园。壬申晦,日有食之。

秋七月庚子,复<u>太上皇</u>寝庙园、原庙、<u>昭灵后</u>、<u>武哀王</u>、<u>卫思后</u>、<u>昭哀后</u>庙园。上寝疾,梦祖宗谴罢郡国庙园,上少弟<u>楚孝主</u>亦梦焉。上召问丞相<u>匡衡</u>,议欲复,<u>衡</u>言不可。<u>衡</u>乃祷<u>高祖</u>、<u>孝文</u>、<u>孝景</u>庙,陈言"礼正咎在臣,<u>衡</u>当受其咎,皇帝宜蒙福祐"。尽祷诸庙。上疾久不平,皆复脩旧祀如故。<u>山阳</u>社中大槐树,吏民伐断之,其夜树自复立故处。

<u>竟宁</u>元年春正月,<u>匈奴呼韩邪单于</u>来朝。单于(诸)〔请〕妻<u>汉</u>女以自亲[50],赐单于待诏掖庭<u>王嫱</u>字<u>昭君</u>为阏氏。单于上书愿保塞,请罢边备塞。上下有司议,皆以为便。郎中令<u>侯应</u>以为不可许。上诘问状,对曰:"臣闻北边塞至<u>辽东</u>,外有<u>阴山</u>,东西千余里,草木茂盛,多禽兽,本<u>冒顿单于</u>依阻其中,治作弓矢,是苑囿也。至

孝武出师征伐,斥夺其地,攘之于(汉)〔漠〕北[51]。建塞徼,起亭隧,筑外城,而设屯戍以守之,然后边境得少安。漠北地平,少草木,多大砂,匈奴来寇抄,无所藏隐,从塞以南,径深山大谷,往来差难。边境长老言匈奴失阴山后,过之无不哭。如罢备边戍卒,示夷狄之大利,不可一也。今圣德广被,单于稽首来臣。夫夷狄之情,困则卑辱,强则骄逆,天性然也。前以罢外城,省亭燧,今才足候望通烽火而已。古者安不忘危,不可复罢,二也。中国有义礼之则,刑罚之禁,(臣)愚〔民〕犹〔犯〕禁(犯)[52],又况单于,能必其众不犯约哉!三也。自中国尚设关梁以制诸侯,所以绝臣下之觊觎也。设塞徼,置屯戍,非独为单于而已,亦为诸属国降民,本故匈奴之人,恐其思旧逃亡,四也。近西羌保塞,与汉交通,吏民贪利,侵盗其畜产妻子,以此怨恨,起而背叛,世世不绝。今罢乘塞,则生慢易忿争之渐,五也。往者从军多没不还者,其子孙贫困,一旦走出,从其亲戚,六也。又边人〔奴〕婢(奴)怨苦[53],欲走者多,自知匈奴中乐,无奈边候急切何。时有走塞者,七也。盗贼桀黠,群辈犯法,如其窘急,亡走北出,则不可制,八也。起塞以来百有余年,非皆以土(坦)〔垣〕也[54],或因山岩石,木柴僵落,溪谷之间,稍稍(率)〔平之〕[55],徒卒筑治,费功久远,不可胜计。臣恐议者不深虑其始终,欲以一切息徭役,十年之后,百年之内,卒有他变,障塞败坏,亭(戌)〔戍〕灭绝[56],当发戍屯治缮,累世之功不可卒就,九也。若罢(戌)〔戍〕卒[57],省候望,单于自以保塞守卫,必深(得)〔德〕汉[58],请(永)〔求〕无已[59]。小失其意,则不可测。开夷狄之隙,以亏中国之固,十也。非所以永持至安,威制百蛮之长策。"上乃使车骑〔将〕军口喻单于曰[60]:"中国亦有关梁,非徒以备外,亦以防中国之奸邪放纵,出为寇害,故为制度以专众心。"遂不罢塞焉。皇太子冠。初,定陶恭王有才艺,晓音乐,而太子颇有酒色之失,王皇后无宠。上有意欲立定陶王为太子,数称其才。乐陵侯史丹者,悼皇后之舅,史恭之孙,为侍中,护太子家。于是丹进曰:"所谓才者,敏而好学,温故知新,皇太子是也。若乃器人于丝竹鼓鼙之间,是则陈惠、李(钦)〔微〕高于匡衡^⑥,可为相国也。"于是上默〔然〕而笑^⑥。后上疾甚,数问景帝时立胶东王故事,丹涕泣,因以死争之。上亦以太子先帝所爱,卒不易。

二月,御史大夫李延寿卒。

三月丙寅,太子太傅张谭为御史大夫。癸未,复孝惠寝庙园、孝文太后、孝昭太后寝庙园等。

夏五月壬辰,帝崩于未央宫。匡衡复奏言:"前以上体不平,故复诸祀,卒不蒙福。请悉罢。"于是毁太上皇、孝惠、孝景帝庙,罢孝昭太后、昭灵太后、武哀王、昭哀后寝庙园。丞相、御史大夫奏石显及其党,皆免官。显徙居故乡济南,忧懑不食,道病死。显之归也,留其器物什数百万,以与故所厚(万)〔萬〕章^⑥。章不受,曰:"石氏之祸,(万)〔萬〕氏反当为福耶!"章者,长安大侠。为京兆尹门下督,尝从至殿中,侍中诸贵人争趋揖章,莫与京兆尹言者。后京兆尹不复从章。章既游侠,亦得显力。及王(遵)〔尊〕为京兆尹^⑥,诛豪桀,乃杀章。

荀悦曰:自汉兴以来至于兹,祖宗之治迹可得而观也。(开)〔高〕祖开建大业^⑥,统辟元功,度量规矩不可尚也。时天下初定,庶事草创,故韶、夏之音未有问焉。孝文皇帝克己复礼,躬行玄默,遂(至)〔致〕升平^⑥,而刑罚几措,时称古典。未能悉备制度,玄雅礼乐之风阙焉，故太平之功不兴。<u>孝武皇帝</u>规(快)〔恢〕万(世)〔事〕之业[67]，安固后嗣之基，内修文学，外耀武威，延天下之士，济济盈朝，兴事创制，无所不施，先王之风，灿然复存矣。然犹好其文不尽其实，发其始不(要)〔克〕其终[68]，奢侈无限，穷兵极武，百姓空竭，万民疲弊。当此之时，天下骚动，海内无聊，而<u>孝文</u>之业衰矣。<u>孝宣皇帝</u>任法审刑，综核名实，听断精明，事业修理，下无隐情，是以功光前世，号为<u>中宗</u>，然不甚用儒术。从谏如流，下善齐肃，宾礼旧老，优容宽直，其仁心文德足以为贤主矣。而佞臣<u>石显</u>用事，隳其大业，明不照奸，决不断恶，岂不惜哉！昔<u>齐桓公</u>任<u>管仲</u>以霸，任<u>竖刁</u>以乱，一人之身，唯所措之。夫万事之情，常立于得失之原，治乱荣辱之机，可不惜哉！<u>杨朱</u>哭多岐，<u>墨翟</u>悲素丝，伤其本同而末殊。<u>孔子</u>曰"远佞人"，诗云"取彼谗人，投畀豺虎"，疾之深也。若夫<u>石显</u>，可以痛心泣血矣，岂不疾之哉！初，<u>宣帝</u>任刑法，<u>元帝</u>谏之，劝以用儒术。<u>宣帝</u>不听，乃叹曰："乱我家者，必太子也。"故凡世之论政治者，或称教化，或称刑法；或言先教而后刑，或言先刑而后教；或言教化宜详，或曰教化宜简；或曰刑法宜略，或曰刑法宜轻，或曰宜重：皆引为政之一方，未究治体之终始，圣人之大德也。圣人之道，必则天地，制之以五行，以通其变，是以博而不泥。夫德刑并行，天地常道也。先王之道，上教化而下刑法，右文德而左武功，此其义也。或先教化，或先刑法，所遇然也。拨乱抑强则先刑法，扶弱绥新则先教化，安平之世则刑教并用。大乱无教，大治无刑。乱之无教，势不行也；治之无刑，时不用也。教初必简，刑始必略，则其渐也。教化之隆，莫不兴行然后责备；刑法之定，莫不避罪然后求密。未可以备，谓之虐教；未可以密，谓之峻刑。虐教伤化，峻刑害民,君子弗由也。设必违之教,不量民力之未能,是陷民于恶也,故谓之伤化;设必犯之法,不度民情之不堪,是陷民于罪也,故谓之害民。莫不兴行,则毫毛之善可得而劝也,然后教备;莫不避罪,则纤芥之恶可得而禁也,然后刑密。故孔子曰:"不严以莅之,则民不敬也。严以莅之,动之不以礼,未善也。"是言礼刑之并施也。"吾末如之何",言教之不行也。"可以胜残去杀矣",言刑之不用也。周礼曰:"治新国,用轻典。"略其初也。春秋之义,贬纤芥之恶,备至密也。孔子曰:"行有余力,则可以学文。"简于始也。"绘事后素",成有终也。夫通于天人之理,达于变化之数,故能达于道。故圣人则天,贤者法地,考之天道,参之典经,然后用于正矣。

赞曰:本纪称:"孝元皇帝多才艺,善史书。鼓琴,吹洞箫,自度声曲,分别节度,穷极要妙。少好儒术,及即位,征用儒生,委之以政,贡、薛、韦、匡迭为宰相。而上牵制文义,优游不断。然宽弘尽下,出于恭俭,号令温雅,有古人之风烈。"

校勘记

① 治政日乱　"治政",汉书京房传作"政治"。

② 拥隔　汉书京房传作"雍塞"。按"壅"、"雍"、"拥"通。

③ 太阳清明　"清",汉书京房传作"精"。

④ 太阳侵(危)〔色〕　从龙溪本、学海堂本、汉书京房传改。

⑤ 邀卦不(交)〔效〕　从吴慈培校、汉书京房传改。

⑥ 姚平谓(房)〔臣〕　从龙溪本、学海堂本、汉书京房传改。

⑦ 道人当(邀)〔逐〕死　从南监本、龙溪本、学海堂本、汉书京房传改。

⑧ (与)〔于〕臣尤厚　从汉书京房传改。

⑨ 有正(生)〔先〕者　从南监本、龙溪本、学海堂本改。

⑩ 非(刺)〔刺〕高而〔死〕　从南监本、龙溪本、学海堂本、汉书京房传改。

⑪ 窃恐未(劝)〔效〕而死　从学海堂本、汉书京房传改。按"效"为正字。

⑫ 无使〔臣〕塞涌水之灾异　从学海堂本、汉书京房传改。

⑬ 当正(生)〔先〕之必死　从南监本、龙溪本、学海堂本改。

⑭ 丙戌小雾　"雾",汉书京房传作"雨"。

⑮ 丁亥雾衰去　汉书京房传作"丁亥蒙气去"。

⑯ 雾气复起　"雾",汉书京房传作"蒙"。

⑰ (离)〔杂〕卦之党　从南监本、龙溪本、学海堂本、汉书京房传改。

⑱ 太阳复侵(危)〔色〕　从南监本、龙溪本、学海堂本、汉书京房传改。

⑲ 时年(三)〔四〕十一　从汉书京房传改。

⑳ (戁戁)〔赣赣〕为(外)〔小〕黄令　从汉书京房传改。

㉑ 令三辅都尉及(太)〔大〕郡都尉　从龙溪本、学海堂本改。

㉒ 李延寿　汉书陈汤传作"繁延寿"。

㉓ (副校尉)〔西域都护〕甘延寿〔副校尉〕陈汤　从汉书甘延寿陈汤传改补。

㉔ 〔于〕是汤与延寿等谋　从龙溪本、学海堂本补。

㉕ (今)〔侵〕乌孙(胁)大宛　从学海堂本、汉书陈汤传改。

㉖ 〔常为康居画计〕　从汉书陈汤传补。

㉗ 欲降伏(康居)〔之〕　从汉书陈汤传改。

㉘ 如得此(三)〔二〕国　从汉书陈汤传改。

㉙ 数(月)〔年〕之间　从吴慈培校、汉书陈汤传改。

㉚ 汉〔胡〕兵合四万余人　从汉书陈汤传补。

㉛ 〔康居〕万余骑救之　从汉书陈汤传补。

㉜ 五千余人　汉书陈汤传作"千余人"。

㉝ 〔御史〕大夫李延寿　从汉书陈汤传、吴慈培校补。

㉞ 故〔宗〕正(宗)刘向上疏　从龙溪本、学海堂本乙正。

㉟ 而扫谷吉之(助)〔耻〕　从南监本、龙溪本、学海堂本改。

㊱ 获非其丑　“非”，景祐本汉书陈汤传作“匪”。
㊲ (损)〔捐〕五万之众　从黄校本、汉书陈汤传改。
㊳ 骏马四十匹　“四”，汉书陈汤传作“三”。
㊴ 不烦汉(使)〔士〕　从汉书陈汤传改。
㊵ 来之日(遂)〔逐〕　从南监本、龙溪本、学海堂本改。
㊶ 封延寿为(宜城)〔义成〕侯　从汉书甘延寿传改。
㊷ 富平侯张(敞)〔勃〕　从学海堂本、汉书陈汤传改。
㊸ 时莎车(王)　从汉书冯奉世传删。
㊹ 匈奴发兵攻(莎)车师　从汉书冯奉世传删。
㊺ 而莎车遣〔使〕扬言　从汉书冯奉世传补。
㊻ (追)〔进〕击莎车　从吴慈培校、汉书冯奉世传改。
㊼ (成)〔诚〕其功义足封　从学海堂本、通鉴引录改。
㊽ 追录前〔事〕可也　从通鉴引录补。
㊾ 安(阳)〔陵〕岸崩　从汉书元帝纪改。
㊿ 单于(诸)〔请〕妻汉女　从南监本、龙溪本、学海堂本改。
(51) 攘之于(汉)〔漠〕北　从南监本、龙溪本、学海堂本改。
(52) (臣)愚〔民〕犹〔犯〕禁(犯)　从南监本、龙溪本、学海堂本改。
(53) 〔奴〕婢(奴)怨苦　从南监本、龙溪本乙正。
(54) 非皆以土(坦)〔垣〕也　从龙溪本、学海堂本、汉书匈奴传改。
(55) 稍稍(率)〔平之〕　从汉书匈奴传改。
(56) 亭(戍)〔成〕　从龙溪本改。
(57) 若罢(戍)〔成〕卒　从龙溪本改。
(58) 必深(得)〔德〕汉　从南监本、学海堂本、汉书匈奴传改。
(59) 请(永)〔求〕无已　从南监本、龙溪本、学海堂本改。
(60) 车骑〔将〕军　从学海堂本、汉书匈奴传补。
(61) 陈惠李(钦)〔微〕　从南监本、龙溪本、汉书史丹传改。
(62) 上默〔然〕而笑　从汉书史丹传、黄校本补。

㊓ 以与故所厚(万)〔萬〕章　从汉书游侠传改。

㊔ 及王(遵)〔尊〕为京兆尹　从学海堂本、汉书游侠传改。

㊕ (开)〔高〕祖开建大业　从南监本、学海堂本改。

㊖ 遂(至)〔致〕升平　从吴慈培校改。

㊗ 孝武皇帝规(恢)〔恢〕万(世)〔事〕　从龙溪本改。

㊘ 不(要)〔克〕其终　从黄校本改。

汉纪　孝成皇帝纪一　卷第二十四

　　皇帝以宣帝时生，号曰"世适皇孙"。宣帝爱之，自名曰骜，字太孙，(帝)〔常〕置左右①。三岁而宣帝崩。及为太子，尝被急召，不敢绝驰道行。元帝迟之，以状对。帝悦，乃著令，令太子得绝〔驰〕道行②，自此始也。

　　六月乙未③，即皇帝位。元舅侍中卫尉(平)阳〔平〕侯王凤为大司马大将军④，领尚书事。有司奏言："乘舆、狗马、禽兽皆非〔礼〕，不宜以葬⑤。"奏可。

　　秋七月，孝元皇帝葬渭陵。

　　冬十有一月，大赦天下。

　　建始元年春正月乙丑，皇〔曾〕祖(宗)悼考庙灾⑥。本志以为"悼考庙不正，不宜立。王凤秉政，不正之象也"。(故)立〔故〕河间王弟良为河间王⑦。有星孛于营室。罢上林诏狱。

　　二月，赐诸侯王以下至吏二千石黄金，吏千石以下至二百石、宗室有属籍者、三老、孝弟力田、鳏寡孤独钱帛，各有差，吏民五十户牛酒、粟五斛。大赦天下。右将军长史姚卭使匈奴还，去塞百余里,暴风火起,烧杀尹等十余人⑧。封舅王崇为安(城)〔成〕侯⑨,赐舅谭、商、立、根、逢时五人等爵关内侯。王凤兄弟八人,第二曰曼,早亡,不侯。

夏四月,黄雾四塞,终夜,下著地如黄土尘。上问群臣,谏(议)大夫杨兴、博士驷胜等以为"阴气侵阳气之象。高祖之约,非有功不侯,今太后诸弟皆以无功而侯,非高祖之约,故天为见异,以谴失行"。言者以为然。凤于是乃惧,上书言:"陛下初即位,思慕谅闇,故诏臣凤典领尚书事,上无以明圣德,下无以益政治。今有孛星赤黄之异,咎在臣凤,伏愿显戮以谢天下。今谅暗(日)〔已毕〕⑩,大义皆举,宜亲览万机,以当天心。"因乞骸骨辞归。上报曰:"朕承先帝(盛)〔圣〕绪⑪,涉道未深,不明事情,是以阴阳错缪,日色无光,赤黄之气充塞天下,咎在朕躬。今大将军引过,自欲辞尚书事,归大将军印绶,罢大司马官,是明朕委任大将军庶几有惑。其专心固意,辅朕不逮。"六月,有蝇数万集未央殿中朝者坐。

秋,长信少府邵信臣奏罢上林宫馆希幸御者二十五所。又奏冬生菜,强加温火,非时而生,〔有伤于〕人⑫,不宜以供奉养。信臣字翁卿,九江人也。始为南阳太守,乃为民兴利,开通沟渠水门,灌溉三万余顷。禁止嫁娶送终奢靡。其化大行,吏民亲爱之曰邵父。上赐信臣黄金四十斤,迁河南太守,治化当为第一,遂入为少府。

八月戊午,有两月相承,晨在东方。京房易传曰:"君弱而妇人强,为阴所乘,则两月并出。"

九月戊子,有流星大如瓠,出于文昌宫,光烛地,长四五丈,委曲蛇形,以贯紫微宫。

冬十有二月,作长安南北郊。罢甘泉、汾阴祀,匡衡之议也。

衡奏议曰："帝王之事莫大于承天〔之序〕⑬，承天之序莫大于郊祀。祭天之南郊，就（天）〔阳〕之义也⑭；祭地之北郊，则阴之象也。往者，孝武皇帝居甘泉宫，即于云阳立泰畤。今行幸长安，郊见皇天反北之太阴，祠后土反东之少阳，事与古制殊。又至云阳，行（鸡）〔溪〕谷中⑮，厄狭百余里，汾（阳即）〔阴则〕渡大川⑯，有风波舟楫之危，皆非圣主所宜数乘。郡县治道供帐，吏（人）〔民〕困苦⑰，百（姓）〔官〕烦费⑱。劳所保之民，行危险之地，殊未合于承天之意也。昔周文、武郊于酆、镐，成王郊于洛邑，各因其居宜。可徙郊长安。"又言："郊柴飨（地）〔帝〕之义⑲，扫地而祭，尚质也。歌大吕舞云门以（侯）〔候〕天神⑳，歌太簇舞咸池以祀地祇，其牲用犊，其席用藁秸，其器用陶匏，皆因天地之性。以为神祇功德至大，虽修精微而备庶物，犹不足以报功，故尚质贵诚，以彰天地之德。今甘泉〔泰畤〕紫（微殿）〔坛〕㉑，有文章刻镂、黼黻文绣之饰，（又致）〔及玉〕、女乐、石坛、仙人祠㉒、瘗鎏辂、骍驹、偶人、龙马之属，皆宜勿修。"又："雍酅、密上下畤及陈仓宝鸡祠，本秦侯以其意所立，非礼也。及北畤，皆高祖未定时立，不宜复修。"奏可。本志："初，秦文公猎于汧、渭之间，卜居而吉。文公梦黄蛇自天而下属于地，其口〔止〕于酅衍㉓。文公问史敦，史敦曰：'此上帝之征，君宜祠之。'于是作酅畤，郊祭白帝焉。文（王）〔公〕获（古）〔若〕石㉔，（缶）于陈仓北坂上祠之㉕。其神尝以夜下，光辉如流星，从东南来集于祠坛，至地则若雄鸡，其声殷殷云，野雉夜雊，名曰陈宝。其神或岁数来，或岁不至。后秦（文）〔宣〕公作密畤祠青帝㉖。后秦灵公于吴阳作上畤，祠黄帝；作下畤，祀炎帝。及高祖自汉中东击项藉入关，问群臣曰：'吾闻天有五帝，今所祠有四，何也？'群臣莫知其说。高祖曰：'吾知之矣,乃待我而具五也。'乃立黑帝祠,曰北畤。而洪范八政,三曰祀。祀者,所以昭孝事祖宗,通神明也。旁及四夷,莫不修之;下及鸟兽,豺獭有祭。是以皇王为之典礼。故有神民之官,各司其序,使不相乱也。民神异业,敬而不黩,故神降之嘉瑞,灾祸不至。及乎末世,飨祀无度,昏黩齐明而神不蠲,嘉瑞不降而灾祸至矣。昔共工氏霸有九州,其子曰勾龙,能平水土,故祠为社。烈山氏王天下,有子曰柱,能播殖嘉谷,故祠为稷。虞书曰'肆类于上帝,禋于六宗,遍于群神。又巡于四岳而柴祭焉'。及殷之十三世,帝武丁祭之。明日,有雉登鼎耳以雊。武丁惧而修德,梦得傅说版筑以为相,殷道复兴,号曰高宗。其后五世,帝乙慢神悖礼,震死。及至周公相成王,郊祀后稷以配天,宗祀文王于明堂以配上帝。凡天子祭天下名山大川,怀柔百神,咸秩无文。五岳视三公,四渎视诸侯。诸侯祭其疆内名山大川,大夫祭其门、户、井、灶、中霤,是谓五祀,士庶人祭祖考而已。淫祀有禁。及季氏旅于泰山,仲尼讥之曰:'务民之义,敬鬼神而远之。先王正人事而已,不苟求福于神祇。不由其道,则神不飨也。'又有八神祠:一曰天主,祠天齐,居临淄南郊山下;二曰地主,祠太山梁父;三曰(岳)〔兵〕主[27],祠蚩尤,在东平陆监(卿)〔乡〕[28];四曰阴主,祠三山;五曰阳主,祠之罘山;六曰月主,祠(之)莱山[29],皆在齐北;七曰日主,祠成山,成山斗入海[30],最居齐东北,以迎日出;八曰四时主,祠琅邪。八祠所从来久矣,莫知其所起;或曰齐太公以来作之。八神祀,上过则因祀之,去则已。"长安南北郊之日,有大风拔甘泉泰畤中木,十围以上者皆出。

二年春正月,罢雍五畤。

二月辛巳,上始郊祀长安南郊,有神光并见。闰月,以渭城延陵亭为初陵。诏举贤良方正。二月,北宫井水溢出,南流。元帝时童谣歌曰:"井水溢,灭灶烟,灌玉堂,流金门。"本志以为"阴象,春秋前有鹳鹆之谣,后有来巢之验,卒有昭公居外之应。井,阴也;灶,阳也;玉堂、金门,至尊之居。阴盛而灭阳,窃有宫室之象,王氏之应"。又有童谣歌曰:"邪径败良田,谗巧害忠贤。桂树花不实,黄雀巢其颠。故为人所羡,今为人所怜。"本志〔以〕为"桂树色赤㉛,汉家之象;不实,无嗣也;黄雀,王氏之象;〔巢〕颠㉜,将有汉室"。辛丑,上始祀后土于北郊。丙午,立皇后许氏。大将军许嘉女也。罢少府技巧官。

夏,大旱。东平王(牟)〔宇〕有罪㉝,削二县。

秋,罢太子博望苑,赐宗室朝请者。减乘舆厩马。丞相匡衡又奏:"郡国候神方士使者所祠,凡六百八十三所,其二百八所应祀,或疑无明文不可奉祀。其余四百七十五所不应祀,请罢之。"又奏:"高帝、武帝、宣帝所立山川群祠凡百二十余所,非典,皆罢之。候神方士、使者、副使、待诏七十余人,皆罢归。"

三年春,赦天下囚徒。赐孝弟力田爵三级㉞。诸逋租赋赈贷勿收。

秋,关中大雨水四十余日。京师人无故相惊,言大水至,百姓奔走号呼,长安中大乱。上亲御前殿,召公卿议。大将军王凤以为太后及上与后宫可御舟舩,令吏民百姓上长安城。群臣皆从王凤议。王商者,宣帝舅,乐昌侯武之子,曰:"自古无道之国,水犹不冒入城郭。今政治和平,何为当有大水一旦暴至?此必讹言,不宜令民上城,重惊百姓耳。"(止)〔上〕乃止㉟。有顷,长安中稍稍自定。上叹美商之固守,数称其议。凤甚惭,自恨失言。渭城女子陈持弓年九岁,走入城门,入未央宫掖庭殿门,门卫者莫见,至勾楯禁中,觉而得。本志以为"民以水相惊者,阴气盛也。小女入宫殿者,下人将因女宠而居有宫室之象也。名曰持弓,有似周家(压)〔厤〕弧之祥㊱。易曰:'弧矢之利,以威天下。'后有王莽篡天下,陈氏之后也"。

秋八月癸丑,大司马将军许嘉赐金、安车驷马,免。御史大夫张谭坐(迁)〔选〕举不实免㊲。

冬十月,光禄大夫尹忠为御史大夫。

十二月戊申朔,(十)〔日〕有蚀之㊳。其夜,地震未央宫中。诏举方正、直言极谏。长安人谷永者,卫司马谷吉之(水)〔子〕㊴,对策曰:"灾异之发,各以象其类。日蚀须女之分㊵,地震宫墙之内,二咎同日发,厥咎不远。意者陛下志在闺闼,不恤政事,举措失中,内宠大盛。诚留意于正身,勉强于力行,损宴私之志,放淫溺之乐,罢倡优之笑,绝不飨之义,循礼而动,力行不倦,无淫于酒色,无逸于游敗,未有其身正而臣下邪者也。夫妇之际,安危之机也。昔舜厘正二妃,以崇圣德;幽王惑于褒姒,而周室沦亡。诚修后宫之政,明尊卑之序,贵不专妒,贱者咸进,各得其职,以广继嗣之统,息白华之怨,后宫亲属,勿预政事,以远皇甫之类,损女党之权,未有闺门理而天下乱者也。夫治远自近始,习善在左右。昔龙作纳言,帝命惟允;四辅既备,成王靡有过事。经曰:'亦惟先正克左右。'未有左右正而百官枉者也。治天下者尊贤考功则治,简贤退功则乱。诚审思知人之术,论才选士必称其职,明度量以旌其能,考功实以定其德,无以比周之虚誉㊶,无听浸润之潛诉,则抱功修职之吏无蔽拥之忧,比周邪伪之徒不得妄进,小人日消,英义日隆。经曰:

'三载考绩,三考黜陟幽明。'未有功赏得于前,众贤布于官而不治者也。尧遭洪水之灾,天下无乖叛之难者,德厚恩深,无怨于天下也。秦居平土,一夫大呼而天下分崩离析者,刑罚深酷,吏行残贼。诚宜选温良尚德之士以亲百姓,以治民命,务省徭役,不夺民时,使咸安土乐业。经曰:'怀保小民,惠鲜鳏寡[42]。'未有德厚吏良而民叛者也。此五者,王政之纲纪。臣闻灾异,皇天所以谴告人主,犹严父之明诫。经曰:'向用五福,威用六极。'传曰:'六沴作见,若不恭御。六(沴)〔罚〕既侵[43],六极其下。'惟陛下留神。"大将军武库令杜钦对曰:"臣闻日蚀地震,阳微阴盛。臣者君之阴,子者父之阴,妇者夫之阴,夷狄者中国之阴。春秋传日蚀三十六,地震五,或夷狄侵中国,或政权在臣下,或妻不承夫,或臣子背君父,事虽不同,其类一也。臣窃睹人事以考变异,则本朝大臣无不自安之人,外戚亲属无乖刺之心,关东诸侯无(疆)〔强〕大之国[44],边陲夷狄无逆礼之节,此殆为后宫。日以戊申蚀,时加未。戊未,土也,(宫)中〔宫〕之部[45]。其夜地震未央宫殿中,此必适妾将有争宠相害而为患者。陛下内推至诚,深思其变,则咎异何足消灭!如不留神听于庶事,奢侈纵欲,虽无变异,社稷之忧也。"

钦字子夏,目偏盲,与茂陵杜业同姓字,俱好学,以才能称,故京师谓钦为"盲子夏"。钦乃作小冠以自别,于是更谓钦为"小冠子夏"。钦素依附王氏,说凤曰:"礼,一娶九女,所以极阳数,广继嗣,重祖宗者也。必(即)〔乡〕举求窈窕之女[46],不问其色,所以助治内也。侄(姊)〔娣〕虽缺[47],亦不复补,所以养寿塞争。故后妃有卢湘之行,则胤嗣有贤圣之君;制度有威仪之节,则人君有寿考之福。废而不由,则女德无厌;女德无厌,则寿命不究于高年。书云

'或四三年'，言逸欲之生害也。男子五十，好色未衰；妇人四十，容貌改前。以改前之容侍于未衰之年，而不以礼为制，则其源不可以救而后来异态；后来异态，则正后自疑而支庶有间适之心。是以晋献公被纳谗之谤，申生受无辜之罪。今圣主富于春秋，未有适嗣。将军辅政，宜因初始之隆，(尊)〔遵〕九女之制⑱，为万世之法。夫少，戒之在色，小弁之作，可为寒心。"凤白太后，太后以为故事无之。凤又不能立制度，修故事而已。越巂山崩。丁丑，丞相匡衡免。初，封乐安乡侯，以(关)〔闽〕陌为界⑲。初元〔元〕年⑳，误以平陵陌为(关)〔闽〕陌㉑，多四百顷。积十余年，郡乃定国界，上计薄，言丞相府。衡讽掾属郡不从故所，郡即复以四百顷付乐安乡侯衡收租谷。有司奏衡监临〔主〕守(主)(车)〔专〕地盗土㉒，于是坐免为庶人。衡字(雉)〔稚〕圭㉓，东海人。父世为农夫，家贫好学，佣作以供资用，(尤)〔又〕精力过绝人㉔，善说诗。衡子咸，亦明经术，位历九卿。

　　四年春正月癸卯，有石陨于槀，四，陨于肥累，二。罢中书宦官，初置尚书员五人。

　　三月甲申，左将军王商为丞相。

　　夏四月，雨雪。

　　五月，谒者丞陈临杀司隶校尉袁丰于殿中。

　　秋，桃李实。大雨水十余日，河决东郡金堤，沉溉兖、豫，入平原、千乘、济南，凡灌四郡三十三县，败毁官寺民屋庐四万所。九月，长安城南鼠巢树上，桐柏尤多，巢中无子。

　　冬十有一月㉕，御史大夫尹忠以河决不忧职，自杀。壬戌，少府张忠〔为〕御史大夫㉖。河堤使者王延世以竹落长四丈，大九围，

盛石,以两船夹载而下之,二十六日⁵⁷,河堤成。上嘉其功,拜为光
禄大夫,赐爵关内侯,黄金百斤。是岁,京辅都尉王尊领京兆尹。
尊字子贡,涿郡人也,为人果勇。初,为护羌校尉,送军粮。而羌
反,绝粮道,羌兵数万围尊。尊以千余骑突羌虏得免。后为益州刺
史。先是,瑯邪王阳为益州刺史,行部至邛(爽)〔郲〕九折阪⁵⁸,叹
曰:"奉先人遗体,奈何数乘此险!"后以病去。及尊行部至阪上,
问吏曰:"此非王阳所畏阪邪?"叱其御者驱之,曰:"王阳为孝子,
王尊为忠臣。"居部二岁,徼外蛮夷皆归附。会坐事(坐)免官⁵⁹。
会南山群贼数百人为吏民害,发校尉将射士千余人捕逐,岁余不能
擒。于是以尊为京辅都尉,领京兆尹事。旬月之间,盗贼清平。乃
以尊复为东郡太守。河水盛溢,尊杀白马祠水神,亲执圭璧,使巫
(荚)〔筴〕祝⁶⁰,暮因止宿堤上。吏民数千人争叩头求之,尊宿堤
上,终不去。及水盛堤坏,吏民皆走,惟主簿泣在尊旁。尊立不动,
而水波稍稍却。上嘉尊勇节,秩尊中二千石,赐黄金二十斤。

　　河平元年春正月,匈奴复(秼)〔株〕絫单于遣右贤王伊邪莫演
奉献⁶¹,来朝正月。既罢,使者送至蒲阪。伊邪莫演言"我欲降。
即不受我,我自杀,终不复还归"。公卿议者咸言宜如故事,受其
降。光禄大夫谷永、议郎杜钦以"单于屈体称臣,奉使朝贺,无有二
心。而今反受其逋逃之臣,是贪一夫之得而失一国之心,开有罪之
臣,绝慕义之君。假如单于初立,欲委身中国,未知利害,使人诈降
以卜吉凶,如受之,亏德沮善,(今)〔令〕单于自疏⁶²;或使者诈伪反
间,欲因其生隙,受之适合其(笑)〔契〕⁶³,使得归曲而(贵)〔责〕
直⁶⁴。此诚边〔塞〕安危之源⁶⁵,师旅动静之首,不可不详,不如勿
受。"上从之,问其降状,曰:"我病狂,妄言耳。"遣归,复位如故,又

不肯令见汉使。

二月庚子，泰山桑谷有鸢焚其巢，巢然堕地，有三鸢觳烧死。长安男子石良、刘歆相与同居，有物如人状在室中，击之，为狗而走。后有数人被甲持弓弩至良家，良等格击之，或死或伤，皆狗也。自二月至六月乃止。

夏四月乙亥晦⑥，日有蚀之，不尽如钩，在东井六度。光禄大夫刘向曰："四月交于五月，〔月〕同于孝惠⑥，日同于孝昭。东井，京师地，且(说)〔既〕⑧，其占恐害继嗣。"大赦天下。

六月，罢典属国官，并大鸿胪官。

秋九月，复太上皇庙园。是时刑书烦多，上诏曰："周之甫刑大辟之属有二百，今〔大〕辟之刑千有余条⑥，律令烦多，欲以晓喻众庶，不亦难乎！所以夭绝无辜，岂不哀哉！其议减死刑及可蠲除约省者，令较然易知。书不云乎'惟刑之恤'！其审核之，务(惟)〔准〕古法⑦，朕将尽心览焉。"时有司不能广宣主恩，建立法度，徒(学)〔举〕细微小事⑦，以塞诏书而已。本志曰："昔周五刑之典，墨罪五百，劓罪五百，宫罪五百，刖罪五百，杀罪五百，所谓刑平国用中典者。至穆王命甫侯作五刑，以诘四方。墨罚之属千，劓罚之属千，刖罚之属五百，宫罚之属三百，大辟之罚其属二百。凡五刑之属三千，稍稍烦多矣。及至战国，韩任申不害，秦用商鞅，起连坐之法，造参夷之诛，增加肉刑、大辟，为凿(额)〔颠〕、抽胁、镬烹之刑⑦，而法禁等酷矣。至高祖初入秦，约法三章，号为宽略，网漏吞舟之鱼，然时尚有夷三族之令：'当三族者，先黥，劓，〔斩〕左右指⑦，笞杀之，枭其首，菹其骨肉于市。其诽谤骂诅者，有先断其舌。'故谓之具五刑。高后元年，除三族罪。至于孝文，遂除肉刑，而斩右趾者弃市,斩左(足)〔趾〕者笞五百[74],劓罪笞三百,率不胜笞多死。孝景诏定捶令,笞者乃得全。及孝武之时,酷吏击断,奸轨不胜。于是使张汤、赵禹之属,修定法令,作见知故纵、监临部主之法,缓深故之罪,急纵出之诛。其后有奸猾巧法,转相比况,死罪决事比至万三千四百七十二事。文书盈于(杌)〔几〕阁[75],典掌不能遍睹。是以郡国承用者班駮,或罪同而论异。奸吏因缘为市,所欲活即傅生议,所欲陷则与死比。宣帝即位,深悼之,始置廷尉平。元帝初立,下诏曰:'夫法令者,所以抑暴扶弱,欲其难犯而易避。今法律烦多,自典者不能分明,而欲以罗元元之不逮,斯岂刑之中哉[76]!其议定出令。'及至孝成,重下明诏,及公卿卒不能定。昔荀卿言曰:'俗说曰,古有象刑,无肉刑,是不然矣。以为古之人莫触其罪邪,岂独无肉刑哉,亦不用象刑矣。若有重罪而直轻其刑,是杀人者不死,伤人者不刑。罪至重而刑轻,民无所畏,乱莫大焉。夫德不称位,能不称官,赏不当功,刑不当罪,不祥莫大焉。'所谓'象刑惟明',言象天道而作刑。荀卿之言既然,今之除肉刑者,本欲以全人也。今去髡钳一等,转而入于大辟。以死罔民,失其本意矣。故死者甚众,刑重之所致也。至乎穿窬之盗,忿怒伤人,吏为奸(贼)〔赃〕[77],若此之恶,髡钳之罚又不足惩也。故刑者甚众,民既不畏,又曾不耻,刑轻之所生也。死刑既重,而生刑太轻,民易犯之。故俗之能吏,公以杀盗为威,专杀者胜任,奉法者不治,乱名伤(治)〔制〕[78],不可胜条。是以网密而奸不塞,刑繁而民愈慢,由刑不正之故。宜原其本,删定律令,正其大辟。其余罪次,于古当生,〔今〕触死者[79],皆可募行肉刑。及伤人,盗,吏受财枉法者,皆从古刑,诋欺文致细微之法,悉蠲除之。如此,则刑可畏而禁易避,吏不专杀,法无二门,轻重当,民命全矣。"

二年春正月,沛郡铁官铸铁不下,隆隆如雷声,又如鼓音。工十三人皆惊走,音止乃还。视地陷数尺,炉分为十一,炉中(消)〔销〕铁散如流星飞去⑧。

夏四月,楚国雨雹,大如釜。

六月,封舅(禁)〔谭〕为平(阳)〔阿〕侯⑧,(莽)〔商〕为成都侯⑧,立为红阳侯,根为曲阳侯,逢时为高平侯,同日受封,故世(为)〔谓〕"五侯"⑧。王氏子弟皆卿大夫侍中诸曹,分据势职,盈满朝廷,政事皆决〔于凤〕⑧。左右常荐刘向少子歆通达有异才,上召见,甚悦之,欲以为中常侍,取衣冠。临当拜,左右曰:"未知大将军旨意。"上曰:"此小事,何须问大将军?"左右叩首固争之。上于是语凤,凤以为不可,乃止。当权用事如此。公卿见凤侧目而视,郡国刺史、太守、相皆出其门。时五侯群弟,竞为奢侈,起治第(治)〔室〕⑧。百姓歌之曰:"五侯俱起,曲阳最怒,坏决高都,连境外杜,土山渐台,象西白虎。"其奢汰如此。然皆通敏人事,好士养贤、倾财施与,以相高尚。时谷永与齐人楼护俱为五侯上客,各有所亲,不得左右。唯护尽入其门,各得其欢心。交结士大夫,无所不倾。护,医者子也。为人短小精辨,议论常依名节,听之者皆竦。时人为之语曰:"谷子云之笔札,楼君卿之唇舌。"言其甚见信用也。及护母死,送葬引车至二三千乘,闾里为之语曰:"五侯治丧。"〔楼〕君卿为天水太守⑧,免归家,大司马王商亲枉车骑至其闾巷吊问之。是时谷口有郑子真,西蜀有严君平,皆修行自保,非其食不食。凤慕其名,以礼聘子真,子真遂不屈。君平卜于成都市,以卜筮为业,而可以惠人。人有非正之问,则依蓍龟以言利害,与人子言依于孝，与人弟言依于顺，各因其势导之以善。曰："从吾言者已过半矣。"或曰："阅数人，得百钱，足以自养。"则闭肆下帷而授老子经，博览无不通，依老子之旨著五十余万言。李(疆)〔彊〕为益州牧⁸⁷，将发京师，谓扬雄曰："吾真得严君平为吏矣。"雄曰："君备礼而待之，其人可见，不可屈也。"(疆)〔彊〕以为不然⁸⁸。及见君平，不可屈之，叹曰："扬子云诚知人，可谓哲矣。"

校勘记

① (帝)〔常〕置左右　从汉书成帝纪改。

② 得绝〔驰〕道行　从汉书成帝纪、吴慈培校补。

③ 乙未　汉书成帝纪作"己未"。

④ (平)阳〔平〕侯王凤　从汉书成帝纪改。

⑤ 非〔礼〕不宜以葬　从汉书成帝纪补。

⑥ 皇〔曾〕祖(宗)悼考庙灾　从汉书成帝纪改。

⑦ (故)立〔故〕河间王弟良　从龙溪本、学海堂本乙正。

⑧ 烧杀尹等十余人　"十余"，汉书成帝纪作"七"。

⑨ 封舅王崇为安〔成〕侯　从汉书成帝纪补。

⑩ 今谅闇(日)〔已毕〕　从南监本、龙溪本改。

⑪ 朕承先帝(盛)〔圣〕绪　从南监本、龙溪本改。

⑫ 〔有伤于〕人　从汉书循吏传补。

⑬ 莫大于承天〔之序〕　从汉书郊祀志补。

⑭ 就(天)〔阳〕之义也　从汉书郊祀志改。

⑮ 行(鸡)〔溪〕谷中　从南监本、龙溪本、学海堂本、汉书郊祀志改。

⑯ 汾(阳即)〔阴则〕渡大川　从汉书郊祀志改。

⑰ 吏(人)〔民〕困苦　从汉书郊祀志改。

⑱ 百(姓)〔官〕烦费　从学海堂本、汉书郊祀志改。

⑲ 郊柴飨(地)〔帝〕　从学海堂本、汉书郊祀志改。

㉑ 以(侯)〔候〕天神　从南监本、龙溪本、学海堂本改。

㉑ 今甘泉〔泰畤〕紫(微殿)〔坛〕　从汉书郊祀志改。

㉒ 黼黻文绣之饰(又致)〔及玉〕　从学海堂本、汉书郊祀志改。

㉓ 其口〔止〕于郦衍　"止"原缺,从学海堂本、汉书郊祀志补。

㉔ 文(王)〔公〕获(古)〔若〕石　从学海堂本、汉书郊祀志改。

㉕ (缶)于陈仓北坂　从汉书郊祀志删。

㉖ 后秦(文)〔宣〕公作密畤　从汉书郊祀志改。

㉗ (岳)〔兵〕主　从学海堂本、汉书郊祀志改。

㉘ 在东平陆监(卿)〔乡〕　从龙溪本、汉书郊祀志删。

㉙ 祠(之)莱山　"之"衍,径删。

㉚ 成山　汉书郊祀志作"盛山"。

㉛ 本志〔以〕为　从文意补。

㉜ 〔巢〕颠　从汉书五行志、陈璞校补。

㉝ 东平王(牟)〔宇〕　从汉书成帝纪改。

㉞ 赐孝弟力田爵三级　"三",汉书成帝纪作"二"。

㉟ (止)〔上〕乃止　从南监本、龙溪本、学海堂本改。

㊱ 有似周家(压)〔厭〕弧之祥　从学海堂本、汉书五行志改。

㊲ 张谭坐(迁)〔选〕举不实免　从龙溪本、汉书百官公卿表改。

㊳ (十)〔日〕有蚀之　从南监本、龙溪本、学海堂本改。

㊴ 卫司马谷吉之(水)〔子〕　从南监本、龙溪本、学海堂本改。

㊵ 日蚀须女之分　"须",汉书五行志作"婺"。

362 ㊶ 无以比周之虚誉　"以",汉书谷永传作"用"。

㊷ 惠鲜鳏寡　"鲜",汉书谷永传作"于"。按尚书无逸作"鲜"。

㊸ 六(沴)〔罚〕既侵　从汉书谷永传改。

㊹ 关东诸侯无(疆)〔强〕大之国　从龙溪本、学海堂本改。

㊺ (宫)中〔宫〕之部　从黄校本、汉书杜周传附杜钦传改。

㊻ 必(即)〔乡〕举求窈窕之女　从学海堂本、汉书杜周传附杜钦传改。

㊼ 侄(姊)〔娣〕虽缺 从龙溪本、学海堂本改。

㊽ (尊)〔遵〕九女之制 从吴慈培校改。汉书杜周传作"建九女之制"。

㊾ 以(关)〔闽〕陌为界 从学海堂本、汉书匡衡传改。

㊿ 初元〔元〕年 从学海堂本、汉书匡衡传补。

51 以平陵陌为(关)〔闽〕陌 从学海堂本、汉书匡衡传改。

52 临〔主〕守(主)(车)〔专〕地盗土 从学海堂本、汉书匡衡传改。

53 衡字(雅)〔稚〕圭 从吴慈培校、汉书匡衡传改。

54 (尤)〔又〕精力过绝人 从学海堂本、汉书匡衡传改。

55 冬十有一月 汉书成帝纪作"冬十月"。

56 少府张忠〔为〕御史大夫 从学海堂本、汉书百官公卿表补。

57 二十六日 "二",汉书沟洫志作"三"。

58 邛(爰)〔郏〕 从吴慈培校、汉书王尊传改。

59 会坐事(坐)免官 从南监本、龙溪本、学海堂本删。

60 使巫(荚)〔筴〕祝 从黄校本改。汉书王尊传作"策"。"策",通"筴"。

61 匈奴复(秼)〔株〕絫单于 从汉书匈奴传改。

62 (今)〔令〕单于自疏 从汉书匈奴传改。

63 受之适合其(笑)〔契〕 从龙溪本改。

64 使得归曲而(贵)〔责〕直 从南监本、龙溪本、学海堂本改。汉书匈奴传作"直责"。

65 诚边〔塞〕安危之源 从南监本、龙溪本、学海堂本补。

66 夏四月乙亥晦 "乙亥",汉书成帝纪作"己亥"。

67 〔月〕同于孝惠 从汉书五行志补。

68 且(说)〔既〕 从汉书五行志改。

69 今〔大〕辟之刑千有余条 从南监本、龙溪本、学海堂本、汉书刑法志补。

70 务(惟)〔准〕古法 从吴慈培校、汉书刑法志改。

71 徒(学)〔举〕细微小事 从学海堂本、汉书刑法志改。

72 凿(额)〔颠〕 从汉书刑法志改。

㊲ 〔斩〕左右指　从汉书刑法志补。

㊔ 斩左(足)〔趾〕笞五百　从黄校本、汉书刑法志改。

㊕ 文书盈于(杌)〔几〕阁　从汉书刑法志改。

㊖ 斯岂刑之中哉　汉书刑法志作"岂刑中之意哉"。

㊗ 吏为奸(贼)〔赃〕　从学海堂本、汉书刑法志改。

㊘ 乱名伤(治)〔制〕　从汉书刑法志改。

㊙ 〔今〕触死者　从汉书刑法志补。

㊚ 炉中(消)〔销〕铁　从南监本、龙溪本改。

㊛ 封舅(禁)〔谭〕为平(阳)〔阿〕侯　从学海堂本、汉书元后传改。

㊜ (莽)〔商〕为成都侯　从学海堂本、汉书元后传改。

㊝ 世(为)〔谓〕五侯　从学海堂本、汉书元后传补。

㊞ 政事皆决〔于凤〕　从黄校本补。

㊟ 起治第(治)〔室〕　从南监本、学海堂本、汉书元后传改。

㊠ 〔楼〕君卿　从龙溪本补。

㊡ 李(疆)〔彊〕为益州牧　从龙溪本改。

㊢ (疆)〔彊〕以为不然　从龙溪本改。

汉纪　孝成皇帝纪二　卷第二十五

三年春正月，楚王嚣来朝。诏曰："〔嚣〕孝弟仁慈①，在国二十余年，纤介之过未尝闻。书不云乎'用德彰厥善'。其封嚣子勋为广戚侯。"

二月丙戌，犍为地震，山崩，拥江水逆流②。

秋八月乙卯晦，日蚀。光禄大夫刘向校中秘书，谒者陈农使，使求遗书于天下，故典籍益博矣。刘向典校经传，考集异同，云"易始自鲁商瞿子木受于孔子，以授鲁（稿）〔桥〕庇子庸③，子庸，王孙授江东馯臂子弓，子弓授燕人周丑子家，子家授东武孙虞子乘，子乘授齐国田何子装。及秦焚诗、书，以易为卜筮之书，独不焚。汉兴，田何以易授民。故言易者，本之田何焉。菑川人杨叔〔元〕传其学④，武帝时为（大）〔太〕中大夫⑤，由是有杨氏学。梁人丁宽受易田何，为梁孝王将军距吴、楚，著易说三万言。宽授槐里田王孙，王孙授沛人施雠、东海孟喜、琅邪梁丘贺。雠为博士，喜为丞相掾，由是有施、孟、梁丘之学。此三家者，宣帝之时立之。京房（授）〔受〕易于梁人焦延寿⑥，独得隐士之说，托之孟氏。刘向校易，说皆祖之田何。唯京房为异党，不与孟氏同。由是有京氏学，元帝时立之。东莱人费直治易，长于〔卦〕筮⑦，无章句，徒〔以〕彖、象、系辞、(十篇)文言〔十篇〕解说上下经⑧。沛人高相略与费氏同，专说阴阳灾异。此二家未立于学官，唯费氏经与鲁古文同。尚书本自济南伏生，为秦博士。及秦焚书，乃壁藏其书。汉兴，伏生求其书，亡数十篇，得二十九篇。文帝欲征，伏生时年九十余，不能行，遣晁错往(授)〔受〕之⑨。千乘人欧阳(伯)和〔伯〕传其学⑩。而济南张生传尚书，授夏侯始昌，始昌传族子胜，胜传从兄子建，建又事欧阳(氏)〔高〕⑪，颇与胜异。由是为大小夏侯之学，宣帝时立之。鲁恭王坏孔子宅以广其宫，得古文尚书多十六篇，及论语、孝经，武帝时孔安国家献之，会巫蛊事，未列于学官。诗始自鲁申公作(古)〔诂〕训⑫；燕人韩婴为文帝博士，作诗外传；齐人辕固生为景帝博士，亦作诗外、内传。由是有鲁、韩、齐之学。赵人有毛公为河间献王博士，作诗传，自谓得子夏所传。由是为毛诗，〔未〕列于学官⑬。礼，始于鲁高堂生，传士礼十八篇⑭，多不备。鲁人徐生善为礼容，文帝时为礼官大夫，宣帝时为少府。后仓最为明礼，而沛人戴圣、戴德传其业，由是有后仓、大小戴之学。其礼古经五十六篇，出于鲁壁中，犹未能备。歆以周官十六篇为周礼，王莽时，歆奏以为礼经。置博士。乐，自汉兴，制氏以知雅乐声律世在乐官，但纪铿锵鼓舞而已，不能言其义。河间献王与毛公等共采周官与诸子乐事者乃为乐记。及刘向校秘书，得古乐记二十三篇，与献王记不同。春秋，鲁人穀梁赤、齐人公羊高各为春秋作传。景帝时胡母子都与董仲舒治春秋公羊，皆为博士。瑕丘人江公治穀梁，与仲舒议春秋，不及仲舒。武帝时遂崇立公羊。而东平嬴公受其业，昭帝时为谏

(议)大夫⑮，授鲁国眭孟，孟授东海严彭祖，彭祖授颜安乐。由是有颜、严之学。沛人蔡千秋治穀梁，与公羊家并议帝前。帝善穀梁说，擢千秋为谏(议)大夫，遂立穀梁。始，鲁人左丘明又为春秋作传。汉兴，张苍、贾谊皆为左氏训〔故〕⑯，刘歆尤善左氏。平帝时，立左氏春秋、毛诗、逸礼、古文尚书，后复皆废。及论语有齐、鲁之说，又有古文。凡经皆古文。凡书有六本，谓象形、象事、象意、象声、转注、假借也；有六体，谓古文、奇字、篆书、隶书、〔缪篆、〕虫书也⑰。秦时狱官多事，省文从易，施之于徒隶，故谓之隶书。昔周之末，孔子既殁，后世诸子各著篇章，欲崇广道艺，成一家之说，旨趣不同，故分为九家。有儒家、道家、阴阳家、法家、名家、墨家、纵横家、杂家、农家。儒家者流，盖出于司徒之官，明教化者也。道家者流，盖出于史官，明成败兴废，然后知秉要持权，故尚无为也。阴阳家者流，盖出于羲和之官，敬顺昊天，以授民时者也。法家者流，盖出理官也。名家者流，盖出于(理)〔礼〕官⑱。名位不同，礼亦异数，故正名也。墨家者流，盖出于清庙之官⑲。茅屋采椽，是以尚俭；宗祀严父，是以右鬼神；养三老五更，是以兼爱；选士大射，是以尚贤；顺四时五行⑳，是以非命；以孝示天下，是以尚同。纵横家者流，盖出行人之官。遭变用权，受命而不受辞。杂家者流，盖出于议官。农家者流，盖出于农稷之官。各引一端，高尚其事。其言虽殊，譬犹水火，相灭亦相生也。舍所短取所长，足以通万方之略矣。又有小说家者流，盖出于街谈巷议所造。及赋诵、兵书、术数、方伎，皆典籍苑囿，有采于异同者也。"刘向卒，上复使向子歆继卒父业，而歆遂撰群书而奏七略，有辑略，有诗赋略，有六艺略，有诸子略，有兵书略，有术数略，有方伎略，几万三千一百六十九卷。自是

367

以来,稍稍复增集。

荀悦曰:经称"立天之道曰阴与阳,立地之道曰柔与刚,立人之道曰仁与义"。阴阳之节在于四时五行,仁义之大体在于三纲六纪。上下咸序,五品有章;淫则荒越,民失其性。于是在上者则天之经,因地之义,立度宣教以制其中,施之当时则为道德,垂之后世则为典经,皆所以总统纲纪,崇立王业。及至末俗,异端并生,诸子造谊,以乱大伦,于是微言绝,群议缪焉。故仲尼畏而忧之,咏叹斯文,是圣人笃文之至也。若乃季路之言:"何必读书,然后为学?"棘子成曰:"君子质而已矣,何以文为!"夫潜地窟者而不睹天明,守冬株者而不识夏荣,非通炤之术也。然博览之家不知其秽,兼而善之,是大田之莠与苗并兴,则良农之所悼也;质朴之士不择其美,兼而弃之,是昆山之玉与石俱捐,则卞和之所痛也。故孔子曰:"博学于文,约之以礼,亦可以弗畔矣。"夫孝武皇帝时董仲舒推崇孔氏,抑绌百家。至刘向父子典校经籍,而新义分方,九流区别,典籍益彰矣。自非至圣之崇,孰能定天下之疑? 是以后贤异心,各有损益。中兴之后,大司农郑众、侍中贾逵各为春秋左氏传作解注。孝桓帝时,故南郡太守马融著易解,颇生异说。及臣悦叔父故司徒爽著易传,据爻象承应阴阳变化之义,以十篇之文解说经意。由是兖、豫之言易者咸传荀氏学,而马氏亦颇行于世。爽又著诗传,皆附正义,无他说。又去圣久远,道义难明,而古之尚书、毛诗、左氏春秋、周官,通人学者多好尚(好)之[20],然希各得立于学官也。

是时夜郎王兴与勾町王及各诸外国更相攻伐,遣大中大夫张匡持节以和解之。兴不承诏命,刻木(为)〔象〕汉(使)〔吏〕而射之[22]。于是以临邛陈立为牂牁太守。立喻告兴,兴不从命,立奏请

两汉纪
汉纪

诛之而未报。立从数(千)〔十〕人出行县㉒,至兴国且同亭,召兴。兴以从邑(各)〔君〕数(百)〔十〕人诣〔立〕㉔。立责数兴,因斩兴头。(巴)〔邑〕君曰㉕:"〔将军〕诛无状㉖,请出晓士众。"皆释兵降。勾町王等(其王)震(怒)〔恐〕㉗,乃入粟、牛羊以劳士众。立还归郡,兴妻父翁指与兴子(务)邪〔务〕收余兵迫胁旁邑㉘。立奏募诸蛮夷与都尉长(吏)〔史〕攻翁指等蛮夷㉙,共斩其首以降,西夷遂平。会巴、蜀郡多盗贼,徙立为巴郡太守,秩中二千石,爵左庶长。后徙天水太守,劝耕农,为天下最,赐黄金四十斤。

四年春正月,匈奴单于来朝,引见白虎殿。丞相王商坐未央廷。商为人有威重,长八尺余,身体盛大,容貌绝人。单于见商谒拜,商起,离坐与言。单于仰视商容貌,迁延却退,甚畏敬之。赦天下。

二月,单于罢归。

三月癸丑朔,日有蚀之。遣光禄大夫博士孟嘉等行(次)〔决〕河所㉚,伤败不能自存者,赈贷收葬之。壬辰㉛,长陵临泾岸崩,雍水。

夏四月壬寅,丞相王商免。王凤既以议水事恨商,而瑯邪郡有灾害,商按太守杨肜。凤为肜请,商不听,遂奏免肜,而按果寝不下。凤由是重怨商,乃令人诬告商与父侍婢奸;商女弟淫逸,使奴杀其夫,又疑商教杀之。上欲勿治,凤固争之,遂收丞相印绶。商免三日,发病而欧血死。

荀悦曰:王商言水不至,非以见智也,非以伤凤也,将欲忠主安民,事不得已,而凤以为慨恨;冯婕妤之当熊,非欲见勇也,非欲求媚也,非以高左右也,恻怛于心将以救上,而傅昭仪以为隙。皆至于死，真可痛乎！夫独智不容于世，独行不畜于时，是以昔人所以自退也。虽退犹不得自免，是以离世深藏，以天之高而不敢举首，以地之厚而不敢投足。诗云："谓天盖高，不敢不跼；谓地盖厚，不敢不蹐。哀今之人，胡为虺蜴！"本不敢立于人间，况敢立于朝乎！自守犹不免患，况敢守于时乎！无过犹见诬枉，而况敢有罪乎！闭口而获诽谤，况敢直言乎！虽隐身深藏犹不得免，是以宁武子佯愚，接舆为狂，困之至也。人无狂愚之虑者，则不得自安于世。是以屈原怨而自沉，鲍焦愤而矫死，悲之甚也。虽死犹惧形骸之不深，魂神之不远，故徐衍负石入海，申屠狄蹈甕之河，痛之极也。悲夫！以六合之大，匹夫之微，而一身无所容焉，岂不哀哉！是以古人畏患苟免，以计安身，挠直为曲，斫方为圆，秽素丝之洁，推亮直之心；是以羊舌职受盗于王室，蘧伯玉可卷而怀之，以死易生，以存易亡，难乎哉！

夏六月丙午，光禄大夫张禹为丞相。禹字子文，河内人。上为太子时，禹为博士，以论语、孝经授上，而博士郑宽中以尚书授上，皆赐爵关内侯。禹为人谨厚，然内殖货财，多买田至四百顷，皆泾、渭溉灌，极(高)〔膏〕腴上贾㉜，财物皆称是。庚戌，楚王嚣薨。山阳火生石中，改元为阳朔。

阳朔元年春二月丁未晦，日有蚀之。

三月，赦天下。

冬，京兆尹王章下狱死。章，泰山人也。好节义，敢直言。元帝时为左曹中郎将，为石显所排，免。上即位，大将军王凤专权，举章为司隶校尉，贵戚皆敬惮之，以选为京兆尹。章虽为凤所举，疾凤专权，不亲附凤。乃奏封事，召见，言凤诬罔不忠，不堪任用。上悟,谓章曰:"微京兆尹直言,吾不闻(吾)社稷计[③]!且惟贤知贤,君试为朕求可以自辅者。"因荐瑯邪太守冯野王。上欲以代凤,时凤弟侍中王音私听之,告凤。凤惧,称病就第,乃上书乞骸骨,辞旨甚哀切。太后闻之,流涕不食。上少而亲凤,亦不忍废凤,复起视事。先是凤进小妇弟为美人,已尝适人。章以为羞、胡尚杀首子以荡肠,以正世,而凤进已出之女,不忠不敬。于是尚书劾奏章"知野王前以王舅出补吏而荐,欲令在朝阿附诸侯。又比上于夷狄,非所宜言"。罪至大逆,死狱中,妻子徙合浦。初,章学长安,疾病,无被,卧牛衣中,与妻子辞诀,涕泣。其妻怒之曰:"仲卿! 京师尊贵在朝廷者谁逾仲卿也? 今疾病困厄,不自激卬,乃反涕泣,何其鄙也!"及上封事,妻止之曰:"人当知足,独不念牛衣中事邪?"章曰:"非女子所知也。"及章下狱,妻子皆收系。章小女年十二,夜起号泣曰:"我君死矣! 狱上呼囚常至九,今八而止。我君素刚,先死者必我君也。"章果已死,众庶冤而痛之。先是王尊为京兆尹,及章死,王吉子骏为京兆尹,皆有能名。故京兆为之语曰:"前有赵、张,后有三王。"九江人梅福,以布衣因县道上书言变事,曰:"故京兆尹王章质性忠直,非有反逆之辜,而戮及妻子。折直士之节,结谏臣之舌,(君)〔群〕臣皆知其非罪[㉟],然不能争,天下以言为戒,此最国家之大患也。群臣顺旨,莫有执正。何明其然也? 试取民所上书,陛下之所善者,试下之廷尉,必曰'非所宜言,大不敬'。以此卜之可见矣。方今君命坭绝而主威夺,外戚之权日以盛隆。汉兴以来,社稷三危。旦、霍、上官皆母后之家,亲亲之道,全之为右,当以贤师良傅,教以孝弟之道。今乃尊宠其位,授以魁柄,使之骄逆,至于夷灭,此失亲亲之大者也。"后福又上书曰:"臣闻不在其位而谋其政者,越职也。位卑而言高,触罪也。越职触罪,危言世患,虽伏锧横分,臣之愿也。守职不言,没齿全身,死之日,尸未腐而名灭,虽有齐景之位,伏枥千驷,臣不贪也。故愿一登文石之阶,陟丹霄之途,当户牖之法坐,展平生之愚虑。虽无益于当时,有遗于后世,此臣寝所以不安,食所以忘味也。昔武王伐纣,未及下车而存五帝之后,封殷于宋,绍夏于杞,明著三统,示不独有。春秋经曰:'宋杀其大夫。'穀梁传曰:'其不称名氏,以其(存)〔在〕祖位尊之也㉟。'此言孔子故殷后也,虽非正统,封其子孙以为殷〔后〕㊱,礼亦宜之。传曰'贤者子孙,宜有土地',而况圣人,又殷之后哉!今仲尼之庙不出阙里,孔氏子孙不免编户,以圣人之德而歆匹夫之祀,非皇天之意也。今陛下诚能据仲尼之素功,以封其子孙,则国家必获其福,又陛下之名与天无极。何则?追圣人之素功,封其子孙,未有法也;若能为之,后世必以为法。不灭之名,可不勉哉!"福自以疏远,又讥切王氏,前后数上书,辄不见纳。及后王莽专政,福一朝弃妻子,去九江,人传以为仙去。其后,有人见福于会稽,变姓名为市门吏㊲。

二年春,寒失节。三月,赦天下。御史大夫张忠卒。

夏四月丁卯,侍中太仆王音为御史大夫。

五月,除吏八百石、五百石秩。秋,关东大水。

八月甲戌,定陶王康薨。

三年三月,有石陨于东郡,八。

夏六月,颍川铁官徒申屠圣等百八十人杀长吏,盗库兵,自称将军,经历郡国。遣丞相长史、〔御史中〕丞逐(持)〔捕〕㊳,以军兴从事,皆伏辜。

秋八月丁巳，大司马大将军王凤薨。凤病笃，上临问，执其手，垂泣曰："将军而有不讳，平（陵）〔阿〕侯谭次将军矣㊴。"凤顿首泣曰："谭等虽于臣至亲，行皆奢僭，不如御史大夫音谨（饰）〔饬〕㊵，臣敢以死争之。"初，谭尝倨，不肯事凤，而音恭敬，凤荐之。凤薨，音为大司马车骑将军秉政，而谭（镇）〔领〕城门兵㊶。音以从舅越次，小心亲职，上嘉焉，封安阳侯。而谭见音越度，与音有隙，不受城门职而薨，上闵悔之，乃令成都侯（立）〔商〕作特进㊷，领城门兵，得举吏如大将军府。郎中魏郡杜业说音曰："恩深者其养谨，爱至者其报（祥）〔详〕㊸。夫戚而不见异，亲而不见殊，孰能无怨？此棠棣、角弓之所为作也。昔秦伯有千乘之国，而不能容其母弟，春秋讥焉。周、邵则不然，忠以相辅，义以相匡，不以圣德独兼国宠，分职于陕，并为辅弼。故内无怨恨之隙，外无轻侮之嫌，俱飨天佑，两荷高（明）〔名〕㊹，盖以此也。窃见成都侯明诏所以优宠，将军宜承顺圣意，加异往时，每事凡（谊）〔议〕㊺，必与及之。昔魏文侯悟大雁之献而父子益亲，陈平供一饭之馈而将相加欢，所接虽在槛陛俎豆之间，其为国折衝厌难，岂不远哉！"音甚纳其言。而业后为凉州刺史。

冬十月丁卯，光禄勋于永为御史大夫。

四年春二月，赦天下。

夏四月，雨雪。

秋九月壬申，东平王宇薨。闰月壬戌，御史大夫于永卒。

鸿嘉元年春正月癸巳，少府薛宣为御史大夫。

二月壬午，行幸初陵，赦作徒。以新丰戏乡为昌陵县，奉初陵。赐天下民爵一级，女子百户牛酒，鳏寡孤独高年帛。逋贷（不）〔未〕

入者勿收㊻。

三月庚戌，丞相<u>张禹</u>赐金、安车驷马，免。

夏四月庚辰，御史大夫<u>薛宣</u>为丞相。<u>宣</u>，<u>东海</u>人也。为人清净有恩，好威仪，进止雍容，甚可观也。然经术浅薄，长于政事。初为<u>不其</u>丞。<u>瑯邪</u>太守<u>赵贡</u>者，<u>广汉</u>兄子，谓<u>宣</u>曰："<u>薛君</u>丞相德也，我两子亦中丞相史。"察<u>宣</u>孝廉，遂历州郡，所在树名迹，众职修治。及为丞相，颇号烦碎，而<u>赵</u>公两子除为丞史。京兆尹<u>王骏</u>为御史大夫。诏民年未满十岁贼斗杀人及犯殊死者，上请廷尉以闻，得减死。

冬，黄龙见<u>真定</u>。

二年春，行幸<u>云阳</u>。二月，博士行乡饮酒礼，有雉飞集于庭，历阶升堂而雊，后集诸府，又集（丞）〔承〕明殿门屋上㊼。大司马<u>音</u>上书言灾异天戒，后日上诏<u>音</u>曰："朕闻捕得雉，毛羽颇摧折，类拘执者，得无人为之邪？"对曰："皇天见灾异，欲以（戒）〔诫〕人主㊽，不知谁为佞谄之计，违误圣德。左右阿谀者甚众，不待臣<u>音</u>。臣<u>音</u>复谀如是，而使陛下不觉（误）〔悟〕㊾，大祸且至，臣<u>音</u>当先受诛。陛下即位十五年，继嗣不立，而日夜出游。外有微行之害，内有疾痛之忧，而终不改。天尚不能感动陛下，〔臣〕何敢望㊿？独有极言，待死而已。"是时，上好为微行，<u>谷永</u>谏曰："《易》称'得臣无家'，言王者得臣天下，故无私家也。今陛下弃万乘之至贵，乐家人之贱事，厌高美之尊号，好匹夫之卑字，崇聚儇轻无义之人以为私客，置私田于〔民〕间㉕，畜私奴婢车马<u>北宫</u>。数挺身独行，与小人晨夜相随，乌集醉（鲍）〔饱〕吏民之家㉜，乱服共坐，混淆无别。典门户奉宿卫之臣执干戈于空宫，公卿百僚不知陛下所在积数年。昔<u>虢</u>公为无道，有神降曰'赐尔土田'，言将以庶人受土田也。诸侯闻（曰）

〔田〕犹为失国㊾。而况王者畜私田财物,为庶人之事乎!"时太后及诸舅皆忧上无继嗣,数为微行,故推谷永令切谏,而为之内应。诏举敦厚行义能直言者。

夏,徙郡国豪杰资五百万以上五千余户于昌陵。五月癸未,有石陨于杜邮,三。

六月,立中山宪王孙(宏)〔云客〕为广德王㊾。

三年夏四月,赦天下。大旱。

五月乙亥,天水冀南山大石鸣,声隆隆如雷,有顷乃止,闻于平襄二百四十里,野雉皆鸣。石长一丈三尺,广厚略等,民俗名曰石鼓。石鼓鸣,有兵云。

秋八月乙卯,孝景庙北阙灾。

冬十有一月甲寅,皇后许氏废。许后聪慧,善史书,自为妃至上即位,常宠于上,后宫希得进。时数有灾异,谷永、杜钦等皆陈咎在于后宫。上然其(官)〔言〕㊿。于是省(咸)〔减〕掖庭后宫椒房用度㊿。皇后上疏自陈,以为上诚太迫急。上于是采言事者之意以报之,曰:"建始元年正月,白气出〔营室〕㊿。营室者,后宫也。正月于尚书为皇极。皇极,王气之极。白气者,西方之气也,于春当废。今正于皇极之月,兴废气于后宫,著继嗣之微,贱人将起也。至其九月,流星出于文昌,贯紫微宫,临钩陈,此又彰显前灾,著其〔在〕内也㊿。其后则北宫井溢,南流逆理,数郡水出,流杀人民。讹言相惊,僮女入宫,此阴气盛溢,违纲〔绝〕纪之应也㊿。鼠巢于野树,鸟(闻)〔焚〕其巢于泰山之域㊿。易曰:'鸟焚其巢,旅人先笑而后号咷。丧牛于易,凶。'言王者处民之上,如鸟之处巢,不恤百姓,百姓叛而去之,若鸟之自焚其巢也,虽先快意(恍)〔悦〕笑㊿,后必号咷而无及也。百姓丧其君,若(亡)牛〔亡其毛〕耳⑫,故称凶。泰山,易姓告代之处,今正于岱宗之山,甚可惧也。夏四月己亥朔,日有蚀之于东井。东井,京师地也。己,土也;亥,水也。明阴气盛,咎在内也。亏君体于戊己,著绝世于皇极。于东井者,祸败及京都也。变怪众备,未来益重。成(刑)〔形〕之祸月以迫切⑬,不救之患日侵屡深,咎败灼灼若此,岂可以忽哉!书曰:'惟先格王正厥事⑭。'皇后其克心秉德,称顺妇道,深惟无忽!"是时后宫多新爱,而皇后宠益衰。后姊安平侯夫人谒等为后求媚道,咒诅后宫妊娠者。太后大怒,下吏考问,谒等诛死,而后废处昭台宫内,亲属皆归故(都)〔郡〕山阳⑮。本志以为"是后赵飞燕为皇后,(姊)〔妹〕为昭仪⑯,姊妹专宠,卒害皇子,果绝嗣。后上暴崩,昭仪自杀,皇后亦诛。此灾异之应,非许后之咎也。一(日)〔曰〕王氏贵戚将生易代之祸云⑰"。赵婕妤谮诉班婕妤挟媚道咒诅。上考问,对曰:"妾闻'死生有命,富贵在天'。为善尚不蒙福,为邪欲何以望?若使鬼神有知,不受不臣之诉;如其无知,诉之何益?故不敢为也。"上善其对而怜之,赐黄金百斤。班婕妤恐终必见危,求供养太后于长信宫,上许焉。初,上游于后庭,尝欲班婕妤同辇载,辞曰:"观古之图(书)〔画〕⑱,贤圣之君皆有贤臣在侧,三代末主乃有嬖女,今欲同辇,得无近褒姒之幸乎?"上善其言而止。婕妤兄伯为光禄大夫侍中。上尝设宴饮,坐及率群诸侍〔中〕皆引满(座中)〔举白〕⑲,与伯谈笑大谑。时帷坐屏风画纣醉(据)〔踞〕妲己⑳,上指问伯:"纣为无道,乃至是乎?"伯对曰:"书云'乃用其妇人之言',何有(倨)〔踞〕妇于朝㉑,所谓众恶归之,不如是之甚也。"上曰:"苟不若此,此图何戒?"对曰:"'沉湎于酒',微子所以去;'式号式呼',大雅所以留连。诗、书淫乱之戒,原皆在于酒。"上慨然叹曰:"嗟乎! 吾久不见<u>班生</u>,今日复闻谠言。"因罢坐。太后闻之,为涕泣而言曰:"<u>班侍中</u>本大将军所举,宜宠异之,益求其比,以辅圣德。"<u>伯弟游</u>,博学有隽才,为右曹中郎将,以选进读群书。上器其能,赐以秘书之副。有子曰<u>嗣</u>,显名当世。<u>游弟稺</u>,少为黄门郎、属国都尉。<u>广汉</u>男子<u>郑躬</u>等六十余人攻官寺,(募)〔篡〕囚徒⑫,盗库兵,自称<u>山君</u>。

校勘记

① 〔嚣〕孝弟仁慈　从<u>南监本</u>、<u>龙溪本</u>、<u>学海堂本</u>补。

② 拥江水　"拥",<u>汉书成帝纪</u>作"雍",<u>吴慈培</u>校为"壅"。按"雍"、"拥"、"壅"通。

③ 以授鲁(槁)〔桥〕庇子庸　从<u>学海堂本</u>、<u>汉书儒林传</u>改。

④ 杨叔〔元〕　从<u>汉书儒林传</u>校勘记引<u>王先谦</u>说补。

⑤ 武帝时为(大)〔太〕中大夫　从<u>汉书儒林传</u>改。

⑥ 京房(援)〔受〕易于梁人焦延寿　从<u>南监本</u>、<u>龙溪本</u>、<u>学海堂本</u>改。

⑦ 长于〔卦〕筮　从<u>汉书儒林传</u>补。

⑧ 徒〔以〕彖象系辞(十篇)文言〔十篇〕　从<u>汉书儒林传</u>改。

⑨ 遣晁错往(授)〔受〕之　从<u>南监本</u>、<u>龙溪本</u>、<u>学海堂本</u>、<u>汉书儒林传</u>改。

⑩ 千乘人欧阳(伯)和〔伯〕　从<u>学海堂本</u>、<u>汉书儒林传</u>乙正。

⑪ 建又事欧阳(氏)〔高〕　从<u>汉书儒林传</u>改。

⑫ 鲁申公作(古)〔诂〕训　从<u>黄校本</u>改。<u>汉书儒林传</u>作"训故"。

⑬ 〔未〕列于学官　从<u>黄校本</u>、<u>汉书艺文志</u>补。

⑭ 传士礼十八篇　"八",<u>汉书儒林传</u>作"七"。

⑮ 昭帝时为谏(议)大夫　"议"衍,径删。下改同。按<u>西汉</u>时无"谏议大夫"官名,<u>东汉</u>时方有此官名。

⑯ 皆为左氏训〔故〕　从<u>汉书儒林传</u>补。

⑰ 隶书〔缪篆〕虫书也　从汉书艺文志补。

⑱ 盖出于(理)〔礼〕官　从学海堂本、汉书艺文志改。

⑲ 出于清庙之官　"官",汉书艺文志作"守"。

⑳ 顺四时五行　"五",汉书艺文志作"而"。

㉑ 多好尚(好)之　"好"衍,径删。

㉒ 刻木(为)〔象〕汉(使)〔吏〕而射之　从汉书西南夷传改。

㉓ 立从数(千)〔十〕人出行县　从学海堂本、汉书西南夷传改。

㉔ 兴以从邑(各)〔君〕数(百)〔十〕人诣〔立〕　从学海堂本改。汉书西南夷传作"兴将数十人往至亭,从邑君数十人入见立"。

㉕ (巴)〔邑〕君曰　从学海堂本、汉书西南夷传改。

㉖ 〔将军〕诛无状　从南监本、龙溪本补。

㉗ 勾町王等(其王)震(怒)〔恐〕　从南监本、学海堂本、汉书西南夷传改。

㉘ 与兴子(务)邪〔务〕　从汉书西南夷传乙正。

㉙ 长(吏)〔史〕　从汉书西南夷传改。

㉚ 行(次)〔决〕河所　从学海堂本改。

㉛ 壬辰　"辰",汉书成帝纪作"申"。

㉜ 极(高)〔膏〕腴　从汉书张禹传、吴慈培校改。

㉝ 吾不闻(吾)社稷计　从汉书元后传、陈璞校删。

㉞ (君)〔群〕臣皆知其非罪　从南监本、龙溪本、学海堂本、汉书梅福传改。

㉟ 以其(存)〔在〕祖位　从汉书梅福传改。

㊱ 封其子孙以为殷〔后〕　从汉书梅福传补。

378　㊲ 变姓名为市门吏　"吏",汉书梅福传作"卒"。

㊳ 遣丞相长史〔御史中〕丞逐(持)〔捕〕　从龙溪本、汉书成帝纪补改。

㊴ 平(陵)〔阿〕侯谭　从学海堂本、汉书元后传改。

㊵ 御史大夫音谨(饰)〔饬〕　从学海堂本改。

㊶ 而谭(镇)〔领〕城门兵　从汉书元后传、黄校本改。

㊷ 成都侯(立)〔商〕作特进　从汉书元后传改。

㊸ 爰至者其报(祥)〔详〕 从南监本、龙溪本、汉书杜邺传改。

㊹ 两荷高(明)〔名〕 从南监本、龙溪本、汉书杜邺传改。

㊺ 每事凡(谊)〔议〕 从学海堂本、汉书杜邺传改。

㊻ 逋贷(不)〔未〕入者勿收 从汉书成帝纪、黄校本改。

㊼ 又集(丞)〔承〕明殿门屋上 从龙溪本、学海堂本改。

㊽ 欲以(戒)〔诫〕人主 从黄校本改。

㊾ 而使陛下不觉(误)〔悟〕 从南监本、龙溪本改。

㊿ 〔臣〕何敢望 从南监本、龙溪本补。

(51) 置私田于〔民〕间 从南监本、龙溪本、学海堂本补。

(52) 乌集醉(鲍)〔饱〕吏民之家 从龙溪本、学海堂本改。

(53) 诸侯闻(曰)〔田〕犹为失国 从南监本改。汉书五行志作“诸侯梦得土田,为失国祥”。

(54) 立中山宪王孙(宏)〔云客〕为广德王 从汉书成帝纪改。

(55) 上然其(官)〔言〕 从南监本、龙溪本、学海堂本改。

(56) 省(咸)〔减〕掖庭后宫 从南监本、龙溪本、学海堂本改。

(57) 白气出〔营室〕 从吴慈培校、汉书外戚传补。

(58) 著其〔在〕内也 从南监本、龙溪本、学海堂本补。

(59) 违纲〔绝〕纪之应也 从汉书外戚传补。

(60) 鸟(闻)〔焚〕其巢 从龙溪本、学海堂本、汉书外戚传改。

(61) 虽先快意(恍)〔悦〕笑 从龙溪本、学海堂本改。

(62) 若(亡)牛〔亡其毛〕耳 从汉书外戚传改。

(63) 成(刑)〔形〕之祸 从南监本、学海堂本、汉书外戚传改。

(64) 惟先格王正厥事 “格”,汉书外戚传作“假”。

(65) 归故(都)〔郡〕 从龙溪本、汉书外戚传改。

(66) (姊)〔妹〕为昭仪 从南监本、龙溪本、学海堂本改。

(67) 一(日)〔曰〕王氏贵戚 从南监本、龙溪本、学海堂本改。

(68) 观占之图(书)〔画〕 从汉书外戚传改。

㉙ 诸侍〔中〕皆引满(座中)〔举白〕　从学海堂本、汉书叙传改。

⑩ 醉(据)〔踞〕妲己　从汉书叙传改。

㉑ 何有(倨)〔踞〕妇于朝　从汉书叙传改。

㉒ (募)〔篡〕囚徒　从汉书成帝纪改。

汉纪　孝成皇帝纪三　卷第二十六

　　四年秋,雨鱼于(新)〔信〕都①,长五(尺)〔寸以下〕②。勃海、清河河水溢,灌县邑三十一,坏官亭民舍四万余所。丞相(御)史李寻以为③"阴气盛溢,水则为之长,故一日之内,昼减夜增,所谓水不润下,犹日月变见于天也。应之以政,灾变自除。议者常欲求索九河故迹而穿之,宜因其决,且可勿塞,以观其势。河所居之处,稍刮除,自成水迹,跳出沙土,然后顺天心而图之,必有成功,而财力寡"。于是止不塞。

　　冬,郑躬之党侵广汉,众且万余。拜河东都尉赵护为广汉太守,发郡中及蜀郡合三万人击之,旬月平,迁护执金吾,赐金百斤。

　　永始元年春正月癸丑,太官凌室灾。戊午,戾(太)后园阙灾④。北海出大鱼,长六丈,高一丈,四枚。

　　二月,河南邮亭樗树生枝,状如人头,眉目须皆具,无发耳。京房易传曰:"王者德衰,下人将起,则有木为人状。"

　　夏四月,封赵婕妤父临为〔成〕阳(城)侯⑤。

　　五月,封舅曼子侍中骑都尉王莽为新都侯。莽幼孤贫独,折节恭约,谨身学业。平阳侯凤薨,以托太后,而成都侯商愿分户邑封莽。当世名士多为莽言者,上由是贤之,遂封迁光禄大夫侍中。莽遂交结将相卿大夫,救赡名士,赈于宾客,家无余财。故在位者更相推荐,游谈者为之言说,故虚誉日洽,倾其诸父矣。

六月丙寅,立皇后赵氏。本长安宫人,后属阳阿公主,善歌舞,号曰飞燕。上微行阳阿公主家,见而说之,及女弟俱为婕妤,贵倾后宫。许后之废也,欲立为皇后,太后甚难之。太后(娣)〔姊〕子淳于长数往来传言[6],劝太后立之。先是谏(议)大夫王仁上疏言[7]:"臣闻立后妃者,王教之(太)〔大〕端[8],三纲之本理,治道所由废兴也,社稷所以存亡也。故夏之兴也以涂山,亡也以妹嬉;殷之兴也以有(娥)〔娀〕[9],亡也以妲己;周之兴也以文母,亡也以褒姒。夫三代安危,后王所观。是以圣王必审举措,察操行,以计胜色者昌,以色胜计者亡。无(监)〔盐〕、宿瘤[10],天下之丑女也,齐(一)〔二〕君以计胜色[11],立为后,皆以折衝安国。今许后以罪废,遂事已往。(如)〔于〕是欲立后妃[12],宜得殊异于前,上当奉宗庙,下令万民有所法则。河鲂河鲤,齐姜宋子,诗人所高。万乘之主,当持久长,非一切毕决目前者。骊姬乱晋,吴姬危赵,夫媵妾非天下之母,为玩弄可也。昔姜后崇礼,宣王中兴;樊姬正言,楚庄成霸。愿留思察小臣惓惓之心!"上不听,竟立。谏(议)大夫刘辅谏曰[13]:"夫妙选有德之(士)〔世〕[14],考卜窈窕之女,以承宗庙,顺神祇之心,犹惧或失之。今乃触情纵恣于卑贱之女,欲以母天下,不畏于天,不愧于人,惑莫大焉。语曰:'腐木不可以为柱,卑人不可以为主[15]。'天人之所不与也,必有祸而无福,市道皆知其非,朝臣莫肯一言,臣窃伤之。"上怒,使御史收辅系掖庭秘狱,群臣不知(所)〔其〕故[16]。于是左将军辛庆忌、右将军廉褒、光禄勋师丹、太中大夫谷永俱上书曰："窃见谏(议)大夫刘辅，前以县令求见，擢为谏(议)大夫^⑰，此其言必有卓(绝)〔诡〕切至^⑱，当于圣心者。旬月之间，收下诏狱。小罪宜隐忍；如有大恶，宜暴之理官，与众共之，不宜困于掖庭秘狱。公卿已〔下〕见陛下进用辅䁍^⑲，而折伤之暴，人有惧心，莫敢正言，非所以昭有虞之听，广德美之风也。臣等窃伤之。"上乃徙系共工狱，减死罪一等，论为鬼薪。终于家。赵皇后既立，宠乃少衰，而弟绝幸。为昭阳舍，其中庭彤朱，而壁絜漆，切皆铜沓黄金涂，白玉陛，〔壁带为〕金釭^⑳，函蓝田璧，明珠、翠(具)〔羽〕饰之^㉑，自有宫室已来，未之有也。初谣曰："燕燕尾涎涎，张公子，时相见。木门仓琅根，燕飞来，啄皇孙，皇孙死，燕啄矢。"本志以为"燕者，飞燕。'木门苍琅根'，宫门铜铺也，言其将尊贵。张公子，谓富平侯张放也"。即安世之孙，父临，(上)〔尚〕敬武公主^㉒，放以公主子开(明)〔敏〕得幸^㉓。尝与上游宴，俱适阳阿公主家而见飞燕，故曰"时相见"。放娶皇后女弟，上为供帐，赐以甲第及乘舆服饰，两宫使者冠盖相望不绝，赏赐以千万数，号为"天子娶妇，皇后嫁女"，甚为贵宠。安世到临，世履恭俭，临每登阁殿，尝叹曰："(吕)〔桑〕霍为我戒^㉔，岂不厚哉！"唯放为骄(者)〔奢〕^㉕。

是岁，昌陵犹未就，光禄大夫刘向上疏曰："昔黄帝葬(乔)〔桥〕山^㉖，尧葬济阴，丘垄皆(少)〔小〕^㉗。舜葬(仓)〔苍〕梧^㉘，二妃不从。禹葬会稽，不改其亩。殷汤无葬处；文、武、周公葬于毕，秦穆公葬于雍祈年馆下，樗里子葬于武库，皆无丘垄之处。此圣帝明王贤君智士远览独虑无穷之计也。其贤臣孝子亦承命顺意而薄葬之，此诚奉安君父，忠孝之至也。孔子葬母于防，坟高四尺，遇雨而崩。延陵季子之适齐而反,其子道死,葬于嬴、博之间,穿〔不及泉〕㉙,敛以时服,封坟掩坎,其高可隐,而号曰:'骨肉归于(上)〔土〕㉚,命也,魂气则无不之也。'孔子曰:'延陵季子之于礼合矣。'故仲尼孝子,延陵慈父,舜、禹忠臣,周公悌弟,其葬君亲皆微薄矣,非苟为约,诚便于礼也。至吴阖闾违礼厚葬,十余年,越发之。秦惠文、武、昭、庄襄皆大其丘垄,多其(痊)〔瘞〕藏㉛,咸尽发掘曝露,甚足悲也。秦始皇帝葬于骊山之阿,下锢三泉,上崇山陵,坟高五十余丈,周廻五里,棺椁之丽不可胜原。项籍发掘其墓,后牧童亡羊,羊入其墓,牧者持火烧其棺椁。自古及今,葬未有盛于始皇者也,数年之间,外被项籍之祸,内罹牧竖之灾,岂不哀哉!故德弥厚者葬弥薄,智愈深者葬益微。无德寡智者葬益厚,发掘必速。以此观之,(照)〔昭〕然可见也㉜。今昌陵增卑为高,积土为山,发民坟墓以万数。死者恨于下,生者愁于上,怨气结于阴阳,因之以饥馑,臣窃愍焉!以死者为有知,发人坟墓,为害多矣;若其无知,又焉用大?谋之贤智则不悦,以示众庶则苦矣;若苟以悦愚夫淫奢之人,亦何为哉!陛下慈仁笃美(其)〔甚〕厚㉝,聪明疏达盖世,宜弘汉家之德,以崇刘氏之业,而欲与乱秦之暴政竞为奢侈,比方丘垄,悦于愚夫之(日)〔目〕㉞,隆于一时之观,违贤智之心,忘万世之安,臣窃为陛下羞之。"上甚感向言,而不能从。有司议曰:"昌陵增卑为高,积土为山,度便房犹在平地,客土中不保幽冥之灵,外浅不固。卒徒功庸日以万数,至燃脂火夜作,取土东山,与粟同价。作治数年,天下遍被其劳,国家疲弊,府库空虚,下至众庶,嗷嗷苦之。故陵因天性,据真(上)〔土〕㉟,处势高敞,傍近祖考,前已有十余年功绩,宜还复故陵。"上知不就,秋,诏罢昌陵。

荀悦曰：夫葬之侈也，从来久矣。是以直节遂志之士，见其失而矫之。武帝时杨王孙者，学黄、老术，家业千金，厚自奉养，将终，告其子曰："吾欲裸葬，以复吾真。死则为布囊盛尸，入地七尺，既下，从足引脱取囊，以身亲土。"其子不忍从命，往见友人祁侯。祁侯曰："岂礼哉？"王孙曰："盖闻圣人因人之情，不忍其亲，故为制礼，今则越之，是以裸葬将以矫世也。夫厚葬诚无益于死者，而俗人竞以相高，糜财殚(弊)〔币〕㊱，尽腐之地下。或乃今日入土而明日见发，此真与(曝)〔暴〕骸中野何异㊲！夫死者，众生之化，而物之归也。归者得至，化者得变，是各反其真。故谓之鬼，鬼之言归也。其尸块然独居，岂有知哉？裹以币帛，隔以棺椁，支体束络，口含(金)〔石〕㊳，欲化不得，郁为枯帖，千载之后，棺椁朽腐，乃得归土，就其真宅。由此言之，焉用(远宅)〔久客〕㊴！故圣王不加力于无用，不殚财于无益，谓今费财厚葬，皆为归隔至，(生)〔死〕者不知㊵，(死)〔生〕者不得㊶，是谓大惑。于戏！吾不为也。"祁侯曰："善。"遂裸葬焉。

立城阳孝王子理为王。秋八月丁酉㊷，太皇太后王氏崩。

九月乙巳晦㊸，日有蚀之。京师知之，四方不见。

二年春正月乙巳㊹，大司马车骑将军王音薨。

二月癸未夜，星陨如雨，长二丈，绎绎未至地灭。乙酉晦，日有蚀之。四方见，京师不见。谷永对曰："赋敛有不得所致也。四方见，京师不见，阴蔽也，天戒若曰，好治宫室，大增坟墓，赋敛滋重，百姓虚竭，祸在外也。元年日蚀，京师知之，四方不见，天戒若曰，沉湎于酒，君臣不别，祸在内也。"

三月丁酉，成都侯王商为大司马卫将军。御史大夫王〔骏〕

卒[45]，京兆尹翟方进为御史大夫。

秋八月，方进贬为执金吾。

冬，黑龙见东莱。十月己丑，丞相薛宣免。

十一月壬子，光禄勋孔光为御史大夫。光字子夏，孔子十四世孙。孔子生伯鱼鲤，鲤生子思伋，伋生子上〔白白〕〔帛，帛〕生子家求[46]，求生子真箕，箕生子羡穿。穿生子慎斌，斌为魏相。慎生鲋，为陈涉博士，死陈下。鲋弟子襄，惠帝时为博士，长沙王太傅。襄生忠，忠生武〔及安国〕[47]，武生延年。（延年生）安国位至临淮太守[48]。延年生霸，字次（孺）〔儒〕[49]，元帝时为太子太傅。时霸以太中大夫授太子经。元帝立，以霸为师，赐爵关内侯，食邑八百户，号曰褒城君，给事中。霸为人谦退，常称"爵位太过，何德以堪之！"上欲致之相位，自贡禹之卒，薛广德之免，辄欲拜霸。霸让至三四，上知其诚，乃弗用。霸薨，上素服临吊者再，赐东园秘器钱帛，册赠以列侯礼葬，谥曰（列）〔烈〕君[50]。霸生光，光为尚书仆射，职典枢机十余年，守法度，修故事。上有所问，据经法而对，不希上旨苟合，亦不强谏诤，以是久见委信。有所奏言，辄削其草，以为彰人主之过，以（讦为）〔奸〕忠直[51]，人臣之大罪也。有所荐举，唯恐其人闻知。休沐兄弟宴语，终不及省中事。或问温室中树皆何等木，光默然不应，更答以他语，其重慎如此。执金吾翟方进为丞相，封高陵侯。方进字子威，汝南人也。初，为府小（吏）〔史〕[52]，相于同郡蔡父。父曰："小（吏）〔史〕有封侯骨[53]，当以经术进。"乃辞后母，至京师学。后母怜其幼，随至长安，织履以给之。对策甲科，迁议郎，诸儒称之。时宿儒胡常与方进同经，阴构毁之。方进伺常大都讲日，遣生咨问疑义，因记其说。卒改意而亲友。后为丞相司直，从上至甘泉，行驰道中，司隶陈庆劾奏方进，没车马。方进伺庆微过，劾奏免官。北地浩商杀义渠长，丞相请遣司隶与掾(郡)〔史〕部刺史逮贼[54]。司隶涓勋奏言[55]："春秋之义，王人微者序于诸侯之上，尊王命也。今丞相欲遣宰士督察天(下)〔子〕[56]，奉使大夫，专权作威，甚悖逆顺之理。"乃止方进。于是伺勋微过，劾奏勋左迁昌陵令。方进频免两司隶，朝廷惮之，其任势立威以取世资，皆此类也。能探人主微旨，以济其事。然方进内行修饰，事后母甚笃，为丞相，后母犹存。及亡，既葬三十六日，除服视事，以为身(被)〔备〕汉相[57]，不敢(渝)〔逾〕国家之制[58]。在位公洁，请托不行；然持法深刻。上行幸河南、雍，祠五畤。侍中淳于长赐爵关内侯，食邑千户。初，将作大匠解万年奏请营作昌陵，常侍王闳数言昌陵不可成，长亦言之。上以赵皇后之立也，欲封长，乃诏曰："常侍王闳前为大司农中丞，上言昌陵不可成。朕以长言下闳章，公卿议者皆合长策。长首建至策，闳省息大费，民以康宁。宜赐爵关内侯，食邑千户。闳前赐爵关内侯，黄金百斤。罢昌陵，勿徙吏民。万年佞邪不忠，虽遇赦令，不宜居京师。其徙万年燉煌郡。"而陈汤俱徙燉煌。汤素与万年相善，昌陵之计，汤与及之。又见黑龙，或私问汤，汤曰："是谓玄门开。上数出入，不时微行，故龙非时出也。"是时丞相奏废昌陵邑中屋，奏未下，汤以为"上须顺众心，昌陵亦恐复发徙也"。汤坐非所宜言，大不敬，故徙。

先是，汤上言康居王侍子非王子也，案验实王子，汤坐下狱，当死。谷永(诵)〔讼〕汤曰[59]："臣闻楚有子玉得臣，文公为之侧席而坐；赵有廉颇、马服，秦不敢窥兵井陉；汉有郅都、魏尚，匈奴不敢南牧。夫战克之将，不可不重也。盖'君闻鼓鼙之声，则思将帅之臣’。汤前出西域，忿郅支之无道，闵王诛之不加，策虑愊亿，义勇奋发，兴师焱逝，横厉(马)〔乌〕孙⑩，逾(其)〔集〕都赖⑪，屠三重之城，斩郅(之)〔支〕之首⑫，报十年之(边)〔通〕诛⑬，雪(遍)〔边〕吏之宿耻⑭，威振百蛮，武扬四海，自汉元已来，征伐方外之将，未尝有也。昔白起为秦将，南拔郢都，北破赵括，以纤芥之过，赐死杜邮，秦民怜之，莫不流涕。今汤亲秉斧钺，席卷乘胜，(歃)〔喋〕血(千)〔万〕里之外⑮，荐功祖庙，告类上帝。以言事为罪，无烜赫之恶。周书曰：‘记人之功，忘人之过，宜为人君者也。’犬马于人有功，尚加帷盖之报，况国之功臣哉！窃恐陛下忽于鼓鼙之声，不察周书之意，而忘帷盖之施。愚臣庸浅，谓汤卒从吏议，百姓介然有秦民之恨，非所以励死难之臣也。”上乃出汤，夺爵位为士伍。及西域都护段会宗为乌孙所围，上书愿发诸城堡及燉煌兵以自救。时大臣议数日不决，上召问汤，示以会宗奏。汤对曰：“此无可忧也。夫胡兵朴钝，〔五〕而不当汉兵一⑯。今闻颇得汉巧，然犹三而当一。兵法：‘客倍主人半然后敌。’今围会宗者人众不足胜，陛下勿忧！且兵法轻行五十里，重行(四)〔三〕十里⑰，而会宗欲发城郭诸兵，历时乃至，所谓报仇之兵，非救急之兵也。”上曰：“其解可必乎？”汤知乌孙瓦合，不得久，故事不过数日，因对曰：“已解矣！”屈指计其日，曰：“不出五日，当有吉语至。”四日，军书至，言已解矣。汤既徙燉煌，久之，议郎耿育上书讼“汤与延寿为圣汉扬钩深致远之威，雪国家累年之耻，讨绝域不羁之臣，系万里难制之虏，岂有比哉！今汤块然被谗，老弃燉煌，令威名折冲之臣旋踵及身，复为郅支遗虏所笑，诚可悲也！至今奉使外蛮者，未尝不陈郅支之诛以扬汉国之威。夫援人之功以惧敌，弃人之身以快谗，岂不哀哉！”天子乃还汤京师。

三年春正月乙卯晦^㊻，日有蚀之。

夏，大旱。

冬十一月^㊼，复甘泉泰畤、汾阴后土、雍五畤、陈仓宝鸡祠。上自以久无继嗣，故复之。上颇好鬼神，四方多上书言祭祀方术事。谷永上说曰："臣闻明于天地之性者，不可惑以怪神；知万物之情者，不可罔以非类。诸非仁义之正道，不（尊）〔遵〕五经之法言^㊽，而称奇鬼神，广崇祭祀之方，求报应无福之祀，及言世有仙人，服食不终之药，黄（日）〔白〕变化之术^㊾，皆奸人惑众，挟邪道、怀诈伪，以欺罔世主。听其辞，洋洋满耳，若将可遇；求之，荡荡若系风捕影，终不可得。是以明王距而不听，圣人绝而不语。昔周苌弘欲以鬼神之道辅尊灵王，而周室逾微，苌弘死。楚怀王隆祭祀，事鬼神，欲以获福助，却秦师，而兵破地削，身辱国危。及秦始皇甘心神仙之道，而天下怨叛。汉兴，辛垣平、齐人少翁、栾大之属，皆言神仙鬼神之事，贵宠尊盛，卒无丝发之效，皆伏诛。往事之迹〔足〕以揆今^㊿，惟陛下拒绝此类，无使奸人有所窥阚。"上善其言。

十二月⁽⁵¹⁾，尉氏男子樊并等十三人杀陈留太守，劫掠吏民，自称将军，谋为大逆。徒李谭等共格杀并等，皆封为列侯。山阳铁官徒苏令等二百二十八人攻杀长吏，盗库兵，自称将军，经历郡国十九，杀东郡太守、汝南都尉。遣丞相长史、御史中丞持节逐捕。汝南太守严䜣捕斩令等，迁大司农，赐黄金百斤。时上不亲政事，贵戚骄恣，交通宾客，藏匿亡命。长安中群辈杀吏，受任报雠，相与探丸为号，赤丸杀武吏，黑丸斩文吏，白丸主治丧；城中暮烟起，剽劫行者，死伤横道。乃选酷吏尹赏（等）守长安令⁽⁵²⁾，得以一切便宜从事。<u>赏</u>治<u>长安</u>狱,穿地方深各数丈,堃治为榔,名曰"虎穴"。乃令吏民举籍<u>长安</u>中轻侠少年、恶子弟、无市籍商(贬)〔贩〕、不作业而鲜衣盛服者^⑤,得数百人,一日悉掩捕,皆(劫)〔劾〕以通行饮食群盗^⑥。<u>赏</u>亲阅视之,十置其一,余悉致之虎穴,百人为辈,覆以大石。数日乃出其死者埋寺垣,外为表其姓名,百日后令家得收葬。<u>赏</u>所留者皆其魁首,或故吏善家子失意随轻侠者,于是舍其罪,诡令立功(百)〔有〕效者^⑦,因亲用为爪牙。由是贼盗止息,然道路嘘嘻,有哀声矣。<u>赏</u>为<u>江夏</u>太守,坐残贼免。

四年春正月,行幸<u>甘泉宫</u>,郊<u>泰畤</u>,神光降集紫殿。大赦天下。赐<u>云阳</u>吏民爵,女子百户牛酒,鳏寡高年帛。

三月,行幸<u>河东</u>,祠后土,赐如<u>云阳</u>,行幸所过无出田租。夏,大旱。

四月癸未,<u>长乐临华殿</u>及<u>未央宫司马门</u>皆灾。

六月甲午,<u>霸陵园门阙</u>灾。诏曰:"圣王明礼制以序尊卑,异车服以昭有德,虽有其财,而无其尊,不得逾制,故民兴行。方今世俗奢侈,靡有厌足。公卿列侯亲属近臣,四方所则,未闻修身遵礼,同心忧国者也。或有奢侈逸豫,务广田宇,多畜奴婢,被服绮縠,设钟鼓,备女乐,车服嫁娶葬埋过度。吏民慕效,故习以成俗,而欲望百姓节俭,家给人足,岂不难哉! <u>诗</u>不云,'鼓钟于宫,声闻于外'。又云:'赫赫<u>师尹</u>,民具尔瞻。'宜申敕有司,以渐禁之。青绿民所常服,且勿止。列侯近臣,宜各自省改。司隶校尉察不变者。"

七月辛未朔^⑧,日有蚀之。

冬十一月庚申,大司马卫将军<u>王商</u>赐金、安车驷马,免。

校勘记

① 雨鱼于(新)〔信〕都　从<u>汉书</u>五行志改。

② 长五(尺)〔寸以下〕　从汉书五行志改。

③ 丞相(御)史　从吴慈培校删。按汉书李寻传云寻曾拜黄门侍郎、骑都尉之职,不云为丞相史。

④ 戾(太)后园阙灾　从吴慈培校、汉书成帝纪删。

⑤ 临为〔成〕阳(城)侯　从汉书成帝纪改。

⑥ 太后(娣)〔姊〕子淳于长　从汉书外戚传改。

⑦ 先是谏(议)大夫王仁上疏言　陈璞校云:年纪考异:"此疏汉书无,今取荀纪。但时无谏议大夫,今去'议'字。按今本凡此官皆有'议'字。"

⑧ 王教之(太)〔大〕端　从龙溪本、学海堂本改。

⑨ 殷之兴之以有(娥)〔娀〕　从学海堂本、钮永建校改。

⑩ 无(监)〔盐〕宿瘤　从南监本、龙溪本、学海堂本改。

⑪ 齐(一)〔二〕君以计胜色　从南监本、龙溪本、学海堂本改。

⑫ (如)〔于〕是欲立后妃　从南监本、龙溪本、学海堂本改。

⑬ 谏(议)大夫刘辅　"议"衍,径删。

⑭ 夫妙选有德之(士)〔世〕　从学海堂本、汉书刘辅传改。

⑮ 腐木不可以为柱卑人不可以为主　通鉴考异卷一云荀纪"柱"原作"珪","卑人"原作"人婢"。此系后人据汉书改。

⑯ 群臣不知(所)〔其〕故　从学海堂本、汉书刘辅传改。

⑰ 谏(议)大夫　"议"衍,径删。

⑱ 必有卓(绝)〔诡〕切至　从汉书刘辅传改。

⑲ 公卿已〔下〕　从汉书刘辅传补。

⑳ 〔壁带为〕金釭　从汉书外戚传补。

㉑ 明珠翠(具)〔羽〕　从龙溪本、学海堂本改。

㉒ (上)〔尚〕敬武公主　从南监本、龙溪本、学海堂本改。

㉓ 公主子开(明)〔敏〕得幸　从汉书张汤传改。

㉔ (吕)〔桑〕霍为我戒　从汉书张汤传改。

㉕ 唯放为骄(者)〔奢〕　从南监本、龙溪本、学海堂本改。

㉖ 黄帝葬(乔)〔桥〕山　从南监本、龙溪本、学海堂本改。

㉗ 丘垄皆(少)小　从龙溪本、学海堂本删。

㉘ 舜葬(仓)〔苍〕梧　从龙溪本改。

㉙ 穿〔不及泉〕　从黄校本、汉书楚元王传附刘向传补。

㉚ 骨肉归于(上)〔土〕　从南监本、学海堂本、汉书楚元王传附刘向传改。

㉛ 多其(痊)〔瘗〕　从南监本、学海堂本改。

㉜ (照)〔昭〕然可见也　从南监本、龙溪本、学海堂本、汉书楚元王传改。

㉝ 慈仁笃美(其)〔甚〕厚　从南监本、学海堂本、汉书楚元王传改。

㉞ 悦于愚夫之(日)〔目〕　从南监本、龙溪本、学海堂本、汉书楚元王传改。

㉟ 据真(上)〔土〕　从南监本、龙溪本、学海堂本改。

㊱ 糜财殚(弊)〔币〕　从吴慈培校、龙溪本改。

㊲ (曝)〔暴〕骸中野　从汉书杨王孙传、吴慈培校改。

㊳ 口含(金)玉〔石〕　从学海堂本、汉书杨王孙传改。

㊴ 焉用(远宅)〔久客〕　从学海堂本、汉书杨王孙传改。

㊵ (生)〔死〕者不知　从汉书杨王孙传改。

㊶ (死)〔生〕者不得　从汉书杨王孙传改。

㊷ 八月丁酉　"丁酉",汉书成帝纪作"丁丑"。

㊸ 九月乙巳　"乙巳",汉书五行志作"丁巳"。

㊹ 春正月乙巳　"乙巳",汉书成帝纪作"己丑"。

㊺ 御史大夫王〔骏〕卒　从龙溪本、学海堂本补。

㊻ 假生子上(白白)〔帛帛〕生子家求　从汉书孔光传改。

㊼ 忠生武〔及安国〕　从汉书孔光传补。

㊽ (延年生)安国位至临淮太守　从汉书孔光传删。

㊾ 字次(孺)〔儒〕　从汉书孔光传改。

㊿ 谥曰(列)〔烈〕君　从南监本、龙溪本、学海堂本、汉书孔光传改。

(51) 以(讦为)〔奸〕忠直　从汉书孔光传改。

(52) 为府小(吏)〔史〕　从学海堂本、汉书翟方进传改。

(53) 小(吏)〔史〕有封侯骨　从学海堂本、汉书翟方进传改。

(54) 司隶与掾(郡)〔史〕　从汉书翟方进传改。

(55) 司隶涓勋奏言　汉书翟方进传"司隶"下有"校尉"二字。

(56) 督察天(下)〔子〕　从学海堂本、汉书翟方进传改。

(57) 以为身(被)〔备〕汉相　从汉书翟方进传改。

(58) 不敢(渝)〔逾〕国家之制　从吴慈培校改。

(59) 谷永(诵)〔讼〕汤　从吴慈培校、汉书张汤传改。

(60) 横厉(马)〔乌〕孙　从南监本、龙溪本、学海堂本改。

(61) (其)〔集〕都赖　从南监本、龙溪本、学海堂本、汉书陈汤传改。

(62) 斩郅(之)〔支〕之首　从龙溪本、学海堂本改。

(63) 十年之(边)〔逋〕诛　从南监本、龙溪本、学海堂本改。

(64) 雪(遏)〔边〕吏之宿耻　从龙溪本、学海堂本改。

(65) (歃)〔喋〕血(千)〔万〕里之外　从汉书陈汤传改。

(66) 〔五〕而不当汉兵一　从龙溪本、学海堂本补。

(67) 重行(四)〔三〕十里　从学海堂本、汉书陈汤传改。

(68) 春正月乙卯　汉书成帝纪、五行志作"己卯"。

(69) 冬十一月　汉书成帝纪作"冬十月"。

(70) 不(尊)〔遵〕五经之法言　从汉书郊祀志、吴慈培校改。

(71) 黄(日)〔白〕变化之术　从龙溪本、学海堂本改。

(72) 往事之迹〔足〕以揆今　从汉书郊祀志补。

(73) 十二月　汉书成帝纪作"十一月"。

(74) 尹赏(等)守长安令　"等"衍,径删。

(75) 无市籍商(贬)〔贩〕　从南监本、龙溪本、学海堂本改。

(76) 皆(劫)〔劾〕以通行饮食群盗　从学海堂本、汉书酷吏传改。

(77) 诡令立功(百)〔有〕效者　从汉书酷吏传改。

(78) 十月辛未朔　"朔",汉书成帝纪作"晦"。

汉纪 孝成皇帝纪四 卷第二十七

元延元年春正月，长安章城门牡自亡，函谷关亦然。谷永对曰："章城门通露寝之门，函谷关距山东之险，城关守国之固，固将去焉，故门牡自飞。"壬戌，王商复为大司马卫将军。

三月，行幸雍，祀五畤。

四月，天清晏然无云，殷殷有声如雷，有流星，其首如瓶，长十余丈，皎然赤白，从日下东南行，四面或大如杵，或如鸡〔子〕①，耀耀而下如雨，自晡及昏而止。本志："陨星而雨，为王者失势，诸侯起伯之异。"赦天下。

秋七月，有星孛于东井。时谷永为北地太守，方之官，上使使问永所欲言。对曰："臣闻天生蒸民，不能自治，而立王者（通）〔以统〕理之②，方制海内非为天子，列土封疆非为诸侯，皆为民也。垂三统，列三正，去无道，开有德，明天下者非一人之天下也。陛下承八世之功业，当阳九之标季，涉三七之节纪，遇无妄之卦运，值（六）百〔六〕之厄会③。加之以灾异，因之以饥馑。内则有深宫后庭，将有骄臣悍妾醉酒狂悖卒起之败；外则有诸夏下土，将有樊并、苏令、陈胜、项籍之祸。此臣所以为陛下破胆寒心也。愿陛下正君臣之义,黜群小媟渎之臣;修后宫之政,抑远娇妒之宠。(常)〔崇〕近婉顺之行④,加惠失意之人,怀柔怨恨之士。保至尊之重,乘帝王之威;朝觐法驾而后出,陈兵清道而后行。减损诸宫用度,流恩广施,问民疾苦,循行风俗,宣布圣德,以慰元元之心,防大奸之隙。至诚应天,则异祸消伏,何忧患之有? 窃恐陛下公意未专,而私好尚存,弗肯为耳!"上甚感其言,复永为大司农。而终党于王氏,每言无伤王氏之意,专正上身与后宫而已。(四月)光禄大夫刘向上奏曰⑤:"易曰:'观乎天文,以察时变。'昔秦始皇之末及二世之初,日月薄蚀,山陵沦亡,(星)辰〔星〕出于四孟⑥,(大)〔太〕白再经天⑦,无云而雷,枉(失)〔矢〕夜光⑧,荧惑袭月,蘖火烧宫,野禽戏庭,都门内崩,大人见临洮⑨,长星孛于大角,秦(民)〔氏〕以亡⑩。及项籍之败,亦孛于大角。汉之入秦,五星聚东井,得天下之象也。(季夏)〔孝惠时〕有雨血⑪,日蚀于冲,灭光星见之异。孝昭〔时〕⑫,有太山卧石自立⑬,上林苑中僵柳复起,大星如月西行,众星随之,此为特异。孝宣兴起之表也,天狗夹汉而西行,(天)久〔阴〕不雨二十余日⑭,昌邑不终之兆也。故观秦、汉之易〔世,览〕惠、昭之无后⑮,察昌邑之不终,视孝宣之绍起,天之去就,岂不昭然哉! 今日蚀(奎娄)〔尤屡〕星孛东井⑯,摄提炎及紫宫,有识长老莫不振动,此变之大也。今同姓疏远,母党专政,禄去公室,权在外家,非所以强汉之宗,保守社稷,安固后嗣也。其事难一二而记,臣谨案图上,犹须口说,愿赐清闲之宴,指图陈状。"上纳之,而终不能用。时上无继嗣,灾异浸数,向谓陈(阳)〔汤〕曰⑰:"灾异如此,而外家日盛,其渐必危刘氏。吾幸同姓末属,累世(家)〔蒙〕国厚恩⑱,身为宗室遗老,历事三(王)〔主〕⑲。上以我为先帝旧臣,(当)〔常〕优礼吾⑳,吾不言,谁当言者?"乃上封事曰:"臣闻人君莫不欲安而常危,莫不欲存而常亡,此皆失御臣之术也。今王氏一姓而朱轮华毂者二十三人,青紫貂蝉充牣宇内,鱼鳞左右。大将军秉事用权,五侯骄奢僭盛,并作威福,出入不待报命,击断自恣。尚书、九卿、州牧、郡守皆出其门,管执枢机,朋党比周。行(汗)〔污〕而寄治㉑,身私而托公。称举者登进,忤恨者中伤;游谈者为之说,执政者为之言。(挑)〔排〕摈宗室㉒,孤弱公族。数称燕王、盖主以疑上心,避讳吕、霍而不肯道。内有管、蔡之萌,外假周公之论,兄弟重,宗族盘牙。历自上古已来,未有其比。物盛则必有非常之变,先见其微象。今王氏先祖坟墓在济南者,其梓柱生枝叶,扶疏上出屋,根插地中,虽孝昭立石起柳之异,无以过此之明也。夫事势不两大,刘氏、王氏亦不并立。陛下为人子孙,守持宗庙,而令国祚移于外亲,降为皂隶,纵不为身,奈宗庙何!妇人外夫家而内父母家㉓,此亦非皇太后之福也。夫明者起福于无形,消祸于未然。宜发明诏,吐德音,援近宗室,黜远外戚,皆罢令就第。使王氏永存,保其爵位,刘氏长安,不失社稷,所以褒睦内外,子子孙孙无疆之计也。如不行此,则田氏复起于今,六卿复起于汉,不可不深图,不可不早虑,机事不密,则害成矣。"奏上,上召见向,悲叹谓曰:"君且休矣,吾将思之。"以向为中垒校尉。上欲用为九卿,辄为王氏所排,及在位大臣所抑,故终不迁大位,前后(四)〔三〕十余年㉔。年七十二卒。向卒后十三年,王氏篡。封萧相国后喜为鄼侯。时(社)〔杜〕业说上继绝侯之世㉕,曰:"昔唐、虞协和万方,致雍熙之政;虞、夏以多群后,(向)〔飨〕恭己之治㉖;汤法三圣,殷民太平;周封八百,重译来贡。

是以内恕之君乐继绝世，隆名之主安存亡国。至于武王伐纣，不及下车，德念深矣。成王察牧野之(尅)〔克〕㉗，顾群后之勤，知其恩结于民心，功光于天府，故追先父之志，录遗老之策，高其位，大其宇㉘，爱敬敕厉，命赐厚备。大孝之隆，于是为至。(其)后世圣主叹其功㉙，无民而不思，所息之树而犹不伐，况其(旧)〔庙〕乎㉚？是以燕、齐之后与周并传，子继弟及，历载不䡾。岂无邪辟，以祖宗之竭力，故支庶赖焉。汉初功臣亦皆剖符，受山河之誓。百余年间而绝灭失姓，枯骨孤弃于丘墓，苗裔流绝于道路。以往况今，甚可悲伤。虽难尽继，宜举其隆功者。"于是封萧何之后，其余未录。

冬十一月乙未，大司马王商为大将军。辛亥，商薨。庚申，王根为大司马骠骑将军。张禹以光禄大夫特进居家，为天子师，甚见亲任。禹既年老，自治冢茔，奏请平陵肥牛亭地。上许之，徙亭于他地。王根闻而争之，曰："此地当平陵寝庙衣冠出游之地，又徙坏旧亭，非所宜。"上不听。根由是害禹宠，数毁恶之。上逾敬厚禹。禹疾，上亲临问，(禹)拜〔禹〕床下㉛。禹曰："老臣有(三)〔四〕男一女㉜，爱女甚于男，远嫁为张掖太守萧咸妻，不胜父子私(请)〔情〕㉝，思与相近。"上即日徙咸为弘农太守。禹小子未有官，禹数视其小子，即于床前拜黄门侍郎，给事中。长子宏官至太常，第二子官至校尉。国家每有大政，与禹定〔议〕㉞。时吏民多上书言灾异讽切王氏者，上意然之，而未有以明也。及是，上乃车驾至禹家，辟左右，问禹以天变及民所言王氏事。(问禹)禹自见年老㉟，子孙幼弱，又与曲阳侯王根有隙，恐为所害。即谓上曰："灾异之事深远难见，故圣人罕言命。性与天道，子贡不得闻。陛下宜以善应之，与天下同福庆，此经义意也。浅见鄙儒，乱道误人，宜无信用。"

上雅爱信禹，由是不疑王氏。曲阳侯及诸王氏子弟闻禹言，皆悦，遂亲禹焉。故鲁国博士朱云上书求见，公卿在前。云曰："朝廷大臣皆尸禄素（飧）〔餐〕㊱，愿赐臣尚方斩马剑，断佞臣一人头以励其余。"上问曰："谁也？"曰："安昌侯张禹。"上大怒曰："小臣居下讪上，庭辱师傅，罪死不赦。"御史持云下，云攀槛，槛折。云曰："臣得下从龙逢、比干游于地下，足矣！未知圣上何如主耳？"御史将云去。左将军辛庆忌者，武贤子也，免冠解印绶，叩头殿下曰："此臣素（着）〔著〕狂直之名于世㊲。其言是，不可诛；其言非，固宜容之。臣敢以死争。"叩头流血，上意乃解。后将理槛，上曰："勿易！因而辑之，以旌直臣。"初，元帝时五鹿充宗与石显皆贵幸，治梁丘易。帝令诸易家考合异同，充宗乘贵口辩，诸儒莫敢与抗，皆称疾不会。有荐云能说易者，云摄（齐）〔襜〕升堂㊳，抗辞而请，音动左右。既论，连拄充宗，诸儒为之语曰："五鹿岳岳，朱云折其角。"由是为博士，杜陵、槐里令。以忤于贵戚，遂称疾，废，因终于家。

是岁，赵婕妤害后宫子。时许美人生男，婕妤大怒曰："帝常与我言，不从后宫中往来，今许美人儿安从生乎？"以手自搏击，以头触壁户柱，从床上自投地，涕泣不食。上亦为之不食。昭仪曰："陛下常言'不负汝'，今竟负约，云何？"上曰："要使天下无出赵氏上者，无忧也！"后使中黄门靳严封绿囊书与许美人，乃杀儿，置苇箧中，封。〔上闭户而〕发㊴，昭仪与上共视之，复封函，诏掖庭丞籍武埋屏处，〔勿令人知〕㊵。武取埋狱垣下。又宫中学（女）〔事〕史曹才宜幸御上㊶，有脈，生儿掖庭才宜令舍，（人）〔又〕令中黄门田闳持诏记与武㊷："取才宜令舍妇人新生儿及婢六人，尽置暴室狱，无问男女，谁儿女也！"武迎置狱三口，复令闳持诏问："儿死未？"武对曰:"未。"有顷,囷出。上与昭仪大怒曰:"何不杀?"武叩头泣,即因囷奏封事曰:"陛下未有继嗣,子无贵贱,宜皆留意!"奏入,上令囷持诏与(我)〔武〕⁴³,夜上水五刻,令持儿与中黄门王(爱)〔舜〕会掖门⁴⁴。武以儿付舜。舜受诏,内儿殿中,为择乳母告养,善视之,无令漏泄。时儿生八九日,昭仪闻之,大怒。后三日,诏赐才官药,令自杀。才官曰:"我儿男也,额上有壮发,类孝元帝。今儿安在? 奈何令长信得闻之?"遂饮药死,及婢六人皆自杀。后十余日,诏取儿去,不知复何置之。

二年春正月,行幸甘泉,郊泰畤。

(时)三月⁴⁵,行幸河东,祠后土。

四月,立广陵孝王子宪为王⁴⁶。

冬,行幸长杨宫,从胡客大校猎。

初,乌孙(未)〔末〕振将杀大昆弥⁴⁷,会病死,汉诛未加。于是遣右中郎段会宗发戊己校尉诸(侯)国兵即诛(未)〔末〕振将太子番丘⁴⁸。会宗恐大兵入乌孙,惊番丘,逃亡不可得,即选精兵骑弩四十张,径至昆弥所在,召番丘数其罪,以手剑击杀之。小昆弥乌黎靡者⁴⁹,(未)〔末〕振将从兄子也,勒兵数千骑围会宗,会宗谓言来诛之意:"今围杀我,如去汉牛一毛耳。宛王、郅支悬头于藁街,乌孙所知也。"小昆弥曰:"何不豫告我,令饮食之邪?"会宗曰:"豫告之,恐亡匿,为大罪。即饮食之以付我,恐伤骨肉之恩耳。"昆弥咸服,号泣而罢。会宗还,赐爵关内侯。会宗,天水人也。

三年春正月丙寅,蜀郡岷山崩,拥江,水竭逆流,三日乃通。刘向以为"岐山崩,三川竭,而周幽王亡。岐山,周之所兴也。蜀郡,本汉所兴。今所起之地山崩水竭,殆必亡矣"。

二月,封侍中卫尉淳于长为定陵侯。

三月,行幸雍,祠五畤。

四年春正月,行幸甘泉馆。

二月,罢司隶校尉官。

三月,行幸河东,祠后土。甘露降于京师,有石陨于关东,二。

绥和元年春正月,赦天下。

二月戊午,御史大夫孔光贬为廷尉,廷尉何武为御史大夫。癸丑,立定陶王昕为太子⑤。光禄师丹为太子太傅。初,王祖母傅太后阴为王求汉嗣,私事赵皇后及昭仪及帝舅王根,皆劝立定陶王。于是引大臣入禁中议,丞相方进、大司马王根、右将军廉褒、后将军朱博皆以为"定陶帝弟之子也,礼曰'昆弟之子犹子也','为其后者为之子也',定陶王宜为嗣"。孔光以为"非礼,立嗣以亲,中山王先帝之子,帝之亲弟也,以尚书盘庚(言)〔殷〕之弟及王为比⑤,中山宜嗣"。上以"礼,兄弟不相入庙",又皇后、昭仪有言,遂立定陶王。光以议不合上意,故左迁廷尉。

荀悦曰:圣人立制必有所定,所以防忿争,一统序也。春秋之义,立嫡以长,立子以贵。是以言嫡无二也,贵有常也。以弟及兄,则贵有常矣。兄弟之子非一也,不可以为典。虽立其长,犹非正也。且兄弟近而亲,所以继父也;兄弟子疏而卑,所以承亡也②:俱非正统。(拾)〔舍〕亲取疏③,废父立子,非顺也;以弟继父,近于义矣。春秋传曰:"太子亡则立母弟,无则立长。"立均以顺义,均则卜之道也。

(立楚孝王孙景为定陶王)封中山王舅冯参为宜乡侯⑤,益封中山王三万户,以慰王心。诏求殷后,封孔古为殷绍(阳)〔嘉〕侯⑤。

三月,进爵为公,及周承休侯为公,各食邑〔百里〕㊱。行幸雍,祠五畤。

夏四月乙丑,大司马骠骑将军王根为大司马,罢车骑、大将军官。御史大夫何武更为大司空,封(氾)〔氾〕乡侯㊲。益大司马、大司空位秩如左丞相,是为三公。先是武为廷尉,奏言:"王者法天三光,备三公官,各为分职。今丞相独兼三公职,所以久废而不治。宜建三公之官,分职(更)〔授〕任㊳,以为考功效。"至是乃置之。武字君〔公〕㊴,蜀郡郫人。仁厚好进士,〔疾〕朋党㊵,绝请托。其临州郡,无赫赫之名,去后常见思。初,武兄弟五人皆为吏,郡县敬之。弟显家有市籍租,显数负其课。市啬夫仇商捕辱显家,显怒之。武曰:"以吾家租税不为众先,奉公吏不亦宜乎!"武即白于太守,召之为吏,州里服焉。及为三公,功名略比薛宣,其才不及也,而经术正直过之。时司空掾平阳何并字子廉,武高其志节,举为长陵令,道不拾遗。时邛城太后家贵宠㊶,王林卿为侍中,通轻侠,倾京师。免官归,过长陵上冢,因留数日。并恐其犯法,自造门谒曰:"(谊)〔宜〕以时归㊷。"先是林卿杀人,埋冢舍下,并阴知之,非并时事,不发觉。林卿怨并遣之,北渡渭桥㊸,令骑奴还,拔刀剥寺门建鼓。并即从吏兵追林卿,行数十里,林卿窘迫,令奴冠己冠,自身从间道驰去。及追及冠奴,遂收之。奴曰:"我乃奴耳。"并心知已失林卿,乃因曰:"王君困,乃称奴,得免死邪?"并斩奴头并所剥建鼓置都亭下,书其罪。吏惊骇,以为林卿实死。由是威名流行,后为颍川太守。颍川锺元为尚书令,领廷尉,甚用事有权。元弟威为郡掾,犯罪赃千金。并过辞廷尉,廷尉为弟免冠请一等之罪,并曰:"罪在(身)〔君〕弟与君法律㊹,不在太守。"既至郡,威所犯多在赦前,并敕吏驱使入函谷关,无令污民间;不入关,乃收之。威留止洛阳,吏遂格杀之。及诛侠赵季、李款等,郡中清肃。并廉洁,妻子不到官。终颍川,遗令勿受赙赗,椁足周棺,棺足掩尸而已。其治名次黄霸。

秋八月庚戌,中山王兴薨。

冬十月甲寅,大司马根病免。

十一月,立楚孝王孙景为定陶王。定陵侯淳于长大逆不道,下狱死。长与废许后姊嬷私通,许后因嬷赂遗长,欲求复为婕妤。长受许后金钱乘舆服御物前后千余万,诈言欲白上,立为左(右)皇后[65]。嬷每入长信宫,长辄与嬷书,戏侮许后,慢易无所不言。交通书记,赂遗连年。曲阳侯根辅政以久病免,长次第当代根。王莽害长宠,因(曰)〔白〕根曰[66]:"长私与许贵人姊交通,受其衣服。又见将军久病,私喜,对人议(谒)〔语〕(相)署〔置〕[67]。"根怒,令莽白之。上怒,免长官,就国。长素与泾阳侯立有隙,及长就国,因立子融厚赂立,立为长固请。上疑之,下有司案验。吏捕融,立令融自杀以灭口。上愈疑,遂(递)〔逮〕长系狱[68],穷治其罪。服戏谑长(信)〔定〕宫[69],谋立左皇后。长死于狱,妻子徙合浦,长母归故乡,立归国,许贵人赐药死。侍中光禄大夫莽以首发大奸,拜大司马,时年三十八。莽既拔出同列,继四父而辅政,欲令名誉过前,遂克己忘倦,招延贤良,赏赐邑俸尽以享士。身执谦约,母病,公卿列侯遣夫人问疾,莽妻迎之,衣不曳地,著布蔽膝。见者以为僮仆,使人问,乃知其夫人,其饰名如此。

十二月,罢刺史,置州牧,秩二千石。是岁,犍为得石磬十六枚,议者以为善祥。刘向说上曰:"宜设辟雍,陈礼乐,以风化天下。

虽不能具,夫礼乐以养人为本,就有过差,是过于养人也。刑罚之过,或至死亡。今礼乐虽非唐、虞之典,刑〔罚〕亦非咎繇之则⑦。而有司请定刑罚,至于礼乐,则曰不敢,是敢于杀人而不敢于养人也。有刑罚而无礼乐,大不备也。为其俎豆管弦之间小不备,因是绝而不为,是去小不备而就大不备也。教化比于刑罚,教化重而刑罚轻,是舍所重而急所轻也。且教化所恃以为治,刑罚助治者也。今废所治而独立其所助,非所以(治)〔致〕太平也⑦。夫承千岁之衰周,继(妄)〔亡〕秦之余绪⑫,民渐渍恶俗,不亲大化,终以不改。"上以向言下公卿,立辟雍,会向病卒,丞相、大司空营表长安城南,将立辟雍,未及作。

二年,春正月,行幸甘泉宫,郊泰畤。

二月壬子,丞相翟方进薨。是时,荧惑守心,占者以为大臣当应之,以塞灾异。上召方进告之,方进不得已,乃自杀。上秘之,加赠礼,亲临丧。赦天下。大水。平襄县有燕生雀,哺食至大,俱飞去。太仆厩马生角,在左耳前,围长各一寸八分。行幸河东,祠后土。

三月丙午⑬,帝崩于未央宫。上素康壮,无疾病,向晨欲起,因失音不能言,昼漏十刻而崩。众皆归罪于赵昭仪,昭仪自杀。富平侯张放素亲幸,放不奉法度,太后及大臣以为言,上涕泣而遣之就国。及上崩,放思慕哭泣而卒。

荀悦曰:放非不爱上,忠不存焉。故爱而不忠,(人)〔仁〕之贼也⑭。

上崩,辟雍遂不立。左将军孔光为丞相。皇太后诏曰:"皇帝即位定郊祀已来,未有皇子,故复甘泉泰畤、汾阴后土祠,卒不蒙福。其复南北郊于长安如前。"

夏四月己卯,皇帝葬延陵。自崩及葬三十四日。延陵在扶风,去长安六十二里。

赞曰:本记称"孝成帝善修容仪,升车正立,不内顾,不疾言,不亲指,临朝渊默,尊严若神,可谓穆穆天子之容貌也! 博览古今,容受直言。公卿称职,威仪可述。遭世承平,上下和睦。然沉于酒色,赵氏内乱,外家擅朝,言之可为于邑。建始已后,王氏始执国命,迄为哀、平,莽遂篡位,盖其威福所由来渐矣"! 刘向、朱云之忠言明矣,若得而用之,福祚未已。张禹不吐直言,佞于垂死,亦可痛哉!

校勘记

① 或如鸡〔子〕 从汉书天文志补。

② (通)〔以统〕理之 从黄校本、汉书谷永传改。

③ 值(六)百〔六〕之厄会 从汉书谷永传乙正。

④ (常)〔崇〕近婉顺之行 从汉书谷永传改。

⑤ (四月)光禄大夫 "四月"重出,删。

⑥ (星)辰〔星〕出于四孟 从南监本、龙溪本、汉书楚元王传乙正。

⑦ (大)〔太〕白再经天 从南监本、龙溪本、学海堂本、汉书楚元王传改。

⑧ 枉(失)〔矢〕夜光 从南监本、龙溪本、学海堂本、汉书楚元王传改。

⑨ 大人见临洮 "大人"上原有二空格,无义,从龙溪本删。

⑩ 秦(民)〔氏〕以亡 从南监本、龙溪本改。

⑪ (季夏)〔孝惠时〕有雨血 从南监本、学海堂本、汉书楚元王传改。

⑫ 孝昭〔时〕 从汉书楚元王传补。

⑬ 有太山卧石自立 "太",龙溪本作"泰"。"太""泰"通。

⑭ (天)久〔阴〕不雨二十余日 从学海堂本、汉书楚元王传改。

⑮ 观秦汉之易〔世览〕惠昭之无后　从南监本、龙溪本、学海堂本、汉书楚元王传补。

⑯ 今日蚀(奎娄)〔尤屡〕星孛东井　从学海堂本、汉书楚元王传改。

⑰ 向谓陈(阳)〔汤〕曰　从南监本、龙溪本改。

⑱ 累世(家)〔蒙〕国厚恩　从龙溪本改。

⑲ 历事三(王)〔主〕　从南监本、龙溪本、学海堂本改。

⑳ (当)〔常〕优礼吾　从龙溪本、学海堂本改。

㉑ 行(汙)〔污〕而寄治　从龙溪本、学海堂本改。

㉒ (挑)〔排〕摈宗室　从南监本、龙溪本、学海堂本改。

㉓ 妇人外夫家而内父母家　汉书楚元王传附刘向传作"妇人内夫家而外父
母家"。汉书当是。

㉔ 前后(四)〔三〕十余年　从汉书楚元王传附刘向传改。

㉕ (社)〔杜〕业　从学海堂本、汉书高惠高后文功臣表改。

㉖ 群后(向)〔飨〕恭己之治　从南监本、汉书高惠高后文功臣表改。

㉗ 成王察牧野之(尅)〔克〕　从龙溪本改。

㉘ 大其宇　"宇",汉书高惠高后文功臣表作"寓"。按"宇"、"寓"通。

㉙ (其)后世圣主叹其功　从汉书高惠高后文功臣表删。

㉚ 况其(旧)〔庙〕乎　从汉书高惠高后文功臣表改。

㉛ (禹)拜〔禹〕床下　从南监本、汉书张禹传乙正。

㉜ 老臣有(三)〔四〕男一女　从汉书张禹传改。

㉝ 不胜父子私(请)〔情〕　从南监本、龙溪本、学海堂本改。

406　㉞ 与禹定〔议〕　从南监本、龙溪本、学海堂本补。

㉟ (问禹)禹自见年老　"问禹"衍,径删。

㊱ 尸禄素(湌)〔餐〕　从龙溪本、学海堂本改。

㊲ (着)〔著〕狂直之名　从南监本、龙溪本、学海堂本改。

㊳ 摄(齐)〔裓〕升堂　从汉书朱云传改。

㊴ 〔上闭户而〕发　从学海堂本补。

㊵〔勿令人知〕 从学海堂本、汉书外戚传补。

㊶ 又宫中学(女)〔事〕史 从学海堂本、汉书外戚传改。

㊷ (人)〔又〕令中黄门 从学海堂本、汉书外戚传改。

㊸ 持诏与(我)〔武〕 从龙溪本、学海堂本改。

㊹ 中黄门王(爱)〔舜〕 从龙溪本、学海堂本改。

㊺ (时)三月 从学海堂本删。

㊻ 立广陵孝王子宪为王 "宪",汉书成帝纪作"守"。

㊼ 乌孙(未)〔末〕振将 从龙溪本、学海堂本改。以下皆改作"末振将",不另出校。

㊽ 发戊己校尉诸(侯)国兵 〔侯〕衍,径改。

㊾ 小昆弥乌黎靡 "乌",汉书西域传作"安"。

㊿ 立定陶王昕为太子 "昕",汉书成帝纪作"欣"。

(51) (言)〔殷〕之弟及王为比 从学海堂本补。

(52) 所以承亡也 "承",疑作"存"。

(53) (拾)〔舍〕亲取疏 从龙溪本、学海堂本改。

(54) (立楚孝王孙景为定陶王) 此为十一月事,见于下文,该处当衍,径删。

(55) 殷绍(阳)〔嘉〕侯 从龙溪本、学海堂本改。

(56) 食邑〔百里〕 从龙溪本、学海堂本补。

(57) 封(汜)〔氾〕乡侯 从龙溪本、学海堂本改。

(58) 分职(更)〔授〕任 从黄校本、吴慈培校改。汉书朱博传作"分职授政"。

(59) 武字君〔公〕 从南监本、龙溪本、学海堂本补。

㉚ 〔疾〕朋党 从南监本、龙溪本补。

㉛ 时邛城太后 "城",汉书外戚传作"成"。

㉒ (谊)〔宜〕以时归 从龙溪本、学海堂本改。

㉓ 北渡渭桥 "渭",汉书何并传作"泾"。

㉔ 罪在(身)〔君〕弟 从南监本、龙溪本、学海堂本改。汉书何并传作"弟身"。

(65) 立为左(右)皇后　从学海堂本、汉书外戚传删。

(66) 因(曰)〔白〕根曰　从南监本、龙溪本、学海堂本改。

(67) 议(谒)〔语〕(相)署〔置〕　从学海堂本改。

(68) 遂(递)〔逮〕长系狱　从南监本、龙溪本改。

(69) 谑长(信)〔定〕宫　从学海堂本、汉书淳于长传改。

(70) 刑〔罚〕亦非咎繇之则　从南监本、龙溪本、学海堂本补。

(71) 非所以(治)〔致〕太平　从南监本、龙溪本、学海堂本改。

(72) 继(妄)〔亡〕秦之余绪　从龙溪本、学海堂本改。

(73) 丙午　汉书成帝纪作"丙戌"。

(74) (人)〔仁〕之贼也　从学海堂本、通鉴成帝绥和二年引荀悦论改。

汉纪　孝哀皇帝纪上　卷第二十八

　　皇帝丙午即位,年十九。五月,立皇后傅氏,帝祖母定陶恭王太后从弟女也。封皇后父晏为孔乡侯。傅太后称尊号,于是追尊定陶恭王为恭皇(帝)^①。傅太后为恭皇太后,帝母丁太后曰恭〔皇〕后^②,各置左右詹事,食邑如长信宫、中官。追尊傅太后父为宗德侯^③,丁后父为褒德侯。舅丁明封为(安)阳〔安侯〕^④,舅子满为平周侯。追谥满父忠为怀德侯^⑤。赵太后弟钦为新城侯^⑥。太傅师丹为左将军,赐爵关内侯。丹谏曰:“天下者,陛下之家也,肺腑何患不富贵!而多封爵外亲及臣等,不宜(苍)〔仓〕卒如此^⑦。”不听。

　　六月,曲阳侯王根前定策封二千户,太仆安阳侯王舜有旧恩,益封五百户,丞相孔光、大司空何武各益千户。诏曰:“河间王良丧太后三年,治丧为宗室仪表,益封万户。”有司上奏:“王侯已下至庶人占田不得过三十顷,贾人不得占田,过科没入县官。齐三服官、(禁民)诸〔官织〕绮绣^⑧,难成,害女工之物,皆止,无作〔输〕^⑨。除任子令、诽谤欺诬法。掖庭(官)〔宫〕人年三十以下^⑩,出嫁之。

官奴婢五十以上，免为庶人。禁郡国无得贡献名兽。益吏三百石以下俸。察(使)〔吏〕残〔贼〕酷虐者⑪，以时退免。有司不得举赦前事。博士弟子父母〔死〕⑫，与宁假三年。"

秋七月丁巳，大司(空)〔马〕王莽乞骸〔骨〕避丁傅⑬，赐黄金、驷马，免。庚午，左将军师丹为大司马，封高乡亭侯。

八月庚申，郑通里男子王褒衣绛衣，带剑入北司马门殿东门，上前殿，入非常室中，解帐组系剑佩之，招殿前署长命曰："天帝令我居此宫。"考问褒，故公车大〔谁〕卒⑭，病狂忽忘，不自知入宫状，下狱死。九月庚申⑮，地震，自京师到北边郡国三十余处坏城郭，凡压杀四百余人。

冬十月，大司空何武免。癸酉，大司马师丹为大司空。郎中令(袁)〔褒〕、黄门令殷由等言⑯"定陶恭(王)〔皇〕太后、恭皇后皆不宜复引定陶藩国之名以冠大号⑰，又宜为恭皇(帝)立庙京师⑱"。上下其议，皆以如袁等言。师丹独议曰："今定陶恭皇后以定陶为号者，母从子妻从夫之义，今不宜复改。礼：为人后者为之子。陛下既(王)〔主〕⑲，承先帝宗庙之(礼)〔祀〕⑳，义不得复奉恭皇(后)祭入其庙㉑。今立京师，令臣下祭之，是无主也。又亲尽自当毁，去一国太祖不隳之(礼)〔祀〕㉒，而就无主当毁不正之礼，非所以尊厚恭皇(后)也㉓。"丹由是不合上意。会有上书者云："古者以龟贝为货，今以钱易之，民以故贫，宜复故币。"上以问丹，丹对曰："可改。"事下有司，议者以钱行已久矣，不可改。丹老，忘其前语，从公卿议。上以丹反覆二辞，言无所守。又丹使吏上书奏事，吏私写其草，丁、傅子弟闻之，使人上书告丹漏泄省中语。下廷尉，遂奏免丹。丹上书还大司空、高乐侯印绶。丹字仲公，琅邪人。廉正守道,以儒术进。既废,终于家。曲阳侯王根、成都侯王(商)〔况〕皆有罪㉔。根就国,(商)〔况〕免为庶人㉕,归故郡。诏曰:"乃者河南颍川郡水汜处浸杀人民,遣光禄大夫循行举〔籍〕㉖,赐死者棺钱,人三千。其所伤县邑及他郡国无出今年租赋。"博士申咸数言高阳侯薛宣为丞相时,后母死,不行三年丧,不宜居相位。宣子况为黄门侍郎,赇客杨明,欲令斫咸面,使不复用。会司隶校尉阙,恐咸为之,遂使明斫咸于宫门外,断鼻唇。事下有司,御史(大夫)〔中丞〕众等议㉗,以为"况恐咸为司隶举奏宣,而公令明迫切宫阙,创戮近臣于大道人众中,欲以隔塞聪明,抑绝论议之官,桀黠无所畏忌。礼:下公门,轼路马,敬近臣,谓其近(主)〔君〕也㉘。况首为恶,明手伤人,功意俱恶。明当以重刑,况皆弃市"。廷尉以为"况谋先定,非恐为司隶造谋也。本争私变,以父见谤,无他大恶,虽于掖门大道中,与凡民道争无异。孔子曰:'必也正名乎!'明当以贼伤人,况与谋者皆削爵减死为议"。(且)于(先)〔是〕况〔竟〕减死罪一等㉙,徙燉煌。宣免为庶人,卒于家。宣次子惠,亦至二千石。

建平元年春正月,有石陨于地,十六。是月,大赦天下。丁酉,光禄大夫傅喜为大司马。喜,(大)〔太〕后从父弟㉚,初为右将军。太后预政事,谏后,故收喜右将军印绶,以光禄大夫养病。大司空何武、尚书令沛国唐林皆上书言:"喜行义修洁,忠诚忧国。夫忠臣,社稷之卫也。鲁以季友治乱,楚以子玉轻重,魏以无忌折衝,项以范增存亡。故楚跨有南土,带甲百万,邻国不以为难,子玉为将,文公侧席而坐,及其死也,君臣相庆。百(端)〔万〕之众㉛,不如一贤,故秦行千金以间廉颇,汉散〔万〕金以疏亚父㉜。喜立于朝,陛下〔之〕光辉㉝,傅氏之废兴也。"上亦自重之,故复用之。丁未,有白气着天，广处如一匹布，长十余丈，西南行，薨薨如雷，一刻而止。定襄有牡马生驹，三足，随群马饮食。本志以为"马；武用，其后大司马董贤幼少见用之象也"。新（都）〔成〕侯赵钦、（城）〔成〕阳侯赵䜣皆有罪㉞，免为庶人，徙辽西。太皇太后诏外家王氏田非冢茔，皆以赐民。

秋九月甲辰，有石陨于虞，二。

冬十月壬午，京兆尹朱博为大司空。中山王冯太后媛、弟宜乡侯参皆自杀。时中山王疾，上使中谒者张由将医至中山。由素有狂易疾，发怒去，归长安。尚书（薄）〔簿〕责擅去事状㉟，由恐，诬言中山王太后咒诅上及（博）〔傅〕太后㊱。太后素怒中山太后，遣御史按验考讯，卒无所得，更使中谒者令史（陈）立与丞相长史、大鸿胪丞（亲）〔杂〕治其事㊲。立受傅太后旨，冀得封侯，治冯太后女弟习及寡弟妇君之等，死者十余人。诬对言，服咒诅。立奏言："咒诅谋反，大逆无道。"责问冯太后，无服词。立曰："当熊之上殿，何其勇也，今何怯也！"后曰："此欲陷杀我！"乃饮药而死。参家凡死十七人，宗族归故国。张由归，赐爵关内侯。立迁中（大夫）太仆㊳。冯参兄弟四人：长兄野王为大鸿胪，则直不曲，名重当世。次逡，次立，皆二千石，以治行称。参好为容仪，进止恂恂，甚可观也。矜严直操，不屈于五侯贵宠之家。

十有二月，有白气出西南，从地上至天，出参下，贯天厕，广如匹布，长十余丈，十日而去。

二年春正月㊴，有星孛于牵牛七十余日。本志以为"牵牛，日、月、五星所从起，历数之元也。彗孛加之，改更之象"。丁丑，大司马傅喜免，安阳侯丁明为大司马。大司空朱博奏言："高皇置御史大夫,位次丞相,上下相监,选授有序,所以尊圣德,重国相也。今更司空,与丞相同位,中二千石未更为大夫而为丞相,权轻,非所以重国政也。"上从之,罢司空官。

夏四月戊午,大司空朱博为御史大夫。

(论)〔荀悦〕曰[40]:丞相三公之官,而数变易,非典也。初,丞相,秦之制,本次国命卿,故置左右丞相,无三公之官。诗云:"夙夜匪懈,以事一人。"一人者,谓天子也。自上已下,必参而成位。易曰"鼎足",以喻三公,所以参事统职。立官定制,三公盖其宜也。

乙亥,丞相孔光免,议太后失旨也。御史大夫朱博为丞相,少傅赵玄为御史大夫。博奏言尊恭皇太后号曰帝太(皇)太后[41],称(宋)〔永〕信宫[42];恭皇后曰帝太后,称(永)〔中〕安宫[43]。立〔恭皇〕庙于京师[44]。赦天下徒。罢州牧,复刺史。

荀悦曰:州牧数变易,非典也。古者诸侯之国百里而已,故易曰:"震惊百里。"以象诸侯之国也。夫国小人众,易统也。古诸侯皆久其位,视民如子,爱国如家。于是建诸侯之贤者以为牧,故以考绩黜陟,不统其政,不御其民,惠无所积,权无所并,故牧伯之位,宜合古也。惟周制为不然,大国不过五百里,而公、侯、伯、子、男以次小焉。今汉废诸侯之制以为县治民者,本以强干弱枝,一统于上,使权柄不分于下也。今之州牧,号为万里,总郡国,威尊势重,与古之牧伯同号异势。当周之末,天下战国十有余,而周室(廖)〔寥〕矣[45]。今牧伯之制,是近于战国之迹,而无治民之实。刺史令为监御史,出督州郡而还奏事可矣。

六月庚申,太后丁氏崩,葬定陶,发济阴、陈留近郡五万人穿土。待诏〔夏〕贺良等奏天官历、包元太平经十二卷[46],言"汉家历运中衰，当再受命，宜改元易号”。太平经者，成帝时齐人甘忠〔可〕诈造④⑦，云“天帝使真人赤（松）〔精〕子教我此道④⑧”。时刘向奏言忠可〔可〕杀④⑨，假鬼神惑众。下狱治服，未断病死。而贺良受其书，刘歆以为不合五经，不可施行。司隶解光、平陵李寻好之，劝上从贺良等议。时上多病，乃赦天下，改年为太初元年，号陈圣刘太平皇帝，刻漏以一百二十为度。秋七月，以渭城〔西北原上〕永陵〔亭部为初陵〕(50)。贺良等又欲变乱政事，大臣争以为不可。贺良等奏言：“大臣皆不知天命，宜退丞相、御史大夫，以解光、李寻辅政。”时上疾自若，以其言无验，遂下贺良等（议）〔吏〕(51)，皆伏诛。光、寻等减死一等，徙燉煌。李寻字子（良）〔长〕(52)，平陵人也。治尚书，好灾异。初以待诏问，对曰：“陛下秉四海之众，曾无桢干之臣。朝廷无人，则为乱贼所轻。惟陛下执乾刚之德，强志守度，进用忠良，无听（谗佞竭）〔女谒〕邪臣之态(53)。诸阿保乳母甘言悲辞之诉，断而勿听。勉大义，绝小不忍。”寻虽失其议于贺良，先言灾异，数中，擢拜骑都尉，言多忠切。

荀悦曰：夫内宠嬖近阿保御竖之为乱，自古所患，故寻及之。孔子曰“惟女子与小人为难养”，性不安于道，智不周于物。其所以事上也，唯欲是从，唯利是务；饰便假之容，供耳目之好；以姑息为忠，以苟容为智，以伎巧为材，以佞谀为美。而（新）〔亲〕近于左右(54)，玩习于朝夕，先意承旨，因间随隙，以惑人主之心，求赡其私欲，虑不远图，不恤大事。人情不能无懈怠，或忽然不察其非而从之，或知其非不忍割之，或以为小事而听之，或心迷而笃信之，或眩曜而不疑之，其事皆始于纤微，终于显著，反乱弘大，其为害深矣，其伤德甚矣。是以明主唯大臣是任，惟正直是用，内宠便辟请求之事，无所听焉。事有损之而益，益之而损；物有善而不〔可〕居㉟，恶而不可避。甘醴有鸩毒，药酒有治病。是以君子以道折中，不肆心则不纵体焉，惟义而后已。

秋七月甲寅，丞相朱博、御史大夫赵玄、孔乡侯傅晏有罪。博自杀，玄减死二等论，晏削邑三分去一㊱。傅太后欲称尊号，晏谄谀顺旨。而晏与博结谋立尊号，博遂为丞相。太后怨傅喜，使晏讽博令免喜。博素与晏交善，许之。御史大夫赵玄止之。(傅)〔博〕曰㊲："已许孔乡侯矣。匹夫相要，尚得相死，何况至尊？博亦有死耳！"玄遂许可，奏免喜并(孔)〔氾〕乡〔侯〕何武并免为庶人㊳。上疑博、玄受讽旨，即召玄尚书省问状，玄辞服。有诏议其罪，议者以为"春秋之义，奸以事上，常刑不赦"。遂抵罪。初，博、玄皆拜于上前，有音如钟，殿中郎吏侍陛者皆闻。上以问黄门侍郎李寻，寻曰："洪范所谓鼓妖者也。人君不聪明，为众所惑，空名而得进，即有(应)〔声〕而无形㊴，不知所从至。其传曰其岁月日之中，则正卿受之。今以四月加辰巳有其异，是为中焉。正卿谓执政大臣也。宜退丞相、御史大夫，以应天变。然虽不退，不(日)〔出〕期年㊵，其人自受其咎。"博，杜陵人也。始为冀州刺史，行县，吏民夜遮道自言者数百人。从事请留见自言〔者〕，事(者)毕乃发㊶，欲以观试博。博心知之，告外趣驾。博出驻车见自言者，使从事明敕告吏民："夫欲言县丞尉者，刺史不察黄绶，各自诣郡。欲言二千石墨绶长吏者，行部还，诣治所。民为吏所冤，欲言盗贼辞讼事者，各使诣属所部从事。"驻车决遣，四五百人皆罢，如神。吏民大惊。后博徐问，果此老吏从事教民聚会。博杀此吏，自此州郡吏民畏服其威。后为廷尉，自以不晓文法，恐官属欺诬之，乃召见正监、典法掾吏曰："试为廷尉撰前世决难知者十余事⑥，得〔为〕诸〔君〕覆思之⑥。"于是共条白十事，召正监、掾吏坐而问，博处其轻重，十中八九。官属服博才过人也。博初起为亭长，为人廉洁，不好酒色。食不重味，案上不过三杯。夜寝早起，妻稀见面。然好游侠，欲(士)〔仕〕宦者荐举之⑥，欲报仇怨者解剑带之。其趣事待士如流，而无大正，卒以此败。是时茂陵原涉为州里大侠。

初，涉父为南阳太守，死官，郡内赙敛千万，时俗皆通受之。唯涉独不受，行丧三年，由是名显。年二十，治剧县，为谷口令，不言而治。(居)〔半〕岁去官⑥，为季父报仇。郡国豪杰有气节者皆归慕之。人无贤不肖倾身相待，所在阗门，闾里尽满。然身衣服车马甚节，妻子内困，专以振施贫穷赴急为务。涉略似郭解，外温(人)〔仁〕谦逊⑥，内隐忍，睚眦于〔尘〕埃(尘)⑥，(独)〔触〕死者甚众⑥。王莽时以涉为镇戎大尹。

荀悦曰⑥："天子建国，诸侯立家，自卿大夫已下至于(上)〔士〕庶人为有等差⑦，是以民服其上而下无觊觎。孔子曰：'天下有道，政不在大夫。'百官有司奉治令以修所职，失职有诛，侵官有(罪)〔罚〕⑦。夫然，故上下相顺，庶事治焉。周室既衰，礼乐征伐自诸侯出。桓、文之后，大夫世权，陪臣执国命。陵迟以至于战国，合纵连衡，(易)〔力〕政争强⑦。由此列国公子，魏有信陵，赵有平原，楚有春申，齐有孟尝，皆籍王公之势，竞为游侠，鸡鸣狗盗，无不宾礼。而赵相虞卿弃国捐君，以周穷交拔魏齐之厄；信陵无忌窃符矫命，杀将专师，以赴平原之急：皆取重诸侯，显名天下。榗腕游谈者，以四豪为称首。于是背亲死党之义成⑦，守职奉上之道废矣。及汉兴，禁网疏阔，未之匡正。是以代相陈豨从车千乘，而吴濞、淮南皆招宾客以千数;外戚<u>魏其</u>、<u>武安</u>之徒皆竞逐于京师,希交游于天下;<u>剧孟</u>、<u>郭解</u>之徒皆驰骛于闾阎,权行州郡,力折公卿。众庶觊其名迹,荣而慕之。虽陷刑辟,自为杀身成名,若<u>季路</u>、<u>仇牧</u>,死而不悔也。故<u>曾子</u>曰:'上失其道,民散久矣。'非明王在上,示之以好恶,齐之以礼法,民何由知禁而反正乎!古之正法:<u>五伯</u>,<u>三王</u>之罪人也;<u>六国</u>,<u>五伯</u>之罪人也。夫四豪,六国之罪人也。况<u>郭解</u>之(论)〔伦〕⁷⁴,以匹夫之细,窃生杀之权,罪已不容于诛矣。然观其温良泛爱,赒急谦退不伐,亦有绝异之资。惜乎不入〔于〕道德⁷⁵,苟放纵于末流,杀身亡宗,非不幸也。自<u>魏其</u>、<u>武安</u>、<u>淮南</u>之徒⁷⁶,天子切齿,至于<u>卫</u>、<u>霍</u>改节。然郡国豪杰处处皆有,京师亲戚冠盖相望,亦古今之常,莫足言者。唯<u>王氏</u>五侯宾客为盛,而(娄)〔楼〕护为(师)〔帅〕⁷⁷。诸公之间陈遵为雄桀,闾里之侠独涉为魁首。"

九月,光禄勋<u>平当</u>为御史大夫。十月甲寅,御史大夫<u>平当</u>为丞相,京兆尹<u>王嘉</u>为御史大夫。

三年春正月,立<u>广德</u>夷王弟<u>广汉</u>为<u>广平</u>王。(九月)〔癸卯〕⁷⁸,帝(母)〔太〕太后所居桂宫正殿灾⁷⁹。

三月己酉,丞相<u>平当</u>薨。<u>当</u>字<u>子思</u>,<u>平陵</u>人也,以明经忠贤进。初拜丞相,以冬十月,赐爵关内侯。其春,上召欲诏封。<u>当</u>称疾笃,宗族皆谓<u>当</u>曰:"何不强起受侯印绶为子孙邪?"<u>当</u>曰:"吾在大位,已负素餐之责矣。起受侯印,还寝而死,死有余罪。今不起者,为子孙也。"后月余卒。子<u>晏</u>亦以明经位至大司徒,封<u>防乡侯</u>。有星孛于<u>河鼓</u>。

夏四月丁酉,御史大夫<u>王嘉</u>为丞相。<u>嘉</u>字<u>公仲</u>,<u>平陵</u>人也。为<u>九江</u>、<u>河南</u>太守,治甚有声名,刚直弘毅有威,上敬重之。<u>河南</u>太守王崇为御史大夫。

九月⑩,立鲁顷王子郚乡侯闵为鲁王。

冬十月,汝南西平遂阳樗树卧生枝叶如人形,青黄色,面白,头有髭发,凡长六(尺)〔寸〕一(寸)〔分〕,有耳⑪。

十一月壬子,复甘泉泰畤、〔汾阴〕后土祠⑫,〔罢〕南北郊⑬。东平王云有罪,自杀;云后谒弃市。是时无盐、邑山有石立,自开道。故汝南太守孙宠以游说显名,与待诏河内息夫躬相结察事。躬阴与宠诬言告东平王云欲以获封,躬乃与中郎右师谭因中常侍宋弘上变事,告"东平王依往时泰山石立而宣帝兴,云与后日夜祝诅,冀获非望"。下有司按验,伏诛。是岁,零陵大树偃仆地,围一丈六尺,长十丈七尺。民断其根,长七尺余,皆枯。三月,树自立故处。有大鱼出于东莱,长丈八尺,高丈,一七枚,皆死。京房易传曰:"后妃专权,厥妖木卧复立。弃正作淫,厥妖木断复续。海出巨鱼,邪人进,贤人疏。"

校勘记

① 为恭皇(帝) 从龙溪本、汉书哀帝纪删。

② 丁太后曰恭〔皇〕后 从汉书哀帝纪补。

③ 傅太后父为宗德侯 "宗德侯",汉书哀帝纪作"崇祖侯"。

④ 舅丁明封为(安)阳〔安侯〕 从龙溪本、学海堂本改。

⑤ 怀德侯 汉书哀帝纪作"平周侯"。

⑥ 钦为新城侯 "城",汉书哀帝纪作"成"。

⑦ 不宜(苍)〔仓〕卒如此 从南监本、龙溪本改。

⑧ (禁民)诸〔官织〕绮绣 从汉书哀帝纪改。

⑨ 无作〔输〕 从汉书哀帝纪补。

⑩ 掖庭(官)〔宫〕人　从南监本、龙溪本、学海堂本、汉书哀帝纪改。

⑪ 察(使)〔吏〕残〔贼〕酷虐　从学海堂本、汉书哀帝纪改。

⑫ 博士弟子父母〔死〕　从学海堂本、汉书哀帝纪补。

⑬ 大司(空)〔马〕王莽乞骸〔骨〕　从学海堂本、汉书哀帝纪改。

⑭ 故公车大〔谁〕卒　从学海堂本、汉书五行志补。

⑮ 九月庚申　"庚申"，汉书五行志作"丙辰"。

⑯ 郎中令(哀)〔襃〕　从学海堂本、汉书师丹传改。陈璞校云:汉书郎中令泠
　襃。年纪考异云:"时无郎中令,荀纪作令襃,令亦姓。"

⑰ 定陶恭(王)〔皇〕太后　从学海堂本、汉书师丹传改。

⑱ 又宜为恭皇(帝)立庙　从汉书师丹传删。

⑲ 陛下既(王)〔主〕　从学海堂本改。

⑳ 宗庙之(礼)〔祀〕　从学海堂本、汉书师丹传改。

㉑ 不得复奉恭皇(后)祭入其庙　从汉书师丹传删。

㉒ 不隳之(礼)〔祀〕　从学海堂本、汉书师丹传改。

㉓ 非所以尊厚恭皇(后)也　从学海堂本、汉书师丹传删。

㉔ 成都侯王(商)〔况〕　从汉书哀帝纪改。

㉕ (商)〔况〕免为庶人　从汉书哀帝纪改。

㉖ 循行举〔籍〕　从汉书哀帝纪补。

㉗ 御史(大夫)〔中丞〕众等议　从学海堂本、汉书薛宣传改。

㉘ 谓其近(主)〔君〕也　从龙溪本、学海堂本改。

㉙ (且)于(先)〔是〕况〔竟〕减死罪一等　从学海堂本改。

㉚ (大)〔太〕后从父弟　从南监本、龙溪本、学海堂本改。

㉛ 百(端)〔万〕之众　从南监本、龙溪本、学海堂本、汉书傅喜传改。

㉜ 汉散〔万〕金　从汉书傅喜传补。

㉝ 陛下〔之〕光辉　从南监本、龙溪本补。

㉞ 新(都)〔成〕侯赵钦(城)〔成〕阳侯赵䜣　从汉书哀帝纪改。

㉟ 尚书(薄)〔簿〕责　从汉书外戚传改。

㊱ 咒诅上及(博)〔傅〕太后　从南监本、龙溪本、学海堂本改。

㊲ 中谒者令史(陈)〔立〕……(亲)〔杂〕治其事　从汉书外戚传改。

㊳ 立迁中(大夫)太仆　从汉书外戚传删。

㊴ 二年春正月　"正",汉书天文志作"二"。

㊵ (论)〔荀悦〕曰　从龙溪本、学海堂本改。

㊶ 号曰帝太(皇)太后　从汉书哀帝纪删。

㊷ 称(宋)〔永〕信宫　从龙溪本、汉书外戚传改。

㊸ 称(永)〔中〕安宫　从汉书哀帝纪改。

㊹ 立〔恭皇〕庙于京师　从汉书外戚传补。

㊺ 而周室(廖)〔寥〕矣　从南监本、龙溪本改。

㊻ 待诏〔夏〕贺良等　从学海堂本、汉书李寻传补。

㊼ 齐人甘忠〔可〕　从学海堂本、汉书李寻传补。

㊽ 赤(松)〔精〕子教我此道　从学海堂本、汉书李寻传改。

㊾ 忠可〔可〕杀　从学海堂本补。

㊿ 以渭城〔西北原上〕永陵〔亭部为初陵〕　从汉书哀帝纪补。

(51) 遂下贺良等(议)〔吏〕　从汉书李寻传改。

(52) 李寻字子(良)〔长〕　从吴慈培校、汉书李寻传改。

(53) 无听(谗佞竭)〔女谒〕邪臣之态　从学海堂本、汉书李寻传改。

(54) 而(新)〔亲〕近于左右　从南监本、龙溪本、学海堂本改。

(55) 物有善而不〔可〕居　从黄校本补。

(56) 玄减死二等论晏削邑三分去一　"二"、"三",汉书朱博传分别作"三"、

420　　　"四"。

(57) (傅)〔博〕曰　从南监本、龙溪本、学海堂本改。

㊽ (孔)〔氾〕乡〔侯〕何武　从学海堂本、汉书何武传改。

(59) 有(应)〔声〕而无形　从吴慈培校、汉书五行志改。

60 不(日)〔出〕期年　从南监本、龙溪本改。

61 留见自言〔者〕事(者)毕乃发　从学海堂本、汉书朱博传乙正。

㉒ 决难知者十余事　"十余",汉书朱博传作"数十"。

㉓ 得〔为〕诸〔君〕覆思之　从汉书朱博传补。

㉔ 欲(士)〔仕〕宦者荐举之　从龙溪本改。

㉕ (居)〔半〕岁去官　从学海堂本、汉书游侠传改。

㉖ 外温(人)〔仁〕谦逊　从龙溪本、学海堂本改。

㉗ 睚眦于〔尘〕埃(尘)　从南监本、龙溪本乙正。

㉘ (独)〔触〕死者甚众　从南监本、龙溪本改。

㉙ 荀悦曰　当作"本传曰"。陈璞校云:三字疑误,此下汉书游侠传叙语,荀

未必以为己言也。

㉚ 至于(上)〔士〕庶人　从龙溪本、学海堂本改。

㉛ 侵官有(罪)〔罚〕　从汉书游侠传改。

㉜ (易)〔力〕政争强　从汉书游侠传改。

㉝ 背亲死党　"亲",汉书游侠传作"公"。作"公"义长。

㉞ 况郭解之(论)〔伦〕　从南监本、龙溪本、学海堂本改。

㉟ 惜乎不入〔于〕道德　从汉书游侠传补。

㊱ 淮南之徒　"徒",汉书游侠传作"后"。

㊲ 而(娄)〔楼〕护为(师)〔帅〕　从学海堂本、汉书游侠传改。

㊳ (九月)〔癸卯〕　从汉书哀帝纪改。

㊴ 帝(母)〔太〕太后　从汉书哀帝纪改。

㊵ 九月　汉书哀帝纪作"六月"。

㊶ 凡长六(尺)〔寸〕一(寸)〔分〕　从吴慈培校、汉书五行志改。

㊷ 泰畤〔汾阴〕后土祠　从汉书哀帝纪补。

㊸ 〔罢〕南北郊　从汉书哀帝纪补。

汉纪　孝哀皇帝纪下　卷第二十九

　　四年春正月,关东民相惊走,或持筹相与,号曰"西王母筹"。道中相逢多至数千人,或披发徒跣,斩斫门关,逾墙入屋,或乘骑奔驰,或致驿传行,经历郡三十六所①,至京师。又聚会祀西王母,设祭于街巷阡陌,博奕歌舞。又传言:"西王母告百姓,佩此符者不死。不信我言,视户枢中有白发。"故梁州刺史杜业以中正举,对曰:"春秋灾异,指象为言语。筹者,所以记数也。民,阴,水类也。水以东流为顺走,而西行,反类逆上象也。度数放逸,妄以相与,违忤民心之应也。西王母,妇人之称。博奕,男子之事。于街巷阡陌,明离(斗)〔闚〕内②,与(疆)〔疆〕外也③。临众盘乐④,(元)〔亢〕阳之应也⑤。白发,衰老之象也,体尊性弱,难治易乱。门,人之所由。枢,其要也。(君)〔居〕人之所由⑥,执持其要,甚明著。今外戚丁、傅甚盛,皇甫、三桓,诗人所刺,春秋所讥,无以过此。指象昭昭,以觉圣朝,奈何不应也!"本志以为"丁、傅所乱者小,此王太后与莽之应也"。

　　二月,封帝太〔太〕后从弟傅商为(武)〔汝〕昌侯⑦,太后同母弟子郑业为(长)〔阳〕信侯⑧。上将封傅商,问仆射(平阳侯)郑崇⑨,谏以为不可,因持书按出,不受诏。太后怒曰:"天子反为一臣所制。"上乃下诏封商。崇以为侍中董贤贵宠过度,数谏,由是重得罪。每以职事见责,发疾疽痈。欲言事,畏见罪;欲乞骸,复不敢。尚书令赵昌素害崇,知其见疏,因奏崇与(外)〔宗〕族通⑩,疑有奸,下狱死。

荀悦曰:夫臣之所以难言者何也?其故多矣。言出于口则咎悔及身。举过扬非则有干忤之祸,劝励教诲则有刺上之讥。下言而当则以为胜己,不当贱其鄙愚。先己而明则恶其夺己之明,后己而明则以为顺从。违下从上则以〔为〕谄谀⑪,违上从下则以为雷同,与众共言则以为专美。言而浅露则简而(簿)〔薄〕之⑫,深妙弘远则不知而非之。特见独知则众以为盖己,虽是而不见称;与众同之则以为附随,虽得之不以为功。据事(不)尽理则以为专必⑬,谦让不争则以为易。穷言不尽则以为怀隐,尽说竭情则为不知量。言而不效则受其怨责,言而事效则以为固当。或利于上不利于下,或便于左不便于右,或合于前而忤于后。或应事当理,决疑定功,超然独见,值所欲闻,不害上下,无妨左右,言立策成,终无咎悔。若此之事百不一遇,其知之所见万不及一也。且犯言致罪,下之所难言也;怫旨忤情,上之所难闻也。以难言之臣于难闻之主,以万不及一之时求百不一遇之知,此下情所以不上通。非但君臣,而凡言百姓亦如之。是乃仲尼所以愤叹"予欲无言"也。

三月,光禄勋贾延为御史大夫。

夏四月,天雨血山阳湖陵,广三丈,长五丈,大者如钱,小者如麻子。京房易传曰:"佞人禄,功臣戮,厥妖天雨血。"上欲封董贤,乃下诏曰："孙宠、息夫躬本因贤告东平王,遂封贤为高安侯,孙宠为(防)〔方〕阳侯⑭,躬为宜(阳)〔陵〕侯⑮,右师谭赐爵关内侯。"董贤,字圣卿,云阳人。少为太子舍人,美颜自喜。上即位,见幸,出则参乘,入侍左右,旬日之间赏赐巨万,贵震朝廷。上尝与昼寝,偏籍上袖,上欲起,贤未觉,不欲动贤,乃断袖而起。又召贤女弟为昭仪,及贤妻并旦夕侍左右。赐贤父恭爵关内侯,为卫尉,贤妻父为将作大匠。为贤起大第北阙下,重殿洞门,土木之功穷极伎巧,楹梁衣以锦绣。下至贤家僮仆皆受上赐,及武库禁兵,尚方珍宝。其选上等并在贤家,乘舆所服乃其副也。乃至东园秘器,珠襦玉柙皆以赐贤,无不备者。又令将作大匠为贤起冢义陵傍,内为便房,刚柏题凑,外为徼道,周(亘)〔垣〕数里⑯,门阙罘罳甚盛。诏书罢苑,而以赐贤二千余顷。贤第新成,无故门自坏。又上乳母王阿(圣)〔舍〕亦多受恩赐⑰,及武库兵器。执金吾东海毋(丘)将隆谏曰⑱:"春秋之义,家不藏甲,所以抑臣威,损私力也。不以本藏给无用,不以民力供浮费,所以别公私,示正路也。贤等便僻弄臣,恩私微妾,陛下以天下公用给其私门,举国威器供其家备。民力分于弄臣,武兵护其微妾,非所以正四方也。孔子曰:'奚取于三家之堂!'臣请收还武库。"上不悦。谏(议)大夫鲍宣上书曰⑲:"今朝廷无耆艾之臣,厚外亲小僮及勋贤等皆在公门省户,陛下欲以共承天地,安海内,甚难。今国家空虚,用度不足,贼盗并起,吏为残虐,岁增于前。民凡有七亡:水旱为灾,一亡也;县官重赋,二亡也;贪吏取受,三亡也;豪强大姓蚕食无厌,四亡也;苛吏徭役,农桑失时,五亡也;部落鸣鼓,男女遮列,六亡也;贼盗劫掠,七亡也。七亡尚可,又有七死:酷吏欧杀,一死也;治狱深刻,二死也;冤陷无罪,三死也;盗贼横杀,四死也;怨仇相残,五死也;岁恶饥馑,六死也;时气疾病,七死也。民有七亡而无一得,欲望国(富)〔安〕诚难[20];民有七死而无一生,欲望刑措,诚难。陛下不能安之,民将安归乎?奈何独私外亲与董贤!夫官爵非陛下之官爵,乃天下之官爵。陛下取非其官,官非其人,而欲望天悦民服,岂不难哉!孙宠、息夫躬辨足以移众,权足以独立,奸人之雄,宜时罢退。外亲幼童未精通经术者[21],宜就师傅。急征故大司马傅喜使领外戚。故大司空何武、故丞相孔光、故将军彭宣可任以政。龚胜为司直,郡国皆慎选举,三辅委输大官不敢为奸,可大任委也。陛下前以小过退武等,海内失望。陛下尚能容无功德者甚众,不能忍武等邪!治天下者当用天下之心,不得自专快意而已。上之皇天见谴,下之众元怨恨,次有谏诤之臣,陛下虽欲自薄而厚恶臣,天(地)〔下〕不听也[22]。"上以鲍子都名儒,遂优容之,深纳其言。后征武等为三公,拜宣为司隶校尉。后丞相光行园陵,行驰道中,宣出逢之,使使拘止丞相吏,没入其车马。宣坐摧辱宰相,事下御史,至司隶欲召捕宣从事,闭门不内。宣以拒使者不敬,下廷尉。博士弟子济南王咸等举幡太学下,曰:"欲救鲍司隶者立此幡下。"会者千余人,守阙上书,遂免宣抵罪,减死一等。既免,乃适上党,以为其地宜畜牧,少强豪,因家焉。息夫躬上言:"灾异屡发,法为兵,恐有非常之变。可遣大将军行边,勒武备,斩一郡守,以威四夷,用以厌异。"上然之,以问丞相嘉。嘉曰:"臣闻动民以行不以言,应天以实不以文。下民细微,犹不可诈,上天神明而可欺哉!辩士见一端而妄措意,谋动干戈,设为权变,非应天之道也。夫议政者,苦其诡谀倾险辩慧深刻也。诡谀则主德毁,倾险则下怨恨,慧辩则破正道,深刻则伤恩惠。惟陛下深察之。"上不听,遂欲出兵。会董贤沮躬议,以为不可,上乃免躬官,就国。未有第舍,寄居丘亭,奸人数守之。躬恐,每立亭中(祝)〔咒〕盗㉓。人有告躬(祝)〔咒〕诅上者㉔,逮躬系狱,仰天大呼,因僵地,绝咽而死。躬母圣弃市,家属徙合浦。四月,山阳方与女子田母台怀子,先未生三月,儿啼腹中,及生,不举,藏之陌上,三日,人过闻啼声,母掘出收养之。是时豫章男子化为女人,嫁为妇,生一子。本志以为"阳变为阴,上变为下,生一子,将复一世乃绝也。"

夏六月,尊帝太〔太〕后为皇太〔太〕后㉕。

秋八月,恭皇(后)园北(阙)〔门〕灾㉖。

元寿元年春正月辛卯㉗,日有蚀之。赦天下。丁巳,(帝)皇〔太〕太后傅氏崩㉘。

三月,丞相王嘉下狱死。初,廷尉梁相疑东平王狱有诬辞,奏请传诣长安,更下公卿议。尚书令鞠谭、仆射宗伯凤以为可许。上怒,三人皆免。嘉荐"相明习治狱,持平深重。谭颇知文雅,凤经明行修,臣窃为朝廷惜此三人"。上以此非嘉。后二十余日,上益封董贤二千户,因下诏(曰)〔切责〕公卿〔曰〕㉙:"朕即位已来,寝疾未平,反逆之谋相连不绝,贼乱之臣近侍帷幄。前东平王云〔与后谒〕咒诅朕躬㉚。〔使侍医伍宏等内侍案脉,几危社稷,殆莫甚焉!昔楚有子玉得臣,晋文为之侧席而坐;近事,汲黯折淮南之谋。今云等至有图弑天子逆乱之谋者,是公卿股肱莫能悉心务聪明以销厌未萌之故。赖宗庙之灵,侍中附马都尉贤等发觉以闻,咸伏厥辜。书不云乎,'用德章厥善'。其封贤为高安侯、南阳太守宠为方阳侯、左曹光禄大夫躬为宜陵侯㉛。"〕嘉上言:"王者代天爵人,尤且慎之。裂地而封，不得其宜，感动阴阳，以致灾异。今陛下体久不平，臣所以内惧也。<u>孝经</u>云：'天子有争臣七人，虽无道，不失其天下。'臣谨封上诏书，不敢露见，臣非敢爱死而不尽法，恐天下闻之，故不敢自(杀)〔劾〕^㉜。"上怒，召<u>嘉</u>诣尚书，责问以"<u>相</u>等前坐不尽忠，外附诸侯，操持两心，倍人臣之义。君位〔列三〕公^㉝，以分明善恶为职，而称举<u>相</u>等，迷国罔上，近自君始，谓远者何^㉞！"事下将军中朝者。皆劾<u>嘉</u>迷国罔上不道。光禄大夫<u>龚胜</u>独以为"<u>嘉</u>坐荐<u>相</u>等，罪微薄，不应以迷国罔上不道，不可以示天下"。遂使谒者召<u>嘉</u>诣廷尉诏狱。使者到，掾吏涕泣，和药进<u>嘉</u>。<u>嘉</u>引药盃击地，曰："丞相备位三公，奉职负国，当伏刑都市以示万姓。岂小儿女也，何为咀药而死！"<u>嘉</u>遂诣廷尉。使吏侵掠<u>嘉</u>，责之曰："君由当有以负国，入狱不虚。"<u>嘉</u>喟然仰天叹曰："幸得充位宰相，不能进贤退不肖，以此负国，死有余责。"吏问贤不肖之名，曰："贤是<u>孔光</u>、<u>何武</u>，不肖是<u>董贤</u>父子。"遂不食，欧血死。

<u>元始</u>中，追录忠臣，封<u>嘉</u>子<u>崇</u>为<u>新甫侯</u>，谥<u>嘉</u>曰忠侯。夏，御史大夫<u>贾延</u>免。五月乙卯，光禄大夫<u>孔光</u>为御史大夫。

秋七月，<u>光</u>为丞相，<u>何武</u>为御史大夫，由<u>王嘉</u>之举也。<u>光</u>与<u>武</u>奏言："迭毁之次，当以时定。臣请与群臣杂议。"于是光禄勋<u>彭宣</u>、博士<u>左</u>(丞)〔咸〕等五十三人皆以"祖宗已下^㉟，立五庙而迭毁，后虽有贤君，犹不得与祖宗并列。子孙虽欲褒而立之，鬼神不飨也。<u>孝武帝</u>虽有功烈，亲尽宜毁"。<u>王舜</u>、<u>刘歆</u>议曰："臣闻昔<u>周宣</u>北伐<u>猃狁</u>，<u>诗</u>颂其功。<u>齐桓</u>南伐<u>楚</u>，北伐<u>山戎</u>，<u>春秋</u>美之。及<u>汉</u>兴，中国虽平，犹有四夷之患，其为害久矣，非一世之渐也。<u>孝武皇帝</u>愍中国罢劳无安宁之时，乃南伐<u>百越</u>，起七郡(之师)^㊱；北攘<u>匈奴</u>，

降十万之众，置(吾)〔五〕属国㉟，起朔方，以夺其肥饶之地；东伐朝鲜，起玄菟、乐浪，以断匈奴之左臂；西伐大宛，并三十六国，起燉煌、酒泉、张掖，断匈奴之右臂。单于孤特，远遁(汉)〔漠〕北㊳。四方无事，(却)〔斥〕地(遂)〔远〕境㊴，起十余郡。功业既定，乃封丞相为富民侯，以大安天下，富(贵)〔实〕百姓㊵，规模可见。招集天下贤俊，与协心同谋，兴制度，改正朔，易服色，立天地之祀㊶，建封禅，殊官号，存周后，定诸侯，永无逆争之心，至今累代赖之。单于守藩，百蛮率服，万世中兴之功，未之有也。<u>高祖</u>建大业为<u>太祖</u>，<u>孝文</u>德至厚为<u>太宗</u>，<u>孝武皇帝</u>功至著为<u>世宗</u>，此<u>孝宣</u>所以发德音也。<u>礼记王制</u>及<u>春秋穀梁传</u>：天子七庙，诸侯五庙，大夫三庙。天子七日而殡，诸侯五，大夫三。天子七月而葬，诸侯五月，大夫三月。此丧事尊卑之序也，与庙数相应。又曰：‘天子三昭三穆，与太祖之庙而七；诸侯二昭二穆，与太祖之庙而五。’是故德厚者流(尊)〔光〕㊷，德薄者流卑。<u>左氏传</u>曰：‘名位不同，礼亦异数。’自上已下，降杀以两而已。七庙者，其正法数，可常者。宗不在此数中。宗，变也，苟有功德则宗，不可预为设数。故于<u>殷</u>，<u>太甲</u>为<u>太宗</u>，<u>大戊</u>为<u>中宗</u>，<u>武丁</u>为<u>高宗</u>。<u>周公</u>为<u>无逸</u>之戒，举<u>殷</u>三宗以戒<u>成王</u>。由是言之，宗无常数，然则所以劝帝者之功德博矣。以七庙言之，<u>孝武帝</u>未宜毁；以所宗言之，则不可谓无功德。<u>礼记</u>曰：‘功施于民则祀之，以劳定国则祀之，能救民患则祀之。’窃以<u>孝武皇帝</u>功德皆兼而有焉。凡此在于异姓犹祀之，况于先祖？或说天子五庙而无其文，说中宗、高宗者，宗其道而毁其庙。名与实异，非尊贤贵功之道也。<u>诗</u>云：‘蔽芾甘棠，勿翦勿伐。’思其人犹爱其树，况宗其道而毁其庙乎？迭毁之道自有常法，无〔殊〕功异德㊸，固以亲疏相推及。至祖宗之序，多少之数，经传无明文，至尊至重，难以疑文虚说定也。孝宣皇帝举公卿之议，用众儒之谋，既以为世宗庙，建之万世，宣布天下。愚臣以为孝武皇帝功烈如彼，孝宣皇帝崇立如此，不宜毁。"上贤歆议而从之。先是歆为光禄，贵幸。歆奏请立左传、毛诗、逸礼、古文尚书，诸儒咸不听，歆移书太常博士，责让之曰："尚书、左氏皆古文旧书，并藏于秘府。往者缀学之士不思废绝之阙，信口说而背传记，是末师而非往古，至于国家大事，则幽冥莫知其原。然犹补残守缺，挟恐见破之私意，而忘从善服义之公心，或怀妒嫉，不考情实，雷同相从，随声是非，岂不哀哉！此数家之事，皆先帝所亲论，今上所考视，其为古文旧书，皆有明验，内外相应，岂苟而已哉！夫礼失求之野，古文不犹愈于野乎？与其过而废之，宁若过而立。必若专己守残，党同门，妒道真，违明诏，失圣意，以陷于文吏之议，甚为二三君子不取也。"诸儒咸怨恨，而光禄大夫龚胜以歆移书乞骸。大司（农）〔空〕师丹奏歆非毁先帝所立㉔，变乱旧章，遂不得立。

八月，御史大夫何武免，前将军光禄大夫彭宣为御史大夫。上舅大司马丁明免㉟。明素重王嘉，以其死而怜之，故废。董贤为大司马卫将军，年二十二，虽为三公，仍给事中，领尚书。贤私过孔光，光衣冠而出门外待之，望见贤车乃却入。贤至中门，光又退入阁。贤下车，光乃出拜，迎送甚卑恭。上闻之（嘉）〔喜〕㊱，拜光二子为谏（议）大夫常侍。贤由此权与人主侔。上置酒，与贤父子亲属宴饮。上放酒，从容顾贤而笑曰："吾欲法尧禅舜，如何？"侍中王闳平阿侯之子谏曰："成王戏以桐叶封弟叔虞于晋，周公入贺曰：'天子无戏言。'夫天下者，高帝之天下，非陛下之天下。陛下以藩王入嗣孝成皇帝后，当奉宗庙，传于子孙无穷。汉帝制位，统业至重，不宜数有戏言！"上默然不悦，左右皆恐。于是遣闳出归郎署二十日，长乐宫深为闳谢。又御史大夫彭宣上封事，言安国危继嗣事。上觉悟，召闳，遂上书谏曰："臣闻王者立三公法三光，立九卿以法天，明君臣之义，当得贤人。易曰：'鼎折足，覆公𫗧。'喻三公非其人也。书曰：'元首明哉，股肱良哉！'以〔法〕天地[47]。昔孝文皇帝幸邓通，不过中大夫；孝武皇帝幸韩嫣，赏赐而已，皆不在大位。公孙弘以布被修德，擢备宰相。巧言令色，君子不贵。昔成汤拔伊尹于鼎俎，文王招吕尚于钓滨，武丁显傅说于版筑，桓公举宁戚于击角，皆以立霸王之功，腾茂绩于无穷，岂以利耳悦目为得意哉！今大司马卫将〔军〕高安侯董贤累世无功于汉朝[48]，又无肺腑之连，复无名迹高行以矫世。升擢数年，列备鼎足，典卫禁兵，主历天文，无功封爵，父子兄弟横蒙拔擢，赏赐空竭帑藏。万民喧哗，偶言道路，诚不当天心也。昔褎神虵变化为人，实生褎姒乱周国。恐陛下有过失之讥，贤有小人不知进退之祸，非所以建卓尔，垂法后世。陛下采刍荛，贤负薪，冀有益于毫釐。"言虽不从，多(门)〔闳〕年少志强[49]，卒为贤恕之。

　　二年春正月，匈奴乌(孙留)珠〔留〕单于、乌孙大昆弥伊秩靡来朝[50]。伊秩靡即公主之外孙也。单于之将朝也，上书自请。时上有疾，左右咸言匈奴来朝，中国辄有大故。上由是难之，以问公卿，亦以为虚费府库，可且勿许。单于使辞去，未发，黄门郎扬雄上书谏曰："六经之治，贵于未乱；兵家之胜，贵于未战。今单于上书求朝，而国家不许，臣以为匈奴从此隙矣。北(狄)〔地〕之(地)〔狄〕[51]，五帝所不能臣，三王所不能制。以秦始皇之强，蒙恬之威，带甲(数百)〔四十余〕万^㉜，而不敢窥西河。汉以高祖之威灵，(四)〔三〕十万众困于平城^㉝。孝文时侵暴北边，烽火通于甘泉，京师大(骇)〔骇〕^㉞，发三将军屯细柳、棘门、霸上以备之。孝武即位，设马邑之权，欲诱匈奴，觉而去，徒费财劳师。其后深惟社稷之计，规恢万世之基，乃大兴师数十万，连兵十余年。于是浮西河，绝大漠，破颜颜，袭单于王庭，穷极其地，封狼居〔胥〕山^㉟，禅于姑衍，以临(浣)〔瀚〕海^㊱，虏名王贵人以百数。自是之后，匈奴震怖，遂求和亲，然而未肯称臣。夫前世岂乐倾无量之费，役无罪之人，快心于沙漠之北哉？以为不一劳者不久逸，不暂费者不永宁，是以忍百万之师以投饿虎之口，殚运府库之财填弃卢山之壑而不悔。至宣皇之初，而虏尚有桀心，欲掠乌孙，侵公主，发五将之师十五万骑猎其南，长罗侯以乌孙五万骑震其西，时鲜有所获，徒奋扬威武，明汉兵若雷风耳。故北狄不伏，中国不得高枕也。其后匈奴内乱，五单于争立，日逐、呼韩携国归化，扶服称臣，然尚羁縻之，不能专制。自此之后，欲朝者不拒，不朝者不强。故未服之时，劳师远攻，倾国殚货，伏尸流血，(陂)〔破〕坚败敌^㊲，如彼之难也；既伏之后，慰籍抚循，交接赂遗，威仪俯仰，如此之备也。往时尝屠大宛之城，蹈乌桓之壁，探姑缯之垒，藉荡姐之场，倒〔朝〕鲜(卑)之旆^㊳，推南越之旗，近不过旬月之役，远不离(三)〔二〕时之劳^㊴，故已犁其庭，扫其庐，立郡县处之，云彻席卷，后无余灾。唯北狄不然，真中国之仇也，三垂比之悬矣。今单于款心归义，此乃上世之遗荚(也)^㊵，神灵之所(相)〔想〕望^㊶。奈何距以来厌之辞，疏以无日之期，消往日之恩，开将来之隙！使自绝于汉，终无北面之心，威之不可，喻之不能，焉得不忧乎！夫(伯牛)〔百年〕勤之^㊷，一朝失之，费十而爱一，臣窃为国不安也。"上乃召还匈奴使而许之。赐雄帛五十匹,黄金十斤。雄为人博学有大志,性清净,少嗜欲,简易佚傥,口不能剧谭,默而沉思。居贫,或无担石之储,晏如也。非其义,虽富贵,不事也。给事黄门郎,与王莽、董贤同位。时莽、贤所荐,莫不拔擢,而雄三世不徙官,其淡荣宠如此。时人皆忽之,唯刘歆、范逡以礼敬之,沛国(谭)〔桓〕谭甚重之⑥,钜鹿侯芭师事之。雄好赋颂,又似司马相如晚节,以为无益而辍止。乃依易著太玄经,其文(五十万)〔五千,说十余万言〕⑥,筮之以三(十)策⑥,关之以休咎,播之以人事,义合五经,而辞解剥玄体十一篇,复为章句。又著法言十四篇,欲以象论语。刘歆尝问桓谭曰:"雄之文能传乎?"谭曰:"必传。顾君与我不见也。人情贵远忽近,见雄容貌爵位不能动人,则轻其文。若后世遇明识君子,当度越诸子。"

二月,单于、昆弥归。夏四月〔壬辰晦〕⑥,日有蚀之。

五月,正三公官各分职。丞相孔光为大司徒,御史大夫彭宣为大司空,封长(安)〔平〕侯⑥。

六月戊午,帝崩于未央宫。时王莽以侯在第,太后召之,备佐丧事。莽白太后,收大司马董贤印绶。贤与妻皆自杀,夜葬。莽疑其诈死,发其棺,至狱视之,因埋狱中。贤故吏沛朱诩自劾去大司马(掾)〔府〕⑥,收贤尸。莽怒,以他事杀之。贤家属徙合浦。斥卖董氏财物凡(三十五)〔四十三万〕万⑥。太后诏公卿举可为大司马者,时群臣皆举莽。前将军何武与后将军公孙禄谋曰:"往孝昭之世,外戚持权,几危社稷。今不宜置异姓大臣持权,亲疏相错,为国计(不)便⑥。"于是禄举武可大司马,武亦举禄。莽讽有司更相劾奏互相举,皆免就国。大司马彭宣见莽专权,乞骸,莽白太后免宣就国。莽恨宣求退,故不赐安车与金。

八月,王崇为大司空。征立中山王(衍)〔衎〕㉑,元帝庶孙,中山孝王子是也,是为孝平帝。

九月壬辰㉒,皇帝葬义陵。

赞曰:本纪称"孝哀自为藩王及太子,文辞博敏,幼有令闻。雅性不好声色,时览卞射武戏。睹孝成之世禄去公室,权柄外移,是故临朝务揽主威,以则武、宣"。然董贤用事,大臣诛伤,有覆悚栋挠之凶。自初即位,有痿痹之疾,末年瘖剧,享国不永,乱臣乘间,岂不哀哉!世主览此,足以见成败之基,收后族之权,清俭爱民,可垂统也。

校勘记

① 经历郡三十六所　汉书五行志作"经历郡国二十六"。

② 明离(斗)〔闟〕内　从汉书五行志改。

③ 与(彊)〔疆〕外也　从汉书五行志改。

④ 临众盘乐　"众",汉书五行志作"事"。

⑤ (元)〔亢〕阳之应也　从黄校本改。"元",汉书五行志作"炕"。

⑥ (君)〔居〕人之所由　从汉书五行志改。

⑦ 封帝太〔太〕后从弟傅商为(武)〔汝〕昌侯　从龙溪本、学海堂本、汉书哀帝纪改。

⑧ 郑业为(长)〔阳〕信侯　从学海堂本、汉书哀帝纪改。

⑨ 仆射(平阳侯)郑崇　"平阳侯"衍,径删。

⑩ 因奏崇与(外)〔宗〕族通　从汉书郑崇传改。

⑪ 则以〔为〕诣谳　从陈璞校补。

⑫ 浅露则简而(簿)〔薄〕之　从南监本、龙溪本、学海堂本改。

⑬ 据事(不)尽理　从黄校本删。

⑭ 孙宠为(防)〔方〕阳侯　从学海堂本、汉书佞幸传改。

⑮ 躬为宜(阳)〔陵〕侯　从学海堂本、汉书佞幸传改。

⑯ 周(亘)〔垣〕数里　从学海堂本、汉书佞幸传改。

⑰ 乳母王阿(圣)〔舍〕　从学海堂本、汉书毋将隆传改。

⑱ 毋(丘)〔将〕隆　从学海堂本、汉书毋将隆传改。

⑲ 谏(议)大夫鲍宣　"议"衍,径删。

⑳ 欲望国(富)〔安〕诚难　从汉书毋将隆传改。

㉑ 外亲幼童未精通经术者　汉书鲍宣传无"精"字。

㉒ 天(地)〔下〕不听也　从吴慈培校、汉书鲍宣传改。

㉓ 每立亭中(祝)〔咒〕盗　从南监本、龙溪本改。

㉔ 有告躬(祝)〔咒〕诅上者　从南监本、龙溪本改。

㉕ 尊帝太〔太〕后为皇太〔太〕后　从汉书哀帝纪补。

㉖ 恭皇(后)园北(阙)〔门〕灾　从学海堂本、汉书哀帝纪改。

㉗ 春正月辛卯　"辛卯",汉书哀帝纪作"辛丑"。

㉘ (帝)皇〔太〕太后傅氏崩　从汉书哀帝纪改。

㉙ 因下诏(曰)〔切责〕公卿〔曰〕　从汉书王嘉传改。

㉚ 前东平王云〔与后谒〕咒诅朕躬　从汉书王嘉传补。

㉛ 〔使侍医伍宏等内侍案脉……左曹光禄大夫躬为宜陵侯〕　此段文脱,从
汉书王嘉传补。

㉜ 故不敢自(杀)〔刭〕　从汉书王嘉传改。

㉝ 君位〔列三〕公　从南监本、龙溪本、学海堂本补。

㉞ 谓远者〔何〕　从学海堂本、汉书王嘉传补。

㉟ 博士左(丞)〔咸〕等五十三人　从学海堂本、汉书韦贤传改。

㊱ 起七郡(之师)　从汉书韦贤传删。

㊲ 置(吾)〔五〕属国　从南监本、龙溪本、学海堂本、汉书韦贤传改。

㊳ 远遁(汉)〔漠〕北　从南监本、龙溪本、学海堂本改。

㊴ (却)〔斥〕地(遂)〔远〕境　从学海堂本、汉书韦贤传改。

㊵ 富(贵)〔实〕百姓　从汉书韦贤传改。

㊶ 立天地之祀　"祀"，汉书韦贤传作"祠"。

㊷ 德厚者流(尊)〔光〕　从学海堂本、汉书韦贤传改。

㊸ 无〔殊〕功异德　从汉书韦贤传补。

㊹ 大司(农)〔空〕师丹　从汉书师丹传改。

㊺ 大司马丁明免　汉书哀帝纪系于"秋九月"。

㊻ 上闻之(嘉)〔喜〕　从龙溪本、学海堂本、汉书佞幸传改。

㊼ 以〔法〕天地　从南监本、龙溪本、学海堂本补。

㊽ 今大司马卫将〔军〕　从南监本、龙溪本、学海堂本补。

㊾ 多(门)〔闳〕年少志强　从南监本、龙溪本、学海堂本补。

㊿ 匈奴乌(孙留)珠〔留〕单于　从南监本、汉书匈奴传改。

51 北(狄)〔地〕之(地)〔狄〕　从汉书匈奴传乙正。

52 带甲(数百)〔四十余〕万　从汉书匈奴传改。

53 (四)〔三〕十万众　从汉书匈奴传改。

54 京师大(骇)〔骇〕　从南监本、龙溪本、学海堂本、汉书匈奴传改。

55 封狼居〔胥〕山　从学海堂本、汉书匈奴传补。

56 以临(浣)〔瀚〕海　从南监本、龙溪本、学海堂本、汉书匈奴传改。

57 (陂)〔破〕坚败敌　从汉书匈奴传改。

58 倒〔朝〕鲜(卑)之旃　从汉书匈奴传改。

59 远不离(三)〔二〕时之劳　从汉书匈奴传改。

436　60 上世之遗策(也)　从汉书匈奴传删。

61 神灵之所(相)〔想〕望　从龙溪本、学海堂本、汉书匈奴传改。

62 夫(伯牛)〔百年〕勤之　从南监本、龙溪本、学海堂本、汉书匈奴传改。

63 沛国(谭)桓〔谭〕甚重之　从龙溪本、学海堂本、汉书扬雄传乙正。

64 其文(五十万)〔五千说十余万言〕　从汉书扬雄传文改。

65 筮之以三(十)策　从汉书扬雄传删。

(66) 夏四月〔壬辰晦〕 从吴慈培校、汉书哀帝纪补。

(67) 封长(安)〔平〕侯 从学海堂本、汉书哀帝纪改。

(68) 大司马(掾)〔府〕 从汉书佞幸传改。

(69) 斥卖董氏财物凡(三十五)〔四十三万〕万 从汉书佞幸传改。

(70) 为国计(不)便 从汉书何武传删。

(71) 征立中山王(衎)〔衎〕 从南监本、龙溪本、学海堂本改。

(72) 九月壬辰 “壬辰”,汉书哀帝纪作“壬寅”。

汉纪　孝平皇帝纪　卷第三十

　　皇帝壬寅即位①，九岁。大司徒孔光为太傅，左将军甄丰为少傅，右将军(冯)〔马〕宫为大司徒②。太皇太后临朝，大司马王莽秉政，百官总己以听之。孝成赵皇后、孝哀傅皇后皆以前骄恣废，自杀。莽以孔光名儒，历相三主，太后所敬，天下所信(伏)〔服〕③，于是盛尊事光。莽素所不悦者皆(传治)〔傅致〕其罪④，为请奏光，光不敢不上。莽白太后，皆可其奏。皆免官，徙诸远方。平阿侯仁，莽之从父兄也，中正直言；红阳侯立，莽叔父。莽恐其害己，从容言于太后，皆奏遣就国。于是附顺者皆拔擢之，忤恨者诛灭之。以王邑为腹心，甄邯、甄丰主(诀)〔决〕断⑤，平宴典机事，刘歆主文章，孙建为爪牙。丰子寻、歆子棻、涿郡崔发、南阳陈崇皆以才能称，得幸于莽，并在显职。莽色厉而言方，欲有所为，微见风采，党与承旨而显奏之，因固谦让，示不得已，上以惑太后，下以取信于众庶。

　　元始元年春正月，越裳氏重译献白雉一，黑〔雉〕二⑥。莽令益州讽使之也。群臣奏言莽功德比周公，宜赐号安汉公，益封三万户，莽(因)〔固〕辞封⑦。孔光等以定策安宗庙，皆益封。

二月丙辰,太傅孔光为太师,车骑将军王舜为太保,(大司空)左将军甄丰为少傅⑧。立故东平(天)〔王〕云太子开明为王(孙)⑨,故桃乡顷侯子成都为中山王。封宣帝(玄)〔耳〕孙信等三十六人为列侯⑩。自汉初至此,王子侯者凡四百八十人。令诸侯王、关内侯、列侯无子〔而〕有孙(者)若〔子〕、同产子皆得为嗣⑪。

三月⑫,置羲和官,秩二千石;外史、闾师,秩六百石。班教化。朔方广牧女子赵春死,(官)〔棺〕敛六日⑬,出在棺外,自言见死夫与父,曰:"年二十七,不当死。"本志曰:"死者又生,至阴为阳,下人为上。"丙辰⑭,义陵寝神衣在匣中,自出在外床上。

夏五月丁巳朔,日有食之。赦天下。尊帝母中山孝王姬为后。帝舅卫宝、宝弟玄爵关内侯,帝女弟四人号皆曰君,食邑各二千户。封周公后公孙相如为褒鲁侯,孔子后孔均为褒成侯。追谥孔子为褒成宣尼公。

六月,长安女子生儿,两头异颈,面相向,四臂共胸,俱前向,尻上有目,长二寸。本志以为"凡妖之作,以谴失正,各象其类。二首,上不一也;手多,下僭滥也;足少,不胜任也。下体生于上,不敬也;上体生于下,媟渎也。人生而大,速成也;生而能言,好虚也。(郡)〔群〕妖推此类⑮,或人不改,乃成凶。"秋九月,赦天下徒。

二年春,黄支国献犀牛。三月癸酉⑯,大司空王(舜)〔崇〕病(死)〔免〕⑰。

夏四月,立代孝王玄孙之子如意为广宗王,江都易王后盱眙侯宫为广川王,广川惠王曾孙伦为广德王。封周勃、霍光、樊哙后皆为列侯,郦商等子孙一百三十人爵关内侯,食邑。丁酉,少傅甄丰为大司空。夏,大旱,蝗,青州尤甚。安汉公、四辅、公卿大夫、吏民为百姓困乏献田宅者二百三十人，以赋贫民。罢安定〔呼〕池苑⑱，以为安民县。六月，有石陨于钜鹿，二。

秋九月戊申晦，日有蚀之。赦天下。是岁，光禄大夫孙宝为大司农。宝字子严，颍川人也。初，御史大夫张忠欲令授子经，宝自劾去，忠谢之。后以为主簿。或问宝曰："高士不为主簿，而子为之，何也？"宝曰："大夫荐用，一府不以为非者，人安得独自高？前日君男欲学文，而移宝自近。礼(闻)〔有〕来学⑲，义无往教；道不可屈，身屈何伤？且不遇者何所不为，况主簿乎！"忠闻之，甚惭，荐为议郎。后为丞相司直。红阳侯立与南郡太守李尚共为奸利，宝按(劾)〔验〕⑳，劾立、尚。尚下狱死。立虽不坐，后卒以是废。后为京兆尹。处士侯文常称疾，刚直不肯仕，宝以礼自请文，为布衣交。会立秋(曰)〔日〕㉑，文自请受署督邮。有杜稚季者，大侠也，善定陵淳于长，长深以托宝。文欲诛之，宝问其次，文曰："豺狼当道，安问狐狸！"宝默然不应。稚季闻之，杜门不出外，穿后墙为小户，旦暮自持锄治园，不敢犯法。越嶲郡上言黄龙游江中，大臣称莽功德比周公。宝曰："周公上圣，召公大贤，尚(尤)〔犹〕不悦㉒。今有一事，(郡)〔群〕臣同声㉓，得非不美者乎！"时大臣皆失色，而宝不变。坐免官，终于家。

三年春，诏博采二王后及周孔世(卿)、列(候)〔侯〕在长安适子女㉔，王氏女多在选中。莽恐与己女争位，上书言："莽女不宜与诸女并采。"太后以为至诚，乃下诏曰："王氏女，朕之外家，皆勿采。"于是吏民守(关)〔阙〕上〔书〕者千余人㉕，愿得以安汉公女为天下母。太后不得已，独采莽女。群臣卿士金曰："安汉公女宜为后，参以蓍龟，咸曰元吉。"乃考定娶礼，正十二女之宜。

夏，安汉公奏车〔服〕制度之宜㉖，吏民养生、送死、嫁娶、奴婢、田宅、器械之品，郡国学校教训之礼。〔阳〕陵（阳）任横等称将军㉗，盗库兵，攻（宫）〔官〕寺㉘，皆伏诛。

秋八月，天雨草，状如莎，相摎结如弹丸。莽世子宇非莽隔绝卫氏，恐帝长大后怨，即私于帝舅卫宝，劝令帝母上书求入朝。莽白太后，不听。宇与其妻兄吕宽及师吴章议其故，章以莽不可谏，而好鬼神，章因推类而说莽，令归政于卫氏。宇使宽夜持血洒莽第，门吏发觉之。执宇送狱，及妻皆死，卫氏尽诛灭。穷治其事，吕宽所连及郡国豪杰素非己者，杀于市门，海内震焉。吴章者大儒，所教千有余人，莽悉欲禁锢其门人，门人改名他师。时司徒掾平陵侯李敞独自劾为吴章弟子，收葬章尸。王舜闻而义之，比之栾布，表为谏（议）大夫。

四年春正月，郊祀高祖以配天，宗祀文帝以配上帝。改殷绍嘉公曰宋公，周承休公曰郑公。诏："妇人非自犯法，男子八十已上十岁已下㉙，家非坐不道，诏所（召）〔名〕捕㉚，〔它〕皆〔无〕得系㉛。其当验（闻）〔问〕者㉜，则验问。"

二月丁未，立皇后王氏，赦天下。遣太仆王恽等八（十）人㉝，置副假节，巡行天下，观风俗。赐九卿已下至六百石、宗室有属籍者爵，各有差。赐民爵一级。鳏寡孤独高年帛。时吏民上书者八千余人，咸曰："伊尹为阿衡，周公为太宰，七子皆封。"有司以为宜如所言，遂假安汉公号为宰衡，位上公。赐莽（大）〔太〕夫人号〔功〕显君㉞，食邑二千户，黄金印赤绂。子男皆封列侯。太后亲临前殿，莽拜于〔前，二子拜〕后㉟，如周公故事。莽奏立明堂、辟雍，尊孝宣庙为中宗庙。莽欲悦太后意，乃以（致）〔郅〕支功尊孝元庙为高宗㊱。为学者筑舍万区,所益博士员经各五人,征天下有才能及小学、异艺之士,前后至者数千人。群臣奏宰衡位在诸侯王上。初置西海郡,徙天下犯法者处之。时莽遣〔使〕多持金帛㊲,诱塞外羌豪等献地请降,曰:"闻太后圣明,安汉公至仁,天下太平。近岁已来,羌人无疾苦,故思乐内属。"莽因奏言:"谨按已有东海,未有西海,请以羌献地为西海郡。"又赂匈奴令上书曰:"闻中国讥二名,故名囊知(互)〔牙〕斯㊳,今更名智,以顺制作。"梁〔王〕立有罪㊴,徙废汉中,自杀。分京师置前辉光、后丞烈二郡。更公卿、大夫、八十一元士,〔官〕名位次及十二州名、分界、郡国所属㊵。冬,大风吹长安城东门屋瓦且尽。莽所遣使者八人行风俗还,言天下郡国齐同,诈为郡国造歌谣,颂功德,凡三万言。又奏市无二价,官无狱讼,民无盗贼,野无饥人,道不拾遗,男女异路,交致太平。

五年春正月,祫祭明堂。诏:"太上皇已来族亲,各以世氏,郡国(致)〔置〕宗师以纠之㊶,致教训焉。考察不从教令有冤失职者,宗师因邮亭上书宗伯,以闻。"

夏四月乙未,太师孔光薨,大司徒冯商为太师。是时吏民上书荐莽者前后四十八万七千五百七十二人,及诸侯王、公卿见者皆叩头言,宜加赏于安汉公。于是诏策加莽九锡之命。羲和刘歆等四人治明堂、辟雍,王恽等八人使行风俗,(宜)〔宣〕明德化㊷,皆封为列侯。闰月,立梁孝王九世孙音为梁王。

冬十月乙亥,高原庙殿门灾。本志以为"高庙长安城中,原庙在渭北,不宜立"。初,惠帝为出游长乐宫,方筑复道在高庙道上。叔孙通曰:"子孙奈何乘高庙道上行?"帝惧,遂急毁之。叔孙通曰:"人君无过举。愿陛下因为原庙渭(上)〔北〕㊸,衣冠出游之处立庙。(按:有缺文)㊹太后导而临朝,任莽非正之象也。

冬十有二月,长乐少〔府平晏〕为大司徒㊺。丙子㊻,帝崩于未
央宫。时元帝统绝,宣帝有(孙五)〔曾孙五十余人〕㊼,畏其长也,言
兄弟不得相为后,乃征(元)〔宣〕帝玄孙广戚侯子婴㊽,三岁㊾,托以
为卜相最吉而立之。前辉光谢嚣奏言武功(亭)长孟(宗)〔通〕浚井
得白石丹书㊿,言安汉公为皇帝。符命之兴,自此始也。莽遂谋为
居摄,以周公故事皆如天子之制。明年,改元为居摄元年。莽奏言
帝母丁姬、祖母傅太后葬不应礼,皆发其冢。既开,傅太后冢崩,压
杀数百人,臭闻数里。发丁姬冢,有火出四五丈,群燕御土投冢上。

赞曰:孝平之世,政自莽出,褒善显功,以自尊盛。观其文辞,
方外百蛮,无思不服,休征嘉应,颂声并作。至于异见于上,民怨于
下,莽亦不能文也。

居摄元年春二月㉛,立婴为皇太子,号曰孺子。

夏四月,安众侯刘崇与(丞)相张绍谋曰㉜:"安汉公必危刘氏。
吾帅宗族为先,海内必和之。"遂合党万余人攻宛城,不能入而败。
绍者,张竦之从(弟)〔兄〕㉝。竦与崇族父刘嘉诣阙自归,莽赦之不
罪。竦为嘉作奏曰:"建(初)〔平〕元寿之间㉞,大统几绝。陛下圣
德拯救,国命复延。临朝统政,动以宗室为始,登用九族为先。故
乱则统理,危则致其安,祸则引其福,绝则接其继,幼则代其任,
夙夜孜孜不已,凡以为天下,厚刘氏也。建辟雍,立明堂,班大法,
流圣化。天下颙颙,引领而叹,颂声洋洋满耳,人无愚贤男女,皆喻
旨意。而刘崇独怀悖惑之心,操畔逆之虑,恶不忍闻,罪不容诛,诚

子臣之仇,宗室之仇也。是故亲属震落而告其罪,民人溃叛而弃其兵,进不跬步,退(不)伏〔其〕殃^{⑤⑤}。臣闻叛逆之国,既以诛讨,则潴其宫以为污池,纳垢浊焉,名曰凶墟。虽生菜茹,而民不食。四墙其社,覆上(浅)〔栈〕下^{⑤⑥},(着)〔著〕以为诫^{⑤⑦}。臣不胜愤愤之情,愿为宗室唱始,父子兄弟持畚荷锸,驰到南阳,潴崇宫室,令如古制。及崇社宜如亳社。盛称功德。"莽大悦,封为(师)〔帅〕礼侯^{⑤⑧},七(日)〔子〕皆赐爵关内侯^{⑤⑨}。封竦淑德侯。长安为之语:"欲得封,过张伯松;力战斗,不如巧作奏。"自后反者皆污池云。群臣复白太后:"刘崇等所以谋反者,莽权轻也。宜尊莽以镇海内。"

五月甲辰,莽称"假皇帝"。

冬十月丙辰,日有食之。是岁,西羌庞恬、(传)〔傅〕幡反^{⑥⓪},遣护羌校尉窦况(平)〔击〕之^{⑥①}。

〔其〕二年春^{⑥②},窦况破西羌。

夏四月^{⑥③},更造货:错(力)〔刀〕^{⑥④},一直(三十)〔五千〕^{⑥⑤};契刀,一直五百;大钱,一直五十,与五铢并行。

九月,东郡太守翟义立严乡〔侯〕刘信为天子^{⑥⑥}。东平王云子也。翟义,方进小子也^{⑥⑦}。义将起兵,谓其姊子上蔡陈丰曰:"莽必代汉。吾父子受国厚恩,当为国讨贼。假令时不成,死国埋名,犹可以不惭先帝。汝其从我乎?"丰年十八,壮勇,许诺。遂与东郡刘宇、严乡侯刘信、信弟璜结谋。初,信兄开明立为王,无子,而信子匡嗣立为东平王,故义并东平(王)而立信^{⑥⑧}。义自为大司马柱天大将军,以东平王傅苏隆为丞相,〔中尉皋〕丹为御史大夫^{⑥⑨}。东平王孙(卿)〔庆〕素有智略^{⑦⓪},以明兵法,在京师。义乃诈移书以重罪传逮庆。移书郡国,言"莽毒杀平帝,摄天子位,欲以绝汉。今天子已立,恭行天罚”。郡国振动,比到山阳,众十余万。莽惶恐,抱孺子祷郊庙,作策告,遣(谏议)大夫桓谭等告谕天下当反政之意[71]。乃收族义家后母及兄宣,皆死。遣王邑、孙建等十八人将兵击义[72],又置腹心七将军屯关中以自备。

冬十有二月,王邑等破翟义,斩刘璜。义与信弃军亡。义捕得,传尸长安,磔陈都市。信卒不得。初,闻兵,茂陵以西二十三县贼尽发,赵明、霍鸿等自称将军,劫掠吏民,众十余万,火见未央宫(殿)前〔殿〕[73]。

其三年春,地震,大赦天下。明、鸿等皆破。莽自以威德遂盛,获天人助,乃谋即真之事。秋七月[74],莽母功显君死,意不在丧[75],为缌缞服而加麻环绖,如天子吊诸侯之礼,自以为摄天子位,不敢服其私亲也。凡一吊会葬皆如初,令新都侯(崇)〔宗〕为主[76],服丧三年。广饶侯刘京上书言:“齐郡临淄县亭长(卒)〔辛〕当〔尝〕(甍)〔梦〕见人曰[77]:‘天公使我告亭长,居摄皇帝当为真。不信我,亭中当有新井。’亭长起视(庭)〔亭〕中[78],有新井百尺。”又太保〔属〕臧(洪)〔鸿〕奏(新井亭长)符命[79],言雍(巴郡)〔石〕得铜符帛图[80],文曰:“天告帝符,献者封侯。”莽于〔是〕改居摄三年为初始元年[81]。期门郎张充等(交)〔六人〕谋共劫莽[82],立楚王。发觉,诛死。梓潼人哀章作铜匮,为两检:其一曰“天帝行玺金匮图”,其二曰“赤帝〔行〕玺某传与黄帝莽金策书[83]”。某者,高皇帝名也。言莽为真天子,图书莽大臣八人,有王盛、王兴,(袁)〔哀〕章因自窜其名[84],凡十一人,皆署官爵,为辅佐。以付高庙仆射,以闻。戊辰,莽到高庙拜受金匮,遂即天子位,改正朔,易服色,以十二月为正,以鸡鸣(时)为〔时〕(朔)[85],色尚黄。初,高帝时得秦玉玺,因服,命之名传国玺，莽令王舜从太后求之。太后怒，骂舜："汝不顾义。我汉家(寡)老〔寡〕妇⑧，旦暮且死，用此玺俱葬。终不可得！"太后因号泣而言，左右莫不垂涕。舜悲不自胜，良久乃白太后曰："臣等已无可言。莽必欲得之，太后宁能终不与邪！"太后恐欲劫之，乃出投之于地，曰："我老已死矣，知汝兄弟不久灭族矣！"乃尊太后为新室文母。莽以十〔二〕月癸酉朔为建国元年⑧。

春，大赦天下。乃策命孺子曰："咨尔婴，昔皇天佑乃太祖，历代十二，享国二百一十载，天之历数在于予躬。诗不云乎'侯服于周，天命靡常'。封尔为定安公，永为新室宾。于戏！敬天之休，往践乃位，无废朕命。以平原、安德、漯阴、鬲、重丘合凡万户为(安)定〔安〕公国⑧。立汉祖宗之庙于其国，与周后并，行其正朔、服色。"读策毕，莽亲执孺子手，流泣歔欷，曰："昔周公摄位，终得复子明辟，今予独迫皇天威命，不得如意！"哀叹良久。中傅将(太)〔孺〕子下殿⑧，北面称臣。百僚陪位，莫不感动。以孝平皇帝后为(安)定〔安〕太后⑧，复更号曰黄皇室主，欲嫁之，主不听。莽案金匮，辅臣皆封拜：王舜为太师，平晏为太傅，刘歆为国师，哀章为国将，是为四辅；甄邯为大司马，王寻为大司徒，王邑为大司空，是为三公；甄丰为更始将军，王兴为卫将军，孙建为立国将军，王盛为前将军，是为四(辅)将(军)⑨。凡十一人，以应符命之名。孺子居其邸，使者监护。敕阿保乳母不得与语，至壮大，不能名六畜。莽定诸侯王皆称公，及四夷皆更为侯。更作小钱，径六分，文曰"小钱"，与"大钱"一直五十者为二品，并行。

夏四月，徐乡侯刘快结党千数，起兵于其国。快兄殷，故汉胶东王，时改为扶〔崇〕公⑨，国在即墨。快攻(校)〔殷〕⑩，殷闭城拒。

447

快败走，死。莽增殷国为万户。复井田制。遣五威将军王奇等班符命四十二篇于天下，以著代汉之符，赦天下。五威将军皆乘乾文(军)〔车〕⑭，驾坤六马，背负鹭鸟之毛，服饰甚伟。各置左右前后中帅，凡五帅。衣冠各如其方色。将军持节，称(大)〔太〕一之使⑮；帅持幢，称五帝之使。(各)〔冬〕雷⑯，桐华。真定、刘都等谋起兵，发觉，诛。真定、常山大雨雹。

其二年，莽之九月，戊己校尉史陈良、终带共杀校尉刁护，劫略吏士，自称汉大将，亡入匈奴。

十有二月，雷。更名〔匈奴〕单于号曰降奴服于(知)⑰。时多作符命以得封侯，其不为者戏曰："独天帝无除书？"自是莽乃禁之。初，甄丰、刘歆、王舜等建"安汉"、"宰衡"之号，非复〔欲〕令莽居摄也⑱。及即真，歆、舜内惧，而丰性刚，形于颜色。丰子寻复作符命，〔言〕故汉氏平帝后黄皇室主为寻妻⑲。莽发怒，收寻，皆死，连者数百人。词及扬雄，时校书在天禄阁，使者欲收之，雄恐惧，自投阁下，几死。莽闻之曰："雄素不豫事，何故在此间？"请问其故，乃歆子棻从雄问奇字。有诏勿问。莽之为人大口、蹙颔，露眼赤睛，大声如嘶，长七尺五寸，好厚履高冠，反脣仰视。或云："所(为)〔谓〕鸱目虎喙豺声也⑳，故能啖人，亦〔当〕为人所啖㉑。"莽闻而诛之。王舜自莽即位，病悸而死。

其三年，遣谒者持节，安车印绶，拜楚国龚胜为太子师友祭酒，秩上卿。使者之郡，太守、县邑长吏、三老官属、行义诸生千人入胜舍致诏书，胜因称病笃。使者以印绶加胜，辄推去。使者(自上)〔言〕请留守㉒，胜以秋凉发。胜知不免，谓门人高晖等曰："吾蒙汉之厚恩，岂以一身事二姓？"遂不食十四日而死。有父老吊哭甚哀，曰：“嗟乎！薰以香自烧，膏以明自消。<u>龚生</u>竟夭天年，非吾徒也。”遂出，莫知其谁。<u>胜</u>字君宾，与同郡<u>龚舍</u>字<u>长倩</u>友善，故世称<u>两龚</u>，并著名节。<u>胜</u>，哀帝时为谏（议）大夫，荐<u>龚舍</u>、<u>宁寿</u>，皆征。<u>胜</u>曰：“窃见国御巫医，尚为驾御，贤士宜有驾。”于是诏从之。<u>寿</u>称疾不至。<u>舍</u>至拜谏（议）大夫，以疾免，即就家拜<u>太山</u>太守。使者到县，请<u>舍</u>到庭受拜。<u>舍</u>曰：“王者以天下为家，何必于官^⑩？”遂就家拜之。至官数月，以疾乞骸归。〔<u>琅邪邴汉</u>〕兄子<u>曼容</u>亦养志自修^⑩，为官不肯过六百石，辄自免去。<u>莽</u>以安车迎<u>齐薛方</u>，曰：“<u>尧</u>、<u>舜</u>在上，下有<u>巢</u>、<u>许</u>，今则主上方隆<u>唐</u>、<u>虞</u>之德，亦犹小臣欲守<u>箕山</u>之节。”<u>莽</u>悦而听之。<u>隃麋郭钦</u>、<u>杜陵蒋诩</u>字<u>元卿</u>，皆以郡守刺史，以廉（耻）〔直〕著名^⑩。<u>齐国栗融</u>字<u>客卿</u>、<u>北海禽庆</u>字<u>子夏</u>、<u>苏章</u>字〔<u>游卿</u>〕、<u>山阳曹竟</u>字<u>子期</u>^⑩，皆大儒，俱不仕<u>莽</u>。<u>池阳</u>有小人影，长尺余，或乘车马，或步行，操持万物，小大皆自称，三日乃止。海滨蝗^⑩。河水泛<u>清河</u>以东数郡。<u>莽</u>征能治河者至以百数。大略〔异〕者^⑩，长水校尉<u>平陵关并</u>言：“河决率（尝）〔常〕于<u>平原</u>、<u>东郡</u>左右^⑩，其地形下而土疏恶也。闻<u>禹</u>治河，本空此地。以为南北不过百八十里，（河）〔可〕空此地^⑩，不为官亭民室而已。”大司马掾<u>张</u>（式）〔戎〕言^⑪：“水性就下，行疾则自刮成空而稍深。河水重浊，号一石水六斗泥。今西方诸郡及京师民引<u>河</u>、<u>渭</u>水以溉田。春夏少水时，故河流迟，贮淤而稍浅；雨多（小）〔水〕暴至^⑫，则溢决。而国家数堤塞之，稍益高于平地，犹筑垣墙而贮水也。可顺从其性，无复以灌溉，则水道通利，无溢决之害矣。”<u>临淮韩牧</u>以为“可略于<u>禹贡九河</u>处穿之，纵不能为九，但为四五，宜有益”。大司空掾<u>王</u>（璜）〔横〕言^⑬：“河入<u>渤海</u>，地高于<u>韩牧</u>所欲穿处。往者天尝连雨，东北风,海水溢,西南出,浸数百里,九河地悉为海水渐矣。禹之行河水,本从西山下东北去。周(书)〔谱〕曰:'定王五年河徙⑪',则今所行非禹之所穿也。又秦攻魏,决河灌其都,决处遂大,不可复补。宜却徙完平处,更开空,使缘西山足乘高地东北入海,乃无水灾。"事亦无施行者。

其四年夏,赤气出东方,竟天。东北西南皆反乱侵边。

其五年二月,文母皇〔太〕后崩⑮,葬渭陵,与元帝合而沟(水)绝之⑯。立庙于长安,新室世世献祭。元帝配食,坐于床下。莽为后服丧三年。西域焉耆国叛,杀都(尉)〔护〕⑰。

冬十有一月,孛星出。

其六年三月壬申晦⑱,日有蚀之。四月(殒)〔陨〕霜⑲,杀草木。

六月,黄雾四塞。

秋七月,大风拔树木,北阙城门瓦飞。雨雹,杀牛羊。莽以周官、王制之文,置卒正、连帅、大尹,职如太守;属长,职如都尉。置州牧,见礼如三公;(郡)〔部〕监二十五人⑳,位上大夫,各主五郡。皆世其官。分长安〔城旁〕六(卿)〔乡〕㉑,置(六师)〔帅〕各一人㉒。分三辅为六尉郡。河东、河南、河内、弘农、颍川、南阳为六隊郡,置大夫,职如太守;属正,职如都尉。及它官名悉改。大(都)〔郡〕至分为(六)〔五〕㉓,郡县以亭(长)为名者三百六十㉔。其后数变更,一郡至五易名,而旋复其故。吏民不能记,每下诏书,辄系其本名而兼言之。令天下小学,以戊子代甲子为六旬首。

其七年春,日中星见。民讹言黄龙堕地,死黄山宫中,百姓奔走观者万数。莽制礼作乐,说六经,公卿旦入暮出,连年不决。十一公〔士〕分布劝农桑㉕,班令于天下。中郎〔将〕、绣衣执法在郡国[129]，乘权势，更相奏举，案章交错道中，召会吏民，逮(补)〔捕〕证左[127]，白黑纷乱，货赂相冒，守宫阙告诉者甚众。莽自以专权得汉政，故咸自(擅)〔揽〕众务[128]，常御灯火至明，不能治。有司受成苟免，因缘为奸而已。上书者连年不决。县宰(邮)〔缺〕者至数年兼领[129]。一切竞为贪苛，拘系〔郡〕县狱者至连年[130]，逢赦乃得出。卫士不交代者数年。冬，以郡县灾害，率减吏禄。终不得禄者，各因职为奸利以自给。谷籴常贵，百姓穷困，起为贼盗。邯郸以北大雨，水出，流杀人。

其八年春二月，大雨雪，深者(二)〔一〕丈[131]，柏竹咸枯死。地震。莽诏曰："地者有动有震，震者为害，动者不害。故易称曰：'坤动而静，辟胁万物，万物生焉。'"其好自诬饰，皆此类也。长平(观)〔馆〕西岸崩[132]，壅泾水，泾水不流。(郡)〔群〕臣上寿[133]，以为土填水，匈奴灭亡之兆也。臣下从谀亦如之。

秋七月丁酉[134]，霸(陵)城〔门〕灾[135]。戊子晦，日有蚀之。翟义党王孙庆捕得，莽使太医尚方、巧屠共刳剥之，量度五藏，以竹挺寻脉，知所终始，云可以治病。

其九年，琅琊女子吕母为子(执)〔报〕仇[136]，党众浸多，至数万人，号曰赤眉。莽亲至南郊作威斗。威斗者，以五石铜为之，形若北斗，长二尺五寸，欲以厌兵，令有司命人负之。

其十年正月朔，北军南门灾。莽一切收长吏家财五分之(日)〔四〕以助边[137]。令吏得告将，许奴告主。欲禁奸，奸愈甚。樊崇、刁子都等以饥饿相聚于琅琊[138]，众皆数万。

其十一年，令太史更推三万六千岁历纪，六岁一改元，布告天下。时匈奴寇边，莽乃大募，发丁男、死罪囚、吏民奴。一切(挽)

〔税〕吏民[139]，皆三十取一。(傅)〔博〕募有伎术者待以不次之位[140]，上言便宜者以万数矣。或言能渡水不用舟楫，连马接车，济百万之师；或言不持斗储，食药物，(马)〔三军〕不饥[141]；或言能飞，一日千里。莽辄试之，取大鸟翮作翼，头与身皆着毛，通引镮钮，飞数百步辄堕。莽知其不可用，苟欲获其名，皆拜(大将)〔理〕军[142]，赐以车马，待诏发。遣大司马武建伯严尤与将军廉丹击匈奴，皆赐姓(王大)〔徵氏〕[143]。凡十三部将四十万众[144]，赍三百日粮，欲同时并出塞，追匈奴，内之丁零，因分其地，立呼韩邪十五子。严尤谏曰："匈奴为害久矣，周、秦、汉皆征之，然皆未得上策者。周得中策，汉得下策，秦无策焉。当周宣王之时，猃狁内侵，命将驱之，尽境而反。其视夷狄之侵，譬犹蚊虻之害，驱之而已。故天下称明，是为中策。汉武帝选将练兵，赍粮深入，虽有克获之功，胡辄报之，兵连祸结(四)〔三〕十余年[145]，中国罢耗，匈奴亦创艾，而天下称武，是为下策。始皇不忍小忿而轻民力，筑长城之固，延袤万里，输转之行，起于负海，疆(场)〔埸〕未定[146]，中国内竭，以丧社稷，是为无策。今天下遭阳九之厄，(北)〔比〕年饥馑[147]，而北边尤甚。今发四十万众[148]，赍三百日之粮，东据海岱[149]，南取江、淮，然后能备。计其道(理)〔里〕[150]，一年尚未集合，兵先至者聚居暴露，师老械朽，势不可用，此一难也。边城空虚，不能奉军粮，内调郡国，不相及属，此二难也。计一人三百日食，用米十八斛，非牛力不能胜；牛又当自赍食，加二十四斛[151]，重矣。胡地沙卤，多乏水草，以往事揆之，军出不满百日，牛必死尽，且余粮尚多，人不能胜，此三难也。秋冬甚寒，春夏则多风，赍釜镬薪炭，重不可胜，食糒饮水，以历四时，师有疾疫之忧，势不能久，此四难也。辎重自随，则轻锐者少，不得疾行，虏

452

径遁逃，势不相及，幸而逢虏，则累辎重，如遇险阻，衔尾相随，虏邀遮前后，危殆不测，此五难也。大用民力，功不可必立，臣伏忧之。"莽不听。又复引古者名将乐毅、白起不用之意及(谕)〔言〕边事凡三篇[132]。及当出师庭议，尤固争之，宜先忧山东。莽怒，策尤为庶人，以董忠代之。师久屯不行，运转不已争天下搔动。翼平连率田况奏言民赀不实，莽复三十税一。以况忠言忧国，进爵为伯，众皆骂之。凤夜连率韩博上言："有奇士巨毋霸，长一丈六尺，大九围[133]，来至臣府曰：'欲奋击匈奴。'出于蓬莱东南、五城西北。轺车不能胜，即以大车驷马载霸诣阙。愿陛下作大(思)〔甲〕高车[134]，贲育之衣，遣大将军一人、虎贲百夫迎之于道。京师门不容者，开(太)高〔大〕之[135]，欲以示百蛮。"意欲以讽莽。莽闻而恶之。留霸新丰，更其姓曰巨(毋霸)〔母氏〕[136]，谓因文〔母〕太后〔而〕霸王符也[137]。博以非所宜言，弃市。

其十二年[138]，(大)〔不〕顺时之令[139]，春夏斩人都市。

二月壬申，(月)〔日〕正黑[140]。

七月，大风毁(玉)〔王〕露(台)〔堂〕[141]。杜陵便殿乘〔舆〕虎文衣(载)〔藏〕在室匣中自出[142]，立于外堂上，良久乃委地。莽欲示万世之基，乃营长安城南，堤封百顷，以起九庙。黄帝、虞舜、陈胡王、齐敬王、济北闵王凡五庙不毁云；济南伯王、元城孺王、阳〔平〕顷王、新都显王[143]。黄帝庙东西南北各四十丈，高十七丈，余各半之。金银雕饰，穷极工巧，费用巨百万，卒徒死者以万数。钜鹿马适求举燕兵以诛莽，发觉，诛死。南郡张霸、江夏羊(收)〔牧〕、王匡等起兵于绿林下江[144]，(共)〔众〕皆万余人[145]。武功中水乡民舍垫为池。

其十三年，更州牧为监，如刺史。莽子临与莽侍婢通，恐漏泄，

453

乃谋杀莽,发觉,自杀。秋,陨霜杀菽,关东大饥。莽问群臣擒贼方略,故左将军公孙禄征来与议,禄曰:"太史令宗宣诬天文,以凶为吉。太傅唐(遵)〔尊〕饰虚伪以取名[166]。国师刘歆颠倒五经,毁坏师法。明学男张邯、地理侯孙阳造井田,使民弃业。羲和(唐)〔鲁〕匡设六管[167],以劳工商。说符侯崔发阿谀以取容,令下情不得上通。宜诛此数子以慰天下!"莽怒,令虎贲扶禄出。时民皆饥愁,州县不能慰安,又不得擅发兵,故盗贼浸多。唯翼平连率田况发四万人,授以〔库〕兵(车)[168],与刻石为约。赤眉闻之,不敢入界。况自劾奏,莽切责况擅发兵,赦罪,诡以擒贼。况自请出击贼,所向皆破。莽使况领青、徐二州牧。况请:"无出大将,选牧尹以下,明其赏罚,收合离散小国,徙其老弱置大城中,积谷并力固守。贼攻城,不得势,必不能聚,所过乏食。以此招之则降,击之则灭。今出大将军,郡县苦之,乃甚于贼。宜尽征还乘传使者,以休息郡县。委任臣二州盗贼必平。"莽畏恶况,阴为发代,赐况书,将代监其兵。况随使者还,齐地遂败。

其十四年闰月,霸桥灾,数千人沃之不灭。关东民相食。蝗虫蔽天,自东来,至长安,入未央宫。发吏民设购赏以捕之。时下江兵盛,新市朱鲔、平林陈(收)〔牧〕皆复聚众[169]。莽遣大将军孔仁、严尤、陈茂击之。前(州)〔所〕遣太师王匡、更始将军廉丹击赤眉[170],匡、丹皆败。莽知天下溃叛,乃分遣使除六管诸禁,诏令民不便者皆收还之。时世祖与伯升起兵,与平林、〔新市〕合攻棘阳[171]。

十有二月,有星孛于张、箕。

其十五年二月辛巳[172],刘圣公立为更始皇帝,即世祖之族兄也。莽遣大司徒王寻、大司空王邑将兵号百万击更始,二公兵败于昆阳，关(东)〔中〕震恐⑰。道士西门君惠谓莽从兄王涉曰："谶云：'汉复兴，刘秀为天子。'天子，国师刘歆是也。"先是歆依谶改名秀。涉以语大司马董忠，共语歆。歆(于)〔谓〕天文人事⑰，东方必成。歆亦怨杀其(二)〔三〕子⑮，又畏大祸将至，遂谋与忠劫莽东降。忠等诛死。歆、涉以亲近，莽恶其人闻，遂隐诛，歆、涉自杀。莽师徒外破，大臣内叛，无所复信，忧懑不能食。性好小数，但为厌胜之事，遣人坏汉园陵罘罳，云"无使民复思汉"，如此类也。崔发言"国有大灾，则哭以厌之"。莽乃率群臣至南郊大哭。告天下诸生小民旦夕会哭，甚者除为吁嗟郎。汉兵至，遂发莽先人坟墓，烧其棺椁，焚其九庙，火照城中。

十一月戊申朔⑰，汉兵入城。城中人皆降。〔莽〕避火前殿，(莽)犹按式⑰，回席随斗柄而坐，曰："天生德于予，汉兵其如予何！"庚戌，乃升渐台，执威斗，抱符命，群臣从者尚千余人。王邑兵尽乃还，父子守莽。下晡时兵众上台，邑等战死。邑者，成都〔侯〕王商之子也⑰。莽藏室中地隔间，校尉公孙宾就斩莽头⑰，军人争莽身，支(纷)〔分〕节解⑱，肌肉脔切。遂传首(诏)〔诣〕更始于宛⑱。孝平后曰："何面目复见汉家！"遂投火而死。后婉瘱有志操，自刘氏废，称疾不朝。会莽欲改嫁之，(今)〔令〕立国将军孙建子将医问疾⑱，后大怒，鞭其旁侍者，发怒不起。莽遂不敢逼之。锺武〔侯〕刘(望)〔圣〕聚众汝南⑱，称尊号。严尤、陈茂投之，尤为大司马，茂为丞相。十余日，(望)〔圣〕兵败，尤、茂并死。司命孔仁以兵降汉，乃叹曰："吾闻食人食者死其事。"乃自刎死。本传曰："王莽始起外戚，折节力行，以(安)〔要〕名誉⑱，宗族称孝，朋友归仁。及其居位辅政，成、哀之际，勤劳国家，直道而行，动见称述。岂所谓'在家必闻,在国必闻','色取仁而行违'者？莽既不仁而有邪佞之材,又乘四父历世之权,遭汉中微,国统三绝,而太后寿考为之宗主,故得肆其奸慝而成篡夺之祸。推此言之,亦有天时,非人力也。及其窃位南面,处非所据,颠覆之势险于桀、纣,而莽晏然自谓唐、虞复出。乃始恣睢,奋其威〔诈〕⑱,滔天虐民,穷凶极恶,毒被诸夏,乱(起)〔延〕蛮貊⑲,未足逞其欲焉。故海内(夏)〔嚣〕然丧其乐生之心⑳,内外怨恨,远近俱发,城池不守,支体分裂,遂令天下城邑为墟,丘垅发掘,害遍生灵,延及朽骨,书传所载乱臣贼子无道之人,考其祸败,未有如莽之甚也。昔秦燔诗、书以立私议,莽诵六经以文奸言,同归殊涂,俱用亡灭。此皆亢龙之绝气,非命之运会,紫色(鼃)〔蛙〕声㉑,余分闰位,为圣王之驱除云尔!"王莽既败,天下云扰,大者(建)〔连〕州郡㉒,小者据县邑。公孙述称帝于蜀;隗嚣据陇拥众,收集英雄,班彪在焉。彪即成帝婕妤之弟(之)稚〔之〕子也㉓。嚣问彪曰:"往者周亡,战国并争,天下分裂,数代然后始定,(昔)〔意〕者纵横之事复起于今日乎㉔？将(乘)〔承〕运迭兴在一人也㉕？愿先生论之。"论曰:"周废兴与汉稍异。昔周立爵五等,诸侯从政,根本既微,枝叶强大,故其末流有纵横之事,其势然也。汉家承秦之制,郡县治民,臣无百年之柄。至于成帝,假借外家,哀、平祚短,国嗣三绝,危自上起,伤不及下。故王氏之贵,倾擅朝廷,能窃其位,不恤于人心。是以即位之后,天下莫不引领而叹,十余年间,中外骚动,远近俱发,假号云合,咸称刘氏,不谋同辞。方今豪杰带州域者,皆无七国世业之资。诗云:'皇矣上帝,临下有赫,监观四方,求民之(瘼)〔莫〕㉖。'今民皆讴吟思汉,乡仰刘氏,已可知矣。"嚣曰:"先生之言周、汉之势可,至于〔但〕见愚人习识刘氏^⑭,而谓汉家重兴,疏矣!昔秦失其鹿,<u>刘氏</u>逐而得之,时民复知<u>汉</u>乎!"<u>彪</u>感其言,又闵祸患之不息,乃著<u>王命论</u>以救时难。其辞曰:"昔在<u>帝尧</u>之禅曰:'咨尔<u>舜</u>,天之历数在尔躬。'<u>舜</u>亦以命<u>禹</u>。暨于<u>稷</u>、<u>卨</u>,咸佐<u>唐</u>、<u>虞</u>,光济四海,奕世载德,至于<u>汤</u>、<u>武</u>,而有天下。虽遭遇异时,而禅代不同,至于应天顺民,其揆一也。是故<u>刘氏</u>承<u>尧</u>之后,氏族之世,著于<u>春秋</u>。<u>唐</u>据火德,而<u>汉</u>运绍之,始起<u>丰</u>、<u>沛</u>,神母夜号,以彰赤帝之符。由是言之,帝王福祚,必有明圣显应之德,丰功厚利积累之业,然后精诚通于神明,流泽加于生民,故为神明所福飨,天下所归往,未见亡命功德不纪而能崛起于此者也^⑮。世俗见<u>高祖</u>起于布衣,不达其故,以为适遭暴乱,得奋其剑,游说之士比于逐鹿,捷者幸而得之,不知神器有命,不可以智力求也。悲夫!此世俗所以多乱臣贼子也。若然,岂徒晻于天道,又不睹于人事也!夫饥馑流离,单寒道路,思(短)〔裋〕褐之袭^⑯,担石之畜,所愿不过一金,终于转死沟壑。何(也)则^⑰?贫穷亦有命也。况乎天子之贵,四海之富,神明之祚,可得而妄处哉?故虽遭罹厄会,窃其权柄,勇如<u>信</u>、<u>布</u>,强如<u>梁</u>、<u>籍</u>,成如<u>王莽</u>,然卒就鼎镬伏锧,烹煮分裂,又况幺麽,不及数子(哉)^⑱,而欲晻干天位者乎!是〔故〕驽蹇之乘不骋千里之途^⑲,燕雀之俦不奋六翮之用,窭桡之材不荷栋梁之任,斗(屑)〔筲〕之子不秉帝王之量^⑳。<u>易</u>曰:'鼎折足,覆公𫗧。'言不胜任也。当<u>秦</u>之末,豪杰并起,共推<u>陈婴</u>而欲王之,<u>婴</u>母止之曰:'自吾为汝家妇,汝世贫贱,卒得富贵,不祥。不如以兵属人,事成少受其利,不成祸有所归。'<u>婴</u>从其言,而<u>陈氏</u>以宁。<u>王陵</u>之母亦见<u>项羽</u>必亡(之)^㉑,<u>刘氏</u>将兴。是岁,<u>陵</u>为<u>汉</u>将,〔而母〕获于<u>楚</u>^㉒,有<u>汉</u>使来,<u>陵</u>母见之曰:'告吾子,<u>汉王</u>长者,必得天下，尔谨顺事之，无有二心。’遂对汉使伏剑而死，以固陵心。其后果定汉，陵为相封侯。夫以匹妇之明，犹能推事理之致，探祸败之机[203]，传宗祀于无穷，垂策书于春秋，而况丈夫乎！是故穷达有命，吉凶由人，婴母知废，陵母知兴，审此四者，帝王之分决矣。盖在高祖，其兴也有五：一曰是尧、舜之苗裔，二曰体貌多奇异，三曰神武有征应，四曰宽明而仁信[204]，五曰知人善任使。加之以诚信好谋，达于听受，见善如不及，用人（而）〔如〕由己[205]，从谏如顺流，趣时如响（起）〔赴〕[206]，当食吐哺，纳子房之策；拔足挥洗，揖郦生之说，悟戍卒之言，断怀土之情；高四皓之名，割肌肤之爱，举韩信于行阵，收陈平于亡命，英雄陈力，群策（必）〔毕〕举[207]：此高祖之大略也，所以成〔帝〕业焉[208]。若乃灵瑞符应，又可略闻。夫初刘媪妊高祖梦与神遇，雷电晦冥，有龙蛇之怪。及长而多灵，有异于众。是以王媪、武负感物而折券，吕公睹形而进女；秦皇东游以厌其气，吕后望云而知其处；始受命则白蛇分，西入关则五星聚。故淮阴、留侯谓之天授，非人力也。历古今之得失，验行事之成败，稽帝王之世运，考五者之所谓，趣舍不厌斯位，符（应）〔瑞〕不同斯（庆）〔度〕[209]，而苟昧权利，越次妄据，外不量力，内不知命，则必丧保家之主，失天年之寿，遇折足之凶，伏斧锧之〔诛〕[210]。英雄诚知渊觉悟，畏〔若〕祸戒[211]，超然远览，（昭）渊然深识[212]，收婴、陵之明分，绝信、布之觊觎，距逐鹿之瞽说，审神器之受授，无贪不可儿者，为二母之所笑，则福祚流于子孙，天禄永终矣。”彪知嚣不寤，乃避难于河西。河西大将军窦融访问焉。举茂才，为徐令。彪子固，字孟坚。明帝〔时〕为郎[213]，据太史公司马迁史记，自高祖至于孝武大功臣绍其后事，迄于孝平、王莽之际，著帝纪、表、志、传以为汉书，凡百篇。述

其帝纪,其辞曰:

皇矣汉祖,(篡)〔纂〕尧之绪[214],实天生德,聪明神武。秦人不纲,网漏于楚。爰兹发迹,断蛇奋旅。神母告符,朱旗乃举,越蹈秦郊,婴来稽首。革命创制,三章是纪,应天顺人,五星同晷。项氏畔(奂)〔换〕[215],绌我巴、汉,西土宅心,战士愤怨。乘衅而起,席卷三秦,割据山河,保此怀民。股肱萧、曹,社稷是经,爪牙信、布,腹心良、平。恭行天罚,赫赫明明。述高纪。

孝惠短世,高后称制,罔顾天显,吕宗以败。述惠纪。

太宗穆穆,允恭玄默,化民以躬,率下以德。农不供贡,罪不收孥,(官)〔宫〕不新馆[216],陵不崇(基)〔墓〕[217]。我德如风,民应如草,国富刑清,登(高)〔我〕汉道[218]。述文纪。

孝景荏政,诸侯方命,克伐七国,王室以定。匪怠匪荒,务在农桑,著于甲令,民用宁康。述景纪。

世宗晔晔,思弘祖业,畴恣熙载,髦俊并作。厥作伊何?百蛮是攘,恢我疆宇,外博四荒。武功既抗,乃迪斯文,宪章六学,统一圣真。封禅郊祀,祭秩百神;协律改正,享兹永年。述武纪。

孝昭幼冲,冢宰惟忠。燕、盖诪张,实睿实聪,罪人斯得,邦家和同。述昭纪。

中宗明明,寅用刑名,时举傅纳,听断惟精。柔远能迩,焯耀威灵,龙荒朔漠,莫不来庭。丕承祖烈,尚于有成。述宣纪。

孝元翼翼,高明柔克,宾礼故老,优容亮直。外割禁苑,内损御服,离(官)〔宫〕不卫[219],山陵不邑。阉尹之(疵)〔疪〕[220],秽我明德。述元纪。

孝成皇皇，临朝有光，威仪之盛，如珪如璋。壸闱恣赵，朝政在王，炎炎燎火，亦允不(扬)〔阳〕[21]。述成纪。

孝哀彬彬，克摅威神，凋落洪枝，(颠倒)〔底剧〕鼎臣[22]。婉娈董公，惟亮天功，大过之困，实桡实凶。述哀纪。

孝平不造，新都作宰，不周不伊，丧我四海。述平纪。

凡汉有天下，地东西(万)九千三百二里[23]，南北万(二)〔三〕千三百六十八里[24]。堤封〔田一〕万万四千五百一十三万六千四百五顷[25]，除邑居、道路、山林、川泽、郡国不可辟者，定垦田八百二十七万五百(六)〔三〕十(七)〔六〕顷[26]。郡国〔一百〕三[27]，(事三十)县〔邑〕一千三百一十四[28]，道三十(三)〔二〕[29]，侯国二(事)〔百〕四十一[30]。户千〔二百〕二十三万三千六百一十二[31]，口五千(六)〔九〕百五十九万四千九百(九)〔七〕十八人[32]。此在国家强盛之时。

凡汉纪，其称年本纪、表、志、传者，书家本语也。其称论者，臣悦所论，粗表其大事，以参得失，以广视听也。惟汉四百二十有六载，皇帝拨乱反正，统武兴文，永惟祖宗之洪业，思光启于万嗣，阐综大猷，命立国典，以及群籍，于是乃作考旧，通连体要，以述汉纪。易称"多识前言往行，以畜其德"。诗云"古训是式"。中兴已前一时之事，明主贤臣，规模法则，得失之轨，亦足以监矣。撰汉书百篇，以综往事，庶几来者亦有监乎此。其辞曰：

茫茫上古，结绳而治。书契爰作，典谟云备。明德惟馨，光于万祀。其在中叶，实有陶唐。丕显伊则，配天惟明。荡荡厥猷，有焕其章。至于有周，对日重光。于赫大汉，统辟元功。穆穆惟祗，二祖六宗。明明皇帝，(篡)〔纂〕承洪绪[33]。遭国闵凶,困于荼蓼。实天生德,应运建主。矫矫俊臣,惟国作辅。绥我思成,有德思(祐)〔祜〕㉔。拨乱反正,大建惟序。武功既列,乃赞斯文。礼惟前轨,命我小臣。爰著典籍,以立旧勋。综往昭来,永监后昆! 　　　　侍中悦上

汉纪本凡〔十〕七万二千四百三十二字㉕,

王莽一万字。莽摄政三年,即真十五年,合十八年。

校勘记

① 皇帝壬寅即位　"壬寅",汉书平帝纪作"辛酉"。

② 右将军(冯)〔马〕宫为大司徒　从汉书马宫传改。

③ 天下所信(伏)〔服〕　从龙溪本改。

④ 皆(传治)〔傅致〕其罪　从汉书王莽传改。

⑤ 甄丰主(诀)〔决〕断　从黄校本、吴慈培校改。汉书王莽传作"击断"。

⑥ 黑〔雉〕二　从龙溪本补。

⑦ 莽(因)〔固〕辞封　从汉书王莽传改。

⑧ (大司空)左将军甄丰　从汉书平帝纪删。

⑨ 立故东平(天)〔王〕云太子开明为王(孙)　从龙溪本、汉书平帝纪改删。

⑩ 封宣帝(玄)〔耳〕孙信等　从汉书平帝纪改。

⑪ 列侯无子〔而〕有孙(者)若〔子〕同产子　从学海堂本、汉书平帝纪改。

⑫ 三月　"三",汉书平帝纪作"二"。

⑬ (官)〔棺〕敛六日　从学海堂本、汉书五行志改。

⑭ 丙辰　汉书平帝纪作"丙申"。

⑮ (郡)〔群〕妖推此类　从南监本、龙溪本、学海堂本改。

⑯ 三月癸酉　"三",汉书百官公卿表作"二"。

⑰ 大司空王(舜)〔崇〕病(死)〔免〕　从汉书百官公卿表改。

⑱ 罢安定〔呼〕池苑　从学海堂本、汉书平帝纪补。

⑲ 礼(闻)〔有〕来学　从汉书孙宝传改。

461

⑳ 宝按(劔)〔验〕 从学海堂本、汉书孙宝传改。

㉑ 会立秋(曰)〔日〕 从南监本、龙溪本改。

㉒ 尚(尤)〔犹〕不悦 从汉书孙宝传改。

㉓ (郡)〔群〕臣同声 从龙溪本改。

㉔ 博采二王后及周孔世(卿)列(候)〔侯〕 从南监本、龙溪本、汉书王莽传改。

㉕ 吏民守(关)〔阙〕上〔书〕者 从龙溪本、汉书王莽传改。

㉖ 车〔服〕制度之宜 从南监本、龙溪本、学海堂本、汉书平帝纪补。

㉗ 〔阳〕陵(阳) 从学海堂本、汉书平帝纪乙正。

㉘ 攻(宫)〔官〕寺 从学海堂本、汉书平帝纪改。

㉙ 十岁已下 "十",汉书平帝纪作"七"。

㉚ 诏所(召)〔名〕捕 从学海堂本、汉书平帝纪改。

㉛ 〔它〕皆〔无〕得系 从汉书平帝纪补。

㉜ 其当验(闻)〔问〕者 从南监本、龙溪本、学海堂本改。

㉝ 遣太仆王恽等八(十)人 从汉书平帝纪删。

㉞ 赐葬(大)〔太〕夫人号(功)显君 从龙溪本、学海堂本、汉书平帝纪改。

㉟ 莽拜于〔前二子拜〕后 从汉书王莽传补。

㊱ 乃以(致)〔郅〕支功 从南监本、龙溪本、学海堂本改。

㊲ 时莽遣〔使〕多持金帛 从汉书王莽传补。

㊳ 故名囊知(互)〔牙〕斯 从学海堂本、汉书王莽传改。

㊴ 梁〔王〕立有罪 从南监本、汉书平帝纪补。

462 ㊵ 〔官〕名位次 从汉书平帝纪补。

㊶ 郡国(致)〔置〕宗师以纠之 从学海堂本、汉书平帝纪改。

㊷ (宜)〔宣〕明德化 从南监本、龙溪本、学海堂本改。

㊸ 原庙渭(上)〔北〕 从汉书叔孙通传改。

㊹ 此处原有空白,表示有缺文。

㊺ 长乐少〔府平晏〕为大司徒 从汉书百官公卿表补。

㊻ 丙子　汉书平帝纪作"丙午"。

㊼ 宣帝有(孙五)〔曾孙五十余人〕　从汉书王莽传改。

㊽ 乃征(元)〔宣〕帝玄孙　从吴慈培校、汉书王莽传改。

㊾ 三岁　"三",汉书王莽传作"二"。

㊿ 奏言武功(亭)长孟(宗)〔通〕浚井　从汉书王莽传改。

51 春二月　汉书王莽传作"三月己丑"。

52 刘崇与(丞)相张绍谋　从汉书王莽传删。

53 张竦之从(弟)〔兄〕　从汉书王莽传改。

54 建(初)〔平〕元寿之间　从汉书王莽传改。

55 退(不)伏〔其〕殃　从学海堂本、汉书王莽传改。

56 覆上(浅)〔栈〕下　从龙溪本、汉书王莽传改。

57 (着)〔著〕以为诚　从龙溪本、汉书王莽传改。

58 封为(师)〔帅〕礼侯　从汉书王莽传改。

59 七(日)〔子〕皆赐爵　从学海堂本、汉书王莽传改。

60 (传)〔傅〕幡反　从南监本、龙溪本、学海堂本改。

61 窦况(平)〔击〕之　从汉书王莽传改。

62 〔其〕　从龙溪本补。

63 夏四月　"四",汉书王莽传作"五"。

64 更造货错(力)〔刀〕　从南监本、龙溪本、学海堂本改。

65 一直(三十)〔五千〕　从汉书王莽传改。

66 立严乡〔侯〕刘信为天子　从龙溪本、汉书王莽传改。

67 方进小子也　"小",汉书翟方进传作"少"。

68 故义并东平(王)而立信　从汉书翟方进传删。

69 〔中尉皋〕丹为御史大夫　从学海堂本、汉书翟方进传补。

70 东平王孙(卿)〔庆〕　从学海堂本、汉书王莽传改。

71 遣(谏议)大夫桓谭　从汉书翟方进传删。

72 遣王邑孙建等十八人　"十八",汉书翟方进传作"七"。

⑦ 火见未央宫(殿)前〔殿〕 从汉书翟方进传乙正。

⑦ 秋七月 "七",汉书王莽传作"九"。

⑦ 意不在丧 "丧",汉书王莽传作"哀"。

⑦ 新都侯(崇)〔宗〕为主 从汉书王莽传改。

⑦ 临淄县亭长(卒)〔辛〕当〔尝〕(毚)〔梦〕见人曰 从南监本、龙溪本、学海堂本、汉书王莽传改。

⑦ 亭长起视(庭)〔亭〕中 从南监本、龙溪本改。

⑦ 又太保〔属〕臧(洪)〔鸿〕奏(新井亭长)符命 从汉书王莽传改。

⑧ 言雍(巴郡)〔石〕得铜符帛图 从汉书王莽传改。

⑧ 莽于〔是〕改居摄三年为初始元年 从龙溪本、学海堂本改。

⑧ 张充等(交)〔六人〕谋共劫莽 从汉书王莽传改。

⑧ 赤帝〔行〕玺 从汉书王莽传补。

⑧ (袁)〔哀〕章因自窜其名 从南监本、龙溪本、学海堂本改。

⑧ 以鸡鸣(时)为〔时〕(朔) 从汉书王莽传改。

⑧ 我汉家(寡)老〔寡〕妇 从汉书王莽传乙正。

⑧ 莽以十〔二〕月癸酉朔为建国元年 从汉书王莽传改。

⑧ 凡万户为(安)定〔安〕公国 从汉书王莽传改。

⑧ 中傅将(太)〔孺〕子下殿 从学海堂本、汉书王莽传改。

⑨ 以孝平皇帝后为(安)定〔安〕太后 从汉书王莽传乙正。

⑨ 是为四(辅)将(军) 从汉书王莽传删。

⑨ 时改为扶〔崇〕公 从汉书王莽传补。

⑨ 快攻(枚)〔殷〕 从南监本、龙溪本、学海堂本改。

⑨ 皆乘乾文(军)〔车〕 从南监本、龙溪本、学海堂本改。

⑨ 称(大)〔太〕一之使 从南监本、龙溪本改。

⑨ (各)〔冬〕雷 从龙溪本、学海堂本、汉书王莽传改。

⑨ 更名〔匈奴〕单于号曰降奴服于(知) 从汉书王莽传改。

⑨ 非复〔欲〕令莽居摄也 从汉书王莽传补。

⑨⑨ 〔言〕故汉氏平帝后黄皇室主为寻妻　从汉书王莽传补。

⑩⑩ 所(为)〔谓〕鸱目虎喙豺声也　从南监本、龙溪本改。

⑩① 亦〔当〕为人所唉　从汉书王莽传补。

⑩② 使者(自上)〔言〕请留守　从龙溪本改。

⑩③ 何必于官　“于”，汉书龚舍传作“县”。

⑩④ 〔琅邪邴汉〕兄子曼容亦养志自修　从汉书龚胜传补。

⑩⑤ 以廉(耻)〔直〕著名　从吴慈培校、汉书王贡两龚鲍传改。

⑩⑥ 苏章字〔游卿〕　从汉书王贡两龚鲍传补。

⑩⑦ 海滨蝗　“海”，汉书王莽传作“河”。

⑩⑧ 大略〔异〕者　从汉书沟洫志补。

⑩⑨ 河决率(尝)〔常〕于平原东郡　从汉书沟洫志改。

⑩⑩ (河)〔可〕空此地　从学海堂本、汉书沟洫志改。

⑪① 大司马掾张(式)〔戎〕　从汉书沟洫志改。

⑪② 雨多(小)〔水〕暴至　从龙溪本、学海堂本改。

⑪③ 大司空掾王(璜)〔横〕言　从汉书沟洫志改。

⑪④ 周(书)〔谱〕曰　从汉书沟洫志改。

⑪⑤ 文母皇〔太〕后崩　从吴慈培校、汉书王莽传补。

⑪⑥ 而沟(水)绝之　从汉书王莽传删。

⑪⑦ 杀都(尉)〔护〕　从汉书王莽传改。

⑪⑧ 六年　汉书王莽传是年改元天凤元年。

⑪⑨ (殒)〔陨〕霜　从龙溪本改。

⑫⑩ (郡)〔部〕监二十五人　从学海堂本、汉书王莽传改。　

⑫① 分长安〔城旁〕六(卿)〔乡〕　从学海堂本、汉书王莽传改。

⑫② 置(六师)〔帅〕各一人　从汉书王莽传改。

⑫③ 大(都)〔郡〕至分为(六)〔五〕　从学海堂本、汉书王莽传改。

⑫④ 郡县以亭(长)为名者　从学海堂本、汉书王莽传删。

⑫⑤ 十一公〔士〕分布劝农桑　从学海堂本、汉书王莽传补。

⑫ 中郎〔将〕 从汉书王莽传补。

⑫ 逮(补)〔捕〕证左 从龙溪本、学海堂本改。

⑫ 故咸自(擂)〔揽〕众务 从南监本、龙溪本改。

⑫ 县宰(邮)〔缺〕者 从学海堂本、汉书王莽传改。

⑬ 拘系〔郡〕县狱者 从汉书王莽传补。

⑬ 深者(二)〔一〕丈 从学海堂本、汉书王莽传改。

⑬ 长平(观)〔馆〕西岸崩 从汉书王莽传改。

⑬ (郡)〔群〕臣上寿 从学海堂本、汉书王莽传改。

⑬ 秋七月丁酉 "丁",汉书王莽传作"辛"。

⑬ 霸(陵)城〔门〕灾 从汉书王莽传改。

⑬ 吕母为子(执)〔报〕仇 从龙溪本、学海堂本改。

⑬ 五分之(曰)〔四〕以助边 从龙溪本、学海堂本改。

⑬ 刁子都 "刁",汉书王莽传作"力"。

⑬ 一切(挽)〔税〕吏民 从龙溪本、学海堂本改。

⑭ (傅)〔博〕募有伎术者 从学海堂本、汉书王莽传改。

⑭ (马)〔三军〕不饥 从汉书王莽传改。

⑭ 皆拜(大将)〔理〕军 从汉书王莽传改。

⑭ 皆赐姓(王大)〔征氏〕 从学海堂本改。

⑭ 凡十三部将四十万众 汉书匈奴传作"十二部将三十万众"。

⑭ 兵连祸结(四)〔三〕十余年 从汉书匈奴传改。

⑭ 疆(场)〔埸〕未定 "场"讹,径改。

466 ⑭ (北)〔比〕年饥馑 从南监本、龙溪本、学海堂本改。

⑭ 今发四十万众 "四",汉书匈奴传作"三"。

⑭ 东据海岱 "据",汉书匈奴传作"援"。

⑮ 计其道(理)〔里〕 从南监本、学海堂本、汉书匈奴传改。

⑮ 加二十四斛 "二十四斛",汉书匈奴传作"二十斛"。

⑮ 及(谕)〔言〕边事凡三篇 从汉书王莽传改。

㊟ 长一丈六尺大九围　汉书王莽传作"长丈大十围"。

㊣ 大(思)〔甲〕高车　从南监本、龙溪本、学海堂本、汉书王莽传改。

㊤ 开(太)高〔大〕之　从汉书王莽传改。

㊥ 更其姓曰巨(毋霸)〔母氏〕　从汉书王莽传改。

㊦ 因文〔母〕太后(而)〔霸〕王符也　从汉书王莽传补。

㊨ 其十二年　汉书王莽传是年改元"地皇元年"。

㊩ (大)〔不〕顺时之令　"大"讹，径改。

㊪ (月)〔日〕正黑　从龙溪本、学海堂本、汉书王莽传改。

㊫ 大风毁(玉)〔王〕露(台)〔堂〕　从学海堂本、汉书王莽传改。

㊬ 乘〔舆〕虎文衣(载)〔藏〕在室匣中　从汉书王莽传改。

㊭ 阳〔平〕顷王　从学海堂本、汉书王莽传补。

㊮ 江夏羊(收)〔牧〕　从汉书王莽传改。

㊯ (共)〔众〕皆万余人　从学海堂本、汉书王莽传改。

㊰ 太傅唐(遵)〔尊〕　从汉书王莽传改。

㊱ 羲和(唐)〔鲁〕匡　从汉书王莽传改。

㊲ 授以〔库〕兵(车)　从汉书王莽传改。

㊳ 平林陈(收)〔牧〕　从汉书王莽传改。

㊴ 前(州)〔所〕遣太师王匡　从龙溪本、学海堂本改。

㊵ 与平林〔新市〕合攻棘阳　从汉书王莽传、黄校本补。

㊶ 二月　汉书王莽传作"三月"。

㊷ 关(东)〔中〕震恐　从汉书王莽传改。

㊸ 歆(于)〔谓〕天文人事　从学海堂本改。

㊹ 歆亦怨杀其(二)〔三〕子　从汉书王莽传改。

㊺ 十一月　汉书王莽传作"十月"。

㊻ 〔莽〕避火前殿(莽)犹按式　从学海堂本改。

㊼ 成都〔侯〕王商之子也　从汉书王莽传补。

㊽ 公孙宾就　汉书王莽传作"公宾就"。

⑱ 支(纷)〔分〕节解　从汉书王莽传改。

⑱ 传首(诏)〔诣〕更始于宛　从汉书王莽传改。

⑱ (今)〔令〕立国将军孙建　从龙溪本、学海堂本、汉书外戚传改。

⑱ 锺武〔侯〕刘(望)〔圣〕　从汉书王莽传补改。

⑱ 以(安)〔要〕名誉　从龙溪本、学海堂本、汉书王莽传改。

⑱ 奋其威〔诈〕　从汉书王莽传补。

⑱ 乱(起)〔延〕蛮貊　从汉书王莽传改。

⑱ 故海内(夏)〔嚣〕然　从南监本、龙溪本补。

⑱ 紫色(鼃)〔蛙〕声　从学海堂本、汉书王莽传改。

⑱ 大者(建)〔连〕州郡　从学海堂本、汉书叙传改。

⑲ 婕妤之弟(之)稚〔之〕子也　从学海堂本、汉书叙传乙正。

⑲ (昔)〔意〕者纵横之事　从学海堂本改。

⑲ 将(乘)〔承〕运迭兴在一人也　从汉书叙传改。

⑲ 求民之(瘼)〔莫〕　从汉书叙传改。

⑲ 至于〔但〕见愚人习识刘氏　从学海堂本、汉书叙传补。

⑲ 未见亡命功德不纪　汉书叙传作"未见运世无本"。

⑲ 思(短)〔裋〕褐之袭　从汉书叙传改。

⑲ 何(也)则　从汉书叙传删。

⑲ 不及数子(哉)　从学海堂本、汉书叙传删。

⑲ 是〔故〕弩蹇之乘　从汉书叙传补。

⑳ 斗(屑)〔筲〕之子　从南监本、龙溪本改。

468 ㉑ 亦见项羽必亡(之)　从龙溪本、汉书叙传删。

㉒ 〔而母〕获于楚　从汉书叙传改。

㉓ 探祸败之机　"败"，汉书叙传作"福"。

㉔ 宽明而仁信　"信"，汉书叙传作"恕"。

㉕ 用人(而)〔如〕由己　从汉书叙传改。

㉖ 趣时如响(起)〔赴〕　从汉书叙传改。

⑳ 群策(必)〔毕〕举　从南监本、龙溪本、汉书叙传改。

⑳ 所以成〔帝〕业焉　从龙溪本、学海堂本改。

⑳ 符(应)〔瑞〕不同斯(庆)〔度〕　从南监本、汉书叙传改。

⑳ 伏斧锧之〔诛〕　从南监本、龙溪本、学海堂本、汉书叙传补。

⑳ 畏〔若〕祸戒　从南监本、龙溪本、学海堂本、汉书叙传补。

⑳ (昭)〔渊〕然深识　从南监本、龙溪本、学海堂本改。

⑳ 明帝〔时〕为郎　从龙溪本、学海堂本、汉书叙传补。

⑳ (篡)〔纂〕尧之绪　从南监本、龙溪本、汉书叙传改。

⑳ 项氏畔(奂)〔换〕　从汉书叙传改。

⑳ (官)〔宫〕不新馆　从龙溪本、学海堂本、汉书叙传改。

⑳ 陵不崇(基)〔墓〕　从汉书叙传改。

⑳ 登(高)〔我〕汉道　从龙溪本、汉书叙传改。

⑳ 离(官)〔宫〕不卫　从龙溪本、学海堂本、汉书叙传改。

⑳ 阉尹之(疪)〔疵〕　从南监本、龙溪本、学海堂本改。

⑳ 亦允不(扬)〔阳〕　从汉书叙传改。

⑳ (颠倒)〔底剧〕鼎臣　从学海堂本、汉书叙传改。

⑳ 地东西(万)九千三百二里　从汉书地理志删。

⑳ 南北万(二)〔三〕千三百六十八里　从汉书地理志改。

⑳ 堤封〔田一〕万万四千　从汉书地理志补。

⑳ 五百(六)〔三〕十(七)〔六〕顷　从汉书地理志改。

⑳ 郡国〔一百〕三　从汉书地理志补。

⑳ (事三十)县〔邑〕一千三百一十四　从汉书地理志改。

⑳ 道三十(三)〔二〕　从汉书地理志改。

⑳ 侯国二(事)〔百〕四十一　从学海堂本、汉书地理志改。

⑳ 户千〔二百〕二十三万　从汉书地理志补。

⑳ 口五千(六)〔九〕百五十九万四千九百(九)〔七〕十八人　从汉书地理
志改。

㉝ (纂)〔纂〕承洪绪　从<u>南监</u>本、<u>龙溪</u>本改。

㉞ 有德思(祐)〔祜〕　从<u>南监</u>本、<u>龙溪</u>本、<u>学海堂</u>本改。

㉟ 凡〔十〕七万二千四百三十二字　<u>荀悦汉纪</u>自序云"凡三十卷,数十余万言"。据此补"十"。

两汉纪

汉纪

附　录

汉纪三十卷安徽巡抚采进本

四库全书总目卷四七

　　汉荀悦撰。悦字仲豫，颍阴人。献帝时秘书监，侍中。后汉书附见其祖荀淑传。称献帝好典籍，以班固汉书文繁难省，乃令悦依左氏传体为汉纪三十篇。词约事详，论辨多美。张璠汉纪亦称其因事以明臧否，致有典要，大行于世。唐刘知几史通六家篇以悦书为左传家之首，其二体篇又称其"历代宝之，有逾本传；班荀二体，角力争先"。其推之甚至。故唐人试士，以悦纪与史汉为一科。文献通考载宋李焘跋曰："悦为此纪，固不出班书，亦时有所删润。而谏大夫王仁、侍中王闳谏疏，班书皆无之。"又称"司马光编资治通鉴，书太上皇事及五凤郊泰畤之月，要皆舍班而从荀。盖以悦修纪时，固书犹未舛讹"。又称"其'君兰'、'君蔄'、'端'、'瑞'、'兴'、'誉'、'宽'、'竟'诸字与汉书互异者，先儒皆两存之"。王铚作两汉纪后序,亦称荀袁二纪于朝廷纪纲、礼乐刑政、治乱成败、忠邪是非之际,指陈论著,每致意焉。反复辨达,明白条畅,启告当代,而垂训无穷。是宋人亦甚重其书也。其中若壶关三老茂,汉书无姓,悦书云姓令狐。朱云请上方剑,汉书作"斩马",悦书乃作"断马"。证以唐张渭诗"愿得上方断马剑,斩取朱门公子头"句,知汉书字误。资考证者亦不一。近时顾炎武日知录乃惟取其宣帝赐陈遂玺书一条,及元康三年封海昏侯诏一条,能改正汉书三四字。其余则病其叙事索然无意味,间或首尾不备。其小有不同,皆以班书为长。未免抑扬过当。又曰纪王莽事自始建国元年以后,则云"其二年"、"其三年",以至"其十五年",以别于正统,而尽没其"天凤"、"地皇"之号云云。其语不置可否。然不曰尽削而曰尽没,似反病其疏略者。不知班书莽自为传,自可载其伪号;荀书以汉系编年,岂可以莽纪元哉!是亦非确论,不足为悦病也。是书考李焘所跋,自天圣中已无善本。明黄姬水所刊亦间有舛讹,康熙中蒋国祥蒋国祚与袁宏后汉纪合刻,后附两汉纪字句异同考一卷,今用以参校,较旧本稍完善焉。

荀悦传

后汉书卷六十二

悦字仲豫,俭之子也。俭早卒。悦年十二,能说春秋。家贫无书,每之人间,所见篇牍,一览多能诵记。性沉静,美姿容,尤好著述。灵帝时阉官用权,士多退身穷处,悦乃托疾隐居,时人莫之识,唯从弟彧特称敬焉。初辟镇东将军曹操府,迁黄门侍郎。献帝颇好文学,悦与彧及少府孔融侍讲禁中,旦夕谈论。累迁秘书监、侍中。

时政移曹氏,天子恭己而已。悦志在献替,而谋无所用,乃作申鉴五篇。其所论辩,通见政体,既成而奏之。其大略曰:

夫道之本,仁义而已矣。五典以经之,群籍以纬之,咏之歌之,弦之舞之,前监既明,后复申之。故古之圣王,其于仁义也,申重而已。

致政之术,先屏四患,乃崇五政。

一曰伪,二曰私,三曰放,四曰奢。伪乱俗,私坏法,放越轨,奢败制。四者不除,则政末由行矣。夫俗乱则道荒,虽天地不得保其性矣;法坏则世倾,虽人主不得守其度矣;轨越则礼亡,虽圣人不得全其道矣;制败则欲肆,虽四表不得充其求矣。是谓四患。

兴农桑以养其(性)〔生〕,审好恶以正其俗,宣文教以彰其化,立武备以秉其威,明赏罚以统其法,是谓五政。

人不畏死,不可惧以罪。人不乐生,不可劝以善。虽使契布五教,皋陶作士,政不行焉。故在上者先丰人财以定其志,帝耕籍田,后桑蚕宫,国无游人,野无荒业,财不贾用,力不妄加,以周人事。是谓养生。

君子所以动天地,应神明,正万物而成王化者,必乎真定而已。故在上者审定好丑焉。善恶要乎功罪,毁誉效于准验。听言责事,举名察实,无惑诈伪,以荡众心。故事无不覈,物无不切,善无不显,恶无不章,俗无奸怪,民无淫风。百姓上下睹利害之存乎己也，故肃恭其心，慎修其行，内不回惑，外无异望，则民志平矣。是谓正俗。

君子以情用，小人以刑用。荣辱者，赏罚之精华也。故礼教荣辱，以加君子，化其情也；桎梏鞭扑，以加小人，化其刑也。君子不犯辱，况于刑乎！小人不忌刑，况于辱乎！若教化之废，推中人而坠于小人之域；教化之行，引中人而纳于君子之涂。是谓章化。小人之情，缓则骄，骄则恣，恣则怨，怨则叛，危则谋乱，安则思欲，非威强无以惩之。故在上者，必有武备，以戒不虞，以遏寇虐。安居则寄之内政，有事则用之军旅。是谓秉威。

赏罚，政之柄也。明赏必罚，审信慎令，赏以劝善，罚以惩恶。人主不妄赏，非徒爱其财也，赏妄行则善不劝矣。不妄罚，非矜其人也，罚妄行则恶不惩矣。赏不劝谓之止善，罚不惩谓之纵恶。在上者能不止下为善，不纵下为恶，则国法立矣。是谓统法。

四患既蠲，五政又立，行之以诚，守之以固，简而不怠，疏而不失，无为为之，使自施之，无事事之，使自交之。不肃而成，不严而化，垂拱揖让，而海内平矣。是谓为政之方。

又言：

尚主之制非古。鳌降二女，陶唐之典。归妹元吉，帝乙之训。王姬归齐，宗周之礼。以阴乘阳违天，以妇陵夫违人。违天不祥，违人不义。又古者天子诸侯有事，必告于庙。朝有二史，左史记言，右史书事。事为春秋，言为尚书。君举必记，善恶成败，无不存焉。下及士庶，苟有茂异，咸在载籍。或欲显而不得，或欲隐而名章。得失一朝，而荣辱千载。善人劝焉，淫人惧焉。宜于今者备置史官，掌其典文，纪其行事。每于岁尽，举之尚书。以助赏罚，以弘法教。

帝览而善之。

帝好典籍，常以<u>班固</u><u>汉书</u>文繁难省，乃令<u>悦</u>依<u>左氏传</u>体以为<u>汉纪</u>三十篇，诏尚书给笔札。辞约事详，论辨多美。其序之曰："昔在上圣，惟建皇极，经纬天地，观象立法，乃作书契，以通宇宙，扬于王庭，厥用大焉。先王光演大业，肆于时<u>夏</u>。亦惟厥后，永世作典。夫立典有五志焉：一曰达道义，二曰章法式，三曰通古今，四曰著功勋，五曰表贤能。于是天人之际，事物之宜，粲然显著，罔不备矣。世济其轨，不陨其业。损益盈虚，与时消息。臧否不同，其揆一也。<u>汉</u>四百有六载，拨乱反正，统武兴文，永惟祖宗之洪业，思光启乎万嗣。圣上穆然，惟文之恤，瞻前顾后，是绍是继，阐崇大猷，命立国典。于是缀叙旧书，以述<u>汉纪</u>。中兴以前，明主贤臣得失之轨，亦足以观矣。"

又著<u>崇德</u>、<u>正论</u>及诸论数十篇。年六十二，<u>建安</u>十四年卒。

两汉纪

下

〔东汉〕荀悦撰〔东晋〕袁宏撰

张烈点校

中华书局

后汉纪

〔东晋〕袁 宏 撰

张 烈 点校

中华书局

后汉纪目录

后汉纪序 ·························· （东晋）袁宏 1

光武皇帝纪卷第一 ···························· 1

光武皇帝纪卷第二 ···························· 17

光武皇帝纪卷第三 ···························· 29

光武皇帝纪卷第四 ···························· 45

光武皇帝纪卷第五 ···························· 63

光武皇帝纪卷第六 ···························· 81

光武皇帝纪卷第七 ···························· 99

光武皇帝纪卷第八 ···························· 117

孝明皇帝纪上卷第九 ·························· 135

孝明皇帝纪下卷第十 ·························· 151

孝章皇帝纪上卷第十一 ······················· 169

孝章皇帝纪下卷第十二 ······················· 187

孝和皇帝纪上卷第十三 ······················· 207

孝和皇帝纪下卷第十四 …………………………… 225

孝殇皇帝纪卷第十五 ……………………………… 243

孝安皇帝纪上卷第十六 …………………………… 253

孝安皇帝纪下卷第十七 …………………………… 267

孝顺皇帝纪上卷第十八 …………………………… 281

孝顺皇帝纪下卷第十九 …………………………… 301

孝质皇帝纪卷第二十桓帝附 ……………………… 315

孝桓皇帝纪上卷第二十一 ………………………… 325

孝桓皇帝纪下卷第二十二 ………………………… 345

孝灵皇帝纪上卷第二十三 ………………………… 365

孝灵皇帝纪中卷第二十四 ………………………… 383

孝灵皇帝纪下卷第二十五 ………………………… 401

孝献皇帝纪卷第二十六 …………………………… 417

孝献皇帝纪卷第二十七 …………………………… 429

孝献皇帝纪卷第二十八 …………………………… 445

孝献皇帝纪卷第二十九 …………………………… 459

孝献皇帝纪卷第三十 ……………………………… 477

重刻两汉纪后序 …………………………………… 497

附　录 ……………………………………………… 499

后汉纪序

晋东阳太守袁宏

予尝读后汉书,烦秽杂乱,睡而不能竟也。聊以暇日,撰集为
后汉纪。其所掇会汉纪、谢承书、司马彪书、华峤书、谢沈书、汉山
阳公记、汉灵献起居注、汉名臣奏,旁及诸郡耆旧先贤传凡数百卷。
前史阙略,多不次叙,错谬同异,谁使正之? 经营八年,疲而不能
定,颇有传者。始见张璠所撰书,其言汉末之事差详,故复探而益
之。夫史传之兴,所以通古今而笃名教也。丘明之作,广大悉备。
史迁剖判六家,建立十书,非徒记事而已。信足扶明义教,网罗治
体;然未尽之。班固源流周赡,近乎通人之作;然因籍史迁无所甄
明。荀悦才智经纶,足为嘉史,所述当世,大得治功已矣;然名教之
本,帝王高义,韫而未叙。今因前代遗事,略举义教所归,庶以弘敷
王道。前史之阙古者,方今不同其流,言异言行,趣舍各以类书。
故观其名迹,想见其人,丘明所以斟酌抑扬,寄其高怀。末吏区区,
注疏而已。其所称美止于事义,疏外之意殁而不传,其遗风余趣蔑

1

如也。今之史书，或非古之人心，恐千载之外，所诬者多，所以怅怏踌躇，操笔恨然者也。

后汉纪　光武皇帝纪　卷第一

　　孝景帝生长沙定王发。武帝世，诸侯得分封子弟，以(泠)〔泠〕道县春陵封发中子买为春陵节侯①。买生郁林太守外，外生钜鹿都尉回，回生南顿令钦，钦生光武皇帝。元帝时，节侯之孙孝侯以南方卑湿，请徙南阳。于是以蔡阳白水乡为春陵侯封邑，而与从昆弟钜鹿君及宗亲俱徙焉。湖阳人樊重女曰归都，自为童儿不正容不出于房，南顿君聘焉。生齐武王縯、鲁哀王仲、世祖、新野宁平公主。

　　世祖讳秀，字文叔。初，南顿君为济阳令，而世祖生，夜有赤光，室中皆明。使卜者筮之，曰："贵不可言。"是岁，嘉禾生，县界大熟，因名曰秀。为人隆准，日角大口，美须眉，长七尺三寸，乐施爱人，勤于稼穑。尝之长安，受尚书，大义略举。兄縯，字伯昇，慷慨有大节。王莽篡汉，刘氏抑废，常有兴复之志，不事产业，倾身以结豪杰，豪杰以此归之。新野人邓晨，字伟卿，家富于财。晨少受易，好节义，世祖与之善，以姊妻之，是为新野公主。世祖与晨游宛，穰人蔡少公，道术之士也，言："刘秀当为天子。"或曰："是国师

1

公刘子骏也。"世祖笑曰:"何知非仆耶?"坐者皆笑。当是时,莽行一切之法,犯罪辄斩之,名曰"不顺时令"。晨谓世祖曰:"王莽暴虐,盛夏斩人,此天亡之时,宛下言偃能应也。"世祖笑而不应。宛人李通,字次元,父守为王莽宗卿师。守身长八尺,容貌绝异,治家与子孙如官府。少事刘歆,好星历谶记之言,云"汉当复兴,李氏为辅。"私窃议之,非一朝也。通尝为吏,有能名,见王莽政令凌迟,挟父守所言,又居家富侈,为闾里豪,自免归。从弟轶,亦好事者,谓通曰:"今四方兵起,王氏且亡,刘氏当兴,南阳宗室独有刘伯昇兄弟泛爱众,可以谋大事。"通甚然之。世祖常避吏于宛,通遣轶候世祖。初,通同母弟申屠臣善为医术,以其难使也,缢杀之,故世祖不欲见轶。轶辄来不止,世祖乃强见之。轶徐达通意,殊不以申屠臣为恨,世祖不得已,乃许之。往时通病卧室内,世祖与通兄儵、弟宠及轶语。儵等喜悦,并言天下兵起,王氏亡败之状。世祖初以士君子道相慕,故往答之。及闻其语,大惊,不敢应,起入室候通。通握手,极欢移日,复言(其)〔及〕兵起及谶文②,世祖微难通曰:"即如是,当如宗卿师何?"通曰:"已自有度。"世祖深知通意,遂相结。初,琅邪吕母之子为县长所杀,吕母家产数百金③,志欲报怨,乃治酒,多买刀兵,少年随其所乏而与之。如此数岁,财产单尽,少年相与偿母,母涕泣曰:"所以相待,非治产求利也,欲以为子报怨耳。诸君宁能相哀也!"少年壮之,又素被恩,皆许诺。聚众数百人,母自号将军,攻县长及掾吏。既而解掾吏曰:"诸卿无罪,唯欲报长耳。"诸吏叩头,为长请,母曰:"吾子犯小罪,不当死,长杀之。杀人当死,又何请乎?"母遂手杀之,以其首祭子墓。自是莒人樊崇、东宛人逢安、东海人徐宣、谢禄并为盗贼④,一岁间,众各数万人。

王莽沐阳侯田况大破之⑤，遂残州郡，所过抄掠百姓。

初，崇等以困穷为贼，无攻城略地之心，结聚浸盛，乃相与为约杀人号令⑥。最尊者称三老，其次从事、卒吏。王莽遣平均公廉丹、（大）〔太〕师王匡东击之⑦，军至定陶，莽诏丹曰："仓廪尽矣，府库空矣，可以怒矣，可以战矣。"丹惶恐，夜召掾冯衍以书示之，衍因说丹曰："张良以五世相韩，椎秦始皇于博浪之中，勇冠乎贲、育，名高乎泰山。将军之先为汉信臣，新室之兴，英俊不附。今海内溃乱，百姓涂炭，民之思汉甚于诗人之思邵公也，爱其甘棠，况其子孙！民所歌舞，天必从之。方今为将军计，莫若先据大郡，镇抚吏士，百里之内，牛酒日赐，纳雄杰之士，询忠智之谋，兴社稷之计⑧，除万民之害，则福流于无穷，勋著于不朽。与其军覆于中原，身分于草野，功败名灭，所及先祖者哉？圣人转祸而为福，智士因败而为功，愿明公深计，而无与俗同。"丹不能从，进及睢阳，复说丹曰："盖闻明者见于无形，智者虑于未萌，况其昭晢者乎！凡患生于所忽，祸发于细微，败不可悔，时不可失。公孙鞅曰：'有高人之行负非于世，有独见之虑见疑于人。'故信庸庸之论，破金石之策，袭当世之操，失高明之德。夫决者智之君也，疑者事之役也。时不重至，公勿再计。"丹不听。衍，奉世曾孙也。崇等欲战，恐其众与莽兵乱，乃皆朱眉以相识别，由是号曰赤眉。赤眉别校董宪等众数万人在梁郡。匡、丹攻拔无盐，莽遣中郎将奉玺书劳匡、丹，进爵为公。王匡（故）〔欲〕进击宪⑨，廉丹以为新拔城，罢劳，当且休士养威。匡不听，引兵独进，丹随之，合战成昌，兵败。匡走，丹使吏持其印韨符节付匡曰："小儿可走，吾不可。"遂止，战死。校尉汝云、王隆等二十余人别斗，闻之，皆曰："廉公已死，吾谁为生？"驰奔贼,皆战死。莽伤之,下书曰:"惟公多拥选士精兵,众郡骏马仓谷帑藏皆得自调,忽于诏策,离其威节,骑马呵噪,为狂刃所害,鸣呼哀哉!赐谥曰果公。"国将褒章谓莽曰⑩:"皇祖考黄帝之时,中黄直为将,破杀蚩尤。今臣居中黄直之位,愿平山东。"莽遣章驰山东与太师匡并力,又遣大将军阳浚守敖仓,司徒王寻将十余万屯雒阳,填南宫,大司马董忠养士习射中军北垒,大司空王邑兼三公之职。司徒寻初发长安,宿霸昌厩,亡其黄钺,寻士房扬素狂直,乃哭曰:"此经所谓'丧其齐斧'者也。"自劾去。莽击杀扬。四方盗贼往往数万人,攻城邑,杀二千石以下。太师王匡等战数不利,莽知天下溃畔,事穷计迫,乃议遣风俗大夫司国宪等分行天下,除井田、奴婢、山泽、六筦之禁,即位以来诏令不便于民者,皆收还之。待见未发,会世祖与通定谋,议期以材官都试骑士日,欲劫前队大夫甄阜及属正梁丘赐,因以号令大众。乃使世祖与轶归舂陵举兵以相应,遣从兄子季之长安以事报父李守。季于道病死,守密知之,欲亡归。素与邑人黄显相善,时显为中郎将,闻之,谓守曰:"今关门禁严,君状貌非凡,将以此安之? 不如诣阙自归,事既未然,脱可免祸。"守从其计,即上书归死,章未及报,留阙下。会事发觉,通得〔士〕〔亡〕走⑪。莽闻之,乃系守于狱,而黄显为请曰:"守闻子无状,不敢逃亡,守义自信,归命宫阙。臣显愿质。守俱东晓说其子,如遂悖逆,令守北向刎首以谢大恩。"莽然其书。会前队复上通起兵之状,莽怒,欲杀守,显争之,遂并被诛,及守家在长安者尽杀之。南阳亦诛通兄弟门宗六十四人,皆焚尸宛市。时刘縯召诸豪杰计议曰:"王莽暴虐,百姓分崩,今枯旱连年,兵革并起,此亦天亡之时,复高祖之业,定万世之秋也。"众皆然之。于是分遣亲客使邓晨

起新野,世祖与李通、李轶起于宛,伯昇自发春陵子弟。诸家子弟
恐惧,皆亡逃自匿,曰:"伯昇杀我。"及见世祖绛衣大冠,皆惊曰:
"谨厚者亦复为之。"乃稍自安。凡得子弟七八千人,部署宾客,自
称柱天都部使。宗室刘嘉往诱新市、平林兵,与其帅王凤、陈牧等
合军而进,西击长聚。世祖初乘牛,杀新野尉,乃得马,进屠唐子
乡,杀湖阳尉。军中分财物不均,众恚恨,欲反攻诸刘。世祖敛宗
人所得物悉与之,众乃悦。进拔棘阳,与莽前队大夫甄阜、属正梁
丘赐战于小长安,汉军大败,还保棘阳。阜、赐乘胜留辎重蓝乡,
(弘)〔引〕兵南渡⑫。伯昇飨士设盟,潜师夜袭蓝乡,尽获其辎重。
十一月,有星孛于张,东南行,五日不见。孛星者,恶气所生,或谓
之彗星。张为周分,其后世祖都洛阳,除秽布新之象。

更始元年正月,斩阜、赐,死者万余人⑬。严尤、陈茂闻阜、赐
死,驰欲据宛。伯昇乃焚积聚,破釜甑,与茂战于育阳⑭,大破之,
斩首二千余级⑮。尤、茂走汝南,汉兵遂围宛。伯昇自号柱天将
军,圣公称更始将军。王莽恶之,购伯昇五万户,黄金十万斤。使
长安中诸(宫)〔官〕署及天下乡亭皆画伯昇像⑯,使旦起射之。自
阜、赐死后,降者十余万,无所统一。诸将请立君,南阳英雄及王常
皆投归伯昇;然汉兵以新市、平林为本,其将帅起草野,苟乐放纵,
无为国之略,皆惮伯昇而狎圣公。

二月辛巳,朱鲔等于(济)〔淯〕水上设坛场⑰,立圣公为天子,
议示诸将。伯昇曰:"诸公妄尊宗室甚厚,无益。然愚窃有所难,闻
赤眉(珀)〔起〕青、徐⑱,众数十万,其中必有诸刘,若南阳有所立,
此必将内争。王莽未灭而宗室相攻,是疑天下而自损权,非所以破
莽之道也。且首兵唱号,鲜有能遂,陈涉、项羽是也。春陵去宛才

三百里，功德未有所施，遽自尊立，为天（子）〔下〕准的^⑲，后人将得承吾弊，非计之善者也。为将军计，不如且称王，王势亦足以斩诸将。今<u>赤眉</u>所立者贤，相率而往从之，必不夺吾爵位。如无所立，破<u>莽</u>降<u>赤眉</u>，然后举尊号，亦未晚也。"诸将多曰："善，可且为<u>更始王</u>。"将军<u>张卬</u>拔剑击地曰^⑳："疑事无功，今日之议，不得有二。"乃立<u>圣公</u>。<u>圣公</u>素懦弱，流汗不敢言。以次拜诸将，<u>刘良</u>为国三老，<u>王匡</u>为定国上公，<u>王凤</u>为成国上公，<u>朱鲔</u>为大司马，<u>刘縯</u>为大司徒，<u>陈牧</u>为大司空，<u>世祖</u>为太常卿，余皆九卿、将军，改元为<u>更始</u>元年。于是豪杰失望，<u>刘稷</u>击<u>鲁阳</u>，闻<u>更始</u>立，怒曰："本宗室谋讨<u>王莽</u>复社稷者，<u>伯昇</u>兄弟也，<u>更始</u>何为者！"不肯诣<u>宛</u>，<u>更始</u>、大臣不悦。<u>世祖</u>恶之，谓<u>伯昇</u>曰："事欲不善。"<u>伯昇</u>笑曰："恒如是耳。"<u>李轶</u>初与<u>世祖</u>善，后谄新贵而疏<u>世祖</u>，<u>世祖</u>诫<u>伯昇</u>曰："此人不可亲也。"<u>伯昇</u>不从。<u>平林</u>兵围<u>新野</u>，不能下，其宰<u>潘临</u>登城曰："愿得<u>刘公</u>一信。"<u>伯昇</u>降之。<u>伯昇</u>威名日盛，<u>更始</u>君臣内不自安，顷时诏示<u>縯</u>七尺宝剑，<u>申屠建</u>随献玉玦示。<u>樊宏</u>曰："昔<u>鸿门</u>之会，<u>范增</u>举玦示<u>项羽</u>，指在<u>高祖</u>，<u>建</u>得无不善乎？"而<u>縯</u>不应。及<u>世祖</u>将至<u>颍川</u>，复深诫<u>伯昇</u>。

三月，<u>世祖</u>与诸将略地（颖）〔颍〕<u>川</u>^㉑，<u>父城</u>人<u>冯异</u>、<u>内乡</u>人<u>铫期</u>、<u>颍阳</u>人<u>王霸</u>、<u>襄城</u>人<u>傅俊</u>、<u>棘阳</u>人<u>马成</u>，皆从<u>世祖</u>。<u>异</u>字<u>公孙</u>，通<u>左氏春秋</u>，好<u>孙子</u>兵法，为郡功曹，监五县事，与<u>父城</u>令<u>苗萌</u>共守。<u>异</u>出行属县，为<u>汉</u>兵所得，<u>异</u>曰："老母在城中，且一夫之用，不足为强，愿据五城以效功。"<u>世祖</u>善之。<u>异</u>归谓<u>萌</u>曰："观诸将皆壮士屈起，如<u>刘将军</u>，非庸人也，可以归身，死生同命。"<u>萌</u>曰："愿从公计。"<u>期</u>字<u>次况</u>，身长八尺二寸，容貌壮异。父卒，<u>期</u>行丧三年，乡里义之。

世祖闻其气勇有志义，召为掾。霸字元伯，家世狱官。霸为狱吏，不乐文法，慷慨有大志。其父奇之，使学于长安数年。归，会世祖过颍阳，以宾客见世祖曰："闻将军兴义兵，诛篡逆，窃不自量，贪慕威德，愿充行伍，故敢求见。"世祖曰："今天下散乱，兵革并兴，得士者昌，失士者亡，梦想贤士共成功业，岂有二哉！"霸父谓霸曰："吾老矣，不任军旅，汝往勉之。"俊字子卫，成字君迁，以县吏亭长从。

　　夏五月，王莽遣大司徒王寻、大司空王邑将四十万兵，号百万众，至颍川，严尤、陈茂复与二公遇。莽之遣二公也，欲盛威武，以震山东，至赍猛兽车甲攻战之具，辎重千里。世祖与下江、新市、平林兵数万人击之于阳关，二公兵〔盛，汉兵〕反走②，世祖入昆阳，诸将惶怖，各欲归保所得城。世祖曰："昆阳即破，一日之间诸将亦灭，不同力救之，反欲归守妻子财物耶？"诸将怒曰："刘将军何以敢如此？"世祖乃笑而去，唯王常然世祖之计。会候还，言大兵来，长数百里，不见头尾，颇至城北矣。诸将乃遽更请刘将军计之。世祖复为陈相救之势，诸将素轻世祖，及迫急，世祖为画成败，皆从所言。时汉兵在城中者八九千人，世祖留王凤、王常守昆阳，夜与宗佻、李轶、邓晨十三骑出城。时二公至城下者且十万人，世祖几不得出。严尤说王邑曰："昆阳城小而坚，今称尊号者在宛，（然）〔亟〕进大兵向宛③，彼必奔走。宛下兵败，昆阳自服。"邑不听，遂环昆阳作营，围之数重，云车十余丈，旗帜蔽野，金鼓之声闻数十里，或为地窟，或作冲车，弩射城中如雨，城中负户以汲。二公自以功在刻漏，校尉司马请托郡县，取受贿赂，不以军事为忧。有流星堕营中，正昼有云气若坏山，直于营而堕，不及地尺而灭，吏士皆压仆。世祖既至定陵，晨，悉发诸营精兵救昆阳。诸将恋辎重，欲留兵守之，世祖曰："今同心并力，以破二公，珍宝万倍，大功可成；如为所败，身首无余，何财物之有！"诸将闻二公兵盛，皆震惧。世祖为陈天命历数，说其意，请为前行，诸将不得已皆从世祖。世祖将步骑千余人居诸将前，二公遣步骑千余人来合战，斩首数十级。诸将喜曰："刘将军平生见小敌怯，今见大敌勇，甚可怪。"世祖复进，诸将乘之，斩首数百级，连战辄胜，诸将益奋。棘阳人岑彭，字君然，以郡吏共严说守宛城，伯昇攻之数月，城中相食。是月，岑彭、严说举城降，诸将欲诛之，伯昇曰："彭为郡吏，执心坚守，是其节也。举大事当表义士，不如封之，以劝后人。"更始乃封彭为归德侯。更始入都太守府，封宗室诸将皆为列侯者百余人。宛城之拔，昆阳未知也。世祖为书与城中，言宛下，兵复至昆阳。坠其书，二公得书恐。六月己卯，世祖选精兵三千，从城西水上奔二公阵，二公兵走北，杀司徒王寻。而昆阳城中兵亦鼓噪而出，中外并击。会大风雷雨，滍水盛〔溢〕㉔，二公大众遂溃奔走，赴水溺死以数万，滍水为之不流。王邑、严尤、陈茂轻骑逃去，汉军获其辎重车甲，连月不尽，或焚烧其余。于是刘稷诣宛，李轶等共谮之。更始乃陈兵收稷，伯昇固争之，遂并杀伯昇，以光禄勋刘赐为大司徒。时世祖在父城，乃诣宛谢之，不伐昆阳之功。更始以是惭，拜世祖为破虏大将军，封武信侯。

　　秋八月，故锺武侯刘望据汝南自立为定汉王，严尤、陈茂皆归之。王莽遣太师王匡、国将褒章守洛阳以距更始。更始遣西屛将军申屠建、司直李松攻〔武〕关㉕，定国〔上公〕王匡攻洛阳㉖。三辅震动，长安中兵起，共攻莽。

九月丙子，东海公孙宾就斩莽首㉗。会申屠建、李松至，传莽首及玺绶诣宛，更始视之，曰："莽不如是，当与霍光等。"更始韩夫人言云："不如此者，帝当那得之。"是月，王匡亦拔洛阳，执太师公王匡、国将褒章至宛，斩之。

冬十月，刘望自立为天子，严尤为大司马，陈茂为丞相。更始使刘信击之，望兄子回杀望降。严尤、陈茂走朗陵，为故吏所杀。更始欲北之洛阳，以世祖为司隶校尉。初，三辅官府吏东迎者见更始诸将数十辈，皆冠帻而衣妇人衣，大为长安所笑，智者或亡入边郡。及司隶官属至，衣冠制度皆如旧仪，父老旧吏见之，莫不垂涕悲喜，曰："何幸今日又见汉官威仪！"更始至洛阳，遣使降樊崇等。樊崇等与渠帅二十余人至洛阳降，皆封为列侯。其留者相率叛之，崇等即皆亡去，复领其众分为二队，崇自开封出南阳，徐宣、谢禄等从阳翟击河南。是时豪杰并起，庐江张步起琅邪，刘芳起安定，董宪起东海，秦丰起黎丘，其余赤眉、铜马、青犊、高湖、董达等，众各数万㉘，旬月之间，天下皆遍。隗嚣字季孟，天水成纪人，少为郡吏，著名凉州。季父崔，豪侠能得众情，闻莽兵败昆阳，更始立于宛，谋起兵以应汉。嚣止之曰："兵，凶事也，宗族何辜！"崔不从，收兵得数千人，攻莽镇夷大尹李育㉙，杀之。既而推嚣为主，不得已乃聘平陵人方望为军帅。望说嚣曰："今欲承天顺民，辅汉而立者，乃在南阳。莽尚据长安，言为汉无所受命，何以见信于众乎？宜急立汉高庙，称臣奉祠，所谓神道设教，求助民神者也。且礼有损益，质文无常，茅茨土阶，致其肃（也）敬㉚，虽未备物，神明其舍诸！"嚣从其言，遂立汉祖宗庙。祀毕，相与盟曰："凡我同盟，允承天道，兴辅刘宗，或怀奸虑，神明殛之。"嚣乃勒兵十万将攻安定，安定太守王向,莽从弟,谭之子,威行郡中,属县未敢叛。嚣喻向以天命,向不从。嚣复为言重顿兵血刃,伤害吏士。终不听,乃进兵,虏向,以徇百姓,然后行戮,安定悉降。而长安中亦起兵诛莽。嚣遂分遣诸将徇陇西、武都、金城、武威、张掖、酒泉、燉煌,皆下之。

公孙述字子阳,茂陵人,成帝时为清水长,兼治五县,奸不得发,郡中谓有神。王莽时守导江卒正,复有能名。更始之立,南阳人宗成自称将军,收兵汉中,众数万人,遂至成都。是时导江治临邛,述召县中豪杰,谓之曰:“天下同苦新室思刘氏矣,故闻汉将军至,驰迎道路。今百姓无辜,父子俘获,室家烧(焚)〔燔〕③①,此寇贼,非义兵也。吾欲执郡自守②②,以待真主,诸公并力者即留,不欲者即去。”豪杰皆叩头,愿效死。乃发城中兵千余人,述使人诈称汉使者自东方来,拜受印绶,因号曰辅汉将军兼益州牧。北至成都,众数千人,遂攻宗成,大破之,尽有益州。

李宪,颍川人,王莽时于庐江贼起,众至十余万,莽以宪为偏将军,连年击平之。莽败,宪据郡守,自称淮南王。

张步,琅邪人,汉兵起,步亦聚众千余人击攻傍县数十城。

刘芳,安定三(川)〔水〕人③③,本姓卢。王莽末,天下咸思汉,芳由是诈自称武帝后,变姓名为刘文伯。及莽败,芳与三川属国羌、胡起兵北边。

董宪字侨卿,东海朐人,父为人所杀,宪聚客报冤,众稍多,遂攻属县。

秦丰,南郡黎乡人,少时受律令,为县吏。汉兵起,与同乡蔡张、赵京等起兵,众数千人,攻宜城、襄阳诸县,下之,自称黎丘王。

更始封刘永为(举)〔梁〕王③④。永故梁王子也,王莽时废为家人,更始立,诣洛阳,故得封。更始将使大将平河北,刘赐诸宗室无可使者,独有世祖也。朱鲔等以为不可,而左丞相曹(竞)〔竟〕父子用事㉟,冯异劝世祖厚结焉。由是以世祖为大司马,遣平河北。于是冯异、铫期、坚(谭)〔镡〕、祭遵、臧宫、王霸皆以为掾吏㊱,从至河北,宾客多去者。世祖谓霸曰:"颍川从我者皆已亡矣,疾风知劲草,尔其勉之。"

坚(谭)〔镡〕字子汲㊲,襄城人也,以县吏从世祖。

祭遵字弟孙,颍阳人,家富给,而遵恶衣服,不自修饰,又好经学。母死,负土成坟,以孝谨闻。常为亭长所侵辱,遵结客杀亭长,县中称其儒而有勇也。世祖破二公于昆阳,还颍阳,遵以县吏数进见。上爱其姿容,谓遵曰:"欲从我乎?"曰:"愿从。"因署门下吏。

臧宫字君翁,郏人,为县亭长,率宾客入下江兵中。昆阳之战,诸将称其勇,世祖察宫勤力少言,独亲纳之。初,伯昇之遇害,世祖不敢制服,饮食笑言语如平常。冯异见世祖独居,不御酒肉,被席有涕泣处,异独宽解世祖。世祖曰:"卿勿妄言,何有是乎?"异因曰:"天下同苦王氏,思汉家,今下江诸将纵横恣意,所至虏掠财物,略人妇女,百姓已复失望,无所戴矣。今公专命方面,广施恩德。有桀、纣之乱,乃见汤、武之功。民之饥渴,易为饮食时也。宜急分遣官属,理冤结,施恩惠。"于是乃遣异与铫期乘传抚循百姓,所至二千石、长吏、三老皆具食,宥囚徒,除苛政,反汉官,申旧章。吏民大喜,牛酒盈路,皆辞而不受。

南阳新野人邓禹,字仲华,少以德行称。尝游学长安,见世祖,知非常人也。更始立,人多荐举,禹不肯从。闻世祖平河北,乃杖策追之,及世祖于邺。世祖见禹甚喜,谓禹曰:"欲仕乎?"曰:"不愿。"世祖曰:"即如是,欲何为?"对曰:"使明公威德加于海内,禹得效其尺寸之功,垂名竹素,此其愿也。"世祖留禹宿,禹因进说曰:"古人有言,圣人不得违时,时亦不可失也。历观往古圣明之兴,因时立功,二科而已,天事与人事也。今以天事观之,更始既立,而变方兴;人事观之,帝王大业,非凡夫所任。更始既是庸才,而其辅佐,无有忠良明智,深谋远虑欲尊主安民者也。以古人度观之,今败可见也。公推诚接士,总览英雄,天下之人皆乐为驱驰,公之德,众所归也。初战昆阳,破王莽四十万众,天下闻之,莫不震靡,公之武,众所服也;军政齐肃,少长有礼,赏善如不及,讨恶如虑遥,公之文,众所安也;聪明神武,所谓天下圣人也。民之归治,如水趋海,以公之威德应民之望,收天下英雄而分授之。河内被山带河,足以为固,其土地富贵,殷之旧都,公之有此,犹高祖之有关中也。进兵定冀州,北取幽、并胡马之用,东举青、徐,引负海之利。三州既集,南面以号令天下,天下不足定也。"上笑曰:"且相随北去。"因敕左右,号禹曰邓将军。

钜鹿宋子人耿纯,字伯山,说李轶曰:"将军以龙虎之姿,风云之时,奋迅而起。期月之间,兄弟富贵,德信不闻于士民,功劳未施于百姓,而宠禄暴兴,此智者之所忌也。兢兢自危,犹惧不终,而况沛然自足可以成功者乎?"轶奇之,乃授纯节令,安集赵、魏。是时世祖在邯郸,纯见世祖长者,官属齐肃,遂求自纳焉。

南阳宛人朱祐⑧,字仲先,世祖之旧也。伯昇之起,以祐为护军。伯昇败,祐常独怨望,世祖每短绝之。祐自洛阳将之河北,刘嘉问祐曰:"子将何之?"祐曰:"将之长安。"嘉素奇世祖,知祐有旧,谓祐曰:"子与刘公善,胡不北乎? 嘉有劳苦吏欲托之刘公。"

祐曰："若是，愿与之俱。"乃给其车马，使贾复、陈俊与祐俱北，及世祖于柏人。世祖复以祐为护军，常居中，亲幸。祐从容问世祖曰："更始政乱，公有日角之相，天之所命也。"世祖怒，将收之，乃不敢言。

贾复字君文，南阳冠军人，初事(武)〔舞〕阴李生^㊵，李生奇之，谓门人曰："贾生容貌志气如此，而勤于学，将相之器也。"尝为县吏迎盐河东，会盗贼起，同辈十余人皆弃盐去，复独送至县，县中称其信。及汉兵起，复聚众数百人于羽山，既而将其兵属刘嘉为校尉。复见更始纲纪日替，令嘉远为之虑，乃说嘉曰："臣闻图尧、舜之事而不能至者，汤、武是也；图汤、武之事而不能至者，桓、文是也；图桓、文之事而不能至者，六国是也；图六国之事而不能至者，亡六国是也。今汉氏中兴，大王以亲戚为辅，天下未定而安所保，所保得无不可保乎？"嘉曰："公言大，非吾任也，大司马刘公在河北，可往投之。"去见上，上复奇之。又邓禹亦称有将帅才，于是署复为都督^㊶，解左骖以赐之。

陈俊字子昭，南阳西鄂人也。少学长安，归为郡吏。汉兵起，为刘嘉长史。既遇世祖，调补曲阳长，谓世祖曰："欲与君为左右，小县长何足以留之？"俊即解印绶去。世祖以俊为强弩将军，将中坚士。俊教习进退，皆应旗鼓，临敌奋击，所向皆破。世祖曰："诸将皆如此，复何忧哉？"

王昌字郎，邯郸人。初，河间赤眉大众将至，百姓骚动。郎明星历，以为河北有天子气，素与赵缪王子林善，豪侠于赵，欲因此起兵。初，王莽时或称成帝子子舆，为莽杀之。郎于是诈称子舆以诳动林等。林等亦欲以为乱，乃与赵国大豪李育、张参先宣言赤眉将

至,立刘子舆以动众心,遂率车骑数百,晨入邯郸,止王宫。十二月
壬辰,郎自立为天子,外遣将帅徇幽、冀,曰:"朕孝成皇帝子子舆者
也,遭赵氏之祸。王莽篡弑,赖知命者将护朕躬,解形河滨,削迹
赵、魏。王莽窃位,获罪于天,天命祐汉,故使东郡太守翟义、严乡
侯刘信拥兵征讨,出入胡、汉,普天率土,知朕隐在人间。今也南岳
诸刘为朕先驱,朕观天文,乃兴于斯。而圣公未知,故且持帝号。
今已诏圣公及翟太守骤与功臣诣行在所。荆州刺史、太守皆圣公、
翟义所置,强者负力,弱者疑惑,顿兵伤士,元元丧气,朕甚悼焉!
故遣使者颁下诏书。"是时百姓思汉,言翟义不死。故郎称之,从民
望也。于是自赵国已东至于辽左皆从风而靡矣。

茂陵人耿弇,字伯昭,父况,王莽时为朔调连率。更始立,诸将
略地者前后非一,弇乃辞况至京师,因献贡以自固,弇时年二十一
矣。至宋子,会王郎反,从(县)〔县〕吏孙仓、卫苞劝弇降邯郸[41],弇按剑
叱之曰:"所以涉难至长安者,欲以辅刘氏也。今我至京师,陈上
谷、渔阳兵马之用,还出太原、代郡,反覆数十日归,发突骑以奔乌
合之众,如摧枯折腐耳。观公等族灭不久。"孙仓、卫苞不从,皆亡
去。弇闻世祖在卢奴,乃北谒之。世祖(置)〔署〕弇门下吏[42],弇因
护军。朱祐求归发兵,世祖壮之。弇亦书与况,盛陈世祖度略,宜
速来相见。况乃驰至昌平,遣小子舒献马焉。

校勘记

① 以(泠)〔泠〕道县春陵　从中华书局刊本后汉书光武帝纪春陵注宋云彬
校改。

② 复言(其)〔及〕兵起及谶文　从南监本、龙溪本、学海堂本改。

③ 家产数百金　后汉书刘盆子列传作"赀产数百万"。

④ 莒人樊崇东宛人逢安　后汉书刘盆子列传作"琅邪人樊崇崇同郡人逢

安"。

⑤ 沐阳侯田况　后汉书刘盆子传作"探汤侯"。

⑥ 杀人号令　后汉书刘盆子列传作"杀人者死伤人者偿创"。

⑦ (大)〔太〕师王匡　从龙溪本改。

⑧ 社稷之计　后汉书冯衍列传作"社稷之利"。

⑨ 王匡(故)〔欲〕进击宪　从学海堂本、汉书王莽传改。

⑩ 国将褒章　汉书王莽传作"哀章"。

⑪ 通得(士)〔亡〕走　从龙溪本、学海堂本改。

⑫ (弘)〔引〕兵南渡　从龙溪本、学海堂本改。

⑬ 死者万余人　后汉书齐武王縯列传作"斩首溺死者二万余人"。

⑭ 战于育阳　"育",后汉书光武帝纪作"淯"。

⑮ 二千余级　后汉书齐武王縯列传作"三千余级"。

⑯ 长安中诸(宫)〔官〕署　从后汉书齐武王縯列传改。

⑰ 朱鲔等于(济)〔淯〕水上设坛场　从学海堂本、后汉书刘玄传改。

⑱ 闻赤眉(坢)〔起〕青徐　从龙溪本改。

⑲ 为天(子)〔下〕准的　从学海堂本、后汉书齐武王縯列传改。

⑳ 将军张斤拔剑击地　"斤",后汉书齐武王縯传作"卬"。

㉑ 略地(颖)〔颍〕川　从文意改。

㉒ 二公兵(盛汉兵)反走　从太平御览九十引东观汉纪文补。

㉓ (然)〔亟〕进大兵向宛　从后汉书光武帝纪改。

㉔ 潢水盛〔溢〕　从太平御览九十引东观汉纪文补。

㉕ 李松攻(武)关　从后汉书刘玄列传补。

㉖ 定国〔上公〕王匡攻洛阳　从后汉书刘玄列传补。

㉗ 公孙宾就　袁纪与荀纪皆作"公孙宾就",汉书、后汉书皆作"公宾就"。
　　颜师古谓:"公宾,姓也;就,名也。"李贤引风俗通注云:"公宾,姓也。鲁
　　大夫公宾庚之后。"

㉘ 高湖董达等众各数万　"董达",钮永建校云:按范书帝纪无"董达",疑即

"重连"之误。<u>重连</u>,诸贼之一种也。下文"重连"或作"董连",同误。

㉙ 镇夷大尹李育　"夷",<u>后汉书隗嚣列传</u>作"戎"。

㉚ 致其肃(也)敬　从<u>南监本</u>、<u>后汉书隗嚣列传</u>删。

㉛ 室家烧(燔)〔燔〕　从<u>龙溪本</u>、<u>后汉书公孙述列传</u>改。

㉜ 吾欲执郡自守　"执",<u>后汉书公孙述列传</u>作"保"。

㉝ 刘芳安定三(川)〔水〕人　从<u>后汉书卢芳传</u>改。<u>钮永建校</u>云:按<u>续汉书郡国志</u>安定郡有<u>三水县</u>。注云"有<u>左谷</u>,<u>卢芳</u>所居"。<u>芳</u>为<u>三水</u>人甚明,<u>纪</u>文作"三川",误。

㉞ 封刘永为(举)〔梁〕王　从<u>南监本</u>、<u>龙溪本</u>、<u>学海堂本</u>改。

㉟ 左丞相曹(兢)〔竟〕父子用事　从<u>后汉书冯异列传</u>改。<u>李贤</u>注:竟字子期。<u>钮永建校</u>云:按<u>汉</u>人名字,其义多相应。<u>竟</u>字<u>子期</u>,谓以终始相期也。<u>纪</u>文作"兢"不可通。

㊱ 铫期坚(谭)〔镡〕　从<u>南监本</u>、<u>龙溪本</u>、<u>后汉书坚镡列传</u>改。

㊲ 坚(谭)〔镡〕字子汲　从上文意改。

㊳ 南阳宛人朱祐　"祐",<u>通鉴考异</u>云:范书、<u>袁纪</u>朱祜皆作"祐"。按<u>东观记</u>"祜"皆作"福",避<u>安帝</u>讳。<u>许慎说文</u>"祜"字无解,云上讳。然则<u>祜</u>名当从示旁古今之古,不当作左右之右也。

㊴ 初事(武)〔舞〕阴李生　从<u>后汉书贾复传</u>改。<u>钮永建校</u>云:按<u>续汉志</u>舞阴,<u>南阳县</u>。<u>纪</u>文作"武阴",误。

㊵ 署复为都督　"都督",<u>钮永建校</u>云:按<u>光武</u>时未有都督之官。<u>范书贾复列传</u>云"署复破虏将军督盗贼"。据此则复所署者,破虏将军也。<u>纪</u>文作"都督",殆必旧史有"督盗贼"句,相涉而误。

㊶ 从(县)吏孙仓卫苞　从<u>后汉书耿弇列传</u>删。

㊷ 世祖(置)〔署〕弇门下吏　从<u>后汉书耿弇列传</u>改。

后汉纪　光武皇帝纪　卷第二

　　二年春正月，公到蓟，王郎购公十万户。蓟中惊恐，言郎使者方至，太守已下皆出城迎。公见官属议，耿弇曰："今兵从南方来，不可南行。上谷太守耿况，渔阳太守彭宠，公邑人也①，发此两（都）〔郡〕控弦强弩万骑②，所向无前，邯郸不足平也。"公曰："卿言善。"时公官属尽南方人，莫有欲北者，皆曰："死南首，奈何北行？"公指弇曰："是我北道主人。"公驾出，官属不尽相及。弇与公相失，道路扰攘，皆欲击公，铫期奋戟在前，嗔目叱之。至，城门已闭矣，攻之得出。兼晨夜，蒙霜雪，所过城邑不敢入，或绝日不食，至饶阳芜蒌亭，冯异进豆粥，公曰："得公孙豆粥，饥寒俱解。"公将出，或曰："闭之。"亭长曰："天下讵可知，何闭长者为？"遂南行，至呼沱河，导吏还言河水流澌，无船不可渡。官属皆失色，公遣王霸视之，信然。霸恐惊众，不可渡，且前依水为阻，即言"冰坚可渡"，士众大喜，比至，冰合可涉。既渡，公谓霸曰："安吾众，令渡者，卿力也。"霸曰："此明公至德，神灵之祐，虽武王渡河，白鱼之应，无以加也。"公曰："王霸权时以安众，是天瑞也。为善不赏，无以劝

后,以霸为军正,赐爵关内侯。"于是未知所之。有老公在道旁,曰:
"信都为长安城守,去此八十里乃至。"信都太守任光、都尉李忠闻
世祖至,开门出迎,世祖见光,喜曰:"伯卿兵少不足用,如何?"光
曰:"可发奔命攻旁县,不降者掠之,兵贪财物,可大致也。"以光为
左大将军,封武成侯。忠为右大将军,封武固侯。光字伯卿,南阳
宛人,好黄、老言,为人纯厚,乡里爱之。(知)汉兵至宛③,或见光衣
服鲜明,欲杀之,解衣未已,会安城侯刘赐适至,见光容貌长者,救
全之。因率党与从赐,为偏将军,与世祖共破二公于昆阳。后更始
拜光为信都太守。李忠字仲卿④,东莱人,以好礼称,王莽时为信
都都尉⑤。更始立,以忠郡中为所敬信,即拜忠为都尉,兼玺书劳
勉焉。王郎起,光与忠发兵固守,廷掾有持郎檄诣府者,光斩之,以
令百姓。邳彤字伟君,信都人,王莽时分钜鹿为和成郡,以彤为郡
卒正。公之平河北,彤举城降,复以彤为太守。是时郡县得王郎
檄,皆望风向应,唯信都、和成二郡不降。彤闻公来失众,使五官掾
张万将精骑二千诣公所。彤与公会信都,议者或言可因信都兵自
送入关,彤庭对曰:"议者之言皆非也。何者?吏民思汉久矣,故更
始之立,天下向应,当此之时,一夫大呼,无不捐城遁逃,虏伏请降,
自上古已来,用兵之盛,未有如此者也。邯郸刘胡子等假此威势,
惑乱吏民,诈以卜者王郎为成帝子拥而立之,其众乌合,无有根本
之固。明公奋二郡之兵,扬向应之威,以攻则何城不克,以战则何
军不服? 今释此而西归,非徒亡失河北,又惊动三辅,其隳损威重,
安可量也? 明公审无征伐之计,则虽信都之众,难可合也。何者?
明公西,则邯郸、和成民不肯捐弃亲戚而千里送公,其离散逃亡,诚
可必见。"以彤为后大将军。世祖使宗广守信都,李忠、邳彤征伐。

耿纯率宗族二百余人，老者载棺而随之，及宾客二千人，并衣襦迎公于贯⑥。钜鹿人刘植亦率宾客数十人开城门迎。公大悦，以纯为前将军，植为骁骑将军。众益盛，乃渡呼沱，攻中山，所过郡县望风影附。耿纯使从弟䜣归烧宗室庐舍，公以问纯，纯曰："窃见明公单车临河北，非有府藏之畜、重赏甘饵以聚人者也，接下以至诚，待之以恩德，是以士众旁来，思乐僵仆。今邯郸自立，北州疑惑，纯虽举宗归命，老弱充行，犹恐宗人宾客卒有异心，无以自固，燔烧庐舍，绝其反顾之望。"公善之。更始将相皆山东人也，咸劝更始都洛阳。丞相长史郑兴说更始曰："陛下起自荆楚，无施于民，举号南阳，而雄杰已诛王莽，开门而迎者，何也？苦王氏、思高祖之旧德也。今不久抚之，臣恐百姓心动，盗贼复起。议者欲平赤眉而后入关，是不守其本而争其末也，恐国家之守转在函谷，虽卧洛阳，得安枕邪？"更始曰："朕西决矣。"乃以兴为梁州刺史。

二月，更始西至长安。自王莽之败，西宫燔烧，东宫府市里、太仓、武库皆如故。更始居于东宫，郎吏以次侍，更始愧，不能视。诸将后至者，更始劳之曰："掠得几返？"左右大惊。李松、赵萌说更始宜立诸功臣为王，以报其功，朱鲔以为高祖之约，非刘氏不得王。更始乃先封宗室刘祉为定陶王，刘赐为宛王，刘庆为燕王，刘歙为元氏王，刘嘉为汉中王。后遂立王匡为比阳王，王凤为宜城王，朱鲔为胶东王，张卬为淮阳王，王常为邓王，廖湛为殷王⑦，申屠建为平氏王，胡殷为随王，李通为西平王，李轶为武阴王⑧，成丹为襄邑王，陈（茂）〔牧〕为阴平王⑨，宋佻为颍阴王。以李松为丞相，赵萌为大司马，隗嚣为御史大夫。即拜张步为辅汉大将军，步弟弘为卫将军，蓝玄武将军，寿高密太守。步乃分兵略地，尽得琅邪、泰山、城阳、东莱、高密、胶东、北海、齐郡、济南。拜董宪为临淮太守，宪还东海攻利城，耿况攻曲阳，皆下之。拜刘芳为骑都尉，使镇抚安定以西。

更始以赵萌女为夫人，有宠，委政于萌。更始日在后宫与妇女饮酒，诸将欲言事，更始醉，不能见，请者数来，不得已令侍中于帷中与语，诸将又识非更始声，皆怨曰："天下未可知，欲见不得。"而韩夫人尤嗜酒，手自滴酒，谓常侍曰："帝方对我乐饮，闲时多，正用饮时即事来！"为起，抵书按破之。议郎有谏者，言萌放纵，县官但用赵氏家语署耳。更始怒，拔剑斫议郎。时御史大夫隗嚣在旁，起谓左右曰："无漏泄省中事。"萌尝以私事扶侍中下斩之，侍中呼曰："陛下救我。"更始言大司马哀纵之，萌曰："臣不奉诏。"遂斩之。如此者数。

李轶等擅命于外，所置牧守交错州郡，不知所从，强者为（苦）〔右〕⑩。王匡、张印之属，横暴长安，三辅苦之。又所署官爵多群小，长安为之语曰："灶下养，中郎将。烂羊胃，骑都尉⑪。"由是四方不信，豪杰离心。博士李淑谏曰："方今贼臣始诛，王化未行，百官有司宜得其人。陛下本因下江、平林之势假以成业，斯亦临时之宜。事定之后，宜厘改制度，更延英俊，以匡王国。今者公卿尚书皆戎阵亭长，凡庸之隶而当辅佐之任，望其有益，犹缘木求鱼，终无所获。海内望此，知汉祚（永）〔未〕兴⑫。臣非有憎疾以求进也，但为陛下惜此举措，愿陛下更选英彦以充廊庙，永隆周文济济之盛。"更始怒，收淑系之诏狱历年，至更始之败乃免。

初，隗嚣被征，将行，方望止之曰："更始未可保，且观百姓所归。"嚣不听。以书谢嚣曰："足下将建伊、吕之业，任存亡之权，大事草创,雄杰未集。以望异域之人,疵瑕未曝于众,可且依托,亦有所宗。望知大指,顺风不让,幸赖将军尊贤广谋,动有功,发中权,基业已定,英杰云集,思为羽翮比肩是也。望久以羁旅,抱空资托宾客之上,诚自愧也。假望怀介然之节,洁去就之分,又不贰其志矣。何则?范蠡收绩于姑苏[13],狐犯谢罪于始入。夫以二子之勤,从君二十余年,蠡苞七术之机,犯为舅氏之亲,然至际会,犹释罪削迹,请命乞身,盖亦宜也。望闻乌氏有龙池之山,微径南通,与汉相连,其旁有奇人,聊及闲暇,广求其真,愿将军勉之而已。"嚣固留,望遂去。嚣诣长安,更始以嚣为右将军,季父崔为白虎将军,义为左将军。既而崔、义谋叛西归,嚣惧其并诛,即求见而告其谋,二人诛死。更始以嚣为忠,故以为御史大夫。方望既去隗嚣,遂说安陵人弓林曰:"更始必败,刘氏真人当受命。刘婴本当嗣孝平帝,王莽以婴为孺子,依托周公以夺其位,以为安定公,今在民间,此当是也。"林等信之,于长安求得婴,将至临泾,聚党数千人,立婴为天子,望为丞相,林为大司马。更始遣李松、苏茂等击,皆斩之。公之击赵国,引兵入钜鹿,降广阿。更始初立,遣使徇诸国[14],曰:"先降者复爵位。"上谷太守耿况出迎使者,上印绶,使者无还意。功曹寇恂勒兵入,请印绶,使者曰:"天王使者,功曹欲胁之邪?"恂曰:"非敢胁使君,窃伤计之不详也。今天下初定,国信未宣,使君立节衔命以临四方,郡国莫不延颈倾耳,望风归命。今至上谷而隳阻向化之心[15],生离叛之隙,何以复令他郡乎?且耿况在上谷,久为吏民所亲,今易之,得贤则造次未安,不贤则为乱。为使君计,莫若复况以安上谷,外以宣恩信。"使者不应,恂因顾叱左右以使者教召况,况至,恂前取印绶带况,使者不得已,承诏授之,况遂拜受而出。恂字子翼,上谷(北)〔昌〕平人也[16],家世为郡县之著姓。恂好学,为郡功曹,耿况甚重之。时王郎使上谷发兵,恂与门下掾闵业议:"邯郸拔起不可信,王莽末时所难伯昇,今闻大司马伯昇亲弟,尊贤下士,所至见说,可归附也。"况曰:"邯郸兵强,不能独距,如何?"对曰:"今据大郡,悉举其众,控弦万骑,可以详择去就。恂请(束)〔东〕约渔阳太守与合为一[17],邯郸不足图也。"耿弇之与公相失也,(闻)〔间〕行归上谷[18],会适至,劝况发兵,乃遣寇恂至渔阳说太守彭宠。

初,吴汉说宠曰:"渔阳、上谷突骑,天下所闻也,君何不率勉上谷共遣精锐以诣刘公,并力击邯郸,此一时之功也。"护军盖延、狐奴令王梁亦劝宠,宠欲从之,其官属不听。汉知宠不得自专,乃辞去城外,思所以调其众者。时道多饥民,见一诸生,汉使人召之,乃问所闻见,此生具说刘公所过为郡县所称,言邯郸刘子舆非刘氏也。汉乃独为檄发渔阳兵,使此生奉檄诣宠,宠官属皆疑。会恂至,宠遂发兵,以汉行长史事,与都尉严宣、护军盖延、王梁等将步骑三千人共攻蓟,诛王郎大将赵闳等,所过攻下郡邑,诛其将帅。将及广阿,闻城中车骑甚众,汉乃勒兵问曰:"此何兵?"曰:"大司马公也。"时王郎亦遣大司马略地,汉复问曰:"大司马为何公也?"对曰:"刘公也。"汉闻之喜,即进兵城下。初,闻二郡兵且至,或云王郎来,甚忧之。及闻外有大兵,公亲乘城勒兵,传问之,汉等答曰:"上谷兵为刘公,诸部莫不喜跃,耿弇得所归附矣。"耿弇拜于城下,具言发兵状,公乃悉召入,笑曰:"邯郸将帅数言我发渔阳、上谷兵,吾聊应一言我亦发之,何意二郡良为吾来,方与士大夫共此功名耳。"乃皆以为偏将军,加况、宠大将军,封列侯。吴汉为人质厚少文，造次不能以辞自达，然沉勇有智略，邓禹及诸将多知之，数相荐举，乃得召见，遂见亲信，常居门下。更始遣尚书令谢躬率六将军讨王郎，不能下。王郎遣将攻信都，信都大姓马宠等开城内之，收太守宗广及武固侯李忠母妻，而令亲属招呼忠。时宠弟从忠为校尉，忠即时召见，责数以背恩反城，因格杀之。诸将皆惊曰："家属在人手中，杀其弟何猛也？"忠曰："若纵贼不诛，则二心也。"公闻而美之，谓忠曰："今吾兵已成矣，将军可归救老母妻子，宜自募吏民，能得家属者赐钱千万，来从我取。"忠曰："蒙明公大恩，思得效命，诚不敢内顾宗亲。"郎所置信都王捕系后大将军邳彤父弟及妻子，使为手书呼彤曰："降者封爵，不降族灭。"彤涕泣报曰："事君者不得顾家，彤亲属所以至今得安于信都者，刘公之恩也，公方争国事，彤不得复念私也。"公乃使左大将军任光将兵救信都，光兵于道散，降王郎，无功而还。会更始所遣将攻拔信都，败走王郎兵，忠、彤家属悉全，公因使忠行太守事，还归信都，诛郡中反者数百人。公东击钜鹿，未下，耿纯说公曰："守钜鹿士众疲弊，虽屠其城，邯郸存，不如以精锐击邯郸。若王郎已诛，钜鹿不战自服矣。"公从之。

夏四月，攻邯郸，王郎使杜威持节诣军，威曰："实成帝遗体子也。"公曰："设使成帝复生，天下亦不可得也，况诈子舆者乎？"威固请降，求万户侯，公曰："一户不可，顾得全身耳！"威曰："邯郸虽鄙，并力城守，尚旷日月，终不君臣俱降，但欲全身也。"乃辞去，少傅李立反，开城门。

五月甲辰，破邯郸，诛王郎。公得文书谤毁公者，皆烧之，曰："令反侧子自安也。"更始遣使封公为萧王，令罢兵，将有功者诣行在所，遣<u>幽州</u>牧<u>苗曾</u>之部。王幸<u>温明殿</u>，<u>耿弇</u>请（问）〔间〕⑲，曰："吏士死伤者多，愿归<u>上谷</u>益兵。"王曰："<u>王郎</u>已破，<u>河北</u>略平，国家今都<u>长安</u>，天下大定，复用兵何为？"<u>弇</u>曰："<u>王郎</u>虽破，天下兵革乃始耳。今使者来，欲罢兵，不听也。<u>铜马</u>、<u>赤眉</u>之属数千万人，所向无前，<u>圣公</u>不能办也，败必不久。"王曰："卿勿妄言，我（告）斩卿⑳！"<u>弇</u>曰："大王哀厚<u>弇</u>如父子，故敢披赤心。"王曰："我戏卿耳，何以言之？"<u>弇</u>曰："百姓患苦<u>王莽</u>，复思刘氏，闻<u>汉</u>兵起，莫不欢喜从风，如去虎口得归慈母，倒戟横矢不足以喻。<u>更始</u>未都<u>长安</u>时，百姓未具责也。今都<u>长安</u>即位，宫室成，以为天子，而大臣专权，贵戚纵横。夫政令不出城，诸将虏掠甚于贼盗，百姓愁怨，天下失望，是以知必败也。明公首事<u>南阳</u>，破昆阳下百万众。今复定河北，以义征伐，表善惩恶，躬自克薄，发号向应，望风而至，天下至重，公可自取，无令他（往）〔姓〕得之㉑。"王曰："卿得无为人道之？"<u>弇</u>曰："此重事，不敢为人道。"于是王谓<u>邓禹</u>曰："吾欲取<u>幽州</u>突骑，谁可使者？"禹曰："<u>吴汉</u>文能柔未附，武足断大事，可用也。"乃以<u>汉</u>为大将军，持节与<u>耿弇</u>发<u>幽州</u>十郡兵。<u>幽州</u>牧<u>苗曾</u>不肯调，<u>汉</u>将二十骑至<u>无终</u>，<u>曾</u>以<u>汉</u>无备，出迎<u>汉</u>。<u>汉</u>麾骑收<u>曾</u>，即诛之，遂取其军，威振北州。<u>汉</u>将兵诣王所，诸将望见<u>汉</u>还，兵马甚盛，皆曰："此欲自将之，何肯与人？"及<u>汉</u>至，上公簿㉒，请所付诸将，各多请之。王曰："属者恐其不与人，今所请又何多也？"诸将由是服焉。

秋，王击<u>铜马</u>于<u>清阳</u>㉓，破之。又击<u>高明</u>、<u>董连</u>㉔，大破之，众十余万悉降，皆封其渠帅。诸将未能信贼，贼示二其心，王敕降贼各勒兵，王将轻骑入其营，渠帅曰："王推赤心置人腹中，安得不投死？"由是遂安，悉以贼配诸将营。<u>更始</u>柱功侯<u>李宝</u>、<u>益州</u>刺史<u>张</u>

忠徇益州，公孙述使弟将兵要之绵竹，大破宝、忠，由是威振益州。
功曹李熊说述曰："方今四海震荡，匹夫横议，将军割据千里，地十
汤、武，奋发威德以投天隙，王霸之业成矣。宜改名〔号〕以镇百
姓㉕。"述以为然。乃自立为蜀王，遣将军侯丹守白水关，任满据捍
关。蜀地肥饶，民强兵实㉖，远方多归之。邛人长贵杀王莽越嶲太
守，自立为邛谷王，称臣于述。塞外君长皆贡述。更始武阴王李轶
据洛阳、尚书谢躬据邺，各十余万。王患焉，将取河内以迫之，谓邓
禹曰："卿言吾之有河内，犹高祖之有关中。关中人非萧何谁能之，
使一方晏然，高祖无西顾之忧者矣！吴汉之能，卿之举矣，复为吾
举萧何。"禹曰："寇恂才兼文武，有御众才，非恂莫可安河内也。"
王至河内，太守韩歆谋将城守备。武人卫文多奇计，冯异素知之。
异言于王，使卫文说歆，令降，岑彭亦劝歆，遂从之。王以歆不即
降，置之鼓下，将斩之。彭在城内，使人召彭。初，彭赖伯昇获免，
因以兵属。伯昇被害，更为朱鲔校尉。后为颍川太守，将之官，道
不通，乃将麾下数百人从邑人韩歆于河内。彭见王曰："赤眉入关，
更始危殆，四方蜂起，群雄竞逐。窃闻大王开拓河北，此诚皇天祐
汉，士民之福也。彭赖司徒公得全济，今复遇大王，诚愿出身自效，
以报恩施。"王深纳之。因言歆南阳人，可以为用，乃赦之。于是
以冯异为孟津将军，寇恂为河内太守。王谓恂曰："河内富实，带河
为固，北通上党，南迫洛阳，吾将因是以济。高祖留萧何守关中，吾
(令)〔今〕委卿以河内㉗。"恂乃伐(其)〔淇〕园竹以为兵矢㉘，收(淇)
〔其〕租赋以给(年)〔军〕粮㉙，养马二千匹以供军用。刘隆字元伯，
王之宗人。更始初，为偏将军，预于昆阳之战。更始入关，请迎妻
子，至洛阳，闻主在河北，隆单身归王，王以为骑都尉，使与冯异守

洛阳。李轶闻隆归王,乃尽杀隆妻子。河北既定,遣吴汉、岑彭击谢躬,时拒五校于隆虑,令大将军刘庆守邺城。汉说魏郡太守陈康曰:"上智处危以求安,中智因危以为功,下愚安危以自亡,危亡之至在人,所由不可不察。今京都败乱,四方云扰,刘公所向辄平之,公所见也。谢尚书不量力,内与萧王违戾,外失河北之心,公所知也。公据孤危之城,坚守自安以待灭亡,义无所立,节无所成,不若开门内军,转祸为福,免下愚之危,收中智之功,此计之至者也。"于是陈康乃收刘庆及躬妻子,开门内汉军。躬闻汉等至,将轻骑归,不知汉已得其城,与数百骑夜至邺。时汉在城外,彭在城中,开门内躬,胁将诣传,斩之。初,更始遣躬将马武等六将军与世祖俱定河北,及王郎平,躬与世祖复俱共在邯郸中,不居城内。躬所领诸将多放纵,为百姓所苦,躬不能整,又数与王违戾,常欲袭之,以为兵强故止。然躬勤于吏事,每至所在,理冤结,决词讼,王常称之曰:"谢尚书真吏也。"躬由此不自疑。躬妻子尝诫之曰:"终为刘公所制焉。"马武字子张,南阳湖阳人,少时避怨绿林,中起随击甄、皇二公兵,故王常亲引之。邯郸既平,王登台从容谓武曰:"吾得渔阳、上谷突骑,欲令将军主之,何如?"武让不敢当,然归心于王。武既降,置之帐下,每飨诸将,武斟酌于前,自以新属也,甚卑恭,不敢与南阳时等,王善之。

两汉纪 后汉纪

26　　冬十二月,赤眉西入关,更始定国上公王匡、襄邑王成丹、抗威王刘均据河东㉚,丞相李松、大司马朱鲔据弘农拒之。王度长安必危,方忧山东,关西未有所属,乃以邓禹为前将军,中分军西入关,以韩歆为军帅㉛,李文、程宪、李春为祭酒,冯愔为积弩将军,樊崇为骁骑将军,宗歆为大将军,邓寻为建武将军,耿䜣为赤眉将军,左于为军师^㉜，戎士二万。王送邓禹于野王，王反而猎于道，见二人者即禽。王曰："禽何向？"二人举手西指曰："此中多虎，臣每即禽，虎亦即臣，大王勿往也。"王曰："苟有备，虎何患？"二人曰："何大王之谬也！昔汤即桀于鸣条，而大城于亳，其备非不深也，武王即纣而杀之。故即人者人亦即之，虽有重备，岂能自守乎？"王不自得，顾谓左右曰："此隐者也，将〔用〕之^㉝。"乃不辞而俱去。

校勘记

① 上谷太守耿况渔阳太守彭宠公邑人也　按后汉书耿弇列传况乃扶风茂陵人，不与光武同邑。

② 发此两(都)〔郡〕控弦强弩　从南监本、后汉书耿弇列传改。

③ (知)汉兵至宛　从后汉书任光列传删。

④ 李忠字仲卿　后汉书李忠列传作"仲都"。钮永建校云：此盖范书误。

⑤ 王莽时为信都都尉　后汉书李忠列传云"王莽时为新博属长"。钮永建云：王莽改信都尉曰属长，纪从汉称也。

⑥ 迎公于贯　钮永建校云：本传作"迎公于育"。注谓"育，县名，故城在冀州"。按贯县不见郡国志，范书是。

⑦ 廖湛为殷王　"殷王"，后汉书刘玄列传作"穰王"。

⑧ 李轶为武阴王　"武阴王"，后汉书刘玄列传作"舞阴王"。

⑨ 陈(茂)〔牧〕为阴平王　后汉书刘玄列传作"大司空陈牧为阴平王"。钮永建校云：更始将不闻有陈茂。纪文于更始为天子时称陈牧为大司空，与范史大司空陈牧文正合。则为阴平王者为陈牧无疑。纪作"陈茂"误。

⑩ 强者为(苦)〔右〕　从南监本、龙溪本、学海堂本改。

⑪ 骑都尉　后汉书刘玄列传于此句下尚有"烂羊头关内侯"句。

⑫ 知汉祚(永)〔未〕兴　从南监本、龙溪本、学海堂本改。

⑬ 范蠡收绩于姑苏　后汉书隗嚣列传作"范蠡收责勾践"。

⑭ 遣使徇诸国　后汉书寇恂列传作"使使者徇郡国"。

⑮ 今至上谷而隳阻向化之心　后汉书寇恂列传作"今始至上谷而先堕大信，沮向化之心"。

⑯ 上谷(北)〔昌〕平人也　从南监本、龙溪本改。

⑰ 恂请(束)〔东〕约渔阳太守　从龙溪本、学海堂本改。

⑱ (闻)〔间〕行归上谷　从南监本、龙溪本改。

⑲ 请(问)〔间〕　从南监本、学海堂本、后汉书耿弇列传改。

⑳ 我(告)斩卿　"告"衍，径删。

㉑ 无令他(往)〔姓〕得之　从南监本、龙溪本、学海堂本改。

㉒ 上公簿　后汉书吴汉列传作"上兵簿"。

㉓ 王击铜马于清阳　后汉书光武帝纪作"光武击铜马于鄡"。

㉔ 又击高明董连　后汉书光武帝纪作"高湖重连"。

㉕ 宜改名〔号〕以镇百姓　从南监本、后汉书公孙述列传补。

㉖ 民强兵实　钮永建校云当作"兵强民实"。

㉗ 吾(令)〔今〕委卿以河内　从南监本、龙溪本改。

㉘ 恂乃伐(其)〔淇〕园竹　从南监本、龙溪本、学海堂本改。

㉙ 收(淇)〔其〕租赋以给(年)〔军〕粮　从南监本、龙溪本、学海堂本改。

㉚ 抗威王刘均　后汉书邓禹列传"抗威将军"。

㉛ 以韩歆为军帅　"帅"，后汉书邓禹传作"师"。

㉜ 宗歆为大将军邓寻为建武将军耿䜣爲赤眉将军左于为军师　后汉书邓禹列传云"宗歆为车骑将军、邓寻为建威将军、左于为军师将军"。

㉝ 将〔用〕之　从龙溪本、学海堂本补。

28

后汉纪　光武皇帝纪　卷第三

　　建武元年春正月，<u>邓禹</u>攻<u>安邑</u>，<u>王匡</u>、<u>成丹</u>、<u>刘均</u>等合兵十余万共击<u>禹</u>，<u>禹</u>与战不利，骁骑将军<u>樊崇</u>临阵死。会日暮兵疲，<u>韩歆</u>及诸将见战败而敌盛，皆谏<u>禹</u>，欲夜去，<u>禹</u>不听。明旦癸（丑）〔亥〕^①，<u>匡</u>等以六甲穷日，不出。<u>禹</u>得益治兵，敕军中曰：“<u>匡</u>等虽出，无妄动！”令至营下乃击。<u>匡</u>等悉至，<u>禹</u>鼓而并进，大破之，斩<u>刘均</u>、<u>河东</u>太守<u>杨宝</u>，遂定<u>河东</u>。<u>禹</u>承制拜军祭酒<u>李文</u>为太守，悉更置令镇抚之。王击<u>铜马</u>于<u>元氏</u>^②，使<u>耿弇</u>、<u>吴汉</u>将精兵在前，大破之，追至<u>慎水北</u>^③。<u>汉</u>兵乘胜薄之，贼皆殊战^④，<u>汉</u>军大坏，王亲挥刃以御贼。未交锋，<u>耿弇</u>射之，贼不得前。岸高不得上，王自投马下，值突骑<u>王丰</u>，<u>丰</u>以马授王，王抚<u>丰</u>肩曰：“几为贼所突。”<u>马武</u>在后，战甚用力，故贼不得进，军士奔散者先保<u>范阳</u>。或言王已没矣，军中恐惧，不知所为。<u>吴汉</u>曰：“王兄子在<u>南阳</u>，何忧？”有顷，王至，众乃复振。夜，贼引去。王退入<u>渔阳</u>^⑤，破之。<u>吴汉</u>别追至<u>右北平</u>，斩首三千余级。<u>更始</u>遣<u>虞丘王田立</u>、大司马<u>朱鲔</u>、<u>白虎公陈侨</u>将三十万众助<u>李轶</u>守<u>洛阳</u>，<u>冯异</u>与<u>李轶</u>书曰：“愚闻明镜所以照形，往事所以知今也。昔微子去殷而入周,项伯叛楚而归汉,周勃迎代王而黜少帝,霍光尊孝宣而废昌邑。彼皆畏天知命,重祖宗而忧万民,睹存亡之符效,见废兴之必然,故能成功于一时,垂业于万世。今长安坏乱,赤眉在郊,王侯构难,大臣分离,朝无纪纲,而四方分崩,异姓并起,此刘氏之忧也。故萧王跋涉霜雪,躬当矢石,经营河北,英俊云集,百姓归往,幽、岐见慕,不足为喻。今马子张皆复亲幸爵位如此,谢躬违戾伏辜如彼,又明效也。季文诚能觉悟,亟断大计,论功古人,转祸为福,在此时矣。如猛将长驱,严兵围城,虽有悔恨,亦无及已矣。"初,轶谮害伯昇,欲降而不自安,冀王开纳之,乃报异书曰:"轶本与萧王首谋造汉,约结死生,邂逅中道别离。今轶守洛阳,将军镇孟津,俱据机轴,千载一会,思成断金,唯有深达萧王,冀得进愚策以得佐国安人。"异奏轶书,王报异曰:"季文多诈,人不能得其要领。(今)〔令〕移其书告守、尉当警备者⑥。"众以轶拥大众,据名都,欲有降意,怪上露之也。轶书既布,朱鲔得其书,使人杀轶,雒阳大众乖离,多出降者。萧王之北,朱鲔使苏茂将三万人渡河袭温,鲔自将数万人攻平阴。寇恂乃发属县兵,令与恂会温,军吏皆谏曰:"洛阳兵渡河,前后不绝,宜待众兵毕至,乃可击之。"恂曰:"温者郡之(落)〔藩〕蔽⑦,如失温,郡不可得守也。"遂驰赴之。明旦,陈兵未合,而冯异适至。恂乃令士卒乘城鼓噪,曰:"公兵至。"茂阵动,因奔击,大破之。茂兵自投河,死者过半,斩其副将贾强,遂乘胜渡河环洛阳城,乃还。自是洛阳震恐,城门昼闭。初,传闻朱鲔破河内,有顷,恂檄至,上大喜曰:"吾知寇子翼可任也。"

三月,李松与赤眉战于蓩乡,松大败。李熊说公孙述曰:"山东饥馑,人民相食,百姓涂炭,城邑丘墟。今蜀土丰沃,稼穑尝熟,果实所生,不谷而饱。女工之业,覆衣天下。陆有器械之用,水浮转漕之便。北据<u>汉中</u>,杜褒斜之险;东守巴郡,拒捍关之口;地方数千里,战士百万。见利则出兵而略地,无利则坚守而力农。东浮<u>汉水</u>以窥<u>秦</u>地,南顺<u>江</u>流以震<u>荆</u>、<u>扬</u>。所谓用天因地,成功之资也。今君王之声闻于天下,号位不定,志士狐疑,宜即大位,使远人有知⑧。"<u>述</u>然其言。有龙出府殿中,夜有光,<u>述</u>以为符瑞。

夏四月,<u>公孙述</u>自立为天子。广(濮)〔汉〕人<u>李业</u>⑨,字巨游,尝为郎,<u>王莽</u>居摄,谢病去,不应辟召,隐迹山谷。<u>述</u>素闻<u>业</u>名,欲以为博士,因辞病不起。<u>述</u>羞不致<u>业</u>,乃遣大鸿胪<u>尹融</u>奉诏持鸩,曰:"<u>业</u>起则授大位,不起则赐鸩。"<u>融</u>喻<u>业</u>曰:"今天下三分,孰非孰是,何为区区身投不测之泉!朝廷(募)〔慕〕名德⑩,于子厚矣。宜上奉知己,下为妻子计之,身名俱全,不亦优乎!今阻疑众心,凶祸立加,非计之得者也。"<u>业</u>乃叹曰:"危邦不入,乱邦不居,盖为此也。君子见危授命,何可诱以高位哉?"<u>融</u>见持心弥坚,复曰:"宜呼室家计之。"<u>业</u>曰:"丈夫内断于心久矣,何妻子之为乎?"遂仰鸩而死。

<u>袁宏</u>曰:夫名者,心志之标榜也。故行著一家,一家称焉;德播一乡,一乡举焉。故博爱之谓仁,辨惑之谓智,犯难之谓勇。因实立名,未有殊其本者也。太上遵理以修实,理著而名流;其次存名以为己,故立名而物怼;最下托名以胜物,故名盛而害深。故君子之人洗心行道,唯恐德之不修,义之不高。崇善非以求名,而名彰于外;去恶非以邀誉,而誉宣于外。夫然,故名盛而人莫之害,誉高而世莫之争。末世陵迟,大路蠛险,虽持诚行己,不求闻达,而谗胜道消,民怨其上,惧令名之格物。或伐贤以示威,假仁义以济欲;或

礼贤以自重。于是有颠沛而不得其死,屈辱而不获其所,此又贤人君子所宜深识远鉴、退藏于密者也。易曰"无咎(无)〔无〕誉[11]",衰世之道也。若夫洁己而不污其操,守善而不迁其业,存亡若一,灭身不悔者,此亦贞操之士也。呜呼!大道之行,万物与圣贤并通,及其衰也,君子不得其死,哀哉!

更始诸将惧赤眉至,申屠建等、御史大夫隗嚣共劝更始让帝位,更始不应。建等谋劫更始,未行其计。侍中刘能卿知其谋,告之,更始召申屠建,斩之。张卬、廖湛、胡殷于是自为王,勒兵烧宫门;隗嚣将宾客奔天水。更始与三王战宫中,不胜,将妻子车骑百余人东至新丰,从大司马赵萌。萌以为王匡、陈(收)〔牧〕、成丹皆与三王有谋[12],可收斩之。更始乃召陈(收)〔牧〕、成丹,即斩之。王匡不应召,因并将(收)〔牧〕、丹兵归长安,从三王于太子宫。赵萌、李松亦将其众从更始于太仓中。

五月,萧王自渔阳过范阳,命收葬士卒死者。至中山,群臣上尊号曰:"大王初征昆阳则王莽败亡,后伏邯郸则北州平定[13],此岂人力哉!三分天下而有其二,跨州据土,带甲百万。武功论之,无所与争;文德论之,无所与让。宜正号位,为社稷计。"王不听,诸将固请,王曰:"寇贼未平,四面受敌,何遽欲正位号乎?"诸将出,耿纯进曰:"天下士大夫捐亲戚,弃土壤,从大王于矢石之间者,其计固望攀龙鳞,附凤翼,以成其志耳。今功业已定,天时人事已可知矣。而大王留时逆众,不正位号,纯恐士大夫望绝计穷,则有去归之思,无从大王也。"王感其言,使冯异问以群臣之议,异至曰:"三王背叛,更始败亡,天下无主,宗庙之忧在于大王。宜从众议,上以安社稷,下以济百姓。"王曰:"我昨梦乘赤龙上天,觉悟,心中悸动,此何祥也?"异再拜贺曰:"此天帝命发于精神,心中悸动,大王重慎之至也。"会诸生强华自长安奉赤伏符诣鄗,群臣复请曰:"受命之符,人应为大。今万里合信,周之白鱼焉足比乎!符瑞昭晰,宜答天神,以光上帝。"

六月己未,即皇帝位于鄗,改年为建武元年,大赦天下,改鄗为高邑。

袁宏曰:夫天生蒸民而树之君,所以司牧群黎而为谋主。故权其所重而明之,则帝王之略也;因其所弘而申之,则风化之本也。夫以天下之大,群生之众,举一贤而加于民上,岂以资其私宠,养其厚大?将开物成务,正其性命,经纶会通,济其所欲。故立君之道,有仁有义。夫崇长推仁,自然之理也;好治恶乱,万物之心也。推仁则道足者宜君,恶乱则兼济者必王。故上古之世,民心纯朴,唯贤是授,揖让而治,此盖本乎天理,君以德建者也。夫爱敬忠信,出乎情性者也。故因其爱敬,则亲疏尊卑之义彰焉;因其忠信,而存本怀旧之节著焉。有尊有亲,则名器崇矣;有本有旧,则风教固矣。是以中古之世,继体相承,服膺名教,而仁心不二,此又因于物性,君以义立者也。然则立君之道,唯德与义,一民之心,莫大于斯,先王所以维持天下,同民之极,陈之千载不易之道。昔周、秦之末,四海鼎沸,义心绝于姬氏,干戈加于嬴族,天下无君,六合无主,将求一时之杰,以成拨乱之功,必推百姓所与,以执万乘之柄,虽名如义帝,强若西楚,焉得拟议斯事乎!由是观之,则高祖之有天下,以德而建矣。逮于成、哀之间,国嗣三绝,王莽乘权,窃有神器。然继体之政,未为失民,刘氏德泽,实系物心。故立其寝庙,百姓睹而怀旧;正其衣冠,父老见而垂泣,其感德存念如此之深也。如彼王郎、卢芳,臧获之俦耳,一假名号,百姓为之云集,而况刘氏之胄乎！于斯时也,君以义立,然则更始之起,乘义而动,号令禀乎一人,爵命班乎天下,及定咸阳而临四海,清旧宫而缮宗庙,成为君矣。世祖经略,受节而出,奉辞征伐,臣道足矣。然则三王作乱,勤王之师不至;长安犹存,建武之号已立,虽南面而有天下,以为道未尽也。

初,赤眉二道入关,至弘农,复大合,分其众万人为一营。军中尝有齐巫,祠城阳景王。巫言景王大怒,当为县官则可,何故为盗贼？有(灾)〔笑〕巫(言)〔者〕辄病⑭。方望弟阳怨更始杀其兄,乃说樊崇等曰："更始荒乱,政令不行。将军拥百万之众,西向帝城而无称号,且为群贼,不可以久。不如挟宗室以行诛伐,不敢不服。"崇等然之。又迫巫言,乃求景王后,得七十余人,唯盆子最亲。是月,赤眉立盆子为天子。盆子年十五,被发徒跣,见众人拜,恐怖欲啼。崇等自相署置。崇本先起,有勇力方略,自徐宣等皆宗之,然不能书。徐宣,故狱吏,通易经,于是推宣为丞相,崇为御史大夫。盆子者,故式侯萌子,王莽时废为家人,(更始)〔赤眉〕过式⑮,略盆子与二兄恭、茂,俱在军中。更始之诣洛阳,恭随见南宫,恭前顿首曰："故式侯世子,大汉复兴,圣主在堂,不胜欢喜,愿上寿。"有诏引上殿称寿,曰："九族既睦,平章百姓。"更始悦之,即封为式侯。恭通尚书,以明经数幸言事,擢为侍中,从更始入关。茂与盆子留赤眉中,尝为刘侠卿牧牛。盆子既立,犹朝夕拜侠卿,侠卿为之跪。后祠景王于郭北,使盆子乘(鲜)〔轩〕车大马⑯,草中牧儿皆随车观,曰："盆子在是中。"至祠所,盆子拜,崇等皆为之拜。祠罢,复归侠卿所。时欲出从牧儿戏,侠卿怒止,崇等亦不复候视也。

秋七月辛未,前将军邓禹为大司徒,封酂侯。野王令王梁为大

司空,封武强侯。初,赤伏符曰:"王良主卫作玄武。"上以野王、卫
(徙)〔徒〕也[17];玄武,水神也;大司空,水土之官也,乃以梁为大司
空。又以谶言,以平狄将军孙臧行大司马事[18],众大不悦,金曰:
"吴汉、景丹应为大司马。"上曰:"景将军旧将[19],是其人也。然吴
将军有建策之谋,又诛苗曾,收谢躬,其功大。"于是以吴汉为大司
马,封(武)〔舞〕阳侯[20]。景丹为骠骑大将军。

袁宏曰:夫天地之性非一物也,致物之方非一道也,是以圣人
仰观俯察而备其法象,所以开物成务以通天下之志。故有神道焉,
有人道焉。微显阐幽,远而必著;聪明正直,遂知来物,神之所为
也。智以周变,仁以博施,理财正辞,禁民为非,人之所为也。故将
有疑事,或言乎远,必神而明之,以一物心,此应变适会,用之神道
者也。辩物设位,官方授能,三五以尽其性,黜陟以昭其功,此经纶
治体,用之人道者也。故求之神物,则著策存焉;取之人事,则考试
陈焉。是善为治者,必体物宜,参而用之,所以作而无过,各得其方
矣。若夫谶记不经之言,奇怪妄异之事,非圣人之道。世祖中兴,
王道草昧,格天之功,实赖台辅。不徇选贤而信谶记之言,拔王梁
于司空,委孙臧于上将,失其方矣。苟失其方,则任非其人,所以众
心不悦,民有疑听,岂不宜乎!梁实负罪不暇,臧亦无所闻焉。易
曰:"鼎折足,覆公𫗧。"此之谓也。

上玺书劳邓禹曰:"将军与朕谋谟帷幄,决胜千里,孔子曰:
'自吾有回,门人益亲。'平定山西,功效尤著,尔作司空,敬敷五
教。"禹遂渡汾阴[21],入夏阳,更始中郎将公乘歙将十万众拒禹于
衙,禹击破之。时赤眉入关,三辅扰乱,民无所归,闻禹至衙,军兵
整齐,百姓喜悦,相随迎禹,降者日以千数,号百万众。禹时年二十

四,所止住仪节,白首耆老及诸将在军下莫不饱满,名震关西。

八月壬子,初祠社稷于怀。是时上新即位,军食不足,寇恂转运不绝,百官赖焉,以为奉上,上数玺书劳恂。茂陵人董崇说恂曰:"上新即位,四方未定,而以此时据大郡,内得人民,外破苏茂,威震远近,此谗人所因怨祸之时也。昔萧何守关中,悟鲍生之言,而高祖悦。今君所将,皆宗族兄弟也,无乃以前人为镜戒哉!宜从功遂身退之计。"恂然其言,称病不亲事,自请从上征。上曰:"河内未可离也。"固请不听,恂乃遣兄子寇张、姊子谷崇愿为前锋。上悦,以为偏将军。廪丘王田立降。赵萌、李松攻三王,三王败走,更始徙居长信宫。三王降赤眉,别兵出战,李松拒之,赤眉生得松。时松弟泛为城门校尉,赤眉使人诱泛曰:"开城活汝兄。"泛遂开城门。

九月,赤眉入长安,更始出渭滨。式侯恭以盆子之立,自系有司。赤眉入,吏民奔,式侯从狱中出,三械见,定陶王刘祉解其械,言帝在渭滨,遂相随见更始于舟中。弘农太守公乘歙谓京兆尹解恽曰:"送帝入弘农,我自保之。"恽曰:"长安已败,吏民不可信。"右辅都尉严本恐失更始,为赤眉所诛,即曰:"高陵有精兵,可往。"时虎牙将军刘顺、定陶王刘祉、尚书任延君、侍中刘恭步将更始至高陵,严本将军兵城守,外如宿卫,内实围之。上闻更始失城守,未知所在,诏封更始为淮阳王;敢有害及妻子者,罪大逆;其送诣吏者,封列侯。赤眉〔下书曰〕[22]:"更始降者以为长沙王,过二十日者不受。"更始知严本所守,恐其(日)〔自〕尽[23],即遣刘恭请降。赤眉遣大司徒谢禄受之更始于庭下,议杀之。式侯与谢禄共请,不听,逐更始去。式侯举刃欲自刭,崇等共止之,乃舍更始,封为畏威侯。

式侯复守崇本求约,竟封更始为长沙王,常依谢禄,式侯拥护之,颇得与故人宾客相见。故人有欲盗更始去者,事发,皆系狱。于是禄闭更始,自是式侯不得见也。赤眉诸将日会争功,各言所欲封,拔剑斫柱。稍得王莽时中黄门数十人,皆晓故事,颇得差,整数日,辄复乱。初,三辅畏赤眉兵强,又见更始降,诸县营长皆遣使奉献,络绎道路。赤眉兵辄遮杀取其物,吏民由是皆城守,上书封拜者不关盆子。盆子日夜号泣,诣黄门中共卧起,登诸台榭,诸黄门皆哀怜之。式侯知赤眉必败,自恐兄弟俱死,即劝盆子归玺绶,教习为辞让语。后崇等大会,式侯先于众中跪言:"诸君共立恭弟为君,德诚深厚,立且一年,散乱益甚㉔,诚不足以相成,恐死而无益,愿得兄弟退为庶人,宜更求贤圣。今有君而更求,恐贤人不出,不如空其位,而博选贤圣,唯诸君省察。"崇等谢曰:"皆某等罪也。"盆子因下床,解玺绶,叩头曰:"今设为县官,而为盗贼如故,流闻四方,莫不怨恨,不复信向。此皆〔立〕非其人之所致也㉕。愿乞骸骨以避贤,兄弟备行伍。必欲杀盆子以塞事者,无所离死,诚冀诸君相哀之耳。"因涕泣欷歔,崇等及郎吏数百人无不感恸。崇等下座顿首曰:"无状,负陛下,请自今已后相检敕,不敢放纵。"因共扶盆子带以玺绶。盆子号泣不得自在。崇等既罢,各闭门不出卤掠,三辅闻之翕然,百姓争入长安中,市里且满。后二十余日,赤眉贪其财物,因大放兵房掠,因纵火烧宫室。三王谓谢禄曰:"三辅营家多欲得更始者,一朝失之,必合兵攻赤眉,不如杀之也。"于是谢禄使兵杀更始,式侯夜往葬之。诸将劝邓禹取长安,禹曰:"玺书每至,辄曰无与穷寇争锋㉖。今吾众虽多,能战者少,前无可仰之积,后无转运之饶。赤眉新拔长安,财富日盛,锋锐不可当也。盗贼群居,无终日计,财货虽多,变故万端,非能坚守<u>长安</u>也。"<u>上郡</u>、<u>北地</u>饶谷多畜,吾且休兵北道,就粮养士,观其弊乃可图也。"于是引军北行,所至郡县皆降。顷之,积弩将军<u>冯愔</u>与车骑将军<u>宗歆</u>在(愔)〔枸〕邑争权㉗,<u>愔</u>杀<u>歆</u>,与<u>禹</u>相攻。上闻之,遣尚书<u>宋广</u>持节喻降<u>冯愔</u>及<u>更始</u>诸将<u>王匡</u>、(朝)〔胡〕<u>殷</u>(成丹)等㉘。<u>广</u>至<u>安邑</u>,尽诛之。<u>隗嚣</u>之奔<u>天水</u>,复聚其众,自称<u>西州大将军</u>。<u>长安</u>既坏,士人多奔<u>陇西</u>,<u>嚣</u>虚己接之,以<u>谷恭</u>、<u>范逡</u>为师友,<u>赵秉</u>、<u>郑兴</u>为祭酒,<u>申屠刚</u>、<u>杜林</u>为治书,<u>王遵</u>、<u>周宗</u>、<u>杨广</u>、<u>王元</u>为将帅。于是<u>窦融</u>始据<u>河西</u>。<u>融</u>字<u>周公</u>,<u>右扶风平陵</u>人也。<u>融</u>家贫,少时为骠骑将军<u>王舜</u>令史,泛爱好交游,女弟为大司空<u>王邑</u>小妇,出入贵戚,结交豪杰,以任侠为名。然事母兄,养弱弟,内行修整。汉兵起,<u>融</u>从<u>王邑</u>败<u>昆阳</u>。汉兵得<u>新丰</u>,<u>邑</u>荐<u>融</u>可任用,莽拜<u>融</u>为波水将军,赐金千斤,引兵<u>新丰</u>。会三辅内溃,<u>融</u>降大司马<u>赵萌</u>,<u>萌</u>以<u>融</u>为校尉,绝重之,荐<u>融</u>于<u>更始</u>,拜为<u>钜鹿</u>太守。<u>融</u>见<u>更始</u>立,东方扰攘,<u>融</u>祖父为<u>张掖</u>太守,从祖父为护<u>羌</u>校尉,从弟又尝为<u>武威</u>太守,累世在<u>河西</u>,知其土俗,<u>融</u>心乐之,独谓兄弟曰:"天下安危未可知,<u>河西</u>人民殷实,带河为固,<u>张掖</u>属国精兵万骑,欲求为之,且以避世,一旦有缓急,杜绝河津,足以自守,此真遗种处也。"兄弟皆劝之。<u>融</u>乃辞让<u>钜鹿</u>,求<u>张掖</u>属国都尉,<u>萌</u>为言,竟得之。<u>融</u>大喜,遂将家属而西,抚养吏民,结雄杰,怀集<u>羌</u>、<u>胡</u>,<u>河西</u>翕然而治。是时<u>酒泉</u>太守<u>梁统</u>、<u>金城</u>太守<u>库钧</u>、<u>张掖</u>都尉<u>史苞</u>、<u>酒泉</u>都尉<u>竺曽</u>、<u>燉煌</u>都尉<u>辛肜</u>皆州郡英俊,与<u>融</u>有旧。<u>更始</u>欲败,<u>融</u>与<u>统</u>等议,皆以为天下扰乱,未知所统,<u>河西</u>斗绝在<u>羌</u>、<u>胡</u>中,不同心并力则不能自守,权均力齐又不相率,当推一人为将军,共全五郡,观世变动,皆曰"善"。以<u>梁统</u>为太守,先共推之，统固辞曰："昔陈婴不受王者，以有老母，今统内亲老，又德能鲜薄，不足以当督帅也。"统字仲宁，安定乌氏人，少治春秋，好法律，更始时为中郎将，安集凉州，因为酒泉太守。窦融典兵马，又家世为河西二千石，吏民所向，即共推融行河西五郡大将军事。是时武威太守马期、张掖太守任仲二人孤立无党，融等议定移书告喻之，即时解印绶避位。于是梁统为武威太守，史苞为张掖太守，竺曾为酒泉太守，辛肜为燉煌太守。融居属国，领都尉如故，置从事监察，而太守各治其郡，尊贤养士，务欲得吏民心，修骑射，明烽燧。羌、胡犯塞，融躬自击之，诸郡相应，莫不富殖。初，更始遣将军鲍永抚河东，北及并州。永好文德，虽为将帅，常儒服从事。素重杜陵人冯衍，以为谋主，同心戮力，以奉更始。上使谏议大夫储伯持节征永㉙，时或传更始犹存，永夺伯节，执而梏之，遣使至长安。知更始审被害，乃哭泣尽哀，罢兵，与衍幅巾诣上。上问永众所在，永离席曰："臣事更始不能令全，岂可以众获贵，故悉罢之。"上不悦。时鲁郡多盗贼，以永为鲁郡太守，降者数千人。唯彭丰、虞休各将千人称将军㉚，不肯降，永数以恩礼晓喻之，犹不移。孔子阙里荆棘自除，从讲堂至里门外。永异之，召府丞、鲁令告曰："方今世道艰难，而阙里无故荆棘自除，意者岂非夫子欲令太守行缞礼而诛奸恶邪？"乃求民好学者修学校之礼，召丰等观礼。丰等持牛酒因谋欲害永，永觉之，手刃杀丰等，擒破党与，封关内侯。于是冯衍未得官，永谓之曰："昔高祖赏季布之罪，诛丁公之功。今遭明主，亦何忧哉？"衍曰："人有挑其邻之妻者，挑其长者，长者骂之，挑其少者，少者报之。俄而其夫死而娶其长者。或谓之曰：'非骂汝邪？'曰：'在人之所即欲骂我，在我之所即欲其骂人。'夫天(地)〔命〕难知^㉛，人道易守，守道之臣，何患死乎？"顷之，衍为曲阳令，诛剧贼郭胜等，降五千余人，论功当封，以谗不行。甲申，以故密令卓茂为太傅，封褒德侯。茂字子康，南阳人，温而宽雅，恭而有礼。其行己处物，在于可否之间，不求备于人，乡党老少虽行不逮，茂皆受而容之。常有认茂马者，茂问亡马几时，曰："有日月矣^㉜。"茂解马与之，曰："若非公马，幸即归我。"后马主得马，诣门谢之。茂以德行举为侍郎，给事黄门，迁为密令。其治视民如子，举善而教，口无恶言。民（常）〔尝〕有言亭长受米肉者^㉝，茂问之曰："亭长从汝求之乎？汝有事嘱之受取乎？将平居以恩意遗之乎？"民曰："往遗之而受。"茂曰："遗之而受，何故言邪？"民曰："闻君贤明，使民不畏吏，吏不敢取，民不敢与。"茂曰："汝为敝民矣。凡人所以贵于禽兽者，以其仁爱相敬也。邻伍长老岁时致礼，人道如此，乃能劝爱。即不如是，侧目相视，怨憎忿怒所由生也。吏固不当乘威力强请求耳，诚能禁备盗贼，制御强暴，使不相侵，民有事争讼，为正曲直，此大功也。岁时修礼，敬往相见之，不亦善乎！"民曰："苟如是，律何故禁之？"茂曰："律设大法，礼顺人情。今我以礼教汝，汝必无所怨；以律治汝，汝无所措手足。一门之内，小者可论，大者可杀也。且归念之！"民曰："诚如君言也。"茂教民制法，皆此类也。初，茂到官，吏民皆笑之，邻县及府官以为下治，河南太守为置守令。茂治自若^㉞，数年，教化大行，路不拾遗。天下尝蝗，河南二十县皆伤蝗，独不入密境。是时王莽为安汉公，置大司农六部丞，劝课农桑，茂迁京部丞，吏民老小皆啼泣道路。王莽居摄，茂以病免，常为郡门下掾，不肯为职吏。更始立，以茂为侍中^㉟，从至长安，知更始政乱，以老乞骸，至是年七十余矣。

袁宏曰：夫帝王之道，莫大于举贤；举贤之义，各有其方。夫班爵以功，历试而进，经常之道也。若大德奇才，可以光昭王道，弘济生民，虽在泥涂，超之可也。傅岩磻溪之滨，顷居宰相之任，自古之道也。卓公之德，既已洽于民听，光武此举，所以宜为君也。

吴汉率耿弇等十将军围朱鲔于洛阳㉟，数月不下。世祖以岑彭常隶于鲔也，使彭说之。鲔在城上，彭在城下，相劳如平生。彭因说鲔曰："赤眉已得长安，更始为三王所反，今公为谁守乎？陛下受命平定燕、赵，尽有幽、冀之地，百姓归心，贤俊云集，诛讨群贼，所向破灭。今北方清静，振大兵来攻洛阳，正使公有连城之守，犹不足当，今保一城，欲何望乎？"鲔曰："大司徒被害时，鲔与其谋，诚自知罪深，故不敢降。"世祖曰："夫建大事者不思小怨，今降，官爵可保，况诛罚乎？河水在此，吾不食言。"彭以告鲔。辛卯，鲔降，以为平狄将军，扶沟侯。冬十月癸丑，上都洛阳宫。

十一月，苏茂降，既而奔刘永，永以为淮阳王。

十二月，赤眉去长安，西略郡县。

校勘记

① 明日癸(丑)〔亥〕 从后汉书邓禹列传改。钮永建校云：按六甲穷日者，谓甲子之尽日也。十干始甲而终癸，十二支始子而终亥。范书是，纪文写误。

② 王击铜马于元氏 后汉书光武帝纪作"光武北击尤来、大枪、五幡于元氏"。钮永建校云：铜马已于前一年破灭，余众十余万悉降，无复遗类。故关西号光武为铜马帝。此云击铜马，不可解。光武纪及耿弇、吴汉、马武等传皆云光武北击尤来、大枪、五幡于元氏，不云击铜马。疑纪文有误。

③ 追至慎水北 后汉书光武帝纪作"又战于顺水北"。李贤注：郦道元水经注云："徐水经北平县故城北，光武追铜马、五幡，破之于顺水，即徐水之别

名也。”在今易州。本或作“慎”者，误也。

④ 贼皆殊战　“殊战”，后汉书耿弇列传作“殊死战”。

⑤ 王退入渔阳　后汉书光武帝纪作“贼入渔阳，乃遣吴汉率耿弇、陈俊、马武等十二将军追战于潞东，及平谷，大破灭之”。

⑥ (今)〔令〕移其书告守尉　从南监本、后汉书冯异列传李贤注引东观记改。

⑦ 温者郡之(落)〔藩〕蔽　从南监本、龙溪本改。

⑧ 使远人有知　后汉书公孙述列传作“使远人有所依归”。

⑨ 广(潩)〔汉〕人李业　从后汉书独行列传改。

⑩ 朝廷(募)〔慕〕名德　从后汉书独行列传改。

⑪ 无咎(无)〔无〕誉　从龙溪本、学海堂本补。

⑫ 陈(收)〔牧〕　从后汉书刘玄列传改。下改同。

⑬ 后伏邯郸　后汉书光武帝纪作“后拔邯郸”。

⑭ 有(灾)〔笑〕巫(言)〔者〕辄病　从后汉书刘玄刘盆子列传改。

⑮ (更始)〔赤眉〕过式　从后汉书刘玄刘盆子列传改。

⑯ 使盆子乘(鲜)〔轩〕车大马　从后汉书刘玄刘盆子列传改。

⑰ 卫(徒)〔徙〕也　从后汉书王梁列传改。

⑱ 平狄将军孙臧　“臧”，后汉书景丹列传作“咸”。

⑲ 景将军旧将　“旧将”，后汉书景丹列传作“北州大将”。

⑳ 封(武)〔舞〕阳侯　从后汉书吴汉列传改。

㉑ 禹遂渡汾阴　后汉书邓禹列传“阴”下有“河”字。

㉒ 赤眉〔下书曰〕　从学海堂本补。

㉓ 恐其(日)〔自〕尽　从南监本、龙溪本、学海堂本改。

㉔ 散乱益甚　后汉书刘盆子传作“肴乱益甚”。

㉕ 此皆〔立〕非其人之所致也　从后汉书刘盆子传补。

㉖ 玺书每至辄曰无与穷寇争锋　通鉴考异云：世祖赐禹书，责其不攻长安，不容有此语。二年十一月诏征乃曰“毋与穷寇争锋”。袁纪误也。

㉗ 在(愔)〔栒〕邑争权　从学海堂本、后汉书邓禹传改。

㉘ 遣尚书宋广持节喻降冯愔及更始诸将王匡(朝)〔胡〕殷(成丹)等　宋广，
后汉书邓禹列传作"宗广"。"朝"，从龙溪本、学海堂本、后汉书邓禹列传
改作"胡"。沈家本后汉书琐言谓圣公传更始斩成丹，则此时已无成丹。
"成丹"当衍，今删。

㉙ 谏议大夫储伯　后汉书鲍永列传作"储大伯"。

㉚ 彭丰虞休各将千人　"虞休"，后汉书鲍永列传作"虞林"。

㉛ 夫天(地)〔命〕难知　从学海堂本、后汉书冯衍列传改。

㉜ 有日月矣　后汉书卓茂列传作"月余日矣"。

㉝ 民(常)〔尝〕有言亭长　从龙溪本改。

㉞ 茂治自若　后汉书卓茂列传"治"下有"事"字。

㉟ 以茂为侍中　后汉书卓茂列传作"以茂为侍中祭酒"。

㊱ 吴汉率耿弇等十将军　"十将军"，后汉书光武帝纪作"十一将军"。

后汉纪 光武皇帝纪 卷第四

二年春正月甲子朔,日有蚀之。本志曰:"日者阳精,人君之象也。君道亏,故日为之蚀。诸侯顺从则为王者,诸侯专权则疑在日①。于是在危十度②,齐之分野,张步未宾之应也。"封诸有功者二十人,更封邓禹为梁侯,吴汉为广平侯,各食四县。诸将各言所欲封,唯景丹辞栎阳,丁綝请乡亭。上谓丹曰:"关东数县不当栎阳万户,富贵不归故乡,如衣锦夜行。"丹谢而受之。或谓丁綝曰:"人皆求县,子何取乡邪?"綝曰:"昔孙叔敖受封,必求硗埆之地。今綝能薄功浅,岂可遇厚哉!"壬辰③,立宗庙社稷于洛阳。渔阳太守彭宠、涿郡太守张丰反。铜马余人④,上率诸将追之,师及于蓟,彭宠郊迎谒见,意颇不满。上知宠不说,以问幽州牧朱浮。浮曰:"前吴汉北发兵时,上遗宠以所服剑,又手书慰纳,用为北面主人。宠望上至当迎问握手,特异于众也。今诚失望。"上曰:"何等子而望独异乎?"浮因曰:"王莽为宰衡时,甄丰旦夕论议于前,常言'夜半客,甄长伯'。及莽即位,后丰见疏不说,父子诛死。"上大笑曰:"不及于此。"是时朱浮为牧,年少,昭厉治迹,辟州郡名士,招王莽时故吏二千石,皆置幕府,欲收礼贤之名,多发渔阳仓谷给其贫民。宠以为天下未平,军旅并发,不宜多置官属,费耗仓谷,颇不从其令。浮性隘急,发于睚眦,因峻文法,以司察宠;宠亦自伐其功,以为群臣莫能及。吴汉、王梁为三公,宠所遣也。宠曰:"如此,我当为王。今但若是,陛下忘我邪?"是时北州残破,渔阳独完,有盐铁之积,宠多买金宝,浮数奏之。上辄漏泄,令宠闻,以胁恐之。是春,遣使征宠,宠上书愿与朱浮俱征。又与吴汉、王梁、盖延书,自陈无罪,为朱浮所侵。上不许,而汉等亦不敢报书。宠既自疑,其妻劝宠曰:"天下未定,四方各自为雄,渔阳大郡;兵马最精,何故为人所奏而弃此去?"宠与所亲人议,皆劝宠反。上遣宠从弟子后兰卿喻宠,宠因留之,遂发兵反,攻朱浮,分兵击旁郡。上谷太守耿况遣子舒将突骑救浮,宠兵乃退。上遣游击将军邓隆军于潞,浮军雍奴,相去百余里,遣吏奏状,曰:"旦暮破宠矣。"上大恐曰:"处营非也,军必败,比汝归可知也。"宠遣万余人(长)〔出〕潞西与(险)〔隆〕相距⑤,而使精骑二千从潞南济河袭隆营,大败之。浮远不能救,引兵而却,吏还说上语,皆以为神也。真定王刘杨谋反,使耿纯持节收杨。纯既受命,若使州郡者,至真定,止传舍。杨称疾不肯来,与纯书,欲令纯往。纯报曰:"奉使见王侯牧,不得先往,宜自强来。"时杨弟林邑侯让、从兄绀皆拥兵万余人,杨自见兵强而纯意安静,即从官属诣传舍,兄弟将轻兵在门外。杨入,见纯,接以礼敬,因延请其兄弟,皆至,纯闭门悉诛之,勒兵而出,真定振怖,无敢动者。纯还京师,自请曰:"臣本吏家子孙,幸遭大汉复兴,圣帝受命,位至列将,爵为通侯,天下略定,臣无所用志,愿试治一郡,尽力以自效。"上笑曰:"卿复欲治人自著邪?"乃拜纯为东郡太守,诏纯将兵击泰山、济南、平原数郡，皆平之。居东郡数年，抑强扶弱，令行禁止，后坐杀长吏免，以列侯奉朝请。尝从上东征过东郡，百姓老小数千人随车驾啼泣曰："愿得耿君。"上谓公卿曰："纯年少，被甲胄为军〔吏耳〕⑥，治郡何能见思若是！"百官咸嗟叹之。更始诸将多据南阳，闻更始死，世祖起河北，皆勒兵为乱。上会诸将，以檄叩地曰："郾最强，宛次之，谁当击郾者？"贾复率然对曰："臣请击郾。"上笑曰："执金吾击郾，吾复何忧？大司马当击宛。"于是贾复击郾，吴汉击南阳，皆平之。汉纵兵掠新野，破虏将军邓奉，新野人也，怒汉暴己邑，勒兵反袭汉，败之。

三月乙酉⑦，大赦天下。诏曰："惟酷吏残贼用刑深刻，狱多冤人，朕甚愍之。孔子不云乎？'刑罚不中，则民无所措手足。'其与诸中二千石、诸大夫议省刑罚。"更始之败，刘永以兵略地，北至河南及陈、汝，以周建为将军，苏茂为大司马，遣使拜张步为齐王，董宪为西海王⑧。

夏四月，盖延、王霸等击刘永，永守城不出，昼收其麦，夜袭其城，永大惊，引兵走，延逆击，大破之。永弃其军，轻骑将母妻奔虞，虞人反，杀其母妻，永与麾下数十人奔谯。苏茂、周建将三万人攻延于浦西⑨，延逆击，大破之。茂保广乐，永保胡陵⑩。世祖使太中大夫戴鬼使兖州，东昏人执以诣永，鬼骂永曰："若非国家敌也，犹今死耳。"永怒杀鬼。甲午，封叔父良为广阳王，兄子章为太原王，章弟兴为鲁王，故定陶王刘祉为城阳王，(外祖母)〔姊〕黄为湖阳君⑪。良尝为萧令，坐法免，世祖、齐武王少孤，良抚循甚笃。及汉兵起，世祖以告良，良大怒，不听，既而不得已，良从更始入关，甚见尊宠。更始败，良乃归世祖。章、兴皆伯昇之子，既封为王，世祖以其少贵，欲以吏事就其名，乃使章守平阴令，兴守缑氏令。顷之，章迁梁郡太守，兴迁弘农太守。兴求贤好善，郡中翕然，朝廷每有异议，(之)〔必〕乘驿问兴⑫。祉字巨伯，世祖族兄也，为人谦逊，为宗族所敬。更始败，祉间行诣世祖。是时宗室唯祉先至，上大悦，赏赐车服甚厚。

五月，宛王刘赐将更始三子诣阙，皆(自)〔封〕为列侯⑬。封故元氏王刘歙为泗水王，歙子终为淄川王，故宛王刘赐为顺侯⑭，刘顺为成侯⑮，周后姬常为周承休公⑯，李通为固始侯。歙字经世⑰，世祖族父也。歙从兄稷有功于齐武王，歙子终又与上少相善，汉兵之克新野，终之力也。上曰："使歙父子并王者，所以显报之也。"赐字子琴，顺字平仲，皆世祖族兄也。更始败，赐亲至武关迎更始妻子，将诣洛阳，上以赐得为臣之道，每嘉叹之。顺与上同里，少相亲厚。更始死，顺东归世祖。顺素谨厚，以其事更始不失节，尤重之。初，更始使宛王刘赐、邓王王常、西平王李通俱之国，镇抚南方。通娶世祖妹，即宁平公主也。世祖即位，征通为光禄勋⑱。上每征四方，尝留通守京师，抚百姓，治宫室。

六月戊戌，立皇后郭氏，皇子彊为皇太子，大赦天下，增卿、谒者秩各一等⑲。郭氏，真定人也，父昌孝谨，真定恭王以女妻昌。昌早终，其妻号为郭主，好礼节俭，虽以王女之富，手常执作，有女曰圣通，男曰况。世祖自信都还⑳，纳圣通，有宠，生皇子彊，以况为城门校尉，緜蔓侯㉑。虽皇后弟，宾客辐凑，而小心谨慎，谦恭愈笃。追赠昌为安阳思侯。上数幸况第，赏赐甚厚，京师号况为"金穴"。邓禹遣兵上林中，率诸将谒高庙，收十二帝神主，送洛阳㉒，扫除园陵，为置吏卒，复就谷云阳。汉中王刘嘉、来歙诣禹降。嘉

两汉纪　后汉纪

字孝孙,世祖族兄,少孤,为世祖父南顿君所养,遇之如子,与齐武王俱学长安,而与世祖尤相亲。嘉之王汉中,都南郑,众数十万。南阳人延岑起兵武当,众数万人,转攻汉中,围南郑,嘉战败,余众走谷口。赤眉使廖湛将十余万兵击嘉,嘉大败之,斩廖湛,遂至云阳。上素与嘉善,常开引之,来歙又劝嘉归世祖,乃诣禹降。以嘉为千乘太守,封顺阳侯,嘉子庐为黄李侯。来歙字君叔,南阳新野人。父冲,哀帝时为谏(议)大夫㉓,娶世祖姑,生歙。歙有才略,多通,慷慨有大志,兄弟五人,而世祖独亲爱之。汉兵起,王莽使人捕诸刘亲属,得歙(击)〔系〕之㉔,宾客共纂出歙。更始立,以歙为吏,数正谏不用,谢病去。歙女弟为刘嘉妻,遣人迎歙,因南就之。时或劝嘉未可降,宜观天下形势,歙为陈成败,深晓喻之,嘉乃从焉。上见歙,大悦,拜歙为太中大夫。秋,濉阳反㉕,刘永复入濉阳,吴汉、盖延帅诸将围之。

九月,赤眉复入长安,邓禹连战,辄为赤眉所败。三辅饥,民人相食,诸有部曲者皆坚壁清野,赤眉虏掠少所得。上复诏邓禹令勒兵坚守,慎无与穷寇交锋,老贼疲弊,必当束手事吾也。以饱待饥,以逸击劳,折捶而笞之耳。自冯(惜)〔愔〕杀宗歆后㉖,禹威益损,又乏粮食,归附者离散,上乃遣使征禹。冯异西征,上敕异曰:"三辅遭王莽、更始之乱,又遇赤眉、延岑之弊,兵家纵横,百姓涂炭。将军今奉辞讨诸不轨,兵家降者,遣其渠帅皆诣京师;散其小民,令就农桑;坏其营壁,无使复聚。征伐非在远战掠地,多得城邑,要在平定安集之耳。吾诸将非不健斗,然多好虏掠,为小民害。卿本能检吏民,勉自修整,无为郡县所苦!"于是异据华阴,以待赤眉。

冬,太中大夫伏隆使青、徐,张步降,因除令长,多所怀服。上嘉叹隆功，比之郦生。步求为齐王，隆曰："高祖与天下约，非刘氏不得王。"步乃杀隆，受刘永封焉。隆字文伯㉗，大司徒湛之子，以节操闻。上闻其死，为之流涕。

十二月戊子，诏曰："维列侯为王莽所废，先祖魂神无所依归，朕甚闵之。列侯身废者国如故，身死若子孙见在，令继其先焉。"河内太守寇恂坐系治上书者免。会颍川不〔静〕〔靖〕㉘，复以恂为颍川太守，郡中悉平，封恂为雍奴侯。是时贾复兵在汝南，其部将杀人，恂戮之。复怒曰："吾与寇恂并立而为其所陷，大丈夫岂有侵辱而不决之者乎？今与相见，欲手剑击之。"恂谋好避之，终崇曰："请以剑从，有变足以相当。"恂曰："不然，昔蔺相如不畏秦王而屈于廉颇者，为国也。区区之赵尚有此义士，吾安可以忘之乎！"乃敕县盛供具，执金吾军入界者，一人皆二人待之㉙。恂既迎复，道称病而还，复欲追击恂，而吏士皆醉，复遂去。上征恂，恂至引入，时复在前，欲起，上曰："天下未定，两虎安得私斗？"诏令并坐，极欢，遂共车出，结友而去。更拜恂为汝南太守，郡中无事，乃修乡校，〔聘〕能为左氏春秋者㉚，亲与学焉。是岁，邓王王常将妻子诣洛阳，世祖曰："每念往时艰难，何日忘之。莫往莫来，岂违平生之言哉？"常顿首曰："臣蒙天命，遭值陛下，始遇宜秋，后会昆阳，幸赖威灵，辄成断金，虽疏贱辽远，不敢自疑。伏愿陛下圣王，知臣本心。"上会百官，指常曰："此人率励诸将，辅翼汉家，心如金石，真汉忠臣也。"拜常为汉忠将军，封山桑侯。大司空王梁免。初，梁与诸将击檀乡，诏令兵事一属大司马吴汉，而梁独发野王兵。上以梁不奉诏，诏梁留在所县，梁以便宜进兵，上大怒，遣尚书宋广持节收斩梁㉛。广槛车执梁诣京师，既至，赦之，以为中郎将。赤眉去长安,东掠郡县(也)㉜。

三年春正月,立亲庙于洛阳,即日拜冯异征西大将军。邓禹既被征,与车骑将军邓弘还,至华阴,欲进兵击赤眉。冯异曰:"赤眉众多,可以恩信倾,难用兵力破也。上令诸将屯渑池要其东,异相连缀击其西,上自待其会,可一举取之,万全之计也。"禹、弘自以西征,又被征当还,欲一战决之。遂战移日,禹军大败。冯异将兵救之,不胜,弃军走,与麾下数人归营。复收散卒坚壁。会赤眉饥困,乃谋击之,大破之,降者八万余人,十余万东走宜阳。玺书劳异曰:"垂翅回溪,奋翼渑池;失之东隅,收之桑榆。"是时延岑据蓝田,兵力最强,上尝玺书慰之。其余豪杰往往屯聚,多者万人,少者数千人,转相攻击。百姓饥饿,黄金一斤五斗谷数㉝。异转斗而屯上林中,道路不通,委输未至,军士皆以果实为粮。延岑率豪杰攻异,异击大破之。岑连战不利,支党皆叛,遂自武关走南阳。豪杰以异破赤眉,走延岑,皆遣使请降。异威震关中,乃修园陵,建官府,理枉直,禁盗贼,数年之间,上林成都。是月,陕人苏况反,杀弘农太守。上夜召景丹以檄示之曰:"弘农太守无任,为贼所害,今闻赤眉从西方来,恐苏况举郡以迎之。弘农迫近京师,今将军虽疾病,但卧而镇之耳。"即拜丹为弘农太守,将其所领,西至郡,十余日,丹薨。

闰月己亥,上幸宜阳,令司马在前,中(书)〔军〕次之㉞,骁骑元戎分阵左右。赤眉震怖,遣刘恭请降,盆子与徐宣等二十余人肉(祖)〔袒〕奉所得更始玺绶㉟,积兵甲宜阳,西与熊耳山等。世祖陈兵临洛水中,盆子、徐宣以次列于前,世祖曰:"卿等得无悔降邪?"宣曰:"臣等出长安东门,君臣议计,归命圣德,百姓可与乐成,难与图始,故不告众耳。今日得降,犹去虎口而归慈母,诚欢诚喜,无所恨也。"世祖曰："卿所谓铁中铮铮，庸中佼佼者也。"乃皆赦之，与妻子居洛阳，各赐宅一区，田二顷。其后樊崇谋反，诛。杨歆在长安时，遇广阳王良有恩㊱，赐爵关内侯，与徐宣俱归乡里，以寿终。式侯恭为更始报杀谢禄，自系狱，上赦之。世祖怜盆子，赏赐甚厚，以为赵王郎中，病失明，赐荥阳官地以为列肆，使食其税。邓禹至宜阳，上大司徒、梁侯印绶，有诏还梁侯印绶，以为右将军。彭宠围蓟，耿况遣兵救之，使人招况，况辄斩其使。

二月己未，告祠高庙，受传国玺，赐天下长子为父后者爵，人二级。中军将军杜茂为骠骑大将军。茂字诸公，南阳冠军人，随世祖征伐，数有战功。

三月，尚书伏湛为司徒。湛字惠公，琅邪东武人，王莽时为绣衣执法，迁后队正㊲，更始立，为平原太守。遭仓卒㊳，世莫不惊扰，而湛独晏然，教授如故，谓妻子曰："一谷不(昇)〔升〕㊴，国君彻膳；今人皆饥，奈何独饱？"乃以俸禄分赈乡里，来客者百余家。时郡中不安，湛移书属县不得相侵凌，天生蒸民，为立君，非久乱也，且养老育幼，以待真主。门下督素有气力，欲起兵，湛曰："孔子诛少正卯，为其惑众也。"即诛督以示百姓，于是吏民信向，远近独完，湛之力也。吴汉围广乐，周建将十余万人救之，汉逆战不利，堕马伤膝，建等遂得入城。诸将谓汉曰："大敌在前而公卧，众惧矣。"乃裹疮而起，椎牛飨士，曰："贼兵虽多，乃劫掠群盗耳。胜不相让，败不相救，非有(伏)〔仗〕节死义同心者也㊵。封侯之秋，诸将勉之！"吏士闻之，莫不激怒。明日，贼兵大出，围营数重，汉乃被甲仗戟曰："闻雷鼓声皆大呼俱进，后至者斩。"遂鼓而进之，贼兵大破，广、乐降。苏茂、周建走胡陵，复围(雎)〔睢〕阳㊶。是时秦丰据黎丘，延岑据武乡,董䜣据堵乡,邓奉据新野,荆楚尤乱,上方图之。以岑彭为征南大将军,与耿弇、贾复、朱祐、王常等并力征讨。先围董䜣,邓奉将万人救䜣,䜣、奉兵甚精,诸将连战不利,奉乘胜生执朱祐,上闻之大怒。

夏四月,上自南征至叶,䜣、奉将兵遮道,不得前。上谓岑彭曰:"此将军之任也。"彭乃奋击,破之。董䜣、邓奉走育阳[42],因朱祐请〔降〕[43]。上以奉旧功臣,意欲赦之。耿弇曰:"奉背恩反逆,暴师连年,陛下既至,亲在行阵,兵败乃降,不诛奉无以惩恶。"于是诛奉。上以朱祐见获,厚加赏赐,使复其位。耿弇破延岑,岑亡入蜀。

五月乙卯晦,日有蚀之。大赦天下。刘永将庆吾斩永降,封吾为列侯。苏茂、周建立永子纡为梁王,保垂惠。

冬十二月[44],上幸舂陵,祠园庙,大置酒,与舂陵父老故人为乐。遣岑彭、(传)〔傅〕俊、臧宫击秦丰[45]。秦丰拒汉军于邓,彭等数月不得进,上数以让,彭乃令军中曰:"明旦军会和成[46]。"阴逸(因)〔囚〕[47],丰闻之,悉引军西邀彭。彭乃直袭黎丘,黎丘震骇,丰遽归救之。彭逆击,大破之,遂围黎丘。乃封彭为舞阴侯。初,汝南人田戎起兵南郡,众数万人,屯夷陵,谋将降汉。戎妻兄辛臣,反覆人也,乃图彭宠、张步、董宪、刘永、李宪、公孙述、隗嚣、刘芳所得郡国,云"洛阳所得地如掌耳,且案兵观形势,何遽降哉?"戎曰:"吾众不如秦丰,丰犹为征南所围,而况吾乎? 降决矣。"乃顺江入沔,将降岑彭,使辛臣与长史留守。臣盗戎珍宝及善马,从陆道晨夜诣彭曰:"谨说戎降,戎在后方到。"因从彭营与戎书曰:"岑将军已奏我封五千户侯,虚心相待,愿急来,无拘前图。"戎令臣留守而先至封侯,既以疑之矣。又长史檄至,知臣盗宝物善马,犹是益猜,

53

复反。<u>彭</u>击<u>戎</u>，破之，还屯<u>夷陵</u>。<u>隗嚣</u>遣使诣阙，上甚悦，素闻其
声，虚心相待，每报答之，常手书称字。是岁，<u>彭宠</u>自立为<u>燕王</u>，<u>李
宪</u>自称天子。

四年春正月甲申，大赦天下。<u>耿况</u>、<u>耿舒</u>取军都，<u>彭宠</u>之邑也。
于是更封<u>况</u>为<u>隃靡侯</u>，<u>舒</u>为<u>牟平侯</u>。<u>祭遵</u>、<u>耿弇</u>击<u>张丰</u>，<u>丰</u>功曹执
<u>丰</u>降。初，<u>丰</u>好方士，方士言<u>丰</u>当作天子，囊盛石(击)〔系〕<u>丰</u>肘
云^㊽："石中当出玉玺。"<u>丰</u>信之，故反。<u>丰</u>临当诛，<u>遵</u>掾为破其石，
<u>丰</u>乃叹曰："死亡所恨。"上使<u>耿弇</u>拒<u>彭宠</u>，<u>弇</u>上疏曰："大兵未会，
臣不能独进。且臣家属皆在<u>上谷</u>，京师无骨肉之亲，愿得还<u>洛阳</u>。"
上报曰："将军出身为国，功效尤著，何嫌何疑而求征乎？其勉思方
略以成功业。"<u>耿况</u>闻<u>弇</u>求征，乃遣少子<u>国</u>入侍，上以为黄门侍郎。
初，上访博通之士于司空<u>宋弘</u>，<u>弘</u>荐<u>沛国</u>人<u>桓谭</u>，以为才学博闻，几
及<u>刘向</u>、<u>扬雄</u>，召拜议郎、给事中。上令<u>谭</u>鼓琴，奏其繁声，乃得侍
宴。<u>弘</u>闻之大恨，伺<u>谭</u>出时，正朝服，坐府上，遣召<u>谭</u>。<u>谭</u>到，不与
席，让之曰："吾所以荐子者，欲令辅国以道德也，而今数进郑声，乱
<u>雅</u>、<u>颂</u>，非中正者也。能自改耶？不然，正罪法。"<u>谭</u>顿首辞谢，良
久，乃遣之。后召群臣会乐，上使<u>谭</u>〔鼓琴，<u>谭</u>〕见<u>弘</u>^㊾，失其度。上
怪而问之。<u>弘</u>乃离席上，免冠谢曰："<u>谭</u>，臣所荐达，不能以忠导主，
而令朝廷悦郑声，臣前召以责之，臣之罪也。"上谢<u>弘</u>，使<u>谭</u>反其服，
后遂不复令给事中。是时天下草创，政治未立，<u>谭</u>既见退，上疏言
时宜，曰："国之废兴在于政事，得失在于辅佐。辅佐贤明，则俊士
充朝，而治(世)合〔世〕务^㊿；辅佐不明，则论(时)失〔时〕宜^㊿，而举
多过事。秉国之君，俱欲兴化建善，而治殊事异者，所谓贤者异也。
盖善〔政〕者视俗而施教^㊿，察失而为防，威德更兴，文武迭用，然后

政调于时,而躁民可定也。昔董仲舒言治国,譬若张琴焉,小不调者可因而就和也;及至大差谬,则解而更张之。夫更张难行,而拂众者亡,是故贾谊以才逐,晁错以智死。虽有殊能而莫敢谈,惧于前事也。且设法禁者,非能尽天下之奸,又皆合众人之所欲,大抵取便国利事,则可矣。"书奏不省。是时天子方笃于谶,而谭雅不善之。又以功赏薄,故令天下不时定,复上疏曰:"臣前献策,未有诏报,不胜愤懑,复言其过。盖天道性命,圣人难言也,自子贡等不得而闻,况后世浅儒能通之乎! 或收古之图书增益造饰,称孔子并为谶记,以诳误人主,可不抑远之哉! 臣闻安平则尊道术之士,有难则贵介胄之臣。今圣朝以兴复祖统,为民臣主,而四方尚有未尽降归者,此权谋未得也。臣谭伏观陛下之用人,其说士则无异略奇谋若郦生、随何者,将帅则无勇智习兵若韩信、吴起者,其降下无大恩重赏以诱,其后至或虏夺财物,使(征又)〔各生〕狐疑㊳,连岁月而不解。古人有言:'皆知取之而取,莫知与之而取㊴。'陛下若能轻爵禄,与士大夫共之,而勿爱惜,则何招而不至,何说而不释,何向而不开,何征而不克! 如此则能以狭为广,以迟为速,亡者复得矣㊵。"由此上逾不悦。谭字君山,有俊才,博览无所不见,不为章句训(诂)〔诂〕㊶,皆通其大义,数从刘歆、扬雄稽疑论议,至其有所得,歆、雄不能间也。好音乐鼓琴,性简易,不修廉隅,颇以此失名誉。尝疾俗儒高谈弘论,不切时务,由此见排摈。哀、平间位不过郎,然王侯贵人皆愿与之交。王莽居摄篡弑之间,天下诸儒莫不竞褒称德美,作符命以求容媚,谭独嘿然无言,官止乐大夫。

袁宏曰:桓谭以疏贱之质,屡干人主之情,不亦难乎! 尝试言之,夫天下之所难,〔难〕于干人主之心㊷,一曰性有逆顺,二曰虑有异同,三曰情有好恶,四曰事有隐显,五曰用有屈伸,六曰谋有内外,七曰智有长短,八曰意有兴废。夫顺之则喜,逆之则怒;同之则欣,异之则骇;好之则亲,恶之则疏;过之欲隐,善之欲显;屈者多耻,伸者多怒;语伏在内,志散在外;所长必矜,所短必丢;爱之欲兴,憎之欲废:此皆人君非必天下之正也㊳。人臣所以干人君者,必天下之正也。然而八者之间,祸福不同,可不察也夫! 一人行之,万人议之,虽人君之所资,亦人君之所恶也。百姓有心,一人制之,虽百姓之所赖,亦百姓之所畏。而干人君之所恶,求其心入,天下所难(地)也㊴;纵不致患于其胸中,固未能帖然也。故有道之君,知所处之地,万物之所不敢干也,故柔情虚己,布其腹心,引而尽之,常恐不至,而况抑而劫之,使其自绝哉! 自三代已前,君臣穆然,唱和无间,故可以观矣。五霸、秦、汉其道参差,君臣之际,使人瞿然,有志之士,所以苦心斟酌,量时君之所能,迎其悦情,不干其心者,将以集事成功,大庇生民也。虽可以济一时之务,去夫高尚之道,岂不远哉!

夏四月,吴汉击五校贼,追之至东郡、平原,又破之。鬲县五姓反,逐其守长,诸将曰:"朝击鬲,暮可拔也。"汉怒曰:"敢至鬲下者斩,使鬲反者守长罪。"移檄告郡牧,〔收〕守长欲斩之㊵。诸将皆窃言"不击五姓,反欲斩守长乎?"汉乃使人谓五姓曰:"守长无状,复取五姓财物,与寇掠无异,今已收(击)〔系〕斩之矣㊶。"五姓大喜相率而降,诸将曰:"不战下人之城,非众所及也。"尝有寇夜攻,汉军中惊扰,汉坚卧不动,军中闻汉不动,皆还按部。汉乃选精兵夜击,大破之。是时泰山豪杰与张步连兵,汉言于上曰:"非陈俊莫能安泰山也。"于是以俊为泰山太守,行大将军事。步闻之,遣兵迎俊于嬴下,俊击,大破之,因攻下诸县,遂定泰山。

五月,上幸卢奴。初,上将征彭宠,过卢奴而还。诸将问吴汉曰:"敌未破而上还,何也?"汉曰:"陛下晓兵,还必不虚。"上告诸将曰:"狡贼出魏郡,在人后,故还也。"

六月,上幸谯^⑫。王霸、马武攻垂惠,苏茂将兵救之。马武与战不利,从霸求救,霸闭营不出,军吏争之,霸曰:"贼兵精锐,其众又多,吾吏士心恐,而武军挫退,此败道也。今坚闭,示不相救,武军困急,其战自倍,贼众疲劳,吾以精兵乘其弊,乃可克也。"贼果大出,合战良久,霸出精骑击其后,贼皆破走。茂复求战,吏士皆曰:"贼前已破,今易击也。"霸曰:"不然。苏茂远来相救,粮食不足以久留,故挑战,冀得一切之胜耳。今闭营休士,而胜可全,所谓不战而诎人兵,善之善者也。"遂闭门坚守,劳赐吏士,城中数出挑霸,霸不动,茂果引兵去。

秋八月,上幸寿春。马武、刘隆围李宪于舒。彭宠围蓟,朱浮不能守,单马奔京师。尚书令侯霸奏浮构成宠罪,败乱幽州,不能(伏)〔仗〕节死难^⑬,与宠相拒,罪当诛。上赦之。

冬十月^⑭,上幸宛。朱祐、耿植围秦丰,岑彭、(传)〔傅〕俊击田戎于夷陵^⑮。戎破走,(上)〔入〕蜀^⑯。彭遣积弩将军(传)〔傅〕俊至江南^⑰,偏将军房宪至交州^⑱,班行诏书,陈国家威德。于是交州牧邓让、苍梧太守杜(稷)〔穆〕、交趾太守(杨)〔锡〕光^⑲,更始所用也,皆上书贡献江南郡县,亦信使通焉。

十二月,上幸黎丘诏秦丰,〔丰〕出恶言^⑳。朱祐等急攻之,丰将妻子降,祐辎车送洛阳。大司马吴汉劝祐曰:"秦丰狡猾,连年固守,陛下亲逾山川,远至黎丘,开日月之信,而丰悖逆,天下所闻,当伏诛灭,以谢百姓。祐不即斩截以示四方,而废诏命,听受圭降,无将帅之任,大不敬。"上诛圭,不罪祐。是冬,马援为隗嚣使来。援字文渊,茂陵人。长兄况,最知名,为河南太守,封穷虏侯。(况)〔次〕兄余⑦,中垒校尉,封致符子。次兄员,增山连率,皆二千石,封侯。援少有大志,诸兄奇之,年十余岁,平陵朱勃与援同年,能说韩诗,援才能书,退有惭色。况谓援曰:"小器速成,朱(教)〔勃〕智能尽于今日矣㉒。后成人知谋,众事皆从汝,禀受勿畏也。"援以况欲奖励己,内以为不然焉。援受齐诗,数年意不能守章句,乃辞况,欲至边郡畜牧。况曰:"汝大才当晚成,良工不示人以璞,且从所好。"治装未办,会况卒,援行丧期年,常不离墓。时朱勃以试守渭城宰,援独言朱勃终当何时禀仰我。顷之,或荐援有大略,由是为(曹)〔郡〕督邮㉓,送罪人司命府,援皆纵遣之,因亡命北地,以畜牧为事。援父尝为牧帅令,兄员为护宛吏者,故人宾客多从之。转安定、天水、陇西数郡,豪杰望风而至,宾客自环尝数十人。援田畜日广,羊五六千头,马数百群,谷万斛,乃叹曰:"凡殖财者,贵以施也,不则守钱奴耳。"乃散以赈昆弟旧故,乃还至长安。王莽末,盗贼起,〔莽从弟卫将军林〕㉔,求雄杰之士,〔辟〕援与原涉㉕。〔涉〕为颍川太守㉖,援为汉中太守。适至官,王莽败,员亦亡去增山,俱之(梁)〔凉〕州㉗,会隗嚣(冀)用援为绥德将军㉘,而公孙述称帝于蜀,嚣意未知所附,乃遣援南视。述素与援旧,以到当握手相迎也,乃盛陈陛戟见援,语言未悉,延援就客馆。述备威仪,会百官,为援立旧交之位。述馨折而入,鸾旗旄骑,警跸〔就〕车㉙,盛器服,宾客甚盛,欲留援。援曰:"天下雌雄未定,公孙不吐哺走迎国士,与图成败,乃修饰边幅,如偶人形。此何足久留乎?"数月,辞去,还谓嚣曰:"子阳若井底蛙,妄自尊耳! 不如专意东方。"于是遣援与拒蜀侯国游先俱奉章诣京师,初到,召诣尚书。有顷,中黄门一人引入,时在宣德殿,援拜,上大笑曰:"卿遨游二帝间,见卿大惭。"援顿首辞谢,因曰:"当今之世,不但君择臣,臣亦择君。臣与公孙述同县,少有娱,臣前至蜀,陛戟乃见臣。臣(远)〔援〕异方来⑳,陛下何以知臣非刺客奸人,而简易若是?"上复大笑曰:"卿非刺客,顾说客耳。"援对曰:"天下倾覆,盗贼自立名姓者不可胜数。今得见陛下,寥廓大度,同符高祖,乃知帝王自有真也。"上壮之,使从征伐,每召见宴语,夜至天明。援才略兼人,又好纵横之画,故未得官,待诏而已。上遣太中大夫来歙持节送援。国游先至长安,怨家杀游先,其弟为嚣云旗将军。来歙恐其怨恨,即与援俱还长安。

校勘记

① 则疑在日　续汉书五行志作"则其应多在日所宿之国"。

② 在危十度　续汉书五行志作"在危八度"。

③ 壬辰　后汉书光武帝纪作"壬子"。

④ 铜马余人　陈璞校云"句上疑脱初字"。

⑤ 宠遣万余人(长)〔出〕潞西与(险)〔隆〕相距　从学海堂本改"长"为"出"。据后汉书彭宠列传改"险"为"隆"。

⑥ 被甲胄为军〔吏耳〕　从南监本、龙溪本补。

⑦ 乙酉　后汉书光武帝纪作"乙未"。

⑧ 董宫为西海王　"宫",后汉书刘永列传作"宪"。

⑨ 攻延于浦西　"浦",后汉书盖延列传作"沛"。

⑩ 胡陵　后汉书刘永列传作"湖陵"。

⑪ (外祖母)〔姊〕黄为湖阳君　从后汉书宗室四王三侯列传改。按该传称黄为光武帝姊,建武二年封为湖阳长公主。

⑫ (之)〔必〕乘驿问兴　从南监本、龙溪本、学海堂本改。

⑬ 皆(自)〔封〕为列侯　从南监本、龙溪本、学海堂本改。

⑭ 故宛王刘赐为顺侯　"顺侯",后汉书宗室四王三侯列传作"慎侯"。

⑮ 刘顺为成侯　"成侯",后汉书宗室四王三侯列传作"成武侯"。

⑯ 姬当为周承休公　"姬当",后汉书光武帝纪作"姬常"。

⑰ 歆字经世　"世",后汉书宗室四王三侯列传作"孙"。

⑱ 征通为光禄勋　后汉书李通传作"征通为卫尉"。

⑲ 增卿谒者秩各一等　"卿",后汉书光武帝纪作"郎"。

⑳ 自信都还　后汉书皇后纪作"至真定"。

㉑ 以况为城门校尉緜蔓侯　"緜蔓侯",后汉书皇后纪作"緜蛮侯"。

㉒ 十二帝神主　后汉书邓禹列传作"十一帝神主"。

㉓ 父冲哀帝时为谏(议)大夫　从后汉书来歙传删。"冲",来歙传作"仲"。

㉔ 得歙(击)〔系〕之　从南监本、龙溪本、学海堂本改。

㉕ 濉阳反　"濉",后汉书吴汉列传作"睢"。

㉖ 自冯(惜)〔惦〕杀宗歆后　从南监本、龙溪本改。

㉗ 隆字文伯　后汉书伏湛列传作"隆字伯文"。

㉘ 会颍川不(静)〔靖〕　从陈璞校改。

㉙ 一人皆二人待之　后汉书寇恂列传作"一人皆兼二人之馔"。

㉚ 〔聘〕能为左氏春秋者　从后汉书寇恂列传补。

㉛ 遣尚书宋广　后汉书王梁列传作"宗广"。

㉜ 东掠郡县(也)　从龙溪本删。

60　㉝ 黄金一斤五斗谷数　后汉书冯异传作"黄金一斤易豆五升"。

㉞ 中(书)〔军〕次之　从后汉书光武帝纪改。

㉟ 肉(祖)〔袒〕奉所得更始玺绶　从南监本、龙溪本、学海堂本改。

㊱ 杨歆在长安时遇广阳王良有恩　后汉书刘盆子列传作"杨音在长安时遇
赵王良有恩"。

㊲ 迁后队正　后汉书伏湛传作"迁后队属正"。

㊳ 遭仓卒　后汉书伏湛传作“时仓卒兵起”。

㊴ 一谷不(昇)〔升〕　从南监本、龙溪本改。

㊵ 非有(伏)〔仗〕节死义　从南监本、后汉书吴汉列传改。

㊶ 复围(睢)〔睢〕阳　“睢”讹，径改。

㊷ 邓奉走育阳　后汉书岑彭列传作“淯阳”。

㊸ 因朱祐请〔降〕　从后汉书朱祐列传补。

㊹ 冬十二月　后汉书光武帝纪作“冬十月”。

㊺ 遣岑彭(传)〔傅〕俊　从龙溪本改。

㊻ 明旦军会和成　后汉书岑彭列传作“使明旦西击山都”。

㊼ 阴逸(因)〔囚〕　从龙溪本改。

㊽ 囊盛石(击)〔系〕丰肘　从南监本、学海堂本改。

㊾ 上使谭〔鼓琴谭〕见弘　从学海堂本补。

㊿ 而治(世)合〔世〕务　从南监本、龙溪本乙正。

(51) 则论(时)失〔时〕宜　从南监本、龙溪本、学海堂本乙正。

(52) 盖善〔政〕者　从龙溪本、学海堂本补。

(53) 使(征又)〔各生〕狐疑　从南监本、龙溪本、学海堂本改。

(54) 皆知取之而取莫知与之而取　后汉书桓谭列传作“天下皆知取之为取而莫知与之为取”。

(55) 亡者复得矣　后汉书桓谭列传作“亡者复存失者复得矣”。

(56) 不为章句训(诰)〔诂〕　从南监本、龙溪本、学海堂本改。

(57) 〔难〕于干人主之心　从南监本、龙溪本补。

(58) 此皆人君非必天下之正也　陈璞校云“句有讹脱”。

(59) 天下所难(地)也　从龙溪本、学海堂本删。

(60) 〔收〕守长欲斩之　从南监本、龙溪本、学海堂本补。

(61) 今已收(击)〔系〕斩之矣　“击”讹，径改。

(62) 六月上幸谯　后汉书光武帝纪作“七月”。

(63) 不能(伏)〔仗〕节死难　从陈璞校改。

(64) 十月　后汉书光武帝纪作“十一月”。

(65) 岑彭(传)〔傅〕俊　从南监本、龙溪本、学海堂本改。

(66) (上)〔入〕蜀　从南监本、龙溪本改。

(67) (传)〔傅〕俊至江南　从南监本、龙溪本、学海堂本改。

(68) 偏将军房兖至交州　后汉书岑彭列传作“偏将军屈充移檄江南”。

(69) 苍梧太守杜(稷)〔穆〕交趾太守(杨)〔锡〕光　从后汉书岑彭列传改。

(70) 〔丰〕出恶言　从龙溪本补。

(71) (况)〔次〕兄余　“况”讹，径改。

(72) 朱(敦)〔勃〕智能尽于今日矣　从南监本、龙溪本、学海堂本改。

(73) 由是为(曹)〔郡〕督邮　从后汉书马援列传改。

(74) 〔莽从弟卫将军林〕　从后汉书马援列传补。

(75) 〔辟〕援与原涉　从学海堂本、后汉书马援列传补。

(76) 〔涉〕为颍川太守　从学海堂本补。

(77) 俱之(梁)〔凉〕州　从后汉书马援列传改。

(78) 会隗嚣(冀)用援为绥德将军　从后汉书马援列传删。

(79) 警跸〔就〕车　从学海堂本、后汉书马援列传补。

(80) 臣(远)〔援〕异方来　从南监本、龙溪本、学海堂本改。

后汉纪　光武皇帝纪　卷第五

　　五年春二月丙午,大赦天下。周建兄子通以<u>垂惠降</u>①。刘纡、
<u>周建</u>、<u>苏茂</u>走下(丕)〔邳〕②,建道死。封<u>孔子</u>后<u>孔安</u>为<u>殷绍嘉公</u>。
初,<u>彭宠</u>征书至<u>潞县</u>,有火灾,城中飞出城外,燔千余家,杀人甚多。
<u>宠</u>堂上闻虾蟆声,在炉火下,凿地求之,无所得。数有变怪,卜筮及
望气者皆言兵当从中起。<u>宠</u>以其从弟<u>子后兰卿</u>本上(府)所使来③,
故不相亲也,(今)〔令〕将屯于外④。<u>宠</u>奴<u>子密</u>等三人谋共劫<u>宠</u>,<u>宠</u>
斋于便室,昼卧,三奴共缚着床,告外吏:"大王解斋,吏皆休,旦乃
白事。"乃从次呼诸奴婢,以<u>宠</u>教责问,便收缚,各置空室中。以<u>宠</u>
声呼其妻,妻入室,见<u>宠</u>缚,惊曰:"奴反邪?"奴格妻头,击颊。<u>宠</u>
曰:"趣为诸将军办装。"两奴将妻入取物,一奴守<u>宠</u>。<u>宠</u>谓守奴
曰:"若小儿,我素所爱也,为<u>子密</u>逼劫耳。解我缚,出阁则活矣。
用女珠妻汝,家中财物皆以与汝。"奴意解之,视户外,见<u>子密</u>听其
语,遂不解。<u>子密</u>将妻入,取<u>宠</u>男女悉闭室中,收金珠衣物至<u>宠</u>所
装之,被马六匹,使妻缝缣囊。昏夜后,解<u>宠</u>手,令作记告城门将
军:(令)〔今〕遣<u>子密</u>等至<u>子后兰卿</u>所⑤,开城门出,勿稽留。"书成,

断宠及妻头，置缣囊中，驰诣阙。封子密为无义侯。宠尚书韩立、高宣等共立宠子午为燕王，子后兰卿为将军。数日，宠国师韩利斩午首诣祭遵，遵将兵诛宠支党，渔阳遂平。上嘉耿况之功，以其久劳于边，使光禄大夫樊密持节征况⑥，还京师，赐以大第，甚见尊重。况年老多病，天子亲数临问，征弇视疾。弇、舒并封列侯，国为射声校尉，复除二子广、举为郎。诸子侍疾，并垂青紫，当世以为荣。及薨，赠赐甚厚，谥曰(列)〔烈〕侯⑦。子国以当嗣，辞曰："先侯爱少子霸。"上疏让，天子许焉。国有筹策，数言边事，天子器之，官至大司农⑧。

三月，徙广阳王良为赵王。山阳人庞萌为更始冀州牧，与世祖、谢躬俱平邯郸，萌谓躬曰："刘公不可信也。"躬以告世祖，世祖喻而安之。及上诛谢躬，而萌率众降，上夺其众，谓萌曰："前在邯郸，知之何速邪？"萌曰："知之久矣。"萌为人婉顺，上亲爱之，以为侍中。尝对诸将曰："可以托六尺之孤，寄百里之命，庞萌是矣。"使萌为平狄将军，与盖延俱定梁、楚地。萌与延争权，惧延谮己，遂勒兵反。

夏四月⑨，平狄将军庞萌反，袭盖延，破楚相孙萌⑩，自号东平王，引兵与董宪、苏茂合。上嗟叹曰："人不可知乃如是。"下诏曰："吾尝于众人中言萌可为社稷臣，将军等得无笑吾言。老贼当族。其励兵马，会(雎)〔睢〕阳⑪。"

六月，上幸蒙。庞萌、董宪、苏茂等将三万人攻(挑)〔桃〕城，(挑)〔桃〕城告急⑫。上将轻骑二千、步兵数万晨夜至亢父，百官疲倦，可且宿，上不听，复行十里，宿任城。明旦，诸将欲攻贼，贼亦勒兵待战，上令诸将不得出。是时吴汉兵在东郡，驰使召之，萌等惊曰："数百里晨夜行，以为到当战，而坚坐任城，致人城下，真不可（往）〔测〕也[13]。"积二十余日，吴汉到，乃进击，大破之。萌、宪、茂复将数万人屯昌虑，以兵拒新阳，吴汉进击破之，遂守昌虑。是时河西隔远，世祖都洛阳，未能自通，以隗嚣称汉年号，窦融等从受正朔。嚣外受民望，内图异计，遣说客张玄游说〔河〕西（河）[14]，言"一姓不再兴，今豪杰竞逐，雌雄未分，宜与陇、蜀合纵，高为六国之势，下成尉他之事。"融乃聚其众而议之，曰："汉承尧运，历数延长，上之姓号，（其）〔具〕见于天文[15]，自前博物道术之士言之久矣。故刘子骏改易名字以应其占，此皆近事暴著所共见也。以人事言之，今称天子者数人，而洛阳甲兵最强，号令最明，加以祖宗之重，百姓所归服，天人之应如此，他姓未能争也。"众皆以为然。梁统恐众惑其言，乃刺杀玄。是夏，窦融及五郡太守遣使诣阙。上先闻五郡全实在隗嚣、公孙述之间，常欲招引之，会得其表，甚悦，遣使拜融为凉州牧，玺书褒纳之。秋八月，吴汉破昌虑，军士高扈斩梁王纡降[16]，苏茂奔张步，董宪、庞萌走之朐，汉复守之。

　　冬十月，上幸鲁，使大司空祠孔子。使耿弇诸将击张步，步盛兵祝阿，列营锺城。弇攻祝阿，拔之。开其角，令奔锺城，皆空壁走。将军费敢以精兵守巨里。弇令军中益治攻具，将攻巨里。步、济南王费邑闻之，将兵救巨里。弇告诸将曰："此即所求者，野兵不击，何以城为？所以治攻具者，（所）〔欲〕以诱致邑耳[17]。"弇分兵守巨（野）〔里〕[18]，自与邑战，大破之。弇乃收所斩级以（归）示巨里城中[19]，城中恟惧，夜空城走。弇收其积聚，纵兵击诸未下者，平三十余营。时张步都剧，使弟蓝将兵守西安。西安距临淄三十里[20]，弇引营居临淄、西安之间。西安城小而兵精，临淄名大而不实。弇令军中曰："后五日攻西安。"蓝闻之，晨夜为守备。至(其)〔期〕夜半[21]，令军皆食，会明至临淄城。军吏争之，以为攻临淄而西安必救，攻西安临淄不能救。弇曰："然吾故攻西安，今自忧城守；而吾攻临淄，一日必拔，何救之有？吾得临淄则西安孤，蓝与剧断绝，必复亡去，所谓击一而得两者也。且西安城坚兵精，攻之未可卒下，众必多死伤。正使得其城，张蓝引兵奔临淄，如是临淄更强，勒兵凭城，观人虚实。吾深入敌境，后无转输，旬日之间，不战而困，诸君适不见是耳。"弇遂攻临淄，拔之。张蓝闻临淄拔，果将其众走剧，去临淄九十里。弇令军中无得掠剧下，须步至临淄乃击之。步闻弇言大笑曰："以尤来、大肜十余万众，吾皆破之，今大〔耿〕兵少于彼[22]，又皆疲劳，何足破乎！"弇上书曰："臣据临淄，深堑垒，张步必自来攻，臣以逸待劳，以实击虚，旬日之间，步首自可获。"上然其计。步果与三弟、故大肜帅(董)〔重〕异将二十万众至临淄[23]。弇令都尉刘歆、太山太守陈俊勒兵城上，分阵城下。贼至北门，歆、俊兵皆反，步等乘虚并入攻弇营。弇登台望之，见其营扰，乃下台安之。既而将精兵击步于东〔城〕下[24]，大破之。飞矢中弇股，引刀截之，军中无知者。弇欲以疲步兵，明日将战，陈俊曰："步兵多，且可须上至。"弇曰："上至，臣子当击牛釃酒以待百官，反欲以贼遗君父邪？"遂纵兵合战，复大破之。弇度步已困，乃罢兵，置左右翼。步夜果引去，伏兵夹击，死者城中沟堑皆满，得辎重二千余两。弇纵兵追击至钜昧，水上八十余里，僵尸相属。后数日，上至临淄劳军，百官列坐，上谓弇曰："将军正韩信也，韩信击历下以著名，今将军攻祝阿以发迹，此非齐西界邪？"弇曰："历下即历城，在祝阿东五十里，皆齐西界也。"上曰："将军尝为吾言，(困)〔因〕上谷兵以击涿郡、渔阳㉕，进击富平、获索，因东攻张步，平齐地，以为落落难合。今皆如将军策，有其志者事竟成也。将军有定齐之功，功出于大司马，明如日月也。"张步既破，走还剧，而苏茂适至，让步曰："我南阳兵精，不可待茂邪？"步曰："负卿何言！兄弟走平寿。"上曰："能相斩降者封之。"步乃斩苏茂，肉袒军门降。弇勒兵入城，树十二郡旗，各以本郡诣旗下，众尚十余万，辎重七千余两。封步为安丘侯。于是琅邪未平，徙陈俊为琅邪太守。齐地素闻俊名，始入界，盗贼大散。顷之，张步兄弟谋反，亡归琅邪，俊擒讨，尽诛之。上美其功，赐俊玺书曰："将军元勋大著，威振青、徐两州，有警实得征之。"俊抚贫弱悉有义，令行郡中，百姓歌之。数上书自请击陇、蜀，上报曰："东州新平，大将军之功也。负海猾夏，盗贼之处，国家以为重忧，且勉镇抚之。"初起太学(官)〔宫〕㉖。

十二月，卢芳自称天子，入居九原，略有数郡。初，上问来歙曰："今西州未附，子阳称帝，吾方务静关东，西略未知所任，计将何如？"歙因自请曰："臣尝与隗嚣相遇关中，其人始建为汉之计。今陛下圣德隆兴，臣愿得奉一节，开以丹青之信，嚣必归命，则公孙自亡，势不足图也。"上然之，使歙持节喻指，往来数年矣。于是歙复与马援使喻隗嚣。嚣与马援卧起，问京师善恶，援答曰："前到京师，凡数十见，每(待)〔侍〕对㉗，夜至天明，援事主未常见也。材德惊人，勇(又)〔略〕非人敌㉘，开心见诚，好丑无所隐，图画天下事良备，量敌决胜，阔达多大略与高帝等；经学博览，政事文辩，未睹其比也。"嚣曰："必如卿言，胜高帝邪？"援曰："不如也。高帝大度，无可无不可；今上好吏事，动循轨度，又不饮酒，所不如也。"嚣大笑曰："若是反不胜邪？"嚣虽内不信，得已，遣太子恂入侍。拜为胡骑校尉，封镌羌侯。援亦将家至京师，上书求将宾客屯田<u>上林</u>中，因宣扬国威，招来豪杰，以立尺寸之功，上许焉。是冬，大司徒<u>伏湛</u>免，尚书令<u>侯霸</u>为司徒。<u>霸</u>字<u>君房</u>，<u>河南</u>密人也。矜严有威容，家累千金，不事产业，笃志诗、书、<u>成</u>、哀间仕为郎，<u>王莽</u>时历职有称，为<u>临淮太守</u>㉙。莽败，<u>霸</u>保郡自守，吏民安之。<u>更始</u>初，遣谒者征<u>霸</u>，百姓老弱相携啼泣，遮使者车，或当道卧，皆曰："愿乞复留<u>霸</u>等。"期年，民至戒乳妇勿举子，<u>侯君</u>当去，俱不能全耳。谒者恐<u>霸</u>就征，失亡临淮，于是不敢受玺书，具以状闻。会<u>更</u>始败，<u>世祖</u>即位，征<u>霸</u>为尚书令。是时朝廷新立，制度草创，政令有不便于民者，<u>霸</u>辄奏省之。<u>霸</u>辟<u>太原</u>人闵仲叔，既至，<u>霸</u>劳问之，不及政事。<u>叔</u>对曰："始得明公辟，且喜且惧。何者？喜于为明公所知，惧于虚薄不能宣益拾遗。今未越府阃，喜惧才半，亲知政教，已见掾史。及见明公，喜惧皆去。何则？望明公问属何以明政美俗，调阴阳，训五品，令宇内（人）〔父〕安也㉚。以<u>叔</u>为不足问邪？不当辟也。如以为任用而不使陈之，则为失人。智者不私人以位，亦不失人，是以喜惧皆去。"因自劾去，后博士征，不至，终于家。太子少傅<u>王丹</u>被征，将至，<u>侯霸</u>遣子<u>昱</u>迎拜之，<u>丹</u>下车答拜。<u>昱</u>曰："家公欲与公俱定恩分，何为拜子孙邪？"<u>丹</u>曰："<u>君房</u>有是言，<u>丹</u>未许也。"<u>丹</u>常受人言，有所荐及举者有罪，<u>丹</u>坐免官，终不言。客甚惭，自绝于<u>丹</u>。<u>丹</u>俄为太子太傅，使人呼客见之，〔谓曰〕㉛："何遇<u>丹</u>之薄也！"客自安如故。其子有同门生遭亲丧，白<u>丹</u>，欲奔之。<u>丹</u>挞之五十，或问其故，<u>丹</u>曰："世称<u>鲍叔</u>、<u>管夷吾</u>，次则<u>百里奚</u>、<u>蹇叔</u>，近则<u>王阳</u>、<u>贡禹</u>，历载弥久，如此其难也。<u>张</u>、陈凶其终，<u>萧</u>、朱隙其末，故敕子孙友道难立，非保慎不惑，焉能终乎！"<u>丹</u>字<u>仲回</u>，<u>京兆下邽</u>人。<u>王</u>

68

莽时,连征不至。避世陇西,隐居养志,家累千金,好施周急。每岁时农毕,察强力多收者载酒肴而劳之。其惰懒不收者,耻不获劳,无不力田者。聚落化之,遂以殷富。闾里犯罪者,喻其父兄而致之法;丧忧者量其资财为之制度,丹亲任其事。行之十年,民皆敦厚。陈遵者,豪杰之士也②。遵友人丧亲,赙缣百匹。丹独送缣一匹,曰:"如丹是缣,皆出机杼也。"遵有惭色,欲与丹相结,丹未之许也。更始时,遵北使匈奴,过辞于丹。丹谓遵曰:"俱遭乱世,唯我二人为天地所遗。今子使绝域,无以相赠,赠子以不拜。"其高抗不屈,皆此类也。卫尉铫期、执金吾寇恂亦慕而友之,名重当世。顷之逊位,卒于家。是岁,征会稽严光、太原周党。光字子陵,少与世祖同学。世祖即位,下诏征光,光变名姓,渔钓川泽。至是复以礼求光,光不得已,舁疾诣京师。上就见光曰:"子陵不可相助邪?"光卧而应曰:"士固有执节者,何至相逼乎?"天子欲以为三公,光称病而退,不可得而爵也。党字伯况,举动必以礼。赤眉之乱,所在残破,至太原,闻党德行,不入其邑,由是名重天下。三征然后至,党着短布单衣,縠皮绡头,见于尚书。欲令党改冠服,党曰:"朝廷本以是故征之,安可复更邪?"遂见,自陈愿守所志,上听之。诏曰:"许由不仕,有唐帝德不衰;夷、齐不食周粟,王道不亏。不忍使党久逡巡于污君之朝,其赐帛四十匹,遣归田里。"博士范升奏毁党曰:"臣闻尧不须许由、巢父而天下治,周不待伯夷、叔齐而王道成,巍巍荡荡,至今不绝。臣伏见太原周党,使者三聘,乃肯就车。陛下亲见诣庭,党伏而不谒,偃蹇自高,逡巡求退,钓采华名,以夸主上。臣愚以为党等不达政事,未足进用。臣愿与党并论云台之上,考试图国之道。不如臣言,请伏虚诬之罪。"书奏,天子示公卿。诏曰:"自古尧有许由、巢父,周有伯夷、叔齐,自朕高祖有南山四皓。自古圣王皆有异士,非独今也。伯夷、叔齐不食周粟,太原周党不食朕禄,亦各有志焉。"党既退,著书上下篇,终于(沔)〔黾〕池㉝,百姓贤而祠之。是时太原王霸、北海逄萌亦隐居养,俱被聘。霸到尚书,拜不称臣,问其故,答曰:"天子有所不臣,诸侯有所不友。"遂以疾归,茅屋蓬户,不厌其乐。萌少给事亭长,慨然叹曰:"大丈夫焉能为人役哉?"遂去就师。闻王莽居摄,子宇谏,莽杀之。萌会友人曰:"三纲绝矣,祸将及人。"即解衣冠挂东都城门,将家属客于辽东。天下定,乃还琅邪不其山中㉞,以德让导邻里,聚落化之。诏书征,萌上道迷,不知东西。萌曰:"朝廷所以征我者,以吾聪明睿智,有益于政耳。今方面尚不知,安能济政?"即归,后连征不起。

袁宏曰:夫金刚水柔,性之别也;员行方止,器之异也。故善御性者,不违金水之质;善为器者,不易方员之用。物诚有之,人亦宜然。故肆然独往,不可袭以章服者,山林之性也。鞠躬履方,可屈而为用者,庙堂之材也。是以先王顺而通之,使各得其性,故有内外隐显之道(为)〔焉〕㉟。末世凌迟,治乱多端,隐者之作,其流众矣。或利竞滋兴,静以镇世;或时难迍邅,处以全身;或性不和物,退以图安;或情不能嘿,卷以避祸(乱)㊱。凡〔此〕之徒㊲,有为而然,非真性也;而有道之君皆礼而崇之,所以抑进取而止躁竞也。呜呼,世俗之宾,方抵掌而击之,以为讥笑,岂不哀哉!

自王莽末,天下旱蝗,稼谷不成,至建武之初,一石粟直黄金一斤,而人相食。二年秋,野谷旅生,野蚕成茧,民收其实以为衣粮。是岁,野谷生渐少,南亩益垦矣。

六年春正月丙辰,改舂陵为章陵,复比丰沛。刘隆等破舒城,斩李宪。

二月，吴汉拔朐城，董宪、庞萌逃出。汉执其妻子，宪流涕谢吏士曰："妻子皆已得矣，久苦诸公。"将十余骑欲从间道诣上降，追兵至，皆斩之。于是天下粗定，唯陇、蜀未平。上乃休诸将于洛阳，分军士于河内。数置酒会，诸将辄加赏赐。每幸郡国，见父老掾吏，问数十年事，吏民皆惊喜，令自以见识，各尽力命焉。初，军旅间贼檄日以百数，上犹以余暇讲诵经书，自河图洛书谶记之文无不毕览。王元说隗嚣曰："天下成败未可知，天水完富，士马最强，宜北取西河，东收关中，按秦旧迹，表里河山。元请以一丸泥为大王东封函谷关，此万世之一时也。既不能为此，且畜养士马，据隘自守，旷日持久，以待四方之变，图王不成，其弊犹足以霸。要之，鱼不可以脱于泉，一失权柄，神龙还与蚖同。前更始都长安，四方向应，以为真定也。一朝坏败，大王几无所据。今南有公孙，北有文伯，江湖海滨，王公十数，而欲信儒生之语，弃千乘之基，羁旅危国以求安全，是由覆车之轨，计之不可者也。"嚣心然之。是时公孙述遣兵出江关，败南郡。上因欲天水伐蜀，从褒、斜、江关，路远而多阻，莫若从西州，因便以举则兵强财富。嚣虽遣子入侍，而心怀两端，常思王元之言，欲据一方，不欲早定。乃复上书，盛言蜀道危险，栈阁败绝，丈尺之地，则不得通。述性严酷，上下相患，须其罪恶孰著，大呼向应之势也。来歙素刚，闻嚣有异议，遂发愤责嚣曰："国家以君为知臧否，晓废兴，故为手书以畅圣意。既遣伯春，复用邪惑之言，族灭之计，叛主负子，背忠信，伤仁义，吉凶之决在于今日。"欲前刺嚣，而左右兵多。嚣欲害歙，歙持节就车，嚣逾怒，欲杀歙。王遵谏曰："愚闻为国者慎名与器，为家者畏怨重祸。名器俱慎,则下伏其令;怨祸不轻,即家受其福。今将军遣子质汉而外怀他心,名器逆矣。既违其命,又杀其使,轻怨祸矣。古者列国兵交,不绝其使,所以重兵贵和而不任战也。春秋传曰:'交兵,使通可也。'何况持王命质而犯之哉?上不合于正义,内不周于长利,苟行盗贼之短策,又何是非之能识?加以伯春委身已在阙庭,而屠汉使,此践机试剑授刃于颈也。君叔虽单居㊳,陛下之外兄也,屠之未损于汉,而随以族败。昔宋执楚使,遂有易子之祸。小国犹不可辱,况万乘之主乎?"歙知党多在西州,救助非一,遂得免。王遵亦豪杰士也,既而降汉,封上雒侯。初,嚣问班彪曰:"往者周亡,战国并争,天下分裂,数世然后始定,意者纵横之事,复起于今日乎?将承运迭兴在一人也?愿先生论之。"对曰:"周之兴废与汉不同。周立爵五等,诸侯从政,本根既微,枝叶强大,故其末流有纵横之事,其势然也。汉家(乘)〔承〕秦之制㊴,郡县治民,臣无百年之柄,至成帝假借外家,哀、平短祚,国嗣三绝,危自上起,伤不及下。故王氏之贵,倾擅朝廷,能窃号位,而不根于民。是以即真之后,天下莫不引领而思汉。十余年间,(天下)中外骚扰㊵,远近俱发,假号云合,咸称刘氏,不谋而同辞。方今雄杰跨州城者,皆无七国世业之资。诗云:'皇矣上帝,临下有赫。监视四方,求民之瘼。'今民讴吟思汉,向仰刘氏,已可知矣。"嚣曰:"先生言周、汉之势,可也,至于但见愚民习识刘氏姓号之故,而谓汉家复兴,疏矣!昔秦失其鹿,刘季逐而得之,时民复知汉乎!"彪既感嚣言,又(愍)〔悯〕狂狡之不息㊶,乃著王命论以救时难。曰:"昔在帝尧之禅曰:'咨尔舜,天之历数在尔躬。'舜亦以命禹。洎于稷、契,咸佐唐尧,光济四海,奕世载德,至于汤、武,而有天下。虽遭遇异时,而禅代不同,至于应天顺民，其揆一也。故刘氏承尧之祚，氏族之世，著乎春秋。唐据火德，而汉绍之，始起沛泽，则神母夜号，以彰赤帝之符。由是言之，帝王之祚，必有明圣显懿之德，丰功厚利积累之业。然后精诚通乎神明，流泽加乎生民，故能为鬼神所福向，天下所归往。未见运世无本，功德不纪，而得倔起在此位者也。世俗见高祖兴于布衣，不达其故，以为适遭暴乱，得奋其剑，游说之士至比天下于逐鹿，捷者幸而得之，不知神器有命，不可以智力求。悲夫！〔此〕世（乱）所以多乱臣贼子者也^㊷。若然者，岂独闇于天道哉？又不睹之于人事矣！夫饥馑流离^㊸，单寒道路，思有（短）〔裋〕褐之（袭）〔袤〕^㊹，担石之蓄，所愿不过一金，然终不免转死沟壑。何则？贫穷亦有命也。况乎天子之贵，四海之富，神明之祚，可得而妄处哉！故遭罹厄会，窃其权柄，勇如信、布，强如梁、籍，成如王莽，然卒润（其汤）镬伏质^㊺，烹俎分裂，又况么麽，不及数子，而欲淹奸天位者乎！是故驽蹇之乘，不骋千里之路，燕雀之俦，不奋六翮之用；檿栎之材，不荷栋梁之任；斗筲之子，不秉帝王之重。易曰：‘鼎折足，覆公铼。’言不胜其任也。当秦之末，豪杰共推陈婴而王之，其母止之曰：‘自吾为子家妇，而世贫贱，今卒富贵不祥，不如以兵属人，事成少受其利，不成祸有所归。’婴从其言，而陈氏以宁。王陵之母亦见项氏之必亡，刘氏之将兴也。是时陵为汉将，而母获于楚，有汉使来，陵母见之，谓曰：‘愿告吾子，汉王长者，必得天下，子谨事之，无有二心。’遂对汉使伏剑，以（国）〔固〕勉陵^㊻。其后果定于汉，陵为宰相封侯。夫以匹妇之明，犹能推事理之致，探祸福之机，全宗祀于无穷，垂册书于春秋，而况大丈夫之事乎！是故穷达有命，吉凶由人，婴母知废，陵母知兴，审此二者，帝王之分决矣。盖在高祖，其兴也有五:一曰帝尧之苗裔,二曰体貌多奇异,三曰神武有征应,四曰宽明而仁恕,五曰知人善任使。加以信诚好谋,达于听受,见善如不及,用人如由己,从谏如顺流,趋时如响起;当食吐哺,纳子房之策;(濯)〔拔〕足挥洗[47],揖郦生之说;悟戍卒之言,断怀土之情;高四皓之名,割肌肤之爱;举韩信于行阵,收陈平于亡命,英雄陈力,群策毕举:此高祖之大略,所以成帝业也。若乃灵瑞符应,又可略闻矣。初,刘媪妊高祖而梦与神遇,震电晦暝,有龙蛇之怪。及长而多灵,有异于众,是以王、武感物而折契,吕公观形而进女;秦始皇东游以厌其气,吕后望云而知其所处;始受命则白蛇分,西入关则五星聚。故淮阴、留侯谓之天(受)〔授〕[48],非人力。历古今之得失,验行事之成败,稽帝王之世运,考五者之所谓,趣舍不厌斯位,符应不同斯度,而苟昧权利,越次妄据,外不量力,内不知命,必丧保家之主,失天年之寿,遇折足之凶,伏斧钺之诛。英雄诚知其觉寤,畏若祸戒,(起)〔超〕然远览[49],渊然深识,收陵、婴之明分,绝信、布之觊觎,拒逐鹿之瞽说,审神器之有授,无贪不可几,为二母之所笑,则福祚流于子孙,天禄永终矣。"嚣不寤,彪乃转之河西,大将军窦融谘访焉。彪字叔皮,右扶风安陵人。成帝时,彪姑为婕妤,诸父昆弟贵幸当世。父稚,(王莽)〔哀帝〕时为广平太守[50]。莽摄政,欲文致太平,使侯者分行风俗,采颂声,稚无所上,被劾为延陵园郎,由是班氏不显莽朝。彪幼好学,家有赐书,内足于财,好古之士父党扬子云已下莫不造其门。年二十而天下乱,因避地西州。及嚣将背汉,窦融与书,责让之曰:"将军当厄会之际,乘不利之时,承事本朝,委身于国,忠孝冠周、霍,德让配吴札,融等所以服高义、愿为役者也。忿悁之间,改节易图,百年累之,一朝毁之,岂不惜乎！殆执事者贪功建谋，以至于此，融窃痛之！融闻智者不危众以举事，仁者不违义以要利。初事本朝，稽首北面，忠臣节也。及遣(百)〔伯〕春^⑤，垂涕相送，慈父恩也。俄而背之，谓吏士何？忍而出之，谓留子何？自起兵以来，转相攻击，城郭皆为丘墟，生民转于沟壑。今其存者，非锋刃之余，则流亡之孤。今伤痍之体未愈，哭泣之声未绝。幸赖天运少还，而大将军复重其难，是使疮痍不得遂瘳，幼孤复见流离，庸人且为流涕，况仁者乎！惟将军省察之。"嚣不纳，融乃与五郡太守请师期，世祖嘉美之。

夏四月，上幸长安，谒园陵。诸将议欲延嚣日月之期，许爵其将帅，以散其谋。祭遵曰："嚣奸计久矣，今若案兵引日，则其谋益深，而公孙得固其奸谋，不如遂进。"上从之。遣吴汉(取)〔耿〕弇诸将从陇道击蜀^②。隗嚣使王元据陇坻，伐树木以塞陇道，诸将与战不利，还屯三辅。马援上书曰："援自念事陛下，本无公辅之荐，左右之助，臣不自陈，陛下何因闻之。故臣不复避嫌言，昧死陈诚。臣与嚣往为知交，今闻与来歙书，深更怨臣，自计无负于嚣，遣臣东，谓臣曰：'仆北面称臣，加以本欲为汉，足下往观其政。于汝意可，即专心矣。'臣还报以赤心，欲嚣善耳，非欲陷于非义也。嚣自挟奸心，盗憎主人，反欲归怨于臣。臣欲遂退不言，则无以报陛下。愿诣行在所，得露心腹，陈灭西州之术，然后退就垄亩，饭蔬饮水，随四民之职，死无所恨。"上报许。援东诣京师，具言击嚣之计。上大悦，谓援曰："吾方西诛隗嚣，待诏勉卒所志。"是时建威将军耿弇屯漆，征虏将军祭遵屯汧，征西将军冯异屯上林，大司马吴汉在长安，中郎将来歙坚领众军在安民。援始将突骑五千匹，诸将每疑议，更请呼援，咸敬重焉。而来歙深与援善，嚣复上疏曰："吏民闻大兵卒至,惊恐自救,臣嚣不能禁止。兵虽有大利,不敢废臣子之节,亲自追还。昔虞舜事父,大杖则走,小杖则受。臣虽不敏,不敢不勉。今臣之在本朝,如遂蒙恩,更得洗心,死骨不朽。"有司以嚣慢,〔请〕诛其子恂㊿。上不忍,复使歙至汧,赐嚣书曰:"昔柴将军与韩信书云:'陛下宽仁,虽有亡叛而后归,辄复(泣)〔位〕号㊾,不诛也。'故复赐书,深言则似不逊,略言则事不决。今若束手,复遣恂弟诣阙,有全爵禄之福。吾年已三十余,在甲兵中十年,厌浮语虚辞。即不欲,勿报。"嚣知世祖筹之明,乃遣使称臣于蜀。公孙述以嚣为朔宁王,数遣兵助嚣。太原人温序为护羌校尉,行(步)〔部〕至襄武㊿,为嚣将苟宇所执,欲生降之,谓序曰:"并势力,天下可图也。"序曰:"受国重任,本当效死,义不贪生。"宇复晓喻序,序怒叱之曰:"虏何敢胁汉将?"左右欲杀之,宇止之曰:"义士欲死节,赐剑令自裁。"序受剑,衔须叹曰:"既为贼所迫,无令须污土。"遂伏剑。上闻而怜之,赐洛阳城旁冢地,谷千斛,缣五百匹。除序子寿为郎,迁邹平侯相。寿梦序告之曰:"久客思乡里。"寿即弃官,上书乞将序骸骨葬旧茔,诏许焉。

冬十二月癸巳,诏曰:"间者以军旅未解,用度不足,故行十一之税。今往往屯田,其令郡国田租三十税一,如旧制焉。"冯异在关中久,求还京师,上不听。有人上书,言冯异专制关中,威福自由,号咸阳王。上以章示,异惶恐谢曰:"臣本诸生,遇受命之会,过蒙顾眄,充备行伍,班大将,爵为通侯。虽受任方面,豫有微功,此皆国家谟谋,非臣所及也。臣伏自思,惟奉承诏旨,则战无不克,率臣私心,则未尝不悔。陛下独见之明,久而益远,乃知'性与天道,不可得而闻'也。当兵革始起,豪杰竞逐,臣在倾侧之中,尚无过差之志,况天下平定,上尊下卑者乎!诚宜谨守愚忠,以自终始,伏愿明主知臣素心。"诏曰:"将军之于国家,义则君臣,恩犹父子。何嫌何疑,而有惧意?"是冬,冯异、岑彭朝京师,上谓公卿曰:"冯将军是我兵起时主簿也。"使中黄门赐异珍宝衣服,诏曰:"仓卒(无)芜蒌亭豆粥㊶,呼沱河麦饭也。"异谢曰:"臣闻管仲谓桓公:'愿君无忘射钩,臣无忘槛车。'齐国赖之。臣愿陛下无忘父城,则百寮蒙恩,天下幸甚。"后遣异将妻子西。彭亦数宴见,厚加赏赐。既而还南,使过家,上先人冢㊷,诏大长秋朔望问〔太〕夫人起居㊸。诏诸侯就国。耿纯上书,愿奋击公孙述;又陈前在东郡诛涿郡太守朱英亲属,涿郡诚不自安㊹。乃更封纯为东光侯,上曰:"文帝谓周勃曰:'丞相吾所重也,君为我率诸侯就国!'今亦然哉。"(纪)〔纯〕遂就国㊽,吊死问伤,国中爱之。

袁宏曰:夫万物云为,趣舍不同,爱恶生杀,最其甚大者也。纵而不一,乱亡之道,故明王制设号令,所以一物心而治乱亡也。今诛恶之臣,内惧私憾,不虑其弊,从而易之,是下用情而法不一也。不一则多变,多变则害生,故王者之所保在于法一而不变乎!"

灵寿侯邳肜薨。世祖既平邯郸,遣任光还信都,更封陵乡侯。李忠为中水侯,迁丹阳太守,治甚有称,为天下第一。

校勘记

① 周建兄子诵以垂惠降　后汉书光武帝纪作"捕房将军马武、偏将军王霸拔垂惠"。

② 苏茂走下(丕)〔邳〕　从龙溪本、学海堂本改。

③ 本上(府)所使来　从陈璞校删。

④ (今)〔令〕将屯于外　从南监本、龙溪本、学海堂本改。

⑤ (令)〔今〕遣子密等　从学海堂本改。

⑥ 使光禄大夫樊密持节　后汉书耿弇列传李贤注引袁山松书曰:"使光禄大夫樊宏诏况"。

⑦ 谥曰(列)〔烈〕侯　从后汉书耿弇列传改。

⑧ 官至大司农　钮永建校释:按耿弇传耿国字叔虑,建武二十七年代冯勤为大司马,永平元年卒,不言为大司农。本纪亦无文,袁纪殆误。

⑨ 夏四月　后汉书光武帝纪作"三月"。

⑩ 破楚相孙萌　钮永建校云:光武本纪云平狄将军庞萌反,杀楚郡太守孙萌。按是时未立楚国,不应有相。盖延传亦作太守。

⑪ 会(睢)〔雎〕阳　从龙溪本改。

⑫ 攻(挑)〔桃〕城(挑)〔桃〕城告急　从龙溪本、学海堂本改。

⑬ 真不可(往)〔测〕也　从龙溪本、学海堂本改。

⑭ 游说〔河〕西(河)　从后汉书窦融列传乙正。

⑮ (其)〔具〕见于天文　从南监本、龙溪本、学海堂本改。

⑯ 军士高扈斩梁王纡降　此说与后汉书刘永列传同,与后汉书光武帝纪所记"吴汉拔郯获刘纡"异。

⑰ (所)〔欲〕以诱致邑耳　从龙溪本改。

⑱ 弇分兵守巨(野)〔里〕　从龙溪本、学海堂本改。

⑲ 以(归)示巨里城中　从后汉书耿弇列传删。

⑳ 西安距临淄三十里　"三十里",后汉书耿弇列传作"四十里"。

㉑ 至(其)〔期〕夜半　从学海堂本、后汉书耿弇列传改。

㉒ 今大〔耿〕兵少于彼　从后汉书耿弇列传补。

㉓ 故大彤帅(董)〔重〕异　从龙溪本、学海堂本、后汉书耿弇列传改。

㉔ 击步于东〔城〕下　从后汉书耿弇列传补。

㉕ (困)〔因〕上谷兵以击涿郡渔阳　从南监本、学海堂本改。

㉖ 初起太学(官)〔宫〕　从龙溪本改。

㉗ 每(待)〔侍〕对　从南监本、龙溪本、学海堂本改。

㉘ 勇(又)〔略〕非人敌　从龙溪本、学海堂本改。

㉙ 为临淮太守　后汉书侯霸传作"后为淮平大尹"。章怀太子李贤注"王莽改临淮为淮平"。

㉚ 令宇内(人)〔父〕安也　从南监本、龙溪本改。

㉛ 〔谓曰〕　从后汉书王丹列传补。

㉜ 豪杰之士也　后汉书王丹列传作"关西之大侠也"。

㉝ 终于(沔)〔黾〕池　从后汉书逸民列传改。

㉞ 琅邪不其山　"不其山"，后汉书逸民传作"劳山"，系同地异名。

㉟ 内外隐显之道(为)〔焉〕　从南监本、龙溪本、学海堂本改。

㊱ 卷以避祸(乱)　从龙溪本删。

㊲ 凡〔此〕之徒　从南监本、龙溪本、学海堂本补。

㊳ 君叔虽单居　后汉书来歙列传作"君叔虽单车远使"。

㊴ 汉家(乘)〔承〕秦之制　从后汉书班彪列传改。

㊵ (天下)中外骚扰　从后汉书班彪列传删。

㊶ 又(愍)〔憨〕狂狡之不息　从龙溪本、学海堂本改。

㊷ 〔此〕世(乱)所以多乱臣贼子者也　从汉书叙传补删。

㊸ 夫饥馑流离　"离"，汉书叙传作"隶"。

㊹ 思有(短)〔裋〕褐之(袭)〔襄〕　从汉书叙传改。

㊺ 然卒润(其汤)镶伏质　从龙溪本删。

㊻ 以(国)〔固〕勉陵　从南监本、龙溪本、学海堂本改。

㊼ (濯)〔拔〕足挥洗　从汉书叙传改。

㊽ 谓之天(受)〔授〕　从南监本、龙溪本、学海堂本、汉书叙传改。

㊾ (起)〔超〕然远览　从南监本、龙溪本、学海堂本、汉书叙传改。

㊿ (王莽)〔哀帝〕时为广平太守　从后汉书班彪列传改。

51 及遣(百)〔伯〕春　从南监本、龙溪本、学海堂本改。

52 吴汉(取)〔耿〕弇　从南监本、龙溪本、学海堂本改。

53 〔请〕诛其子恂　从后汉书隗嚣传补。

54 辄复(泣)〔位〕号　从南监本、龙溪本、学海堂本改。

㊋ 行(步)〔部〕至襄武　从学海堂本改。

㊌ 仓卒(无)芜蒌亭豆粥　从后汉书冯异列传删。

㊍ 使过家上先人冢　后汉书岑彭列传"有诏过家上冢"。

㊎ 问〔太〕夫人起居　从后汉书岑彭列传补。

㊏ 涿郡诚不自安　后汉书耿纯传李贤注引续汉书作"今国属涿诚不自安"。

㊐ (纪)〔纯〕遂就国　从南监本、龙溪本改。

两
汉
纪

后
汉
纪

后汉纪　光武皇帝纪　卷第六

七年春正月丙申，诏天下系囚，非殊死者一切勿治。是时海内新安，民得休息，皆乐吏职，而劝农桑，风俗和同，人自修饰。上惟王莽伪薄之化，思有以改其弊，于是黜虚华，进淳朴，听言观行，明试以功，名实不相冒，而能否彰矣。又念前世园陵太盛，王侯吏人转相仿竞，乃下诏曰："世俗不以厚(薄)〔葬〕为鄙陋①，富者过奢，贫者殚财，刑法不能禁，礼(仪)〔义〕不能止②，仓卒以来，乃知其咎。布告天下，令知忠臣孝子薄葬送终之义。"癸亥晦，日有蚀之。诏曰："阴阳错谬，日月薄蚀。百姓有过，在予一人，其赦天下。公卿百寮，各上封事，无有所讳。举贤良方正各一人。"于是冯衍上书陈事："一曰显文德，二曰褒武烈，三曰修旧功，四曰招俊杰，五曰明好恶，六曰简法令，七曰差禄秩，八曰抚边境。"书奏，上将召见之，后以谮不得入。

袁宏曰：夫谗之为害，天下之患也。暗主则理固然矣。贤君而谗言不绝者，岂不哀哉！夫人君之情，不能不形于外。夫好恶是非之情形于外，则爱憎毁誉之变应于事矣。故因其所好而进之，因其所恶而退之，因其所是而美之，因其所非而疾之。恶而于无嫌之地，而人主不必悟者，谗人之所资也。夫谗人之心非专在伤物，处之不以忠信，其言多害也。何以知其然？夫欲合主之情，必务求其所欲，所恶者一人，所害者万物，故其毁伤不亦众乎！若夫声色喜怒之际，虚实利害之间，以微售其言，焉可数哉！是以古之明君，知视听之所属，不能不关于物也；知一己之明，不能不滞于情也。求忠信之人而置之左右，故好恶是非之情未尝宣于外，而爱憎毁誉之言无由而至矣。

二月癸亥晦③，日有蚀之。是时宰相多以功举，官人率由旧恩，天子勤吏治，俗颇奇刻，因是变也。太中大夫郑兴上疏曰："臣闻国无政不用善，则取谪于日月之灾，故政不可不慎也。其道务三而已：一曰择人，二曰因民，三曰从时，此应变之要也。昔在帝尧，洪水滔天，帝求俾乂，岳曰：'鲧哉。'帝知鲧不可，然犹屈己之是，从岳之非，重违众也。昔齐桓公避乱于莒，鲍叔从焉。既反国，鲍叔举管仲，桓公从之，遂立九合之功。晋文公奔翟，从者五人，既得晋国，将谋元帅，赵衰以郤縠为阅礼乐，敦诗、书，使将中军，而五子下之，故能伏强楚于城濮，纳天子于王城。今衮职有阙，朝论辄议功臣，功臣用则鲍、赵之举息矣。愿陛下上师陶唐，下览齐、晋，以成屈己从众之德，以济群臣举善之美。臣闻上竭聪明，则下惧其罪。故日者，君象也；月者，臣象也。君威亢急则臣道迫促，愿陛下留神宽恕，以崇柔克之德。"不从。兴字少赣，河南开封人。尝从刘歆学讲议④，歆美其才，学者皆师之。兴既之凉州，坐事免。会赤眉作乱，东道不通，兴乃归隗嚣。嚣贰于汉，兴每匡谏，言辞恳至。嚣虽内不能悦，而外相崇礼。兴求归葬父母，嚣不听，而徙舍益禄。兴见嚣曰："昔尝同僚,故归骸骨⑤,非敢为用也,求为先人遗类耳。幸蒙覆载,得自保全,今乞骸骨,而徙舍益禄。兴闻事亲之道,生事之以礼,死葬之以礼,祭之以礼,奉以周旋,不敢失坠。今为父母乞身,得益禄而止,是以父母为请也,无礼甚矣。将军焉用之!"嚣曰:"幸甚。"乃为办装,使与妻子俱。上闻兴归,征为太中大夫。光禄勋杜林上书荐兴曰:"执义坚固,敦于诗、书,好古博物,见疑不惑,宜侍帷幄以益万分。"于是敬异焉。每朝有大议,辄访问兴。上尝以郊祀事问曰:"欲以谶决之何如?"兴对曰:"臣不为谶。"上怒曰:"卿不言谶,非之邪?"兴曰:"臣于书有所未学,而无敢非。"上乃解曰:"言不当若是邪!"兴数言事,文辞温雅,然以不合旨,又不善谶,故不得亲用。有子曰众,以才学知名。其后皇太子及山阳王因虎贲将梁松束帛聘众,众谓松曰:"太子储君,无外交之义,汉有旧制,蕃王不得私通宾客。"遂辞不受。松曰:"长者意,不可逆也。"众曰:"犯禁得罪,不如守正而死。"太子及王闻之,嘉而不强。及梁氏败,宾客多坐之,众不染于辞。

夏五月,前将军李通为大司空。

秋,隗嚣遣步骑三万侵三辅,耿弇遣数百骑与战,为嚣所破。嚣将分兵取栒邑。冯异闻之,驰据其城,诸将皆曰:"虏兵乘胜,不可争锋。"异曰:"若虏得栒邑,则三辅动矣。攻者不足,守者有余。今先据栒邑,以逸待劳,非所谓争锋也。"遂驰入栒邑,闭城偃旗鼓。嚣将不知,直来攻城。异击鼓建旗,成列而出,嚣军乱遁,异大破之,追奔数十里,于是北地诸豪帅相率而降。诸将多有言功者,异独默然。上玺书劳异曰:"栒邑孤危,亡在旦夕,诸将狐疑,莫有先发。将军独决奇算,摧敌殄寇,功如丘山,犹若不足。虽孟反后入⑥,

无以过也。今遣太中大夫。赍医药殡殓之具以赐吏士。其死伤者，大司马已下亲吊问之，以崇谦让。"于是三军之士莫不感悦。

袁宏曰：谦尊而光，于是信矣。冯异能让，三军赖之。善乎，王之言谦也。杨朱有言："行贤而去，自贤之心无所往而不美。"因斯以谈，圣莫盛于唐、虞，贤莫高于颜回。虞书数德，以克让为首；仲尼称颜回之仁，以不伐为先。郤至称善，兵在其颈；处父上人，终丧其族。然则克让不伐者，圣贤之上美；称善上人者，小人之恶行也。司马法曰："苟不伐则无求，无求则不争，不争则不相掩。"由此言之，民之所以和，下之所以顺，功之所以成，名之所以立者，皆好乎能让而不自贤矣。夫人君者，必量材任以授官，参善恶以毁誉，课功过以赏罚者也。士苟自贤，必贵其身，虽官当才，斯贱之矣。苟称其功，必蒙其过，虽赏当事，斯薄之矣。苟伐其善，必忘其恶，虽誉当名，斯少之矣。于是怨责之情必存于心，希望之气必形于色，此称伐之士、自贤之人所以为薄，而先王甚恶之者也。君子则不然。劳而不伐，施而不德；致恭以存其德，下人以隐其功；处不避污，官不辞卑；唯惧不任，唯患不能。故力有余而智不屈，身远咎悔而行成名立也。且天道害盈而鬼神福谦，凡有血气必有争心，功之高者自伐之责起焉。故宋公三命，考父伛偻；晋帅有功，士燮后归；孟侧殿军，策马而入；三卿谋寇，冉有不对，其所以降身匿迹如此之甚也(何)〔哉〕^⑦！诚知民恶其上，众不可盖也。夫逆旅之妾，恶者自以为恶，主忘其恶而贵焉；美者自以为美，主忘其美而贱焉。夫色之美恶定于妾之面，美恶之情变于主之心，况君子之人有善不敢识，有过不敢忘者乎！其为美亦以弘矣。故扬子之言足师，逆旅之妾足诚也。

八年春正月,来歙自阳城将二千人斩山开道,径至略阳,袭嚣将金梁等,杀之,因保其城。上闻之,喜甚。左右怪上数破大敌,今得小城何足以喜。上以略阳嚣之所阻,腹心已坏,则制其支体。先是吴汉诸将在长安者兵虽盛,以梁屯守不得上陇。及梁死,歙据略阳,乃争驰赴之。上以为嚣失所恃矣,亡其要城,势必悉以精锐来攻,旷日久围而城不拔,士卒顿弊,乃可乘危而进,皆追汉等还。嚣果自将数万人攻略阳,激水灌城,昼夜攻歙。歙率励吏士,同心固守,数月不拔,嚣众疲弊。

夏闰四月,上西征至漆,议者以为车驾不宜入险,且遣诸将观虚实。议未定,会马援夜至,劝上曰:"嚣众瓦解,兵进必破。"以米为山谷,于上前指众军所入处,上笑曰:"虏在吾目中矣。"车驾遂进。窦融与五郡太守将步骑数万、辎重五千两,与上会第一。上置酒引见融等,待以殊礼。嚣众大溃,城邑皆降,嚣将妻子保西州。吴汉、岑彭引兵追守之。嚣将王元入蜀。上嘉融功,以四县封融为安丰侯,融弟友为显亲侯。于是以次封竺曾为助义侯,梁统为归义侯⑧,史苞为褒义侯,库均为辅义侯,辛肜为扶义侯,既而皆遣还西。融兄弟并受爵位,久专方面,惧不自安,数上书求代,上不许。蜀人闻隗嚣败,百姓震动。成都郭外有秦时旧仓,王莽以来常空。公孙述乃诈使人言下仓出谷⑨,积如山陵,百姓空市郭往观之。述乃会百官问曰:"下仓竟出谷乎?"对曰:"无有。"述曰:"言隗王败,亦复如此矣。"欲以此安众心者也。蜀人荆邯说述曰:"兵者,帝王之大器,古今所不能废也。昔秦失其政,豪杰并起,汉祖无前人之遗迹,立锥之地,起于行阵之间,身自奋击,与项羽战,小大百余,军破身困者数矣。然犹不止,故军败复合,创愈复往。何则?前死成功愈于〔却〕就灭亡也⑩。隗嚣遭遇运会，割有雍州，兵强士附，威加山东。时汉更始复失天下，众心引领，四方瓦解。嚣不及此时以争天命，而退欲为西伯之事，尊师章句，宾友处士，偃武息兵，卑辞事汉，喟然自以为文王复生也。今汉帝释西顾之忧，专精东伐，四分天下而有其三，则西州豪俊咸居心于山东，间使相闻，至于五分而有其四。则举兵伐之，遂以屠溃，是则然矣。若天水已平，汉九分天下而有其八。陛下以梁州之地，内奉万乘，外给三军，百姓愁困，不堪上命，将有王氏自溃之变。臣之愚计，以为宜与汉和亲。不者当及天下之望未绝，豪杰尚可驱动，急以时悉发国内精兵，令田戎据江陵，临江南之会，筑壁坚守，传檄吴、楚，则长沙以南必随风而靡，令延岑出汉中，定三辅、天水，陇西拱手自得。如此，海内震摇，冀有大利也。"述欲从其言，蜀人及述兄弟以为不可，述遂止。延岑等数请兵，愿立功，终疑而不听，由是皆怨，唯公孙氏任政。述性酷急，数诛杀，察于小事，如治清水而已。少为郎，习汉家制度，出入法驾，鸾旗旄骑，置陈陛戟，辇出房闼。又立其两子为王，食犍为、广汉各数县。或谏曰："成败未可知，戎士暴露，而王爱子，示无大志。"述不胜情，卒皆王之。(颖)〔颍〕川盗贼起⑪，京都骚动。

秋八月，上还洛阳，谓执金吾寇恂曰："卿著威信于(颖)〔颍〕川，独卿能平之。从九卿复为二千石，以忧国可也。"恂对曰："(颖)〔颍〕川闻陛下西征，以为陇、蜀未定，故狂狡乘间，相诖误耳。如陛下升舆南面，臣愿执锐在前，贼必惶恐归死。"即日车驾南辕至(颖)〔颍〕川，盗贼悉降。百姓遮道曰："愿从陛下复借寇君一年。"上乃留恂(颖)〔颍〕川，抚吏民，受余降。

冬十一月，公孙述将救嚣，乘高卒至，汉兵未及阵，嚣得逃出，入冀。汉军食尽，吴汉、岑彭烧辎重，归长安，天水诸县复反为嚣。

十二月，高句丽王遣使奉贡。东郡、济阴盗贼起，大司空李通、横野将军王常率舟师击之。上以耿纯威信著于卫地，即拜纯为太中大夫，与兵会于东郡。东郡闻纯入界，盗贼九千余人降，兵不战而还。玺书复以纯为东郡太守。

九年春正月，征虏将军祭遵薨。遵忠苦廉洁，毁己财为国，赏赐皆以赈吏士，身寝布被，妻子恶衣食，上以是重焉。虽在军旅，其所进礼皆儒术之士，宴会游处必雅歌投壶。遵丧至河南，诏遣百官诣丧所，上乃素服临之，望城举音哀恸。左右既还，复幸城门，过其车骑，涕泣不能已。诏河南尹护丧事，大司农给其费。丧礼成，复临，祠以太牢，如孝宣帝临霍光故事。赠以将军侯印绶，谥曰(威)〔成〕侯⑫，朱轮容车，介士(遵)〔道〕引⑬。既葬，车驾复亲临坟墓，问其室家。上叹曰：“安得忧国奉公之臣如祭征虏者乎？”卫尉铫期进曰：“陛下念祭遵不已，群臣皆内怀惭惧。”遵之见思若此。是春，隗嚣病死。嚣将皆降，唯高峻不下。峻尝降汉，已复归嚣，故惧诛，不降，立嚣小子纯。初，王莽末，天水童谣曰：“出吴门，望缇(云)〔群〕⑭，见一蹇人，言欲上天。令可上，地安得民？”嚣少病蹇，吴门者，即冀郭门也。来歙说上曰：“隗嚣虽死，西州未平。公孙述以陇西、天水为蕃蔽，故得延其躯命。如二郡既平，则述计穷矣。昔赵以贾人为将，高祖悬以重赏。今陇右新破，百姓饥馑，可以利动时也，宜益资军实以诱未附。(令)〔今〕诚知国用不足⑮，民劳于内，然天下未定，不得休息。”上从之。于是粮谷器物不绝于道。冬，来歙、冯异入天水，破述将王匡、田弇⑯，诸县悉降。自王莽末西羌寇陇西、金城，入塞内，隗嚣不能讨，因抚集以为强。歙奏言非马援莫能定,乃以援为陇西太守。援至,击先零,大破之,降者万余人。援上疏曰:"亢吾以西数十里一城[17],城皆完坚。旧制置塞,因山阻(每)〔海〕[18],其蹊径辄有候尉,故虏不得妄动。即弃亢吾以西北,为殖养虏根,内自迫促,宜及兵威,疾往除之。金城诸县皆田地肥美,溉灌流通,自有本民易还充实,诚不宜有所断弃。若二郡平定,流民还本业,不复为国家忧。"于是诏窦融悉还金城客民三千余户[19]。援为置长吏,缮治城郭,起坞候,劝耕田,郡(未)〔中〕乐业[20],羌虏悉降。援以郡新复,务开宽信,举大体而已。宾客故人满门下。诸曹时白事,辄曰:"此丞掾之任,何足相烦。若大姓侵小民,黠羌不从令,此乃太守事耳。"旁县尝有报怨者,吏民惊言羌反,百姓奔城郭。狄道长请闭城门,发兵。援时方与宾客饮,大笑曰:"羌虏何敢复犯我。晓狄道长令归寺,良怖急者,各床下伏。"后稍定,郡中乃服。

三月,封楚王子般为菑丘侯。顷之,徙封杼秋侯。上幸沛,诏问郡中诸侯有事行者,太守言般至行为诸侯师,天子嘉之,恩礼甚厚。吴汉、王霸诸将征刘芳于高柳,匈奴救芳,汉兵不利,引军还。玺书以霸为上谷太守。

十年夏,征西大将军冯异攻洛门,未下,薨,谥曰节侯。异谦退不伐,每军行止舍,诸将争功,异尝屏处大树下,军中号为"大树将军"。上尝分诸营吏士,问曰:"属谁营邪?"皆曰:"愿属'大树将军'。"上以此重之。非合战受敌,异尝处众营。后与诸将相逢,引车避之,士卒不得争功。进止皆有旗帜,号为严整。子彰嗣。上追思异功,封小子䜣为祈乡侯[21]。

秋八月己卯[22],幸长安,祠高祖庙。上将讨高峻,寇恂谏曰:

"车驾止长安,陇西足以震惧,且去关东不远,此从容一处而制四方。今士马劳倦,远履险阻,非万乘之固也。前年颍川之役,可以为戒。"上不从,进及汧,高峻不降。上谓恂曰:"公前止吾,今为吾行矣。"恂至第一,峻遣军师皇甫文诣恂,辞礼不屈。恂怒,将斩之。诸将曰:"高峻兵精,今欲降之,而斩其使,不可。"恂遂斩之,遣其副归。峻即日开城与隗纯等降。诸将皆贺,因曰:"敢问杀其军师,何以反降?"恂曰:"皇甫文,峻之腹心,所取也^{②③}。今来观望,其意不屈,是不欲降。杀之,峻亡其半^{②④},以是动心,故知其必降。"诸将皆曰:"非所及也。"峻与诸隗徙关东。顷之,隗纯将数十骑亡入匈奴,追斩之。吴汉、王霸击刘芳,芳将胡骑会平城下,连战,大破之。是时芳与匈奴连兵,乌丸数为寇盗,缘边愁苦。霸乃筑坞候,起亭鄣,自代郡至平城三百余里。霸数上书言边事,宜与匈奴和亲。又言委输可从温水,以省陆转之劳。后皆施行。霸爱士卒,死者解衣以敛之,伤者辍食以哺之。在上谷二十余年,与匈奴数十百战,士卒皆争为效力。是岁,执金吾寇恂、卫尉铫期薨。恂居九卿位,飨大国租,皆以施朋友,赈给故人。常曰:"吾所以自至于此者,士大夫之力也,可不共乎!"恂学行并修,名重朝廷,议者称其有宰相器。会恂早薨,莫不痛惜。谥曰威侯。恂兄弟及兄子、姊子以军功侯者八人。恂数言冈业之忠,上以为关内侯,官至辽西太守。

袁宏曰:夫世之所患,患时之无才也;虽有其才,患主之不知也;主既知之,患任之不尽也。彼三患者,古今之同,而御世之所难也。观寇恂之才,足居内外之任,虽暂抚河内,再绥颍川,未足展其所能也。及在汝南,延儒生,受左氏,何其闲也。晚节从容,不得预于治体。夫以世祖之明,如寇生之智能,犹不得自尽于时,况庸主乎!

期为将，尝先登陷阵，手自斩获。军每不利，赖期得振者甚数。为人重信义，虽破邑降城，未尝虏掠。在朝见不善，必犯主之颜。上尝与期门近出，期顿首车前曰："臣闻古今之戒，变生不意，臣诚不愿陛下微行数出。"天子为之回舆。期疾病，其母问嗣者，期曰："受国重恩，常怀惭负。若死不知，何以报国，何议嗣乎？"上亲自临禭，谥曰忠侯。

十一年春三月己酉，上幸南阳，过章陵，祠园庙。初，公孙述遣大司徒任满、翼江王田戎将数万人据荆门，浮桥横江，以绝水道，营垒跨山，以塞陆路。上遣吴汉、岑彭、臧宫将六万兵击荆门，诏岑彭曰："大司马习用骑兵，不晓水战，荆门之事，一由征南而已。"闰月，吴汉、岑彭率师攻之。时天东风，吹船逆流直冲浮桥，因放火烧之。风怒火盛，短兵接战，蜀兵惊怖。大军遂顺风并进，所击无前，任满溺，死者数千人[25]，田戎退保江州。岑彭遂长驱入江关，令兵无得卤掠，所过不受牛酒，见耆老陈汉恩德。百姓无不欣悦，开门请降。吴汉、臧宫自后而进。

六月，来歙、盖延入武都，攻述将王元，破之。乘胜遂进，蜀人震恐，遣刺客刺歙。刀未出，歙召盖延，延至见歙，涕泣不能仰视。歙叱延曰："虎牙何以敢尔！今使者中刺客，无以报国，故呼巨卿，欲相属以军事，而反效儿女子啼泣乎！刀虽在身，不能勒兵斩卿邪！"延拭泪，具受所敕。辞毕，抽刀而卒。(立)〔上〕闻之[26]，悼痛无已，赠中郎将印绶，谥曰节侯。丧还洛阳，车驾临吊送葬，哀恸歔歙。所褒显赏赐甚厚，长子褒嗣。上嘉歙忠节，封歙弟由为宜西侯。歙为人信厚，言行不相违，虽衔命数年出以喻嚣，然往来之言皆可复也。上之临丧，赵〔玉〕〔王〕良与张邯相逢^㉗，城门中道迫狭，叱邯旋，车〔顷〕〔倾〕^㉘，良怒，召门候岑遵困辱之。司隶校尉鲍永奏良大不敬。良尊重莫贰，上虽不从，而群臣严惮焉。永辟平陵人鲍恢为都官从事，恢亦抗直不避强御。诏曰："贵戚且敛手，以避二鲍。"其见重如此。永字君长，上党屯留人。父宣，守正不亏，为王莽所诛。莽欲灭其子孙，上党都尉路平承旨欲害永，太守苟谏嘉宣忠节，置永府中，护全之。永数为谏陈安汉室、禽奸臣之策。谏戒永曰："机事不密则害生，祸倚人门。"会谏丧，路平复收永弟升。会新太守赵兴至，叹曰："我受汉茅土，不能致身立节，鲍宣〔之〕死〔之〕^㉙，岂可害其子邪！"敕县出升，复召永为功曹。时有称侍中止传舍者，兴欲出谒，永以为非真不宜。兴遂驾往，永当州门拔佩刀截鞅，兴为还车。数日，诏书下捕之，果矫称使者，由是知名。自鲁郡太守为司隶，行县至霸陵，过更始冢，引车将下，从事谏止之。永曰："北面事人，忍不过其墓！虽以获罪，司隶不避也。"遂下车尽哀。至右扶风，上苟谏冢。上曰："奉使如此，可乎？"太中大夫张湛对曰："仁者百行之宗，忠者礼义之主。仁不遗旧，忠不忘君，行之高者也。"上悦。初，云阳人宣秉字巨卿，为御史中丞，迁司隶校尉，务举大体，阔略微细，其政严而不苛，百僚亦敬惮之。上幸其府，见秉布被瓦器，食则鱼飧，叹曰："虽楚之二龚，不能过也。"即赐帏帐器物，拜为司徒司直。俸禄皆以分九族，家无担石之储。东海王良字仲子，亦为司徒司直，行大司徒事，居贫守约，妻子不之官。司徒掾鲍恢尝以事至兰陵过良家，见一妇人负柴而入，不知是良妻也。恢谓曰："我司徒掾也，将归京师，夫人得无有书乎？"妇人曰："苦掾，无书。"既而问焉，乃良之妻也。恢叹息而去。故良之清贫闻于天下。良谢病归。天子备礼征,不得已载病至京师,道过友人。友人阖门不内,曰:"不有忠言奇谋以取大位,是无其德也,曷为往来屑屑不惮烦邪?"谢而不见。良遂称病笃而归,终身不起。冬,岑彭以<u>江州</u>城固而粮多,留<u>冯俊</u>守之㉚。<u>彭</u>引军从<u>涪江</u>击<u>平曲</u>㉛,<u>述</u>遣<u>汝宁王延岑</u>、大司空<u>公孙恢</u>、将军<u>王元</u>距<u>广汉</u>,大司徒<u>侯丹</u>距<u>黄石</u>。<u>彭</u>令<u>臧宫</u>击<u>岑</u>等,自<u>沂都江</u>击<u>侯丹</u>,破之。时<u>岑</u>等盛兵(沉)〔沈〕水㉜,官兵(则)〔财〕千余人㉝,降附者四五万口,军食不足,<u>蜀</u>民各坚壁观形势。<u>宫</u>欲还,恐为虏所制。会谒者将数百兵诣<u>岑彭</u>,<u>宫</u>乃矫制取谒者兵,疏行阵而多旗鼓。<u>蜀</u>人闻<u>汉</u>兵卒至,登山望之,旌旗满谷,呼声动山,莫不震惧。<u>宫</u>因其惧,纵兵大破之,斩<u>公孙恢</u>,死者万余人,<u>王元</u>降,即遂乘胜而前,所至皆降。<u>岑彭</u>既破<u>侯丹</u>,晨夜兼行二千余里,径赴<u>武阳</u>,别遣精骑驰<u>广都</u>,去<u>成都</u>数十里,所至皆奔散。(遂)〔述〕大惊㉞,以杖击地曰:"是何神也?"<u>彭</u>所营地名<u>彭亡</u>,<u>彭</u>恶之,欲徙,会日暮,其夜<u>蜀</u>遣刺客刺<u>彭</u>,<u>彭</u>死。<u>彭</u>首破<u>荆门</u>,长驱<u>武阳</u>,将兵齐整,为<u>巴</u>、<u>蜀</u>所称,百姓思之,为立庙<u>武阳</u>,谥曰壮侯。上思<u>彭</u>功,封其庶子<u>淮</u>为<u>穀阳侯</u>。上为书喻<u>公孙述</u>,示以成败。<u>述</u>得书叹息,以示光禄勋<u>张隆</u>,<u>隆</u>劝<u>述</u>降。<u>述</u>曰:"废兴命也。岂有降天子哉!"左右莫敢言。<u>岑彭</u>之死,<u>吴汉</u>将精兵二万自<u>夷陵</u>出<u>犍为</u>。

十二年春,<u>吴汉</u>到<u>南安</u>击<u>述</u>弟<u>永</u>于<u>鱼涪津</u>,破之,遂降<u>武阳</u>㉟。初,<u>汉</u>入<u>犍为</u>界,诸县多城守,诏令<u>汉</u>直到<u>广都</u>,据其心腹,诸城自下。<u>汉</u>意难之。既进兵<u>广都</u>,诸城皆降。又诏<u>汉</u>曰:"<u>广都</u>去<u>成都</u>五十里,<u>述</u>若来攻,待其困弊而攻之,勿与争锋。<u>述</u>若不来,转营逼之,彼必坚壁。"<u>汉</u>以连战辄胜,便进兵去<u>成都</u>十里。<u>汉</u>自将步骑二万余人水北作营,遣副将刘尚将万余人于南为营,相去二十余里。上闻之,大惊,让汉曰:"如述出兵连缀副营,副营破,即公营亦破矣,恐公不能(自)还自天〔上〕也㊱。幸尚无他者,急还广都。"

三月癸酉,诏曰:"巴、蜀民为人所掠者,免为庶人。"夏六月,黄龙见于河东。秋七月,冯骏破江州,杀田戎。九月,述遣司徒谢丰、执金吾袁吉将十余万人攻吴汉,分兵守刘尚。汉力战不利,汉谓诸将曰:"吾与诸军逾越险阻,转战千里,今深入敌地,在其城下,胜则成功,败则无余,成败在一举矣。前夹江为营,战数不利。今欲徙水北营合于水南,同心一力,人自为战,何有不克哉!"飨士秣马,潜军夜合水南营。述不知,乃分兵距水北营,自将攻水南营。汉迎击,大破之,斩谢丰、袁吉。会臧宫至,兵马甚盛,遂进军城下。述自将数万人出战,吴汉纵锐士奔之,刺述,洞胸。舆至营,以兵属延岑,其夜述死。明旦,岑举城降。吴汉悉灭公孙氏,并诛延岑。汉燔烧百姓,纵兵大掠。上闻之,诏让吴汉、刘尚曰:"城中老母婴儿,口以万数,兵火大纵,可为酸痛,甚违古人吊民之义!公等戴天履地,何忍行此邪?"初,汉军粮尽,具舟将退,谓蜀郡太守张堪曰:"祸将至矣,军有七日粮而转运不至,必为虏擒,不如退也。"堪乃止汉,使毁军以挑述,述果出战,遂以破述。成都既平,堪先入其城,府藏珍宝皆有簿券,秋毫无所取,慰抚吏民,蜀人喜悦。后迁渔阳太守,匈奴尝以万骑入渔阳,堪以数千骑击破之,威震北边,渔阳大治。堪字君游,南阳宛人。明帝时问蜀郡计掾樊显曰:"前后太守谁最贤?"显曰:"渔阳太守张堪仁足以惠下,威足以擒奸。前公孙述破时,珍宝山积,捲握之物足富十世,而堪独乘折辕车,布被囊而已。"上闻显言,叹息良久。方征堪,会病卒,天子悼惜之。大司空李通以疾罢。通以布衣唱谋,有佐命之功,又尚宁平公主,甚见亲重。通性谦恭,常欲避权势,自为宰相,谢病不视事,连年乞骸骨,上辄优喻之,以三公归第养疾。通后固请罢相,以特进侯奉朝请,常与高密胶东侯参议大事。车驾每幸南阳,遣使使祠通父(守)冢[37]。窦融与五郡太守还京师,官属宾客转毂千余两。融至,上凉州牧、张掖属国都尉、安丰侯印绶,上遣使还侯印绶。引见,就诸侯位,赏赐恩宠倾京师。以梁统为太中大夫。数月,拜窦融为冀州牧,俄拜大司空。融以非国家旧臣,而爵位与吴公并[38],每朝会进见,辞礼甚恭,上愈亲厚之。融久不自安,数辞让爵位,因侍中金迁口达至诚。又上疏曰:"臣融年五十三。有子年十五,质性顽钝。臣朝夕教以经艺,不得令见天文、谶记。诚欲令肃恭畏事,恂恂修道,不愿其才能,何况乃当传以连城王侯故国哉?"每请间求见,上辄不许。融尝罢朝,逡巡席后,上知融欲让,使左右扶出之。他日将会,先诏融曰:"曩者知公欲让,今相见,宜论他事,勿复言。"其殷勤若此。梁统在朝,数言便宜,上书陈法令轻重,宜遵旧典,曰:"臣闻人君之道,仁义为主,仁者爱人,义者治理。爱人故为之除残,治理则为之去乱。是以五帝有流殛之诛,三王有大辟之刑。所以经世教民,除残去乱也。故孔子曰:'理财正辞,禁民为非曰义。'高帝受命,奄有天下,制法定律,传之后世,不易之科也。文帝宽柔,省去肉刑,他皆率由旧章,几致刑措。武帝因资财富,多出兵命将,征伐远方,军没民疲,豪杰犯禁,故增其二科,惩不尽节。宣帝聪明,亲览万机,臣下奉宪,不失绳墨。元帝法令少所改更,而天下称治。至于成帝继体,哀、平即位日浅,丞相嘉等猥以数年之间,亏除先帝旧律百有余事,咸不厌人心,尤妨政事。伏见陛下权时拨乱,博施济民,功逾文、武,德侔高皇,而反循季世末节,袭秉衰微之

94

轨,非所以还初反本,据元更始也。愿陛下择其善者而从之,其不善者而改之,定不易之典,垂无穷之制,天下幸甚。"事下公卿,光禄勋杜林谏曰:"夫人情挫辱,则节义之心损;刑网繁密,则苟免之行生。圣帝明王知其如此,故深识远虑,动居其厚。故汤去三面之网,易著三驱之义,所以德刑参用,而示民有耻。汉德宽厚,民无二心,军士左袒,乐为刘氏,多恩之所致也。至其后世,不能以德,而勤于法。故有吹毛求疵,诋欺无限,桃李之馈,集以成事[39]。于是家无全行,国无廉夫,上下相循,法不能止,而仁义之风替矣。陛下览得失之要,深知其原,故破觚为圆,(建)斫〔雕〕为朴[40],法简易遵,网疏易从,海内颂政,不胜其喜。宜如旧制。"上从林议。统徙封陵乡侯,出为九江太守,治甚有迹,吏民畏爱之。统有子九人,而松最知名。次竦,弱冠能教授,善属文。

袁宏曰:自古在昔有治之始,圣人顺人心以济乱,因去乱以立法。故济乱所以为安,而兆众仰其德;立法所以成治,而民氓悦其理。是以有法有理,以通乎乐治之心,而顺人物之情者。岂(可使)法逆人心而可使众兆仰德[41],治与法违而可使民氓悦服哉?由是言之,资大顺以临民,上(言)〔古〕之道也[42];通分理以统物,不易之数也。降逮中世,政繁民弊,牧之者忘简易之可以致治,御之者忽逆顺之所以为理。遂臒先王之大务,营一时之私议。于是乎变诈攻夺之事兴,而巧伪奸吏之俗长矣。陵迟至于战国,商鞅设连坐之令以治秦,韩非论捐灰之禁以教国,而修之者不足以济一时,持之者不能以经易世。何则?彼诚任一切之权利,而不通分理之至数也。故论法治之大体,必以圣人为准格;圣人之所务,必以大道通其法。考之上世则如彼,论之末世则如此。然则非理分而可以成治者,未之闻也。

若乃变诈攻夺之事兴,而饰智谋权册以胜之;巧伪奸利之俗长,而设禁网陷阱以饵之;患时世之莫从,悬财赏行罚以驱之;毒为下之讦逆,厚威网杀伐以服之。斯所谓势利苟合之末事,焉可论之以治哉!先王则不然。匡其变夺则去其所争,救其巧伪则塞其淫情。人心安乐乃济其难以悦之,又何不从之有焉? 人(之)情恶侵则正其分以齐之^㊸,又何讦逆之有焉? 推此以治,则虽愚悖凶戾者,其于身也,犹知法治,所以使之得所而安其性者也。故或犯治逆顺,乱伦反性者,皆众之所疾而法之所以加,是警一人而千万人悦,则法理之分得也。夫然则上下安和,天下悦服,又何论于法,逆于理,理与法违哉!

校勘记

① 不以厚(薄)〔葬〕为鄙陋　从学海堂本改。

② 礼(仪)〔义〕不能止　从南监本、龙溪本改。

③ 二月癸亥晦　"二",后汉书光武帝纪作"三"。

④ 尝从刘歆学讲议　后汉书郑兴列传作"将门人从刘歆讲正大义"。

⑤ 故归骸骨　后汉书郑兴列传作"今为父母未葬请乞骸骨"。

⑥ 虽孟反后入　"孟反",后汉书冯异列传作"孟之反"。

⑦ 如此之甚也(何)〔哉〕　从龙溪本改。

⑧ 归义侯　后汉书梁统列传作"成义侯"。

⑨ 乃诈使人言下仓出谷　后汉书公孙述传作"述即诈使人言白帝仓出谷如山陵"。

⑩ 前死成功愈于〔却〕就灭亡也　从后汉书公孙述列传补。

⑪ (颖)〔颍〕川盗贼起　从南监本、龙溪本、学海堂本改。下改同。

⑫ 谥曰(威)〔成〕侯　从学海堂本、后汉书祭遵列传改。

⑬ 介士(遵)〔道〕引　从学海堂本改。

⑭ 出吴门望缇(云)〔群〕　从后汉书隗嚣列传李贤注引续汉志改。按吴门,

冀都门名。缇群,山名。

⑮ (令)〔今〕诚知国用不足　从龙溪本、学海堂本改。

⑯ 破述将王匡田弇　"王匡",后汉书冯异列传作"赵匡"。

⑰ 亢吾以西　"亢吾",陈璞校云"当即范书之允吾谷"。按后汉书马援列传
有"阻于允吾谷"语。

⑱ 因山阻(每)〔海〕　从南监本、龙溪本、学海堂本改。

⑲ 于是诏窦融　后汉书马援列传作"诏武威太守"。李贤注云"东观记曰梁
统也"。

⑳ 郡(未)〔中〕乐业　从学海堂本、后汉书马援列传改。

㉑ 小子诉为祁乡侯　后汉书冯异列传作"析乡侯"。

㉒ 八月己卯　后汉书光武帝纪作"己亥"。

㉓ 所取也　后汉书寇恂列传作"其所取计者也"。

㉔ 峻亡其半　后汉书寇恂列传作"峻亡其胆"。

㉕ 任满溺死者数千人　后汉书岑彭列传作"溺死者数千人,斩任满"。

㉖ (立)〔上〕闻之　从南监本、龙溪本、学海堂本改。

㉗ 赵(玉)〔王〕良　从南监本、龙溪本、学海堂本改。

㉘ 车(顷)〔倾〕　从南监本、龙溪本、学海堂本改。

㉙ 鲍宣(之)死〔之〕　从后汉书鲍永列传乙正。

㉚ 留冯俊守之　后汉书岑彭列传作"冯骏"。

㉛ 从涪江击平曲　"涪江",后汉书岑彭列传作"垫江"。

㉜ 岑等盛兵(沉)〔沈〕水　从后汉书光武帝纪改。该纪云"臧宫与公孙述将
战于沈水"。

㉝ 官兵(则)〔财〕千余人　从南监本、龙溪本、学海堂本改。

㉞ (遂)〔述〕大惊　从龙溪本、学海堂本改。

㉟ 遂降武阳　后汉书吴汉列传作"遂围武阳"。

㊱ 恐公不能(自)还自天〔上〕也　从龙溪本、学海堂本改。

㊲ 遣使使祠通父(守)冢　从后汉书李通列传删。

㊳ 而爵位与吴公并　后汉书窦融列传作"在功臣之右"。

㊴ 桃李之馈集以成事　后汉书杜林列传作"果桃菜茹之馈集以成臧"。

㊵ (建)斫〔雕〕为朴　从学海堂本改。

㊶ 岂(可使)法逆人心而可使众兆仰德　"可使"衍，径删。

㊷ 上(言)〔古〕之道也　从南监本、龙溪本改。

㊸ 人(之)情恶侵　从龙溪本、学海堂本删。

两
汉
纪

后
汉
纪

后汉纪　光武皇帝纪　卷第七

十三年春正月戊子,诏曰:"往年敕郡国勿因计吏有所进献,今故未止,非徒劳役道途所过未免烦费,已敕太官勿复受。其远方食物乘舆口实可以荐宗庙者,即如旧制。"时有献善马日行千里,宝剑直百金。马以驾鼓车,剑以赐骑士。上雅性不喜听音乐,手不持珠玉,征伐常乘革车,用事而已。及公孙述平,传送鼓师葆车,然后乘舆器服渐备物焉。

二月,马武军下曲阳以备胡寇。丁亥①,太原王章为齐公,鲁王兴为鲁公。

五月,殷绍嘉公为宋公,周承休公为卫公②。徙邓禹为高密侯,食四县。上以禹功大,封弟宽为明亲侯。禹以特进奉朝请。

袁宏曰:古之明君,必降己虚求以近辅佐之臣,所以寄通群方,和睦天人。古之贤臣,必择木栖集以佐高世之主。主(以)〔务〕宣明③,不以道胜而不招;臣务对扬,不以时艰而不进。及其相遇,若合符契,功高而尊礼其人,师丧而不咎其败,此三代君臣所以上下休(喜)〔嘉〕④,比德天地。末世推移,其道不纯,务己尚功,衅自外

99

入,君臣之契,多不全矣。唯燕然和乐,终始如一,风涂拟议,古之流矣。高祖之兴,萧公之力也,且暂亡若失左右手。及天下已定,无所用之,赖鲍生之说以济其身,狼(虎)〔顾〕涂跣⑤,卒入图圄。子房玄算,高祖之蓍龟也。始者相得,非子房不谋也。海内既安,杜门不出,假托神仙,仅乃获免。光武之在河北,未知身首安寄也。邓生杖策,深陈天人之会,举才任使,开拓帝王之略。当此之时,臣主欢然,以千载俄顷也。洎关中一败,终身不得列于三公,俯首顿足,与夫列侯齐伍。呜呼!彼诸君子,皆尝乘云龙之会,当帝者之心,鞠躬谨密,犹有若斯之难,而况以势相从不以义合者乎!

山桑侯王常、东光侯耿纯薨。是时有上书言,宜令司隶校尉督察三公。司徒掾苍梧陈元上疏曰:"臣闻师臣者帝,宾臣者王⑥。故武王以太公为师,齐桓公以管夷吾为仲父,古之道也。近魏文侯友田子,诸侯不敢入其境。高皇帝令相国奏事不拜,入殿不趋,所以宠大臣也。及新室王莽遭汉中衰,独操国柄,以偷天下,(况)〔足〕己自喻⑦,不信群臣,夺公辅之任,损宰相之威,然不能禁天下之谋⑧,身为世戮。故人君患在自骄,不患骄臣;失在自任,不在任人。方今四方未集,百姓未一,观听者注耳目之时也。陛下宜修文武之典,袭祖宗之德,屈节待贤,以示将来,不宜有司察公辅之名也。"上善其言。南阳太守杜诗上书曰:"臣闻唐、虞以股肱康,而文王以多士宁。是故诗称'济济',书曰'良哉'!臣诗窃见故大司徒伏湛自行束修,无所毁玷,笃信好学,守死善道,经为人师,行为仪表。在平原,吏民畏爱,遭世反覆,城郭不倾,秉节持重,不可推移。陛下深见臧否,显以宰相,微过斥退,久而不用。湛德足以左右王室,名足以昭示远人。前者选择诸侯以为公卿,所以砥砺藩屏,劝进忠信。湛宜任宰相辅佐之官。"

夏,诏征。湛既到,即入见,赏赐浸渥,将用之,暴病薨。赐秘器,上亲吊祠。伏氏世以经学清约相承,东州号曰伏不斗,由家风化(道)〔导〕然也⑨。湛兄子恭,明帝时为司空。大司徒侯霸薨,上伤惜之,亲自临吊。诏曰:"惟霸积善之德久而益彰,清洁之操白首弥厉。汉之旧制,丞相拜日,封为列侯。顷以军旅暴露,功臣未受国邑,(录)〔缘〕忠臣之心⑩,不欲先饣冘其宠,故未爵命。其追爵谥霸,使袭其后。"于是封霸为则乡侯,谥曰哀侯。临淮吏民闻霸薨,莫不陨涕,共为立祠,四时祭之。

十四年春正月,匈奴遣使来献,中郎将刘襄使匈奴。

夏四月辛巳,封孔子后孔志为褒城侯。越嶲人任贵遣使降。

九月,莎车王贤、〔鄯〕善王(心信)〔安〕遣使奉献⑪。济南太守王梁薨。初,梁为河南尹,穿渠引穀水以注洛阳城下,渠成而不流。有司奏劾梁,梁惭惧,上书乞骸骨。上乃徙梁为济南相,更封皇城侯。

十五年春二月,大司马吴汉将马武等徙雁门、代郡、上谷民迁中山以避胡寇⑫。于是马武杀军吏,诏命武将妻子就侯国。武自归京师,天子削武五百户,更封为杨虚侯。武好酒,敢直言,时醉在上前,面折同列,言其短长,无所回避。上恣听之。上尝与功臣宴饮,历问曰:"诸君不遭际会,与朕相遇,能何为乎?"邓禹对曰:"臣尝学问,可郡文学。"上笑曰:"言何谦也!卿邓氏子,志行修整,可掾功曹。"各以次对,至武,曰:"臣以武勇显,可为守尉督盗贼。"帝笑曰:"且不为盗贼,自致亭长,斯可矣。"

袁宏曰:夫寿夭穷达,有生之分也;得失悲欣,万物之情也。故推分而观帝王之与布衣,竹柏之与朝菌,焉足言哉! 以情而谈,一顾之与暂毁,倾盖之与脱骖,犹尚可为欢戚,而况大斯哉! 夫能与造化推移,而不以哀乐为心者,达节之人也。自斯已还,属于方域,得之不能不欣,丧之不能不戚。故原得失之大,而天下所必同者,莫尚于通塞乎! 然才高者宜通,而怀宝以之陆沈;德薄者必卑,而鄙夫以之窃位。是则通塞可得而遇,否泰难得而期也。君子或因风云之势,以建山岳之功,乘日月之末光,以成一匮之业。虽著功美于当年,犹欣一遇于千载。若夫版筑渔钓,织箔鼓刀,韫椟胸怀与之朽烂者,焉可数哉! 至如乐毅之遇于燕昭,屈原之事于楚怀,白起之用于秦王,范增之奉于项籍,虽终同颠沛,犹一申其志,诚未足以语夫通塞者乎! 白首抱关,转死沟壑者,何殊间哉! 夫以邓生之才,参拟王佐之略,损翮弭鳞,栖迟刀笔之间,岂以为谦,势诚然也! 及其遇云雨,腾龙津,岂犹吴汉之畴能就成天之构,马武之徒亦与鸾凤参飞。由此观之,向之所谓通塞者,岂不然乎!

初,有司请封皇子,天子弗许也。固请连年,乃从之。

四月戊申,封皇子辅为右翊公,英为楚公,阳为东海公,康为济南公,〔苍为东平公〕[13],延为淮阳公,荆为山阳公,衡为临淮公,焉为左翊公,京为琅邪公。是日,天子思李通之功,乃封通少子雄为邵陵侯。

袁宏曰:书称"协和万邦",易曰"万国咸宁"。然则诸侯之治建于上古,未有知其所始者也。尝试言之曰:夫百人聚,不乱则散,以一人为主,则斯治矣。有主则治,无主则乱。故分而主之,则诸侯之势成矣;总而君之,则王者之权定矣。然分而主之,必经纶而后宁;总而君之,必统体而后安。然则经纶之方,在乎设官分职,因万物之所能;统体之道,在乎至公无私,与天下均其欲。故帝王之作,必建万国而树亲贤,置百司而班群才。所以不私诸己,共飨天下,分其力任,以济民事。周礼:天子之田方千里,公之田方五百里,侯伯子男降杀之,谓之五等。虽富有天下,综理不过王畿;临飨一国,政刑不出封域。故众务简而才有余,所任轻而事不滞。诸侯朝聘,所以述职纳赋,尽其礼敬也;天子巡狩,所以观察风教,知其善恶也。功德著于民者加地进律,其有不善者则明九伐之制。是以世禄承袭之徒,保其富厚而无苟且之虑;修绩述官之畴,务善其礼不为进取之计。故信义著而道化成,名器固而风俗淳,推之百世,可久之道也。爰自唐、虞,至于三代,文质相因,损益有物,诸侯之制存而不革,长世育民,所由远矣。及王略不震,诸侯违度,官失其序,民移其业。然而众国扶持,大小相制,虽强毅之国不能擅一时之势,豪杰之士无所骋啸咤之心。昔周室微弱,政教陵迟,桓、文翼戴,二国是赖。忧勤王室,则诸侯慕而率从;振而骄之,则九国叛而不至。楚恃江、汉,秦据崤、函,心希九鼎,志存神器。然畏迫宗姬,忌惮齐、晋,历载八百,然后降为庶人,岂非列国扶疏,根深难拔已然之效哉?战国之时,志在兼并,伐国而贪其民,得邑而置其私,而郡县之势萌矣。秦有天下,览周之弊,毁废五等,因而用之。倾天下之珍以奉一身之欲,举四海之务以关一人之听,故财有余而天下分,怨不理而四海叛。高祖既帝,鉴秦之失,分裂膏腴,封殖子弟,至于将相功臣,租税而已。郡县之官,即而弗改。夫画土分民止于亲戚,班爵施劳不逮功贤,犹赖宗室之固以折诸吕之难,况万国亲贤兼树者哉!文帝时,贾谊言曰:"夫欲天下之安,莫若众建诸侯而少其力。使海内之势若身之使臂,臂之使指,则诸国之君,莫有异心,辐凑并进,而归命天子矣。"文帝不从,卒有吴、楚之变。忿而惩之,大惧诸侯,推恩以分其国,因事以削其邑,枝叶既落,本根从焉。遂使王莽假托恩道,揖让称帝,岂不易哉!光武中兴,振而复之,奄有天下,不失旧物,而建封略,一遵前制,诸侯禁网,日月增密。末世衰微,遂以卑弱,宗室惧于罪败,同姓挫于庶民,一夫攘臂,故以能乱天下矣。由此观之,五等之治,历载弥长,君臣世及,莫有迁去。虽元首不康,诸侯不为失政;一国不治,天下不为之乱。故时有革代之变,而无土崩之势。郡县之立,祸乱实多。君无常君之民,尊卑迭而无别,去来似于过客。人务一时之功,家有苟且之计。机务充于王府,权重并于京师。一人休明,则王政略班海内;元首昏暗,则匹夫拟议神器。是以闉阓不净,四海为之鼎沸;天网一弛,六合为之穷兵。夫安〔危之〕势著于古今[14],历代之君莫能创改,(不)〔而〕欲天下不乱[15],其可得乎?呜呼,帝王之道可不鉴欤!

　　癸丑,追尊兄縯曰齐武公,仲曰鲁哀公。卢芳自匈奴入高柳。左冯翊盖延薨。是时天下垦田多不实,百姓嗟怨。诸郡各使吏奏事,帝见陈留吏牍其牒下疏云:"颍川、弘农可问,河南、南阳不可问。"(诏)〔诘〕吏[16],吏诳言于长寿街上得之。东海公阳在幄后,因言曰:"吏受郡敕,欲以垦田民相比方〔耳〕[17]。"诏难曰:"即如此,何故言河南、南阳不可问?"对曰:"河南帝城多近臣,南阳帝乡多近亲,故田宅不可问。"乃诘吏,吏具服如阳言。由是帝弥重阳也。

　　十六年春二月,交阯女子徵侧、徵贰反,九真、日南、合浦并为盗贼。

　　三月辛丑,日有蚀之。

　　冬十月,卢芳降,封芳为代王。是时天下刺史、太守以垦田不

104

实下狱死者十余人,于是南郡太守刘隆亦系狱,上以隆功臣也,免
为庶人。上从容问虎贲中郎将马援曰:"吾甚恨前杀牧守多也。"
援曰:"死得罪,何多之有?但死者既往,不可复生。"上大笑,其顺
时不忤,皆此类也。援长七尺五寸,疏眉美须,博通多〔闻〕⑱,闲于
进对,善说前言往事。与上言旧时三辅长者、闾里豪杰,皇太子诸
王听之无倦。上知援智有余,甚见亲重。

十七年春二月乙未晦,日有蚀之。

夏四月,上幸荥阳、颍川、章陵。

六月癸巳,临淮公衡薨。

秋七月,庐江费登等反⑲,虎贲中郎将马援平之。

冬十月辛巳,皇后郭氏废,立皇后阴氏。初,郭后宠衰,数怀怨
恚,(废)〔上〕东门(候)〔候〕郅恽上书曰⑳:"臣闻夫妇之间,父不能
得之于子,君不能得之于臣,况臣欲得之于君乎?是臣所不敢
也㉑。虽然,愿陛下念其不可㉒,勿乱大伦,使天下有议社稷者。"上
善之,曰:"恽恕己而量主,知我必不可以所私而轻天下者也。"阴
后,南阳新野人。更始元年,世祖纳后于宛。方北之洛阳,令后归
新野,止宛。宛中少党诸阴、邓乡里豪,居能自让。建武初,迎后于
(育)〔淯〕阳㉓,为贵人。上以后性宽仁,欲立之。后辄退让,自陈
不足以当大位。时郭后以生太子彊,故遂立郭后。及后生东海王
阳,而宠益盛。后性慈仁,十岁丧父㉔,语及之,未尝不流涕。上常
言"希见亲,不在已数十年",语及之,辄涕者。追爵谥后父隆为宣
恩侯㉕。以兄识为侍中,封元庶侯;识弟兴为期门仆射;兴弟就袭
父爵,更封新阳侯。识字次伯,齐武王时以率宗人、宾客为偏裨矣。
及随世祖征伐,数有战功,将益其邑,识辞曰:"天下初定,将帅有功

者众,臣幸托属掖庭,赏赐丰衍,如复加爵邑,此亲戚受赏,国人计功也,不可以示天下。"上甚美之。<u>兴</u>字<u>君陵</u>,筋力过人。其从出入,常操小盖鄣翳风雨,泥涂狭隘躬自履涉,上所幸止必先入清宫。居则博观<u>五经</u>,访问(收)〔政〕事㉖,尊贤下士,广求得失,献善替否,荐达后进,好施接人,门无游侠。与<u>张宗</u>等不相好,知其有用,犹称其所长而达之。<u>张汜</u>之徒与<u>兴</u>厚善㉗,以为华而少实,但私之以财,终不为言,是以世称其忠。起第宅,采(梁)〔椽〕粗朴㉘,足避风雨。常称丰屋之戒,若不修德,虽有崇台广厦,犹传舍也。上尝封<u>兴</u>,置印绶〔于〕前㉙,<u>兴</u>(国)〔固〕让曰㉚:"未有先登陷阵之功,而一家数人受爵、土,令天下觖望,(至让)〔臣诚〕不愿㉛。臣蒙陛下、中宫恩泽至厚,可谓富贵已极,不可复加。"上见其让切,不夺其志。皇后问故,<u>兴</u>曰:"后不读书记邪?'亢龙有悔',多见不知量。外戚家(若)〔苦〕不知谦〔退〕㉜,嫁女欲得因力配尊贵,娶妇求公主,愚心实不安也。富贵有极,当知足,骄奢益为观听所讥。"后悦其言,不为宗亲求位以干王政。<u>就</u>刚强不顺理,颇以贵势傲物。<u>扶风</u>人<u>井丹</u>,高抗之士也。诸王、贵人更请<u>丹</u>,莫能致。<u>就</u>自以为能致<u>丹</u>,诡诸王钱二万,使人通<u>丹</u>,致之㉝。<u>丹</u>不得已,乃诣,<u>就</u>为<u>丹</u>设麦饭蔬食,<u>丹</u>推去之,曰:"以君侯为能供美食,故相过耳,何谓如此?"<u>就</u>更为置盛馔。及<u>就</u>起,左右进辇。<u>丹</u>笑曰:"闻桀乘人车,此其是邪?"坐中皆失色,莫之敢应。<u>就</u>即为去辇,谈论尽日,乃去。以其名高,<u>就</u>等无敢失意者,<u>丹</u>亦终身不仕。<u>明帝</u>初,<u>就</u>为少府,子<u>圭</u>尚<u>郦邑公主</u>。公主骄妒,<u>圭</u>亦狷狭,遂杀公主。<u>圭</u>诛死,<u>就</u>自杀,家属归本郡。<u>郭后</u>既废,太子太傅<u>张湛</u>称疾引退,为太中大夫。上欲以<u>湛</u>为大司徒,<u>湛</u>至朝堂,坐遗小便,自称疾笃,遂不用,卒于家。

湛字子孝，右扶风平陵人。举动必以礼，虽幽室闲处，不易其度，闺门之内，若严君焉。三辅归之，以为仪表。成、哀间为二千石，王莽时历守尉，建武初为左冯翊，修礼教，明好恶，政化大行。尝告归平陵，望县门而下车，主簿进曰："明府位尊德重，不宜自轻。"湛曰："礼，下公门，式路马。孔子于乡党，恂恂如也。父母之国，所宜尽礼。"湛被征，当还冯翊，曰："旧令尹之政，必以告新令尹。"湛曰："君以德进，湛以罪退。"逡巡而去。湛常乘白马，上每有异政，辄言"白马生且复谏矣。"壬午，徙（左冯）〔右〕翊公（轵）〔辅〕为中山王㉞，诸国公皆为王。是岁，凤皇五集颍川郡，众鸟并从，行列盖地数顷，留止七十日。

十八年春二月，蜀郡史歆反，巴郡宕渠杨伟、徐客等各起兵以应歆㉟。大司马吴汉、臧宫击之。壬午，上幸长安，祠园陵。

夏四月，伏波将军马援、扶乐侯刘隆、楼船将军段志、平乐侯韩宇击交阯㊱。至合浦，段志病死。援当浮海入交阯。船少，不足渡，乃问山行者。遂浮海随山开道千余里，自西至浪泊，击徵贰等，降者数千人。韩宇后病死，援并将其众追徵贰等，至禁溪，连破之。贰等各将数百人走。戊申，上幸河内。

五月，代王芳复入匈奴。

六月壬戌，赦益州殊死已下亡命者。

秋，史歆等平，吴汉徙伟、客等二百余户于长沙。

冬十月庚辰，上幸南郡，还祠章陵。辛丑，追谥外祖父樊重为寿张敬侯。重字君云，家世温厚，三世不分财。重居家有法，子孙进见如吏。其治家，僮仆无游手，身自隐亲，故能殖其财，田至三百顷，资至巨万。其兴功造作，为无穷之规。欲治器物，则先种梓漆，人皆笑之，然卒得其用。居家拟于邦君。外孙何氏兄弟争财，重耻之，以田二顷解其讼，由是县邑敬其德让。重八十余而终。不索假贷者可百余万，临困，悉削文书，(不)〔下〕告儿子㊲。债家闻之，皆争往偿之，诸子不受也。中子密字靡卿㊳，初与齐武王共起义兵，湖阳收系妻子，将杀之，湖阳令曰："樊重父子有礼行于乡里，正有大罪，且当在后，何可杀耶？"宗家亦有系者，多被害，唯密妻子得免。后随世祖征伐，数有勤劳，封寿张侯。密谦恭畏慎，不汲汲于官位，父子内相救戒以"富贵盈溢，未有能终者。吾非不嘉荣势也㊴，天道恶盈而好谦，畏天道耳。前世贵戚可明戒也，保身全命，云不乐哉！"每当朝会，辄俯伏，须漏尽。虽令不朝，恐有谬误，犹晨诣阙下。上以是尤重之。时见得失，乃献便宜，辄自手书削藁。公卿朝见访政事，终不敢对。疾病，上自临视，垂涕问所欲，密自陈："身无功，食大国，诚恐子孙不能保全大恩，令臣魂神惭负黄泉，愿还寿张，食小乡亭。"上悲伤其言，后复封密小子茂为平望侯。临薨，敕诸子薄葬，静扫闭户，物不得所下，与夫人同冢异藏，各自一延道。以死生各异㊵，棺柩一藏，不当复见，如有腐败，伤孝子心。朝廷善之，谥曰恭侯。初，兵革起而皇姊薨，宗人樊(臣)〔巨〕公独亲殡敛㊶。世祖即位，擢为中大夫。固始侯李通薨，谥曰恭侯，赐甚盛，上及皇后亲吊送葬。

十九年春正月，(巷)〔卷〕人傅镇反㊷，臧宫击之。东海王阳曰："贼相迫劫反耳，其中必有欲悔者。今围之急，不如小缓之，令得亡逃。亡逃，亭长足以取之。"从之，贼果破走。马援斩徵贰等。

二月，封援为新息侯，设牛酒劳军士，因抚觞而言曰："吾从弟少游哀吾慷慨多大志，曰：'人生一世，但求衣食，仕官不过郡掾吏，守坟墓,护妻子,乡里称善人,斯可矣,安用余为?'当吾在**浪泊**西时,下潦上雾,毒气浮蒸,仰视飞鸢跕跕堕水中,忆**少游**语,何可得也? 今赖诸士大夫之力,而吾先受其赐,所以喜且愧也。"坐者闻之,莫不叹息之。

袁宏曰:**少游**之言有心哉!人之性分,静躁不同,或安卑素,守隐约,顾视荣名,忽若脱履。彼二涂者,终之以道,亦各一家之趣也。然功业难就,而卑素易从,而古今之士,莫不自托于功务,而莫肯于闲逸者,将自负其才,顾众而动乎!然则荣名功业,非为不善也。千载一遇,处智之地难也。若夫安素守隐,其于人间之欢,故以易而无累矣。然苟非夷涂,外物难必,蝼蚁且能为害,而况万物乎!故久处贫贱,诚有志者之所耻也。归终而言,取保家之主乎!

诏**援**复击**九真**,自无功至居风,斩首三千余级⁴³,徙其渠帅数百家于**零陵**。**援**所过,令治城郭,修溉灌,申旧制,明约束,是后**骆越**常奉**马**将军故事。自郭氏废后,太子(疆)〔彊〕不自安⁴⁴,郅恽劝之曰:"久处疑位,上违孝道,下近危殆。昔**高宗**贤君,**吉甫**令臣,及有纤芥,放逐孝子。**春秋**之义,母以子贵,太子宜引愆退身。"**彊**遂因左右陈诚,愿备藩辅,**世祖**迟回者久之,乃许焉。

十月戊申,皇太子**彊**封**东海王**,食东海、鲁国二郡,租赋之税,车服之饰,加于诸王。(疆)〔彊〕上书让⁴⁵**东海**,又因太子口陈至诚,上不许,以**彊**章示公卿而嘉叹之。

袁宏曰:夫建太子以为储贰,所以重宗统,一民心也。非有大恶于天下,不可移也。**世祖**中兴,**后汉**之业宜遵统一之道,以为后嗣之法。今太子之德未亏于外,内宠既多,嫡子迁位,可谓失矣。然东海归藩,谦恭之心弥亮;**明帝**承统,友于之情愈笃。虽长幼易位,兴废不同,父子兄弟,至性无间。夫以三代之道处之,亦何以过乎!

恽字君章,汝南西平人,志气高抗,不慕当世。王莽末,民不堪命,恽西至长安,上书谏莽曰:"臣闻智者顺(命)以成德㊻,愚者逆以取害,神器有命,正不可虚获。上天垂戒,欲以陛下就臣位。陛下宜顺天命,转祸为福;如不早图,是不免于窃位也。天为陛下严父,臣为陛下孝子。父教不可废,子谏不可难㊼,惟陛下留神。"莽大怒,即下诏狱,劾恽大逆。犹以恽据正义㊽,难即害之,使黄门近臣胁导恽,令为病狂恍惚,不自知所言。恽终不转曰:"所言皆天文圣意,非狂人所能造。"遂系经冬,会赦得免,因南游苍梧。建武初,自苍梧还乡里,县令卑身崇礼以为门下掾,恽感其意,遂为之屈。恽友人董子张父及叔父为人所害。子张病困,恽往候子张。子张绝良久,气复还,视恽歔欷。恽曰:"吾知子不悲天命长短,而痛心二父仇不复也。"子张卧,目击恽。恽即起,将客追仇人,取其头以示子张。子张悲喜,气便绝。恽即诣令自首。令应之迟,恽曰:"为父报仇,吏之私也。奉法不阿,君之义也。亏君生身,非节也㊾。"趋出诣狱。令跣追之,拔刀自向曰:"子不出,吾以死明之。"恽随令出。久之,为郡功曹。汝南旧事:冬飨,百里内县皆持牛酒到府宴饮。时太守欧阳歙飨礼讫,教曰:"西部督邮繇延,天资忠贞,禀性公方,典部折衡,摧破奸雄。书曰:'安民则惠,黎民怀之。'盖举善以教,则不能者劝。今与众儒共论延功,显之于朝。太守敬嘉厥休,牛酒以养德。"主簿读教,户曹引延受赐。恽前跪曰:"司正举觥,以君之罪,告谢于天。明府有言而误,不可掩覆。按延质性贪邪,所在荒乱,虐而不治,冤慝并作,百姓怨之。而明府以恶为善,股肱莫争，此既无君，又复无臣，君臣俱丧，孰举有罪？君虽颠危，臣子扶持，不至于亡。恽敢再拜奉觥。"歙甚惭。门下掾郑次都曰："君明臣直，功曹言切，明府之德也，可无受觥哉？"太守曰："实歙罪也。"敬举觥，恽乃免冠曰："昔虞舜辅尧，四罪咸服，谗言弗行，故能作股肱，帝用有歌。恽不忠，孔壬是昭，绩言象龙，豺兽从政(50)，既诽谤而又露言，罪莫重焉。请收恽、延，以明好恶。"歙曰："是吾过也。"遂不宴而罢。恽归府，因称病。延亦退。次都素清高，与恽厚，招恽去，曰："道不同不相为谋，自古而然。子直心，诚三代之道。繇延虽去，必复还。吾不忍见子有不容君之危，盍去乎！"恽曰："孟轲以彊其君所不能为忠也，量君之所不能为贼也。恽业彊之矣。障君于朝而不死职以求直，罪也。延退，恽又去，不可。"次都遂去，隐于弋阳山中。居数月，延果复召，恽即去，从次都止，渔钓甚娱，留数十日。恽喟然叹曰："天生俊士以为民，无乃违命而乱伦乎？鸟兽不可与同群，子从我为伊尹乎？将为巢、许而辞尧也？"次都曰："吾足矣。幸得全躯种类，还奉坟墓，尽其学问，道虽不行，施之有政，是亦为政也。吾年耄矣，安得从子？子勉正命，勿劳神以害生。"各别去。恽客于江夏，郡举孝廉为郎，迁(帝)〔上〕东城门候(51)。世祖尝夜出，还，诏开(欲)〔门〕入(52)，恽不内。上令从门举火射帝面，恽对曰："火明辽远。"遂距不开。明日，恽谏曰："昔文王不敢盘游于田，以万民惟正(53)。陛下既游猎山林，夜以继昼，其如社稷宗庙何？暴虎冯河，可为至戒，小臣所窃忧也。"由是上重之，令授太子诗，常讲殿中。后为梁令、长沙太守，崇教化，表异行。上使执金吾阴识护太子家，博士桓荣授太子经。二人者皆专心辅导，劝以德义，太子亦虚纳焉。

秋九月壬申，上幸南阳。

冬十二月，越巂太守任贵反，武威将军刘尚平之。

二十年，夏六月，徙中山王辅为沛王。

秋，马援自交趾还，位班九卿，赏赐甚厚。援将至京师，故旧迎之。平陵人孟冀，计谋之士也。以援自远而还，劳而贺之。援曰："我望卿有奇也⁵⁴，但复与众人同语邪？武帝时，伏波将军路博德开七郡，封符离侯，数百户。今我但平乱郡尔，猥封近县且三千户。国家追录我和泚、陇间功，我自视功薄赏厚。人当功厚赏薄，于后乃长。先生欲何用相济？"冀曰："愚不及是。"援曰："今尚有匈奴、乌桓扰北边，我欲自请击匈奴。男儿要欲死于边野，以马革裹尸还葬矣，反卧床上于儿女子手中死邪？"冀曰："谅为烈士，当如此矣。"会匈奴入右北平，诏以事示，援遂自〔请〕击北边⁵⁵。

十月，上幸东海、沛国，省五原郡，徙其吏民于河东。

十二月，伏波将军马援出(定)襄〔国〕⁵⁶。上以援勤劳，赐缣千匹。援谓黄门窦固、太仆梁松曰："凡人富贵，当使可复贱也。如公等贵欲不可贱，居高益坚，愿思吾言。"有识闻援言，无不叹息。大司马吴汉薨⁵⁷，谥曰忠侯，葬如霍光故事。汉性强力，每从征伐，上未安，汉不敢息。军有利钝，诸将或失其度，汉常自厉吏士益治兵器。上时令人视之，曰："吴公方修战攻具。"上尝曰："吴公如此，隐若一敌国矣。"及在朝廷，唯公天下。尝旱，公卿请雨不得，汉乃悉出其僮仆，一时免之。汉又尝出征，妻子在后买田安业。汉还，让妻子曰："军帅在外，吏士不足，何多买田宅乎？"遂尽以分付昆弟外家。其忠自天性，故能常任(礼)〔职〕⁵⁸，以功名终。是时上欲以卫尉阴兴为大司马，兴叩头曰："臣不敢惜身，诚恐亏损圣德。"

辞让至切，上以此听之。乃以<u>扶乐侯</u><u>刘隆</u>为骠骑将军，行大司马事。

二十一年秋八月，<u>马援</u>以三千骑出<u>高柳</u>，失道，还。<u>匈奴</u>、<u>鲜卑</u>寇<u>辽东</u>，太守<u>祭肜</u>率吏士击之，斩首二千余级。遂穷追出塞，复斩首千余级，收其兵器，得马数千匹。由是<u>匈奴</u>、<u>鲜卑</u>震服，不敢窥塞。<u>肜</u>乃思所以离间二寇，以分其势。招呼<u>鲜卑</u>示以财利，<u>鲜卑</u>后不款塞，<u>肜</u>之计也。

冬十月，<u>匈奴</u>入<u>上谷</u>、<u>中山</u>，杀掠吏民。<u>西域</u><u>鄯善王</u><u>安</u>、<u>莎车王</u><u>贤</u>等十六国遣使奉献，咸愿请都护。上以中国初定，未遑外事，厚加赏赐遣之。大司空<u>窦融</u>以疾策罢，岁余，行卫尉事。<u>融</u>数称疾，乞骸骨，赐钱帛，太官致珍奇。弟<u>显</u>亲侯<u>友</u>薨。上愍<u>融</u>年衰，遣中常侍即其卧内强进酒食。是时，郡国皆大水，百姓饥馑，光禄勋<u>杜林</u>上疏曰："臣闻先王之道，明圣用而治同也。其见恶，如农夫之务去草焉。芟夷蕴崇之，勿使能殖，防其渐也。狼子野心，奔马善惊，<u>成王</u>深知其患，故以<u>殷</u>民六族分<u>伯禽</u>，七族分<u>康叔</u>，<u>怀</u>姓九族分<u>唐叔</u>，检其奸轨[59]。又迁其余众于<u>成周</u>，所以挫其强御之力，黜其骄恣之心。及<u>汉</u>初兴，上稽旧章，同符在昔，徙<u>齐</u>诸<u>田</u>，<u>楚</u><u>昭</u>、<u>屈</u>、<u>景</u>，<u>燕</u>、<u>赵</u>、<u>韩</u>、<u>魏</u>之后，以削弱六国强宗。故邑里无见利之家，山泽无兼并之民，万里一统，海内赖安。其后辄因衰粗之痛，胁以送终之义，故遂相率而陪园陵，无反顾之心。追观往政，皆神道设教，强幹百世之要也。是以永享康宁之福，而无怵惕之忧，继嗣承业，恭己而治，盖此之助也。今被灾之民轻薄无重者，可徙于饶谷之郡，所以清散其凶，全其性命也。昔<u>鲁隐</u>有贤行，将致国于<u>桓</u>，犹留连贪〔位〕[60]，不能早退。况草创豪帅本无业徒，因攘扰之时，擅有山川之利。虽遇灾,然其狃泰之意,侥幸之望,蔓延无足,不可不察也。"上察林才堪任宰相,会司空缺,乃以林为司空。林自为九卿至三公,辄每上封事,及与朝廷之议,常依经附古,不苟随于众,为任职相。上亦雅善之。虽在公卿,讲授不倦,学者朝夕满堂,士以慕之。初,林荐杜陵人申屠刚,抗直之士,尝慕史鱼、汲黯之为人,避乱西州,每谏争隗嚣,义形于色。上以刚为侍御史,迁尚书,謇謇多直言,无所屈挠。是时陇、蜀未平,上尝欲近出,刚谏,上不听。刚以头轫乘舆,车轮不得前,乃止。刚数犯严颜,由是出为阴平令,征为太中大夫,以病去,终于家。

校勘记

① 丁亥　后汉书光武帝纪作"己亥"。

② 五月殷绍嘉公为宋公周承休公为卫公　"五月",后汉书光武帝纪此事系于二月庚午。

③ 主(以)〔务〕宣明　从南监本、龙溪本、学海堂本改。

④ 上下休(喜)〔嘉〕　从南监本、龙溪本、学海堂本改。

⑤ 狼(虎)〔顾〕涂跱　从南监本、龙溪本、学海堂本改。

⑥ 宾臣者王　"王",后汉书陈元列传作"霸"。"霸"字义长。

⑦ (况)〔足〕已自喻　从南监本、龙溪本改。

⑧ 然不能禁天下之谋　后汉书陈元列传作"然不能禁董忠之谋"。

⑨ 由家风化(道)〔导〕然也　从南监本、龙溪本改。

⑩ (录)〔缘〕忠臣之心　从龙溪本、学海堂本改。

⑪ 莎车王贤〔鄯〕善王(心信)〔安〕　从后汉书西域列传改。

⑫ 迁中山以避胡寇　后汉书光武帝纪作"置常山关、居庸关以东"。

⑬ 〔苍为东平公〕　从后汉书光武帝纪补。

⑭ 夫安〔危之〕势著于古今　从南监本、龙溪本、学海堂本补。

⑮ (不)〔而〕欲天下不乱　从<u>南监</u>本、<u>龙溪</u>本、<u>学海堂</u>本改。

⑯ (诏)〔诘〕吏　从<u>学海堂</u>本改。

⑰ 相比方〔耳〕　从<u>南监</u>本、<u>龙溪</u>本补。

⑱ 博通多〔闻〕　从<u>南监</u>本、<u>龙溪</u>本、<u>学海堂</u>本补。

⑲ 庐江费登等反　<u>后汉书光武帝纪</u>作"妖巫<u>李广</u>等群起据<u>皖城</u>"。

⑳ (废)〔上〕东门(侯)〔候〕　从<u>学海堂</u>本、<u>后汉书郅恽列传</u>改。

㉑ 是臣所不敢也　<u>后汉书郅恽列传</u>作"是臣所不敢言"。

㉒ 愿陛下念其不可　<u>后汉书郅恽列传</u>作"愿陛下念其可否之计"。

㉓ 迎后于(育)〔清〕阳　从<u>后汉书皇后纪</u>改。

㉔ 十岁丧父　<u>后汉书皇后纪</u>作"七岁失父"。

㉕ 后父隆为宣恩侯　<u>后汉书皇后纪</u>作"父陆为宣恩哀侯"。

㉖ 访问(收)〔政〕事　从<u>南监</u>本、<u>龙溪</u>本、<u>学海堂</u>本改。

㉗ 张氾之徒　"氾",<u>龙溪</u>本作"汜"。

㉘ 采(楝)〔椽〕粗朴　从<u>龙溪</u>本、<u>学海堂</u>本改。

㉙ 置印绶〔于〕前　从<u>后汉书阴识列传</u>补。

㉚ 兴(国)〔固〕让曰　从<u>南监</u>本、<u>龙溪</u>本、<u>学海堂</u>本改。

㉛ (至让)〔臣诚〕不愿　从<u>南监</u>本、<u>龙溪</u>本、<u>学海堂</u>本改。

㉜ 外戚家(若)〔苦〕不知谦〔退〕　从<u>南监</u>本、<u>龙溪</u>本、<u>学海堂</u>本、<u>后汉书阴识</u>
列传改补。

㉝ 诡诸王钱二万使人通丹致之　<u>后汉书逸民列传</u>作"乃诡说五王,求钱千
万,约能致<u>丹</u>,而别使人要劫之"。

㉞ 徙(左冯)〔右〕翊公(辀)〔辅〕为中山王　从<u>后汉书光武帝纪</u>改。

㉟ 宕渠杨伟徐客等　<u>后汉书吴汉列传</u>作"宕渠杨伟、胸腮徐客"。

㊱ 楼船将军殷志　"殷志",<u>后汉书光武帝纪</u>、<u>马援列传</u>并作"段志"。

㊲ (不)〔下〕告儿子　从<u>龙溪</u>本、<u>学海堂</u>本改。

㊳ 中子密字靡卿　"密",<u>龙溪</u>本、<u>后汉书樊宏传</u>作"宏"。

㊴ 吾非不嘉荣势　"嘉",<u>后汉书樊宏列传</u>作"喜"。

㊵ 以死生各异　"异",龙溪本作"里"。

㊶ 宗人樊(臣)〔巨〕公　从后汉书宗室四王三侯列传改。

㊷ (巷)〔卷〕人傅镇反　后汉书光武帝纪作"妖巫单臣傅镇等反,据原武"。原武即卷,故知"巷"误,因据改。

㊸ 斩首三千余级　龙溪本作"五千余级"。

㊹ 太子(疆)〔彊〕不自安　从南监本、龙溪本改。

㊺ (疆)〔彊〕上书让　同上注改。

㊻ 顺(命)以成德　从后汉书郅恽列传删。

㊼ 子谏不可难　后汉书郅恽列传作"子谏不可拒"。

㊽ 犹以恽据正义　后汉书郅恽列传作"恽据经谶"。

㊾ 亏君生身非节也　后汉书郅恽列传作"亏君以生非臣节也"。

㊿ 绩言象龙豻兽从政　后汉书郅恽列传作"豻虎从政",无"绩言象龙"句。

51 迁(帝)〔上〕东城门候　从南监本、龙溪本、学海堂本改。

52 诏开(欲)〔门〕入　从龙溪本改。

53 以万民惟正　后汉书郅恽列传"以万人惟忧"。

54 我望卿有奇也　后汉书马援列传作"吾望子有善言"。

55 援遂自〔请〕击北边　从学海堂本补。

56 马援出(定)襄〔国〕　从后汉书马援列传改。

57 大司马吴汉薨　后汉书光武帝纪作"五月辛亥,大司马吴汉薨"。

58 故能常任(礼)〔职〕　从后汉书吴汉列传改。

59 检其奸轨　"检",龙溪本作"收"。

60 犹留连贪〔位〕　从龙溪本、学海堂本补。

后汉纪　光武皇帝纪　卷第八

二十二年春闰月丙戌,上幸长安,祠园陵。

夏五月乙未晦,日有蚀之。

六月,伏波将军马援还京师。是时梁松贵幸,百僚惮之。援尝小病,松来候,见援,独拜床下,援安然受之,松意不平。诸子曰:"梁伯孙贵重,将军宜为之礼。"援曰:"我乃其父友也。虽贵,何得失礼。"由是不为权贵所爱。援外坦薄而内备①,礼事寡嫂,不衣冠不入闺。其于人泛爱多容,然见爵位而无实者,笑曰:"刀不应齿,士不闻耳,何足畜乎!"有奇异于众者,虽在少贱,必异待之。援有筹策,世祖曰:"伏波论兵,常与吾合。"初,援交阯还,书诫其兄子严敦曰:"吾欲汝曹闻人过失,如闻父母之名,耳可得闻,口不可得言也。如论议人长短是非,此吾所大恶也,宁死不愿闻子孙有此行也。汝曹知吾恶之甚矣,所以复言,欲汝曹不忘之尔。龙伯高敦厚周慎,口无择言,谦约节俭,廉公有威,吾重之爱之,愿汝曹效之。杜季良豪侠好义,忧人之急,父丧致客,数郡毕至,吾爱之重之,不愿汝曹效之。效龙伯高之正不就,犹为谨敕士,所谓刻鹄不成尚类鹜者也。效杜季良而不成，陷为天下轻薄子，所谓画虎不就反类狗者也。迄今季良尚未可知，郡将下车辄切齿，州郡以为言，吾常为之寒心，是以不愿子孙效也。"季良名保，为越骑司马。保怨家上书，言保"所在惑众，伏波将军万里还书以戒孤兄子，今在京师，与梁松、窦固等交"。上召责松，松叩头流血。乃召问援，因取所与严敦书，即日免保官。时龙伯高为山都长，擢为零陵太守。秋九月，地震，诏南阳郡勿输今年田租，南阳系囚减死罪一等。是岁，匈奴国中乱，诸将多言可击者。上以问朗陵侯臧宫，宫曰："愿得五千骑足以立功。"上笑曰："常胜之家难与虑敌，吾方自思之。"遂不出师。匈奴之族由来尚矣，其在殷、周，则有山戎、猃狁之难；逮于秦、汉，而有匈奴强弱之势，中国征之之事详矣。王莽时，欲分匈奴，匈奴大怒，纵兵犯塞，伤杀吏民。莽乃盛兵以击匈奴，严尤谏曰："臣闻匈奴为害，所从来久矣。周、秦、汉征之，然皆未有得上策者。周得中策，汉得下策，秦无策也。当周宣王时，猃狁内侵，至于泾阳，命征之，尽境而还。视戎狄之侵，譬犹蚊虻之虫，驱之而已，故天下称明，是为中策。武帝选将练兵，深入远戍，虽有克获之功，胡辄报之，兵连祸结三十余年，中国疲耗，匈奴亦困，而天下弊，是为下策。秦始皇不忍小耻而轻民力，长城之固，延袤万里，转输之行，起于负海，疆境既完，中国内竭，以丧社稷，是为无策也。"莽不从，匈奴遂叛，北边大扰。世祖之初，方忧中国，未遑外事也。初，匈奴右日逐王(北)〔比〕②，单于知牙斯之长子也。自呼韩耶单于死后，更令兄弟相传。知牙斯死，传弟臧咸；臧咸死，传弟舆；舆立，欲传其子，然其弟知牙(帅川)〔师以〕次当为单于者也③。(皆)〔比曰〕："以兄弟言之④，知牙(帅)〔师〕当立⑤；以子言之，我前单于长子也。"舆疑之。舆死,子焉鞮立;鞮死,弟满奴立。比遂失次,怨恨。而匈奴国中旱蝗,连年草木皆尽,人畜死者过半。比乃遣人奉匈奴图诣西河求和亲,尽(牧)〔收〕南边诸部呼衍、日逐等叛匈奴⑥。匈奴遣万余骑击比,不胜。呼衍、日逐等共立比为呼韩邪单于。孝宣时,其大父呼韩耶归汉得成,故袭其号。于是有南、北单于⑦。

二十三年春正月,南郡蛮夷反,武威将军刘尚击破之,置江夏郡。

三月,南单于遣使称藩,愿修旧约。天子议于公卿,咸以为蛮夷猾夏,情伪难知,不可许。大司农耿国以为今天下初定⑧,尤宜受之,令东抚乌桓,北拒匈奴,边陲永息干戈之役,万世之策也。上善而从之。使中郎将段柳使匈奴⑨。于是单于拜伏受诏,遣弟左贤王将兵击北单于,连破之。北单于震怖,却地千里。单于既称臣入居塞内,上书遣子贡献,汉赐单于冠带衣裳、黄金龟玺、什物各有数。单于乃分部诸帅以郭北边。北单于惶恐,愿还所略汉人,数遣使诣武威求使者。皇太子以为南单于新立,今若遣使,恐阻南单于意,故但报其书,不遣使者。冬十二月,武溪蛮夷反,遣刘尚击之,尚军没。骠骑大将军杜茂、鬲侯朱祐、祝阿侯陈俊薨。朱祐贵儒学,论议常依古法。为将帅受降追奔逐北,以破敌为功,不问斩首多少⑩。军吏以不得卤掠,故或有怨者。徙封鬲侯,食邑七千余户。自陈功薄而赏大,愿受南阳五百户足矣。上不许。初,上学长安,尝过祐。祐方讲,留卜,须讲竟,乃共宴语。及卜幸祐第,语及平生,上曰:“主人得无舍我讲乎?”

二十四年春正月乙亥,大赦天下。大司空杜林薨,太仆张纯为大司空。林字伯山,右扶风茂陵人。父业,以文章显。林少有俊才,好学问,沉深好古。家既多书,又外家张竦父子善文章,林从竦受书,渐渍内外,为当世通儒。王莽败,盗贼并起,林与弟成俱至河西。隗嚣闻林名,故深敬待之,以为治书[11],后以病去。嚣欲超用之,遂称痼疾。嚣心恨林曰:"杜伯山天子所不能臣,诸侯所不能友,盖伯夷、叔齐耻食周粟也。今且从师友之位,以从其志焉。"林虽困乏,终为不屈。林尝得漆书古文尚书一卷,独宝爱之。每遭困厄,自以不能济于众也,犹握抱此经,独叹息曰:"古文之学,将绝于此邪!"至建武初,弟成死,故林持丧东归。嚣既遣林,后悔,令刺客杨贤于陇遮刺林。贤见林自推车载弟丧,叹曰:"当今之世,谁能行义者? 我虽小人,何忍杀义士!"亡去。上闻林已还,乃征林,拜侍御史。引见,问经书故旧及西州事,上甚悦,赐车马衣被。岁余,迁司(马)直[12]。百僚知林以名得用,甚敬惮之。林既至京师,与英俊集会,咸敬林之博雅洽闻。河南郑兴、东海卫宏等皆长于古学,从刘歆受左氏春秋,定三统历,及见林,皆推服焉。济南徐兆[13]始事卫宏,后皆更受。林以前所得一卷古文尚书示宏曰:"林危厄西州时,常以为此道将绝也。何意东海卫宏、济南徐生复得之邪! 是道不坠于地矣。"

二十五年春正月,乌桓大人郝旦等率众贡献[14],封其渠帅为侯王。乌桓者,东胡也。汉初匈奴冒顿伐其国,余类保乌桓山,因以为号焉。其俗善骑射,随水草放牧,居无常处。刻木为信,无文字而众不敢违犯。其先为匈奴中乱,乌桓始盛,钞击匈奴,匈奴为之转徙数千里,(汉)〔漠〕南遂空[15]。戊申晦,日有蚀之。初,刘尚军没,议复遣将帅。时马援年六十二矣,上悯其老,方内选择,未有所定。援自请曰:"臣尚能被铠上马。"上试焉。援既据鞍,左右顾,乃下。遂遣之。

冬十月，伏波将军马援、扬虚侯马武、东牟侯耿舒击（武）〔五〕溪⑯。援谓所亲杜忆曰⑰："吾受恩深厚，常恐不得死国事也。今得所，甘心瞑目，但畏长者家儿或〔在〕左右⑱，或与共事，〔殊难得调，〕⑲独恶是尔。"南乡侯邓晨薨。初，晨为常山、汝南太守，皆有名迹，为吏民所爱。在汝南起鸿〔邰〕陂⑳，溉灌田数千顷，百姓于今利之。征为光禄大夫，数与宴见，陈说平生，晨从容白上曰："仆竟办之。"上大笑。晨疾病，天子手书慰问，中宫及宁平公主皆为垂泣。既薨，使谒者招新野（王）〔主〕魂㉑，备官属，合葬于北邙山。上与皇后亲临送葬，赏赐甚厚，谥曰惠侯。

二十六年春正月，增吏俸自三公至于佐吏各有差。

二月，马援至临乡，大破蛮军，斩首千余级。蛮有二道，一曰壶头，二曰充中。壶头径近而多险，充中远而运粮难。初，上与诸将议所先击，因以疑而未决。军至长沙，中郎将耿舒上言先击充中贼。援以为延日费粮，不如进攻壶头。贼乘高守隘，船不得进。会夏暑热，吏士疫死者多，援亦病困，穿岸为室，以避暑气。贼每乘高鼓噪，援辄扶人观之，左右壮其意，皆为之流涕。耿舒与兄好畤侯弇书言："舒前上言击充中贼，粮虽难致，兵马得用，军人数万，争欲奋击。今壶头竟不得上，又大军疾疫，皆如舒言。"弇奏舒书，上遣梁松〔乘〕驿责问援㉒，因代监军。松未至而援已死。松与马武等毁恶援于上。上大怒，收援将军侯印绶㉓。是时军士死者太半。谒者宋均军不得返，与诸将议欲承制降贼，诸将莫敢应。均曰："夫忠臣出境，有可安国家，专之可也。"均勒兵成列，称诏降之，蛮夷震怖，即共斩其大帅降均。均为置长吏而还。均自请矫制罪，天子嘉其功，赐以金帛。其后每有四方异议，数访问焉。于是援家属惶怖，不敢归旧墓，买城西数亩地葬其中，宾客故人不敢送葬。故云阳令朱勃诣阙上书曰："臣闻王德圣政，不忘人之功，采其策不求备于众㉔。故高祖赦蒯通，以王礼葬田横，令大臣旷然，咸不自疑。夫大将在外，谗言在内，微过辄记，大功不计，诚为国之所慎也。故章邯畏诛而奔楚，燕将据聊而不下。岂其甘心末规哉，悼巧言之伤类也。窃见故伏波将军新息侯马援，以四年冬始归正朔。当此之时，虏述矫号于益州，隗嚣拥兵于陇、冀，豪杰盱睢且自为政。援拔自西州，慕德效死，孤立贵人之间，曾无一言之佐，〔宁〕自知当要十郡之使㉕，徼封侯之福邪？八年，车驾西征，众议狐疑，援深建西州可破之策，隗嚣克定，援有力焉。及陇右未清，羌虏扰边，援奉使陇西，奋不顾身，行关山间谷之中，挥戈先零之野，兵动有功，师进辄克，征在虎贲，则有忠策嘉谋，于国用之。南征交趾，克平一州，使王府纳越裳之贡，边境无兵革之忧。间者使南，立陷临乡，师已有业，未竟而卒，吏士虽疫，援不独存。夫战或以久而立功，或以速而没师，深入未必为是，不退未必为非，人情岂乐久在远地，不生归哉！惟援得事朝廷二十二年，北征出塞，再南渡江，触冒害气，僵尸军中，名灭爵绝，国土不传。海内不知其过，众庶未闻其罪，卒遇三夫之言，被诬罔之谗，家属杜门，葬不归墓，怨隙并攻，宗亲怖栗。死者不能自列，生者莫为之讼，臣窃伤之。夫操孤危之忠，而不能自免于谗，此义士之所悲也。惟陛下思竖儒之言，无使功臣怀恨于黄泉也。"书奏不报，归田里。时梁松、窦固等在中，上问："知朱勃乎？"对曰："故云阳令也。"以所上章使读之，松、固惊，相谓曰："如是，陛下不甚罪伏波也。"

袁宏曰：马援才气志略，足为风云之器，跃马委质，编名功臣之录，遇其时矣。天下既定，偃然休息，犹复垂白，据鞍慷慨，不亦过乎！尝试言之：所以〔宝〕〔保〕才者[26]，智也。才智之用，通物为贵。苟才大者济〔智〕〔世〕[27]，小者独善，则涉乎通济者，其智弥广矣。夫观云、机之功，则知班匠之巧；睹太平之业，则悟圣人之明。降斯以还，参差百品，虽智效一官，功覆一匮，亦才力之所会也。古之君子，遇有为之时，不能默然而止，击节驱驰，有事四方者，盖为斯也，然自非贤达不能量也。遭命世之君，傍日月余光，废兴指授，禀其规略，故功名保全，身有余地。若不值其主，而独仕其心，得一旅而志一邑，得一邑而图一国，故事捷而攻之者众，勋立而日就于难，又况颠沛险蹶不测之虑哉！夫才智有余功名不足者有矣，事业未半而勋过者有矣，所乘之势异而难易之功殊也。而有为之人幸而要之，虽徼一时之功，暴居视听之右，外有骇物之患，内怀思虑之忧尔，中路怅然，欲退无途，其势然也。善为功者则不然，不遇其主则弗为也。及其不得已，必量力而后处，力止于一战则事易而功全，劳足于一邑则虑少而身安，推斯以往，焉有毁败之祸哉！马援亲遇明主，动应衔辔，然身死之后，怨谤并兴，岂非过其才为之不已者乎！

夏四月，初营寿陵。依孝文故事，务从省约，使迭兴之后，与丘陇同体。凡帝即位，必营寿陵，具终器，汉之制也。上常听朝至于日昃，讲经至于夜分。或与群臣论政事，或说古今言行、乡党旧故，语及忠臣孝子、义夫节妇，侍对之臣，莫不凄怆激扬，欣然自得。虽非大政进止之宜，必遣问焉，所以劝群能也。皇太子从容言曰："陛下有禹、汤之明，而失黄、老养性之道。今天下乂安，愿省思虑，养精神,优游以自宽。"上答曰:"吾自以为乐矣。"

二十七年夏,太仆赵喜为太尉㉘。是时南单于新称藩,乌桓始入朝,上命喜思安边之策,为久长之计。喜乃议复代郡、朔方、五原、云中、定襄、雁门郡,遣诸王之国。喜字伯阳,宛人也。喜从兄为人所杀,无子。喜年十五,结客为报仇。更始初,舞阴大姓李氏拥兵自守,更始遣将降之,不下,曰:"闻赵氏有孤孙喜,信义著闻,愿降之。"更始乃征,喜时未二十,更始笑曰:"(玺)〔茧〕栗犊能服重致远乎㉙?"即以为偏将军,诣舞阴,降李氏,因入颍川,转击诸未下者。更始大喜曰:"卿名家驹也,努力勉之!"昆阳之战,喜颇有功,拜为中郎将,封勇功侯。更始败,喜归乡里。初,喜与邓奉善,奉之叛也,喜数与书切责之。时有言喜为邓奉计策以毁恶之者,诏喜属建威将军以功自赎,喜不自言。奉死后,上得喜书,惊曰:"赵喜真长者也。"即征喜,待公车。时江南未通,以喜守简阳,侯(桓)〔相〕将给兵骑之官㉚。喜自请不愿,请单骑驰往,度其形势,临敌制宜,若将兵骑往彼,必为吏民所疑。上许之。喜至简阳,民闭城门,不肯纳。喜便止城门外,问国中大夫素为百姓所亲信者,乃召问之。对曰:"(不)〔夫〕拥兵欲以自守㉛,而至于为贼,恐惧不能自反耳。"喜因告以"仓卒之时,非国家所疾,无自疑阻,恳为陈恩信"。贼遂自缚诣喜降。后为平原太守,甚有治迹,百姓歌诵之。

二十八年春正月,遣诸王就国。

三月,臧宫上书,劝上征匈奴。诏曰:"有德之君,以所乐乐民;无德之君,以所乐乐身。乐民者,其祚延长;乐身者,不久而亡。故曰地广者荒,德广者彊。今无善政,灾变不息,忧念岁阙。论语云:'吾恐季孙之忧,不在颛臾而在萧墙之内也。'而复欲远征乎?"

冬十月癸酉，诏死罪下蚕室，其女子者宫。上会群臣问曰："谁可傅太子者？"皆曰："执金吾阴就可也[32]。"博士张佚正色曰："今陛下立太子，为阴氏乎，为天下乎？即为阴氏，则阴侯可；为天下，则固宜用天下之贤。"上曰："善。欲置傅者以辅太子，今博士不难正朕，况太子乎？"即拜佚为太子太傅，而以桓荣为少傅，赐以辎车、乘马。乃大会子弟[33]，陈其车马、印绶，曰："此皆稽古之力也，可不勉邪！"于是皇太子经学始成。少傅（府）桓荣上疏曰[34]："臣幸得侍帷幄，经学浅短，无所补益圣质，夙夜惭愧。今太子经学已通，自有识以来，储君副主莫能（傅）〔传〕之，今太子独能（傅）〔传〕之[35]，此诚万国之福也。臣师道已尽，皆在太子矣。谨遣掾臣氾再拜归道[36]。"太子报曰："阳以童蒙，承训九载，不深达师意而猥见褒奖，非其实也。夫五经之道广大，非天下之至精，其孰能与于此！自宰予之徒亲事孔门，闲邪以度，犹尚怠懈昼寝，况于不才者乎？苟非其人，道不虚受。冉求曰：'非不悦子之道，力不足者。'归道受谢非所敢闻。"是时禁网疏阔，王侯贵人多通宾客。寿光侯刘悝[37]，更始少子也，得幸于沛王辅。悝怨盆子杀其父，因辅结客报，杀盆子兄故式侯恭。辅坐系狱三日，由是捕诸王宾客，死者千余人。初，马援谓其司马吕种曰："建武初，名为天地始开。从今已后，海内日当安乐耳。顾我尝独有所忧，国家诸子并壮，皆不防微，广通宾客，门庭如市，吾恐自此大狱起矣。卿其慎之！"援兄女婿王磐，故平阿侯子也，好施爱士，名振江、淮间。后游京师，交结诸侯。援谓所亲曰："王子石杰上也，今若京师在长者间，用气自行，陵折者多，必用亡身。"于是（臣仲）〔吕种〕、王磐、冯衍皆以诸王宾客下狱[38]，（仲）〔种〕叹曰[39]："马生之言其神乎！"（仲）〔种〕、磐死狱中。衍被赦出，废于家,上言曰:"臣伏念帝王大体,古今通论,常独慨然。夫以<u>高祖</u>之略而<u>陈平</u>之谋,毁之则疏,与之则亲[40]。以<u>文帝</u>之明而<u>魏尚</u>之忠,绳之以法则为罪,施之以德则为功。逮至晚世,<u>董仲舒</u>言道德,见妒于<u>公孙弘</u>,<u>李广</u>奋节于<u>匈奴</u>,见排于<u>卫青</u>,此忠臣所为流涕也。臣<u>衍</u>自惟上无<u>无知</u>之荐,下无<u>冯唐</u>之说,乏<u>董生</u>之才,寡<u>李广</u>之劳,而欲免谗口于当世,岂不难哉!臣之先祖,以忠贞之故,成私门之祸。而臣值兵革之际,不敢回行苟容以求世利,事君无倾邪之谋,将帅无卤掠之心。今幸遭清明之世,饬躬自行之秋[41],而怨仇丛杂,讥议横世。盖富贵易为善,贫贱难为工也。疏远陇亩之臣,无望高阙之日,惶恐自陈,以救罪过。"书奏,天子不用,犹以前过也。

<u>衍</u>字<u>敬通</u>,<u>冯奉世</u>之后,有奇才,博通无所不览。<u>王莽</u>时,诸公多荐之者,<u>衍</u>辞不肯仕。<u>衍</u>有大度,自负其才[42],不能耦世取容,故遂坎壈失志,居常慷慨,庶几名贤之风。家贫年老,常为司隶从事。<u>全椒侯马成</u>薨。

二十九年春二月丁巳朔,日有蚀之。遣使者举冤狱,问鳏、寡。庚中,赐天下男了爵,各二级;鳏、寡、孤、独、贫不能自存者粟,人五斛。

夏四月乙丑,诏天下系囚自殊死已下减本罪各一等,不孝不道不在此书。

三十年春二月甲子,上幸<u>鲁国</u>、<u>济南</u>。

夏四月,徙<u>左(冯)翊(公)〔王〕焉</u>为<u>中山王</u>[43]。

五月,旱,赐天下男子爵,人二级;鳏、寡、孤、独、贫不能自存者粟,人五斛。

冬十月丁酉,上幸<u>鲁国</u>。太尉<u>喜</u>、司空<u>纯</u>上书曰:"自古帝王治道之隆，未尝不登封<u>太山</u>以告成功。<u>书</u>曰：'二月东巡狩至于<u>岱宗</u>。'封禅之义也。陛下受命中兴，顺天行诛，修复祖宗，抚宁万国，天下旷然，咸蒙更生，夷狄慕义，符瑞并应。<u>诗</u>云：'受天之福，四海来贺。'诚宜封禅告成，以顺天心。"诏曰："是何言也？当今日月薄蚀，灾异并臻，吏失其职，百姓怨讟，吾谁欺，欺天乎？"于是群臣不敢言。<u>胶东侯贾复</u>薨，谥曰<u>刚侯</u>。复尝战，被创甚，上大惊曰："我所不令复别将者，为其轻敌也，果然。失吾名将。"闻复妇孕，上曰："女邪我取之，男也我与之，女勿忧妻子。"复数徙，征伐未尝破败，数为诸将溃围解阵，身被十二创。上以复敢深入，稀令远征，欲自将之，故少方面之功。诸将每论功，人人自伐，复独默不言。上曰："<u>贾君</u>之勋，我自知之。"功臣中最见亲礼。左〔右〕将军官罢^⑭，以列侯就第，加位特进。为人刚毅方直，慷慨有大节，阖门守静。<u>朱祐</u>等荐复宜为宰相，<u>世祖</u>方以吏事责三公，故遂不用功臣。是时列侯唯<u>胶东侯贾复</u>、<u>高密侯邓禹</u>、<u>固始侯李通</u>与公卿参议国事。

　　三十一年夏五月戊辰，赐天下男子爵，人二级；鳏、寡、孤、独、贫不能自存者粟，人五斛。癸酉晦，日有蚀之。秋九月甲辰，诏死罪下蚕室，其女子者宫。<u>鲜卑</u>大人<u>于仇贲</u>率礼种人贡献，封<u>贲</u>为王。<u>鲜卑</u>亦东胡之余也，别（禄）〔居〕<u>鲜卑山</u>^⑮，因号焉。其言语习俗与<u>乌桓</u>同，自为<u>冒顿</u>所破，远窜<u>辽东</u>，未有名通于<u>汉</u>，而与<u>乌桓</u>接。当是南北单于更相攻伐，而<u>鲜卑</u>遂以强盛。

　　中元元年春正月，天子览<u>河图会昌符</u>，而感其言。于是太仆<u>梁松</u>复奏封禅之事，乃许焉。

　　二月辛卯，上登封于<u>太山</u>，事毕乃下。是日山上云气成宫阙，百姓皆见之。甲午禅于<u>梁父</u>。

袁宏曰：夫天地者万物之官府，山川者云(气)〔雨〕之丘墟㊻。万物之生遂，则官府之功大；云雨施其润，则丘墟之德厚。故化洽天下则功配于天地，泽流一国则德合于山川。是以王者经略必以天地为本，诸侯述职必以山川为主。体而象之，取其陶育；礼而告之，归其宗本。书云："东巡狩至于岱宗，柴。"传曰："郊祀后稷，以祈农事。"夫巡狩观化之常事，祈农抚民之定业，犹洁诚殷荐以告昊天，况创制改物，人神易听者乎！夫揖让受终，必有至德于〔天下；征伐革命，则有大功于〕万物㊼。是故王者初基则有封禅之事，盖以其成功告于神明者也。夫东方者，万物之所始；山岳者，灵气之所宅。故求之物本，必于其始；取其所通，必于所宅。崇其坛场，则谓之封；明其代兴，则谓之禅。然则封禅者，王者开务之大(体)〔礼〕也㊽。德不周洽，不得(拟)〔辄〕议斯(建)〔事〕㊾；功不弘济，不得仿佛斯礼。旷代一有，其道至高。故自黄帝、尧、舜至于三代，各一封禅，未有中修其礼者也。虽继体之君，时有功德，此盖率复旧业，增修前政，不得仰齐造国，同符改物者也。夫神道贞一，其用不烦；天地易简，其礼尚质。故藉用白茅，贵其诚素；器用陶匏，取其易从。然则封禅之礼，简易可也。若夫石函玉牒，非天地之性也。

三月丙辰，司空张纯薨。纯字伯仁，京兆杜陵人。父放，袭爵(昌)〔富〕平侯㊿，成帝时以游宴得幸。而纯以学行称，哀、平世为侍中、诸曹校尉，王莽时为九卿，遭乱世保全侯爵。建武初，以先诣阙，复封故国，拜太中大夫，迁五官中郎将。有司奏，列侯非宗室不宜复国，上以纯宿卫久，弗夺也。更封武始侯，食富平之半。纯历事先朝，明习故事。是时朝廷草创，旧典多阙，每有疑议，辄访问纯,自郊庙冠婚之礼,多所正定。纯重慎固密,时有上书,辄削藁草。上甚重之,一日至数引见。及为宰相,务存无为,慕曹参之迹,所辟召皆当世通儒。纯临薨,敕家丞曰:"司空无功劳于国,猥蒙大恩,爵不当及子孙,其勿绍嗣。"纯长子根,常被病,大行问嗣,家上小子奋。奋辞让曰:"先臣遗令,臣兄弟不得袭爵,故臣不即是正。猥闻诏书,惊愕惶怖。臣兄哀臣幼小,故托称疾病不听。"奋字释通[51],谦约节俭,阖门雍(穆)〔睦〕[52],租税赈给宗族,常自困乏,官至司空。

夏四月己卯,大赦天下。复梁父、奉高、(嬴)〔嬴〕,勿出今年田租[53]。戊子,上幸长安,祀长陵。是时醴泉出,京师百姓痼疾,饮者皆愈。又有赤草生于泉侧,郡国三十一上言甘露降。有司奏曰:"孝宣帝时每有嘉瑞,辄为之改元,故有神雀、五凤之号,所以奉答神祇,表彰德信也。"天子拒而不纳,是以史官不得而记焉。

六月,卫尉冯鲂为司空[54],赐爵关内侯。

冬十月甲申,使司空鲂告礼高庙曰:"高帝与群臣约,非刘氏不得王。吕太后王诸吕,灭亡三赵。赖神灵,诸吕伏诛,国家永宁。吕后不宜配食地祇、高庙。薄太后慈仁,孝文皇帝贤明,子孙赖之,福延至于今,宜配食地祇、高庙。今上薄太后尊号为高皇后,迁吕后尊号为高后。"

袁宏曰:夫越人而臧否者,非憎于彼也;亲戚而加誉者,非优于此也。处情之地殊,故公私之心异也。圣人知其如此,故明彼此之理,开公私之涂,则隐讳之义著,而亲尊之道长矣。古之人以为先君〔之〕体犹今(为)君之体[55],推近以知远,则先后之义均也。而况彰其大恶,以为贬黜者乎!

是岁,起明堂、辟雍、灵台。初议灵台位,上问议郎桓谭曰:"吾欲以谶决之,何如?"谭默然良久,曰:"臣不读谶。"上问其故,谭复言谶之非。上大怒曰:"桓谭非圣人,无法。"将下斩之,谭叩头流血,良久乃解。谭以屡不合旨,出为六安太守丞,失意忽忽不乐,道病卒,时年七十余。南阳人尹敏,字幼季,才学深通,能论议,以司空掾与校图谶。敏言于上曰:"谶书圣人所作,然其中多近语,以字取⑤,类俗人之辞,虚实难识,恐误后生。"上不然其言。敏因书之阙,(因)〔又〕增之曰⑤:"君无口,为汉辅。"上读(得)〔怪〕之⑤,召敏问其故,敏曰:"臣见前人多增损图书,是以因自著罪无状。"上深非之而不罪,但令削去之。然以是沉滞,官止长陵(今)〔令〕⑤。敏性恬淡,不慕功名,专好圣哲之书。初与班彪相善,每相与谈,常日晏不食,昼即至夜,夜即至旦。彪曰:"相与久语,为俗人所怪。然锺子期死,伯牙破琴;惠施没,庄周杜门,相遇之难也。"

二年春正月辛未,初起北郊,祀后土。丁丑,倭奴国王遣使奉献。

二月戊戌,帝崩南〔宫〕前殿⑥。遗诏曰:"朕无益百姓,如孝文帝制度,务从约省。刺史、二千石、长吏皆无离城郭,无遣使,因督邮奉奏。"是日,太子即皇帝位,年(二十四)〔三十〕⑥,尊皇后曰皇太后。凡帝妃称皇后,帝母称皇太后,祖母称太皇太后,妾臣昭仪已下至中家人子二十等,汉之制也。光武中兴,悉阙昭仪、家人之号,唯有贵人,金印紫绶。自美人、宫人、彩女,皆无秩禄,四时赏赐而已。是时诸王皆征还,国遭大忧,新承王莽之乱,国失旧典,嗣帝与诸王居止同席,时上下(咸两)〔沿袭〕⑥,莫之与正。太尉赵喜横剑正色,扶诸王下,以正尊卑。乃申宫卫,整礼仪,百官肃然。

三月丁卯，葬光武皇帝于原陵。慎侯刘隆薨。

夏四月丙辰，诏曰：“予末小子，奉承圣业，夙夜祗畏，不敢荒宁。先帝受命中兴，德侔五帝，朕继体守文，不知稼穑之艰〔难〕㊹，惧有废失，以堕先业，公卿百僚将何以辅朕之不逮？特进高密侯禹，明允笃诚，元功之首，其以禹为朕之太傅，进见东向，以明殊礼。东平王苍宽博有谋，可以托六尺之孤，临大节而不可夺也，以苍为骠骑将军。其赐天下男子爵，人二级，三老、孝悌、力田人三级；鳏、寡、孤、独粟，人十斛。”上新即位，欲崇引亲贤，优宠大臣，乃以山林之劳，封太尉喜为节乡侯，司空䜣为安乡侯，司徒鲂为杨邑侯㊽。苍上疏让曰：“陛下慈恩，哀臣苍临朝之日以为命首，举负薪之才，升君子之器。今劝赏之士怠于力行，臣诚内迫顽愚，辱污辅将之位，必被诗人‘赤绂’之刺。今方域晏然，要荒无警，将遵上德无为之时也，文官犹宜并省，武官尤不宜建。昔虞(氏)〔舜〕克谐㊾，君象有鼻，不及以政，诚不忍扬其恶也。前事之不忘，后事之师也。自汉已来，子弟无得在公卿位者。唯陛下远遵旧典，终畜养之恩，不胜至愿。愿上骠骑将军印绶。”上不听苍。以母弟辅政，尽心王室，其所宾礼，皆当世名士。初，太原人郇恁，隐居山泽，不求于世。匈奴尝入太原，素闻其名，乃不入，郇氏举宗赖之。建武中，征恁不至，于是苍复辟恁而敬礼焉。尝朝会，上戏恁曰：“先帝征君不至，骠骑辟君反来，何也？”对曰：“先帝秉德以惠下，故(不)得〔不〕来㊿；骠骑执法以检下，臣不敢不至。”月余辞去，终于家。

秋九月，陇西羌反。

冬十一月，中郎将窦固、杨虚侯马武征羌。

十二月甲寅，诏自殊死已下听赎罪各有差。

校勘记

① 援外坦薄而内备　陈璞校云"薄"疑"白"之误。

② 匈奴右日逐王(北)〔比〕　从<u>南监</u>本、<u>龙溪</u>本、<u>学海堂</u>本改。

③ 其弟知牙(帅川)〔师以〕次当为单于　从<u>学海堂</u>本改。

④ (皆)〔比曰〕以兄弟言之　从<u>学海堂</u>本改。

⑤ 知牙(帅)〔师〕当立　从<u>学海堂</u>本改。

⑥ 尽(牧)〔收〕南边诸部　"牧"讹,径改。

⑦ 于是有南北单于　<u>后汉书南匈奴列传</u>载建武二十四年冬,"<u>比</u>自立为<u>呼韩邪</u>单于"。<u>李贤</u>注引东观记曰:"十二月癸丑,匈奴始分为南北单于。"由此可知匈奴分裂为南北二部当在后两年。

⑧ 大司农耿国　<u>后汉书南匈奴列传</u>作"五官中郎将<u>耿国</u>"。

⑨ 段柳　<u>后汉书南匈奴列传</u>作"段郴"。

⑩ 以破敌为功不问斩首多少　<u>后汉书朱佑列传</u>作"以克定城邑为本,不存首级之功"。

⑪ 以为治书　<u>后汉书杜林列传</u>作"以为持书平"。

⑫ 迁司(马)直　从<u>后汉书杜林列传</u>删。

⑬ 济南徐兆　<u>南监</u>本、<u>后汉书杜林列传</u>作"徐巡"。

⑭ 乌桓大人郝且　<u>南监</u>本、<u>后汉书乌桓列传</u>作"郝旦"。

⑮ (汉)〔漠〕南遂空　从<u>南监</u>本、<u>龙溪</u>本、<u>学海堂</u>本改。

⑯ 击(武)〔五〕溪　从<u>后汉书马援列传</u>改。该传称<u>武陵五溪蛮</u>。<u>水经注</u>谓<u>雄溪</u>、<u>樠溪</u>、<u>酉溪</u>、<u>潕溪</u>、<u>辰溪</u>为<u>五溪</u>。

⑰ 援谓所亲杜忆曰　<u>后汉书马援列传</u>作"杜愔"。

⑱ 家儿或〔在〕左右　从<u>南监</u>本、<u>龙溪</u>本、<u>学海堂</u>本补。

⑲ 〔殊难得调〕　从<u>南监</u>本、<u>龙溪</u>本、<u>学海堂</u>本补。

⑳ 在汝南起鸿〔郤〕陂　从<u>后汉书邓晨列传</u>补。

㉑ 招新野(王)〔主〕魂　从<u>南监</u>本、<u>龙溪</u>本、<u>学海堂</u>本改。

㉒ 上遣梁松〔乘〕驿　从后汉书马援列传补。

㉓ 收援将军侯印绶　后汉书马援列传作"追收援新息侯印绶"。

㉔ 采其策不求备于众　后汉书马援列传作"采其一美,不求备于众"。

㉕ 〔宁〕自知当要十郡之使　从学海堂本补。

㉖ 所以(宝)〔保〕才者　从龙溪本、学海堂本改。

㉗ 苟才大者济(智)〔世〕　"智"讹,径改。

㉘ 太仆赵喜为太尉　后汉书光武帝纪作"赵熹"。

㉙ (玺)〔茧〕栗犊　从南监本、龙溪本、学海堂本改。

㉚ 侯(桓)〔相〕将给兵骑之官　从南监本、龙溪本、学海堂本改。

㉛ (不)〔夫〕拥兵　从龙溪本改。

㉜ 执金吾阴就　"阴就",后汉书桓荣列传作"阴识"。

㉝ 大会子弟　后汉书桓荣列传作"大会诸生"。

㉞ 少傅(府)桓荣上疏　从龙溪本、学海堂本删。

㉟ 储君副主莫能(傅)〔传〕之今太子独能(傅)〔传〕之　从龙溪本改。后汉书桓荣列传作"储君副主莫能专精博学若此者也"。

㊱ 掾臣氾　后汉书桓荣列传、学海堂本作"氾",龙溪本作"汜",今从前说。

㊲ 刘悝　后汉书光武十王传作"刘鲤"。

㊳ 于是(臣仲)〔吕种〕　从龙溪本、学海堂本、后汉书马援列传改。

㊴ (仲)〔种〕叹曰　从龙溪本、学海堂本改。下改同。

㊵ 与之则亲　后汉书冯衍列传作"誉之则亲"。

㊶ 饬躬自行之秋　后汉书冯衍列传作"饬躬力行之秋"。李贤注"力行谓尽力行善道也"。

㊷ 自负其才　龙溪本作"自度其才"。

㊸ 徙左(冯)翊(公)〔王〕焉为中山王　从后汉书光武帝纪改。

㊹ 左〔右〕将军官罢　从后汉书贾复列传补。

㊺ 别(禄)〔居〕鲜卑山　从南监本、龙溪本、学海堂本改。

㊻ 山川者云(气)〔雨〕之丘墟　从学海堂本改。

㊼ 必有至德于〔天下征伐革命则有大功于〕万物　从续汉书祭祀志刘昭注引袁宏论补。

㊽ 王者开务之大(体)〔礼〕也　从续汉书祭祀志刘昭注引袁宏论改。

㊾ 不得(拟)〔辄〕议斯(建)〔事〕　从续汉书祭祀志刘昭注引袁宏论改。

㊿ 袭爵(昌)〔富〕平侯　从后汉书张纯列传改。

(51) 奋字释通　"释",学海堂本作"穉"。

(52) 阖门雍(穆)〔睦〕　从南监本、龙溪本改。

(53) 梁父奉高(羸)〔嬴〕勿出今年田租　从南监本、龙溪本、学海堂本改。

(54) 卫尉冯鲂　"卫尉",南监本、汉书光武帝纪作"太仆"。

(55) 古之人以为先君〔之〕体犹今(为)君之体　从学海堂本改。

(56) 其中多近语以字取　后汉书儒林列传作"其中多近鄙别字"。

(57) (因)〔又〕增之曰　从龙溪本改。

(58) 上读(得)〔怪〕之　从南监本、龙溪本改。

(59) 官止长陵(今)〔令〕　从南监本、龙溪本、学海堂本改。

(60) 帝崩南〔宫〕前殿　从后汉书光武帝纪补。

(61) 年(二十四)〔三十〕　从后汉书孝明帝纪改。按明帝在位十八年,通鉴云崩"年四十八",故可断即位时年三十。

(62) 时上下(咸两)〔沿袭〕　从南监本、龙溪本、学海堂本改。

(63) 不知稼穑之艰〔难〕　从后汉书孝明帝纪补。

(64) 司空䜣为安乡侯司徒鲂为杨邑侯　后汉书孝明帝纪作"司徒䜣司空鲂"。

(65) 昔虞(氏)〔舜〕克谐　从龙溪本改。

(66) 故(不)得〔不〕来　从学海堂本乙正。

后汉纪　孝明皇帝纪上 卷第九

　　永平元年四月癸卯，封故卫尉阴兴子庆为鲷阳侯，博为隐强侯，楚王舅子许昌为龙舒侯。东海恭王彊建武二年立，母郭氏为后，彊为皇太子十七年而郭后废，彊常戚戚不自安，数因左右及诸王陈其恳诚，愿备藩国。光武不忍，迟回者数岁，乃许焉。十九年，封为东海王，二十八年，就国。帝以彊去就有礼，故优以大封，兼食鲁郡，合二十九县。赐虎贲旄头，宫设钟鼓之悬，拟于乘舆。彊临之国，数上书让还东海，又因皇太子固辞。帝不许，深嘉叹之，以彊书宣示公卿。初，鲁共王好宫室，起灵光殿，甚壮丽，是时犹存，故诏彊都鲁。中元元年入朝，(徙)〔从〕封岱①，因留京师。明年春，帝崩，冬，归国。永平元年，彊病，显宗遣中常侍钩盾令将太医乘驿视疾，诏沛王辅、济南王康、淮阳王延诣鲁。

　　五月戊寅，彊病，因临命终，上疏谢曰：“臣蒙恩得备藩辅，特受二国荣宠，巍巍无量，讫无报称。自修不谨，连年被病，为朝廷忧。皇太后、陛下慈愍恻至，动发中心。臣内省视，气力羸劣，日夜寝剧，终不望复见阙庭，奉承帷幄，辜负重恩，衔恨黄泉，言之绝肠。

惟皇太后、陛下加供养,数进御食,避风气,终始天道。臣彊困劣,言不能尽意。愿悉谢诸王,不意长不复相见。臣特蒙大恩,兼大国。政,小人也,猥当袭臣封,非所以全利之也。如皇太后、陛下深为规度,诚愿还东海。以臣无男之故,则处臣三女小国侯,此臣夙夜之愿也。"彊薨问至,上与皇太后悲恸不自胜,乃诏诸王、京师亲家皆诣东海奔丧,遣司空勔持节视丧事,赐旄头、鸾辂、龙旗、虎贲,荣宠之盛,无与为比,谥曰恭王。诏东海傅相曰:"王谦恭好礼,以德自终,其葬送之具,务从省约,以彰王卓尔之美。"子政嗣,淫欲无行,故彊以为言。

秋七月,西羌破走,余种悉降,徙三辅。羌之先,三苗之裔也,其俗以父名母家姓为号[②],出十二世相与婚姻,妻后母,报嫂,无鳏男寡妇,故种类繁息。其为兵,长于山谷,短于平地。男子兵死有名,且以为吉;病终谓之劣,又以为不祥。妇人产乳,丈夫被创,不避霜雪,得西方金气焉。夏后氏衰,戎、狄在邠、岐之间。殷衰,周太王自邠之岐。周衰,幽王为西戎所灭。故羌之为患,自三代然也。

袁宏曰:夫民之性也,各有所禀,生其山川,习其土风。山川不同,则刚柔异气;土风乖则楚、夏殊音。是以五方之民厥性不均,阻险平易,其俗亦异。况乃殊类绝域,不宾之旅,以其所禀受有异于人。先王知其如此,故分其内外,阻以山川,戎狄蛮夷,即而序之。夫中国者,先王之桑梓也,德礼陶铸,为日久矣。有一士一民不行先王之道,必投之四裔,以同殊类。今承而内之,以乱大伦,违天地之性,错圣人之化,不亦弊乎!昔伊川之祭,其礼先亡,识者观之,知其必戎,况西羌、北狄杂居华土!呜呼!六夷之有中国,其渐久矣。

八月，戊子，徙山阳王为广陵王。是岁，太傅邓禹、（如）〔好〕畤侯耿弇薨[③]。谥禹曰元侯，弇曰愍侯。禹疾病，天子亲数问，除二子为郎，分禹国封三子为列侯。禹内文明，外温恭，不事产业，常欲避权势。有十三男，各命通一经。其闺门之训，皆可为后世法。长子震为高密侯。次袭为昌安侯。次为车骑将军，坐出塞追叛胡[④]，下狱死。第六子训不好文学，禹以此非之。然好施爱士，济人之急，士无贵贱见之如旧。以谒者使外国，为乌丸校尉，徙杼秋侯。股为居巢侯，杨州刺史。诏以股口无择言，行无怨恶，宜蒙褒显，以劝天下，乃征股行执金吾事。

二年春正月辛未，祀光武皇帝于明堂，始服冕珮玉。礼毕，登云台，观云物。大赦天下。自三代服章，皆有典礼，周衰而其制渐微。至战国时，各为靡丽之服。秦有天下，收而用之，上以供至尊，下以赐百官，而先王服章，于是残毁矣。汉初，文学既缺，时亦草创，舆服旗帜，一承秦制，故虽少改，所用尚多。至是天子依周官、礼记制度，官冕衣裳、珮玉乘舆，拟古式矣。

袁宏曰：昔圣人兴天下之大利，除天下之大患，躬亲其事，身履其勤，使天下之民各安性命，而无夭昏之灾。是以天下之民，亲而爱之，敬而尊之。夫亲之者欲其闲敞平怿，而无疾苦之患也。故为之宫室，卫以垣墙，重门击柝，以待暴客。敬之者，欲其崇高荣显，殊异于众。故为之旗旍，表以服章，陛级悬绝，不可得而逾也。后之圣人知其如此，自民之心而天下所欲为，故因而作制，为之节文。始自衣裳，至于车服，栋宇垣墙，各有品数，明其制度，尽其器用。备物而不以为奢，适务而不以为俭。大典既载，陈于天下，后嗣因循，守其成法。故上无异事，下无移业，先王之道也。末世之主行其淫志，耻基堂之不广，必壮大以开宫；恨衣裳之不丽，必美盛以修服；崇屋而不厌其高，玄黄而未尽其饰。于是民力殚尽而天下咸怨，所以弊也。故有道之主睹先王之规矩，察秦、汉之失制，作营务求厥中，则人心悦固而国祚长世也。

二月甲子，立皇后马氏，皇子坦为皇太子。赐天下男子爵，各有差；鳏、寡、孤、独、不能自存者粟，人五斛。后，马援女也。后有四兄二姊，长兄廖及防、光、二姊与后同母。兄客卿幼而奇巇。初，援南定百越，北征匈奴，谋议之士集于门下。客卿年六岁，能应接诸公，专对宾客。尝有死罪亡命者，客卿逃匿之，不令人知。援甚奇器之，以为壮大必任将相，故以秦时官号字焉。援薨后，客卿早死，太夫人悲伤发疾，恍惚昏乱。后时年十岁，干治家事，敕制僮仆昆弟亲属，各得其宜。诸家皆以为太夫人所为也，后（问）〔闻〕之⑤，咸惊异焉。尝疾，令卜者筮之，曰："此女当为帝妃，贵不可言。"久之，太夫人亡珠，直数万钱，问相者，相者指一御婢："此人盗之。"果如其言。太夫人奇之，乃令相诸女，见后惊曰："我必为此女称臣，贵而少子。"太夫人曰："得（世）〔无〕无子乎⑥？"相者曰："有一子遂失，得人子力愈于自生子也。"年十三，以选入太子家。接侍同列，如承贵尊，先人后己，发于至诚，由是见宠。及有司奏立长秋宫，太后曰："马贵人德冠后宫，即其人也。"尝从容问以政事，后辄推心以对，无不当意。时后宫未有妊育者，尝言继嗣当以位，荐达左右，如恐不及，其见宠者与之恩隆，未尝与侍御者私语，其防闲慎微，皆此类也。性不喜出入游观。上时幸苑囿离宫，辄谏诤，辞意甚美，上纳焉。诵易经，习诗、论语、春秋，略记大义，听言观论,摘发其要。读<u>光武</u>本纪,至于献千里马、宝剑赐骑士,手不持珠玉,未尝不叹息也。后志在克己,不以私家干朝廷。兄<u>廖</u>为虎贲中郎,<u>防</u>、<u>光</u>为黄门郎,讫<u>明帝</u>世不易官。

三月,上初礼于学,临辟雍,行大射礼,使天下郡国行乡饮酒礼于学校。

秋九月,<u>沛王</u>、<u>济南王</u>、<u>淮南王</u>、<u>东海王</u>来朝。

冬十月壬子,上临辟雍,初养三老五更。于是士效礼乐三雍,仪制备矣。诏曰:"五更<u>桓荣</u>,以尚书教朕十有余年。周颂曰:'视我显德。'又曰:'无德不报。'其赐<u>荣</u>爵关内侯,食邑五千户。"<u>荣</u>病笃,上疏谢恩,让还爵土。上悯伤之,临幸其家,入巷下车,拥经趋进,躬自抚循,赐以床帐衣服,于是诸侯大夫问疾者皆拜于床下。及终,赠赐甚厚,上亲变服临送,赐冢茔。初,<u>荣</u>为太常,上幸其府,令<u>荣</u>东面坐,设几杖之礼,而百官能通〔经〕义者及<u>荣</u>门下生数百人⑦,上亲自下说,时有问难者,上谦而不答,曰:"太师在是也。"供赐毕,悉以馔赐。<u>荣</u>字春卿,<u>沛国</u>亢人。少给事郡县长,师事<u>九江朱</u>〔公〕文⑧。家贫常赁,自供书夜诵读,无懈怠,十五年不归家,京师以此称之。(父)〔师〕卒⑨,<u>荣</u>奔丧<u>九江</u>,负土成坟,因留教授徒众数百人。<u>王莽</u>末,天下扰攘,兵革之间,穷厄绝粮。然抱持经书,与诸生逃匿山谷,讲授不辍。<u>建武</u>中,大司徒辟<u>荣</u>,年已六十余矣。时虎贲中郎将<u>豫章</u>何汤,<u>荣</u>门下生也,以选授皇太子经。<u>世祖</u>问<u>汤</u>何所师,对曰:"<u>桓荣</u>。"<u>世祖</u>即召<u>荣</u>,令说尚书,善其说。拜郎,赐钱十万,入授皇太子,甚见尊重。每朝会,<u>世祖</u>辄令<u>荣</u>于公卿前说,因问<u>长安</u>时旧事,<u>世祖</u>曰:"得卿几晚,善博士也。"<u>荣</u>叩头曰:"臣经学浅薄,不如同门生<u>扬州</u>从事皋弘、郎中<u>彭闳</u>。"<u>世祖</u>曰:"俞,汝谐。"因除荣为博士。荣谦恭有蕴藉，每论难于前，常持礼让，以义理相喻，不苟以言辞取胜，儒者以此高之。少子郁，字仲恩，传父业，以任为郎。荣卒，郁当袭爵，上书让孤兄子，上不许，迁侍中。上以郁先师子，有礼让，甚亲厚焉。常居中论经，问以政事。甲子，幸长安，祠陵庙，遣使者祠萧何、霍光，车驾过（轼）〔式〕墓所⑩。赐二千石令长已下各有差。

十月，护羌校尉窦林有罪，下狱死。

三年春二月，太尉赵喜、司徒李䜣坐事免，左冯翊郭丹为司徒，南阳太守虞延为太尉。延，陈留东昏人。初为细阳令，信行于民。弃官还家，太守傅宗闻其名⑪，署功曹。宗舆服出入拟于王侯，延每常进谏曰："晏婴相齐，裘不补；公仪相鲁，拔园葵，去织妇。夫以约失之者鲜矣。"宗勃然不悦曰："昔者诸侯，今之二千石也。延以陪臣喻诸侯，岂其谓也？"延以不合意退去。宗后果以奢丽得罪，临当伏刑，世祖使小黄门往视之，宗乃仰天叹曰："恨不用功曹虞延之谏！"后车驾过外黄⑫，诏问陈留太守："宁有功曹虞延邪？"太守对曰："今为南部督邮。"乃引见，问谏前太守时事，延具以状对。诏问延外黄园陵寝殿祭器俎豆，悉晓其礼，由是遂见谢焉，赐钱百万。郡中闻之，易视听。辟司徒府，迁洛阳令。是时阴皇后家客马成尝为奸宄，延收系之。阴将军书请之，前后不绝。延得一书，辄加笞二百。阴氏知延必杀之，乃言于世祖，以延多所枉滥。世祖亲临御道，敕延出狱中囚，其已论者居东，罪未决者居西。成自以罪已决，欲起就东。延前击其头，曰："此民之蠹也，久依城社，不畏烟烧。今方考实，奸未穷尽。"成大呼称冤。戟郎以戟承延颈，叱使置之。世祖知延不（移）〔私〕⑬，因谓成曰："汝犯法身自取之，何以为冤！"

后数日，遂伏诛。上即位，迁南阳太守。新野功曹邓衍，以外戚小侯得朝会，趋过殿庭，姿容甚丽，上顾谓左右曰："朕之仪容，岂能若此！"左右曰："陛下天子，此凡人，何足比焉！"虽然，上心好之，特赐舆马衣服。南阳计吏归具白延，延知衍行不配容，积三年而不用。于是上乃敕衍，令称南阳功曹诣阙，拜郎中。后为玄武司马，不为父行服。上闻之，慨然曰："知人则哲，惟帝难之。虞延之言信哉！"衍惭惧，遂退位。上益奇延。甲子，赐天下男子爵，人二级；三老、孝悌、力田三级；鳏、寡、孤、独、贫不能自存者粟，人五斛。

夏四月辛酉，立皇子建为千乘王，当为广平王⑭。

秋八月，有司议世祖庙乐，东平王（仓）〔苍〕议曰⑮："汉制旧典，宗庙各奏其乐，不必相袭，以明其德也。高帝受命龙兴，诛暴秦，天下各得其所，作武德之舞。孝文皇帝躬行节俭，泽施四海，制盛德之舞。光武皇帝受命中兴，拨乱反正，登封告成，功德巍巍。夫歌所以咏德，舞所以象功，庙乐宜曰大武之舞。"从之。初起北宫，尚书仆射锺离意谏曰："陛下以天旱不雨，每自刻责，避正殿，损常膳，而天犹不雨，岂举动失所，而政违天心者邪？昔汤遇旱以六事自责，曰：'政不节邪？使民疾邪？宫室营邪⑯？女谒盛邪？苞苴行邪？谗夫昌邪？'今百姓须雨而天久旱，窃以为北宫大作，是宫室营政不节之类也⑰。自古已来，非患宫室小，但患民之不安。诗曰：'雨我公田，遂及我私。'言君臣相济，上下同忧也。今天下疲弊，衣食不充，可谓忧矣。食禄于朝，备在近列，敢不以闻！"时诏赐降胡子缣，尚书（素）〔案〕事⑱，误以十为百。上大怒，召（即）〔郎〕欲鞭之⑲，意曰："过误者，人所有也。若以懈慢为罪，臣居大官，皆在臣，臣请先受坐。"解衣就挞。上意解，皆原之。上性急，好以小察为明，公卿大臣数被诬毁，尚书近臣尤甚，由是朝廷悚栗，事为多苟且，以避诛责。意独犯颜论事，数封还诏书，群臣获怒者辄救请之。意荐彭城刘平，征为议郎，上数引见，迁侍中宗正。平荐举承宫、郇恁，皆名士也，以老病，乞骸骨归乡里。平字公子，始以孝行称，为郡吏守菑丘长，政教大行，每属县〔有剧〕贼㉒，辄令平守之，所至皆治。更始时天下乱，平弟仲为贼所害，平抱仲女弃己子而走。母欲还取之，平曰："力不能两全，仲不可以绝类也。"遂去不顾。平尝出为母求食，贼得平，将食之，平叩头涕泣曰："今旦为老母采苦㉑，母饥，待平为命，愿得反食母而还就死。"贼见其至诚，哀而遣之。平还，既食母，即白曰："属与贼期，义不可欺。"遂复还，贼皆大惊，相谓曰："常闻烈士，今乃见之矣，吾不忍食子。"建武初，平狄将军庞萌反攻太守孙萌，平为主簿，冒白刃伏萌上，身被七创，嗥泣曰："愿以身代明府。"贼乃相顾曰："义士也，勿杀。"遂解去。萌绝而复苏，因涕泣相抱，后数日，萌竟死。后太守嘉其节义，举孝廉，为全椒长。使橡吏卒五日一来治所，余日令各就农桑，官闲事简，民人怀感，盗贼屏息，资赋增益，为诸邑最。刺史太守行部，狱无囚徒，民各自以得职，不知所问。沛人赵孝亦以义行获宠。孝字长平。初，天下乱，人相食。孝弟礼为贼所得，孝闻之，则自缚诣贼，曰："礼久饿赢瘦，不如孝肥饱。"贼大惊，不忍食，两放之，谓曰："归持米粮来。"孝不能得，即复往，愿就烹。贼义之，不害。建武初，天下新定，民皆乏食。孝每炊待熟，辄使礼夫妇出有所役，自在后与妻共蔬菜食。及礼还，告以食而以粮饭食之。如此者久，礼心怪之，微察怅恨独然，遂不肯复出。兄弟怡怡，乡党服其义。州郡召，进退必以礼。天子素闻其行，诏拜为谏议大夫，长乐卫尉。

后复征弟为御史中丞,礼亦以恭谦有礼让。上嘉孝兄弟笃行,欲宠异之,率常十日使礼至卫尉府,太官供食,令其相对尽欢,其见优若此数年。礼卒,赠赗甚厚,令孝以长乐卫尉从官属送丧,葬于家。壬申,日有蚀之。是时刑法严峻,人怀忧惧。因是变也,锺离意上疏曰:"陛下躬行孝道,修明经术,敬畏天地之礼,劳恤黎元之恩。然而天气未和,日月不明,水泉涌溢,漂杀人民,咎在群臣不能宣化理职,人怀恐急。故百官不亲,吏民不和,至于骨肉相残,以逆和气,虽加杀罚,犹不能止。故百姓可以德胜,不可以刑服,愿陛下缓刑罚,顺时气,以调阴阳,垂之无极。"上虽不能用,然知其忠直,故不得久留中,出为鲁国相。为治存大体,不求细过,百姓爱之。将终,遗言上书,陈刑法大峻,宜少宽假。上感其言,赐钱二十万。意之出也,遂就北宫,及德阳殿成,会百官,上曰:"锺离尚书在,不得成此殿也。"意字子阿,会稽山阴人。少为督邮,亭长有受民酒礼者,府下记案治。意答曰:"诗曰:'刑于寡妻,至于兄弟,以御于家邦。'明政化之本,由近及远。今宜明府内,以及诸外,且阙略远县细微事。"太守甚贤之,遂任以属县事。会稽大疾疫,死者以万数,独身自隐视,经给医药,全济者甚多。辟司徒府,为耿宪堂邑令[22],视民如子,百姓怀之。邑民防广,遗腹子也。为父报仇系狱,其母病死,广哭泣不饮食。意怜伤之,解遣广归家,使得殡殓。丞掾皆以为不可,意曰:"自令罪,非丞掾也。"广殡母讫,即还入狱。意以状闻,竟得以减死论。

冬十月,有事于世祖庙。初献大武之舞,改太乐〔官〕曰(宜)〔太予〕[23]。

袁宏曰:乐之为用有自来矣。大章、箫韶于唐、虞,韶濩、大武于殷、周，所以殷荐上帝，缟祀宗庙，陈之朝廷，以穆人伦，古之道也。末世制作，不达音声之本，感物乖化，失序乎情性之宜。故虽钟鼓不足以动天地，金石不足以感人神，因轻音声之用，以忽感导之方，岂不惑乎！善乎，嵇生之言音声曰："古之王者承天理，必崇简易之教，仰无为之理，君静于上，臣顺于下，大化潜通，天下交泰，群臣安逸，自求多福，默然化道，怀忠抱义，而不觉其所以然也。〔盖〕和心足于内则美言发于外[24]，故歌以叙志，舞以宣情，然后文之以采章，昭之以风雅，播之以八音，感之以大和，导其神气养而就之，迎其悦情致而明之，使心与理相顺，言与声相应，合乎会通，以济其美。故凯乐之情见于金石，含弘(乎)〔光〕大[25]，显于音声也。若此已往，则万国同风，芳荣齐茂，馥(始)〔如〕秋兰[26]，不期而信，大道之隆莫盛于兹，太平之业，莫显于此，故曰移风易俗莫善于乐。然乐之为体，以心为主，故无声之乐，民之父母也。夫音声和，此人情所不能已者也。是以古人知情不可放，故抑其所通；知欲不可绝，故因以致杀，故为可奉之礼，制可遵之声也。口不尽味，耳不极音，揆始之中，为之检则，使远近同风而不竭，亦所以结忠信，著不迁也。故乡教庠序，革不修之，使丝竹与俎豆并存，羽旄与揖让俱用，正言与和声同发。使将听是声也必闻此言，将观是容也必崇此礼，犹宾主升降，然后酬酢行焉。于是言语之节，音声之度，揖让之宜，动止之致，进退相须，共为一体。君臣用之于朝，士庶用之于家，少而习之，长而不怠，心安志固，从善日迁，此先王用乐之意也。故朝宴聘享，嘉乐必存。是以国史采风俗之盛衰，寄之乐工，宣之以管弦，使言之者无罪，闻之者足以自戒，此先王用乐之意也。

　　上与皇太(子)后幸南阳章陵[27]，周观旧庐，召见阴、邓故人，赏赐各有差。

四年春二月辛亥，上亲耕于藉田，将猎河内。骠骑将军王苍谏曰[28]：“臣闻盛春，农事始兴，于时令不聚民兴功。传曰：‘田猎不宿，食饮不享，出入不节，则木不曲直。’此失春令故也。臣知车驾至约省，所过吏民讽诵甘棠之德。虽然，动之不以礼，非示四方规准也。陛下因行田野，见稼穑，经览河川，逍遥驻留，弭节周旋。至秋冬乃振威灵，整法驾，备周卫，设羽旄。诗云：‘抑抑威仪，惟民之隅。敬慎威仪，惟民之则。’不胜至心，谨手书陈愚。”上从之。秋九月戊寅，千乘王建薨。陇西太守邓融下狱死。初，融在职不称，功曹廉范知其必获罪，乃谢病去，融甚望之。范改姓名，求为廷尉卒。无何，融果征下狱，范卫侍有异于常。融不意是范也，怪而问之曰：“卿何类我功曹？”范曰：“君误耳，非是也。”融疾病，及死，范养视甚笃，终不自言，身自将车送丧至南阳，葬毕而去。范（自）〔字〕叔度[29]，杜陵人。祖父丹，王莽时为大司马。范父遭乱，客死于蜀。范与母流离西州，天下定，乃归乡里。范年十五，辞母入蜀，迎父丧，母怜其小，谓曰：“汝家惟汝一身，遭世乱，恐灭绝不得奉宗祀。今仅得全，奈何复弃我远去？”范固自请，母不能止，遂与客俱西入蜀。蜀郡太守张穆，丹之故吏也。闻范迎丧，遣吏资车马布帛送范。范还不受，自〔与〕客步负丧[30]，经涉涂险，至葭萌下丧载舡。舡触石破没，范抱持骸骨，人前接，范不动，遂没石间。众伤其义，相与共钩求一日乃得，共抱悬良久，乃苏。穆闻之大惊，复驰遣将前资追与范，范曰：“前后相违，范所不行也。”遂辞不受，归葬行服，关中高其行。

袁宏曰：古之人明救恤之义，开取与之分，所以周急拯难，通乎人之否泰也。廉范厉然独行，以任所重。其身殆亡，而亲枢几丧，非全通之道也。

范既归，事博士薛汉。初，范家之入蜀，以良田百余顷属故吏毛仲。范归，仲子叔奉仲遗命以田归范。范以物无常主，在人即有，悉推田与之。辟公府掾，会薛汉坐楚事诛，故人门生莫敢哭视，范独往收之。吏以闻，帝大怒，召入诘责范，曰："楚王无道，狡乱天下，范公府掾，不与朝廷同心，而反收敛罪人，何(人)〔邪〕㉚?"范叩头曰："臣无状，以谓汉等皆已伏诛，故不胜师资弟子之情，当万死。"上怒稍解，问范："为廉颇后邪?"范对曰："臣本赵人廉颇之后，大父丹为王莽大司马。"上乃曰："怪范能若此!"因释之。举茂才，为温令。数月，迁云中太守，会胡虏反。故事：虏人入塞过五千人，移书旁郡，救至乃出。范闻警，即自以精兵赴之。虏盛，汉兵不能敌。范乃令军士皆持炬，晨奔虏军，大炬如星。虏见之，惊走。追击，大破之。自此后，虏震怖，不敢犯云中。累迁武(侯)〔威〕、蜀郡太守㉜，所在有名迹。蜀(部)〔郡〕好文辩㉝，喜相长短，范以宽厚化下，人民怀之。坐事免归家，多散财物，以赈宗族。与洛阳亭长庆鸿为刎颈之交，时人称曰："前有管、鲍，后有庆、廉。"鸿官至琅邪太守，所在有异迹。

十月乙卯，司徒郭丹、司空冯鲂免。丹字少卿，南阳穰人。少事淮阳公孙昌，西入关，弃符叹曰："不乘传车，终不出关。"是时昌为王莽讲学大夫，门下生甚众，而昌独礼异丹。由是严尤、王寻更辟请，皆不就。莽亦征之，逃避十余年。而更始立，征丹为谏议大夫，持节出关，安集南阳。初，世祖即位，诸将悉降，受爵邑。丹独城守不下，乃裹节荷担，经历险〔阻，求谒〕更始妻子㉞，还其节传，然后归田里。后举高第，稍迁并州牧、左冯翊，皆有称绩。及在相位，清廉公正，与侯霸、杜林相善，亦齐名迹。

十二月，陵乡侯梁松下狱死。松有才能，明习汉家故事，以选尚舞阴公主，为虎贲中郎将，世祖时贵幸用事。上即位，迁太仆卿，数为私书请托郡县，事发觉，免官。由是怨望，下狱诛。安丰侯窦融薨。融子穆尚内黄公主，而显亲（族及）〔侯友〕子固尚沮阳公主㉟，穆长子勋尚东海恭王女（北）〔泚〕阳公主㊱。穆为城门校尉，固为中郎将，监羽林，融从兄子林为护羌校尉。窦氏一公，两侯，三公主，四二千石，自祖及孙官府邸第相望，奴婢千余人，于亲戚功臣中莫与为比。融年老，子孙放纵，多不遵法度。帝不能容，数下诏，比以窦婴、田蚡故事。融惶惧，乞骸骨，上赐牛酒。策罢穆，以国在安丰，欲以安六侯归㊲，遂假作故六安王国，矫称长公主家，上书自言。帝大怒，乃尽免穆等官，诸窦为郎吏者皆遣归故郡，留融京师。会融病薨，谥曰戴侯。穆居大第，富于财，天子使谒者监护其家，欲以全之。居数年，穆父子自以失势，出怨言，使者奏焉，乃遣归故郡。坐赂遗小吏，为郡所考，穆及勋皆死狱中。诏融夫人与一孙还洛阳。固有才能，世祖时贵显用事，及穆得罪，固亦废于家。东平王苍以辅政久，固请归蕃。

五年春二月，诏曰："东平王比上书愿归藩，上将军印绶，谦让日闻，至诚恳恻。盖君子成人之美，今其听焉。以骠骑长史为东平王太傅，掾吏为中大夫，令史为王家郎，勿上将军印绶。"苍体貌长大，进止有礼，好古多闻，儒雅有识度。上尝问苍："在家何者最为乐？"对曰："为善最乐。"上嗟叹之。

冬十一月，上幸邺。

六年春正月，沛王、楚王、济南王、东平王、淮阳王、琅邪王、中山王、东海王来朝。庐江获宝鼎，纳于太庙。

冬十一月，行幸鲁，祠。东海恭王、沛王、楚王、济南王、东平王、淮阳王、瑯邪王皆会于鲁。

十二月，还，过阳城，遣使者祠中岳。太尉虞延为司徒㊳。延立朝正色，多所匡弼。阴氏憾延，欲毁伤之，使人告延（与）〔以〕楚王英谋反㊴。延以英帝亲，以为不然，不受其言。后英事发觉，上切让之。

七年春正月癸酉，皇太后阴氏崩。

二月庚申，葬光烈阴皇后。征东海相宋均为尚书令。尝有疑事，上大怒，召尚书郎执之。诸尚书皆叩头谢，均独正色曰：“夫忠臣守正，敢有二心！均虽死不易。”上闻而善之，即舍之，迁司隶校尉河（南）〔内〕太守㊵，政化大行。每疾，百姓耆老皆为祷请，旦夕至府问讯起居。天子方欲以为相，会有痼疾，上召入自视其疾。均见上，流涕谢曰：“天罚有罪，所苦浸笃，不复奉望帷幄！”上甚伤之，赐钱三十万，卒于家。初，上好用能吏，卒多暴虐残刻，终皆毁败。均罢朝，相与言曰：“今选举不得幽隐侧陋，但得见长吏耳。太始时，京兆则赵广〔汉〕、尹翁归、萧望之㊶，丞相则魏相、黄霸，此数公者，治皆致平。今二千石殊无此。国家喜文法吏，以足止奸也。然文吏习为欺谩，而廉吏清在一己，无益百姓，流亡盗贼所由而作也。均自欲叩头争之，时未可改也。久将自苦之，乃可言耳。”未及言，迁为司隶校尉。后上闻其言，追而悲之。均字叔庠，南阳安众人。初为上蔡长，诛锄豪右，奸猾震栗。府下禁民葬不得过制，均不行。督邮以让县，均曰：“夫送终逾制，过之厚也。国有不义之

民,而罚其过礼者,恐非政治之先。"迁<u>九江</u>太守,五日一听事,悉省
掾吏,闭督邮府内,令与诸曹分休,属县无事,百姓安业。<u>九江</u>多
虎,数伤民,先时常募吏民设槛饵捕之。均曰:"夫虎豹在山,鼋鼍
在渊,物性之所托也。<u>江</u>、<u>淮</u>之间有猛兽,犹江北之有鸡(肫)〔豚〕
也^㊷。今数为民害,咎在贪残,居职使然也。而令吏捕虎,非忧民
之本也。今务退贪残,进忠良,去窭饵,勿复课。"其后民传言虎皆
去东渡<u>江</u>。<u>北海王薨</u>,谥曰<u>静王</u>。

校勘记

① (徙)〔从〕封岱　从<u>后汉书光武十王列传</u>改。

② 其俗以父名母家姓为号　<u>后汉书西羌传</u>作"或以父名母姓为种号"。

③ (如)〔好〕畤侯耿弇薨　从<u>南监本</u>、<u>龙溪本</u>、<u>学海堂本</u>改。

④ 坐出塞追叛胡　<u>后汉书邓禹列传</u>作"征行车骑将军。出塞追畔<u>胡逢侯</u>,坐
逗留,下狱死"。

⑤ 后(问)〔闻〕之　从<u>后汉书皇后纪</u>改。

⑥ 得(世)〔无〕无子乎　从<u>龙溪本</u>、<u>学海堂本</u>改。

⑦ 而百官能通〔经〕义者　从<u>南监本</u>、<u>龙溪本</u>、<u>学海堂本</u>补。

⑧ 师事九江朱〔公〕文　从<u>后汉书桓荣列传李贤</u>注补。

⑨ (父)〔师〕卒　"父"讹,径改。

⑩ 过(轼)〔式〕墓所　从<u>后汉书孝明帝纪</u>改。

⑪ 太守傅宗闻其名　"傅",<u>后汉书虞延列传</u>作"富"。

⑫ 后车驾过外黄　<u>后汉书虞延列传</u>作"二十年东巡,路过<u>小黄</u>"。

⑬ 世祖知延不(移)〔私〕　从<u>学海堂本</u>、<u>后汉书虞延列传</u>改。

⑭ 当为广平王　<u>后汉书孝明帝纪</u>作"羡为<u>广平王</u>"。

⑮ 东平王(仓)〔苍〕　从<u>龙溪本</u>改。

⑯ 宫室营邪　"营",<u>后汉书锺离意列传</u>作"荣"。

⑰ 宫室营政不节　"营",<u>后汉书锺离意列传</u>作"荣"。

⑱ 尚书(素)〔案〕事　从学海堂本、后汉书锺离意列传改。

⑲ 召(即)〔郎〕欲鞭之　从后汉书锺离意列传改。

⑳ 每属县〔有剧〕贼　从学海堂本、后汉书刘平列传补。

㉑ 为老母采苕　后汉书刘平列传作"为老母求菜"。

㉒ 为耿宪堂邑令　后汉书锺离意列传作"迁堂邑令"。

㉓ 改太乐〔官〕曰(宜)〔太予〕　从学海堂本改。

㉔ 〔盖〕和心足于内　从南监本、龙溪本补。

㉕ 含弘(乎)〔光〕大　从南监本、龙溪本、学海堂本改。

㉖ 馥(始)〔如〕秋兰　从南监本、龙溪本、学海堂本改。

㉗ 上与皇太(子)后幸南阳章陵　从后汉书孝明帝纪删。

㉘ 骠骑将军王苍　后汉书光武十王列传作"东平宪王苍"。

㉙ 范(自)〔字〕叔度　从龙溪本、学海堂本改。

㉚ 自〔与〕客步负丧　从学海堂本改。

㉛ 何(人)〔邪〕　从南监本、龙溪本、学海堂本改。

㉜ 累迁武(侯)〔威〕蜀郡太守　从龙溪本、学海堂本改。

㉝ 蜀(部)〔郡〕好文辩　从南监本、龙溪本改。

㉞ 经历险(阻求遏)更始妻子　从龙溪本、学海堂本、后汉书郭丹列传补。

㉟ 而显亲(族及)〔侯友〕子固尚沮阳公主　从学海堂本改。"沮",后汉书窦融列传作"涅"。

㊱ 东海恭王女(北)〔沘〕阳公主　从后汉书窦融列传改。

㊲ 以国在安丰欲以安六侯归　后汉书窦融列传作"以封在安丰,欲令姻戚悉据故六安国"。

㊳ 太尉虞延为司徒　后汉书孝明帝纪在八年三月。

㊴ 使人告延(与)〔以〕楚王英谋反　从学海堂本改。

㊵ 迁司隶校尉河(南)〔内〕太守　从后汉书宋均列传改。

㊶ 京兆则赵广〔汉〕　从南监本、龙溪本补。

㊷ 犹江北之有鸡(肫)〔豚〕也　从龙溪本改。

后汉纪　孝明皇帝纪下　卷第十

　　八年冬十一月丙子，上临辟雍，诏天下死罪赎各有差。壬寅，日有蚀之。诏群臣上封事，言得失。是时，北单于外求和亲，而数为边害。上使越骑司马郑众使匈奴，单于欲令众拜，众不为之屈。单于围守众，欲胁服之。众拔刃以自誓，单于恐，乃止，乃发使随众〔还〕[1]，汉议复使众，众疏谏曰："臣伏料北单于所欲致汉使者，欲以离南单于，令西域诸国耳。故汲汲于致汉使，使既到，偃塞自若。臣愚以为于今宜且勿答。南单于本来归义者，望呼韩邪之助，故归心不二。乌桓慕化，并力保蕃。今闻北单于不屈，汉复通使不止，恐南单于必怀疑，而乌桓亦有二心。单于久居汉地，具知形势，万分离析，规为边害，其忧不轻。今幸有（渡）〔度〕辽之众[2]，杨威北垂，虽勿答，不敢为害。"上不从，而卒遣众。众又上言："臣前使匈奴，与单于不和，而今复往，恐其必取胜于臣。臣诚不忍持大汉节信对旃裘跪拜，令以益匈奴之名，损大汉之强。"诏不听。众既西，道路间连续上书，固争。上大怒，追还，系廷尉狱，会赦归家。其后帝见匈奴使来者，问众使时与单于争礼状，皆言匈奴中传以为众壮勇，往时苏武不能过也。上乃复召众为军司马，稍迁大司农。

九年夏四月，诏以公田赐贫民各有差，长吏居职三年尤异者，与计偕。封皇子恭为灵寿王，党为重喜王。

十年春二月，广陵王荆有罪，自杀。荆，上母弟也，性急刻，喜文法，初封山阳王。世祖崩，荆与东海王彊书，劝彊起兵。彊恐惧，封上其书。天子秘其事，徙荆为广陵王。荆（为）〔谓〕相工曰③："吾貌类先帝。先帝三十得天下，我今亦三十，可起兵未？"相者告吏，荆自系狱。上复不忍考讯，诏曰："荆数年之间，大罪二矣。其赦荆罪，不得臣其吏民。"荆犹不悛，使巫祝诅上。上使长水校尉樊鯈、任隗杂治荆狱，奏荆大恶当诛。上怒曰："诸卿以我弟，故敢请诛之，即我子，卿等岂敢邪！"鯈曰："天下，高皇帝之天下，非陛下之天下也。春秋之义，'君亲无将，将而诛之'。是以周公诛弟，季友鸩兄。臣等以荆属托母弟，陛下留心，故复请之耳。如令陛下子，臣等专诛之矣。"荆自杀，上怜伤之，谥曰思王。封荆子元寿为广陵侯，食荆故国，不得臣吏民。鯈字长鱼，樊宏之子也。建武中，诸王争招致宾客，好事者皆与之周旋，更遣人请鯈，鯈精义于学，一无所应。及捕诸王客，鯈不在其中，世祖以是器之。永平初，与公卿杂定郊祀礼仪及五经异义，立朝居正，多所匡谏，上亦敬重焉。鯈弟鲔为其子赏求楚王英女敬乡公主，鯈止之，曰："建武时，吾家并蒙荣宠，一宗五侯。时特进一言，男可以尚主，女可以配王，但以臣子不当有外心，不宜与藩国婚姻，贵盛为宗族患④，故不为也。今尔有一子，奈何弃于楚乎？"鲔不从，遂与楚婚。是时鯈卒，谥曰哀侯。鯈病患（因）〔困〕⑤，犹不忘忠，悉条政不便于民者，未及言而薨。上遣小黄门张音问何遗言，音奏焉。上为之流涕。以鯈两子郴、梵〔为郎。梵〕谨于言行⑥，为郎二十余年，未尝被奏劾。初，儵与郎承宫友善，荐之于朝，拜博士，迁左右中郎将，数纳忠言，守正不希苟容，朝臣惮其节，名闻于匈奴。单于遣使来贡，求见宫。诏敕宫自整顿，宫对曰："夷狄眩名，非识实也。闻臣虚称，故欲见臣。臣丑陋〔貌〕寝⑦，见臣必生轻贱臣，不如选长大有威容者示之。"时以大鸿胪魏应示之。

夏(曰)〔四〕月戊子⑧，大赦天下。闰月甲午，行幸南阳，祠章陵，祭于旧宅，作雅乐，奏鹿鸣，天子亲御埙篪以娱嘉宾。

十一年春正月，沛王、楚王、济南王、东平王、淮阳王、中山王、郎邪王、东海王来朝。

十二年春正月，置永昌郡。夏五月丙辰，赐天下男子爵，人二级；三老、孝悌、力田人三级；鳏、寡、孤、独、不能自存者粟，人二斛。上以天下无事，俗颇奢靡，乃诏有司(甲)〔申〕旧章⑨，整车服。乙亥，司空伏恭以老病罢，大司农牟融为司空。是时天子勤于万机，公卿数朝会，辄延坐论政事。融明经术，善论议，朝廷皆服其能，天子数嗟叹，以为良宰相。融字子(夏)〔优〕⑩，北海安丘人也。少以名德称，举茂才，为圭令，治有异迹。司徒范迁荐融忠正公方，经行纯备，宜在本朝，并上其治状。由是征入为司隶校尉，多所举正，百僚敬惮之。数年，擢迁大鸿胪、大司农。

十三年春二月，上耕于藉田，赐观者食。有一诸生，蒙首而言曰："善哉，太公之遇文王也！"上使人报之曰："生非太公，予亦非文王。"

夏四月辛巳，幸荥阳，巡河渠，作水门，遂至太行，幸上党。

冬十月甲辰晦⑪，日有蚀之。诏有司陈便宜，靡有所讳。刺史、太守详理冤狱,(有)〔存〕恤鳏寡⑫,勉思所莅焉。

十二月,楚王英谋反。初,郭后生东海恭王彊、沛献王辅、济南
王安康、阜陵质王延、中山简王焉;阴后生明帝、东平献王苍、临淮王
衡、广陵思王荆、琅邪孝王京⑬;许姬生楚王英,号楚太后,世祖无宠。
英最小,自帝为太子时,英独归附上,上特亲爱之,数加赏赐。英好
游侠,交通宾客,晚节喜黄、老,修浮屠祠。八年,上临辟雍,礼毕,诏
天下死罪得以缣赎。英遣郎中令诣彭城⑭,曰:"臣托在藩蔽,无以率
先天下,过恶素积,喜闻大恩,谨上黄缣二十五匹、白纨五匹,以赎其
愆。"楚相以闻。诏曰:"楚王诵黄、老之微言,尚浮屠之仁祠,洁(齐)
〔斋〕三月⑮,与神为誓,有何嫌惧而赎其罪?"因还其赎。男子燕广告
英与颜忠、王平等造图书,谋反。有司奏英大逆不道,请诛。上以至
亲不忍,徙丹阳泾县,〔赐〕汤沐邑五百户⑯。英男子为公侯王者食邑
如故,楚太后留楚。宫婢才人鼓吹从英者无限,皆乘辎軿,带持兵
弩,行道射猎,极意欢娱。遣大鸿胪持节护送英丹阳。浮屠者,佛
也。西域天竺有佛道焉⑰。佛者,汉言觉,将悟群生也。其教以修善
慈心为主,不杀生,专务清净。其精者号为沙门。沙门者,汉言息
(心)〔也〕⑱,盖息意去欲而归于无为也。又以为人死精神不灭,随复
受形,生时所行善恶皆有报应。故所贵行善修道,以炼精神而不已,
以至无(为)〔生〕而得为佛也⑲。佛身长一丈六尺,黄金〔色〕⑳,项中
佩日月光,变化无方,无所不入,故能化通万物而大济群生。初,帝
梦见金人长大,项有日月光,以问群臣。或曰:"西方有神,其名曰
佛。其形长大。〔陛下所梦,得无是乎?〕㉑"(而)〔于是遣使天竺〕问
其道术㉒,遂于中国而图其形像焉。有经数千万,以虚无为宗,苞罗
精粗,无所不统,善为宏阔胜大之言。所求在一体之内,而所明在视

听之外。世俗之人以为虚诞,然归于玄微,深远难得而测。故王公大人观死生报应之际,莫不矍然自失。是岁,匈奴频犯塞,中郎耿秉上书曰:"中国虚费,边陲不宁,其患专在匈奴,以战去战可也。故君不可以怒而兴师,将不可以愠而合战,鼓之以仁义,为国之宝矣。"天子内有图匈奴志,阴纳秉言,乃召入见,使具陈其状。上善其言,以为可任将帅,拜谒者仆射。每公卿论边事,秉辄预其议。顷之,太仆祭肜、虎贲中郎将马庚、显亲侯窦固、下博侯刘张、好畤侯耿忠等俱见,议兵事。秉以为"孝武时始事匈奴,匈奴援引弓之类,并左衽之属,故不可得而制也。汉既得河西四郡、及居延、朔方,徙民以充之,根据未坚,匈奴犹出为寇。其后羌、胡分离,四郡坚固,居延、朔方不可倾拔,虏遂失其肥饶畜兵之地,惟有西域俄复内属,呼韩邪单于请款塞,是故其势易乘也。今有南单于,形势相似;然西域尚未内属,北虏未有衅作。臣愚以为当先击白山,得伊吾,破车师,通使乌孙诸国,以断其右臂,未可先击匈奴也。伊吾亦有匈奴南呼衍一部,破此复为折其左角。观往者汉兵出,匈奴辄为乱。五单于争来,必不以五将出之故也。今可先击白山,以观其变,击匈奴未晚也。"上善秉言。议者或以为今兵出白山,匈奴必并兵相助,又当分其东以离众,与秉计异。上更然之。

十四年夏四月,故楚王英自杀,以诸侯礼葬之。上遣中黄门视英妻子,慰劳楚太后,悉释诸与英谋者,而封燕广为折奸侯。初,英狱起,内及京师诸侯,外连州郡豪杰,坐死及徙者以千数,而系狱者尚数千人。颜忠、王平辞及隧乡侯耿建、朗陵侯臧信、灌泽侯刘鲤、曲成侯窦建[23],御史(寒)〔骞〕朗治其狱[24],奏建等未尝与忠相见,诘验无实,为平所枉,疑下无辜者众。上曰:"建等未尝见平、忠,何故引之?"朗曰:"所犯不道,冀引建等以自明。"上曰:"若四侯无事,何不出之而轻系邪?"朗曰:"考之无事,恐海内发其奸者,故未奏之。"上怒曰:"吏持两端,巧为其辞,将下捶之。"朗曰:"愿一言而死。"上曰:"谁共作章?"朗曰:"臣独作之。"上曰:"何以不与三府议?"朗曰:"臣自知当族灭,不敢多污良善。"上曰:"何故族灭?"朗曰:"臣考事一年,不能穷尽奸状,(不)〔反〕为罪人讼㉕,自知无状,虽族灭不恨。夫陷人死地复无忧责,是以考一连十,考十连百。公卿每朝,陛下问得失,皆言天下之恶,祸及九族,陛下大恩,裁止于身,天下幸甚。归舍皆仰屋窃叹,虽口不言,指挥可知,皆谓多冤狱,莫敢言者。今建等无验,而陛下杀之,诚愿留神省察,得其情实,使刑者不怨,死者不恨。故臣冒死恳言,诚不敢为私。"上深纳朗言,自幸洛阳寺,出者千余人,天下即大雨。是时楚狱系者数千人,天子盛怒,吏治之急,自诬死者甚众。于是有司举能治剧者,以袁安为楚郡太守。安之郡,不入府舍,遥至狱所㉖,案验无实者,条上出之。府丞掾吏皆叩头争之,曰"不可"。安曰:"如有不合,太守当坐之,不以相及也。"遂别具奏。会帝感悟,即报许,得出四百余家。顷之,征入为河南尹,召入见,上问以考楚事,名簿甚备,安具奏对,无所遗失,上以为能也。问安本自何为官,对曰:"臣本诸生。"上曰:"以尹故吏也,何意诸生邪!"安为河南尹十年,号为严明,然未尝加罪鞫人。常称曰:"凡士学问,上欲望宰相,下则牧守。锢人于圣代,尹所不为也。"其下闻之,皆自激厉,名重朝廷。安字邵公,汝南(宛)〔汝阳〕人㉗。严重有威,州里敬之。为县功曹,奉檄〔诣〕从事㉘,从事因安致书于令。安曰:"公事邪,则有邮驿。今因功曹,是有私也。"辞不肯受,从事瞿然而止。举孝廉,为郎、谒者、阴平长、任城令,所在吏民畏而爱之。

夏五月,封故广陵王荆子六人为列侯。诏曰:"执金吾鲂侍卫历年,数进忠言,其还爵土,封为杨邑侯。"封窦融孙嘉为安丰侯。

十五年春二月庚子,令天下亡命赎,各有差。行幸彭城,止楚王馆,悲恸,左右百官凄然。

三月,行幸琅邪,及鲁,祠孔子及七十二弟子。幸东平、定陶,祠定陶恭王。夏四月,封皇子畅为汝南王、建为千乘王、羡为陈留王、衍为下邳王、昞为常山王、长为济阴王,徙重熹王党为乐(城)〔成〕王㉙。赐天下男子爵,人三级,民酺五日。上使越骑校尉桓郁、郎中张酺授太子经。二人朝夕侍讲,劝以经学。是时太子家颇为奢侈,酺每正谏,甚见严惮。会平阳公主薨,太子同生也,哀戚过礼。酺以为太子举措宜动合礼度,因是上疏曰:"臣伏见皇太子仁厚宽明,发言高远,卓然绝异,非人所能及也。今平阳公主薨,悲哀发中,形体骨立,恩爱恻隐,世希似是(见)㉚。臣愚浅不识大体,以为宜选名儒高行,以充师傅,问讯起居之日,太傅时赐宴,所以宣德音,以成圣德也。侍中丁鸿仁而有让,达于从政,谒者费恽资性敦笃,遵令法度,如并侍左右,必能发起微意,增广徽猷者也。"乙巳,大赦天下。

冬十一月乙卯,太白入于月。其占曰:"大将戮死,不出三年人主崩。"本志称:"昔庖牺氏之王天下,仰则观象于天,俯则观法于地。然则天地设位而星辰运度备矣。易曰:'天垂象,圣人则之。'星官之书,始自黄帝。至高阳氏,使南正重司天,北正黎司地。唐、虞之时,则(伏牺氏)〔羲和〕掌焉㉛。夏有昆吾,殷有巫咸,周有史佚,皆职典,预睹成败,以佐时政者也。秦燔诗、书,愚百姓,六经典籍残为灰烬，星官之书全而不毁。汉兴，司马谈父子以世家重黎氏之后，著天官书，班固序汉书，又有天文志。"(乙巳大赦天下)匈奴寇河西^㉜。

十六年春，天子遂前议，遣奉车都尉窦固、驸马都尉耿秉、太仆祭肜、渡辽将军吴常各将万骑击匈奴^㉝，出燉煌〔昆〕仑塞^㉞，击南呼衍王，出塞千五百里，到蒲类海，破白山，走呼衍王，斩首(十)〔千〕余级^㉟。秉出张掖居延塞，击匈林王，到沐楼山，度(莫)〔漠〕六百里余^㊱，绝无水草，得生口辞云："匈林王转北逐水草。"秉欲将轻骑追之，都尉秦彭止之而还。肜尝与南单于左贤王信出朔方高阙塞击温禹犊王于涿邪山，出塞九百余里，见小山，为信所误，云是涿邪(王)山^㊲，无所得而还。是时秉(烛)〔独〕有功^㊳，吴(尝)〔常〕抵罪^㊴，肜下狱免。肜性刚严，行道不与信相得，故为信所误。肜自恨无功，出狱数日，欧血死。敕其子曰："吾奉使不称，微功不立，身死惭恨，义不可以受赏赐。汝等赍兵马诣边，乞效死前行，以副吾心。"其子逢上疏陈肜遗言，上方任肜，闻之，嗟叹者良久。子参从击车师有功，迁辽东太守。乌丸、鲜卑追思肜不已，每朝京师，辄过拜肜冢，仰天号泣。肜字次孙，颍阳人。少孤，值更始之际，天下大乱，盗贼纵横，野无烟火。而肜常在墓侧，尽其哀心。贼每过，见其号泣不畏死亡，皆不犯也。后随从兄遵从世祖，世祖以肜为黄门郎，常宿卫左右。及遵薨无子，追伤之，以肜为偃师长，令附近遵墓，四时祀之。迁襄贲令，皆有名迹。诏书勉励，增秩一等，赐缣百匹。及在辽东，著绩北边。肜气勇过人，开弓三百斤。多恩信，善权略，士卒争为效力。永平初，胡夷内附，野无风尘，乃悉罢边兵，而征肜为太仆卿。肜在辽东十余年^㊵，无十金之资，天(下)〔子〕知其清^㊶。拜日，赐钱百万，马三匹，衣被刀剑，下至居家器物，无不备焉。每见，上辄嗟叹，以为可属以重任。尝谓左右曰："太仆，吾之御侮者也。"窦固之破白山，遣从事郭恂、假司马班超使西域。超到鄯善，鄯善王广事超礼敬甚备，一旦忽疏。超谓官属曰："宁觉广礼意益不如前日乎?"官属曰："胡人不能久，变无他故。"超曰："明者观于未萌，况兆已见。此必有北虏使来，故令其疑耳。"乃召侍胡逆问曰："匈奴使到日，何故不白?"侍胡怖恐，曰："到已三日，去此三十里。"超使闭侍胡，悉会所将吏士三十六人，大饮之。酒酣，超激怒之曰："卿曹与我俱在绝域，欲成大功，以求富贵。今虏使到才数日，而广礼意即废;如令鄯善收吾属送匈奴，骸骨弃捐为豺狼食。为之奈何?"官属咸曰："今既在危亡之地，死生从司马。"超复曰："丈夫不入虎穴，不得虎子。宁我图人，不为人所图。当今之计，独有夜围虏使，放火攻之，使不知我多少，震惊，可尽弥也^㊷。灭此虏，则鄯善破胆，功成事立矣。不然尽为所擒，悔将何及?"皆曰："当与从事议之。"超怒曰："从事文墨吏，闻此必恐而谋泄，谋泄为鄯善所吞，死而无益，非壮士也!"众曰："善。"超夜将吏士奔之，令十人持鼓，余皆兵弩，乃顺风纵火，击鼓大呼。虏惊走，超手杀三人，吏士斩首数十级，余悉烧死。明日，具告恂，恂大惊;又内恐超独擅其功。超曰："本与掾俱受任，此一家事，掾虽不行，超何心独擅之? 大小当共其祸福。"恂喜。超乃召鄯善王广示以虏使首，举国怖栗。超告以汉家威德，自今已后，勿复与北虏通。广叩头，乐属汉，无二心。超还入塞，奉虏使首诣固，固具上超前后功。诏以超为司马，赐布二百匹。遣超使于寘国，欲增益其吏士，超自请愿但将所从三十六人。超曰："于寘大国，且远。今欲出万死立

159

尺寸之功,虽将数百人往,无益于强。如有不虞,多益为累耳。"遂出塞。是时于窴王广德新破〔莎〕车(师)[43],生得其王,匈奴遣节使监护其国。超至于窴。于窴俗信巫,疑事辄巫决之。超到数日,广德以匈奴使在其国,礼意不备,未有定心。会巫言:"神怒,何故向汉?"属匈奴者言汉使有马,急取以祠神,神怒乃解。广德遣国相私来比白超,愿请马以祠神。超曰:"马可得,令巫自来受之。"有顷,巫到,超叱吏执之,遂断巫头,收私来比鞭笞数百,遣持巫头往责让广德。广德闻超前于鄯善诛虏使,纳其贡,恐怖,遂举兵攻杀匈奴使五十余人,降超。超重赐王以镇抚之,因留于窴竟冬。先是龟兹王建为匈奴所立,倚其威,(功)〔攻〕破疏勒[44],杀其王忠,诛贵臣,因立左侯兜题(所)〔以〕为疏勒〔王〕[45]。超令广德发专驿自到疏勒,去兜题所治盘(橐)〔橐〕城九十里[46],遣吏陈宪等往降之[47]。敕兜题本非疏勒种人,如不降,便劫之。宪既见兜题,无降意,又轻其单弱无备。宪遂前劫缚兜题,左右皆惊走,留二人守之。宪驰白超,超即往,悉召疏勒掾吏,告以龟兹为匈奴击疏勒,尽杀汝贵人而立兜题。兜题非汝本种,今汉使来,欲立故王种,为汝(降)〔除〕害[48],无得恐怖。众皆喜,超亦求索故王近属得兄榆勒立之,更名忠,国中大悦。超问忠及官属;"当杀兜题邪?生遣之邪?"咸曰"当杀之"。超曰:"杀之无益于事,当令龟兹知汉威德。"遂解遣之。疏勒由是与龟兹结怨,专心向汉。(起)〔超〕守盘(橐)〔橐〕城[49],忠据疏勒城。超字仲升,彪之少子也。俶傥不修小节,而内行甚谨,家贫,尝佣写书,投笔而叹曰:"丈夫当为傅介子、张博望立功绝域以取封侯耳,安能久执刀笔乎?"坐者笑之,〔超〕曰(超)[50]:"小子安知壮士之志哉!"行遇相者,谓超曰:"君布衣诸生耳,而相

160

法当封侯万里之外。"超问其故,相者曰:"君燕颔虎颈,飞而食肉,以此知之。"

秋七月,淮(南)〔阳〕王延谋反[51],徙为阜陵王,食二县。

九月丁卯,令〔死〕罪(死)囚徒非大逆无道,减死一等[52],徙(戎)〔戍〕边[53]。北海王睦薨,谥曰敬王。睦少好学,世祖器之。上为太子时,数侍宴会,入则谈论接席,出则游观同舆,甚见亲礼。是时法网尚疏,诸国得通宾客,睦不远千里交结知识,宿德名儒莫不造其门,睦虚己折节,以礼接之,由是名声藉甚。自为王后,法禁益峻,睦乃谢绝宾客,放心音乐。岁终遣使朝京师,睦召使者问曰:"朝廷设问寡人,大夫何辞以对?"使者曰:"大王忠孝慈仁,敬贤乐士。臣虽蝼蚁,敢不实对。"王曰:"吁,危我哉!是乃孤幼时进趋之行也。大夫其对以孤(宠)〔袭〕爵以来[54],志意衰堕,声色是娱,犬马是好。"使者受命而行。其抑绝名迹,深识机微如此。睦父靖王兴薨,悉推财产与诸弟,虽车服珍宝皆不以介意,有要,然〔后〕随〔以〕金帛赎之[55]。能属文,善史书,作春秋指义、终始论及赋颂数十篇。病临困,帝以驿马诏睦为草书尺牍十首。

十七年秋八月丙寅,诏宥武威、张掖、酒泉、燉煌囚系(交)〔右〕趾以下[56]。

冬十月,窦固、耿秉将万余骑(师)击车师[57],王请降。于是固奏置西域都护、戊己校尉。陈穆为都护,耿恭为戊己校尉,关宠为戊己校尉。恭屯金蒲城,宠屯折中城,相去千余里。恭乃移檄乌孙大昆弥,(宜)〔宣〕喻威德[58],皆遣使献马,求入侍天子。恭字伯宗,况之孙。性慷慨,多大略,好将帅之事。

十八年春二月,诏固等罢兵还京师。

三月,北匈奴左鹿蠡王将二万骑,率焉耆、龟兹来〔攻〕车师⑤,王安得死。焉耆、龟兹杀都护陈穆、副校尉郭恂⑥,遂攻金蒲城。耿恭令军士皆持满勿得发,告匈奴曰:"汉家神箭所中,创中皆沸。"于是乃发弩,皆应弦而倒,虏中矢者创中沸。大惊曰:"汉神可畏。"遂皆遁去。恭以疏勒傍有水,去王忠所据近,引兵居之。匈奴后来攻恭⑥,恭募先登士四十人出城,奔斩首数十级。匈奴乃相与议曰:"前疏勒王守此城,攻不能下,绝其涧水即降"。因绝涧水,吏士无饮,穷困至榨马粪汁饮之。恭于是城中穿井十五丈⑥,不得水,吏士失色,恭叹曰:"昔苏武困于北海,犹能奋节;况恭拥兵近道,而不蒙祐哉!闻贰师将军拔佩刀以刺山,而飞泉涌出;今汉神明,岂有当穷者乎!"乃整衣服向井再拜,为吏士祷水,身自率士挽笼。有顷,飞泉涌出,大得水,吏士惊喜,皆称万岁。于是将水以示虏,虏兵大惊而去。丁亥,令天下亡命者赎罪,各有(著)〔差〕⑥。

夏四月,赐天下男子爵,人三级;鳏、寡、孤、独、不能自存者粟,人三斛。

秋八月壬子,帝崩于东宫。遗诏不起寝庙,藏主于世祖庙更衣台。是日太子即皇帝位,年十八。壬戌,葬孝明皇帝于显节陵。

冬十月乙未⑥,大赦天下。赐男子爵,人二级;其为人父后者及三老、孝悌、力田,人三级;鳏、寡、孤、独、贫不能自存者粟,人三斛。以卫尉赵喜为太傅,司空牟融为太尉,录尚书事。戊戌,蜀郡太守第五伦为司空。伦字伯鱼,京兆长陵人。其先齐诸田,徙充园陵,宗族多,故以次第为氏。伦好黄、老,以孝行称。王莽末,天下兵起,宗族及闾里闻伦勇而有义,争往附之。伦相率厉坚垒壁,铜马、赤眉数十辈皆不能下。时米石万钱,人相食,伦独收养孤子、外孙,分粮共食,死生相守,乡里以此贤之。太守<u>鲜于褒</u>见而异之,署<u>伦</u>为吏。后<u>褒</u>坐事征,把<u>伦</u>臂曰:"恨相知晚。"会<u>盖延</u>为京兆尹,事多犯法,<u>伦</u>数谏争,不合,遂沉滞曹吏。顷之,<u>鲜于褒</u>左迁为<u>高唐</u>令。<u>伦</u>去吏,荷担往候<u>褒</u>,<u>褒</u>引<u>伦</u>升堂,属其妻子。复归县为啬夫。<u>伦</u>以久官不达,乃将家属客<u>河东</u>,变易姓字,自称<u>王伯春</u>⑥,常载盐往来<u>太原</u>、<u>上党</u>,每所止客舍,辄为扫除而去。道上号曰道士。久之,<u>鲜于褒</u>为谒者,从车驾至<u>长安</u>。时<u>阎兴</u>为京兆尹,<u>褒</u>言<u>伦</u>于<u>兴</u>,<u>兴</u>聘求<u>伦</u>,<u>伦</u>复出为郡吏。<u>伦</u>每读诏书,常叹曰:"(皆)〔此真〕圣主也⑥,当何由得一见也。"等辈笑之曰:"说将尚不下,安能动万乘邪?"<u>伦</u>曰:"未遇知己,道不同故耳。"举孝廉,除郎中,补<u>淮南王</u>医工长⑰,随王朝京师,官属得会见问,<u>世祖</u>因问政事,<u>伦</u>具言治道所宜,<u>世祖</u>大悦。明日复召,至日夕,<u>世祖</u>谓<u>伦</u>曰:"闻卿为吏捞妇公,不过从兄饭,宁有之邪?"<u>伦</u>对曰:"臣三娶妻皆无父。臣遭饥馑,米一石万钱,不敢妄过人饭。"<u>世祖</u>曰:"为市掾,人有遗卿母一个饼者⑱,卿从外来见之,夺母探口中饼出,信有之乎?"<u>伦</u>曰:"实无此。众人以臣愚蔽,故为生此语。"有诏拜<u>伦</u>为<u>扶夷</u>长,〔未〕至(苑)〔县〕⑲,迁<u>会稽</u>太守,为政清净不烦,化行于民。性节俭,虽为二千石,常衣布襦,自斩马草,妻子自炊。<u>会稽</u>俗信淫祀,皆以牛羊请祷。是以财尽于鬼神,产尽于祭祀。或家贫不能以时祷祀,至讳言牛不敢食其肉,发病且死先为牛鸣,其畏惧如此。<u>伦</u>乃禁绝之,掾吏皆请谏不可。<u>伦</u>曰:"夫建功立事在于为政,为政当信经义。经言淫祀无福,非其鬼而祭之,谄也。今鬼神而祭之,有知,不妄饮食于民间;使其无知,又何能祸人?"遂移书属县,晓喻百姓,民不得有出门之祀,〔违〕者案论之⑳,有屠牛辄行罚。民初恐怖,颇摇动不安,伦敕之逾急,后遂断绝,百姓遂以安业。永平中,坐事征,百姓老小阗府门,皆攀车啼呼。朝发,至日中,才行五里。伦乃止亭舍,密乘舩去。吏民上书守阙千余人。是时上方案梁松事,多为讼冤者。上患之,有诏公车诸为梁氏及会稽太守书,皆勿受。伦免归田里,躬耕以自给。起家守宕渠令,迁蜀郡太守。蜀地肥饶,民多富实,掾吏官属皆鲜车肥马。伦欲革化之,乃举贫而有志者,多至九卿、郡守,名为知人。上新即位,伦以远郡入为三司,举清能也。初,耿恭被围,明帝怒甚,将遣兵救之,师未出而帝崩。匈奴闻中国有丧,遂复围之。粮尽,乃煮弩筋食之。恭与士卒同厉以恩义,皆无二心。匈奴遣使谓恭曰:"空于城中饿死,为何不早降?降者封为白屋侯⑦,妻以子女。"恭手剑杀其使。相拒数月,(使)〔吏〕士消尽⑦。戊己校尉关宠上书求救,事下公卿。司空第(伍)〔五〕伦以为不可救⑦。司(空)〔徒〕鲍昱以为⑦:"使人于死亡之地,有急如弃之,外示弱戎夷,内伤死难之臣。此际若不救之,后或边上有警,陛下如何使人也?又戊己校尉才十数人,匈奴围之,数十日不下,是其弱效。兵家先名后实,可令燉煌、酒泉太守各将精骑,多其幡帜,倍道兼行以赴其急。匈奴疲困之兵必走。"〔帝然之。乃遣〕征西将军耿秉屯酒泉⑦,发燉煌、酒泉兵击车师。甲辰晦,日有蚀之。天子避正殿,不听事。诏曰:"朕以眇年,奉承宗祖,不能聿修洪业,以致灾眚。思惟厥咎,在予一人。又群司百僚其勉修所职,各言其封事,靡有所讳。"是岁,兖、豫、徐州民被水旱灾害,令勿收田租,以见谷廪赐贫民焉。

校勘记

① 乃发使随众〔还〕　从南监本、龙溪本、学海堂本改。

② (渡)〔度〕辽之众　从学海堂本改。

③ 荆(为)〔谓〕相工曰　从南监本、龙溪本、学海堂本改。

④ 贵盛为宗族患　后汉书樊宏列传作"但以贵宠过盛，即为祸患"。

⑤ 儵病患(因)〔困〕　从龙溪本、学海堂本改。

⑥ 郴梵〔为郎梵〕谨于言行　从陈澧校、后汉书樊儵列传补。

⑦ 臣丑陋〔貌〕寝　从南监本、龙溪本、学海堂本补。

⑧ 夏(日)〔四〕月　从南监本、龙溪本、学海堂本改。

⑨ 乃诏有司(甲)〔申〕旧章　从南监本、龙溪本、学海堂本改。

⑩ 融字子(夏)〔优〕　从后汉书牟融列传改。

⑪ 冬十月甲辰晦　"甲辰"，后汉书明帝纪作"壬辰"。

⑫ (有)〔存〕恤鳏寡　从龙溪本、学海堂本改。

⑬ 济南王安康　后汉书光武十王列传作"济南安王康"。

⑭ 诣彭城　后汉书光武十王列传作"诣国相"。

⑮ 洁(齐)〔斋〕三月　从后汉书光武十王列传改。

⑯ 〔赐〕汤沐邑五百户　从后汉书光武十王列传补。

⑰ 西域天竺　后汉书光武十王列传作"西域天竺国"。

⑱ 汉言息(心)〔也〕　从学海堂本改。

⑲ 以至无(为)〔生〕而得为佛也　从后汉书光武十王列传改。

⑳ 黄金〔色〕　从南监本、龙溪本、学海堂本补。

㉑ 〔陛下所梦得无是乎〕　从后汉书光武十王列传补。

㉒ (而)〔于是遣使天竺〕问其道术　从后汉书光武十王列传改补。

㉓ 灌泽侯刘鲤曲成侯窦建　后汉书寒朗列传作"护泽侯邓鲤、曲成侯刘建"。

㉔ 御史(寒)〔卷〕朗治其狱　从学海堂本改。通鉴考异云：范书作"寒"。陆龟蒙离合诗云："初寒朗咏徘徊立"。袁纪作"謇"。按今日有謇姓，音"件"。与袁纪合，今从之。

㉕ (不)〔反〕为罪人讼　从龙溪本、学海堂本改。

㉖ 遥至狱所 后汉书袁安列传作“先往案狱”。

㉗ 汝南(宛)〔汝阳〕人 从后汉书袁安列传改。按宛属南阳。

㉘ 奉檄〔诣〕从事 从后汉书袁安列传补。

㉙ 党为乐(城)〔成〕王 从后汉书明帝纪改。

㉚ 世希似是(见) 从陈璞校删。

㉛ 则(伏牺氏)〔羲和〕掌焉 从南监本、龙溪本、学海堂本改。

㉜ (乙巳大赦天下) 句重出,删。

㉝ 祭肜 “肜”,后汉书卷二〇作“彤”。

㉞ 出燉煌〔昆〕仑塞 从钮永建校补。

㉟ 斩首(十)〔千〕余级 从南监本、龙溪本、学海堂本改。

㊱ 度(莫)〔漠〕六百里余 从龙溪本改。

㊲ 涿邪(王)山 从后汉书祭肜传删。

㊳ 是时秉(烛)〔独〕有功 从南监本、龙溪本、学海堂本改。

㊴ 吴(尝)〔常〕抵罪 从南监本、龙溪本、学海堂本改。

㊵ 肜在辽东十余年 “十余年”,后汉书祭肜列传作“几三十年”。

㊶ 天(下)〔子〕知其清 从后汉书祭肜列传改。

㊷ 可尽弥也 后汉书班超列传作“可殄尽也”。

㊸ 新破〔莎〕车(师) 从后汉书班超列传改。

㊹ (功)〔攻〕破疏勒 从学海堂本改。

㊺ 因立左侯兜题(所)〔以〕为疏勒〔王〕 从学海堂本改。

㊻ 去兜题所治盘(囊)〔槖〕城 从南监本、龙溪本、学海堂本改。

㊼ 遣吏陈宪等往降之 后汉书班超列传作“逆遣吏田虑先往降之”。

㊽ 为汝(降)〔除〕害 从南监本、龙溪本、学海堂本改。

㊾ (起)〔超〕守盘(彙)〔槖〕城 从南监本、龙溪本、学海堂本改。

㊿ 〔超〕曰(超) 从龙溪本、学海堂本乙正。

(51) 淮(南)〔阳〕王延谋反 从后汉书明帝纪改。

(52) 令〔死〕罪(死)囚徒 从后汉书明帝纪乙正。

㊼ 徙(戎)〔戍〕边　从南监本、龙溪本改。

㊴ 对以孤(宠)〔袭〕爵以来　从后汉书宗室四王三侯列传改。

㊵ 有要然〔后〕随〔以〕金帛赎之　从南监本、龙溪本、学海堂本改。

㊶ 系(交)〔右〕趾以下　从后汉书明帝纪改。

㊷ 将万余骑(师)击车师　从学海堂本删。

㊸ (宜)〔宣〕喻威德　从南监本、龙溪本、学海堂本改。

㊹ 来〔攻〕车师　从陈璞校补。

㊻ 杀都护陈穆　"穆"，后汉书耿弇列传作"睦"。

㊽ 匈奴后来攻恭　"后"，后汉书耿弇列传作"复"。

㊾ 恭于是城中穿井　后汉书耿弇列传无"是"字。

㊿ 各有(荖)〔差〕　从南监本、龙溪本、学海堂本改。

64 冬十月乙未　"乙未"，后汉书章帝纪作"丁未"。

65 自称王伯春　后汉书第五伦列传作"自称王伯齐"。

66 (皆)〔此真〕圣主也　从南监本、龙溪本、学海堂本改。

67 补淮南王医工长　后汉书第五伦列传作"淮阳国"。

68 遗卿母一个饼者　"个"，后汉书第五伦传李贤注引华峤书作"筒"。

69 〔未〕至(苑)〔县〕　从学海堂本改。

70 〔违〕者案论之　从龙溪本、学海堂本补。

71 白屋侯　后汉书耿弇列传作"白屋王"。

72 (使)〔吏〕士消尽　从南监本、龙溪本、学海堂本改。

73 第(伍)〔五〕伦　从南监本、龙溪本、学海堂本改。

74 司(空)〔徒〕鲍昱　从龙溪本、学海堂本改。

75 〔帝然之乃遣〕征西将军耿秉　从后汉书耿弇列传补。

后汉纪　孝章皇帝纪上 卷第十一

　　建初元年春正月,燉煌太守王遵、酒泉太守(殷)〔段〕彭将兵五千人破车师①。耿恭遣吏范羌迎军资于燉煌,羌还,与大军俱西。及车师破,诸将欲还,羌请迎恭,诸将不肯。羌固请之,乃分兵二千人,至疏勒城。城中夜闻兵声,以为虏至,皆恐。羌呼曰:"我范羌也。汉兵来相迎。"恭等皆称万岁。乃开城门,恭见,悲喜垂涕相持。明日,随军俱还燉煌,吏士余十三人。关宠病死,以丧归。西域遂绝。恭至,司徒鲍昱以恭节过苏武,宜蒙爵土之赏。不从。上拜恭为骑都尉。先,恭未还,恭母亡,自恨不得亲饭唅,追行丧服。诏使五官中郎将马严以牛酒释恭服。初,班超与疏勒城王忠首尾,吏士单少,徒以恩义相抚,数岁,几为龟兹所得。及西域没,超孤绝,有诏召超。超发,疏勒都尉黎弇以刀自刺(之)〔曰〕②:"汉(土)〔使〕弃我去③,势不能白首,当复为龟兹所屠。诚不忍见汉使去,故先自杀。"超到于阗,王侯以下涕泣,抱持超马〔曰〕④:"依汉如父母,诚不可去。"超度于阗终不听其东,又毕成本志,乃复从于阗还疏勒。超去后而两城降龟兹,超收捕反者斩之,疏勒复安。是时天小旱,谷贵民饥。丙寅,诏曰:"比年饥旱,民频流亡,朕甚惧之。公卿、二千石各推精诚,专以民事为急。罪非殊死,且勿案验,立秋如故事。有司明慎选举,进柔良,退贪残,顺时令,理冤狱。'五教在宽',帝典所美;'恺悌君子',大雅所叹。露布天下,使明知朕意。"于是旱甚,上问司徒鲍昱曰:"将何以复灾?"昱曰:"臣闻圣人治国,三年有成。陛下即位,未久就政,有得失未足致异。虽修礼乐,崇德教,亦足以移风。臣前为汝南太守,典治楚事,但汝南一郡系者千余人,恐未能尽当其罪。先帝定大狱一起⑤,冤者过半。又诸徙家骨肉离散,孤魂不祀,骸骨流离,死生被毒。一人呼嗟,王道为亏。宜一切还诸徙家〔属〕⑥,使生者悦怿,死者得归,兴灭继绝,和气可致。"上从之。即诏坐楚、淮阳事徙者,令归本郡。

袁宏曰:夫物有方,事有类,阳者从阳,阴者从阴,本乎天者亲上,本乎地者亲下,则天地人物各以理应矣。故于其一物是亏其气,所犯弥众,所以寒暑不调,四时失序,盖由斯也。古之哲王,知治化本于天理,陶和在于物类。故道之德礼,威以刑戮,使赏必当功,罚必有罪,然后天地群生穆然交泰。故斩一木,伤一生,有不得其理,以为治道未尽也,而况百姓之命乎!夫致之也有物,则病之也必深;化之也有由,则禳之也有术。是以炎夏余虐以成水旱之灾也,尧、汤暂抚足免黎民之患。由斯观之,自三代以下,刑罚失中,枉死无辜,几将半。而欲阴阳和调,水旱以时,其可得乎!若能宽以临民,简以役物,罚惧其滥,虽不能万物调畅,同符在昔,免夫甚泰之灾固远矣。

三月丙午,隐强侯阴博坐骄溢,胶东侯贾敏坐不孝,皆免为庶人。甲寅,山阳、东平地震。诏三公、二千石举贤良方正、能直言极谏之士各一人。

夏四月丙戌，诏曰："盖褒德赏功，兴亡继绝，所以昭孝事亲，以
旌善人。故仁不遗德，义不忘劳，先王之令典也。故特进胶东侯佐
命河北，列在元功。卫尉阴兴忠贞爱国，先帝休之。今兴子（辅向）
〔博〕、复孙敏顽凶失道⑦，自陷刑以丧爵土，朕甚怜之。其封复子
邯为胶东侯，兴子员为隐强侯。"

秋七月辛亥，诏以上林（两御）〔池籞〕田〔赋〕赐鳏、寡、贫穷不
能自存者⑧。

冬十一月，阜陵王延与子男鲂等谋反。延奢泰骄佚，待下严
刻。永平中，有上书告延谋反者，辞所连及，坐死徙者甚众。有司
奏诛延，明帝以至亲不忍，徙阜陵王。延因以见侵，怨望，至是复有
告延与子男鲂等谋反者。有司〔请〕槛车征延诣廷尉⑨，帝不听。
诏贬延为阜陵侯，赦鲂等罪，一切勿治。延在国，谒者一人当监护，
不得与吏民通。司空长史江革为五官郎将，每朝会，天子常（自）
〔目〕礼之⑩。时（又）〔有〕疾⑪，不会，辄令太官送殽醳，恩宠莫与为
比。于是京师贵戚卫尉马廖、侍中窦宪等慕其行，各奉书致礼。革
畏慎，一无所受，上益善之。革字次伯，齐国临淄人也。居家专心
于孝养，不为修饰之行，务适亲意而已。尝自为母炊爨，不任妻子。
每至岁时当案比，革以母老不欲劳动，自在辕中挽车，不用牛马，由
是乡里称之曰"江巨孝"。太守尝以礼召之，〔以〕母老不应⑫。及
母卒，哭泣不绝声，常寝冢庐，服竟，不忍除。太守遣掾释服，固请
以为吏。举孝廉为郎，补楚太仆。月余，自劾去。楚王英驰遣官属
追之，遂不肯还。复使中傅赠送，辞不受。既为中郎将，复上书乞
骸骨，转谏议大夫，告归，遣子免诣阙谢病笃。天子思革笃行，诏齐

相曰："谏议大夫**江革**，前以病归，今起居如何？夫孝，百行之〔本〕冠[13]，众善之始也。国家每惟忠孝之士，未尝不及**革**也。县以见谷千斛赐'巨孝'。（尝）〔常〕以八月长吏存问[14]，致羊一头、酒二斛，终身以显异行。如有不幸，祠以中牢。"由是"巨孝"之名行于天下。**庐江毛义**以孝行称，**南阳人张奉**慕其名，故往候之。坐定而府檄适至，以**义**为守令，**义**喜甚，动于颜色。**奉**者，志尚士也，心贱之，自恨来，固辞去。**义**母死，弃官行服，进退必以礼，贤良公车征，皆不至。**张奉**叹曰："贤者之心，故不可测。往日之喜，乃为亲也。所谓家贫亲老，不择官而仕也。"天子闻而嘉之，赐谷千斛。八月，长吏问起居，加赐羊酒。**汝南薛苞**[15]，字孟尝，丧母，以至孝闻。后母憎**苞**，出令别居。**苞**日夜号泣，不肯去。被欧打，不得已，庐住门外，旦夕洒扫进养。父怒之，又庐于里头，晨昏不废。积岁，父母惭而还之。后行六年服，丧过其哀。而弟子求出居，**苞**不能止，乃中分财，奴婢引其老者，曰："与我共事久，若不能使也。"田庐取其荒者，曰："吾少时所治，意所恋也。"器取朽者，曰："我服之久，身所安也。"征拜侍中。**苞**性恬虚，以死自乞，有诏听焉，礼如**毛义**。

　　华峤曰：**孔子**称"孝莫大于严父，严父莫大于配天，则**周公**其人也"。**子路**曰："伤哉，贫也！生无以养，死无以葬。"子曰："啜菽饮水，孝也"，钟鼓非乐云之本，而器不可去；三牲非孝养之主，而养不可废。夫务器而忘本，乐之过也；崇养以伤行，养之累也。故定以道养，**周公**之礼，致四海之祭；定以义养，则**仲由**之粥，无骄慢之性。夫患啜菽粥之粗，千禄以求养，是以禄亲也。孜孜于致孝，孝成而禄厚者，此能以义养也。**孔子**称"孝哉**闵子骞**，人不间于其父母兄弟之言。"言其孝皆合于道，莫可复间也。先代**石氏**父子称孝，子**庆**

相齐,人慕其言而治此,殆所谓孝乎!"惟孝友于兄弟,施于有政,是亦为政也"。若二子者,推至诚以为行,行信于心而感于人,以成名受禄,可谓能孝养也。

二年夏四月,徙羌降者于河东。封汝南王舅阴堂为西陵侯,楚王英子五人为列侯,勿置(于不得臣)〔相臣吏人〕[16]。戊子,有司依旧典,奏封诸舅。太后诏曰:"有旧典,舅氏一人封也。吾非谦而不为,诚昧(有)〔所〕可耳[17]。今水旱连年,民流满道,至有饿馁者。而欲施封爵,上行之为失政,臣受之为丧躯,不可明矣。先帝尝言'诸王财令半楚、淮阳,吾子不当与光武帝子等'。今何以马氏比阴氏乎!且阴卫尉天下称之,省中御者出,不及履而至门,此蘧伯玉之敬也,又有好贤下士吐握之名;(亲)〔新〕阳侯虽刚强[18],微失理,然有方略,据地谈论,一朝无双;原鹿贞侯勇猛诚信:此三人者,天下选臣岂可及哉!马氏不及阴氏远矣。吾不才,夙夜累息,常恐亏先后之法,有毛发之罪,吾不释也。言之不舍昼夜,而亲属犯之不止,治丧起坟,又不时觉,是吾言之不立,耳目之塞也。吾万乘主,身服大练,食不求甘,左右旁人无香薰之饰,但〔著〕布帛[19],如是者欲以身率服众也。以为外亲见之,当伤心自刻,但发笑言太后素好俭。前过濯龙门上,见外家车如流水马如龙。吾亦不遣怒之,但绝其岁用,冀以默愧其心,而犹骄怠,无忧国忘家者。知臣莫若君,况亲属乎?"上固请封之,太后诏曰:"吾反覆念之,欲令两善。岂徒欲获谦虚之名,而令帝受不外施之(恩)〔嫌〕哉[20]!窦太后欲封皇父,(曲周)〔条〕侯言高祖要无军功[21],非刘氏不封。今马氏无功于汉,不得与阴、郭中兴之后等也。今辇毂下民,食不造岁,汤火之忧也。奈何欲以此时封爵舅氏,令吾无面目于园陵,而令帝不知稼穑之艰难，不可明矣。吾（巨）〔惧〕富贵重叠㉒，若再实木，根必伤也。且人所以欲封侯者，欲以禄养亲，奉祭祀，身温饱也。祭祀则受太官之赐，其身则御府之余，尚未足邪，而必当一县封乎？吾计之熟矣，勿有疑。至孝之行，安亲为上。今遭变异，谷价数倍，忧惶昼夜，坐起不安，而欲违慈母之拳拳！吾素刚急，有胸中气，不可不慎。子之未冠由于父母，已冠成人则〔行〕子之志㉓。念帝人君也，吾以未逾三年之故，自吾家族故得专之。穰岁之后，行子之志。吾但当含饴弄孙，不能复知政。"于是止，不封。初，<u>明帝</u>寝疾，<u>马防</u>为黄门郎，参侍医药。及太后为<u>明帝</u>起居注，削去<u>防</u>名。上即位，太后诏<u>三辅</u>诸马婚亲，有嘱托郡县干乱吏治者，以法闻。<u>防</u>等治母丧，起坟逾制度，太后以为言，即时削（灭）〔减〕㉔。自后诸王、公主家莫敢犯者，率相效以素，被服如一，上下相承，不严而化。太后置织室于<u>濯龙</u>中，内以自娱，外以先女功。衣大练，御者秃裙不缘。诸主家朝请，望见后袍极粗疏，反以为侍婢之数，就视，乃非。人知者莫不叹息。是时<u>廖</u>为卫尉，<u>防</u>为城门校尉，<u>光</u>为越骑校尉。<u>廖</u>等皆好施爱士，藉以（各）〔名〕势㉕，宾客争归之。言事者多以为讥，虽天子亦不善也。

　　秋，<u>卢水羌</u>反，以城门校尉<u>马防</u>行车骑将军，与<u>长水</u>校尉<u>耿恭</u>率师征之。司空<u>第五伦</u>谏曰："臣愚以为贵戚可封侯富之，不当豫于国事。何者？有过绳以法则负下㉖。窃闻<u>马防</u>当西征，臣诚以<u>防</u>亲舅，皇太后慈仁，脱有纤芥之难为意，此陛下之忧。"不从。<u>防</u>遂出征，大破<u>羌</u>。<u>恭</u>到<u>陇西</u>，上言"宜令车骑将军<u>防</u>屯<u>汉阳</u>以为威重。昔安封侯<u>窦融</u>怀集<u>羌</u>、<u>胡</u>，闻其欢心，子孙于今乐闻<u>窦</u>氏。大鸿胪<u>固</u>前击<u>白山</u>、<u>卢水</u>，闻<u>固</u>至，三日而兵合，卒（剋）〔克〕<u>白山</u>、<u>卢</u>

水㉗，固之力也。宜复遣固奉大使"。又荐"临邑侯刘复素好边事，明略卓异，反以微过归国。宜令以功自效，令复将乌桓兵，所向必克"。由是忤于防。防令谒者李谭奏恭不忧军，被诏怨望。征下狱，免官〔归〕本郡㉘。上欲为原陵、显节陵（致国）〔置园〕㉙。于是东平王苍上疏谏曰："臣窃见光武皇帝躬俭约之质，睹终始之分，初营寿陵，且遵古制。孝明皇帝大孝不违，奉而行之，不敢有所加焉。至于自奉之礼尤为俭约，谦谦之美于斯为盛。臣愚以为园邑之兴，由秦以来，非古之制。〔古者〕丘陇且不欲其著明㉚，岂况郭郭哉！上违先帝之心，下造无益之功，虚费国用，动摇百姓，非所以致和气，祈丰年也。又以吉凶之教言之，（俗）〔亦〕不欲无故缮修丘墓㉛，〔有〕所（有）兴起㉜。考之古法则乖礼典，稽之时宜则违民欲，求之吉凶未见其福。陛下追考祖祢，思慕无已，诚恐左右过议，以累圣心。臣苍诚伤二帝之美，不畅于无穷也。"帝雅敬苍，从之而止。

　　三年春正月己酉，大赦天下。诏东平王曰："闻于师曰：'其物存，其人亡，不言哀而哀自至。'惟王孝友之性，岂不（能）〔然〕哉㉝！今以光烈皇后衣一箧遗王，可时礼瞻，以慰凯风寒泉之思，又令后生子孙得见先后衣服。迄今鲁国孔氏，犹有仲尼衣车，明德盛者光灵远也。京都子孙亦各得一箧。光武皇帝衣以赋诸国，故不复送。"乙卯，广平王、钜鹿王、乐成王就国。

　　三月癸巳，立皇后窦氏。赐天下男子爵，人二级；三老、孝悌、力田人三级；鳏、寡、孤、独、贫不能自存者粟，人五斛。窦后，勋女也。勋尚沘阳公主，生四男二女，男宪，次景、笃、瓌及后。有容貌才能，帝闻之，数以问诸家。及后〔与〕女弟随沘阳主入见长乐宫^㉞，进止得适，人事修备，奉事太后，下及侍御，贡御问遗，皆得其欢心。太后异之，上可意焉，遂〔召〕入掖庭^㉟。后性敏给，称誉日闻。太后缘上意，乃立为后，专后宫。追爵谥勋为安成思侯，宪兄弟亲幸，并侍宫省，赏赐日盛。自马氏侯及王主亲家，莫不畏惮。宪乘势放纵，夺沁水公主田。主畏宪，不敢争。左右莫敢言。上尝幸公主第，问以田事，宪托言借之。后上知焉，大怒，诏以田还主，切责宪曰："此何异指鹿为马，久念使人惊怖。昔先帝每以舅氏田宅为言，而宪反夺贵主田，何况小民哉！难雕之人不可汲引，吾捐弃汝等如孤雏腐鼠尔！"皇后毁服谢，良久乃解。由是帝不大受以位，唯宪至侍中、虎贲〔中〕郎将^㊱；〔焉〕〔笃〕、景、瓌皆黄门郎^㊲。

秋八月辛巳，行车骑将军防还京师，车驾亲幸其第，后加赏赐。上美防功，令史官为之颂，(不)〔又〕使防岁举吏二人^㊳。

冬十二月丁酉，以行车骑将军、城门校尉如故，位逾九卿，班同三府，置(援)〔掾〕吏十人^㊴。上欲令卫尉马廖朝会，居防上，将以优廖也。辞曰："朝廷以爵，王道所由，黜陟之序，子得先父。大臣列国之纲纪，今以一臣乱朝廷，臣不敢当也。"是岁，班超率疏勒诸国破姑墨城，上书求助："臣窃见先帝欲开西域，〔置〕校尉^㊵，计思虑十有余年，乃发大策，北击匈奴，西使诸国。于是鄯善诸国咸愿尽力，破灭龟兹，平通〔汉〕道^㊶。若为百分西域，未得其一。臣诚愿弃身旷野，竟卒圣朝本志。昔魏绛以晋大夫和集诸戎，况臣乘圣汉之威，万死之志，冀必立铅刀一割之用。前世议者皆曰取三十六国，号为斩匈奴右臂，遂定西域。于今诸国西至日所入，莫不向化，各奉国珍，前后不绝，唯独焉耆、龟兹未服从。臣初与官属三十六人在疏勒，更遭厄难，今已五岁矣，大小皆言'依汉与天等'。以是效(臣)之⁴²,能通葱领,葱领通则龟兹可伐。今宜拜龟兹侍子白霸为其国王,以步骑数百送之,与诸国连兵,岁月之间,龟兹可擒。今来四月到疏勒,臣请于阗、莎车、疏勒兵击蛮夷,计之上也。臣区区,窃幸西域平定,陛下举万年之觞,布大喜于天下。"天子览超奏,知西域〔功〕可成⁴³,议欲给超兵卒。平陵人徐幹等素善超,上疏愿奋身佐超。上以幹为假司马,将弛刑及义从千人诣超。

四年春二月庚辰,太尉牟融薨。上痛惜,亲自临丧,赠赐出于丰厚。时融长子归田里,上以其余子多小,恐其丧有阙也,乃使太尉掾吏教其威仪。初,光武勤治,孝明好吏事,风声相劝,俗颇苛刻。司空第五伦以为政化之本,宜以宽和为先。及上即位,崇宽而多恕,于是伦上疏褒称,因以讽曰:"陛下即位,以宽临下,举贤良,选宽博,圣明殊绝,非群下所能及。诏书每下,务宽和而政急不解,欲节俭而奢泰不止,咎在俗弊,臣下不称故也。臣闻为政三年有成,必世而后仁。光武皇帝承王莽之后,加严猛为政,因以成俗。是以郡国所举,皆多办职俗吏,不应宽博之选。臣闻'其身不正,虽令不从',是以从上之行,不从其言,故曰以身教者(讼)〔从〕⁴⁴。今但进仁贤节俭者,不过数人,则俗必自化,由形直者则影不得曲矣。臣所以尝恳恳欲行宽和者,书记秦以酷急亡,王莽亦以苛法自灭,臣以为大戒。夫阴阳和则岁丰,君臣同则化成,刺史、太守以下初拜京师及道出洛阳者,宜皆召见,可以博观四方,因以察其人。诸上书言事,有不合者,但报归田里,不宜(加)过〔加喜〕怒⁴⁵,以明在宽。"

夏四月戊子,立皇子庆为皇太子。赐天下爵,人二级;三老、孝悌、力田人三级;鳏、寡、孤、独、贫不能自存者粟,人五斛。己(巳)

〔丑〕⑯,灵寿王恭为彭城王,常山王炳为淮南王,汝南王畅为梁王。辛卯,封皇子伉为千乘(令)〔王,全为〕平春王⑰。癸卯,封车骑将军防为顺阳侯,卫尉廖为颍阳侯,执金吾光为亲汲侯。廖等既受封,上书让位,天子许焉,皆以特进归第,于是窦氏始贵。司空第五伦上疏曰:"当今〔承〕百王之弊⑱,人民(又)〔文〕巧⑲,咸趣邪路,莫能守正。虎贲将军窦宪,椒房之亲,出入省闼,年盛志美,卑谦乐善,此其好士之风也。然诸出入贵戚者,率皆疵瑕,禁固州县,无守(纳)〔约〕安贫之节⑳,希求进苟得之志,更相扇动,浮誉成雷,盖骄佚所从生也。三辅议者,至云以贵戚〔废锢,当复以贵戚〕浣濯之㉑,犹解酲当以酒也。险陂趋势之徒,诚不可亲。臣愚愿陛下中宫严敕宪闭门自守,无妄交通士大夫,防其未萌,虑于无形,令宪永保福禄,君臣交欢,无纤介之隙。此臣之愿也。"伦志在奉公,言事无所隐。诸子或时谏止,辄叱遣之。每上事,自为草,不复示掾吏。民或奏记,辄便封上之,曰:"臣任重忧深,不能出奇策异谋,吏民责让臣者多谨,并封上。"其无私若此。然少蕴藉,不修威仪,以此见轻。甲戌,司徒鲍昱为太尉,南阳太守桓虞为司徒。虞字仲春,左冯翊万年人也。初为鲁令,以父母老,去官。二亲既终讫,乃仕。稍迁南阳太守,表贤黜恶,校练名实,豪吏无所容其奸,百姓悦之。(为)〔自〕建武以来㉜,太守名称无及虞者。及为三公,无他异政。

六月癸丑,皇太后马氏崩。

秋七月壬戌,葬明德皇太后。

八月甲午,诏曰:"贾贵人者奉侍先帝,劬劳帷幄。建初之后,以至亲供养长乐宫,昏定晨省,夙夜匪懈。今赐贵人赤绶,安车一驷,永巷宫人二百,御府杂帛二万匹,大司农黄金千斤,钱二万。

（诏）〔朕〕既早离皇太后^㊳，幸复承子道，中心依依，昊天罔极。"贵人南阳人，明德马后姊子也，以选入宫为贵人，生章帝。马后无子，母而养之。明帝谓马后曰："人未当自生子也，但患养之不勤，爱如己子则爱敬如亲生矣。"于是马后遇帝〔厚，帝〕感养育之恩^㊴，遂（帝）名马氏为外家^㊵，故（马）〔贾〕氏不蒙舅氏之宠^㊶。

　　袁宏曰：夫刚健独运，乾之德也；柔和顺从，坤之性也。是以制教者本于斯，男有专行之道，女有三从之义。君尊用专，故人子不加爵于其父；履柔体顺，故国君可得崇礼于其母，古之道也。能封贾氏之号，不尽名称之极，求之典籍，异乎春秋之义也。

　　是秋，诏儒会白虎观，议五经同异，曰白虎通。

　　五年春二月庚辰朔，〔日有食之。〕^㊷诏曰："朕新离供养，罪恶著众，上天降异，止于朕躬，非群司之咎，其咎朕而已。公卿能极谏朕之过失者，各举一人。岩穴之德为先，勿取浮华。"是时用永平故事，吏治尚严，尚书决事类近于重。尚书陈宠上疏曰："臣闻先王之政，必以刑罚为首，咨叹相戒者，重刑之至也。往者治狱严明，以刑奸慝，奸慝既平，宜济之以宽。陛下即位，率由此义，数诏群寮，弘崇晏晏。而有司执事，未悉奉承，治狱者急于榜格，执宪者烦于诈欺，或因公行私以骋威福，违本离实，捶楚为奸。夫为政犹张琴瑟，大弦急者小弦绝。故子贡非臧孙之行猛，而美郑（乔）〔侨〕之仁政^㊸。诗云：'不刚不柔，布政优优。'方今圣德充塞，照于上下，宜因此时隆先圣之务，荡涤烦苛，轻薄捶楚，以祐苍生，广至德也。"帝纳宠言，每事务于宽厚，其后遂诏有司禁绝惨酷之制五十余事。宠性周密，时有所表荐，手书削草，人不得知。尝称人臣之义，苦不能慎。自在枢机，谢遣门人不复教授，绝知交，惟在公家。朝廷器之。

皇后弟窦宪侍中,贵幸。宪荐真定张林为尚书,上以问宠。对曰:
"林虽有才能,而行贪秽。"宪深以恨宠,而上竟征用林,卒以赃污
抵罪。

夏五月戊辰,太傅赵喜薨。是时承平久,宫室台榭渐为壮丽,
扶风梁鸿作五噫歌曰:"陟彼北邙兮,噫!览观帝京兮,噫!宫室
崔嵬兮,噫!民之劬劳兮,噫!寮寮未央兮,噫!"上闻而非之,求索
不得。鸿乃逃会稽,依大家皋伯通,以赁春为事。其妻息具食于鸿
前,不敢失。伯通知其贤,以客礼待之。鸿当门吟咏,著书十余篇。
鸿病困笃,与伯通及会稽大夫语曰:"昔延陵季札葬子于(赢)
〔嬴〕、博之间[39],不归其乡里,慎勿令我妻子持尸具柩去。"众曰:
"要离古之烈士,今伯鸾之清高,可令相近。葬要离墓旁,子孙归扶
风。"鸿字伯鸾,高抗不群。初,扶风世家多慕其名,欲以女妻之,被
服华丽,鸿甚恶之。后乡里孟氏有女容貌丑而有节操,多求者,女
不肯往,至年三十无嫁处。父母问其所欲,曰:"得贤如梁伯鸾者可
矣"。父母曰:"伯鸾清高,汝安能称之哉?"后鸿闻而求之,遂许
焉。为服毕,女求作布衣麻履,及织作之具。乃衣新妇衣,入门积
七日,鸿不答。妇跪床下曰:"窃闻夫子高义,曾逐数妇,而妾亦偃
蹇数夫,故来归夫子,而不见采择。"鸿曰:"吾欲得裘褐之人,可与
俱隐深山尔。今若乃衣绮缟,〔傅〕白黑[60],岂梁鸿所愿者哉!"于是
妇对曰:"妾恐夫子不愿尔。妾有隐居之具。"乃起椎髻,衣布,操
作具而前。鸿大悦曰:"此真梁鸿之妻也。能成我矣!"字之〔曰〕
德耀[61],〔名〕孟光[62]。无几何,妻曰:"常闻夫子欲隐居避世,不欲荣
爵,以致忧患,今何其嘿嘿也? 得无欲低头就之邪?"鸿曰:"诺。"
乃相随之霸陵山,耕耘织作,以供衣食,弹琴诵书,以娱其志。

六年春三月辛卯,琅邪王京薨,谥曰孝王。京,光烈皇后少子,而明帝母弟也。恩爱特隆,宠异诸国。京亦孝友谦让,雅好经书。光烈皇后崩,帝手书以后之珍宝赐京。京好治宫室,穷极伎巧,殿宇墙壁,皆饰以金银。六月丙辰,太尉鲍昱薨。昱字文渊,永之子也。初为司隶校尉,时匈奴新降,召(皇)〔昱〕诣尚书^⑥,使封胡降檄。世祖遣小黄门宗厉问昱"有所怪不"? 昱对曰:"故事,通官文书不著姓,又当司徒露布,怪司隶下书也。"世祖曰:"欲令天下知忠臣子复为司隶也。"及居三司,善其事,虽刚直不及永,犹其风也。昱子德,少为黄门侍郎,修(至)〔志〕节^⑥,有名称,官至大司农。辛未晦,日有食之。

秋七月癸巳,大司农邓彪为太尉。东平王上疏请诏诸王朝,各赐装钱千万,东平王加五百万。

七年春正月,沛王、东平王、中山王、东海王、琅邪王、广陵王、榆乡侯、东乡侯朝,使中谒者以乘舆服、太官珍膳迎苍于郊。是时国邸皆豫受赐,金帛床帷充实其中,驾亲自循行。上欲苍先至,待以殊礼,诏荥阳令东平王至者径追。会苍与诸王俱至,荥阳使大鸿胪持节郊迎,诏沛王、东平王、中山王赞拜不名,天子亲答拜,所以宠光荣显,加于古典。每入宫殿,辄以迎至省闼及下庑。会上尝坐,(段)〔段〕皇后亲拜于内^⑥,苍等皆鞠躬辞谢不自安。岁余,大鸿胪奏遣诸王归国,上将留苍,封女三人皆为公主,赐以秘书列图。有司复奏遣,上乃手书与苍曰:"骨肉天性,昔念王久劳历时,欲署大鸿胪奏,不忍下笔,顾授小黄门,中心恋恋,恻然不能言。"苍发,上临送之,流涕而别。复赐乘舆服御物,珍宝舆马,钱布以亿万计。诏遣中使追问起居,相望于道。

袁宏曰：章帝尊礼父兄，敦厚亲戚，发自中心，非由外入者也。虽三代之道，亦何以过乎！尝试言之曰：夫不足则相资，相资则见足，见足则无求，无求则相疏，常人之性也。何以知其然乎？夫终朝之饭，糟糠不饱，壶餐之馈，必习其邻人者，甘所不足也。贵为王侯，富有国家，声色之娱，而忘其亲戚者，安其余也。故处不足，则壶餐豆羹不忘其邻人；安其有余，徒钧天广乐必遗其亲戚⑯，其势然也。故亲戚之弊常在于富贵，不在于贫贱，其可知矣。夫同阴以憩，眷然相应者，一遇之欢也。同生异处，敫然相忘者，不接之患也。故形神不接，虽兄弟亲戚，可同之于胡、越。交以言色，虽殊途之人，犹有眷恨之心。由斯观之，王侯贵人乘有余之势，处不接之地，唯意而欲，恩情含畅，六亲和睦，盖以鲜矣。古之圣人，惧其如此，故明俭素之道，显谦恭之义，使富者不极其欲，贵者不博其高，里老且犹矜爱，而况兄弟乎！朝会以叙其仪，燕享以笃其亲，聘问以通其意，玉帛以将其心。故欲不满而和爱生，情意交而恩义著也。呜呼，有国有家者，可不亲乎！

夏六月甲寅，废皇太子庆为清河王，皇子肇为皇太了。初，宋贵人有宠，生太子庆。会窦后宠盛，心恶贵人，外令兄弟求宋氏微过，内令御者伺察贵人。贵人尝病，思生菟，令家求之。窦后诬言欲咒咀，上信之，出贵人姊妹于丙舍，使小黄门蔡伦考之。窦后讽厉考者皆致以巫蛊事，送暴室，二贵人同时饮药死，并葬于濯龙中。贵人扶风平陵人，其先惠将军宋昌后也。父阳⑰，恬于荣势，不愿仕官，专以事亲色养。阳有女三人⑱，选入掖庭，小贵人生太子庆，拜阳为议郎。二贵人既死，阳免归本郡，幽闭之。阳为人仁厚，时人多救请者，遂得免焉。

秋九月，行幸河内、魏郡。辛卯，令天下系囚减罪各有差。

冬十月，行幸长安，祀园陵。上召奉车(骑)都尉韦彪问以三辅旧事^{⑥⑨}，彪对讫，因言巡省旧都，宜录先帝功臣及其子孙。上嘉纳焉，即封萧何、曹参、(霍光)后为列侯^{⑦⑩}，擢为鸿胪卿。彪字孟达，右扶风平陵人。高祖贤、曾祖(立)〔玄〕成皆致位丞相^{⑦①}。彪父母卒，三年不出庐，毁瘠骨立，医治数年乃能起，以至行闻。举孝廉，为郎中，以教授为事。安贫乐道，恬于进趋，三辅自耆儒后学，莫不慕之。明帝闻彪之名，有诏拜谒者，赐以车马衣服，稍迁尚书、魏郡太守。上即位，以病复为议郎，迁左(右)中郎将、长乐卫尉^{⑦②}。数陈政事，归于宽厚。彪比上疏乞骸骨，天子重彪礼让，拜为奉车都尉，秩中二千石，赏赐礼侔于亲戚。是时言事者多言郡国贡举不以功次，养虚名者累进，故守职者益懈，而吏事陵迟。彪议曰："伏惟明诏，忧劳百姓，察察不舍昼夜，垂恩选举，必务得人。夫国以贤为本，〔贤〕以孝为行^{⑦③}。孔子曰：'事亲孝故忠可移于(官)〔君〕^{⑦④}，是以求忠臣必于孝子之门。'夫人才行少能相兼，是以孟公绰优于赵、魏老，不可以为滕、薛大夫。忠孝之人，治心近厚；锻炼之人，治心近薄。斯三代所以直道而行，在其所以磨之。故在士虽不磨，吏职有行美材高者，不可(以)纯以阀阅取^{⑦⑤}。然要归在于选二千石。二千石贤，则贡举皆得其人矣。"顷之，彪复称疾归家，赐布帛百匹，谷三千斛。彪清俭好施，禄赐分与宗族，家无余财，著书十二篇，号韦卿子。

校勘记

① 酒泉太守(殷)〔段〕彭　从后汉书章帝纪改。

② 以刀自刺(之)〔曰〕　从南监本、龙溪本、学海堂本改。

③ 汉(士)〔使〕弃我去　从龙溪本、学海堂本改。

④ 抱持超马〔曰〕　从后汉书班超列传补。

⑤ 先帝定大狱一起　后汉书鲍永列传作"先帝诏言,大狱一起"。

⑥ 还诸徙家〔属〕　从后汉书鲍永列传补。

⑦ 今兴子(辅向)〔博〕　从龙溪本、学海堂本改。

⑧ 诏以上林(两御)〔池籞〕田〔赋〕　从后汉书章帝纪改。

⑨ 有司〔请〕槛车征延　从学海堂本补。

⑩ 天子常(自)〔日〕礼之　从南监本、龙溪本改。

⑪ 时(又)〔有〕疾　从南监本、龙溪本、学海堂本改。

⑫ 〔以〕母老不应　从后汉书江革列传补。

⑬ 百行之(本)〔冠〕　从学海堂本改。

⑭ (尝)〔常〕以八月长吏存问　从后汉书江革列传改。

⑮ 汝南薛苞　后汉书卷三九作"薛包"。

⑯ 勿置(于不得臣)〔相臣吏人〕　从南监本、龙溪本、学海堂本改。

⑰ 诚昧(有)〔所〕可耳　从龙溪本、学海堂本改。

⑱ (亲)〔新〕阳侯　从学海堂本改。

⑲ 但〔著〕布帛　从后汉书皇后纪补。

⑳ 不外施之(恩)〔嫌〕哉　从后汉书皇后纪改。

㉑ (曲周)〔条〕侯　从后汉书皇后纪改。

㉒ 吾(巨)〔惧〕富贵重叠　从南监本、龙溪本、学海堂本改。

㉓ 则〔行〕子之志　从学海堂本补。

㉔ 即时削(灭)〔减〕　从南监本、龙溪本、学海堂本改。

㉕ 藉以(各)〔名〕势　从南监本、龙溪本、学海堂本改。

㉖ 有过绳以法则负下　后汉书第五伦传作"绳以法则伤恩,私以亲则违宪"。

㉗ 卒(剋)〔克〕白山卢水　从龙溪本改。

㉘ 免官〔归〕本郡　从学海堂本补。

㉙ 欲为原陵显节陵(致国)〔置园〕　从学海堂本改。后汉书东平宪王苍列传
　作"欲为原陵、显节陵起县邑"。

㉚〔古者〕丘陇且不欲其著明　从后汉书光武十王列传补。

㉛（俗）〔亦〕不欲无故缮修丘墓　从后汉书光武十王列传改。

㉜〔有〕所（有）兴起　从南监本、龙溪本、学海堂本乙正。

㉝岂不（能）〔然〕哉　从南监本、龙溪本、学海堂本改。

㉞及后〔与〕女弟　从学海堂本补。

㉟遂〔召〕入掖庭　从南监本、龙溪本补。

㊱虎贲〔中〕郎将　从后汉书窦融列传补。

㊲（焉）〔笃〕景瓌皆黄门郎　从南监本、龙溪本、学海堂本改。

㊳（不）〔又〕使防岁举吏二人　从龙溪本、学海堂本改。

㊴置（援）〔掾〕吏十人　从南监本、龙溪本、学海堂本改。

㊵〔置〕校尉　从南监本、龙溪本、学海堂本补。

㊶平通〔汉〕道　从学海堂本补。

㊷以是效（臣）之　从后汉书班超列传删。

㊸知西域〔功〕可成　从学海堂本补。

㊹以身教者（讼）〔从〕　从龙溪本、学海堂本改。

㊺不宜（加）过〔加喜〕怒　从后汉书第五伦列传改。

㊻己（巳）〔丑〕　从学海堂本改。

㊼封皇子伉为千乘（令）〔王全为〕平春王　从学海堂本改。

㊽当今〔承〕百王之弊　从后汉书第五伦列传补。

㊾人民（又）〔文〕巧　从南监本、龙溪本、学海堂本改。

㊿无守（纳）〔约〕安贫之节　从南监本、龙溪本、学海堂本改。

(51)至云以贵戚〔废锢当复以贵戚〕浣濯之　从后汉书第五伦列传补。

(52)（为）〔自〕建武以来　从南监本、龙溪本、学海堂本改。

(53)（诏）〔朕〕既早离皇太后　从南监本、龙溪本、学海堂本改。

(54)马后遇帝〔厚帝〕感养育之恩　从南监本、龙溪本、学海堂本补。

(55)遂（帝）名马氏为外家　从龙溪本、学海堂本删。

(56)故（马）〔贾〕氏不蒙舅氏之宠　从南监本、龙溪本、学海堂本改。

(57) 庚辰朔〔日有食之〕 从学海堂本补。

(58) 郑(乔)〔侨〕之仁政 从龙溪本改。

(59) 葬子于(嬴)〔嬴〕博之间 从南监本、龙溪本、学海堂本改。

(60) 〔傅〕白黑 从学海堂本补。

(61) 字之〔曰〕德耀 从龙溪本、学海堂本补。

(62) 〔名〕孟光 从殿本后汉书逸民列传补。

(63) 召(皇)〔昱〕诣尚书 从南监本、龙溪本、学海堂本改。

(64) 修(至)〔志〕节 从后汉书鲍永列传改。

(65) (叚)〔段〕皇后 从龙溪本、学海堂本改。

(66) 徒钧天广乐必遗其亲戚 "徒",疑当作"纵"。

(67) 父阳 "阳",后汉书章帝八王传作"杨"。

(68) 有女三人 后汉书章帝八王传作"二人"。

(69) 上召奉车(骑)都尉 从后汉书韦彪列传删。

(70) 即封萧何曹参(霍光)后为列侯 后汉书韦彪列传云"时光无苗裔,唯封何末孙熊为鄭侯"。今据删。又云"建初二年已封曹参后曹湛为平阳侯,故不复及焉"。据此则"曹参"二字亦应当删。

(71) 曾祖(立)〔玄〕成 从南监本、龙溪本、学海堂本改。

(72) 迁左(右)中郎将 从后汉书韦彪列传删。

(73) 〔贤〕以孝为行 从学海堂本补。

(74) 故忠可移于(官)〔君〕 从后汉书韦彪列传改。

(75) 不可(以)纯以阀阅取 从龙溪本删。

后汉纪　孝章皇帝纪下 卷第十二

　　八年春正月壬辰,东平王苍薨。初,苍疾病,上忧念苍,使道上置驿马,以知疾之增损。薨问至,上悲不自胜,诏东平(传)〔傅〕录王建武以来所上章奏及作词赋悉封上①,不得妄有阙。司空第五伦见上悼怆不已,求依东海王故事,自请护丧事。上〔以〕东海王行天子礼②。旧制无三公出者,乃遣大鸿胪持节护丧事,诏诸王及公主、京师诸侯悉诣东平(王)〔会〕葬③。哀策(日)〔曰〕④:"咨王丕显勤王室,亲命受策,昭于前世。出作蕃辅,克慎明德。昊天不吊,不报上仁,使屏余一人,茕茕靡有所终。今诏有司加赐鸾辂车乘,龙旂九旒,虎贲百人,谥曰献王。"

　　秋,即择班超为将兵长史,以徐幹为司马。遣卫侯李邑使乌孙,到于阗,上言西域功不可成,盛毁超云:"拥爱妻,抱爱子,安乐外国,无内顾心。"超闻邑言,叹曰:"身非曾参而有三至之谗,恐见疑于当世。"遂去其妻。上知超无二心,乃诏责邑。〔超〕遣邑将乌孙侍子还京师⑤。徐幹谓超曰:"邑前亲毁君,欲败西域,今可缘诏留之,遣他吏送侍子。"超曰:"是〔何〕言之狭也⑥! 以邑毁超,故遣

187

之。内省不疚，何恤邑言！今留之，一时快意，然非忠臣也。"于是疏勒王忠反，保乌即城。超乃立其府丞成大为疏勒王。其后忠设诈伪降，愿弃前罪，为杀新王。超内知其谋而伪许之。忠大喜，将轻骑三百诣超。超密勒兵，待酒数行，超叱吏执忠斩之，放击其众，大破之。

冬十二月，行幸陈留、梁国、淮阳、颍川。戊申，诏曰："五经剖判，去圣弥远，章句传说，难以正义，恐先师道衰，微言遂绝，非所以稽古求道也。其令诸儒学古文尚书、毛诗、穀梁、左氏传，以扶明学教，网罗圣旨。"古文尚书者，出孔安国。武世鲁恭王坏孔子宅欲广其宫，得古文尚书及礼、论语、孝经数十篇，皆古字也。恭王入其宅，闻琴瑟钟磬之音，瞿然而止。孔安国者，孔子之后也。尽得其书，尚书多于伏生所传六十篇，安国献之。毛诗者，出于鲁人毛苌，自谓子夏所传，河间献王好之。穀梁者，瑕丘江公受之鲁申公。武帝时，董仲舒善说公羊，江公讷于口，辩义不如董仲舒，故穀梁学浸微，唯卫太子善穀梁。宣帝即位，闻卫太子好穀梁，乃求能为穀梁学者，得沛人蔡(子)〔千〕秋与公羊家并说⑦，上善穀梁，后大儒萧望之等廷论二家同异，多从穀梁，由是穀梁学复兴。汉初，张苍、贾谊、张敞皆修春秋左传，谊为左氏训故。御史张禹与萧生同官，数言左氏于望之，望之善之，及翟方进、贾谊、刘歆并传左氏学，故言左氏者本之贾谊、刘歆。此四学虽传于世，(官)〔至〕建武初⑧，议立左氏学，博士范(舛)〔升〕议讥毁左氏⑨，以为不宜立。(愍)〔明〕帝即位⑩，左氏学废，乃使郎中贾逵叙明左氏大义。逵又言古文尚书多与经、传、尔雅相应，于是古文尚书、毛诗、周官皆置弟子，学者益广。逵字景伯，右扶风平陵人，身长八尺二寸。弱冠能诵五经、左传,兼通穀梁诸家之说,沉深有(司)〔用〕⑪,其所学者可为人师。明帝时为郎,使与班固校书。帝即位,雅好古学,诏逵入讲白虎观,使说左氏传,上善其说。逵母尝病,上以逵居贫,欲赐之,以校书比例多,乃以钱二十万,使颍阳侯马防与逵。(逵让)〔谓防〕曰⑫:"逵母病甚,子贫无事于外,屡空,(王)〔且〕从孤竹于首阳矣⑬。"其恩厚若此。迁卫士令。逵才学(该)〔皆〕通⑭,其所著论为学者所宗。性佚不修小节,当世以此讥焉,故不至大官。

袁宏曰:尧、舜之传贤,夏禹、殷汤授其子,此趣之不同者也。夏后氏赏而不罚,殷人罚而不赏,周人兼而用之,此德刑之不同者也。殷人亲尽则婚,周人百世不通,此婚姻之不同也。立子以长,三代之典也。文王废伯邑考而立武王,废立之不同者也。君亲无将,将而必诛,周之制也。春秋杀君之贼一会诸侯,遂得列于天下,此褒贬之不同者。彼数圣者,受之哲王也。然而会通异议,质文不同,其故何邪,所遇之时异。夫奕者之思尽于一局者也,圣人之明周于天下者也,苟一局之势未尝尽同,则天下之事岂必相袭哉!故记载废兴,谓之典、谟;集叙歌谣,谓之诗、颂;拟议吉凶,谓之易、象;撰录制度,谓之礼、仪;编述名迹,谓之春秋。然则经籍者,写载先圣之轨迹者也。圣人之迹不同,如彼后之学者,欲齐之如此,焉可得哉!故曰诗之(夫)〔失〕愚⑮,书之失诬,易之失贼,礼之失烦,春秋之失乱,不可不察。圣人所以存先代之礼,兼六籍之文,将以广物惯心,通于古今之道。今去圣人之〔世〕几将千年矣⑯,风俗民情治化之术将数变矣,而汉初诸儒多案春秋之中复有同异,其后殷书礼传往往间出,是非之伦不可胜言,六经之道可得详,而治体云为,迁易无度矣。昔仲尼没而微言绝,七十子丧而大义乖,诸子之言纷然散乱,<u>太史公谈</u>(泮)〔判〕而定之以为六家⑰,<u>班固</u>演其(所)〔说〕而明九流⑱。观其所由,皆圣王之道也。支流区别,各成一家之说。夫物必有宗,事必有主,虽治道弥纶,所明殊方,举其纲契,必有所归。寻<u>史谈</u>之言,以道家为统;<u>班固</u>之论,以儒家为高。二家之说,未知所辩。(常)〔尝〕试论之曰⑲:夫百司而可以总百司,非君道如何情动,动而非已也。虚(不)〔无〕以应其变⑳,变而非为也。夫以天下之事而〔为〕以一人㉑,即精神内竭,祸乱外作。故明者为之视,聪者为之听,能者为之使。(虽)〔惟〕三者为之虑㉒,不行而可以至,不为而可以治,精神平粹,万物自得。斯道家之大旨,而人君自处之术也。夫爱之者,非徒(算)〔美〕其车服㉓,厚其滋味;必将导之训典,辅其正性,纳之义方,闲其邪物。故仁而欲其通,爱而欲其济,仁爱之至,于是兼善也。然则百司弘宣,在于通物之方,则儒家之算,先王教化之道,居极则玄默之以司契,运通则仁爱之以教化。故道明其本,儒言其用,其可知也矣。夫大道行则仁爱直达而无伤,及其不足则抑参差而并陈。患万物之多惑,故推四时以顺,此明阴阳家之所生也。惧天下扰扰,竟故辩加位以归真,此名家之所起。(表)〔畏〕众寡之相犯㉔,故立法制以止杀,此法家之所兴也。虑有国之奢弊,故(则)〔明〕节俭以示人㉕,此墨家之所因也。斯乃随时之迹,总而为治者也。后之言者,各演一家之理以为天下法,儒、道且犹纷然,而况四家者乎?夫为棺椁遂有厚葬之弊,丧欲速朽亦有弃尸之患,因圣人之言迹而为支辩之说者,焉可数哉!故自此以往,略而不论。

<u>元和</u>元年春正月,<u>日南</u>献白雉。

夏四月己卯,封<u>东平王</u>子<u>尚</u>为<u>成都王</u>㉖。

六月辛酉,沛王辅薨,谥曰献王。辅好经书,矜严有法度,在国终始可观,称为贤王。

秋八月甲子,太尉邓彪以老病罢,大司农郑弘为太尉。彪字智伯,南阳新野人。（父）以孝行称㉗,及〔父〕薨㉘,让国与异母弟。明帝高其节,诏听之。辟府掾,稍迁太仆卿。遭后母丧,固〔辞〕疾乞身㉙,以光禄大夫行服。服竟,迁大司农,数月为太尉。彪以礼让（师）〔帅〕下㉚,在位为百寮规诫,以疾上书乞骸骨。策曰:"惟君以曾、闵之行,礼让之高,故慕君德礼,以属黎民。贪与君意㉛,其上太尉印绶,赐钱三十万,俸二千石,禄终厥身。君专精养和,以辅天年。"诏太常四时致祭宗庙之胙,河南尹常以八月旦奉羊酒。癸酉,令天下系囚减罪一等,死罪徙边戍。

九月,行幸〔章〕陵㉜,祠旧宅园庙。（御）〔征〕故临淮太守朱晖为尚书仆射㉝。晖字文秀,南阳人也。少以节操闻。初,（堂）〔帝〕舅（信）〔新〕阳侯阴就方贵㉞,慕晖名,自往候之,晖避不见。（后）〔复〕遣家丞致礼㉟,晖闭门不受。后为郡吏,太守阮况常以事干晖,晖不从。及卒,晖厚送其家,左右咸怪之。晖曰:"前阮君有求于我,恐以货污君,故不与言。今重送者,欲以明吾心。"骠骑将军苍闻而辟之,甚礼敬焉。正月朔旦,苍应奉璧入贺。故事,少府给璧。阴就骄贵,吏傲不奉法,求璧不可得。苍坐朝堂,漏且尽而璧不至,不知所为,顾谓掾属曰:"若之何?"晖望见府主簿持璧,即往绐之曰:"我闻璧而未曾见,试观之。"主簿以璧授晖,晖顾召令史奉之。主簿惊曰:"少府当以朝。"晖叱之曰:"将归,晖独不朝也!"主簿遽以白就。就曰:"朱掾义士,勿复求。"更以他璧朝。苍罢,谓晖曰:"属者掾自视孰与蔺相如邪?"明帝幸长安,欲严宿卫,以晖为卫士令。稍迁临淮太守。晖好节概,其所(投)〔拔〕用〔皆〕厉行士㊱。其诸报怨以义犯法者,率皆为求门户而生宥之;其不义者即时僵仆,不以污狱门。故吏民畏爱之。晖刚于为吏,见忌于上,故所在数被劾。去临淮,屏居野泽,布衣蔬食,不与邑里通,乡党讥其介。南阳人大饥,晖尽其家货分宗族故旧㊲,不问余焉。初,同县张堪素有名,见晖,甚重之,接以友道。晖以其先达,未敢当也。后俱为二千石,绝不复通。及南阳饥而堪已卒,晖闻其妻子贫穷,乃自往候视,赡赈之。其子颉怪而问之,晖曰:"吾以信心也。"其信义慎终,皆此类也。

冬十月,行幸江陵。

十二月,除诸禁固不得仕者,令得仕。

二年春正月,初令妇人怀胎者,当以二月赐谷三斛,复夫勿算一岁。

二月,凤皇集于肥。行幸太山。丙子,大赦天下。复(改转)〔博、奉〕高、(嬴)、〔嬴〕三县无出租赋㊳。

三月,行幸鲁,祠东海恭王。庚寅,祠孔子及七十二弟子。壬辰,行幸东平,幸王苍宫,谓诸子曰:"思其人,至其乡。其处存,其人亡。"因泣下沾襟。上幸苍陵,为备虎贲、鸾辂、龙旂以章显之,赐御剑于陵前。初,苍所将骠骑时吏丁〔牧〕、周栩以苍敬贤下士㊴,不忍去,为王家大夫数十年,事祖及孙。引见,嗟叹之,(择)〔擢〕为议郎㊵。遂幸魏郡、河内㊶,登太行。

五月丙戌,诏曰:"凤皇、黄龙、鸾鸟比集七郡,神雀、甘露降自京都。祖宗旧事,或班恩施。其赐百官钱各有差,天下吏爵,人三级;高年、鳏、寡、孤、独帛,人一匹。令天下大酺五日。凤皇、黄龙所集亭皆无出今年租赋,见者及太守、令、长、丞、尉帛各有差。”

冬十一月壬辰,诏曰:“余末小子,托于君位㊷,竭以恢崇,仁济天下?三代推益㊸,优劣殊轨,况(于)〔予〕顽陋㊹,无以易民视听,虽欲从之,末由也已。”博士曹褒睹兹诏也,知上有制作意,乃上疏曰:“昔圣人受命而王,莫不制礼作乐以著功德。功成作乐,治定制礼,所以协和天人,示人轨则也,故御应见瑞乃作。今皇天降(礼)〔祉〕㊺,嘉瑞并臻,制作之符,甚于言语。宜定诸议,以成汉礼。”章下太常巢堪,以为不可许。是岁,班超发诸国兵步骑二万击莎车,莎车求救于龟兹,王遣左将军发温宿、姑墨、尉头兵合五万人助之。超召部曲及于阗、疏勒王议曰:“兵少不敌,计莫若各散去。于阗从此西,吾亦从此东㊻,夜半闻鼓声(使)〔便〕发㊼。”众以为然。乃阴缓所得莎车生口。龟兹闻之喜,使左将军将万骑于西界欲遮于阗王。人定后,超乃召诸司马勒兵厉众,鸡鸣驰赴莎车营,奄覆之,莎车惊怖,斩首五千余级,大获其马畜财物,分兵收其谷。莎车遂降,自是威震天下,西域恐。

三年三月丙寅,太尉郑弘薨。丁卯,大司马(宗)〔宋〕由为太尉㊽。郑弘字巨君,会稽山阴人也。曾祖自齐徙山阴,事博士焦贶,门徒数百人。当举明经,其妻劝贶曰:“郑生有卿相才,应此举也。”从之。楚王英之谋反,诬天下知名者。贶为河东太守,以楚事(御)〔遇〕疫病㊾,道死,妻子闭诏狱,考掠连年。诸故人皆易姓名以避祸,弘独髡首负锧讼贶罪。(昭)〔明〕帝感(愤)〔悟〕㊿,乃原免家属。弘送贶丧及妻子于陈留,毕葬旋乡里,为乡啬夫。太守第五伦行部见弘㊶,问民得失,弘对甚明,伦甚奇之,擢为督邮,举孝廉,稍迁尚书仆射。上问弘,欲三河、三辅选尚书、御史、孝廉、茂才,余郡不得选。弘对曰:"虞舜出于姚墟,夏禹生于石纽,二圣岂复出于三辅乎? 陛下但当明敕有司,使得人尔。"上善其言。是时乌孙王遣子入侍,上问弘:"当答其使不?"弘对曰:"乌孙前为大单于所攻,陛下使小单于往救之,尚未赏。今如答之,小单于不当怨乎?"上以弘议问侍中窦宪,对曰:"〔礼〕曰'礼有往来㊕',易曰'无往不复',天地际也。弘章句诸生,不达国体。"上遂答乌孙使。小单于忿(悉)〔恚〕㉝,攻金城郡,杀太守任昌。上谓弘曰:"朕前不从君议,果如此。"弘对曰:"窦宪奸臣也,有少正卯之行,未被两观之诛,陛下前何用其议㊵?"迁大司农、太尉。数陈窦宪势太盛,放权海内,言苦切。为宪不容,奏弘漏泄奏事,坐诘让,收印绶。弘乞骸,未许。疾笃,上书曰:"臣东野顽暗,本无尺寸之功,横蒙大恩,仍登上司,中夜怵惕,惧有折足之戒。自揆愚薄,无益国家之事,虽有杀身,焉可谢责! 是以不敢雷同,指陈窦宪奸不惯漏露,言出患入。窦宪之奸恶,贯天达地,毒流八荒,虐闻四极,海内疑惑,贤愚疾恶。宪何术以迷主上,流言噂沓,深可叹息。昔田氏篡齐,六卿分晋,汉事不远,炳然可见。陛下处天子之尊,自(诸)〔谓〕保万世之祚㊴,无复累卵之危;信谗佞之臣,不计存亡之机。臣虽弱疾,命在移晷,身没之日,死不忘忠。愿陛下为尧、舜之君,诛四凶之罪,以素厌人鬼愤结之望。"章省,上遣太医占弘疾。临薨,悉皆还赐物,敕妻子葛巾布衣,殡以素棺。初,弘为第五伦举吏,其后并为三公,当世以为荣。是时,岁比不登,而诸王皆留京师,赏赐过厚。太尉掾何敞说太尉(宗)〔宋〕由曰㊶:"礼:一谷不登则损服彻膳;五谷不登则废祭祀,乘马就牧。天下有饥寒者,若己使然。今比年伤于水旱,民不收,缘边方外域,捐妻子,流离道路;中州内郡,公私屈

两汉纪 后汉纪

（谒）〔竭〕㊼，此宜损彻节用之时。国恩覆载，赏赐过度，但闻腊赐王主已下，倾竭帑藏。夫明君行赐以制，忠臣受赏尽度。明公位尊任重，责深负（天）〔大〕㊽，上当匡正纲纪，下当安〔利〕元元㊾，岂容无违而已哉！宜先正己率〔下〕㊿，奉（亦）还所得赐㊹。"因陈得失，条奏王侯就国。孔僖、（孙）〔崔〕骃同习<u>春秋</u>㊻，语<u>吴王夫差</u>时事，<u>僖</u>废书而叹曰："若是所谓画龙不成反为狗者。"<u>骃</u>曰："昔者<u>孝武皇帝</u>始为天子，方年十八，崇信圣道，师则先王，五六年间，号胜<u>文</u>、<u>景</u>。及后放恣，忘其前善。"<u>僖</u>曰："书传若此者多矣！"邻房生<u>梁郁</u>遥和之曰："如<u>武帝</u>亦为画龙不成复是狗邪？"<u>僖</u>、<u>骃</u>默然不答。<u>郁</u>怒恨之，阴上书告<u>骃</u>、<u>僖</u>诽谤先帝，讥刺世事。下有司，<u>骃</u>诣吏受诘。<u>僖</u>上书曰："言凡诽谤者，谓无事而虚加诬罔也。至如<u>孝武</u>之政，善恶显在<u>汉</u>史，明如日月。是为直说实事，非虚谤也。夫帝王为善，则天下为善咸归焉；其不善，则天下之恶亦萃焉。斯皆有以致之，不可以责人也。陛下即位已来，政教未过，德泽有加，天下所共见也，臣等独何讥刺哉？假使所言是也，则朝廷所宜改；所言非也，亦王者所宜含容。陛下不推其原，苟肆私忿，臣等即死，顾天下必回视易听，以此窥陛下心矣。"上始无罪<u>骃</u>等意，及得<u>僖</u>奏，下制勿问。<u>僖</u>以才学为郎，校书<u>东观</u>，上言图谶非圣人书。<u>骃</u>子<u>瑗</u>，<u>瑗</u>子<u>寔</u>皆以才文显。

冬十月，<u>西羌</u>寇<u>张掖</u>、<u>陇西</u>、<u>金城</u>，护羌校尉<u>傅育</u>将兵击之。

<u>章和</u>元年春正月，诏曰："朕以不德，受祖宗弘烈，夙夜祗畏，无以章于先王。<u>汉</u>遭莽弊㊿，礼坏乐崩，因循故事，多非经典，知其说者之于天下，岂不远乎？"<u>曹褒</u>喟然叹曰："昔<u>奚斯</u>颂<u>鲁</u>，考<u>甫</u>咏<u>殷</u>。竭忠显主之美者，当仁不让，奈何疑焉！"遂复上疏陈制礼意，事下

三公,未奏。上曰:"谚言作舍道边,三年不成。"乃使褒于南宫、东观差序礼事,依旧仪,参五经,验以谶记,自天子至于庶人,百五十篇。褒字叔通,鲁国薛人也。父充,建武中为博士,议定封禅、七郊、三雍、大射、养老礼仪。明帝即位,充上言:"汉家再受命,乃有封禅之事,礼乐崩阙,不可为后嗣法。五帝不相遵乐,三王不相袭礼,大汉宜制礼乐。"褒少有大度,结发传充学,尤多好礼事。常慕叔孙通为汉制仪,昼夜研精,当其属〔思〕⑥,不觉旁之有人。举孝廉,除郎,迁陈留圉令。捕得他郡盗徒五人,守马严风县杀之。褒曰:"夫绝人命者,天亦绝之。皋陶不为盗制死刑,昔管仲遇盗而升诸公。今承旨而杀之,是逆天心,俯顺人意,其罚重矣。如得全此而身坐之,愿也。"遂不为杀。严奏褒软弱,免官,百姓号泣送之。

三月,护羌校尉(博)〔傅〕育追虏出塞(遇塞)〔战殁〕⑥。

夏四月丙子,令天下死罪囚减死一等,徙戍边。廷尉郭躬上疏曰:"圣恩所以减天下死罪使戍边者,欲实疆境而重人命也。去死就生,与老弱复相见,莫不欢喜。自丙子已来,犯罪〔亡命〕者甚多⑥,应入重〔论〕⑥。今已牢狱者蒙更生之恩也,而始被执录者独受大辟之刑,示不均也。书曰:'王道荡荡,无偏无党。'〔宜〕均大恩以令民⑥。"上善之,即诏悉赦焉。躬字仲孙,颍川阳翟人也。父弘,及寇恂等时为决曹掾,诸罷文为弘所决者无恨。治狱三十余年,郡中称之,比之东海于公。躬复以明法称,稍迁尚书、廷尉。其决断在哀矜,所免者甚众,悉条诸文致重者四十余事,奏除之。躬弟子镇知名,后至廷尉,封侯。子孙皆修家业,以名理相待,为公者一人,廷尉者八人,为刺史二十余人⑥。

六月戊辰,司徒桓虞策免,司空袁安为司徒,光禄勋任隗为司空。自元和已来,凤凰、麒麟、白虎、黄龙、鸾鸟、嘉禾、朱草、三足乌、木连理为异者数百,不可胜纪。咸曰:“福祥以为瑞应。”何敞辟太尉宋由府,乃言于宋由、袁安曰:“瑞应依政而生。昔海鸟止鲁,文仲祀之,君子讥焉。鸲鹆来巢,夺阳之象。孔子睹麟而泣曰:‘吾道穷矣。’其后季氏有逐君之变,孔子有两楹之殡。今非常鸟兽,品物非一,似凤翔屋,怪草生庭,不可不察也。”由、安不敢应。

秋七月,齐王晃坐事母不孝,贬为(无)〔芜〕湖侯⑦。壬戌,令(无)〔死〕罪囚减戍边⑦。

八月,行幸九江。戊子,行幸(湘)〔沛〕⑦,祠沛献王。

九月,行幸彭城及寿春,诏阜陵侯延与车驾会寿春。帝见延及妻子,怆然伤之,乃下诏曰:“盖周封千八百而姬姓居半,所以桢干王室也。朕巡狩,望江、淮,意在阜陵。与王相见,志意衰落,形体非故,一则以惧。今复阜陵侯为阜陵王,增封四县,并前为五县。以阜陵下湿,徙都寿春。加赐钱千万,安车一乘,夫人及诸子赏赐各有差。”

冬十月,北匈奴〔单于〕为鲜卑所杀⑦,降者十余万。南单于上言:“宜及北虏分争,人民离散,出兵破北(城)〔成〕南⑦,(兵)〔并〕为一国⑦,令汉家长无北顾之忧。臣素愚浅,兵众单少,不足以防外内,愿与执金吾耿秉、度辽将军邓鸿、缘边诸郡太守并力,冀因天时,乘圣帝威神,一举平定。”上将许之。尚书(宗)〔宋〕意上疏曰⑦:“匈奴处北(种分)〔极,界〕以沙漠⑦,(间)〔简〕贱礼仪⑦,衣食殊俗,此乃天一种民也。自汉兴已来,数发兵攻之,所得辄不足以复所害。呼韩邪单于奉蕃,然中国亦疲(攻)〔于〕送迎之劳矣⑦。光武皇帝躬擐金甲之难,深明天地之(明)〔界〕⑧,故因其来降,宠

立以为单于,羁縻畜养,边民得以休息,迄今四十余年。(令)〔今〕
鲜卑奉顺威灵,斩获北单于名〔王〕已下万计⑧,中国坐〔享其〕
功⑧,而百姓不知其劳,**汉**兴功烈,于斯为盛。令南单于还塞外,所
谓虎出于槛也,必兴兵要利,内(持)〔恃〕于**汉**⑧,其事得浸滋不息,
而设费不得已。无故以万安之计,而征不可必之功,未见其圣也。"
诏问执金吾**耿秉**,言可听,师未出而帝寝疾。

(元)〔二〕年春二月壬辰⑧,帝崩于**章德殿**。遗诏无起寝庙,如
光武帝故事。是日太子即位,年十岁,太后临朝。

袁宏曰:非古也。**易**称地道无成而代有终,礼有妇人三从之
义,然则后妃之〔德〕⑧,在于钦承天〔命〕⑧,敬恭中馈而已。故虽
人母之尊不得令于国,必有从于臣子者,则柔之性也。夫男女之
别,自然之理,君臣酬咨,通物所因也。故百司并在,相与率职,必
祠焉而后行,故有朝会享宴之礼,造膝请问之事。此盖内外之分,
不可得而同者也。古之王者必辟四门,开四聪,兼亲贤而听受焉,
所以通天下之才,而示物至公也。自母后临朝,必舅氏专权,非疏
贤而树亲昵也。盖管其号令者,必寄外氏,是实违天封,而训民以
私政之所阶。〔国〕家制教关诸盛衰⑧,建百司,修废官,设冢卿以
任权重,收王君薨幼⑧,百官执事,总己思齐,听于冢宰,所以大明
公道,人自为用,上下竞业,而名器已固,**三代**之道也。

三月癸卯,葬**孝章皇帝**于**敬陵**。庚戌,太后诏曰:"皇帝幼年,
惸惸在疚,朕且佐助(德)〔听〕政⑧,守文之际,必有内辅。故太尉
邓彪三让弥高,海内归仁,其以**彪**为太傅,赐爵关内侯,录尚书事,
百官总己以听。"于是侍中**窦宪**管掌机密,三弟罗列,并据大位。上
幼小,太后当朝,**宪**以外戚秉政,欲以经学为名,乃上疏曰:"天下之

命悬于天子,善在于所习,习与智长则(功)〔切〕而不(对)〔勤〕^⑨,化与心成则忠道若性。昔周成王幼在襁褓,周公在前,史佚在后,太公在左,召公在右,中(外)〔立〕听(政)朝^⑨。四圣维之,是以虑无遗计,举〔无过事〕^⑨。孝昭皇帝八岁即位,大臣辅政,亦选名儒韦贤、蔡义、夏侯胜入授诗、书于禁中。伏惟皇帝,(惟)〔躬〕天然之资^⑨,不肃而成。然以至尊之德,独对小臣,非所以揄扬圣心,增益辉光者。窃见屯骑校尉桓郁,结发受学,白首不倦,经为人师,行为儒宗。昔侍帷幄,入授先帝,父子奕世,并为帝师。愚以为可长乐少府,入授帝经。"于是以郁为长乐少府,(傅)〔侍〕讲禁中^⑨,岁余迁太常。郁授二帝,恩宠甚笃厚。〔子〕焉传家业^⑨,至太傅。宪性褊急,数自困。辅政之后,遂作威福,睚眦之怨无不报。初,宪恨尚书陈宠,欲因事毁伤之,使与丧事。黄门郎鲍德与宪弟瑰厚善,惧宪不能自免,说瑰曰:"宠奉事先帝,深见委任。若以岁月言之,宜蒙功劳之报;以才量言之,应受器用之赏。不可以机微之故,以伤辅政之德。"于是宪出宠为广汉太守,抑强扶弱,人无讼者。先时(广汉)〔雒县〕城南有鬼哭声^⑨,闻于府中。积数年,宠案行有骸骨不葬者多,乃叹曰:"傥在是乎!"使县收敛埋藏之,由是遂止。时齐殇王子襄乡侯畅奔章帝哀^⑨,上书(来)〔未〕报^⑨,宪使客刺杀畅。太尉掾何敞请自往问变状,太尉(宗)〔宋〕由不听^⑨。敞固谓曰:"春秋称三公为宰者,言无不统也。畅宗室肺腑,茅土蕃臣,来即国忧,上书未报,而于城内见害。干国之纪,擅杀列侯,罪恶(之)次于大逆^⑩。奉宪之吏莫敢追捕,明公处宰相之位,亦复不恤。四方闻之,谓京师何?昔陈平之言宰相,曰:'外镇四夷,内抚诸夏,使卿大夫各得其宜。'今列侯私刃,不可谓抚;京尹废职,不可谓宜;纲纪亏坏,责〔系〕不小⑩。"遂驱而去,司徒、司空闻之,亦遽追掾吏。诏书疑畅弟阳,遣御史之齐考劾。尚书令韩棱以为奸在京师,不宜舍近问远。诏书遣棱,棱固执不从。后事发觉,宪惧诛,自请击匈奴功以赎死。

夏五月,京都旱。

冬十月,侍中窦宪为车骑将军,与执金吾耿秉三万骑征匈奴。司徒袁安与诸公卿诣朝堂谏曰:"今国用度不足,匈奴不犯塞,而劳军远攻,经沙漠之难,徼功万里,非社稷计也。兵,凶器,圣王之所重。"不从。(大)〔太〕尉宋由不署名⑩,公卿稍亦止。安独与司空任隗固争,前后且十上,不从。是时谏者甚众,尚书仆射郅寿下狱,御史何敞上疏谏曰:"臣闻圣主开直言之路,有不讳之诏,犹恐下情不达,复听歌谣之词,故天人并应,传福无穷。臣伏见尚书仆射郅寿坐与诸尚书论击匈奴下狱,奏劾大不敬。臣愚以为寿备机密近臣,以匡辅为职,若朝廷有失,默而不言,悖义背恩,其罪当诛。今寿违众正议,欲以安宗庙,为国永福也,岂有私心? 如寿被诛,臣恐天下以寿忠直之故,横加诽谤之诛,杀伤和气,忤逆阴阳,此诚不可。所以敢犯严威,不避夷灭,触死瞽言,〔非〕为寿也⑩。"乃免寿。寿,郅恽之子也。宪遂出师。侍御史鲁恭上疏谏曰:"夫天爱人,犹父之(封)〔爱〕子也⑩。一物有不得其所,则天气为之错乱,而况人乎? 故爱民者,天下爱之。夷狄者,四方之异气也。蹲夷踞肆,与乌鸟无异,杂居中国,则错乱天气。是以圣王之制夷狄,羁縻不绝而已,不以伤害中国也。今边境幸无事,宜当修仁行义,尚于无为,令家给人足,各安产业。夫人(遂)〔道〕得于下⑩,则阴阳和于上,然后祥风时雨覆被远方,则夷狄慕德,重译而至矣。惟陛下留圣恩,征还二将,休罢士卒,以顺天下心。"于是窦氏横甚,司徒袁安辄举奏之。上虽不从,而权戚严惮焉。

校勘记

① 诏东平(传)〔傅〕 从南监本、龙溪本、学海堂本改。

② 上〔以〕东海王行天子礼 从学海堂本补。

③ 悉诣东平(王)〔会〕葬 从学海堂本改。

④ 哀策(日)〔曰〕 从南监本、学海堂本改。

⑤ 〔超〕遣邑将乌孙侍子还京师 从后汉书班超列传补。

⑥ 是〔何〕言之狭也 从后汉书班超列传补。

⑦ 得沛人蔡(子)〔千〕秋 从后汉书儒林传改。

⑧ (官)〔至〕建武初 从南监本、龙溪本、学海堂本改。

⑨ 博士范(舜)〔升〕 从学海堂本改。

⑩ (愍)〔明〕帝即位 从后汉书贾逵列传改。

⑪ 沉深有(司)〔用〕 从南监本、龙溪本、学海堂本改。

⑫ (逵让)〔谓防〕曰 从学海堂本改。

⑬ 屡空(王)〔且〕从孤竹于首阳矣 从南监本、龙溪本改。

⑭ 逮才学(该)〔皆〕通 从南监本、龙溪本改。

⑮ 诗之(夫)〔失〕愚 从南监本、龙溪本、学海堂本改。

⑯ 今去圣人之〔世〕 从龙溪本、学海堂本补。

⑰ (泮)〔判〕而定之以为六家 从龙溪本、学海堂本改。

⑱ 班固演其(所)〔说〕 从龙溪本、学海堂本改。

⑲ (常)〔尝〕试论之 从龙溪本改。

⑳ 虚(不)〔无〕以应其变 从南监本、龙溪本改。

㉑ 夫以天下之事而〔为〕以一人 从南监本、龙溪本、学海堂本补。

㉒ (虽)〔惟〕三者为之虑 从南监本、龙溪本改。

㉓ 非徒(算)〔美〕其车服 从南监本、龙溪本、学海堂本改。

㉔ (表)〔畏〕众寡之相犯　从南监本、龙溪本、学海堂本改。

㉕ 故(则)〔明〕节俭以示人　从南监本、龙溪本、学海堂本改。

㉖ 封东平王子尚为成都王　后汉书章帝纪作"任城王"。

㉗ (父)以孝行称　从后汉书邓彪列传删。

㉘ 及〔父〕薨　从后汉书邓彪列传补。

㉙ 固〔辞〕疾乞身　从学海堂本补。

㉚ 以礼让(师)〔帅〕下　从南监本、龙溪本、学海堂本改。

㉛ 贪与君意　语不可解。陈璞校云"句疑讹"。

㉜ 行幸〔章〕陵　从学海堂本补。

㉝ (御)〔征〕故临淮太守朱晖　从南监本、龙溪本、学海堂本改。

㉞ (堂)〔帝〕舅(信)〔新〕阳侯　从南监本、龙溪本改"堂"为"帝"。从后汉书朱晖传改"信"为"新"。

㉟ (后)〔复〕遣家丞致礼　从学海堂本改。

㊱ 其所(投)〔拔〕用〔皆〕厉行士　从南监本、龙溪本、学海堂本改补。

㊲ 尽其家货　"货"，后汉书朱晖列传作"资"。

㊳ 复(改转)博奉高(赢)〔嬴〕三县无出租赋　从南监本、龙溪本、学海堂本改。

㊴ 时吏丁〔牧〕周栩　从学海堂本补。

㊵ (择)〔擢〕为议郎　从学海堂本改。

㊶ 遂幸魏郡河内　后汉书章帝纪作"幸东阿"。

㊷ 托于君位　后汉书曹褒列传作"托于数终"。

㊸ 三代推益　后汉书曹褒列传作"三五步骤"。

㊹ 况(于)〔予〕顽陋　从后汉书曹褒列传改。

㊺ 今皇天降(礼)〔祉〕　从后汉书曹褒列传改。

㊻ 于阗从此西吾亦从此东　后汉书班超列传作"于寘从是而东长史亦于此西归"。

㊼ 闻鼓声(使)〔便〕发　从南监本、龙溪本、学海堂本改。

㊽ 大司马(宗)〔宋〕由为太尉　从学海堂本改。

㊾ 以楚事(御)〔遇〕疫病　从南监本、龙溪本、学海堂本改。

㊿ (昭)〔明〕帝感(愤)〔悟〕　从南监本、龙溪本、学海堂本改。

(51) 第五伦行部见弘　"部",后汉书郑弘列传作"春"。

(52) 〔礼〕曰礼有往来　从南监本、龙溪本、学海堂本补。

(53) 小单于忿(悉)〔恚〕　从学海堂本改。

(54) 前何用〔其〕议　从龙溪本、学海堂本补。

(55) 自(诸)〔谓〕保万世之祚　从龙溪本、学海堂本改。

(56) 太尉(宗)〔宋〕由　从学海堂本改。

(57) 公私屈(谒)〔竭〕　从龙溪本、学海堂本改。

(58) 责深负(天)〔大〕　从龙溪本、学海堂本改。

(59) 下当安〔利〕元元　从南监本、龙溪本、学海堂本补。

(60) 宜先正己率〔下〕　从龙溪本、学海堂本补。

(61) 奉(亦)还所得赐　从龙溪本、学海堂本删。

(62) 孔僖(孙)〔崔〕骃　从学海堂本改。

(63) 汉遭莽弊　后汉书曹褒列传作"汉遭秦余"。

(64) 当其属〔思〕　从南监本、龙溪本、学海堂本补。

(65) (博)〔傅〕育追虏出塞(遇塞)〔战殁〕　从南监本、龙溪本、学海堂本改。

(66) 犯罪〔亡命〕者　从陈澧校、后汉书郭躬列传补。

(67) 应入重〔论〕　从学海堂本补。

(68) 〔宜〕均大恩以令民　从学海堂本补。

(69) 为公者一人廷尉者八人为刺史二十余人　后汉书郭躬列传作"至公者一人,廷尉七人,侯者三人,刺史、二千石、侍中、中郎将者二十余人"。

(70) 贬为(无)〔芜〕湖侯　从南监本、龙溪本、学海堂本改。

(71) 令(无)〔死〕罪囚减戍边　从南监本、龙溪本、学海堂本改。

(72) 行幸(湘)〔沛〕　从后汉书章帝纪改。

(73) 北匈奴〔单于〕为鲜卑所杀　从后汉书南匈奴列传补。

⑭ 出兵破北(城)〔成〕南　从<u>学海堂</u>本改。

⑮ (兵)〔并〕为一国　从<u>后汉书南匈奴列传</u>改。

⑯ 尚书(宗)〔宋〕意上疏　从<u>学海堂</u>本改。

⑰ 匈奴处北(种分)〔极界〕以沙漠　从<u>后汉书宋意列传</u>改。

⑱ (间)〔简〕贱礼仪　从<u>南监</u>本、<u>龙溪</u>本、<u>学海堂</u>本改。

⑲ 中国亦疲(攻)〔于〕送迎之劳矣　从<u>龙溪</u>本、<u>学海堂</u>本改。

⑳ 深明天地之(明)〔界〕　从<u>龙溪</u>本、<u>学海堂</u>本改。

㉑ (令)〔今〕鲜卑奉顺威灵斩获北单于名〔王〕已下　从<u>龙溪</u>本、<u>学海堂</u>本
改补。

㉒ 中国坐〔享其〕功　从<u>龙溪</u>本、<u>学海堂</u>本补。

㉓ 内(持)〔恃〕于汉　从<u>龙溪</u>本、<u>学海堂</u>本改。

㉔ (元)〔二〕年春二月　从<u>学海堂</u>本改。

㉕ 后妃之〔德〕　从文意补。

㉖ 钦承天〔命〕　从文意补。

㉗ 〔国〕家制教　从<u>陈璞</u>校补。

㉘ 收王君薨幼　<u>陈璞</u>校云"句有讹"。

㉙ 朕且佐助(德)〔听〕政　从<u>后汉书和帝纪</u>改。

㉚ 则(功)〔切〕而不(对)〔勤〕　从<u>学海堂</u>本改。

㉛ 中(外)〔立〕听(政)朝　从<u>南监</u>本、<u>龙溪</u>本、<u>学海堂</u>本改。

㉜ 举〔无过事〕　从<u>学海堂</u>本补。

㉝ (惟)〔躬〕天然之资　从<u>学海堂</u>本补。

㉞ (傅)〔侍〕讲禁中　从<u>学海堂</u>本改。

㉟ 〔子〕焉传家业　从<u>学海堂</u>本补。

㊱ 先时(广汉)〔雒县〕城南　从<u>后汉书陈宠列传</u>改。

㊲ 郁乡侯畅　"郁",<u>后汉书何敞列传</u>作"都"。

㊳ 上书(来)〔未〕报　从<u>南监</u>本、<u>龙溪</u>本、<u>学海堂</u>本改。

㊴ 太尉(宗)〔宋〕由　从<u>学海堂</u>本改。

⑩ 罪恶(之)次于大逆　从陈璞校改。

⑩ 责〔系〕不小　从龙溪本、学海堂本补。

⑩ (大)〔太〕尉宋由　从南监本、龙溪本、学海堂本改。

⑩ 〔非〕为寿也　从后汉书郅恽列传补。

⑩ 犹父之(封)〔爱〕子也　从南监本、学海堂本、龙溪本改。

⑩ 夫人(遂)〔道〕得于下　从学海堂本改。

后汉纪　孝和皇帝纪上 卷第十三

永元元年夏六月，窦宪、耿秉自〔朔〕方(朔)出塞三(十)〔千〕里①，斩首大获，铭燕然山而还。即拜宪为大将军，封武阳侯，食邑二万户。耿秉为(算)〔美〕阳侯②。宪让不受，还〔京〕师(京)③。于是窦笃为卫尉，景执金吾，瓌光禄勋。尊太后母比阳主为长公主，益比阳〔汤〕沐邑二千(石)〔户〕④。宪等骄奢，不遵法度，唯瓌恭俭自守。尚书何(敝)〔敞〕上封事曰⑤："臣闻忠臣忧世，讥刺贵臣，至以杀身灭家而(由)〔犹〕为之者何⑥？诚君臣义重，情不能已也。臣见国之将危，家之将凶，皆有所由，较然易知，不可不察也。昔郑庄不防段叔之祸也，后更滋蔓。窦宪兄弟(尊)〔专〕朝⑦，虐用百姓，杀戮盈溢，咸曰段叔、州吁将生于汉也。是臣前连上便宜，承陈得失，非为嫉妒宪等也。诚欲绝其绵绵，塞其涓涓，上不欲皇太后损文母之号，(况)〔使〕陛下有失教之议⑧，下使宪等得保其福。然臧获之谋，上安主父，下存主母，(由)〔犹〕不免于严怒⑨，况臣微末，敢竭愚忠哉！然臣累世蒙恩，位典机密，每念厚德，忽然忘生。虽知言必夷灭，诚不忍目见祸至，故敢书写肝胆，舒度愚情。驸马

207

都尉瓌忠孝爱主，最自修整，闻瓌比自申陈，愿抑损家权，退身避贤。宜顺其意，斯诚宗庙之至计，<u>窦氏</u>之大福也。"<u>敞</u>辞旨切直深，为<u>宪</u>等所怨。<u>济南王康</u>，光武之子也，最为尊重，而骄奢太甚，于是左迁<u>敞</u>为<u>济南王</u>太傅。司隶校尉<u>司空蔡</u>、<u>河南</u>尹<u>王调</u>，洛阳令<u>李阜</u>，皆<u>窦氏</u>之党也，（秉）〔乘〕<u>宪</u>之势⑩，枉法任情。尚书仆射<u>乐恢</u>奏免<u>蔡</u>等，外以清京都，内欲绳外戚，由是为<u>宪</u>等所（灭）〔忌〕⑪。<u>瓌</u>常欲往候<u>恢</u>，使人先言<u>恢</u>，<u>恢</u>谢而绝之。<u>宪</u>兄弟怒其异己，常欲陷害之。<u>恢</u>妻谏<u>恢</u>曰："古有容身之道，何必以言取怒？"叹曰："何忍素餐立人朝乎！"乃上疏曰："臣闻百王之失，咸以阴盛凌阳，而权移于下；大臣专朝，而势去公室。未有君德休明而臣下窥阚，主一其柄而社稷倾危者。先帝早弃天下，况陛下富于春秋，今诸舅执政，外戚盈朝，非所以宁王室，示天下也。夫天地不交则众生夭伤，君臣失序则万民受殃，政失不救其弊不测，当今所急，上宜以义自割，下宜以谦自别⑫。四舅保爵土于子孙，皇太后永无惭于宗庙，诚计之上者。"书御不省。<u>恢</u>乃乞骸骨，诏授<u>恢</u>为骑都尉。<u>宪</u>风郡县使迫胁<u>恢</u>，<u>恢</u>遂饮药而死。天下闻之，皆以为（怨）〔冤〕⑬。<u>恢</u>字<u>伯奇</u>，<u>京兆长陵</u>人也。父为吏，得罪于令，令将杀之。<u>恢</u>年十二，伏寺门外啼泣，不舍昼夜。令嘉其孝，赦其父罪。<u>恢</u>事博士<u>焦贶</u>⑭，<u>贶</u>为<u>河东</u>太守，<u>恢</u>随之官，闭庐专精，不与掾吏交。后（况）〔贶〕有事被考⑮，诸生皆系狱，<u>恢</u>皎然得免。<u>恢</u>为人廉洁抗厉，<u>衡阳侯阴就</u>闻，以礼请之，<u>恢</u>绝不答。<u>杜陵</u>人<u>杨正</u>尝毁恶<u>恢</u>，然举<u>正</u>子为孝廉。<u>恢</u>善<u>颍川</u>〔<u>杜</u>〕<u>安</u>（王）⑯，（王）〔<u>安</u>〕上书⑰，得为<u>巴郡</u>太守。遣使贻<u>恢</u>书，<u>恢</u>不就，答之曰："干主求禄，非平生操也。"其不念旧恶，耻交进趋，皆此类也。<u>何敞</u>既（传）〔傅〕<u>济南</u>⑱，尽心辅道，岁余,迁为汝南太守。敞常疾俗吏苛刻以要名誉,为政务崇宽和。立春日,乃召督邮还府,复遣吏案行属县,显孝行,举仁义。由是郡中翕然,百姓化之。其归养老母、推财相让者数百人。秋七月,会稽山崩。本志称:刘向(日)〔曰〕⑲:"山,阳,君也;水,臣也。君道崩坏,百姓失所。"窦太后摄政,窦宪专权之应也。

二年春正月,大赦天下。

夏,耿秉出塞,至涿邪山,与北单于相遇,大战,破之。秉字伯初,国之子也。魁梧有才略,善说司马法,为将常为士卒先,休息不部陈,然远(斤)〔斥〕候⑳,〔明〕要誓㉑,士卒争为致死。秉薨,谥壮侯。南单于闻秉薨,举国发丧,(劈)〔劈〕面流血㉒,得外国心如此。秉弟夔,壮勇有气力,以军功拜骑都尉,(常)〔尝〕以精骑八百〔出塞于金微山,斩阏氏、名王以下〕㉓,自汉军〔所〕未至㉔,封栗邑侯。五月丙辰,立皇弟惠为〔济〕北(海)王,开为河间王,瑕为城阳王;立故淮南(闻)〔顷〕王昞子恻为常山王㉕,故齐王晃子忍为齐王,北海王睦子威为北海王。车师遣使奉献。

六月庚辰,封窦宪为武阳侯㉖,笃偃侯,景汝阳侯,瓌夏阳侯。宪独不受封。辛卯,中山王焉薨,谥曰简王。光武时,诸王皆就国,焉以郭后少子,故留京师。至永平初,乃就国,诏赐羽林右骑为虎贲,又令上官属子弟以为官骑。焉皆上疏辞让,诏曰:"诸侯出境,必有武备,夹谷之会,司马以从。夫有文事必有武备,所以重蕃也。王无辞焉。"是夏,月氏王谢将七万骑攻班超。超众大恐,超曰:"月氏兵虽多,千里逾葱岭㉗,何足忧哉!但当收谷坚守,饥穷自降,不过数十日决矣。"谢攻超,不能下,抄掠无所得。超度其粮尽,必从龟兹求食,乃遣数千兵伏东界要之。谢果遣骑赍金银珠玉往龟兹,伏兵遮击,尽杀之,遣持所斩以示谢。谢大惊,即遣使请罪,愿得生归。超纵遣之。月氏震怖,岁岁奉贡。

秋七月,大将军窦宪出屯凉州。九月,匈奴北单于遣使款塞,愿朝见。宪中护军班固迎单于,单于为南单于所破,远遁(汉)〔漠〕北㉘,固至私渠海而还。于是北单于地空。宪欲自为功,乃立降者鹿蠡王阿修为单于㉙,因置中郎将领护军,如南单于故事。事下公卿,太尉宋由、太常丁鸿、(少)〔大司农〕尹睦识以为阿修诛君之子㉚,又与鲜卑、乌丸为父兄之仇,不可立。南单于先帝所置,今首破北虏,新建大功,宜令并领降众,以终先帝破北成南之策。议未定,安惧宪计遂行,复独上封事曰:"臣闻功有难图不可豫见者,事有较然易料不疑者,臣谓惧守正执平者。臣请以先帝旨意明之:光武皇帝本所以立南单于者,欲以安南定北,分匈奴之势也。孝明皇帝欲褒成先帝之功,故赫然发怒,命将征伐。陛下奉承洪业,大开疆宇,大将军远出籍胜,此诚宣明祖宗余志之弘勋也㉛。自南单于归德已来,四十余年矣。三帝(绩)〔积累〕以遗陛下㉜,孳孳所成也。今南单于屯建大谋,深入匈奴,空尽(其庐)〔北虏〕㉝,屯之大功也。辍而不图,改立新降,以一朝之计,违三代之业,背先祖,弃旧恩,非计之长也。夫言行,君子之枢机;赏罚,治国之纲纪。论语曰:'言忠信,行笃敬,虽蛮貊之邦行矣。'今失信封南一屯,则百蛮不敢复保誓矣。阿修诛君子,于春秋之义所不当立;而乌丸、鲜卑新杀北单于,情莫不忿恶其仇。今而立之,则失意而怀怒矣。兵、食可(易)〔废,信不可去〕㉞。且汉故事,供给南单于费值岁一亿九千余万。今北庐弥远,其费过倍,是所以空尽天下也。"诏下其议于宪,更相难十余条。宪负恃贵势,言辞骄慢。安终不移,上卒从安议。

　　三年春正月甲子，皇帝加元服，仪用新礼。赐王公、列侯在京师者黄金，将、大夫、郎吏帛，及天下男子爵各有差；鳏、寡、孤、独、贫不能自存者人帛一匹。酺饮五日。系囚亡命赎罪，各有差。擢曹褒为射声校尉。尚书张敏奏褒擅制礼仪，破乱圣术，宜加削诛。上寝其奏。是后众人不能信褒所制，又会礼仪转造，遂寝而不行。

　　袁宏曰：夫礼(也)〔者〕㉟，治心轨物，用之人道〔者〕也(者)㊱。其本所由，在于爱敬，自然发于心诚而扬于事业者。圣人因其自然而辅其性情，为之节文，而宣以礼物，于是有尊卑亲疏之序焉。推而长之，触类而申之，天地鬼神之事，莫不备矣。古者民人淳朴，(至)〔制〕礼至简㊲，污樽抔饮，可以尽欢于君亲；蒉桴土鼓，可以致敬于鬼神。将之以诚，虽微物而可重献之，由心虽蒲质而可荐。此盖先王制礼之本也。中古损益，教行文质。范金合土而栋(比)〔宇〕之制丽矣㊳，绘采集色而衣裳之度彰矣，比声谐音而金石之品繁矣。夫简朴不足以周务，故备物以致用；卑素不足以崇高，故富〔有〕以成业㊴。此又先王用礼之意也。夫尊卑长幼不得而移者也，器服制度有时而变者也。小则凶荒殊典，大则革伏异礼，所以随用合宜，易民视听者也。此又先王变礼之旨也。是故王者之兴，必先制礼，损益随时，然后风教从焉。故曰"殷因于夏礼，所损益可知也；周因于殷礼，所损益可知也。"汉兴拨乱，日不暇给，礼仪制度阙如也。贾谊曰："夫立君臣，等上下，使纲纪有序，六亲和睦，此非天之所设也。人之〔所为〕，不修则坏㊵。宜定制度，兴礼乐，(后)〔使〕诸侯轨道㊶，百姓素朴。"乃草具仪，寝而不行。后之学者，董、刘之徒，亦言礼乐之用，而不能详备其制度。夫政治纲纪之礼，哀乐死葬之节,有异于古矣。而言礼者,必证于古。古不可用,而事各有宜,是以人用其心,而家殊其礼,起而治之,不能纪其得失者,无礼之弊也。曹襃父子,慨然发愤,可谓得其时矣。然襃之所撰,多案古式,建用失宜,异于损益之道,所以废而不修也。

冬十月,幸<u>长安</u>,祠园陵。诏令大将军<u>宪</u>与车驾会<u>长安</u>。时尚书见<u>宪</u>,皆欲释仗称万岁。尚书令<u>韩稜</u>曰:"枉道事人臣,非所以立身也,且礼无为人臣称万岁之制。"左右皆惭,遂已。

十二月,<u>龟兹</u>、<u>姑墨</u>、<u>温宿</u>国皆降,乃以<u>班超</u>为<u>西域</u>都护,<u>徐幹</u>为长史,复置戊己校尉。唯<u>焉耆</u>、<u>须尉黎</u>以前杀都护<u>陈睦</u>,不内附。

四年春正月,<u>龟兹</u>王遣子奉献。

三月,司徒<u>袁安</u>薨。是时天子幼弱,外戚擅权,<u>安</u>每朝会,及在朝廷议国家,未尝不慷慨流涕于言色,自天子及朝中大臣皆倚<u>安</u>。会病薨,朝野痛惜焉。初,<u>安</u>妻早卒,葬乡里。临终遗令曰:"备位宰相,当陪山林,不得归骨旧葬。若母先在祖考坟垄,若鬼神有知,当留供养也;其无知,不烦徙也。"诸子不敢违。子<u>赏</u>车骑校尉,京(属)〔蜀〕郡太守㊷,<u>敞</u>司空;<u>京</u>子<u>汤</u>官至公辅。初,<u>安</u>辟<u>庐江</u><u>周荣</u>,与语,甚器之,每预大议。及奏论<u>窦宪</u>,<u>宪</u>客<u>徐齮</u>胁之曰:"子为<u>袁公</u>腹心,排大(夫)〔臣〕㊸,<u>窦氏</u>刺客今至矣,子宜备之。"<u>荣</u>曰:"<u>荣</u>乃<u>江淮</u>孤生,蒙先帝大恩,备宰士正,为<u>窦氏</u>所害,诚所甘心。常敕妻子,苍卒遇飞祸,无得殡敛,冀以区区腐身以悟朝廷。"及<u>窦氏</u>败,<u>荣</u>召为显官,至尚书、郡守,有孙曰<u>景</u>,至太尉。

四月丁丑,太常<u>丁鸿</u>上封事曰:"臣闻日者阳之精,守实不亏,君之象也;月者阴之精,盈(数)〔缩〕有常㊹,臣之表也。故日蚀者,阴陵阳;月盛者,下骄盈也。变不虚生,各以类应。远观往古,近察汉兴,倾危之祸,靡不由兹。故<u>三桓</u>专<u>鲁</u>,<u>陈氏</u>擅<u>齐</u>,六卿分<u>晋</u>,<u>吕</u>族覆<u>汉</u>,<u>哀</u>、<u>平</u>之末,庙不血食,此皆失其权柄,以势假人者也。故有<u>周公</u>之亲,无其德不得行其势。伏见大将军<u>窦宪</u>,虽敕身自约,不敢僭差,然天下远近皆惶怖承旨,小大望风,莫不影从。宪极则骄,验见于天,虽欲隐讳,神昭垂象。闲者月满不亏,此大臣骄溢之应也。陛下未悟,故天重见诫,日有蚀之,诚宜畏慎以防其祸也。诗云:'畏天之怒,不敢戏豫。'夫疏岩绝崖之水,由于涓涓;干云蔽日之木,起于毫末。(有)前事之不忘[45],后事之明镜。宜因大变,匡正其失,以塞天意。"上深纳之。丙辰,京师地震。是时<u>窦氏</u>骄横,威震海内,其所置树,皆名都大郡,乘势赋敛,争相(路)〔赂〕遗[46],州郡望风,天下骚动,竞侵陵小民,掠夺财物,攻亭殴吏,略人妇女,暴虐日甚,百姓苦之。又擅檄缘边郡突骑善射有(财)〔材〕力者[47],二千石畏威不敢不送。司徒<u>袁安</u>、太尉<u>任隗</u>及有司数奏劾,皆寝。初,<u>宪</u>女婿射声<u>郭举</u>、卫尉<u>邓叠</u>,母(兄)〔元〕出入禁中[48],谋图不轨。上渐觉之,与清河王<u>庆</u>图其事,使<u>庆</u>求外戚传,因与中官<u>郑众</u>密谋之。<u>众</u>劝上亟行其诛,上曰:"<u>宪</u>在外,恐变生,不可。"是月,<u>宪</u>还京师,(象由)〔众白〕太后[49],帝当谨护玺绶。庚申,上幸<u>北宫</u>,诏公卿百官,使执金吾卫<u>南</u>、<u>北宫</u>。诏收<u>宪</u>大将军印绶,封<u>宪</u>为亲军侯[50];<u>笃</u>、<u>景</u>、<u>瓌</u>皆就国;<u>郭举</u>、<u>邓叠</u>下狱诛。上以太后故,不欲极其狱,乃守<u>宪</u>等,选能相以逼迫之。<u>宪</u>、<u>笃</u>、<u>景</u>皆自杀,宗族免归本郡。<u>河南</u>尹<u>张酺</u>上疏曰:"臣愚以为<u>窦氏</u>之事,宜下理官,与天下共平其罪,恐后世不见其事。<u>窦氏</u>盛时,群臣莫不阿附,唯恐在后,皆以<u>宪</u>为<u>尹</u>、<u>吕</u>,比<u>邓夫人</u>于<u>文母</u>。及陛下发雷电之怒,皆以为罪不容诛,何前后之相背也?赖圣朝明达析其中。伏见<u>夏阳</u>侯<u>瓌</u>前为光禄勋,每与臣相见,常有励节竭忠庶几之心,检敕宾客,未(常)〔尝〕犯法[51]。臣闻王政有三宥之义,故蔡叔流言,周公原本而诛。臣愚以为可黜瓌爵关内侯,还京师竭忠,供养比阳主,以优属垂示厚德。"上感酺言,徙瓌为长沙侯。于是何敞、班固免归家。敞子与瓌善,固党于窦氏也。初,固不教儿子,儿子负固势,不遵法度,吏民苦之。洛阳令种(兢)〔兢〕尝出[52],固奴干车(吁)〔诃〕[53],奴(辞)〔醉〕骂辱(兢兢)〔兢,兢〕大怒[54],畏宪,不敢发,心衔之。及宪宾客皆(披)〔被〕系[55],兢因此捕系固,遂死狱中。诏遣责兢,而主者(极)〔抵〕罪[56]。固字孟坚;彪之子也。初,世祖问窦融在西州时,每所上章奏,谁与参之。融对曰:"皆班彪所为也。"世祖雅闻彪名,将召之。会彪举茂才,除令,以病免。后应三公之命,辄谢病去。复以司徒掾望都长[57],所历二县皆为吏民所爱。彪既才高,而专心文史之间。司马迁著史记,自太初已后阙而不录,其后好事者或颇缀录其〔时〕事(时)[58],然多鄙俗,不足以继其书。彪乃采前人遗事,旁贯异闻,作后传数十篇,因斟酌前史而讥正其失。略曰:"唐、虞、三代,诗、书所及,世有史官,以司典籍,至于诸侯,国自有史。故孟子曰'(楚)〔晋〕之乘[59],(晋)〔楚〕之梼杌[60],鲁之春秋,其事一也'。定、哀之间,鲁君子左丘明论集其文,作左传三十篇,又撰异同号曰国语二十篇,由是乘、梼杌之事遂暗,而左氏、国语独彰。又有记录黄帝以来至春秋时帝王、公、侯、卿大夫,号世本,十五篇。春秋之后,七国并争,秦并诸侯,则有战国策三十二篇。汉定天下,大夫陆贾记录时功,作楚汉春秋九篇。孝武之世,太史令司马迁采左氏、国语,删世本、战国策,据楚、汉列国时事,上自黄帝,下讫获麟,作本纪、世家、列传、书、表凡百三十篇,而十篇缺焉。迁之所记,从汉元至武帝则纪其功，至其摭经传，分散数家之事⑩，甚多疏略，务欲以多闻广博为功，论议浅而不笃。其论术学，则崇黄、老而薄五经；序货殖，则轻仁义而羞贫穷；尊游侠，则贱守节而贵俗功，此其大弊伤道，所以遇极刑之咎也。然善述事，辩而不华，质而不野，文质相称，盖良史之才也。诚令迁依五经之法言，同圣人之是非，意亦庶几矣。夫百家之书，犹可法也。若左氏、国语、世本、战国策、楚汉春秋，太史公书，今之所以知古，后之所由观前，圣人之耳目也，焉可阙哉！"固九岁能属文，五经百家之言，无不究览。其学无常师，又不为章句，训诂通而已。性多爱，不以所长傲物，人皆重之。弱冠早孤，固以唐、虞、三代、诗、书所及，世有典籍。故虽尧之盛，必有典、谟之篇，然后冠德百王。汉绍尧运以建帝业，六世史臣乃追述功德，私作本纪，编于百王之末，厕于秦、项之列，太初以后，阙而不录，故采撰前纪，缀集所闻，以述汉书。元起高祖，终于孝平、王莽之诛，十有二世，二百三十年，综其行事，旁贯五经，上下洽通，凡百篇。未成，明帝初，人有上书言固私改史记者，诏收固京兆狱，悉敛家书封上。是时扶风人苏朗伪言图谶事，下狱死。固弟超〔恐固〕为郡所诬⑫，乃诣关上书，具陈固著述意，会郡亦封上固书。天子甚奇，征诣校书部，除兰台令史，(举雎)〔与前睢〕阳令陈宗、(故)长陵令尹敏、司隶从事孟异共作世祖本纪及世祖功臣、平林、新市、公孙述二十八篇⑬，奏之。帝乃复使成前书，自永平始，研精积思二十余年，至建初中，其书乃成。世甚重其书，学者靡不讽诵焉。自为郎后，遂见亲近，赏赐恩宠优渥。章帝好文章，逾益进幸，数入读书禁中，或连日逮夜。每行巡狩，辄献上赋颂，朝廷时有大议，令固问难于前，然位不过郎。固虽笃志于学，以述作为务，然好傅会权宠,以文自通。其序事不激诡,不抑亢,赡而不秽,详而有体,使读之者亹亹而不厌,亦良史之才也。至于排死节,否正直,以苟免为通,伤名教也。史迁之作,皆推之于谈。彪经序其谋,略以举矣,而固尽有功,岂不胜哉! 窦氏既废,天子追览前议,嘉袁安之忠,知宋由之不正也,乃策免由。

秋七月己丑,太尉宋由有罪自杀。

八月,司空任隗薨。〔隗〕字仲和[64],光之子。初,光济世祖于信都,封〔阿〕陵侯[65]。光薨,隗袭爵。隗好黄、老,清静少欲,以功臣子行异于众,擢为(勇)〔虎〕贲中郎将[66],稍迁九卿三公。隗玄默守直,不求名誉,然内行仁义,世人以此服之,帝亦雅重焉。窦宪之专政,朝臣莫违,隗与袁安屡抗异议,于是天子追思隗忠,擢子屯为步兵校尉。辛丑,大司农尹睦为太尉,太傅邓彪以老病罢,太尉睦代录尚书事。

冬十月己亥,宗正刘方为司空。

五年春正月己亥,大赦天下。辛卯,立皇弟万岁为宋王。

二月,戊戌,诏有司省内外厩马及上林池圃,悉以假贫民。甲寅,太傅邓彪薨。窦氏之专权,彪守己而已。御史中丞周纡,国之司直也,屡忤窦氏,彪(常)〔尝〕以事奏免纡[67],世以此讥之,然修礼教。(二月)戊午[68],陇西地震。

三月庚寅,遣使分行贫民,开仓振廪。

夏六月丁酉,郡国雨雹大如鸡子。

冬十月辛未,太尉尹睦薨。

十一月己丑,太仆张酺为太尉。

六年春正月,永昌夷献犀象。司徒丁鸿〔薨。鸿〕字孝公[69],颍川定陵人也。父綝，从世祖征伐有功，封颍阳侯。鸿年十二，事太常桓荣，十六而章句通，布衣荷担，不远千里，质问异义，是以能成其名。初，綝从上时，鸿独与弟盛居，困苦饥寒，(帝)〔常〕怜盛⑩，有委国志。及綝薨，既葬，鸿挂缞绖于冢庐而逃去，留书与盛曰："鸿贪经书，不顾恩义，生不供养，死不饭唅，皇天先祖，并所不祐，身被大病，上不任为藩辅，下不(言)〔能〕守土⑪。先上病状，辞爵封于仲公，章寝不报。谨(身)〔自〕放弃⑫，求良医，如遂不瘳，永归沟壑。"始鸿与九江人鲍俊友善，俊遇于东海，鸿佯狂不识俊。俊乃止而诮让之曰："有昔伯夷、吴札乱世权行，故得申志。汉有旧制，春秋不以家事废王事，故与卫辄之(子)〔立〕⑬。今以兄弟私恩而绝父不灭之基，未可谓智也。"鸿感悟，垂泣叹息，而还就国，教授杨州，称之。鲍俊亦上书具言鸿至行，明帝甚(言)〔然〕之⑭。诏征鸿，召见，说文(候)〔侯〕一篇⑮，赐御衣及绶，廪食公车，与博士同礼。顷之，拜侍中，徙封鲁阳侯。

华峤曰：论语称夫子温良恭俭让以得之，行首乎？故尝请论之：孔子曰："太伯其可谓至德也已矣，三以天下让，民无德而称焉。"孟子曰："闻伯夷之风者，贪夫廉，懦夫有立志。"然则太伯出于不苟得，未始有于让也。是以太伯称贤人，后之人慕而殉之。夫有殉则激诡生而取与妄矣。(故)〔至〕夫邓彪、刘恺让其弟以取义⑯，使弟非服而己享其名，其于义不亦薄乎！又况乎于有国之纪，而使将来者妄举措哉！古之君子，立言非将以启天下之方悟者，立行非独善其身，将以训乎哉！原丁鸿之心，其本主于忠爱，何其终悟而从义也！以此殆知其殉尚异于数世也。

二月乙未，司空刘方为司徒，太常张奋为司空。

三月丙寅,〔诏三公、二千石〕⑰举贤良方正,直言极谏之士各一人。

六月初伏日,(闲)〔闭〕关⑱。

秋七月,京都旱。司空张奋上疏曰:"岁比不登,人食不足,今复旱,秋稼未立,阳气垂尽,日月迫促。夫国以民为本,以谷为命,政之急务,忧之重者也。臣恩尤深厚,受职过任,夙夜忧惶,章奏不能序心,愿(封)〔对〕中常侍口陈得失⑲。"上即引见。明日,车驾亲幸洛阳寺,省录囚徒,于是大雨三(月)〔日〕⑳。南单于安国为左贤王。〔师子〕次当为单于㉑,时数轻兵出塞,斩获有功,故国中皆敬师子而不附安国,安国由是内病师子。匈奴降者异时居塞外,数为师子所掠,故亦怨之。安国乃委计降者,使图师子。安国既为(严)〔单〕于㉒,师子为左贤王,觉知安国之谋,乃阴为之备。每会议事,召师子,辄称病不往,安国益忿。是时中郎将杜崇使安国,安国心不平,因上书告崇。崇敕西河太守令断〔其章〕㉓,安国欲自诉不得。而崇与度辽将军朱徽上言:"南单于安国疏远旧胡,亲近新降,欲杀左贤王师子。宜征西河、〔安〕定、上郡兵以为之备㉔。"公卿处议听崇,遂发郡兵。南单于闻汉兵起,因举兵〔欲〕诛师子㉕。〔师子〕闻之㉖,悉将众入曼柏城。单于围守之,杀伤甚多。于是杜崇、朱徽将兵〔赴之〕㉗,而单于为其(胥)〔骨〕都侯所杀㉘,师子为单于。既而天子知杜崇、朱徽之侵扰匈奴也,乃诛崇、徽。

七年春三月,班超发龟兹等八国兵七万人讨焉耆、尉黎二国。超遣人慰谕二国:"欲改过向善者,当遣大人来迎。"焉耆王广与国中议曰:"先王前杀陈都护,今超都护将大兵来,故且作降重献遗,令无入国。"北鞬支本匈奴人,举国敬信之,乃遣奉牛酒迎超。超闻焉耆取信北鞬支,遂反缚,责曰:"汝匈奴侍子,(恃)〔持〕焉耆(拥)〔权〕㊾,今都护来,王不以时迎,皆汝罪也。"(悉)〔欲〕斩之㊿。或谓超曰:"可便杀。"超曰:"非汝所及。此人权重于王,今未入其国而杀之,(疑)遂令自〔疑〕㊽,设备守险,违得到其城哉!"因责让加赏赐遣〔之〕㊼。北鞬支还,曰:"都护不疑我国矣。"广乃与大人迎超于尉黎,奉上金银、奴婢、牛马,超受马以给军,余总悉还之。超到焉耆,去城二十里,〔营〕大泽中㊽。超乃扬声欲重赐王以下,明日置酒,悉召诸国王。焉耆王广、尉黎王况与鞬支等四十一人诣超,其国相腹久等十七人逃,不至。超怒曰:"腹久何故不到,焉耆欲复反邪?"遂叱吏收广、况等于都护陈睦故城斩之,更立〔元孟〕为王㊾。持广、况首诣京师,因大纵兵抄掠。超留焉耆半岁,西域遂平。上嘉超,封超为定远侯。

夏四月辛亥朔,日有蚀之。

秋九月辛卯㊾,京都地震。

八年春三月己丑,立皇后阴氏。赐天下男子爵各有差;鳏、寡、孤、独、贫下不能自存者粟,人五斛。后,原庶侯识曾孙也。祖父永,明帝时为侍中,亲幸左右,异宠。后近,故有异宠。父纲为屯骑校尉。

八月辛酉,令天下死罪减一等,徙边戍;亡命赎罪各有差。

九月,京都蝗虫。

冬十月,北海王〔威〕有罪自杀㊾,国除。

十二月丁巳,南宫宣室灾。

校勘记

① 耿秉自〔朔〕方(朔)出塞三(十)〔千〕里　从南监本、龙溪本、学海堂本改。

② 耿秉为(算)〔美〕阳侯　从学海堂本改。

③ 还〔京〕师（京）　从南监本、龙溪本、学海堂本乙正。

④ 益比阳〔汤〕沐邑二千（石）〔户〕　从南监本、龙溪本、学海堂本补改。

⑤ 尚书何（敝）〔敞〕　从南监本、龙溪本、学海堂本改。

⑥ 而（由）〔犹〕为之者何　从龙溪本、学海堂本改。

⑦ 兄弟（尊）〔专〕朝　从学海堂本改。

⑧ （况）〔使〕陛下有失教之议　从南监本、龙溪本、学海堂本改。

⑨ （由）〔犹〕不免于严怒　从龙溪本、学海堂本改。

⑩ （秉）〔乘〕宪之势　从南监本、龙溪本改。

⑪ 为宪等所（灭）〔忌〕　从南监本、龙溪本、学海堂本改。

⑫ 下宜以谦自别　后汉书乐恢列传作"下以谦自引"。

⑬ 皆以为（怨）〔冤〕　从陈璞校改。

⑭ 事博士焦贶　后汉书乐恢列传作"焦永"。

⑮ 后（况）〔贶〕有事被考　从南监本、龙溪本改。上文亦作"贶"。

⑯ 恢善颍川〔杜〕安（王）　从后汉书乐恢列传李贤注引华峤书补、删。

⑰ （王）〔安〕上书　从后汉书乐恢列传李贤注引华峤书改。

⑱ 何敞既（传）〔傅〕济南　从南监本、龙溪本、学海堂本改。

⑲ 刘向（日）〔曰〕　从龙溪本、学海堂本改。

⑳ 然远（斤）〔斥〕候　从南监本、龙溪本、学海堂本改。

㉑ 〔明〕要誓　从后汉书耿弇列传耿秉附传补。

㉒ （劈）〔劙〕面流血　从龙溪本、学海堂本改。

㉓ （常）〔尝〕以精骑八百〔出塞于金微山斩阏氏名王以下〕　从南监本、龙溪本、学海堂本改补。

㉔ 自汉军〔所〕未至　从龙溪本、学海堂本补。

㉕ 立皇弟惠为〔济〕北（海）王……立故淮南（闻）〔顷〕王昞子恻为常山王　从后汉书和帝纪、孝明八王列传改。

㉖ 封窦宪为武阳侯　后汉书窦宪传作"冠军侯"。

㉗ 千里逾葱岭　后汉书班超列传作"数千里逾葱岭来"。

㉘ 远遁(汉)〔漠〕北　从南监本、龙溪本、学海堂本改。

㉙ 鹿蠡王阿修　“阿修”，后汉书袁安列传作“阿佟”。

㉚ (少)〔大司农〕尹睦　从后汉书袁安列传改。

㉛ 此诚宣明祖宗余志之弘勋也　后汉书袁安列传作“此诚宣明祖宗崇立弘勋也”。

㉜ 三帝(绩)〔积累〕以遗陛下　从南监本、龙溪本、学海堂本改。

㉝ 空尽(其庐)〔北虏〕　从南监本、龙溪本改。

㉞ 兵食可(易)〔废信不可去〕　从南监本、龙溪本、学海堂本改。

㉟ 夫礼(也)〔者〕　从陈澧校改。

㊱ 用之人道〔者〕也(者)　从南监本、龙溪本、学海堂本乙正。

㊲ (至)〔制〕礼至简　从南监本、龙溪本、学海堂本改。

㊳ 栋(比)〔宇〕之制丽矣　从南监本、龙溪本、学海堂本改。

㊴ 故富〔有〕以成业　从文意补。

㊵ 人之〔所为〕　从南监本、龙溪本、学海堂本补。

㊶ (后)〔使〕诸侯轨道　从南监本、龙溪本、学海堂本改。

㊷ 京(属)〔蜀〕郡太守　从后汉书袁安列传改。

㊸ 排大(夫)〔臣〕　从学海堂本改。

㊹ 盈(数)〔缩〕有常　从龙溪本改。后汉书丁鸿列传作“盈毁有常”。

㊺ (有)前事之不忘　从龙溪本、学海堂本删。

㊻ 争相(路)〔赂〕遗　从龙溪本、学海堂本改。

㊼ 突骑善射有(财)〔材〕力者　从文意改。

㊽ 母(兄)〔元〕出入禁中　从学海堂本改。

㊾ (象由)〔众白〕太后　从龙溪本、学海堂本改。

㊿ 封宪为亲军侯　亲军侯，后汉书窦宪传作“冠军侯”。

(51) 未(常)〔尝〕犯法　从龙溪本改。

(52) 洛阳令种(竞)〔兢〕尝出　从后汉书班彪列传改。

(53) 固奴干车(吁)〔诃〕　从龙溪本、学海堂本改。

○54 奴(辞)〔醉〕骂辱(竞竞)〔兢兢〕大怒　从龙溪本、学海堂本改。

○55 宪宾客皆(披)〔被〕系　从南监本、龙溪本、学海堂本改。

○56 而主者(极)〔抵〕罪　从学海堂本改。

○57 复以司徒掾望都长　后汉书班彪列传作"后察司徒掾为望都长"。

○58 或颇缀录其(时)事(时)　从南监本、龙溪本、学海堂本乙正。

○59 (楚)〔晋〕之乘　从龙溪本、学海堂本改。

○60 (晋)〔楚〕之梼杌　从龙溪本、学海堂本改。

○61 分散数家之事　"数",后汉书班彪列传作"百"。当作"百"是。

○62 固弟超〔恐固〕为郡所诬　从后汉书班超列传补。

○63 (举睢)〔与前睢〕阳令陈宗(故)长陵令尹敏　从学海堂本、后汉书班彪列传改。

○64 〔隗〕字仲和　从学海堂本补。

○65 封〔阿〕陵侯　从学海堂本补。

○66 擢为(勇)〔虎〕贲中郎将　从龙溪本、学海堂本补。

○67 彪(常)〔尝〕以事奏免纡　从龙溪本、学海堂本改。

○68 (二月)戊午　"二月"重出,径删。

○69 司徒丁鸿〔薨鸿〕字孝公　从后汉书和帝纪、通鉴卷四十八补。

○70 (帝)〔常〕怜盛　从龙溪本、学海堂本改。

○71 下不(言)〔能〕守土　从南监本、龙溪本、学海堂本改。

○72 谨(身)〔自〕放弃　从学海堂本改。

○73 故与卫辄之(子)〔立〕　从学海堂本改。

○74 明帝甚(言)〔然〕之　从龙溪本改。学海堂本作"贤之"。

○75 说文(候)〔侯〕一篇　从龙溪本、学海堂本改。

○76 (故)〔至〕夫邓彪刘恺　从后汉书丁鸿列传改。

○77 〔诏三公二千石〕　从陈澧校补。

○78 (闲)〔闭〕关　从龙溪本、学海堂本改。

○79 愿(封)〔对〕中常侍口陈得失　从南监本、龙溪本、学海堂本改。

⑧⓪ 大雨三(月)〔日〕 从后汉书张纯列传改。

㉛ 〔师子〕次当为单于 从南监本、龙溪本补。

㉜ 安国既为(严)〔单〕于 从学海堂本改。

㉝ 令断〔其章〕 从学海堂本补。

㉞ 宜征西河〔安〕定上郡兵 从学海堂本补。

㉟ 因举兵〔欲〕诛师子 从龙溪本补。

㊱ 〔师子〕闻之 从南监本、龙溪本、学海堂本补。

㊲ 杜崇朱徽将兵〔赴之〕 从学海堂本补。

㊳ 为其(肾)〔骨〕都侯 从学海堂本改。

㊴ (恃)〔持〕焉者(拥)〔权〕 从后汉书班超列传改。

㊵ (悉)〔欲〕斩之 从南监本、龙溪本、学海堂本改。

㊶ (疑)遂令自〔疑〕 从学海堂本、后汉书班超列传改。

㊷ 加赏赐遣〔之〕 从学海堂本补。

㊸ 〔营〕大泽中 从后汉书班超列传补。

㊹ 更立〔元孟〕为王 从学海堂本补。

㊺ 秋九月辛卯 后汉书孝和帝纪作"癸卯"。

㊻ 北海王〔威〕有罪自杀 从学海堂本补。

后汉纪　孝和皇帝纪下　卷第十四

　　九年春三月癸巳，济南王康薨，谥曰安王。康不修法度，通宾客，人有上书告"康使中郎将张阳、董臣招来州郡奸猾颜忠、刘子产等案图书，谋议不轨"。有司举奏，明帝以至亲不忍穷竟，削（视）〔祝〕阿、隰阴、东（胡）〔朝〕阳、安德、西平昌五县①。康殖财货，治宫室，奴婢至千余人，厩马千余匹，田八百余顷。何敞之为傅，上疏谏曰："盖闻诸侯之义，以制节谨度为忠，然后能保其社稷，和其民人。昔管仲相齐九合之功，而孔子讥其器小，以奢侈逼上，不知礼也。今大王以骨肉之亲，享蕃国之尊，当率先天下以为化首。今国家制度王侯车服章事有其科，不可越也。夫文繁者质枯，木胜则人亡，经传所载也。且君国者以道德仁义为营，岂饰宫室充实厩马为尊哉？楚作章华，吴兴姑苏卒亡，景公千驷，民无所称其（劝）〔效〕也②。如大王数游诸第，出入无节，或涉晨夜，非所以远防未然，临深履薄，垂示后（词）〔嗣〕之法也③。愿大王修恭俭，遵古制，以法自治，以礼率下，省奴婢之数，减乘马之费，以礼起居，则敞之愿。药酒苦于口而利于病，至言逆耳而便于行，惟大王深察愚言。"王甚敬礼而不能改。

夏五月，封皇后父阴纲为〔吴〕防侯④。纲上疏辞位，以特进侯就第。纲弟凤、遏为（为）郎中⑤，子轶、政比黄门郎。阴氏自建武以来，缘属戚之故，世为卿校，外典禁兵，内侍帷幄，赏赐恩宠，贵重当世。秋七月，蝗虫飞过京都。闰月辛巳，皇太后窦氏崩。太尉张酺与司空、司徒共上〔奏〕依吕太后故事⑥，贬窦太后尊号，勿葬敬陵。百官言之者亦多。上手报酺曰："礼，臣子无贬〔亲〕之义⑦。今皇太后家虽不遵法度，然常欲自（灭）〔减〕损⑧。〔朕〕奉事十年⑨，恩不忍亏。案前世上官太后子奉终义从，其忽复议。"丙申，葬章德窦皇后。陇西羌犯塞，执金吾刘尚将三万骑击平之。

九月庚申，司徒刘方有罪，自杀。初，梁贵人生和帝，窦后以为己子，养而隐之。贵人者，梁竦女也。永平初，竦兄陵乡侯松因事徙边，后诏书听还本郡，阖门不出，作经书数篇⑩，名曰七序。班固见而称之曰："昔孔子作春秋而（贼）〔乱〕臣（乱）〔贼〕子惧⑪，梁竦作七序而窃位素（飡）〔餐〕者惭⑫。"轻财好施，不（得）〔治〕产业⑬。兄嫂舞阴长公主振施诸梁，亲疏有序，然犹独敬异竦，衣裘品物事殊别。竦未尝独飨，常与宗族共之。竦少长京师，逮父兄时游士林，故不乐归乡里。雅有大志，每登高望远，未曾不叹息曰："大丈夫居世，生当封侯，死当庙食。诗、书足以自娱，州郡之职，但劳人耳。"竦生二男三女，长男棠及翟，长女凭及二贵人⑭。初，马太后〔选〕良家女⑮，贵人与姊以选入宫，得幸于帝，生和帝。竦不胜喜，与舞阴长公主（和）〔私〕相（骂）〔庆〕⑯，语泄闻于窦氏。〔窦氏〕欲专名太子外家⑰，心恶梁氏，欲毁（贩）〔贬〕之⑱，乃诬以恶逆。诏郡县考竦，死狱中，家属〔复徙九真〕⑲。舞阴公主居新野，使者护守之。贵人与姊以忧死，〔葬礼〕有阙^⑳。窦后崩，舞阴公主兄子梁扈遣从兄擅奏记三府曰^㉑："春秋之义，母以子贵，汉家旧典也。今梁贵人亲育圣躬，而不蒙尊号。"（补）〔三府〕得记^㉒，谢遣擅。太尉张酺独见擅，具问之，曰："此公之职而梁氏之福也。"会以蝗飞过（过）〔京〕师^㉓，召见对说，固具言擅记，上曰："意云如酺，不知葬礼有阙也。"对曰："陵上宜置长史，加祠祭之礼，收录诸舅以明亲亲。"上复曰："于义如何？"酺曰："今春秋之义，汉家有行事，梁、窦并为名姓，保守河西，以忠获封。窦宪兄弟不轨，太后谤议，籍籍闻于天下。姓族（死）〔无〕以逾梁氏^㉔，加以亲外家，诚〔宜〕尊显^㉕。"上曰："非君孰为朝廷恩大^㉖！家事籍籍，君所知。"上深纳酺言，会贵人姊凭上书曰："同产女弟贵人，前充后宫，蒙先帝厚恩，得见宠幸。皇天所（寿）〔授〕^㉗，诞育陛下。为窦宪兄弟潜虐，妾父竦冤死牢狱，骸骨不掩，〔老〕母孤弟^㉘，远徙万里。独妾遗脱，逃伏草野，常恐没命，无由自达。值陛下神圣之德，统览万机。宪兄弟皆已伏诛，海内旷然，各得其所。妾得苏息，拭目更视，乃敢昧死自陈。妾窃悲死父既冤，不可复生，母年七十，远在绝域，不知死生。愿乞母弟还本郡，收葬竦骨。妾闻文帝既立，薄氏蒙荣；宣帝继统，史氏复兴。妾自悲有薄、史之亲，独不蒙外戚余恩。"辞甚悲切，上恻然感寤，使中常侍、掖庭令杂讯问，凭辞语证明。甲子，改殡梁贵人于承光宫，追尊为皇太后，谥曰恭怀，葬于西陵。上乃别见凭，凭具自陈说。上歔欷流涕，留凭宫中，连日不出，赏财物第宅，旬月之间，赀累千万。凭素有行，遂宠之，加号梁贵夫人；擢奖凭夫调为羽林佐监。追加谥竦为〔褒〕亲愍侯^㉙，遣中谒者迎竦丧于京师，改殡之，赐东园画棺、玉匣，冢葬于西陵旁，上亲临送。征竦妻子还京师。

（梁）〔宋〕贵人遇窦氏之谮㉚，葬礼有阙，清河王庆涕泣不敢言，常私祭于室。及梁后改葬，庆乃上书求上贵人冢，诏听许。悲喜曰："生虽不得供养，终得奉祭祀，私愿毕矣。"太尉张酺上疏乞骸骨，上使中黄门问疾，加以珍羞。酺称笃，诏曰："元首不明，黎民困穷，朕与君同其忧责，岂可引退邪？其勿复言。"是时酺子蕃以郎侍讲，上复诏蕃曰："阴阳不调，朝廷望公以为忧，托病自退，洁己而已，谁当与朕同心者？非所望于公也。"酺惶恐，诣阙谢，因起视事。酺自为三公，父尚在，酺每迁，父辄自田里来。适会岁腊，公卿罢朝，共诣酺父，上酒为酺寿，极欢移日，当时以为荣。

冬十月癸卯，光禄勋吕盖为司徒。

十一月丙寅，司空张奋老病致仕。壬申，太仆韩棱为司（徒）〔空〕㉛。奋在家，上疏曰："〔孔子曰〕㉜：'安上治民莫善于礼，移风易俗莫善于乐。'又曰：'揖让而治天下者，礼乐之谓也。'先王之道于斯为盛。故曰礼乐不兴，刑罚不中，民无所措手足。汉既受命，礼乐宜作，图谶明文（王）若〔是〕㉝。是以先帝圣德远监，每存礼乐。众儒不达，多生骇异。臣累世辅位，而汉礼乐未定，诚切以为忧负。臣犬马齿尽，诚冀先死及见礼乐之定。"上善之。

十年夏五月，封梁棠为乐平侯㉞，雍为乘氏侯，翟为单父侯，位特进。棠等自九真还，过长沙，迫从窦怀，令自杀。秋九月庚戌，初复廪牺官。

冬十二月戊辰，梁王畅薨，谥曰节王。母阴贵人有宠于明帝，畅尤（受辛诸）〔爱幸〕㉟，国土（且）〔租〕入倍于〔诸〕国㊱，章〔帝立〕㊲，缘明〔帝〕意㊳，赏赐（息）〔恩〕宠㊴，务加笃厚，乃封畅舅阴棠为西陵侯。畅性聪惠，然少骄贵，颇不遵法度。畅常梦见星宿，从官卜忌自言善占梦，又能使六丁神，畅使忌占梦卜筮。又使乳母王礼、侍史李阿与忌祠祭求福，言王当为天子，畅心喜。永元初，豫州刺史举奏畅，考讯，辞不(复)〔服〕⁴⁰。有司请征畅诣狱，天子以加恩，不忍听。复奏徙九真，有诏削城武、单父二县。畅惧，上疏辞谢曰："臣天性狂愚，少长深宫。从官侍史利臣财物，畅无所照见，与相然诺，不自知陷死罪。自负自悔，无所复及。陛下圣德弘裕，枉法赦臣。上念以负先帝而令陛下收(耻)〔污〕天下⁴¹，诚无气以息，筋骨不相连。臣畅知大贷不可再得，束身不敢复出(是载)〔入〕⁴²。〔乞裁〕食(睦)〔睢〕阳、穀熟、虞、蒙、宁陵五县⁴³，还余所食四县。臣畅小妻三十七，愿还其无子者。选择谨敕奴婢三百人，其余所(爱)〔受〕虎贲、官骑、鼓吹、(仓)〔苍〕头、兵弩、厩马上还本署⁴⁴。陛下加大恩，开臣自悔之门，假臣小善之路，令天下知臣得去死就生，颇能自悔。若不听许臣，实无颜以久生，下入黄泉，无以见先帝。"诏曰："唯王至亲之属，纯淑之美，傅相不良，不能防邪，至令有司纷纷彰于内外。(令至)〔今王〕深思悔过以自克责⁴⁵，朕恻然伤之。传曰：'克己复礼，天下归仁。'其安心静意，茂休厥德，强食自爱，其何让哉！"畅固请，章数十，上卒不许。

十一年春三月，遣使行郡国，水旱灾、贫不能自存者廪贷谷食，令山林池泽勿收假税。夏四月丙寅，大赦天下。

十二年春三月，赐天下男子爵，各有差；鳏、寡、孤、独、不能自存者粟，人三斛；博士弟子布三匹。

夏闰四月戊辰，南郡秭归山崩，压杀百余人。

秋七月辛亥朔，日有蚀之。初，太尉张酺与司隶晏称会于朝堂，酺从容谓称曰："三府掾史，多非其人。"既罢，称奏令三府长

(史)〔吏〕各实其掾史⑯,醴以恨称。会复共谢,以责称。称辞色不顺,醴怒,廷叱之。称乃奏醴以为怨望。上以醴先帝师,优游不断,诏公卿廷议之。司徒吕盖以为醴知公门有仪,不屏气鞠躬,而作色大言,不可示四方。乃策免醴曰:"诗云:'节彼南山,惟石岩岩。赫赫师尹,民具尔瞻。'今君在位八年于兹,康哉之歌既无闻焉,而于两观之下有丑慢之音,伤南山之体,亏穆穆之风,将何以宣示四方仪刑百寮?履霜知冰,朕甚〔惧〕焉⑰。君其上太尉〔印〕绶⑱。君自取之,靡有后言。"

九月,太尉张醴策免归里舍,谢(遗)〔遣〕门生⑲,阖门不通宾客。中郎将敞等多言醴公直中正,不宜久弃草庐,上亦雅重之。数年,复以醴为光禄勋。丙辰⑳,大司农张禹为太尉。(东)〔冬〕㉑,西域蒙奇、兜勒二国内属。

十三年秋九月,诏曰:"水旱不节,蝗螟兹生,令天下田租皆半入,被灾者除之。贫民受贷种食,皆勿收责。"

冬十月㉒,安息国献师子、大雀。班超上书求代,曰:"臣闻太公封齐,五世葬周,故狐死首丘,代马依风。夫周、齐同在中土千里之间尔,况于万里绝域,小臣能无依风首丘之思哉?蛮夷畏壮侮老,自其天性。臣犬马齿歼,常恐奄忽僵仆,孤魂弃捐。臣义不营私,窃恐后世以臣为没西域。〔臣〕不敢望到酒泉郡㉓,但愿生入玉门关,以示边境,威外〔夷〕㉔。臣老病衰困,冒死瞽言,谨先遣子勇随献物入塞。以臣生在,令勇见中土。"超妹昭,(擢)〔惧超〕遂死于边㉕,上书曰:"妾同产兄西域都护超捐躯为国,以功自效,赖陛下神灵,得待罪沙(汉)〔漠〕㉖,至今积三十年矣。骨肉妻子,生不复相识。时人士众,皆已死亡。超年至七十,衰老被病,扶杖而行,虽(以)〔欲〕竭尽其力㊼，以报大恩，迫于岁暮，犬马齿尽。蛮夷之性，悖逆侮老，恐开奸宄之源，生逆乱之心。而公卿大夫咸怀一切，而莫肯远虑。如有卒暴，超之气力不能从心，即恐上损国家累世之功，下弃忠臣竭力之用，以荣为辱，诚可痛也。故超万里归诚，自陈苦急，延颈逾望，三年于兹。超有书与妾生诀，恐不复相见。妾诚(复)〔伤〕超以壮年竭力忠孝于沙漠㊽，罢老则使捐弃于(扩)〔旷〕野㊾，诚可哀怜。如不蒙救护，超后有一旦之变，(异)〔冀〕幸超家得蒙赵母、卫姬先请之贷㊿。"书奏，上感其言，乃征超还，以校尉任尚代超。超到，拜射声校尉，数月薨。朝廷愍惜之，赗赠甚多。子勇，复有功西域。初，尚与超书曰："君侯在外国三十余年，而小人猥承君后，任重虑浅，宜有以诲之。"超曰："任君数当大位，岂班超所能及哉！必不得已，愿进愚言。塞外吏士，本非孝子顺孙，皆以过补屯部；蛮夷兽心，难养易动。今君性严急，清水无大鱼。将军宜宽小过，总大纲而已。"尚私谓所亲曰："我以班君当赠以奇策，今所云平平耳。"尚后竟遭边祸，如超所言。

　　袁宏曰：古之有天下者，非欲制御之也，贵在安静之。故修己(而)〔无〕求于物㊿，治内不务于外，自小至大，自近及远，树之有本，枝之有叶。故郊畿固而九服宁，中国实而四夷宾。夫唐、虞之盛，德泽之浓，正朔所及，五千〔里〕而已㊿。自此以外，羁縻而弗有也。三代建国，弗动远略。岐、邠、江、淮之间，习其故俗；朔野辽海之域，戎服不改。然而冕旒端委，南面称王；君臣泰然，不以区宇为狭也。故能天下乂安，享国长久。至于秦、汉，开其土宇，方于三五之宅，故以数倍矣。然顾瞻天下，未厌其心，乃复西通诸国，东略海外。故地广而威刑不制，境远而风化不同，祸乱荐臻，岂不斯失！

231

当世之主，好为身后之名，有为之人，非能守其贫贱，故域外之事兴，徼幸之人至矣。夫圣人为治贵英才，安天下资群才，故徼幸之人，王制之所去也。班超之功非不可奇也，未有以益中国，正足以复四夷，故王道所不取也。

戊辰，司徒吕盖老病致仕。

十二月丁丑，光禄勋鲁恭为司徒。恭字仲康，右扶风平陵人也。父武陵太守，卒官时恭年十二，弟丕年七岁，昼夜号泣，哀动路人。郡吏赠送，一皆不受，处丧如礼，乡里奇之。年十五，与弟俱居太学，诣博士受业，闭门讲诵，不随傅党，兄弟知名，为学者所宗。扶风数以礼请，谢而不应，母强遣之，不得已而去，同业随之者前后盈路。恭乃始为新丰教授，以丕年小，欲就其名，常托病不仕。及丕举方正，乃始为郡吏，辟太尉掾，迁中牟令。民李勉为母所言，恭召就责问，因为陈父母恩德，勉惭悔返。恭为政，专以德化，不任刑罚。〔敕令〕亭长（敕令）还牛㊷，亭长不还，如是者三，遂不还。恭涕泣曰："德化不行也。"欲解印绶去。掾吏涕泣，因争，亭长即还牛，诣狱受罪，恭贳出不问。于是吏民敬信，皆不忍欺。是时天尝蝗，独不入中牟界。河南尹袁安恐有不实，使部掾肥亲案行之，皆如所言。恭随亲行阡陌，坐桑下，雉过止其侧。旁有小儿，亲曰："儿何不击雉？"小儿曰："雉方将雏鷇。"亲默然而起曰："今来考君之短耳。虫不犯境，此一异也；化及鸟兽，此二异也；竖子有仁心，此三异也。府掾久留，但扰贤〔者耳〕㊸。"因还府以状白安，安美其治。是年嘉禾生县庭中，安具以状上。诏举贤良方正，恭荐中牟人王方，天子征方，公车礼之，与公卿举贤者同。上即位，征为博士、侍中。车马每出郊庙，恭常陪乘。上顾问之，语及政治，有便于民者，无所隐讳。

十四年春二月，修西海郡。

三月戊辰，上临辟雍，(亭)〔飨〕射㉖，大赦天下。

夏六月，封中常侍郑众为列侯，赏讨窦氏之谋也。众，南阳人。明帝时以谨慎事太子家，章帝即位，为中常侍。窦宪专权，内外嶷附，众独不交结，一心王室。窦氏既诛，迁大长秋，天子常与谋国事。阉官专权，自众始焉。辛卯，皇后阴氏废。初，后与外祖母邓朱咒诅㉖。诏中常侍张祯㉗、尚书陈褒于掖庭穷治其狱。父纲自杀，兄轶等徙合浦，母及后二姨母徙日南。朱等内外亲，皆免归本郡。

冬十月辛卯，立皇后邓氏。后，邓训女也。训闺庭甚严，诸子进见，未尝赐席；至于后，事无大小每辄咨之。弟邠曰："平生不与诸男语，今岂年衰邪？"训曰："我不〔衰〕㉘。是女(也)虽小㉙，诸儿无及者，必有益于我家。"是以奇之。初，邓禹佐命，位冠诸臣，常言曰："我常将百万众，秋毫不犯，未尝妄杀一人，子孙必当大兴。"训尝为谒者，治石臼河，甚有方，活数千人，谓弟邠曰："吾闻活千人者有封子孙，岂其然乎！"训生五男三女：长男隲，次京，次悝，次弘，次閶；长女燕，次绥，即后也，次容。后年五岁，祖母为翦发，老人目冥，并中后额，忍痛不言，一额尽伤。左右怪而问之，后曰："太夫人慈恩为断发，难，伤老人意，故忍之耳。"后姊燕早卒，有遗腹女娥在襁褓，后年十二，伤娥早孤，躬自养抚，由为闺门所敬。与叔父邠及诸兄语，常问祖父禹为布衣佐命时事。邠(苟)〔为〕说结发殖业㉚，著名乡间，遭世〔祖〕龙飞㉛，(兴)杖策归(得)〔德〕㉜，征伐四方，天下大定。功成之后，闺门自守，事寡姊尽礼敬〔训〕㉝，子孙〔有〕

法^⑦。遭光武皇帝忧,悲哀吐血,因发病薨。后未尝不叹息流涕,言立德之苦,乃至于斯。后通论〔语〕^⑦,志在经书,不问家事。后母非之,曰:"女人书足注疏通一孝经而已,今不务女工,长大宁举博士邪?"后不欲重违母意,昼则修女工,夜则读经传,宗族皆号曰"诸生"。初,相工苏大(偏)〔遍〕相家人^⑦,至后,大惊曰:"此成汤之骨法也,贵不可言。"室家乃窃喜而不(数)〔敢〕传^⑦。后长七尺二寸,年十六,以选入掖庭为贵人。承事阴后,夙夜兢兢,抚接同列,常克己以下之,遂有宠。每疾,上辄令母兄入视医药,不拘以日数。后辄言:"外家久在省中,令陛下有私妾之讥,下令妾被内顾不知足之谤。上下有损,诚不愿也。"上曰:"他人以数入为荣,而邓贵人反为忧,诚难及也。"诸贵人竞自修饰,后独衣不求彩裳,令侍者赍羸衣。设与阴氏同服,即时解易,不欲同服,避正(统)〔适〕也^⑦。上乃叹曰:"修德之苦,乃如是也。"上每访问政事,谦退不敢对,欲令阴后得进,不获已,然后塞所问。阴后短小,举止时失仪,左右掩口而笑。后独怆然不乐,为之隐讳,若己之失。及与阴后进止,不敢正立,坐则为之偻。所以苦心曲体,劳谦甚至,上愈重之。后每当进见,辄以疾退。御左右常为上言,继嗣不多,当普施恩惠,以获子孙。发言恳恻,形于颜色。阴后素妒,见宠甚,多设方巧欲以危后。上尝病,阴后曰:"我得意之后,皆当夷灭之。"后恐举宗受祸,流涕曰:"竭节以事阴后,可谓至矣,竟不为所祐,而当获罪于天,无相祷。妇人虽无从死之节,然越姬有必死之志,上可以报上厚恩,次可解宗亲之祸,下不令阴氏有人豕之讥。"即欲饮药。会宫人救止,因诈言属有来者,陛下病以差。信以为然,故止。其后宫人告阴后巫(虫)〔蛊〕事^⑦,后涕泣救护,无所不至。自阴后之废,上叹曰:"圣后之尊,与帝同体,承宗庙,母天下,谁能当之?唯邓贵人德冠后(廷)〔庭〕^⑧,为能光之耳。"初,<u>阴后</u>时诸家四时贡献,以奢侈相高,器物皆饰以金银。后不好玩弄,珠玉之物,不过于目。诸家岁时裁供纸墨,通殷勤而已。(后)〔后〕自入(官)〔宫〕后^⑧,遂博览<u>五经</u>,百家图谶无不毕览,善<u>易</u>及阴阳占候希有者。上每欲官秩后诸兄,辄推诚固让,自抑为务,故隃终帝世不过虎贲中郎将。隃虎贲郎时,<u>京</u>、<u>悝</u>、<u>弘</u>、<u>阊</u>黄门郎。<u>京</u>早卒,赠以骑尉印绶。丁酉,司空<u>韩棱</u>薨,大司农<u>徐防</u>为司空。<u>棱</u>字伯师,颍川舞阳人。幼失父母,与孤弟居,壮大,推家财数百万与从昆弟,乡里高之。仕(郡)至〔郡〕功曹^⑧,太守<u>葛兴</u>疾,错乱,<u>棱</u>辅助经年,政令无阙。<u>兴</u>子尝出教转吏,<u>棱</u>封还不听,讼书以<u>棱</u>掩蔽<u>兴</u>疾,专郡事,不得复为吏。后解禁(纲)〔锢〕^⑧,辟司空府,稍迁至尚书令。在机密,数有忠言,进用良吏。<u>章帝</u>以<u>棱</u>忧国忘家,夙夜匪懈,数赏赐之。是时<u>郅寿</u>、<u>陈宠</u>俱为尚书,皆以才能见重,帝赏三人宝剑,手自题其名:<u>韩棱</u>"龙泉",<u>郅寿</u>"汉文",<u>陈宠</u>"锻成"。论者以为<u>棱</u>渊深有谋,故得"龙泉";<u>寿</u>含章明达,故得"汉文";<u>宠</u>敦朴内济,故得"锻成"。<u>防</u>字谒卿,<u>沛国铚</u>人也。矜严有容貌,初为郎,<u>明帝</u>见而异之,擢为尚书郎。在台阁十余年,未尝有过,稍迁至少府、大司农。忧勤于(众)〔政〕事^⑧,所在著名迹。

十五年春二月,出禀贷郡国被灾贫民,各有差。

夏四月甲子晦,日有蚀之。

冬十月戊申,行幸<u>章陵</u>,祠旧宅园庙。戊午,行幸<u>云梦</u>。是时<u>广陵</u>人<u>王涣</u>为洛阳令,治有异迹。初,<u>涣</u>游侠尚气,晚节好儒术。为治修名责实,抑强扶弱,并官职,吏辄兼书佐,小史无事,皆令读孝经。病卒官,百姓无老幼皆叩心泣涕相赋敛,为祭者数千人。涣丧当还乡里新安道以西,道旁往往会聚设祭。吏问其故,盛言平常到洛为吏卒所抄夺,王君到洛不复侵扰,故欲报恩。后民思其德,为立祠安阳亭西,每有酒食,辄弦歌荐之。

十六年二月,以兖、豫、徐、冀民谷不登,(三)遣〔三〕府掾分行贫民㊄,劝民尽地利,贫无所耕者为顾㊅。

夏,客星入紫微宫。

秋七月辛酉,司徒鲁恭策免。庚午,光禄勋张酺为司徒。

八月己酉,司徒张酺薨。酺病困,敕其子曰:"显节陵扫地露祭,欲率天下以俭也。吾为三公,不能使从制,岂可犯之乎?无起祠堂,露祭而已。"上闻酺薨,愍焉缟素,即赐以印绶冢茔,恩宠隆加于相。酺字孟侯,汝南细阳人。永平中,崇尚儒术学,自皇太子诸王侯及臣子弟莫不受经,又为外戚樊氏、郭氏、马氏诸子弟立学,号曰"四姓小侯",置五经师。酺以明经充焉。除广平郎中,每朝会进见,辄讲于上前,辞义高亮,音动左右。上新即位,应在(祠)朝廷㊆,(为)出为外郡㊇,内不自得,上疏愿留左右。上不听,赐钱三十万,亟发之官。酺虽儒者,刚而有断,下车擢用贤俊,挫击豪强,旬月之间,郡中肃然。酺既出,上见诸王师傅,曰:"东郡太守张酺,讲授毕,辄谏正,闾闾〔恻恻〕㊈。时有小善,称之不已。忠言謇謇,有史鱼之风。"初,贾远明古学,曹褒制汉礼,酺常非之。及为太尉,上疏陈其不可,书五奏,上知酺守学不通,寝其奏者。十月辛卯,司空徐防为司徒,大鸿胪陈宠为司空。征钜鹿太守魏霸为将作大匠。霸,济阴人也。少失父母,兄弟同居数十年,妻子数执勤苦,动则推让。为(群)〔郡〕㊉,妻子不之官。霸以兄嫂勤而己独荣乐,常衣布蔬食,敕妻子亲之耕蚕,与兄弟子侄同劳逸。为〔政〕宽恕而已⑩,不求备于一人。掾吏有过,辄私责改;不改,休罢之,终不暴扬其恶。吏有相(赞)〔谮〕者⑫,辄叹息曰:"某甲,贤者也。不及人短,太守以是重之。"其人惭责自引退。郡中化之,皆和睦。后拜太常,以病致仕,为光禄大夫。霸妻死,长兄伯为霸取妻,送至官舍。霸笑曰:"年老,儿子备具,何养他家妇邪?"自入拜其妻曰:"夫人视老夫何空中直,而空远来使计⑬?"义不相屈。即拜而出,妻惭求去,遂送还之。匈奴北单于遣使奉献。

元兴元年春三月⑭,追爵谥皇后父邓训为平寿敬侯。司空陈宠以非旧典也,太尉张酺、太尉张禹、司徒徐防以为宜封。争之连日,乃从禹、防议,由是虎贲中郎将有恨宠。

夏四月,封邓禹、冯鲂后为列侯。丙午⑮,大赦天下。

五月癸酉,扶风雍地震。

十二月辛未,帝崩于嘉德殿⑯。初,数失皇太子,养于民间,群臣无知者,莫不惶惧,邓后乃收皇太子于民间。皇子胜长,有疾。皇子隆生百余日,后养之。太后乃引兄等定策禁中,立隆为皇太子,是日即皇帝位,太后摄朝。赐天下男子爵,各有差;鳏、寡、孤、独、笃癃不能自存者者粟,人三斛。封皇子胜为平原王。诏曰:"昔唐、虞之盛,犹待四辅;周文之宁,实在多士;汉兴,旧制咸宜,保傅并建左右,以参听断,太尉禹三世在位,黄发罔愆。司徒防竭力致身,先帝嘉之。其以禹为太傅,防为太尉,参录尚书事,百官总己以听政。"初,郡国定符瑞八十余品,和帝恐虚妄,抑而不宣。

校勘记

① 削(视)〔祝〕阿隰阴东(胡)〔朝〕阳安德西平昌五县　从学海堂本、后汉书

② 民无所称其(劝)〔效〕　从龙溪本、学海堂本改。

③ 垂示后(词)〔嗣〕之法也　从南监本、龙溪本、学海堂本改。

④ 阴纲为〔吴〕防侯　从后汉书阴识列传补。

⑤ 凤谒为(为)郎中　从龙溪本删。

⑥ 共上〔奏〕依吕太后故事　从后汉书皇后纪补。

⑦ 臣子无贬〔亲〕之义　从南监本、龙溪本、学海堂本补。

⑧ 然常欲自(灭)〔减〕损　从南监本、龙溪本、学海堂本改。

⑨ 〔朕〕奉事十年　从后汉书皇后纪补。

⑩ 作经书数篇　陈璞校云"经字疑衍"。

⑪ 而(贼)〔乱〕臣(乱)〔贼〕子惧　从南监本、龙溪本改。

⑫ 窃位素(飡)〔餐〕者惭　从龙溪本改。

⑬ 不(得)〔治〕产业　从南监本、龙溪本改。

⑭ 长女凭　"凭",南监本、龙溪本作"嫔"。

⑮ 马太后〔选〕良家女　从陈澧校补。

⑯ 与舞阴长公主(和)〔私〕相(骂)〔庆〕　从龙溪本、学海堂本改。

⑰ 〔窦氏〕欲专名太子外家　从南监本、龙溪本、学海堂本补。

⑱ 欲毁(贩)〔贬〕之　从龙溪本、学海堂本改。

⑲ 家属〔复徙九真〕　从后汉书梁统列传补。

⑳ 〔葬礼〕有阙　从龙溪本、学海堂本补。

㉑ 从兄擅奏记三府　"擅",后汉书梁统列传作"禅"。

㉒ (补)〔三府〕得记　从龙溪本、学海堂本改。

㉓ 蝗飞过(过)〔京〕师　从南监本、龙溪本、学海堂本改。

㉔ 姓族(死)〔无〕以逾梁氏　从学海堂本改。

㉕ 诚〔宜〕尊显　从南监本、龙溪本、学海堂本补。

㉖ 非君孰为朝廷恩大　后汉书梁统列传作"非君孰为朕思之"。

㉗ 皇天所(寿)〔授〕　从龙溪本、学海堂本改。

㉘〔老〕母孤弟　从后汉书梁统列传补。

㉙ 谥竦为〔褒〕亲愍侯　从后汉书梁统列传补。

㉚（梁）〔宋〕贵人　从学海堂本改。

㉛ 韩稜为司（徒）〔空〕　从学海堂本改。

㉜〔孔子曰〕　从后汉书张纯列传补。

㉝ 图谶明文（王）若〔是〕　从南监本、龙溪本、学海堂本改。

㉞ 封梁堂为乐平侯　“梁堂”，后汉书梁统传作“梁棠”。

㉟ 畅尤（受辛诸）〔爱幸〕　从南监本、龙溪本、学海堂本改。

㊱ 国土（且）〔租〕入倍于〔诸〕国　从南监本、龙溪本、学海堂本改。

㊲ 章〔帝立〕　从南监本、龙溪本、学海堂本补。

㊳ 缘明〔帝〕意　从南监本、龙溪本、学海堂本补。

㊴ 赏赐（息）〔恩〕宠　从南监本、龙溪本、学海堂本改。

㊵ 辞不（复）〔服〕　从南监本、龙溪本、学海堂本改。

㊶ 而令陛下收（耻）〔污〕天下　从后汉书孝明八王列传改。

㊷ 不敢复出（是载）〔入〕　从南监本、龙溪本、学海堂本改。

㊸〔乞裁〕食（睦）〔睢〕阳　从南监本、龙溪本、学海堂本改。

㊹ 所（爰）〔受〕虎贲官骑鼓吹（仓）〔苍〕头　从南监本、龙溪本、学海堂本改。

㊺（令至）〔今王〕深思悔过　从南监本、龙溪本、学海堂本改。

㊻ 三府长（史）〔吏〕　从南监本、龙溪本改。

㊼ 朕甚〔惧〕焉　从南监本、龙溪本、学海堂本补。

㊽ 其上太尉〔印〕绶　从南监本、龙溪本补。

㊾ 谢（遗）〔遣〕门生　从南监本、龙溪本、学海堂本改。

㊿ 丙辰　后汉书孝和帝纪作“丙寅”。

(51)（东）〔冬〕　从南监本、龙溪本改。

(52) 冬十月　后汉书孝和帝纪作“冬十一月”。

(53)〔臣〕不敢望到酒泉郡　从后汉书班超列传补。

(54) 威外〔夷〕　从南监本、龙溪本、学海堂本补。

(55) (擢)〔惧超〕遂死于边　从南监本、龙溪本、学海堂本改。

(56) 待罪沙(汉)〔漠〕　从南监本、龙溪本、学海堂本改。

(57) 虽(以)〔欲〕竭尽其力　从后汉书班超列传改。

(58) 妾诚(复)〔伤〕超　从南监本、龙溪本、学海堂本改。

(59) 弃于(扩)〔旷〕野　从南监本、龙溪本、学海堂本改。

(60) (异)〔冀〕幸超家　从南监本、龙溪本、学海堂本改。

(61) 故修己(而)〔无〕求于物　从南监本、龙溪本、学海堂本改。

(62) 五千〔里〕而已　从陈璞校改。

(63) 〔敕令〕亭长(敕令)还牛　从龙溪本、学海堂本乙正。

(64) 但扰贤〔者耳〕　从后汉书鲁恭列传补。

(65) (亭)〔飨〕射　从学海堂本改。

(66) 外祖母邓祀　"邓祀",后汉书皇后纪作"邓朱"。

(67) 中常侍张禛　"张禛",后汉书皇后纪作"张慎"。

(68) 我不〔衰〕　从南监本、龙溪本、学海堂本补。

(69) 是女(也)虽小　从学海堂本删。

(70) 郃(荀)〔为〕说结发殖业　从南监本、龙溪本、学海堂本改。

(71) 遭世〔祖〕龙飞　从南监本、龙溪本、学海堂本补。

(72) (兴)杖策归(得)〔德〕　从南监本、龙溪本、学海堂本改。

(73) 尽礼敬〔训〕　从南监本、龙溪本、学海堂本补。

(74) 子孙〔有〕法　从南监本、龙溪本、学海堂本补。

(75) 后通论〔语〕　从南监本、龙溪本、学海堂本补。

(76) 相工苏大(偏)〔遍〕相家人　从南监本、龙溪本、学海堂本改。

(77) 而不(数)〔敢〕传　从南监本、龙溪本、学海堂本改。

(78) 避正(统)〔适〕也　从南监本、龙溪本、学海堂本改。

(79) 阴后巫(虫)〔蛊〕事　从南监本、龙溪本、学海堂本改。

(80) 德冠后(廷)〔庭〕　从龙溪本改。

(81) (后)〔后〕自入(官)〔宫〕后　从南监本、龙溪本改。

㉒ 仕(郡)至〔郡〕功曹　从后汉书韩稜列传乙正。

㉓ 后解禁(纲)〔锢〕　从后汉书韩稜列传改。

㉔ 忧勤于(众)〔政〕事　从龙溪本改。

㉕ (三)遣〔三〕府　从学海堂本改。

㉖ 为顾　后汉书孝和帝纪作"为雇犁牛直"。

㉗ 应在(祠)朝廷　"祠"衍,径删。

㉘ (为)出为外郡　"为"衍,径删。

㉙ 闾闾〔恻恻〕　从后汉书张酺列传补。

㉚ 为(群)〔郡〕　从南监本、龙溪本、学海堂本改。

㉛ 为〔政〕宽恕　从学海堂本补。

㉜ 吏有相(赞)〔谮〕者　从南监本、龙溪本改。

㉝ 夫人视老夫何空中直而空远来使计　东观汉记作"夫人视老夫复何中而遂失计"。

㉞ 春三月　龙溪本作"春二月"。

㉟ 丙午　后汉书孝和帝纪作"庚午"。

㊱ 帝崩于嘉德殿　"嘉德殿",后汉书孝和帝纪作"章德前殿"。

后汉纪　孝殇皇帝纪　卷第十五

延平元年春正月癸卯,光禄勋梁鲔为司徒。

三月甲申,葬孝和皇帝于(顺)〔慎〕陵①。初,(是)〔赐〕周、冯贵人归园②。太后诏曰:"朕与贵人托配后庭,十有余年。上天不吊,先帝早弃天下,孤心茕茕,无所瞻仰。贵人当以旧(归)典分〔归外〕园(外)③,相恋之情,感增悲叹,燕燕之诗,曷能喻焉?其赐贵人〔王〕青盖车,〔采饰辂〕骖马各一〔驷〕④,黄金四十斤,杂彩三千匹。"初,和帝宫人吉成,成御者(志)〔恚〕恨成⑤,乃为桐人书太后姓字埋之,事下掖庭考验,皆以吉成所为。太后独念吉成我待之有恩,虽下贱犹人托赖,上在时〔未〕尝(未)闻有恶言⑥,今我遇过于平常,何缘生此,不合人情。即自呼见,反覆实(劾)〔核〕⑦,果其御者所为。

夏四月,虎贲中郎将邓隲为车骑将军。初,隲与同郡袁良为布衣之交,及隲当路,欲延良共议世事,良谢而绝之。司空陈宠薨。宠字昭公,沛国(佼)〔洨〕人也⑧。曾祖父咸,成、哀间以律令为尚书,常诫子曰:"为人议法,当依于轻,虽有百金之利,慎无案人也。"王莽之诛何武、鲍宣，咸乃叹曰："易称'君子见机而作，不俟终日'。吾可逝矣。"即乞骸骨。莽篡位，召咸为掌寇大夫，谢病不肯应。时咸三子皆在位，乃悉令去官，父子相与归田，敛家中律令文书壁藏之。宠父躬，复以律令为廷尉监。宠少习家法，辟(太尉)〔司徒〕鲍昱府⑨。是时三府掾属以不肯亲事为高，专务交游。宠尝以事君之义当供所职，以佐政治，何得但出入养虚。故独勤心于事，数为昱陈当世治化。昱高其能，使掌天下狱讼，所平决无不厌伏。宠以律讼多错，不良吏得生因缘，致〔轻〕重⑩，乃为撰科条辞讼比例，使事类相从，以塞奸源，其后公府奉以为法。宠虽传文法，然兼通经籍，奏议温邃，号为名相。子忠，字伯〔始〕⑪，传家业才能，甚有声誉。

五月辛卯，大赦天下。壬辰，河东(恒)〔垣〕山崩⑫。

六月丁未，太常尹勤为司空。诏曰："自夏已来，阴雨过节，思惟愆失，深自克责。新遭大忧，接以未和，彻膳摈服，庶有益焉。其减太官、上方诸服御靡丽难成之物。"丁卯，诏免掖庭宫人六百余人，皆为庶人。尚敏上疏，陈兴广学校曰："臣闻五经所以治学为人，(三)〔五〕经不修⑬，世道陵迟，学校不弘，则人名行不广。故秦以坑儒而灭，汉以崇学而兴，〔所〕以(苟)〔罔〕罗天下⑭，(绝)〔统〕理阴阳⑮，弥纶治道，而示民轨则也。光武中兴，修(膳)〔缮〕太学⑯，博士得(其)〔具〕五人⑰，五经各叙其义，故能化泽沾洽，天下和平。自顷以来，五经颇废，后进之士，趣于(交)〔文〕俗⑱，宿儒旧学，无与传业。是俗吏繁炽，儒生寡少。其在京师，不务经学，竞于人事，争于货贿。太学之中，不闻谈论之声；从横之下，不睹讲说之士。臣恐五经、六艺浸以陵迟，儒林学肆于是废失。所以制御四夷者,以有道德仁义也。传曰:'王者之臣,其实师也。'言其道德可师也。今百官伐阅,皆以通经为名,无一人能称。孔子曰:'无而为有,虚而为盈,难乎有恒矣。'自今官人,宜令取经学者,公府孝廉皆应诏,则人心专一,风化可淳也。"于是诏曰:"易称'天垂象,圣人则之'。又云'圣人之情见于辞'。然则文章之作,将以幽赞神明,变畅万物。秦燔诗书,礼毁乐崩。大汉之兴,拾而弘之。至乎元康、五凤之间,英豪四集,文章焕炳,六经之学,于斯为盛。自顷已来,学者怠惰,遂以陵迟,宜令公卿、中二千石各举隐逸大儒硕德高操,以劝后进。"初,陈留李充三征不至,由是征充为博士,俄迁侍中。(军)〔车〕骑将军邓隲屈己礼之[19],尝设酒馔请充及朝大夫,酒酣,隲曰:"幸得托椒房,位上将,幕府初开,欲延天下英俊,君其(未)〔以〕闻[20]。"充曰:"将军诚能招延俊乂,以光本朝,不为难矣,但患不为耳。"因说海内隐士,颇不合。隲举炙〔啖〕充[21],曰:"君宜及温食之。"充受炙掷地,曰:"说士之乐甘于啖炙!"遂拂衣而出。侍中张孟谏曰[22]:"闻足下面折邓将军以(护)〔谉〕言[23],责之过矣,非所以光祚子孙,诚不为足下取此。"充曰:"大丈夫居世,贵行其志耳。'我躬不阅,遑恤我后',何能为子孙计!"由是不为权贵所容。迁左中郎将,年八十三,后为三老、五更,天子赐机杖,访以国政。

秋七月辛亥[24],帝崩崇德殿。初,清河王庆子(祐)〔祜〕生而有神光、赤蛇之异[25],年十岁,善史书,喜经传。和帝甚器之,号(日请)〔曰"诸生"〕[26],赏赐恩宠异于诸子。和帝崩,殇帝在抱,太后诏留清河邸以为储副。及殇帝崩,群臣皆为属意平原王胜。太后以前不立胜,恐为患,与车骑将军隲、虎贲中郎将悝等定策禁中。其夜,使〔隲〕持节以青〔盖〕车(盖以)迎(祐)〔祜〕于清河邸[27],癸丑,立为长安侯。太后诏曰："先帝圣德淑茂,早弃天下。朕抚育幼帝,日月有望,遭家不造,仍罹凶祸。朕惟平原王素被锢疾,念宗庙之重,思继嗣之统,长安侯(祐)〔祜〕禀性忠孝㉒,小心翼翼,年已十三,嶷然有成人之体,礼:'昆弟之子,犹子也。'其以(祐)〔祜〕为孝和皇帝嗣,即皇帝位。"自延平初,邓隲兄弟常在禁中,至是乃就第。丙寅,葬孝殇皇帝于康陵。己亥,陨石于陈留。

冬,西域诸国反,都护任(上)尚〔上〕书求救㉓,遣骑都尉班雄、校尉梁慬将五千人出塞。会尚自疏勒还,与慬共保龟兹,温宿、姑墨二国将数万人围慬月余。慬击破之,斩首数万级,道不通,慬遂留龟兹。初,西域自武帝时始通三十(大)〔六〕国㉔,其俗颇率著城郭田畜,地在匈奴之西,乌孙之南。〔南〕北有(太)〔大〕山㉕,中央有河,东西六(十)〔千〕余里㉖,东则接汉,厄以玉门、阳关。出西域有两道:从鄯善傍南山北(渡)〔陂〕河西行至莎车,为南道;南道西逾葱岭则出大月氏、安息。〔自〕车师前王庭随北山㉗,陂河西行至疏勒,为北道;北道西逾葱岭则出大宛、康〔居〕、奄蔡焉(者)㉘。匈奴强盛,常属役匈奴。宣帝神爵中,汉置西域都护,王莽时数遣五威(德)〔将〕军出西域㉙。(覃)〔车〕师诸国贫困㉚,由是故叛。而诸都护李宗抄暴南道㉛,(攻)〔改〕其国号㉜,以疏勒为世善,姑墨为积善,或易置王侯,于是西域与中国遂绝。和帝永元中,西域都护班超遣掾甘英临大海而还,具言葱岭西诸国地形风俗,而班勇亦见记其事,或与前史〔异〕㉝,然近以审矣。自燉煌西出玉门、阳关,涉鄯善,通伊吾五千里,自伊吾通车师前部高昌壁,北通后部五百里,是匈奴、西域之门也㉞。伊吾地宜五谷、桑麻、蒲萄。其北有柳中,皆膏腴之地。故与匈奴争车师、伊吾(虚)之地㉟,以制西域。故自鄯

善国治驒泥城,去洛阳七千一百里。北通车师前、后王及(车)〔东〕
且弥、(旱)〔卑〕陆、蒲类、(条)〔移〕支是为车师六国[42],北与匈奴
接。前部西通〔焉〕耆北道[43],后部西通乌孙。汉欲隔绝西域、匈
奴,必得车师,屯田伊吾。焉耆治河南城[44],去洛阳八千二百里,东
南与山离国接。其余危须、尉黎、龟兹、姑墨、温宿、疏勒、休修、大
宛、康居、大月氏、安息、大秦、乌弋、罽宾、莎车、于阗、且弥诸国转
相通,是(秦)为西域[45]。大月(城)〔氏〕去洛阳万六千三百七十
里[46],其东南数千里通天竺,天竺一名身毒,俗与月氏同,临大水,
西通大秦。从月氏南至西海,东至盘越国,皆身毒地。又有别城数
十置王[47],而皆总名身毒。(氏)〔其〕俗修浮图[48],道不伐杀,弱而畏
战。本传曰:西域(郭)〔国〕俗造浮图[49],本佛道,故大国之众内数
万,小国〔数〕千[50],而终不相兼并。及内属之后,汉之奸猾与无行
好利者厌守其中,至东京时,作谋兹生[51],转相吞灭,习俗不可不
慎,所以动之哉。西域之远者,安息国也,去洛阳二万五千里。北
与康居,南与乌弋、山离相接,其地方数(百)〔千里〕[52]。西至条支,
马行六(千)〔十〕日[53],临海,暑热卑(温)〔湿〕[54],出师子、犀牛、犎
牛、孔雀、〔大雀,大雀〕卵大如瓮[55],与西海接。自安息西关西至阿
蛮国三千四百里。自阿蛮西至斯宾国,渡河西南至于罗国有九百
六十里,安息西界极〔矣〕[56]。其南乘海,乃通大秦,或数月岁云[57]。

大秦国一名黎轩,在海西,汉使皆自乌弋还,莫能通条支者。甘英
逾悬度、乌弋山离抵条支,临大海,欲渡,人谓英曰:"(汉)〔海〕广
大[58],水咸苦不可食。往来者逢善风,时三月而渡;如风迟,则三
岁,故入海者皆赍三岁粮。海中善使人思土恋慕,数有死亡者。"英
闻之乃止,具问其土风俗。大秦地方数千〔里〕[59],四百余城。小国

役属者数(千户)〔十。石〕为城郭⑥⑩,(别)〔列〕置邮亭⑥①,皆垩墍之。有松柏诸木百草。民俗力田作,种植树蚕桑。国(土)〔王〕髡头而衣文绣⑥②,乘辎軿白盖(山中)〔小车〕⑥③,出入击鼓,有旌旗幡帜。起宫室,以水精为柱及余食器。王所治城周环百余里,王有五宫,各相去十里。平旦至一宫听事,止宿;明旦复至一宫;五日一遍而复还。常使一人持囊随王车,民欲有言事者即以书投囊中。王至宫,散省分理其枉直,各有官曹。又置三十六相⑥④,皆会乃议事。王无常人,国中有灾异,风〔雨〕不时(节)⑥⑤,辄放去之,而更求贤人以为王,〔受放〕者终无怨⑥⑥。多金、银、真珠、珊瑚、琥魄、琉璃、金缕罽绣、杂色绫、涂布。又有细布,或言水羊毛、野蚕茧所作。会诸香煎以为苏合。凡外国诸珍异皆出焉。以金〔银为钱〕⑥⑦,银钱十当金钱一。与天竺、安息交市于海中,其利十倍。其民质直,市无二价。谷食常贱,国内富饶。邻国使到其界首者,乘驿诣王都,至则禀以金钱。及安帝元初中,日南塞外檀国献幻人,能变化吐火,自支解,又善跳丸,能跳十丸。其人曰:“我海西人。”则是大秦也。自交州外塞檀国,诸蛮夷相通也;又有一道与益州塞外通大秦。人皆粗长大平正,若中国人,故云外国之大秦,而其(中)国常自言是〔中〕国一别⑥⑧。其王常欲通使于汉奉贡献,而安息欲以汉缯彩与之交市,故遮不得令通。及桓帝建初中,王安都遣使者奉献象牙、犀角、玳瑁⑥⑨,始一通焉。其长老或传言:“其国西有弱水,近日入所矣。”又云:“从安息陆道绕海北行出〔海〕西至大(海)〔秦〕⑦⑩,人相连属,十里一亭,三十里一(署)〔置〕⑦①,终无盗贼惊⑦②,而有猛虎、师子遮食行者,不有百余人,赍(其)〔兵〕器⑦③,辄害之,不得过。”又言:“旁国渡海飞桥数百里。”所出奇异玉石诸物,多谲怪不经,故不述云,西南极矣。山离还，自条支东北通乌弋山离，可百余日行。而乌弋山离、罽宾、莎车、于寘、宁弥诸国相接，远者去洛阳二万一千里，近者万余里焉。

十二月甲子，清河王庆薨，谥曰孝王。庆善为威容，进止可观，自被废黜，常居慎，密在宫省，语不及外。和帝为太子，与庆相亲，入则共室，出则同舆。及即位，政之大小与庆议之。庆逾益畏慎，夙夜战栗，每当朝会，辄服候。且常谓左右曰："我诚一国王，车马器物亦足已矣。"内以论议，外与说左右，其一绝名此，皆此类也。初，宋贵人冢上无祠堂，庆每露祭，未尝不流涕。和、殇二帝崩，庆常居倚庐，哭泣哀恸，遂以发病。病困，谓舅宋衍曰："清河（上）〔土〕地下湿㉔，欲乞骸骨于贵人冢傍，下棺而已。朝廷大恩，犹当有屋宇，子母并食，魂灵不暴露，死复何恨！"乃上书求葬于樊濯中贵人冢旁，不听。庆将薨，叹曰："不惜死也，但恨不见上为贵人报仇耳。"因泣不能自胜，左右皆流涕。既薨，使司空持节护丧事，赐龙旗九旒，虎贲百人，仪比东海恭王。分清河封庆小子为广川王。

校勘记

① （顺）〔慎〕陵　从后汉书孝殇帝纪改。李贤注："在洛阳东南三十里。俗本作'顺'者，误。"

② 初（是）〔赐〕周冯贵人归园　从南监本、龙溪本、学海堂本改。

③ 当以旧（归）典分〔归外〕园（外）　从学海堂本、后汉书皇后纪改。

④ 其赐贵人〔王〕青盖车〔采饰辂〕骖马各一〔驷〕　从后汉书皇后纪补。

⑤ 成御者（志）〔恚〕恨成　从文意改。后汉书皇后纪"御者共枉吉成以巫蛊事"句可证。

⑥ 上在时〔未〕尝（未）闻有恶言　从龙溪本、学海堂本乙正。

⑦ 反覆实（勍）〔核〕　从后汉书皇后纪改。

⑧ 沛国(佽)〔浚〕人也　从南监本、后汉书陈宠列传改。

⑨ 辟(太尉)〔司徒〕鲍昱府　从后汉书陈宠列传改。按鲍昱为太尉在辟陈宠后。

⑩ 致〔轻〕重　从学海堂本补。

⑪ 字伯〔始〕　从后汉书陈宠列传补。

⑫ 河东(恒)〔垣〕山崩　从后汉书孝殇帝纪改。钮永建校云:河东、恒山几及千里,地不相及,当依范书作"河东垣山"为正。

⑬ (三)〔五〕经不修　从南监本、龙溪本、学海堂本改。

⑭ 〔所〕以(苟)〔冈〕罗天下　从南监本、龙溪本、学海堂本改。

⑮ (绝)〔统〕理阴阳　从南监本、龙溪本、学海堂本改。

⑯ 修(膳)〔缮〕太学　从南监本、龙溪本、学海堂本改。

⑰ 博士得(其)〔具〕五人　从南监本、龙溪本、学海堂本改。

⑱ 趣于(交)〔文〕俗　从南监本、龙溪本、学海堂本改。

⑲ (军)〔车〕骑将军　从南监本、龙溪本、学海堂本改。

⑳ 君其(未)〔以〕闻　从学海堂本改。

㉑ 隋举炙(唉)〔喙〕充　从陈璞校、后汉书独行列传补。

㉒ 张孟谏曰　"张孟",后汉书独行传作"张孟举"。

㉓ 折邓将军以(护)〔谠〕言　从南监本、龙溪本、学海堂本改。

㉔ 秋七月辛亥　后汉书孝殇帝纪作"八月"。

㉕ 清河王庆子(祐)〔祜〕　从后汉书孝安帝纪改。

㉖ 号(曰请)〔曰诸生〕　从学海堂本改。

㉗ 使〔隋〕持节以青〔盖〕车(盖以)〔祜〕迎(祐)〔祜〕于清河邸　从南监本、龙溪本、学海堂本、后汉书孝安帝纪改。

250

㉘ 长安侯(祐)〔祜〕　从后汉书孝安帝纪改。通鉴胡注亦作"祜"。下改同。

㉙ 都护任(上)尚〔上〕书求救　从龙溪本、学海堂本改。

㉚ 始通三十(大)〔六〕国　从龙溪本、学海堂本改。

㉛ 〔南〕北有(太)〔大〕山　从学海堂本改。

㉜ 东西六(十)〔千〕余里　从学海堂本改。

㉝〔自〕车师前王庭　从后汉书西域传补。

㉞大宛康〔居〕奄蔡焉(耆)　从后汉书西域传补改。

㉟数遣五威(德)〔将〕军　从汉书西域传改。

㊱(覃)〔车〕师诸国贫困　从南监本、龙溪本、学海堂本改。

㊲李宗　汉书西域传作"李崇"。

㊳(攻)〔改〕其国号　从龙溪本、学海堂本改。

㊴或与前史〔异〕　从龙溪本、学海堂本补。

㊵是匈奴西域之门也　汉书西域传无"匈奴"二字。

㊶车师伊吾(虚)之地　"虚",从后汉书西域传删。或疑作"卢"。

㊷车师前后王及(车)〔东〕且弥(旱)〔卑〕陆蒲类(条)〔移〕支　从后汉书西域传改。

㊸通〔焉〕耆北道　从汉书西域传补。

㊹治河南城　后汉书西域传作"治南河城"。

㊺是(秦)为西域　"秦"衍,径删。

㊻大月(城)〔氏〕　从学海堂本改。

㊼又有别城数十置王　后汉书西域传作"数百"。

㊽(氏)〔其〕俗修浮图　从南监本、龙溪本、学海堂本改。

㊾西域(郭)〔国〕俗造浮图　从陈璞校改。

㊿小国〔数〕千　从南监本、龙溪本、学海堂本补。

(51)作谋兹生　"兹",陈璞校云"当作滋"。

(52)其地方数(百)〔千里〕　从后汉书西域传改。

(53)马行六(千)〔十〕日　从学海堂本改。

(54)暑热卑(温)〔湿〕　从后汉书西域传改。

(55)孔雀〔大雀大雀〕卵大如瓮　从后汉书西域传补。

(56)安息西界极〔矣〕　从学海堂本、后汉书西域传补。

(57)或数月岁云　龙溪本作"或数岁月云"。

(58)(汉)〔海〕广大　从学海堂本改。

(59) 大秦地方数千〔里〕　从后汉书西域传补。

(60) 役属者数(千户)〔十石〕为城郭　从学海堂本、后汉书西域传改。

(61) (别)〔列〕置邮亭　从后汉书西域传改。

(62) 国(土)〔王〕髡头而衣文绣　从龙溪本、学海堂本改。

(63) 乘辎軿白盖(山中)〔小车〕　从龙溪本、学海堂本改。

(64) 又置三十六相　"相",后汉书西域传作"将"。

(65) 风〔雨〕不时(节)　从后汉书西域传补删。

(66) 〔受放〕者终无怨　从后汉书西域传补。

(67) 以金〔银为钱〕　从学海堂本补。

(68) 而其(中)国常自言是〔中〕国一别　从文意改。三国志乌丸鲜卑东夷传裴注引魏略西戎传作"自云本中国一别也"可证。

(69) 及桓帝建初中王安都遣使者奉献象牙犀角玳瑁　后汉书西域传作"至桓帝延熹九年,大秦王安敦遣使自日南徼外献象牙、犀角、玳瑁"。

(70) 北行出〔海〕西至大(海)〔秦〕　从后汉书西域传补改。

(71) 三十里一(署)〔置〕　从后汉书西域传改。李贤注云:"置,驿也。"

(72) 终无盗贼惊　"惊",疑作"警"。后汉书西域传作"终无盗贼寇警"。

(73) 赍(其)〔兵〕器　从后汉书西域传改。

(74) 清河(上)〔土〕地下湿　从南监本、龙溪本、学海堂本改。

后汉纪　孝安皇帝纪上 卷第十六

永初元年春正月癸酉,大赦天下。<u>青</u>、<u>兖</u>、<u>豫</u>、<u>徐</u>、<u>冀</u>、<u>并</u>六州民饥。

三月癸酉,日有蚀之。诏公卿举贤良方正、能直言极谏者各一人。

夏四月,太傅<u>张禹</u>为<u>安乡侯</u>,太尉<u>徐防</u>为<u>龙节侯</u>,司空<u>尹勤</u>为<u>傅亭侯</u>,车骑将军<u>邓骘</u>为<u>上蔡侯</u>,城门校尉悝为(业)〔叶〕侯①,虎贲中郎将弘为<u>西平侯</u>,黄门郎阊为<u>西华侯</u>,食邑各万户。<u>骘</u>奉节亲迎,增封三千户。<u>骘</u>逃避使者,诣阙上疏固辞,乃许。

五月戊寅,荧惑逆行守心②。本志以为后<u>周章</u>谋废帝之应也。立<u>寿光侯</u>(并)〔普〕为<u>北海王</u>③。甲戌,<u>长乐</u>卫尉<u>鲁恭</u>为司徒。是时诏书令得案验薄罪④,<u>恭</u>上疏谏曰:"诏书忧万(人)〔民〕⑤,而郡国(记)〔托〕言劳来贫民⑥,多为烦扰,逮证一人有疑罪,(近)〔延〕及良人数十人⑦,上逆时气,妨废农功。案易消息:四月乾卦用事,经曰'乾以美利利天下',又曰'时乘六龙以御天';五月姤卦用事,经曰'后以施命诰四方'。君以夏至之日止四方行者,助阴气也,况于逮召考掠扰百姓哉！月令'孟夏断薄刑'，谓正罪不欲令久系，不谓可考正罪法也。故出轻系，明不欲拘之也。月令，周世所造，而所据皆夏之时也，所变者唯正朔、衣裳、牺牲、徽号、器械而已，不可变易者也。易曰：'潜龙勿用。'言十一月、十二月也。又曰：'驯致其道，至坚冰也。'言五月微阴起，至十一月坚冰至也。十一月，中孚曰：'君子以议狱缓死。'可令疑罪皆详议其法。大辟之罪，极尽冬月乃断其狱。其立春在十二月中者，勿以报囚。"诏从之。爵太后邓氏母〔为〕新野君⑧。西羌叛，车骑将军邓骘率师击之。是时水雨屡降，灾虐并生，百姓饥馑，盗贼群起，于是策免太尉防、司空勤，太傅禹称疾告退。丙戌，〔诏〕死罪以下及亡命赎罪⑨，各有差。庚寅，太傅张禹为太尉，太常周章为司空。

十月，倭国遣使奉献。初，上立非大臣意也，司空周章谋诛邓骘兄弟，废太后及上，立平原王为帝，事发觉。

十一月丁亥，司空周章有罪自杀，颍川太守张敏为司空。

十二月，郡国十八地震。李固曰："地者阴也，法当安静。今乃越阴之职，专阳之政，故应以震动，太后摄政之应也。"〔遣〕骑都尉王（仁）〔弘〕将兵迎（悝）〔懂〕⑩，将吏还入塞，遂弃西（城）〔域〕⑪，都护任尚抵罪。

二年春，京师旱，太后亲幸洛阳狱省罪囚系。

夏四月甲寅，濮阳（阿）城中失火⑫，烧杀三千余人。

冬十一月，车骑将军邓骘与羌战平襄，羌诈降，既而复叛，侵掠边郡，吏民死者无数，并、凉遂虚。

十二月，征车骑将军邓骘还京师，遣使者迎拜骘为大将军，诏大鸿胪亲迎，中常侍郊劳，以乘马、束帛。于是悝为执金吾，弘为屯骑校尉，閻为(捕)〔步〕兵校尉、郎中⑬。颍川杜根与同署郎共谏太后不宜久摄政，太后怒，以绢囊盛根于殿扑杀之，其谏者皆以被扑(矣)〔死〕⑭。根先知，召司扑者阴共为意，乃使执扑者不加力。既毕，皆载出城外，根以扑轻得免，逃窜宜城山中为酒家佣。积十年余，酒家知其贤，常厚遇之。及邓太后崩，天子知根等忠，普告天下，使录其子孙。根乃自出，公车征，转迁至济阴太守，以德让为政，移风易俗。是岁，郡国十地震⑮。

三年春正月庚子，皇帝加元服。大赦天下。赐公卿已下天下男子爵，各有差。骑都尉任仁将兵讨凉州⑯。

三月，京都饥，人相食。癸巳⑰，司徒鲁恭以灾异策罢。恭再为宰相，掾属至卿大夫者数十人。恭门下着生或望恭为之论议，恭曰："学之不讲，是吾忧也，不有乡举乎？"终无所言。学者受业，必躬核问难，道成然后谢遣之。学者曰："鲁公谢与议论，不可虚得也。"谦退不伐有善，终不自显，是以在位不以亮直称。自为三公，常称病不视事，上辄遣小黄门问疾，喻令强起者数矣。至是遂称疾笃，赐钱二十万，年八十余，终于家。赐至厚，以两子为郎。弟丕，字叔陵，以笃学质直称，仕至侍中、三老。章帝初，对策曰："政莫先于从民之所欲，除民之所恶，先教后刑，先近后远。君为阳，臣为阴；君子为阳，小人为阴；京师为阳，诸夏为阴；男为阳，女为阴；乐和为阳，忧苦为阴。各得其所则和调，精诚之所发，无不感浃。吏多不良，在于贱德而贵功，欲速莫能修长久之道。古者贡士，得其人者有庆，不得其人者有让，是以举者务力行。选举不实，咎在刺史、二千石。书曰：'天工，人其代之。'观人之道，幼则观其孝顺而好学，长则观其慈爱而能教。设难以观其谋，烦事以观其治。穷则观其所守,达则观其所施。此所以核之也。民多贫困者急,急则致寒,寒则万物多不成,去本就末,奢所致也。制度明则民用足,刑罚不中则于名不正。正名之道所以明上下之称,班爵号之制,定卿大夫之位也。狱讼不息,在争夺之心不绝。法者,民之仪表也,法正则民悫。吏民凋弊所从久矣,不求其本,浸以益甚。吏政多欲速。又州官秩卑而任重,竞为小功,以求进取,生凋弊之俗。救弊莫若忠,故孔子曰:'孝慈则忠。'治奸诡之道,必明慎刑罚。孔子曰:'导之以礼乐,而民和睦,〔悦〕以犯难[18],民忘其死。'死且忘之,况使为礼义乎!"丕后为青州刺史,迁拜赵相,门徒数百人,吏民爱之。赵王尝欲避疾,便时止于学(官)〔宫〕[19],丕不听。王上书自言。诏下丕,丕上言曰:"礼,诸侯薨于(露)〔路〕寝[20],大夫卒于适室,死生有命,本无偏旁可避者。学宫传先王之礼乐,教化之处,不宜妨塞之。"诏书从之。丕每论难,称曰:"经者传先师之言,非从己出,不可相让;相让则道不明,若规矩权衡之不可枉也。难者必明其据,说者务(力)〔立〕其义[21],浮华无用之言不陈于前,故精不劳而道术逾彰也。"

夏四月丙寅,大鸿胪夏勤为司徒。以用度不足,令吏人入钱谷为关内侯。以上林、广城苑可垦辟者与贫民。

五月丙申,立乐安侯子延平为清河王。

六月,乌桓寇代郡。

秋七月,太后有疾,左右请祷,以人为代。太后闻之怒,即敕掖庭令"何故有此不祥之言?自今已后祀,但谢过而已,不得复有此言"。

冬十月,南单于擅叛,行车骑将军、大司马何熙将兵征擅,擅降。

十二月辛酉,郡国九地震。有星孛于<u>天苑</u>。

四年春二月,<u>匈奴</u>寇<u>常山</u>。于时西北有事,民饥,国用不足,大将军<u>邓骘</u>欲弃<u>凉州</u>,专务北边,曰:"譬家人衣坏,取一以相补,犹有所完。若不如此,将两无所保。"公卿皆以为然。郎中<u>虞诩</u>说太尉<u>张禹</u>曰[22]:"若大将军之策,不可者三。"<u>禹</u>曰:"奈何?"<u>诩</u>曰:"先帝开土辟境,而今弃之,此不可一也。弃<u>凉州</u>即以<u>三辅</u>为塞,园陵单外,此不可二也。谚曰:'关西出将,关东出相。'烈士武臣出<u>凉州</u>,土风壮猛,便习兵事。今<u>羌</u>、<u>胡</u>所以不过<u>三辅</u>为腹心之害者,以<u>凉州</u>在其后也。<u>凉州</u>士民所以推锋执锐,蒙矢石于行阵,不避危亡,父死于前,子战于后,无反顾之心者,为臣属于<u>汉</u>也。今推而捐之,割而弃之,庶人安土,不肯迁徙,必引领而怨曰:'<u>中国</u>弃我于夷狄。'虽赴义从善之人,不能无怨恨,卒然起谋以图不轨,因天下之饥弊,乘海内之虚弱,豪杰相聚,量才(五)〔立〕帅[23],驱<u>氐</u>、<u>羌</u>以为前锋,席卷而东,虽<u>贲</u>、<u>育</u>为卒,<u>太公</u>为将,犹不能当。如此则<u>函谷</u>以西园陵旧京非复<u>汉</u>有,此不可三也。议者喻以补衣犹有所完,<u>诩</u>恐疽食浸淫而无限极也。"<u>禹</u>曰:"意不及此,微君大计几败。然则计将安出?"<u>诩</u>曰:"所忧与明公异。恐<u>凉州</u>一旦有<u>嚣</u>、<u>述</u>之变,宜且罗其雄杰,收其冠带,引其牧守子弟于朝,令诸府各辟数人,外以劝其勤,内以散其谋。计之长者。"从之。俄而<u>诩</u>迁<u>朝歌</u>长。时<u>朝歌</u>多盗贼,连年不解,亲旧皆劳吊之,曰:"得<u>朝歌</u>,(何)〔可〕哀也[24]。"<u>诩</u>笑曰:"难者不避,易者〔不〕必从[25],臣之节也。不遇盘根错节,无以别坚利。此乃吾立功之秋,怪吾子以此相劳也。"<u>诩</u>谒<u>河内</u>太守<u>马稜</u>,<u>稜</u>曰:"君儒者,当谋谟庙堂,乃在<u>朝歌</u>,甚为君忧之。"诩曰："此贼犬羊相聚,以求温饱耳,明府(未)〔无〕以为忧㉖。"

稜曰："何以言之?"对曰："贼去敖仓不过百里,不知取以为粮,青、冀流人前后连属,不知略以为众,出入河山,守厄塞,此为断天下之右臂。今则不然,此无大计之效也。"于是诩悉罢戍兵而设方略,即时皆平。乙亥,诏曰:"自建初元年徙边者各归本郡,没入为官奴婢者免为庶人。"

三月,西羌寇汉中。戊子,杜陵园火。

夏四月丁丑,大赦天下。新野君有疾,太后与上亲幸其第,宿止连日,太尉张禹、司徒夏勤、司空张敏固谏,乃还。甲戌,新野君薨,太后制齐缞、上缌麻。赠送之礼,一依东海恭王,司空持节护丧事,隲等皆弃官行服。服除,有司奏隲等复辅政,固请乃止,非朝廷大议(未掌)〔不闻〕㉗。元初中,悝、弘、阊并卒㉘,未大敛,天子并封爵,太后辄不许。太后、上制服新野君,赠赗甚厚,使九卿护丧事。悝子广宗袭爵为(业)〔叶〕侯㉙,弘子广德为西平侯,封京子宝为安阳侯,隲子凤为侍中。初,都护任尚致凤马,及尚坐事,槛车征,凤惧其及己,私属中郎马融宜在台阁。事发觉,凤先自首,隲乃髡妻及凤,上疏谢罪。新野君薨后,太后(崩)〔谅暗〕㉚,上见白首者未尝不流涕,宗族耆老皆加亲礼,读书至"孝子事亲丧亲之礼",常废书嘘欷。太后久执朝政,从〔子〕乐安侯康内惧盛满㉛,数上书谏,宜崇公室,挹损私权,言甚切至。太后怒,康乃托病不朝,太后使家旧〔婢〕往问之㉜。初,外给使以宫中婢年长者为中(夫)〔大〕人㉝,因自以通,康曰:"汝非我家婢也,何自谓中(夫)〔大〕人㉞?"婢闻之怒,因言托病不逊,遂免康官,遣归国,绝康属籍。

五年春正月庚辰朔,日有蚀之。本志以为:正旦,王者听朝之日也。是时太后摄政，天子守虚位，不得行其号令，盖阳不克之象也。乙巳㉟，太尉<u>张禹</u>以灾异策罢。闰月戊戌，诏〔三公卿士〕举贤良方正㊱、能直言极谏之士各一人，及至孝与众卓异者。

冬，谒者<u>刘珍</u>上言曰："窃见<u>永平</u>初虎贲中郎将<u>梁松</u>言皇太后宜入庙与陛下交献，以彰至孝之心。<u>孝明皇帝</u>务遵经典，使公卿博士议，时太傅<u>邓禹</u>奏宜如<u>松</u>言，<u>光烈皇后</u>于是入庙。惟皇太后圣德通灵，与神合契，宜入宗庙，如<u>光烈皇后</u>故事，率礼复古，垂示万代。"事下公卿，佥曰宜如<u>珍</u>言。

六年春正月甲寅，皇太后初亲祭于宗庙，与皇帝交献，大臣命妇相礼仪。

夏四月乙亥，司空<u>张敏</u>以久病策罢，太常<u>刘恺</u>为司空。

五月丙寅，群吏复秩赐爵有差。丁卯，封<u>邓禹</u>、<u>冯异</u>等（后）九人〔后〕为列侯㊲。

六月辛巳，大赦天下。丙申，<u>河东水变色，皆赤如血</u>。<u>本志</u>以为<u>邓太后</u>摄政之应也。

七年春，郡国十八地震。夏四月丙申晦，日有蚀之。

<u>元初</u>元年春正月甲子，赐天下男子爵，各有差；鳏、寡、笃癃、不能自存者粟，人三斛；贞妇人帛一匹。

三月己卯㊳，<u>日南</u>地坼，长一百余里。

夏四月丁酉，大赦天下。诏三公、卿士举敦厚质直各一人。

九月辛未，大司农<u>司马苞</u>为太尉。

冬十月（戌十）〔戊子〕朔㊴，日有蚀之。是岁，郡国十五地震。<u>高句丽王宫数寇幽部</u>。是岁，<u>宫</u>死，<u>玄菟</u>太守<u>姚光</u>上言，欲因其丧，发<u>辽东</u>、<u>乐浪</u>三郡兵出击之。议者以为可许，尚书<u>陈忠</u>曰："前者<u>宫</u>

杰恶,光不能讨。今自死,宜遣使者吊问,因责让宫时所犯,告以赦令,不加诛责,取其后善。"从之,句丽由是服焉。

二年春,以郡国被灾,赈粟贫民。自上即位,至于是年,频有水旱之灾,百姓饥馑,每岁遣使者开仓廪,赈饥民。

三月癸亥,京都大风拔树。

夏四月丙午,立皇后阎氏。河南荥阳人,畅之女也。畅有五男二女:长男显,及术、景、曜、晏;长女迎,次姬,即后也。以选入掖庭为贵人,有宠,立为皇后。畅为长水校尉。太尉司马苞薨。

秋七月,西羌犯境,右扶风〔仲光〕(太守种暠)、(南)安〔定〕太守杜(佐)〔恢〕击之[40],皆被害。

九月壬午晦,日有蚀之。

冬十月,〔中〕郎将任尚将兵屯三辅[41],怀令虞诩说尚曰:"使君奉国威灵,讨捕叛羌,兵出已久而未有伏诛者,三州屯兵二十万,民弃农桑,户无聊生,于此上闻,诚窃危之。"尚曰:"忧惶久矣,不知所出。"诩曰:"兵法:弱不攻强,走不(遂)〔逐〕飞[42],自然之势也。今虏皆骑,马尤良,一日之间行数百里,来如风雨,去如绝弦,以步追之,势不相及,故所以旷日而无功也。为君计者,莫如罢诸郡兵,令二十人共市一马,民出数千钱得免介胄,去行伍。以万骑之众逐数千之虏,追尾掩截,其道自穷。便民利事,大功必立。"尚从之,大破羌戎,余种悉降。上问何从发此计,尚表之受于怀令,虞诩由是知名。诩有将帅之任,乃迁武都太守。羌数千人于陈仓、崤谷欲遮道击诩,诩乃宣言上书请兵,兵至(及)〔乃〕发[43]。虏闻之,将谓实然,乃晨夜进道。时冬月多雪,使骡驴居首,人随其后,日行百五六十里。敕吏士人作两灶,日增之。或问曰:"孙膑减灶而君增之。

兵法日行三十里而戒不虞,今日且二百里。何也?"诩曰:"虏多吾少,势不相敌,缓行即为虏所及,故兼道取疾,若舌之避齿耳。虏见吾灶多,谓(群)〔郡〕兵来迎㊹,追吾必迟。<u>孙膑</u>见弱,吾欲见强,势固不同也。"诩既到郡,兵不满三千人,虏众万余人攻<u>赤亭</u>。诩便出战,敕曰:"吾言强弩发。"于是小弩先发,虏以为弩力极,不能至,即皆解(施)〔弛〕㊺。乃使强弩射之,发无不中。虏前行溃,乘胜追之,杀百余人。诩谓掾吏曰:"何如?"皆谢曰:"所不及。"明日,令从东郭门出,北郭门入,贸易衣服,四转无已。虏不知其数,谋将退。诩乃分数百兵险要处设伏,虏果引去,迎击,大破之。于是<u>羌</u>畏伏,<u>武都</u>遂安。诩乃占相地势,筑营壁百八十所,招还流民三千余户,郡以富实。

冬十一月庚申,郡国十一地震。

十二月庚戌,司空<u>刘恺</u>为司徒,光禄勋<u>袁敞</u>为司空。

三年春二月,郡国十地震。

夏四月壬寅,封皇后父<u>阎畅</u>为<u>北宜春侯</u>。

冬十一月丙戌,初听大臣行三年丧。郡国九地震。

四年春二月乙巳,日有蚀之,<u>九江</u>太守以闻。乙卯,大赦天下。壬戌,武库火。

夏四月戊申,司空<u>袁敞</u>薨。(微)〔<u>敞</u>〕字升平㊻。少有节操,及在朝廷,廉洁无私。坐子与尚书郎<u>张俊</u>交通,漏泄省中语,策罢。<u>敞</u>不阿权势,失<u>邓氏</u>旨,遂自杀,朝廷隐之。<u>敞</u>死,葬以公礼,复位其子。

五月丁丑,太常<u>李咸</u>为司空。

五年秋七月丙子,诏有司由旧令,崇节俭,嫁娶送终不得奢侈。

八月,鲜卑寇代郡。是岁,郡国十四地震。

六年春正月乙巳㊼,京都、郡国三十二地震㊽,水泉涌出,坏城郭宇舍,压杀人。

三月庚戌㊾,初祀六宗于国北,仪比太社。

夏五月,京师旱。

七月,鲜卑入塞。

冬十二月戊子朔㊿,日有蚀之。郡国八地震。是岁,北单于与车师后部王攻燉煌长史索班,杀之,遂略有北道。(逐)〔鄯善逼急,求救敦煌〕太守曹宗㉛。宗请兵击匈奴,报索班之耻,因复〔欲〕取西域㉜。〔军〕司(空司)〔马班〕勇议曰㉝:"愚以为边境者中国之唇齿,唇亡则齿寒,其理然也。先帝命将征伐,旷引年岁,然后西域内属,边境获安。宗不度当时之宜,自见有丧败之负,欲举兵荒外以要功名,是为始祸唱兵,其患难量也。今府藏未充,而当远出师,师无后继,是示弱于远夷,暴短于海内,臣愚以为不可许。燉煌郡旧有营兵三百人,今宜复置之。西域长史屯(兰)楼兰(楼)㉞,西当焉耆、龟兹,是则周游一处而所制者多也。"公卿皆从勇议。勇习边事,有筹策,于是以勇为西域长史。顷之,勇发鄯善、车师前部王兵击后部王,大破之。捕得后部王、匈奴使者,将至索班所没处斩之,传首洛阳。

永宁元年夏四月丙寅,立皇子保为皇太子。大赦天下。赐公卿已下金帛;天下男子爵,各有差;鳏、寡、孤、独、癃笃不能自存者人粟三斛;贞妇人帛一匹。己巳,立济北王子苌为乐城王㉟,立河间王子翼为平原王。苌骄淫失度,冀州刺史举奏苌罪至不道。尚书侍郎(岑)〔冷〕宏议㊱,以为"〔自〕非圣人㊲,不能无过,故王侯世子生，为立贤师傅以训导之，所以目不见〔恶〕[58]，耳不闻非，能保其社稷，高明令终。苌少长蕃国，内无过庭之训，外无师傅之道，血气方刚，卒受荣爵，(机)〔几〕微生过[59]，遂陷不义。臣闻周官议亲，惷愚见赦。苌不杀无辜，以谴诃为非，无赫赫大恶，可裁削夺损其租赋，令得改过自新，革心向道。"诏贬苌为临湖侯。

袁宏曰：昔王侯身能衣而宰设服，足能行而相者导进，口能言而行人称辞。闲之有礼，辅之有物。少而习之，长而不改。和睦之性，与教而淳；淫僻之心，无由得生。若纵而任之，不为师保，恣其嗜欲，而莫之禁御。性气既成，不可变易；情意流荡，不可收复。故动之凶德而国殄身亡也。

〔六月，羌寇张掖〕[60]。秋七月乙丑[61]，日有蚀之，酒泉太守以闻。

(六月，羌寇张掖[62]。)十一月，司徒刘恺(固)〔因〕疾策罢[63]，太常杨震为司徒。

校勘记

① 悝为(业)〔叶〕侯　从南监本、学海堂本改。

② 荧惑逆行守心　续汉书五行志系于正月。

③ 寿光侯(并)〔普〕　从后汉书孝安帝纪改。

④ 是时诏书令得案验薄罪　后汉书鲁恭列传作"和帝末，下令麦秋得案验薄刑"。

⑤ 诏书忧万(人)〔民〕　从后汉书鲁恭列传改。

⑥ 而郡国(记)〔托〕言　从龙溪本、学海堂本改。

⑦ (近)〔延〕及良人　从龙溪本、学海堂本改。

⑧ 太后邓氏母〔为〕新野君　从学海堂本补。

⑨ 〔诏〕死罪以下　从学海堂本补。

⑩ 〔遣〕骑都尉王(仁)〔弘〕将兵迎(悝)〔懂〕 从后汉书梁懂列传改。

⑪ 遂弃西(城)〔域〕 从龙溪本、学海堂本改。

⑫ 濮阳(阿)城中失火 从后汉书孝安帝纪删。孝安帝纪作"汉阳"。续汉书五行志作"汉阳河阳城中"。当是"汉阳"。

⑬ 闳为(捕)〔步〕兵校尉郎中 从龙溪本、学海堂本改。"闳",后汉书邓禹传作"闻"。

⑭ 皆以被扑(矣)〔死〕 从南监本、龙溪本、学海堂本改。

⑮ 郡国十地震 "十",后汉书安帝纪作"十二"。

⑯ 骑都尉任仁将兵讨凉州 后汉书孝安帝纪作"遣骑都尉任仁将兵讨先零羌"。

⑰ 癸巳 后汉书安帝纪作"壬寅"。

⑱ 〔悦〕以犯难 从学海堂本改。

⑲ 止于学(官)〔宫〕 从龙溪本、学海堂本改。

⑳ 薨于(露)〔路〕寝 从南监本、龙溪本、学海堂本改。

㉑ 务(力)〔立〕其义 从后汉书鲁恭列传改。

㉒ 说太尉张禹 后汉书虞诩列传作"乃说李修"。

㉓ 量才(五)〔立〕帅 从龙溪本、学海堂本改。

㉔ (何)〔可〕哀也 从龙溪本、学海堂本改。

㉕ 易者〔不〕必从 从学海堂本补。

㉖ 明府(未)〔无〕以为忧 从南监本、龙溪本、学海堂本改。

㉗ 非朝廷大议(未掌)〔不闻〕 从南监本、龙溪本、学海堂本改。

264 ㉘ 悝弘闳并卒 "闳",后汉书邓禹列传作"闻"。

㉙ 袭爵为(业)〔叶〕侯 从学海堂本改。

㉚ 太后(崩)〔谅暗〕 从学海堂本改。

㉛ 从〔子〕乐安侯 从龙溪本、学海堂本改。

㉜ 旧〔婢〕往问之 从学海堂本补。

㉝ 年长者为中(夫)〔大〕人 从学海堂本改。

㉞ 何自谓中(夫)〔大〕人　从学海堂本改。

㉟ 乙巳　后汉书安帝纪作“乙丑”。

㊱ 诏〔三公卿士〕举贤良方正　从学海堂本补。

㊲ 封邓禹冯异等(后)九人〔后〕为列侯　从文意乙正。

㊳ 三月己卯　“三”,后汉书孝安帝纪作“二”。

㊴ 冬十月(戍十)〔戊子〕　从南监本、龙溪本、学海堂本改。

㊵ 右扶风〔仲光〕(太守种暠)(南)安〔定〕太守杜(佐)〔恢〕　从后汉书西羌传改。钮永建校云:种暠历仕顺、冲、质、桓四朝,安帝时未尝为右扶风,凉州亦无南安郡。盖袁纪写误。

㊶ 〔中〕郎将任尚　从龙溪本补。

㊷ 走不(遂)〔逐〕飞　从南监本、龙溪本、学海堂本改。

㊸ 兵至(及)〔乃〕发　从南监本、龙溪本、学海堂本改。

㊹ (群)〔郡〕兵来迎　从南监本、龙溪本、学海堂本改。

㊺ 即皆解(施)〔弛〕　从南监本、龙溪本改。

㊻ (微)〔敞〕字升平　从龙溪本、学海堂本改。

㊼ 春正月　后汉书孝安帝纪作“春二月”。

㊽ 京都郡国三十二地震　后汉书孝安帝纪作“四十二”。

㊾ 庚戌　后汉书孝安帝纪作“庚辰”。

㊿ 戊子　后汉书孝安帝纪作“戊午”。

(51) (逐)〔鄯善逼急求救敦煌〕太守曹宗　从后汉书西域传改。

(52) 因复〔欲〕取西域　从后汉书西羌传补。

(53) 〔军〕司(空司)〔马班〕勇　从后汉书班超列传改。

(54) 西域长史屯(兰)楼兰(楼)　从后汉书班超列传删。

(55) 苌为乐城王　“城”,后汉书孝安帝纪作“成”。

(56) 尚书侍郎(岑)〔泠〕宏　从学海堂本改。

(57) 以为〔自〕非圣人　从后汉书孝明八王列传李贤注引袁宏纪补。

(58) 目不见〔恶〕　从学海堂本补。

(59) (机)〔几〕微生过　从龙溪本、学海堂本改。

(60) 〔六月羌寇张掖〕　从文意补。

(61) 乙丑　后汉书孝安帝纪作“乙酉”。

(62) (六月羌寇张掖)　从文意删。

(63) 司徒刘恺(固)〔因〕疾策罢　从龙溪本改。

后汉纪　孝安皇帝纪下 卷第十七

建光元年春正月,<u>高丽寇玄菟</u>。

二月辛亥①,大赦天下。

三月辛巳②,皇太后<u>邓氏</u>崩,癸未,大敛。封大将军<u>骘</u>为<u>上蔡侯</u>。丙子③,葬和熹<u>邓后</u>。初,上少号聪明,故太后立之。后有不可意,上乳母<u>王圣</u>知之,见太后久不归政,恐有废置意。中常侍黄门郎<u>李闰</u>为上伺候,及后崩,因言<u>邓悝</u>兄弟尝从尚书<u>邓防</u>取废帝故事④,谋欲立<u>平原王</u>为帝。五月庚申⑤,有司奏故金吾<u>悝</u>、屯骑校尉<u>弘</u>、步兵校尉<u>闳</u>大逆无道⑥,宜追夺爵土,以明褒贬。遂免<u>悝</u>子<u>广宗</u>、<u>弘</u>子<u>广德</u>等爵,宗族皆免归本郡。以<u>骘</u>不豫谋,徙封<u>沙罗侯</u>⑦,行道为郡县所逼,<u>骘</u>与<u>凤</u>自杀。<u>广宗</u>、<u>骘</u>从弟<u>遵</u>、<u>约</u>皆自杀⑧。唯<u>广德</u>母与<u>阎后</u>同产,故得免。以<u>乐安侯康</u>贤而有行,征为太仆卿。初,河间孝王子<u>蠡吾侯翼</u>与诸王子朝京师,<u>邓太后</u>善<u>翼</u>之为人也,封<u>翼</u>为<u>平原王</u>,因留京师。及太后崩,上以<u>翼</u>谋图不轨,窃窥神器,乃贬<u>翼</u>复<u>蠡吾侯</u>。封中常侍<u>李闰</u>、<u>江京</u>为列侯,赏发<u>邓氏</u>之谋也。大司(徒)〔农〕<u>朱宠</u>⑨,<u>骘</u>之所举,乃肉袒舆榇上疏曰:"和熹皇后圣善之德为汉文母。兄弟忠孝,同心忧国,宗庙有主,王室是赖。功成身退,让国逊位,历世外戚,无与为比。当享积善之祐,宜象谦约之报。横以宫人单辞,事不可信。隲等父母群从,不以寿终,尸丧流离,逆天(威)〔感〕人⑩。宜皆还葬,宠其遗孤,以答亡魂。"安帝初,天灾疫,百姓饥馑,死者相望,盗贼群起,四夷反叛。隲等崇节俭,罢力役,推贤进能,尽心王室,故天下赖以复安。乃被诛责,其事暗昧,众庶多称其冤。上既闻之,又感宠之言,乃切诏州郡还隲等丧,葬(以)〔于〕旧(茔)〔茔〕⑪,使使祠以中牢。诸从兄弟归京师。

袁宏曰:夫吉凶由人,而存亡有地,择地而处,君子所以无咎也。长木之标,其势必颠,势极故也。势极则受患,故无全物焉。然则贵盛之极,倾覆之所由也,外戚则尤甚焉。得之不以至公,宰割之日久也。夫人君之势非不高且极也,置君于无过之地,万人莫之计;人臣则不然,比肩而立,相与一体也。操大权于天下,万物之所恶也,周公且犹狼狈,而况其余乎!夫凭宠作威以取倾覆,理用等矣。若乃推心向善,而不免暗昧之诛,所处之地危也。死而不异二者自处之道,然未达择地之方。昔楚人三世杀其君,将立王子搜,搜逃之丹穴,楚人承以玉舆,熏之以薪,乃出。故曰王子搜非恶为王,恶其为己患也。然则外戚之患也,非徒一己燋烂,而历代贵宠未有(不)患其为患⑫,岂不哀哉!

戊申,有司奏尊清河王为孝德皇帝,左姬为孝德皇后,宋贵人为敬隐皇后。左姬,犍为武阳人。父坐事,姬与姊妹俱入掖庭,和帝特诏分宫人赐诸王,以姬为清河孝王。姬有令色,王绝重之,生孝安帝。于是天子始亲万机,尚书陈忠以为首政之初,宜征天下隐逸。乃诏公车以玄纁，征南阳冯良、汝南周燮，皆称疾不至。良字君卿[13]，少为县吏，从尉迎督邮，良耻厮役，因毁其车马，坏其衣冠，绝迹远遁。妻子见败车坏衣，皆以猛兽所食，遂发丧制服。良至犍为，从师受业，十余年还乡里。虽处幽暗，必自整顿，非礼不动，乡里以为师，举贤良方正敦朴皆不行。燮字彦祖，敦诗、书，非法不言，所与交游者不过数四人，室家相待如宾客，化行乡党。举孝廉、茂才，公车再征，皆不就。上新听政，开谏诤路。尚书陈忠以直言为名，而人主不能容，乃上书通广帝意。曰："臣闻人君广山薮之大，纳切直之言；忠臣尽謇謇之节[14]，不畏逆耳之诛。是以高祖舍周昌桀、纣之譬，孝文嘉袁盎人彘之喻，世宗纳东方朔宣室之正，孝元容薛广德自刎之谏。陛下崇宽厚之德[15]，推宋景之诚，引咎责躬，咨访群吏。言事者新蒙采录，显列二台，必承风而靡，争效切直。如有管窥愚见，妄陈得失；虽苦口逆耳，不得事实，宜优游宽容，以遵四帝之绪也。"

秋七月己亥[16]，大赦天下。

八月甲子，故司徒刘恺为太尉。

九月戊子，上幸卫尉冯石(上)〔府，赐〕宝剑玉玦[17]。

冬十二月丙申[18]，乃还宫。己丑，郡国三十五地震，坏城郭，压杀人。本志以为安帝不明，宫人与王圣专权之应也。鲜卑寇玄菟。庚子，绝大臣行三年丧。尚书陈忠上疏曰："昔先王孝治天下，始于爱亲，终于哀戚。上自天子，至于庶人，尊卑贵贱，其义一也。夫人生三年，乃免父母之怀，先圣缘情著其节制，故曰'臣有大丧，君三年不呼其门'。周室陵迟，礼制衰废，蓼莪之人作诗自伤曰：'瓶之罄矣，惟罍之耻。'言己不得终竟子道者，亦上之耻也。高祖受命，萧何创制,大臣有宁告之科,合于致忧之义。

建武初,拨乱之世,国政草创,人伦未厚,鲜循三年之丧,以报顾复之恩。礼义之废,实由于此。然仁道无远,弘之即是。故籍田之(科)〔耕,〕起于太宗[19];孝廉之贡,发于孝武;郊祀之礼,定于元、成;三雍之序,备于永平,大臣送终,于今乃章。圣功美业,于是乎在。(盂)〔孟〕子有言[20]:'老以及老,幼以及幼,天下可运于掌。'臣愿陛下登高北望,以甘陵之思,揆臣子之心,则海内群生,各得其所。"上不从。

袁宏曰:古之帝王所以笃化美俗,率民为善者也,因其自然而不夺其情,民犹有不及,而况毁礼止哀,灭其天(生)〔性〕乎[21]!

冬十月,羌寇张掖、武威[22]。

十二月,高句丽围玄菟。

延光元年春,夫余王遣兵助玄菟,使贡献。

三月丙午,大赦天下。赐天下男子爵,各有差;鳏、寡、孤、独、笃癃、不能自存者粟,人三斛;贞妇人帛三匹。

夏四月,京师地震[23]。癸巳,司空陈褒以灾异免。于是犹有风雷之变,有司复以追咎三公。尚书仆射陈忠上书曰:"臣闻'君使臣以礼,臣事君以忠'。故天子三公入则参议政事,出则司察群后。然王者虚己待以殊礼,在舆为轼[24],在坐为起。汉典旧事,丞相所总,靡有不听。今之三公,有古之名而无其实,选举诛赏,一由尚书。尚书之任重于三公,凌夷已来,其渐久矣。近以地震策免司空,今言者复欲切让三公以解天意。臣愚暗,窃信宋景克己之诚。孝成皇帝时,妖星守心,纳贲丽之说,令丞相方进自裁,卒不蒙其福。以此况之,是非之分,(其)〔具〕可详见[25]。今尚书奏事,有所请造,及决天下罪法,不依故事者,宜使左右责求其意,割而勿听。上顺古典之义,下防威福之专,置方圆于规矩,审轻重于权衡,诚国家之典,万(国)〔世〕之法也㉖。"忠意在褒崇大臣,待下以礼。九卿疾病,使者临问,加赐钱帛,皆忠之议也。迁尚书令、司隶校尉。初,忠父太尉宠守正不事诸邓,故忠不得志于其门。及邓氏被诛,众庶多冤之,而忠数上书陷(城)〔成〕其恶㉗,奏劾司农朱宠;太子之废,诸名臣来历等守阙固争,忠又劾奏,当世以此讥忠。

五月庚戌,宗正刘授为司空。

秋七月癸卯,京师地震。庚申,高句丽王乞降。

八月,羌寇凉州㉘。戊子,阳陵寝殿火,本志曰:"弃法律,逐大臣,杀太子,以妾为妻,则火不炎上,谓火失其性而为灾也。今发于先陵,此天子将变象也。若曰不当废太子以自翦,如火不当害先陵之寝也。"辛卯,黄龙见九真。

九月戊申㉙,郡国二十七地震。

冬十月,鲜卑寇雁门、定襄。

十一月,鲜卑攻九原㉚。

二年春正月,燉煌太守张珰上书陈边事曰:"臣在京师,亦以为西域宜弃。今亲践其土地,乃知弃西域则河西不能自存。谨陈西域三策:今北虏呼衍王等展转蒲类(奏)〔秦〕海左右㉛,可发张掖、酒泉属国之吏士、义从合三千五百人集昆仑塞,先击呼衍王,绝其根本,因发鄯善兵五千人胁车师后部,此上计也。若不能出兵,可置军司马,将士五百人,四郡供其谷食,出据柳中,此中计也。如亦不能,则弃交河城,(放)〔收〕鄯善等悉使入塞㉜,此下计也。"尚书陈忠上疏曰:"臣闻八蛮之寇,莫甚北虏。汉兴,高祖窘平城之围,太宗屈供奉之耻。故孝武愤怒，深惟久长之计，命遣虎臣，浮河绝漠，穷其虏庭。当斯之时，黔首陨于狼望之北(山)㉝，中国弊于庐山之壑，府库殚竭，杼轴空虚，算至车船，赀及六畜。夫岂不怀，虑有故也。遂规酒泉、燉煌四郡，以隔(两)〔南〕羌㉞，开三十六国，妻以公主，以断其右臂。是以单于孤特，窜逃远藏。至于宣、元遂(被)〔备〕蕃臣㉟，关徼不闭，羽檄不行。由此察之，戎、狄可以威服，难以化洽。西域内附日久，区区东望叩关者数矣，此其不乐匈奴慕汉之效也。今北虏已破车师，势必南攻鄯善，弃而不救，则诸国从矣。若然，则北虏财贿益增，(赡)〔胆〕势益殖㊱，威临南羌，与之交连。如此，河西四郡危逼，不得不救，则百倍之役兴，不赀之费发矣。今议者但念西域绝远，恤之烦费，(有)〔不〕见先世苦心勤(精)〔劳〕之意㊲。方今边郡守御之具不精，内郡武卫之备不修，燉煌孤(隔)〔危〕㊳，远来告急，复不(转)〔辅〕助㊴，(出)〔内〕无慰劳民吏㊵，外无威示百蛮。(辟谷)蹙〔国减〕土㊶，经有明戒。臣以为燉煌宜置校尉，案旧增四郡屯兵，以西抚三十六国。建屯益兵，宣扬雷风，冀以折衝万里，震怖匈奴。"于是从之。

夏四月戊子，爵乳母王圣为野王君，圣女婿刘瓌为朝阳侯。司(空)〔徒〕杨震诣阙上书曰㊷："臣闻高祖与群后约，非功臣不得封。攻城野战，弃身沙漠，降服百蛮不羁之虏，然后得受茅土。故经制父死子继，兄亡弟及，所以别亲疏，殊适庶，尊国体，重继嗣、防淫篡，绝奸谋，百王不易之道。天子(不)专封封有功，诸侯(不)专爵爵有德㊸。今瓌无他功德，但以配阿母女，既忝位侍中，一时之间，超至封侯，〔不〕稽(之)旧制㊹，不合经义，行人喧哗，百寮不安。臣诚知言与罪俱，辞与辜会，忝当擢翰之任，故不敢不尽言之。"上不从。又为阿母起第舍，震复上疏曰："臣闻古者三年耕有一年之储，九年耕有三年之储，故尧之遭洪水，民无菜色。传曰：'国无三年之储，非其国也。'故丰年知礼，凶年减除。臣伏念灾害发起，弥以滋甚，百姓空虚，不能自赡。重以羌虏抄掠，(二)〔三〕边云扰㊺，战斗之役至今未息，兵甲军粮恒不足给，殆非社稷安宁之术。伏见兴起津城门内第舍，雕缮之饰穷极巧妙，使者将作，转相逼促。盛夏土王，攻山采石，百姓布野，农民废业。臣闻'上之所取，财尽则怨，力尽则叛'。怨叛之民，不可复使。故曰：'百姓不足，君孰与足？'"上不从。

冬十月辛未，太尉恺久病罢，司徒杨震为太尉。是时京都、郡国三十七地震㊻。

三年春二月丙寅㊼，上与太子行幸泰山，复济阳今年田租。戊子，凤凰集济阳，赐见者帛二十匹，凤凰所过亭部无出今年租。赐天下男子爵二级。壬辰，祠五帝于汶上明堂。戊戌，祠孔子于阙里，及七十二弟子。遂幸东平、魏郡、河内。壬戌，太尉杨震策免。初，河内人赵腾诣阙上书陈得失㊽，收考治，诏下狱。震隐其狂直，上疏曰："臣闻尧、舜之朝设直谏之鼓，诽谤之木，盖欲辟广四门，开直言之路，(转)〔博〕采负薪㊾，尽贤愚之情也。乞全腾性命，以纳刍荛之言。"不从，腾竟死于都市。中常侍樊丰等由是共谮震："腾死之后，深用怨怼。"乃策免，收震印绶，遣归本郡。到洛阳夕阳亭㊿，震顾诸子，谓门生曰："人非金石，死者士之常。吾蒙恩居上司，疾奸臣樊丰之狡猾而不〔能〕诛(51)，恶孽女王圣之倾乱而不能禁，知帑藏虚竭赏赐不节而不能实，何面目见日月！身死之日，但杂木为棺，勿漆，布单衣，才足盖形，勿归冢次，勿设祭祀。"遂仰鸩而死。震字伯起，弘农华阴人也。博学无所不究，数十年不应州郡之命，众人谓晚暮，而震志业愈笃。年过五十，乃应州郡之命。大将军邓骘闻而辟之，以为贤。举茂才，累迁荆州刺史、东莱太守。当之郡，道经昌邑，故〔所举〕茂才王密为昌邑令㉜，谒见，至夜怀金十斤遗震。震曰："故人知君，君不知故人也？"密曰："暮夜无知者。"震曰："君知，我知，天知，地知。何故无知？"密惭愧而出。震言行不愧于心，皆此类也。子孙常蔬食步行，故旧长者或谏，令为开产业。震曰："使后世称曰清吏子孙，以此遗之，不亦贵乎！"及为公卿，敦古守朴，推其诚心，每言事，不为文辞，意在（臣）〔匡〕主（疾）〔绝〕奸而已㉝。子秉，以义正知名。

袁宏曰：夫生而乐存，天之性也；困而思通，物之势也；爱而效忠，情之用也。故生苟宜存，则四体之重不可轻也；困必宜通，则天下之欲不可去也；爱必宜用，则北面之节不可废也。此三涂者，其于趣舍之分，则有同异之辨矣；统体而观，亦各天人之理也。是以君子行己业（心）〔必〕所托焉㉞，古之道术有〔在〕于此者㉟。（夷）明〔夷〕隐〔遁〕㊱，困而不耻，箕子之心也，璩宁闻其风而悦之；舍否之通，利见大人，微子之趣也，叔孙通闻其风而行之；谏以弼君，死而不贰，比干之志也，杨震闻其风而守之。此数贤者，虽行其所闻，殉托不同，皆终始之道，而不由愧于心者也。是以圣人知天理之区别，即物性之所托，混众流以弘通，不有滞于一方，然后品类不失其所，而天下各遂其生矣。然君子之动，非谋于众也，求之天地之中，款之胸怀之内。苟当其心，虽杀身糜躯，未为难也；苟非其志，虽举世非之而不沮也。

夏四月戊辰，光禄勋冯石为太尉。

五月，南单于左尸逐、烧当郡部扶渠当等反(57)。

秋八月辛巳，大鸿胪耿珍为大将军。戊子，麒麟一、白虎二同见阳翟。

九月丁酉，废皇太子保为济阴王。太子尝有疾，避于野王君王圣第，太子乳母王男、厨监邴古与中常侍江京、樊丰及圣、永等争言相是非(58)，遂诬谮男等，皆幽死狱，父母妻子(徒)〔徙〕日南(59)。太子思恋男等，数为叹息。圣、永惧有后患，乃与京、丰共谮构太子。是时阎后宠盛，京、丰媚于阎显等，信之，遂与后共助毁太子。上召大将军、公卿议太子应废，(白)大将军耿珍等(事)〔曰："是〕不宜奉嫡嗣(60)。"太常桓焉、太仆来(历)〔历〕、廷尉张皓曰(61)："邴古等所议谋，太子不知。经说年未十五，过恶不在身。太子少，宜选忠良师友，辅以礼义。废置重事，此诚圣(恩)〔思〕所宜详审(62)。"上使中常侍奉诏胁诸大臣，大臣皆失色。来历独固争之，上乃免历官，削爵土。是日太子废。于是光禄勋祝讽、中郎将闾丘弘、符节令张敬、太中大夫第五颉、中散大夫曹成、谏议大夫李泰、羽林右监孔显、治书侍御史龙调、卫尉丞乐闱、城门司马徐崇、开封人郑安世等守阙上书，诉太子之冤。癸巳，令天下死罪减一等，徙边戍；亡命赎罪者，各有差。辛亥，黄龙见(历)〔历〕城(63)。庚申晦，日有蚀之。

冬十月壬午，凤皇见新丰。本志曰："皇之不极，是谓不建，时则有龙蛇之孽。"又曰："视之不明，是谓不哲，时〔则〕有羽虫之孽(64)。凤皇者，阳明之应也。故非明王，则隐而不见。凡五色大鸟似凤凰者，多为羽虫之孽。是时上信谗，免杨震，废太子，不哲之异也。"丁亥，行〔幸〕长安(65)，祠陵庙。

十二月乙未，黄龙见琅邪。是岁京师、郡〔国〕二十二地震(66)。

四年春正月壬午,黄龙二、麒麟一见濮阳。

三月戊午朔,日有蚀之。庚申,上幸宛,当祠章陵,觉体不安。乙丑,疾笃,自宛还。征济北、河间王子年十四已下、七岁已上诣京师。进号皇后母北宜春夫人为荥阳君。丁卯,帝崩于叶,不发丧。庚午,还宫。辛未,乃发丧。皇后与兄阎显谋以所征济北王子北乡侯懿为帝嗣,以阎显为车骑将军。乙酉,北乡侯即皇帝位,太后临朝。

夏四月丁酉,太尉冯石为太傅,司徒刘喜为太尉⑥,参录尚书事,故司空李郃为司徒。有司奏大将军耿珍、中常侍樊丰、野王君王圣女永下狱诛。己酉,葬孝安〔皇〕帝于恭陵⑧。

六月乙巳,大赦天下。

冬十月丙午,蜀郡、越嶲山崩,杀四百余人。辛亥,北乡侯薨。车骑将军阎显、中常侍江京等谋曰:“前不用济北王,今立之,后必怨人。”乃言于太后,征济北王、河间王子,将以为嗣。初,太子之废,居于德阳殿西钟下,中常侍黄门孙程、王成、王国等常怀愤懑⑥,谋欲立之,以告中常侍侯生、李闰,杀中常侍江京、陈达、刘安于省门之外,王成以剑胁李闰曰:“太子之废,天下咸怨。今北乡早薨,安帝无嗣。太子(保)〔聪〕明⑩,天将启之,从我乎?”闰许诺。

成乃与闰列尚书将仆射以下到西钟下立济阴王为皇帝。时年十一,升云台,召百官。显闻帝立,惧不知所为,小黄门樊登曰:“何不发兵击之?”显以太后诏〔召〕越骑校尉冯诗、虎贲中郎将阎景将兵屯平朔门⑪。登引诗等入省,显谓诗曰:“济阴王立,非皇太后意,玺绶在此。苟尽力效功,封侯可得。”太后使授诗等曰:“能得济阴王者封万户侯,李闰者五千户侯。”〔诗〕等皆许诺⑫。卒被召,所将

吏士少,显使诗与登迎吏士于左掖门外。诗因归营,知事将败,乃
格杀登。阎景归卫府,收兵将欲作乱。是时尚书郭镇勒兵诣阙,遇
景于公车门。镇下车诏景,景以刃斫镇,镇抽剑斩景。戊午,使御
史诣崇德殿,收显等亲族下狱诛,妻子徙日南。初,上之废,阎后豫
焉。议郎陈禅议以为太后与上无母子之恩,当废。群臣咸以为宜。
司徒掾周举说司徒李咸曰[73]:"昔瞽瞍常欲杀舜,舜事之逾谨。郑
武姜谋杀庄公,(奏)〔秦〕始皇与母隔绝[74],感考叔、茅焦之言,修复
子道。斯皆前世之迹,书传之所美也。今诸阎新诛,太后〔在〕前
宫[75],恐悲生疾。如从禅(让)〔议〕[76],若有变异,后世归咎明公,不
刊之事也。"以闻,上从之。丁卯,以王礼葬北乡侯。辛巳,封孙程、
王国等十九人为列侯,司空刘授以阿附恶逆免。

　　十二月,诏曰:"朕以不德,篡承洪绪,今阴阳不和,疾疫为害,
思闻忠正以匡不逮,其令三公、卿士举贤良方正、能直言极谏之士
各一人。"杨震门下人讼震之冤,天子(加)〔嘉〕震之忠[77],除二子为
郎,赐钱二十万。以礼改葬之日,有大鸟,翼广一丈三尺,集于柩
前,低头泪出,众人莫(能)〔不〕惊(者)〔睹〕[78],葬毕,飞而冲天。甲
申,少府陶敦为司空。

校勘记

① 辛亥　后汉书安帝纪作"癸亥"。

② 辛巳　后汉书安帝纪作"癸巳"。

③ 丙子　后汉书安帝纪作"丙午"。

④ 邓防　后汉书邓禹列传作"邓访"。

⑤ 庚申　后汉书孝安帝纪作"庚辰"。

⑥ 步兵校尉闿　"闿",后汉书邓禹列传作"闻"。

⑦ 徙封沙罗侯　后汉书邓禹列传作"罗侯"。

⑧ 从弟遵约 "约",后汉书邓禹列传作"豹"。

⑨ 大司(徒)〔农〕朱宠 从后汉书邓禹列传改。

⑩ 逆天(威)〔感〕人 从后汉书邓禹列传改。

⑪ 葬(以)〔于〕旧(茔)〔茔〕 从南监本、龙溪本、学海堂本改。

⑫ 未有(不)患其为患 "不"衍,径删。

⑬ 良字君卿 后汉书周燮列传作"君郎"。

⑭ 尽蹇蹇之节 后汉书陈宠列传作"蹇谔之节"。

⑮ 崇宽厚之德 后汉书陈宠列传作"崇高宗之德"。

⑯ 己亥 后汉书孝安帝纪作"己卯"。

⑰ 上幸卫尉冯石(上)〔府赐〕宝剑玉玦 从学海堂本改。

⑱ 十二月 后汉书孝安帝纪作"十一月"。

⑲ 籍田之(科)〔耕〕 从后汉书陈宠列传改。

⑳ (盂)〔孟〕子有言 从龙溪本、学海堂本改。

㉑ 灭其天(生)〔性〕 从龙溪本、学海堂本改。

㉒ 冬十月羌寇张掖武威 后汉书西羌传作"秋……麻奴等又败武威、张掖郡兵于令居"。

㉓ 夏四月京师地震 后汉书孝安帝纪作"夏四月癸未京师郡国二十一雨雹"。

㉔ 在舆为轼 后汉书陈宠列传作"在舆为下"。

㉕ (其)〔具〕可详见 从龙溪本、学海堂本改。

㉖ 万(国)〔世〕之法也 从龙溪本改。

㉗ 上书陷(城)〔成〕其恶 从龙溪本、学海堂本改。

㉘ 八月羌寇凉州 后汉书孝安帝纪作"秋七月虏人羌叛"。

㉙ 九月戊申 戊申,后汉书孝安帝纪作"甲戌"。

㉚ 鲜卑攻九原 后汉书孝安帝纪作"寇太原"。

㉛ 转蒲类(奏)〔秦〕海左右 从南监本、龙溪本、学海堂本、后汉书西域传改。

㉜ (放)〔收〕鄯善等 从南监本、龙溪本、学海堂本改。

278

㉝ 狼望之北(山) 从后汉书西域传删。

㉞ 以隔(两)〔南〕羌 从后汉书西域传改。

㉟ 遂(被)〔备〕蕃臣 从南监本、龙溪本、学海堂本改。

㊱ (赡)〔胆〕势益殖 从龙溪本、学海堂本改。

㊲ (有)〔不〕见先世苦心勤(精)〔劳〕之意 从南监本、龙溪本改。

㊳ 燉煌孤(隅)〔危〕 从南监本、龙溪本改。

㊴ 复不(转)〔辅〕助 从南监本、龙溪本、学海堂本改。

㊵ (出)〔内〕无慰劳民吏 从龙溪本、学海堂本改。

㊶ (辟谷)蹙〔国减〕土 从南监本、龙溪本改。

㊷ 司(空)〔徒〕杨震 从后汉书杨震列传改。下文亦作"司徒杨震为太尉"。

㊸ 天子(不)专封封有功诸侯(不)专爵爵有德 从后汉书杨震列传删。

㊹ 〔不〕稽(之)旧制 从后汉书杨震列传改。

㊺ (二)〔三〕边云扰 从后汉书杨震列传改。

㊻ 京都郡国三十七地震 "三十七",后汉书安帝纪作"三"。

㊼ 丙寅 后汉书安帝纪作"丙子"。

㊽ 河内人赵腾 后汉书杨震列传作"河间男子赵腾"。

㊾ (转)〔博〕采负薪 从后汉书杨震列传改。

㊿ 洛阳沈亭 后汉书杨震列传作"城西几阳亭"。

(51) 而不〔能〕诛 从南监本、龙溪本、学海堂本补。

(52) 故〔所举〕茂才王密 从后汉书杨震列传补。

(53) 意在(臣)〔匡〕主(疾)〔绝〕奸而已 从南监本、龙溪本改。

(54) 行己业(心)〔必〕所托焉 从龙溪本改。

(55) 有〔在〕于此者 从南监本、龙溪本、学海堂本补。

(56) (夷)明〔夷〕隐〔遁〕 "夷",从南监本、龙溪本乙正。"遁",从文意补。

(57) 南单于左尸逐 后汉书孝安帝纪作"南匈奴左日逐王"。

(58) 厨监邴古 "古",后汉书孝顺帝纪作"吉"。

(59) 父母妻子(徒)〔徙〕日南 从南监本、龙溪本、学海堂本改。

㉞ (白)大将军耿珍等(事)〔曰是〕　从龙溪本、学海堂本改。

㉖ 太仆来(历)〔历〕　从龙溪本、学海堂本改。

㉒ 此诚圣(恩)〔思〕所宜详审　从学海堂本改。

㉓ 黄龙见(历)〔历〕城　从南监本、龙溪本、学海堂本改。

㉔ 时〔则〕有羽虫之孽　从南监本、龙溪本补。

㉕ 行〔幸〕长安　从南监本、学海堂本、后汉书孝安帝纪补。

㉖ 郡〔国〕二十二地震　从南监本、学海堂本、后汉书孝安帝纪补。

㉗ 司徒刘喜为太尉　"刘喜"，后汉书安帝纪作"刘熹"。

㉘ 葬孝安〔皇〕帝　从南监本、龙溪本、学海堂本补。

㉙ 中常侍黄门孙程王成　"王成"，后汉书宦者列传作"王康"。

㉚ 太子(保)〔聪〕明　从龙溪本改。

㉛ 太后诏〔召〕……阎景将兵屯平朔门　从后汉书宦者列传补。"景"，宦者列传作"崇"。平朔门，宦者列传作"朔平门"。

㉜ 〔诏〕等皆许诺　从南监本、龙溪本、学海堂本补。

㉝ 周举说司徒李咸　"咸"，后汉书周举列传作"郃"。

㉞ (奏)〔秦〕始皇与母隔绝　从龙溪本、学海堂本改。

㉟ 太后〔在〕前宫　从学海堂本补。后汉书周举列传作"在离宫"。

㊱ 如从禅(让)〔议〕　从后汉书周举列传改。

㊲ 天子(加)〔嘉〕震之忠　从南监本、龙溪本、学海堂本补。

㊳ 众人莫(能)〔不〕惊(者)〔睹〕　从龙溪本改。

后汉纪　孝顺皇帝纪上　卷第十八

　　永建元年春正月甲寅,大赦天下。赐男子爵各有差;鳏、寡、孤、独、笃癃、不能自存者粟,人五石;贞妇人帛三匹。辛未,皇太后阎氏崩。辛巳,太傅冯石、太尉刘喜以阿党权〔臣〕免^①,司徒李(邵)〔郃〕以疾疫策罢^②。

　　二月甲申,葬安思阎皇后。丙戌,太常桓焉为太傅,大鸿胪朱宠为太尉,长乐少府朱伥为司徒。凡三公居位或不书,史失之也。封尚书郭镇为定颍侯。是时司隶校尉虞诩纠正邪枉,无所回避,中常侍张防等专权纵肆,诩奏免之。防遂潜诉诩等作威福,帝怒,下诩狱。浮阳侯孙程、祝阿侯张贤等知诩以忠获罪,乃相率请诩,上引见之。程、贤曰:“陛下始与臣等造事之时,常疾奸臣,知其倾国。今即位而自为,何以非先帝乎? 司隶校尉虞诩为陛下尽忠,无所回避,反拘系。常侍张防赃罪明正,陷构忠良。今星守羽林,其占宫中有奸臣。宜急出诩,收防送狱,以塞天变。”时防直上后,程叱防曰:“奸臣张防何不下殿!”即趋东厢。上召问诸尚书,尚书贾服素与防善^③,遂(调)〔讽〕尚书奏诩^④。会赦,以赎罪免死。

秋九月,有司奏浮阳侯孙程、祝阿侯张贤为司隶校尉虞诩诃叱左右,谤讪大臣,妄造不祥,干乱悖逆;王国等皆与程党,久留京都,益其骄溢。诏免程等,徙为都梁侯。程怨恨,封还印绶,更封为宜城侯。

冬十月辛巳,〔诏〕天下囚减死一等⑤,徙戍边;亡命赎罪,各有差。丁亥,司徒朱伥以疾疫罢,司空陶敦有罪免;光禄勋许敬为司徒,廷尉张晧为司空。甲辰,诏曰:"朕以不德,统承大业。虐气流行,疬疾为灾。重以水潦,秋稼漂没。每州郡所出,恻然自刻,其令当输今年租者一切勿责。"

二年春二月,鲜卑寇辽东。

三月戊申,诏征南阳樊英、江夏黄琼、会稽贺纯、广汉杨厚。英字季齐,南阳鲁阳人也。隐居教授,受业者自(西)〔四〕方至⑥。安帝时博士公车征,皆不至,及于是时又固辞疾笃,乃诏郡县礼致之。英既至,天子为设坛席,(筵)〔延〕问得失⑦,(世)拜五官中郎将⑧。遂称疾笃,赐告归,复追下诏,以光禄大夫居在所县,赐谷千斛。常以八月存问高年,时致羊酒,如前世故事。英辞让不受,有诏喻旨勿听。英居家有法度,笃于乡里,自陈寔之徒少时从英。英常病卧便坐,妻遣婢拜问疾,英下床答拜。寔问之,英曰:"妻,齐也,共奉祭祀,礼无不答。"又有邻人子止英家,每醉呼呼,曰:"其父临死以相委属,故收养之。"寔常以此称焉。公卿大臣多荐江夏黄琼之贤,于是公车征琼,至即称疾不进。有司劾以不敬,诏下县次引致。琼不得已,前就征,拜侍中。贺纯、杨厚亦笃行士。

夏六月乙酉,改殡皇妣李氏,追尊曰恭愍皇后。初,皇妣以宫人得幸于安帝而生上,阎后妒之,赐鸩死,〔葬〕于城北⑨。上即位,左右以闻，上嘘唏发哀，乃亲到瘗所，号咷断绝。

秋七月丙戌朔⑩，日有蚀之。<u>西域长史班勇</u>请兵击<u>焉耆</u>，汉发<u>河西</u>四郡兵三千人诣<u>勇</u>。<u>燉煌</u>太守<u>张朗</u>有罪，欲以功自赎，即便宜领诸郡兵出塞。初，<u>勇</u>发诸国兵，使<u>龟兹</u>、<u>鄯善</u>自南道入，<u>勇</u>将诸郡兵率<u>车师</u>六国兵自北道入。会<u>张朗</u>(乃要)〔徼功〕⑪，径自<u>尉黎</u>入，<u>焉耆王</u>请降于<u>朗</u>，既而不出。<u>汉</u>兵罢还，<u>焉耆王</u>卒不加诛。<u>汉</u>以两将不和，皆征免，故<u>勇</u>不论。

三年春正月丙子，京师、<u>汉阳</u>地震，屋压杀人。乙未，诏曰："京都地动，<u>汉阳</u>尤甚，加以比年民饥，夙夜(祇)〔怲〕懔⑫。群公卿士，其深思古典，有以消灾复异，救此下民。忠信嘉谋，靡有所讳。其勿收<u>汉阳</u>今年田租。"

秋七月丁酉，<u>茂陵</u>园火。

九月，<u>鲜卑</u>寇<u>渔阳</u>。

十二月乙亥，太傅<u>桓焉</u>以辟召非其人，免。

四年春正月丙寅，大赦天下。丙子，帝加元服。赐公卿已下天下男子爵，各有差；鳏、寡、孤、独、笃癃、不能自存者帛，人一匹。

五月，<u>汉阳</u>都尉献大珠⑬。诏曰："海内有灾，太官减膳，都尉不宣扬本朝而献珠求媚，今其封还。"

<u>袁宏</u>曰：夫饥而思食，寒而欲衣，生之所资也。遇其资则粳粮缊袍，快然自足矣。然富有天下者，其欲弥广，虽方丈黼黻，犹曰不足，必求河海之珍，以充耳目之玩，则神劳于上，民疲于下矣。夫万物之非能自止者也，上之所为民之准的也，今以不止之性而殉准的于上，是弥而开之，使其侈竞也。古之帝王不为靡丽之服，不贵难得之货，所以去华竞以嘿止喧也。夫上苟不欲则物无由贵，物无由

贵则难得之货息,难得之货息则民安本业,民安本业则衣食周,力任全矣。夫不明其本而禁其末,不去其华而密其实,虽诛杀日加而奢丽逾滋矣。

秋八月丁巳,太尉朱宠、司空张皓以阴阳不和免⑭。

〔九月〕癸酉⑮,大鸿胪庞参为太尉,太常王龚为司空。

冬十一月,司徒许敬策免,宗正刘俊为司徒。朱宠字仲威,京兆杜陵人也。初为颍川太守,表孝悌儒义,理冤狱,抚孤老,功曹主簿皆选明经有高行者。每出行县,使文学祭酒佩经书前驱,顿止亭传,辄复教授。周旋阡陌,观课农桑。吏安其政,民爱其礼。所至县界,父老迎者常数千人。宠乃使三老御车问人得失,百姓翕然,治甚有声。宠以正月岁首宴赐群吏,问公曹吏郑凯曰:"闻贵郡山川多产奇士,前贤往哲可得闻乎?"对曰:"鄙郡炳嵩山之灵,受中岳之精,是以圣贤龙蟠,俊乂凤集。昔许由、巢父耻受尧禅,洗耳河滨,重道轻帝,遁世高跱。樊仲父者,志洁心遐,耻饮山河之功,贱天下之重,抗节参云。公仪、许由俱出阳城。留侯张良奇谋辅世,玄算入微,济生民之命,恢帝王之略,功成而不居,爵厚而不受,出于辅成。胡元安体曾参之至行,履乐正之纯业,丧亲泣血,骨立形存,精诚洞于神明,雉兔集其左右,出于颍阳。彪乂山英姿秀伟,逸才挺出,究孔圣之房奥,存文武于将坠,文丽春华,辞蔚藻缋,出于昆阳。杜伯夷经学称于师门,政事熙于国朝,清身不苟,有于陵之操,损己存公,有公仪之节,以荣华为尘埃,以富贵为厚累,草庐蓬门,藜藿不供,出于定陵。"宠曰:"太原周伯况、汝南周彦祖皆辞征聘之宠,隐林薮之中,清迈夷、齐,节拟古人,恐贵郡之士未有如此者也。"凯对曰:"此二贤但让公卿之荣耳。若许由不受尧位,樊仲父不屈当世，以此（岨）〔准〕之⑯，不以远乎？"宠征入为大鸿胪，拜太尉，自为宰相，数抗直言。虽为三公，卧布被，仅能覆身，食脱粟米，藜藿不厌，子弟同衣而出，并日而食。将薨，遗其子曰："吾本寒贱诸生，才非周幹，横受朝恩，位过其任，不能竭身报国，负责深重。身没之后，百僚所赙赠，一无所受。素棺殡殓，疏布单衣，无设绂冕。殓毕，便以所有车牛夜载丧还乡里，勿告群僚，以密静为务。"

许敬字鸿卿，汝南平舆人也。为吏，有诬君者会于县，令坐。敬拔刀断席曰："敬不忍与恶人连席。"由是知名。举茂才，除南昌令，以土地卑湿不可迎亲，亲老则弃官归供养。辟司徒府，稍迁江夏、沛相，自光禄勋入为司徒。敬以臧否为己任，仕于和、安之间，当窦、邓、阎氏之盛，直道而进，无所屈挠。三家既败，多有染污者，敬居然自适，引谤不及己，当世以此奇之。

五年春正月，疏勒、大宛、莎车王遣使贡献。

夏四月，京都旱。

冬十月丙寅，〔诏〕天下系囚皆免死一等⑰，徙边戍。

六年，无事。

阳嘉元年春正月乙丑，立皇后梁氏。赐天下男子爵，各有差；鳏、寡、孤、独、笃癃、贫不能自存者粟，人三斛。后，梁商女也。初，梁竦中子雍生商，商袭父爵，为乘氏侯。商生三男四女：长曰冀，次曰不疑，次曰蒙；长女（田次姬）〔曰妠〕⑱，即后也，次阿重。后生有光影之祥，及长，好史书，治韩诗，大义略举，以列女图常在左右，宗族中外咸敬异焉。商谓诸弟子曰："我先人镇抚西河，全济生民，使免虎口之害，所活者不可胜数，而大位不究。夫积德之报不及其身，必流福子孙，当因此女兴邪！"选入掖庭，相工茅通见之，惊曰：

"此所谓日角偃月,相之极贵,臣未尝见之。"于是以为贵人。拜商侍中、屯骑校尉。贵人有宠,从容言于上曰:"阳以博施为德,阴以不专为义,盖螽斯之福,则百祚之兴也⑲。愿陛下思天行之普达⑳,均贯鱼之次序,使小妾得免罪谤之累。"于是上愈嘉之,亲宠益固。

三月庚辰,大赦天下。

夏四月,有司依旧加梁商位特进,增国土。商上书让曰:"禄命过厚,受祖考多福,又托日月末光。以斗筲之材,乘君子之器,惧有负乘之累,不守历世之荣。诚不如旧制,与左贤同科。"书十余上,帝辄敦喻之。商又上书让校尉曰:"臣托椒房,被蒙荣宠,兼官二职,非材所堪。受宠战栗,惊惧惶戚,不遑宁处。披露赤诚,敢遂狂狷。谨上屯骑校尉印绶。"上乃许焉。以特进就第,赐安车驷马。顷之,拜执金吾。

冬十月,望都狼食数十人。本志曰:"言之不从,则有毛虫之孽。京房易曰:'君无道,害将及人,去之深山,全身厥灾,狼食人。'"(申)〔辛〕酉㉑,诏天下死罪囚减罪一等,亡命赎罪各有差。鲜卑寇辽东。

十一月丁未,东平王敞薨。敞有孝行,丧母三年如礼,诏书增户五千。是时长吏数易,去就烦费。尚书左雄上疏曰:"臣闻柔远能迩,莫大宁民,宁民之务,莫重用贤。是以皋繇对禹,贵在知人。'安人则惠,黎民怀之'。昔三代垂统,封建侯伯,世位亲亲,民用和睦。宗周既灭,六国并秦,(抗)〔坑〕儒泯典㉒,革除五等,郡县设令,封豕黎民。大汉受命,蠲其苛政,宽以三章,抚以因循。至于文、景,天下康乂。诚由玄靖渊嘿,使万民不扰也。宣帝兴于侧陋,知世所疾,综名核实,赏罚必行,刺史首相初拜,辄亲见问之,观其

所由,退而考察以质其言。常叹曰:'民所以安而无愁者,政平(良)
吏〔良〕也㉓。与我共此者,其唯良二千石乎!'以为吏数变易,则下
不安业;民知不久,则诈以求过。故二千石有治能者辄以玺书勉
励,增秩赐金,爵至封侯,公卿时缺则以次用之。是以吏称其职,民
安其业。故能降来仪之瑞,建中兴之功。汉元至今,三百余载,俗
浸凋弊,巧伪滋萌,下饰其诈,上肆其残。列城百里,转动烦数。以
杀害为贤,以循理为劣,以聚敛为办,以修己为弱。髡钳之戮,生于
睚眦;覆尸之祸,成于喜怒。视民如寇,税之如狼。监司相望,见非
不举。观政于亭传,责成于耳目㉔。言善不称德,论功不核实。虚
诞者获祐,束修者见黜。或因罪而致高,或处危以成名。所以天灾
屡降,治道未宁,皆由于此也。臣愚以为长吏理绩有显效者,可就
增秩,勿使移徙,非父母丧不得去官。其不从王制,锢之终身,虽赦
令不在齿列。必竞修善政,亲抚百姓,率土之民,各宁其所。追配
文、宣中兴之轨,流光垂祚,永世不刊。"于是复伸无故去官之禁。
闰月壬子,恭陵庙灾。北海人郎顗上书曰:"臣闻天垂诫,地见灾
异,所以谴告人主,克己修德也。故应天以诚而不以言,导下以躬
而不以刑。顷者宫殿官府多所治饰,昔盘庚迁殷,去奢即俭;夏后
卑宫,尽力以致美。愚以为诸所缮治,事可减省,以恤贫民,以赈孤
寡,天之意也,人之愿也。陛下躬亲庶事,诏书每下,广开不讳之
路,以天下为忧,百姓为念。而不数见公卿,责以政事,诚优游养德
之道也。然三公者,调和阴阳,仪刑百寮。今水旱连年,五谷不登,
不能忧也。官失其序,庶事不治,不能正也。但迟回偃仰,称病自
逸,忘天下之忧,甘燕安之乐,岂不谬哉!"尚书问状,顗对,多言
(数)术〔数〕占候之事㉕,大旨以三公非其人,将有饥馑、水旱、地

震、盗贼之变。其后海贼攻会稽,而青、徐盗贼起,西羌反。明年四月,京师地震。其夏大旱,略如其言。

华峤曰:汉之十叶,王莽纂位,闻道术之士西门君惠、李守等多称谶云"刘秀为天子"。自光武为布衣时,数言此,及后终为天子,故甚信其书。郑兴以忤意见疏,桓谭以远斥忧死。及明、章二帝祖述此意,故后世争为图(讳)〔纬〕之学㉖,以矫世取资。是以通儒贾逵、马融、张衡、朱穆、崔寔、荀爽之徒忿其若此,奏皆以为虚妄不经,宜悉收藏之。惟斯事深奥,善言古者必有验于今,善言天者必有验于人,而托云天之历数阴阳占候,今所宜急也。占候术数,能仰瞻俯察,参诸人事,祸福吉凶,既应引之,教义亦有著明。此盖道术之有益于后世,为后人所尚也。

二年夏四月丁丑,封虎贲中郎将冀为襄邑侯。执金吾商上书陈让,辞意恻至,书十余上,上遂听许。爵阿母(宗)〔宋〕娥为山阳君㉗,尚书左雄谏曰:"臣闻高帝约,非刘氏不王,非功臣不封。孝安皇帝封江京、王圣等,皆有地震之异;永建二年封阴谋之功,又有日蚀之变。通道术之士,咸归于封爵不时之咎。方今青、徐饥馑,盗贼未息。陛下乾乾劳思以济民,宜清净无为,以求天意。诚不应追录小恩,以亏大典。"上不从。雄复谏曰:"臣闻君莫不好忠正,恶谗谀,而臣莫不以忠得罪,以谗得幸。盖忠言难入,谗言顺耳易从也。夫刑罪,人情之所甚恶也。是以世俗为忠者少,而习谀者多。故令人主数闻其美,稀知其过,迷而不悟,至于危亡。臣伏见尚书故事,无乳母赐爵之制,唯先帝时阿母王圣为野王君。造生谗贼废立之祸,生则为天下所咀嚼,死则为海内所共快。桀、纣贵为天子,而庸仆恶以为比,以其富而无义也;夷、齐贱于匹夫,而王侯争与为类，以其贫而有德也。今阿母躬蹈俭约，以身率下，群僚蒸庶，莫不向风，而与<u>王氏</u>并同爵号，惧违本操，失其常愿。愚以为人心不相远，其所不安，远近一也。<u>王圣</u>之祸未绝于口，倾覆之势危于垒卵。臣请岁以钱千万给阿母，内可以尽恩爱之亲，外可以不为吏民之所怪也。"上(遂)〔卒〕不从㉘。<u>雄</u>字伯豪，<u>南阳</u>(沮)〔涅〕阳人也㉙。居贫好学经，常以服勤不足学㉚，足学者懈怠，宜崇经术，缮治太学。既为尚书而陈之，帝从其言，更增弟子科，除儒者为郎百余人。<u>雄</u>上言曰："郡国孝廉，古之贡士，出则宰民，宣协风教。若其面墙，无以施化，招灾致祸，为害不细。<u>孔子</u>曰'四十而不惑。'<u>礼</u>：'四十强而仕。'请自今孝廉不满四十㉛，不得察举，皆先诣公府，诸生试家法，文吏试笺奏，(覆)〔副〕之<u>端门</u>㉜，练其虚实，以观异能，以美风俗。有不承科，正其罪法。"帝从之，诏郡国孝廉年四十已上考德行，试其经，奏其茂才异行如<u>颜渊</u>、<u>子奇</u>，不拘年齿。今举孝廉，<u>徐淑</u>年未满限，台郎诘之。对曰："诏书有'<u>颜渊</u>、<u>子奇</u>，不拘年齿'，是以本郡以臣充选。"郎不能屈。<u>雄</u>诘之曰："昔<u>颜渊</u>、<u>子奇</u>问一知十㉝，孝廉问一知几邪？"<u>淑</u>无以对，乃却归，郡守坐免。时郡国守相坐举者百余人。初，<u>明帝</u>时政严事峻，九卿皆鞭杖。<u>雄</u>上言曰："九卿位亚三(事)〔等〕㉞，班在大臣，行有佩玉之节，动有庠序之仪。加以鞭杖，诚非古典。"上即除之。

　　<u>袁宏</u>曰：夫谋事作制令以经世训物，使必可为也。古者四十而仕，非谓弹冠之会，必将是年也。以为可(事)〔仕〕之时㉟，在于强盛，故举大限以为民表。且<u>颜渊</u>、<u>子奇</u>旷代一有，而欲以斯为格，岂不偏乎？

　　己亥，京都地震。五月庚子，诏曰："朕以不德，统奉洪业，无以

承顺乾坤,协和阴阳,灾眚屡见,咎征仍彰。群公卿士将何以匡辅朕之不逮,奉答灾异? 灾异不空设,必有所应。其各举敦朴士一人,直言厥咎,靡有所讳。"<u>汉中</u><u>李固</u>对曰:"愚以为天不言,以灾异为谴告。政之治乱,主之得失,皆上帝所伺而应以灾祥者也。王者父天母地,体其山川,今日蚀、地动、山崩、昼晦,主将安立,物将安寄? 昔<u>江京</u>之奸,祸及骨肉,至令陛下幽废,亲履艰难。天诱其衷,陛下龙兴,海内莫不忻悦。实有需然改图,抑退权臣,询求善政,以顺天意。夜而得之,坐而待旦。今则不然,政令纷纭,以复仿蹈前轨矣。臣伏在草泽,痛心疾首。诚以陛下圣德应期,实当嘉会,反衰弊之政,弘中兴之美,其功甚易,譬犹指掌。臣闻善罚不如善政,善赏不如善教。善教之道,宜从内起。昔<u>周宣</u>、<u>孝文</u>,中兴之主也,皆改华服,需然易规,乃能移风易俗,及之于古。今封阿母,恩赏太过;常侍近臣,威权太重。臣案图书,灾异之发,亦以为然。今宜斥退邪佞,投之四裔;引纳方直,令在左右。陛下亲发德音,以招群俊,临御座,见公卿,言有称意,即时施行,显拔其人,以旌忠善。则陛下日有所闻,忠臣日有所献,君臣相体,上下交泰。阿保虽有大功,勤劳之恩,可赐以货贿,传之子孙;列土分爵,实非天意。汉兴已来,贤君相继,岂无保乳之养? 非不宠贵之,然上畏天威,俯察经典,不可,故不封也。<u>梁氏</u>子弟群从征为列侯,<u>永平</u>、<u>建初</u>故事,殆不如此。妃后之家所以少有存全者,非天性皆然,但坐权宠太过,天道恶盈也。天有<u>北斗</u>,所以斟酌元气;帝有尚书,所以出纳王命。若赋役平均,则百姓以安;万机不治,则天下以乱。今陛下所共治天下者,外则公卿、尚书,内则常侍、黄门,譬犹一门之内,一家之事,安则共其福,危则同其祸。由是观之,权柄不可不慎,号令不可不详。夫人君之有政,犹水之有堤防。堤防完全,虽遭雨水霖潦,不能为变;政教一立,暂遭凶年,不足为忧。诚令堤防穿漏,万夫同力,不能复救;政教一坏,贤智驰骛,不能复还。今堤防虽坚,渐有孔穴。譬之一人之身,本朝者,心腹也;州郡者,四支也。心腹痛则四支不举,故臣之所忧在腹心之疾,非四支之患。臣以为坚堤防,务政教,先安心腹,厘理本朝,虽有寇贼水旱之变,不足介意也。诚令堤防坏漏,心腹有疾,虽无水旱之灾,天下固不可不忧矣。臣父故司徒臣郃受先帝厚恩,子孙不敢自比于余隶,故敢依图书悉心以对,不敢虚造。"扶风马融独对曰:"臣闻立天之道曰阴与阳,立地之道曰柔与刚。夫阴阳刚柔,天地所以立也。取仁于阳,资义于阴,柔以施德,刚以行刑,各顺时月,以厚群生。帝王之法,天地设位,四时(伐)〔代〕序㊱。王者奉顺,则风雨时至,嘉禾繁植;天失其度,则咎征并至,饥馑洊臻。今科条品制禁令,所以承天顺民者备矣,悉矣,不可加矣。然而不平之效,犹有咨嗟之怨者,百姓屡闻恩泽之声,而未见惠和之实也。今从政者变忽法度,以杀戮威刑为能(咸)〔贤〕㊲。问其国(首)〔守〕相及令长何如㊳,其称之也,曰'太急';其毁之也,曰'太缓'。夫急致寒,缓致燠,二者罪同,而论者许急,此阴阳所以不和也。复之之道,审察缓急之谤(举)〔誉〕㊴,钧同寒燠之罪罚,以崇王政,则阴阳和也。好恶既明,则宰官之吏知所避就。又正身以先之,(不)严以莅之㊵,不变则刑罚之。(失)〔夫〕知为善之必利㊶,为恶之必害,孰能不化,则官良矣。臣闻洪范八政,以食为首;周礼九职,以农为本。民失耕桑,饥寒并至,盗贼之原所由起也。古之足民,仰足以养父母,俯足以畜妻子,然后敦五教,宣三德,则〔休〕嘉之化可致也㊷。夫足者非能家给而人足，量其财用，为其制度。故嫁娶之礼俭则婚姻以时矣，丧制之礼约则终者掩藏矣，不夺其时则农夫不失矣。夫妻子以累其心，产业以重其志，舍此而为非者，虽有必不多矣。今则不然，此盗贼所以不息。诚使制度必行，禁令必止，则士者不滥。法式之外，百工不作无用之器，商贾不通难得之货，农夫不失三时之务，〔各〕安所业^㊸，则盗贼消除，灾害不起矣。"太史张衡对曰："臣闻政善则休祥降，政恶则咎征见，苟非圣人，或有失误。昔成王疑周公而大风拔树木，开金縢而反风至，天人之应，速于影响。故称诗曰：'无曰高高在上，日监在兹。'间者京都地震，雷电赫怒。夫动静无常，变改正道，则有奔雷土裂之异。自初举孝廉，迄今二百岁矣，皆先孝行，行有余力始(革)〔及〕文法^㊹。辛卯诏以能宣章句、奏案为限，虽有至孝，犹不应科，此弃本而就末。曾子长于孝，然实鲁钝，文学不若游、夏，政事不若冉、季，今欲使一人兼之，苟外可观，内(则)必有阙^㊺，则违选举孝廉之(至)〔制〕矣^㊻。且郡国守相割符宁境为大臣，一旦免黜十有余人，吏民罢于送迎之役，新故交际，公私放滥，或临政莅民为百姓取便，而以小过免之，是为夺人父母使嗟号也。又察选举，一任三府，台阁秘密振暴于外，货赂多行，人事流通，令真伪浑淆，昏乱清朝。此为下陵上替，分威共德，灾异之兴，不亦宜乎！易'不远复'，论'不惮改'，朋友交接且不宿过，况于帝王承天理物以天下为公者乎！中间以来，妖星见于上，震裂著于下，天诚详矣，可谓寒心。明者消祸于未萌，今既见矣，修政恐惧则转祸为福矣。"上览众对，以李固对为第一。诸常侍悉叩头谢罪，朝廷肃然。拜固为议郎。权臣皆切齿于固，将加之罪，朝中名臣黄琼等深救解之。岁中，梁商请为从事中郎。商以后〔父〕辅政^㊼，柔和自守,内竖乱政,不能有所裁。固奏记于商曰:"今四海云扰,背义趋利,父劝其子,兄勉其弟,皆先论价而后定位。夫致一贤则国赖其功,招一恶则天下被其害。数年已来,妖怪屡起,宫省之中,必有阴谋。将军位尊世重,诚令王政一整,必享不朽之福。"商不能用。戊午,太尉庞参、司空(黄)〔王〕龚以灾异免^㊽。

六月,太常孔扶为司空。丁丑,洛阳宣德亭地坼八十五丈。本志称李固曰:"阴类专恣,将有分坼之象,其后中常侍专权忿争之应也。"

八月己巳,大鸿胪施延为太尉。

冬十月,初随月律作应钟。

三年夏戊戌,大赦天下。赐民爵;八十已上米,人一斛;九十已上帛,人二匹,絮三斤。

秋七月,羌寇(濮)〔汉〕阳^㊾。

冬十一月,羌寇武都。壬寅,司徒刘(恺)〔崎〕、司空孔扶以灾异免^㊿。己巳,大司农黄尚为司徒,光禄勋王卓为司空。

四年春二月丙子,诏曰:"自今中官得以养子为后。"

夏四月甲子,太尉施延以选举贪污免。戊寅,执金吾梁商为大将军,故太尉庞参为太尉。商推诚实,不为华饰。尝病多藏厚亡为子孙累,故衣裘车马供用而已,租俸赏赐分与昆弟故旧。虚心下士,门无停宾。(俭)〔检〕约宗族⁵¹,亲戚莫敢犯禁。朝廷由是敬惮之。在位所辟召皆四海英俊,其所招引推进如李固、周举等数十人。时魏郡霍谞舅宋光为人所诬引刊定诏书,系洛阳狱,考讯楚毒。谞年十五,奏记于商曰:"谞闻春秋之义,原情定罪。传曰:'人心不同,其若面焉。'斯盖谓其天下寂隆广狭高卑之形耳。至于鼻从目横,眉在眼上,未有不然者。人心异者,刚柔舒急倨敬之间。至于趣利避害,畏死乐生,亦复同也。谓与光骨肉之亲,义有相隐,言光冤结,未有可信。请以人情平之:光衣冠子孙,径路平易,位极州郡,日望征辟,亦无瑕秽纤介之累,无故刊定诏书,欲何救解? 就有所疑,当以道理求便,安能触冒死祸,以解微细? 譬诸附子疗饥,鸩毒止渴,未入腹胃,喉咽已绝,岂可为哉! 光不定制书,情既可原,台阁执事,知而不治。吁嗟紫宫之门,泣血两观之下,伤和致灾,为害滋甚。明将军德盛位尊,人臣无二,言行动天地,举措移阴阳,诚肯留神省察,沛然信理,必有于公高门之福,和气立应,天下幸甚。"商嘉谓辞意,即奏原光罪。闰月丁亥,日有蚀之。

十二月甲寅,京都地震。诏百寮上封事,靡有所讳。

永和元年春正月己巳,大赦天下。诏问公卿:"北乡侯宜加谥列昭穆与木主否?"群寮皆谓宜加谥。司隶校尉周举议曰:"北乡侯本非正统,奸臣所立,立未逾岁,年号未改,皇乾不祐,大命夭昏。孔子作春秋为制,王子猛不称崩,鲁子野不书葬。北乡无他功德,以王礼葬,于事已崇,不宜称谥。"上从之。

夏四月壬寅,追号皇后母开封君。

冬十月丁未,永福殿火[32]。

〔十一月〕丙子[33],太尉庞参以久病策罢,故司空王龚为太尉。(十月)武陵太守(王)〔奏〕蛮夷望上恩[34],请入贡,比汉民。议者以为可听,尚书令虞诩曰:"自古圣王不臣异俗,非德不能及,威不能加,以蛮夷兽心,贪婪难整,是故羁縻绥抚,受而不逆,叛而不追。今赋而税之,必有怨叛,叛而伐之,必复兴士众。计其所得不偿所费,必有后悔之不追。"上不从。诩字昇卿,陈国武平人。祖父经,为狱吏,常(然)〔效〕于公之治狱㉟。及诩之生,经曰:"吾虽不能及于公,子孙可至九卿。"故字曰昇卿。少失父母,与祖父母居。年十三,通尚书。国相见而奇之,欲以为吏。诩曰:"祖母年九十,居贫,非诩无以供养。"乃止。

二年春,武陵蛮夷以贡非旧约,叛。

三月乙卯,司空王卓薨。丁丑,光禄勋郭乾为司空。

夏四月丙申,地震。

五月癸丑,山阳君宋(妖)〔娥〕有罪㊱,归里舍。

秋七月,日南蛮反,交阯刺史樊演出讨,失利,寇遂攻掠郡县,上甚忧之。议者宜遣大将军发荆、扬、兖、豫四万人赴救,大将军从事中郎李固议曰:"荆、扬安稳,发其吏救之可也。今荆、扬盗贼盘结,武陵、南郡〔蛮〕夷未集㊲,长沙、桂阳数被征发,难复扰动。其不可一也。兖、豫之民(间)〔闻〕万里征役㊳,无有还期,恐十五万户不得一士,郡县迫促,惧有叛亡。其不可二也。南州水土温暑,(如)〔加〕有瘴气㊴,恐死者十四五,必道路奔散不能禁。其不可三也。士卒比到,万里疲劳,不可复斗。其不可四也。军行三十里为程,九千余里,三百日乃到,计人日五升,用米十万斛㊵,尚不计将吏驴马之食,但自致费(但)〔且〕若此㊶。其不可五也。设使军到,死亡者众,不足当复益发,此为刻割心腹而(乐)〔补〕四支㊷。其不可六也。今二郡徒叛,还自相攻,但坐征发之故,何况乃发四州赴万里哉!其不可七也。前中郎将尹就使益州,益州谚曰:'虏来尚可,尹来杀我。'后就征还,以兵付刺史张乔,因其民困,旬月破灭殄尽,此发将无益之效,州郡(不)可任之验也㊸。可但选有勇略仁惠以为刺史、太守,勿与争锋,以恩信招来,赦杀伤之罪,以息发军。故并州刺史祝良性多勇决,及张乔前在益州,实有破虏之功,皆可任用也。文帝遣冯唐即赦魏尚〔为〕云中太守^⑥,〔哀帝〕就拜楚龚舍为泰山太守^⑥。祝良等可用,皆宜即拜,便道之官。"于是拜祝(梁)〔良〕九真太守^⑥,张乔为交阯太守,二郡即安。

冬十月,行幸长安,祀陵庙。丁卯,京师地震。

三年春二月乙亥,京师地震。夏闰月己酉,京都地震。

秋八月乙卯,太白昼见。本志以为大将军梁商父子贵盛之象也。己未,司徒黄尚以灾异罢。

九月癸酉^⑥,光禄〔勋〕刘寿为司徒^⑥。

十二月戊申^⑥,日有蚀之,会稽九郡以闻,京师不见。

校勘记

① 以阿党权〔臣〕免　从南监本、龙溪本补。

② 司徒李(邵)〔郃〕　从南监本、龙溪本改。

③ 尚书贾服　"贾服",后汉书虞诩列传作"贾朗"。

④ 遂(调)〔讽〕尚书奏诩　从南监本、龙溪本、学海堂本改。

⑤ 〔诏〕天下囚减死一等　从学海堂本补。

⑥ 受业者自(西)〔四〕方至　从南监本、龙溪本、学海堂本改。

⑦ (筵)〔延〕问得失　从龙溪本、学海堂本改。

⑧ (世)拜五官中郎将　从龙溪本、学海堂本删。

⑨ 〔葬〕于城北　从太平御览一三七引续汉书补。

⑩ 秋七月丙戌　后汉书孝顺帝纪作"甲戌"。

⑪ 张朗(乃要)〔徼功〕　从后汉书班勇传改。

⑫ 夙夜(祗)〔怃〕懔　从南监本、龙溪本改。

⑬ 汉阳都尉献大珠　后汉书孝顺帝纪作"桂阳太守文砻"。

⑭ 太尉朱宠司空张皓以阴阳不和免　　后汉书孝顺帝纪作"太尉刘光、司空张皓免"。该纪又云永建二年秋七月壬午"太尉朱宠、司徒朱伥罢"。

⑮ 〔九月〕癸酉　从后汉书孝顺帝纪补。

⑯ 以此(岨)〔准〕之　从龙溪本、学海堂本改。

⑰ 〔诏〕天下系囚　从学海堂本补。

⑱ 长女(田次姬)〔曰妠〕　从后汉书皇后纪改。

⑲ 则百祚之兴也　太平御览一三七引续汉书作"则百斯男之祚所由兴也"。

⑳ 思天行之普达　"达",太平御览一三七引续汉书作"逮"。

㉑ (申)〔辛〕酉　从南监本、龙溪本、学海堂本改。

㉒ (抗)〔坑〕儒泯典　从南监本、龙溪本、学海堂本改。

㉓ 政平(良)吏〔良〕　从南监本、龙溪本乙正。

㉔ 责成于耳目　"耳目",后汉书左雄列传作"期月"。

㉕ 多言(数)术(数)〔占候之事　从陈璞校乙正。

㉖ 后世争为图(讳)〔纬〕之学　从龙溪本、学海堂本改。

㉗ (宗)〔宋〕娥为山阳君　从学海堂本改。

㉘ 上(遂)〔卒〕不从　从南监本、龙溪本、学海堂本改。

㉙ 南阳(沮)〔涅〕阳人也　从南监本、龙溪本改。

㉚ 常以服勤不足学　陈璞校云"句疑有误"。

㉛ 不满四十　后汉书左雄列传作"年不满四十"。

㉜ (覆)〔副〕之端门　从后汉书左雄列传改。

㉝ 昔颜渊子奇问一知十　后汉书左雄列传此句无"子奇","问"作"闻"。

㉞ 九卿位亚三(事)〔等〕　从龙溪本改。

㉟ 以为可(事)〔仕〕　从南监本、龙溪本、学海堂本改。

㊱ 四时(伐)〔代〕序　从南监本、龙溪本、学海堂本改。

㊲ 以杀戮威刑为能(咸)〔贤〕　从南监本、龙溪本、学海堂本改。

㊳ 问其国(首)〔守〕相及令长何如　从南监本、龙溪本、学海堂本改。

㊴ 审察缓急之谤(举)〔誉〕　从南监本、龙溪本、学海堂本改。

297

㊵ (不)严以莅之　从<u>南监</u>本、<u>龙溪</u>本删。

㊶ (失)〔夫〕知为善之必利　从<u>南监</u>本、<u>龙溪</u>本、<u>学海堂</u>本改。

㊷ 则〔休〕嘉之化可致也　从<u>南监</u>本、<u>龙溪</u>本、<u>学海堂</u>本补。

㊸ 〔各〕安所业　从<u>南监</u>本、<u>龙溪</u>本、<u>学海堂</u>本补。

㊹ 行有余力始(革)〔及〕文法　从<u>南监</u>本、<u>龙溪</u>本、<u>学海堂</u>本改。

㊺ 内(则)必有阙　从<u>南监</u>本、<u>龙溪</u>本、<u>学海堂</u>本删。

㊻ 则违选举孝廉之(至)〔制〕矣　从<u>南监</u>本、<u>龙溪</u>本、<u>学海堂</u>本改。

㊼ 商以后〔父〕辅政　从<u>南监</u>本、<u>龙溪</u>本、<u>学海堂</u>本补。

㊽ 司空(黄)〔王〕龚　从<u>学海堂</u>本改。

㊾ 羌寇(濮)〔汉〕阳　从<u>后汉书孝顺帝纪</u>改。

㊿ 司徒刘(恺)〔崎〕　从<u>后汉书顺帝纪</u>改。<u>钮永建</u>校云:是时<u>刘恺</u>已卒,<u>范</u>书作"刘崎"是。

⑤ (俭)〔检〕约宗族　从<u>南监</u>本、<u>龙溪</u>本改。

⑤ 冬十月丁未永福殿火　<u>后汉书顺帝纪</u>作"丁亥""承福殿火"。

⑤ 〔十一月〕丙子　从<u>后汉书孝顺帝纪</u>补。

⑤ (十月)武陵太守(王)〔奏〕蛮夷望上恩　"十月"重出,径删。"王",从<u>南</u>监本、<u>龙溪</u>本、<u>学海堂</u>本改为"奏"。

⑤ 常(然)〔效〕于公之治狱　从<u>南监</u>本、<u>龙溪</u>本、<u>学海堂</u>本改。

⑤ 宋(妖)〔娥〕有罪　从<u>龙溪</u>本、<u>学海堂</u>本改。

⑤ 武陵南郡〔蛮〕夷未集　从<u>后汉书南蛮列传</u>补。

⑤ 兖豫之民(间)〔闻〕万里征役　从<u>南监</u>本、<u>龙溪</u>本、<u>学海堂</u>本改。

298

⑤ (如)〔加〕有瘴气　从<u>后汉书南蛮列传</u>改。

⑥ 用米十万斛　<u>后汉书南蛮列传</u>作"六十万斛"。

⑥ 自致费(但)〔且〕若此　从<u>学海堂</u>本改。

⑥ 刻割心腹而(乐)〔补〕四支　从<u>后汉书南蛮列传</u>改。<u>学海堂</u>本作"药四支"。

⑥ 州郡(不)可任之验也　从<u>后汉书南蛮列传</u>删。

㉔ 赦魏尚〔为〕云中太守　从后汉书南蛮列传补。

㉕ 〔哀帝〕就拜楚龚舍为泰山太守　从后汉书南蛮列传补。

㉖ 于是拜祝(梁)〔良〕九真太守　从后汉书南蛮列传改。

㉗ 九月癸酉　"癸酉",后汉书孝顺帝纪作"己酉"。

㉘ 光禄〔勋〕刘寿为司徒　从后汉书孝顺帝纪补。

㉙ 十二月戊申　"戊申",后汉书孝顺帝纪作"戊戌"。

后汉纪 孝顺皇帝纪下 卷第十九

　　四年春三月乙亥,京师地震。初,上之立,阉官之力也,由是宠之,始专政事,争执权势。中常侍张达等乃谮中常侍曹腾、孟贲与将军商①,召诸王子请收之,上曰:"将军父子我所亲,必是共嫉之耳。"乃诛达等,辞及在位大臣。商上表曰:"春秋之义,功在元帅,罪在首恶,赏不僭溢,刑不淫滥,五帝三王所以致康乂也。窃闻考故中常侍张达等,语多所〔牵〕及大臣②。大狱一起,无辜者众,非所以达和气,平政化也。宜早决竟,以息逮捕之烦。"上从之。二月,以商少子虎贲中郎将不疑为步兵校尉,商上书曰:"不疑童孺,猥处成人之位,是以寝不安席,食不甘味。昔者晏平仲辞邶殿以守其富,公仪休不爱鱼食以定其位。臣虽不才,亦愿固福禄于圣世,故敢布腹心,触罪归诚。"上许之。以不疑为侍中、奉车都尉。商疾边吏失和,使羌戎不静。并州刺史来机、凉州刺史刘康当之官,商亲喻之曰:"戎狄荒服,蛮夷要服,言其荒忽无常。统领之道,亦无常法,临事制(官)〔宜〕③,略依其俗。二君皆表素疾恶,欲分明白黑,孔子曰:'人而不仁,疾之已甚,乱也。'况戎狄乎!宜防其大

301

恶,忍其小过。"机、康不从,羌戎扰动,机、康皆坐事征。夏四月戊午,赐天下男子爵,各有差;鳏、寡、笃癃、不能自存者人粟五斛;贞妇帛,人三匹,九十已上人二匹。是时良二千石初有任峻、苏章,后有陈琦、吴祐、第五访之徒,海内称之。峻字叔高,渤海蓨人也。为剧令。洛阳自王奂之后,连诏三公特选,皆不称职。峻以公能召拜,选文武吏,各尽其用,发剔奸盗不得旋踵,民间皆畏之,断狱岁不过数十人。其威禁猛于王奂,而文理政教不如也。后为太山太守。苏章字孺(父)〔文〕④,京兆茂陵人也⑤。为冀州刺史,勤恤百姓,摧破豪侠,坐免归养,高于乡里。时天下不治,民多悲苦,论者日夜称章,朝廷遂不能复用之。陈琦字公鲁,陈留人也。为徐州刺史,时有盗贼,与吏士同寒苦,争为用。后迁琅邪相,天大旱,用功曹伏禹之言,条前相所贼杀无辜,斋戒设坛而祭之。数日,天下大雨。第五访,字仲谋,京兆人也。初为新都令,恩化大行,二年之间⑥,邻县归之,户口十倍。迁张掖太守,民饥,米石数千,访开仓廪赈之,不待上诏。谓掾吏曰:"民命在沟壑,太守权以救之。"由此一郡得全。朝廷降玺书嘉之。既而从轻骑循行田亩,劝民耕农,其年谷石百钱。后为南阳太守,护羌、乌桓校尉,边境伏其威信。

五年春二月戊申,京师地震。

夏四月,南单于寇河西,天子(闻)〔开〕以恩信⑦,喻而降之。单于脱帽,辟帐谢罪。中郎将陈龟以单于无足可效,迫切令自杀,龟下狱。

五月己丑晦,日有蚀之。

秋七月,羌寇金城及三辅,将遣西师,谋元(师)〔帅〕⑧,金曰:"(讲)〔护〕羌校尉马贤⑨。"大将军梁商曰:"贤本西方斗筲之子,虽有割鸡之效，然齿以老矣，不如太中大夫宋汉。"不从。丁丑，赦死罪以下及亡命赎罪各有差。

八月，以弘农太守贤为征西将军，稽久不进。马融知其将败，上疏乞自效曰："今杂种诸羌转相钞盗，宜及其未并，亟遣深入，破其支党，而马贤等处处留滞。羌胡百里望尘，千里听声。饮酒高会，不以为虑，坐食谷米，未闻所击，臣窃惑之。夫事不复校而可收名获实，斯乃征讨者之私便，非国家之公利也。臣听舆人之颂云：'贤欲目前受降，使哗声东闻，且惧士卒，将不堪命，有高克溃叛之变也。'臣又闻吴起为将，暑不张盖，寒不披裘，戎事不迩女器。今贤野次垂幕，珍肴杂遝，儿子侍妾，事与古反。臣兄弟受恩，诚私愤悁，铅锡之(刃)〔刀〕[10]，以效一割之用。臣愿请兵五千，才加部队之号，庶自率励，与之齐勇。昔毛遂愿处囊中，赵之厮养欲〔说〕燕[11]，初为众笑，后效其功。臣托儒者，不便武职，猥陈此言，访之群司，知当受虚诞之辜。唯加裁省。"不听。融字季长，援兄子严之子也。兄续，博览古今，同郡班固著汉书，(篇)〔缺〕其七表及天文志[12]，有录无书，续尽踵而成之。融少笃学，多所通览，大将军邓骘闻其才学，召为舍人，非其好也，避地至凉州。会羌戎扰攘，边谷踊贵，困厄甚，乃叹曰："古人有言：'左手据天下图，右手刏其喉，愚夫不为也。'何则？生贵于天下。今以咫尺之耻而丧千金之躯，非老、庄之意也。"乃还应骘命。转为中郎[13]，校书东观十余年，穷览典籍，稍迁尚书、南郡太守，坐事髡徙朔方，遇赦还，为议郎。融美才貌，解音声，学不师受，皆为之训诂。弟子自远方来受业者常千余人。融外戚家，虽好儒术，而服饰甚丽，坐绛纱帐，侍婢数十，声妓不乏于前，弟子以次相授，鲜有睹其面者。

十一月,遣匈奴中郎将〔张耽〕将兵讨南匈奴叛者⑭,斩首二千余级,叛者乞降。是时朝政多僻,竞崇侈靡,侍中张衡上书曰:"臣伏惟陛下宣哲克明,继体承天,中遭倾覆之变,以应潜龙之德。及乘云高济,盘桓天位,诚所谓将隆大任,必先倥偬之也。亲履艰难,犹知物情。故能一贯万机,无所疑惑。宜获神祇之应,受黎庶之誉。而阴阳未知,灾眚屡见。天道幽远,成败易睹,近世郑、蔡、江、樊、周广、王圣皆为效矣。恭俭畏忌,必蒙(社)〔福〕祉⑮;奢淫诣慢,鲜不夷戮。前事不忘,后事之师也。夫情胜其性,流遁忘返,岂惟不肖,中才皆然。苟非大贤,不能思义,故过结罪成。向使能瞻前顾后,援镜自戒,则何陷于凶患乎!贵宠之臣,众所属仰,其有僭尤,上下知之。褒美诚恶,有心皆同,故怨讟溢乎四海,神明降其祸孽。顷年雨常不足,思求所失,则洪范所谓'僭恒阳若'也。惧群臣奢泰,昏迷典式,自下逼上,用速咎征。又前年京都地震土裂,土裂者威分,地震者民扰也。君以静唱,臣以动和,威自上出,不趣于下,礼之正也。窃惧君有厌倦,制不专己,恩不忍割,与众共威。威不可分,德不可共。洪范曰:'臣有作福作威玉食,其害于而家,凶于而国。'天监孔明,虽疏不失。灾异示人,前后数矣,未见所革,以复往悔。自非圣人,不能无过。愿陛下思惟所见,稽古率旧,勿令刑德大柄,不由天断。惩忿窒欲,事依礼制。礼制修〔则〕奢僭息⑯;事合宜则无凶咎。然后神圣允塞,灾沴不至矣。"衡雅〔以图纬虚妄,非圣人之法,乃上疏曰:"臣闻圣人明审律历以定吉凶,重之以卜筮,杂之以九宫,经天验道,本尽于此。或观星辰逆顺,寒燠所由,或察龟策之占,巫觋之言,其所因者,非一术也。立言于前,有征于后,故智者贵焉,谓之谶书。若夏侯胜、睦孟之徒,以道术立

两汉纪

后汉纪

名,其所述著,无谶一言[17]。〕刘向父子领校秘书,阅定九流,复无谶书。谶书出于哀、平之际,皆虚伪之徒以矫世取容,不可信也。"衡乃上书,(其)〔具〕陈谶不可用[18]。衡字平子,南阳鄂人也。和帝世为尚书郎。是时承平日久,天下奢泰,自王公至于庶人莫不逾制,故衡作二京赋讽焉。衡精微有文思,善于天文阴阳之数,由是迁太史令。衡作地动仪,以铜为器,圆径八尺,形似酒樽,合盖充降,饰以山龟鸟兽。樽中有都柱,旁行八道,施关发机,外有八方兆龙,首衔铜(九)〔丸〕[19],蟾蜍承之,其牙机巧制,皆隐樽中,张讫覆之以盖,周密无际,若一体焉。地动摇樽,所从来龙机发则吐(九)〔丸〕[20],蟾蜍张口受之,(九)〔丸〕声振扬[21],(同)〔伺〕者觉知[22],即省龙机,其余七首不发,则知地震所起从来也,合契若神。自此之后,地动史官注记,记所从方起来,观之者莫不服其奇。又作浑天仪。衡深叹扬雄太玄经,谓崔瑗曰:"观太玄经,知子云殆尽阴阳之数也。非特记传之属,实与五经相拟,汉得天下二百岁之书也。所以作者之数,必显一世常然之符也。太玄四百岁其兴乎!竭己之精思以揲其义,更使人难论阴阳之事。"久之出为河间相。衡所著述皆传于世。九月,太尉王龚以疾罢。初,龚患宦官之乱,上疏言其罪,宜罢(遗)〔遣〕逐之[23]。宦官乃使客作飞章,欲陷龚以罪,诏太尉龚呕自实。从事中郎李固说大将军梁商曰:"王公束脩励节而受谗佞之患。夫三公尊重,旧典:不有大罪,不至轻问也。王公沉静内明,若有他变,朝廷获害忠良之名。语曰:'善人在患,(饭)〔饥〕不及餐[24]。'宜救其艰。"商从之,由是得免。龚字伯宗,山阳高平人。安帝时为司隶校尉,京邑肃然,有高(明)〔名〕于天下[25]。初,龚夫人卒,龚与诸子并扶杖行服。是时山阳太守薛勤丧妻不哭,将殡,临之曰:"幸不为夭,复何恨哉!"议者两讥焉。

六年春正月丙子,征西将军马贤讨羌,到射姑山回㉖。

三月庚午㉗,司空郭虔久病策罢。丙午,太仆赵诫为司空㉘。

秋八月丙午,大将军梁商薨。初,商会于洛水,请从事中郎周举,举称疾不行。商亲昵皆会焉。倡乐既毕,终以薤露之歌,坐中皆流涕。举闻而叹曰:"此所谓哀乐失时,非其所也。惧将有祸。"俄商疾困,移归旧第,敕冀、不疑曰:"吾以无德,受恩深厚。生〔无〕补益朝廷㉙,死必耗费帑藏,衣(食)〔衾〕(饮)〔饭〕含玉(神)珠〔神〕物㉚,无益朽骨,但增尘埃,我生平所不愿。虽有圣人(神)〔之〕制㉛,亦有权时之宜。方今边境未宁,盗贼未息,朝廷用度常(若)〔苦〕不足㉜。气绝之后,便敛以时服,殡已便关,关(必)〔毕〕便葬㉝。上无损于国,下从我本意。孝子善述人之志,忠臣每事依先公,必从吾言。使魂神有知,无恨于黄泉。"冀、不疑欲奉行,朝廷不听,车驾亲临,谥曰忠侯。以河南尹冀为〔大〕将军㉞,不疑为河南尹。

九月,羌寇武威。辛亥晦,日有蚀之。

冬十一月,行车骑将军、执金吾张乔兵屯三辅。

汉安元年春正月癸巳,大赦天下。

二月丙辰,诏大将军、公卿举贤良方正、探赜索隐者各一人。

夏六月,以匈奴立义王兜楼储为南单于,立于京师,公卿备位,使大鸿胪授印绶,引上殿,赏赐阏氏以下各有差。初,商病笃,上亲临幸,问以遗言。商对曰:"人之将死,其言也善。臣从事中郎将周举,清高忠正,可重任也。"由是上拜举谏议大夫。及是之时,连有变异,上思商言,召举于显亲殿问之。举对曰:"陛下初即位,遵修旧典,远近肃然。顷年以来,稍违于前,朝多宠幸,禄不原德。府藏空匮,有瓦解之心。观天察人,方古准今,诚可危惧。书曰'僭恒阳若'。夫僭差无度,则言不从而下不治;阳无以制,则上扰下竭。宜密严敕州郡,察强豪大奸,以时擒讨。"于是下不循法,盗贼并起,杀长吏二千石,横行州郡,不能禁,归罪刺史、二千石。上乃召举与群议遣八使。秋八月,遣光禄大夫张纲、侍中杜乔等八人持节循行天下,表贤良,显忠勤,贪污有罪者虽刺史辄收以闻。乔等奉命而行,唯纲独埋车轮于都亭不动,曰:"豺狼当路,安问狐狸!"遂上书曰:"大将军梁冀、河南尹不疑蒙外戚之援,荷过厚之恩,以刍茛之姿,居阿保之任,不能敷扬五教,翼赞日月,而专为封豕长蛇,肆其贪饕,甘心货贿,纵恣无厌,多结诌谀,以害忠良。诚天威所不赦,大辟所宜加也。谨条其无君之心一十五事于左,皆忠臣之所切齿也。"书奏,京都振竦。时皇后内宠方盛,冀兄弟权重于主,诸梁姻族冠冕盈朝,上虽信纲言,然卒不罪冀。侍中杜乔奏免陈留太守梁让、济阳太守汜宫、济北太守崔瑗赃罪狼籍,梁氏亲党也。荐泰山太守李固在郡忠能,征固为将作大匠。固亦方直不挠,好推贤士,上疏曰:"臣闻气之清者为精,人之清者为贤。治身者以积精为宝,治国者以积贤为道。昔秦欲谋楚,遣使观宝,楚王乃列其贤臣以为国宝,秦使惧之,遂为寝兵。魏文侯师子夏,友田子方,轼段干木之间,群俊竞至,名过齐桓,斯诚积贤之符效也。陛下拨乱龙飞,初登大位,聘南阳樊英,征江夏黄琼、广汉杨厚、会稽贺纯,策书嗟叹,待以优位。是以岩穴幽人,肥遁之士,莫不弹冠振衣,乐为时用,四海欢然,归服圣德。自顷以来,渐更陵迟,诸侍中皆膏梁之余,势家子弟,无宿德名儒可顾问者。愚以为琼等久处郎署,已且十年,诚

307

恨陛下隆崇于始而弃之于末也。光禄大夫周举、侍中杜乔深沉正直，当世名臣，宜登常伯，豫闻国政者也。"天子纳焉。大将军梁冀怨张纲之奏己也，会广陵贼张婴杀刺史、二千石，冀以纲为广陵太守，若不为婴所杀，则欲以法绳之。前太守往，辄多请兵；及纲受拜，诏问："当须兵几何？"对曰："无用兵为。"遂单车之官，径诣婴垒门。婴大惊，剧走闭垒。纲又于门外罢遣吏兵，独留所亲者十余人，以书喻其长老素为婴所信者，请与相见，问以本变，因示以诏恩，使还婴。婴见纲推诚，即出见纲，纲延置上坐，问所疾苦。礼毕，乃喻之曰："前后二千石多非其人，杜塞国恩，肆其私求，乡郡远天子，不能朝问之也，故民相聚以避害也。二千石信有罪矣，为之者又非义也。忠臣不亏君以求荣，孝子不损父以求富。天子仁圣，欲文德以来之，故使太守来，思以爵禄相荣，不愿以刑罚也。今诚转祸为福，若闻义不服，天子赫然发怒，大兵云合，岂不危乎？今不料强弱，非明也；弃福取祸，非智也；去顺效逆，非忠也；身绝无嗣，非孝也；背正从邪，非直也；见义不为，非勇也。六者祸福之机也，宜深计其利害。"婴闻泣曰："荒裔愚臣，不能自通王室，数为二千石所枉，不堪困苦，故遂相聚偷生，若鱼游釜中，知其不久，可且以喘息须臾耳。明府仁及草木，乃婴等更生之泽也。愚戆自陷不义，实恐投兵之日，不免孥戮也。"纲曰："岂其然乎！要之以天地，誓之以日月，方当相显以爵位，何祸戮之有？"婴曰："苟赦其罪，得全首领，以就农亩，则抱戴没齿，爵位非望也！"婴虽为大贼，起于狂暴，自分必及祸，得纲言，旷若开明，乃辞还营。明日遂将所部万余人与妻子面缚谒纲，纲悉释缚慰纳，单车将婴入营，置酒为乐。大会月余，抚循以意，莫不委心。谓婴曰："卿诸人积年为害，一旦解散，方垂荡然，当〔条〕名上(条)㉟，必受封赏。"婴曰："乞归故业，不愿复以秽名污明时也。"纲以其至诚，乃各从其意，亲悉为安处居宅，子弟欲为吏者听之，不欲不强。为吏则随才任职，为民则劝以农桑，四业并兴，南州晏然。论纲功当封，为冀所遏绝，故不侯。天子美其功，征用之，疾病卒官，时年四十六，朝廷甚惜。婴等三百余人皆衰杖送丧㊱，〔哀〕同考妣㊲。封中常侍巩顺为列侯。

冬十月辛未，太尉桓焉、司徒刘寿以灾异罢。

十一月，司隶校尉赵峻为太尉，大司农胡广为司徒。

十二月，封故征西将军马贤孙承光为列侯，以贤死王事也。

二年冬十月辛丑，令郡国、中都官死罪系囚犯大逆以下出缣赎罪。禁吏民无沽酒。

十二月辛丑，死罪不能入赎者遣诣临羌居〔作〕二岁㊳。匈奴中郎将马寔有功于边，诏书褒奖，赐钱十万。寔字伯骞，扶风茂陵人也。昼诵经书，夜习弓兵，希慕名流，交结豪杰，荷担徒走不远千里。山阳王畅知名当时，寔慕其名，故往之。畅欲观其举措，不即见，敕门曰："行经日未旋㊴。"寔留住弥日，而故云"未还"。寔谓从者曰："夫孝子事亲，行不逾日，而至今不归，非孝子也。"畅闻之，即引俱入，知其异士也。既入见其母，结好而退。寔临退，执畅手曰："太上立德，其次立功。幸俱生盛明之世，当垂名千载，不可徒存天壤之间。各遇当仁之功，勿相忘也。"归举孝廉，补尚书郎。西羌之难，王畅荐寔于执事，由是为匈奴中郎将。

建康元年春，尚书仆射黄琼上疏曰："臣闻古之帝王，莫不敬恭神明，劬劳农事，必躬郊庙之礼，亲籍田之劝，所以率先群萌，勉劝农功。昔宣王不籍千亩，虢公以为大讥。伏惟陛下遵稽古之鸿业，体虔肃以应天,顺时奉元,怀柔百神。虽诗咏成汤,书美文王,诚不能加。今庙祀适讫,而祈谷方至,恐左右忠孝,不欲屡劳圣躬,以为亲耕可废。臣闻先王制典,籍田有日,司徒咸戒,司空除坛,所以迎气东郊,以应时风。伏愿陛下率群后冕旒三推,则和泽滂流,苍生有赖。"上从之。

夏四月辛巳,立皇子炳为皇太子。大赦天下。赐男子爵各有差。上使中常侍高梵迎太子,不赍诏书,直诣承光宫,以车载太子出。太子太傅杜乔不能止,不知所为。御史种暠适至,横剑当车曰:"太子国之储副,(臣)〔民〕命所系⑩。常侍来无诏书,何得将太子去,安知常侍非奸邪?今日之事,有死而已。"梵不敢争,遣诣尚书,得报乃听。太子既至,上嘉暠持重,称善者良久。

秋八月,徐、扬州盗贼群起,遣御史中丞冯放督州郡兵讨之⑪。庚午,帝崩于玉堂,遗诏无起寝庙,衣皆以故,珠玉玩好皆不得下。是日太子即皇帝位,年二岁。太后临朝,以太尉赵峻录尚书事。

九月丙午,葬孝顺皇帝于宪陵。尚书栾巴坐谏作陵不欲坏民冢下狱,免为庶人。(丙午)京师地震⑫,诏公卿、特进、校尉举贤良方正、能直言极谏者各一人。皇甫规对策曰:"陛下圣德钦明,闻灾责躬,咨嗟群寮,招延敢谏。臣得践天庭,承大问,此诚臣写愤毕命之期也。臣伏见孝顺皇帝初勤王事,纲纪四方,天下欣然,几以获治。自后中常侍、小黄门(兄)〔凡〕数十人⑬,同气相求,如市贾焉,竞思作变,导上以非。因缘嬖幸,受赂卖爵,分赃解罪,以攘天威。公卿以下至于佐吏,交私其门,终无纪极。顽凶子弟布列州郡,并为豺狼,暴虐群生。天下扰扰,从乱如归,至令风坏俗败,招灾致寇。今宜庭问百寮,常侍以下尤无状者,亟便绌遣。与众共之,披扫其党,荡涤其贿,以答天诫。大雅曰:'敬天之怒,无敢戏豫。'此之谓也。大将军、河南尹处周、邵之任,为社稷之镇,加与王室旧有姻族,今日立号,虽尊可也。而天下区区,愿其需然增修谦节,省去游虞不急之费,减庐第无益之饰,近儒术,考论经书,辅佐日月,宜有至效。夫(朝)〔君〕者舟也[44],民者水也,朝之群臣乘舟人也,大将军兄弟操楫者也。虽曰众也,在所欲之,苟能卒志毕力,守遵常轨,以度元元,所谓福也。或乃怠弛中流,而捐棹放楫,将沦波涛,归咎受愆,可不慎乎!臣生长边远,希步紫(微)〔庭〕[45],怖慑失守,言不尽心。"梁冀忿其间己,(第)〔以〕规对下第[46],拜郎中,托疾免归。

冬十一月,九江盗贼徐凤称上将军[47],杀略吏民。己酉,令郡国死罪系囚减死一等,徙边戍。于是殇帝庙次在顺帝下,鸿胪周举议曰:"春秋:鲁闵公无子,庶兄僖公代立,跻僖公于闵公上。孔子讥之,经书曰:'(大)〔有〕事于太庙[48],跻僖公。'传曰:'逆祀也。'至定公正而下之。孔子是之。经曰:'从祀先公。'为万代法也。殇帝在先,于亲为父,顺帝在后,于亲为子,先后之义不可改,昭穆之序不可乱。"上不从[49]。举字宣光,汝南汝阳人也。聪敏多识,善属文,学者为之颂曰:"五经纵横周宣光。"初辟司徒椽,稍迁〔并〕州刺史[50]。尚书令左雄荐举为尚书。俄而雄为司隶,诏书选武猛任将帅者,选故冀州刺史冯直。直卒坐罪减死,又无武猛验,举劾奏雄。(之)〔后〕复为尚书令[51]。雄谓举曰:"诏书使我选武猛,不使选清高。"举曰:"诏书选武猛,不使君选贪污也。"雄曰:"进君适所以自伐也。"举曰:"昔赵宣子任韩厥为司马,厥以军法戮宣子仆。宣子谓大夫曰:'可贺我矣。选厥也任其事。'今君不以举之不才误升诸朝,不敢阿君以为君羞,不寤君之与<u>宣子</u>殊也。"<u>雄</u>谢而服之。<u>挙公亮</u>不挠,皆此类也。

校勘记

① 中常侍张达　"张达",<u>后汉书孝顺帝纪</u>作"张逵"。该纪系此事于春正月。

② 语多所〔牵〕及大臣　从<u>后汉书梁统列传</u>补。

③ 临事制(官)〔宜〕　从<u>陈璞</u>校改。

④ 苏章字孺(父)〔文〕　从<u>后汉书苏章列传</u>改。

⑤ 京兆茂陵人也　<u>后汉书苏章列传</u>作"<u>扶风平陵</u>人"。<u>龙溪</u>本作"<u>京兆杜陵</u>人"。

⑥ 二年之间　"二",<u>后汉书循吏列传</u>作"三"。

⑦ (闻)〔开〕以恩信　从<u>南监</u>本、<u>龙溪</u>本、<u>学海堂</u>本改。

⑧ 谋元(师)〔帅〕　从<u>龙溪</u>本改。

⑨ (讲)〔护〕羌校尉　从<u>龙溪</u>本、<u>学海堂</u>本改。

⑩ 铅锡之(刃)〔刀〕　从<u>南监</u>本、<u>龙溪</u>本、<u>学海堂</u>本改。

⑪ 赵之厮养欲〔说〕燕　从<u>南监</u>本、<u>龙溪</u>本、<u>学海堂</u>本补。

⑫ (篇)〔缺〕其七表及天文志　从<u>南监</u>本、<u>龙溪</u>本、<u>学海堂</u>本改。

⑬ 转为中郎　<u>后汉书马融列传</u>作"校书郎中"。<u>李贤</u>注引<u>谢承书</u>及<u>续汉书</u>并云为"校书郎,又拜郎中"。

⑭ 遣匈奴中郎将〔张耽〕　从<u>后汉书孝顺帝纪</u>补。又此事<u>后汉书孝顺帝纪</u>于"夏五月"。

⑮ 必蒙(社)〔福〕祉　从<u>南监</u>本、<u>龙溪</u>本、<u>学海堂</u>本改。

⑯ 礼制修〔则〕奢僭息　从<u>后汉书张衡列传</u>补。

⑰ 〔以图纬虚妄……无谶一言〕　此段原缺,其他各本亦缺。此从<u>后汉书张衡列传</u>补。

⑱ (其)〔具〕陈谶不可用　从<u>南监</u>本、<u>龙溪</u>本、<u>学海堂</u>本改。

⑲ 首衔铜(九)〔丸〕 从南监本、龙溪本、学海堂本改。

⑳ 机发则吐(九)〔丸〕 从龙溪本、学海堂本改。

㉑ (九)〔丸〕声振扬 从龙溪本、学海堂本改。

㉒ (同)〔伺〕者觉知 从学海堂本改。

㉓ 宜罢(遗)〔遣〕逐之 从南监本、龙溪本、学海堂本改。

㉔ (饭)〔饥〕不及餐 从南监本、龙溪本改。

㉕ 有高(明)〔名〕于天下 从南监本、龙溪本、学海堂本改。

㉖ 到射姑山回 后汉书孝顺帝纪作"贤军败没"。

㉗ 三月庚午 "庚午",后汉书孝顺帝纪作"庚子"。

㉘ 太仆赵诚为司空 赵诚,后汉书顺帝纪作"赵戒"。

㉙ 生〔无〕补益朝廷 从龙溪本、学海堂本补。

㉚ 衣(食)〔衾〕(饮)〔饭〕含玉(神)珠〔神〕物 "食",从后汉书梁统列传改作
"衾"。余从龙溪本改。

㉛ 虽有圣人(神)〔之〕制 从龙溪本、学海堂本改。

㉜ 用度常(若)〔苦〕不足 从学海堂本改。

㉝ 关(必)〔毕〕便葬 从龙溪本、学海堂本改。

㉞ 以河南尹冀为〔大〕将军 从后汉书孝顺帝纪补。

㉟ 当〔条〕名上(条) 从龙溪本乙正。

㊱ 婴等三百余人 "三",后汉书张皓列传作"五"。

㊲ 〔哀〕同考姚 从南监本、龙溪本、学海堂本补。

㊳ 诣临羌居〔作〕二岁 从后汉书孝顺帝纪补。

㊴ 行经日未旋 "旋",南监本、龙溪本作"还"。按"旋""还"通。

㊵ (巨)〔民〕命所系 从钮永建校改。

㊶ 御史中丞冯放 后汉书孝顺帝纪作"冯赦"。

㊷ (丙午)京师地震 "丙午"重出,径删。

㊸ 小黄门(兄)〔凡〕数十人 从南监本、龙溪本、学海堂本改。

㊹ 夫(朝)〔君〕者舟也 从后汉书皇甫规列传改。

㊺ 希步紫(微)〔庭〕 从南监本、龙溪本、学海堂本改。“步”，后汉书皇甫规列传作“涉”。

㊻ (第)〔以〕规对下第 从南监本、龙溪本、学海堂本改。

㊼ 上将军 后汉书孝冲帝纪作“无上将军”。

㊽ (大)〔有〕事于太庙 从后汉书周举列传改。

㊾ 上不从 后汉书周举列传作“太后下诏从之”。

㊿ 稍迁〔并〕州刺史 从后汉书周举列传补。

(51) (之)〔后〕复为尚书令 从龙溪本、学海堂本改。

后汉纪　孝质皇帝纪　卷第二十_{桓帝附}

（元嘉）〔永熹〕元年春正月戊戌①，帝崩于玉堂。是时徐、扬州盗贼起，太后畏惧，欲征诸国王侯到乃发丧。太尉李固曰："帝虽幼弱，乃天下之君也。今日崩亡，百神感动，岂有臣子反共掩匿不举哀邪？昔始皇崩于沙丘，胡亥、赵高隐而不发，诈定玺书以赐扶苏，敛裹尸载鲍鱼二千余里。近安帝崩于叶，阿母王圣、耿珍、阎显等遂倍济阴，更议平原，载尸驱驰，还宫乃发。北乡侯薨，阎后兄弟及江京等亦共隐秘，卒有孙程手刃之变。三主崩没，臣子掩盖，日不移晷，旋受大祸。此天下之至忌，不可之至甚者也。"太后从之，即暮发丧。时清河王（蒜）〔蒜〕年二十余②，最有名德，大臣归心。固意欲立，谓冀曰："今当立帝，宜择长年明德，付以政事。愿将军审详大计，陈平、周勃之引代王，霍光、安世之立宣帝，可以为法。"初，章帝生千乘贞王伉，伉生乐安夷王胡，胡生嗣王鸿，鸿生建平侯续③。梁冀欲立幼主而专其权，与太后定策禁中。丙寅④，诏曰："先帝早弃天下，胤嗣幼冲，何悟仓卒，仍遭不造。惟太后定之，考

315

人神之诚,唯建平侯续幼而岐嶷,师傅不烦,年已八岁,克昌化之,形于体貌。春秋之义,为人后者为之子,其以续为孝顺皇帝嗣。"使(帝)〔冀〕持节迎续于都亭⑤,是日即皇帝位,太后临朝。于是(蒜)〔蒜〕罢归国,太尉固言于太后曰:"今东面有事,役费方兴,新有(献)〔宪〕陵之役⑥,百姓疲矣。大行皇帝尚幼,可于宪陵茔中造陵,依康陵之制,三分减一,以舒人力。"从之。太后以频遭大忧,政之大小,悉委冢宰,是以固得尽心,多所匡正。数与梁冀违忤,由是疏之。己未,葬孝冲帝于怀陵。

二月乙酉,大赦天下。赐男子爵,各有差;鳏、寡、孤、独、癃、贫不能自存者粟,人三斛;贞妇帛,人二匹。

三月,扬州盗贼马勉自称皇帝⑦,伏诛。

夏五月丙辰,太后诏曰:"孝殇皇帝虽不永祚,即位逾年,君臣礼成。孝安皇帝承袭统业,而前世命恭陵为康陵之上。追览前代位第之宜,先后相逾。昔定公追顺〔祀〕礼⑧,春秋善之。其令恭陵次康陵,宪陵次恭陵。"

六月,鲜卑寇代郡,杀掠民吏。

秋九月,庚戌,太傅赵(岐)〔峻〕薨⑨。

冬十二月,九江盗贼华盖自称黑帝⑩,伏诛。

本初元年春正月,诏曰:"昔尧命四子,以钦天道,洪范九畴,休咎有象。夫瑞以和降,异以逆感,休征应天,前圣所重。顷州郡轻慢,竞逞残暴,陷人(无)〔于〕罪⑪。民罹其害,恶气伤和,以致灾(青)〔眚〕⑫。书曰:'明德慎罚。'方春东作,育养敬始。其敕有司,罪非殊死,且勿案验,以崇在宽。"

三月庚申⑬,诏曰:"九江、广陵二郡俱罹寇害,残夷最甚。民失农业,生者饥乏,死者委弃。昔之为政,一物不得其所,若己(有)〔为〕之⑭。今我元元,婴此饥馑。方春赈贷掩骼之时,其调比郡见谷出廪,大小口各有差,收葬骸骨,悉心经营,以称朕意。"

夏四月,令将军以下至六百石遣子诣太学试受业,满岁课试,以高第五人补郎,次第五人太子舍人。

六月丁巳,大赦天下。赐天下(异)〔男〕子爵⑮,各有差;鳏、寡、孤、独、贫不能自存者粟,人三斛;贞妇帛,人三匹。闰月甲申,帝崩于<u>玉堂</u>。初,帝虽幼,知<u>梁冀</u>专权,颇以为言,<u>冀</u>惧后不免,因行鸩毒。帝暴不预,太尉<u>固</u>入问疾,帝曰:"食煮饼,今腹中闷,得水尚可活。"<u>冀</u>曰:"吐利,不可饮水。"语未绝而崩。<u>固</u>号哭,欲推医,<u>冀</u>不听。<u>固</u>复欲立<u>清河王</u>(蒜)〔蒜〕,与大鸿胪<u>杜乔</u>言之于朝,众皆同焉。初,<u>章</u>帝生<u>河间王开</u>,<u>开</u>生<u>蠡吾侯翼</u>,<u>翼</u>生<u>志</u>,<u>梁冀</u>以女弟配<u>志</u>,征至京师。会帝崩,<u>冀</u>欲立<u>志</u>,逼于<u>李固</u>之议,至日暮而不定。中常侍<u>曹腾</u>闻之,恐,夜见大将军<u>冀</u>曰:"将军累世摄政,宾客纵横,多有过差。<u>清河王</u>严明,若即位,将军受祸不久矣。若立<u>蠡吾侯</u>,则富贵可保。"<u>冀</u>因言太后,定策禁中,先策免太尉<u>李固</u>。

<u>袁宏</u>曰:若<u>李固</u>者,几古之善人也。将立昏暗,先废<u>李固</u>。<u>李固</u>若存,则明必建,而天下弗违也。尝试言之曰:夫称善人者,不必无一恶;言恶人者,不必无一善。故恶(恶)极有时而(然)善⑯,恶不绝善,中人皆是也。善不绝恶,故善人务去其恶;恶不绝善,故恶人犹贵于善。夫然,故恶理常贱,而善理常贵。今所以为君子者,以其乘善理也,苟善理常贵,则君子之道存也。夫善殊积者物逾重,义殊多者世逾贵。善义之积一人之身耳,非有万物之助而天下莫敢违,岂非道存故也。古之帝王恐年命不长,惧季世之陵迟,故辨

方设位,明其轻重,选群臣之善以为社稷之寄,盖取其道存能为天下正。呜呼,善人之益,岂不大哉!

于是司(空)〔徒〕胡广为太尉[17],司空赵诫为司徒,太仆袁(阳)〔汤〕为司空[18]。太后诏曰:"孝质皇帝胤嗣不遂,奄忽夭昏。社稷之重,考宗室之贤,莫若蠡吾侯志,年已十五,嘉姿卓茂,又近为孝顺皇帝嗣。"庚寅[19],大将军持节迎于夏门亭,是日即皇帝位。太后临朝。太尉胡广录尚书事。封帝弟名为都乡侯,悝为蠡吾侯。

秋九月,尊河间孝王曰孝穆皇(帝)[20],赵姬曰孝穆皇后,蠡吾先侯曰孝崇皇,匽姬曰孝崇博园贵人。是岁,梁冀第池中船无故自覆,冀以问掾朱穆。穆对曰:"易称:'利涉大川,乘木舟虚。'灾异记曰:'利涉大川,济渡万民也。'舟船所以济渡万民,不绝游戏。船覆者,天诚将军以为有德宰相当济渡万民于难,不可长念乐身务游戏而已。"及帝即位,太后临朝,穆素善推灾异,欲辅道冀,以扶王室,乃奏记于冀曰:"宜专心公门,广〔求贤〕能[21],斥逐邪恶。明年丁亥之岁,刑德合于乾位,易称龙战之会,其文曰:'龙战于野,其道穷也。'谓阳将胜,而阴道负也。今年九月,天气郁冒,五位四候连失正气,此互相明也。天地大验,善道属阳,恶道属阴,若修正守阳,〔摧〕折阴类[22],则福从之矣。穆每事不逮,所好唯学,传行师言,时有可试。愿将军少察〔愚〕言[23],申纳诸家,而亲其忠正,绝其姑息。夫人君不可不学,当以天地顺道渐(清)〔渍〕其心[24]。宜为皇帝选置师傅及侍讲者,得小心忠笃敦礼之士,将军与之俱入,参观讲授,师贤法古,此犹倚南山而坐平原也,谁能倾之!"穆意欲言宦官,恐冀漏泄之,(状)〔然〕不能已[25],复附以密记曰:"今年夏月(运)〔晕〕房星[26],明年又有小厄。当急诛奸臣为天下所怨毒者,以塞天咎。议郎、大夫之位，本以试儒术高行之士㉗，今多非其人。九卿之中，(又)〔有〕非任者㉘。"穆又荐名士种暠、栾巴等。而其后刘文等谋反事起，有黄龙见沛国，于是冀以穆"龙战"之言为然，乃请暠为从事中郎，荐巴为议郎，举穆高第，为侍御史。穆自以冀故吏，数奏记谏曰："今宦官俱用，(蠡)水〔蠡〕为害㉙。而京师之费十倍于前，河内一郡尝调缣素绮縠才八万余匹，今乃十五万匹。官无见钱，皆出于民，民多流亡，皆虚张户口，户口既少，而无赀者多，当复割剥，公赋重敛。二千石长吏遇民如虏，或卖用田宅，或绝命捶楚，大小无聊，朝不保暮。又有浮游之人称矫贾贩，不良长吏望为驱使，令家人诈乘其势。此类交错不可分别，辄以托名尊府，结怨取讥。昔秦之末，不恤四方，近亲市人，数如此故，以(其)〔为〕安稳㉚，一旦瓦解，陈、项并起，至于土崩。近永和之末，人有离心，兴徒发使，不复应命，怀粮禀兵，云当向杂㉛，幸赖顺烈皇后初政清净，乃获安宁。今民心事势，复更戚戚，困于永和，抚安之急，诚在大将军。先易二千石长吏非其人者，〔减〕庐第园池之作㉜，距绝州郡贡献，内以明己，外以解人之厄。今日行之，则今日从矣。"冀既贪放，而复纳赂遗承事国家左右宦者，与之通为奸利，任其子弟宾客以为刺史、二千石。穆又奏记曰："大将军内有贵亲之固，外有功业之重，诚不可复枉道散财以事左右近臣。宦者(还)〔选〕举刑赏㉝，有干典制，辄率公卿诣朝堂按其罪咎，则改节从训，犹影响也。今反越津逾序，以大事小，以明事暗，从其过言，随其失行。天下之事受其枉戾，伤损财物，坏乱纲纪，左右近官，并以私情干扰，天下虽大，而民无所容足也。〔余〕尚可忍㉞，官位之事，尤不可〔私〕㉟，毒害流布，日夜广远。愿大将军省废他事，十刻之间，考案古今官民之极,度数作趣,较然可见之。如不早悟,舟中之人,皆敌国也。若以穆轻愚,不信其言,可呼所亲识古今者,请征核其实,不可(一日)〔不〕诚㊱,惧有后恨。"冀终不悟,报书云:"如此,仆亦无一可也?"其言虽切,然不甚罪也。初,大将军商献美人于顺帝。美人姓友字通期,顺帝以归商,商不敢留而出嫁之,冀即遣客盗通期还。会商薨,冀行服于城西庐,常与之居。冀妻孙寿伺冀出,即多从仓头,篡通期归,治掠之,因言当上书告之。冀大恐,顿首请之于寿母,寿亦不得已而止之,遂幽闭通期。冀复私召往来,生子伯玉,匿不敢出。寿知之,使其子河南尹彻灭友氏家㊲。冀恐寿害伯玉,常置复壁中,至年十五,冀被诛乃出。孙寿甚美而善(万)〔为〕妖惑㊳,性钳忌,能制御冀,冀不敢违。冀爱监奴秦(官)〔宫〕㊴,官至太仓令,得出入寿所,每往来屏御者而私语,遂与(官)〔宫〕通,威振百寮,刺史、二千石皆谒辞之。冀用寿言,多斥夺诸梁在位者,外以为谦让。唯孙氏宗亲相冒名为侍中、中郎、校尉、守、长吏者十余人,皆贪叨凶淫,使私客籍属县豪富大家,披以诽谤之罪,闭狱掠笞,使出钱自赎,不满意者至于死(徒)〔徙〕㊵,哀号之声满天下。四方调发贡献,半入冀家,先输上第,而乘舆乃(问)〔用〕其次㊶。又竞上礼奉贽及吏民赍货求官请罪者,道路相望。多遣宾客车骑出塞,交通外国,致汗血马奇珍异物。因行道路,发取(妓)〔伎〕女御者㊷,而所使人又乘势横暴,略人妻妾,弄人妇女,殴挝吏卒,与盗贼无异。冀于洛阳城门内起甲第,而寿于对街起宅,竞与冀相高。作阴阳殿,连阁通房,鱼池钓台。梁柱门户,铜沓纻漆,青琐丹墀,刻镂为青龙白虎,画以丹青云气。又采土筑山,十里九坂,以象二殽,穷极工匠之巧。积(玉)金〔玉〕明珠充仞其中㊸,起家(卢)

〔庐〕㊹,周环亦如之。又多规苑囿,西到弘农,东至荥阳,南及鲁阳,北径河渠,周旋千里。诸有山薮丘荒,皆树旗,大题云"民不得犯"。又起苑于南城西,缭绕数十里,大兴楼观,发属县卒徒缮治,数年乃成。移檄发生兔,刻其毛以为识,犯者罪至死。又发鹰犬于边郡,部民护送,驱羊传厨其食,募人求名马至数千匹。西域尝有贾客来,不知禁,误杀一兔,转相告言,死者十余人。(而灾)〔又妒〕害〔诸梁〕长者及诸弟㊺,不欲令与己同。其不疑及蒙私遣人出猎上党,冀闻,追捕其(追)〔宾〕客㊻,一时杀三十余人,无生还者。冀又起别第于城西以纳奸亡命者置其中,或取良民以为奴婢,名曰"自卖民",至千人,因负势放纵,道市莫敢(闻)〔问〕者㊼。冀与寿共乘辇,张羽盖,饰以金银,游戏第中。宾客诣门不得通,请谢门者,门者累千金。

十月,冀与寿及诸子相随游猎诸苑中,纵(作)酒〔作〕倡乐㊽。

校勘记

① (元嘉)〔永熹〕元年　从后汉书孝冲帝纪改。

② 清河王(蒜)〔蒜〕　从龙溪本、学海堂本改。以下"蒜"径改为"蒜",不另出校记。

③ 建平侯续　"续",后汉书孝质帝纪作"缵"。

④ 丙寅　后汉书质帝纪作"丙辰"。

⑤ 使(帝)〔冀〕持节　从后汉书孝质帝纪改。龙溪本、学海堂本作"使使持节"。

⑥ 新有(献)〔宪〕陵之役　从后汉书李固列传改。

⑦ 扬州盗贼马勉自称皇帝　后汉书孝质帝纪作"九江贼马勉称黄帝"。

⑧ 昔定公追顺〔祀〕礼　从南监本、龙溪本补。

⑨ 太傅赵(岐)〔峻〕薨　从后汉书孝质帝纪改。

⑩ 九江盗贼华盖　后汉书孝质帝纪作"历阳贼华孟"。

⑪ 陷人(无)〔于〕罪　从龙溪本、学海堂本改。

⑫ 以致灾(青)〔眚〕　从南监本、龙溪本、学海堂本改。

⑬ 三月庚申　后汉书孝质帝纪作"二月庚辰"。

⑭ 若己(有)〔为〕之　从后汉书质帝纪改。

⑮ 赐天下(异)〔男〕子爵　从南监本、龙溪本、学海堂本改。

⑯ 恶(恶)极有时而(然)善　从陈璞校删。

⑰ 司(空)〔徒〕胡广为太尉　从后汉书孝质帝纪改。

⑱ 太仆袁(阳)〔汤〕为司空　从学海堂本、后汉书孝质帝纪改。

⑲ 庚寅　后汉书桓帝纪作"闰月庚寅"。

⑳ 尊河间孝王曰孝穆皇(帝)　从后汉书孝桓帝纪删。

㉑ 广〔求贤〕能　从后汉书朱穆列传补。"贤能"，龙溪本、学海堂本作"庶能"。

㉒ 〔摧〕折阴类　从龙溪本补。

㉓ 少察〔愚〕言　从南监本、龙溪本、学海堂本补。

㉔ 渐(清)〔渍〕其心　从南监本、龙溪本、学海堂本改。

㉕ (状)〔然〕不能已　从龙溪本、学海堂本改。

㉖ 夏月(运)〔晕〕房星　从南监本、龙溪本、学海堂本改。

㉗ 本以试儒术高行之士　后汉书朱晖列传作"本以式序儒术高行之士"。

㉘ (又)〔有〕非任者　从南监本、龙溪本改。

㉙ (蠡)水〔蠡〕为害　从龙溪本乙正。

㉚ 以(其)〔为〕安稳　从南监本、龙溪本、学海堂本改。

㉛ 云当向杂　语不可解。龙溪本作"向虽"，亦不可解。陈璞校云"杂，疑作雒"。或是。

㉜ 〔减〕庐第园池之作　从南监本、龙溪本、学海堂本补。

㉝ (还)〔选〕举刑赏　从南监本、龙溪本、学海堂本改。

㉞ 〔余〕尚可忍　从南监本、龙溪本、学海堂本补。

㉟ 尤不可〔私〕　从南监本、龙溪本、学海堂本补。

㊱ 不可(一日)〔不〕诚　从南监本、龙溪本、学海堂本改。

㊲ 河南尹彻灭友氏家　后汉书梁统列传作"使子胤诛灭友氏"。

㊳ 善(万)〔为〕妖惑　从龙溪本、学海堂本改。

㊴ 监奴秦(官)〔宫〕　从龙溪本、学海堂本改。

㊵ 至于死(徒)〔徙〕　从南监本、龙溪本、学海堂本改。

㊶ 乃(问)〔用〕其次　从龙溪本、学海堂本改。

㊷ 发取(妓)〔伎〕女御者　古无"妓"字,当作"伎"。从中华书局标点本后汉
书梁统列传校勘记改。

㊸ 积(玉)金〔玉〕明珠　从龙溪本、学海堂本乙正。

㊹ 起家(卢)〔庐〕　从南监本、龙溪本改。

㊺ (而灾)〔又妒〕害〔诸梁〕长者及诸弟　从南监本、龙溪本、学海堂本改。

㊻ 追捕其(追)〔宾〕客　从龙溪本、学海堂本改。

㊼ 道市莫敢(闻)〔问〕者　从南监本、龙溪本改。

㊽ 纵(作)酒〔作〕倡乐　从南监本、龙溪本乙正。

后汉纪　孝桓皇帝纪上　卷第二十一

建和元年春正月戊午，大赦天下。赐男子爵，各有差；鳏、寡、孤、独、不能自存者粟，人三斛；贞妇帛，人三匹。

二月，黄龙见谯。

夏四月庚寅，京兆地震。以定策功，益封（太）〔大〕将军梁冀万户①，太尉胡广为安乐侯，司徒赵诫为江南侯，司徒袁阳为安国侯。

六月，太尉胡广以病（薨）〔罢〕②，光禄勋杜乔为太尉。

秋七月，立蠡吾侯悝为勃海王。封少府梁不疑为颍阳侯，不疑弟蒙为西平侯，梁冀子胡狗为襄邑侯，不疑子马为颍阴侯，冀孙桃为城父侯。又封中常侍刘广等为列侯。太尉乔曰："古之明君，皆以用贤赏罚为务。失国之主，其朝岂无贞幹之臣、典诰之篇哉？患得贤不用其谋，韬书不施其教，闻善不信其义，听谗不祥其理也。昔桀、纣之时，非无先王之书，折中之臣，然下愚难移，卒以亡国，已然之鉴也。陛下越从蕃王③，龙飞即位，应天顺人，万夫侧望④。不急忠贤之赏，而先左右之封，伤善害德，谗谀暴兴。大将军梁冀兄弟奸邪倾动天下，皆有正卯之恶，未被两观之诛，而横见式叙，各受

325

封爵,天下惆怅,人神共愤,非所为赏必当功、罚必有罪也。夫有功而不赏,则为善失其望;奸回而不诛,则为恶遂其性⑤。故陈斧钺而民不畏刑,班爵位而人不乐善。苟遂斯道,非徒伤治殄民,为乱而已,至于丧身灭国,岂不慎哉!"乔字叔荣,河内林虑人也。少以孝悌称,历位尚书九卿,皆有名迹。是时梁氏贵盛,群臣莫不倾意,惟乔直道而行,在位者皆以为不及也。

八月,立皇后梁氏,太后之妹也。初,为蠡吾侯妃,未及成礼,而帝即位,后入掖庭,数月,立为皇后。九月,京师地震。甘陵人刘文谋立清河王蒜为帝,蒜闭门拒文,事发觉,伏诛。贬蒜为尉氏侯,徙桂阳郡,蒜自杀。冀于是诬太尉杜乔、故太尉李固与文通谋,乔、固皆下狱。固门生勃海王调等十余人负鈇锧诣阙理固。大将军长史吴祐伤固之枉,与冀争之,冀怒不从。从事中郎马融主为冀作章表,融时在坐,祐谓融曰:"李公之罪成于卿手,李公若诛,卿何面目示天下人?"冀怒而起出,乔、固遂死狱中,郡守承旨杀之。固字子坚,汉中南郑人,父郃,为汉司徒。固耽志于学,虽三公子,常自负书千里寻师,亲给洒扫。学行根深,无所不贯,四方之士自远而来。金曰"复至公辅矣"。初,固二子宪公、季公并为长吏,闻策免,皆弃官归。固知罪之将及,乃命二公将小子燮还乡里。固女文姬涕泣曰:"李氏灭矣!自太公已来,积德累仁,何故遇此?"密与二公谋共逃燮,(室)〔托〕言还京师矣⑥,乡人信之。后被郡书,二公皆受害。王成者,固之仆隶也,文姬厚为其资,以燮属成曰:"君执义于公家,其日久矣,是以临危托君以六尺之孤。若李氏复存,君之名义齐于程、杵,富贵荣华与君同之。"成为义士,乃将燮往徐州界,变姓名为酒家仆,卖卜于市,阴相往来,会赦得免。而成病卒,燮厚葬之，四时祭焉。燮既归，文姬涕泣相对，因屏人而言曰："先公蹇蹇为汉忠臣，虽死之日，犹生之年。然梁氏久暴，动协王威，令弟幸全血属，岂非天乎！宜杜绝众人，慎勿令斥言加于梁氏，加梁氏则连主上，连主上则祸重至矣。"燮敬从姊言，卒以获全。燮学行才艺亚于固，官至京尹卒。吴祐，字季英，陈留长垣人。父恢，南海太守，欲漆简写尚书章句。时祐年十二，谏恢曰："今君逾江、湖，越五岭，僻在海边，风俗虽陋，然多珍玩，上为朝廷所疑，下为权豪所望。此书若成，必载兼两。昔马援以薏苡兴谤，王阳以衣囊傲名。嫌疑之戒，先贤所慎，愿君少留意矣。"恢笑而抚其首曰："吴氏世不乏季子矣。"遂然其意，辍而不写。祐年二十丧父，服除，居无担石之蓄，不受宗人之遗，牧猪长罗泽中⑦。年四十余乃为郡吏，举孝廉，迁胶东侯相。政尚清静，以身率下，以褒贤赏善为务。吏民有以罪过相告诉者，祐辄闭阁自责良久，然后问之。民有词讼，先命三老、孝悌喻解之；不解，祐身至闾里自和之。自是之后，吏民不忍欺。

十月，司徒赵诫为太尉，司空袁汤为司徒，故太尉胡广为司空。

二年正月甲子，皇帝加(徽号)〔元服〕⑧。庚午，大赦天下。赐王侯已下金帛，各有差。

四月丙子，立都乡侯予为平原王。

五月癸丑，北宫德阳殿火。

六月，立径城侯悝为清河王⑨，改清河为甘陵。

七月，京师大水。

十月，长平盗贼陈景自号为"(皇)〔黄〕帝子"⑩，伏诛。

三年二月己丑，诏曰："昔在前代，封墓轼闾，所以激忠厉俗，以光后昆。故光禄大夫周举性侔夷、齐，直同史鱼，入参赞纳，出司京辇,有密静之风。予钦乃勋,将登三事,不幸夙终,朕甚惜焉!诗不云乎'肇敏戎功,用锡尔祉'。其赐钱千万,以旌素节。"

四月丁卯晦,雨肉大如手①。本志曰:"视之不明,是谓不哲,时则赤祥。"雨肉,近赤祥也。是时太后摄政,梁冀专权,枉诛良臣李固、杜乔,天下冤之。

十月,太尉赵诫以疾罢,司徒袁汤为太尉。

和平元年正月甲子,大赦天下。己丑,太后诏曰:"曩者遭家不造,大祸荐臻。钦惟宗庙之重,社稷之大,爰立明哲,将即委授。而东南西北丑类未宾,故且总摄,助理万机。今悉讨除,远慕复子明辟之义,其及今辰,皇帝称制。"

二月甲寅,皇太后梁氏崩。

三月甲午,葬顺烈皇后。乙酉,爵大将军冀夫人为襄城君。

夏五月庚辰,尊匽贵人为孝崇皇后,宫曰永乐,皆如长乐宫故事。以蕃后不得至京师,居真定五官。

元嘉元年正月癸酉,大赦天下。

四月己丑,上微服幸河南梁不疑府。是日天大风,尚书杨秉谏曰:"臣闻瑞由德至,灾应事兴,传曰:'祸福无门,唯人所召。'乃者暴风迅疾,殆必有异,上天不言,以灾异谴告。是以孔子曰:'迅雷风烈,必有变动。'诗云:'敬天之怒,不敢驱驰。'王者至尊,出入有常,警跸而行,清室而止,自非郊庙,鸾旗不驾。故诗称'自郊徂宫',易曰'王假有庙',致孝享也。未有私从意志,日般游诸臣之家,降尊乱卑,等威无别,宿卫守空宫,玺绂委女妾。设有非常之变,任章之谋,上负先帝,下悔靡及。臣奕世受恩,得备纳言,又以薄学,充在劝讲。特蒙光识,见照日月,恩重命轻,敢陈其愚。"大将军冀怨秉,出为扶风太守。初,秉侍讲以经学见重,太常黄琼以秉劝讲帷幄,不宜外迁,留拜光禄大夫。当冀之时,抑而不用。

十月,司空胡广(薨)〔罢〕[12],太常黄琼为司空[13]。

十一月辛巳,京师地震。诏百官上封事,靡有所讳,〔举〕独行之士各一人[14]。安平崔寔,郡举诣公事,称病不对,退而论世事曰:"凡天下所以不治者,其患在世承平,政渐衰而不改,俗渐弊而不悟,习乱安危,忽不自觉。或耽荒嗜欲,不恤万机;或悦众言,莫知所从;或见信之臣,怀宠苟免,或疏远之士,言以贱废。是以纪纲弛而不振,智士(损)〔捐〕而不用[15]。悲夫!自汉兴以来,三百余年矣。政令刓渍,上下懈怠,风俗凋弊,人民伪巧,百姓嚣然,复思中兴之功矣。救世之术,岂必尧、舜而治哉!期于纽绝拯挠,去其烦惑而已。是以受命之君,创制改物;中兴之主,匡时补失。昔盘庚迁都以易殷民之弊,周穆改刑而正天下之失。俗人守古,不达权变,苟执所闻,忽略所见,焉可与论国家之事哉!故言事者,颇合圣听,于今须有可采,辄见掎夺。何者?其顽士则暗于时权,其达者则寡于胜负,斯贾谊所以见悲于上世也。虽使稷、契犹不能行其志,而况下斯者乎!春秋之义,量力而举,度德而行。今已不能用三代之法,故宜以霸道而理之,重赏罚,明法术。自非上德,严之则治,宽之则乱,其理然也。为国之法,有似理身,平则致养,疾则〔致〕攻(治)[16]。故德教者,治世之粱肉;刑法者,救乱之药石也。今以德除残,是犹粱肉治疾也,欲望疗除,其可得乎?自数世以来,政多恩贷,御安辔马而(忌)〔忘〕其衔[17],四牡横驰,皇路险倾。必将钳勒鞭挞以救奔败,岂暇鸣銮从容平路哉!"

袁宏曰:观崔寔之言,未达王霸之道也。常试言之:夫礼备者德成,礼顺者情泰。德苟成,故能仪刑家室,化流天下;礼苟顺,故能影响无遗,翼宣风化。古之圣人,知人伦本乎德义,万物由乎化风,陶铸因乎所受,训导在乎对扬。崇轨仪于化始,必理备而居宗;明恭肃以弘治,则理尽而向化。斯乃君臣尊卑之基,而德和洽之本也。是以大道之行,上下顺序,君唱臣和,其至德风教系乎一人,政化行于四海,无犯礼而王迹彰矣。及哲王不存,礼乐凌迟,风俗自兴,户皆为政,君位且犹未固,而况万物乎!于斯时也,臣子自尽之日,将守先王之故典,则元首有降替之忧;欲修封域之旧职,则根本无倾拔之虑。故忠奋之臣,推其义心,不忍其事,思屏王室,故有自下匡上之功,以卑援尊之事,虽失顺序之道,然效忠之迹也。欲齐王体,则异乎承宣之美,欲同之不顺,而终有翼戴之功。故圣人因事作制以通其变,而霸名生焉。春秋书齐、晋之功,仲尼美管仲之勋,所以括囊盛衰,弥纶名教者也。夫失仁而后义,必由于仁;失王而后霸,而致于霸必出于忠义。诚仁之不足,然未失其为忠也。推斯以观,则王霸之义于是见矣。

初,上欲封大将军梁冀,使公卿会议其礼,特进安乐侯胡广、太常羊儒、司隶校尉祝恬、太中大夫边韶等称冀之德,宜比周公,锡之山川,封以附庸。司空黄琼议曰:"昔周公辅相成王,制礼作乐,是以大启土宇,赐以山川,郊祀天地,行天子礼,此百世未有,唯周公宜之耳。萧何识高祖于泗上,霍光辅昭、宣于中兴,皆益户增封,以显其功。冀合食四县,赏赐皆如霍光,使天下知赏必当功,爵不越德。"冀恨之,因地动策免琼。丁亥,司空黄琼以灾异策免。是月,五色大鸟见己氏,时以为凤皇。本志以政理衰缺,梁冀专权,皆羽孽之异也。

330

二年正月丙辰,京师地震。

四月甲寅,<u>孝崇皇后</u>崩,帝举哀<u>洛阳</u>西乡。有司奏:"礼为人后,制服有降。公卿已下各差赠送之,礼仪比<u>恭怀皇后</u>。"是时大将军<u>梁冀</u>辅政,<u>匽氏</u>无在位者。

八月,黄龙见<u>句阳</u>,又见<u>允</u>(衙)〔街〕^⑱。

十月乙亥,京师地震。

<u>永兴</u>元年五月丙申,大赦天下。

十一月丁丑,减天下人死罪一等。民饥,流亡数十万口^⑲,诏所在赈给。太尉<u>袁汤</u>致仕。<u>汤</u>字<u>仲河</u>。初为<u>陈留</u>太守,褒善叙旧,以劝风俗。尝曰:"不值<u>仲尼</u>,<u>夷</u>、<u>齐西山</u>饿夫,<u>柳下东国</u>(默)〔黜〕臣^⑳,致声名不泯者,篇籍(浸)〔使〕然也^㉑。"乃使户曹吏追录旧闻以为耆旧传。数年薨,追赠特进,谥曰康侯。子<u>成</u>,左中郎将,<u>逢</u>及<u>隗</u>并为三公。太常<u>胡广</u>为太尉,太仆<u>黄琼</u>为司徒。

二年正月甲午,大赦天下。

二月,初听刺史、二千石三年丧。癸卯,京师地震。诏公卿举贤良方正、能直言极谏者各一人。<u>颍川荀淑</u>对策,讥切贵幸,为<u>梁冀</u>所忌,出为<u>朗陵侯</u>相,吏民敬爱,称为神君焉。<u>淑</u>字<u>季和</u>。弃官隐居,以寿终。是时<u>颍川锺皓</u>字<u>季明</u>,以德行称,官至<u>林虑</u>长。初,<u>皓</u>为本郡功曹,<u>西门</u>亭长<u>陈寔</u>未知名,<u>皓</u>独敬异焉。<u>皓</u>初辟公府,太守问:"有谁可代君者?"<u>皓</u>曰:"明府必欲得其人,<u>西门</u>亭长<u>陈寔</u>可也。"自是名重海内。<u>寔</u>曰:"<u>锺</u>君似不察人,不知何独识我?"<u>颍川李膺</u>常叹曰:"<u>荀</u>君清识难尚,<u>锺</u>君至德可师。"<u>皓</u>之嫂,<u>膺</u>之姑也。有子曰<u>觐</u>,与<u>膺</u>同年,而并有令名。<u>觐</u>为人好学慕古,有进退之行。<u>膺</u>祖太尉<u>脩</u>常言:"<u>觐</u>似我家性,国有道不废,国无道免于刑戮者也。"复以膺妹妻之。觐屡被辟命,未尝屈就。膺谓觐曰:"孟轲以为'人无是非之心,非人也'。弟于是何太无皂白邪?"觐尝以膺言告人曰:"元礼祖父在位,诸〔从〕并盛②,又(讳)〔锺〕公之甥㉓,故得然乎?国武子好招人过以为怨本,岂其(时)〔得〕保身全家㉔?"

袁宏曰:锺生之言,君子之道,古之善人内修诸己,躬自厚而薄责于人。至其通者嘉善而矜不能,其狭者正身而不及于物。若其立朝,为不得已而后明焉,事至而应之,非司人之短者也。如得其情,犹复托以藜蒸,使过而可得悔失,而自新之路长,君子道广,而处身之途全矣。末世陵迟,臧否聿兴,执铨提衡,称量天下之人,扬清激浊,绳墨四海之士,于是德不周而怨有余。故君子(之)道亢而无必全之体㉕,小人途穷而有害胜之心,风俗洞薄,大路险巇,其在斯矣。

六月乙丑,封乳母马惠子初为列侯。

九月丁卯朔,日有蚀之。太尉胡广免,司徒黄琼为太尉,光禄勋尹颂为司徒。闰月,蜀郡盗贼李伯自称太初皇帝,伏诛。

(元)〔永〕寿元年正月戊申㉖,大赦天下。

二月,司、冀民饥,人民相食,诏所在赈给各有差。时梁氏威势倾天下,而上无继嗣,灾异数见,颍阴人刘陶上疏曰:"盖人非天地无以寓生,天地非人无以为灵,是故帝非民不立,民非帝不宁。夫天地之与帝,帝之与民,犹首之与足,相须而行,混同一体,自然之势也。臣窃观之,今玄象错度,日月不明,地裂川溢,妖祥并兴,胤嗣仍绝,民率流亡。昔夏癸由此而废,商辛以斯而丧,若不悔寤,恐惧将无及矣。伏惟陛下年隆德茂,中天称号,袭常存之爵,修不易之制,目不视鸣条之事,耳不闻檀车之声,天灾不卒有痛于肌肤,震蚀不卒有捐于己身。故篾三光之错,不畏上天之怒,贻民饥之忧,忽震裂之变,轻无嗣之祸,殆国家之命,非所以彰美祖业、克保天祉者也。当今忠谏者诛,谀进者赏,嘉言结于忠舌,国命在于谗口,擅阎乐以咸阳,授赵高以车府。夫危非仁不扶,乱非智不救,故武丁得傅说,以消鼎雉之变,周宣用山甫,以济(幽)〔夷〕、厉之荒[27]。窃见冀州刺史朱穆、乌桓校尉李膺皆履正清修,贞介绝俗。穆前在冀州,弹纠豪桀,扫灭饕恶,肃清万里,不仁者远,虽山甫不畏强御,诚无以逾也。膺前后历职,正身率下,及掌戎马,镇抚北疆,神武扬于朔州,强胡慑于(汉)〔漠〕北[28],文既俎豆,武亦干戈,功遂身退,家无私积。斯则中兴之良佐,国家之柱臣也。宜还本朝,夹辅王室,不合久屈闲曹,委于草莽。臣恐小人道长,遂成其败,犯冒天威[29],言诚非议,知必以身脂鼎镬,为海内先笑,所学之事,将复何恨? 不举鬼谷之于东齐,习秦、仪之于周、魏,贾王孙于蜀都,交猗顿之货殖,如此亦可以示王室之爵,置天地之位矣。臣始悲天下之可悲,今天下亦悲臣之愚惑矣。"书奏,上善其言[30]。

六月,匈奴叛,中郎将张(涣)〔奂〕击降之[31]。太常韩縯为司空。

二年春正月,初听中常侍行三年丧。

七月,鲜卑寇云中。

十月,京师地震。

三年春正月癸未[32],大赦天下。

六月,司徒尹颂薨[33],司空韩縯为司徒。是时有人上书,言人所以贫困者,货轻也,欲更铸钱。事下群臣及太学之士。时刘陶等在太学,议曰:"(夫)〔伏〕读铸钱之诏^㉞,下及幽微,不遗穷贱,是以霍食之人敢悬书象魏,听罪绛阙。盖以为当今之忧不在于此,在民有饥劳之怨,海内无耳目之变,乃箕子所为佯愚而对也。臣不达殷人佯愚之虑,欲于不问而言甲子之事,故念生鲜死,久复不敢极谏陈其要,请粗言生民之业。夫食者,有国之大宝,生民之至贵也。窃见比年已来,良苗尽于(螳)〔蝗〕螟之口^㉟,杼轴空于公孙之衣^㊱,野无青草,室如悬磬,所急朝夕之餐,所患靡盬之事,岂谓钱之(錭)〔镂〕薄、铢两轻重哉^㊲?今议者不达农殖之本,多言铸钱之便,或欲因缘行诈,以贾国利。国利将尽,取者争竞,故造铸钱之端于是乎生。万人铸之,一人夺之,犹不能给。设令一人铸之,则万人夺之,虽以阴阳为炭,万物为铜,役不食之民,使不饥之士,犹不足无厌之求也。陛下圣德,愍海内之忧,感天下之难,欲铸钱齐货以救其厄,此犹养鱼于沸鼎之中,栖鸟于烈火之上。夫(火土汤)水〔木本〕鱼鸟之所生^㊳,用之不时,必也燋烂。当今地广而不得耕,民众而无所食。群小竞逐,吞噬无厌。诚恐卒有役夫穷匠,起于版筑之间,投斤攘臂,登高大呼,则愁怨之人,狼跳虎骇,响应云会,八方分崩,中夏鱼溃。虽方尺之钱,不能救此。若不早瘳,恐将及之。"上从之。

<u>延</u>(嘉)〔熹〕元年夏五月甲(戌)〔戌〕晦^㊴,日有蚀之。京都蝗。

六月,大赦天下。丙戌,初置<u>博陵郡</u>。(咏)〔诛〕侍中<u>寇荣</u>^㊵。<u>荣</u>,<u>恂</u>之曾孙。辩洁自善,少与人交,以此见害于贵宠。<u>荣</u>从兄子<u>尚益阳长公主</u>,帝又取其从孙女于后宫,左右益恶之。乃陷<u>荣</u>以罪,宗族遂免归故郡。吏持之急,<u>荣</u>惧不免,奔阙自讼。未至,刺史<u>张敬</u>追劾<u>荣</u>以擅去边,有诏捕<u>荣</u>。<u>荣</u>亡命数年,会赦令,不得免,穷

困,乃亡命山中,上书曰:"臣闻天地之于万物也好生,帝王之于万民也慈爱。陛下统天理物,作民父母,自生(育)〔齿〕已上㊶,咸蒙德泽。而臣兄弟独为权门所嫉,以臣婚姻王室,谓臣将抚其背,夺其位,退其身,受其势。于是造作飞章,被以臣宗,欲使坠于万仞之坑,践于必死之地,陛下忽慈母之仁㊷,发投杼之怒。有司承旨,驱逐臣门。臣辄奔走本郡,没齿无怨。臣诚恐卒为豺狼横见噬食,故冒死诣阙,披布肝胆。刺史张敬好为谀谄,张设机牢,令陛下复兴雷霆之怒。司隶校尉<u>应奉</u>、河南尹<u>何豹</u>、洛阳令<u>袁腾</u>三官并驱,若赴仇敌,威加亡罪,罚及朽骨,但未掘圹出骸,剖棺露胔耳。残酷之吏,不顾无辜之害,欲使圣朝必加罚于臣宗。是以不敢触突天威,而自窜山林,以〔俟〕陛下发神圣之听㊸,启独见之明,距谗慝之谤,绝邪巧之言,救可济之民,援没溺之命。臣不意滞怒不为春夏息,淹恚不为顺时怠,布告远迩,求臣甚切,张罗海隅,置置万里,逐者穷人迹,追者极车轨,虽楚购<u>伍员</u>、汉求<u>季布</u>,无以复过也。自臣遇罚以来,三蒙赦令,无验之罚,足以蠲除。而陛下疾臣逾深,有司咎臣甫力,止则见扫灭,行则为亡虏,苟生则为穷民,殪死则为怨鬼,天广而无以自覆,地厚而无以自载,蹈陆土有沉沦之忧,远岩墙有镇压之患。精诚足以感天,而陛下不悟。如臣元恶大憝,足备刀锯,陛下当班之市朝,坐之王庭,使三槐九棘平臣之罪。无缘〔至〕万乘之前㊹,永无见信之期也。勇者不逃死,智者不毁名,岂惜垂尽之命,愿赴<u>湘</u>、<u>沅</u>之波。故假须臾之期,不胜首丘之情,欲犯(王)〔主〕怒、触帝禁㊺,伏于两观之下,陈写痛毒之冤,然后登金镬,入沸汤,虽死而不恨。悲夫,久生亦(后)〔复〕何聊赖㊻!愿陛下使臣一门颇有遗类,以崇天地宽厚之惠。谨先死陈情,临章泣血。"上不省,遂灭寇氏。

袁宏曰:寇荣之心良可哀矣,然终至灭亡者,岂非命也哉!性命之致,古人岂肯明之,其可略言乎。易称"天之所助者",信然。则顺之与信,其天人之道乎!得失存亡,斯亦性命之极也。夫向之则吉,背之则凶,顺之至也;推诚则通,易虑则塞,信之极也。故顺之与信,存乎一己者也。而吉凶通塞,自外而入,岂非性命之理,致之由己者乎!夫以六合之大,万物之众,一体之所栖宅,犹秋毫之在马背也,其所资因小许处耳,而贤者顺之以通,不肖者逆之以塞,彼之所乘,岂异涂彻哉!致之在己,故祸福无门之殊应也。夫松竹贞秀,经寒暑而不衰;榆柳虚桡,尽一时而零落。此草木之性,脩短之不同者也。廉洁者必有贪浊之对,刚毅者必遇强勇之敌。此人事之对,感时之不同者也。咸自取之,岂有为之者哉!万物之为,莫不皆然。动之犹己,应之在彼,犹影响形声不可得而差者也。故君子之人知动静,为否泰,致之在己也。缮性治心,不敢违理,知外物之来,由内而至,故得失吉凶,不敢怨天。夫然遇泰而不变其情,遭否而不愠其心,未尝非己,夫何悲哉!

二年三月甲午,绝刺史、二千石三年丧。

六月,鲜卑寇辽东,度辽将军李膺击破之。膺字元礼,颍川襄城人。初为蜀郡太守,威德并行,后转护乌桓校尉。会匈奴攻云中,杀略吏民,膺亲率步骑临阵交战,斩首二千级。羌寇远退,边城安静,后以公事免官。天子贤刘陶之言,而嘉膺之能,迁度辽将军。先时疏勒、龟兹数抄张掖、酒泉、云中诸郡,吏民苦之,自膺在边,皆不复为害。匈奴、莎车、乌孙、鲜卑诸国常不宾附者,闻膺威名,莫不畏服,先时略取民男女皆送还塞下。迁河南尹、司隶校尉。膺风格秀整,高自标(特)〔持〕㊼,欲以天下风教是非为己任,后进之士有升其堂者皆以为登龙门。

七月,太尉黄琼免,太常胡广为太尉。丙午,皇后梁氏崩。乙丑,葬懿献梁皇后。于是梁冀专权,其同己者荣显,违忤者劾死,百僚侧目,莫不从命。省中咳唾之音,冀必知之。台阁机事,先以闻冀,乃得奏御。内外恐惧,上下钳口,而帝不得有所亲任。上既不平之矣。冀以私憾专杀议郎邴尊,上益怒之。是时(豪)〔亳〕贵人见幸㊽,冀嫉其宠,遣客夜盗其家,欲刺贵人母,母入宫求哀,因言冀之罪。

八月癸酉,上问小黄门唐衡曰:"左右谁与冀不相得者?"衡曰:"单超、左悺前诣河南尹不疑,礼敬极简,不疑收其兄弟送洛阳狱,二人诣谢而得免。徐璜、具瑗常私忿梁氏放横,口不敢言。"于是上呼超、悺入室,上曰:"梁将军兄弟专朝,(追)〔迫〕胁外内㊾,公卿以下从其风旨。今欲诛之,于常侍意如何?"皆对:"诚为国贼,当诛日久。臣等弱劣,未知圣意何如耳?"上曰:"审然者,常侍密图之。"对曰:"图之易耳,但恐陛下腹中狐疑。"上曰:"奸臣胁国,当伏其罪,复何狐疑!"于是令衡呼璜、瑗五人,遂于宅中定议,上啮超臂出血以为盟。超等曰:"陛下今计已定,勿复更言,恐为人所疑。"丁丑,冀心疑超等,使中黄门张恽入省宿,以防其变。瑗敕吏收恽,以自外来,谋图不(轨)〔轨〕㊿。于是帝幸前殿,召公卿勒兵,遣使者收冀大将军印绶,更封北景都乡侯。黄门令瑗将虎贲士千人,与司隶共捕冀宗亲洛阳狱,无少长皆诛之。冀自杀,追废懿献后为贵人。初上既与中官成谋,乃召尚书令尹勋使任其事。上素恶冀,仓卒恐不能办,勋临事明断,甚有方略,冀既诛,上嘉其能。

坐冀所连及公卿、列侯、校尉、刺史、二千石死者数十人，冀故吏、宾客免绌者三百余人，朝廷为之一空，唯光禄勋王躬、廷尉邯郸义在焉[51]。是时从禁中发，使者交驰道路，公卿失其度，州府、市朝、闾里鼎沸，数日乃定，百姓莫不称快。冀财货已充王府用，减天下租税之半。先时立名行高节之士多遭梁冀之害，免身苟容而已，莫敢洁去就矣。唯周协不屈其志，而独能自免于难，故士以此服之也。协字巨胜，周举之子。玄虚养道，以典、坟自娱。初以父任为郎，自免归。征辟不就，杜门不出十余年。及延(嘉)〔熹〕初[52]，乃开门延客，游谈宴乐。是秋，梁冀诛，而协亦病卒，识者以为知命[53]。初冀之盛也，尚书陈霸上疏言其罪，请诛之。上不省。霸知为冀所害，七日不食而死。戊寅，太尉胡广、司徒韩縯以阿附梁冀减死一等。壬午，立皇后亳氏，实邓后也。后即邓香之女，香则禹之孙。初，后母(宜)〔宣〕起于微贱间[54]，香生后，后适梁纪，故后冒姓梁氏。纪姊子孙寿，冀之妻也，进后入掖庭，有宠，立为皇后。恶梁姓之同，改为亳氏，封宣为长安君，追尊香为车骑将军、安阳侯。宣子演，封南顿侯，位特进。后复姓邓氏。徙宣为昆阳君，演子康比阳侯[55]，赏赐巨万，封平梁冀之功也。白马令李云上书移副三府曰："故大将军梁冀虽持权日久，今得诛之，犹召家臣薧而杀也。而猥封谋臣万户，高祖闻之得无见非，西北列将得无不事？孔子曰：'帝者，谛也。'今官位错乱，小人日进，财货公行，政治日消，是帝欲不谛乎？"上得云奏，大怒，送云黄门北寺，使中常侍管霸与御史、廷尉杂考之。弘农五官掾杜众伤云以忠获罪，上书愿与同日死。帝愈怒，遂并下廷尉。廷尉奏云不逊，欲获抗直之名，众远为邀诉，皆大逆不道，请论如律。霸入奏，上在濯龙池，霸跪言曰："云野泽愚夫，众郡中小吏,出于狂戆,不足加罪。"上谓霸曰:"使帝欲不谛,是何等语,而常侍欲原之耶?"顾小黄门吴伉可其奏。大鸿胪陈蕃上疏救云曰:"臣闻所言虽不识禁忌干上,其意归于忧国。但违将顺之礼,礼讥暴谏。然亦有狂狷愚忠,不顾诛族(人)〔之〕祸者㊱,古今有之。是以高祖忍周昌不讳之言,孝成皇帝赦朱云腰领之诛,二主非不忿此二臣,以忠不思难,皆不罪之。今日杀李云,天下犹言陛下诛谏臣,所以臣敢触龙鳞也。"上不从。云、众死狱中,蕃免归田里。

　　袁宏曰:夫欲之则至,仁心独行,人君之所易,人臣之所难也。动而有悔,希意(恂)〔循〕制㊲,人臣之所易,人君之所难也。古之君臣,必观其所易,而闲其所难,故上下恬然,莫不雍睦。逮于末世,斯道不存,君臣异心,上下乖违,各行所易,不顾其所难,难易之事交,而谏争之议生也。夫谏之为用,政之所难者也,处谏之情不同,故有三科焉。推诚心言之,于隐贵,于诚入,不求其功,谏之上也。率其所见,形于言色,面折庭争,退无后言,谏之中也。显其所短,明其不可,彰君之失以为己名,谏之下也。夫不咎其过,与众攻之,明君之所易,庸王之所难。触其所难,暴而扬之。中谏其犹致患,而况下谏乎!故谏之为道,天下之难事,死而为之,忠臣之所易也。古之王者办方正位,各有其事,在朝者必谏,在野者不言,所以明职分,别亲疏也。忠爱心至,释来而言者,王制所不禁也。无因而去,处言之地难,故君子罕为也。

　　十月,行幸长安,祠章陵。壬寅,中常侍单超为车骑将军。

　　十二月,西戎犯塞,护羌校尉(段颖)〔段颎〕讨之㊳。天竺国来献。故太尉黄琼为太尉,光禄大夫祝恬为司徒。诏曰:"太尉黄琼清俭不挠,数有忠謇,加以典谋深奥,有师傅之义,连在三司,不阿权贵,疾风知劲草,朕甚嘉焉。其封琼邟乡侯。"琼固让,不听。是时新诛梁冀,天下(相)〔想〕望异政㊾,故琼首为三公,多奏州县诸不法死徙者十余人,海内翕然,副其耳目,上委任之。会单超等五侯擅权,琼自度力不能制,乃称疾不朝。上表曰:"臣闻天者务刚其气,君者务强其政。是以王者居高履贵,则以德义为首;临危处难,则以忠贤为助。故能长守万国,保其社稷。而陛下即位以来,诸梁秉政,宦(坚)〔竖〕充朝㊿,富拟王公,势倾海内。言之者辄族灭,称之者必〔显〕荣(显)㉚。忠臣惧死而杜口,万夫畏祸而括囊。故太尉李固、杜乔以直言干政,遂见残灭,贤愚伤心。故白马令李云指言宦官,以忠获罪,是使天下结舌,以忠为讳也。徐璜、唐衡、单超、(贝)〔具〕瑗等于梁冀之盛㉛,苟免相连,及其当诛,说以要赏。陛下不复澄清善恶,俱与忠臣尚书令尹勋等并时显封,使朱紫不别,粉墨杂糅,所谓消金玉于沙砾,碎珪璧于泥涂。四方闻之,莫不叩心,伤陛下失赏于见诬,亏爵于奸臣。夫谗谀相(与)〔举〕㉜,无高而不升;阿党相抑,无深而不沦。陛下年在方刚,圣虑未衰,愿还既误之封,折后族之势。夫怀宝者须世,抱璞者待时,陛下诚能行臣所陈,则怀宝抱璞之徒,特将竭力致身以趋圣世。臣身轻任重,勤不补过,敢以垂死之年,陈不讳之言。"

三年正月丙(甲)〔申〕㉝,大赦天下。丙午,车骑将军单超薨。闰月,羌寇张掖,护羌校尉(段颖)〔段颎〕讨之㉞。

五月甲戌,诏曰:"汝南太守张彪、故河南尹鲍吉与朕有潜龙之旧,皆封列侯。"

六月辛酉㉟,司徒祝恬薨,光禄勋种暠为司徒㊱。

九月,泰山盗贼群起。

十二月,〔遣〕中郎将宗资讨之^㉒。

校勘记

① 益封(太)〔大〕将军梁冀　从龙溪本、学海堂本改。

② 胡广以病(薨)〔罢〕　从后汉书孝桓帝纪改。

③ 越从蕃王　后汉书杜乔列传作"越从藩臣"。

④ 万夫侧望　后汉书杜乔列传作"万邦攸赖"。

⑤ 为恶遂其性　后汉书杜乔列传作"为恶肆其凶"。

⑥ (室)〔托〕言还京师矣　从后汉书李固列传改。

⑦ 牧猪长罗泽中　后汉书吴祐列传作"长垣泽"。

⑧ 皇帝加(徽号)〔元服〕　从后汉书孝桓帝纪改。

⑨ 立径城侯悝为清河王　后汉书孝桓帝纪作"立安平王得子经侯理为甘陵王"。

⑩ 陈景自号为(皇)〔黄〕帝子　从学海堂本改。

⑪ 四月丁卯晦　后汉书孝桓帝纪作"夏四月丁卯晦,日有食之"。"秋七月庚申,廉县雨肉"。

⑫ 司空胡广(薨)〔罢〕　从后汉书孝桓帝纪改。

⑬ 黄琼为司空　后汉书桓帝纪系于十一月。

⑭ 〔举〕独行之士各一人　从学海堂本补。

⑮ (损)〔捐〕而不用　从南监本、龙溪本、学海堂本改。

⑯ 疾则〔致〕攻(治)　从南监本、龙溪本改。

⑰ 而(忌)〔忘〕其衔　从南监本、龙溪本、学海堂本改。

⑱ 又见允(衔)〔街〕　从后汉书孝桓帝纪改。李贤注:"允街,县名,属金城郡。"

⑲ 民饥流亡数十万口　后汉书孝桓帝纪系于秋七月。

⑳ 柳下东国(默)〔黜〕臣　从南监本、龙溪本、学海堂本改。

㉑ 篇籍(浸)〔使〕然也　从南监本、龙溪本、学海堂本改。

㉒ 诸〔从〕并盛　从南监本、龙溪本、学海堂本补。

㉓ 又(讳)〔锺〕公之甥　从南监本、龙溪本、学海堂本改。

㉔ 岂其(时)〔得〕保身全家　从南监本、龙溪本、学海堂本改。

㉕ 故君子(之)道亢　从龙溪本删。

㉖ (元)〔永〕寿元年　从学海堂本改。

㉗ 以济(幽)〔夷〕厉之荒　从后汉书刘陶列传改。

㉘ 强胡慑于(汉)〔漠〕北　从南监本、龙溪本、学海堂本改。

㉙ 犯冒天威　"天威",龙溪本作"天颜"。

㉚ 书奏上善其言　后汉书刘陶列传作"书奏不省"。

㉛ 中郎将张(涣)〔奂〕击降之　从后汉书孝桓帝纪改。

㉜ 春正月癸未　"癸未",后汉书孝桓帝纪作"己未"。

㉝ 六月司徒尹颂薨　后汉书孝桓帝纪系于冬十一月。

㉞ (夫)〔伏〕读铸钱之诏　从后汉书刘陶列传改。

㉟ (蝗)〔蝗〕螟之口　从南监本、龙溪本、学海堂本改。

㊱ 公孙之衣　后汉书刘陶列传作"公私之求"。

㊲ 岂谓钱之(鋍)〔鐷〕薄　从龙溪本、学海堂本改。

㊳ 夫(火土汤)水〔木本〕鱼鸟之所生　从后汉书刘陶列传改。

㊴ 延(嘉)〔熹〕元年夏五月甲(戌)〔戌〕晦　从学海堂本改。

㊵ (咏)〔诛〕侍中寇荣　从南监本、龙溪本、学海堂本改。

㊶ 自生(育)〔齿〕已上　从后汉书寇恂列传改。

㊷ 陛下忽慈母之仁　后汉书寇恂列传"陛"上有"令"字。

㊸ 以〔俟〕陛下发神圣之听　从后汉书寇恂列传补。

㊹ 无缘〔至〕万乘之前　从后汉书寇恂列传补。

㊺ 欲犯(王)〔主〕怒　从龙溪本、学海堂本改。

㊻ 久生亦(后)〔复〕何聊赖　从南监本、龙溪本、学海堂本改。

㊼ 高自标(特)〔持〕　从龙溪本、学海堂本改。

㊽ 是时(豪)〔亳〕贵人见幸　从南监本、龙溪本、学海堂本改。

㊾ (追)〔迫〕胁外内　从龙溪本改。

㊿ 谋图不(辄)〔轨〕　从南监本、龙溪本、学海堂本改。

51 唯光禄勋王躬廷尉邯郸义在焉　后汉书梁统列传作"唯尹勋、袁盱及廷尉邯郸义在焉"。

52 及延(嘉)〔熹〕初　从陈璞校改。

53 识者以为知命　后汉书周举列传作"蔡邕以为知命"。

54 后母(宜)〔宣〕起于微贱间　从南监本、龙溪本改。

55 演子康比阳侯　"比阳侯",后汉书皇后纪作"沘阳侯"。

56 不顾诛族(人)〔之〕祸者　从南监本、龙溪本、学海堂本改。

57 希意(恂)〔循〕制　从龙溪本、学海堂本改。

58 护羌校尉(段颍)〔段颎〕　从龙溪本、学海堂本改。

59 天下(相)〔想〕望异政　从南监本、龙溪本、学海堂本改。

60 宦(坚)〔竖〕充朝　从南监本、龙溪本、学海堂本改。

61 称之者必〔显〕荣(显)　从龙溪本、学海堂本乙正。

62 (贝)〔具〕瑗等于梁冀之盛　从后汉书孝桓帝纪改。

63 夫谄谀相(与)〔举〕　从后汉书黄琼列传改。

64 丙(甲)〔申〕　从南监本、龙溪本、学海堂本改。

65 护羌校尉(段颍)〔段颎〕讨之　从龙溪本、学海堂本改。

66 六月辛酉　"辛酉",后汉书桓帝纪作"辛丑"。

67 光禄勋种暠为司徒　后汉书孝桓帝纪作"司徒盛允为司徒"。延熹四年二月,"司徒盛允免,大司农种暠为司徒"。

68 〔遣〕中郎将宗资　从学海堂本补。

后汉纪　孝桓皇帝纪下　卷第二十二

四年春正月辛丑①，南宫嘉德殿火。

二月壬申②，武库火。

夏四月甲寅，〔封〕河间孝王(迁)〔开子博〕为〔任城〕王③。

五月，有星孛于大辰。丁卯，源陵长寿门火④。

六月，羌寇金城、安定、汉阳、武威，杀吏民，中郎将皇甫规讨
羌，大破之。先是凉州刺史郭闳、汉阳太守赵喜、安定太守孙俊皆
不任职，倚恃贵戚，有司不敢纠规，悉条奏其罪。羌人闻之翕然，乃
喜，一时降者二十余万口。征拜议郎。论功未毕，常侍左悺私求于
规，规执正不许，悺遂以余寇不绝收规下狱。学生张凤等三百余人
守阙讼规，终不省，规竟坐论。会赦，复征为尚书。顷之，复为中郎
将，讨梁、益叛羌有功，封喜城侯，固让不受。规字威明，安定朝那
人。初讥切梁氏，谢病归，教授十余年。冀既诛，旬月之间，礼辟五
至，皆不就。公车征，乃起为太山太守。规好推贤达士，太傅陈蕃、
太尉杨秉、长乐少府李膺、太守张奂，皆规所教授，致显名于世。

秋八月，关内侯以张掖、酒泉⑤。尚书令陈蕃荐五处士，曰：

"臣闻善人者,天地之纪,治之所由也。诗云:'思皇多士,生此王国。'天诞俊乂,为陛下出,当辅明时,左右大业者也。处士豫章徐稚、彭城姜肱、汝南袁闳、京兆韦著、颍川李昙⑥,德行纯备,著于民听,宜登论道,协亮天工,终能翼宣威德,增光日月者也。"诏公车备礼征,皆辞疾不至。稚字孺子,豫章南昌人也。家贫,常自耕稼,非其衣不服,非其力不食。恭俭义让,非礼不言,所居服其德化,道不拾遗。陈蕃尝为豫章太守,以礼请署功曹,稚为之起,既谒而退。蕃馈之粟,受而分诸邻里。举有道,(起)家拜太原太守⑦,皆不就。诸公所辟虽不就,其有死丧者,负笈徒步千里赴吊,斗酒只鸡,藉以白茅,酹毕便退,丧主不得知也。初,稚少时游国学中,江夏黄琼教授于家,故稚从之,谘访大义。琼后仕进,位至三司,稚绝不复交。及琼薨,当葬,稚乃往赴吊进酹,哀哭而去,人莫知者。时天下名士,四方远近无不会者,各言"闻豫章徐孺子来,何不相见?"推问丧宰曰:"顷宁有书生来邪?"对曰:"先时有一书生来,衣粗薄而哭之哀,不记姓字。"佥曰:"必孺子也。"于是推选能言语者陈留茅季伟候与相见,酤酒市肉,稚为饮食。季伟请国家之事,稚不答;更问稼穑之(家)〔事〕⑧,稚乃答之。季伟还为诸君说之。或曰:"孔子云:'可与言而不与言,失人。'稚其失人乎?"郭林宗曰:"不如君言也。孺子之为人也,清洁高廉,饥不可得食,寒不可得衣,而为季伟饮酒食肉,此为已知季伟之贤故也。所以不答国事者,是'其智可及,其愚不可及也',何不知之乎?"是时宦竖专政,汉室侵乱,林宗周旋京师,诲诱不息。稚以书诫之曰:"大木将颠,非一绳所维,何为栖栖,不遑宁处?"林宗感悟曰:"谨拜斯言,以为师表。"姜肱字伯淮,彭城广戚人。隐居静处,非义不行,敬奉旧老,训导后进。常与小弟<u>季江</u>俱行，为盗所劫，欲杀其弟。<u>肱</u>曰："弟年稚弱，父母所矜，又未聘娶，愿自杀以济家弟。"<u>季江</u>复言曰："兄年德在前，家之英俊，何害之？不如杀我。我顽暗，生无益于物，没不损于数，乞自受戮，以代兄命。"二人各争死于路。盗戢刃曰："二君所谓义士。"弃物而去。<u>肱</u>车中尚有数千钱在席下，盗不见也，使从者追以与之。贼感之，亦复不取。<u>肱</u>以物已历盗手，因以付亭长，委去。举有道、方正皆不就。<u>袁闳</u>字<u>夏甫</u>，太傅<u>安</u>之玄孙。自<u>安</u>至<u>闳</u>四世三公，贵倾天下。<u>闳</u>玄静履真，不慕荣宦，身安茅茨，妻子御糟糠。父为<u>彭城</u>（太守）〔相〕⑨，丧官，<u>闳</u>兄弟五人常步行随枢车，号泣昼夜。从叔<u>逢</u>、<u>隗</u>并为公辅，前后赠遗，一无所受，二公忿之。至于州府辟召，州郡礼命，皆不就。<u>韦著</u>字<u>休明</u>，<u>京兆杜陵</u>人。隐居讲授，不修世务。<u>李昙</u>，字<u>子云</u>，<u>颍川阳翟</u>人。少丧父，事继母，继母酷烈，<u>昙</u>奉逾谨，率妻子执勤苦，不以为怨。<u>昙</u>身耕农以奉供养，得四时珍玩，未尝不先拜而后进母。乡里有父母者，宗其孝行以为法度。征聘不应，唯以奉亲为欢。

〔五年〕夏四月戊辰⑩，虎贲掖门火。

五月，<u>康陵</u>园火。

〔冬十月〕⑪，<u>武</u>（阳）〔陵〕蛮夷反⑫，车骑将军<u>冯绲</u>讨之。<u>绲</u>上书曰："夫势得容奸，<u>伯夷</u>可疑；不得容奸，<u>盗跖</u>可信。<u>乐羊</u>伐<u>中山</u>，反而语功，<u>文侯</u>示以谤书一箧。愿请中常侍一人监军财费。"尚书<u>朱穆</u>奏曰："臣闻出郊之事，将军制之，所以崇威信，合事宜也。即<u>绲</u>有嫌不当荷任，即<u>绲</u>无嫌义不见疑。<u>乐羊战国</u>陪臣，犹赖见信之主，以全其功。况<u>唐</u>、<u>虞</u>之朝而有猜嫌之事哉？<u>绲</u>设虚端以自阻卫，为臣不忠。"帝寝其奏。<u>穆</u>又上书言："<u>汉</u>故事，中常侍或用士人。建武已来，乃悉用宦者。延平已来，寖益贵盛，假貂珰之饰，任常伯之职，天朝政事，一更其手，权倾天下，宠逼人主，子弟亲戚，并荷职任，放滥骄逸，莫能禁御。无行之徒，媚求官爵，恃势骄宠，渔食百姓。臣以为可皆遣罢，率由旧章，博选天下清纯之士达国体者，以补其虚。即陛下可为尧、舜之君，众僚皆为稷、卨之臣矣。"上不从穆。后复见，口陈奏，上不悦。穆伏不起，左右叱穆出。于是宦者更共称诏以诘让，穆愤激发疽而卒。公卿以穆立节忠清，守死善道，宜蒙旌宠，以劝忠勤。乃追赠益州刺史。穆字公叔，南阳宛人。初为冀州刺史，始济河，长吏解印去者四十余人。中常侍赵忠丧父，殓为玙璠、玉匣。穆下郡考正，乃至发墓视尸。其家称冤自诉，穆坐征诣廷尉，髡输左校。后得原归家。顷之，朝臣多为穆(怨)〔冤〕⑬，由是征命议郎、尚书。

十一月，武陵蛮夷降。

六年春正月戊午，司徒种暠薨。大鸿胪许栩为司徒⑭。暠字景伯，河南洛阳人。父早亡，有财三千万，暠皆以赈乡里贫者，当时豪贵莫不遂识知之。年四十四，县始召为门下吏。时河南尹田歆外(生)〔甥〕王谌⑮，名知人。歆谓之曰："河南当举六孝廉，皆得贵人书命，不宜相违，欲以五副之。自举一清名堪成就者，上以报国，下以托子孙，汝助我索之。"谌答曰："知臣莫若君，君为二千石，当清察郡中，询于贤良，谌安得知之？"歆曰："郡中所送固凡庸耳，欲因汝之明(状)⑯，〔求〕人之所不知而有奇者耳⑰。"明日，谌东出送客，驻车太阳郭里，见暠。还语歆曰："为君得孝廉矣。"问为山泽，答曰："洛阳门下吏也。"歆笑曰："当得隐滞之(吏)〔夫〕⑱，乃洛阳(夫)〔吏〕耶⑲？"答曰："夫异士不居山谷，但其居处异耳，德未必有也。处人间而有异而人不知,己独知之,乃奇耳。若不相信,可召而与之言。"歆便于府召见于庭中,诘问职事长吏所施行。嚣分别具对,皆有条理,乃署主簿功曹,举孝廉,由是知名。

二月戊戌^⑳,大赦天下。

夏四月辛亥,康陵东署大火。

秋七月甲午,平陵园寝火。

十月,上〔幸〕广(城)〔成〕校猎^㉑。光禄勋陈蕃上书谏曰:"臣闻人主有事于苑囿,唯西郊顺时讲武,以杀(属)〔禽〕助祭^㉒,尽孝敬之道也。违是则为逸游,肆乐情意。故皋陶诫舜曰:'无(敢)〔教〕游逸^㉓。'周公诫成王曰:'无盘游于田。'虞舜、成王犹有此诫,况德不及二主者哉!当今兵戎未戢,是陛下焦心坐而待旦之时也。而不以是,乃扬旌旗之耀,骋舆马之观,非圣贤恤民之意者也。"上不纳。

七年春二月,太尉黄琼薨。琼字世英,江夏安陆人。清贞守正,进止必以礼。居宰相位,廉平公正,数纳说言,为朝廷所重,上亦愍惜焉。赠车骑将军、邟乡侯印绶,谥曰昭侯^㉔。有孙曰琬。

三月癸亥,殒石于右扶风。太常杨秉为太尉。是时中常侍侯览、(贝)〔具〕瑗骄纵最甚^㉕,选举不实,政以贿成。秉奏览等佞谄便僻,窃国权柄,召树奸党,贼害忠良,请免官理罪。奏〔入〕^㉖,尚书诘(椽)〔秉〕曰^㉗:"夫设官分职,各有司存。三公统外,御史察内。今越左右,何所依据?其开公具对。"秉便对曰:"除君之恶,唯力是视。邓通失礼,申屠嘉召而责让,文帝从而请之。汉故事,三公鼎司,无所不统。"尚书不能诘。上不得已,乃免览官,瑗削国事。于是奏免刺史、郡守已下六十余人,皆民之蠹也。

夏四月乙丑，封皇后弟邓庚为育阳侯。

秋九月，武陵蛮夷叛，寇掠数郡。荆州刺史度尚讨之，将战，(召)尚〔召〕治中别驾曰㉘："今后无转输，前有强敌。吏士捷获已多，缓之则不肯力战，急之则事情切迫，潜有逃窜。今与诸君俱处虎口，胜则功成，败则无余，为之奈何？"诸从事者莫知所出。尚宣言曰："今兵实少，未可进。当复须诸郡兵至，且各休息，听其射猎。"军中喜踊，大小皆出。尚密呼所亲燔其积聚，猎者还，莫不涕泣。尚使人慰劳曰："蛮人多宝，足富数世，诸卿但不并力耳。所亡何足介意！"其明旦，秣马蓐食，径赴(城)〔贼〕屯㉙，贼见尚晏然不图，其吏士愤激，遂克殄之。封(右)尚〔右〕乡侯㉚，除一子为郎。尚字博平，山阳湖陆人也。初为上虞长，纠摘奸伏，县中谓之神明。擢门下书佐朱俊，谓之幹世之才。俊后显名，终如尚言。县有孝女曹娥，年十四，父盱溺于江，不得尸，娥号慕不已，遂赴江而死，前后长吏莫有纪者。尚至官，改葬娥，树碑表墓，以彰孝行。县民故洛阳市长淳于翼学问渊深，大儒旧名，常隐于田里，希见长吏。尚往候之，晨到其门，翼不即相见。主簿曰："还。"不听，停车待之。翼晡乃见尚，尚宗其道德，极谈乃退。其优贤表善，皆类此也。

冬十月，行幸章陵，祠旧宅，遂有事于陵庙。戊辰，行幸于云梦，临〔汉〕水㉛；〔还，幸新野，〕㉜祠湖阳、新野公主、〔寿〕张敬侯、鲁哀(公)〔王〕庙㉝。是时勃海王悝骄慢僭侈，不奉法度，见上无子，阴有嗣汉之望。北军中候史弼上疏曰："臣闻帝王之于亲戚，爱之虽隆，必示之以威礼；宠之虽贵，必示之以法度。如是，则和亲之道兴，骨肉之情固。昔襄王恣甘昭公，孝景皇帝骄梁孝王，二弟阶宠，卒用悖慢，周有播荡之祸，汉有袁盎之变。窃闻勃海王悝，恃至

亲之属，借偏私之爱，有僭慢之心，颇不用制度，外聚轻薄不逞之
徒，内荒酒乐，出入无常，所与群居，皆家之弃子，朝之斥臣，有口无
行，必有羊胜、伍被之类。州司不敢弹纠，傅相不能匡辅。陛下宽
仁，隆于友于之义，不忍遏绝。恐遂滋蔓，为害弥大。乞露臣奏，宣
示百僚，使议于朝，明言其失，然后诏公卿平处其法。法决罪定，乃
下不忍之诏。臣下固执，然后少有所许。如是，则圣主无伤亲之
议，勃海长有享国之祚。不然，惧大狱将兴，使者相望于道矣。"上
以至亲，不问其事。弼字公谦，陈留考城人。历职忠謇，无所倾挠。
自尚书为平原太守，诏书下诸郡察党人，时所在怖惧，皆有所举，多
至数千人，弼独上言无党人。从事主者坐问责曰："诏书憎嫉党人，
恳极至诸郡皆有，平原何独无？"弼对曰："先王疆理天下，画为九
壤，物土不同，风俗亦异。他郡自有，平原自无，胡可相比？ 若趋诸
诏书，诬陷良善，平原之人皆为党乎？"从事大怒，奏弼罪，以赎免。
迁河东太守。弼初至(乡)〔郡〕^㉞，敕门下有请，一无所通。常侍侯
览遣诸生赍书求假盐税及有所属，门长不为通，生诈称自言者以见
弼。弼怒，收付狱，即日考杀之。览后以诬弼谤讪朝政，征诣廷尉，
论弃市。平原吏民走诣阙讼弼，得减死一等，刑竟归田里。后数为
公卿所荐，拜彭城相。为政务抑豪强，虽有纵放，然豪右敛手；小民
有罪，率多恩贷。

　　八年春正月，使中常侍左悺之苦祠老子。上始好神仙之事。
勃海王悝谋反，徙为(定)〔廮〕陶王^㉟。丙申晦，日有蚀之。诏公、
卿、校尉举贤良方正各一人。河南刘淑对曰："臣闻立天之道曰阴
与阳，立人之道曰仁与义。故夫妇正则父子亲，父子亲则君臣通，
君臣通则仁义立，仁义立则阴阳和而风雨时矣。夫吉凶在人，水旱

由政。故势在臣下则地震坤裂,下情不通则日月失明,百姓怨恨则水旱暴兴,主人骄盈则泽不下流。由此观之,君其纲也,臣其纪也。纲纪整则万目张,君臣正则万国理。故能父慈子孝,夫信妇贞,兄爱弟顺。如此,则阴阳风雨时,万物得所矣。”癸未㉚,废皇后邓氏。后骄忌,喜与上所幸郭贵人更相谮诉,由是故以废,忧死。亲属皆免归本郡。

三月辛巳,大赦天下。

夏四月丁巳,坏诸淫祀。壬戌,河水清。

五月丙戌,太尉杨秉薨。秉字叔节。少传父业,隐居教授三十余年,乃应司空之〔命〕〔辟〕㉛,稍迁刺史、二千石。所历皆有政迹,虽三公之子,经历州郡,常布衣蔬食,老而不改。在公卿位,朝廷每有得失,便尽心正谏,退而削草,虽子弟不知也。秉不饮酒,早丧夫人,遂不复娶,所在以淳明称。尝曰:“我有三不惑:财、酒、色。”有子曰赐,亦显行儒行。六月,匈奴寇边,郎将度尚击之。

九月,京师地震。

冬十月丙寅,太中大夫陈蕃为太尉㉜。蕃让曰:“‘不愆不忘,率由旧章’,臣不如太常胡广;齐七政,训五典,臣不如议郎王畅;文武兼资,折冲万里,臣不如弛刑司隶李膺。”上不许。蕃又上书曰:“臣闻昔齐桓公任管仲,将正诸侯,先为政令。今寇贼在外,四肢之疾耳。臣窃寝不能寐,食不能饱,忧陛下内政未治,忠言日疏。前梁冀五侯弄权,天启陛下收而戮之,当时天下号为小清。其前监未远,旋起覆车之轨矣。往年地动、日蚀、火灾,皆阴盛之应。愿陛下割塞左右豫政之原,引纳尚书朝省之事,简练高洁,斥退佞邪。如此则天和于上,地洽于下矣。从陛下践祚已来,大臣谁敢举左右之罪？往者<u>申屠嘉</u>召<u>邓通</u>，<u>文帝</u>遣诣<u>嘉</u>府，乃从而请之。三公之职，何所不统？但(令)〔今〕左右骄忿㊟，欲令三公不得举笔。臣<u>蕃</u>今擢自间阎，特为陛下日月所照，奈何受恩如臣，而当避难苟生，不敢正言？陛下虽厌臣毒言，人主有自勉强。"奏书，上不悦，愈以疾<u>蕃</u>。辛巳，立皇后<u>窦</u>氏。初，<u>宪</u>之诛，家属废为庶民。<u>武</u>字<u>游平</u>，少有学行，常闲居大泽，不交世务，诸生自远方来，授业百余人，名闻<u>关西</u>。<u>武</u>生五男二女：长男<u>绍</u>，次<u>机</u>，次<u>恪</u>；长女<u>妙</u>，即后也。上以<u>武</u>三辅大族，<u>武</u>有盛名，后入掖庭，逾月立为皇后。<u>武</u>甚不乐，舆疾至京师。拜<u>武</u>为特进、城门校尉，封<u>槐里侯</u>。<u>绍</u>为虎贲中郎将。<u>武</u>乃称疾笃，固辞爵位。<u>勃海</u>盗贼<u>盖登</u>自称"太上皇帝"，伏诛。

十二月，使中常侍<u>管霸</u>之<u>苦</u>祀<u>老子</u>。

九年春正月，<u>沛国</u>盗贼<u>戴异</u>自称"上皇帝"㊵，伏诛。辛酉，太常<u>胡广</u>为司徒。

三月辛巳㊶，京师夜有火光，转相惊噪。

夏四月庚午，河水清。<u>平原</u>人<u>襄楷</u>诣阙上书曰："臣闻天不言者，以文象设教。臣窃见往年五月，荧惑入紫微，犯<u>帝座</u>。其闰月，<u>太白</u>犯<u>房</u>、<u>心</u>。于占，天子凶。三月，<u>洛阳</u>城中夜无故云火光，人声正喧。于占，皆不出三年，天子当之。春夏已来，皆有繁霜，皆用刑酷急不当罪使之然也。自陛下即位已来，诛<u>寇</u>氏、<u>孙</u>氏、<u>邓</u>氏，其从坐者非一。<u>李云</u>之死，天下知其冤也。自<u>汉</u>兴已来，未有谏主被诛，用刑太深如今者也。昔<u>文王</u>能以一妻享十子之祚，今陛下宫女(十)〔千〕人㊷，不如<u>文王</u>之一妻者，明刑重而无德也。臣闻布谷闻于孟夏，蟋蟀吟于始秋，物有微而至信，人有贱而必忠。臣虽极贱，思效愚诚，愿赐清闲，极尽所言。"上即诏尚书召问，<u>楷</u>曰："臣闻古者本无宦臣,孝武末,春秋高,数游后宫,始置之耳。后稍见任,至孝顺帝时遂益昌炽也。按天市内宦者四星不在太微中而在市中,明宦者但当侍坐,〔不〕得预内43。今乃处古常伯之位,决谋于中,倾动内外,恐非天意也。"天子以楷章及对下有司,尚书奏:"自古有宦者之官,非近世所置。汉初张泽为大谒者,佐绛侯;孝文使赵谈参乘,而子孙昌盛。今楷不陈损益,而务析言破律,违背经义,伪托神灵。"于是论楷司寇。戊寅,特进窦武为大将军44。武移病洛阳都亭,固让至于数十,诏公车勿复通章。武惶恐,不得已就职。在公肃而不猛,其所交友,若陈仲举、李元礼等,皆为之论议而计政事焉。妻子恶衣食,车马苟全而已,卑身正己,率宗族内外,僮仆莫敢违法者。

六月庚午45,祀老子濯龙中,用夜郊而乐。鲜卑、乌(孙)〔桓〕寇边46,匈奴中郎将张奂击降之。自是宦者专权在位,子弟亲属及苟进之士连结依附以取荣宠,乘势肆意,陵暴天下。于是善人君子惧,人伦亏废,发愤忘难。初,阳翟令张奥,黄门张让弟也,多杀无辜,赃余千金。李膺初为河南尹,收奥考杀之。尚书诘膺曰:"尹视事无几,而多杀伐乎?"膺对曰:"昔孔子为鲁司寇,七日诛少正卯于两观之下。今臣列官已积二旬47,私惧稽留为愆,反获速疾之讥。肤受之诉以关圣听,自知罪死,期不旋踵。然臣愚计,乞留五月48,克珍元恶,然后退就汤镬,始生之愿也。"上不省,论输左校。顷之,起家为司隶校尉,振纲直绳,多所摧戮。河东太守单安、河内太守徐盛,中常侍单超、徐璜之弟也,凭宠干纪,渎货害政。沛国朱寓尝为司隶校尉,奏安、盛曰:"此等皆(官)〔宫〕竖昆叔49,刀锯之余,横蒙恩私,剖符三河,不能思展命力以答天地,敢张豺狼之口,吞噬百姓之命，罪深衅重，人鬼同疾。臣衔命操斤，翦其凶丑，辄考核赃罪，事皆伏。"上诏安、盛廷尉治罪。汝南人范滂，字孟博，郡召为功曹，即(骞)〔褰〕衣就车⑩，急痛于时也。进善退恶，风教肃然。即中不便者，咸共疾之，所举者谓之朋党。后为太尉黄琼所辟，登车揽辔，有澄清天下之志。受诏冀州，(百姓)〔守令〕闻滂名⑩，其有赃污未发者，皆解印绶去。滂举刺史、二千石二十余人罪恶者，皆权豪之党也。尚书诘滂曰："所举无乃猥多，恐有冤疑，其更详核，勿拘于前。"滂对曰："臣之所举，自非饕秽奸罪，岂以污臣简札！臣以会日促迫，故先举所闻，其未审者方当参实，以除凶类。臣闻农勤于除草，故谷稼丰茂；忠臣务在除奸，故令德道长。"滂睹时方艰难，知其志不行，乃投刺而去，于是〔中〕人耻惧㉜，怀谋害正矣。山阳人张俭，字元节，以正直知州举秀才，刺史非其人，谢病不起。太守翟超临郡请为东部督邮，俭解巾应之。俭举劾中常侍侯览前后请夺民田三百余顷，第舍十六区，皆高楼，四周连阁，洞殿驰道周旋，类于宫省，豫作寿冢石椁，双阙高十余丈，以准陵庙，破人家居，发掘冢墓，及虏掠良人妻妇女，皆应没入。俭比上书，为览所遮截，卒不得上。俭行步至平陵，逢览母乘轩，道从盈衢，俭官属呵，不避路。俭按剑怒曰："何等女子干督〔邮〕㉝，此非贼邪！"使吏卒收览母杀之，追擒览家属、宾客，死者百余人，皆僵尸道路，伐其园宅，井埋木刊，鸡犬器物，悉无余类。览素佞行，称冤于上曰："母及亲属无罪，横为俭所残害，皆大将军窦武、前太尉〔掾〕范滂所讽㉞。"上以俭郡吏，不先请奏，擅杀无辜，征付廷尉。诏收俭，俭乃忘命逃窜，吏捕之急。俭与鲁国孔褒有旧，后事发觉，俭走至东莱李笃家。督邮毛钦操兵至笃家，引钦就席曰："明廷何为枉驾自屈？"钦曰：

"张俭负罪入君门,是以来耳。"笃曰:"俭负罪亡命,笃岂得藏之?若审在此,此人名士,明廷宁宜执之?"钦因起抚笃背曰:"蘧伯玉耻独为君子,足下为仁义,奈何独专美邪?"笃曰:"今欲分之,明廷载半去矣。"钦叹息而去。笃道俭经北海戏子然家,送入渔阳出塞,得免。其所经历子然之徒皆伏诛,俭亲属内外并皆灭尽,于是佞幸内憾,媚上思报矣。初,河内张成,道术士也,知当大赦,使女杀人㉟。李膺之为司隶,收成杀之。是秋,览等教成弟子牢顺上书曰㊱:"司隶李膺、御史中丞陈(蕃)〔翔〕、汝南范滂、颍川杜密、南阳岑晊等相与结为党㊲,诽谤朝廷,迫胁公卿,自相荐举。三桓专鲁,六卿分晋,政在大夫,春秋所讥。"

九月,诏收膺等三百余人,其逋逃不获者悬千金以购之,使者相望于道,其所连及死者不可胜数,而党人之议始于此矣。上使中常侍王甫治党事,太尉陈蕃曰:"所考者皆忧国患时,当官不桡,是何罪而乃尔邪?"不肯署名。上不从,遂皆下狱。狱吏曰:"诸人入狱者当祭皋陶酒。"范滂曰:"皋陶古之直臣。如滂无罪,当理滂于天;如其有罪,祭之何益!"众人闻之,皆不祭。膺等皆三木囊头,伏于阶下㊳,(王甫)〔滂〕次在后㊴,因越前对。〔王甫〕问曰㊵:"合党连群,必有盟誓,其所图谋,皆何等邪?悉以情对。"滂曰:"窃闻仲尼之言'见善如不及,见不善如探汤'。欲使善善齐其清,恶恶同其污,谓王政之所愿闻,不悟反以为党。"王甫曰:"卿辈皆相拔举,迭为唇齿,其不合则见排摈,非党而何?"滂乃仰天曰:"古之修善,自求多福,今之修善,乃陷大戮。死之日,愿赐一畚,薄埋滂于首阳山侧,上不负于皇天,下不愧于伯夷、叔齐。"甫为之改容,即解桎梏,去囊头。尚书霍谞以为党事无验,表谏赦之,皆归田里。滂发京师,道路迎者数千人。滂谓友人殷仲子、黄子敬曰:"今子相随,是重吾祸也。"遂逃归乡里焉。陈留人夏馥,字子治,〔安〕贫乐道而不求当世[61]。郡内多豪族,奢而薄德,未尝过门,躬耕泽畔,以经书自娱,由是为豪势所非。而馥志业逾固,为海内所称,诸府交辟,天子玄纁征,皆不就。尝奔丧经洛阳,历太学门,诸生曰:"此太学门也。"馥曰:"东野生希游帝主之庭。"径去不复顾。〔公〕卿闻而追之[62],不得而见也。党事之兴,馥名在捕中。馥乃髡髭发,易姓名,匿迹远窜,为人佣赁。馥弟静,驾车马载绢饷之于滏阳县客舍[63]。见馥颜色毁悴,不能复识也,闻其声乃觉之。起,向之拜,馥避之不与言。夜至馥所,呼静语曰:"吾疾恶邪佞不〔与〕交通[64],以此获罪。所以不耻饥寒者,求全身也,奈何载祸相饷也。"明旦各遂别去,以获免。于是袁闳筑室于庭。日于室中东向拜母,去前后门户。及母丧,亦不制服位。如此十五年,卒以寿终。是时太学生三万余人,皆推先陈蕃、李膺,被服其行。由是学生同声竞为高论,上议执政,下讥卿士。范滂、岑晊之徒仰其风而扇之,于是天下翕然,以臧否为谈,名行善恶托以谣言曰:"不畏强御陈仲举,天下模楷李元礼。"公卿以下皆畏,莫不侧席。又为三君、八俊、八顾、八及之目,犹古之八元、八凯也。陈蕃为三君之冠,王畅、李膺为八俊之首,海内诸为名节志义者皆附其风。膺等虽免废,名逾盛,希之者唯恐不及涉其流者。时虽免黜,未及家,公府州郡争礼命之。申屠蟠尝游太学,退而告人曰:"昔战国之世处士横议,列国之王争为拥彗先驱,卒有坑儒之祸,今之谓矣。"乃绝迹于梁、砀之间,居三年而滂及难。

袁宏曰:夫人生合天地之道,感于事动,性之用也。故动用万方,参差百品,莫不顺乎道,本乎情性者也。是以为道者清净无为,少思少欲,冲其心而守之,虽爵以万乘,养以天下,不荣也。为德者言而不华,默而有信,推诚而行之,不愧于鬼神,而况于天下乎!为仁者博施兼爱,崇善济物,得其志而中心倾之,然忘己以为千载一时也。为义者洁轨迹,崇名教,遇其节而明之,虽杀身糜躯,犹未悔也。故因其所弘则谓之风,节其所托则谓之流,自风而观则同异之趣可得而见,以流而寻则好恶之心于是乎区别。是以古先哲王必节顺群风而导物为流之途,而各使自尽其业,故能班叙万物之才,以成务经纶王略直道而行者也。中古陵迟,斯道替矣。上之才不能以至公御物,率以所好求物,下之人不能博通为善,必以合时为贵,故一方通而群方塞矣。夫好恶通塞,万物之情也。背异倾同,世俗之心也。中智且犹不免,而况常人乎!故欲进之士,斐然向风,相与矫性违真,以徇一时之好,故所去不必同而不敢暴,则风俗迁矣。<u>春秋</u>之时,礼乐征伐,霸者迭兴,以义相持,故道德仁义之风往往不绝,虽文辞音制渐相祖习,然宪章轨仪先王之余也。<u>战国</u>纵横,强弱相陵,臣主侧席,忧在危亡,不旷日持久以延名业之士,而折节吐诚以招救溺之宾,故有开一说而飨执珪,起徒步而登卿相,而游说之风盛矣。<u>高祖</u>之兴,草创大伦,解褚衣而为将相,舍介胄而居庙堂,皆风云豪杰,屈起壮夫,非有师友渊深可得而观,徒以气勇武功彰于天下,而任侠之风盛矣。逮乎<u>元</u>、<u>成</u>、<u>明</u>、<u>章</u>之间,尊师稽古,宾礼儒术,故人重其学,各见是其业,徒守一家之说,以争异同之辩,而守文之风盛矣。自兹以降,主失其权,阉竖当朝,佞邪在位,忠义之士发愤忘难,以明邪正之道,而肆直之风盛矣。夫排忧患,释疑虑,论形势,测虚实,则游说之风有益于时矣;然犹尚谲诈,

两汉纪　后汉纪

明去就，间君臣，疏骨肉，使天下之人专徯利害，弊亦大矣。轻货财，重信义，忧人之急，济人之险，则任侠之风有益于时矣；然竖私惠，要名誉，感意气，仇睚眦，使天下之人轻犯叙之权，弊亦大矣。执诚说，修规矩，责名实，殊等分，则守文之风有益于时矣；然立同异，结朋党，信偏学，诬道理，使天下之人奔走争竞，弊亦大矣。崇君亲，党忠贤，洁名行，厉风俗，则肆直之风有益于时矣；然定臧否，穷是非，触万乘，陵卿相，使天下之人自置于必死之地，弊亦大矣。古之为政，必置三公以论道德，树六卿以议庶事，百司箴规讽谏，闾阎讲肆以修明业。于是观行于乡间，察议于亲邻，举礼于朝廷，考绩于所莅，使言足以宣彼我而不至于辩也，义足以通物心而不至于为佞也，学足以通古今而不至于为文也，直足以明正顺而不至于为狂也。野不议朝，处不谈务，少不论长，贱不辩贵，先王之教也。传曰："不在其位，不谋其政。天下有道，庶人不议。"此之谓矣。苟失斯道，庶人干政，权移于下，物竞所能，人轻其死，所以乱也。至乃夏馥毁形以免死，袁闳灭礼以自全，岂不哀哉！

时诸黄门无功而侯者，大将军窦武上表曰："陛下即位以来，梁、孙、邓、（亳）〔亳〕贵戚专势⑥，侵逼公卿，略驱吏民，恶熟罪深，或诛灭相续。以常侍黄门窃弄王命，欺罔竞行，谤讟争入，如忠臣李固、杜乔在朝，必竭忠奉之节，觉其奸萌，因造妖言，陷之祸门。陛下不察，加以大戮，冤感皇天，痛入后土，贤愚悲悼，小大伤摧。固等既殁，宦党受封，快凶慝之心，张豺狼之口，天下咸言：'直如弦，死道边；曲如钩，封公侯。'谣言之作，正为于此。陛下违汉旧典，谓必可行，自造制度，妄爵非人。今朝廷日衰，奸臣专政，臣恐有胡亥之难在于不久，赵高之变不朝则夕。臣实怀愚，不惮瞽言。

使身死名著,碎体粪土,荐肉狐鼠,犹生之年,虽尊官厚禄,不以易之也。谨冒死陈得失之要凡七十余条,伏惟陛下深思,臣言束骸候诛。"武数进忠言,辞旨恳恻,李膺等被赦,由武申救之也。

(元)〔永〕康元年春正月⑥,西羌寇三辅,夫余夷王寇玄菟。

夏四月,中郎将张奂以南单于车儿不能治国事,上言更立左鹿蠡王都纰为单于。诏曰:"春秋大居正,车儿一心同向化,何罪而黜? 其遣还廷摄部落。"

五月壬子晦,日有蚀之。

六月甲寅,诏公、卿、校尉举贤良方正各一人。颍川荀爽对策曰:"臣闻火生于木,故其德孝,汉之谥帝称孝者,其义取此也。故汉制使天下皆讲孝经,选吏能举孝廉,盖以孝为务也。夫丧亲,自尽孝之终也。今二千石不得终三年丧,恐非所以为孝道而称火德也。顷者胤嗣数乏,本枝不繁,其咎未必不由此。往者孝文劳谦自约,行过乎俭,故有遗诏以日易月,此谓夷、惠激俗适身而已,不可贯之万世,〔为〕后(为)嗣德者也⑰。虽古今损益,未能谅阴,可存其礼以示天下。又公卿、二千石皆辅主宣化,政之本也,而使不赴父母之丧,人义替矣。春秋传曰:'上之所为,民之归也。'上使不为,民或为之,是以加罚。假若上之所为,而民亦为之,向其化也,又何诛焉? 假使大臣皆不行三年之丧,何以责之? 古者臣有大丧,则君三年不呼其门,可如旧礼,以美风俗。臣闻有夫妇然后有父子,有父子然后有上下,有上下然后有礼义。故夫妇之始,王教之端也。孔子曰:'天尊地卑,乾坤定矣。'书曰:'釐降二女于妫汭。'言虽帝尧之女下嫁于虞,犹屈体降下,妇道于虞氏也。春秋之义,王姬嫁齐侯,使鲁主之,不以天子之尊加诸侯也。今汉承秦法,设尚主之仪,以妻制夫,失阳唱之义,以卑临尊,违乾坤之道。今诚改尚主之制,称尊卑之性,则嘉瑞降天,吉符出地,是以万物各得其叙矣。"书奏,爽即弃去之⑱。庚子⑲,大赦天下。

秋八月,黄龙见巴郡。初,民就池浴相戏曰:"此中有黄龙。"因流行民间,太守上言,时史以书帝纪。是时政治衰缺,所居多言瑞应,皆此类也。本志曰:"瑞兴非时则为妖孽,为言虽虚,此为龙孽也。"

冬十月壬戌,南宫平城内屋坏。

十二月丁丑,帝崩于德阳殿。初,河南孝王生解渎亭侯淑,淑生苌,苌生宏。帝崩无嗣,大将军窦武召御史刘儵,儵盛称宏于武。武与太后定策禁中,太后诏曰:"大行皇帝德配天地,光照上下,不获胤嗣之祚,早弃万国。朕忧心摧伤,追览前代法,王后无适即择贤,六亲考德叙才,莫若解渎亭侯宏,年十有二,嶷然有周成之质。春秋之义:为人后者为之子。其以宏为〔大〕行皇帝嗣⑳。"使光禄大夫刘儵持节之国奉迎。

校勘记

① 正月辛丑 "辛丑",后汉书桓帝纪作"辛酉"。

② 二月壬申 "壬申",后汉书桓帝纪作"壬辰"。

③ 〔封〕河间孝王(迁)〔开子博〕为〔任城〕王 从南监本、龙溪本、学海堂本改补。

④ 源陵 后汉书桓帝纪作"原陵"。

⑤ 关内侯以张披酒泉 语残缺不可解。诸本皆如此。

⑥ 豫章徐稚 "稚",龙溪木、后汉书皆作"穉"。按"稚"、"穉"异体同义,通。

⑦ (起)家拜太原太守 从后汉书徐穉列传删。李贤注:"家拜,就家而拜之也。"

⑧ 更问稼穑之(家)〔事〕　从南监本、龙溪本、学海堂本改。

⑨ 父为彭城(太守)〔相〕　从后汉书袁安列传改。按续汉书郡国志作"彭城国"。故此应为"相"。

⑩ 〔五年〕夏四月戊辰　从后汉书孝桓帝纪补。

⑪ 〔冬十月〕　从后汉书孝桓帝纪补。

⑫ 武(阳)〔陵〕蛮夷反　从后汉书孝桓帝纪改。本卷下文亦作"武陵蛮夷"。

⑬ 朝臣多为穆(怨)〔冤〕　从南监本、龙溪本、学海堂本改。

⑭ 大鸿胪许栩为司徒　后汉书孝桓帝纪作"卫尉许栩"。

⑮ 田歆外(生)〔甥〕　从学海堂本改。

⑯ 因汝之明(状)　从南监本、龙溪本、学海堂本删。

⑰ 〔求〕人之所不知　从南监本、龙溪本、学海堂本补。

⑱ 隐滞之(吏)〔夫〕　从南监本、龙溪本、学海堂本改。

⑲ 乃洛阳(夫)〔吏〕　从南监本、龙溪本、学海堂本改。

⑳ 二月　后汉书桓帝纪作"三月"。

㉑ 上〔幸〕广(城)〔成〕　从后汉书陈蕃列传补"幸",从后汉书孝顺帝纪改"城"为"成"。

㉒ 以杀(属)〔禽〕助祭　从后汉书陈蕃列传改。

㉓ 无(敢)〔教〕游逸　从后汉书陈蕃列传改。李贤注:"尚书咎繇谟曰'无教逸欲有邦'。"

㉔ 谥曰昭侯　"昭侯",后汉书黄琼列传作"忠侯"。

㉕ 侯览(贝)〔具〕瑗　从后汉书孝桓帝纪改。

㉖ 奏〔入〕　从南监本、龙溪本、学海堂本补。

㉗ 尚书诘(橡)〔秉〕　从南监本、龙溪本、学海堂本改。

㉘ (召)尚〔召〕治中别驾　从龙溪本乙正。

㉙ 径赴(城)〔贼〕屯　从后汉书度尚列传改。

㉚ 封(右)尚〔右〕乡侯　从龙溪本、学海堂本改。

㉛ 临〔汉〕水　从后汉书孝桓帝纪补。

㉜〔还幸新野〕 从后汉书孝桓帝纪补。

㉝〔寿〕张敬侯鲁哀(公)〔王〕庙 从后汉书孝桓帝纪补改。

㉞ 弼初至(乡)〔郡〕 从南监本、龙溪本改。

㉟ 徙为(定)〔廮〕陶王 从后汉书孝桓帝纪改。

㊱ 癸未 后汉书孝桓帝纪作"癸亥"。

㊲ 乃应司空之(命)〔辟〕 从南监本、龙溪本改。

㊳ 冬十月丙寅太中大夫陈蕃为太尉 后汉书孝桓帝纪系此事于秋七月。

㊴ 但(令)〔今〕左右骄忿 从南监本、龙溪本、学海堂本改。

㊵ 自称上皇帝 后汉书孝桓帝纪作"称太上皇"。

㊶ 三月辛巳 "辛巳",后汉书桓帝纪作"癸巳"。

㊷ 今陛下宫女(十)〔千〕人 从南监本、龙溪本改。后汉书襄楷列传作"今宫女数千"。

㊸〔不〕得预内 从南监本、龙溪本、学海堂本补。

㊹ 特进窦武为大将军 后汉书窦武列传延熹九年冬武拜城门校尉。孝灵帝纪建宁元年窦武为大将军。袁纪此处恐误。

㊺ 六月庚午 "六月",后汉书孝桓帝纪作"秋七月"。

㊻ 乌(孙)〔桓〕寇边 从后汉书孝桓帝纪改。

㊼ 今臣列官已积二旬 "二",后汉书党锢列传作"一"。

㊽ 乞留五月 "月",后汉书党锢列传作"日"。

㊾ 此等皆(官)〔宫〕竖昆叔 从龙溪本、学海堂本改。

㊿ 即(骞)〔褰〕衣就车 从南监本、龙溪本改。

(51) (百姓)〔守令〕闻滂名 从学海堂本改。

(52) 于是〔中〕人耻惧 从南监本、龙溪本补。

(53) 何等女子干督〔邮〕 从学海堂本补。

(54) 前太尉〔掾〕范滂所讽 从学海堂本补。

(55) 使女杀人 后汉书党锢列传作"遂教子杀人"。

(56) 牢顺上书 后汉书党锢列传作"牢脩"。

57 御史中丞陈(蕃)〔翔〕　从后汉书党锢列传改。

58 伏于阶下　后汉书党锢列传作"暴于阶下"。

59 (王甫)〔滂〕次在后　从后汉书党锢列传改。

60 〔王甫〕问曰　从后汉书党锢列传补。

61 〔安〕贫乐道　从南监本、龙溪本、学海堂本补。

62 〔公〕卿闻而追之　从南监本、龙溪本、学海堂本补。

63 饷之于滏阳县客舍　后汉书党锢列传作"追之于涅阳市中"。

64 吾疾恶邪佞不"与"交通　从南监本、龙溪本、学海堂本补。

65 邓(亳)〔毫〕贵戚专势　从龙溪本改。

66 (元)〔永〕康元年　从学海堂本改。

67 〔为〕后(为)嗣德者也　从南监本、龙溪本乙正。

68 爽即弃去之　后汉书荀爽传作"爽即弃官去"。

69 庚子　后汉书桓帝纪作"庚申"。

70 其以宏为〔大〕行皇帝嗣　从南监本、龙溪本、学海堂本补。

后汉纪 孝灵皇帝纪上 卷第二十三

建宁元年春正月己亥，上征至。大将军窦武持节迎于夏门亭，庚子，即皇帝位。以太尉陈蕃为太傅，(以)〔与大〕将军窦武(为)〔及〕司徒胡广录尚书事①。诏曰："太傅陈蕃辅弼先帝，出纳为允，謇谔之节，宜于本朝。朕初践祚，亲授策命，忠笃之性，老而弥纯。其封蕃为高阳侯。"固让不受，章十余上，乃许。

三月辛丑②，葬孝桓皇帝于宣陵。庚午，大赦天下。赐男子爵，孝悌、力田帛，各有差。

夏四月甲午③，追尊祖解渎亭侯淑为孝元皇帝，考嗣侯苌为孝仁皇帝，妃董姬为慎园贵人。戊辰，以长乐卫尉王畅为司空。

五月丁未朔，日有蚀之。

六月癸巳，录定策功封窦武、曹节等十一人为列侯。

八月，司空王畅以灾异策罢，宗正刘宠为司空。畅字叔茂，太尉龚之子也。初，畅为南阳太守，设禁令，明赏罚。太守下车之后而故犯法者，发屋伐树，塞井(移)〔夷〕灶④，豪强战栗，晏开早闭，功曹张敞谏曰："盖闻诸经典，殷汤开三面之网，而四方归仁；武王除炮烙之刑,而天下咸服。高祖创业,约法三章;孝文宽刑,号称太宗。若夫卓茂、文翁之徒,皆去严刻,务崇温和。夫明哲之君,网漏吞舟之鱼,然后三光明于上,民物和于下。愚谓舜举皋陶,不仁者远;随会为政,晋盗奔秦。治民在德,不在于刑。"畅于是崇宽慎刑,旌贤表德。畅以郡俗奢富,欲约己以矫之,乃衣大布,坐羊皮车,厩马羸弊而不改之。同郡刘表时年十七,从畅受学。进谏曰:"盖闻奢不僭上,俭不逼下,守道行礼,贵处可否之间。清不暴鳞,浊不污泥,蘧伯玉耻独为君子。府君不希孔圣之明训,而慕夷、齐之末操,无乃皎然自贵于世?"畅答曰:"昔公仪休在鲁,拔园葵,去织妇;孙叔敖相楚,其子披裘刈薪。夫以约失之者鲜矣。闻伯夷之风者,贪夫廉,懦夫有立志。虽以不德,敢慕高风,且以矫俗也。"太后新摄政,政之巨细多委陈蕃、窦武,同心戮力,以奖王室,征用天下名士参政事,于是天下英隽知其风指,莫不人人延颈(相)〔想〕望太平⑤。其后中常侍曹节与上乳母赵娆求谄于太后,太后信之。数出诏命有所封拜,蕃、武每谏不许。会有日蚀之变,蕃谓武曰:"昔萧望之为石显所杀,李、杜祸及妻子。有一石显,望之尚为之死,况数十人邪?赵夫人旦夕乱政,其患最甚。蕃以余年,请为将军除之,因灾之变以除佞臣,谁曰不可?"武亦谋之,深纳蕃言。乃言之于太后曰:"故事,内官但典门户,给事左右而已。今乃参政事,贵显朝廷,父子兄弟并在列位。天下匈匈,多以为患,今可悉除之。"太后曰:"此皆天所生,汉元以来世世用事,国之旧典,何可废也?但诛其恶耳。"武性详重,疑而未决。是时太白犯上,将星又入太微。侍中刘瑜素善天文,与蕃书曰:"星辰错乱,不利大臣,前所谋者事,宜速断之。"蕃、武得书将发,于是以朱寓为司隶校尉,刘祐为河南尹。武奏收中常侍曹节、长乐食监王甫等，使侍中刘瑜内其奏，谋颇泄漏。节等乃窃发瑜奏，且知其事，节曰："前先帝宫人嫁，武父子载取之，各且十余人，此大罪也。身自不正，何以正人？"中黄门朱(寓)〔瑀〕曰⑥："其中放纵者罪当诛耳，我曹何罪？"乃与等辈十余人结诛武等，是夜矫诏以王甫为黄门令，持节诛尚书令尹勋，因共胁太后取玺绶。

九月辛亥，节请帝御前殿，召公卿百官易拜司隶校尉、河南尹，遣中谒者分守南、北宫。节称诏收大将军窦武。武不受诏，与子绍将北宫二千人屯洛阳都亭。太傅陈蕃闻起兵，将官属诸生八十余人到承明门，使者不内，曰："公未被诏召，何得勒兵入宫？"蕃曰："赵鞅专兵向宫，以逐君侧之恶，春秋义之。"有使者出开门，蕃到尚书门，正色曰："大将军窦武，忠以卫国，黄门常侍无道，欲诬忠良邪？"黄门王甫曰："先帝新弃天下，山陵未成，武有何功？兄弟父子并封三侯。又设乐饮宴，多取掖庭宫人，旬日之间，资财巨万。大臣若此，是为道邪？公为宰辅，苟相阿党，复何求贼？"使剑士收蕃，蕃声逾厉，辞气不(桡)〔挠〕⑦，遂送蕃北寺狱。节又称诏，以少府周(静)〔靖〕行车骑〔将〕军⑧，与匈奴中郎将张奂、王甫持节共以讨武等，与武陈兵于阙下。(甫)〔武〕令其军曰⑨："黄门常侍反逆无道，何尽随之反乎？先降有重赏。"中宫执势久，士皆畏之。于是免武兵，数十人者各为部归于甫军。自旦至食时，兵降且尽。武自杀，绍等走，靖等皆斩。绍弟机、亲族宾客悉诛之。蕃亦被害。妻子徙日南，皇太后迁于云台。于是自公卿以下尝为蕃、武所举，皆免官禁锢。蕃字仲举，汝南平舆人。初，袁阆为郡功曹，举蕃以自代，曰："陈蕃有匡弼之才，不可久屈，宜以礼致之。"于是为郡功曹,举贤良方正,皆不就。<u>桓帝</u>初,招延俊乂,征拜为议郎,起署为尚书,稍迁九卿。初,为<u>豫章</u>太守,独设一榻以候<u>徐孺子</u>,余人不得而接,其高简亮正,皆此类也。丙辰,司徒<u>胡广</u>为太傅,录尚书事,司空<u>刘宠</u>为司徒。<u>宠字祖荣,东莱牟平</u>人。初,为<u>会稽</u>太守,正身率下,郡中大治,征入为将作大匠。<u>山阴县</u>有数老父,年各八十余,居<u>若邪山</u>下,去郡十里,闻<u>宠</u>当迁,相率共往送<u>宠</u>,人赍百钱。<u>宠</u>见老父曰:"何乃自苦来邪?"对曰:"山谷鄙老,生未尝到郡县。他时吏发不去,民间或狗吠竟夕,民不得安。自明府下车以来,吏稀至,民间狗不夜吠。老值圣化,今闻当见弃,故自力来送。"<u>宠</u>曰:"吾何能及公耶?甚勤苦父老!"为选一大钱受之。故<u>会稽</u>号为"取一钱",其清如此。薄衣服,弊车马。其与人交恂恂然,在朝廷正色,不可干以私。闭门静居,不接宾客,教诲子孙而已。故进不见恶,退无谤言。封<u>曹节</u>十八人为列侯,讨<u>陈</u>、<u>窦</u>之功也。十月甲辰晦,日有蚀之。<u>鲜卑</u>犯<u>幽州</u>,杀略吏民,自此已后,无岁不犯塞。<u>陈</u>、<u>窦</u>之诛,海内冤之。<u>曹节</u>善招礼名贤以卫其罪,乃言于帝,就拜<u>姜肱</u>为<u>犍为</u>太守,<u>韦著</u>为<u>东海</u>相。招书迫切,<u>肱</u>浮海遁逃,卒不屈去。<u>著</u>不得已,遂解巾临郡,为政任威刑。妻子放恣,为受罚家所告,(轮)〔论〕输左校⑩。刑(音)〔竟〕归乡里⑪,为奸人所杀。

二年春正月丁丑,大赦天下。迎<u>慎</u>(国)〔园〕<u>董贵人</u>幸<u>南宫嘉德殿</u>⑫。

二月己巳⑬,尊<u>董贵人</u>为孝(文)〔仁〕皇后⑭,后置<u>永</u>〔乐〕宫如<u>匽贵人</u>之礼⑮。贵人<u>河间</u>人,配<u>解渎侯苌</u>,生帝。后兄子<u>重</u>为五官中郎将。

夏四月壬辰,青蛇见御座殿轩。癸巳,大风折木。诏群臣各上封事,靡有所讳。议郎谢弼上疏曰:"盖闻蛇者,女子之祥也。皇太后幽隔空宫,愁感天心所致(于)〔也〕⑯。皇太后定策帷幄,援立陛下,虽父兄不轨,非皇太后之罪。陛下当以其诛灭之故,特加慰释之念;而反隔绝,靡有朝问之礼,大亏孝道,不可以示四方。昔周襄王不能事母,夷狄交侵,天命去之,遂陵迟不复兴。礼:为人后者为之子。今以孝桓皇帝为父,岂得不以皇太后为母哉?援神契曰:'天子行孝,四夷和平。'方今边境斥候,兵革锋起,非孝无以济之。愿陛下上以尧、舜为法,下以襄王为戒,无令皇后忧愁于北宫。一旦有雾露之疾,陛下当何面目以见天下乎?"又匈奴中郎将张奂上书曰:"臣闻风为号令动物通气。木者火之本,相须乃明。蛇者,屈伸隐显似龙,顺至为休征,逆来为灾殃。故大将军窦武忠肃恭俭,有援立之功;太傅陈蕃敦方抗直,夙夜匪懈。一旦被诛,天下惊怛,海内嘿嘿,莫不哀心。昔周公既薨,成王葬不具礼,天乃大风,偃木折树。成王发书感悟,备礼改葬,天乃立反风,其木树尽起。今宜改葬蕃、武,(选)〔还〕其家属⑰,诸被禁锢,一宜蠲除。则灾变可消,升平可致也。"天子虽知奂言是,然迫于节等,不得从之。中官恶谢弼,出为〔广〕陵府丞⑱,郡县承旨,以他罪死狱中。张奂字然明,燉煌酒泉人。少与安定皇甫规俱显当世,而奂又与规善。初,奂为梁冀所辟,冀被诛,奂废锢。众人莫敢为言,唯规数荐奂。由是为武威太守、度辽将军,幽、并清净,吏民歌之。征拜大司农,赐钱二十万,除家一人为郎。奂让不受,愿(徒)〔徙〕户华阴⑲。旧制边民不得内徙,唯奂因功得听,故奂始为弘农人。建宁初,奂新至未除,会陈、窦之事,中(赏)〔常〕侍曹节等承制使奂率五营士围武⑳。武自杀,蕃下狱死,义士以此非奂。然素立清节,当可否之间,虽〔强〕御不敢夺也㉑。后以党事免官,禁锢河东,太守董卓慕其名,使兄遗奂缣百匹,奂不受,知卓有奸凶之心,遂与绝。至于朋友之馈,虽车马不辞也。时被党锢者多不守静,或徙或死,唯奂杜门不出,养徒著书矣。六月,司徒刘宠为太尉。

九月,江夏、丹阳蛮夷反。李膺等以赦获免,而党人之名书在王府,诏书每下,辄伸党人之禁。陈、窦当朝后,亲而用之,皆勤王政而尽心力,拔忠贤而疾邪佞。陈、窦已诛,中官逾专威势,既息陈、窦之党,又惧善人谋己,乃讽有司奏诸钩党者请下州郡考治。时上年十四,问节等曰:"何以为钩党?"对曰:"钩党者,即党人也。"上曰:"党人何用为而诛之邪?"对曰:"皆相举群辈,欲为不轨。"上曰:"党人而为不轨,不轨欲如何?"对曰:"欲图社稷。"上乃可其奏。于是故司空王畅、太常赵典、大司空刘祐、长乐少府李膺、太仆杜密、尚书荀绲、朱寓、魏朗、侍中刘淑、刘瑜、左中郎将丁栩、颍川太守巴肃、沛相荀昱、议郎刘儒、故掾范滂皆下狱诛,皆民望也。其余死者百余人,天下闻之莫不垂泣。

袁宏曰:夫称至治者,非贵其无乱,贵万物得所而不失其情也。言善教者,非贵其无害也,贵性理不伤,性命咸遂也。故治之兴所以道通,群心在乎万物之生也。古之圣人知其如此,故作为名教,平章天下。天下既宁,万物之生全也。保生遂性,久而安之,故名教之益,万物之情大也。当其治隆,则资教以全生;及其不足,则立身以重教。然则教也者,存亡之所由也。夫道衰则教亏,幸免同乎苟生;教重则道存,灭身不为徒死,所以固名教也。污隆者,世时之盛衰也。所以乱而治理,不尽世弊,而教道不绝者,任教之人存也。夫称诚而动,以理为心,此情存乎名教者也。内不忘己以为身,此利名教者也。情〔存〕于名教者少㉒，故道深于千载。利名教者众，故道显于当年。盖浓薄之诚异，而远近之义殊也。统体而观，斯利名教之所取也。

乡人谓李膺曰："可逃之乎？"膺叹曰："事不辞难，罪不逃刑，臣之节也。吾年已七十㉓，祸自己招，复何避乎？"诏书至汝南，督邮吴道悲泣不忍出，县中不知所为。范滂闻之曰："督邮何泣哉？此必为吾也。"径诣县狱。县令郭揖见滂曰："天下大矣，子何为在此？"滂曰："何敢彰罪于君，使祸及老母。"滂与母诀曰："滂承顺教训，不能保全其身，得下奉亡君于九泉，亦其愿也。"母曰："尔得李、杜齐名，吾复何恨！"三君、八隽之死，郭泰私为之恸曰："'人之云亡，邦国殄瘁。'汉室灭矣，未知瞻乌爰止于谁之屋？"泰字林〔宗〕㉔，太原介休人。少孤养母，年二十，为县小吏，喟然叹曰："大丈夫焉能处斗筲之役？"乃言于母，欲就师问。母对之曰："无资奈何？"林宗曰："无用资为。"遂辞母而行，至成皋屈伯彦精庐，并日而食，衣不盖形，人不堪其忧，林宗不改其乐。三年之后，艺兼游、夏。同邑宋仲字隽，有高才，讽书日万言，与相友善，闲居逍遥。泰谓仲曰："盖昔之君子会友辅仁，夫周而不比，群而不党，皆始于将顺，终于匡救，济俗变教，隆化之道也。"于是仰慕仲尼，俯则孟轲，周流华夏，采〔褚〕〔诸〕幽滞㉕。泰始中，至京师，陈留人符融见而叹曰："高雅奇伟，达见清理，行不苟合，言不夸毗，此异士也。"言之于河南尹李膺，与相见曰："吾见士多矣，未有如郭林宗者也。其聪识通朗，高雅密博，今之华夏鲜见其俦。"友而亲之。陈留人韩卓，有知人之鉴，融见〔原〕〔卓〕㉖，以己言告之。卓曰："此太原士也。"他日，又以泰言告之，卓曰："四海内士也，吾将见之。"于是骤见泰，谓融曰："此子神气冲和，言合规矩，高才妙识，罕见其伦。"
陈留蒲亭亭长仇香年已长矣，泰见香在而言之，明日起朝之，曰："君，泰之师，非泰之友。"陈留茅容，年四十矣，亲耕陇亩，避雨树下，众人悉践蹲，容独厘膝危坐。泰奇其异，请问舍所在，因寄宿。容明旦杀鸡作食，泰谓之为己也。容分半食母，余半(度)〔庋〕置[27]，自与泰素餐。泰曰："卿贤哉远矣！郭泰犹减三牲之具以供宾旅，而卿如此，乃我友也。"起对之揖，劝令学问，卒成盛德。尝止陈国文孝，童子魏昭求入其房供给洒扫，泰曰："年少当精义书，曷为(来)〔求〕近我乎[28]？"昭曰："盖闻经师易遇，人师难遭，故欲以素丝之质附近朱蓝耳。"泰美其言，听与共止。尝不佳，夜后命昭作粥，粥成进泰，泰一呵之曰："为长者作粥，不加意敬，使不可食。"以杯掷地。昭更为粥重进，泰复呵之。如此者三，昭姿无变容，颜色殊悦。泰曰："吾始见子之面，而今而后，知卿心耳。"遂友而善之。钜鹿孟敏字叔达，客居太原，未有知名。叔达曾至市买甑，荷担堕地，径去不顾。时适遇林宗，林宗异而问之："甑破可惜，何以不顾？"叔达曰："甑既已破，视之无益。"林宗以为有分决，与之言，知其德性，谓必为善士，劝使读书，游学十年，知名当世。其宗人犯法，恐至大辟，父老令至县请之。叔达曰："犯法当死，不应死自活。此明理也，何请之有？"父老董敦之曰："悗其死者，此大事也，奈何以宜适而不受邪？"叔达不得已，乃行见杨氏令，不言而退。令曰："孟徵君高雅绝世[29]，虽其不言，吾为原之矣。"初，汝南袁闳盛名盖世，泰见之不宿而退；汝南黄宪邦邑有声，天下未重，泰见之，数日乃去。薛恭祖曰："闻足下见袁奉高车不停轨，銮不辍轭；从黄叔度乃弥日信宿，非其望也。"林宗答曰："奉高之器，譬诸泛滥，虽清易挹。<u>叔度</u>汪汪如万顷之波,澄之而不清,挠之而不浊,其器深广,难测量也,虽住稽留,不亦可乎!"由是<u>宪</u>名重于海内。初,<u>泰</u>尝止<u>陈留</u>学宫,学生<u>左原</u>犯事斥逐,<u>泰</u>具酒食劳<u>原</u>于路侧,谓之曰:"昔<u>颜涿聚梁甫</u>之大盗,<u>段干木晋国</u>之大驵,卒为<u>齐</u>之忠臣,<u>魏</u>之名贤。且<u>蘧伯玉</u>、<u>颜子渊</u>犹有过,谁能无乎!慎勿恨之,责躬而已。"或曰:"何为礼慰小人?"<u>泰</u>曰:"诸君黜人,不托以藜蒸,无有掩恶含垢之义。'人而不仁,疾之已甚,乱也'。吾惧其致害,故训之。"后<u>原</u>结客谋构己者,至期曰:"<u>林宗</u>在此,负其前言。"于是去。后事发露,众人咸自以蒙更生之赐于<u>泰</u>。<u>泰</u>谓<u>济阴黄元艾</u>曰:"卿高才绝人,足为伟器。然年过四十,名声著矣。于此际当自匡持,不然将失之矣。"<u>元艾</u>笑曰:"但恐才力不然,至此年矣。若如所救,敢自克保,庶不有累也。"<u>林宗</u>曰:"吾言方验,卿其慎之。"<u>元艾</u>声闻遂隆,后见司徒<u>袁隗</u>,<u>隗</u>叹其英异,曰:"若索女婿,如此善矣。"有人以<u>隗</u>言告<u>元艾</u>,又自生意谓之曰:"<u>袁</u>公有女,得无欲嫁与卿乎?"<u>元艾</u>妇<u>夏侯氏</u>有三〔子〕㉚,便遣归家,将黜之,更索<u>隗</u>女也。<u>夏侯氏</u>父母曰:"妇人见去,当分钗断带,请还之。"遂还。<u>元艾</u>为主人请亲属及宾客二十余人,<u>夏侯氏</u>便于座中攘臂大呼,数<u>元艾</u>隐慝秽恶十五事,曰:"吾早欲弃卿去,而情所未忍耳,今反黜我!"遂越席而去。<u>元艾</u>诸事悉发露,由此之故废弃当世。其弘明善恶,皆此类也。后遭母忧,丧过于哀。<u>徐孺子</u>荷担来吊,以生刍一束顿庐前,既唁而退。或问:"此谁也?"<u>林宗</u>曰:"<u>南州</u>高士<u>徐孺子</u>者,其人诸生,吾不堪其喻也。"<u>钜鹿孙威直</u>来吊,既而<u>介休贾子序</u>亦来吊,<u>林宗</u>受之。<u>威直</u>不辞而去,门人告之。<u>林宗</u>遣人追之,曰:"何去之疾也?"<u>威直</u>曰:"君,天下名士,门无杂宾,而受恶人之(嗲)〔唁〕㉚,诚失其所望,是以去耳。"林宗曰:"宜先相问,何以便去邪? 乡里贾子序者,实有匈险之行,为国人所弃。闻我遭丧,而洗心来吊,此亦未被大道之训,而有修善之志也,吾故受之。若其遂变化者,弃损物更为贵用;如其不然,不保其往也。且仲尼不逆互乡,奈何使我拒子序也?"子序闻之,更自革修,终成善人。其善诱皆此类也。其所提拔在无闻之中,若陈元龙、何伯求,终成秀异者六十余人;其所临官,若陈仲弓、夏子治者十余人,皆名德也。石云考从容谓宋子俊曰:"吾与子不及郭生,譬诸由、赐不敢望回也。今卿言称宋、郭,此河西之人疑卜商于夫子者也,若遇曾参之诘,何辞以对乎?"子俊曰:"鲁人谓仲尼东家丘,荡荡体大,民不能名,子所明也。陈子禽以子贡贤于仲尼,浅见之言,故然有定邪? 吾尝与杜周甫论林宗之德也,清高明雅,英达瑰玮,学问渊深,妙有俊才。然其恺悌玄澹,格量高俊,含弘博恕,忠粹笃诚,非今之人,三代士也,汉元以来未见其匹。周甫深以为然。此乃宋仲之师表也,子何言哉?"于是劝林宗仕,泰曰:"不然也,吾夜观乾象,昼察人事,天下所废,不可支也。方今卦在明夷,爻直勿用之象,潜居利贞之秋也。犹恐沧海横流,吾其鱼也。吾将岩栖归神,咀嚼元气,以修伯阳、彭祖之术,为优哉游哉,聊以卒岁者。"遂辞王公之命,阖门教授。泰身长八尺,仪貌魁岸,善谈论,声音如钟,宵行幽暗必正其衣服。家有书五千卷,率多图纬星历之事。与其等类行,晨则在前,暮则在后。所历亭传不处正堂,恒止逆旅之下,先加粪除而后处焉。及宿止,冬让温厚,夏让清凉,如乡里或有尔者父母谚曰:"欲作郭林宗邪?"仇季字香智,陈留考城人,行至纯嘿,乡党无知者。年四十,召为县吏,以科选为蒲亭长,劝耕桑,合嫁娶。农事毕,令子弟群居,同学丧不办者,躬自助之;其孤寡贫穷,令宗人相赡之;其剽轻无业者,宗人亦处业之,不从科者罚之。以谷代公赋,多少有次,行之期月,里无盗窃。香初到亭,民有陈元者,独与母居,供养有违,母诣香告元不孝。香惊曰:"吁,是何谓乎?近日过舍,庐落整顿,耕芸以时。此非恶人,但教化未至。且妇人守寡养孤,上欲激贞名于当世,中欲不负于黄泉,下欲育遗嗣而继宗也。此三节者,妇人之妙行也。母既若斯华发矣,奈何以〔一〕旦之忿弃历年之勤乎⑧?且母养人孤遗,不能成济,若死者有知,百岁之后,当何以见亡者?"母涕泣而起。香留为具食,嘱曰:"归勿复言,吾方为教之。"既而之田里,于众中厉言曰:"此里当有孝子,陈元今何在?"众指曰:"是也。"香起揖之孝行,慰勉之,谓众曰:"此孝义里当见异,以陈元故,后诸乡。"数日,赍酒礼到元家,上堂与相对,视其食饮之具,有异于他日,遂复陈孝行以诱其心,如是者数焉。元卒为孝子,乡邑所称,县表其闾,丞掾致礼。是时河内令王奂政尚严猛,闻香以德化民,署香主簿,请与相见。谓之曰:"闻在蒲亭,陈元不罚而化之,得无鹰鹯之志邪?"香曰:"以鹰鹯不若鸾凰,故不为也。"奂谢遣曰:"枳棘之林非鸾所集,百里非大贤之路。"州郡并请,皆辞。以疾宴居,必正衣服。妻子有过,免冠自责,妻子庭谢思过。香冠,妻子乃敢升堂,终不加喜怒声色。妻子事之,若事严君焉。黄宪字叔度,汝南慎阳人,父为牛医。宪识度渊深,时人莫得而测。年十四,颍川荀季和见而叹曰:"足下吾之师也。"汝南周子居常曰:"吾旬月之间不见黄叔度,则鄙吝之心生矣。"时汝南戴叔鸾者,高迈之士也,当时意气人所推服,然每见宪,未尝不怅然自失。母问之曰:"汝何为不乐,复从牛医儿所来邪?"叔鸾跪曰:"良每自以才能不减叔度,至于面料其人,瞻之在前,忽焉在后,可为良之师也。"举孝廉,无就之意,其僚辈皆瞻望于宪,以为准的,于是俱到京师,称病而归也。

陈寔字仲弓,颍川许人。少为县吏,常给厮役。时县吏邓邵每出候宾,见寔执书立诵,邵嘉之,即解录遣使诣太学。寔推纯诚,不厉名行,然罗居老少皆亲而敬之。乡间讼者辄求正于寔,寔以理喻曲直,退无怨者。皆曰:"宁为刑罚所及,不为陈君所非。"寔尝为郡功曹。中常侍侯览属非其人,太守高伦出教教之,寔固请不可。太守曰:"侯常侍不可违,君勿言。"寔乃封教入见,必不得已,寔请自举之,不足以(陈)〔损〕明德③,退而署文学掾。于是乡里咸以寔为失举。寔晏然自若。伦去郡,故人送于传舍,乃具言其状:"善称君,恶称己,陈君之谓也。"由是众谈咸服焉。辟黄琼府,除闻喜、太丘长,其政不严而治,百姓爱敬之。长子纪,字元方;小子谌,字季方,皆以儒业德礼称。纪子群,名重魏、晋,文帝尝问群:"卿何如父祖?"群对曰:"臣祖寔不言而治,臣父纪言而行之,至于臣群有其言而必行。"是岁,爵号乳母赵娆为平氏君。

三年春,河内妇食夫,河南人夫食妇。

冬,济南盗贼群起。冬十月,大鸿胪乔玄为司空。

四年春正月甲子,帝加元服,大赦天下。

二月癸卯,地震,河水清。

三月辛酉朔,日有蚀之。太尉刘宠、司空乔玄以灾异策罢㉞。

夏四月,河东地裂十二处,各长十余里。

秋七月癸丑,立皇后宋氏。宋隐之从孙也,以选掖庭,立为皇后。父圭为执金吾,封不期侯。

冬十月戊午,上率群臣朝皇太后于云台。初,太后有援立之功,窦氏虽诛,上心知之,故率群臣俱朝焉。黄门令<u>董萌</u>因上意数为太后〔诉〕怨㉟,上深纳之,供给致养每过于(别)〔前〕㊱。于是<u>曹节</u>、<u>王甫</u>共疾<u>萌</u>,以亲附窦后,谤讪永乐〔宫〕㊲,<u>萌</u>下狱死。

五年春正月,车驾上<u>原陵</u>,诸侯王、公(王)〔主〕、及外戚家妇女、郡国计吏、<u>匈奴</u>单于、<u>西域</u>三十六国侍子皆会焉㊳,如会殿之仪礼。乐阕,百官受赐爵,计吏以次向殿前,上先帝御座,具言俗善恶民所疾苦。司徒橡<u>蔡邕</u>慨然叹曰:"闻古不墓祭,而上陵之礼如此其备也,察其本意,乃知<u>孝明皇帝</u>至孝恻隐,不易夺也。"或曰:"本意云何?"对曰:"<u>西京</u>之时,其礼不可得而闻也。<u>光武</u>世始葬于此,<u>明帝</u>嗣位逾年,群臣朝正,感先帝不复见此礼,乃率公卿百僚就陵而朝焉。盖事亡如事存之意也,与先帝有瓜葛之亲,男女毕会,郡计吏各向神坐而言,庶几先帝魂神闻听之也。今者日月久远,非其时人,但见其礼,不知其哀,烦而不省者,先帝孝思之心者也。"

(僖)〔熹〕平元年春三月壬戌㊴,太傅<u>胡广</u>薨,赠<u>安乡侯</u>印绶,谥曰<u>文侯</u>。<u>广</u>字伯始,<u>南郡华容</u>人。初为郡吏,在散辈中。太守<u>法雄</u>有子曰<u>真</u>,善知人,言于父<u>雄</u>曰:"<u>南郡</u>掾吏,其民略可知。今当举孝廉,为国选士,不可不择,宁有其人乎?"<u>雄</u>曰:"未有所拟也。"<u>真</u>求与掾相见,独奇<u>广</u>。<u>广</u>时年二十六,<u>雄</u>举<u>广</u>为孝廉,至京师,<u>广</u>为天下第一。旬月拜尚书郎,稍迁九卿公辅。屡登三事,元老在位,国家多难,废立邪正之间,以厚重自居,不能有所明。然年逾八十,继母在堂,朝夕定省,子道不亏,傍无几杖,言不称老,居丧尽礼。及<u>广</u>薨,故吏自公卿大夫数百人,皆缞绖殡泣,自<u>汉</u>兴以来未尝有也。<u>广</u>所临治无秕政,世为之谚曰:"天下中庸有<u>胡公</u>。"此时公辅者或树私恩,为子孙计,其后累世致公卿,而<u>广</u>子孙无过二千石者。

夏四月甲午,青蛇见御座,诏问群臣,靡有所讳。光禄(卿)〔勋〕杨赐上书曰⑩:"臣闻休征则五福应,咎征则六极至。夫善不妄来,灾不空发,必应行而至。王者心有所惟,意有所想,未形颜色,则五星推移,阴阳乖动。以此观之,知天之与人相去不遐。蛇者,于洪范鳞虫之象,思心不逮之所致也。不逮之效,时则有龙蛇之孽。诗云:'惟虺惟蛇,女子之祥。'春秋书郑昭公时两蛇斗于南门之外,其后昭公殆以女败。昔周王承文王之盛,一朝晏(超)〔起〕⑪,夫人不鸣璜,宫门不击柝,关雎之人,见机而作。夫女谒行则谗夫昌,谗夫昌则苞苴通,殷汤以此自诫,即济于旱亡之灾。唯陛下思乾刚之道,别内外之宜,崇帝乙之制,受元吉之祉,抑皇后之权,割艳妻之爱,则蛇变可消,祯祥立应。殷戊、宋景,其事甚明。"上深纳之。

五月己未,大赦天下。常侍张乐、太仆侯览专权骄恣,诏收印绶,览自杀,阿党者皆免。

六月癸巳,皇太后窦氏崩,载衣车城南市舍。将殡,曹节、王甫欲用贵人礼。上曰:"太后亲立朕身,统承大业。诗云:'无言不雠,无德不报。'胡可用贵人礼?"于是发丧成服。将葬,节、(孝)〔甫〕以窦氏之诔⑫,不用太后礼,以冯贵人祔桓帝。公卿莫敢谏,河南尹李咸执药上书曰:"臣闻禹、汤闻恶是用无过,桀、纣闻善以亡其国。中常侍曹节、张谏、王甫等因宠乘势,贼害忠良,谗谮故大将军窦武、太傅陈蕃,虚遭无形之衅,被以滔天之罪。陛下不复省览,猥发雷霆之怒,海内贤愚莫不痛心。武以殁矣,无可奈何!皇太后亲与孝桓皇帝共奉宗庙,母养蒸庶,系于天心,仁风丰霈,四海所宗。礼,为人后者为人之子。陛下仰继元帝,岂得不以太后为母?存既未蒙顾复之报,殁又不闻谅暗之哀。太后未崩,武先坐诛,存亡各异,事不相逮。而恚武不已,欲贬太后,非崇有虞之孝,昭蒸蒸之仁,八方闻之,莫不泣血。昔秦始皇后不谨,陷幸郎吏,始皇暴怒,幽闭母后,感茅焦之言,立驾迎母,置酒作乐,供养如初。夫以秦后之恶,始皇之悖,尚纳茅焦之语,不失母子之恩,岂况太后不以罪没;陛下之过,有重始皇。臣谨冒昧陈诚,左手赍章,右手执药,诣阙自闻。唯陛下揆茅焦之谏,弘始皇之寤,复母子之恩,崇皇太后园陵之礼,上释皇乾震动之怒,下解黎庶酸楚之情也。如遂不省,臣当饮鸩自裁,下觊先帝,具陈得失,终不为刀锯所裁。"章省,上感其言,使公卿更议,诏中常侍赵忠监临议者。时众官数百人,各相顾望,无敢下议。廷尉陈球曰:"皇太后以旧姓盛德选入椒房,宜配桓帝,是无所疑。"忠笑曰:"廷尉宜便下笔。"球遂下议曰:"皇太后在椒房有聪明母仪之德,遭天不造,援立圣明,承继宗庙,功烈至重。先帝晏驾,而遇大狱,迁居空宫,不幸早世,家虽获罪,非太后意。今若别葬,诚失天下之望。且冯贵人冢墓为贼所掘,骸骨发露,与贼并尸,魂灵染污,不宜配至尊。"忠省球议,作色曰:"陈廷尉此议甚健!"欲以蛊球,球曰:"陈、窦既冤,皇太后无辜被幽,臣常痛之。今日言之,退而受罪,乃臣宿昔之愿也。"诸公卿皆从球议。奏御,节、甫复言曰:"窦氏罪深,无以为比。"上曰:"虽犯恶逆,后有大德于朕。"节、甫于是不复言。

七月甲寅,葬桓思窦皇后。

冬十月丁亥,勃海王悝自杀。初,悝有罪,贬为(瘿)〔廮〕陶王^⑬,悝因黄门王甫求复其国,赂以租钱五十万。桓帝不豫,诏复悝为勃海王。甫以为己功,趣责于悝,悝知帝意也,不与甫钱。由是甫谋惺大逆不道,讽司隶校尉(段颖)〔段颎〕奏治其狱㊹,惺遂自杀。

(乃)〔十一月,会稽人许生〕自称"越王"㊺,攻破郡县。

二年春二月,大赦天下。

夏四月,司隶校尉(段颖)〔段颎〕为太尉。

秋七月,光禄勋杨赐为司空。

三年春二月己巳,大赦天下。太尉段颎以久疾策免,河南尹李咸为太尉。

夏四月,立河间王子虎为济南王,奉孝仁皇帝祀。

冬十二月癸酉,日有蚀之。司空杨赐以疾策免。

校勘记

① (以)〔与大〕将军窦武(为)〔及〕司徒胡广　从后汉书孝灵帝纪改。

② 三月辛丑　后汉书孝灵帝纪作"二月辛酉"。

③ 夏四月甲午　"夏四月",后汉书孝灵帝纪作"闰月"。

④ 塞井(移)〔夷〕灶　从后汉书王龚列传改。

⑤ 延颈(相)〔想〕望太平　从南监本、龙溪本、学海堂本改。

⑥ 中黄门朱(寓)〔瑀〕　从学海堂本、后汉书窦武列传改。

⑦ 辞气不(桡)〔挠〕　从南监本、龙溪本、学海堂本改。

⑧ 以少府周(静)〔靖〕行车骑〔将〕军　从龙溪本、学海堂本改、补。

⑨ (甫)〔武〕令其军曰　从龙溪本、学海堂本改。

⑩ (轮)〔论〕输左校　从龙溪本、学海堂本改。

⑪ 刑(音)〔竟〕归乡里　从南监本、龙溪本改。

⑫ 迎慎(国)〔园〕董贵人　从此纪建宁元年文改。

⑬ 二月己巳　"己巳",后汉书孝灵帝纪作"乙巳"。

⑭ 孝(文)〔仁〕皇后　从后汉书孝灵帝纪改。

⑮ 后置永〔乐〕宫　从后汉书孝灵帝纪李贤注引续汉志补。

⑯ 愁感天心所致(于)〔也〕　从龙溪本、学海堂本改。

⑰ (选)〔还〕其家属　从后汉书张奂列传改。

⑱ 出为〔广〕陵府丞　从后汉书谢弼列传补。

⑲ 愿(徒)〔徙〕户华阴　从龙溪本、学海堂本改。

⑳ 中(赏)〔常〕侍曹节　从龙溪本、学海堂本改。

㉑ 虽〔强〕御不敢夺也　从龙溪本、学海堂本补。

㉒ 情〔存〕于名教者少　从文意补。

㉓ 吾年已七十　后汉书党锢列传作"吾年已六十"。

㉔ 泰字林(完)〔宗〕　从龙溪本、学海堂本改。

㉕ 采(褚)〔诸〕幽滞　从龙溪本、学海堂本改。

㉖ 融见(原)〔卓〕　从龙溪本、学海堂本改。

㉗ 余半(度)〔庋〕置　从龙溪本、学海堂本改。

㉘ (来)〔求〕近我乎　从学海堂本改。

㉙ 孟征君高雅绝世　后汉书党锢列传孟敏传云"后征辟并不起，号曰'征君'"。

㉚ 夏侯氏有三〔子〕　从龙溪本、学海堂本补。

㉛ 受恶人之(嗲)〔唁〕　从龙溪本改。

㉜ 奈何以〔一〕旦之忿　从龙溪本、学海堂本补。

㉝ 不足以(陈)〔损〕明德　从学海堂本改。

㉞ 太尉刘宠司空乔玄以灾异策罢　后汉书孝灵帝纪作"太尉闻人袭免，太仆李咸为太尉"。

㉟ 数为太后〔诉〕怨　从后汉书皇后纪补。

㊱ 每过十(别)〔前〕　从龙溪本改。

㊲ 谤讪永乐〔宫〕　从后汉书皇后纪补。

㊳ 诸侯王公(王)〔主〕　从龙溪本、学海堂本改。

㊴ (僖)〔熹〕平元年　从学海堂本改。

㊵ 光禄(卿)〔勋〕杨赐　从后汉书杨震列传改。

㊶ 一朝晏(超)〔起〕　从龙溪本、学海堂本改。

㊷ 节(孝)〔甫〕以窦氏之诛　从龙溪本、学海堂本改。

㊸ 贬为(夷)〔廮〕陶王　从后汉书桓帝纪改。

㊹ 校尉(段颍)〔段颎〕奏治其狱　从龙溪本、学海堂本改。下改同。

㊺ (乃)〔十一月会稽人许生〕　从后汉书孝灵帝纪补。

后汉纪　孝灵皇帝纪中 卷第二十四

(嘉)〔熹〕平四年春三月①,五经文字刻石立于太学之前。

夏五月丁卯,大赦天下。延陵园灾。

冬十月,改平准为中准,使中官为之令,列为内署,令丞悉用中官。初,虞大家以选入掖庭,生冲帝;陈夫人生质帝。冲帝早崩,政在梁氏,故未有谥号。议郎毕整上疏曰:"孝冲皇帝母虞大家,质帝母陈夫人皆诞育圣明,而未有谥号,今当以母氏序列。于外戚虽在薨殁,犹宜爵赠,况二母见存而无宠荣者乎! 即违'母以子贵'之义,又不可示以后世。"上感其言,以虞大家为贵人,陈夫人为孝王妃,使中常侍持节告宪、怀二陵。大鸿胪袁隗为司徒。

五年夏四月癸丑,大赦天下。

五月,太尉李咸久病罢,光禄〔勋〕刘宽为太尉②。闰月,永昌太守曹鸾下狱诛。初,鸾上书讼党人曰:"夫党人者,或耆年渊德,或衣冠英贤,皆宜股肱王室,左右大猷者也,而久被禁锢,辱在泥涂。谋反大逆尚蒙赦宥,党人何罪,独不开恕乎? 所以灾异屡见,水旱荐臻,皆由于斯。宜加沛然,以副天心。"有司奏,槛车征鸾弃市。鸾年九十，本郡闵其〔无〕辜③。于是申党人之例，父兄子弟、门生故吏皆免官禁锢。

冬十月，司徒袁隗久病策罢。隗字次阳，累世三公，贵倾当时。兄弟逢及隗并喜人事，外结英俊，内附宦官。中常侍袁朗，隗之宗人，用事于中，以逢、隗家世宰相，推而崇之以为援。故袁氏宠贵当世，富侈过度，自汉公族未之有也。逢兄子绍，好士著名，宾客辐辏，绍折节下之，(所)〔不〕择贤愚④。逢子术，亦任侠好士，故天下好事之人争赴其门，辎軿柴车常有千两，宠臣中官皆患之。

十二月丙戌，光禄大夫杨赐为司徒。是时拜爵过差，游观无度。赐叹曰："吾世受国恩，又备宰相，安得拱默哉？"复上疏曰："臣闻天生蒸民，不能自牧，故立君长使司牧之。是以文王日夜不食，以立雍熙之化。顷闻拜爵过多，每被尚书劾，非众所归，或不知何人。昔尧用舜，犹尚先试考绩，以成厥功。今之所用无他名德，旬月之间，累迁高位；守道之徒，历载不转。劳逸无别，善恶同流。又闻微行数出诸苑囿，观鹰犬之劳，极般游之乐，政事日墯，大化陵迟，忘乾乾不息，忽屡省之钦哉。陛下不顾二祖之勤止，追慕五宗之高踪，殆非所谓光昭之美，而欲以望太平，是由曲表而求直影，却行而求(反)〔及〕前人⑤。惟陛下绝慢游之戏，念官人之重，割超越之恩，慎贯鱼之次，以慰遏迩愤怨之望。臣受恩偏厚特，忝师傅之任，不敢自同凡臣，括囊解咎。谨自手书。皂囊密上。"

六年春正月辛丑，大赦天下。

二月，武库东垣自坏。

夏，鲜卑寇边，乌丸校尉夏育上言："鲜卑仍犯塞，百姓怨苦。自春以来三十余(人)发⑥，请幽州诸郡兵出塞讨之。"时故护羌校尉田晏以他事论刑,因中常侍王甫求为将。甫建议当出军与育并力,诏书遂用晏为鲜卑中郎将,与匈奴中郎将臧旻、南单于三道并出。时大臣多以为不便,议郎蔡邕议曰:"周有猃狁之役,汉有瀚海之事,征罚四夷,所由来尚矣。然而时有同异,势有可否,不可一也。天设山河,秦筑长城,汉起塞垣,所以分别内外,异殊俗也。其外则分之夷狄,其内则任之良吏。后嗣遵业,顺奉所守,苟无戚国之几,岂与虫螘之虏校往来之所伤哉!乃欲度塞出攻,虽破之不可弥尽,而本朝必为之盱食。昔淮南王安谏伐越曰:'天子之兵有征无战,言其莫敢校也。如使蒙死徼幸,以逆执事,厮养之卒有不备而归者,虽得越王之首,犹为大汉羞之。'而育欲以齐民易丑虏,射乾没以要功,就如其言犹已危矣,况其得失不可知也。昔朱(提)〔崖〕郡反⑦,孝元皇帝纳贾捐之言,割而弃之。夫恤民救急,虽成郡列县,犹尚弃之,况鄣塞之外,未尝为民居者乎?臣愚以为宜止出攻之计,今诸郡修垣屯守冲要,以坚牢不动为务。若乃守边之术,李牧发其策,严尤申其要,遗业犹在,文章具存。循二子之策,守先帝之规,臣曰可矣。"育,下邳淮浦人。以忠直称,所历皆有名迹。

八月,鲜卑中郎将田晏、匈奴中郎将臧旻、护乌(九)〔丸〕校尉夏育各将步卒万余人击鲜卑⑧,三军败绩,士马死者万数。

冬十月癸丑朔,日有蚀之,赵相以闻。京师地震。

十一月,太尉刘宽、司空陈球以灾异罢。

十二月,太常孟戫为太尉,太仆陈耽为司空,司徒杨赐以辟党人免。

光和元年春二月辛亥朔,日有蚀之。己未,京师地震。初置鸿都门生，本颇以经学相招，后诸能为尺牍词赋及工书鸟篆者至数千人，或出典州郡，入为尚书侍中，封赐侯爵。

三月癸丑，光禄勋袁滂为司徒。辛未，大赦。

夏四月丙辰，京师地震。侍中寺雌鸡一身皆成雄，惟头冠未变。

五月壬午，无何白衣人入德阳门，（入）自称梁伯夏⑨，又复曰："伯夏教我上殿为天子。"中黄门桓览收之，遂亡失不见。蔡邕以为（类）〔貌〕之不恭⑩，则有鸡祸。头为元首，人君之象，今鸡一身已变未至于头，而上知之，是将有事而不遂之象。又云："成帝时男子王褒衣绛衣入宫，上殿曰：'天帝令我居此。'后王莽篡位。今（与）此〔与〕成帝相似而被服不同⑪，又未入云龙门，以往方今，将有王氏之谋，其事不成。"其后张角作乱，寻被诛灭。是月太尉孟郁、司空陈耽以灾异罢，太常（袁）〔来〕艳为司空⑫。

六月丁丑，温明殿庭中有黑气长十余丈，形貌似龙，诏问光禄杨赐、议郎蔡邕曰："祥异祸福吉凶所在，以赐博学硕儒，故密诏问，宜极其意，靡有所隐。"赐仰叹曰："臣每读张禹传，何尝不愤恚乎？吾以微学充先师之末，累世见宠，尚当上疏陈情，况今猥见访问乎？"乃手书对曰："臣闻经传所载，或得神以兴，或得神以亡。国家休明，则降鉴其德；邪辟昏乱，则示其祸。今嘉德殿所见黑气，考之经传，应虹蜺妖邪之气，不正之象也。春秋谶曰：'天投虹蜺，天下怨，海内乱。'加四百之期，亦复垂至。易曰：'天垂象，见吉凶，圣人则之。'疑妾媵之中有因爱放纵，左右嬖人共专国朝，欺罔日月。又鸿都门下，招会群小，旬月之间并各拔擢，缙绅之徒委伏畎亩，冠履倒易，陵谷代处，从小人之邪意，顺无知之私欲。殆哉之危,莫过于今。幸赖皇天垂象谴告。周书曰:'天子见怪则修德。'唯陛下慎经典之诚,图变复之道,斥远佞巧之臣,速征鹤鸣之士,内亲<u>张仲</u>,外任<u>山甫</u>,抑止槃游,留思庶政。冀天还威,众变可弥。老臣受师傅之任,数蒙宠异之恩,岂敢爱惜垂没之年,而不尽其惓惓之心哉!"<u>邕</u>对曰:"天于<u>大汉</u>,殷勤不已,故屡出祆变谴责,欲令人君感悟。灾眚之发,不于它所,远则门垣,近在寺署,其为监戒,可谓切至。虹蜺堕,雌鸡化,皆妇人奸政之所致也。自践祚已来,中宫无他逸宠,而乳母<u>赵娆</u>,贵重赫赫,生则贵富侔于帑藏,死则丘墓逾于园陵。续为<u>永乐门</u>吏<u>霍玉</u>,依阻城社,大为奸猾,侮惑之罪,晚乃发露。虹蜺集庭,雌鸡变化,岂不为此?今者道路所言,复云有程(夫)〔大〕人者[13],宜深以<u>赵</u>、<u>霍</u>为戒。近者不治,无以正远。<u>长水校尉赵玹</u>、屯骑校尉<u>盖延</u>[14],其贵已足,其富已甚。当以见私之故,早自引身,以解<u>易传</u>'小人在位'之咎。廷尉<u>郭僖</u>[15],敦庞纯厚,国之老成;光禄大夫<u>桥玄</u>,聪达方直,有<u>山甫</u>之姿;故太尉<u>刘宠</u>,忠实守正,刚直不曲:宜为谋主,数见访问。宰臣大臣,君之四体,不宜复听纳小吏,雕琢大臣。愿陛下忍而绝之,思惟万机,以答天望。朝廷既自约厉,左右亦宜从化,天道恶满,鬼神好谦。但臣愚戆,感激忘身,触冒忌讳,手书具对。夫君臣不密,上有漏言之祸。愿寝臣表,(无)〔庶〕使臣笔所及者得佐陛下尽忠[16]。"书奏,<u>赵玹</u>、<u>程黄</u>闻之,共谮<u>邕</u>下狱,当弃市。中常侍<u>吕强</u>愍<u>邕</u>无罪,从上请<u>邕</u>,减死罪一等,徙<u>朔方</u>,遇赦还本郡。

秋八月,有星孛于<u>天市</u>。

冬十月,太尉<u>张颢</u>、司空(袁)〔来〕<u>艳</u>久病罢[17],太常<u>陈球</u>为太尉,射(身)〔声〕校尉<u>袁逢</u>为司空[18]。

十一月，皇后宋氏废。后无宠，宫人幸姬众共谮诉，诬后以咒咀，上遂收后玺绶。后以忧死，父母兄弟皆被诛。诸常侍小黄门怜宋氏无辜，乃共葬后及父母兄弟于皋门亭宋氏旧茔也。丙子晦，日有蚀之。太尉陈球以灾异罢。

十二月丁巳，光禄(勋)〔大夫〕桥玄为太尉[19]。是岁，马生人。京房易传曰："上亡太子，诸侯相伐，厥妖马生人。"

二年春二月丁巳，司徒袁滂以灾异罢，大鸿胪刘(郡)〔邵〕为司徒[20]。滂字公熙，闳之孙也。纯素寡欲，终不言人之短。当权宠之盛，或以同异致祸，滂独中立于朝，故爱憎不及焉。乙丑，太尉桥玄、司空袁逢久病罢，太中大夫(段颍)〔段颎〕为太尉[21]，太常张济为司空。桥玄字公祖，梁国睢阳人。初为梁州刺史，值梁州大饥，玄开仓以廪之。主者以旧典宜先表闻，玄曰："民以死矣，廪讫乃上奏。"诏书以玄有汲黯忧民之心，复不得以为常。玄有才明，长于知人。初见魏武帝于凡庸之中，玄甚异之，谓曰："今天下将乱，非命世之才不能定也。定天下者，其在君乎！"

夏四月丙戌，日有蚀之。辛巳，太尉(段颍)〔段颎〕有罪，下狱诛。初，黄门令王甫、大长秋曹节专权任势，(颍)〔颎〕阿附甫等。尚书令(杨)〔阳〕球抚髀叹曰[22]："使球为司隶，此等何得尔！"俄而球为司隶，既拜，明日诣阙谢恩，会甫沐下舍，球因奏曰："中常侍冠军将军王甫奉职多邪奸以事上，其所弹斜，皆曰睚眦。勃海之诛，宋后之废，甫之罪也。太尉(段颍)〔段颎〕以征伐微功，位极人臣，不能竭忠报国，而谄佞幸，宜并诛戮，以示海内。"于是收(颍)〔颎〕、甫下狱，球亲考之。甫子萌先为司隶，迁永乐少府，亦并见收。萌谓球曰："父子今当伏诛，亦以先后之义少假借老父。"球骂萌曰："若以权势为官，无忠等者，司隶〔何〕云以先后之义乎㉓？"萌曰："若临于坑相济，忧汝独不见随吾后死邪？"于是球操捶杖之，甫、萌皆前死杖下。球敕都官从事曰："先举权贵大猾，乃议其余耳。公卿豪右若袁氏儿辈，从事自（辩）〔辨〕之㉔，何须校尉邪？"于是权门股栗，京师肃然。球既诛甫，后欲收曹节，节等不敢出沐。会顺帝虞贵人葬，百寮会葬，还入夏城门，曹节见谒于道旁，球大骂曰："贼臣曹节。"节收泪于车中曰："我自相食肉，何宜使犬舐其汁乎？"语诸常侍且便入省，勿过里舍也。节入谮球酷暴益甚，不为百姓所安，上乃徙球为卫尉。球叩头自陈曰："臣无清高之行，横蒙犬鹰之任。前诛常侍王甫、太尉段颎，皆狐狸小丑，未足以宣示天下。今鸥枭翔于园林，豺狼噬于圉薮，臣诚耻之，愿追诏书。"叩头殿下。上呵曰："卫尉拒诏邪！"至于再三，乃受。丁酉，大赦天下。

秋七月，〔使〕匈奴中郎将（纯）〔张〕修擅收斩单于呼演㉕，更立右贤王羌深为单于，修抵罪。

冬十月，永乐少府陈球下狱死。初，球与司徒刘郃书曰："公出自宗室，据台鼎之位，天下所望。今曹节等放纵为天下害，而久（今）〔令〕在左右㉖，贤兄侍中觉为节所害。可表（从）〔徙〕尚书令（杨）〔阳〕球为司隶㉗，以〔次〕收节等诛之㉘。政出圣主，天下太平，可翘足而待。"（杨）〔阳〕球小妻程黄女，黄宫中用事，所谓程（夫）〔大〕人也㉙。节等颇闻知，乃重赂黄，且迫胁之，惶怖告节等以球谋，因与节谮郃于上曰："郃等常与陈、窦交通，又受取狼籍。步兵校尉刘纳、永乐少府陈球交通，并通谋议。"上大怒，策郃、陈球、（杨）〔阳〕球、刘纳皆下狱死。（杨）〔阳〕球字方正，渔阳泉州人，有勇气。郡吏尝辱球母，球合年少数十人，杀吏，灭其家，由是知名。

九江山贼起,劫刺史。球以太尉掾为九江太守,设方略,即时摧破,诛锄豪强,郡中累足,迁甘陵相。时天下旱,司空张颢奏郡守长吏严酷贪污者皆罢免之,球以严酷征。诏书以九江时功拜议郎,迁将作大匠、尚书令。

十一月,太常杨赐为司徒。

三年春正月癸丑㉚,大赦天下。

夏,虎见平乐观下,又见宪陵。上诏问司徒杨赐,赐对曰:"虎者金行,参代之精,狼戾之兽也。今在位率多奢暴贪残酷虐乎!"中郎将张均上言曰:"虎见宪陵,又见平乐观下,隶皆讹言也㉚。洪范之论,言之不从,则毛虫之孽。虎者,西方之兽,为禽刚猛强梁之物也,居而穴处,不可睹见。今于先帝园陵为害,又言见于城下,皆在位者仁恩不著,有苛克杀戮之意乎!此乃大兵剧贼之征,不可不防也。"

秋七月,大长秋曹节为车骑将军。

九月辛酉,日有蚀之。诏群臣上封事,靡有所讳。郎中审忠上书曰:"臣闻治国之要得贤则安,失贤则危。故舜有五臣天下治;汤举伊尹,不仁者远。故太傅蕃、尚书令尹勋知中官奸乱,考其党与。华容侯朱瑀知事觉露,祸及其身,乃与造逆谋,迫胁陛下,聚会群臣,因共割裂城社以相赏。父子兄弟被蒙尊荣,素所亲厚布在州郡,皮剥小民,甚于狼虎。多畜财货,缮治殿舍,车马服饰,拟于大家。群公卿士杜口吞声,州郡承风顺指。故虫蝗为之生,夷狄为之起。天意愤盈积十余年矣,故频年日有蚀之于上,地震于下,所以谴戒人主,欲令觉悟。今瑀等并在左右,陛下春秋富盛,惧惑佞谄,以作不轨。愿陛下留漏刻之听以省臣表,扫灭丑类,以答天怒。"章寝。有星孛于狼、(狐)〔弧〕^㉜，初作灵泉、(单)〔毕〕圭苑^㉝。司徒杨赐上书曰："臣闻使者并出，规度城南民田，欲以为苑者。昔先王制囿，裁足取牲以备三驱，薪采刍牧者往焉。故诗曰：'王在灵囿，麀鹿攸伏。'传曰：'吾王不游，吾何以休。'皆被其德政，而乐何为如此。(是)〔至〕六国之际^㉞，取兽者有罪，伤槐者被诛。孟轲谓梁惠王极陈其事。先帝之制，左开洪池，右作上林，不俭不泰，(礼)以合〔礼〕中^㉟。今猥规都城之侧，以畜禽兽之物，非所保养民庶赤子之义。筑郎不时，春秋有讥；盘于游田，周公作戒。(具)〔其〕城外之苑以有五六^㊱，足用逞情意，顺四节，何必变革旧制，以罢民力。楚兴章华，郢人乖叛；秦作阿房，黎黔愤怨。宜思夏后卑室之意，太宗露台之费，慰此下民劳止之歌。"上欲止，侍中任芝、乐松等曰："昔宣王囿五十里，民以为大；文王百里，民以为小。今造二苑与百姓共之，不妨于政，民蒙其泽。"上遂从之。闰月，司徒杨赐久病罢。

冬十月，太常陈耽为司徒。

十一月^㊲，立皇后何氏。南阳(苑)〔宛〕人^㊳，以良家子选入掖庭，有宠，自贵人为皇后。父真早卒，异母兄进为河南尹，进弟苗越骑校尉。

十二月，车骑将军曹节罢。

四年春，初置骡骥厩丞，领受郡国调马，而豪右辜榷，马一匹至二百万。

夏四月庚午^㊳，大赦天下。司徒陈耽不堪其任，罢^㊵。太常袁隗为司徒。

六月，追爵谥皇后父何真为车骑将军、舞阳宣怀侯。

秋七月，五色鸟见于新城，众鸟随之，民谓之凤皇。

九月庚寅朔，日有蚀之。

冬十月，太尉许郁〔坐〕辟召错谬罢[41]，太常杨赐为太尉。车驾幸广城。是岁，于后宫与人为列肆贩（买）〔卖〕[42]，使相偷盗，争著进贤冠。又于西园驾四驴，上躬自操辔驰驱，周旋以为欢乐。于是公卿贵戚转相放效，至乘辎辑以为骑从，（牙）〔互〕相请夺[43]，驴价与马齐。本志曰："行天者莫如龙，行地者莫如马。诗云：'四牡骙骙，载是常服。'驴乃服重致远，野人之所用，非帝王君子之所宜。骖服迟钝之畜，而今贵之，天意若曰：'国且大乱，贤愚倒植，执政者皆如驴也。'"

五年春正月辛未，大赦天下。

二月，大疫。

三月，诏三公以谣言举刺史、二千石贪污浊秽为蠹害者。

夏，旱。五月庚申，永乐宫署灾。

秋七月，星孛于太微。

六年春三月辛未，大赦天下。

夏，爵号皇后母为舞阳君。

秋，金城河水溢出二十余里。

中平元年春正月，钜鹿人张角谋反。初，角弟（良）〔梁〕、弟宝自称大医[44]，事善道，疾病者辄跪拜首过，病者颇愈，转相诳耀。十余年间，弟子数十万人，周遍天下，置三十六坊，各有所主，期三月五日起兵，同时俱发。角弟子济阴人唐客上书告角[45]，天子遣使者捕角，角等知事已露，因晨夜敕诸坊促令起兵。

二月，角等皆举兵，往往屯聚数十百辈，大者万余人，小者六七千人。州郡仓卒失据，二千石、长吏皆弃城遁走，京师振动。角党皆著黄巾，故天下号曰黄巾贼。初，司徒杨赐、卫尉刘宽、司空张济、御史刘陶并陈角反谋，宜时捕讨以绝乱原，上不从。及角作乱，天子思陶言，封为中陵侯。陶字子奇，颍川颍阴人。沉勇有大谋，不修威仪，不拘小节。与人交，志好不同，虽富贵不顾也；所行齐趣，虽贫贱必尊贵之。疾恶太甚，以此见憎。辟司徒府，迁尚书、侍中，以数直谏，为权臣所恶，徙为京兆尹。上素重陶才，征为谏议大夫。诸中官谗陶与张角通情，上遂疑之，收陶考黄门北寺。中官讽考，楚毒极至。陶对使者曰："朝廷前封臣，云何不恒其德，反用佞邪之谮？臣恨不与伊、吕同俦，而与三人同辈。今上杀忠謇之臣，下有憔悴之民，亦在不久。然后悔于冤，臣将复何逮？"不食而死。

三月戊申，河南尹何进为大将军，帅师次于都亭，自函谷、伊阙、太谷、轘辕、盟津皆置都尉，备张角也。于是考诸与角连及官省左右，死者数千人。上内忧黄巾，问掖庭令吕强何以静寇。对曰："诛左右奸猾者；中常侍丁肃、徐演、李延、赵裕、郭耽，朝廷五人号为忠清，诚可任用；赦党人，简选举，何忧于贼？"上纳其言。壬子，大赦党人，皆除之。强字汉盛，河南成皋人。忠贞奉公，不与佞幸同。是时权邪怙宠，政以贿成，郡国贡献，皆先馈赂然后得行，左右群臣好上私礼。强谏曰："陛下物出天下，然而所输之府辄有导行之财，皆出于民。今发十而贡一，费多而献少，无为使奸吏用巧，私门致富也。又阿媚之臣，好献其私，容谄姑息进入。其所奉献，皆御府所有，无为使从谏之臣，得自媒黩也。旧选举委任三府，尚书受奏御而已，各受试用，责以成功。功无可察，以事付尚书，尚书乃覆案虚实，行其罪罚。于是三公每有所选，参议掾属咨其行状，度其器能，然犹有〔溺〕职废官[46]，荒秽不治。今但任尚书，或有诏用，

393

三公得免选举之负，尚书又无考课之勤。陛下虚自劳苦，有废乱之负，无所责也。"书奏，上以示中常侍夏恽、赵忠。忠、恽曰："此言是也。然强自负清洁，常怏怏有外心。"及赦党人，中官疾之。于是诸常侍人人求退忠、恽，共构会强，云"与党人谋，数读霍光传。强兄弟所在亦皆贪秽"。上闻强读霍光传，意不悦，使中黄门持兵召强。强闻上召，怒曰："吾死，乱兵起矣。大丈夫欲书忠国史，无为复对狱吏也。"遂自杀。诏公卿百官出马弩各有差。中郎将卢植、左中郎将皇甫嵩、右中郎将朱儁各持节征黄巾。护军司马傅燮讨贼形势，燮上书谏曰："臣闻天下之祸，所由于外，皆兴于内。是故虞舜升朝，先除四凶，然后用十六相。明恶人不去，则善人无由进。张角起于赵、魏，黄巾乱于六州。此皆衅发萧墙，而祸延四海。臣受戎任，奉辞伐罪，始到颍川，战无不克。黄巾虽遏，其衅由内作耳。陛下仁德宽容，多所不忍，中官弄权，忠臣之忧愈深耳。何者？夫邪正之在国，犹冰炭不可同器而并存也。彼知正人之功显，而危亡之兆见，皆将巧词饰说，共长虚伪。孝子疑于屡至，市虎惑于三人。陛下不详察之，臣恐白起复赐死于杜邮，而尽节效命之臣无所陈其忠矣。唯陛下察虞舜四罪之举，使谗佞受放殛之罚，万国知邪臣之为诛首，忠正时得竭其诚，则善人思进，奸凶不讨而自灭矣。臣闻忠臣之事君，犹孝子之事父。子之事父，焉得不尽情以言？使臣伏鈇钺之戮，陛下少用其言，国之福也。"书奏，中常侍赵忠见而怨焉。夏四月，太尉杨赐以寇贼罢，太仆邓盛为太尉。司空张济久病免，大司农张温为司空。初卖官，自关内侯以下至虎贲、羽林入钱各有差。皇甫嵩、朱儁连战失利，遣骑都尉曹操将兵助嵩等。

五月乙卯，黄巾马元义等于京都谋反，皆伏诛。皇甫嵩、朱儁击黄巾波才于颍川，大破之，斩首数万级。诏行车骑将军，封都乡侯，儁西乡侯。于是傅燮功多应封，为赵忠所谮，上识燮，不罪之，然不得封。左中郎将卢植征张角不克，征诣廷尉，减死罪一等。中郎将董卓代植，既受命，累破黄巾。角等保广宗，植围堑修梯，垂当拔之。上遣小黄门左丰观贼形势。或劝植以赂送丰，植不从。丰言于上曰："广宗贼易破耳！卢中郎固垒息军，以待天诛。"上怒，植遂抵罪。

六月，中郎将张均上书曰："张角所以能兴兵作乱，万民乐附之者，原皆由十常侍多放，父子兄弟婚亲宾客典据州郡，辜榷财利，侵冤百姓。百姓之冤无告诉，因起从角学道，谋议不轨，相聚为贼。今悉斩十常侍，悬其头于南郊以谢天下，即兵自消，可一战而克也。"上以章示十常侍，皆免冠顿首，乞自致雒阳狱，家财助军粮，子弟为前锋。上曰："此则真狂子也。十常侍内有一人不善者耳。"天子使御史考诸为角道者，御史奏均学黄巾道，收均，死狱中。

秋八月，皇甫嵩击黄巾卜己于东郡，大破之，斩首万余级。中郎将董卓征张角不克，征诣廷尉，减死罪一等，以皇甫嵩代之。朱儁攻黄巾赵弘于南阳，自六月至八月不拔，有司奏征儁，司空张温议曰："昔秦用白起，燕信乐毅，亦旷历年载，乃能克敌。儁讨颍川有效，引师南指，方略已设。临军易将，兵家所忌，可以少假日月，责其功效。"上从之，诏切责儁。儁惧诛，乃急击弘，大破斩之，封儁上虞侯。贼复以韩忠为帅，众号十万，据宛拒儁。儁兵力不敌，然欲急攻，乃先结垒起土山以临之。因伪修攻具，耀兵于西南；儁身自被甲，将精卒乘其东北，遂得入城。忠乞降，议郎蔡邕、司马张超皆欲听之。儁曰："兵有形同而势异者。昔秦、项之际，民无定主，故有赏以劝来者；今海内一统，惟黄巾造寇，降之无可劝，罚之足以惩恶。今若受之，更开逆意，利则进战，钝则降服，纵敌长寇，非良计也。"因勒兵攻之，连战不克。儁登土山望之，顾谓邕曰："吾知之矣。今外围周固，内营逼急，忠故乞降，降又不受，所以死战也。万人同心，犹不可当，况十万人乎，其害多矣！不如彻围解弛，势当自出，出则意散，必易破之。"即解围入城，忠果自出。儁因自击之，大破斩忠，乘胜逐北，斩首万余级。即拜儁为车骑将军，封钱唐侯，征入为光禄大夫。

　　冬十月，皇甫嵩攻张角弟（良）〔梁〕于广宗㊼，大破之，斩首数万级。角先病死，破棺戮尸。拜嵩为车骑将军，封槐里侯。嵩既破黄巾，威振天下，故信都令汉阳阎忠说嵩曰："夫难得而易失者，时也；时至而不旋踵者，机也。故圣人常顺时而动，智者必见机而发。今将军遭难得之时，蹈之而不发，将何以权大名乎？"嵩曰："何谓也？"忠曰："天道无亲，百姓与能。故有高人之功者，不受庸主之赏。今将军受鈇钺于暮春，收成功于末秋。兵动若神，谋不再计，攻坚易于折枯，摧敌甚于汤雪，旬月之间，神兵电扫，封（户）〔尸〕刻石㊽，南面以报，威振本朝，声驰海外，是以群雄回首，百姓企踵，虽汤、武之举，未有高将军者也。身立高人之功，乃北面以事庸主，何以图安也？"嵩曰："夙夜在公，心不忘忠，何故不安？"忠曰："不然。昔韩信不忍一餐之遇，弃三分之利，拒蒯通之说，忽鼎峙之势，利剑揣其喉，乃叹息而悔何以见烹于女子也！今主势弱于刘、项，将军权重于淮阴，指麾足以震风雨，叱咤足以兴雷电。赫然奋发，因危抵颓，崇恩以绥前附，振武以临后伏，征冀方之士，勒七州之众，羽檄先驰于前，大军向振于后，蹈流漳河，饮马盟津，诛中官之罪，除群怨之积。如此则无交兵,守无坚城,不招必影从,虽童儿可使奋空拳以致力,女子可使褰裳以用命,况厉熊罴之卒,因迅风之势哉!功业已就,天下已顺,乃请呼上帝,喻以大命,混齐六合,南面称制,移神器于将兴,推亡汉于已坠,实神机之至会,风发之良时。夫既朽不雕,衰世难佐。将军虽欲委忠于难佐之朝,雕朽败之木,犹逆坂走丸,必不可得也。方今权官群居,同恶如市,上不自由,政出左右,庸主之下难以久居,不赏之功谗人侧目,如不早图,后悔无及。"嵩惧曰:"黄巾小孽,非秦、项之敌也,新结易散,非我功策之能。民未忘主,而子欲逆求之,是虚造不冀之功,以速朝夕之祸,非移祚之时也。孰与委忠本朝,虽有多谗,不过放废,犹有令名,死且不朽。逆节之论,吾所不敢也。"忠知计不用,乃伴狂为巫。

十一月,嵩又进兵击张宝于下曲阳,斩之。于是黄巾悉破,其余州所诛,一郡数千人。

十二月,金城人边章、韩(约)〔遂〕反⑭。

校勘记

① (嘉)〔熹〕平四年　从学海堂本改。

② 太尉李咸久病罢光禄〔勋〕刘宽为太尉　从后汉书孝灵帝纪补。该纪系此事于是年秋七月。

③ 本郡闵其〔无〕辜　从南监本、龙溪本、学海堂本补。

④ (所)〔不〕择贤愚　从南监本、龙溪本、学海堂本改。

⑤ 却行而求(反)〔及〕前人　从南监本、龙溪本、学海堂本改。

⑥ 自春以来三十余(人)发　从后汉书鲜卑列传删。

⑦ 昔朱(提)〔崖〕郡反　从汉书贾捐之传改。

⑧ 护乌(九)〔丸〕校尉夏育　从南监本、龙溪本、学海堂本改。

⑨ (人)自称梁伯夏　从学海堂本删。

⑩ 以为(类)〔貌〕之不恭　从<u>龙溪</u>本、<u>学海堂</u>本改。

⑪ (与)此〔与〕成帝相似　从<u>南监</u>本、<u>学海堂</u>本乙正。

⑫ 太常(袁)〔来〕艳为司空　从<u>后汉书孝灵帝纪</u>改。

⑬ 复云有程(夫)〔大〕人者　从<u>后汉书蔡邕列传</u>改。

⑭ 屯骑校尉盖延　"盖延"，<u>后汉书蔡邕列传</u>作"盖升"。

⑮ 廷尉郭僖　<u>后汉书蔡邕列传</u>作"郭禧"。

⑯ (无)〔庶〕使臣笔所及　从<u>南监</u>本、<u>龙溪</u>本、<u>学海堂</u>本改。

⑰ 司空(袁)〔来〕艳久病罢　从<u>后汉书孝灵帝纪</u>改。

⑱ 射(身)〔声〕校尉　从<u>南监</u>本、<u>龙溪</u>本、<u>学海堂</u>本改。

⑲ 光禄(勋)〔大夫〕桥玄　从上文注改。

⑳ 大鸿胪刘(郡)〔郃〕为司徒　从<u>龙溪</u>本、<u>学海堂</u>本改。<u>后汉书孝灵帝纪</u>作
"刘郃"。

㉑ (段颖)〔段颎〕为太尉　从<u>龙溪</u>本、<u>学海堂</u>本改。以下径改。

㉒ 尚书令(杨)〔阳〕球　从<u>学海堂</u>本改。以下径改。

㉓ 司隶〔何〕云以先后之义乎　从文意补。

㉔ 从事自(辩)〔辨〕之　从<u>龙溪</u>本补。

㉕ 〔使〕匈奴中郎将(纯)〔张〕修　从<u>后汉书孝灵帝纪</u>补改。

㉖ 而久(今)〔令〕在左右　从<u>学海堂</u>本改。

㉗ 可表(从)〔徙〕尚书令(杨)〔阳〕球　从<u>学海堂</u>本改。

㉘ 以〔次〕收节等　从<u>后汉书陈球列传</u>补。

㉙ 所谓程(夫)〔大〕人也　从<u>后汉书蔡邕列传</u>改。

398　㉚ 正月癸丑　<u>后汉书孝灵帝纪</u>作"正月癸酉"。

㉛ 隶皆讹言也　<u>陈璞</u>校云"隶疑衍"。

㉜ 有星孛于狼(狐)〔弧〕　从<u>学海堂</u>本改。

㉝ 初作灵泉(单)〔毕〕圭苑　从<u>南监</u>本、<u>龙溪</u>本、<u>学海堂</u>本改。"灵泉"，<u>后汉
书孝灵帝纪</u>作"灵昆"。

㉞ (是)〔至〕六国之际　从<u>南监</u>本、<u>龙溪</u>本、<u>学海堂</u>本改。

㉟ (礼)以合〔礼〕中　从南监本、龙溪本、学海堂本乙正。

㊱ (具)〔其〕城外之苑　从南监本、龙溪本、学海堂本改。

㊲ 十一月　后汉书孝灵帝纪作"十二月"。

㊳ 南阳(苑)〔宛〕人　从后汉书孝灵帝纪改。

㊴ 夏四月庚午　"庚午",后汉书孝灵帝纪作"庚子"。

㊵ 司徒陈耽不堪其任罢　后汉书孝灵帝纪系此事于五年三月。

㊶ 太尉许郁〔坐〕辟召错谬罢　陈璞校云"通鉴考异辟召上有坐字"。当是,
今据补。

㊷ 列肆贩(买)〔卖〕　从龙溪本、学海堂本改。

㊸ (牙)〔互〕相请夺　从南监本、龙溪本、学海堂本改。

㊹ 角弟(良)〔梁〕弟宝自称大医　从后汉书皇甫嵩朱儁列传改。

㊺ 济阴人唐客上书　后汉书皇甫嵩朱儁列传作"济南唐周上书"。

㊻ 犹有(溺)〔溺〕职废官　从南监本、龙溪本、学海堂本改。

㊼ 攻张角弟(良)〔梁〕于广宗　从后汉书皇甫嵩朱儁列传改。

㊽ 封(户)〔尸〕刻石　从龙溪本、后汉书皇甫嵩朱儁列传改。

㊾ 边章韩(约)〔遂〕反　从后汉书孝灵帝纪改。下改同。

后汉纪　孝灵皇帝纪下 卷第二十五

　　中(和)〔平〕二年春二月丁卯[①]，故太尉刘宽薨，赠车骑将军，谥曰(郡)〔昭〕烈侯[②]。宽字文饶，弘农华阴人也。少好学，博通群书。稍迁东海、南阳太守，遇民如子，口无恶言，吏民有罪，以蒲鞭鞭之，示耻辱而已。其善政归之于下，有不善辄自克责，庶民爱敬之。好与诸生论议，行县使三老、学生自随到亭传，辄复讲论，教化流行，不严而治。尝有客遣奴酤酒，久而不还，及其还也，客不堪之，骂詈曰："畜产。"宽须臾遣人视之，曰："此人也，骂言畜产，恐其自杀。"夫人欲试宽一恚，伺当朝会，装严已讫，使婢奉肉羹一盂。宽手未得持，放羹衣上，婢急收羹，宽言："徐徐！羹烂汝乎？"其宽裕如此，内外称为长者，上深悼之。

　　袁宏曰：在溢则激，处平则恬，水之性也。急之则扰，缓之则静，民之情也。故善治水者引之使平，故无冲激之患；善治人者虽不为盗，终归刻薄矣。以民心为治者，下虽不时整，终归敦厚矣。老子曰："古之为道者不以明民，将以愚之。"故以智治国，国之贼也。

羌、胡寇三辅，车骑将军皇甫嵩征之。己酉，南宫云台灾。庚戌，乐城门灾，延及北阙嘉德殿、和欢殿。本志曰："云台者，乃周家之所造也，图书珍宝之所藏。京房易传曰：'君不思道，厥妖火烧宫。'（夫）〔天〕戒若曰③，刑滥赏淫，何以旧典为？故焚其秘府也。"收天下田亩十岁以治宫室，州县送材及石，贵戚缘贱买入己，官皆先经贵戚然后得中，宫室连年不成，天下骚扰，起为盗贼。司徒袁隗久病罢。

三月，廷尉崔烈为司徒。边章、韩（约）〔遂〕寇三辅，中郎将董卓副皇甫嵩讨之。于是关、陇扰攘，发役不供。司徒崔烈欲弃凉州，议郎傅燮进曰："斩司徒，天下乃安。"有司奏燮廷辱大臣。有诏问本意。对曰："昔冒顿至逆也，樊哙为上将，云愿得十万众横行匈奴中，愤激奋励，未失臣节也，不顾计之当与不当耳，季布犹廷斥曰'哙可斩'，前朝是之。今凉州天下之冲要，国家之蕃卫也。尧、舜时禹贡载之；殷、周之世列为侯伯；高祖平海内，使郦商别定陇右；世宗拓境，列置四郡，议者以为断匈奴之右臂。今牧御者失理，使一州叛逆，天下骚动，陛下不安寝食。烈为宰相，不念思所以缉之之策，乃欲弃一方万里之士，臣窃惑之。左衽之虏，得此地为患数世。今以劲士坚甲利兵，奸雄因之为乱，此社稷之深忧也。且无凉州，则三辅危，三辅危则京都薄矣。若烈不知忧之，是极弊也；知而欲弃，是不忠也；二者择而处之，烈必有之。"遂从燮议，亦不罪烈。由是朝廷益重燮，每公卿缺，议辄归燮。

夏五月，太尉邓盛久病罢，太仆张延为太尉。

六月，以讨张角功，封中常侍张让等十二人为列侯。

秋七月，车骑将军皇甫嵩征边章、韩（约）〔遂〕，无功免。

八月，司空张温为车骑将军，讨章、(约)〔遂〕。

九月，特进临晋侯杨赐(受)〔为〕司空④。

冬十月，司空杨赐薨。策曰："司空临晋侯赐华岳所挺，九德纯备，三叶宰相，辅国以忠。昔朕初载受道帷幄，遂阶成勋，以陟大猷。师范之功既昭于内，弼亮之勤亦著于外，虽受茅土，未答厥勋。哲人既没，将谁谘度？朕甚悼焉。今使左中郎将郭仪持节追赠特进、司空、骠骑将军印绶，谥曰文烈侯。"赐字子献，笃志于学，闲居教授，不应州郡之命。辟梁冀府，非其好也，因谢病去。举高第，稍迁越骑校尉、光禄大夫。灵帝初，与刘宽、张济侍讲于华德殿。初，张角等诳耀百姓，天下惑之，襁负至者数十万人。赐时居司徒，谓刘陶曰："闻张角等党辈炽盛，稍益滋蔓。今若下州郡捕讨，恐惊动丑类，遂成反乱。今欲切敕刺史、二千石，采别流民，咸遣护送各归本郡，以孤弱其党。然后乃诛其渠帅，可不劳众而定。何如？"陶曰："此孙子所谓不战而屈人之兵，庙胜之术也。"赐(众)〔遂〕上书言之⑤。会赐去位，事留中。后帝徙南宫，阅故事，得赐所上奏及讲时注籍，乃感悟。遂下诏曰："大司马杨赐，敦德允元，(中受)〔忠爱〕恭懿⑥，亲以尚书侍讲，累评张角始谋，祸曹未彰，赐陈便宜，欲缓诛夷，令德既光，嘉谋悱然。诗不云乎，'无德不报，无言不雠'。故襃城君孔霸、故太尉黄琼侍讲先帝，并宜受茅土之封。"赐上言曰："臣前与故太尉刘宽、司徒张济并被侍讲，俱受三事；张角谋乱，又共陈便宜。而独蒙师傅之泽，茅土之祚，而宽、济不蒙云雨之润，乞减赐户以封宽、济。"上虽不听，嘉其至诚，乃封宽为逯乡侯，济子根为蔡阳侯。赐子彪忠厚有孝行，复纂其家业。光禄勋许相为司空。

十一月,张温、董卓击张约,破之。约走金城。是岁,于后园造万金堂,以为私藏门,司农金钱缯帛积之于中;又还河间置田业,起第观。上本侯家,居贫即位,常曰桓帝不能作家,曾无私钱,故为私藏,复寄小黄门常侍家钱至数千万。由是中官专朝,奢僭无度,各起第宅,拟(则)〔制〕宫室⑦。上尝登永安乐侯台,黄门常侍恶其登高,望见居处楼殿,乃使左右谏曰:"天子不当登高,登高则百姓虚。"自之后,遂不敢复登台榭。

三年春二月,太尉张延久病罢。庚戌,大赦天下。

三月,车骑将军张温为太尉。

夏五月壬辰晦,日有蚀之。诏公卿举直言。

四年春正月己卯,大赦天下。

二月,荥阳盗贼起。

三月,河南尹何苗击破之。以苗为车骑将军,封济阳侯。夏,狄道人王国反。自黄巾之后,盗贼群起,杀刺史、二千石者往往而是。

夏四月,太尉张温以寇贼未平罢,司徒崔烈为太尉。

五月,司空许相为司徒,光禄勋丁宫为司空。

秋九月,大长秋赵忠为车骑将军,执金吾甄举为太仆,因谓忠曰:"傅南容有古人之节,前在军有功不封,天下失望。今将军当其任,宜进贤理枉,以副众望。"忠纳其言,遣弟延赍书致殷勤曰:"南容少答我常侍,万户侯不足得也。"燮正色拒之曰:"遇与不遇,命也;有功不论,时也。傅燮岂无功而求私赏哉?"遂不答其书。忠愈恨燮,然惮其高明,不敢害,出为汉阳太守。

冬十月,零陵盗贼寇长沙,太守孙坚讨破之,封坚为乌程侯。

十一月，太尉崔烈久病罢，大司农曹嵩为太尉。是岁，渔阳人张纯反。初发幽州乌桓以讨凉州，故中山相张纯请将之，不听，使涿令公孙瓒。纯忿不得将，因说故太山太守张举曰："乌桓数被征发，死亡略尽，今不堪命，皆愿作乱。国家作事如此，汉祚衰亡之征。天下反覆率竖子，故若英雄起，则莫能御。吾今欲率乌桓奉子为君，何如？"举曰："汉祚终讫，故当有待之者。吾安可以若是？"纯曰："王者网漏鹿走，则智多者得之，子勿忧也。"遂共率乌桓作乱，故人喜悦归纯，日十余万。

五年春正月丁酉，大赦天下。太尉曹嵩罢。

二月，有星孛于紫宫。

三月，少府樊陵为太尉。

夏五月，凉州刺史耿鄙击王国，败绩。初，鄙合六郡兵将欲讨国，汉阳太守傅燮谏之曰："使君统政日浅，民未知化。孔子曰：'不教民战，是谓弃之。'今率不教之民，越大陇之危，贼闻大军将至，必万人同心，其锋难当也。万一内变，悔何及也？不若息军养德，明赏罚以教民战。贼得宽容，必为我怯，群恶争势，其离可必。然后率已教之民，讨离隙之贼，其功可立。今不为万全之福，而就危败之祸，不为使君取也。"鄙不从。临阵，前锋果败，鄙为别驾所害。国遂围汉阳太守傅燮。时北胡骑数千在城外，皆叩头流涕，欲令燮弃郡归乡里。燮子干进曰："国家昏乱，贤人斥逐，大人以正不容于朝。今天下以叛，兵不足以守，乡里羌胡被大人恩者，欲令弃郡而归。愿大人计之，徐归乡里，率贤士大夫子弟而辅之。"言未终，燮叹曰："汝知吾必死邪？盖'圣达节，次守节'。且殷纣之暴，伯夷之不食周粟而死，仲尼以为贤。今朝廷不甚殷纣，吾德不及伯夷,吾何行之乎?"王国使故酒泉太守黄衍说巖曰:"天下事已可知矣。先起者上有霸王之业,下成伊、吕之勋。天下非复汉有,府君宁有意为吾属师乎?"巖按剑叱之曰:"若非国家剖符之臣邪,求利焉逃其难?且诸侯死社稷者,正也。"遂麾左右出战,临阵而死。上甚悼惜之,策谥曰壮节侯。巖字南容,北地灵州人。身长八尺,严恪有志操威容,性刚直履正,不为权贵改节。

六月丙寅,风大起折木,太尉樊陵策罢,射声校尉马日磾为太尉。

秋八月,置西园三军及典军助军,以小黄门蹇硕为上军校尉,虎贲中郎将袁绍为中军校尉,屯骑校尉鲍洪为下军校尉,议郎曹操为典军校尉。初,黄巾起,上留心戎事,硕壮健有武略,故亲任之,使为元帅,典护诸将,大将军已下皆令属焉。

九月,司徒许相策免,司空丁宫为司徒,光禄勋刘弘为司空,(特进)〔卫尉〕董(卓)〔重〕为骠骑将军⑧。己未,诏曰:"顷选举失所,多非其人。儒法杂揉,学道浸微。处士荀爽、陈纪、郑玄、韩融、李楷耽道乐古,志行高洁,清贫隐约,为众所归。其以爽等各补博士。"皆不至。融字元长,颍川人。博学不为章句,皆究通其义。屡征聘,皆不起,晚乃拜河南尹,(时)〔历〕鸿胪太仆卿⑨。年七十余,弟兄同居,闺庭怡怡,至于没齿也。楷字公超,河南人。以至孝称,栖迟山泽,学无不贯,征聘皆不就。除平陵令,视事三日,复弃官隐居,学者随之。所在城市华阴南土,遂有公超市。频烦策命,就拜光禄大夫,固疾不起。乃命河南、弘农致玄纁束帛,欲必致之,楷终不屈。

袁宏曰:布衣韦带,白首不仕者有矣;结发缨冠,老而不退者有矣。此二途者,古今之所同也。久而安之,故无中立之地焉。语曰：“山林之士往而不能反，朝廷之士入而不能出。”往而不反则能执意，入而不出失之远矣。古之为士，将以兼政，可则进，不可则止，量分受官，分极则身退矣。故于仕与不仕之间有止足焉。不仕则枯槁矣，遂仕则负累矣。若仕能止者在于可否之间，不同心乎！

　　是时大将军<u>何进</u>多辟海内名士，以为己佐。<u>郑玄</u>称疾不到，州郡迫胁，不得已，<u>玄</u>幅巾诣<u>进</u>，<u>进</u>设几杖之礼，一宿而退，莫知其所。初，<u>申屠蟠</u>隐于<u>梁</u>、<u>砀</u>之间，免于党人之祸，亦为<u>进</u>所辟，逾年不至。<u>进</u>恨之，欲胁以威刑，使同郡<u>黄忠</u>与<u>蟠</u>书曰：“大将军幕府初开，〔征〕辟海内⑩，并延英俊，虽有高名盛德，不获异遇。至如先生，特加殊礼，优而不名，设几杖之坐，引领东望，日夜以冀，弥秋历冬，经迈二载，深拒以疾，无惠然之顾。重令爱中郎(昭)〔晓〕畅殷勤⑪，至于再三，而先生抗志弥高，所执益固。将军于是忾然失望而有愧色，自以德薄，深用咎悔。仆窃论之，先生高则有余，智则不足。当今<u>西戎</u>作乱，师旅在外，军国异容，动有刑宪。今<u>颍川</u><u>荀爽</u>舆病在道，<u>北郡</u><u>郑玄</u>北面受署。彼岂乐羁牵者哉，知时不可偱豫也。且昔人之隐，虽遭其时，犹放声绝迹，巢栖茹薇；其不遇也，则裸身大笑，被发狂歌。今先生处平壤，游人间，吟典籍，袭衣裳，行与昔人谬，而欲蹈其迹，拟其事，不亦难乎！仆愿先生优游俯仰，贵处可否之间。<u>孔氏</u>可师，何必<u>首阳</u>。备托臭味，庶同休戚，是以假飞书以喻左右。”<u>蟠</u>不答其书，亦无惧色。<u>蟠</u>字<u>子龙</u>，<u>陈留</u><u>外黄</u>人。同县大女<u>侯玉</u>为父报仇，杀夫之从母兄，姑怒执<u>玉</u>送吏。时县令<u>梁配</u>将断其狱，<u>蟠</u>年十五，自精舍诣县，奏记曰：“伏闻大女<u>侯玉</u>为父报仇，狱鞫以法，不胜感悼己情，敢陈所闻。昔<u>太原</u><u>周</u>党感<u>春秋</u>之义，辞师复仇，当时论者犹高其节。况<u>玉</u>女弱，内无同生之谋，外无交游之助,直推父子之情,手(刀)〔刃〕莫大之仇^⑫。当时闻之,人无勇怯,莫不张胆增气,轻身重义,攘臂高谈,称羡其美。今闻玉幽执牢槛,罪名已定,皆心低意阻,惆怅悲叹。蟠以玉之节义,历代未有,足以感无耻之孙,激忍辱之子。若其在昔,尚当旌闾表墓,以显后嗣。况事在清听,不加以义!"于是县令具以状闻,得减死一等。蟠学无常师,博览无不通。初在太学,济阴王子居病困临卒,托蟠致丧,蟠即自负其尸,遂致济阴。道遇司隶从事,嘉蟠志义,愍其负重,为封过所传,蟠不受,投地而去。举有司,公车征,诸所聘礼皆不就。董卓初征天下贤儁,皆起家登宰相。蟠得征书,时人皆劝之行,蟠笑而不答。居无何,而王室大乱。蟠年七十余,以寿终。

　　十月甲子,上观耀兵于平乐观。先是望气者以为京师当有大兵,流血两宫。或说何进曰:"太公六韬有天子将兵事,以示四方。"进以为然。乃言于上,(太)〔大〕发兵讲武于平乐观下^⑬,天子亲擐甲胄,临军三匝。既罢,以兵属大将军进。初,汉阳太守盖勋著绩西州,知耿鄙之必败也,自免归家。于是征为武都太守。诏大将军何进、上军校尉蹇硕为勋祖道,京师荣之。未至武都,征为讨虏校尉。上问勋曰:"天下何以反?"勋对曰:"幸臣子弟扰之使然。"时硕子弟尤甚,天子顾而问硕,硕不能对。帝又谓勋曰:"吾以陈师于平乐观,多出中藏以饵战士,何如?"勋曰:"臣闻昔者先王耀德而不观兵,今寇在远而设阵于近,不足以昭果毅,祇足以渎威武耳。"帝曰:"善。恨见卿晚,群臣初无是言也。"勋与刘虞、袁绍等并典禁军,勋谓虞、绍曰:"吾见上,上甚聪明,但拥于左右耳。勇力诛嬖幸,然后征拔英俊,以兴汉室,功遂身退,岂不快邪!"虞、绍亦有宿谋,因共相结未发,而司隶校尉张温举勋为京兆尹。帝方倚勋，欲亲近之，而硕等心惮，并劝帝从温议，遂拜京兆尹。小黄门高望，皇子〔辩之〕爱（之辩）臣也⑭。因硕属望子于勋，欲以为孝廉，勋不肯。或谓勋曰："皇子副主也，望其保也，硕帝之宠臣也，三怨成府，岂可救也？"勋曰："选贤所以报国也。非贤不举，虽死可悔乎！"是时王国众十余万，三辅震〔动〕⑮，勋自请发兵万人分屯三辅。每有密事，帝呼诏问勋。勋虽身在外，甚见信重。乃著琴诗十二章奏之，帝善焉，数加赏赐。

十二月，左将军皇甫嵩、前将军董卓屯右扶风，讨王国。

六年春正月，王国攻陈仓，董卓将救之，谓（王）〔皇〕甫嵩曰⑯："智者不后时，勇者不留决。速救则城全，不救则城灭，复何疑哉？"嵩曰："不然。善用兵者，全军为上，破军次之，百战百胜，不如不战而屈人之兵也。上兵伐谋，故见可而进，知难而退，故速战为下。是以先为不可胜，以待敌之可胜。不可胜在我，可胜在彼。彼守不足，我攻有余。有余者在于九天之上，不足者陷于九地之下。陈仓虽小，城守备固，非九地之陷也。国兵虽攻我所不拔，非九天之势也。夫势非九天，攻者受害；陷非九地，守者不拔。国今已陷受害之地，而陈仓保不拔之城，我可不烦兵而取全胜之功，将何救！"不从。国围陈仓八十余日，城中坚守，竟不能拔，贼众疲弊，果自解去。嵩欲进兵击之。卓曰："不可。兵法：'穷寇勿迫，归众勿追。'今我追国，是追归众，迫穷寇也。困兽犹斗，蜂虿有毒，况大众乎！"嵩曰："不然。前吾不击，避其锐也。今而击之，待其衰也。所击疲堕，非归众也。国众且走，莫有斗志。以整击乱，非穷寇也。"使卓为殿，嵩自与国战，大破斩之。由是卓恨嵩，阴与嵩有隙。征卓为少府，卓不肯就，上书辄行前将军事。既而以卓为并州牧，以兵属皇甫嵩。卓又上书请将兵之官。嵩从子逦谏嵩曰："本朝失政,能安危定倾者,惟大人与卓耳。今怨隙已结,二人不俱存。先人之言,兵家所重。卓被诏当放兵,而讽将士上书自请,此逆命也。彼度京师政乱,故敢踌躇,此怀奸也。二者刑所不赦,卓凶虐无亲,将士不附。公为元帅,仗国威以讨之,上显忠义,下除奸凶,此桓、文之举也。"嵩曰:"专命亦罪也。不如显奏,使朝廷裁之。"天子以责让卓不受诏,选五千骑将自河津渡。上军校尉蹇硕恶大将军进兵强,欲进在外,因而间之。乃与常侍通谋说上,使进征边章、韩约。帝从之,赐进戎车百乘,虎贲斧钺。进亦知其谋,请中军校尉袁绍东发徐、兖兵,以稽其行。

三月己丑,光禄刘虞为司马,领幽州牧,〔击〕张纯⑰。虞使公孙瓒击纯,大战破之。纯客王政斩纯首降。封虞为襄贲侯,瓒为都亭侯,并镇北边。夏四月,太尉马日磾罢。丙午朔,日有蚀之。丙辰,帝崩于嘉德殿。时蹇硕在省中,欲诛大将军何进,使人迎进,欲与计事。进即驾往,司马潘隐出迎进,因而(逆)〔目〕之⑱。进驰去,屯百郡邸,称疾不入。戊午,皇子辩即帝位,太后临朝,大赦天下。封皇弟协为渤海王。初,帝数失皇子,何太后生皇子辩,养于史道人家,故号为史侯。王贵人生皇子协,养于董太后宫,号为董侯。初,大臣请立太子,〔帝以〕辩轻佻无威仪⑲,不可以为宗庙主。然何后有宠,大将军进权重,故久而不决。帝将崩,属协于上军校尉蹇硕。协疏幼少,在丧哀感,百官见者为之感恸。壬戌,诏曰:"朕以眇身,君王海内,夙夜忧惧,靡知所济。夫天、地、人道,其用在三,必须辅佐以昭其功。后将军袁隗德量宽重,奕世忠恪,今以隗为太傅,录尚书事。朕且谅暗,委成群后,各率其职,称朕意焉。"

上军校尉蹇硕以帝轻佻不德，二舅好修虚名，无股肱之才，惧不能安社稷也，欲诛进等，立渤海王，与常侍赵忠、宋典书曰："大将军兄弟秉国威权，欲与天下党人共诛内官。以硕有兵，尚且沉吟。观其旨趣，必先诛硕，次及诸君。今欲除私仇以辅公家。是时上新崩，大行在前殿，左右悲哀，念在送终。硕虽用有谋策，其事未可知也。"忠、典以硕书告大将军进，进诱诸常侍共诛硕。或曰："硕先帝所置，所尝倚仗，不可诛。"中常侍郭脉与进同郡^⑳，素养育进，子弟遇之，曰："进我所成就，岂有异乎？可卒听之。"庚午，上军校尉蹇硕下狱诛，兵皆属进。中军校尉袁绍说进曰："黄门常侍秉权日久，永乐太后与之通谋，祸将至矣。将军宜立大计，为天下除患。"于是进、绍谋共图中官。进厚遇绍及虎贲中郎将术，因以招引天下奇士陈纪、荀攸、何颙等(上)〔与〕同腹心^㉑。初骠骑将军董重与大将军何进权势相害，中官协重以为党助，永乐亦欲与政事，何后不听。永乐后怒曰："汝怙大将军邪？敕骠骑断大将军头如反手耳！"何后闻之，以告进。

五月，进与三公奏："故事，蕃后不同居京师，请永乐宫还(太)〔故〕国^㉒。"于是骠骑将军董重下狱死。永乐后怖，暴崩。众以为何后杀之。绍复说进曰："前窦氏之败，但坐语言漏泄，以五营兵士故也。五营皆畏中官，而窦后反用之，兵皆叛走，自取破灭。今将军既有元舅之尊，二府并领劲兵，部曲将吏皆英俊之士，乐尽死力，事在掌握，天赞之时也。功著名显，垂之后世，虽周之申伯，何足道哉！"进言之太后。太后曰："中官领禁兵，自汉家故事，不可废也。且先帝新弃天下，我奈何楚楚与士人对共事乎？"进承太后意，但欲诛其放纵者。绍以中官近至尊，今不废灭，后益大患。初，进寒贱，依诸中官得贵幸,内尝感之,而外好大名,复欲从<u>绍</u>等,计久不能决。太后母<u>舞阳君</u>及弟车骑将军<u>苗</u>谓<u>进</u>曰:"始从<u>南阳</u>来,依内宫以致富贵。国家亦不容易,深思之,覆水不可收,悔常在后。"<u>进</u>入复言于太后曰:"大将军专欲诛左右,以擅朝权。"太后疑焉。<u>绍</u>闻之惧,复说<u>进</u>曰:"形势已露,将军何不早决? 事久变生,复为<u>窦氏</u>矣!"于是<u>进</u>以<u>绍</u>为司隶校尉,<u>王允</u>为<u>河南</u>尹。乃召武猛都尉<u>丁原</u>、<u>并州</u>刺史<u>董卓</u>将兵向京师以胁太后。尚书<u>卢植</u>以为诛中官不足外征兵,且<u>董卓</u>凶(捍)〔悍〕而有精兵㉓,必不可制。<u>进</u>不从。<u>原</u>将数千人寇<u>河内</u>,烧宫府及居人,以诛中官为言,太后犹未寤。

六月辛酉,葬孝(陵)〔灵〕皇帝于<u>文陵</u>㉔。

秋七月,徙<u>渤海王协</u>为<u>陈留王</u>。<u>董卓</u>到<u>渑池</u>,上书曰:"中常侍<u>张让</u>等窃幸乘宠,汩乱海内。昔<u>赵鞅</u>兴<u>晋阳</u>之甲,以逐君侧之恶。(以)〔乃〕鸣钟鼓㉕,以如<u>洛阳</u>。"<u>进</u>谓诸黄门曰:"天下匈匈,正患诸君耳。今<u>董卓</u>欲至,诸君何不各就国?"于是黄门各就里舍。是时<u>进</u>谋颇泄,诸黄门皆惧而思变。<u>张让</u>子妇,太后之娣也。<u>让</u>叩头向子妇曰:"老臣得罪,当与新妇俱归私门。惟受恩累世,今当离宫殿,情怀恋恋,愿一复入直,得暂奉望太后、陛下颜色,然后退就沟壑,死且不恨!"<u>让</u>子妇言于<u>舞阳君</u>,入白,乃诏诸常侍皆复入直。

八月庚寅,<u>太白犯心星</u>。戊辰,大将军<u>何进</u>白太后,将决其事,谋欲尽诛诸常侍,选三署郎补其处。中常侍<u>张让</u>、<u>段珪</u>相谓曰:"大将军常称疾,不临丧葬,今忽入省,此意何为? <u>窦氏</u>意复起邪?"使侍者听之,(寔)〔具〕闻<u>进</u>言㉖,出坐省户下,<u>让</u>谓<u>进</u>曰:"天下愤愤,亦非独我曹也。又先帝尝与太后不快,几至成败,我曹泣涕救解,各出家财且千万,共为礼和悦上意,但欲托门户于卿耳。今卿云何欲灭我曹种族，不亦太甚乎？卿言省内浊秽，公卿已下，忠清为谁乎？"于是尚方监渠穆拔剑斩进。珪、让伪诏以故太尉樊陵为司隶校尉，故司空许相为河南尹。尚书得诏疑焉，请大将军出议之。中黄门以进首与尚书，曰："何进谋反，以伏诛。"进部曲将吴匡将兵在外，闻进被诛，欲将兵入，宫门闭。虎贲中郎将袁术烧南宫青琐门，欲以迫出珪等。珪等不出，持太后、天子、陈留王幸北宫崇德殿。苗闻进死，陈兵朱雀阙下。进、苗素不相友善，进死，匡恐为苗所害，乃言曰："大将军欲诛诸常侍，车骑不欲。今大将军死，车骑在，杀大将军者，即车骑也，吏士能为大将军复仇也？"进遇吏兵素有恩，皆涕泣曰："愿致死！"匡乃喋血为誓，引兵攻苗，战于阙下。兵破，斩苗首。于是司隶校尉袁绍斩伪司隶校尉樊陵、河南尹许相，勒兵捕诸中官，无少长皆诛之，死者二千余人。引兵入宫，珪等迫急，复将天子、陈留王夜至小平津，六玺不自随。是时宫中乱，百官无从者，惟河南部掾闵贡将十余人从。会尚书卢植至，按剑责珪，珪等涕泣谢罪，又追兵至，珪等白上曰："臣等死，天下大乱矣。"乃自投于河。辛未，帝还宫，公卿百姓迎于道。并州牧董卓适至，闻帝在外，单骑迎于北芒上。卓与帝言，不能对；与陈留王言，及祸乱之事。卓以王贤，有废立之意。是日，幸崇德殿，大赦天下，得六玺，失传国玺。武猛都尉丁原将河内救何氏，拜执金吾。何进兄弟既死，其部曲无所属，皆归卓。卓使原部曲司马吕布尽并其众，京师兵权惟卓为盛。先是进遣骑都尉太山鲍信募兵，亦适至。信谓绍曰："卓拥强兵，有异志，今不早图，将为所制。及初至疲劳，袭之可擒也。"绍畏卓，不敢发，信遂还乡里。六月，雨，至于九月乃止。卓讽有司以久雨免司徒丁宫、司空刘弘，卓代为司徒，假节钺虎贲。癸酉，卓谓司隶校尉袁绍曰："人主宜立贤明，天下岂有常！每念灵帝，使人愤毒。今当立董侯，不知能胜史侯否为当？且尔刘氏种不足复遗。"绍曰："今上未有不善害于天下。若明公违礼，任意废嫡立庶，四海恐不从明公议也。"卓叱绍曰："竖子！天下事岂不在我？我欲为之，谁敢不从！"绍横刀长揖曰："天下健者，岂唯董公！"既出，遂奔冀州。卓以废帝议示太傅袁隗，隗报如议。九月甲戌，卓大会群臣于崇德殿，卓曰："大者天地，其次君臣，所以为治也。今皇帝暗弱，不可奉宗庙，为天下主。今欲依伊尹、霍光故事，立陈留王，何如？"公卿已下皆惶恐，不敢对。卢植〔对曰〕[27]："按尚书：太甲既立不明，伊尹放之桐宫。又昌邑王立二十七日，罪过千条，是以霍光废之。今上富于春秋，行未有失，此〔非〕前事之比也[28]。"卓大怒，欲诛植。议郎彭伯谏曰："卢尚书海内大儒，天下之望也。今先害之，恐天下震怖。"卓乃止。是日，卓胁太后与群臣废帝为弘农王。读策，太后流涕，群臣莫敢言。丁宫曰："天祸汉室，丧乱弘多。昔祭仲废忽立突，春秋善之。今大臣量宜为社稷计，诚合天心，请称万岁。"太傅袁隗解帝玺绶，立陈留王为皇帝，年九岁。太后迁于永安宫。

袁宏曰：丁宫可谓非人矣，以为虽遇伊尹之事，犹将涕泣而从之，而况陵虐其君而助赞其恶？夫仁义者，人心之所有也。浓薄不同，故有至与不至焉。当其至者，在君亲之难，若身首之相卫也。其不至者，犹有儿女之爱焉。无情于斯者，不得豫夫人伦矣。

卢植称病而退，从近关出。卓遣人杀之，不及。隐于上谷，数年后疾卒。植字子干，涿人也。师事扶风马融，与北海郑玄友善，所学不守章句，皆研精其旨。身长八尺二寸，刚毅多大节，常喟然

414

有济世之志，不苟合取容，言论切直，不好文辞，饮酒至一石而不乱。融妃后家丝竹歌舞者不绝于前，植侍坐数年，目未尝一眄，融以是尤敬异之。学终辞归，阖门教授，不应州郡之命。建宁中，征为博士，补九江、庐江太守，为政务在清净，弘大体而已。病去官，征拜议郎，与蔡邕、杨彪等并在东观，补续汉纪。植将终，敕其子敛(其)〔具〕单衣[29]，葬以土穴。其子从之。丙子，太后何氏崩，董卓杀之也。乙酉，司空董卓为太尉。丙申，太中大夫杨彪为司空，豫州牧黄琬为司徒。

冬十(一)月乙巳[30]，葬灵思何皇后。白波贼寇河东。

十〔一〕月[31]，太尉董卓为相国，爵卓母为池阳君，司徒黄琬为太尉，司空杨彪为司徒，光禄勋荀爽为司空。卓虽无道，而外以礼贤为名，黄琬、荀爽之举，从民望也。又任侍中周毖、城门校尉伍琼，沙汰秽恶，显拔幽滞，于是以尚书韩馥为冀州，侍中刘岱为兖州，陈留孔胄为豫州，颍川张咨为南阳太守，东平张邈为陈留太守。初，卓将兵东也，京兆尹盖勋曰："贪人败类，京师其必有变。"乃为之备。及卓废帝，勋与卓书曰："昔伊尹、霍光权以立功，人犹寒心，足下小丑，何以堪之？贺者在门，吊者在庐，可不慎哉！"卓得书，甚惮之。时皇甫嵩尚三万余人在扶风。勋乃密语嵩，欲讨卓。卓亦深忌勋，使人安喻之，因征勋为议郎。

校勘记

① 中(和)〔平〕二年　从龙溪本改。

② 谥曰(郡)〔昭〕烈侯　从南监本、龙溪本、学海堂本改。

③ (夫)〔天〕戒若曰　从南监本、龙溪本、学海堂本改。

④ 杨赐(受)〔为〕司空　从南监本、龙溪本、学海堂本改。

⑤ 赐(众)〔遂〕上书言之　从南监本、龙溪本、学海堂本改。

415

⑥ (中受)〔忠爱〕恭懿　从南监本、龙溪本、学海堂本改。

⑦ 拟(则)〔制〕宫室　从南监本、龙溪本、学海堂本改。

⑧ (特进)〔卫尉〕董(卓)〔重〕为骠骑将军　从后汉书孝灵帝纪改。

⑨ (时)〔历〕鸿胪太仆卿　从南监本、龙溪本改。

⑩ 〔征〕辟海内　从南监本、龙溪本、学海堂本补。

⑪ (昭)〔晓〕畅殷勤　从南监本、龙溪本、学海堂本改。

⑫ 手(刀)〔刃〕莫大之仇　从南监本、龙溪本、学海堂本改。

⑬ (太)〔大〕发兵讲武　从南监本、龙溪本、学海堂本改。

⑭ 皇子〔辩之〕爱(之辩)臣也　从学海堂本乙正。

⑮ 三辅震〔动〕　从南监本、龙溪本补。

⑯ 谓(王)〔皇〕甫嵩曰　从南监本、龙溪本、学海堂本改。

⑰ 〔击〕张纯　从南监本、龙溪本、学海堂本补。

⑱ 因而(逆)〔目〕之　从后汉书何进列传改。

⑲ 〔帝以〕辩轻佻无威仪　从后汉书何进列传补。

⑳ 中常侍郭脉　后汉书何进列传作“郭胜”。

㉑ (上)〔与〕同腹心　从龙溪本改。

㉒ 请永乐宫还(太)〔故〕国　从南监本、龙溪本、学海堂本改。

㉓ 董卓凶(捍)〔悍〕　从南监本、龙溪本、学海堂本改。

㉔ 葬孝(陵)〔灵〕皇帝　从南监本、龙溪本、学海堂本改。

㉕ (以)〔乃〕鸣钟鼓　从龙溪本、学海堂本改。

㉖ (寔)〔具〕闻进言　从后汉书何进列传改。

㉗ 卢植〔对曰〕　从南监本、龙溪本补。

㉘ 此〔非〕前事之比也　从南监本、龙溪本、学海堂本补。

㉙ 敛(其)〔具〕单衣　从南监本、龙溪本、学海堂本改。

㉚ 冬十(一)月　从后汉书孝献帝纪删。

㉛ 十〔一〕月　从后汉书孝献帝纪补。

两汉纪 后汉纪

416

后汉纪　孝献皇帝纪　卷第二十六

　　初平元年春正月辛亥,大赦天下。侍中周毖、城门校尉伍琼说
董卓曰:"夫废立事大,非常人所及。袁绍不达大体,恐惧出奔,非
有他志也。今购之急,势必为变。袁氏树恩四世,门生故吏遍于天
下,若收豪杰以聚徒众,英雄因之而起,山东非公之有也。不如赦
之,拜一郡守,则绍喜于免罪,必无患矣。"卓以为然,乃以绍为渤海
太守。癸丑,卓杀弘农王。卓使郎中令(王)〔李〕儒进鸩于王曰①:
"服药可以辟恶。"王曰:"我无疾,是欲杀我尔!"不肯,强之。于是
王与唐姬及宫人饮(药)〔宴别〕②,王自歌曰:"天道易兮运何艰!
弃万乘兮退守藩。逆臣见迫兮命不延,逝将去汝兮往幽玄!"唐姬
起舞,歌曰:"皇天崩兮后土颓,身为帝王兮命夭摧。死生异路兮从
此乖,悼我茕独兮心中哀!"因泣下,坐者皆悲。王谓唐姬曰:"卿
故王者妃,势不为吏民妻,〔行〕矣③。自爱,从此与卿辞!"遂饮药
而死。帝闻之,降坐尽哀。是时冀州刺史韩馥、豫州刺史孔伷、兖
州刺史刘岱、陈留太守张邈、渤海太守袁绍、东海太守乔瑁、山阳太
守袁遗、河南太守王匡、济北相鲍信、后将军袁术、议郎曹操等并兴

417

义兵，将以诛卓，众各数万人，推绍为盟主。绍自号车骑将军，操行奋武将军。长沙太守孙坚亦起兵诛卓，比至南阳，众数万人。卓以坚为破虏将军，冀其和弭。坚讨卓逾壮，进屯阳人。卓大怒，遣胡轸、吕布击坚，战于建平，坚大破之。卓以山东兵盛，欲徙都关中，召公卿议曰："高祖都关中十一世。后汉中兴，东都洛阳，从光武至今复十二世。案石苞室谶，宜复还都长安。"百官无敢应者。司徒杨彪曰："迁都改制，天下大事，皆当因民之心，随时之宜。昔盘庚五迁，殷民胥怨，故作三篇以晓谕之。往者王莽篡逆，变乱五常。更始、赤眉之变，焚烧长安，残害百姓，民人流亡，百无一存。光武受命，更都洛阳，此其宜也。方今建立圣主，光隆汉祚，而无故捐宗庙宫殿，弃先帝园陵，百姓惊愕，不解此意，必麋沸蚁聚，以致扰乱。石苞室谶妖邪之书，岂可信用？"卓作色曰："杨公欲沮国家计邪？关东黄巾作乱，所在贼起，长安崤、函险固，国之重防。又陇右取材木，功夫不难，杜陵南山下有孝武帝故陶作砖处，一朝一夕可办，宫室官府盍何足言！百姓小人何足与议！若有前却，以我大兵驱之，岂得自在？"百寮皆失色。太尉黄琬曰："此大事，杨公语得无可思乎？"司空荀爽曰："相国岂乐迁都邪？今山东兵起，非可一日禁也。而关西尚静，故当迁之，以图秦、汉之势也。坚争不止，祸必有所归，吾不为也。"卓使有司奏免二公。

418

二月丁亥，太尉黄琬、司徒杨彪策罢。初，卓用伍琼、周毖之议，选天下名士，馥等既出，皆举兵图卓，卓以琼、毖卖己，心怒之。及议西迁，琼、毖固谏，卓大怒曰："君言当拔用善士，卓从二君计，不敢违天下心，诸君到官，举兵相图，卓何相负？"遂斩琼、毖。彪、琬恐惧，诣卓谢曰："因小人恋旧，非欲沮国事也，请以不及为受罪。"卓不胜当时之忿,既杀琼、珌,旋亦悔之,故表彪、琬为光禄大夫。卓以河南尹朱儁为太仆,以为己副。儁不肯受,因进曰:"国不宜迁,必孤天下望,成山东之衅,臣不见其可也。"有司曰:"召见君受拜而君拒之,不问徙事而君陈之,何也?"儁曰:"副相国至重,非臣所堪;迁都非计,臣之所急也。辞所不堪,进其所急,臣之宜也。"有司曰:"迁都之事,初无此计也,就有未露,何所受闻?"儁曰:"相国董卓具为臣说。"有司不能屈,于是朝之大臣及尚书郎华歆等皆称焉。由是止不副卓,卓愈恨之。惧必为卓所陷,乃奔荆州。光禄勋赵谦为太仆,王允为司徒,守尚书令。丁亥,天子迁都长安。卓留屯洛阳,尽焚宫室,徙民长安。壬辰,白虹贯日。

三月己巳,车驾至长安,遭赤眉之乱,宫室焚尽,唯有高庙、京兆府舍,遂就都焉。戊午,卓杀太傅袁隗及其三子。是时袁绍屯河内、陈留太守张邈、兖州刺史刘岱、东郡太守乔瑁、山阳太守袁遗屯酸枣,后将军袁术屯南阳。(豫)〔冀〕州刺史韩馥大会酸枣④,将盟,诸州郡更相推让,莫有肯先(当)〔者〕⑤。广陵功曹臧洪升坛操血曰:"汉室不幸,王纲失统,贼臣董卓,乘衅纵害,祸加至尊,虐流百姓。大惧沦丧社稷,翦覆四海。兖州刺史刘岱、豫州刺史孔伷、陈留太守张邈、东郡太守乔瑁、广陵太守超等,纠合义兵,并赴国难。凡我同盟,齐心戮力,以致臣节,殒首丧元,必无二致。有渝此盟,俾坠其命,无克遗育。皇天后土,祖宗明灵,实皆监之。"洪辞气慷慨,涕泣横下,闻其言者,虽卒伍厮养莫不激扬。卓兵强,绍等莫敢先进。曹操曰:"举义兵,诛暴乱,今众已合,诸君何疑〔而〕后⑥?使董卓闻山东兵起,倚王室之尊,据二周之险,东向以临天下,虽以无道行之,犹足以为患。今焚烧宫室,劫迁天子,海内震动,不知所归,此天亡之时也,一战而天下定矣,不可失也。"其引军西战于荥阳,操兵大败。是时青州刺史焦和亦起兵讨卓,(务)〔和〕及诸将西行⑦,不为民人保鄣。始济河,黄巾已入其境,青州殷实军(革)〔强〕⑧,和望寇奔北,未尝接风尘,交旗鼓也。好卜筮,信鬼神。入见其人,清谈干霄;出观其政,赏罚(靖)〔溃〕乱⑨。州遂萧条,悉为丘墟。顷之,和病卒,袁绍使臧洪领青州,抚和民众,盗贼奔走。绍叹其能,徙为东郡太守。

夏四月,以大司马刘虞为太傅。尚书令王允奏曰:"太史王立说孝经六隐事,令朝廷行之,消却灾邪,有益圣躬。"诏曰:"闻王者当修德尔,不闻孔子制孝经有此而却邪者也。"允固奏请曰:"立学深厚,此圣人秘奥,行之无损。"帝乃从之。常以良日,王允与王立入为帝诵孝经一章,以(文)〔丈〕二竹笄画九宫其上⑩,随日时而出入焉。及允被害,乃不复行也。

袁宏曰:神实聪明正直,依人而行者也。王者崇德,殷荐以为飨天地,可谓至矣。若夫六隐之事,非圣人之道也,匹夫且犹不可,而况帝王之命乎!

五月,司空荀爽薨。爽字慈明,朗陵令淑之子也。年十二,太尉杜乔师焉,举孝廉、贤良。党事禁锢,隐于海上,又南匿汉滨。党事解,辟命交至,有道、博士征,皆不就。献帝初,董卓荐爽为平原相,未到官,征为光禄勋,至府三日,迁司空。当是之时,忠正者慷慨,而怀道者深嘿。爽既解祸于董卓之朝,又旬日之间位极人臣,君子以此讥之。初,爽兄弟八人号曰"八龙",爽最有儒雅称。兄子彧,名重于世。

六月辛未,光禄大夫种弗为司空。卓发洛阳诸陵及大臣冢墓,坏洛阳城中钟簴,铸以为钱,皆不成文;更铸五铢钱,文章(城)〔轮〕郭不可把持⑪,于是货轻而物贵,谷一斛至数百万。辽东太守公孙度自号为平州牧,立汉世祖庙。单于羌渠既为国人所杀,其子(孙)于扶罗应立⑫,国人立须卜为单于,于扶罗诣阙讼。会灵帝崩,王室乱,于扶罗将数千骑与白波贼寇冀州界,百姓皆高壁清野,抄掠少有所得,欲归国,国人不受,遂止河东。

二年春正月辛丑,大赦天下。韩馥、袁绍自称大将军,遣使推大司马刘虞为帝,不听;复劝虞承制封拜,又不听,然犹与绍连结。

二月丁丑,相国董卓为太师。

夏四月,卓西入关。卓使东中郎将董越屯渑池,宁辑将军段煨屯华阴,中郎将牛辅屯安邑,其余中郎〔将〕、校尉布在诸县⑬,不可胜纪,以御山东。卓将至,公卿以下迎之,皆谒拜下,卓不为礼。卓谓御史中丞皇甫嵩曰:“可以服未?”嵩曰:“安知明公乃至于是?”卓曰:“鸿鹄固有远志,但燕雀自不知尔。”嵩曰:“昔与公俱为鸿鹄,但今日复变为凤皇尔。”卓乃大笑曰:“卿早服,何得不拜?”卓既为太师,复欲称尚父,以问左中郎将蔡邕。邕曰:“昔武王受命,太公为太师,辅佐周室以伐无道,是以天下尊之,称为尚父。今之功德诚为巍巍,宜须关东悉定,车驾西还,为后议之。”卓乃止。于是卓乘金华青盖车,时人号“竿摩车”,言逼上也。卓弟旻为左将军,兄子璜为中军校尉,宗族内外并列朝廷,呼召三台,尚书以下皆诣卓府启事,然后得行。筑郿坞城,与长安城等,积谷为三十年储。云事成,雄据天下;不成,守此足以毕老。尝行郿坞,公卿已下祖道于横门外。诱北〔地〕降者三百余人于坐中⑭,先披其舌,或斩其手,或凿其眼,未死偃转杯桉之间。会者战栗失匕箸,卓饮食自若。

初,卓(饮)〔忌恨〕卫尉张温[15],乃使人诬温与袁术通谋,笞杀之。刑罚残酷,爱憎相害,冤死者数千人,百姓嗷嗷,道路叹息。孙坚自阳人入洛阳,修复诸陵,引军还鲁阳。卓谓长史刘艾曰:"关东诸将数败矣,无能为也。唯孙坚小敢,诸将军慎之。坚昔西征,其计策略与人同,无故从诸袁儿,终亦死尔。"艾曰:"坚用兵不如李傕、郭(圮)〔汜〕[16],坚前(举)〔与〕羌战于美阳[17],殆死,无能为。"卓曰:"坚时将乌合兵,且战有利钝。卿今论关东大势尔,亦终无所至。但杀二袁儿,则天下自服矣。"建武初,立宗庙于洛阳。元帝之于光武,父之属也。故光武上继元帝。又立亲庙于洛阳,祭祀而已,不加名号。光武崩,以中兴之主更为起庙,上尊号曰世祖庙。以元帝于光武为祢,故虽非宗,不毁也,后遂为常。明帝遗诏无起寝庙,藏主于世祖庙更衣。更衣者,帝王入庙之便殿也。孝章不敢违命,以更衣(有)〔宜〕小[18],别上尊号曰显宗。章帝崩,遗诏如先帝故事,和帝上尊号曰肃宗。后帝遵承,皆藏主于世祖庙,积多无别,是后显宗但为陵寝之号。和帝崩,上尊号曰穆宗。殇帝崩,邓太后以尚婴孩,不列于庙,就陵寝祭之而已。安帝杀大臣,废太子,及崩,无上祖宗之奏,以建武以来无毁者,遂因陵号恭宗。顺帝崩,上尊号曰孝宗。冲、质帝皆年少,早崩,依殇帝故事。桓帝崩,上尊号曰威宗。灵帝崩而天下乱,故未议祖宗之事。于是有司奏议宗庙迭毁,左中郎将蔡邕议曰:"汉承秦灭学之后,宗庙之制,不用周礼。每帝即(位)〔世〕[19],辄立一庙,不止于七昭穆,不定宗庙迭毁。孝元皇帝时丞相匡衡、御史大夫贡禹始建斯议,罢绌典礼。孝文帝、孝武帝、孝宣帝皆功德茂盛,为宗不毁。初,孝(昭)〔宣〕尊崇孝武[20],庙称世宗。中正大臣夏侯胜犹执异议,不应为宗。至孝(宣)〔成〕皇帝㉑，议犹不定，太仆王舜、中垒校尉刘歆据经传义处不可毁，上从其议。古人据正重慎，不敢私其君父，如此其至者也。后遭王莽之乱，光武皇帝受命中兴，庙称世祖。孝明皇帝政参文、宣，庙称显宗。孝章皇帝至孝蒸蒸，仁恩博大，庙称肃宗。比方前世，得礼之宜。自此已下，政事多衅，权（称）〔移〕臣下㉒，嗣帝殷勤，各欲尊崇至亲。而臣下懦弱，莫敢执正夏侯之议，故遂僭滥，无有防限。今圣朝遵复古礼，以求厥中，诚合事宜。孝元皇帝世在第八，〔光〕武皇帝世在第九㉓，故元帝为考庙，尊而奉之。孝明因循，亦不敢毁元帝。今于庙九世，非宗亲尽宜毁，比惠、昭、成、哀、平帝，五年而再殷祭。孝安、孝桓、孝昭、孝和、孝灵在穆，四时常陈。孝和以下，穆宗、恭宗、威宗之号，皆宜省去，以遵先典，殊异祖宗不可参并之义。"从之。

袁宏曰：光武之系元帝，可谓正矣。夫君臣父子，名教之本也。然则名教之作，何为者也？盖准天地之性，求之自然之理，拟议以制其名，因循以弘其教，辩物成器，以通天下之务者也。是以高下莫尚于天地，故贵贱拟斯以辩物；尊卑莫大于父子，故君臣象兹以成器。天地无穷之道，父子不易之体。夫以无穷之天地，不易之父子，故尊卑永固而不逾，名教大定而不乱，置之六合，充塞宇宙，自（今）〔古〕及（古）〔今〕㉔，其名不去者也。未有违（失）〔夫〕天地之性而可以序定人伦㉕，（矣）〔失〕乎自然之理而可以彰明治体者也㉖。末学庸浅，不达名教之本，牵于事用以惑自然之性，见君臣同于父子，谓兄弟可以相传为体，谓友于齐于昭穆，违（自然）〔天地〕之本㉗，灭自然之性，岂不哀哉！夫天地灵长，不能无否泰之变；父子自然，不能无夭绝之异。故父子相承，至顺之至也；兄弟相及,变异之极也。变则求之于正,异则本之于顺。故虽经百世而高卑之位(张)〔常〕崇^㉒,涉变通而昭穆之序不乱。由斯而观,则君臣父子之道焉可忘哉!

董卓问司徒王允曰:"欲得快司隶校尉,谁可者?"允曰:"唯有盖京兆耳。"卓曰:"此人明智有余,然则不可假以雄职也。"乃以勋为越骑校尉。卓又畏其司戎,复出为颍川太守。顷之,征还京都。公卿见卓皆拜谒,勋独长揖,与卓争论,旁人皆失色,而勋意气自若。初,河南尹朱儁数为卓陈军事,卓曰:"我为将百战百胜,卿勿妄说,且污我刀锯。"勋曰:"昔武丁之明,犹求箴谏,明公犹未及武丁也。"卓谢曰:"戏之尔。"勋强直,而内惧于卓,不得意,疽发背卒,时年五十一。遗令惭无以报先帝,(易)〔勿〕受赙赠^㉒。卓心虽憾勋,然外示宽厚,表赐东园秘器,送之如礼。勋字元固,燉煌广至人。举孝廉,为汉阳长史。素与武都苏正和有隙,及正和为州从事,劾武威太守倚权贵恣行贪横,凉州刺史梁鹄惧其贵戚,欲杀正和以自解,以访勋。或劝勋曰:"因此报仇。"勋曰:"不可。谋事杀良,非忠也;乘危,非仁也。忠仁弃之,人将不食我余。"乃谏鹄曰:"夫绁食鹰鹯,欲其鸷也,鸷而烹之,何用哉?"鹄从其言。正和喜而求见勋,勋曰:"吾为梁使君谋,不为苏正和也。"怨之如初。黄巾之起,故武威太守黄儁被征,失期。鹄欲奏诛儁,勋为言得免。儁以黄金二千斤与勋,勋谓儁曰:"吾以子罪在八议,故为子言。吾岂卖评哉!"终辞不受。凉州刺史左昌,因军法断盗数千万,勋谏不听,乃怒勋,使屯河阳,欲因军法罪之。而勋数有战功,诏书劳勉焉。边章之反,围昌逼急,昌以檄召勋。勋初与从事辛曾、孔常俱屯河阳,曾、常疑,不肯应檄。勋怒曰:"昔庄贾后期,穰苴奋钺。今之从事,岂重于监军哉!"常惧,乃从勋。至冀,亲责数章等,责以背叛之罪。皆曰:"左使君若早从君言,以兵临我,得自分明。今我罪已重,不可复降也。"皆泣涕而去。会叛羌围护羌校尉夏育于畜官,勋与州郡并兵救育,至孤磐㉚,为羌所破。勋被三创,前阵多死,勋使人书木表曰:"使国家尸我于此。"羌滇吾素为勋所厚,乃以兵捍众曰:"盖长史清贤,汝曹杀之者为负天。"勋仰骂曰:"死反虏,汝何知? 促杀我!"众相视而惊。滇吾以马与勋,勋曰:"我欲死,不去也。"众曰:"金城购君羊万头,马千匹,欲与君为一。"勋咄咄曰:"我死不知也。"羌遂囚勋,勋辞气不挠,羌不敢害,送还郡。于是以勋为汉阳太守,民饥相食,勋调谷廪之。诸富室或匿不肯出,勋曰:"吾知罪矣。"乃自出家谷以率之。郡中闻之,不督而送冀仓者二千余斛,赖勋之得存者千余人。

六月丙戌,京师地震。卓问蔡邕,邕对曰:"地震阴盛,大臣逾制之所致也。公乘青盖车,远近以为非宜。"卓从之,乘金华皂盖车。

秋七月,司空种弗以地震策免。癸卯,光禄勋淳于嘉为司空。董卓既入关,袁绍还军延津,使颍川荀谌说冀州刺史韩馥曰:"公孙瓒乘胜来南,而诸郡应之。袁车骑引军东向,此其意不可知。窃为将军危之。"馥曰:"为之奈何?"谌曰:"公孙瓒提燕、代之卒,其锋不可当。袁氏一时之杰,必不为将军下。夫冀州,天下之重资也,若两雄并力,兵交于城下,危亡可立而待也。夫袁氏,将军之旧也,且已同盟。当今为将军计者,莫若举州以让袁氏,袁氏得冀州,则瓒不与之争,必厚德将军。冀州入于亲友,是将军有让贤之名,而身安于泰山也。愿将军勿疑。"馥素恇怯,因然其计。馥长史耿武、别驾闵纯、治中李历、骑都尉沮授谏曰："冀州虽鄙,带甲百万,谷支十年。袁绍孤客穷军,仰我鼻息,譬如婴儿在股掌之上,绝其哺乳,立可饿杀。奈何欲以冀州与之?"馥曰:"吾袁氏故吏,且才不如本初。度德而让,古人所贵,诸君独何病焉?"乃遣子送印绶以让绍。绍既有冀州,辟授为别驾从事。绍谓授曰:"今贼臣作变,朝廷迁移。孤历世受宠,欲竭命致死,以复汉室。然桓公非夷吾不能成霸,越王非范蠡无以存国。今欲与君戮力同心,共安社稷。"授进曰:"将军弱冠登朝,播名海内。值废立之际,则忠义愤发。卓虽凶暴,弗能加兵。昔相如叱秦,晏婴哭庄,方之将军,曷足以喻?单骑出奔,则卓怀怖惧,济河而北,则渤海稽首,拥一郡之卒,撮冀州之众,威震河朔,名重天下。虽黄巾散乱㉚,黑山跋扈,举军东向,则青州可定;还讨黑山,则张燕可灭;回师北首,则刘虞必丧;震胁戎狄,则匈奴顺从。横大河之北,合四州之地,收英雄之用,拥百万之众,迎大驾于长安,复宗庙于洛邑,号令天下,以讨未服。以此争锋,谁敢御之! 比及数年,此功不难。"绍喜曰:"此孤之本心也。"即表授为奋武将军,使监护诸将。袁绍以曹操为东郡太守。初,颍川人荀彧,字文若,举孝廉,为亢父令。见天下将乱,弃官归家,谓父老曰:"颍川四战之地,天下今有变,常为兵冲。密虽有固,适可避小寇,不足以捍大难,宜亟去乡里。"人多怀土,不能从也。韩馥遣骑迎焉。会袁绍袭冀州,待彧以上宾之礼。彧弟谌,及同郡辛评、郭图,皆为绍任。彧知绍不能有成也,遂去绍归曹操。操见彧悦曰:"吾子房也。"以为司马。时董卓兵强,山东震恐,彧说操曰:"董卓暴虐已甚,必以乱终,无能为也。"操善之。丙寅,太尉赵谦久病策罢。辛酉,太常马日䃅为太尉。公孙瓒以刘备为平原相。

十二月，录从入关者功，封侯赐爵各有差。司徒王允为温侯，食邑五千户，固让不受。尚书仆射士孙瑞说允曰："天子裂土班爵，所以庸勋也。与董太师并位俱封，而独励高节，愚窃不安也。"允纳其言，乃受二千户。是岁，长沙武陵人有死者经月复活。占曰："至阴为阳，下民为上，将有自微贱而起者也。"

校勘记

① 郎中令(王)〔李〕儒进鸩　从后汉书皇后纪改。

② 王与唐姬及宫人饮(药)〔宴别〕　从后汉书皇后纪改。

③ 〔行〕矣　从太平御览九二引袁山松书补。

④ (豫)〔冀〕州刺史韩馥　从上文改。

⑤ 莫有肯先(当)〔者〕　从南监本、龙溪本、学海堂本改。

⑥ 诸君何疑〔而〕后　从南监本、龙溪本、学海堂本补。

⑦ (务)〔和〕及诸将西行　从南监本、龙溪本改。

⑧ 青州殷实军(革)〔强〕　从南监本、龙溪本、学海堂本改。

⑨ 赏罚(靖)〔溃〕乱　从龙溪本改。

⑩ 以(文)〔丈〕二竹竿　从龙溪本、学海堂本改。

⑪ 文章(城)〔轮〕郭　从龙溪本、学海堂本改。

⑫ 其子(孙)于扶罗　从后汉书南匈奴传删。

⑬ 其余中郎〔将〕　从后汉书董卓列传补。

⑭ 诱北〔地〕降者　从后汉书董卓列传补。

⑮ 卓(饮)〔忌恨〕卫尉张温　从后汉书董卓列传改。

⑯ 李傕郭(圮)〔汜〕　从龙溪本、学海堂本改。

⑰ (举)〔与〕羌战于美阳　从龙溪本、学海堂本改。

⑱ 以更衣(有)〔宜〕小　从龙溪本、学海堂本改。

⑲ 每帝即(位)〔世〕　从续汉书刘昭注引袁山松书改。

⑳ 孝(昭)〔宣〕尊崇孝武　从续汉书刘昭注引袁山松书改。

㉑ 至孝(宣)〔成〕皇帝　从续汉书刘昭注引袁山松书改。

㉒ 权(称)〔移〕臣下　从学海堂本、续汉书刘昭注引袁山松书改。

㉓ 〔光〕武皇帝世在第九　从南监本、龙溪本补。

㉔ 自(今)〔古〕及(古)〔今〕　从文意改。

㉕ 违(失)〔夫〕天地之性　从南监本、龙溪本、学海堂本改。

㉖ (矣)〔失〕乎自然之理　从南监本、龙溪本、学海堂本改。

㉗ 违(自然)〔天地〕之本　从南监本、龙溪本、学海堂本改。

㉘ 高卑之位(张)〔常〕崇　从南监本、龙溪本、学海堂本改。

㉙ (易)〔勿〕受赙赠　从南监本、龙溪本、学海堂本改。

㉚ 至孤磐　后汉书盖勋列传作"狐槃"。

㉛ 黄巾散乱　三国志袁绍传作"黄巾猾乱"。

后汉纪　孝献皇帝纪　卷第二十七

三年春正月丁丑，大赦天下。牛辅遣李傕、郭汜、张(倕)〔济〕、贾诩出兵(系)〔击〕关东①，先向孙坚。坚移屯梁东，大为傕等所破。坚率千骑溃围而去，复相合战于阳人，大破傕军。傕遂掠至陈留，颍川荀彧乡人多被杀掠。帝思东归，使侍中刘和出关诣其父太傅刘虞，令将兵来迎，道经南阳，袁术利虞为援，质刘和不遣，许以兵至俱西。命刘和为书与虞，虞得书，遣数千骑诣术。公孙瓒知术有异志，不欲遣，乃止虞，虞不从。瓒惧术闻而怨之，亦遣其从弟越将千骑诣术以自结，阴教术执和夺其兵，由是虞、瓒有隙。初，五原人吕布便弓马，膂力过人，既杀丁原，董卓信爱之，誓为父子。卓自以遇人无礼，恐人谋己，行止常以布自卫。卓性刚褊，忿不思难，尝以小失意拔手戟掷布，布捷避之，为卓致谢，卓意亦解，由是阴怨〔卓〕②。卓尝使布守中阁，布与卓侍婢私通，恐事发觉，心自不安。司徒王允以布州里壮徤，厚接纳之。布诣允，陈卓几见杀状。允与仆射士孙瑞密谋诛卓，是以告布，使为内应。布曰："奈如父子何？"允曰："君自姓吕，本非骨肉，今忧死不暇，何谓父子？"遂

429

许之。

　　夏四月，辛巳，帝有疾，既瘳，大会群臣于未央殿。卓置卫自其营至于掖门，士孙瑞使骑都尉李（顺）〔肃〕将吕布亲兵十人伪著卫士服于掖门③。卓将出，马（散）〔败〕不进④，卓怪之，欲还。布劝之，遂行。入门，卫士以戟刺之。卓衣内有铠，不入，伤臂，坠车，大呼曰："吕布何在？"对曰："在此。"布曰："有诏。"趣兵斩之。卓骂曰："庸狗敢如是邪？"遂斩之。卓母子皆诛之，尸于市。司徒王允使人然火卓腹上，臭乃埋之。卓字仲颍，陇西临洮人。少好任侠，尝游羌中，尽与诸帅相结。后归耕于野，而豪帅有来从之者，卓与俱还，杀耕牛相与宴乐。诸豪帅感其意，归相敛得杂畜千余头以赠之卓。桓帝末，以六郡良家子为羽林郎，有才武膂力，双带两鞬，左右驰射，稍以军功遂至大将军。卓之死，蔡邕在允坐，闻卓死，有叹惜之音。允责邕曰："国之大贼，弑主残臣，天地所不覆，人臣所同疾。君为王臣，世受国恩，国主危难，曾不倒戈。卓受大诛，而更嗟叹，礼之所去，刑之所取。"使吏收付廷尉治罪。邕谢允曰："虽不忠，犹识大义，古今安危，耳所厌闻，口所常说，岂当以背国而向卓也？狂瞽之言，谬出患入，所谓邕也。愿黥首为刑，以继汉史。"公卿惜邕才，咸共谏允。允曰："昔武帝不杀司马迁，使作谤书，流于后世。方今国祚中微，戎马在郊，不可令佞臣执笔在幼主左右，后令吾徒受谤议。"遂杀邕。邕字伯喈，陈留圉人也。博学有隽才，善属文，解音声伎艺并术数之事，无不精综。初辟司徒府吏，迁郎中，著作东观，以直言被刑。初，太尉董卓见邕，甚重之。举高第，补御史，又转治书御史、尚书。三月之间，周历三台。左中郎将，封高阳侯。于是以吕布为奋武将军，假节开府，如三公。初，黄门郎荀攸与议郎郑泰、何颙、侍中种辑谋曰："董卓无道，甚于桀、纣，天下怨之，虽资强兵，实一匹夫耳。今直刺杀之，以谢百姓，然后据敖、函，挟王命以号令天下，桓、文之举也。"事垂就而发觉，收颙、攸系狱。颙忧惧自杀，攸言笑饮食自若。会卓死，得免，弃官归乡里。兖州刺史刘岱为黄巾所杀，东郡〔刺史〕〔太守〕曹操为兖州牧⑤，（系）〔击〕黄巾⑥，破之，降者三十余万人。

五月丁未⑦，大赦天下。征西将军皇甫嵩为车骑将军。董卓既死，牛辅为其麾下所杀。李傕等还，以辅死，众无所倚仗，欲各散归。既无赦书，而闻长安中欲尽诛凉州人，忧恐不知所为。贾诩曰："闻长安中议欲尽杀凉州人，而诸君弃众单行，即一亭长能束君矣。不如率众而西，所在收兵以攻长安，为董公报仇。幸而事济，奉国家以正天下；若不济，走未晚也。"众以为然。遂将其众而西，所在收兵，攻至长安，众十余万。卓故部将樊稠等合兵围长安。刘表与袁绍连和，袁术怒，召孙坚攻表，战于新野。表退，屯襄阳，坚悉众围之。表将黄祖自江夏来救表，坚逆击破祖，乘胜将轻骑追之，为祖伏兵所杀。坚子策、权，皆随袁术。

六月戊午，长安城陷，吕布与战，不胜，将数百骑奔冀州。傕等入城内，杀太常种弗、太仆鲁馗、大鸿胪周奂、城门校尉崔烈、越骑校尉王顺，死者数十人。司徒王允挟乘舆上宣平城门，允谓傕等曰："臣无作威作福，而乃放兵纵横，欲何为乎？"傕曰："董卓忠于陛下，而无辜为吕布所杀。欲为卓报布，不敢为逆尔，请事竟诣廷尉受罪。"己未，大赦天下。拜李傕为扬武将军，郭汜为扬烈将军，樊稠等皆为中郎将。甲子，李傕杀故太尉黄琬、司徒王允及其妻子，众庶为之流涕，莫敢收允。故吏京兆赵戬葬允。上以允为忠，封其孙异为安乐侯。允字子师，太原祁人。容仪雅重，非礼不动。郭林宗称允曰："宰相才也。"与之友善，仕为郡主簿。太守刘伟受宦者赵津请托，召中都路拂为五官掾。允以拂狡猾不良，封还伟教，至于四五，坐鞭杖数十，终不屈挠。拂由是废弃，而允名震远近。拂富于财，宾客数百，深怨允，常欲害之。允从者不过数人，每与拂遇，允常坐车中，按剑叱之，拂辄不敢当。辟司徒府，稍迁豫州刺史。黄巾贼别党起于豫州，允击，大破之。于是贼中得中常侍张让书，允具以闻灵帝。帝深切责让，让辞谢，仅而得免。让由是怨允，潜之于灵帝，诏征允治罪。道遇赦，还官。后百余日，复见征。太尉杨赐与允书曰："若以张让事，百日再征，宜深思之。"允故吏流涕进药，允弃而不饮。会大将军何进请允，得减死一等。遂变名姓，隐遁山薮。后何进表允为从事中郎，迁河南尹、太仆。及在公辅，值国家祸乱，允外相弥缝，内谋王室，甚有大臣之度，自天子及国中皆倚允，卓亦雅信焉。卓既死，与士孙瑞议赦卓部曲，既而疑曰："部曲从其主耳。今若名之恶逆而赦之，恐适使深自疑，非所以安之也。"乃止。或说允曰："卓部曲素惮袁氏而畏关东，若一旦解兵开关，必人人自危。不如使皇甫嵩领其众，因使屯陕以安之，徐与关东通谋，以观其变。"允曰："不然。关东举义兵者，皆吾徒也。今若距险屯守陕，虽安凉州人，而疑关东之心也。"吕布将奔，谓允曰："公可去矣。"允曰："安国家，吾之上愿也。若其不获，则杀身以奉朝廷。幼主恃我而已，临险难苟免，吾不为也。努力谢关东诸公，当以国家为念。"黄琬字子琰，太尉琼之孙也。为五官中郎将，所选举皆贫约守志者。诸权富郎共疾之，构琬以为党，遂免官禁锢，几将二十年。司空杨赐深敬重之，上书荐琬有拨乱之才，由是征拜议郎，权为青州刺史，迁侍中尚书。中平末，凉州叛，大将军出征，军调不足，富殖之徒多以财为官者，或起家为州郡。琬由是奏太尉樊稜、司徒许相皆窃位怀禄，苟进无耻，终无匡救之益，必有覆公折足之患，宜皆罢遣以清治路。军费虽急，礼义廉耻，国之大本也，苟非其选，飞隼在墉，为国生事，此犹负石救溺，不可不察。顷之，迁右扶风，历九卿，征为豫州牧。值黄巾陆梁，民物凋弊，延纳豪俊，整勒戎马，征讨群贼，威声甚震。是时上遣下军校尉鲍鸿征葛陂贼，鸿因军征发，欲盗官物，赃过千万。琬乃斜奏其奸，论鸿如法。琬既名臣，又与王允同谋，故及于难。催兵之入长安，太常种弗曰："为国大臣，不能禁暴御悔，使白刃向宫，去将安之！"遂战而死。弗字颍伯，司徒暠之子也。弗子邵为使者，尝迕于卓，左迁凉州刺史。征为九卿，辞曰："我昔尽忠于国，为邪臣所妒，父以身徇国，为贼所害。夫为臣子不能除残去逆，何面目复见明主哉！"三辅之臣闻之，莫不感恸焉。初，南阳何颙、河内郑泰好为奇画。颙逮郭林宗与之游学，及党事起，颙以被禁锢，乃变姓名，亡匿汝南，所至皆结豪杰，名显荆、豫之间。灵帝末，君子多遇祸难，颙岁中率常再三私入洛阳，为人解释患难。泰知天下将乱，阴交结豪杰，家富于财，有田四百顷，而食常不足，名闻山东。王室西迁，泰以尚书郎从入关，是时京师饥乏，士人各各不得保其命，而泰日与宾客高会作倡乐，仰泰全济者甚众。长安既乱，南奔袁术，术以泰为扬州刺史，未至而卒。丙子，前将军赵谦为司徒。尚书令朱隽之出奔也，与孙坚俱入洛阳，既而屯于中牟。李催等既破长安，惧山东之图己，而畏隽之名。催用贾诩计，使人征隽。军吏皆不欲应，隽曰："以君召臣，义不俟驾，况天子诏乎！且催、汜小竖，樊稠庸儿，无他远略,又势均力敌,内难必作。吾乘其弊,事可图也。"遂就征,为太仆。

秋七月,李傕使樊稠至郿葬董卓,大风暴雨,流水入墓,漂其棺椁。庚子,太尉马日磾为太傅录尚书事。

八月辛未,车骑将军皇甫嵩为太尉。使太傅马日磾、太仆赵岐持节镇关东。初,孙坚杀南阳太守张咨,袁术得据其郡,南阳户口数百万,而术奢淫肆欲,征发无度,百姓苦之。既而与绍有隙,又与刘表不平,引军入陈留,曹操、袁绍会击术,大破之。术将余众奔九江,杀扬州刺史陈温,领其州。李傕等欲术为援,因令日磾即拜术为左将军,封阳翟侯,假节。日磾、赵岐俱在寿春。岐守志不挠,术惮之。日磾颇有求于术,术侵侮之,从日磾借节视之,因夺不还。日磾欲去,术又不遣,病其所守不及赵岐,呕血而死。

九月,扬武将军李傕为车骑将军,封池阳侯,领司隶校尉,假节;郭汜为后将军,封郿阳侯;樊稠为右将军,封万年侯。傕、汜、稠擅朝政。张济为骠骑将军,平阳侯,屯弘农。初,董卓入关,说韩遂、马腾共图山东。遂、腾见天下方乱,亦欲起兵倚卓。卓死,傕、汜攻破京师,遂、腾将兵救天子。是月,遂屯郿,腾屯鄠。司徒赵谦以久病罢。甲申,司空淳于嘉为司徒,光禄大夫杨彪为司空,录尚书事。

冬十月,荆州刺史刘表遣使贡献,以表为荆州牧。初,弘农王唐姬者,故会稽太守唐瑁女也。王薨,人欲嫁之,不从。及关中破,为李傕所略,不敢自说也。傕欲妻之,唐姬不听。尚书贾诩闻之,以为宜加爵号,于是迎置于园,拜为弘农王妃。李傕举博士,李儒为侍中。诏曰:"儒前为弘农王郎中令,迫杀我兄,诚宜加罪。辞曰董卓所为,非儒本意,不可罚无辜也。"丁卯,日有重晕。太尉皇甫嵩以灾异策免。光禄大夫周忠为太尉,录尚〔书〕事⑧。嵩字义真,规之兄子也。善用兵,为将,饮食舍止,必先将士然后至己,乃安焉。兵曹有所受略者,嵩曰:"公素廉,必用乏也。"出钱赐之,吏惭即自杀。董卓之入,征嵩为城门校尉,嵩长史梁衍说嵩曰:"汉室微弱,宦竖乱朝,卓既诛之,不能尽忠奉主,而废立纵意。今征将军,祸大则忧危,祸小则困辱。卓在洛阳,天子来西,以将军之众奉迎天子,发命海内,袁氏逼其东,将军逼其西,则成禽矣。"嵩不从,遂就征。有司承旨,奏嵩下吏,将杀之。嵩子坚寿与卓素善,诣卓请嵩,卓免之。

华峤曰:臣父袁每言臣祖歆〔云〕当(時)〔时〕人以皇甫嵩为不伐⑨,故汝、豫之战,归功于朱儁;张角之捷,本之于卢植。盖功名者,士之所宜重。诚能不争,天下莫之与争,则怨祸不深矣。

四年春正月甲寅朔,日有蚀之。未晡八刻,太史令王立奏曰:"日晷过度,无有变色。"于是朝臣皆贺。帝密令尚书候焉,未晡一刻而蚀。尚书贾诩奏:"立司候不明,疑误上下。太尉周忠职所典掌,请皆治罪。"诏曰:"天道幽远,事验难明,且灾异应政而至,虽探道知微,焉能不失!而欲归咎史官,益重朕之不德⑩。"不从。于是避正殿,寝兵,不听事。

五月丁卯⑪,大赦天下。徐州刺史陶谦遣使奉贡,以谦为徐州牧。癸酉,无云而雷。

六月,华山崩。东海王子琬、琅邪王弟邈诣阙贡献,以琬为平原相,邈为九江太守,皆封列侯。太尉周忠以灾异罢。太仆朱儁为太尉,录尚书事。己酉,以平原相刘备为豫州牧。是时新迁都,宫人多无衣服,秋七月,帝欲发太府缯以作之。李傕不欲,曰:"宫中有衣,胡为复作邪?"尚书郎吴硕素谄于傕,乃言曰:"关东未(宾)〔平〕⑫,用度不足,近幸衣服,乃陵轹同寮。"尚书梁绍劾奏硕"以瓦器奉职天台,不思先公而务私家,背奥媚灶,苟谄大臣。昔孔子诛少正卯以显刑戮。硕宜放肆,以惩奸伪,若久舍不黜,必纵其邪惑,伤害忠正,为患不细。"帝以硕,傕所爱,寝其奏。是时,帝使侍御史裴茂之诏狱,原轻系者二百余人,其中有善士为傕所枉者。傕表之曰:"茂之擅出囚徒,疑有奸故,宜置于理。"诏曰:"灾异数降,阴雨为害。使者衔命,宣布恩泽,原解轻微,庶合天心,欲解冤结,而复罪之乎?一切勿问。"

七月甲午,试者儒三十余人,上第赐郎中,次太子舍人,下第者罢。诏曰:"孔子叹'学之不讲',不讲则所识日忘矣。今(者)〔耆〕儒年(余)〔逾〕六十⑬,离本土,家饷不到,当展四体以糊口腹。幼童始学,老委农野,朕甚愍焉。其不在第者,为太子舍人。"

冬十月,太学行礼,车驾幸宣平城门临观之,赐博士以下各有差。辛丑,京师地震。有星孛于天市。占曰:"民将(徙)〔从〕,天子移都⑭。"其后上东迁之应也。司空杨彪以地震策罢。丙午,太常赵温为司空,录尚书事。初,公孙瓒与刘虞有隙,虞惧其变,遣兵袭之。戒行人曰:"无伤余人,杀一伯珪而已。"瓒放火烧虞营,虞兵悉还救火。虞惧奔居庸,欲召乌桓、鲜卑以自救。瓒引兵围之,生执虞而归。是时朝廷遣使者殷训增虞封邑,督六州事;以瓒为前将军,封易侯。瓒诬虞欲称尊号,胁训诛之。于是虞故吏渔阳鲜于辅率其州人及三郡乌桓、鲜卑与瓒所置渔阳太守邹丹战于蓟北⑮,大破之,斩丹。既而持其众奉王命,帝嘉焉。袁绍又遣其将麹义及虞子合(系)〔击〕瓒⑯。瓒败,遂走还易。先有童谣曰:"燕南垂,赵北际,中央不合大如砥,唯有此中可避世。"瓒以为易当之,乃筑京固守,积粟三百万斛。瓒曰:"昔谓天下事可指麾而定,今日视之,非我所决。不如(伏)〔休〕兵力田[17],食尽此谷,足知天下事矣。"初,刘虞叹曰:"贼臣作乱,朝廷播荡,四方俄然,莫有固志。吾为宗室遗老,不得自同于众,今欲奉使展效臣节,安得不辱之士乎?"众咸曰:"田畴其人也。"畴字子泰,右北平无终人也。好读书,善击剑,时年二十二。虞乃备礼请与相见,大悦之,遂署为从事。与车骑,将行,畴曰:"今道路险远,寇虏纵横,称官奉使,为众所指。今愿以私行,期于得通而已。"虞从之。畴乃选(多)〔年〕少勇壮募从二十骑[18],虞自出祖而遣之。畴出塞外,傍北山直驰趣朔〔方〕[19],循(问经)〔间径〕遂至长安致命[20],诏拜骑都尉。畴以天(下)〔子〕方蒙尘[21],不可荷佩荣宠,固辞不受,朝廷甚义。三府并辟,皆不就,得报驰还。未至,虞已为公孙瓒所杀。畴至,谒祭虞墓,陈发章表,哭泣而去。(瓆)〔瓒〕闻之[22],大怒,购求获畴,谓曰:"汝何故自哭刘虞墓,而不送章报我乎?"畴曰:"汉报所言,于将军未美,恐非所乐闻,故不进也。且将军方举大事,以求所欲,既灭无罪之君,又雠守义之臣。诚能行此,则燕、〔赵〕之士将蹈东海而死[23],岂有思从将军者乎?"瓒壮其对,释而不诛,拘之军下,禁其故人莫得与之通。或说瓒曰:"田畴义士,君不能礼,而拘囚之,恐失众心。"瓒乃遣畴。畴北归,率举宗族他附,从者亦数百人,扫地而盟曰:"君〔仇〕不报[24],吾不可以立世。"遂入徐无山,营深险平旷而居,躬耕以养父母,百姓归之,数年间〔至〕五千余家[25]。畴谓其父老曰:"诸君不以畴不肖,远来相就,众成都邑而莫相统一,恐非久安之道,愿推择贤良长者以为之主。"皆曰:"善。"佥共推畴。畴曰:"今来在此苟存而已，将图大事，复(恐)〔仇〕雪耻㉖。窃恐未得其志，而轻薄之徒自相侵侮，偷快一时㉗，无深计远虑。畴有愚计，与〔诸〕君行之可乎㉘？”皆曰：“可。”乃为约束相杀伤(把)〔犯〕盗争讼之法㉙，法重至死，其次抵罪二十余条；又制为婚姻嫁娶之礼，兴学校讲授之业，班行其众，众皆便之。道不拾遗，北边翕然，服其威信。乌桓、鲜卑并各遣属通好，畴悉抚纳，令不得为寇。袁绍数遣使命，又即授将军印绶，皆距而不当之。

十二月辛丑，司空赵温以地震罢。乙巳，卫尉张喜为司空，录尚书事。分汉阳郡为永阳郡。是岁，袁术使孙策略地江东，军及曲阿。扬州刺史刘繇败绩，将奔会稽。许邵曰：“会稽富，策之所贪，且穷在海(阳)〔隅〕㉚，不可往也。不如豫章，西接荆州，北连豫(章)〔壤〕㉛，若收合吏民，(遗)〔遣使〕贡献焉㉜，与曹兖州相闻。虽有袁公路隔在其间，其人豺狼，不能久也。足下受王命，孟德、景升必相救济。”繇从之。邵字子将，汝南平舆人也。少读书，雅好三史，善与人论臧否之谈，所题目皆如其言，世称郭、(诗)〔许〕之鉴焉㉝。广陵徐球为汝南太守，请邵为功曹。球亦名士，解褐事之。同郡陈仲举，名重当时，乡里后进莫不造谒，邵独不诣。蕃谓人曰：“长幼之序不可废也，许君欲废之乎？”邵曰：“陈侯崖岸高峻，百谷莫得而往。”遂不造焉。尝至颍川，不诣陈仲弓。或问其故，邵曰：“此君之道广，广则不周，故不行也。”同郡袁(季)〔本〕初㉞，公族豪侠，宾客辐辏，去濮阳令归，从车甚盛，将入郡界，叹曰：“吾舆服，岂可令许子将见之乎？”谢遣宾客，以单车归家。邵之见惮，皆此类也。司空杨彪辟不就，举方正，公车征，不行。或劝邵，邵曰：“方今小人道长，王室将乱，吾欲避地淮海，以全老幼。”及天下乱，邵至广陵，徐州刺史陶谦礼之甚厚。邵曰："陶恭祖外好声名，内非其真。今徐州谷贵，小人在侧，方厌宾客。待吾虽厚，其势必薄。"乃渡江投刘繇。其后谦捕诸寓士，陈留史坚元、陈郡相仲华逃窜江湖，皆名士也。邵与刘繇俱行，终于豫章焉。

兴平元年春正月辛酉，大赦天下。甲子，帝加元服。

二月戊寅，有司奏立长秋。诏曰："皇妣宅兆未卜，三年之戚，礼不言吉。朕虽不能终身思慕，其何忍言后宫之选乎？"于是太尉朱儁、司徒淳于嘉、司空张喜奏曰："春秋之义，'母以子贵'。宜改葬皇妣，追上尊号，(曰)〔如〕穆宗、恭宗故事㉟。"甲申，改葬皇妣王氏，号曰灵怀皇后。后，邯郸人，祖苞，治尚书，为五官中郎。父章，袭苞业，居贫不仕，有子二人：男〔曰〕斌㊱，女曰荣，荣则后也。后以选入掖庭为贵人，有宠妊身，怖畏何后，服药欲除胎，胎安不动，又梦负日而行，遂生帝。何后恶之，鸩杀(灵)后。〔灵〕帝大怒㊲，欲废何后，诸黄门请，仅而得止。灵帝悯上早孤，追思王后，乃作令仪颂。初，上诏求斌，斌将妻子诣长安，赐第宅田业，迁执金吾，封都亭侯。丁亥，车驾耕于藉田。是时李傕等专乱，马腾等私求不获。腾怒，以益州牧刘焉宗室大臣，遣使招引，欲共诛傕等。焉遣子范将兵就腾。(岐)〔凉〕州刺史种邵㊳，太常拂之子，拂为(欋)〔傕〕所害㊴。中郎将杜禀与贾诩有隙，并与腾合，报其仇隙。于是傕、腾携贰，上遣使者和之，不从。(转)〔韩〕遂率众来欲和傕、腾㊵，既而复与腾合。壬申，腾、遂勒兵屯平乐观，将图长安。傕使樊稠、郭汜及兄子李利击腾、遂，破之，邵、范等皆死。遂西走，稠追之。遂谓稠曰："天地反覆未可知，本所争者非私怨，王家事耳。与足下州里，虽小有违，要当大同，欲相与善语，而不意后不可。"复乃交马,共语良久,别去。庚申,赦腾。

夏四月,以马腾为安狄将军,遂为安(降)〔羌〕将军[41]。徐州牧陶谦、(比)〔北〕海相孔融谋迎天子还洛阳[42],会曹操袭(曹)〔徐〕州而止[43]。陈留太守张邈反,吕布为兖州牧,郡县皆应之,唯(甄)〔鄄〕城、范(阳)、东阿三县不从[44]。邈使人告荀彧曰:"吕布将军来助曹使君(系)〔击〕陶谦[45],宜给其食。"众皆疑,彧知邈为乱,即勒兵设备。时操军攻谦,留守少,而布督将大吏多与邈谋。其夜(或)〔彧〕诛谋叛者数十人[46],众乃定。豫州刺史郭贡率众数万人来至城下,(或)〔彧〕言与吕布同谋[47],众甚惧。贡求见彧,彧将往,或曰:"君一州镇也,往必危,不可。"彧曰:"贡、邈分非素结,今来速,计必未定,及其未定说之,纵不为用,可使中立。若先疑之,彼将怒而成计。"贡见彧无惧意,谓甄城未易攻也,遂引兵去。操引军还攻吕布。

五月,即拜扬武将军郭汜为(复)〔后〕将军[48],更封美阳侯;安集将军樊稠为右将军,开府如三公。

六月丙子,分河西〔四〕郡为雍州[49]。丁丑,京师(起)〔地〕震[50]。戊寅,又震。乙酉晦[51],日有蚀之。避正殿,寝兵,不听事五日。

秋七月壬子,太尉朱儁以灾异策罢。戊午,太常杨彪为太尉,录尚书事。甲子,即拜镇南将军杨定为安西将军,开府如三公。自四月不雨,至于七月,诏使侍御史侯汶洗囚徒,原轻系。上避正殿。于是谷贵,大豆一斛至二十万,长安中人相食,饿死甚众。帝遣侍御史侯汶出太仓米豆为贫人作糜,米豆各半,大小各有差。饿死者甚众。帝疑廪赋不实,敕侍中刘艾取米豆各五升烧火于御前作糜,得二盆。于是艾出问〔尚〕书[52]:"米豆五升得糜二盆,而民委顿何也？朕甚愍之。民不能自济，故部使者出米豆，冀有益焉。御史不加隐恤，乃如是乎？"尚书以下诣省阁谢。奏收侯汶考治实，诏曰："未忍致于理，杖五十。"亟遣上亲所廪人名，于是悉得全济。

八月，冯翊羌寇属县，后将军郭汜、右将军樊稠等率众破之，斩首数万级。

九月，曹操还鄄城，吕布屯山阳。

冬十二月，司徒淳于嘉久病罢，卫尉赵温为司徒，录尚书事。

校勘记

① 李傕郭汜张(傕)〔济〕贾诩出兵(系)〔击〕关东　从后汉书董卓列传改"傕"为"济"。从南监本、龙溪本、学海堂本改"系"为"击"。

② 由是阴怨"卓"　从南监本、龙溪本补。

③ 骑都尉李(顺)〔肃〕　从后汉书董卓列传改。

④ 马(散)〔败〕不进　从南监本、龙溪本、学海堂本改。

⑤ 东郡(刺史)〔太守〕曹操为兖州牧　从后汉书孝献帝纪改。

⑥ (系)〔击〕黄巾　从南监本、龙溪本、学海堂本改。

⑦ 五月丁未　后汉书孝献帝纪作"五月丁酉"。

⑧ 录尚〔书〕事　从南监本、龙溪本、学海堂本补。

⑨ 歆〔云〕当(時)〔时〕人　从南监本、龙溪本、学海堂本改。

⑩ 未晡八刻……益重朕之不德　后汉书孝献帝纪李贤注引袁宏纪作："时未晡八刻。太史令王立奏曰：'暑过度，无变也。'朝臣皆贺。帝令候焉，未晡一刻而食。贾诩奏曰：'立司候不明，疑误上下，请付理官。'帝曰：'天道远，事验难明，欲归咎史官，益重朕之不德也。'"

⑪ 五月丁卯　"五月"，后汉书孝献帝纪作"正月"。

⑫ 关东未(宾)〔平〕　从龙溪本改。

⑬ 今(者)〔耆〕儒年(余)〔逾〕六十　从南监本、龙溪本、后汉书孝献帝纪改。

⑭ 民将(徙)〔从〕天子移都　从后汉书孝献帝纪李贤注引袁纪改。

⑮ 战于蒯北　后汉书公孙瓒列传作“战于潞北”。

⑯ 麴义及虞子合(系)〔击〕瓒　从南监本、龙溪本、学海堂本改。

⑰ 不如(伏)〔休〕兵力田　从后汉书公孙瓒列传改。

⑱ 选(多)〔年〕少勇壮　从南监本、龙溪本改。

⑲ 驰趣朔〔方〕　从南监本、龙溪本、学海堂本补。

⑳ 循(问经)〔间径〕遂至长安　从南监本、龙溪本、学海堂本改。

㉑ 以天(下)〔子〕方蒙尘　从南监本、龙溪本、学海堂本改。

㉒ (瓒)〔瓒〕闻之　从南监本、龙溪本、学海堂本改。

㉓ 燕〔赵〕之士　从南监本、龙溪本、学海堂本补。

㉔ 君〔仇〕不报　从南监本、龙溪本、学海堂本补。

㉕ 数年间〔至〕五千余家　从南监本、龙溪本补。

㉖ 复(恐)〔仇〕雪耻　从南监本、龙溪本、学海堂本改。

㉗ 偷快一时　“偷”,龙溪本、学海堂本作“愉”。

㉘ 与诸〔君〕行之　从三国志田畴传补。

㉙ 杀伤(把)〔犯〕盗争讼之法　从三国志田畴传改。

㉚ 穷在海(阳)〔隅〕　从学海堂本改。

㉛ 北连豫(章)〔壤〕　从学海堂本改。

㉜ (遗)〔遣使〕贡献焉　从学海堂本改。

㉝ 世称郭(诗)〔许〕之鉴焉　从后汉书许劭列传改。

㉞ 同郡袁(季)〔本〕初　从后汉书许劭列传改。该传作“同郡袁绍”。

㉟ (曰)〔如〕穆宗恭宗故事　从学海堂本改。

㊱ 男〔曰〕斌　从龙溪本补。

㊲ 鸩杀(灵)后〔灵〕帝大怒　从学海堂本改。

㊳ (岐)〔凉〕州　从后汉书种邵列传改。

㊴ 拂为(櫂)〔傕〕所害　从龙溪本、学海堂本改。

㊵ (转)〔韩〕遂率众　从学海堂本改。

㊶ 遂为安(降)〔羌〕将军　从南监本、龙溪本、学海堂本改。

㊷ (比)〔北〕海相孔融　从南监本、龙溪本、学海堂本改。

㊸ 曹操袭(曹)〔徐〕州而止　据文意改。

㊹ 唯(甄)〔鄄〕城范(阳)东阿　从三国志张邈传改。

㊺ 曹使君(系)〔击〕陶谦　从南监本、龙溪本、学海堂本改。

㊻ 其夜(或)〔彧〕诛谋叛者　从南监本、龙溪本、学海堂本改。

㊼ (彧)〔或〕言与吕布同谋　从三国志荀彧传改。

㊽ 郭汜为(复)〔后〕将军　从南监本、龙溪本、学海堂本改。

㊾ 分河西〔四〕郡为雍州　从后汉书献帝纪补。

㊿ 京师(起)〔地〕震　从南监本、龙溪本、学海堂本改。

(51) 乙酉晦　后汉书献帝纪作"乙巳晦"。

(52) 问〔尚〕书　从南监本、龙溪本、学海堂本补。

后汉纪　孝献皇帝纪　卷第二十八

　　二年春正月癸酉，大赦天下。即拜袁绍为后将军①，使持节冀州牧，封邟乡侯。沮授说绍曰："公累世辅弼，世济忠义。今朝廷播越，宗庙毁坏，观诸州郡，外托义兵，内怀相擒，未有存主恤民者也。今且州域粗定，宜迎大驾，安宫邺都，挟天子而令诸侯，畜士马以讨不庭，谁能御之？"绍说，将从之。郭图、淳于琼曰："汉室陵迟，为日久矣，今欲兴之，不亦难乎！且今英雄据有州郡，动众万计，所谓秦失其鹿，先得者王。今迎天子以自近，动辄表闻，从之则权轻，违之则拒命，非计之善也。"授曰："今迎朝廷，至义也。又于时宜，大计也。若不早图，必有先之者。权不失机，功在速捷，其孰图之！"绍不能从。是时以年不丰，民食不足，诏卖厩马百余匹，御府大司农出杂缯二万匹与马直，赐公卿已下及贫民不能自存者。李傕曰："我邸阁储时少。"乃不承诏，悉载置其营。贾诩曰："此乃上意，不可拒也。"不从。李傕、郭汜、樊稠各自以有功，争权欲斗者数矣。贾诩每以大体责之，虽内不能善，外相含容。初，樊稠击马腾等，李利战不甚用力，稠叱之曰："人欲截汝父头，何敢如此，我不能斩卿邪?"利等怒,共譖之于傕。傕见稠勇而得众心,亦忌之。

二月,李傕杀右将军樊稠、抚军中郎将李象,由是诸将皆有疑心。傕数设酒请汜,或留汜止宿,汜妻惧(傕)与(汜)〔傕〕婢妾〔私〕而夺己爱②,思有以离间之。会傕送馈,妻乃以豉为药。汜将食,妻曰:"食从外来,傥或有故?"遂摘药示之,曰:"一(捷)〔栖〕无两雄③,我固疑将军信李公也。"他日傕复请汜,大醉,汜疑傕药之,绞粪汁饮之乃解。于是遂相疑,治兵相攻矣。上使侍中、尚书和傕、汜,不从,乃谋迎天子幸其营,夜有亡者告傕。

三月丙寅,傕使兄子李暹将数千兵围宫,以车三乘迎天子。太尉杨彪曰:"自古帝王,无在人家者。举事当合天心,诸君作此,非是也。"暹曰:"将军计定矣。"于是天子一乘,贵人伏氏一乘,黄门侍郎贾诩、左灵一乘,其余诸臣皆步。司徒赵温、司空张喜闻有急,自其府出随。乘舆既出,兵入殿中,掠宫人御物。是日,天子幸傕(宫)〔营〕④,又徙御府金帛乘舆器服置其营,遂放火烧宫殿(宫)〔官〕府居民悉尽⑤。天子复使公卿和傕汜,汜又留太尉杨彪、司空张喜、尚书王隆、光禄勋刘渊、卫尉士孙瑞、太仆韩融、廷尉宣璠、大鸿胪荣郃、大司农朱儁、将作大匠梁邵、屯骑校尉姜宣等。夏四月,郭汜飨公卿,议攻李傕,杨彪曰:"群臣共斗,一人劫天子,一人质公卿,此可行乎?"汜怒,欲刃之。中郎将杨密谏汜,乃止。朱儁素刚直,遂发病死。儁字公伟,会稽上虞人。少好学,为郡功曹。太守徐珪为州所诬奏,郡吏谋赂宦官,儁曰:"明府为州所枉,不思奋命,而欲行赂以秽清政,是有君无臣也。今州自有赃污而求郡纤介,抱罪诬人,儁具知之,请诣京都,无以赂为也。"珪曰:"卿之智情我所知也,今州奏已去,恐无及也。"儁曰:"操(曰)〔所〕作章⑥,疾马兼追,足以先州。且寻邮推之,州书可得矣。"珪曰:"善。"儁即夜发轻骑数十人分伺,州书果得而钞绝之。儁得独至京师上书,告刺史罪,章即下,乃征刺史,珪事得解。刺史家闻,使刺客分遮道欲杀儁。儁知,乃从洛阳尉司马珍自匿,变服而去。珪大悦,儁由是显名。举孝廉,为尚书郎,迁兰陵令。(先)〔光〕和初[7],交阯贼梁龙等攻郡县,以儁治兰陵有名,即拜交阯刺史。儁上书求过本郡募兵,天子许之,得以便宜从事。将家兵二千人,并郡所调合五千人,分两道至州界,斩苍梧太守陈绍,遣使喻以利害,降者数万人,乃勒兵击斩龙,旬月尽定。封都亭侯,赐黄金五十斤。甲午,立皇后伏氏。后琅邪东武人也。父完,深沉有大度,举孝廉,稍迁五官中郎将、侍中,以选尚阳安长公主。主,桓帝女也,生五男一女:长男德,次雅,次后,次均,次尊,次朗。后以选入掖庭为贵人,完迁执金吾。于是李傕召羌胡数千人,先以御物缯彩与之,许以宫人妇女,欲令攻郭汜。羌胡知非正,不为尽力。郭汜与傕中郎将张苞、张宠等谋攻傕。丙申,兵交及帝殿前,又贯傕左耳。杨奉于外距汜,汜兵退,张苞、张宠因以所领兵诣汜。是日,傕复移乘舆幸北坞门,内外隔绝,诸侍臣皆有饥色,帝求米五斛、牛骨五具以赐左右。傕曰:"御脯上饭,何用米为?"乃与腐牛骨,皆臭不可食。帝大怒,欲责〔诘〕之(诘)[8],侍中杨琦上封事曰:"傕边鄙之人,习于夷风,今又自知所犯悖逆,常有(快快)〔怏怏〕之色[9],欲转车驾幸黄白城以舒其愤。臣愿陛下宜恕忍之,未可显其罪也。"上纳之。初,傕屯黄白城,故谋欲徙,傕以司徒赵温不与己同,乃内温坞中。温闻傕欲移乘舆黄白城,与傕书曰:"公前托为董公报仇,然实屠陷王城,杀戮大臣,天下不可,家见而户喻也。今争睚眦之隙,以成千(金)〔钧〕之仇[10],

民在涂炭,各不聊生,曾不改悟,遂成祸乱。朝廷仍下明诏,欲令和解,诏命不行,恩泽日损,而复欲转乘舆黄白城,此老夫所不解也。于易:'一过〔为过〕⑪,再为涉,三而弗改,灭其顶,凶。'不如早共和解,引军还屯,上安万乘,下全生民,岂不幸甚!"傕大怒,欲遣人害之。其弟应,温故吏也,谏之数日,乃止。帝闻温与傕书,问侍中(当)〔常〕洽曰⑫:"傕不知臧否,温言大切,可为寒心。"洽曰:"李应以解之矣。"上乃悦。傕信鬼神,昼夜祭祀,为董卓设坐,三牲祠之。祠毕,过问帝起居,因求入见。傕带三刀,执一刀。侍中见傕,亦带刀入侍,值傕数汜之罪,上面答之。傕出喜曰:"陛下贤主也。"傕曰:"侍中皆持刀,欲图我乎?"侍中曰:"军中自尔,国家之故事也。"傕乃安。

闰月己卯,遣谒者仆射皇甫丽和傕、汜。丽先诣汜,汜从命;又诣傕,傕不听,曰:"我有诛吕布之功,辅(功)〔政〕四年⑬,三辅清净,国家所知也。郭多,盗马虏耳,何敢欲与吾等邪! 必诛之。君观吾方略士众足(辨)〔办〕郭多不⑭? 多又劫质公卿,所为如是,而君苟欲左右之邪?"汜一名多。丽曰:"昔有穷后羿恃其善射,不思患难,以至于毙。近者董公强,将军所知也,内有三公以为主,外有纵横以为党,吕布受恩而反,图之斯须之间,身首异处,此有勇而无谋也。今将军身为上将,抱钺持节,子孙亲族荷国宠荣。今汜质公卿,而将军胁(之)〔主〕⑮,谁轻重乎? 张济与郭多、杨定有谋,又为冠带所附。杨奉,白波(师)〔帅〕耳⑯,犹知将军所为非是,将军虽宠之,犹不输力也。"傕不从,呵遣丽。丽曰:"傕不从诏,乱语不顺。"侍中胡邈,傕所荐也,谓丽曰:"李将军于卿,非常也。又皇甫公为太尉,将军力也。是言何谓乎?"丽曰:"吾累世受恩,又常在帷幄。君辱臣死，就为李傕所杀，志无顾也。"上惧傕，闻丽言，敕丽令去。傕遣虎贲王昌呼丽欲杀之，昌讽丽令去。还曰："臣追之不及。"辛巳，车骑将军李傕为大司马。是夏，陶谦病死，刘备在徐州，曹操欲袭之。荀彧曰："昔高祖保关中，光武据河内，皆深根固本以制天下。进可以胜敌，退足以坚守，虽有困败，而终济大业。将军本以(衮)〔兖〕州首事[17]，平山东之难，百姓归心悦服。且河、济，天下之要地也，人虽残坏，犹易以自保，是亦将军之关中、河内也。若不先定之根本，将何寄乎？今破李封、薛简，若兵东击陈宫，宫必不敢西顾，乘其间而收熟麦，约食畜谷，一举而布可破也。布破，然后南结(杨)〔扬〕州，(兵)〔共〕讨袁术，〔以〕临淮、泗[18]。若舍布而东，多留兵则不足用，少留兵则民皆保城，不得樵采。布乘虚寇暴，民心益危，虽甄城、范、卫可全，其余非公之有，是无兖州也。若徐州不定，将军安所归乎？且陶谦虽死，徐州未易(忘)〔亡〕[19]，彼惩往年之败，将愧而结亲，相为表里。今东方皆已收麦，必坚壁清野，以待将军，将军攻之不拔，掠之无所获，不出十日，则十万之众未战而自困也。前讨徐州，威罚实行，其子弟念父兄，必人人自守而无降心，就(道)〔能〕破之[20]，尚不可有也。事故有弃此取彼者，以大易小可也，以安易危可也，唯一时之势，不患本之不固可也。今三者莫利，愿将军熟虑之。"操乃止，复定兖州。

六月，侍中杨琦、黄门侍郎丁冲、锺繇、尚书左丞鲁充、尚书郎韩斌与傕将杨奉、军吏杨帛谋共杀傕，会傕以他事诛帛，奉将所领归汜。庚午，镇东将军张济自陕至，欲和傕、汜，迁乘舆幸他县，使太官令狐笃、绥民校尉张裁宣喻十反[21]。汜、傕许和，质其爱子。傕妻爱式，和计未定。而羌胡数来阙省问曰："天子在此中邪？李将军(讦)〔许〕我宫人美女^㉒，今皆何所在？"帝患之，使侍中刘艾谓宣义将军贾诩曰："卿前奉职公忠，故仍升荣宠。今羌胡满路，宜思方略。"诩乃召大帅饮食之，许以封赏，羌胡乃引去，傕由此单弱。于是尚书王复言和解之意，计以士众转少，从之。不以男，各女为质，封为君，食邑。复以汜从弟济、从子绣、傕从弟桓为质。

秋七月甲子，车驾出宣平门，汜兵数百人前曰："此天子非也？"左右皆将戟欲交，侍中刘(文)〔艾〕前曰^㉓："是天子也！"使参乘高举帷，"诸兵何敢逼至尊邪！"汜兵乃却，士众皆称万岁。夜到霸陵，从者皆饥，张济赋给各有差。傕出屯河阳。丙寅，以张济为骠骑将军，封平阳侯，假节开府如三公。郭汜为车骑将军，假节。杨定为后将军，封列侯。董承为安集将军。追号乳母吕贵为平氏君。郭汜欲令车驾幸高陵，公卿及济以为宜幸弘农，大会议之不决。诏尚书郭浦喻汜曰："朕遭艰难，越在西都。感惟宗庙灵爽，何日不叹！天下未定，厥心不革。武夫宣威，儒德合谋。今得东移，望远若近，视险如夷。弘农近郊庙，勿有疑也。"汜不从。上曰："祖宗皆在洛阳，灵怀皇后宅兆立，未遑谒也。梦想东辕，日夜以冀临河，谁谓其广，望宋不谓其远，而汜复欲西乎？"遂终日不食。浦曰："可且幸近县。"

八月甲辰，车驾幸新丰。张济讽尚书征河西太守刘玄，欲以所亲人代之。上曰："玄在郡连年，若有治理，追迁之；若无异效，当有召罚。何缘无故征乎？"尚书皆谢罪。上既(罪)〔知〕济所讽也^㉔，诏曰："济有(拔)〔援〕车驾之功^㉕，何故无有表而私请邪？一切勿问。"济闻之免冠徒跣谢。后将军杨定请侍中尹忠为长史，诏曰："侍中近侍，就非其宜，必为关东所笑。前在长安，李傕专政。今朕秉万机,岂可复乱官爵邪?"时上年十五,每事出于胸怀,皆此类也。

丙子,<u>郭汜</u>等令车驾幸<u>郿</u>。侍中(科)〔种〕辑、城门校尉<u>众</u>在<u>汜</u>营⑳,密告后将军<u>杨定</u>、安集将军<u>董承</u>、兴义将军<u>杨奉</u>令会<u>新丰</u>,<u>定</u>等欲将乘舆还<u>洛阳</u>。<u>郭汜</u>自知谋泄,乃弃军入<u>南山</u>。是月,<u>曹操</u>围<u>张超</u>于<u>雍丘</u>。<u>超</u>曰:"救我者唯<u>臧洪</u>乎?"众曰:"<u>袁</u>、<u>曹</u>方穆,而<u>洪</u>为<u>绍</u>所用,必不败好招祸,远来赴此。"<u>超</u>曰:"<u>子源</u>天下义士,(大)〔必〕不背本也㉗,但恐见禁制,不相及耳。"逮<u>洪</u>闻之,果徒跣号泣,并勒所令;又从<u>袁绍</u>请兵,欲救<u>超</u>,而<u>绍</u>终不听,<u>超</u>遂族灭。<u>洪</u>由是怒<u>绍</u>,绝不与通。<u>绍</u>兴兵围之,不能下。<u>绍</u>使<u>洪</u>邑人<u>陈琳</u>以书喻<u>洪</u>,<u>洪</u>答曰:"隔阔相思,发于寤寐。幸相去步武之间耳,而以趣舍异规,不得相见,其为怅恨,难为心哉!仆小人也,本因行役,遂窃大州,恩深分厚,宁乐今日自还接刃?每登城勒兵,望主人之旗鼓,感故友之周旋,抚弦搦矢,不觉流涕之覆面也。当受任之初,自谓究竟大事,共尊王室也。岂寤天下不悦,本州见侵,郡将遘厄,请师见(下)〔拒〕㉘,辞行(波)〔被〕拘㉙,使<u>洪</u>故君有羑〔里〕之厄㉚。<u>洪</u>〔谋计〕栖迟㉛,(求)〔丧〕忠孝之名㉜,杖策携背,亏(孝)〔交友〕之(不名孤)〔分〕㉝,揆此二者,与其不得已〔丧忠孝之名,与亏交友之道〕㉞,轻重殊涂,亲疏异(尽)〔画〕㉟,故便收泪告绝,用命此城,正以君子之违不适仇国故也。吾闻之:义不背亲,忠不违君。昔<u>晏婴</u>不降志于(直)〔白〕刃㊱,<u>南史</u>不曲笔以求生,故身著图(篆)〔象〕㊲,名垂后世。况仆据金城之固,驱士民之力,散三年之畜以为一年之资。但惧秋风扬尘,<u>伯珪</u>马首南向,北鄙告倒悬之急,股肱奏乞归之记耳。主人宜反旆退师,治兵邺垣,何久辱盛怒,暴威于吾城下哉!行矣<u>孔璋</u>!足下徼利于境外,<u>臧洪</u>(投)〔受〕命于君亲㊳,吾子托身于盟主,臧洪策名于长安。子谓余身死而名灭,仆亦笑子生而无闻焉。悲哉！本同而末异,努力努力,夫复何言！"绍见洪书,知无降意,增兵急攻之。城中谷尽,外无强救。洪自度必不免,呼吏士谓曰:"袁氏无道,所图不轨,且不救洪郡将,义不得不死。念诸(军)〔君〕无事㊴,宜与此祸,可先城未败,将妻子出。"吏士皆垂泣曰:"明府与袁氏本无怨隙,今一朝为郡将之故,自致残困,吏民何忍当舍明府去也?"男女七八千人相枕而死,莫有离叛。城陷,绍素亲洪,施帷幔大会诸将,见洪,谓曰:"臧洪何相负若此！今日服未?"洪据地(瞑)〔瞋〕目曰㊵:"诸袁事汉,四世五公,可谓受恩。今王室衰弱,无辅翊之急,欲因际会,希冀非望,多杀忠良,以立奸威。洪亲见呼张陈留为兄,则洪府君亦宜为弟,同共戮力,为国除害,何有拥众而观人屠灭！惜力不能推刃为天下报仇,何谓服乎?"绍本爱洪,意欲服而原之,见洪辞切,终不为用,乃杀之。

冬十月戊戌,汜党夏育、高硕等欲共为乱,胁乘舆西行。侍中刘艾见火起不止,曰:"可出幸一营以避火难。"杨定、董承将兵迎天子幸杨奉营。上将出,夏育等勒兵欲止乘舆,杨定、杨奉力战破之,斩首五千级。壬寅,行幸华阴。宁辑将军段煨具服御及公卿已下资储,欲上幸其营。煨与杨定有隙,迎乘舆不敢下马。侍中种辑素与定亲,乃言段煨欲反。上曰:"煨属来迎,何谓反?"对曰:"迎不至界,拜不下马,其色变也,必有异心。"于是太尉杨彪、司徒赵温、侍中刘艾、尚书梁绍等曰:"段煨不反,臣等敢以死保,车驾可幸其营。"董承、杨定言曰:"郭汜来,在(畏)〔煨〕营㊶。"诏曰:"何以知之?"文祯、左灵曰:"弘农督邮知之。"因胁督邮曰:"今郭汜将七百骑来入煨营。"天子信之,(逐路)〔遂露〕次于道南㊷。丁未,杨奉、董承、杨定将攻煨，使种辑、左灵请帝为诏，上曰："王者攻（代）〔伐〕^㊸，当上参天意，下合民心，司寇行刑，君为之不举，而欲令朕有诏邪？"不听。辑固请，至夜半，犹弗听。奉乃辄攻煨营。是夜有赤气贯紫宫。定等攻煨十余日，不下。煨供给御膳、百官，无有二意。司隶校尉管郃以为不宜攻煨，急应解围，速至洛阳。定等患之，使杨奉请为己副，欲杀之。帝知其谋，不听，诏使侍中尚书告喻之，定等奉诏还营。李傕、郭汜悔令车驾东，闻定攻段煨，相招共救之，因欲追乘舆。杨定闻傕、汜至，欲还蓝田，为汜所遮，单骑亡走。是时张济复与傕、汜合谋，欲留乘舆于弘农。

十二月，行幸弘农。济、汜、傕追乘舆。卫将军杨奉、射声校尉（姐）〔沮〕儁力战^㊹，乘舆仅得免。儁被创坠马，傕谓左右曰："尚可活否？"儁骂之曰："汝等凶逆，逼劫天子，使公卿被害，宫人流离，乱臣贼子，未有此也！"傕乃杀之。儁时年二十五，其督战省置负其尸而瘗之^㊺。济等抄掠乘舆物及秘书典籍，公卿已下妇女死者不可胜数。壬申，行幸曹阳。傕、汜、济并力来追，董承、杨奉间使至河东，招故白波帅李乐、韩暹、胡才及匈奴右贤王去卑，率其众来，与傕等战，大破之，斩首数千级。诏使侍中史恃、太仆韩融告张济曰："朕惟宗庙之重，社稷之灵，乃心东都，日夜以冀。洛阳丘墟，靡所庇荫，欲幸弘农，以渐还旧。诸军不止其竟，遂成祸乱，今不为足，民在涂炭。济宿有忠亮，乃心王室，前之受命来和傕、汜，元功既建，岂不惜乎！济其廪给百官，遂究前勋。昔晋文公为践土之会，垂勋周室，可不勉哉！"于是董承等以新破傕等，可复东引。诏曰："傕、汜自知罪重，将遂唐突，为吏民害。可复待韩融还，乃议进退。"承等固执宜进。庚申^㊻，车驾发东。董承、李乐卫乘舆，胡才、杨奉、韩暹、匈奴右贤王于后为距。傕等来追，王师败绩，杀光禄勋邓渊、廷尉宣璠、少府田芬、御史邓聘、大司农张义。是时司徒赵温、太常王绛、卫尉周忠、司隶校尉管郃为傕所遮，欲杀之，贾诩曰："此皆大臣，卿奈何害之也？"傕乃止。李乐曰："事急矣，陛下宜御马！"上曰："不可。舍百官而去，此何辜哉？"弗听。是时虎贲羽林行者不满百人，傕等（统）〔绕〕营叫（唤）〔呼〕[47]，吏士失色，各有分散之意。李乐惧，欲令车驾御船过砥柱，出孟津。诏曰："千金之子，坐不垂堂。孔子慎冯河之危。此所谓安居之道乎？"（大）〔太〕尉杨彪曰[48]："臣弘农人也。自此东有三十六（难）〔滩〕[49]，非万乘所〔当〕登也[50]。"宗正刘（父）〔艾〕曰[51]："臣前为陕令，知其险。旧故有河师，犹有倾危，况今无师。太尉所虑是也。"董承等以为宜令刘太阳使李乐夜渡，具船举火为应。上与公卿步出营，临河欲济，岸高十余丈，不得下。议欲续马鞯系帝腰。时后兄伏德扶后，一手挟绢十（四）〔匹〕[52]。董承使（荷）〔符节〕令孙徽从人间斫后[53]，左灵曰："（御）〔卿〕是何等人也[54]？"以刀捍之，杀旁侍者，血溅后衣。伏德以马鞯不可亲腰，以绢为辇，下校尉向弘居前，负帝下至河边。余人皆匍匐下，或有从岸上自投，冠帻皆坏。既至河边，士卒争赴舟，董承、李乐以戈击（破）〔披〕之[55]。帝乃御船，同舟渡者皇后、贵人、郭、赵二宫人、太尉杨彪、宗正刘艾、执金吾伏完、侍中种辑、罗邵、尚书文桢、郭浦、中丞杨众、侍郎赵泳、尚书郎冯硕、中官仆射伏德、侍郎王稠、羽林郎侯折、卫将军董承、南郡太守左灵、府史数十人。余大官及吏民不得渡甚众，妇女皆为兵所掠夺，冻溺死者不可胜数。卫尉士孙瑞为傕所杀。傕见河北有火，遣骑候之，适见上渡河，呼曰："汝等将天子去邪？"董承惧，射之，以被为幔。既渡，幸<u>李乐</u>营。<u>河东</u>太守<u>王邑</u>来贡献,劳百官。丁亥^⑤,幸<u>安邑</u>。<u>王邑</u>赋公卿以下绵绢各有差,封<u>邑</u>为列侯。庚子,拜<u>胡才</u>为征北将军,领<u>并州</u>牧;<u>李乐</u>为征西将军,领<u>凉州</u>牧;<u>韩暹</u>为征东将军,领<u>幽州</u>牧。皆假节开府如三公。遣太仆<u>韩融</u>至<u>弘农</u>与<u>傕</u>、<u>汜</u>连和,还所掠宫人、公卿百官及乘舆车驾数乘。是时蝗虫大起,岁旱无谷,后宫食枣菜。诸将不能相率,上下乱,粮食尽。于是安东将军<u>杨奉</u>、卫将军<u>董承</u>、征东将军<u>韩暹</u>谋以乘舆还<u>洛阳</u>。乙卯,建义将军<u>张阳</u>自<u>野王</u>来^⑤,与<u>董承</u>谋迎乘舆还<u>洛阳</u>。〔拜〕安国将军^⑤,封<u>晋阳</u>侯,假节开府如三公。<u>袁术</u>自以依据<u>江</u>、<u>淮</u>,带甲数万,加累世公侯,天下豪杰无非故吏,以为<u>袁</u>氏出<u>陈</u>、<u>舜</u>之后,以黄乘赤,得运之次。时沛相<u>陈珪</u>,故太尉<u>球</u>〔弟〕之子也^⑤。<u>术</u>与<u>珪</u>俱公族子孙,少交游,书与<u>珪</u>曰:“昔<u>秦</u>失其政,天下群雄争而取之,兼智勇者卒受其福。今世纷扰,复有瓦解之势,诚英(人)〔雄〕有为之时也^⑥。与足下旧交,岂肯左右之乎?若集大事,子为吾心膂。”<u>珪</u>答书曰:“(若)〔昔〕<u>秦</u>末世^⑥,肆暴恣情,虐流天下,毒被生民,民不堪命,故遂土崩。今虽季世,未有<u>秦</u>苛暴之乱也。<u>曹</u>将军神武,应期兴复典刑,扫平凶慝,清定海内,〔信〕有征矣^⑥。足下当戮力同心,匡翼<u>汉</u>室,而阴谋不轨,以身试祸,岂不痛哉!若迷而知反,尚可以免。吾备旧知,请陈至情,虽逆于耳,骨肉之恩也。”天子之败于<u>曹阳</u>,<u>术</u>会其众谋曰:“<u>刘</u>氏微弱,海内鼎沸。吾家四世公辅,百姓所归,欲应天顺民,于诸君意何如?”众莫敢对。主簿<u>阎象</u>进曰:“昔<u>周</u>自<u>后稷</u>、<u>文王</u>积德累功,三分天下,犹服事<u>殷</u>。明公虽奕世克昌,未〔若〕有(若)<u>周</u>之盛^⑥。<u>汉</u>室虽微,未有<u>殷纣</u>之暴。”<u>术</u>默然不悦,遂造符命,置百官焉。

校勘记

① 即拜袁绍为后将军　后汉书袁绍列传作"右将军"。

② 氾妻惧(催)与(氾)〔催〕婢妾〔私〕而夺己爱　从后汉书董卓列传李贤注引袁宏纪改。

③ 一(捷)〔栖〕无两雄　同上据改。

④ 天子幸催(宫)〔营〕　从龙溪本、学海堂本改。

⑤ 烧宫殿(宫)〔官〕府居民　从后汉书董卓列传改。

⑥ 操(曰)〔所〕作章　从龙溪本、学海堂本改。

⑦ (先)〔光〕和初　从南监本、龙溪本、学海堂本改。

⑧ 欲责〔诘〕之(诘)　从龙溪本、学海堂本乙正。

⑨ 常有(怏怏)〔快快〕之色　从南监本、龙溪本、学海堂本改。

⑩ 以成千(金)〔钧〕之仇　从学海堂本改。

⑪ 一过〔为过〕　从三国志董卓传裴松之注引献帝起居注补。

⑫ 问侍中(当)〔常〕洽　从学海堂本改。

⑬ 辅(功)〔政〕四年　从三国志董卓传裴松之注引献帝起居注改。

⑭ 足(辨)〔办〕郭多不　从三国志董卓传裴松之注引献帝起居注改。

⑮ 而将军胁(之)〔主〕　从学海堂本改。

⑯ 白波(师)〔帅〕　从南监本、龙溪本、学海堂本改。

⑰ 将军本以(衮)〔兖〕州首事　从南监本、龙溪本、学海堂本改。

⑱ 南结(杨)〔扬〕州(兵)〔共〕讨袁术〔以〕临淮泗　从南监本、龙溪本改。

⑲ 徐州未易(忘)〔亡〕　从南监本、龙溪本改。

⑳ 就(道)〔能〕破之　从南监本、龙溪本、学海堂本改。

㉑ 太官令狐笃绥民校尉张裁　后汉书董卓列传李贤注引袁纪作"太官令孙笃、校尉张式"。

㉒ (评)〔许〕我宫人美女　从南监本、龙溪本、学海堂本改。

㉓ 侍中刘(文)〔艾〕　从学海堂本改。

㉔ 上既(罪)〔知〕济所讽也　从陈璞校改。

㉕ 济有(拔)〔援〕车驾之功　从陈璞校改。

㉖ 侍中(科)〔种〕辑　从南监本、龙溪本、学海堂本改。

㉗ (大)〔必〕不背本　从南监本、龙溪本、学海堂本改。

㉘ 请师见(下)〔拒〕　从学海堂本改。

㉙ 辞行(波)〔被〕拘　从南监本、龙溪本、学海堂本改。

㉚ 羑〔里〕之厄　从南监本、龙溪本、学海堂本补。

㉛ 洪〔谋计〕栖迟　从南监本、龙溪本、学海堂本补。

㉜ (求)〔丧〕忠孝之名　从南监本、龙溪本、学海堂本改。

㉝ 亏(孝)〔交友〕之(不名孤)〔分〕　从南监本、龙溪本、学海堂本改。

㉞ 与其不得已〔丧忠孝之名与亏交友之道〕　从南监本、龙溪本补。

㉟ 亲疏异(尽)〔画〕　从南监本、龙溪本、学海堂本改。

㊱ 不降志于(直)〔白〕刃　从南监本、龙溪本、学海堂本改。

㊲ 身著图(篆)〔象〕　从学海堂本改。

㊳ (投)〔受〕命于君亲　从龙溪本改。

㊴ 念诸(军)〔君〕无事　从南监本、龙溪本改。

㊵ 洪据地(瞑)〔瞋〕目曰　从学海堂本改。

㊶ 在(畏)〔煨〕营　从南监本、龙溪本、学海堂本改。

㊷ (逐路)〔遂露〕次于道南　从后汉书董卓列传李贤注引袁宏纪改。

㊸ 王者攻(代)〔伐〕　从南监本、学海堂本改。

㊹ (俎)〔沮〕僑力战　从南监本、龙溪本、学海堂本改。

㊺ 其督战訾置　后汉书董卓列传李贤注引袁山松书作"訾宝"。

㊻ 庚申　后汉书孝献帝纪作"庚辰"。

㊼ 催等(统)〔绕〕营叫(唤)〔呼〕　从学海堂本改。

㊽ (大)〔太〕尉杨彪　从龙溪本、学海堂本改。

㊾ 有三十六(难)〔滩〕　从南监本、龙溪本、学海堂本改。

㊿ 非万乘所(当)〔登〕也　从后汉书董卓列传李贤注引袁纪补。

(51) 宗正刘(父)〔艾〕 从南监本、龙溪本、学海堂本改。

(52) 挟绢十(四)〔匹〕 从学海堂本改。

(53) 使(荷)〔符节〕令孙俨 从学海堂本改。

(54) (御)〔卿〕是何等人也 从学海堂本改。

(55) 以戈击(破)〔披〕之 从后汉书董卓列传改。

(56) 丁亥 后汉书献帝纪作“乙亥”。

(57) 张阳自野王来 “张阳”,后汉书董卓列传作“张杨”。

(58) 〔拜〕安国将军 从学海堂本补。

(59) 故太尉球〔弟〕之子也 从后汉书陈球列传补。

(60) 诚英(人)〔雄〕有为之时 从南监本、龙溪本、学海堂本改。

(61) (若)〔昔〕秦末世 从南监本、龙溪本、学海堂本改。

(62) 〔信〕有征矣 从南监本、三国志魏书董卓传补。

(63) 未〔若〕有(若)周之盛 从三国志袁术传乙正。

后汉纪　孝献皇帝纪　卷第二十九

　　建安元年春二月,执金吾伏完为辅国将军,开府如三公。是时董承、张阳欲天子还洛阳①,杨奉、李乐不欲。尚书上官洪言还洛之议,李乐辅洪。由是诸将错乱,更相疑贰。董承奔野王,韩暹屯闻喜,胡才、杨奉之坞(卿)〔乡〕②,欲攻韩暹。上使人喻止之。

　　夏五月丙寅,遣使至杨奉、李乐、韩暹营,求送至洛阳,奉等从(韶)〔诏〕③。

　　六月乙未,车驾幸闻喜。杨奉、胡才悔令乘舆去,乃与李乐议,欲还大驾,诈言当游渑池东,以避匈奴。上不从。庚子,车驾从北道出,傍山而东,无匈奴寇。李乐愧其言,惧而辞还。是时粮食乏尽,张阳自野王迎乘舆,赈给百官。丙辰④,行至洛阳,幸故常侍赵忠宅。张阳治缮宫殿。丁丑,大赦天下。是月,孙策入会稽,太守王朗与策战,败绩。

　　八月辛丑,天子入南宫阳安殿⑤。阳以为己功,故因以名。阳谓诸将曰:“天子当与天下共之,幸有公卿大臣。阳当捍外难,何事京都?”遂还野王。杨奉亦屯梁。癸卯,张阳为大司马,杨奉为车骑将军,韩暹为大将军,领司隶校尉,皆假节钺。是以州郡各拥兵自为,莫有至者。百官穷困,朝不及夕,尚书已下,自出采樵,或饿死墙壁间,为吏兵所杀。暹等各矜其功,任意恣睢,干乱政事。于是曹操议欲迎乘舆,或曰:"山东未定,韩暹、杨奉亲与天子还京,北连张阳,未可卒制。"司马荀彧劝之曰:"昔高祖东征,为义帝缟素,而天下归心。自天子播越,将军首唱义兵,徒以山东扰乱,未能远赴关右,然犹分遣将帅,蒙险通使。虽御难于外,乃心无不在王室,是将军匡天下之素志也。今车驾旋轸,义士有存本之思,百姓怀感旧之哀。诚因此时奉主上以从民望,大义也;秉至公以服雄杰,大略也;扶弘义以致英俊,大德也。天下虽有逆节,必不能为累,明矣。韩暹、杨奉,其敢为害! 若不时定,四方生心,后虽虑之,无能及也。"操从之。辛卯,操诣关贡献,赒公卿以下。操陈韩暹、张阳之罪。暹怖,单骑奔走。上以暹、阳有翼驾还洛之功,一切勿罪。于是诛羽林郎侯折、尚书冯硕、侍中台崇⑥,讨有罪也。封卫将军董承、辅国将军伏完、侍中丁〔冲〕、种辑、尚书仆射锺繇、尚书郭浦、御史中丞董芬、彭城相刘艾、左冯翊韩斌、东(莱)〔郡〕太守杨众、〔议郎〕罗邵、伏德、赵蕤为列侯⑦,赏有功也。追赠射声校尉沮儁为弘农太守,(矜)〔旌〕死节也⑧。符节令董昭说曹操曰:"将军兴义兵以诛暴乱,朝天子,辅翼王室,此五霸之功也。已下诸将人人殊异,未必服从,今留匡弼,事势不便,唯有移车驾幸许耳。然朝廷播越,新还旧都,远近企望,冀一获安,今复徙车驾,不厌众心。夫行非常之事,乃有非常之功,愿将军策其多者。"操曰:"此孤之本志也。"遂言幸许之计,上从之。庚申,车驾东,杨奉自梁欲要车驾不及。己巳,车驾到许,幸(东)〔曹〕营⑨。甲戌,镇东将军曹操为大将军，更封武平侯。操固让，不许。太尉杨彪、司空张喜以疾逊位。

冬十月戊辰，右将军袁绍为太尉。绍耻班在操下，不肯(授)〔受〕⑩，操乃辞大将军。丙戌，以操为司空，领车骑将军。辛卯，曹操征杨奉于梁，奉奔袁术。吕布袭徐州，刘备奔曹操。初，陈郡人袁涣为刘备茂才，避地江、淮之间，为吕布所拘。布令涣作书骂辱备，涣曰："不可。"再三强之，不许。布大怒，以兵胁之曰："为之则生，不为则死。"涣颜色不变，笑而应曰："涣闻唯德可以辱人，不闻以骂。使彼固君子也，且不耻将军之言；彼诚小人也，将复将军之意，则辱在此不在于彼。且涣他日之事刘备，犹今日之事将军也。如一旦去此，复骂辱将军，可乎？"布惭而止。涣字曜卿，司徒滂之子也。涣少与弟(微)〔徽〕俱以德行称⑪。是时汉室衰微，天下将乱，涣与(微)〔徽〕闲居，从容谋安身避乱之地。涣慨然叹曰："汉室陵迟，乱无日矣。苟天下不靖⑫，逃将安之？若天将丧道⑬，民以义存，唯强而有礼，可以庇身乎！"(微)〔徽〕曰："古人有言：'知机其神乎！'见机而作，君子所以元吉也。天理盛衰，汉其已矣⑭。夫有大功必有大事，此又君子之所深识，退藏于密者也。且兵革之兴，外患众矣，(微)〔徽〕将远蹈山海以求免乎⑮！天下淆乱⑯，各行其所志。"(微)〔徽〕避地至交州，涣展转刘备、袁术、吕布之间，晚乃遇曹公。涣说操曰："夫兵者凶器也，不得已而用之。鼓之以道德，征之以仁义，兼抚其民，而除其害。夫然，故可与之死，可与之生。自大乱以来，十数年矣，民之欲安甚于倒悬，然而暴乱未息者何也？〔岂〕政失其道欤⑰！复闻明君善于救世，乱则济之以义，伪则镇之以朴，世异事变，治国不同，不可不察也。夫制度损益，此古今之不必同者也。若夫惠爱天下而反之于正，虽以武平祸乱，而济之以德，诚百王不易之道也。公明哲超世，古之所以得其民者，公既(动)〔勤〕之矣[18]；今所以失其民者，公既戒之矣，海内赖公得免于危亡之祸。然而民未知义，唯公所训之，则天下幸甚！"操重涣言，以为军谘祭酒。涣常谓人曰："夫居兵乱之间，非吾所长，每(谦)〔让〕不敢处也[19]。"张济自关中走南阳，为飞矢所中死，从子绣领其众，屯宛。天子既免曹阳，贾诩去李傕托于段煨，顷之，复归张绣。

二年春正月，曹操征张绣，绣降。其季(弟)〔父〕济妻[20]，国色也，操以为妾。绣由是谋叛，袭操七军，大败之，杀其二子。自曹操之迎乘舆也，袁绍内怀不服。绍既兼河朔，天下畏其强。操方东忧吕布，南距张绣。及绣败操军，绍益自骄，而与操书悖慢。操大怒，动止容变于常，众皆以为失利于绣故也。仆射锺繇以问尚书令荀彧，彧曰："公以明哲，必不追咎往事也，殆有他虑乎？"遂见操以问焉。操以绍书示之，且曰："今将征不义而力不敌，如何？"彧对曰："古之成败，诚有其材，虽弱必强；苟非其人，其强易弱。刘、项之事，足以观矣。今与公争天下者唯袁绍，绍貌外宽内忌，任人而疑其心；公明达不拘，唯材所宜，不问疏贱，此度胜也。绍迟重少决，失在后机；公能断大事，应变有方，此谋胜也。绍御军宽缓，法令不一，士卒虽众，而实难用；公法令严明，赏罚必行，士卒虽寡，皆争致死，此武胜也。绍凭世资，从容饰智，收名誉，故士之寡能好闻者归之；公以至仁待士，又推诚心，不为虚美，行己谦恭俭约，而与有功者无吝，故忠正杀身之士咸愿为用，此德胜也。夫此四胜仗义征伐，谁敢不从？绍以四失背忠自专，强何能为？"操悦。

秋七月，即拜太尉袁绍为大将军。于是马日磾丧还京师，将欲加礼。少府孔融议曰："日磾以上公之尊，乘轺节之使，衔命直指，宁辑东夏，而曲媚贼臣，为所牵率，章表署用，(辅侠)〔辄使〕首名㉑，附下罔上，奸以事君。昔国佐当晋军而不挠，宜僚临白刃而正色。王室大臣，不得见胁为辞。郑人讨幽公之乱，斫子家之棺。圣人哀矜，未忍追治，不宜加礼。"

冬十月，谒者仆射裴茂督三辅诸军，讨李傕也。

三年春正月，破傕㉒，斩之，夷三族。郭(圯)〔汜〕为其将伍习所杀㉓。李乐病死。胡才为怨家所杀。张阳为其将眭固所杀。马腾、韩遂凉州自相攻击。五月，韩暹、杨奉死。

秋七月，曹操征张绣，破之。荀彧说曹操曰："不先取吕布，河北未易图也。"操曰："若袁绍侵扰关中、西羌，南诱蜀、汉，是我独以兖州抗天下五分之一也㉔。为之奈何？"彧曰："关中将帅以十数，莫能久相一。唯韩(暹)〔遂〕、马腾最强㉕，彼见山东之败，必各拥众自保全。若抚以恩德，使连和，相(推)〔持〕虽不能久㉖，要公定山东，足以不动㉗。钟繇可属以西事，公无忧也。"操从之。

九月，曹操征吕布。是岁，袁(绍)〔术〕自立为天子㉘。术与杨彪婚亲也，操(忘)〔忌〕彪忠正㉙，收彪付狱，将杀之。孔融闻之，不及朝服，往见操曰："杨彪累世清德，四叶重光。周书父子兄弟罪不相及，况袁氏之罪乎？易称'积善余庆'，但欺人耳。"操曰："国家之意也。"融曰："假使成王欲杀召公，则周公可得言不知耶？今天下缨緌缙绅之士，所以仰瞻明公者，以辅相汉室，举直措枉，致之雍熙也。今横杀无辜，则海内观听，谁不解体！孔融鲁国之男子，明日便当拂衣而去，不复朝也。"操意解，乃免〔彪〕㉚。彪睹汉祚将微，自以累世公辅，耻事异姓，遂称疾不行。征<u>郑玄</u>为大司农，不至。<u>玄</u>字<u>康成</u>，<u>北海高密</u>人也。为啬夫，隐恤孤苦，闾里安之。家贫，虽得休假，常诣校官诵经。太守<u>杜密</u>异之，为除吏录，使得极学。<u>玄</u>之<u>右扶风</u>，事<u>南郡</u>太守<u>马融</u>。<u>融</u>门徒甚盛，弟子以相次受，至三年不得见。<u>玄</u>讲习弥笃，昼夜不倦。<u>融</u>见奇之，引与相见，自篇籍之奥，无不精研。叹曰："诗、书、礼、乐，皆以东矣。"会党事起，而<u>玄</u>教授不辍，弟子数百人。<u>中平</u>初，悉解禁固，<u>玄</u>已六十余矣，始为王公所命，一无所就者。<u>玄</u>身长八尺，秀眉朗目，造次颠沛，非礼不动。<u>黄巾</u>贼数万人经<u>玄</u>庐，皆为之拜，<u>高密</u>一县不被抄掠。<u>袁绍</u>尝遇<u>玄</u>而不礼也，<u>赵融</u>闻之曰："贤人者，君子之望也。不礼贤，是失君子之望。夫有为之君，不失万民之欢心，况于君子乎！失君子之望，难乎有为也。"

四年春，<u>曹操</u>获<u>吕布</u>㉛，斩之。

二月，司空<u>曹操</u>让位于太仆<u>赵岐</u>，不听。

三月，卫将军<u>董承</u>为车骑将军。封<u>操</u>三千户，讨<u>吕布</u>之功也，固让不受。三月，<u>袁绍</u>讨<u>公孙瓒</u>。

六月，拜<u>孙策</u>为<u>会稽</u>太守、讨逆将军，封<u>吴阳侯</u>。初，<u>彭城</u>人<u>张昭</u>避乱<u>淮南</u>，<u>策</u>宾礼之。及<u>策</u>东略，遂为之谋主。闻<u>袁术</u>僭号，<u>昭</u>为<u>策</u>书谏<u>术</u>曰："昔者<u>董卓</u>无道，陵虐王室，祸加太后，暴及<u>弘农</u>，天子播越，宗庙焚毁，是以豪杰发愤，赫然俱起。元恶既毙，幼主东顾，乃使王人奉命，宣明朝恩，偃武修文，与之更始。而<u>河北</u>异谋，<u>黑山</u>不顺，<u>刘表</u>僭乱于南，<u>公孙</u>叛逆于北，<u>刘繇</u>阻兵，<u>刘备</u>争盟，是以未获承命，囊弓戢戈也。当谓使君与国同规，舍是不恤，完然有自取之志，惧非海内企望之意。昔<u>汤</u>伐<u>桀</u>，称'有夏多罪'；<u>武王</u>伐纣,曰'殷有重罚'。此二王者,虽有圣德,假使时无失道之过,何由逼而夺之也。今主上岂有恶于天下,徒以幼小胁于僭臣,异于汤、武之时也。又闻幼主明智聪敏,有夙成之德,天下虽未被恩,咸以归心焉。若辅而兴之,旦、奭之美,率土之所望也。使君五世相承,为汉宰辅,荣宠之盛,莫与为比,宜效忠守节,以报汉室。世人多惑图纬之言,妄牵非类之文,苟以悦主为美,不顾成败之计,今古所慎也。忠言逆耳,驳议致憎,苟有益于尊明,则无所敢辞。"术始自以为有淮南之众,料策之必与己合,及得其书,遂愁沮发疾^㉜。

袁绍自破公孙瓒,贡御希慢,私使主簿耿苞密白曰:"赤德运衰,历数将改,宜顺天意,以应民望。"绍以苞白事咨于军府,议者咸以苞为妖妄,宜诛。绍杀苞以悦众,然遂有逆谋。于是绍将南出师以攻曹操,沮授、田丰谏曰:"师出历年,百姓疲弊,仓库无积,赋役方殷,此国之深忧也。宜遣使献捷天子,务农逸民。若不得通,乃表曹操隔我王路,然后进屯黎阳,渐营河南,益作船舫,缮治器械,分遣精骑,抄掠边鄙,令彼不得安,我(取)〔处〕其逸^㉝。三年之(中)〔内〕^㉞,事可坐定也。"审配、郭图曰:"兵书之法,十围五攻,敌则能战。今以明公之神武,跨河朔之人众,以伐曹氏,譬若覆手。今不时取,后难图也。"授曰:"盖救乱诛暴,谓之义兵;恃众凭强,谓之骄兵。兵义无敌,骄者先灭。曹氏迎天子,建宫许都。今兴师南向,于义则违。且庙胜之策,不在强弱。曹氏法令既行,士卒精炼,非公孙瓒坐而受围者也。今弃万安之术,而兴无名之兵,窃为公危之。"图曰:"武王伐纣,不为(之)〔不〕义^㉟,况曹氏而云无称!且公师武臣勇,将士愤怒,人思自骋,而不及时早定大业,虑之失者。夫'天与不取,反受其咎'。此越之所以霸、吴之所以亡也。监军之计，而非见时知机之变。"绍从之。图等因是潜授曰："授监统内外，威震三军，若其浸盛，何以制之！夫臣与主同者昌，主与臣同者亡，黄石之所忌也。且御众于外，不宜知内。"绍疑焉。乃分监军为三都督，使授及郭图、淳于琼各典一军，遂南。

冬十一月，张绣、贾诩降曹操。

十二月甲辰，司隶校尉锺繇持节镇抚关中。庚辰，曹操率师拒袁绍于官渡。孔融谓荀彧曰："绍地广兵强，田丰、许攸智计之士也，为之谋；审配、逢纪尽忠之臣也，任其事；颜良、文丑勇冠三军，统其兵，殆难克乎？"彧曰："绍兵虽强而法不整，田丰刚而犯上，许攸贪而不治。审配专而无谋，逢纪果而自用，此二人留知后事者，〔若〕攸〔家〕犯其法，必不能从也⑱，攸必为变。颜良、文丑一夫之勇耳，可一战而擒也。"袁术欲北至青州，曹操使刘备要击之。会术病死，操悔遣备，追之不及，备遂据下邳。

五年春正月壬午，车骑将军董承、偏将军王服谋杀曹操，发觉，伏诛。初，承与刘备同谋，未发而备出，谓服曰："郭(坦)〔汜〕有数百兵㉗，坏李傕数万人，但足下与吾同不耳？昔吕不韦之门须子楚而后高，今吾与子犹是也。"服惶恐不敢当，然兵又少，承曰："兴事讫，得曹公成，兵不足邪？"服曰："今京师岂有所任者乎？"承曰："长水校尉种辑、议郎吴硕是吾腹心办事者。"辑、硕皆被诛。曹操攻刘备，〔备〕奔袁绍㉘。

二月，遣沮授、郭图、淳于琼、颜良等攻刘延于白马，绍引兵至黎阳。沮授临发，会其宗族，散资财以与之，曰："夫势存则威无不行，势亡则不保一身。哀哉！"其弟宗曰："曹公士马不敌，兄何惧焉？"授曰："以曹兖州之明略，又挟天子为资，我虽克伯珪，众实疲弊,而将校主锐,军之破败,在此举矣。(杨)〔扬〕雄有言曰㊳:'六国蚩蚩,为(嬴)〔嬴〕弱姬㊵。'今之谓矣!"夏四月,曹操救刘延,大战,斩颜良。

秋七月辛巳,立皇子冯为(河)〔南〕阳王㊶。壬午,南阳王薨。

八月,袁绍将济河,沮授谏曰:"胜负变化,不可不详。今宜留屯延津,分兵官渡,若克获,还迎不晚。设其有难,众不可还。"(诏)〔绍〕不从㊷。授临济叹曰:"上盈其志,下务其功,悠悠黄河,吾其反乎!"遂以疾辞,绍恨之。乃省其所部,并属郭图。遂军官渡,绍众盛,操军大惧,与荀彧书,议欲还许以引绍。彧报曰:"绍聚官渡,欲与决胜负,公以至弱当至强,若不制,必为所乘,是天下之大机也。且绍布衣之雄,能聚人而不能用也。以公神武明哲,而奉以大顺,何向而不济? 今军食虽少,未若楚、汉在荥阳、成皋间也。是时刘、项莫肯先退,先退者势屈也。公以十分居一之众,画地而守之,扼其喉而不能进,已半年矣。情见势竭,必将有变,此用奇之时,不可失也。"操从之。刘备去袁绍,南奔汝南。

九月庚子朔㊸,日有蚀之。诏公卿各上封事,靡有所讳。袁、曹相持于官渡,孙策欲袭许迎乘舆,部署未发,为许贡客所害。先,吴郡太守许贡为策所杀,其小子与客谋,报曰:"孙策勇锐,若多杀人于道,策必自出,则可擒也。"客从之,乃杀人于江边。策闻之怒,单骑自出,客刺伤之。将死,谓张昭曰:"中国乱,以吴、越之众,三江之固,足可观成败,公等善辅吾弟。"呼权佩以印绶曰:"举江东之众,决机于两阵之间,与天下争衡,卿不如我。任贤使能,各尽其力,以保江东,我不如卿。"初,策在吴,与张昭论曰:"今四海未定,当以武平之耳。"吴人陆绩年少,在坐末,大声言曰:"昔管夷吾相齐桓公，九合诸侯，一匡天下，不用兵车。孔子曰：'远人不服，则修文德以来之。'今诸君不务道德怀取之术，而唯尚武，绩虽童蒙，窃所未安也。"昭等异焉。绩容貌雄壮，博学多识，星历算数，无不该览。及权统事，辟奏曹掾，以直道见惮。出为郁林太守，加偏将军。绩意在儒雅，非其志也，虽在军旅，著述不废，作浑天图，注易，释玄，皆传于世。预自知亡日，乃为辞曰："有汉志人，吴郡陆绩。幼敦诗书，长玩礼、易。受命南征，遘疾逼厄。遭命不永，呜呼悲隔！"又曰："从今已去六十年之外，车同轨，书同文，恨不及见也。"

十一月甲子，曹操与袁绍战于官渡，绍师大溃。沮授为操军人所执，授大呼曰："授不降也，为所执耳。"操与之有旧，逆谓之曰："分野殊异，遂用阻绝，不图今日乃相擒也。"授对曰："冀州失策，以取奔北。授智力俱困，宜其见擒。"操曰："本初无谋，不（相）用〔君〕计[44]。今丧乱过纪，国家未定，当相与图之。"授曰："叔父、母、弟悬命袁氏，若蒙公灵，速死为福。"公叹曰："孤早相得，天下不足虑也。"遂舍而厚遇之。顷之，谋归袁氏，操杀之。

六年春三月，曹操以袁绍新败，欲悉军以征刘表，以问尚书令荀彧。彧曰："今绍之败，其众离心，宜因而遂定，而欲远背兖、豫，南军江、汉。夫困兽犹斗，况在绍乎？若绍收其余烬，承虚以出，则公之事去矣。"

四月，曹操将兵于河上。

八月辛卯，侍中郗虑、尚书令荀彧、司隶锺繇侍讲于内。

冬十一月，曹操征刘备，〔备〕奔刘表[45]，屯新野。

七年夏五月庚戌，袁绍发病死。初，绍有三子：谭、熙、尚。谭长而惠，尚少而美。绍妻爱尚，数称其才。绍以奇其貌，欲以为后，乃出谭为青州刺史。沮授谏曰："世称一兔走衢，万人逐之，一人获之，贪者悉止，分定故也。且年均以贤，德均则卜，古之制也。愿上推先代成败之诚，下思逐兔分定之义。"绍曰："孤欲令三子各据一州，以观其能。"授出曰："祸其始此矣。"及绍未命而死，其别驾审配、护军逢纪宿以骄侈为谭所疾，于是纪外顺绍妻，内虑私害，乃矫(诏)〔绍〕遗命[46]，奉尚为嗣。谭至，不得立，自称车骑将军，由是有隙。谭军黎阳。

九月，曹操征谭、尚。越嶲男子化为妇人，周群曰："将有易代之事者。"

八年春，操破谭、尚。

秋七月，曹操上言："守尚书令荀彧自在臣营，参同计画，周旋征伐，每皆克捷，奇策密谋，悉皆共决。及彧在台，常思书往来，大小同策，诗美腹心，传贵庙胜，勋业之定，彧之功也。而臣前后独荷异宠，心所不安。彧与臣事通功并，宜进封赏，以劝后进者。"于是封彧为万岁亭侯。

八月，曹操征刘表，军次西平。谭、尚争冀州。

九月，公卿迎气北郊[47]，始用八佾。

冬十月，曹操至黎阳。

九年夏四月，操拔邯郸。

秋八月，曹操破邺，袁尚、熙奔匈奴。辛巳，封萧何后为安众侯。

九月，太中大夫孔融上书曰："臣闻先分九圻，以远及近，春秋内诸夏而外夷狄。诗云：'封畿千里，惟民所止。'故曰天子之居必以众大言之。周室既衰，六国力征授略，割裂诸夏，镐京之制，商邑之度,历载弥(人)〔久〕^㊽,遂以暗昧。秦兼天下,政不遵旧,革铲五等,扫灭侯甸,筑城万里,滨海立门,欲以六合为一区,五服为(羌)〔一家〕^㊾,关卫不要,遂使陈、项作难,家庭临海^㊿,击柝不救。圣汉因循,未之匡改,犹依古法,颍川、南阳、陈留、上党、三河近郡不封爵诸侯。臣愚以为千里国内,可略从周官六乡六遂之文,分(取)〔比〕北郡^㊶,皆令属司隶校尉,(正)以〔正〕王赋^㊷,以崇帝室,投自近以宽远,繇华贡献^㊸,外薄四海,搂文奋武,各有典书。"帝从之。戊辰,以司空曹操领冀州牧。或说操曰:"宜复古制,置九州,则所制者广大,天下服矣。"操将从之,荀(或)〔彧〕言于操曰^㊴:"冀州求公领牧,以要民心,甚善。至于分改九州,窃有疑焉。若是冀州,当取河东、冯翊、扶风、西河、并、幽之地,所夺者众。前日公破袁尚,擒审配,海内震骇,人人自恐不保其土地,守其兵众也。今便分属冀州,将皆动心;且人多(悦)〔说〕关右将(皆)〔士〕以(动心)〔闭关〕之计^㊵。今〔闻〕此必以为次第见夺^㊶,一旦生变,有守善者转相胁为非,则袁尚得宽其死,而袁谭怀贰,刘表遂有江、汉之间,天下未易图也。愿公引兵先定河北,然后修复旧京,南临荆州,责王贡之不入。则天下咸知其意,人人自安。天下大定,乃议古制。"操曰:"微足下,失之者多矣!"遂寝九州之议。

十月,有星孛于东井。分凉州四郡为梁州。

十年春正月,曹操攻袁谭于南皮,大破斩之。丁丑,增封操万三千户,平幽、冀之功也。

八月,侍中荀悦撰政治得失,名曰申(监)〔鉴〕^㊼。既成而奏之曰:"夫道之本,仁义而已。五典以经之,群籍以纬之,咏之歌之,弦之舞之,前监既明,后复申之。致治之术,先屏四患,乃崇五政。一曰伪，二曰私，三曰放，四曰奢。伪乱俗，私坏法，放越轨，奢败制。四者不除，则政末由行矣。其致也，俗乱则道荒，虽天下不得保其性也；法坏则世倾，虽人主不得守其度也；轨越则礼亡，虽圣人不得全其行矣；制败则欲肆，虽四表不得充其求矣。是谓四患。修农桑以养其生，审好恶以正其俗，置文教以章其化，立武备以秉其威，制赏罚以统其法。是谓五政。民(之)不畏死[58]，不可惧以罪。人不乐生，不可劝以善。虽使契布五教，皋繇作士，政不行矣。故在上者，先丰民财以定其志，帝耕籍田，后桑蚕宫，国无游民，野无荒业，财贾不用，力不妄加，以周民事。是谓养生。君子之所以动天地，感神明，正万物而成至治者，必乎(真)〔镇〕定而已[59]。故在上者审定好恶，〔好恶〕既(安)〔定〕乎功罪[60]，毁誉亦终于准验。听言责事，举名察实，无或作诈伪淫巧以荡众心。故事无不核，物无不(功)〔切〕[61]，善无不显，恶无不彰，俗无奸诈，民无淫风。百姓上下睹利害之存乎己也，故肃敬其心，内不回惑，外无异望，则民志平矣。是谓正俗。君子以情用，小人以刑用。荣辱者，赏罚之精华也。故礼教荣辱以加君子，化其情也；桎梏以加小人，化其刑也。君子不犯辱，况于刑乎！小人不(忘)〔忌〕刑[62]，况于辱乎！若〔其〕在(具)中人之伦[63]，则礼刑兼焉。教化之废，推中人而堕于小人之域；教(行)〔化〕之行[64]，引中人而纳于君子之涂。是谓章化。小人之情，缓则骄，骄则怠，怠则怨，怨则叛，危则谋乱，安则思欲，非威强无以惩之。故在上者，必有武备，以戒不虞，以遏寇虐。安居则寄之内政，有事则用之军旅。是谓秉威。赏罚，政之柄也。赏(以)〔明〕罚审[65]，信顺令行；赏以劝善，罚以惩恶。人主不妄赏，非徒爱其财也；赏妄行，则善不劝矣。不妄罚，非徒矜其人也；罚妄行，则恶不惩矣。赏不劝谓之止善,罚不惩谓之纵恶。在上者能不止下为善,不纵下为恶,则国法立矣。是谓统法。四患既蠲,五政既立。行之以诚,守之以固,简而不怠,疏而不失。无为为之,使自施之;无事事之,使自安之。不肃而成,不严而治,垂拱揖让,而海内平矣⑥。古者天子诸侯有事,必告于庙。(庙)〔朝〕有二史⑰,左史记言,右史记事。事为春秋,言为尚书。君举必记,善恶成败,无不存焉。下及士庶,苟有茂异,咸在载籍。或有欲显而不得,欲隐而名彰。得失一朝,荣辱千载。善人劝焉,淫人惧焉。可备史官,掌其典常。"上览而善焉。悦字仲豫,颍川人也。少有才理,兼综儒史。是时曹公专政,天子端拱而已。上既好文章,颇有才意,以汉书为繁,使悦删取其要,为汉纪三十篇。

冬十一月,并州刺史高幹反。

十一年〔春〕正月⑱,有星孛于北斗。占曰:"人主易位。"曹操征高幹,斩之。己丑,增封操,并前三万户,食柘城、阳夏四县,比邓禹、吴汉故事。秋七月,武威太守张猛杀凉州刺史商耶⑲。

校勘记

① 张阳　后汉书孝献帝纪作"张杨"。

② 胡才杨奉之坞(卿)〔乡〕　从南监本、龙溪本、学海堂本改。

③ 奉等从(韶)〔诏〕　从龙溪本、学海堂本改。

④ 丙辰　后汉书献帝纪作"秋七月甲子"。

⑤ 入南宫阳安殿　后汉书献帝纪作"杨安殿"。

⑥ 羽林郎侯折　后汉书董卓列传李贤注引袁宏纪作"议郎侯祈"。

⑦ 侍中丁〔冲〕……东(莱)〔郡〕太守杨众〔议郎〕罗邵　从后汉书董卓列传李贤注引袁宏纪补改。

⑧ (矜)〔旌〕死节也　从学海堂本、后汉书董卓列传李贤注引袁宏记改。

⑨ 幸(东)〔曹〕营　从后汉书献帝纪改。

⑩ 不肯(授)〔受〕　从南监本、龙溪本、学海堂本改。

⑪ 涣少与弟(微)〔徽〕　从学海堂本改。以下径改。

⑫ 苟天下不靖　三国志魏书袁涣传裴松之注引袁宏纪作"苟天下扰攘"。

⑬ 若天将丧道　三国志魏书袁涣传裴松之注引袁宏纪作"若天未丧道"。

⑭ 汉其已矣　三国志魏书袁涣传裴松之注引袁宏纪作"汉其亡矣"。

⑮ 远蹈山海以求免乎　三国志魏书袁涣传裴松之注引袁宏纪作"远蹈山海以求免身"。

⑯ 天下淆乱　三国志魏书袁涣传裴松之注引袁宏纪作"及乱作"。

⑰ 〔岂〕政失其道欤　从南监本、龙溪本、学海堂本补。

⑱ 公既(动)〔勤〕之矣　从南监本、龙溪本、学海堂本改。

⑲ 每(谦)〔让〕不敢处也　从龙溪本、学海堂本改。

⑳ 其季(弟)〔父〕济妻　从南监本、龙溪本、学海堂本改。

㉑ (辅侠)〔辄使〕首名　从南监本、龙溪本、学海堂本改。

㉒ 春正月破催　"春正月",后汉书献帝纪作"夏四月"。

㉓ 郭(坁)〔汜〕　从学海堂本改。

㉔ 以兖州抗天下五分之一　三国志荀彧传作"以兖、豫抗天下六分之五",当是。

㉕ 唯韩(遏)〔遂〕马腾最强　从三国志魏书荀彧传改。

㉖ 相(推)〔持〕虽不能久　从三国志荀彧传改。

㉗ 足以不动　此上数句三国志魏书荀彧传作"今若辅以恩德,遣使连和,相持虽不能久安,比公安定山东,足以不动"。

㉘ 袁(绍)〔术〕自立为天子　从南监本、龙溪本、学海堂本改。

㉙ 操(忘)〔忌〕彪忠正　从南监本、龙溪本、学海堂本改。

㉚ 乃免〔彪〕　从南监本、龙溪本补。

㉛ 四年春曹操获吕布　后汉书孝献帝纪作"三年十二月癸酉"。

㉜ 遂愁沮发疾　后汉书孝献帝纪作"夏六月,袁术死"。

㉝ 我(取)〔处〕其逸　从龙溪本改。

㉞ 三年之(中)〔内〕　从龙溪本改。

㉟ 不为(之)〔不〕义　从南监本、龙溪本、学海堂本改。

㊱〔若〕攸〔家〕犯其法必不能从也　从三国志魏书荀彧传改。“从”，荀彧传作“纵”。“从”、“纵”通。

㊲ 郭(圯)〔汜〕有数百兵　从学海堂本改。

㊳〔备〕奔袁绍　从龙溪本、学海堂本补。

㊴ (杨)〔扬〕雄有言　从龙溪本改。

㊵ 为(羸)〔嬴〕弱姬　从龙溪本改。

㊶ 立皇子冯为(河)〔南〕阳王　从后汉书孝献帝纪改。

㊷ (诏)〔绍〕不从　从南监本、龙溪本、学海堂本改。

㊸ 九月庚子　“庚子”，后汉书孝献帝纪作“庚午”。

㊹ 不(相)用〔君〕计　从学海堂本改。

㊺〔备〕奔刘表　从南监本、龙溪本、学海堂本补。

㊻ 乃矫(诏)〔绍〕遗命　从学海堂本改。

㊼ 九月公卿迎气北郊　九月，后汉书孝献帝纪作“冬十月己巳”。

㊽ 历载弥(人)〔久〕　从龙溪本、学海堂本改。

㊾ 五服为(羌)〔一家〕　从学海堂本改。

㊿ 家庭临海　陈璞校云“四字疑讹”。

(51) 分(取)〔比〕北郡　从陈澧校改。

(52) (正)以〔正〕王赋　从陈澧校乙正。

(53) 投自近以宽远繇华共献　句不可解，陈璞校云“俱可疑”。

(54) 荀(或)〔彧〕言于操曰　从南监本、龙溪本、学海堂本改。

(55) 多(悦)〔说〕关右将(皆)〔士〕以(动心)〔闭关〕之计　从南监本、龙溪本、三国志荀彧传改。

(56) 今〔闻〕此必以为次第见夺　从南监本、龙溪本、三国志荀彧传补。

(57) 名曰申(监)〔鉴〕　从龙溪本、后汉书荀悦列传改。

(58) 民(之)不畏死　从南监本、龙溪本删。

(59) 必乎(真)〔镇〕定而已　从南监本、龙溪本、学海堂本改。

(60) 〔好恶〕既(安)〔定〕乎功罪　从南监本、龙溪本、学海堂本补改。

(61) 物无不(功)〔切〕　从后汉书荀悦列传改。

(62) 小人不(忘)〔忌〕刑　从龙溪本改。

(63) 若〔其〕在(具)中人之伦　从龙溪本、学海堂本改。

(64) 教(行)〔化〕之行　从龙溪本、学海堂本改。

(65) 赏(以)〔明〕罚审　从南监本、龙溪本、学海堂本改。

(66) 而海内平矣　后汉书荀淑列传是句下有"是谓为政之方"句。

(67) (庙)〔朝〕有二史　从后汉书荀淑列传改。

(68) 十一年〔春〕正月　从后汉书孝献帝纪补。

(69) 凉州刺史商邯　后汉书孝献帝纪作"邯郸商"。

后汉纪　孝献皇帝纪　卷第三十

　　十二年春,曹操上表曰:"昔袁绍入郊甸,战于官渡,时兵少粮尽,图欲还许。荀彧乃建进讨之规,遂摧大逆,覆取其众。此睹睹胜败之机,略不(出)世〔出〕^①。绍既破败,臣粮亦尽,以为河北未易图也,欲南讨刘表。(或)〔彧〕复止臣^②,陈其得失,臣用反(于是)〔斾〕^③,遂平四州。向使臣退于官渡,绍必鼓行而前;遂征刘表,则河北延其凶。计彧之二策,以(立)〔亡〕为存^④,以祸为福,臣所不及也。是故先帝贵指纵之功,薄搏获之赏;古人尚帷幄之规,下攻拔之捷。原其绩效,足享高爵。而海内未喻其状,所受不侔其功,臣诚惜之。乞重平议,增畴户邑。"(或)〔彧〕深辞让^⑤。操报之曰:"君之策谋,非但所表二事而已,前后谦冲,欲慕鲁连先生乎?此圣人达节者所(以)〔不〕贵也^⑥。昔介子推有言:'窃人之财,犹谓之盗。'况君密谋安众,先于孤者以百数乎!以二事相还而复辞,何(敢)〔取〕谦亮多邪^⑦?"

　　三月癸丑,增封守尚书令彧户一千,并前二千户。操欲表为三公,(或)〔彧〕使荀攸(深)〔申〕让至于十数^⑧,乃止。是时曹公世子聪明尊隽，宜高选天下贤哲以师保之，辅成（王）〔至〕德^⑨。及征行军宜以为副贰，使渐明御军用〔兵〕之道^⑩。操从之。

秋八月，曹操登白狼山与匈奴（冒）〔蹋〕顿战^⑪，大破斩之。袁尚、熙奔辽东，太守公孙康斩尚、熙首送京师。乙酉，封操三子为列侯，操不受。

冬十月，星孛于鹑尾。乙酉^⑫，济南王赟为黄巾所杀。刘备屯新野，荆州豪杰归者日众。琅邪阳都人诸葛亮，字孔明，躬耕陇亩，好为梁甫吟。身长八尺，尝自比于管仲、乐毅，时人莫之许也。唯博陵崔（少）〔州〕平、颍川徐元直与亮友善^⑬，谓之信然。于是徐庶见刘备曰：“诸葛孔明，卧龙也，将军岂愿见之乎？”备曰：“君与俱来。”庶曰：“此人宜可以就见，不可屈致，将军且枉驾顾之。”由是备三诣其庐，因屏人而言曰：“汉室倾颓，奸臣窃命，主上蒙尘。孤不量力度德，欲信大义于天下；而智术浅短，遂用猖蹶，至于今日。然志犹未已，君为计将安出？”亮答曰：“自董卓以来，豪杰并起，跨州连郡，不可胜数。曹操比于袁绍，则名微而众寡，遂能克绍，以弱为强，此非唯天时，抑亦人谋也。今已拥百万之众，挟天子而令诸侯，此诚不可与争锋。孙权据有江东，已历三世，国险而民附，贤能为之谋，此可与之为援，不可图也。荆州北据汉、沔，利尽南海，东连吴、会，西通巴、蜀，此用武之国，而其主不能，殆天将所以资将军也。益州险塞沃野，天府之地，高祖因之以成帝业。刘璋暗弱，张鲁在北，民殷国富而不知存恤，智能之士思得明后。将军既帝室之胄，信义著于四海，总（览）〔揽〕英雄^⑭，思贤如渴，若跨有荆、益，保其岩阻，西和诸戎，南抚夷越，结好孙权，内修政治，天下有变，命一上将，将荆州之军以向宛、洛，将军身率益州之众出于秦川，百姓孰

两汉纪　后汉纪

不箪食壶浆以迎将军者乎？如是，霸业可成，<u>汉室</u>复兴也。"备曰：
"善。"于是与<u>亮</u>情好日密，诸将不悦，备解之曰："孤之有<u>孔明</u>，犹
鱼之得水。愿诸君勿复言。"

十三年春正月癸未，司徒<u>赵温</u>请置丞相^⑮。

秋七月，<u>曹操</u>征<u>刘表</u>。

八月丁未，光禄大夫<u>郗虑</u>为御史大夫。初，<u>操</u>以谷少禁酒，太
中大夫<u>孔融</u>以为不可，与<u>操</u>相覆疏，因以不合意。时中州略平，惟
有<u>吴</u>、<u>蜀</u>。<u>融</u>曰："文德以来之。"<u>操</u>闻之怒，以为怨诽浮华，乃令军
谋祭酒<u>路粹</u>傅致其罪。壬子，太中大夫<u>孔融</u>下狱诛，妻子皆弃市。
<u>融</u>字<u>文举</u>，<u>鲁国</u>人，<u>孔子</u>二十世孙。幼有异才，年十余岁，随父诣京
都。时<u>河南</u>尹<u>李膺</u>有重名，敕门通简，宾客非当世英贤及通家子
孙，不见也。<u>融</u>欲观其为人，遂造<u>膺</u>门，曰："我是<u>李君</u>通家子孙。"
门者白<u>膺</u>，请见，曰："高明父祖尝与仆周旋乎？"<u>融</u>曰："然。先君
<u>孔子</u>与君<u>李老君</u>同德比义而(祖)〔相〕师友^⑯，则仆累世通家也。"
众坐莫不叹息，佥曰："异童子也。"太中大夫<u>陈柢</u>后至^⑰，同坐以告
<u>祎</u>。曰："小时了了者，至大亦未能奇也。"<u>融</u>曰："如足下幼时岂尝
惠乎^⑱？"<u>膺</u>大笑，谓<u>融</u>曰："高明长大必为(褘)〔伟〕器^⑲。"年十三，
丧父，哀慕毁瘠，杖而后起，州里称其至孝。初，<u>山阳</u><u>张俭</u>与<u>融</u>兄<u>衺</u>
友善，亡命来诣，<u>衺</u>适出。时<u>融</u>年十六，<u>俭</u>不告。<u>融</u>知<u>俭</u>长者，有窘
迫色，谓曰："吾独不能为君主也？"因留舍藏之。后以人客发泄，
国相以下，密就掩捕，<u>俭</u>得脱走，收<u>融</u>及<u>衺</u>送狱。<u>融</u>曰："保内藏舍
者，<u>融</u>也，当坐之。"<u>衺</u>曰："彼来求我，求我之由，非弟之过，我当坐
之。"兄弟争死，郡县疑不能决，乃上谳。诏书令<u>衺</u>坐之，<u>融</u>由是显
名。年二十八，为<u>北海</u>太守。先是<u>黄巾</u>破<u>青州</u>，<u>融</u>收合夷民^⑳，起

兵自守。贼张余等过青州，融逆击，为其所败，收余兵保朱虚。称诏诱吏民，复置城邑，崇学校庠序，举贤贡士，表显耆儒。以彭璆为方正，邴原有道，王修为孝廉，告高密县为郑玄特立乡名曰"郑公乡"，又国人无后及四方游士有死亡皆为棺木而殡葬之，使甄子然临配食县（杜）〔社〕㉑，其礼贤如此。刘备表融领青州刺史，年余，为群贼所攻，不能自守。建安初，征为将作大匠，迁少府，每朝会访对，辄为议主，诸卿大夫寄名而已。初，颍川陈纪论复肉刑书曰："惟敬五刑，以成三德，易著劓、刖、灭趾之法，所以辅政助教，惩恶息杀也。且杀人偿死，合于古制。至于伤人，或残毁其体，而才鬄毛发，非其理也。若用古刑，使淫者下蚕室，盗者刖其足，永无淫放穿窬之奸矣。"融难之曰："古者吏端刑清，治无过差。百姓有罪，皆不之滥。末世凌迟，风化坏乱，法侮其民。故曰上失其道，民散久矣。而欲绳之以古制，投之以残弃，非所谓与时消息也。纣斩一朝涉之胫，天下谓之无道。九牧之地〔千八百君，若各刖一人，是下常有〕千八百纣也㉒，求世休和，不可得已。且被刑之人，虑不全生，志在思死，类多趋恶。夙沙乱齐，伊戾祸宋，赵高、英布，为世大患。虽忠如鬻权，信如卞和，智如孙膑，冤如巷伯，才如史迁，达如子政，一离刀锯，没世不齿。是太甲之思庸，穆公之霸秦，陈汤之都赖，魏尚之边功，无复悔也。"曹公将复肉刑，以众议不同，乃止。

袁宏曰：夫民心乐全而不能常〔全〕㉓，盖利用之物悬于外，而嗜欲之情动于内也。于是有进（即陵）〔取贪〕竞之行㉔，希求放肆不已，不能充其嗜欲也，则苟且侥幸之所生也。希求无厌，无以（疏）〔惬〕其欲（也）㉕，则奸伪忿怒之所兴也。先王知其如此，而欲救弊，故先以德礼陶其心，其心不化，然后加以刑辟。书云："百姓不亲,五品不逊。汝作司徒,敬敷五教,五教在宽。蛮夷猾夏,寇贼奸宄。汝作士,五刑有服。"然德刑之设,参而用之者也。三代相因,其义详焉。周礼:"使墨者守门,劓者守(闾)〔关〕㉖,宫者守内,刖者守囿。"此肉刑之制,可得而论也。荀卿亦云:"杀人者死,伤人者刑,百王之所同,未知其所由来者也。"夫杀人者死,而相杀者不已,是大辟可以惩未杀,不能使天下无杀。伤人者刑,而害物者不息,是黥、劓可以惧未刑,不能使天下无刑也。故将欲止之,莫若先以德(礼)〔化〕㉗。夫罪过彰著,然后入于刑辟,是将杀人者不必〔死,欲伤人者不必〕刑也㉘。纵而不死,则陷于刑辟矣。故刑之所制,在于不可移之(也)〔地〕㉙。礼教则不然,明其善恶,所以潜劝其情,消〔之〕于未(然)〔杀〕也㉚。示以耻辱,所以内〔愧〕其心,治之〔于〕未伤也㉛。故过〔微〕而不至于著㉜,罪薄而不及于刑(也)㉝。终入辜辟者,非教化之所得也。故虽残一物之生,刑一人之体,是除天下之害,夫何伤哉!率斯道也,风化可以渐淳,刑罚可以渐少,其理然也。苟不〔能〕化其心㉞,而专任刑罚,民失义方,动陷刑网,求世休和,焉可得哉!周之成、康,岂案三千之文而致刑措之美乎!盖德化(刑清所)〔渐渍〕㉟,致斯有由也。汉初惩酷刑之弊,务宽厚之论,公卿大夫相与耻言人过。文帝登庸,加以玄默。张武受赂,赐金以愧其心;吴王不朝,崇礼以(让)〔训〕其失㊱。是以吏民乐业,风化笃厚,断狱四百,几于刑措,岂非德刑〔兼〕用〔已然〕之效哉㊲!世之论者,欲言刑罚之用,不先德教之益,失之远矣。今大辟之罪与古同制,免死以下不过五岁,既释钳锁,复〔得〕齿于人〔伦〕㊳,是以民不耻恶,数为盗奸,故刑徒多而乱不治也。苟教之所去,〔罚当其罪〕㊴,一离刀锯,没身不齿,邻里且犹耻之,

〔而况于乡党乎〕④，而况朝廷乎！如此，则凤沙、赵高之俦无所施其恶，则陈纪所谓无淫放穿窬之奸，于是全矣。古者察言观行，而善恶彰焉，然则君子之去刑辟，固已远矣。（设而）〔过误〕不幸④，则八议之所宥也。若（天下）〔夫卜〕和、史迁之冤④，淫刑之所及也。苟失其道，或不免于大辟，而况肉刑哉！又相刑之与枉杀人，其理不同，则死生之论，善已疏矣。汉书："斩右趾，及杀人先自告，吏坐受财，守官物而即盗之，皆弃市。"此班固所以谓"当生而令死"者也。今不忍截刻之惨，而安劓绝之悲，此皆治体之所先，而有国所宜改者也。

刘表病死，少子琮领荆州。九月，刘琮降曹操。刘备率众南行，曹操以精骑追之，及于当阳，备与诸葛亮等数十骑邪趣汉津。徐庶母见获，庶辞备而指其心曰："本与将军共图王霸之业，以此方寸之地也。今失老母，方寸乱矣。无益于事，请从此辞。"遂诣曹操。操既有荆州水军十万，将顺流东伐，吴人振恐，议者咸劝孙权迎操。周瑜曰："不然。操虽托名汉相，其实汉贼。将军以神武雄才，兼仗父兄之烈，割据江东，地方数千里，精兵足用，英豪乐业，尚当横行天下，为汉除残去害，况操自送死，何迎之有？瑜得精兵三万，保为将军破之！"权曰："老贼欲废汉天子自立久矣，徒忌二袁、刘表与孤耳。今数雄已灭，唯孤存。孤与老贼势不两立，君言当击，甚与孤合，此天以君授孤也。"刘备至夏口，诸葛亮谓备曰："事急矣，请求救于孙将军。"时权军于柴桑，备使亮说权曰："海内丧乱，将军起兵江东，豫州亦收众汉南，与曹操并争天下。今操芟夷大难，略平矣，遂破荆州，威振四海。英雄无所用武，故豫州遁逃至此，将军量力而处之！若能以吴、越之众与中国抗行，不如早与之绝;若不能,何不案戈束甲,北面而事之乎？今将军外托服从之名,内怀犹豫之计,事急而不断,祸至无日矣!"权曰:"苟如君言,刘豫州何不事之乎？"亮曰:"田横,齐之壮士耳,犹义不辱。况豫州王室之胄,英才盖世,人之仰慕,若水之归海。事之不济,此乃天也,安能复为之下!"权勃然曰:"吾不能以全吴之地,十万之众,受制于人,吾计决矣! 非刘豫州莫可当曹操者,然豫州新败之后,复能抗此难乎？"亮曰:"豫州虽败,战士还者精甲万人。曹操之众远来疲弊,闻追豫州骑一日一夜行三百里,此所谓'强弩之末不能穿鲁缟'者也。故兵法忌之,曰'必蹶上将军'。且北方之人,不习水战,又荆州之民附操者,逼以兵势耳,非心(腹)〔服〕也^⑬。将军诚能命猛将统兵数万,与豫州协规同契,破操必矣。操败必北还;如此则荆、吴之势强,鼎足之形成。成败之机,在于今日!"权大悦,即遣周瑜将水军三万随亮诣备,并力拒操。

冬十月癸未,日有蚀之。

十二月壬午,征前将军马腾为卫尉。是月,曹操与周瑜战于赤壁,操师大败。

十四年,刘备以孙权行车骑将军,备自领荆州,屯公安。

七月,曹操征孙权。

冬十月晦,日有蚀之。

十五年春二月乙巳,日有蚀之。

十六年春正月辛巳,以曹操世子丕为五官中郎将、副丞相。

三月,马超、韩遂反。

秋七月,操征超、遂^⑭,大破之。是岁,刘备入益州。

十七年春正月,加曹操入朝不趋,剑履上殿,赞拜不名。

夏五月癸未,诛卫尉马腾,超之父也。

六月庚寅晦,日有蚀之。

秋七月庚戌,立皇子临为济阴王[45],懿为山阳王,邈为济北王,敦为东海王。

冬十月,曹操征孙权,侍中、尚书令荀彧劳军于谯。初,董(绍)〔昭〕等谓曹操宜进爵(郡)〔国〕公[46],九锡备物,以彰殊勋,密以语彧。彧曰:"曹公本兴义兵以匡朝宁国,秉忠贞之诚,守退让之实,君子爱人以(礼)〔德〕[47],不宜如此。"操由是心不平之。是行也,操请彧劳军,因留彧以侍中、光禄大夫,持节,〔参〕丞相军事[48],次寿春,彧以忧死。

袁宏曰:夫默语(也)〔者〕[49],贤人之略也。政卷舒废兴之间,非所谓以智屈伸,贵其多算,权其轻重,而揣难易。君子之行己也,必推其心而达其道,信其诚而行其义。义不违心,故百姓知其无私;道不失顺,则天下以为至当。其出也,忠著于时君,仁及于天下,匹夫匹妇莫不咨嗟者,以其致功之本义和也。若时不我与,中道而废,内不负心,外不愧物,千载之下,观其迹而悲其事,以为功虽不就,道将(何)〔可〕成也[50]。及其默也,非义而后退,让谋而后止,盖取舍不同,故宛龙蟠以求其志,虽仁者之心,大存兼爱,援手而陷于不义,君子不为也。苟为斯道,四体且犹致患,而况万物乎!汉自桓、灵,君失其柄,陵迟不振,乱殄海内,以弱致弊,虐不及民,刘氏之泽未尽,天下之望未改,故征伐者奉汉,拜爵赏者称帝,名器之重,未尝一日非汉。魏之(平)〔平〕乱,资汉之义,功之克济,荀生之谋,谋适则勋隆,勋隆则移汉。刘氏之失天下,荀生为之也。若始图一匡,终与势乖,情见事屈,容身无所,则荀生之识为不智矣。

若取济生民，振其涂炭，百姓安而君位危，中原定而社稷亡，于魏虽亲，于汉已疏，则荀生之功为不义也。夫假人之器，乘人之权，既而以为已有，不以仁义之心，终亦君子所耻也。一污犹有蓝色，而况为之谋主，功奋于当年，迹闻于千载，异夫终身流涕，不敢谋燕之徒隶者，自已为之功而己死之，杀身犹有余愧，焉足以成名也。惜哉！虽名盖天下而道不合顺，终以忧卒，不殒不与义。故曰："非智之难，处智之难；非死之难，处死之难。"呜呼，后之君子，默语行藏之际，可不慎哉！

十八年春二月庚寅㊶，省幽州、并州，以其郡国并属冀州。省司隶校尉，以其郡国分属豫州。省梁州，以其郡国并属冀州。

夏五月丙申，天子使御史大夫郗虑持节策命曹操为公，曰："朕以不德，少遭悯凶，越在西土，迁在唐、卫。当此之时，殆若缀旒，宗庙乏祀，社稷无位，群凶觊觎，分裂诸夏，率土之民，朕无获焉，即我高祖之命将坠于地。朕用夙兴假寐，振悼于厥心，曰'惟考惟祖，股肱先正。其孰恤朕躬？'乃诱天衷，诞育丞相，保乂我皇家，弘济于艰难，朕实赖之。今将授君典礼，其敬听朕命。昔者董卓初兴国难，群后释位以谋王室，君则首启戎行，此君之忠于本朝也。后及黄巾反易天常，侵我三州，延及平民，君又翦之以宁东夏，此又君之功也。韩暹、扬奉专用威命，君则致讨，克黜其难，遂迁许都，造我京邑，设官兆祀，不失旧物，天地鬼神于是获乂，此又君之功也。袁术僭逆，肆于淮南，慑惮君灵，用丕显谋，蕲阳之役，桥蕤授首，稜威南迈，术以殒溃，此又君之功也。回戈东征，吕布就戮，乘辕将反，张阳殂毙，(睦)〔眭〕固伏罪㊷，张绣稽服，此又君之功也。袁绍逆常㊸，谋危社稷，凭恃其众，称兵内侮，当此之时，王师寡弱，天下寒心，莫有固志，君秉大节，精贯白日，奋其武怒，运其神策，致届宣渡，大歼丑类，俾我国家拯于危坠，此又君之功也。济师黄河，拓定四州，袁谭、高幹，咸枭其首，海盗奔迸，黑山顺轨，此又君之功也。乌桓三种，崇乱二世，袁尚因之，逼处塞北，束马悬车，一征而灭，此又君之功也。刘表背诞，不供贡赋，王师首路，威风先逝，百城八郡，交臂屈膝，此又君之功也。马超、成宜，同恶相济，滨据河、潼，求逞所欲，殄之渭南，献馘万计，遂定边城，抚和戎狄，此又君之功也。鲜卑、丁零重译而至，(单)〔箪〕于、白屋⑭请吏率职，此又君之功也。君有定天下之功，重之以明德，班序海内，宣美风俗，旁施勤教，表继绝世，旧德前功，罔不咸秩。虽伊尹格于皇天，周公光于四海，方之(灭)〔蔑〕如也⑮。朕闻先王并建明德，祚之以土，分之以民，崇其宠章，备其礼物，所以蕃卫王室，左右厥世也。其在周成，管、蔡不静，惩难念功，乃使邵康公赐齐太公履，东至于海，西至于河，南至于穆陵，北至于无棣，五侯九伯，实得征之，世祚太师，以表东海。爰及襄王，亦有楚人不恭王职，又命晋文登为侯伯，锡以二辂虎贲、斧钺、秬鬯、弓矢，大启南阳，世作盟主。故周室之不坏，繄二国之是赖。今君丕称显德，明保朕躬，奉答天命，导扬弘烈，绥宁九域，莫不率俾，功高伊、周，而赏卑于齐、晋，朕甚恶焉。朕以眇眇之身，托于兆民之上，永思厥艰，若涉(泉水)〔渊冰〕⑯，非君攸济，朕无任焉。今以冀州之河东、河内、魏郡、赵国、中山、常山、钜鹿、安平、甘陵、平原凡十郡，封君为魏国公。锡君玄土，苴以白茅，爰契尔龟，用建冢社。昔在周室，毕公、毛公入为卿佐，周、邵师保出为二伯，外内之任，君实宜之。其以丞相领冀州牧如故。又加君九锡，其敬听朕命。以君经纬礼律，为民轨仪，使安职业，无或迁志，是用锡君大辂、戎辂各一，玄牡二驷。君劝分务本，稽人昏作，粟帛滞积，大业惟兴，是用锡君衮冕之服，赤舄副焉。君敦尚廉让，俾民兴行，少长有礼，上下咸和，是用锡君轩悬之乐，(八)〔六〕佾之舞㊲。君宣翼风化，爰及四方，远人(回)〔革〕面㊳，华夏充实，是用锡〔君〕朱户以居㊴。君研其明哲，思帝所难，官才任贤，群善必举，是用锡君纳陛以登。君秉国之钧，正色处中，纤毫之恶，靡不抑退，是用锡君虎贲之士三百人。君纠逖天刑，章厥有罪，犯关干纪，莫匪诛殛，是用锡君斧钺各一。君龙骧虎视，旁眺八维，掩讨逆节，折衝四海，是用锡君彤弓一，彤矢百，旅弓十，卢矢千。君以温恭为基，孝友为德，明允笃诚，感于朕思，是用锡君秬鬯一卤，圭瓒副焉。**魏国**宜置丞相已下群臣百僚，皆如**汉**初诸侯王制。往(款)〔钦〕哉㊶，敬服朕命！简恤尔众，时亮庶工，用终尔显德，对扬我**高祖**之休命！"

六月己巳，徙**赵王珪**为**博陵王**。

十九年春三月癸未，改授**魏公**金玺、赤绂、远游冠。

夏五月，**刘备**克**成都**，遂有**益州**。**诸葛亮**为股肱，乃峻刑法，自君子小人咸怀怨叹。**法正**谏曰："昔**高祖**入关，约法三章，**秦**民知德。今君假借威力，跨有一州，初有其国，未垂惠抚；且客主之义，宜相降下，愿缓刑弛禁，以慰其望。"亮曰："君知其一，未知其二。**秦**以无道，政苛民怨，一夫掉臂，天下土崩，**高祖**因之，以成帝业。**刘璋**暗弱，自是已来有累世之恩，支柱羁縻，示相承奉，德政不修，威刑不肃。宠之以位，位极则贱；顺之以恩，恩竭则慢。所以致弊，实由此也。吾今先威以法，法行则知恩；限之以爵，爵加则知荣。恩荣并济，上下有节，为治之要，于此为著。"

冬十一月丁卯,皇后<u>伏</u>氏废,非上意也。<u>曹操</u>使人收后,后披发徒跣而出。上谓御史大夫<u>郗虑</u>曰:"<u>郗</u>公,天下宁有是乎?"后见杀之日,后父<u>完</u>及宗族死者百有余人。

二十年春正月,立皇后<u>曹</u>氏,<u>操</u>女也。初,<u>操</u>以二女为贵人,大贵人立为皇后。

三月,曹操征<u>张鲁</u>,秋七月,鲁遂降。

二十一年春正月己丑,封<u>魏</u>公子六人为列侯。

夏四月甲午,进<u>魏</u>公爵为王。

五月己亥朔,日有蚀之。

二十二年夏四月,命<u>魏王</u>建天子旌旗,出警入跸。

冬十月,命<u>魏王</u>冕有十二旒,乘金根车,设五时副车。是岁大疫。

二十三年春正月甲子,太医令<u>吉平</u>、少府<u>耿熙</u>等谋诛<u>曹操</u>[61],发觉,伏诛。

三月,有星孛于<u>东井</u>。

二十四年春三月壬子晦[62],日有蚀之。

夏五月,刘备取汉<u>中</u>。

秋八月,<u>诸葛亮</u>等上言曰:"<u>唐尧</u>至圣而四凶在朝,<u>周成</u>仁贤而四国作难,<u>高后</u>称制而诸<u>吕</u>窃命,<u>孝昭</u>幼冲而<u>上官</u>逆谋,皆凭世宠,藉履国威权,穷凶极乱,社稷几危。非大<u>舜</u>、<u>周公</u>、<u>朱虚</u>、<u>博陆</u>则不能擒凶讨逆,扶危定倾。伏惟陛下诞姿圣德,统理万邦,而遭家运不造之难。<u>董卓</u>首乱,荡覆京畿,<u>曹操</u>阶祸,窃执天衡;皇后太子,鸩杀见害,剥畏天下,残毁民物。久令陛下蒙尘幽处,人神无位,遏绝王命,厌昧皇极,欲佻神器。左将军领司隶校尉<u>豫</u>、<u>荆</u>、<u>益</u>等州牧

488

宜成亭侯备授朝爵秩,念在输力,以殉国难。睹其机兆,赫然发愤,与车骑将军董承谋共诛操,将安国(静)〔靖〕难⑥,克宁旧都。会承不密,令操游魂遂得长恶,残泯海内。臣等每惧王室大有阎乐之祸,小有定安之变,夙夜惴惴,战栗累息。昔在虞书,敦序九族,周监二代,封建同姓,诗著其义,历载长久。汉兴之初,割裂疆土,尊王子弟,是以卒折诸吕之难,而成太宗之基。亮等以备肺腑枝叶,宗子蕃翰,心存国家,念在弭乱。自备破收汉中,海内英雄望风蚁附,而爵号不显,九锡未加,非所以镇卫社稷,光照万世。奉辞在外,诏命断绝。昔西河太守梁统等值汉中兴,限于河山,位同权均,不能相率,咸推窦融以为元帅,卒立绩效,推破隗嚣。今社稷之难甚于陇、蜀,操外吞天下,内残群僚,朝廷有萧墙之危,而御侮未立,可谓寒心。臣等辄依旧典,立备为汉中王,拜大司马,董齐六军,纠合同盟,扫灭凶逆。以汉中、巴、蜀、广汉、犍为为国,所置(置)依汉初立诸侯王故典⑥。夫权宜之制,苟利国家,专之可也。然后功成事立,臣等退伏矫罪,虽死无恨。"遂于(江)〔沔〕阳设坛场⑥,御王冠于刘备。备上言曰:"臣以具臣之才,荷上将之任,董督三军,奉辞于外,不能除寇(静)〔靖〕难⑥,以匡王室,久使陛下圣教陵迟,六合否而不泰,惟忧反侧,疢如疾首。曩者董卓造为乱阶,自是之后,群凶纵横,残剥海内。赖陛下圣德威灵,人神同应,或忠义奋讨,或上天降罚,暴逆并殪,以渐冰消。惟独曹操,久未枭除,侵擅国威,恣心极乱。臣等昔与车骑将军董承同谋讨操,机事不密,承见陷害,臣播越失据,忠义不果。遂得使操穷凶极逆,主后戮杀,皇子鸩害。虽纠合同盟,念在奋力,懦弱不武,历年无效。常恐殒殁,孤负国恩,假寐永叹,夕惕若厉。今臣群僚以为昔在虞书敦叙九族,庶明厉翼,五帝以来,此道不废。周监二代,建诸姬姓,实赖晋、郑夹辅之福。高祖龙兴,尊王子弟,大启九国,卒斩诸吕,以安(太)〔大〕宗㊿。今操恶直丑正,寔繁有徒,包藏祸心,篡逆已显。既王室微弱,帝族无位,斟酌古式,依假权宜,上臣大司马汉中王,所获已过,不宜复忝高位,以重罪谤。群臣见逼,迫以大义。追惟寇贼不枭,国难未已,宗庙倾危,社稷将堕㊽,诚臣深忧碎首之责。若应权通变,以宁圣主,虽越水火,所不敢辞,常虑于怀,以防后悔。辄顺众议,拜授印玺,以崇国威。仰惟爵高宠厚,俯思自效,忧深责重,惊悸累息,如临于谷。辄将率六军,顺时扑讨,以宁社稷,以报万分。”

九月,丞相掾魏讽谋诛曹操,发觉伏诛。讽有威名,潜结义士,坐死者数十人。

二十五年春正月庚子,魏王曹操薨,谥曰武王。壬寅,诏曰:“魏太子丕:昔皇天(据)〔授〕乃显考以翼我皇家㊾,遂攘〔除〕群凶㊼,戡定九州,弘功茂绩,光于宇宙,朕用垂拱(三)〔负扆二〕十有余载㊱。天不慭遗一老,永保余一人,早世潜神,哀悼〔伤〕切(伤)㊲。丕奕世宣明,宜秉文武,绍熙前绪。今使使持节御史大夫华歆奉策诏授丕丞相印(授)〔绶〕、魏王玺绂㊳,领冀州牧。方今外有遗虏,遐夷未宾,旗鼓尚在边境,干戈不得韬刃,斯乃播扬洪烈,立功垂名之秋也。岂得修谅暗之礼,究曾、闵之志哉!其敬服朕命,抑弭忧怀,旁祗厥序,时亮(天)〔庶〕工㊴,以称朕意。于戏,可不勉乎!”

二月丁未朔,日有蚀之。冬十月乙卯,诏曰:“朕在位三十有二载,遭天下荡覆,幸赖宗庙之灵,危而复存。然瞻仰天文,俯察民心,炎精之数既终,行运在乎曹氏。是以前王既树神武之绩,今王又光裕明德以应其期,是历数昭明,亦可知矣。夫(人)〔大道〕之行⑦,天下为公,选贤与能,故唐尧不私于厥子,而名播于无穷。朕羡而慕之,今其追踵尧典,禅位于魏王。"乃告宗庙,使御史大夫张音奉皇帝玺绶禅位于魏王曰:"咨尔魏王:昔者帝尧禅位于虞舜,舜亦以命禹,天命不于常,惟归有德。汉道陵迟,世失其序,降及朕躬,大乱滋昏,群凶肆逆,宇(宙)〔内〕倾覆⑦。赖武王拯兹难于四方,惟清区夏,以〔保〕绥我宗庙⑦,岂余一人获乂,俾九服实受其赐。今王钦承前绪,光于乃德,恢文武之大业,昭尔考之弘烈。皇天降瑞,人神告征,诞惟亮采,师锡朕命,金曰尔(礼)度克协于虞舜⑦,用率我唐典,敬逊尔位。于戏!天之历数在尔躬,允执其中,天禄永终。君其祗奉大化,飨兹万国,以肃天道⑦。"庚午,魏王即皇帝位,改年曰黄初。魏帝既受禅,问尚书陈群曰:"朕应天顺民,卿等以为何如?"群对曰:"臣与华歆俱事汉朝,虽欣圣化,义形于色。"

袁宏曰:夫君位,万物之所重,王道之至公。所重在德,则弘济于仁义;至公无私,故变通极于代谢。是以古之圣人,知治乱盛衰,有时而然也。故大建名教以统群生,本诸天人而深其关键,以德相传,则禅让之道也。暴极则变,变则革代之义也。废兴取与,各有其会,因时观民,理尽而动,然后可以经纶丕业,弘贯千载。是以有德之兴,靡不由之,百姓与能,人鬼同谋,属于苍生之类,未有不蒙其泽者也。其政化遗惠,施及子孙,微而复隆,替而复兴,岂无僻王,赖前哲以免。及其亡也,刑罚淫滥,民不堪命,匹夫匹妇莫不憔悴于虐政,忠义之徒无由自效其诚,故天下嚣然新主之望。由兹而言,君理既尽,虽庸夫得自绝于桀、纣;暴虐未极,(徒于)〔纵〕文王不得拟议于南面⑩，其理然也。汉自桓、灵，君道陵迟，朝纲虽替，虐不及民。虽宦竖乘间窃弄权柄，然人君威尊未有大去王室，世之忠贤皆有宁本之心，若诛而正之，使各率职，则二祖(文)〔明〕章之业复陈乎目前㉛，虽曰微弱，亦可辅之。时献帝幼冲，少遭凶乱，流离播越，罪不由己，故老后生，未有过也。其上者悲而思之，人怀匡复之志，故助汉者协从，背刘者众乖，此盖民未忘义，异乎秦、汉之势。魏之讨乱，实因斯资。旌旗所指，则以伐罪为名；爵赏所加，则以辅顺为首。然则刘氏之德未泯，忠义之徒未尽，何言其亡也？汉苟未亡，则魏不可取。今以不可取之，实而冒揖让之名，因辅弼之功，而当代德之号，欲比德尧、舜，岂不诬哉！

初魏王欲以杨彪为太尉，彪辞曰："尝已为汉三公，遭世衰乱，不能立尺寸之益。若复为魏氏之臣，于义既无所为，于国选亦不为荣也。"遂听所守。及魏受禅，乃下诏曰："夫先王制几杖之赐，所以宾礼黄耇，褒崇元老也。昔孔光、卓茂皆以淑德高年，受兹嘉锡。公故汉宰臣，乃祖已来，世著忠贤。公年过七十，行不逾(距)〔矩〕㉜，可谓老成人矣。所宜宠异，以彰旧德，其锡公延年杖及伏几。延请之日，使杖入侍，又使著鹿皮帽冠。"彪上章固让，不听。年八十四，以寿终。彪字文先，幼习祖考之业，以孝义称。自为公辅，值王室大乱，彪流离播越，经历艰难，以身卫主，不失中正，天下以此重之。自震至彪，四世宰辅，皆以儒素，名德相承。秉、赐虽方节不及震，然其恭谨孝友笃诚，不忝前列也。有子曰修，少有俊才，而德业之风尽矣。至魏初，坐事诛。癸酉，魏以河内之山阳封汉帝为山阳公，行汉正朔焉。明年，刘备自立为天子。

校勘记

① 略不(出)世〔出〕 从学海堂本乙正。

② (或)〔或〕复止臣　从南监本、龙溪本、学海堂本改。

③ 臣用反(于是)〔斾〕　从学海堂本改。

④ 以(立)〔亡〕为存　从南监本、龙溪本、学海堂本改。

⑤ (或)〔或〕深辞让　从南监本、龙溪本、学海堂本改。

⑥ 此圣人达节者所(以)〔不〕贵也　从三国志荀彧传裴注引彧别传文改。

⑦ 何(敢)〔取〕谦亮多邪　从南监本、龙溪本、学海堂本改。

⑧ (或)〔或〕使荀攸(深)〔申〕让至于十数　从南监本、龙溪本、学海堂本改。

⑨ 辅成(王)〔至〕德　从南监本、龙溪本、学海堂本改。

⑩ 御军用〔兵〕之道　从龙溪本、学海堂本补。

⑪ 与匈奴(冒)〔蹹〕顿战　从后汉书孝献帝纪改。

⑫ 乙酉　后汉书献帝纪作"乙巳"。

⑬ 博陵崔(少)〔州〕平　从南监本、龙溪本、学海堂本改。

⑭ 总(览)〔揽〕英雄　从三国志诸葛亮传改。

⑮ 司徒赵温请置丞相　后汉书献帝纪作"司徒赵温免"。

⑯ 而(祖)〔相〕师友　从南监本、龙溪本、学海堂本改。

⑰ 太中大夫陈樻　"陈樻",三国志崔琰传裴注引续汉书作"陈炜"。

⑱ 岂尝惠乎　"惠",学海堂本作"慧"。按"惠"、"慧"通。

⑲ 高明长大必为(褘)〔伟〕器　从南监本、龙溪本改。

⑳ 收合夷民　后汉书孔融列传作"收合士民"。陈璞校云"夷疑吏"。

㉑ 配食县(杜)〔社〕　从南监本、龙溪本、学海堂本改。

㉒ 〔千八百君若各刖一人是下常有〕千八百纣也　从南监本、龙溪本、学海堂本补。

㉓ 而不能常〔全〕　从学海堂本、三国志锺繇传裴注引袁宏纪补。

㉔ 有进(即陵)〔取贪〕竞之行　从学海堂本、三国志锺繇传裴注引袁宏纪改。

㉕ 无以(疏)〔惬〕其欲(也)　从学海堂本、三国志锺繇传裴注引袁宏纪改。

㉖ 剽者守(间)〔关〕　从学海堂本、三国志锺繇传裴注引袁宏纪改。

㉗ 莫若先以德(礼)〔化〕　从学海堂本、三国志锺繇传裴注引袁宏纪改。

㉘ 不必〔死欲伤人者不必〕刑也　从学海堂本、三国志锺繇传裴注引袁宏纪补。

㉙ 在于不可移之(也)〔地〕　从学海堂本、三国志锺繇传裴注引袁宏纪改。

㉚ 消〔之〕于未(然)〔杀〕也　从学海堂本、三国志锺繇传裴注引袁宏纪改。

㉛ 所以内〔愧〕其心治之〔于〕未伤也　从学海堂本、三国志锺繇传裴注引袁宏纪改。

㉜ 过〔微〕而不至于著　从南监本、学海堂本、三国志锺繇传裴注引袁宏纪补。

㉝ 罪薄而不及于刑(也)　从学海堂本、三国志锺繇传裴注引袁宏纪删。

㉞ 苟不〔能〕化其心　从学海堂本、三国志锺繇传裴注引袁宏纪补。

㉟ 盖德化(刑清所)〔渐渍〕　从学海堂本、三国志锺繇传裴注引袁宏纪改。

㊱ 崇礼以(让)〔训〕其失　从学海堂本、三国志锺繇传裴注引袁宏纪改。

㊲ 岂非德刑〔兼〕用〔已然〕之效哉　从学海堂本、三国志锺繇传裴注引袁宏纪补。

㊳ 复〔得〕齿于人〔伦〕　从学海堂本、三国志锺繇传裴注引袁宏纪补。

㊴ 〔罚当其罪〕　从学海堂本、三国志锺繇传裴注引袁宏纪补。

㊵ 〔而况于乡党乎〕　从三国志锺繇传裴注引袁宏纪补。

㊶ (设而)〔过误〕不幸　从三国志锺繇传裴注引袁宏纪改。

㊷ 若(天下)〔夫卞〕和史迁　从学海堂本、三国志锺繇传裴注引袁宏纪改。

㊸ 非心(腹)〔服〕也　从龙溪本改。

㊹ 秋七月操征超　"秋七月",后汉书孝献帝纪作"秋九月"。

㊺ 秋七月庚戌立皇子临为济阴王　后汉书孝献帝纪作"九月"、"熙为济阴王"。

㊻ 董(绍)〔昭〕等谓曹操宜进爵(郡)〔国〕公　从龙溪本、学海堂本改。后汉书荀彧列传亦作"国公"。

㊼ 君子爱人以(礼)〔德〕　从后汉书荀彧列传改。

㊽ 持节〔参〕丞相军事　从后汉书荀彧列传补。

(49) 夫默语(也)〔者〕　从南监本、龙溪本、学海堂本改。

(50) 道将(何)〔可〕成也　从南监本、龙溪本改。

(51) 春二月庚寅　"春二月",后汉书孝献帝纪作"春正月"。

(52) (睦)〔眭〕固伏罪　从龙溪本、学海堂本改。

(53) 袁绍逆常　三国志魏书武帝纪作"逆乱天常"。

(54) (单)〔箄〕于白屋　从三国志魏书武帝纪改。

(55) 方之(灭)〔蔑〕如也　从龙溪本、学海堂本改。

(56) 若涉(泉水)〔渊冰〕　从三国志魏书武帝纪改。

(57) (八)〔六〕佾之舞　从龙溪本、学海堂本改。

(58) 远人(回)〔革〕面　从三国志魏书武帝纪改。

(59) 锡〔君〕朱户　从龙溪本、学海堂本补。

(60) 往(款)〔钦〕哉　从南监本、龙溪本、学海堂本改。

(61) 少府耿熙　"耿熙",后汉书孝献帝纪作"耿纪"。

(62) 春三月壬子晦　"三月",后汉书孝献帝纪作"二月"。

(63) 将安国(静)〔靖〕难　从龙溪本改。

(64) 所置(置)依汉初立诸侯王故典　从龙溪本、学海堂本删。

(65) 遂于(江)〔沔〕阳设坛场　从三国志蜀书先主传改。

(66) 除寇(静)〔靖〕难　从龙溪本、学海堂本改。

(67) 以安(太)〔大〕宗　从龙溪本、学海堂本改。

(68) 社稷将堕　龙溪本作"社稷将坠"。

(69) 皇天(据)〔授〕乃显考　从三国志魏书文帝纪裴注引袁宏纪改。

(70) 遂攘〔除〕群凶　从三国志魏书文帝纪裴注引袁宏纪补。

(71) 垂拱(三)〔负扆二〕十有余载　从三国志魏书文帝纪裴注引袁宏纪改。

(72) 哀悼〔伤〕切(伤)　从三国志魏书文帝纪裴注引袁宏纪乙正。

(73) 丞相印(授)〔绶〕　从南监本、龙溪本、三国志魏书文帝纪裴注引袁宏纪改。

(74) 时亮(天)〔庶〕工　从三国志魏书文帝纪裴注引袁宏纪改。

⑦⑤ 夫(人)〔大道〕之行　从三国志魏书文帝纪裴注引袁宏纪改。

⑦⑥ 宇(宙)〔内〕倾覆　从三国志魏书文帝纪改。

⑦⑦ 以〔保〕绥我宗庙　从三国志魏书文帝纪改。

⑦⑧ 金曰尔(礼)度克协于虞舜　从三国志魏书文帝纪删。

⑦⑨ 以肃天道　三国志魏书文帝纪作"以肃承天命"。

⑧⓪ (徒于)〔纵〕文王不得拟议于南面　从南监本、龙溪本、学海堂本改。

⑧① 二祖(文)〔明〕章之业　从南监本、龙溪本、学海堂本改。

⑧② 行不逾(距)〔矩〕　从龙溪本、学海堂本改。

重刻两汉纪后序

　　右荀悦前汉纪三十卷,袁宏后汉纪三十卷,祥符中刊版于钱塘,版废几百年,今始合二书,用诸家(博)〔传〕本①,校其异同,拨其讹误,稍条然可读,遂再刻之。夫两汉之事最备者,由司马迁、班固、范晔与夫荀悦、袁宏之书俱存故也。其事咸萃于编年,故曰纪;其事分于传、表、纪、志,故曰书。读荀、袁之纪,如未尝有班、范之书;读班、范之书,亦如未尝有荀、袁之纪也。各以所序自达于后世②。荀悦之作后于班固,而袁宏之作先于范晔。或先或后,或略或详,其体制凡例,则犹黑白之不相乱,河、汉之不相涉也。荀、袁二纪于朝廷纪纲,礼乐刑政,治乱成败,忠邪是非之际,指陈论著,每致意焉。故其词纵横放肆,反复辩达,明白条畅,既启告当代,而垂训无穷,其为书卓矣。然比班、范二史,缺裂不传,仅存篇目,盖因缘世故,自有次第,而显晦若有时也。编修王公敦阅古训,博极群书。其出使浙东也,既刻刘氏外纪以足资治通鉴,又重刻旧唐书,至刻此两汉纪,其艰其勤,尤为尽力。诸书咸备,然后(绸)〔紬〕绎上下数千载间③,侵寻相接矣。其发挥(欲)〔兴〕废④,用心高远,以加惠学

497

者,非异时刻一书一集之比。仆尝谓:"校雠是正文字,固儒者先
务,然执一而意改者,所当慎也。盖一字之疑,后或得善本正之。
若率以意改,即疑成实,传世行后,此字由我而废,故学者贵于弛张
变通也。"公闻仆语,欣然有取,辄敢载之篇末。因论公覃思,此二
纪谓与汉书不同,使并传于后,未易以彼废此,而一字不可相杂之
本意,其不苟如此。抑以见璨奇伟丽之观,必待人而后彰也。

　　绍兴十二年六月甲子日　　汝阴王铚序

校勘记

① (博)〔传〕　从文意改。

② 各以所序　龙溪本作"各以所存"。

③ (绸)〔紬〕绎上下数千载间　从南监本、学海堂本改。

④ 其发挥(欲)〔兴〕废　从南监本、龙溪本改。

附 录

附

录

后汉纪三十卷安徽巡抚采进本

晋袁宏撰。宏字彦伯,阳夏人。太元初官至东阳太守。事迹具晋书文苑传。是书前有宏自序,称"尝读后汉书,烦秽杂乱,聊以暇日,撰集为后汉纪。其所缀会汉纪案此汉纪盖指荀悦之书涉及东汉初事者,非张璠书也。谢承书、司马彪书、华峤书、谢沈书、汉山阳公纪、汉灵献起居注、汉名臣奏,旁及诸郡耆旧先贤传,凡数百卷。前史阙略,多不次序,错缪同异,谁使正之? 经营八年,疲而不能定,颇有传者。始见张璠所撰书,其言汉末之事差详,故复探而益之"云云。盖大致以汉纪为准也。案隋志载璠书三十卷,今已散佚,惟三国志注及后汉书注间引数条。今取与此书互勘,璠纪所有,此书往往不载,其载者亦多所点窜,互有详略。如璠纪称卢芳安定人,属国夷数十畔在参蛮,芳从之,诈姓刘氏。此书则作刘芳,安定三川人,本

499

姓卢氏。王莽末，天下咸思汉，芳由是诈称武帝后，变姓名为刘文伯。及莽败，芳与三川属国羌胡起兵北边。以及朱穆论梁冀池中舟覆，吴祐谏父写书事，皆较瑻纪为详。瑻纪称明德马皇后不喜出游，未尝临御窗牖；此书则作性不喜出入游观。瑻纪称杨秉尝曰"我有三不惑：酒、色、财也"。此书删下一句。又如序王龚与薛勤丧妻事，瑻纪先叙龚而追叙勤，此书则先叙勤而后叙龚。叙吕布兵败、劝王允同逃事，瑻纪叙在长安陷时，此书追叙于后，亦颇有所移置。而核其文义，皆此书为长。其体例虽仿荀悦书，而悦书因班固旧文翦裁联络；此书则抉择去取，自出鉴裁，抑又难于悦矣。刘知几史通正史篇称世言汉中兴作史者唯袁、范二家，以配蔚宗，要非溢美也。

袁宏传

晋书卷九十二

袁宏字彦伯，侍中猷之孙也。父勖，临汝令。宏有异才，文章绝美，曾为咏史诗，是其风情所寄。少孤贫，以运租自业。谢尚时镇牛渚，秋夜乘月，率尔与左右微服泛江。会宏在舫中讽咏，声既清会，辞又藻拔，遂驻听久之，遣问焉。答云："是袁临汝郎诵诗。"即其咏史之作也。尚倾率有胜致，即迎之舟，与之谭论，申旦不寐，自此名誉日茂。

尚为安西将军、豫州刺史，引宏参其军事。累迁大司马桓温府记室。温重其文笔，专综书记。后为东征赋，赋末列称过江诸名德，而独不载桓彝。时伏滔先在温府，又与宏善，苦谏之。宏笑而不答。温知之甚忿，而惮宏一时文宗，不欲令人显问。后游青山饮归，命宏同载，众为之惧。行数里，问宏云："闻君作东征赋，多称先贤，何故不及家君？"宏答曰："尊公称谓非下官敢专，既未遑启，不敢显之耳。"温疑不实，乃曰："君欲为何辞？"宏即答云："风鉴散朗，或搜或引，身虽可亡，道不可陨，宣城之节，信义为允也。"温泫然而止。宏赋又不及陶侃，侃子胡奴尝于曲室抽刃问宏曰："家君勋迹如此，君赋云何相忽？"宏窘急，答曰："我已盛述尊公，何乃言无？"因曰："精金百汰，在割能断，功以济时，职思静乱，长沙之勋，为史所赞。"胡奴乃止。

后为三国名臣颂曰：

夫百姓不能自牧，故立君以治之；明君不能独治，则为臣以佐之。然则三五迭隆，历代承基，揖让之与干戈，文德之与武功，莫不宗匠陶钧而群才缉熙，元首经略而股肱肆力。虽遭罹不同，迹有优劣，至于体分冥固，道契不坠，风美所扇，训革千载，其揆一也。故二八升而唐朝盛，伊吕用而汤武宁，三贤进而小白兴，五臣显而重耳霸。中古陵迟，斯道替矣。居上者不以至公理物，为下者必以私路期荣，御员者不以信诚率众，执方者必以权谋自显。于是君臣离而名教薄，世多乱而时不治，故蘧宁以之卷舒，柳下以之三黜，接舆以之行歌，鲁连以之赴海。衰世之中，保持名节，君臣相体，若合符契，则燕昭、乐毅古之流矣。夫未遇伯乐，则千载无一骥；时值龙颜，则当年控三杰，汉之得贤，于斯为贵。高祖虽不以道胜御物，群下得尽其忠；萧曹虽不以三代事主，百姓不失其业。静乱庇人，抑亦其次。夫时方颠沛，则显不如隐；万物思治，则默不如语。是以古之君子不患弘道难，患遭时难；遭时匪难，遇君难。故有道无时，孟子所以咨嗟；有时无君，贾生所以垂泣。夫万岁一期，有生之通涂，千载一遇，贤智之佳会。遇之不能无欣，丧之何能无慨。古人之言，信有情哉！余以暇日常览国志，考其君臣，比其行事，虽道谢先代，亦异世一时也。

文若怀独见之照，而有救世之心，论时则人方涂炭，计能则莫出魏武，故委图霸朝，豫谋世事。举才不以标鉴，故人亡而后显；筹画不以要功，故事至而后定。虽亡身明顺，识亦高矣。

董卓之乱，神器迁逼，公达慨然，志在致命。由斯而谭，故以大存名节。至如身为汉隶而迹入魏幕，源流趣舍，抑亦文若之谓。所以存亡殊致，始终不同，将以文若既明且哲，名教有寄乎！夫仁义不可不明，则时宗举其致；生理不可不全，故达识摄其契。相与弘道，岂不远哉！

崔生高朗，折而不挠，所以策名魏武、执笏罢朝者，盖以汉主当阳，魏后北面者哉！若乃一旦进玺，君臣易位，则崔生所以不与，魏氏所以不容。夫江湖所以济舟，亦所以覆舟；仁义所以全身，亦所以亡身。然而先贤玉摧于前，来哲攘袂于后，岂天怀发中，而名教束物者乎！

孔明盘桓，俟时而动，遐想管乐，远明风流，治国以礼，人无怨声，刑罚不滥，没有余泣，虽古之遗爱，何以加兹！及其临终顾托，受遗作相，刘后授之无疑心，武侯受之无惧色，继体纳之无贰情，百姓信之无异辞，君臣之际，良可咏矣！

公瑾卓尔，逸志不群，总角料主，则素契于伯符；晚节曜奇，则三分于赤壁。惜其龄促，志未可量。

子布佐策，致延誉之美，辍哭止哀，有翼戴之功，神情所涉，岂徒謇谔而已哉！然杜门不用，登坛受讯。夫一人之身所照未异，而用舍之间俄有不同，况沉迹沟壑，遇与不遇者乎！

夫诗颂之作，有自来矣。或以吟咏情性，或以纪德显功，虽大指同归，所托或乖。若夫出处有道，名体不滞，风轨德音，为世作范，不可废也。复缀序所怀，以为之赞曰：

火德既微，运缠大过。洪飙扇海，二溟扬波。虬兽虽惊，风云未和。潜鱼择川，高鸟候柯。赫赫三雄，并回乾轴。竞收杞梓，争采松竹。凤不及栖，龙不暇伏。谷无幽兰，岭无停菊。

英英文若，灵鉴洞照。应变知微，颐奇赏要。日月在躬，隐之弥曜。文明映心，钻之愈妙。沧海横流，玉石俱碎。达人兼善，废已存爱。谋解时纷，功济宇内。始救生灵，终明风概。

公达潜朗，思同蓍蔡。运用无方，动摄群会。爰初发迹，遘此颠沛。神情玄定，处之弥泰。愔愔幕里，算无不经，亹亹通韵，迹不暂停。虽怀尺璧，顾哂连城。智能极物，愚足全生。

郎中温雅，器识纯素。贞而不谅，通而能固。恂恂德心，汪汪轨度。志成弱冠，道敷岁暮。仁者必勇，德亦有言。虽遇履尾，神气恬然。行不修饰，名节无愆。操不激切，素风愈鲜。

邈哉崔生，体正心直。天骨疏朗，墙岸高嶷。忠存轨迹，义形风色。思树芳兰，翦除荆棘。人恶其上，世不容哲。琅琅先生，雅杖名节。虽遇尘雾，犹震霜雪。运极道消，碎此明月。

景山恢诞，韵与道合。形器不存，方寸海纳。和而不同，通而不杂。遇醉忘辞，在醒赊答。

长文通雅，义格终始。思戴元首，拟伊同耻。人未知德，惧若在己。嘉谋肆庭，谠言盈耳。玉生虽丽，光不逾把。德积虽微，道暎天下。

邈哉太初，宇量高雅。器范自然，标准无假。全身由直，迹洿必伪。处死匪难，理存则易。万物波荡，孰任其累！六合徒广，容身靡寄。君亲自然，匪由名教。爱敬既同，情礼兼到。

烈烈王生，知死不挠。求仁不远，期在忠孝。

玄伯刚简，大存名体。志在高构，增堂及陛。端委兽门，正言弥启。临危致命，尽其心礼。

堂堂孔明，基宇宏邈。器同生灵，独禀先觉。标榜风流，远明管乐，初九龙盘，雅志弥确。百六道丧，干戈迭用。苟非命世，孰扫雾雾！宗子思宁，薄言解控。释褐中林，郁为时栋。

士元弘长，雅性内融。崇善爱物，观始知终。丧乱备矣，胜涂未隆。先生标之，振起清风。绸缪哲后，无妄惟时。夙夜匪懈，义在缉熙。三略既陈，霸业已基。

公琰殖根，不忘中正。岂曰模拟，实在雅性。亦既羁勒，负荷时命。推贤恭己，久而可敬。

公衡冲达，秉志渊塞。媚兹一人，临难不惑。畴昔不造，假翮邻国。进能徽音，退不失德。六合纷纭，人心将变。鸟择高梧，臣须顾眄。

公瑾英达，朗心独见。披草求君，定交一面。桓桓魏武，外托霸迹。志掩衡霍，恃战忘敌。卓卓若人，曜奇赤壁。三光参分，宇宙暂隔。

子布擅名，遭世方扰。抚翼桑梓，息肩江表。王略威夷，吴魏同宝。遂赞宏谟，匡此霸道。桓王之薨，大业未纯。把臂托孤，惟贤与亲。辍哭止哀，临难忘身。成此南面，实由老臣。才为世生，世亦须才。得而能任，贵在无猜。

昂昂子敬，拔迹草莱。荷檐吐奇，乃构云台。

子瑜都长，体性纯懿。谏而不犯，正而不毅。将命公庭，退忘私位。岂无鹓鸰，固慎名器。

伯言謇謇，以道佐世。出能勤功，入亦献替。谋宁社稷，解纷挫锐。正以招疑，忠而获戾。

元叹邈远，神和形检。如彼白珪，质无尘点。立行以恒，匡主以渐。清不增洁，浊不加染。

仲翔高亮，性不和物。好是不群，折而不屈。屡摧逆鳞，直道受黜。叹过孙阳，放同贾屈。

莘莘众贤，千载一遇。整辔高衢，骧首天路。仰揖玄流，俯弘时务。名节殊涂，雅致同趣。日月丽天，瞻之不坠。仁义在躬，用之不匮。尚想遐风，载揖载味。后生击节，懦夫增气。

从桓温北征，作北征赋，皆其文之高者。尝与王珣、伏滔同在温坐。温令滔读其北征赋，至"闻所传于相传，云获麟于此野，诞灵物以瑞德，奚授体于虞者！疚尼父之洞泣，似实恸而非假。岂一性之足伤，乃致伤于天下"，其本至此便改韵。珣云："此赋方传千载，无容率耳。今于'天下'之后，移韵徙事，然于写送之致，似为未尽。"滔云："得益写韵一句，或为小胜。"温曰："卿益思之。"宏应声答曰："感不绝于余心，诉流风而独写。"珣诵味久之，谓滔曰："当今文章之美，故当共推此生。"

性强正亮直,虽被温礼遇,至于辩论,每不阿屈,故荣任不至。与伏滔同在温府,府中呼为"袁伏"。宏心耻之,每叹曰:"公之厚恩未优国士,而与滔比肩,何辱之甚。"

谢安常赏其机对辩速。后安至扬州刺史,宏自吏部郎出为东阳郡,乃祖道于冶亭。时贤皆集,安欲以卒迫试之,临别执其手,顾就左右取一扇而授之曰:"聊以赠行。"宏应声答曰:"辄当奉扬仁风,慰彼黎庶。"时人叹其率而能要焉。

宏见汉时傅毅作显宗颂,辞甚典雅,乃作颂九章,颂简文之德,上之于孝武。

太元初,卒于东阳,时年四十九。撰后汉纪三十卷及竹林名士传三卷、诗、赋、诔、表等杂文凡三百首,传于世。

三子:长超子,次成子,次明子。明子有父风,最知名,官至临贺太守。